滨州人大志

周铁农

《滨州人大志》编纂委员会　编

方志出版社
FANGZHICHUBANSHE

图书在版编目(CIP)数据

滨州人大志 / 滨州市人大常委会编. -- 北京 : 方志出版社, 2017.9

ISBN 978-7-5144-2562-8

Ⅰ. ①滨… Ⅱ. ①滨… Ⅲ. ①地方各级人民代表大会—工作概况—滨州 Ⅳ. ①D624.523

中国版本图书馆 CIP 数据核字(2017)第 244902 号

滨州人大志

编　　者:《滨州人大志》编纂委员会

责任编辑: 刘　珊

出 版 人: 冀祥德

出 版 者: 方志出版社

地址　北京市朝阳区潘家园东里 9 号(国家方志馆 4 层)

邮编　100021

网址　http://www.fzph.org

发　　行: 方志出版社图书经销中心

电话 (010)67110500

经　　销: 各地新华书店

印　　刷: 滨州市滨城区星火印务中心

开　　本: 889×1194　1/16

印　　张: 50.5 印张

字　　数: 1569 千

版　　次: 2017 年 9 月第 1 版　2017 年 9 月第 1 次印刷

印　　数: 0001~3000 册

ISBN 978-7-5144-2562-8　**定价**: 380.00 元

2005年7月4日，全国人大常委会委员长吴邦国（左四）到邹平县考察。省委书记、省人大常委会主任张高丽（左三），市委副书记、市长安世银（左二）等陪同

2006年7月13日，省委书记、省人大常委会主任张高丽（右三）到滨州考察。市委副书记、市长邓向阳（右二）陪同

领导关怀

2007年4月23日，省委书记、省人大常委会主任李建国（右三）到滨州考察。市委书记、市人大常委会主任孙德汉（左二）等陪同

1992年11月29日至30日，全国人大常委会副委员长、民盟中央主席费孝通（左二）到惠民地区视察。地委书记王道玉（左三），地委副书记、地区人大工委主任冯宝璞（左一）陪同

1994年9月22日，省人大常委会主任李振（左一）到惠民县视察工作。地委副书记郑锡昌（左二），惠民县委书记李成明（左三）陪同

1998年6月24日，省人大常委会主任赵志浩（左二）到鲁北企业集团视察。地委副书记、行署专员张执政（右二），地区人大工委主任赵延孝（右一）陪同

1999年11月29日，全国人大环境资源保护委员会主任委员曲格平（左二）到滨州地区深入农户调研。省委副书记吴爱英（女，右二），地委书记王宗廉（左三）陪同

2016年4月20日，全国人大环资委主任委员陆浩（左二）到博兴县调研循环经济。市委书记、市人大常委会主任张光峰（左一）陪同

2010年4月20日，全国人大常委会委员、全国人大环资委副主任委员曹伯纯（左六）率领全国人大调研组到滨州就“以科技促进循环经济发展”情况进行调研。市委书记、市人大常委会主任邓向阳（左七），市人大常委会副主任张冠文（左二）等陪同

2008年12月16日，省人大常委会常务副主任高新亭（右二），省人大常委会副主任时立军（女，右四）参观滨州城市规划展。市委书记、市人大常委会主任邓向阳（右三），市人大常委会副主任曹兴宽（右一）等陪同

领导关怀

2016年12月1日，省人大常委会副主任、党组副书记柏继民（右四）到邹平县调研县乡人大换届选举工作。市委书记、市人大常委会主任张光峰（右三），市人大常委会第一副主任祁维华（女，左二）等陪同

2008年9月2日，省人大常委会副主任鲍志强（左五）到滨州视察。市委书记、市人大常委会主任邓向阳（左三），市人大常委会副主任曹兴宽（左二），副主任韩增金（右一）等陪同

2008年10月16日，省人大常委会原副主任王道玉（左四）参观沾化冬枣园。市人大常委会副主任侯宪秀（左三），秘书长李国强（左五）陪同

2016年5月17日，新疆维吾尔自治区人大常委会副主任董新光（左七）到邹平县考察农机化工作。市人大常委会副主任郭建新（女，左四）陪同

撤地设市

2001年1月16日，市委、市人大常委会、市政府、市政协隆重举行撤地设市庆祝大会。省人大常委会副主任董凤基（右七），市委书记、市人大常委会主任王宗廉（右五），市人大常委会副主任江连仲（右八）为市人大常委会揭牌

市人代会

2001年1月11日至15日，滨州市第七届人民代表大会第一次会议在滨州召开。主会场设在滨州影剧院

2003年2月18日至24日，滨州市第八届人民代表大会第一次会议在滨州召开。主会场设在滨州影剧院

2008年1月3日至7日，滨州市第九届人民代表大会第一次会议在滨州召开。主会场设在国际会展中心

2012年2月27日至3月1日，滨州市第十届人民代表大会第一次会议在滨州召开。主会场设在国际会展中心

市人代会

市委书记、市人大常委会主任王宗廉主持会议

市委书记、市人大常委会主任孙德汉主持会议

市委书记、市人大常委会主任邓向阳主持会议

市委书记、市人大常委会主任张光峰主持会议

市人大常委会副主任江连仲作市人大常委会工作报告

市人大常委会副主任李成明作市人大常委会工作报告

市人大常委会常务副主任曹兴宽作市人大常委会工作报告

市人大常委会第一副主任祁维华作市人大常委会工作报告

市长张执政作市政府工作报告

市长安世银作市政府工作报告

市长邓向阳作市政府工作报告

市长张光峰作市政府工作报告

市长崔洪刚作市政府工作报告

新当选的市八届人大常委会主任、副主任。左起，主任孙德汉，副主任李成明、张贵云、刘宝庭、苏乃军、叶庆华、张秀亭、朱向旭、郭德刚、郭建新(女)

新当选的市九届人大常委会主任、副主任、秘书长。主任孙德汉（中），副主任曹兴宽(右三)、候宪秀(左三)、董吉增(右二)、郭建新(女，左二)、张冠文(右一，兼秘书长)、韩增金(左一)

新当选的市十届人大常委会主任、副主任、秘书长。主任邓向阳（左三），副主任曹光宽(右三)、郭建新(女，左二)、韩增金（右二）、李国强(左一，兼秘书长)、王立勇（右一）

市十届人大常委会主任、副主任、秘书长。主任张光峰（左三），副主任曹兴宽（右三）、郭建新（女，左二）、韩增金（右二）、李国强（左一，兼秘书长）、王立勇（右一）

市十届人大常委会主任、副主任、秘书长。主任张光峰（中），副主任祁维华（女，右三）、郭建新（女，左三）、宋振华（右二）、李国强（左二）、王立勇（右一），秘书长高中兴（左一）

视察调研

2006年8月25日，驻鲁全国人大代表到滨州专题调研。市委书记、市人大常委会主任孙德汉汇报工作

1996年12月16日，住省直部分全国人大代表到滨州地区视察。地区人大工委副主任江连仲、刘连省等陪同

2011年7月29日，市人大常委会常务副主任曹兴宽到经济开发区视察城中村改造、重点项目建设和城区绿化工作

2005年5月26日，市人大常委会调研组对农村土地征占问题开展专题调研。市人大常委会副主任刘宝庭参加

2003年10月27日，市人大常委会副主任苏乃军带领检查组到博兴县检查《中华人民共和国森林法》贯彻实施情况

2006年11月24日，市人大常委会组织住滨州的省人大代表到博兴县进行会前视察。市人大常委会副主任朱向旭陪同

视察调研

2008年10月10日，市人大常委会副主任侯宪秀带领部分市人大代表，到市公安局交警指挥中心检查代表建议办理情况

2008年7月15日，市人大常委会副主任董吉增带领执法检查组到博兴县西高天主教堂检查《宗教事务条例》实施情况

2008年6月17日，市人大常委会副主任郭建新带领执法检查组对《山东省药品使用条例》贯彻实施情况进行执法检查

2008年5月22日，市人大常委会副主任张冠文带领视察组对创建文明城市情况进行视察

2008年5月27日，市人大常委会副主任韩增金带领检查组对《中华人民共和国建筑法》实施情况进行执法检查

2009年9月3日，驻鲁全国人大代表专题调研第二调研组到滨州就关于加快黄河三角洲高效生态经济示范区建设问题进行专题调研

2016年3月30日，市人大常委会副主任宋振华带队视察《中华人民共和国安全生产法》贯彻落实情况

2016年11月29日，市人大常委会副主任李国强到阳信县调研市重点建设项目

2016年3月18日，市人大常委会副主任王立勇带领部分市人大代表视察《中华人民共和国妇女权益保障法》贯彻落实情况

驻鲁全国人大代表在盟威集团视察

地区人大工委召开工作会议，地区人大工委主任胡兆坤讲话

地区人大工委组织市县人大常委会负责同志视察港口建设，地区人大工委主任冯宝璞（左四）参加

地区人大工委组织人大代表进行会前视察，地区人大工委主任赵延孝(左一)参加

机关建设

2009年10月19日，韩国高阳市议会访问滨州

2004年8月16日至18日，中共滨州市人大常委会党组理论学习读书会在邹平县召开

2004年8月26日，滨州市暨滨城区纪念人民代表大会成立50周年大会在市政府礼堂召开

2005年2月3日，市人大常委会机关召开开展保持共产党员先进性教育活动动员大会

2006年3月23日，全市人大宣传工作会议召开

2006年11月9日，市人大常委会机关干部到博兴县观摩

机关建设

2006年11月10日，市人大常委会机关干部到滨州港观摩

2007年7月1日，市人大常委会机关召开纪念建党87周年报告会

2016年2月25日，市人大常委会机关举行2015年度总结表彰大会

2016年4月21日，市人大常委会第一副主任祁维华到惠民县走访代表

2016年6月14日，市人大常委会组织机关全体党员到西柏坡开展革命传统教育并在革命烈士纪碑前重温入党誓词

2005年5月27日，全市人大信访工作会议召开

2005年6月23日，市人大常委会副主任叶庆华陪同外商实地考察

2005年10月3日，市人大常委会副主任张秀亭参加联合接访

2004年9月24日，"滨州人大"网站新闻发布会召开

2005年7月3日，市人大常委会组织联合接访。市人大常委会副主任郭德刚现场接待群众

2007年3月28日，市人大常委会机关组织到革命老区临沂市参观学习

2007年6月7日，市人大常委会副主任田宝礼陪同市委书记、市人大常委会主任孙德汉赴外地考察工业项目

机关建设

2011年6月28日，市人大常委会机关参加市直机关庆祝建党90周年红歌演唱会

2012年5月16日，举行市十届初任人大代表培训班

2016年5月26日，市人大常委会机关参加市直机关运动会

2016年9月21日，市人大常委会秘书长高中兴到派驻“第一书记”村调研

2016年9月21日，市人大常委会机关工会慰问帮扶困难职工

2016年11月29日，市人大常委会召开《滨州人大志》编纂专题会议

书名题词

十一届全国人大常委会副委员长周铁农为《滨州人大志》题词

《滨州人大志》编纂委员会

序

《滨州人大志》在编纂委员会的统一指导下，去粗取精，去伪存真，数易其稿，终付梓成书。这是我市人大工作历史上的一件大事。

《滨州人大志》是全市第一部地方人大志，它以丰富的内容，翔实的史料，客观反映了滨州市人民代表大会及其常务委员会实践人民代表大会制度的渐进历程，全面展示了我市人民当家做主、参与行使国家权力、推动社会主义民主法治建设和经济社会和谐发展的丰硕成果。《滨州人大志》的出版发行，为滨州市留下一部政权建设方面的珍贵史料，对于了解我市人大历史，宣传人民代表大会制度，推动我市社会主义民主政治建设，必将起到积极作用。

修史编志，是中华民族的优良传统，是功在当代，惠及后代子孙，功德无量的千秋大业。新中国建立后，特别是党的十一届三中全会以来，我市发生了翻天覆地的变化，取得了举世瞩目的重大成就，特别是人民当家做主的民主政治不断得到加强，这种民主的载体和表现形式——人民代表大会制度，在我市也从无到有不断发展、不断完善，经历了一个较长的发展过程。从建国前的清河区参议会、渤海区参议会，到地区人大工作联络处、省人大常委会惠民地区联络组、省人大常委会滨州（惠民）地区工作委员会，直至 2000 年 6 月经国务院批准，撤销滨州地区设立滨州市，成为现在的滨州市人民代表大会及其常务委员会，我们“人大人”对这个地区的抗日战争、解放战争和经济社会发展及其民主政治的发展完善，作出了巨大的贡献，特别是成立市人民代表大会及其常务委员会后，在全市经济社会发展和改革开放中发挥了十分重要的作用，有着辉煌的成绩。怎样把我们这一代代的“人大人”的历史贡献和人大这个政权机关所发挥的重要作用的经验传承下去，记载好这段历史，是当代“人大人”的历史责任，是现任市人大及其常委会责无旁贷的义务。《滨州人大志》是汇集我市人大工作历史和现状的部门性“百科全书”，是传承文明、弘扬民族精神的重要形式，对积累和保存人大文献史料、加强民主法治建设、推动全市人大工作上新台阶有着十分重要的意义。市人大常委会决定编纂《滨州人大志》，正值全市上下贯彻党的十八届四中全会和全省、全市人大工作会议精神之际，做好市人大志的编纂工作，具有十分重要的现实意义和深厚的长远意义。

《滨州人大志》的编写架构。滨州人大志的编写，主要考虑滨州人大的发展沿革情况，总体分两个阶段：一是滨州成立地方国家权力机关阶段，成立人民代表大会及其常委会，这个阶段是我们滨州市人民代表大会制度比较完善的阶段；二是没有成立地方国家权力机关阶段，这个阶段又分四个时期：1. 建国前清河区和渤海区的参议会时期；2. 建国后惠民地区人大工作联络处时期；3. 省人大常委会惠民地区联络组时期；4. 省人大常委会滨州（惠民）地区工作委员会时期。重点是人民代表大会及其常务委员会时期，但其他时期也力争写全。

《滨州人大志》编写的基本原则。一是遵循志书特定的体例和手法，力求做到政治性和科学性的统一，资料性和著述性的统一，横排纵述。二是遵循客观、准确、全面要求，对每一个章节，都按照这三个方面的要求去搜集材料，去伪存真，全面系统的整理好。有些事情弄不清，查档案，查报纸，找当事人座谈。尽可能的多搜集老照片，有些东西让照片去说明问题。有些事件尽可能的把资料搜集全，这样力求达到我们更客观的反映事件的真实面貌。特别突出人大工作在经济社会和民主政治发展中的重要作用。突出两个主线:一是突出人大工作的历史作用,避免把志书写成流水账;二是突出人物的记载,每个时期的组织机构沿革人员交替,尽可能写具体写详实,展示历代人大工作者为全市民主与法治建设付出的艰辛努力。

存史资政,继往开来。党的十八大以来,以习近平同志为核心的党中央提出“四个全面”的战略布局,党的十八届四中全会作出关于全面推进依法治国的重大战略部署,为发展社会主义民主政治、坚持和完善人民代表大会制度、建设社会主义法治国家,开启了新的征程,指明了前进方向。唯愿全市广大干部和人民群众,以此志书的出版为新的起点,更加坚定中国特色社会主义道路自信、理论自信、制度自信、文化自信,全面推进依法治国,推进人民民主,为建设更高质量更高水平的小康滨州作出新的贡献。

《滨州人大志》编纂委员会

2017 年 7 月

凡　例

一、本志以马克思列宁主义、毛泽东思想、邓小平理论、“三个代表”重要思想和科学发展观为指导，贯彻落实习近平总书记系列重要讲话精神和治国理政新理念新思想新战略，坚持辩证唯物主义和历史唯物主义的立场、观点和方法，真实记述滨州市人民代表大会制度发展的历史，力求思想性、科学性、资料性和实用性的有机统一，并体现时代特征和地方特色。

二、本志记述时限，上自1984年12月起，下至2017年2月止。部分内容追溯到人民代表大会建立前。

三、本志主要法律依据为《中华人民共和国宪法》和《中华人民共和国全国人民代表大会和地方各级人民代表大会选举法》《中华人民共和国地方各级人民代表大会和地方各级人民政府组织法》《中华人民共和国全国人民代表大会和地方各级人民代表大会代表法》《中华人民共和国各级人民代表大会常务委员会监督法》等。

四、本志为表述方便，述、记、志、传、图、表、录并用，设篇、章、节、目。

五、本志采用横排纵述的方法，分人民代表大会代表、代表大会、常务委员会和常务委员会重要活动等，按时间排序，采用语体文、记述体，寓观点于史实之中。

六、本志中的称谓，如地名、组织、机构、单位、会议、法律、职务等均按当时称谓，排列顺序均按原始材料，首次出现用全称，再次出现一般按习惯用语简称。

七、本志一律采用公元纪年，标点、数字等用法，按国家有关规定。

八、本志采用资料主要来源于档案、图书、报刊、统计资料。由于资料欠缺，亦有部分口碑资料，均经多方考证、严格鉴别后采用，一概不再注明出处。

目　录

概述 …… 1

大事记 …… 3

第一篇　历史沿革 …… 112

第一章　民主政权清河区、渤海区参议会 …… 112

第一节　建置沿革 …… 112

第二节　工作职责 …… 112

第三节　重要工作 …… 113

第二章　惠民地区人大工作联络处 …… 123

第一节　建置沿革 …… 123

第二节　工作职责 …… 123

第三节　重要工作 …… 123

第三章　山东省人大常委会惠民地区联络组 …… 124

第一节　建置沿革 …… 124

第二节　工作职责 …… 124

第三节　重要工作 …… 125

第四章　山东省人大常委会滨州(惠民)地区工作委员会 …… 126

第一节　建置沿革 …… 126

第二节　工作职责 …… 128

第三节　重要工作 …… 129

第二篇　滨州市人民代表大会代表 …… 133

第一章　历届市人民代表大会代表的选举 …… 133

第一节　选举机构 …… 133

第二节　选举情况 …… 136

第三节　资格审查机构 …… 137

第二章　历届市人大代表的构成名录及变动 …… 138

第一节　代表名额及分配 …… 138

第二节　代表的构成 …… 138

第三节　代表名录及变动 …… 140

第三篇　滨州市人民代表大会会议 …… 196

第一章　第七届人民代表大会会议 …… 196

第一节　第七届人民代表大会第一次会议 …… 196

第二节　第七届人民代表大会第二次会议 …… 199

第三节　第七届人民代表大会第三次会议 …… 203

第二章　第八届人民代表大会会议 …… 204

第一节　第八届人民代表大会第一次会议 …… 204
第二节　第八届人民代表大会第二次会议 …… 208
第三节　第八届人民代表大会第三次会议 …… 212
第四节　第八届人民代表大会第四次会议 …… 215
第五节　第八届人民代表大会第五次会议 …… 218
第三章　第九届人民代表大会会议 …… 222
第一节　第九届人民代表大会第一次会议 …… 222
第二节　第九届人民代表大会第二次会议 …… 225
第三节　第九届人民代表大会第三次会议 …… 226
第四节　第九届人民代表大会第四次会议 …… 228
第五节　第九届人民代表大会第五次会议 …… 231
第四章　第十届人民代表大会会议 …… 234
第一节　第十届人民代表大会第一次会议 …… 234
第二节　第十届人民代表大会第二次会议 …… 237
第三节　第十届人民代表大会第三次会议 …… 240
第四节　第十届人民代表大会第四次会议 …… 240
第五节　第十届人民代表大会第五次会议 …… 243
第六节　第十届人民代表大会第六次会议 …… 246
第四篇　滨州市人民代表大会常务委员会 …… 250
第一章　历届人大常委会及其组成人员 …… 251
第二章　人大常委会会议 …… 257
第一节　第七届人大常委会历次会议 …… 257
第二节　第八届人大常委会历次会议 …… 263
第三节　第九届人大常委会历次会议 …… 280
第四节　第十届人大常委会历次会议 …… 294
第三章　人大常委会主任会议 …… 314
第一节　第七届人大常委会主任会议 …… 315
第二节　第八届人大常委会主任会议 …… 320
第三节　第九届人大常委会主任会议 …… 340
第四节　第十届人大常委会主任会议 …… 355
第四章　人大常委会工作 …… 379
第一节　历年工作要点 …… 379
第二节　重要工作 …… 400
内务司法工作 …… 400
财政经济工作 …… 418
农业农村工作 …… 428
城乡建设环境保护工作 …… 435
教育科学文化卫生人口工作 …… 444
民族侨务外事工作 …… 448
代表工作 …… 451

信访工作 …… 463
立法工作 …… 466
预算审查监督工作 …… 470
第三节　指导县乡人大工作和建设情况及换届选举工作 …… 471
第四节　外事交往 …… 477
第五章　中共滨州市人大常委会党组 …… 479
第五篇　滨州市十届人民代表大会专门委员会 …… 481
第一章　财政经济委员会 …… 481
第一节　组织和人事沿革 …… 481
第二节　工作职责 …… 481
第二章　法制委员会 …… 483
第一节　组织和人事沿革 …… 483
第二节　工作职责 …… 483
第六篇　滨州市人民代表大会常务委员会机关 …… 485
第一章　秘书长、副秘书长 …… 485
第一节　组织和人事沿革 …… 485
第二节　主要职责 …… 486
第二章　办公室 …… 487
第一节　组织和人事沿革 …… 487
第二节　工作职责 …… 488
第三章　研究室 …… 489
第一节　组织和人事沿革 …… 489
第二节　工作职责 …… 489
第四章　人事代表工作委员会(室) …… 490
第一节　组织和人事沿革 …… 490
第二节　工作职责 …… 490
第五章　信访局(室) …… 492
第一节　组织和人事沿革 …… 492
第二节　工作职责 …… 492
第六章　内务司法工作委员会 …… 494
第一节　组织和人事沿革 …… 494
第二节　工作职责 …… 494
第七章　财政经济工作委员会 …… 496
第一节　组织和人事沿革 …… 496
第二节　工作职责 …… 496
第八章　农业和农村工作委员会 …… 498
第一节　组织和人事沿革 …… 498
第二节　工作职责 …… 498
第九章　城乡建设环境保护工作委员会 …… 500
第一节　组织和人事沿革 …… 500

第二节　工作职责 …… 500
第十章　教育科学文化卫生人口工作委员会 …… 502
第一节　组织和人事沿革 …… 502
第二节　工作职责 …… 502
第十一章　民族侨务外事工作委员会 …… 504
第一节　组织和人事沿革 …… 504
第二节　工作职责 …… 504
第十二章　法制工作委员会 …… 506
第一节　组织和人事沿革 …… 506
第二节　工作职责 …… 506
第十三章　预算工作委员会 …… 507
第一节　组织和人事沿革 …… 507
第二节　工作职责 …… 507
第十四章　机关党委 …… 508
第一节　组织和人事沿革 …… 508
第二节　工作职责 …… 508
第十五章　机关建设 …… 510
第一节　组织建设 …… 510
第二节　制度建设 …… 511
第三节　思想建设 …… 512
第四节　作风建设 …… 513
第七篇　重要文献 …… 515
第一章　规范性文件 …… 515
第一节　地方性法规 …… 515
第二节　人民代表大会决定 …… 530
第三节　市人大常委会意见和办法 …… 539
第四节　加强人大工作的通知 …… 575
第二章　历次人民代表大会的人大常委会工作报告 …… 579
第八篇　县区人大及其常委会 …… 649
第一章　滨城区人民代表大会 …… 649
第一节　滨城区〔滨县、滨州市(县级)〕历届人民代表大会 …… 649
第二节　滨城区〔滨州市(县级)〕人大常委会 …… 653
第二章　沾化区(县)人民代表大会 …… 657
第一节　沾化区(县)历届人民代表大会 …… 657
第二节　沾化区(县)人大常委会 …… 667
第三章　惠民县人民代表大会 …… 670
第一节　惠民县历届人民代表大会 …… 670
第二节　惠民县人大常委会 …… 677
第四章　阳信县人民代表大会 …… 680
第一节　阳信县历届人民代表大会 …… 681

第二节　阳信县人大常委会 …… 689
第五章　无棣县人民代表大会 …… 692
第一节　无棣县历届人民代表大会 …… 693
第二节　无棣县人大常委会 …… 703
第六章　博兴县人民代表大会 …… 707
第一节　博兴县历届人民代表大会 …… 707
第二节　博兴县人大常委会 …… 719
第七章　邹平县人民代表大会 …… 723
第一节　邹平县历届人民代表大会 …… 725
第二节　邹平县人大常委会 …… 733
第九篇　人物 …… 737
第一章　历届领导人 …… 737
第二章　出席历届全国人民代表大会代表 …… 747
第三章　出席历届山东省人民代表大会代表 …… 752
后记 …… 789

概　述

一

滨州市位于黄河三角洲腹地，地处黄河三角洲高效生态经济区、山东半岛蓝色经济区和环渤海经济圈、济南省会城市群经济圈“两区两圈”叠加地带，是山东省的北大门。滨州历史悠久，文化渊源流长。早在新石器时代，就有人类繁衍生息，是黄河文化和齐文化的发祥地之一。在商朝时建有蒲姑国，秦朝始置县，从西汉至民国先后设有郡（国）、州、府、道等地方行政建置，五代时置滨州，因濒临渤海而得名。1950 年 5 月，建惠民专区。后几经变革，1992 年 3 月，改称滨州地区，2000 年 6 月撤地设市。全市版图面积 9600 平方公里，人口 385 万，现辖滨城区、沾化区、惠民县、阳信县、无棣县、博兴县、邹平县五县二区和滨州经济技术开发区、滨州高新技术产业开发区、滨州北海经济开发区，是黄河三角洲区域内最大的行政区。

二

革命战争年代，滨州是渤海区党政军领导机关所在地。渤海区作为中国共产党领导下的山东抗日根据地的重要组成部分，是在抗日战争后期的 1944 年 1 月，由此前同属于中共中央山东分局领导的冀鲁边区和清河区两大战略区合并而成。如今的滨州市所辖县区，先前分属冀鲁边区和清河区，在两大区中均属于重要区域，合并后进一步成为渤海区的地理中心和政治中心。在抗日战争的最后阶段，渤海区的党政军领导机构一直活动于今滨州辖境之内，并在抗日战争胜利后，固定驻扎于今滨州所辖的惠民县城及其附近地区，直到 1950 年 5 月渤海区撤销。伴随着渤海区正式撤销，在原渤海行署驻地惠民县正式成立了以驻地命名的惠民专区。惠民专区最初的辖境包括作为原渤海区中心区域的垦利专区全部及清河专区一部分，后来在 1953 年、1956 年两次扩大，到 1958 年，专区领导机关移驻当时改为专区辖市的淄博市，在改名淄博专区之后，辖境曾一度达到几乎包括当年渤海区在今山东境内的全部区域。1961 年，伴随着淄博市恢复为省辖市，专区复名为惠民专区，并迁回滨县北镇。之后又于 1983 年析置东营市。

三

滨州市人民代表大会的前身要追溯到革命战争年代的中共清河区参议会。1939 年 9 月，中共清河特委根据山东分局的指示，改建为清河地委。为了推动各级抗日民主政权的建设和抗日民主统一战线的形成，清河地委于 1940 年 5 月 5 日在广饶、临淄边界的李家踞高村隆重召开各界代表会议，选举产生了清河地区国民参议会和清河行政专员公署，这是人民行使当家作主权力的有益尝试。

1944 年年初，经中共中央北方局批准，山东分局决定将清河区与冀鲁边区合并为渤海区。渤海区积极推行民主政治，发动人民当家作主。1946 年，召开渤海区第四届参议会并选举出全体驻会议员。会议的召开，意味着国家权力开始由人民普选产生的代表大会集中行使，这是人民民主化的巨大进步，具有重大的历史意义。

1957 年至 1976 年，人民代表大会制度经历了困难和曲折。直至 1984 年 12 月，惠民地区人大工作联络处成立，惠民地区的民主法制建设进入了新的发展阶段。1988 年 8 月，经山东省六届人大常委会第三十二次会议决定，惠民地区人大工作联络处改为山东省人大常委会惠民地区联络组。联络组由中共惠民地委代管，为正厅级单位，下设办公室。同年 10 月，中共惠民地委决定成立山东省人大常委会惠民地区联络组党组。经 1989 年 1

月山东省七届人大常委会第七次会议决定，同年3月成立山东省人大常委会惠民地区工作委员会（惠民地区人大工作联络组撤销），作为山东省人民代表大会常务委员会派驻惠民地区的办事机构，仍为正厅级单位。惠民地区人大工委下设四处一室，根据《山东省人民代表大会常务委员会地区工作委员会暂行工作条例》规定的工作任务，按照省人大常委会工作计划和部署，结合本地区实际情况开展工作。1992年3月，随地区名称变更，惠民地区人大工委改称为山东省人大常委会滨州地区工作委员会。

2000年6月10日，国务院批准撤销滨州地区，建立地级滨州市；7月18日，山东省人民政府下发了关于撤销滨州地区和县级滨州市，建立地级滨州市的通知。沿用原县级滨州市届别，2001年1月，滨州市第七届人民代表大会第一次会议召开，选举产生了滨州市第七届人民代表大会常务委员会。当月，中共滨州市委决定成立中共滨州市七届人大常委会党组。2001年1月至2016年2月，滨州市人民代表大会共召开了4届19次代表大会。

四

近年来，在中共滨州市委的领导下，历届市人大及其常委会不负人民的重托，代表人民的意志，认真履行宪法和法律赋予的职责，为推进社会主义民主法制建设、促进经济社会又好又快发展，做出了重要贡献，地方国家权力机关的作用逐步得到发挥。特别是随着全市经济建设和改革开放的深入发展，在党的“依法治国，建设社会主义法治国家”方针指引下，市人大及其常委会坚持与时俱进，努力开拓创新，讨论决定重大事项有了新的进展，监督工作取得明显成效，代表工作迈出了新的步伐，人事任免工作进一步完善，人大常委会及其机关自身建设得到加强，各项工作不断发展和提高。

站在新世纪的历史起点，瞻望未来，任重道远。党的十八大以来，以习近平同志为核心的党中央从坚持和发展中国特色社会主义全局出发，提出并形成了全面建成小康社会、全面深化改革、全面推进依法治国、全面从严治党的战略布局，党的十八届四中全会关于全面推进依法治国的重大战略部署和习近平总书记系列重要讲话，为发展社会主义民主政治、坚持和完善人民代表大会制度、建设社会主义法治国家，开启了新的征程，指明了前进方向。这既为人大工作提供了科学指导和政治保障，也为人大工作创新发展提供了重要机遇和巨大动力。面对新的形势和任务，全市各级人大及其常委会，充分认识坚持和完善人民代表大会制度、全面推进依法治国的重大意义，更加坚定中国特色社会主义道路自信、理论自信、制度自信、文化自信，真正把认识统一到“四个全面”战略布局、习近平总书记系列重要讲话和省、市人大工作会议精神上来，适应治理体系和治理能力现代化的新要求，适应法治建设和加强人大工作的新常态，统一思想，准确定位，推动人大工作沿着正确的方向，与时俱进，创新发展。在中共滨州市委的坚强领导下，市人大及其常委会必将在建设生态、美丽、幸福新滨州的进程中发挥更大的作用，必将在推进依法治国的方略中谱写出更加辉煌的新篇章。

大事记

1984 年

10 月

30 日,山东省委办公厅发出通知:为了加强地委对县(市)人大工作的领导,省委确定在惠民地区设立人大工作联络处。

1985 年

1 月

山东省人大常委会副主任萧寒到惠民地区视察农村及环保工作。听取地委书记李聚馨的汇报,到博兴县有关单位进行视察。地委委员江连仲陪同。

3 月

20 日至 4 月 7 日,根据省人大常委会办公厅的安排,惠民地区人大联络处联系各县市人大常委会安排驻地的省人大代表进行省六届人大三次会议的会前视察。

6 月

24 日至 7 月 1 日,省人大常委会委员向克到惠民地区视察《中华人民共和国食品卫生法》实施情况。听取地区汇报,到邹平县、阳信县、沾化县、滨州市有关单位和企业视察。

7 月

15 日,按照省人大常委会办公厅的安排,地区人大联络处组织相关单位的负责人、专家等,对《中华人民共和国渔业法(草案)》进行讨论,提出修改意见,整理后报省人大常委会。

23 日,地委办公室发出通知:根据省委指示,地委确定设立地区人大联络处,为正县级单位。

11 月

10 日至 12 日,地委召开全区第一次县市人大工作座谈会。地委副书记刘殿金作动员讲话,地委副书记冯宝璞作总结讲话。省人大常委会副秘书长李庆鸿,地委委员商功阁、董承福、张联瑜、江连仲、郑锡昌、张小顺,地委顾问邢天才出席。

19 日至 24 日,省人大常委会委员鲁平到惠民地区视察教育情况。听取地区汇报,到无棣县、沾化县、邹平县有关单位和学校视察。

26 日,省人大常委会主任李振到邹平县检查宪法和有关法律的执行情况,听取邹平县委、县人大常委会、县政府负责人汇报,到部分单位检查。

1986 年

1 月

27 日至 28 日,地区人大工作联络处召开县市人大常委会主任会议,传达省六届人大常委会第 17 次会议精神,研究普法工作。

2 月

15 日至 27 日,根据全国人大常委会和省人大常委会办公厅的安排,地区人大工作联络处组织住惠民地区的全国人大代表，进行六届全国人大四次会议会前视察。全国人大代表郑锡昌、冯永喜、荆秀英参加。

3月

16日至27日，根据省人大常委会办公厅的安排，地区人大工作联络处组织住惠民地区的省人大代表进行省六届人大四次会议会前视察。

9月

22日至23日，地区人大工作联络处召开县市人大常委会负责人座谈会，学习中央有关加强人大工作的文件精神，交流工作，研究在经济体制改革中如何发挥人大作用。

10月

6日至8日，全国人大常委会委员、著名植物生态学专家侯学煜一行到惠民、无棣视察，听取两县人大工作、农村政策、改良和利用盐碱地情况的汇报，在惠民县察看黄河白龙湾闸和李庄、梁家等乡镇的盐碱地改良及棉花地膜覆盖情况；在无棣县埕口察看沿海滩涂开发，到大杨乡访问部分农民群众。地委书记李聚馨汇报全区情况，地区人大工作联络处主任周茂林、副主任魏连福汇报人大工作情况。

11月

5日至10日，省人大常委会副主任徐雷键一行到惠民地区检查人大工作和爱国卫生委员会工作，听取地区人大工作联络处汇报，到滨州市、无棣县、沾化县、博兴县听取汇报并检查。副专员宋存胜等陪同。

1987年

2月

5日至11日，根据省人大常委会办公厅的安排，地区人大工作联络处组织住惠民地区的全国人大代表进行六届全国人大五次会议会前视察。全国人大代表郑锡昌、冯永喜、荆秀英参加。

15日至18日，省人大常委会委员、教科文卫委主任委员李范和省科委副主任赵光明一行到惠民地区考察。分别听取地区人大工作联络处、地区科委的汇报，到沾化万亩养虾场、无棣磷酸厂等考察。地委书记李聚馨、副书记冯宝璞、行署副专员胡兆坤等分别陪同。

16日至3月15日，根据省人大常委会办公厅的安排，地区人大工作联络处要求各县市组织住本地的省人大代表就地进行省六届人大五次会议会前视察。

3月

27日至4月1日，省人大常委会委员李洪成到惠民地区视察村民委员会建立等情况。

4月

19日，欢送住惠民地区的省人大代表赴济南参加省六届人大五次会议。

5月

22日至28日，省人大常委会副主任林萍到惠民地区视察计划生育等工作。听取地区行署汇报，到阳信县、无棣县、博兴县的有关单位视察。地区人大工作联络处负责人参与陪同。

下旬至6月中旬，根据省人大常委会办公厅的安排，地区人大工作联络处组织对实施《中华人民共和国土地管理法》和省《实施办法》情况进行视察。

6月

22日至24日，省人大常委会副主任许森一行到惠民地区视察地区检察分院、中级法院和公安处工作，听取汇报，召开座谈会。地委副书记冯宝璞、行署副专员胡兆坤等陪同。

8月

12日至15日，地委第二次全区县市人大工作座谈会召开。交流换届后的工作情况，研究在新形势下如何做好人大工作。省人大常委会主任李振，地委书记李聚馨、副书记冯宝璞讲话。省人大常委会秘书长张子明出席。

14 日至 16 日，省人大常委会主任李振、秘书长张子明到惠民地区视察。先后视察沾化县的滩涂开发、滨州市的市政建设、高青县的乡镇企业等。地委书记李聚馨等陪同。

10 月

8 日至 10 日，省人大常委会副主任徐建春率省人大普法视察小组到惠民地区视察普法工作。听取地区人大工作联络处和普法办公室汇报，到无棣县、滨州市视察，召开有关人员参加的座谈会。

19 日至 25 日，地区人大工作联络处组织各县市人大常委会和办公室负责人，赴潍坊及青州、潍城、诸城、五莲、日照等县市区人大常委会学习。

20 日，根据省人大常委会办公厅的安排，地区人大工作联络处组织对实施《山东省保护妇女儿童合法权益的若干规定》情况进行检查。

28 日至 29 日，省人大常委会副主任萧寒一行到邹平县视察小清河流域的水污染情况，以及由污染引起的当地群众饮水困难、农作物减产、人畜疾病增多等情况。地区人大工作联络处主任周茂林陪同。

1988 年

2 月

29 日至 3 月 2 日，根据省人大常委会办公厅的安排，地区人大工作联络处组织住惠民地区的全国人大代表进行集中视察。全国人大代表阎启俊、冯怡生、孙立彬、毛宾尧等参加。

4 月

18 日至 5 月 6 日，省人大常委会副主任王树芳及省人大常委会委员赵永贵、周敬尊、冯永喜到惠民地区视察小清河流域污染情况，到邹平县、博兴县、高青县视察群众生活和生产用水情况。听取地区行署副专员胡兆坤工作汇报。地区人大工作联络处主任周茂林陪同。

7 月

4 日，地区人大工作联络处、地区计生委、计生协会、妇联、共青团、总工会联合举办地区暨滨州市“亚洲三十亿人口日”宣传活动。

8 月

19 日，地委发出通知：根据省委组织部、省编制委员会文件要求，将惠民地区人大工作联络处改为山东省人民代表大会常务委员会惠民地区联络组，为厅局级单位，由地委代管。

25 日至 26 日，全区县市人大常委会主任座谈会召开，传达赴六省学习人大工作经验的情况、省七届人大常委会第 4 次会议精神，汇报交流工作情况，研究如何加强乡镇人大工作。地委副书记冯宝璞讲话。

9 月

24 日，省人大常委会发出通知：根据省七届人大常委会第 5 次会议关于调整加强省人大常委会办事机构的决定，将德州、惠民、临沂、菏泽、聊城地区人大工作联络处改为省人大常委会驻各地区联络组，均为厅局级单位。

10 月

25 日，地委召开全区人大工作会议，贯彻省人大常委会关于建立地区联络组的决定，学习《山东省人大常委会地区联络组暂行工作条例》，讨论研究做好人大工作、加强民主法制建设问题。地委书记董凤基、省人大常委会副主任卢洪、地区联络组组长胡兆坤先后讲话。地委副书记冯宝璞、地区联络组副组长杜洪三分别主持。副省长马忠臣，省人大常委会委员李聚馨、陈世宾，菏泽、聊城、德州、临沂四地区联络组负责人出席。

12 月

27 日，召开全区执法大检查工作会议，总结交流经验，研究下一步工作。地区联络组组长胡兆坤讲话。

1989 年

1 月

10 日至 20 日，根据省人大常委会办公厅的安排，地区联络组组织住惠民地区的省人大代表视察。

2 月

17 日至 19 日，根据省人大常委会的安排，地区联络组组织住惠民地区的全国人大代表视察。

3 月

30 日，省人大常委会发出通知：根据省第七届人大常委会第 7 次会议决定，将德州、惠民、临沂、菏泽、聊城地区联络组改为山东省人大常委会德州、惠民、临沂、菏泽、聊城地区工作委员会。

5 月

19 日，全区执法大检查总结表彰大会在滨州召开，表彰了 24 个“执法大检查先进单位”、30 个“执法先进单位”。地区工委主任胡兆坤讲话。

6 月

1 日，地区工委召开住惠民地区的部分全国和省人大代表座谈会，学习李鹏、杨尚昆在首都党政军干部大会上的讲话和人民日报四·二六社论等。

28 日至 29 日，地区工委召开各县市人大常委会主任和行署、中级人民法院、检察院负责人座谈会。学习党的十三届四中全会公报和邓小平讲话，总结工作情况，研究探讨做好下一步工作的问题。

7 月

3 日至 9 日，省人大常委会委员、教科文卫委员会副主任委员李范，省人大常委会委员李本均到惠民地区视察“科教兴鲁”方针的贯彻执行情况。听取行署及有关部门汇报，视察滨州柴油机厂、滨州化工厂、滨州活塞厂和沾化县、无棣县、惠民县依靠科技进步发展滩涂养殖、农技系列化服务等方面的情况。

20 日至 25 日，根据全国人大常委会办公厅、省人大法制委员会、省人大常委会法制工作室的安排，地区工委组织各县市人大常委会广泛征求对《中华人民共和国集会游行示威法(草案)》的修改意见。

8 月

下旬至 9 月中旬，地区工委副主任周茂林等对省人大常委会任命的地区中级人民法院、检察院的部分干部履行职责的情况进行考察。

省人大常委会副主任萧寒、省人大财经委员会副主任委员于波海及省计委有关人员到惠民地区视察。听取行署及有关部门汇报，就进一步加快西部地区开发建设问题与住惠民地区的部分省人大代表进行座谈，到沾化县、无棣县视察滩涂养殖和盐业开发。萧寒一行还就住惠民地区 30 位省人大代表在省七届人大第二次会议期间提出的《关于加快西部开发建设》议案的落实情况征求了代表意见。

9 月

15 日至 16 日，县市人大常委会主任座谈会召开，传达贯彻省人大常委会召开的地市人大主任座谈会精神，研究探讨新形势下的人大工作。地区工委副主任杜洪三讲话。

10 月

上旬，全国人大常委会委员符浩到惠民地区视察，听取地区工委、行署、纪委、检察分院等有关部门关于农业、滩涂开发、反贪污和反贿赂、清理整顿公司等情况的汇报，到沾化县视察养虾场。

20 日，全区人大教科文卫工作座谈会召开，传达全省人大教科文卫工作座谈会精神，交流工作情况，座谈如何更好地开展工作。地区工委副主任杜洪三讲话。

11 月

29 日至 12 月 1 日，全区人大工作经验交流会召开，学习贯彻党的十三届四中、五中全会精神，总结交流工作，研究部署今后任务。地委副书记冯宝璞、地区工委主任胡兆坤讲话。

1990 年

1 月

2 日至 3 日，地委和地区工委在阳信县召开全区换届选举工作会议，总结交流前段工作情况和经验，研究部署下一步工作。地委副书记冯宝璞讲话，地区工委主任胡兆坤主持。

2 月

2 日至 9 日，省人大常委会主任李振一行到惠民地区进行调查研究，听取地委、省人大常委会惠民地区工委、行署的汇报，到六县一市与县乡干部座谈，到农村与农民群众交谈，了解农业生产、农民生活等情况。

21 日至 23 日，根据省人大常委会的安排，地区工委组织住惠民地区的全国人大代表就全区国民经济和社会发展、财政收支、农业发展、沿海滩涂开发、乡镇企业发展、中小学教育、商品流通等情况进行视察。王道玉、阎启俊、毛宾尧、冯怡生 4 名全国人大代表参加。

5 月

5 日至 6 日，地区工委召开全区人大工作座谈会，交流换届选举情况和新一届县市人大常委会工作打算，座谈研究全年工作。地区工委主任胡兆坤讲话。

28 日至 6 月 20 日，地区工委组织有关部门和各县市人大常委会对减轻农民负担问题进行调查。地直有关部门及各县市分别组成调查组，到 7 县市 11 个乡镇的 31 个村，对近三年的农民负担情况做调查，召开座谈会并听取基层干部和部分农民的意见。

6 月

14 日至 16 日，县市人大常委会办公室主任及文秘人员短训班举办，就调查研究、文书处理、信息工作等进行培训。

7 月

9 日至 10 日，地区工委组织住滨州市的 6 名省人大代表和 2 名滨州市人大代表对企业和职工反映强烈的“乱集资、乱摊派、乱罚款”问题进行视察。

8 月

省人大常委会副主任萧寒、李晔一行到惠民地区，对更好地落实住惠民地区的省人大代表在省七届人大第三次会议期间提出的《关于减轻农民负担的议案》进行调查研究。听取地区工委、行署及有关部门的汇报，与滨州市的部分全国人大代表和省人大代表座谈，到博兴县庞家乡与农民交谈。

10 月

26 日至 27 日，全区人大代表工作座谈会召开，传达全省代表工作会议精神，交流工作情况，研究下一步代表工作的重点。地区工委副主任杜洪三讲话。

11 月

5 日至 12 月 31 日，根据省人大常委会办公厅的要求，地区工委组织各县市人大常委会分别安排驻地的全国和省人大代表进行七届四次会议会前视察，主要了解 1990 年国民经济和社会发展计划、财政预算的执行情况，《中华人民共和国行政诉讼法》执行和开展“依法行政年”活动情况，廉政建设和纠正不正之风情况，农业情况，以及群众生产、生活和普遍关心的问题等。视察分为集中视察和分散视察两个阶段。

1991 年

1 月

30 日，全国人大常委会委员、原航天工业部部长莫文祥到惠民地区视察棉花生产和纺织工业情况。听取行署和沾化县、无棣县政府汇报，到滨州二棉、滨州印染厂、滨州毛纺厂、沾化县李雅庄棉花万亩方田等视察，走访农民家庭。地委副书记、行署专员王道玉，地区工委主任胡兆坤，行署副专员王天瑞等陪同。

3 月

16 日至 17 日，全区人大工作暨新闻宣传会议召开。地委书记董凤基、副书记冯宝璞，人大工委主任胡兆坤，地委委员、宣传部长贾玉忱，省人大常委会人事代表工作室主任李文章讲话。

4 月

3 日，地区工委办公室、地区保密局布置开展全区贯彻执行《中华人民共和国保密法》情况检查。

16 日，地区工委召开宣传实施《中华人民共和国残疾人保障法》座谈会，听取地区残联关于全区残疾人事业发展情况的汇报。地区工委副主任宋西九讲话。

30 日至 5 月 3 日，全国人大常委会副委员长、民盟中央主席费孝通来惠民地区视察，先后到惠民县、博兴县、无棣县等。省人大常委会副主任林萍，省人大教科文卫委员会副主任委员李聚馨，地区领导董凤基、王道玉、冯宝璞、胡兆坤、黄学军、宋西九、胡安夫、刘翠英等分别陪同。

5 月

28 日至 6 月 1 日，根据省人大常委会办公厅的安排，地区工委组织住滨州市的 6 位省人大代表及有关部门对实施《山东省计划生育条例》情况进行视察。

7 月

4 日至 6 日，地区工委组织部分住惠民地区的全国、省人大代表就沾化县工农业情况进行视察。听取沾化县政府汇报，察看滩涂开发、水利建设、工业和乡镇企业等。

21 日至 8 月 31 日，根据全国人大常委会和省人大常委会办公厅的安排，地区工委会同地委宣传部、地区教育局、广播电视局、司法局，组成 7 个检查组，就实施《中华人民共和国义务教育法》情况进行检查。

25 日至 9 月 15 日，地区工委办公室、地区行署办公室安排开展第二次“义务教育宣传月”活动。

30 日，地区工委召开第三次主任会议，首次听取行署关于 1990 年财政预算执行情况和 1991 年财政预算安排的汇报。地区工委主任胡兆坤，副主任宋西九、王法尧、王元甫出席。

10 月

23 日，地区工委在滨州市彭李乡召开第一次工委主任乡镇联系点会议，总结交流发展乡镇企业的做法和体会。滨州市彭李乡、市西办事处，惠民县香翟乡，无棣县东风港乡、梁郑王乡，博兴县博兴镇，邹平县九户乡的党委、政府主要领导参加。地区工委副主任王法尧主持。工委主任胡兆坤，副主任宋西九、王元甫讲话。

11 月

6 日，根据省人大常委会、省政府、省普法领导小组通知要求，地区工委、行署、地区普法领导小组联合开展普法执法检查。主要检查“二五”普法学习宣传、治理“三乱”和农民负担情况。

12 日至 13 日，全区人大代表工作经验交流会召开。省人大常委会人事代表室主任李文章、地委副书记冯宝璞、地区工委主任胡兆坤讲话。

20 日至 1992 年 1 月 15 日，根据省人大常委会办公厅的安排，地区工委组织住惠民地区的全国人大代表和省人大代表进行人代会会前视察，以代表小组活动为主。省直代表李聚馨、徐立文、张程震，地区工委主任胡兆坤，地委副书记冯宝璞，地区工委副主任周茂林参加。

12 月

9 日，地区工委召开第四次主任会议，听取行署和地区物价局、财政局、审计局贯彻《山东省行政性事业性收费管理条例》情况的汇报。

11 日，全区人大宣传报道座谈会召开，传达全省《人民权利报》创刊发行会议精神，安排人大宣传报道工作。

1992 年

1 月

15 日，根据省人大常委会办公厅的安排，地区工委组织住惠民地区的省人大代表，进行省七届人大五次会议会前视察。

21 日，地区工委组织部分住惠民地区的全国、省人大代表对实施《山东省保护消费者合法权益条例》情况进行视察。听取地区消费者协会、工商局等部门汇报，到滨州糖酒站商场、滨州市中心商场、东方商场等地视察。

2 月

19 日，根据省人大常委会的安排，地区工委组织住惠民地区的王道玉、阎启俊、毛宾尧、冯怡生 4 名全国人大代表集中视察滨州市第三产业和外向型经济的发展情况，听取市委、市政府汇报，到市经编厂、纺织品批发市场听取基层干部群众的意见。

4 月

2 日，根据省人大常委会办公厅的安排，地区工委开始组织对实施《农民承担费用和劳务管理条例》《山东省农民负担管理条例》情况进行视察。

13 日，根据省人大法制委员会对实施《山东省安置帮教刑满释放和解除劳动教养人员的若干规定》情况进行检查的意见，地区工委开始组织各县市人大常委会进行检查。重点检查从 1991 年 3 月 15 日至 1992 年 3 月 15 日刑释解教人员的安置情况及安置帮教工作中存在的问题和建议。

29 日，地区工委主任会议研究决定，建立山东省滨州仁达贸易公司，隶属工委领导，实行独立经营，自负盈亏，主要负责人由工委任免。30 日，地区工委主任会议研究决定，任命宋茂龙为山东省滨州仁达贸易公司经理，张同发、于家颖为山东省滨州仁达贸易公司副经理。

5 月

12 日，地区工委办公室、地区残联联合召开纪念《中华人民共和国残疾人保障法》实施一周年座谈会，听取地区残联关于《中华人民共和国残疾人保障法》实施情况的汇报。地区工委副主任宋西九讲话。

6 月

8 日，全国人大常委会副委员长费孝通一行到邹平县梁漱溟墓扫墓。省人大常委会副主任徐建春等陪同。

9 日，地区工委委员会议召开。决定建立委员会例会制度，每月月底召开一次工委委员会议；建立工作机构合属办公制度。地委副书记、地区工委主任冯宝璞主持，地区工委副主任宋西九、王法尧，地区工委委员任广胜、周玉伦等出席。

10 日，根据省人大常委会主任会议安排，地区工委开始组织各县市人大常委会和部分各级人大代表对实施《中央关于计划生育工作的决定》和《山东省计划生育条例》情况进行集中视察。

19 日至 22 日，省人大城乡委副主任委员姜万禧为组长的省人大环保执法工作检查组一行到滨州地区进行检查。地区工委副主任宋西九、行署副专员宋存胜等陪同。

20 日，省人大常委会副主任严庆清带领省人大常委会计划生育视察组到滨州地区视察。

30 日，全区县市人大常委会主任座谈会召开，交流总结上半年工作情况，研究、确定下半年工作重点。地委副书记、地区工委主任冯宝璞讲话。

7 月

7 日至 20 日，根据省人大常委会办公厅的安排，地区工委组织对实施《中华人民共和国全民所有制工业企业法》和省人大常委会《关于深入贯彻实施〈企业法〉决议》情况进行视察。

24 日，地区工委委员会议召开，听取审议行署关于 1991 年财政预算执行情况和 1992 年财政预算安排意见的汇报。地委副书记、地区工委主任冯宝璞主持，工委副主任宋西九、王法尧、王元甫，委员任广胜、周玉伦出席。

28 日，经地区工委研究，同意仁达贸易公司在黑河市设立代办处。

30日，地区工委委员会议召开，回顾检查上半年各项工作完成情况，研究部署下一步主要工作。地委副书记、地区工委主任冯宝璞主持，地区工委副主任宋西九、王法尧、王元甫，地区工委委员任广胜、周玉伦等出席。

8月

4日，全区县市人大常委会办公室主任会议召开，传达全省人大常委会秘书长座谈会及《人民权利报》发行工作会议精神。地区工委副主任王法尧讲话。

11日，地区工委组织部分省人大代表对实施《中华人民共和国进出口商品检验法》情况进行视察。地区工委副主任宋西九等陪同。

9月

23日至25日，山东省五地区人大工作研讨会第四次会议在滨州召开，研究探讨地区工委如何在改革开放和经济建设中更好地发挥作用。德州、聊城、菏泽、临沂、滨州地区工委主要负责人参加。省人大常委会副主任王树芳及省人大常委会有关工作部门负责人出席。地委书记王道玉到会祝贺并讲话。

10月

10日，地委决定成立滨州地区选举工作委员会，加强对1993年各级人大换届选举工作的领导。地区工委副主任宋西九任主任，工委副主任王元甫、地委组织部副部长戴玉光任副主任。

11月

27日至28日，全区县市人大常委会主任会议召开，交流换届选举工作情况。地委副书记、地区工委主任冯宝璞讲话。地区工委副主任宋西九、王元甫出席。

29日至30日，全国人大常委会副委员长、民盟中央主席费孝通到滨州地区视察。听取地委、行署关于近几年加快黄河三角洲开发建设情况和今后发展思路的汇报，到无棣县、滨州市视察部分工业企业和商业网点。省人大常委会副主任徐建春，地委书记王道玉，地委副书记、地区工委主任冯宝璞等陪同。

30日，省人大常委会视察组到滨州地区对实施《山东省邮电通信管理条例》情况进行视察。省人大常委会委员赵永贵、陈世宾、宫云泮参加视察。

1993年

2月

12日，地区工委召开工委委员会议，研究工委主任、副主任、委员工作分工，讨论通过1993年工作要点。地委副书记、地区工委主任冯宝璞主持。地区工委副主任宋西九、王元甫、王金智、段成英及工委委员任广胜、周玉伦参加。

12日，地区工委党组召开民主生活会。会议交流了思想，制定了加强班子建设的具体意见。党组书记冯宝璞主持。副书记宋西九，党组成员王元甫、王金智、段成英参加。

3月

10日，经地区工委研究，同意将山东省滨州仁达贸易公司更名为山东省滨州地区仁达实业总公司。

26日，县市人大常委会主任联席会议召开。地委副书记、地区工委主任冯宝璞讲话。

6月

21日至7月20日，根据省人大常委会办公厅的安排，地区工委组织各县市人大常委会和各级人大代表对国务院《农民承担费用和劳务管理条例》《山东省农民负担管理条例》实施情况进行视察。

28日，全区人大信访座谈会召开，传达全省人大信访工作座谈会精神。地区工委副主任王金智讲话。

7月

5日至8月9日，地区工委组织各县市人大常委会和各级人大代表对实施《中华人民共和国食品卫生法》《公共场所卫生管理法》《化妆品监督条例》《中华人民共和国尘肺病防治条例》《学校卫生工作条例》《放射性同位素与射线装置放射防护条例》等公共卫生法律法规情况进行集中视察。

8 月

7 日,地区工委委员会议召开,听取审议行署 1992 年财政预算执行情况、1993 年财政预算安排意见和 1993 年上半年财政预算执行情况的汇报。地区工委副主任宋西九、王元甫、王金智、段成英,工委委员任广胜、周玉伦出席。

10 月

5 日,地区工委开始组织各县市人大常委会开展对《中华人民共和国义务教育法》贯彻实施情况检查。

22 日,地区检察分院邀请部分全国人大代表和省人大代表,视察检察分院执法工作。全国人大代表许文华,省人大代表冯宝璞、宋西九、张忠正、马振泉、解聚、李凤娥、王新利等参加。地区检察分院检察长李新华向代表汇报了检察分院依法履行职责及反腐败斗争的有关情况。

25 日,根据全国人大常委会和省人大常委会办公厅的安排,地区工委开始组织各县市人大常委会开展《中华人民共和国环境保护法》执法检查。

11 月

20 日至 1994 年 1 月 10 日,根据省人大常委会办公厅的安排,地区工委组织住滨州的全国人大代表和省人大代表在全国八届人大二次会议和省八届人大二次会议之前进行集中视察。重点了解 1993 年国民经济计划、财政预算执行情况、农业和减轻农民负担情况、反腐败斗争情况等。

12 月

6 日至 11 日,根据全国人大环保委和省人大常委会办公厅的安排,地区工委组织行署办公室、行署法制室、地区环保局和新闻单位,组成全区环境保护执法检查组,对各县市及胜利油田管理局纯梁采油厂的环保工作进行集中检查。

14 日至 16 日,地区工委组织住滨州的全国人大代表视察海上滨州建设情况。听取行署汇报,到无棣县、沾化县听取县政府汇报,视察海水养殖、盐业生产、港口建设、鲁北化工厂等的建设情况。全国人大代表冯怡生、郝进然、毛宾尧、许文华参加。

23 日,地区工委组织部分住滨州的全国、省人大代表视察地区中级人民法院执法工作,听取地区中级人民法院汇报。全国人大代表毛宾尧、许文华,省人大代表宋西九、赵延孝、鲍同兴、马振泉、姜玉华、王新立、崔寓黔参加。地区工委副主任王金智陪同。

1994 年

2 月

20 日至 21 日,地委召开全区人大工作会议。传达全省人大工作会议精神,总结交流经验,研究如何坚持和完善人民代表大会制度。地委书记王道玉,地委副书记、地区工委主任冯宝璞讲话。

3 月

30 日,地区工委党组召开民主生活会。党组书记冯宝璞主持。副书记宋西九,党组成员王元甫、王金智、段成英、刘连省参加。

4 月

21 日至 25 日,地区工委组成两个检查组对实施《中华人民共和国工会法》及《山东省实施〈工会法〉办法》情况进行检查。地区工委副主任王金智、段成英参加检查。

22 日至 6 月 20 日,根据省人大常委会办公厅的安排,地区工委组织各县市人大常委会对环境保护执法情况进行集中视察。

5 月

10日,省人大常委会副主任马世忠带领省有关部门负责人到滨州视察。

6月

21日至7月5日,根据省人大常委会办公厅的安排,地区工委组织住滨部分省人大代表对农民负担管理法规贯彻实施情况进行集中视察。

7月

19日至20日,全区人大工作座谈会召开,交流上半年工作情况,研究探讨新形势下进一步做好全区人大工作的基本思路和工作重点。地委书记王道玉、地区工委主任冯宝璞讲话。

30日,根据省人大教科文卫委的安排,地区工委开始组织各县市人大常委会开展肉类食品卫生执法监督检查。

8月

26日,地区工委召开工委委员会议,听取审议行署1993年财政预算执行情况、1994年财政预算安排意见和当年1至7月份财政预算执行情况的汇报。地区工委主任冯宝璞讲话。

9月

22日,省人大常委会主任李振一行到惠民县视察,听取全县工业、乡镇企业、个体私营经济、畜牧业发展的汇报,到部分乡镇视察畜牧业、农业发展及地毯加工等。地委副书记郑锡昌、地区工委副主任王金智等陪同。

25日,黄河三角洲滨州跨世纪发展战略研讨会在滨州召开。全国人大常委会副委员长费孝通主持会议并讲话。全国人大常委会、全国政协、民盟中央、中国社会科学院、国务院发展研究中心、国务院研究室、国家土地局、科委、人事部、中国投资银行等单位及山东省人大常委会主任李振、副主任徐建春等省领导和部门负责人出席。地区六大班子领导参加。

26日至27日,全国人大常委会副委员长费孝通参观、视察滨州市容、惠民县棉纺厂、孙子故园等。省人大常委会副主任徐建春,地委书记王道玉,地区工委主任冯宝璞,地委委员、秘书长贾崇福等陪同。

10月

11日,地区工委、地委宣传部、地区广播电视局等9个单位,组织开展"齐鲁环保世纪行"宣传活动。主要宣传《中华人民共和国环境保护法》《中华人民共和国森林法》《中华人民共和国草原法》《中华人民共和国水法》《中华人民共和国水土保持法》等法律法规,宣传《中华人民共和国水污染防治法》和《中华人民共和国大气污染防治法》正反两方面的典型事例。

22日至12月27日,根据省人大常委会办公厅的安排,地区工委组织住滨全国人大代表和省人大代表在全国人大八届三次会议和省八届三次会议前进行集中视察。听取全区经济发展情况的汇报,视察滨州港、小开河引黄工程、鲁北化工总厂建设情况,对"五大兴滨工程"建设提出了意见和建议。

25日,地委与地区工委在邹平县召开全区人大代表评议"一府两院"工作座谈会。地委书记王道玉、地区工委主任冯宝璞讲话。地委委员盖国强,地区工委副主任王元甫、王金智、刘连省参加。

11月

15日,根据省人大常委会办公厅的安排,地区工委开始组织各县市人大常委会对计划生育工作情况进行视察。

1995年

1月

13日,全区人大工作座谈会议召开,总结1994年工作,研究探讨1995年工作思路。地区工委主任冯宝璞讲话。副主任宋西九、王元甫、王金智、段成英、刘连省参加。

14日,地区工委党组召开民主生活会。党组书记冯宝璞主持,党组成员王元甫、王金智、段成英、刘连省参加。

16日,地区工委主任会议召开,确定成立工委机关宿舍基建办公室。

4 月

12 日，全区县市人大常委会主任座谈会在无棣县召开。学习中央文件精神，讨论在全区开展评选先进人大代表和先进代表小组活动意见。地区工委主任冯宝璞讲话。

14 日至 15 日，省人大教科文卫委员会副主任委员于德普、省科委副主任宋存胜到滨州地区检查《中华人民共和国科技进步法》和《山东省科技进步条例》实施情况。

21 日至 24 日，省人大常委会副主任徐建春带领省人大常委会《中华人民共和国农业法》视察组到滨州地区视察农业法实施情况。

7 月

13 日至 14 日，地区工委组织检查组对实施《中华人民共和国工会法》和《山东省实施〈工会法〉办法》情况进行执法检查。

8 月

22 日，地区工委党组召开民主生活会。党组书记冯宝璞主持，副书记宋西九，党组成员王金智、刘连省、王明仁参加。

28 日至 29 日，全区县市人大工作研讨会在博兴县召开。地区工委主任冯宝璞讲话。地区工委副主任王金智、刘连省参加。

9 月

1 日至 4 日，省人大常委会副主任、法制委员会主任委员王树芳带领省人大视察组到滨州对实施《中华人民共和国行政诉讼法》情况进行视察。

18 日至 22 日，省人大常委会副主任苗枫林带领省人大常委会环保执法检查组到滨州检查环境保护和环保执法情况。地区工委主任冯宝璞、副主任段成英等陪同。行署副专员蔡玉昌汇报全区环保执法情况。地委书记王道玉，地委委员、秘书长贾崇福，行署副专员吴金娃到邹平县听取检查组的意见和建议。

26 日，地区工委召开委员会议，听取审议行署 1994 年财政预算执行情况、1995 财政预算安排意见和 1 月至 8 月份财政预算执行情况的汇报。地区工委主任冯宝璞，副主任宋西九、王金智、段成英、刘连省，各工委委员，住滨州的部分省人大代表，行署常务副专员赵延孝及地区财政局负责人参加。

10 月

23 日，召开地区工委党组会议，研究确定地区工委主任分工，研究第九批机关干部下派锻炼及地区工委机关干部交流问题。党组书记冯宝璞主持。党组副书记江连仲、宋西九，党组成员王金智、段成英、刘连省、王明仁参加。

26 日，全区先进人大代表小组、先进人大代表表彰大会召开。地区工委主任冯宝璞主持。地委副书记郑锡昌讲话。

26 日，全区乡镇人大换届选举工作会议召开，传达全省乡镇人大换届选举工作会议精神。地区工委副主任江连仲主持会议并讲话。地委副书记郑锡昌讲话。地区工委副主任刘连省出席。

12 月

4 日至 5 日，地区工委组织住滨州的 2 名全国人大代表和 12 名省人大代表进行人代会会前集中视察。听取 1995 年全区国民经济和 1 至 10 月财政预算执行情况的汇报，视察黄河三角洲开发、沾化毛家洼盐碱地综合治理、鲁北化工总厂、博信油脂化学有限公司、滨州印染集团股份有限公司、滨州化工厂等。

22 日，全区人大信访工作会议召开，传达全省第四次人大信访工作会议精神。地区工委主任冯宝璞，地区工委副主任江连仲，省人大常委会办公厅副主任王珍行，省人大常委会信访处刘本举、李长森分别讲话。

1996 年

1 月

15 日,地区工委在《中华人民共和国劳动法》实施一周年之际,开始组织各县市人大常委会对全区企业进行实施《中华人民共和国劳动法》情况的执法检查。

22 日至 23 日,地区工委党组召开民主生活会。党组书记冯宝璞主持。党组副书记江连仲、宋西九,党组成员王金智、段成英、刘连省、王明仁参加。

2 月

23 日,欢送住滨州地区的省人大代表赴济南出席省人代会。地委书记王道玉、地区工委主任冯宝璞讲话。地区领导郑锡昌、盖国强、李建业、江连仲、贾玉忱、贾崇福、王金智、段成英、刘连省、赵秉耕、惠华玉、吴金娃等送行。

25 日至 3 月 2 日,山东省第八届人民代表大会第四次会议在济南召开,滨州地区代表团共有代表 34 人参加会议。滨州地区代表团提出的《关于农业科技扶贫的议案》,被列为大会通过的两个议案之一。

3 月

7 日,召开地区工委党组会议,学习关于人大政协机构改革方案、省委批转滨州地区改革意见等,研究确定地区工委 1996 年工作要点,研究确定地区工委机关地级宿舍楼开工建设问题。党组书记冯宝璞主持。党组副书记江连仲、宋西九,党组成员王金智、段成英、刘连省、王明仁参加。

4 月

16 日至 17 日,全区县市人大常委会主任座谈会在阳信县召开。听取行署副专员惠华玉关于全区经济情况的通报,汇报和研究在市场经济条件下开展人大工作的情况。地委书记王道玉讲话。地区工委副主任宋西九、段成英、刘连省出席。

23 日至 26 日,省人大常委会副主任王渭田率视察组对滨州地区实施《中华人民共和国农业法》《中华人民共和国农业技术推广法》情况进行专题视察。听取行署汇报,到邹平、阳信、无棣、沾化 4 县的部分乡镇、农户了解农业开发及农民负担问题。省人大常委会委员鞠茂勤参加。地委书记王道玉、地委副书记盖国强、地区工委副主任王金智、行署副专员苏乃军等陪同。

26 日,地区工委办公室、地区政协办公室、地区教育局对各县市基础教育"五项内容"(基础教育"重中之重"地位落实情况,《中华人民共和国教师法》《山东省实施〈教师法〉办法》的落实情况,增加教育投入情况,加强德育工作情况,落实素质教育任务情况)督导检查工作进行复查。

5 月

18 日至 19 日,省人大常委会小城镇建设视察组到邹平县视察。

6 月

27 日,地区工委党组召开民主生活会。党组书记冯宝璞主持。副书记江连仲、宋西九,党组成员王金智、刘连省、王明仁参加。

7 月

28 日,"中华环保世纪行"记者团一行到滨州地区采访。地委书记王道玉,行署专员王宗廉,地区工委主任冯宝璞,地区工委副主任江连仲、段成英,行署副专员惠华玉等陪同。

8 月

8 日,地区工委召开工委委员会议。听取并审议行署副专员燕钦国代表行署作的关于 1995 年财政决算、1996 年财政预算和上半年预算执行情况的汇报;听取地区审计局局长曲振水所作的关于 1995 年度的本级财政预算执行情况审计工作的汇报。地区工委主任冯宝璞,副主任江连仲、宋西九、王金智、段成英参加。

8 日,为纪念《中华人民共和国义务教育法》颁布十周年,根据省人大常委会办公厅安排,地区工委开始组织各县市人大常委会开展《中华人民共和国义务教育法》执法检查。重点检查国家和地方规定的各项教育投入政策落实情况，教育附加征、管、用情况，教师工资尤其是民办老教师工资待遇落实情况等。

14日，全区人大信访工作经验交流会召开，交流工作经验，评选先进集体和先进个人。地区工委副主任江连仲讲话。

19日至25日，全区第一期乡镇人大主席培训班在地委党校举行。全区114名乡镇人大主席团主席参加培训。地区工委主任冯宝璞作动员讲话。省人大常委会人事代表室主任杜忠臣讲课。地区工委副主任江连仲、宋西九、段成英、刘连省及地委党校校长敬玉堂等出席开学典礼，江连仲主持。

23日至24日，全区乡镇人大工作经验交流会召开。地委书记王道玉讲话。地区工委主任冯宝璞主持。地区工委副主任江连仲、宋西九、段成英、刘连省出席。

9月

5日，地区工委和地委宣传部联合召开全区人大宣传工作会议，研究如何做好全区人大宣传工作。地委委员、宣传部部长贾玉忱，地区工委副主任江连仲、邢文福分别讲话。

5日，省人大常委会副主任徐学孟带领省人大常委会视察团到滨州地区视察《中华人民共和国教育法》《中华人民共和国教师法》及《山东省实施教师法办法》的贯彻执行情况。

13日至15日，省人大城环委副主任委员孙宝珠带领省人大常委会执法检查组到滨州对环保情况进行执法检查。地区工委副主任江连仲、行署副专员惠华玉等陪同。

10月

9日至10日，地区工委办公室、地区行署办公室联合对地直单位贯彻执行《中华人民共和国档案法》情况进行检查。

11月

7日，全区人大工作会议召开。贯彻落实江泽民总书记关于人大工作的指示及全省人大工作会议精神，总结交流经验。地委书记王道玉，地委副书记、行署专员王宗廉，地区工委主任冯宝璞，地委副书记贾崇福讲话。

22日，地区工委主任冯宝璞，副主任江连仲、刘连省到地区交警支队就全区交通安全管理和学习济南交警情况进行专题视察。

26日至28日，根据省人大常委会办公厅的安排，地区工委组织住滨1名全国人大代表和10名省人大代表进行人代会会前视察。听取行署有关部门经济工作和贯彻实施《中华人民共和国劳动法》情况的汇报，视察渤海活塞厂、滨州市化肥厂和黄河滩区抗灾救灾、恢复生产等情况。

12月

6日，全区县市人大常委会主任座谈会召开。地区工委主任冯宝璞，副主任江连仲、宋西九、段成英、王金智、刘连省、邢文福，秘书长王明仁出席。

16日至18日，住省直部分全国人大代表到滨州地区视察。听取地区计委、公安、司法等部门汇报，视察滨州化工厂、滨州印染集团、天华集团，到沾化县了解群众生活和扶贫情况。地委书记王道玉，地区工委主任冯宝璞，地委委员、行署副专员赵延孝，地区工委副主任江连仲、刘连省，行署副专员赵秉耕、吴金娃等分别陪同。

22日至26日，省人大常委会原主任李振到滨州地区察看滨州市东郊水库、天华集团，惠民县滩区搬迁，博兴县兴福镇私营企业、柳桥村，邹平县魏桥棉纺织厂等，听取地、县工作汇报。

1997年

3月

25日，全区人大工作会议召开。地区工委主任冯宝璞主持会议并对1997年人大工作提出要求，工委副主任江连仲总结1996年工作，地委书记王道玉讲话。

5月

5日至9日，省人大常委会副主任赵林山带领省人大视察组对滨州地区实施《中华人民共和国农业法》情况和扶贫开发工作进行视察。听取行署和沾化县、阳信县、惠民县政府的汇报，到11个乡镇和9个村走访部分贫困户，实地察看一些扶贫开发项目。省人大常委会委员、农经委副主任委员李兆新，省人大农经委委员董本军、梁凯军，省农委副主任张殿忠，省林业厅副厅长李瑞生参加。省人大代表冯宝璞、马振泉、徐德元随视察组视察。

7日，地区工委、政协地区工委组织部分省人大代表、省政协委员到地区气象局视察。

23日，地区工委召开委员会议，听取审议行署1996年国民经济和社会发展计划执行情况与1997年计划的汇报。地区工委主任冯宝璞主持，工委副主任、委员，部分住滨全国人大代表和省人大代表参加。行署副专员惠华玉就有关问题作了说明。

25日，地委召开地、县市两级党委书记、人大常委会主任、县市长、法院院长、检察长和地直各行政执法机关主要负责人会议，确定在实行执法责任制工作中，实行“党委统一领导，人大监督推动，‘一府两院’组织实施，执法机关各司其职”的领导体制和“谁主管谁负责，一级抓一级，层层抓落实”的工作格局。

6月

6日，“滨州环保世纪行”新闻发布会召开。地区工委副主任刘连省主持。地区工委副主任段成英、行署副专员惠华玉讲话。

20日，全区人大信访工作会议召开。传达省委书记吴官正在看望省信访局工作人员时的讲话和省人大信访工作会议精神，交流经验。地区工委副主任江连仲、秘书长王明仁参加。

7月

18日，地区工委党组召开民主生活会。党组书记冯宝璞主持。副书记江连仲、宋西九，党组成员段成英、刘连省、邢文福、王明仁参加。

22日，根据省人大常委会办公厅的安排，地区工委布置开展科技执法自查活动。

8月

7日，地区工委召开工委委员会议，听取地区财政局局长魏艳和副局长张友庆受行署委托所做的《关于1996年财政决算、1997年财政预算安排意见及上半年预算执行情况》《关于滨州地区第二预算1996年决算、1997年收支计划安排及上半年收支执行情况》汇报。听取地区审计局局长曲振水受行署委托所作的《关于1996年地级财政预算执行情况审计情况报告》。地区工委主任冯宝璞主持。工委副主任、委员，住滨省人大代表参加。行署专员王宗廉讲话。

9月

1日，全区县市人大常委会主任学习建设有中国特色社会主义理论研讨会在惠民县召开。地委书记王道玉讲话。地区工委主任冯宝璞主持。副主任宋西九、段成英出席。

10月

21日至23日，根据省人大教科文卫委员会、省法制局、省档案局安排，地区工委办公室、地区行署法制局、地区档案局联合组织开展全区实施《中华人民共和国档案法》《山东省档案条例》情况的执法检查。

23日至24日，全区人大工作研讨会在邹平县召开。总结五年来人大工作的基本情况，交流经验。地委书记王道玉讲话。地区工委主任冯宝璞、副主任江连仲主持。

30日，全区县级以上人大换届选举工作会议召开。该次换届选举，共分配滨州地区全国人大代表候选人5名、省人大代表28名。

11月

7日，全区“双十佳”人大代表表彰暨新闻发布会召开。地委书记王道玉讲话。地区工委主任冯宝璞主持。地委副书记、行署专员王宗廉，地委委员、秘书长贾崇福，地委委员、纪委书记李成明，地区工委副主任江连仲、宋西九、段成英、邢文福及秘书长王明仁出席。

7 日至 10 日，省人大常委会委员鞠茂勤一行对滨州地区实施《中华人民共和国残疾人保障法》《山东省实施<中华人民共和国残疾人保障法>办法》情况进行视察。听取汇报，到无棣、惠民县视察。地区工委副主任邢文福，行署副专员惠华玉等陪同。

13 日，住滨部分省人大代表视察地区检察分院 1995 年以来的执法情况。省人大代表冯宝璞、马振泉、崔寓黔、张忠正、王新利参加。

12 月

19 日，地区工委召开住滨省人大代表会议，听取审议 1997 年全区国民经济和社会发展计划执行情况及 1997 年财政预算执行情况的报告。

1998 年

1 月

5 日，全国人大环境资源保护委员会主任委员曲格平在省人大城环委副主任委员孙宝珠的陪同下，到无棣县检查环保工作。地委委员、行署副专员周清利，地区工委副主任段成英等陪同。

12 日，地区工委根据地委《关于在全区广泛开展"干部作风建设年"活动的意见》，布置开展"干部作风建设年"活动。

2 月

11 日，地委召开专题会议，听取地区工委工作汇报。工委副主任江连仲就工委 1998 年工作打算及提请地委研究解决工委机关干部交流、办公用房等问题作了汇报。地委书记王宗廉，副书记郑锡昌、贾崇福，地区工委主任赵延孝，副主任江连仲、宋西九，秘书长王明仁出席。

16 日，地区工委党组召开民主生活会。党组书记赵延孝主持。副书记江连仲、宋西九、张贵云，党组成员段成英、刘连省、邢文福、王明仁参加。

23 日，地区工委召开新一届住滨州全国人大代表座谈会。滨州地区 5 名新当选的全国人大代表地委副书记、行署专员张执政，鲁北企业集团党委书记、董事长冯怡生，魏桥纺织集团总公司党委书记、总经理张士平，地区人民医院妇产科主任医师崔寓黔，滨州医学院病理生物研究室副教授刘凤参加会议。地区工委主任赵延孝主持。行署副专员赵怀明通报全区经济社会发展情况。地区工委副主任江连仲、宋西九、段成英、刘连省、邢文福、张贵云等出席。

26 日，全区人大工作会议召开，地区工委副主任江连仲通报 1997 年工作情况和 1998 年工作打算。地委书记王宗廉、地委副书记郑锡昌讲话，工委主任赵延孝主持。工委副主任宋西九、段成英、张贵云出席。

3 月

26 日，全区人大法制工作会议召开。交流总结人大法制工作经验，研究今后工作。地区工委主任赵延孝、副主任张贵云讲话。

6 月

9 日，地区工委召开工委委员会议，听取审议行署 1997 年国民经济和社会发展计划执行情况与 1998 年计划安排意见。地区工委主任、副主任、委员，住滨全国、省人大代表参加。

24 日，省人大常委会主任赵志浩、秘书长王懿诚等到鲁北企业集团视察。地委副书记、行署专员张执政，地区工委主任赵延孝陪同。

30 日至 7 月 4 日，省人大常委会委员、教科文卫委副主任委员张青林，教科文卫委助理巡视员朱前贵，省计划生育委员会副主任孙爱玲到滨州地区对实施《山东省计划生育条例》情况进行执法检查。听取地区及滨州市、无棣县的汇报，对计划生育服务站建设、计划生育扶贫项目及企业计划生育管理情况进行视察。地区工委副主任段成英、行署副专员吴金娃等陪同。

7月

4日至6日,1998年“中华环保世纪行”“建设万里文明海疆”记者团,进入山东省第一站无棣县,开展在滨州为期2天的采访活动。听取省海洋与水产厅、省环保局关于山东省海洋环境保护、山东省辖河流域水污染防治情况汇报,听取滨州地区和无棣县关于沿海经济开发及南运河污水改道排入漳卫新河方案将对滨州地区造成严重污染危害等情况汇报,到无棣北部沿海海滩、鲁北化工集团、埕口镇、大山镇进行考察采访。省人大常委会副主任王渭田,地委书记王宗廉,地区工委主任赵延孝、副主任段成英,行署副专员程竹坤等分别陪同。

5日至7日,省人大常委会委员、内务司法委员会副主任委员郑义堂、袁文光带领省人大检查组到滨州对实施《关于加强社会治安综合治理的决定》情况进行检查。听取地区、滨州市、博兴县汇报,考察滨州市110报警指挥中心、交警二中队、市东派出所康家居委会和博兴县寨郝镇派出所等。全国人大代表刘凤,省人大代表李凤娥、沈志强参加。地委副书记、地区综治委主任贾崇福,地区工委副主任张贵云等陪同。

16日至8月3日,地区工委副主任邢文福、原副主任刘连省、秘书长王明仁到内蒙古自治区集宁市参加全国14省33市、地人大工作座谈会,并考察学习有关市、地人大工作经验。

8月

7日,地区工委召开工委委员会议。听取审议地区财政局副局长王秀夫受行署委托所作的关于1997年财政总决算和1998年财政预算及上半年预算执行情况的汇报,地区审计局局长胡炳山受行署委托所作的关于1997年度地级预算执行情况审计工作的汇报。地区工委主任赵延孝,副主任张贵云、段成英、邢文福及工委委员和部分省人大代表参加。行署副专员苏乃军出席。

10日,地区工委党组召开民主生活会。党组书记赵延孝主持。副书记江连仲、张贵云,党组成员段成英、邢文福、王明仁参加。

10日至9月10日,地区工委检查组对实施《山东省实施〈中华人民共和国工会法〉办法》《山东省外商投资企业工会条例》情况进行执法检查。地区工委副主任段成英、张贵云参加。

18日,地区工委召开委员会议,听取地区中级人民法院上半年工作情况汇报。地区工委主任赵延孝,副主任段成英、邢文福、张贵云,委员王明仁、刘奎振参加。

20日,全区人大人事代表工作会议召开。传达省人大人事代表工作座谈会精神,总结上届人事代表工作基本经验。地区工委副主任邢文福讲话。

20日至9月10日,地区工委检查组对实施《中华人民共和国残疾人保障法》《山东省实施〈中华人民共和国残疾人保障法〉办法》情况进行执法检查。在各县市自查的基础上,检查残联的组织建设和残疾人优惠政策、分散按比例安置残疾人就业、扶贫解困以及残疾人康复、教育、法制建设等的落实情况,对惠民、阳信、邹平三县进行抽查。地区工委副主任张贵云、段成英参加。

23日至25日,省人大常委会副主任李文全率全国人大代表视察团到滨州地区视察。听取地委书记王宗廉关于全区经济社会总体发展情况及行署副专员王方正关于全区个体私营经济发展情况的汇报,与地区领导及地区工商局、地税局、公安局、城建委、技术监督局等部门负责人进行座谈。先后视察博兴县兴福镇、滨州市长江摩托车集团公司、沾化县下洼镇冬枣密植园、山东鲁北企业集团总公司等。地区工委副主任邢文福等陪同。

9月

3日,根据省人大常委会办公厅的安排,地区工委检查组开始对全区环境保护情况进行执法检查。

8日,地区工委组织18个地直单位继续开展“滨州环保世纪行”宣传活动,重点是加强对重点流域水污染防治情况、开展“国际海洋年”活动、大气污染防治、林业资源保护的报道。

9日至10日,省人大常委会副主任何宗贵、省人大常委会委员宋存胜及省科协负责人到滨州地区对实施《山东省科学技术协会条例》情况进行视察。听取汇报,与部分住滨全国和省人大代表进行座谈,察看阳信淡水养鱼、蔬菜种植等科普示范基地建设及科协网络组织情况。地委副书记郑锡昌、地区工委主任赵延孝、行署副专员苏乃军等陪同。

16日，根据省人大教科文卫委员会的安排，地区工委布置开展对实施《中华人民共和国职业教育法》情况的检查。

16日，省人大内务司法委员会副主任委员王光先一行到邹平县对贯彻《中华人民共和国妇女权益保障法》情况进行执法检查。

17日，1998年“滨州环保世纪行”启动仪式举行。地区工委副主任江连仲、行署副专员程竹坤参加。

21日至23日，省人大财经委副主任委员、省人行行长刘秀胜等到滨州征求对《山东省机关事业单位及国有企业法人代表离任审计条例（草案）》的修改意见。

10月

7日至9日，地区工委组织住滨省人大代表沈志强、祁维华、王玉凤、李炳众、王在忠、夏文超及部分县人大代表对全区畜牧业生产及畜牧技术推广服务体系建设、农业技术推广、畜牧法规执行情况进行视察。听取地、县畜牧局汇报，察看邹平县、惠民县畜牧龙头企业、畜牧生产小区、家禽场、专业大户、家畜改良站、畜牧兽医站等，听取基层干部、群众的意见。地区工委副主任江连仲、秘书长王明仁参加。

12日，全区大人信访和报刊宣传工作会议召开。省人大常委会办公厅助理巡视员、人民权利报社总编李朝东作报告并介绍省人大报刊发行情况。地区工委副主任江连仲讲话。秘书长王明仁主持。

12日，根据省人大常委会办公厅安排，地区工委要求各县市人大常委会展开监督支持全区法院系统开展集中清理未执行案件行动。

26日至27日，全区人大主任座谈会在博兴县召开，围绕深化完善执法责任制和强化人大法律监督、加强人大代表工作和乡镇人大换届、如何进一步加强人大机关自身建设进行座谈交流。地区工委主任赵延孝，副主任江连仲、邢文福、张贵云讲话。

30日，全区乡镇人大换届选举工作会议在邹平县召开，部署乡镇人大换届选举工作。地委副书记郑锡昌、地区工委副主任江连仲讲话。地区工委副主任邢文福主持。

11月

2日，地区工委组织部分住滨省人大代表和部分市人大代表对滨州市黄河滩区村庄搬迁及城市建设工作进行视察。听取滨州市汇报，察看滨州市里则镇、杜店镇、蒲城办事处和梁才乡滩区村庄搬迁及城市建设情况。省人大代表赵延孝、隆方同、李凤娥、沈志强及部分市人大代表参加。地区工委副主任段成英、张贵云，行署副专员程竹坤等陪同。

18日至20日，地区工委检查组对实施《中华人民共和国行政处罚法》情况进行执法检查。在地、县市行政机关自查的基础上，听取行署关于《中华人民共和国行政处罚法》实施两周年情况汇报，到部分县市进行抽查。工委副主任江连仲、张贵云，行署副专员赵怀明等出席汇报会。

12月

4日至5日，省人大常委会副主任、城环委主任委员王渭田率领省人大徒骇河、马颊河流域水污染防治情况调研组，对滨州地区徒骇河申桥断面、德惠新河王杠子闸断面、无棣漳卫新河辛集断面水污染防治情况进行调研。地委书记王宗廉、副书记安世银，地区工委副主任江连仲、段成英，行署副专员程竹坤等分别陪同。

8日至9日，地区工委根据《山东省人大常委会地区人大工作委员会暂行工作条例》的有关规定，对滨州地区由省人大常委会任免的审判人员、检察人员履行职责情况通过述职和民主测评方式进行考察。

10日至11日，地区工委组织住滨全国人大代表冯怡生、张士平、崔寓黔、刘凤，省人大代表赵延孝、魏艳、张忠正、沈志强进行会前视察。听取行署、地区中级法院、地区检察分院、博兴县有关情况汇报，视察寨郝镇姜韩家具市场、兴福镇厨房设备企业和白铁批发市场、店子镇黑铁批发市场和蔬菜大棚生产等，与行署、“两院”领导人座谈。地区工委副主任江连仲、邢文福,行署副专员赵怀明、吴金娃等陪同。

14日至16日,省人大常委会副主任董凤基到滨州地区走访联系代表,并对滨州地区教科文卫事业的发展作考察。听取地委书记王宗廉、行署专员张执政、地区工委主任赵延孝、行署常务副专员周清利等对省人大、省政府、省高级法院、省检察院工作的建议,同住滨州地区的部分省人大代表及滨州市人大代表就教科文卫方面的情况进行交流、座谈,参观考察了滨州医学院等单位。

17日,省人大常委会副主任墨文川到邹平县考察个体企业发展情况。地区工委副主任邢文福等陪同。

1999年

1月

13日,地区工委主任会议召开。会议听取关于全区人大换届选举情况的汇报,关于全省贯彻落实村民委员会组织法会议精神和地直机关实施执法责任制检查情况的汇报,关于参加省九届人大二次会议和工委机关公务员考核、民主评议党员准备情况的汇报;研究讨论工委机关1998年工作总结和1999年工作要点;听取关于地区中级法院、地区检察分院述职情况的汇报;听取关于机关开展"三讲"活动安排意见;听取关于1998年机关财务工作的汇报。地区工委主任赵延孝,副主任江连仲、张贵云、邢文福,秘书长王明仁参加。

17日,地区工委党组召开民主生活会。党组书记赵延孝,副书记江连仲、宋西九、张贵云,党组成员段成英、邢文福参加。

19日,全区学习宣传贯彻《中华人民共和国村民委员会组织法》座谈会召开,传达省人大内务司法委学习宣传贯彻《中华人民共和国村民委员会组织法》座谈会精神。地区工委副主任张贵云讲话。

29日,全区人大教科文卫、城建环保、民侨外工作座谈会召开。传达省人大三个委员会的座谈会精神,总结工作,研究今后一个时期的工作任务。地区工委主任赵延孝、副主任段成英讲话。

2月

26日至27日,省人大常委会委员、城环委副主任委员杜祥荣,省人大常委会委员、城环委委员段璋银一行到滨州就《山东省建筑工程勘察设计管理条例》进行立法调研。地区工委副主任段成英、行署副专员程竹坤等陪同。

3月

1日,欢送住滨全国人大代表张执政、冯怡生、崔寓黔、张士平、刘凤赴京参加全国人代会。地委书记王宗廉致欢送辞,地区工委主任赵延孝主持。

2日,地委听取地区工委工作汇报。工委副主任江连仲就地区工委1998年工作情况、1999年工作安排意见及需要提请地委研究的具体问题作汇报。地委书记王宗廉,副书记郑锡昌、安世银,地区工委主任赵延孝,副主任江连仲、秘书长王明仁,地委秘书长叶庆华参加。

3日,全区人大工作座谈会召开。研究1999年人大工作重点,各县市交流1998年工作情况和当年工作打算。地委副书记郑锡昌,地区工委主任赵延孝、副主任江连仲讲话。

11日至19日,地区工委秘书长王明仁带领考察组就加强人大机关建设和办公室工作,赴德州、聊城、菏泽、济宁、泰安、莱芜六市学习考察人大机关工作经验。

4月

5日,地委、地区工委、行署联合召开1998年度优秀执法机关和优秀执法工作者表彰大会,对1998年全区国家机关实行执法责任制中涌现出的36个优秀执法机关和优秀执法工作者进行表彰。地委副书记安世银、地区工委副主任张贵云讲话。地区工委主任赵延孝、行署副专员赵怀明出席。

6日至7日,全区人大办公室主任会议在邹平县召开。地区工委主任赵延孝、副主任江连仲参加。

10日,地区工委机关召开"三讲"教育动员大会。工委主任赵延孝作动员。

11 日，由全国人大环境资源保护委员会和共青团中央组织的“中华环保世纪行”记者团到滨州地区采访。记者团主要就黄河断流对黄河入海口生态环境的影响和保护母亲河这一课题进行采访报道。

22 日，地区工委委员会议召开，听取审议地区计委主任刘振新受行署委托所作的全区 1998 年国民经济、社会发展计划执行情况与 1999 年计划安排意见的汇报。地区工委副主任江连仲讲话。

26 日至 30 日，全区乡镇人大主席培训班举办，省人大常委会委员、农村与农业委员会委员杜忠臣就《中华人民共和国地方各级人民代表大会和地方各级人民政府组织法》进行专题辅导。地区工委主任赵延孝作动员。地委副书记安世银在培训班结业时讲话。

5 月

5 日至 6 日，根据省人大常委会办公厅的安排，地区工委组织住滨省人大代表商玉明、沈志强、肖广兰、赵玉华就实施《中华人民共和国农业法》《中华人民共和国村民委员会组织法》情况进行视察。听取行署有关部门汇报，走访无棣县部分乡镇、农户。地区工委副主任江连仲参加。

9 日，地区工委、住滨全国和省人大代表发表抗议书，强烈谴责以美国为首的北约对中国驻南斯拉夫大使馆进行导弹袭击的罪恶行径。

6 月

21 日，地区工委主任会议召开，研究制定《关于加强对代表宣传的意见》。

29 日，地区工委召开“三讲”教育总结大会。

7 月

5 日，全区人大人事代表工作座谈会召开。各县市人大常委会分管副主任、人事代表室主任参加。

9 日，全区人大法制工作座谈会召开。各县市交流上半年人大法制工作情况。地区工委主任赵延孝、副主任张贵云讲话。

12 日，中华环保世纪行“爱我黄河”记者采访团第三分团记者到滨州地区采访。省人大城环委副主任委员朱关兴、委员钱海骅，地委副书记安世银，地区工委主任赵延孝、副主任段成英，行署副专员程竹坤、苏乃军等陪同。

15 日，全区人大人事代表工作座谈会召开。传达全省人大人事代表工作座谈会精神，对全区人大人事代表工作进行总结和部署。地区工委副主任江连仲主持，邢文福讲话。

21 日，地区工委委员会议召开。听取审议全区 1998 年财政预算执行情况和 1999 年预算安排及上半年预算执行情况的汇报，听取审议全区 1998 年度地直财政预算执行情况审计工作汇报。地区工委委员，部分全国、省人大代表参加。

22 日，地区工委委员会议召开。听取审议行署上半年执法责任制工作情况汇报，听取审议地区中级法院、检察分院关于上半年工作的汇报。地区工委委员，行署分管专员、秘书长等参加。

8 月

20 日至 9 月 20 日，根据省人大常委会办公厅的要求，地区工委调研组对实施《中华人民共和国法官法》《中华人民共和国检察官法》情况进行调研。

9 月

1 日至 5 日，省人大常委会副主任王克玉率省人大视察组对滨州、博兴、阳信三县市的计划生育工作进行视察。行署副专员吴金娃代表地委、行署向视察组作汇报，地委书记王宗廉，行署专员张执政，地委副书记安世银，地区工委主任赵延孝、副主任段成英参加。

9 日，地区工委组织住滨州地区的部分省人大代表对实施《山东省农业机械管理条例》情况进行视察。省人大代表菅继志、姜玉华、李凤娥，地区工委副主任江连仲参加。

16 日，地区工委组织对全区公路建设情况进行视察。地区工委主任赵延孝参加。行署副专员程竹坤等陪同。

22日，全区人大报刊发行工作座谈会召开。邹平、滨州、无棣、阳信4县市交流人大报刊发行经验。地区工委副主任江连仲、秘书长王明仁讲话。

28日，省人大常委会副主任王道玉带领省人大常委会委员、农业与农村委员会副主任委员徐炳煦、省农业厅厅长郑守龙等到滨州就《山东省农村集体经济承包合同管理规定》进行立法调研。地区工委副主任张贵云、行署副专员苏乃军等陪同。

10月

10日至13日，地区工委主任赵延孝，副主任江连仲、段成英、邢文福、张贵云，秘书长王明仁带队，分6个组对全区各县市、各乡镇人大"硬件"建设、《山东省乡镇人民代表大会工作若干规定》落实情况、代表小组建设情况进行检查。

11日，地区工委组织开展1999年"滨州环保世纪行"活动。活动主题是"我们呼唤碧水"。

14日至15日，全区人大个案监督工作理论研讨会在无棣县召开。地区工委副主任张贵云讲话。地区工委主任赵延孝、秘书长王明仁出席。

25日至27日，全国14省(市、区)32地(盟、市)人大工作联席会第12次会议在浙江丽水地区召开。地区工委和各县市人大常委会负责人参加。地区工委在会上交流了《贯彻依法治国方略，强化地方人大法律监督工作》的情况。

11月

5日，全区人大宣传工作会议召开，交流情况，讨论地委宣传部、地区人大工委《关于加强社会主义民主法制和人民代表大会制度宣传报道的意见》。地委副书记安世银，地区工委主任赵延孝，地委委员、宣传部部长苏将忠讲话。

26日，根据省人大常委会办公厅的安排，地区工委调研组对实施《中华人民共和国村民委员会组织法》情况进行调研。

29日，无棣、沾化两县群众吃水工程送水典礼在无棣县三角洼水库会场举行。全国人大环境资源保护委员会主任委员曲格平合闸放水。省委副书记吴爱英，国家环保总局副局长宋瑞祥，全国人大环境资源保护委员会副主任委员李蒙，委员李华忠、张宏仁，水利部副部长周文智，中国科协书记处书记常志海，农业部原部长赵凡，共青团中央书记处书记胡春华，省人大常委会副主任张宗亮等出席典礼。地委书记王宗廉介绍两县群众吃水工程建设情况，曲格平、周文智、吴爱英分别讲话。地委副书记、行署专员张执政主持典礼。

30日，参加完无棣、沾化两县群众吃水工程送水典礼的全国人大常委会、国家有关部委、省委、省政府、省直有关单位及新闻单位的有关人员，在滨州听取了滨州地区的情况汇报，对滨州地区的发展提出了意见与建议。地委书记王宗廉，地委副书记、行署专员张执政等参加座谈会。

17日，工委召开述职评议大会。对地区林业局局长王存友、地区海洋与水产局局长田宝礼进行述职评议。工委主任赵延孝、地委组织部部长于国光、行署副专员程竹坤讲话。

12月

6日至7日，地区工委组织住滨州全国人大代表和住地直省人大代表进行会前集中视察。听取行署汇报，视察山东魏桥纺织集团公司、山东渤海活塞集团公司、滨州化工集团公司及滨州印染集团公司等。全国人大代表冯怡生、张士平、崔寓黔、刘凤，省九届人大代表赵延孝、张忠正、姜玉华、李凤娥参加。地区工委副主任江连仲、行署副专员赵怀明、工委秘书长王明仁等陪同。

29日，全区人大代表暨乡镇人大工作会议召开。对滨州市小营镇等21个乡镇人大工作先进单位进行表彰。工委主任赵延孝讲话。

2000 年

2 月

24 日，欢送出席省人代会的省人大代表。地委书记王宗廉致欢送辞。地区六大班子的领导参加。

29 日，按照地委的统一安排，地区工委机关开展“优质服务年”活动。

3 月

27 日，地区工委布置开展“争先创优，做合格人大代表”活动，增强各级人大代表的代表意识，提高依法执行代表职务的自觉性。

29 日至 30 日，工委组成人员和部分全国、省人大代表及滨州、博兴的部分县市人大代表对地区林业局和海洋与水产局主要负责人的评议整改情况进行视察。

4 月

10 日，地区工委机关开展“三讲”教育“回头看”活动。

14 日，全区人大信访工作会议召开。地区工委副主任江连仲讲话。

18 日，地区工委听取审议地区行署 1999 年国民经济和社会发展计划执行情况与 2000 年安排意见。

20 日，地区工委召开全区实施《中华人民共和国法官法》《中华人民共和国检察官法》座谈会。地委副书记安世银讲话。地区工委副主任江连仲主持。

21 日，按照省人大教科文卫委的要求，地区工委组织有关部门对滨州市、沾化、惠民三市县贯彻实施《山东省科协条例》情况进行抽查。

5 月

16 日至 19 日，省人大常委会副主任张瑞凤率领视察组对滨州地区国有企业改革与发展情况进行视察。听取行署及邹平县政府汇报，察看滨化集团、滨州毛巾厂、魏桥纺织集团、华中琥珀啤酒有限公司等企业的生产经营情况。地委书记王宗廉，地委委员、行署副专员周清利，地区工委副主任张贵云陪同。

24 日至 25 日，省人大常委会副主任王道玉率领省人大立法调研组和省直有关部门负责人到滨州征求《山东省森林资源管理条例（修订草案修改稿）》的意见和建议，听取市委、市政府和市直有关部门负责人对条例的修改意见。行署副专员苏乃军作汇报。地委副书记安世银、地委委员曹兴宽、地区工委副主任叶庆华参加立法调研座谈会。

6 月

19 日，地区工委召开工委委员会议。听取地区中级人民法院、滨州检察分院、地区公安处关于 1999 年以来办理个案、批办案件的情况汇报，并进行专题讨论和审议。

23 日，地区工委召开工委委员会议。听取地区财政局局长宋振华受行署委托所作的《关于 1999 年财政预算执行情况和 2000 年财政预算安排》的汇报；听取地区审计局副局长刘合三受行署委托所作的《关于 1999 年度地直预算执行情况审计工作》报告。部分省人大代表参加。

7 月

27 日至 29 日，省人大财经委副主任委员张敬茂到滨州地区对《山东省私营企业和个体工商户权益保护条例》《山东省盐业管理条例（草案）》进行立法调研。地区工委副主任江连仲、叶庆华参加。

8 月

2 日至 8 日，地区工委副主任江连仲、秘书长王明仁带领工委机关有关人员和地委组织部、地区人事局、财政局的负责人，赴临沂、枣庄、菏泽、聊城 4 市、地，就撤地建市的有关程序、人代会的筹备及召开、人大常委会的机构设置及运行机制等问题考察学习。

16 日至 23 日，地区工委组织开展环保世纪行活动，赴全区 7 县市实地察看重点污染源的治理情况。

9 月

7日至27日，地区工委副主任段成英、秘书长王明仁带领各县市人大常委会主任赴福建、广东、海南、安徽等省考察学习在市场经济条件下如何做好人大工作的经验。

13日至16日，省人大常委会副主任何宗贵带领省人大视察组对滨州地区实施《中华人民共和国义务教育法》情况进行视察。地区工委副主任江连仲，地委委员、行署副专员周清利，行署副专员赵怀明、吴金娃等陪同。

29日，地区工委听取地区法院、检察院、公安局关于《中华人民共和国刑事诉讼法》实施情况的汇报。地区工委副主任江连仲主持。张贵云通报对《中华人民共和国刑事诉讼法》实施情况的检查和全区社会治安状况的调查情况。地区工委副主任段成英、叶庆华出席。

10月

10日，地区工委召开地级滨州市第七届人大代表推荐选举工作会议。各县市人大常委会主任和人事代表工作室主任参加会议，地区工委秘书长王明仁主持会议，地区工委副主任江连仲讲话。

同日，地级滨州市第七届人民代表大会第一次会议筹委会预备会议召开。地委副书记安世银，地委委员、组织部部长裴建华，地区工委副主任江连仲、段成英、张贵云、叶庆华、秘书长王明仁，行署副专员赵怀明参加会议。

20日至11月10日，地区工委对社会保障和下岗职工再就业工作开展大检查，抽查了邹平县、惠民县、阳信县。地区工委副主任张贵云参加。

11月

6日至8日，省人大常委会检查组在省人大常委会副主任张瑞凤带领下，对滨州地区实施新《中华人民共和国兵役法》情况进行执法检查。听取地委、行署、军分区及博兴县情况汇报，现场察看滨州市、博兴县征兵体检站。

12日，地级滨州市第七届人民代表大会第一次会议筹委会召开第一次会议。对定于2001年1月召开的地级滨州市七届人大一次会议的各项准备工作进行具体安排。地委副书记、筹委会副主任安世银主持。地委书记、地区工委主任、筹委会主任王宗廉讲话。地区工委副主任、筹委会副主任江连仲，地委委员、组织部部长、筹委会副主任裴建华出席，筹委会其他成员和各组正副组长参加会议。

13日至14日，地区工委组成人员，部分全国、省人大代表，惠民、无棣两县部分县人大代表对地区国家税务局局长陈子孟、地区农业局局长张冠文进行述职评议。地区工委组成人员对地区建委主任隆方同、科委主任李树国、劳动和社会保障局局长单吉昌、技术监督局局长曹福泉的书面述职报告及依法履行职责的情况进行了评议。

16日，地区工委副主任江连仲、秘书长王明仁，地委委员、组织部部长裴建华等就地级滨州市第七届人民代表大会第一次会议筹备情况到省人大常委会人事代表工作室汇报。

18日，地级滨州市第七届人民代表大会第一次会议筹备会第二次会议召开。地委副书记安世银，地委委员、组织部部长裴建华，地区工委副主任江连仲、段成英、张贵云、叶庆华、秘书长王明仁及筹委会成员参加会议。

同日，地级滨州市第七届人大代表选举工作会议召开。地委书记、地区工委主任王宗廉，地委副书记安世银，地委委员、组织部部长裴建华，地区工委副主任江连仲、段成英、张贵云、叶庆华、秘书长王明仁，筹委会成员，各县区委书记、副书记、组织部长，各县区人大常委会主任、人代室主任以及地直有关部门负责同志参加会议。地委副书记安世银主持会议。地委书记、地区工委主任王宗廉讲话。

18日，滨州市七届人大一次会议筹备委员会召开市七届人大代表选举工作会议。地委书记、地区工委主任王宗廉讲话，地区工委副主任江连仲宣读《滨州市第七届人民代表大会第一次会议筹备委员会关于推荐选举滨州市第七届人民代表大会代表工作的安排意见》，地委委员、组织部部长裴建华对推荐市人大代表候选人准备名单的安排作说明。会议就选举的时间安排、代表名额及分配、代表的素质及结构，以及选举代表的其它有关问题等作出部署。

22日，地级滨州市第七届人民代表大会第一次会议筹委会第三次会议召开。地委副书记安世银，地委委员、组织部部长裴建华,地区工委副主任江连仲、段成英、张贵云、叶庆华、秘书长王明仁及筹委会成员参加会议。

28 日至 12 月 1 日,地区工委组织住滨州的九届全国人大代表冯怡生、崔寓黔、刘凤,省九届人大代表赵延孝、魏艳、张忠正、沈志强、王延平、郭长江、赵玉华进行会前集中视察。听取行署汇报,视察沾化冬枣、惠民蔬菜、阳信优质麦种植情况、鲁北企业集团、滨州化工集团等。地区工委副主任江连仲、段成英、张贵云、叶庆华,行署副专员周清利、吴金娃、苏乃军等陪同。

12 月

4 日至 8 日,地委副书记安世银、地区工委副主任江连仲等到各县市督导检查地级滨州市第七届人大代表推荐选举工作。

12 日,省人大常委会人事代表工作室殷鲁谦、副主任谭明山等到滨州指导地级滨州市第七届人民代表大会第一次会议筹备工作。地区工委副主任江连仲汇报筹备情况。

13 日,省人大常委会副主任董凤基到滨州对教育工作进行调研。地区工委副主任江连仲、段成英等陪同。

18 日,市七届人大一次会议筹委会召开第四次会议。市委副书记安世银讲话。筹委会副主任江连仲、裴建华、段成英、叶庆华、赵怀明出席。筹委会全体成员参加。

23 日,市第七届人民代表大会第一次会议筹备委员会决定,市第七届人民代表大会第一次会议于 2001 年 1 月 4 日至 8 日在滨州召开,会期 5 天。

31 日,市第七届人民代表大会第一次会议筹备委员会召开第五次会议,决定调整召开市第七届人民代表大会第一次会议时间,市第七届人民代表大会第一次会议定于 2001 年 1 月 11 日在滨州召开。安世银、江连仲、段成英、张贵云、叶庆华等筹委会成员参加会议。

2001 年

1 月

11 日至 15 日,市第七届人民代表大会第一次会议在滨州召开。

13 日,市第七届人民代表大会第一次会议选举王宗廉为市人大常委会主任,江连仲、张贵云、叶庆华、朱向旭、郭德刚、巩若良、郭建新(女)为副主任,王明仁为秘书长。选举张执政为市长,周清利、赵怀明、燕钦国、程竹坤、祁维华(女)、苏乃军、王方正、董吉增为副市长。选举任树梓为市中级人民法院院长,修先哲为市人民检察院检察长。

14 日,市第七届人民代表大会第一次会议选举刁万祥、王存友、刘凤(女)、刘奎振、纪家华、李淑忠、杨兴华(女)、吴国瑞(女)、沈志强、宋茂龙、张士平、张吉文、张同发、张忠正、张树香(女)、胡克生、姜力、高彬儒、梁昭春、蔡国华为市人大常委会委员。

16 日,市委、市人大常委会、市政府、市政协隆重举行撤地设市庆祝大会。省人大常委会副主任董凤基,市委书记、市人大常委会主任王宗廉,市人大常委会副主任江连仲为市人大常委会揭牌。

16 日,市委决定:成立中共滨州市人大常委会党组。江连仲为书记,张贵云、叶庆华为副书记,朱向旭、郭德刚、巩若良、王明仁为成员。

2 月

4 日,召开市七届人大常委会第 1 次主任会议。研究确定主任、副主任分工,研究确定召开市七届人大常委会第 1 次会议的有关事项,研究决定人事任免事项。市委书记、市人大常委会主任王宗廉主持。

5 日,市七届人大常委会第 1 次会议在滨州召开。市委书记、市人大常委会主任王宗廉主持。市人大常委会副主任江连仲、张贵云、叶庆华、朱向旭、郭德刚、巩若良、郭建新,秘书长王明仁出席。市委常委、副市长周清利,市中级人民法院院长任树梓,市人民检察院负责人等列席。

8 日,市人大常委会在滨州迎宾馆举行仪式,欢送出席省九届人大四次会议的人大代表。市六大班子领导参加。市委书记、市人大常委会主任王宗廉讲话。

27日,省人大教科文卫委员会副主任委员朱广新、委员周志仁等到滨州就《山东省教育督导条例》进行立法调研,到农校、盲校、北中、一小等学校征求意见,召开有关部门负责人参加的座谈会。市人大常委会副主任巩若良等陪同。

3月

1日,市人大常委会在迎宾馆举行仪式,欢送住滨全国人大代表张执政、冯怡生、张士平、崔寓黔、刘凤赴京出席九届全国人大四次会议。市六大班子领导参加。市委书记、市人大常委会主任王宗廉讲话。

8日,市人大常委会表彰先进代表活动小组和优秀人大代表大会举行。表彰在2000年度涌现出来的7个先进代表活动小组和45名各级优秀人大代表。市人大常委会副主任张贵云主持,副主任江连仲讲话。市委副书记安世银代表市委到会祝贺并讲话。

8日,省人大内务司法委员会副主任委员薄振明一行到滨州对实施《中华人民共和国村民委员会组织法》情况进行调研,听取市政府汇报,到博兴、邹平等县考察。市人大常委会副主任张贵云等陪同。

21日,市七届人大常委会第2次主任会议召开。讨论通过《滨州市人大常委会主任会议议事规则》《滨州市人大常委会主任办公会议制度》《滨州市人大常委会2001年工作要点》。市委书记、市人大常委会主任王宗廉主持。

21日,市委、市人大常委会、市政府、市政协在清怡宾馆举行全市人大代表建议和政协委员提案交办会议。市委常委、秘书长侯宪秀主持。市人大常委会副主任朱向旭,市委常委、常务副市长周清利,市政协副主席孙树勋分别讲话。

22日,全市人大财经工作座谈会召开。各县区人大常委会汇报交流加强和改进人大财经工作的经验和2001年工作打算,听取市审计局局长张子禹作的《如何加强对本级预算执行情况的审计监督》的报告。市人大常委会副主任叶庆华讲话。

23日,全市人大内务司法工作座谈会召开。传达全省人大内务司法工作座谈会精神,总结和部署工作。市人大常委会副主任张贵云讲话。

29日,市七届人大常委会第3次主任会议召开。讨论通过召开市七届人大常委会第2次会议的有关事项。市委书记、市人大常委会主任王宗廉主持。

29日,市七届人大常委会第2次会议召开。审议通过《滨州市人民代表大会常务委员会关于许可对滨州市七届人大代表王兴发依法逮捕的决定》,讨论通过其他事项。市委书记、市人大常委会主任王宗廉主持。

4月

5日,市七届人大常委会第4次主任会议召开。讨论通过召开市七届人大常委会第3次会议的有关事项。市委书记、市人大常委会主任王宗廉主持。

5日至25日,市人大常委会检查组对实施《中华人民共和国律师法》情况进行检查。

6日,市人大常委会举行机关全体党员大会,选举产生第一届机关党委、纪检委。机关党委书记为王明仁,副书记为李凯、蔺东华,组织委员为刘卫红,学习宣传委员为徐竹滨,青年委员为陶公泉。纪检委成员由蔺东华、刘卫红、褚新法、孙学锋、劳建刚组成。

17日至18日,市七届人大常委会第3次会议召开。市委书记、市人大常委会主任王宗廉主持。市人大常委会副主任江连仲、张贵云、叶庆华、郭德刚、巩若良、郭建新,秘书长王明仁出席。副市长燕钦国、市中级人民法院院长任树梓、市人民检察院检察长修先哲等列席。

18日至20日,省人大常委会委员、农业与农村委员会副主任委员徐炳煦,省气象局副局长李勇等到滨州对实施《中华人民共和国气象法》情况进行调研。市人大常委会副主任郭建新等陪同。

26日,全市人大农业与农村工作座谈会召开。传达贯彻省人大常委会农业与农村工作会议精神,研究部署工作。

5 月

11 日,全市人大信访工作座谈会召开。学习《滨州市人民代表大会常务委员会信访工作暂行办法》,通报信访工作情况,各县区汇报工作。市人大常委会副主任张贵云讲话。

14 日至 15 日,按照市人大常委会的要求,市人大常委会内务司法工委会同市残联,对实施《中华人民共和国残疾人保障法》十周年情况进行检查。

18 日,召开中共滨州市人大常委会党组会议,学习中央纪委、省纪委关于禁止收受有价证券、支付凭证等的有关精神,听取市纪委关于市人大常委会机关民主评议的反馈意见,研究机关科级干部任免等。党组书记江连仲主持,党组副书记张贵云、叶庆华,党组成员郭德刚、王明仁出席。市人大常委会副主任郭建新列席。

22 日至 23 日,市人大常委会视察组对全市客运市场进行视察。市人大常委会副主任郭德刚、秘书长王明仁参加。

24 日,召开市七届人大常委会第 5 次主任会议。讨论通过召开市七届人大常委会第 4 次会议的有关事项。市委书记、市人大常委会主任王宗廉主持。

30 日至 31 日,全市人大民侨外工作座谈会在惠民和邹平两县召开。传达贯彻全省人大民侨外工作座谈会精神,各县区人大和市直有关部门交流工作情况,研究部署今后任务。市人大常委会副主任郭德刚讲话。

6 月

5 日,全市教科文卫工作座谈会召开。通报全省人大教科文卫工作座谈会精神,各县区人大交流工作情况,研究部署今后任务。市人大常委会副主任巩若良讲话。

5 日,举行"纪念世界环境日新闻发布会暨 2001 滨州环保世纪行启动仪式"。市人大常委会副主任、环保世纪行组委会主任朱向旭和副市长、环保世纪行组委会主任程竹坤参加。

7 日至 8 日,市七届人大常委会第 4 次会议在滨州召开。市委书记、市人大常委会主任王宗廉、市人大常委会副主任江连仲分别主持。市人大常委会副主任张贵云、叶庆华、朱向旭、郭德刚、巩若良、郭建新,秘书长王明仁出席。副市长燕钦国、市人民检察院检察长修先哲、市中级人民法院负责人等列席。

7 月

15 日,《滨州人大工作》复刊第一期出版。

16 日,市人大常委会机关党委召开全体党员大会,动员、部署"学党章、守纪律、正党风"活动。

18 日,中共滨州市人大常委会党组召开 2001 年度民主生活会,主题是学习贯彻"三个代表"重要思想,改进完善领导方式、领导方法和工作作风,坚持四项基本原则,带头廉洁自律。党组书记江连仲主持,党组副书记张贵云、叶庆华,党组成员朱向旭、郭德刚、巩若良、王明仁出席。

19 日,全市人大人事代表工作座谈会召开。传达全省人大人事代表工作研讨会精神,总结和安排工作。市人大常委会副主任朱向旭讲话。秘书长王明仁出席。

8 月

1 日至 2 日,全市人大工作研讨会在惠民县召开。各县区人大常委会及市人大常委会内务司法工委、财经工委总结交流近几年的工作,研究探讨新形势下强化人大监督工作的路子和形式。市委副书记安世银,市人大常委会副主任江连仲、张贵云讲话。市人大常委会副主任叶庆华、朱向旭、郭德刚、巩若良、郭建新,秘书长王明仁出席。

3 日,召开中共滨州市人大常委会党组会议,学习中央关于乡镇换届选举的有关精神,研究滨州市乡镇人大换届选举的相关问题。党组书记江连仲主持,党组副书记张贵云、叶庆华,党组成员朱向旭、郭德刚、巩若良、王明仁出席。

10 日至 25 日，市人大常委会检查组对实施《国家公务员暂行条例》情况进行执法检查。市人大常委会副主任张贵云参加。

13 日，召开市七届人大常委会第 6 次主任会议。市人大常委会副主任江连仲主持，副主任张贵云、朱向旭、郭德刚、巩若良、郭建新，秘书长王明仁出席。

21 日至 22 日，市七届人大常委会第 5 次会议在滨州召开。市人大常委会副主任江连仲主持，副主任张贵云、叶庆华、朱向旭、郭德刚、巩若良、郭建新，秘书长王明仁出席。副市长赵怀明、市政府秘书长李炳众、市人民检察院检察长修先哲等列席。

27 日至 29 日，省人大常委会主任赵志浩一行到滨州视察市农业高科技示范园、渤海活塞集团、魏棉科技工业园、博兴县汇泉厨业、沾化县渤海高新技术苗木繁育场、无棣鲁北化工集团等。市委书记、市人大常委会主任王宗廉，市人大常委会副主任江连仲，市委常委、秘书长侯宪秀，市人大常委会秘书长王明仁等陪同。

31 日，市人大常委会召开全市述职评议动员大会。市人大常委会副主任江连仲讲话，秘书长王明仁主持。市委常委、常务副市长周清利出席。

9 月

3 日，市人大常委会召开主任办公会议。初步议定《滨州市人大常委会关于加强全市人大代表工作的意见》，讨论通过市人大常委会述职评议工作领导小组组成人员名单和其他人事事项。市人大常委会副主任江连仲主持。

5 日，全市人大报刊宣传工作座谈会召开。总结和研究部署人大宣传和报刊征订工作。市人大常委会副主任江连仲、秘书长王明仁讲话。

19 日至 20 日，省人大内务司法委员会副主任委员李春田一行到滨州进行个案监督工作调研。听取市人大常委会汇报，到阳信、无棣两县调研。市人大常委会副主任张贵云等陪同。

24 日至 30 日，全国 14 省（市、区）32 地区（盟、市）人大工作联席会议在广西河池地区召开，市人大常委会副主任叶庆华参加。

10 月

15 日，召开市七届人大常委会第 7 次主任会议。市委书记、市人大常委会主任王宗廉主持。市人大常委会副主任江连仲、张贵云、叶庆华、朱向旭、巩若良、郭建新，秘书长王明仁出席。

15 日至 11 月 2 日，市人大常委会检查组对实施《中华人民共和国食品卫生法》《山东省职业病防治条例》情况进行执法检查。

17 日至 12 月 4 日，市人大常委会检查组对实施《山东省文化市场管理条例》情况到无棣、邹平两县进行执法检查。市人大常委会副主任巩若良参加。

22 日至 24 日，市七届人大常委会第 6 次会议在滨州召开。市委书记、市人大常委会主任王宗廉，市人大常委会副主任江连仲分别主持。副主任张贵云、叶庆华、朱向旭、郭德刚、巩若良、郭建新，秘书长王明仁出席。市委常委、常务副市长周清利，副市长赵怀明等列席。

22 日至 11 月 15 日，市人大常委会组织全市 3402 名各级人大代表，采取会议评议和填写调查评议问卷的方式，对 98 个基层工商所在服务态度、办事效率、政务公开、廉洁公正、依法行政、行业风气和所长表现 7 个方面分好、较好、一般、较差和不了解 5 个档次进行评议。共发放评议问卷 15000 余份。

11 月

10 日至 16 日，市人大常委会组织住滨全国和省人大代表 24 人进行会前集中视察。听取市政府汇报，视察滨州化工集团、渤海活塞集团、滨州印染集团、亚光纺织集团，无棣和沾化两县的冬枣生产和销售情况，邹平县群星纸业有限公司、西王集团、广福钢铁集团等。

12 日至 14 日，省人大常委会副主任李文全带领住鲁部分全国人大代表、省人大代表到滨州视察。市委书记、市人大常委会主任王宗廉,市委常委、常务副市长周清利,市人大常委会副主任张贵云等陪同。

20 日至 25 日,市人大常委会检查组对实施《中华人民共和国人民警察法》情况进行执法检查。听取市公安局汇报,对市公安局指挥中心、交警支队,滨城区、无棣县的部分乡镇派出所、交警队、看守所进行抽查,向市、县区两级人大代表及法院、检察院、监察局发放调查问卷 1600 份。

23 日,全市乡镇人大换届选举工作会议召开。市人大常委会副主任江连仲讲话,秘书长王明仁主持。

28 日至 29 日,省人大内务司法委员会副主任委员薄振明、内务司法委员会助理巡视员张伯厚一行到滨州联系代表,分别在市和沾化县、滨城区召开代表座谈会。市人大常委会副主任巩若良等陪同。

29 日,全国人大常委会委员、内务司法委员会委员杨兴富到滨州调查研究。听取市政府、市劳动和社会保障局、市总工会汇报,到鲁北化工集团、无棣基德纺织科技有限公司等进行考察。省人大常委会人事代表室主任殷鲁谦,市委副书记安世银,市人大常委会副主任江连仲,市委常委、常务副市长周清利等陪同。

12 月

1 日,省人大常委会副主任董凤基到滨州联系走访全国和省人大代表,召集部分代表进行座谈,参观毛家洼水库、冯家镇小城镇建设和下洼镇冬枣密植园。市委书记、市人大常委会主任王宗廉,市委副书记安世银,市人大常委会副主任江连仲,市委常委、沾化县委书记步乃章,市人大常委会副主任巩若良等陪同。

10 日,召开市七届人大常委会第 8 次主任会议。市委书记、市人大常委会主任王宗廉主持会议。市人大常委会副主任江连仲、叶庆华、郭德刚、巩若良、郭建新,秘书长王明仁出席。

12 日至 13 日,市人大常委会组织部分代表对市七届人大一次会议以来代表建议办理情况进行视察。市人大常委会副主任郭德刚参加。

14 日,市七届人大常委会第 7 次会议在滨州召开。市委书记、市人大常委会主任王宗廉主持。市人大常委会副主任江连仲、张贵云、叶庆华、郭德刚、巩若良、郭建新,秘书长王明仁出席。市委常委、常务副市长周清利等列席。

25 日至 27 日,省人大常委会副主任何宗贵到滨州就《山东省土地登记条例》立法工作进行调研。市人大常委会副主任江连仲,副市长苏乃军、王方正等陪同。

28 日至 29 日,省人大常委会副主任张瑞凤到滨州视察沾化冬枣研究所、毛家洼水库、滨州农业高科技示范园,听取市人大常委会副主任江连仲关于市人大常委会工作汇报,听取市建委关于滨州新区开发情况汇报。省人大常委会副秘书长、办公厅主任裴秀堂,市委书记、市人大常委会主任王宗廉,市人大常委会副主任张贵云、叶庆华、郭德刚、巩若良等分别陪同。

31 日,中共滨州市人大常委会党组召开作风建设专题民主生活会,主题是按照“三个代表”重要思想的要求,以密切党群关系为核心,紧紧围绕“八个坚持、八个反对”,检查在作风方面存在的问题,剖析原因,提出改进的措施办法。党组书记江连仲主持,党组副书记张贵云、叶庆华,党组成员郭德刚、巩若良、王明仁出席。

2002 年

1 月

11 日,召开市七届人大常委会第 9 次主任会议。市委书记、市人大常委会主任王宗廉主持,市人大常委会副主任江连仲、叶庆华、郭德刚、巩若良、郭建新,秘书长王明仁出席。

17 日,召开市七届人大常委会第 10 次主任会议。市委书记、市人大常委会主任王宗廉主持,市人大常委会副主任江连仲、张贵云、叶庆华、郭德刚、郭建新,秘书长王明仁出席。

18 日,市七届人大常委会第 8 次会议在滨州召开。市委书记、市人大常委会主任王宗廉主持,市人大常委会副主任江连仲、张贵云、叶庆华、郭德刚、郭建新,秘书长王明仁出席。副市长赵怀明等列席。

2 月

20 日，召开市七届人大常委会第 11 次主任会议。市委书记、市人大常委会主任王宗廉主持，市人大常委会副主任江连仲、张贵云、叶庆华、郭德刚、郭建新，秘书长王明仁出席。

20 日，市人大常委会机关刊物《滨州人大工作》第 56 期，改名为《滨州人大》。总期数沿用《滨州人大工作》。

25 日，市七届人大常委会第 9 次会议在滨州召开。市人大常委会副主任江连仲主持，副主任张贵云、叶庆华、朱向旭、郭德刚、巩若良、郭建新，秘书长王明仁出席。副市长赵怀明等列席。

3 月

1 日，市人大常委会在清怡宾馆举行仪式，欢送住滨全国人大代表赴京出席九届全国人大五次会议。市六大班子领导参加。

1 日至 4 日，滨州市第七届人民代表大会第二次会议在滨州举行。

8 日，市人大常委会召开"提高行政效率，优化发展环境"动员大会。市人大常委会副主任江连仲讲话。副主任张贵云、郭德刚、巩若良，秘书长王明仁出席。

19 日，市人大常委会在滨州迎宾馆举行仪式，欢送出席省九届人大五次会议的人大代表。市六大班子领导参加。

4 月

2 日，召开市七届人大常委会第 12 次主任会议。市委书记、市人大常委会主任王宗廉主持，市人大常委会副主任江连仲、张贵云、叶庆华、朱向旭、郭德刚、巩若良，秘书长王明仁出席。

3 日，市七届人大常委会第 10 次会议在滨州召开。市委书记、市人大常委会主任王宗廉主持，市人大常委会副主任江连仲、张贵云、叶庆华、朱向旭、郭德刚、巩若良，秘书长王明仁出席。副市长赵怀明等列席。

9 日，省人大常委会委员、教科文卫委副主任委员滕昭庆带队到滨州就教师工资发放和中小学收费情况进行检查和调研。听取市政府汇报，召开由人大代表、教师代表及有关部门负责人参加的座谈会，到阳信县的乡镇、村学校进行查访。市人大常委会副主任巩若良、副市长祁维华等陪同。

10 日至 23 日，市人大常委会检查组对实施《中华人民共和国妇女权益保障法》情况进行执法检查。召开由市妇联、人事局、农业局、公安局等有关部门参加的座谈会，到博兴县、惠民县部分乡镇检查。市人大常委会副主任张贵云参加。

16 日，全市乡镇人大换届选举总结会议召开。市人大常委会副主任江连仲讲话，副主任朱向旭主持。

17 日，召开市七届人大常委会第 13 次主任会议。市委书记、市人大常委会主任王宗廉主持，市人大常委会副主任江连仲、张贵云、叶庆华、朱向旭、郭德刚、巩若良、郭建新，秘书长王明仁出席。

17 日至 19 日，省人大常委会副主任张宗亮到滨州市就人大常委会如何开展好述职评议工作进行调研。听取部分政府组成人员、市人大常委会工作人员和滨城区人大常委会工作人员的意见和建议，到沾化县进行调查研究。

20 日，市七届人大常委会第 11 次会议在滨州召开。市委书记、市人大常委会主任王宗廉主持，市人大常委会副主任江连仲、张贵云、叶庆华、郭德刚、巩若良、郭建新，秘书长王明仁出席。副市长赵怀明等列席。

28 日至 29 日，滨州市第七届人民代表大会第三次会议在滨州召开。

5 月

14 日至 15 日，市人大常委会检查组对实施《中华人民共和国食品卫生法》情况进行执法检查。听取惠民县、滨城区政府汇报，到有关单位检查。市人大常委会副主任巩若良参加。

14 日至 17 日，举办全市乡镇人大主席培训班，学习江泽民"三个代表"重要思想和《中华人民共和国宪法》《中华人民共和国地方各级人民代表大会和地方各级人民政府组织法》以及 WTO 知识。市人大常委会副主任江连仲，市委常委、组织部部长裴建华，市人大常委会副主任朱向旭、郭建新，秘书长王明仁出席开班典礼。

20 日至 23 日，市人大常委会视察组对实施《全国人大常委会关于加强社会治安综合治理的决定》和开展严打整治工作情况进行视察。听取有关部门汇报，召开省、市人大代表和政协委员座谈会，到滨城区、无棣县、邹平县的部分单位、企业、乡镇、村居视察。市人大常委会副主任江连仲、张贵云、郭德刚,秘书长王明仁分别参加汇报会和视察。

6 月

5 日,举行“纪念世界环境日新闻发布会暨 2002 滨州环保世纪行启动仪式”。

5 日至 6 日,市人大常委会检查组对实施《中华人民共和国农业技术推广法》情况进行执法检查。听取市政府及有关部门汇报,抽查无棣县、沾化县部分乡镇,察看部分农技、畜牧站所。

6 日,中共滨州市人大常委会党组召开会议,听取赴德州等市学习考察情况的汇报,讨论市人大常委会机关开展“滨州人民好公仆”评选活动的实施意见,研究确定对市水利局长、市交通局长进行述职评议,研究对人事任免暂行办法进行修订完善,研究对机关科级干部和老干部的管理事项。党组书记江连仲主持,党组副书记张贵云、叶庆华,党组成员巩若良、王明仁出席。

13 日至 14 日,市人大常委会视察组对华人、华侨及港、澳、台同胞在滨州投资办企业情况进行视察。听取市政府及有关部门汇报,到部分企业和单位进行考察,召开由华人、华侨和港澳台企业负责人参加的座谈会。

16 日至 28 日,市人大常委会副秘书长、办公室主任张树香带领各县区人大办公室主任,就新形势下如何做好人大办公室工作赴云南昆明市等兄弟市(区)人大机关进行学习考察。

17 日,召开市七届人大常委会第 14 次主任会议。市委书记、市人大常委会主任王宗廉主持,市人大常委会副主任江连仲、张贵云、叶庆华、郭德刚、巩若良、郭建新,秘书长王明仁出席。

25 日至 26 日,市七届人大常委会第 12 次会议在滨州召开。市委书记、市人大常委会主任王宗廉主持,市人大常委会副主任江连仲、张贵云、叶庆华、朱向旭、巩若良、郭建新,秘书长王明仁出席。副市长燕钦国等列席。

7 月

2 日至 4 日,市人大常委会组织部分全国、省、市人大代表对实施《中华人民共和国义务教育法》情况进行视察。听取市政府汇报,到滨城区、无棣县的 6 个乡镇(办事处)、9 所初中、8 所小学视察。市人大常委会副主任巩若良参加。副市长王方正等陪同。

11 日至 12 日,全市人大信访工作情况通报会召开,各县区汇报省、市人大常委会领导批办信访案件办理情况,交流并安排工作。市人大常委会副主任张贵云讲话。

30 日,中共滨州市人大常委会党组召开 2002 年度民主生活会。主题是深入查找整改存在的问题和不足,实事求是,开拓创新,切实转变作风,做好党风廉政建设。党组书记江连仲主持,党组副书记张贵云、叶庆华,党组成员郭德刚、巩若良、王明仁出席。

8 月

12 日至 14 日,省人大常委会副主任董凤基带领省人大检查组到滨州对实施《中华人民共和国外资企业法》《中华人民共和国中外合资经营企业法》《中华人民共和国中外合作经营企业法》情况进行执法检查。市委书记、市人大常委会主任王宗廉,市委副书记贾崇福,市人大常委会副主任叶庆华,副市长王方正等陪同。

20 日,召开市七届人大常委会第 15 次主任会议。市委书记、市人大常委会主任王宗廉主持,市人大常委会副主任江连仲、张贵云、叶庆华、朱向旭、郭德刚、巩若良、郭建新,秘书长王明仁出席。

27 日至 28 日,市七届人大常委会第 13 次会议在滨州召开。市委书记、市人大常委会主任王宗廉主持,市人大常委会副主任江连仲、张贵云、叶庆华、朱向旭、巩若良、郭建新出席。市委副书记、市长孙德汉,副市长赵怀明、程竹坤,市中级人民法院院长任树梓,市人民检察院检察长修先哲等列席。

24 日至 9 月 14 日,市人大常委会秘书长王明仁应魏桥纺织集团公司的邀请出访日本。

9 月

2 日至 21 日,市人大常委会副主任江连仲带领各县区人大常委会主任及市人大常委会机关有关人员,参加在山西省吕梁地区召开的 14 省(市、区)32 地区(盟、市)人大工作联席会第 15 次会议,并到新疆维吾尔族自治区、甘肃省、青海省、陕西省等地对地方人大工作进行考察学习。

3日至5日，省人大民族侨务外事委员会副主任委员张延水到滨州对实施《山东省民族工作条例》情况进行调研。听取市政府汇报，召开市直和阳信、无棣县有关部门负责人参加的座谈会，到阳信县流坡坞乡和无棣县车镇乡进行考察。市人大常委会副主任郭德刚等陪同。

6日至16日，市人大常委会副主任张贵云带领市人大工作组对全市第七届村民委员会换届选举工作情况进行检查。

30日，全市人大报刊宣传工作座谈会召开。传达全省人大报刊宣传工作座谈会精神，总结和安排全市人大报刊宣传工作任务。市人大常委会副主任江连仲讲话，秘书长王明仁出席。

10月

11日，召开中共滨州市人大常委会党组会议，研究2003年市县人大换届选举的有关事宜，讨论以市人大常委会党组名义拟向市委报送的市县人大换届选举相关问题的请示。党组书记江连仲主持，党组成员朱向旭、郭德刚、巩若良、王明仁出席。

15日至25日，市人大常委会检查组对实施《中华人民共和国药品管理法》情况进行执法检查。听取副市长燕钦国代表市政府作的汇报，到部分县区检查。市人大常委会副主任巩若良参加。

21日，召开市七届人大常委会第16次主任会议。市委书记、市人大常委会主任王宗廉主持，市人大常委会副主任江连仲、张贵云、叶庆华、朱向旭、郭德刚、巩若良，秘书长王明仁出席。

24日，省人大常委会原主任赵志浩到滨州考察裕华集团高科技园冬枣基地、亚光集团、滨州新城区和邹平魏桥纺织工业园、邹平电解铝厂等。市委书记、市人大常委会主任王宗廉，市委副书记、市长孙德汉，市委常委、滨城区委书记曹兴宽，市委常委、秘书长侯宪秀等陪同。

24日至25日，市七届人大常委会第14次会议在滨州召开。市委书记、市人大常委会主任王宗廉主持，市人大常委会副主任江连仲、张贵云、叶庆华、朱向旭、巩若良，秘书长王明仁出席。市委常委、常务副市长周清利、副市长燕钦国，市政府秘书长王观庆等列席。

11月

1日至8日，市人大常委会视察组对实施《滨州市加快民营经济发展的意见》的情况进行视察。听取市政府和市中小企业局、财政局、监察局等部门的汇报，分两个视察组对博兴县、沾化县、邹平县、惠民县进行视察。市人大常委会副主任叶庆华、副市长赵怀明出席汇报会。

4日，全市县级以上人大换届选举工作会议召开，对即将开展的全市县级人大换届选举工作进行总体部署和安排。市人大常委会副主任江连仲主持，市人大常委会副主任、市选举工作委员会主任朱向旭讲话。秘书长、市选举工作委员会副主任王明仁出席。

6日，全市人大信访工作会议召开。传达全省人大信访工作会议精神，交流和部署人大信访工作。市人大常委会副主任张贵云讲话。

6日至9日，省人大常委会副主任王道玉到滨州就农业和农村工作进行调研。召开座谈会，到邹平、沾化以及滨州西区进行考察。市委副书记、市长孙德汉，市委副书记贾崇福，市委常委、沾化县县委书记步乃章，市人大常委会副主任张贵云，副市长苏乃军等陪同。

12日，全市人大工作座谈会召开，各县区人大交流近五年来的工作经验。市人大常委会副主任江连仲主持并讲话，副主任张贵云、朱向旭、巩若良，秘书长王明仁出席。

22日至12月3日，应奥地利奥中友协的邀请，市人大常委会副主任江连仲率6人考察团赴奥地利、德国、法国、荷兰、卢森堡、比利时等国家进行访问考察，与奥地利外交部中国问题专家、奥中友协常务副会长卡明斯基博士，前奥地利驻中国大使、现奥中友协副会长布科夫斯基博士等进行了交流，并在奥地利、法国召开冬枣发展前景和开发冬枣项目说明会。

28 日,市人大常委会组织部分住滨全国、省和市人大代表,召开学习贯彻党的十六大精神座谈会。市人大常委会副主任张贵云、朱向旭、郭德刚、巩若良出席,张贵云讲话。

12 月

1 日,全市换届选举工作骨干人员培训班在滨州举办。各县区汇报交流前段换届选举工作的经验和做法,分析当前工作中可能出现的问题以及解决的措施和办法,强调了有关换届选举工作的法律规定和中央、省、市有关换届选举工作的政策性规定等。各县区选举委员会办公室主任、副主任及负责选举统计的工作人员,市选举工作委员会办公室工作人员等参加。

8 日至 24 日,市人大常委会副主任郭德刚带领由各县区人大常委会主任或副主任组成的考察团,到重庆市、成都市、昆明市人大常委会考察学习人大监督工作和人大信访工作。

13 日,市人大常委会组织召开纪念《中华人民共和国宪法》颁布实施 20 周年座谈会。市委书记、市人大常委会主任王宗廉讲话,市人大常委会副主任江连仲主持,副主任张贵云、朱向旭,秘书长王明仁出席。市中级人民法院院长任树梓、市人民检察院检察长修先哲、市人大常委会内务司法工作委员会副主任蒋爱学、市司法局局长隋福民、市法制办公室主任张金华发言。

16 日,召开市七届人大常委会第 17 次主任会议。市委书记、市人大常委会主任王宗廉主持,市人大常委会副主任江连仲、张贵云、叶庆华、朱向旭、巩若良、郭建新,秘书长王明仁出席。

16 日,市七届人大常委会第 15 会议在滨州召开。市人大常委会副主任江连仲主持,副主任张贵云、叶庆华、朱向旭、巩若良、郭建新,秘书长王明仁参加。市委副书记、市长孙德汉,市委副书记安世银,市中级人民法院院长任树梓,市人民检察院检察长修先哲等列席。

27 日,召开市七届人大常委会第 18 次主任会议。市人大常委会副主任江连仲主持,副主任张贵云、叶庆华、朱向旭、郭德刚、巩若良、郭建新,秘书长王明仁出席。

31 日,市七届人大常委会第 16 次会议在滨州召开。市人大常委会副主任江连仲主持,副主任张贵云、叶庆华、朱向旭、郭德刚、巩若良、郭建新,秘书长王明仁参加。副市长赵怀明等列席。

2003 年

1 月

7 日,召开市七届人大常委会第 19 次主任会议。市人大常委会副主任江连仲主持,副主任张贵云、叶庆华、朱向旭、郭德刚、巩若良、郭建新,秘书长王明仁出席。

7 日,市七届人大常委会第 17 次会议在滨州召开。市人大常委会副主任江连仲主持,副主任张贵云、叶庆华、朱向旭、郭德刚、巩若良、郭建新,秘书长王明仁出席。副市长赵怀明等列席。

12 日,欢送住滨的 29 名省人大代表启程赴济,参加省九届人大六次会议。市领导安世银、江连仲、林则懋、曹永孚、吴金娃、曹兴宽、裴建华、步乃章、孙孺声、张贵云、郭德刚、巩若良、程竹坤、祁维华、王方正、孙树勋、丁广翔、李凤奎等送行。市委副书记、代市长安世银讲话。

2 月

9 日,召开市七届人大常委会第 20 次主任会议。市人大常委会副主任江连仲主持,副主任张贵云、叶庆华、朱向旭、郭德刚、巩若良、郭建新,秘书长王明仁出席。

11 日,市七届人大常委会第 18 次会议在滨州召开。市人大常委会副主任江连仲主持,副主任张贵云、叶庆华、朱向旭、郭德刚、巩若良、郭建新,秘书长王明仁出席。副市长赵怀明等列席。

18 日至 24 日,滨州市第八届人民代表大会第一次会议在滨州召开。

26 日,欢送住滨全国人大代表安世银、刘凤、沈志强、张士平、董风华赴京出席十届全国人大一次会议。市委、市人大常委会、市政府、市政协、市纪委和军分区领导出席欢送仪式。市委书记、市人大常委会主任孙德汉讲话。

3 月

13 日至 25 日,市人大常委会检查组对全市 2002 年以来的扶贫帮困情况进行检查。市人大常委会副主任张贵云参加。

20 日,全市人大内务司法和信访工作座谈会召开。市人大常委会副主任张贵云讲话。

25 日,欢送住滨省人大代表启程赴济南,参加省十届人大一次会议。市六大班子领导送行。市委副书记、市长安世银主持,市委书记、市人大常委会主任孙德汉讲话。

4 月

12 日,安徽省人大常委会副主任、中国生态经济学会副理事长季昆森,安徽省人大常委会委员、城建环资工委主任何成国,安徽省环保局副局长徐家声等到鲁北企业集团考察。省人大常委会委员单兆正、市人大常委会副主任郭建新、秘书长张树香等陪同。

18 日,召开市八届人大常委会第 1 次主任会议。市人大常委会副主任李成明主持,副主任张贵云、刘宝庭、苏乃军、叶庆华、张秀亭、朱向旭、郭德刚、郭建新,秘书长张树香出席。

22 日,召开市八届人大常委会第 2 次主任会议。市委书记、市人大常委会主任孙德汉主持会议,市人大常委会副主任李成明、张贵云、刘宝庭、苏乃军、叶庆华、张秀亭、朱向旭、郭德刚、郭建新,秘书长张树香出席。

24 日至 25 日,市八届人大常委会第 1 次会议在滨州召开。市委书记、市人大常委会主任孙德汉,市人大常委会副主任李成明、张贵云、刘宝庭、苏乃军、叶庆华、张秀亭、朱向旭、郭德刚、郭建新,秘书长张树香出席。副市长赵怀明,市中级人民法院院长任树梓,市人民检察院检察长赵继明等列席。

5 月

9 日,全市县以上人大换届选举工作总结会议召开。市人大常委会副主任李成明、朱向旭,秘书长张树香出席,朱向旭讲话。

16 日,召开市八届人大常委会第 3 次主任会议。市委书记、市人大常委会主任孙德汉主持,市人大常委会副主任李成明、张贵云、刘宝庭、苏乃军、叶庆华、朱向旭、张秀亭、郭德刚、郭建新,秘书长张树香出席。

16 日,市人大常委会机关举办第一届健身运动会。

20 日,市八届人大常委会第 2 次会议在滨州召开。市委书记、市人大常委会主任孙德汉,市人大常委会副主任李成明、张贵云、刘宝庭、苏乃军、叶庆华、张秀亭、朱向旭、郭德刚、郭建新,秘书长张树香出席。副市长祁维华,市中级人民法院院长任树梓等列席。

20 日,全市执法责任制工作总结表彰电视会议召开,对在 2002 年全市执法责任制工作中涌现出的 35 个先进集体和 50 名先进个人进行表彰,并通报全市执法责任制情况及 2003 年工作安排。

22 日至 24 日,市人大常委会视察组对实施《中华人民共和国森林法》情况进行视察。市人大常委会副主任苏乃军参加。市长助理李炳众等陪同。

28 日,全市人大宣传工作会议召开,交流工作经验,安排下步工作。市人大常委会副主任李成明讲话,副主任郭建新,秘书长张树香出席。

6 月

5 日,举行"纪念世界环境日新闻发布会暨 2003 滨州环保世纪行启动仪式"。市人大常委会副主任、环保世纪行组委会主任刘宝庭和副市长、环保世纪行组委会主任程竹坤讲话,市委书记、市人大常委会主任孙德汉发来贺信。

18 日至 20 日,市人大常委会视察组对"四环五海"建设情况进行集中视察。市人大常委会副主任李成明、刘宝庭参加。

19 日,全市教科文卫工作座谈会召开。市人大常委会副主任张秀亭讲话。

20 日,市人大常委会视察组对旅游工作情况进行视察。市人大常委会副主任郭德刚参加。

26 日,召开市八届人大常委会第 4 次主任会议。市委书记、市人大常委会主任孙德汉主持,市人大常委会副主任李成明、张贵云、刘宝庭、苏乃军、叶庆华、张秀亭、朱向旭、郭德刚、郭建新，秘书长张树香出席。

7 月

3 日，市八届人大常委会第 3 次会议在滨州召开。市委书记、市人大常委会主任孙德汉，市人大常委会副主任李成明、张贵云、刘宝庭、苏乃军、叶庆华、张秀亭、朱向旭、郭德刚、郭建新，秘书长张树香出席。副市长赵怀明，市中级人民法院院长任树梓等列席。

9 日，市人大常委会机关召开掀起学习贯彻“三个代表”重要思想新高潮动员大会。市人大常委会副主任李成明作动员。

14 日至 18 日，市人大常委会检查组对贯彻执行《2001 年至 2005 年依法治市规划》决议的执行情况进行检查。市人大常委会副主任张贵云参加。

16 日至 22 日，市人大常委会组织对执行环境保护法律法规的情况进行调查。听取市环保局、建委、林业局等部门汇报，对 6 县 2 区 11 个重点污染源、6 个污水处理厂和六河水变清工程控制断面进行调查，召开 7 次有部分人大代表参加的座谈会。

23 日至月底，全国 14 省（市、区）31 地区（盟、市）人大工作联席会议第 16 次会议在湖南省郴州市召开，市人大常委会副主任李成明参加。

25 日，市人大常委会召开全市农业和农村工作座谈会，交流和部署工作，研究更好地发挥职能的问题。

8 月

5 日，召开市八届人大常委会第 5 次主任会议。市人大常委会副主任李成明、张贵云、刘宝庭、苏乃军、张秀亭、郭德刚、郭建新，秘书长张树香出席。

6 日，市八届人大常委会第 4 次会议在滨州召开。市人大常委会副主任李成明、张贵云、刘宝庭、苏乃军、张秀亭、郭德刚、郭建新，秘书长张树香出席。副市长祁维华，市人民检察院检察长赵继明等列席。

8 日，召开市八届人大常委会第次 6 主任会议。市人大常委会副主任李成明主持会议，副主任张贵云、刘宝庭、苏乃军、张秀亭、朱向旭、郭德刚、郭建新，秘书长张树香出席。

13 日，省人大常委会副主任王道玉到邹平县经济开发区和西王集团视察工作。

22 日，召开市八届人大常委会第 7 次主任会议。市委书记、市人大常委会主任孙德汉主持会议，市人大常委会副主任李成明、张贵云、刘宝庭、苏乃军、叶庆华、张秀亭、朱向旭、郭德刚、郭建新，秘书长张树香出席。

26 日，市八届人大常委会第 5 次会议在滨州召开。市委书记、市人大常委会主任孙德汉，市人大常委会副主任李成明、张贵云、苏乃军、张秀亭、朱向旭、郭德刚、郭建新，秘书长张树香出席。副市长赵怀明，市中级人民法院院长任树梓等列席。

28 日至 9 月 17 日，市人大常委会对全市民族宗教工作情况进行调查，召开各县区人大常委会分管主任或副主任参加的座谈会，组织有关人员去四川省阿坝藏族自治州和西藏自治区拉萨市考察少数民族地区的人大民族宗教工作。

29 日至 30 日，举办市八届人大代表培训班。学习“三个代表”重要思想、胡锦涛总书记“七一”讲话、人民代表大会制度理论和有关法律法规等。市委书记、市人大常委会主任孙德汉作动员讲话，省人大常委会副秘书长王启信作人民代表大会制度的讲座。市人大常委会副主任李成明、张贵云、张秀亭出席开班典礼。

9 月

1 日至 14 日，举办民族宗教工作政策及法律法规培训班。各县区人大常委会分管主任或副主任、有关科室的负责人参加。

7 日至 9 日，市人大常委会视察组对实施《中华人民共和国水法》情况进行视察。市人大常委会副主任李成明、苏乃军参加。

15 日至 18 日，市人大常委会视察组对实施《中华人民共和国建筑法》情况进行视察。市人大常委会副主任刘宝庭参加。

23日至24日,市人大常委会视察组对八届人大一次会议后代表建议、批评和意见办理情况进行集中视察。市人大常委会副主任张贵云参加。

27日至30日,市人大常委会检查组对实施《中华人民共和国人口与计划生育法》《山东省人口与计划生育条例》情况进行执法检查。

10月

13日,全市人大宣传工作座谈会召开,传达全省人大报刊宣传工作座谈会精神,交流和探讨做好人大宣传工作的情况。各县区人大常委会分管副主任和办公室分管负责人,市政府各组成部门办公室主任,市政府、市中级人民法院、市人民检察院办公室主任等参加。

13日至14日,全市人大财经工作座谈会召开,学习有关知识,交流和探讨工作情况。各县区人大常委会分管副主任和一名财经工作人员参加。

18日,召开市八届人大常委会第8次主任会议。讨论通过召开市八届人大常委会第6次会议的有关事项,审议通过《滨州市人大常委会审议意见办理办法》。

23日至24日,市八届人大常委会第6次会议在滨州召开。市委书记、市人大常委会主任孙德汉,市人大常委会副主任李成明、张贵云、苏乃军、叶庆华、张秀亭、朱向旭、郭建新,秘书长张树香出席。副市长燕钦国,市中级人民法院院长任树梓,市人民检察院检察长赵继明等列席。

11月

11日至12日,中直、省直暨住滨全国人大代表视察组到滨州就经济和社会事业发展问题进行视察。市委书记、市人大常委会主任孙德汉,市委副书记、市长安世银分别代表市委、市政府作工作汇报。市委副书记侯宪秀,市人大常委会副主任李成明、朱向旭等陪同。

16日,省人大常委会副主任黄可华一行到滨州对《山东省油区管理条例》(草案)进行立法调研。市委副书记侯宪秀,市人大常委会副主任李成明、叶庆华,副市长燕钦国、董吉增等陪同。

24日至26日,市人大常委会组织住滨全国人大代表安世银、刘凤和省人大代表进行会前视察。市委副书记裴建华,市人大常委会副主任李成明、张秀亭,副市长祁维华等陪同。

12月

8日至9日,市人大常委会视察组对实施《关于滨州市加快民营经济发展的意见的决议》情况进行视察。市人大常委会副主任苏乃军、叶庆华、郭建新参加。

15日,召开市八届人大常委会第9次主任会议。市委书记、市人大常委会主任孙德汉主持会议,市人大常委会副主任李成明、张贵云、刘宝庭、苏乃军、叶庆华、张秀亭、朱向旭、郭德刚、郭建新,秘书长张树香出席。

23日至24日,市八届人大常委会第7次会议在滨州召开。市委书记、市人大常委会主任孙德汉,市人大常委会副主任李成明、张贵云、刘宝庭、苏乃军、叶庆华、张秀亭、朱向旭、郭德刚、郭建新,秘书长张树香出席。副市长赵怀明、燕钦国,市中级人民法院院长任树梓,市人民检察院检察长赵继明等列席。

29日,召开中共滨州市人大常委会党组民主生活会,主题是提高思想认识,抓好党风廉政建设。党组书记孙德汉,党组副书记李成明、张贵云、刘宝庭、苏乃军、叶庆华,党组成员张秀亭、郭德刚、张树香出席。孙德汉、李成明分别主持。

2004年

1月

5日,召开市八届人大常委会第10次主任会议。市人大常委会副主任李成明主持,市人大常委会副主任刘宝庭、苏乃军、叶庆华、张秀亭、朱向旭、郭德刚、郭建新,秘书长张树香出席。

6 日，市六大班子领导在迎宾馆欢送出席省十届人大二次会议的住滨省人大代表。

15 日，市八届人大常委会第 8 次会议在滨州举行。市人大常委会副主任李成明主持，市人大常委会副主任张贵云、刘宝庭、苏乃军、叶庆华、张秀亭、朱向旭、郭德刚、郭建新，秘书长张树香出席。副市长燕钦国等列席。

2 月

1 日至 4 日，滨州市第八届人民代表大会第二次会议在滨州举行。

20 日，全市人大城乡建设与环境保护工作座谈会召开，汇报和安排工作。各县区人大常委会分管副主任和一名工作人员、市直有关部门负责人参加。

3 月

1 日，住滨全国人大代表启程赴京出席十届全国人大二次会议。市六大班子领导为代表送行。

2 日至 3 日，全市人大内务司法和信访工作座谈会在邹平县召开，传达全省人大内司委工作会议精神，交流工作情况。各县区人大常委会分管副主任、法工委主任、信访室主任参加。

9 日，全市人大新闻宣传工作会议召开，总结经验，表彰先进，部署全年人大宣传工作。各县区人大常委会分管副主任，市直各新闻单位负责人参加。

10 日至 11 日，市人大常委会组织部分常委会委员和市人大代表，对滨州城区城市管理工作、五个“五”管理新办法落实情况及建筑物乱写、乱涂、乱贴广告整治情况进行视察。

15 日至 17 日，市人大常委会副主任苏乃军带领部分常委会委员和市人大代表对实施《中华人民共和国动物防疫法》《山东省动物防疫条例》情况进行执法检查。

17 日至 19 日，市人大常委会副主任张秀亭带领部分常委会委员和市人大代表对全市医疗、药品市场管理情况进行视察。

4 月

2 日，召开市八届人大常委会第 12 次主任会议。市委书记、市人大常委会主任孙德汉，市人大常委会副主任李成明、张贵云、刘宝庭、苏乃军、叶庆华、张秀亭、朱向旭、郭德刚、郭建新，秘书长张树香出席。李成明主持。

6 日，市八届人大常委会第 9 次会议在滨州召开。市人大常委会副主任李成明主持，市人大常委会副主任张贵云、刘宝庭、苏乃军、叶庆华、张秀亭、朱向旭、郭德刚、郭建新，秘书长张树香出席。副市长赵怀明等列席。

9 日，2004 年“滨州环保世纪行”新闻发布会在滨州召开，2004 年“滨州环保世纪行”活动正式启动。市委副书记侯宪秀宣读市委书记、市人大常委会主任孙德汉和市委副书记、市长安世银的贺信。市人大常委会副主任刘宝庭讲话。

21 日至 23 日，市人大常委会副主任苏乃军带领部分常委会委员和市人大代表对实施《中华人民共和国气象法》、国务院《人工影响天气管理条例》、中国气象局《防雷减灾管理办法》和《山东省气象管理办法》情况进行检查。

22 日至 23 日，省人大常委会副主任、民侨外委员会主任委员曹学成带领省人大《山东省宗教事务管理条例》执法检查组到滨州检查。

5 月

15 日，市人大常委会机关举办第二届健身趣味运动会。

17 日至 19 日，市人大常委会副主任张秀亭带领部分常委会委员和市人大代表，对全市城区就业职工义务教育费征收使用情况和中小学收费管理使用情况进行视察。

19 日至 21 日，市人大常委会副主任刘宝庭带领部分常委会委员和市人大代表对“六河水变清”工程的进展情况和城市供水及污水处理市场化运作情况进行视察。

27 日，中共滨州市人大常委会党组召开会议，研究市人大常委会信访室增加一名工作人员事宜。党组书记孙德汉，副书记李成明、张贵云、刘宝庭、苏乃军、叶庆华，党组成员郭德刚、张树香出席。李成明主持。

31日，召开市八届人大常委会第13次主任会议。市人大常委会副主任李成明主持，市委书记、市人大常委会主任孙德汉，副主任张贵云、刘宝庭、苏乃军、朱向旭、郭德刚，秘书长张树香出席。

6月

11日至12日，市八届人大常委会第10次会议在滨州举行。市人大常委会副主任李成明、张贵云、刘宝庭、苏乃军、叶庆华、张秀亭、朱向旭、郭德刚，秘书长张树香出席，张贵云主持。

14日，召开市八届人大常委会第14次主任会议。市人大常委会副主任李成明、张贵云、刘宝庭、苏乃军、叶庆华、张秀亭、朱向旭、郭德刚、郭建新，秘书长张树香出席。

7月

10日至13日，全国14省(市、区)31地区(盟、市)人大工作联席会议第17次会议在黑龙江省大兴安岭地区加格达奇区、漠河县召开，市人大常委会副主任苏乃军、秘书长张树香参加。

14日至16日，市人大常委会副主任张秀亭带领部分常委会委员和市人大代表对实施《中华人民共和国档案法》《山东省档案条例》情况进行执法检查。

15日至16日，全市人大发展循环经济建设生态滨州研讨会召开。各县区人大常委会分管副主任和城建环保工委负责人，部分县区政府分管县区长，市直有关部门和企业负责人参加。

19日至22日，市人大常委会检查组对实施《中华人民共和国归侨侨眷权益保护法》《山东省实施〈中华人民共和国归侨侨眷权益保护法〉办法》情况进行执法检查。市人大常委会副主任郭德刚参加。

26日至29日，市人大常委会检查组对实施《中华人民共和国劳动法》情况进行执法检查。市人大常委会副主任张贵云参加。

27日至28日，全国人大环资委副主任委员叶如棠带领中华环保世纪行记者团到滨州视察。听取滨州市工作汇报，视察沾化毛家洼水库及鲁北企业集团和漳卫新河。副省长赵克志，市委书记、市人大常委会主任孙德汉，市委副书记、市长安世银，市委副书记侯宪秀，市人大常委会副主任李成明、刘宝庭，副市长程竹坤等陪同。

30日，召开市八届人大常委会第15次主任会议。市人大常委会副主任李成明主持，市委书记、市人大常委会主任孙德汉，市人大常委会副主任张贵云、刘宝庭、苏乃军、叶庆华、郭德刚、郭建新，秘书长张树香出席。

30日，中共滨州市人大常委会党组召开民主生活会。党组书记孙德汉主持，副书记李成明、张贵云、刘宝庭、苏乃军、叶庆华，党组成员郭德刚、张树香参加。

8月

11日，市八届人大常委会第11次会议在滨州举行。市人大常委会副主任李成明、张贵云、刘宝庭、苏乃军、叶庆华、张秀亭、朱向旭、郭德刚，秘书长张树香出席，刘宝庭主持。副市长祁维华、市中级人民法院院长任树梓、市人民检察院检察长赵继明等列席。

12日至14日，省人大常委会原副主任王克玉、原中组部事务管理局副局长曾宪民到滨州调研。市委书记、市人大常委会主任孙德汉，市委副书记、市长安世银，市委副书记裴建华等陪同。

16日至18日，市人大常委会理论学习中心组读书会在邹平县举办，收看《中华人民共和国宪法》《中华人民共和国全国人民代表大会和地方各级人民代表大会代表法》《中华人民共和国地方各级人民代表大会和地方各级人民政府组织法》《中华人民共和国全国人民代表大会和地方各级人民代表大会选举法》辅导讲座，参观考察邹平县开发建设情况。市人大常委会副主任李成明作动员。

26日，滨州市暨滨城区纪念人民代表大会成立50周年大会在市政府礼堂召开。市委书记、市人大常委会主任孙德汉讲话。

9月

2日至3日，省人大内司委会同省总工会到邹平县检查实施《中华人民共和国工会法》的情况。省人大内司委副主任委员刘学德带队。

20 日至 21 日，市人大常委会视察组对实施《山东省民族工作条例》情况进行视察。市人大常委会副主任郭德刚参加。

23 日至 24 日，市人大常委会副主任朱向旭带领部分常委会委员和市人大代表对市政府系统办理市八届人大二次会议以来代表建议、批评和意见的情况进行视察。

24 日，“滨州人大”网站（www. bzrd. cn）开通新闻发布会召开。市人大常委会副主任郭建新主持并宣布“滨州人大”网站正式开通。秘书长张树香参加。

28 日至 29 日，全国人大常委会原副委员长王汉斌，在原机械部部长何光远、山东省人大常委会副主任李明先等陪同下到滨州参加桥牌联谊赛，并到滨州新区、开发区考察。市委书记、市人大常委会主任孙德汉，市委副书记、市长安世银，市委副书记、市纪委书记吴金娃，市委副书记侯宪秀、裴建华等先后陪同。

10 月

10 日，召开市八届人大常委会第 16 次主任会议。市人大常委会副主任李成明主持，市人大常委会副主任刘宝庭、苏乃军、叶庆华、张秀亭、朱向旭、郭德刚、郭建新，秘书长张树香出席。

11 日至 14 日，省人大常委会委员、财经委副主任委员刘秀胜、张义国带领省人大财经委执法调研组一行到滨州调研。市委副书记、常务副市长邓向阳，市人大常委会副主任叶庆华等陪同。

15 日至 16 日，青岛市人大常委会副主任、民侨外委员会主任委员马论业一行到滨州考察。市人大常委会副主任郭德刚等陪同。

21 日至 22 日，市八届人大常委会第 12 次会议在滨州举行。市委书记、市人大常委会主任孙德汉，市人大常委会副主任李成明、刘宝庭、苏乃军、叶庆华、张秀亭、朱向旭、郭德刚、郭建新，秘书长张树香出席，苏乃军主持。副市长王方正、市中级人民法院院长任树梓、市人民检察院检察长赵继明等列席。

21 日至 23 日，省委原书记梁步庭、省人大常委会原主任李振、省政协原主席陆懋曾、原省顾委副主任刘鹏、省人大常委会原副主任董凤基、原省顾委常委王成旺等到滨州参观考察。市委书记、市人大常委会主任孙德汉，市委副书记、市长安世银，市委副书记侯宪秀、裴建华及市人大常委会副主任等陪同。

23 日至 11 月 7 日，市人大常委会副主任郭德刚带领市人大常委会民侨外工委负责人及各县区人大分管民侨外工作的负责人，赴新疆、青海和宁夏等少数民族地区考察学习人大民族宗教工作，并进行招商引资。

26 日至 27 日，全市省人大代表和市、县区人大代表小组召集人学习交流会在市委党校召开。交流开展代表小组活动的经验、做法，研讨交流提高代表议案质量。省人大常委会人事代表工作室副主任刘本举就代表如何提好议案及建议、批评和意见作专题报告。市人大常委会副主任李成明、朱向旭，秘书长张树香出席。

11 月

4 日，全市人大信访工作会议召开。汇报信访工作及办理市人大常委会领导批办信访案件的情况，通报市人大信访室受理人民群众来信来访情况及省、市人大常委会领导批办信访案件的办理情况。市人大常委会副主任李成明、秘书长张树香参加。

5 日至 6 日，省人大常委会副主任、城环委主任委员时立军带领省人大常委会立法调研组一行到滨州调研。省人大城环委副主任委员亓凤海、省人大城环委委员席科茹、省建设厅副厅长吴英等参加。市委书记、市人大常委会主任孙德汉，市委副书记、市长安世银，市委副书记侯宪秀，市人大常委会副主任李成明、刘宝庭，副市长董吉增，市人大常委会秘书长张树香等陪同。

6 日至 7 日，烟台市人大常委会副主任、党组副书记荣凤刚，副主任、党组副书记王德和一行到滨州参观考察“四环五海”工程、西城区和经济开发区。市委书记、市人大常委会主任孙德汉，市人大常委会副主任李成明、叶庆华，秘书长张树香等陪同。

9 日至 13 日，市人大常委会对落实七届人大三次会议《关于滨州市加快民营经济发展的意见的决议》情况和农村税费改革后农民负担管理情况进行视察。市人大常委会副主任苏乃军、叶庆华、郭建新，秘书长张树香参加。

10 日至 13 日，市人大常委会视察组对实施《山东省农民负担管理条例》情况进行视察。

13 日至 26 日，市人大常委会副主任刘宝庭带领市人大常委会城环工委有关人员、各县区人大常委会一名副主任及市政府有关部门负责人到云南、广西等地就城市管理和国土资源保护情况进行考察。

15 日至 18 日，市人大常委会检查组对实施《中华人民共和国工会法》《山东省实施〈中华人民共和国工会法〉办法》情况进行执法检查。市人大常委会副主任朱向旭参加。

20 日，召开中共滨州市人大常委会党组会议，传达市委常委扩大会议精神，讨论修改关于召开市八届人民代表大会第三次会议的方案，听取市人大常委会机关清理违规住房情况的汇报。党组副书记李成明、苏乃军、叶庆华，党组成员张秀亭、朱向旭、郭德刚、张树香出席。李成明主持。

24 日至 26 日，市人大常委会组织住滨全国人大代表和部分省人大代表进行集中视察。市人大常委会副主任朱向旭参加。

28 日至 29 日，全国人大环资委办公室副主任徐晓东，调研室副主任尚莒诚带领全国人大环资委太阳能路灯考察组到滨州考察太阳能路灯使用情况。省人大城环委助理巡视员段贺光，城环委办公室调研员杨亚光，市人大常委会副主任李成明、刘宝庭，秘书长张树香等陪同。

12 月

4 日至 5 日，省人大代表、省政协原副主席、山东儒商研究会会长刘洪仁一行到滨州视察，召开由市财政局、农业局有关人员参加的关于乡镇干部工资发放问题的座谈会，听取有关单位的汇报，参观滨州西区、经济开发区、惠民孙子兵法城，参加儒商研究会授牌仪式。市委书记、市人大常委会主任孙德汉，市人大常委会副主任李成明等陪同。

11 日，召开市八届人大常委会第 17 次主任会议。市委书记、市人大常委会主任孙德汉，市人大常委会副主任李成明、刘宝庭、苏乃军、叶庆华、张秀亭、郭德刚、郭建新，秘书长张树香出席，李成明主持。

21 日至 22 日，市八届人大常委会第 13 次会议在滨州召开。市委书记、市人大常委会主任孙德汉，市人大常委会副主任李成明、刘宝庭、苏乃军、叶庆华、张秀亭、朱向旭、郭德刚、郭建新，秘书长张树香出席，张秀亭主持。市委副书记、副市长邓向阳，副市长赵怀明及市中级人民法院、市人民检察院负责人等列席。

31 日，召开市八届人大常委会第 18 次主任会议。市委书记、市人大常委会主任孙德汉，市人大常委会副主任李成明、刘宝庭、苏乃军、叶庆华、张秀亭、朱向旭、郭德刚、郭建新，秘书长张树香出席，李成明主持。

2005 年

1 月

3 日至 8 日，市人大常委会副主任李成明带队到温州就解决中小企业融资难问题进行考察。市人大常委会副主任叶庆华、朱向旭，副市长赵怀明参加。

10 日，市八届人大常委会第 14 次会议在滨州召开，市人大常委会副主任李成明、刘宝庭、苏乃军、叶庆华、张秀亭、朱向旭、郭德刚、郭建新，秘书长张树香出席，朱向旭主持。市委副书记、副市长邓向阳，市中级人民法院院长任树梓，市人民检察院检察长赵继明等列席。

12 日，市人大常委会人事代表室组织市政府组成部门及省有关垂直部门、市中级人民法院、市人民检察院等负责办理人大代表建议工作的人员，集中学习《山东省人民代表大会代表建议、批评和意见办理工作条例》，对即将召开的市八届人大三次会议代表建议办理工作提出要求。

12 日至 13 日，全国人大常委会委员、教科文卫委员会副主任委员邢世忠，全国人大常委会委员、教科文卫委员会委员庞丽娟，教科文卫委员会教育室主任侯小娟，国家教育部基础教育司幼儿教育处处长姜瑾，省人大常委会副主任王道玉，省人大常委会委员、教科文卫委员会副主任委员滕昭庆，省教育厅副厅长张志勇等到滨州就学前教育、民办教育等进行调研，考察滨城区一中、市实验幼儿园、滨城区教育实验幼儿园等，召开有关座谈会，参加滨州学院的揭牌仪式。市委书记、市人大常委会主任孙德汉，市委副书记、市长安世银等陪同。

15日，住滨州的34名省十届人大代表启程赴济，参加省十届人大三次会议。吴金娃、邓向阳、侯宪秀、裴建华、刘宝庭等市六大班子领导送行。

24日至28日，滨州市第八届人民代表大会第三次会议在滨州召开。

31日，召开中共滨州市人大常委会党组会，讨论研究市人大常委会机关开展保持共产党员先进性教育活动实施方案，研究人事任免事项。党组副书记李成明、刘宝庭、苏乃军、叶庆华，党组成员张秀亭、朱向旭、郭德刚、张树香出席。李成明主持。

2月

2日，市人大常委会机关召开“保持共产党员先进性教育活动”动员大会。市人大常委会副主任李成明、刘宝庭、苏乃军、叶庆华、张秀亭、朱向旭、郭德刚、郭建新，秘书长张树香出席。刘宝庭主持，李成明作动员。

13日，召开中共滨州市人大常委会党组会，讨论研究关于密切与人大代表联系的意见。党组副书记李成明、刘宝庭、苏乃军、叶庆华，党组成员张秀亭、朱向旭、郭德刚、张树香出席。李成明主持。人大常委会副主任郭建新列席。

3月

1日，住滨州的全国人大代表安世银、张士平、冯怡生、刘凤、沈志强、董风华启程赴京，参加十届全国人大三次会议。孙德汉、吴金娃、邓向阳、李成明、林则茂、曹永孚等市六大班子领导送行。

2日，召开市人大常委会机关招商引资表彰暨动员大会，表彰奖励2004年招商引资先进单位，部署2005年的招商引资工作。市人大常委会副主任李成明讲话，提出具体要求。副主任刘宝庭、苏乃军、张秀亭、朱向旭、郭德刚，秘书长张树香等出席。

5日至14日，市人大常委会副主任李成明、郭德刚带领市委政法委、市检察院、市中级人民法院、市公安局、司法局等部门负责人到贵阳市考察学习人大信访工作的做法和经验。

9日至10日，省人大常委会委员、教科文卫委员会副主任委员宫本欣一行到滨州就实施《中华人民共和国著作权法》《山东省著作权保护条例》情况进行调研，听取市政府汇报，在滨城区、邹平县考察部分书店和印刷企业。市人大常委会副主任张秀亭、副市长祁维华等陪同。

11日，省人大常委会人事代表室主任毛春智一行到滨州调研，与部分省、市人大代表就如何履行代表职责、发挥代表作用进行座谈。市人大常委会副主任朱向旭参加座谈会。

18日，市人大常委会机关召开保持共产党员先进性教育活动第一阶段总结大会。广大党员干部、离退休老干部以及参加这次会议的群众代表还举行了为患病的大学生张书国爱心捐款活动，共捐款6400元。市人大常委会副主任李成明、刘宝庭、苏乃军、张秀亭、朱向旭、郭德刚、郭建新，秘书长张树香参加。

21日，市人大常委会内务司法工委召开市直内务司法部门工作座谈会，通报2004年工作情况和2005年工作打算，征求意见和建议。市人大常委会副主任郭德刚讲话。

21日，按照市委书记、市人大常委会主任孙德汉3月18日关于要求市人大常委会组织对滨州市区四环之内农村土地被征占问题进行调查的批示，市人大常委会副主任李成明召集滨城区、开发区的有关负责人进行专门研究，并对两区近期开展农村土地被征占问题自查作了部署，提出了要求。至4月底，滨城区、开发区完成各自的农村土地被征占问题的自查自纠。5月，市人大常委会组成7个调查组，对滨州市区四环之内所有226个村居中的55个村居进行进村入户调查，并听取相关乡、办负责人汇报，召开座谈会听取意见。调查结束后，写出《关于“四环”之内农村有关情况的调查报告》，指出了7个方面的问题，提出了8条意见建议。6月12日，市委听取市人大常委会调查组的汇报，并安排市委办公室针对存在的问题进行研究，提出解决问题的具体措施。

22日，全市人大宣传工作会议召开，总结近年来人大宣传工作，对今后工作作出部署，各县区人大常委会交流经验和做法,对2004年评出的3个先进单位和13位先进个人进行表彰奖励。市人大常委会副主任李成明讲话,秘书长张树香主持。

23日至24日,全市人大内务司法和信访工作座谈会在无棣县和沾化县召开,各县区人大常委会就内务司法和信访工作做了交流,参观了"北带开发"。市人大常委会副主任郭德刚讲话。

25日,召开市八届人大三次会议议案交办会议。市人大常委会副主任朱向旭讲话。

25日至30日,市人大常委会检查组对实施《中华人民共和国妇女权益保障法》《中华人民共和国未成年人保护法》情况进行执法检查。市人大常委会副主任郭德刚参加。

28日,中共滨州市人大常委会党组召开保持共产党员先进性教育活动学习交流会。党组副书记李成明、刘宝庭、苏乃军、叶庆华,党组成员张秀亭、朱向旭、张树香出席。

29日至31日,市人大常委会检查组对实施《中华人民共和国渔业法》《中华人民共和国海域使用管理法》《中华人民共和国海洋环境保护法》《山东省海洋环境保护条例》情况进行执法检查。市人大常委会副主任苏乃军、秘书长张树香参加。副市长董吉增陪同。

4月

8日,召开市八届人大常委会第19次主任会议。市人大常委会副主任李成明主持,副主任刘宝庭、叶庆华、张秀亭、郭德刚,秘书长张树香出席。

11日,全市人大人事代表工作座谈会召开,交流和安排工作。市人大常委会副主任朱向旭、秘书长张树香参加。

20日,市八届人大常委会第15次会议在滨州召开,市人大常委会副主任李成明主持,副主任刘宝庭、苏乃军、叶庆华、张秀亭、朱向旭、郭德刚、郭建新,秘书长张树香参加。副市长赵怀明列席。

20日,省人大法制委员会到滨州进行立法调研,召开座谈会征求对《山东省实施〈中华人民共和国招标投标法〉办法(草案修改稿)》和《山东省测绘管理条例(草案修改稿)》的修改意见和建议。省人大法制委员会副主任委员林保义、于仁伯,市人大常委会副主任刘宝庭参加座谈。

26日,中共滨州市人大常委会党组召开民主生活会,主题是结合保持共产党员先进性教育活动提高认识、做好自我教育。党组书记孙德汉主持,党组副书记李成明、苏乃军、叶庆华,党组成员张秀亭、朱向旭、郭德刚、张树香出席。

29日,召开中共滨州市人大常委会党组会,讨论研究市人大常委会机关开展保持共产党员先进性教育活动有关事项,研究外出参观学习问题。党组副书记李成明、刘宝庭、苏乃军、叶庆华,党组成员张秀亭、朱向旭、张树香出席。李成明主持。

5月

1日,市委、市人大常委会、市政府、市政协、市纪委机关在新市政大厦广场举行市政大厦入住仪式。

9日,召开市八届人大常委会第20次主任会议,研究通过市人大常委会《联合接访办法》《信访听证办法》《信访件(三笺)办理制度》。

11日至16日,市人大常委会副主任李成明带领市人大机关56名党员干部到江西省井冈山考察学习。市人大常委会副主任苏乃军、张秀亭、朱向旭、郭德刚,秘书长张树香参加。

17日,召开中共滨州市人大常委会党组会,讨论研究市人大常委会机关开展保持共产党员先进性教育活动整改方案。党组副书记李成明、苏乃军、叶庆华,党组成员朱向旭、郭德刚、张树香出席。李成明主持。

20日至28日,市人大常委会检查组对实施《中华人民共和国行政许可法》情况进行执法检查。市人大常委会副主任李成明、苏乃军、郭德刚,秘书长张树香参加。副市长赵怀明等陪同。

23日,2005"滨州环保世纪行"新闻发布会暨《发展循环经济 建设生态滨州》首发式在市政大楼会议中心举行,确定2005年"滨州环保世纪行"正式启动。市委副书记侯宪秀,市人大常委会副主任、"滨州环保世纪行"组委会主任刘宝庭，副市长于志刚参加。

23日至25日，市人大常委会视察组对全市高新技术产业发展情况进行视察。市人大常委会副主任张秀亭，秘书长张树香参加。副市长祁维华陪同。

26日，全市人大信访工作会议召开，传达贵阳市人大常委会信访工作经验和全国、全省人大信访工作会议精神，贯彻市委批转的中共滨州市人大常委会党组关于改进和加强人大信访工作的意见，向市人大常委会聘请的法律咨询员颁发聘书。市人大常委会副主任李成明、郭德刚参加。市中级人民法院院长任树梓、市人民检察院检察长赵继明、市人大常委会秘书长张树香出席。

30日至31日，市人大常委会视察组对交通基础设施建设情况进行视察。市人大常委会副主任刘宝庭参加。市长助理刘振元等陪同。

6月

3日，市人大常委会组织首次联合接访。市人大常委会副主任刘宝庭、郭德刚，市中级人民法院院长任树梓等参加。

7日，召开市八届人大常委会第21次主任会议。市人大常委会副主任李成明主持，副主任刘宝庭、叶庆华、张秀亭、朱向旭、郭建新，秘书长张树香出席。

7日，召开中共滨州市人大常委会党组会，听取土地补偿调查情况汇报，研究机关人事任免事项。党组副书记李成明、刘宝庭、叶庆华，党组成员张秀亭、朱向旭、张树香出席。李成明主持。副主任郭建新列席。

7日至9日，市人大常委会检查组对实施《山东省旅游管理条例》情况进行执法检查。市人大常委会副主任郭建新参加。副市长王方正等陪同。

14日，召开中共滨州市人大常委会党组会，传达市委常委会精神、省委对市委和市政府班子考察情况、全市水污染防治会议精神，研究机关科级干部竞争上岗实施意见。党组副书记李成明、刘宝庭、苏乃军、叶庆华，党组成员张秀亭、朱向旭、张树香出席。李成明主持。

18日至19日，市八届人大常委会第16次会议在滨州召开。市委书记、市人大常委会主任孙德汉，市人大常委会副主任李成明、刘宝庭、苏乃军、张秀亭、朱向旭、郭德刚、郭建新，秘书长张树香出席，郭德刚主持。副市长祁维华等列席。

18日至20日，全市乡镇办事处人大干部培训班举办。省人大常委会副秘书长王启信作人民代表大会制度和代表工作辅导讲座，市经贸委、招商局以及邹平县韩店镇作了关于经济工作和招商引资情况的介绍，交流了开展人大工作的情况和经验，研究探讨了做好乡镇办事处人大工作的思路和措施。市委书记、市人大常委会主任孙德汉在开班典礼上讲话，市人大常委会副主任李成明、刘宝庭、苏乃军、张秀亭、朱向旭、郭德刚、郭建新，秘书长张树香出席开班典礼。

7月

4日，中共中央政治局常委、全国人大常委会委员长吴邦国，副委员长兼秘书长盛华仁在省委书记、省人大常委会主任张高丽、副省长王仁元的陪同下，到邹平县视察魏桥集团和邹平开发区。

6日，市人大常委会召开述职评议和执法评议工作会议。市人大常委会副主任朱向旭讲话。

12日至13日，市人大常委会视察组对生态市建设情况进行视察。市人大常委会副主任刘宝庭参加。副市长于志刚、市长助理王观庆等陪同。

13日，召开市八届人大常委会第22次主任会议。市人大常委会副主任李成明主持，副主任刘宝庭、苏乃军、叶庆华、张秀亭、朱向旭、郭德刚、郭建新，秘书长张树香出席。

15日，市八届人大常委会第17次会议在滨州召开。市人大常委会副主任李成明主持，副主任刘宝庭、苏乃军、叶庆华、张秀亭、朱向旭、郭德刚、郭建新，秘书长张树香出席。副市长赵怀明等列席。

21日至28日，市人大常委会成立4个述职评议和执法评议调查组，分别对市中级人民法院副院长、市人民检察院副检察长、市监察局、人口和计划生育委员会、粮食局、司法局、水利局、文化局、体育局、食品药品监督管理局、出入境检验检疫局、外事侨务办公室主要负责人的工作和执法情况进行调查。

8月

10日,召开市八届人大常委会第23次主任会议。市人大常委会副主任李成明主持,副主任刘宝庭、苏乃军、叶庆华、张秀亭、朱向旭、郭德刚、郭建新出席。

11日,市直执法责任制工作"执法相对人监督评议行政执法人员"试点座谈会在市地税局召开,市直12个试点单位作交流发言,并观摩博兴县陈户镇地税分局试点情况。市人大常委会副主任郭德刚作总结讲话。

24日至25日,临沂市人大常委会副主任李荣强率团到滨州参观考察惠民县孙子兵法城、滨州市新城区建设、经济开发区建设等。副市长王方正介绍了滨州市经济社会发展情况。市人大常委会副主任郭德刚等陪同。

24日至25日,市八届人大常委会第18次会议在滨州召开。市委书记、市人大常委会主任孙德汉,市人大常委会副主任刘宝庭、苏乃军、叶庆华、朱向旭、郭德刚、郭建新出席。刘宝庭、郭建新先后主持。副市长王方正,市中级人民法院院长任树梓,市人民检察院检察长赵继明,市政府秘书长何凤岐等列席。

30日,市人大常委会对市人大八届三次会议上提出的"关于加强水务改革,实现水务一体化管理"的议案办理情况进行视察。市人大常委会副主任苏乃军、朱向旭等参加。

31日,召开中共滨州市人大常委会党组会,传达市委集中整治经济发展环境会议精神,讨论研究人事任免及工作人员安排等事项。党组副书记李成明、刘宝庭、苏乃军,党组成员张秀亭、朱向旭、郭德刚、张树香出席。李成明主持。

9月

1日至13日,市人大常委会副主任刘宝庭带领市人大常委会城建环保工委有关人员、各县区人大常委会分管副主任,赴青海、甘肃、宁夏、山西就基础设施建设和环境保护情况进行学习考察。

6日至9日,全国人大常委会委员、农业与农村委员会副主任委员李春亭到滨州视察,视察邹平县魏桥创业集团等。

6日至17日,市人大常委会副主任朱向旭带领人事代表工作室有关人员及各县区人大常委会分管副主任,赴云南、贵州学习考察人大人事代表工作的经验和做法。

13日至16日,省人大常委会委员、农委副主任委员马洪顺带领省人大调研组到滨州就《山东省实施〈中华人民共和国水法〉办法(草案)》进行立法调研。市人大常委会副主任苏乃军陪同。

14日,全市人大工作会议在滨州召开。市委书记、市人大常委会主任孙德汉,市委副书记、市长安世银,市委副书记、市纪委书记吴金娃,市委副书记侯宪秀,市人大常委会副主任李成明,市政协主席林则茂出席。孙德汉、安世银、李成明讲话,吴金娃主持。传达《中共滨州市委关于进一步加强人大工作的意见》,市中级人民法院院长任树梓、市人民检察院检察长赵继明发言。市委常委曹兴宽、孙孺声、步乃章、田宝礼,市人大常委会副主任刘宝庭、张秀亭、郭德刚,副市长胡炳山等参加。

15日,市人大常委会机关召开投资环境整治行动动员大会,要求突出人大机关建设、监督工作、招商引资、代表工作、信访工作五个重点。市人大常委会副主任李成明、刘宝庭、郭德刚、郭建新,秘书长张树香出席。

15日,省人大常委会副主任王道玉、教育部教学仪器研究所所长王富等到滨州调研。市委书记、市人大常委会主任孙德汉,市委副书记、市长安世银等陪同。

21日,全市人大新闻宣传、信访工作座谈会召开。市人大常委会副主任李成明、郭德刚、郭建新出席。

27日至28日,市人大常委会组织部分代表对市政府系统办理市八届人大三次会议以来代表建议、批评和意见落实情况进行视察。市人大常委会副主任朱向旭参加。

27日至30日,市人大常委会检查组对实施《中华人民共和国农村土地承包法》《山东省实施〈中华人民共和国农村土地承包法〉办法》情况进行执法检查。市人大常委会副主任苏乃军参加。

28 日，省人大常委会原副主任苗枫林到滨州调研。参观考察滨州新区、滨州经济开发区、中海、滨州学院、滨州职业学院、盟威制造高新技术工业园、滨魏科技工业园、亚光纺织集团和大高航空城等。市人大常委会副主任李成明等陪同。

10 月

9 日，召开市八届人大常委会第 24 次主任会议。市人大常委会副主任李成明主持，副主任刘宝庭、苏乃军、叶庆华、张秀亭、朱向旭、郭德刚，秘书长张树香出席。

11 日至 21 日，全国 14 省(市、区)31 地区(盟、市)人大工作联席会议在广西贺州召开，市人大常委会副主任刘宝庭、秘书长张树香出席。

12 日至 14 日，省人大常委会副主任、内司委主任委员莫振奎带领省人大视察组到滨州就“平安山东”建设情况进行视察。听取市政府、滨城区政府和邹平县政府的汇报，视察市长公开电话受理中心，滨城区益民小区、市西派出所，邹平县韩店镇东白村、魏桥纺织工业园等，召开在基层工作的省、市、县人大代表座谈会。省人大常委会委员、省人大常委会内司委副主任委员王庆才，省人大代表李凤娥、袁海芳等参加。市委书记、市人大常委会主任孙德汉，市委副书记、市长安世银，市人大常委会副主任李成明，市委常委、政法委书记步乃章，市委常委、邹平县委书记刘士合，市人大常委会副主任郭德刚，副市长赵怀明等陪同。

18 日，全市人大教科文卫工作座谈会召开，就人大教科文卫工作委员会如何在构建社会主义和谐社会中发挥职能作用进行座谈。市人大常委会副主任李成明、张秀亭参加。

23 日至 24 日，省人大常委会委员、教科文卫委员会副主任委员宋存胜、宫本欣带领省人大调研组到滨州就实施《山东省科学技术协会条例》情况进行执法调研。省科协副主席许素海等参加。市委副书记裴建华、市人大常委会副主任张秀亭、副市长祁维华等陪同。

25 日，市八届人大常委会第 19 次会议在滨州召开。市人大常委会副主任李成明主持，副主任刘宝庭、苏乃军、叶庆华、张秀亭、朱向旭、郭德刚、郭建新，秘书长张树香出席。副市长董吉增等列席。

28 日，济宁市人大原市级老同志一行到滨州考察惠民县孙子兵法城、沾化县、中海、滨州经济开发区等。市人大常委会副主任李成明、刘宝庭，秘书长张树香等陪同。

11 月

3 日至 5 日，省人大常委会原副主任何宗贵到滨州考察。市委副书记侯宪秀，市人大常委会副主任苏乃军，副市长、滨州经济开发区工委书记、管委会主任于志刚等分别陪同。

15 日，召开中共滨州市人大常委会党组会议，讨论研究市八届人大四次会议方案、两位人大常委会工委副主任调入人大机关等事项。党组书记孙德汉主持。党组副书记李成明、刘宝庭、苏乃军，党组成员朱向旭、郭德刚、张树香出席。

20 日至 26 日，应瑞景控股有限公司邀请，市人大常委会副秘书长、办公室主任李凯一行赴香港进行学习考察，与瑞景控股有限公司就有关高科技项目合作事宜进行洽谈。

21 日至 23 日，市人大常委会检查组对实施《山东省文化市场管理条例》和国务院《互联网上网服务营业场所管理条例》情况进行执法检查。市人大常委会副主任张秀亭参加。副市长祁维华等陪同。

25 日至 29 日，全国人大常委会委员、中央直属机关工委委员、中华全国总工会原副主席杨兴富到滨州就建设节约型社会工作进行调研。听取市政府、邹平县、博兴县、无棣县汇报，参观考察盟威集团、滨魏科技工业园、西王集团、博兴县兴福镇民营经济、鲁北化工集团、滨州新城区建设等。省政协常委、省总工会原副主席张召盈，省人大常委会机关专职副书记张建国，省人大常委会人事代表工作室办公室副主任于忠学等参加。市委书记、市人大常委会主任孙德汉，市委副书记、市长安世银，市委副书记侯宪秀，市人大常委会副主任李成明，市委常委、邹平县委书记刘士合，市人大常委会副主任朱向旭、秘书长张树香等分别陪同。

27 日至 29 日，全省人大信访工作现场会议在滨州召开，传达全国人大加强和改进人大信访工作座谈会精神，安排部署信访交办事项，滨州、济南、青岛等市县人大常委会负责人分别介绍经验做法，省高级人民法院、省人民检察院、省公安厅、省信访局负责人介绍办理人大交办信访事项的情况。省人大常委会副主任莫振奎讲话。省人大常委会副秘书长王启信，省人大常委会办公厅巡视员杨明，省高级人民法院副厅级审判员李金庚，省人民检察院党组副书记、副检察长谢国忠，省信访局副局长杜永富，省公安厅党组副书记、副厅长孙克谦出席。滨州市委书记、市人大常委会主任孙德汉，市委副书记、市纪委书记吴金娃，市人大常委会副主任李成明、郭德刚，秘书长张树香等参加。

30日至12月3日，市人大常委会组织3个检查组到各县区对实施《中华人民共和国中小企业促进法》情况进行执法检查。市人大常委会副主任苏乃军、叶庆华、郭建新参加。

12月

7日，召开市八届人大常委会第25次主任会议。市委书记、市人大常委会主任孙德汉，市人大常委会副主任李成明、刘宝庭、苏乃军、叶庆华、张秀亭、朱向旭、郭建新，秘书长张树香出席，李成明主持。

8日至10日，组织住滨全国人大代表和省人大代表进行会前集中视察。全国人大代表刘凤、沈志强、董风华，省人大代表陈延明、姜明文、李成明、高全福、刘相庆、杨玖庆、丁爱军、武士清、袁海芳、张银凤、李俊杰、赵玉华、姜玉华、李凤娥、肖广兰参加。市人大常委会副主任朱向旭，副市长、滨州经济开发区党工委书记、主任于志刚，市长助理王观庆等陪同。

9日，市人大常委会召开座谈会，纪念《中华人民共和国劳动法》颁布实施十周年。市委常委、市总工会主席田宝礼和市人大常委会副主任郭德刚讲话。副市长赵怀明出席。

9日，全市首届宣传人民代表大会制度好新闻评选结果揭晓，评委以无记名投票方式评选出一等奖3项、二等奖9项、三等奖17项。

19日，市人大常委会机关举行向受灾困难群众送温暖献爱心“冬衣暖人心”捐款仪式，共捐款5700元。市人大常委会副主任李成明、刘宝庭、苏乃军、叶庆华、张秀亭、朱向旭、郭德刚、郭建新，秘书长张树香出席。

20日至21日，市八届人大常委会第20次会议在滨州召开。市委书记、市人大常委会主任孙德汉，市人大常委会副主任李成明、刘宝庭、苏乃军、叶庆华、张秀亭、朱向旭、郭德刚、郭建新，秘书长张树香出席，刘宝庭主持。副市长燕钦国、胡炳山，市中级人民法院院长任树梓，市人民检察院检察长赵继明等列席。

28日，召开市八届人大常委会第26次主任会议。市委书记、市人大常委会主任孙德汉，市人大常委会副主任李成明、刘宝庭、苏乃军、张秀亭、朱向旭、郭德刚、郭建新，秘书长张树香出席，李成明主持。

30日，市八届人大常委会第21次会议在滨州召开。市委书记、市人大常委会主任孙德汉，市人大常委会副主任李成明、刘宝庭、苏乃军、叶庆华、张秀亭、朱向旭、郭德刚、郭建新，秘书长张树香出席，李成明主持。副市长于志刚，市人民检察院检察长赵继明等列席。

2006年

1月

10日，召开市八届人大常委会第27次主任会议。市人大常委会副主任李成明主持，副主任刘宝庭、苏乃军、叶庆华、张秀亭、朱向旭、郭德刚、郭建新，秘书长张树香出席。

12日，市八届人大常委会第22次会议在滨州召开。市人大常委会副主任李成明、刘宝庭、苏乃军、叶庆华、张秀亭、朱向旭、郭德刚、郭建新，秘书长张树香出席，苏乃军主持。市委副书记、副市长邓向阳，市中级人民法院代院长宋文明，市人民检察院检察长赵继明，市委组织部负责人等列席。

13日，住滨州的省十届人大代表启程赴济，参加省十届人大四次会议。孙德汉、安世银、吴金娃、邓向阳等市六大班子领导送行。

2月

7 日至 12 日，滨州市第八届人民代表大会第四次会议在滨州召开。

8 日，市八届人大四次会议秘书处组织与会代表参观考察黄河公铁大桥、愉悦家纺工业园、滨州汽车工业城以及城市基础设施建设。市委书记、市人大常委会主任孙德汉，市委副书记、副市长邓向阳，市委副书记侯宪秀，市人大常委会副主任李成明等参加。

28 日，全市人大城乡建设与环境保护工作联系会议召开，汇报交流和研究安排工作。市人大常委会副主任刘宝庭讲话。

28 日，2003 年至 2005 年度全市执法责任制工作经验交流及总结表彰大会召开。市委副书记吴金娃、市人大常委会副主任郭德刚出席。

3 月

1 日，住滨州全国人大代表安世银、张士平、冯怡生、刘凤、沈志强、董风华启程赴京，参加十届全国人大四次会议。市六大班子领导送行。

2 日，召开市八届人大常委会第 28 次主任会议。市人大常委会副主任李成明主持，副主任刘宝庭、苏乃军、张秀亭、朱向旭、郭建新、张冠文、韩增金，秘书长张树香出席。

3 日，市人大常委会首次实行到县区联合接访。市人大常委会副主任李成明、刘宝庭、苏乃军、张秀亭、朱向旭、郭德刚、郭建新、张冠文、韩增金，秘书长张树香参加。

6 日，市八届人大常委会第 23 次会议在滨州召开。市人大常委会副主任李成明、刘宝庭、苏乃军、张秀亭、朱向旭、郭德刚、郭建新、张冠文、韩增金，秘书长张树香出席，张秀亭主持。副市长赵怀明，市中级人民法院院长宋文明，市人民检察院检察长赵继明等列席。

6 日，召开市八届人大常委会第 29 次主任会议。研究通过人事任免事项。市人大常委会副主任李成明主持，副主任刘宝庭、苏乃军、张秀亭、朱向旭、郭德刚、郭建新、张冠文、韩增金，秘书长张树香出席。

9 日至 10 日，市人大常委会检查组对实施《中华人民共和国电力法》《山东省电力设施保护条例》情况进行执法检查。市人大常委会副主任刘宝庭参加。

13 日，全市人大财经工作联系会议召开，通报市人大常委会财经工委 2005 年工作情况和 2006 年工作计划，对进一步加强工作监督和联系做出安排。市人大常委会副主任韩增金讲话。

16 日，全市人大人事代表工作座谈会召开，总结和部署工作。市人大常委会副主任朱向旭讲话。

21 日，全市人大内务司法工作座谈会召开，通报 2005 年工作情况和 2006 年工作要点，各县区人大及有关部门负责人就如何加强内务司法工作谈了意见、建议。市人大常委会副主任郭德刚讲话。市人大常委会秘书长张树香参加。

22 日，全市人大新闻宣传工作会议召开，总结交流全市人大新闻宣传工作经验，研究探讨加强和改进人大新闻宣传报道工作，表彰奖励市八届人大一次会议以来人大新闻宣传工作中涌现出来的先进单位和先进个人，颁发首届滨州市宣传人民代表大会制度好新闻奖，安排部署 2006 年人大新闻宣传以及调查研究工作任务。市委书记、市人大常委会主任孙德汉致信祝贺并对人大新闻宣传工作提出要求。省人大常委会副秘书长王启信、市人大常委会副主任张冠文讲话。市人大常委会副主任李成明主持。省人大常委会研究室副主任杨思诚，市人大常委会秘书长张树香出席。

4 月

5 日，2006 年“滨州环保世纪行”新闻发布会在滨州召开，启动 2006 年“滨州环保世纪行”活动。市委副书记侯宪秀为环保世纪行新闻采访团授旗，市人大常委会副主任李成明宣读《滨州环保世纪行组委会关于表彰 2005 年滨州环保世纪行好新闻的通报》，市人大常委会副主任、“滨州环保世纪行”组委会主任刘宝庭部署 2006 年活动，副市长于志刚主持。

6 日，全市人大信访工作会议召开，总结 2005 年工作，研究探索今后信访工作的新路子。市人大常委会副主任李成明、郭德刚讲话。

6日，召开市八届人大常委会第30次主任会议。市人大常委会副主任李成明主持，副主任刘宝庭、苏乃军、张秀亭、朱向旭、郭建新、韩增金，秘书长张树香出席。

10日，市八届人大常委会第24次会议在滨州召开。市人大常委会副主任李成明、刘宝庭、苏乃军、张秀亭、朱向旭、郭德刚、郭建新、张冠文、韩增金，秘书长张树香出席，朱向旭主持。副市长祁维华，市人民检察院检察长赵继明等列席。

11日，全市人大信访工作座谈会召开，交流和研究市委集中处理信访问题"百日会战"动员会后各县区及有关部门处访涉诉案件工作情况及出现的新情况、新问题和需要采取的新措施。市人大常委会副主任郭德刚，秘书长张树香出席。

11日，召开市人大常委会主任办公会议，讨论研究《滨州市人大常委会监督工作暂行办法（讨论稿）》《滨州市人大常委会关于开展"滨州人民好公仆"评选活动的实施意见（征求意见稿）》等。市人大常委会副主任李成明主持，副主任刘宝庭、苏乃军、张秀亭、朱向旭、郭德刚、郭建新、张冠文、韩增金，秘书长张树香出席。

12日至14日，省人大常委会"两湖一河"流域水污染防治情况检查组对滨州市辖小清河流域水污染情况进行执法检查。省人大常委会副主任时立军、省人大城环资委副主任委员袁文光、省人大常委会委员段璋银、省环保局局长张凯等参加。市委书记、市人大常委会主任孙德汉，市委副书记、副市长邓向阳，市人大常委会副主任李成明，市委常委、宣传部部长、博兴县委书记王文禄，市人大常委会副主任刘宝庭，副市长于志刚等分别陪同。

12日至26日，市人大常委会副主任张秀亭一行到云南、贵阳、广西等地学习考察，重点学习贵阳市人大联合接访、处理疑难信访案件的经验和做法。

16日至20日，市人大常委会副主任李成明、郭德刚带领市人大常委会信访室、市中级人民法院、邹平县及滨城区法院的有关人员，到辽宁省营口市、河北省秦皇岛市对涉诉信访工作进行考察。

26日，云南省人大教科文卫委员会副主任委员邱榆一行到滨州参观考察丈八佛、博兴县博物馆、滨州市容、魏氏庄园等。省人大教科文卫委员会副巡视员李滨利，市人大常委会副主任朱向旭等陪同。

29日，市人大常委会举办机关第三届健身运动会。

30日，全市人大信访工作会议召开。总结2005年6月3日以来的联合接访情况；按照4月14日市委办公室、市政府办公室《关于在全市开展集中处理信访突出问题"百日会战"的实施方案》的安排，对集中处理信访突出问题"百日会战"作动员，要求从4月中旬至7月22日利用100天的时间，分宣传发动、排查分类、集中处理、检查验收四个阶段，对联合接访未能办结的问题进行集中处理。市人大常委会副主任李成明讲话，郭德刚主持，秘书长张树香出席。

5月

11日至12日，省人大常委会委员、内司委副主任委员杨文胜，团省委副书记孙爱军带领省人大调研组到滨州就《山东省青年志愿服务规定》的贯彻情况进行调研。市人大常委会副主任郭德刚、张冠文，副市长赵怀明等陪同。

15日至17日，市人大常委会检查组对实施《中华人民共和国食品卫生法》情况进行执法检查。市人大常委会副主任张秀亭参加。副市长祁维华等陪同。

16日至19日，市人大常委会检查组对实施《中华人民共和国劳动法》情况进行执法检查。市人大常委会副主任郭德刚，秘书长张树香参加。副市长赵怀明等陪同。

22日至24日，市八届人大代表第二期培训班举办。省人大常委会人事代表工作室副主任刘本举就提高代表议案和建议质量、增强代表活动实效作辅导报告。参训代表评议了公安交通管理、环境污染、中小学教育收费及学业负担等社会热点问题，并赴淄博市参观考察。市人大常委会副主任李成明出席开班仪式并讲话，朱向旭主持开班仪式。

24 日至 25 日，市人大常委会检查组对实施《中华人民共和国农业机械化促进法》情况进行执法检查。市人大常委会副主任苏乃军、张冠文，秘书长张树香参加。副市长董吉增等陪同。

26 日至 27 日，省人大常委会副主任王道玉一行到惠民县、阳信县调研。市委书记、市人大常委会主任孙德汉，市委副书记、市长安世银，市人大常委会副主任李成明、刘宝庭、张秀亭等分别陪同。

6 月

5 日至 9 日，全省人大推进资源节约型、环境友好型社会建设座谈会在滨州召开。各市人大交流经验，研究探讨如何更好地发挥人大作用，坚持不懈地推进"两型"社会建设。与会人员参观考察了滨州新区、黄河公铁两用大桥、大高航空城，孙子兵法城，邹平县开发区、西王集团及邹魏工业园，鲁北化工集团等。对 2005 年度"齐鲁环保世纪行"先进单位和个人进行了表彰。省人大常委会副主任、城环资委主任委员时立军讲话。市委书记、市人大常委会主任孙德汉在开幕式上致辞。省人大城环资委副主任委员董昭和、袁文光、亓凤海，省人大常委会委员单兆正、段璋银，省人大城环资委委员席科茹，省人大城环资委助理巡视员段贺光，人民权利报社总编辑李朝东，《山东人大工作》杂志社社长姜翕分出席。市委副书记、市长安世银，市人大常委会副主任李成明参加。

13 日至 16 日，市人大常委会检查组对实施《中华人民共和国归侨侨眷权益保护法》情况进行执法检查。市人大常委会副主任郭建新参加。

14 日，召开市八届人大常委会第 31 次主任会议。市人大常委会副主任李成明主持，副主任刘宝庭、苏乃军、张秀亭、朱向旭、郭德刚、郭建新、张冠文、韩增金，秘书长张树香出席。

21 日至 23 日，省人大财经委调研组到滨州就社会与经济发展情况进行调研，听取市政府汇报，召开由市直有关部门参加的座谈会，考察亚光集团、大高航空城、沾化防潮堤、博兴县博物馆及新城区建设等。省人大常委会委员、财经委副主任委员王同生等参加。市人大常委会副主任韩增金，副市长燕钦国，市政协副主席宋振华等陪同。

27 日至 28 日，市八届人大常委会第 25 次会议在滨州召开。市人大常委会副主任李成明、刘宝庭、苏乃军、张秀亭、朱向旭、郭德刚、郭建新、张冠文、韩增金，秘书长张树香出席，郭德刚主持。副市长燕钦国，市中级人民法院院长宋文明，市人民检察院检察长赵继明等列席。

28 日，省人大原农经委副主任委员曹学亮带领省人大常委会机关部分离退休老干部到滨州参观考察。市委书记、市人大常委会主任孙德汉，市人大常委会副主任李成明、苏乃军、郭建新、张冠文等分别陪同。

29 日至 30 日，市人大常委会视察组对国土资源管理工作和经营情况进行视察。市人大常委会副主任刘宝庭参加。副市长燕钦国等陪同。

7 月

5 日至 6 日，省人大常委会《山东省渔业港口和渔业船舶管理条例（草案）》立法调研组到滨州调研，听取市人大常委会、市政府及有关部门的汇报，到沾化海防办事处码头、无棣滨州港西港区调研，并召开相关部门、沿海乡镇和渔民代表参加的座谈会。省人大常委会委员、农委副主任委员乔秀仑、宋修武带队。市人大常委会副主任苏乃军、副市长王方正等陪同。

6 日至 8 日，省人大常委会副主任王道玉带领调研组到滨州调研，听取市政府汇报，召开有关部门参加的座谈会，考察盟威集团、绿都生物科技园、中汽恒星汽车工业有限公司、中海、鲁北企业集团、大高航空城、京博集团等。省人大教科文卫委员会副主任委员宋存胜，省科技厅副厅长王家利等参加。市委书记、市人大常委会主任孙德汉，市委副书记侯宪秀，市人大常委会副主任李成明、张秀亭，副市长赵怀明，市人大常委会秘书长张树香等分别陪同。

20 日至 28 日，市人大常委会成立 4 个述职评议和执法评议调查组，分别对市人事局、国土资源局、交通局、林业局、卫生局、环境保护局、民族宗教事务局、国家税务局、烟草专卖局主要负责人的工作情况和执法情况进行调查。

26日，由韩中国际产业园区开发株式会社社长、韩国科学技术人协会副会长朴钟璨带队的韩国农业考察团一行到滨州考察农业项目。考察无棣县赛尔生态园，重点听取了无棣县、沾化县的农业项目及投资优势。市人大常委会副主任李成明、郭建新，秘书长张树香等陪同。

8月

2日，全市人大代表工作会议召开，传达全省人大代表工作会议精神，研究探讨做好代表工作、发挥代表作用的具体措施。市人大常委会副主任朱向旭讲话。

4日，召开市八届人大常委会第32次主任会议。市人大常委会副主任李成明主持，副主任刘宝庭、苏乃军、张秀亭、朱向旭、郭德刚、郭建新、张冠文、韩增金，秘书长张树香出席。

9日至10日，市人大常委会视察组对实施《中华人民共和国节约能源法》《山东省节约能源条例》及资源节约情况进行视察。市人大常委会副主任韩增金，秘书长张树香参加。

22日至23日，市八届人大常委会第26次会议在滨州召开。市人大常委会副主任李成明、刘宝庭、苏乃军、张秀亭、朱向旭、郭德刚、郭建新、张冠文、韩增金，秘书长张树香出席，郭建新主持。副市长赵怀明、于志刚，市中级人民法院院长宋文明，市人民检察院检察长赵继明等列席。

24日至27日，由济南钢铁集团总公司总经理李长顺等住鲁全国人大代表组成的专题调研组到滨州就建设资源节约型社会工作进行调研。听取市委、市政府汇报，参观考察滨州经济开发区、黄河公铁两用大桥、鲁北企业集团、大高通用航空城、西王集团、魏桥创业集团等。市委书记、市人大常委会主任孙德汉，市委副书记、市长安世银，市委副书记、副市长邓向阳，市委副书记侯宪秀，市人大常委会副主任李成明、朱向旭，秘书长张树香等陪同。

24日至31日，应新疆维吾尔自治区吐鲁番地区人大工委研究室邀请，市人大常委会副主任张冠文带队赴吐鲁番地区，考察学习人大新闻宣传理论研究等工作。

27日至28日，济宁市人大常委会副主任连广生带领人大考察团到滨州参观考察中海、盟威制造高新技术工业园、滨州汽车工业园、滨魏科技工业园、大高通用航空城、邹平经济开发区、西王集团等。市委副书记、副市长邓向阳，市委副书记侯宪秀，市人大常委会副主任李成明、刘宝庭、苏乃军、朱向旭、郭德刚、郭建新，秘书长张树香等分别陪同。

27日至9月8日，市人大常委会副主任韩增金带领各县区人大常委会分管主任或副主任、市直有关部门负责人赴乌鲁木齐参加财政部培训中心举办的预算审查与监督操作实务培训班。

9月

4日至7日，市人大常委会检查组对实施《山东省旅游条例》情况进行执法检查。市人大常委会副主任郭建新参加。

5日至8日，市人大常委会视察组对全市公安基层基础工作进行视察。市人大常委会副主任郭德刚参加。市长助理、市公安局局长毕宝文等陪同。

6日至13日，市人大常委会副主任苏乃军带领市人大常委会农业和农村工委、市直林业部门有关负责人赴新疆考察学习林业生产的经验和做法。

10日至12日，全国人大财经委委员、全国人大常委会原副秘书长于友民、刘政一行到滨州参观考察沾化冬枣园、大高通用航空城、惠民魏氏庄园和孙子兵法城等。省人大常委会委员、财经委副主任委员王启信，市委书记、市人大常委会主任孙德汉，市委副书记、市长安世银，市人大常委会副主任李成明、韩增金，秘书长张树香等陪同。

14日，中共滨州市人大常委会党组召开民主生活会，主题是巩固保持共产党员先进性教育活动成果，认真落实民主集中制等。党组副书记李成明、刘宝庭、苏乃军，党组成员张秀亭、朱向旭、郭德刚、张冠文、韩增金、张树香出席。李成明主持。

18 日至 19 日，市人大常委会视察组对实施《中华人民共和国人民防空法》情况进行视察。市人大常委会副主任刘宝庭参加。副市长燕钦国、军分区副司令员肖培中等陪同。

20 日至 22 日，市人大常委会检查组对实施《中华人民共和国烟草专卖法》《中华人民共和国烟草专卖法实施条例》情况进行执法检查。市人大常委会副主任韩增金，秘书长张树香参加。副市长燕钦国等陪同。

20 日至 30 日，全国 15 省（市、区）32 地、市人大工作联席会议在河南南阳市召开，市人大常委会副主任张秀亭出席。

22 日至 23 日，省人大常委会委员、省人大法制委副主任委员王国庆、梁德超带领济南、青岛、淄博三市人大法制委的有关人员到滨州参观考察大高航空城、盟威制造高新技术工业园、滨州汽车工业园、黄河公铁两用大桥、惠民魏氏庄园、孙子兵法城、滨州经济开发区等。市委书记、市人大常委会主任孙德汉，市委副书记、市长安世银，市委副书记侯宪秀，市人大常委会副主任李成明、郭德刚，秘书长张树香等陪同。

23 日，全市人大报刊宣传工作座谈会召开，总结交流人大报刊宣传经验，部署安排下一年报刊宣传工作。市人大常委会副主任张冠义，秘书长张树香等出席。

25 日，全国人大常委会原副委员长王汉斌到滨州考察邹平县魏桥创业集团和滨州汽车工业园等。省人大常委会原副主任王渭田，市委书记、市人大常委会主任孙德汉，市委副书记、市长安世银，市委副书记、市纪委书记吴金娃，市人大常委会副主任李成明，副市长于志刚等分别陪同。

25 日至 26 日，市人大常委会视察组对市政府系统办理市八届人大四次会议以来代表建议、批评和意见的情况进行视察，对上半年市人大常委会组织人大代表评议的热点问题整改情况进行检查。市人大常委会副主任朱向旭参加。市政府秘书长何凤岐等陪同。

10 月

4 日，省人大常委会副主任王道玉到沾化县就冬枣生产和社会主义新农村建设情况进行调研。

16 日至 18 日，市人大常委会检查组对实施《中华人民共和国水土保持法》《山东省实施〈中华人民共和国水土保持法〉办法》情况进行执法检查。市人大常委会副主任苏乃军，秘书长张树香参加。副市长董吉增等陪同。

20 日，召开市八届人大常委会第 33 次主任会议。市人大常委会副主任李成明主持，副主任刘宝庭、苏乃军、朱向旭、郭建新、韩增金，秘书长张树香出席。

22 日至 25 日，市人大常委会考察组一行 12 人到河北省唐山市曹妃甸、天津市塘沽区、无棣县考察港口建设情况。市人大常委会副主任李成明、苏乃军、张秀亭、朱向旭、郭德刚、郭建新、韩增金，秘书长张树香等参加。

26 日，市八届人大常委会第 27 次会议在滨州召开。市人大常委会副主任李成明、刘宝庭、苏乃军、张秀亭、朱向旭、郭德刚、郭建新、张冠文、韩增金，秘书长张树香出席，韩增金主持。副市长王方正，市人民检察院检察长赵继明等列席。

11 月

2 日，市人大常委会召开信访室改设为信访局座谈会。省人大常委会办公厅信访局局长张建国，市人大常委会副主任李成明、郭德刚出席。

6 日，市人大常委会举办学习贯彻《中华人民共和国各级人民代表大会常务委员会监督法》培训班。市人大常委会副主任李成明讲话，副主任刘宝庭主持。副主任苏乃军、张秀亭、朱向旭、郭德刚出席。

7 日，全市人大宣传工作会议召开，传达学习全省人大宣传工作会议精神和市人大常委会办公室、市委宣传部《关于进一步加强和改进人大宣传工作的意见》。市委副书记侯宪秀、市人大常委会副主任李成明讲话。

9 日至 10 日，市人大常委会按照全市“冲刺 2006”第二次现场观摩会会议精神，组织机关干部 60 余人到各县区进行现场观摩。先后到博兴县远大板业项目，滨城区愉悦家纺、滨州公铁两用大桥，沾化县经济开发区、大高航空城，无棣县鲁北工业园、滨州港，阳信县经济开发区，惠民县明达油棉公司，滨州经济开发区、普莱德汽车制造项目等观摩。市人大常委会副主任李成明参加。

17日，市人大常委会机关举行“献爱心、送温暖”社会捐助活动，共捐款4600元，帮助困难群众温暖过冬。市人大常委会副主任李成明，秘书长张树香参加。

20日至21日，省人大常委会副主任陈延明到滨州检查城市建设和海水养殖工作，听取汇报，参观城市规划展览，到无棣县检查海水养殖情况。省人大农业与农村委员会副主任委员宋修武参加。市委书记、市人大常委会主任孙德汉，市委副书记、市长安世银，市人大常委会副主任李成明、苏乃军、朱向旭，秘书长张树香等陪同。

22日至24日，组织住滨全国人大代表和省人大代表进行会前视察。听取市政府有关部门和市中级人民法院、市人民检察院汇报，视察滨州公铁两用大桥、大高航空城及滨州学院飞行学院、滨州职业学院软件学院建设情况，到龙口市东江镇南山村、龙口市芦头镇芦头村和博兴县博兴镇椒园村等视察新农村建设情况。全国人大代表沈志强、董凤华，省人大代表陈延明、姜明文、李成明、宋振华、刘相庆、杨玖庆、丁爱军、袁海芳、李凤娥、张银凤、武士清、肖广兰、刘连民参加。市委常委、宣传部部长、博兴县委书记王文禄，市人大常委会副主任朱向旭，副市长王方正，市中级人民法院院长宋文明，市人民检察院检察长赵继明，滨州学院党委书记程竹坤，市人大常委会秘书长张树香等分别陪同。

23日至25日，市人大常委会视察组对全市高新技术产业发展情况进行视察。听取市政府汇报，视察博兴县华兴机械集团、鲁丰铝箔公司，滨城区科伦药业、佳泰公司等。市人大常委会副主任张秀亭参加。副市长祁维华等陪同。

23日至12月7日，市人大常委会副主任、市执法责任制协调领导小组副组长郭德刚带领市人大常委会内务司法工委、有关县区人大常委会及市直部分行政执法部门负责人和法制科长一行，赴南宁、贵阳、长沙三市学习考察执法责任制工作。

30日至12月1日，市人大常委会视察组对全市农村综合改革试点工作进行视察。听取市政府汇报，到惠民县、无棣县听取县政府汇报，进行视察，召开有关部门和乡镇负责人参加的座谈会。市人大常委会副主任韩增金参加。副市长燕钦国，市政协副主席宋振华等陪同。

12月

20日，召开中共滨州市人大常委会党组会，听取市委组织部关于向市八届人大第五次会议提交干部任免议题的通报。党组副书记李成明、刘宝庭、苏乃军，党组成员朱向旭、郭德刚、张冠文、韩增金、张树香出席。李成明主持。

21日，召开市八届人大常委会第34次主任会议。市人大常委会副主任李成明主持，副主任刘宝庭、苏乃军、张秀亭、朱向旭、郭德刚、郭建新、张冠文、韩增金，秘书长张树香出席。

23日，市八届人大常委会第28次会议在滨州召开。市委书记、市人大常委会主任孙德汉，市人大常委会副主任李成明、刘宝庭、苏乃军、张秀亭、朱向旭、郭德刚、郭建新、张冠文、韩增金，秘书长张树香出席，孙德汉、李成明分别主持。副市长胡炳山，市中级人民法院院长宋文明，市人民检察院检察长赵继明，市政府秘书长何凤岐等列席。

26日，全市人大代表小组建设工作会议召开。市人大常委会副主任李成明、朱向旭，秘书长张树香出席。

2007年

1月

10日，召开市八届人大常委会第35次主任会议。市委书记、市人大常委会主任孙德汉，市人大常委会副主任李成明、刘宝庭、苏乃军、张秀亭、朱向旭、郭德刚、郭建新、张冠文、韩增金，秘书长张树香出席，李成明主持。

11日，市八届人大常委会第29次会议在滨州召开。市委书记、市人大常委会主任孙德汉，市人大常委会副主任李成明、刘宝庭、苏乃军、朱向旭、郭德刚、郭建新、张冠文、韩增金，秘书长张树香出席。孙德汉、李成明分别主持。副市长王方正，市中级人民法院院长宋文明等列席。

18 日，全市人大信访工作会议召开，通报信访情况，各县区人大常委会和市公、检、法等单位汇报交流 2006 年工作情况及 2007 年工作安排。市人大常委会副主任李成明、郭德刚，秘书长张树香出席。

18 日至 19 日，市人大常委会副主任张冠文赴潍坊市学习考察人大调研和宣传工作，研究室的机构、人员编制及工作运行机制，《监督法》实施后监督工作情况的通报和公布渠道，与市委宣传部门联合制定的意见或规定等方面的经验。

31 日，召开市八届人大常委会第 36 次主任会议。市人大常委会副主任李成明主持，副主任刘宝庭、苏乃军、张秀亭、朱向旭、郭德刚、郭建新、张冠文、韩增金，秘书长张树香出席。

2 月

2 日，市八届人大常委会第 30 次会议在滨州召开。市委书记、市人大常委会主任孙德汉，市人大常委会副主任李成明、刘宝庭、苏乃军、张秀亭、朱向旭、郭德刚、郭建新、张冠文、韩增金，秘书长张树香出席，张冠文主持。市委常委、副市长曹兴宽，市中级人民法院院长宋文明，市人民检察院检察长赵继明等列席。

7 日，住滨州的省十届人大代表启程赴济，参加省十届人大五次会议。吴金娃、林则茂、曹兴宽、孙儒声、孙承志、韩增金等市六大班子的领导送行。

15 日，中共滨州市人大常委会党组召开民主生活会，主题是加强领导干部作风建设。党组副书记李成明、刘宝庭、苏乃军，党组成员张秀亭、朱向旭、郭德刚、张冠文、韩增金、张树香出席。李成明主持。

27 日至 3 月 3 日，滨州市第八届人民代表大会第五次会议在滨州召开。

28 日，出席市八届人大五次会议的人大代表参观东风港津滨重工造船项目、滨州万吨港及引堤工程、滨州黄河公铁两用特大桥等重点项目及滨州城市规划展览。

3 月

1 日，住滨州的全国人大代表刘凤、张士平、沈志强、董风华启程赴京，参加十届全国人大五次会议。孙德汉、邓向阳、吴金娃、侯宪秀、李成明、刘志钢等市领导送行。

14 日，市人大常委会机关召开“转变作风清廉实干、创新观念科学发展”解放思想大讨论活动动员大会。市人大常委会副主任李成明、侯宪秀、苏乃军、田宝礼、郭德刚、张冠文，秘书长张树香出席。李成明作动员，侯宪秀主持。

26 日，市人大常委会机关举行“博爱在滨州”募捐仪式，市人大常委会副主任李成明、苏乃军、郭德刚、郭建新、张冠文，原副主任江连仲、刘宝庭，秘书长张树香参加。

28 日至 29 日，市人大常委会副主任侯宪秀、苏乃军、郭德刚、张冠文，原副主任张秀亭，秘书长张树香带领机关人员，赴临沂市对城市建设、工矿企业、现代服务业发展情况进行考察。

4 月

2 日，全市人大内务司法工作座谈会召开，通报工作情况，交流开展“行政执法相对人监督评议行政执法人员”工作经验和体会，部署下步工作。市人大常委会副主任郭德刚讲话。

4 日至 6 日，市人大常委会调研组到无棣县、阳信县、博兴县对全市城乡社会救助工作情况进行调研。市人大常委会副主任郭德刚，秘书长张树香参加。

4 日至 6 日，省人大财经委调研组到滨州进行《山东省油区工作条例（草案）》立法调研。省人大常委会委员、省人大财经委副主任委员曾昭起，省人大财经委副巡视员翟振波，省油区办副主任谭少华等参加。市人大常委会副主任张冠文，副市长董吉增陪同。

10 日，召开市八届人大常委会第 37 次主任会议。市委书记、市人大常委会主任孙德汉，市人大常委会副主任李成明、侯宪秀、苏乃军、田宝礼、郭德刚、郭建新、张冠文，秘书长张树香出席，李成明主持。

11 日，全市人大代表工作经验交流会召开。省人大常委会人事代表工作室副主任刘本举，市人大常委会副主任李成明、侯宪秀、苏乃军、郭建新、张冠文出席。李成明主持，张冠文讲话。

11日，市人大常委会举行人大代表评议社会热点问题会议。围绕社会保障、土地征用与补偿、供电用电服务质量进行评议，市国土资源局、劳动和社会保障局、滨州供电公司负责人汇报并回答代表提问。人大代表还对被评议部门进行民主投票测评。省人大常委会人事代表工作室副主任刘本举，市人大常委会副主任李成明、张冠文参加。

12日至13日，省人大内司委调研组到滨州对实施《山东省预防和制止家庭暴力的决议》情况进行调研。省人大常委会委员、省人大内司委副主任委员杨文胜，省妇联副主席宋立华等参加。市人大常委会副主任郭德刚、张冠文，市长助理、公安局局长韩吉顺等陪同。

17日，召开中共滨州市人大常委会党组会，传达市委"转变作风清廉实干，创新观念科学发展"解放思想大讨论经验交流会议精神，讨论研究人大常委会机关大讨论活动安排方案、人事任免等事项。党组副书记李成明、侯宪秀、田宝礼，党组成员郭德刚、张冠文、张树香出席。李成明主持。

20日，市八届人大常委会第31次会议在滨州召开。市人大常委会副主任李成明、侯宪秀、苏乃军、田宝礼、郭德刚、郭建新、张冠文、韩增金，秘书长张树香出席，侯宪秀、苏乃军分别主持。市委常委、副市长曹兴宽等列席。

24日，市人大常委会召开贯彻落实《中华人民共和国各级人民代表大会常务委员会监督法》座谈会。市人大常委会副主任李成明主持并讲话，副主任张冠文就有关问题讲意见。市人大常委会秘书长张树香，市政府秘书长何凤岐等参加。

25日，省人大常委会办公厅信访局局长张建国带领省人大常委会督查组到滨州督查全国、省人大交办信访案件处理情况。听取市人大常委会及市中级人民法院有关全国、省人大交办信访案件处理情况的汇报。市人大常委会副主任李成明、郭德刚等陪同。

25日至28日，省人大常委会检查组在省人大常委会委员、省人大城环资委副主任委员亓凤海带领下，对滨州辖小清河流域水污染情况进行执法检查。省人大常委会委员、省人大城环资委委员段璋银，全国人大代表、山东科技大学系统工程所所长、博士生导师俞书伟，省环保局副局长车纯滨等参加。市委副书记、市长邓向阳，市人大常委会副主任侯宪秀，副市长于志刚，市人大常委会秘书长张树香等分别陪同。

27日至5月2日，市人大常委会副主任李成明、郭德刚一行赴河南省学习考察安阳、焦作、三门峡、洛阳和开封人大常委会信访工作的做法及经验。

30日，市人大常委会机关举办第四届健身运动会。

5月

14日至16日，省人大常委会副主任邵桂芳带领省人大常委会检查组到滨州对实施《中华人民共和国义务教育法》情况进行执法检查。省人大常委会委员、副秘书长李宏祥，省人大常委会委员、省人大教科文卫委副主任委员宫本欣，省人大常委会研究室副主任温守信，省教育厅副厅长陈光华，全国人大代表董风华，省人大代表李凤娥等参加。市委书记、市人大常委会主任孙德汉，市委副书记、市长邓向阳，市人大常委会副主任李成明，市委常委、滨城区委书记王文禄，市人大常委会副主任田宝礼，副市长崔娅妮，市人大常委会秘书长张树香等分别陪同。

14日至17日，市人大常委会检查组对实施《中华人民共和国义务教育法》情况进行执法检查。全国人大代表董风华，省人大代表李凤娥，市人大常委会副主任李成明、田宝礼，原副主任张秀亭，秘书长张树香等参加。市委常委、惠民县委书记何思清，副市长崔娅妮等陪同。

15日，全市人大宣传工作会议召开。总结和部署工作，交流各县区及乡镇开展人大宣传工作的经验和做法，表彰奖励人大宣传工作先进单位和先进个人。市人大常委会副主任张冠文讲话，秘书长张树香出席。

15日，东营市人大常委会考察团一行在市人大常委会副主任刘庆华、杨士民、崔兆武的带领下到滨州参观考察盟威制造高新技术工业园、城市规划展、行政审批大厅、滨化集团，邹平县南部新区、西王集团、魏桥创业集团等。市人大常委会副主任苏乃军、郭德刚，秘书长张树香等陪同。

20日，召开市八届人大常委会第38次主任会议。市人大常委会副主任李成明主持，副主任苏乃军、田宝礼、郭德刚、郭建新、张冠文、韩增金，秘书长张树香出席。

21日，市八届人大常委会第32次会议在滨州召开。市委书记、市人大常委会主任孙德汉，市人大常委会副主任李成明、侯宪秀、苏乃军、田宝礼、郭德刚、郭建新、张冠文、韩增金，秘书长张树香出席，苏乃军主持。副市长胡炳山等列席。

21日至22日，市人大常委会检查组对实施《中华人民共和国环境保护法》《山东省环境保护条例》情况进行执法检查。市人大常委会副主任侯宪秀，秘书长张树香参加。副市长于志刚等陪同。

22日至6月2日，应德国、法国地方议会邀请，市人大常委会副主任李成明带领市人大及工商业代表团赴德国、法国进行考察访问。拜会德国、法国两国地方议会，参加法兰克福纺织五金博览会，考察工业、农业、畜牧业产业化，进行经贸洽谈、招商引资。

25日，全市人大信访工作座谈会召开。传达中央、省有关文件及领导讲话，通报上年以来市人大常委会交办、督办案件办理情况。市人大常委会副主任郭德刚讲话。

25日，2007年“滨州环保世纪行”新闻发布会在滨州召开，启动2007年“滨州环保世纪行”活动。市委常委、秘书长燕钦国，市人大常委会副主任侯宪秀，副市长于志刚出席。

29日至30日，市人大常委会检查组对实施《中华人民共和国农产品质量安全法》情况进行执法检查。市人大常委副主任苏乃军、张冠文，秘书长张树香参加。市委常委、副市长曹兴宽等陪同。

30日至31日，市人大常委会视察组对市中级人民法院开展审判工作监督情况进行视察。市人大常委会副主任郭德刚，秘书长张树香参加。

6月

4日，省委原书记、省人大常委会原主任赵志浩一行到邹平县视察工作。市委书记、市人大常委会主任孙德汉，市人大常委会副主任李成明等陪同。

4日至6日，市人大常委会检查组对实施《中华人民共和国安全生产法》情况进行执法检查。市人大常委会副主任韩增金参加。市委常委、副市长孙承志等陪同。

5日，全市人大教科文卫工作座谈会召开。传达全省人大教科文卫工作座谈会精神，总结交流换届后工作情况，研究讨论下步工作。市人大常委会副主任田宝礼讲话。原市人大常委会副主任张秀亭、市人大常委会秘书长张树香参加。

14日，召开市八届人大常委会第39次主任会议。市人大常委会副主任李成明主持，副主任侯宪秀、苏乃军、郭建新、张冠文、韩增金，秘书长张树香出席。

18日至19日，菏泽市人大常委会副主任李玉华一行到滨州考察人大信访工作。市人大常委会副主任李成明、郭德刚、韩增金分别陪同。

19日，聊城市人大常委会副主任王启让、李望尘、孙箐带领聊城市人大常委会考察团到滨州参观考察魏氏庄园、黄河公铁两用大桥、城市规划展览馆、滨州新区和经济开发区、盟威制造高新技术工业园等。市人大常委会副主任李成明、郭建新，秘书长张树香等陪同。

20日至21日，市八届人大常委会第33次会议在滨州召开。市人大常委会副主任李成明、苏乃军、田宝礼、郭德刚、郭建新、张冠文、韩增金，秘书长张树香出席，田宝礼主持。副市长于志刚，市中级人民法院院长宋文明，市人民检察院检察长赵继明等列席。

26日，全市人大代表工作会议召开，传达全省人大代表工作经验交流暨表彰会议精神，研究部署下半年工作。市人大常委会副主任侯宪秀主持，张冠文讲话，秘书长张树香参加。

7月

4日至5日，省人大财经调研组在省人大常委会委员、省人大财经委副主任委员张义国的带领下到滨州就经济、财政运行情况进行调研。市委常委、副市长孙承志，市委常委、组织部部长于常青，市人大常委会副主任韩增金等分别陪同。

17日，市人大常委会副主任侯宪秀带领督查组对污水处理厂建设情况进行跟踪督查。查看市污水处理厂、滨北污水处理厂、市第二污水处理厂和市垃圾处理厂。副市长胡炳山等陪同。

18日至19日，市人大常委会视察组对信息产业发展情况进行视察。市人大常委会副主任侯宪秀参加。市委常委、副市长孙承志等陪同。

23日至27日，市人大常委会副主任田宝礼、郭建新、张冠文、韩增金带领市人大考察团一行参观考察日照港及水上运动中心、青岛城市建设及黄岛经济开发区、威海城市建设及旅游开发、烟台经济开发区及龙口市南山集团、潍坊城市建设及现代服务业、淄博经济开发区及高科技产业园等。

8月

7日，召开中共滨州市人大常委会党组会议，传达全省人大换届选举工作会议精神，讨论研究市人大换届选举相关事宜。党组书记孙德汉主持。党组副书记侯宪秀、苏乃军、田宝礼，党组成员张冠文、韩增金出席。

16日，召开市八届人大常委会第40次主任会议。市人大常委会副主任李成明主持，市人大常委会副主任侯宪秀、苏乃军、郭德刚、韩增金，秘书长张树香出席。

16日至18日，省人大常委会委员、省人大农业与农村委员会副主任委员刘宗元、宋修武带领省人大常委会农民增收调研组到滨州调研。市委书记、市人大常委会主任孙德汉，市委副书记、市长邓向阳，市人大常委会副主任李成明、苏乃军，副市长董吉增，市人大常委会秘书长张树香等分别陪同。

21日，市八届人大常委会第34次会议在滨州召开。市人大常委会副主任李成明、侯宪秀、苏乃军、田宝礼、郭德刚、张冠文、韩增金，秘书长张树香出席，郭德刚主持。副市长于志刚，市中级人民法院院长宋文明，市人民检察院检察长赵继明等列席。

23日，全市人大换届选举工作会议召开。传达《滨州市选举工作委员会关于2007年全市人大换届选举工作安排意见》，市人大常委会副主任、市选举工作委员会主任李成明，市委常委、组织部部长于常青，市人大常委会秘书长张树香参加。

26日至28日，省人大法制委员会副主任委员王同生带领省人大《山东省农业机械化促进条例(草案)》立法调研组到滨州调研。省人大法制委员会副巡视员冯秉章等参加。市人大常委会副主任苏乃军，秘书长张树香等陪同。

29日至30日，全市人大换届选举工作骨干培训班举办，传达学习2007年全市人大换届选举工作安排意见等。市人大常委会副主任、市选举工作委员会副主任张冠文讲话，秘书长张树香主持。

9月

6日至7日，天津市东丽区人大常委会主任秘长荣带领考察团到滨州参观考察滨州黄河公铁两用大桥、中海、城市规划展览及阳信县等。市人大常委会副主任李成明、田宝礼，秘书长张树香等陪同。

7日，全市人大信访干部培训班举办，对各县区人大信访干部进行人大信访信息系统培训。

7日至9日，省人大教科文卫委员会副主任委员李新泰带领调研组到滨州对实施《中华人民共和国红十字会法》《山东省实施〈中华人民共和国红十字会法〉办法》情况进行调研。市人大常委会副主任李成明、田宝礼，副市长崔娅妮等陪同。

11日，中共滨州市人大常委会党组召开民主生活会，主题是落实胡锦涛总书记讲话精神、坚持科学发展观。党组书记孙德汉主持，副书记李成明、侯宪秀、苏乃军、田宝礼，党组成员郭德刚、张冠文、张树香参加。

13日，全市推行执法责任制工作10周年座谈会召开，回顾交流经验和体会，探讨深化执法责任制工作的新思路、新途径。市人大常委会副主任、市执法责任制协调领导小组副组长郭德刚讲话。

17日，全市人大换届选举宣传工作会议召开。听取各县区贯彻全市人大换届选举工作会议精神及换届选举工作安排情况汇报，部署全市人大换届选举和人大报刊宣传工作。市人大常委会副主任张冠文讲话。市人大常委会秘书长张树香参加。

19日至20日，市人大常委会视察组对创建“中国优秀旅游城市”情况进行视察。市人大常委会副主任郭建新参加。副市长王方正陪同。

26日至27日，市人大常委会视察组对市八届人大期间代表建议、批评和意见办理落实情况进行视察。听取市政府、林业局、水利局、国土资源局、劳动和社会保障局、供电公司汇报，视察建议办理情况和社会热点问题整改情况。市人大常委会副主任张冠文参加。

28日至29日，全省人大内务司法工作座谈会在滨州召开，传达全国人大内务司法工作座谈会精神，各市人大内司(工)委交流发言，参观黄河公铁两用大桥、滨州学院、城市规划展、盟威工业园、魏氏庄园等。省人大常委会副主任、内司委主任委员莫振奎讲话。市委书记、市人大常委会主任孙德汉致辞。省人大常委会委员、省人大内司委副主任委员刘忠泉、刘学德、邢来田、王庆才，省人大常委会副秘书长毛春智，省人大内司委副巡视员张伯厚，各市人大常委会分管主任、内务司法(工)委主任，滨州市人大常委会副主任李成明、郭德刚出席。

10月

9日至11日，全国15省(市、区)32地区(盟、市)人大工作联席会第20次会议在滨州市召开。山东省滨州、菏泽市人大常委会，山西省吕梁、晋中市人大常委会，广西壮族自治区桂林、贺州、河池市人大常委会，贵州省毕节地区人大工委，浙江省丽水市人大常委会，内蒙古自治区乌兰察布市人大常委会，四川省宜宾市人大常委会，重庆市万州区人大常委会，黑龙江省大兴安岭地区人大工委、黑河市人大常委会，湖南省益阳、永州、郴州市人大常委会，福建省龙岩、南平、宁德市人大常委会，河南省南阳市人大常委会和新疆维吾尔自治区阿克苏地区人大工委及滨州市六县一区人大常委会的代表共124人出席。市委书记、市人大常委会主任孙德汉致欢迎词并介绍市情。市人大常委会副主任李成明主持开幕式，侯宪秀主持闭幕式。部分地区、市与会代表作了交流发言。

9日至10日，出席全国15省(市、区)32地区(盟、市)人大工作联席会第20次会议的代表参观考察滨州黄河公铁两用大桥、滨州规划展览馆、盟威集团、魏氏庄园和孙子兵法城等。山东省人大常委会副主任陈延明，省人大常委会办公厅副主任、《人民权利报》社社长李朝东，市委副书记、市长邓向阳，市政协主席吴金娃，滨州军分区司令员刘志钢，市委常委、市纪委书记葛伟，市人大常委会副主任苏乃军、田宝礼、郭德刚、郭建新、张冠文、韩增金，秘书长张树香出席。

9日至11日，省人大教科文委副主任委员李新泰带领省泰山学者调研组到滨州就科学发展、又好又快发展问题调研。市委书记、市人大常委会主任孙德汉，市委副书记、市长邓向阳，市委副书记孙孺声，市委常委、秘书长燕钦国，市委常委、宣传部部长祁维华，市人大常委会副主任、市总工会主席田宝礼，市委党校常务副校长李炳众等先后陪同。

16日，召开市八届人大常委会第41次主任会议。市人大常委会副主任李成明主持，副主任侯宪秀、苏乃军、田宝礼、郭德刚、张冠文、韩增金，秘书长张树香出席。

23日至25日，市人大常委会组织部分住滨全国人大代表、省人大代表和市人大代表对全市开展创建省级文明城市工作进行专题调研，考察汽车站、农贸市场和社区建设、档案馆、文化馆、公共图书馆、市容市貌、污水处理、河道治理、公共交通、交通管理等。市人大常委会副主任李成明、田宝礼、郭德刚，全国人大代表、市政协副主席刘凤等参加。市委常委、宣传部长祁维华，市委常委、滨城区委书记王文禄，副市长崔娅妮，市长助理、市公安局局长韩吉顺等分别陪同。

26日，市八届人大常委会第35次会议在滨州召开。市人大常委会副主任李成明、侯宪秀、苏乃军、郭德刚、郭建新、张冠文、韩增金，秘书长张树香出席，张冠文主持。市委常委、副市长孙承志，市中级人民法院院长宋文明，市人民检察院检察长赵继明等列席。

11月

6日至7日,市人大常委会视察组对全市质量技术监督工作进行视察。市人大常委会副主任韩增金参加。市委常委、副市长孙承志等陪同。

13日,住滨州的十届全国人大代表和省十届人大代表视察部分重点项目。听取市政府汇报,到滨州港西港经济园区中盛造船厂、津滨造船厂、滨州万吨港引堤视察。省人大常委会副主任陈延明,省人大代表、省政协原副主席刘洪仁,住滨全国人大代表刘凤、沈志强、董风华,省人大代表王国庆、宋存胜、姜明文、宋振华、刘相庆、杨玖庆、李俊杰、李凤娥、袁海芳、王延平、赵玉华、姜玉华、肖广兰、武士清等参加。市委书记、市人大常委会主任孙德汉,市委副书记、市长邓向阳,市委副书记孙孺声,市人大常委会副主任李成明、侯宪秀、张冠文、韩增金,副市长于志刚等分别陪同。

20日,市人大常委会机关举行送温暖、献爱心"慈心一日捐"活动,捐款近7000元。市人大常委会副主任李成明、侯宪秀、苏乃军、郭德刚、郭建新、张冠文、韩增金参加。

26日,市人大常委会视察组对全市基础设施建设项目使用国家开发银行贷款及其他贷款情况进行视察。市人大常委会副主任韩增金,市人大代表、市政协副主席宋振华参加。副市长胡炳山等陪同。

27日至28日,市人大常委会调研组对全市社会主义新农村建设投入、新型农村合作医疗运行情况进行调研。市人大常委会副主任苏乃军、田宝礼参加。副市长胡炳山,市长助理史德高等陪同。

12月

3日,召开市八届人大常委会第42次主任会议。市人大常委会副主任李成明主持,副主任侯宪秀、田宝礼、郭建新、张冠文、韩增金,秘书长张树香出席。

5日,市八届人大常委会第36次会议在滨州召开。市委书记、市人大常委会主任孙德汉,市人大常委会副主任李成明、侯宪秀、苏乃军、田宝礼、郭德刚、郭建新、张冠文、韩增金,秘书长张树香出席,李成明主持。市委副书记、市长邓向阳,市人民检察院检察长赵继明等列席。

21日,召开市八届人大常委会第43次主任会议。市人大常委会副主任李成明主持,副主任侯宪秀、苏乃军、田宝礼、张冠文、韩增金,秘书长张树香出席。

21日,市八届人大常委会第37次会议在滨州召开。市委书记、市人大常委会主任孙德汉,市人大常委会副主任李成明、侯宪秀、苏乃军、田宝礼、郭建新、张冠文、韩增金,秘书长张树香出席。孙德汉、李成明分别主持。副市长崔娅妮,市中级人民法院院长宋文明,市人民检察院检察长赵继明等列席。

2008年

1月

3日至7日,滨州市第九届人民代表大会第一次会议在滨州召开。

15日,市人大代表建议办理工作会议召开,总结市八届人大期间代表建议办理工作情况,交办市九届人大一次会议代表提出的建议、批评和意见。市人大常委会副主任、秘书长张冠文讲话。

18日,住滨州的省十一届人大代表启程赴济,参加省十一届人大一次会议。邓向阳、孙孺声、曹兴宽等市六大班子的领导送行。

29日,市人大常委会机关召开全体会议,对过去五年来的工作进行总结,传达省十一届人大一次会议精神。市人大常委会副主任曹兴宽讲话,副主任侯宪秀、郭建新、张冠文、韩增金出席。

29日,全市人大换届选举工作总结会议召开。市人大常委会副主任曹兴宽主持,张冠文对换届后需重点抓好的几项工作提出要求。

2月

1日,召开市九届人大常委会第1次主任会议。市人大常委会副主任曹兴宽主持,副主任董吉增、郭建新、张冠文、韩增金出席。

26日，召开市九届人大常委会第2次主任会议。市人大常委会副主任曹兴宽、侯宪秀、董吉增、郭建新、张冠文、韩增金出席，曹兴宽主持。

27日，市九届人大常委会第1次会议在滨州召开。市人大常委会副主任曹兴宽、侯宪秀、董吉增、郭建新、张冠文、韩增金出席，曹兴宽主持。市委书记邓向阳，市委副书记、代理市长张光峰，市委常委、副市长韩奎祥，市中级人民法院院长宋文明，市人民检察院检察长赵继明等列席。

28日，住滨州的全国人大代表刘凤、张忠正、沈志强、董风华启程赴京，出席十一届全国人大一次会议。市委副书记、代市长张光峰，市人大常委会副主任曹兴宽，市政协主席燕钦国，军分区司令员刘志钢等市领导送行。

3月

25日至27日，市人大常委会检查组对实施《中华人民共和国招标投标法》情况进行执法检查。市人大常委会副主任韩增金参加，市委常委、副市长韩奎祥等陪同。

26日，全市人大内务司法工作座谈会召开。总结工作，通报工作要点和执法责任制工作要点。滨州军分区司令员刘志钢出席，市人大常委会副主任、秘书长张冠文讲话。

31日至4月2日，市人大常委会视察组对全市就业再就业工作情况进行视察。市人大常委会副主任、秘书长张冠文参加。副市长张兆宏等陪同。

4月

8日至9日，市人大常委会视察组对全市“平安滨州”建设情况进行视察。市人大常委会副主任、秘书长张冠文参加。副市长张兆宏陪同。

16日，全市人大信访工作会议召开。通报工作情况及安排工作，有关单位汇报受理信访案件的处访情况及做法。市人大常委会副主任、秘书长张冠文讲话。

20日，召开市九届人大常委会第3次主任会议。市人大常委会副主任曹兴宽、董吉增、郭建新、张冠文、韩增金出席，曹兴宽主持。

20日，市九届人大常委会第2次会议在滨州召开。市人大常委会副主任曹兴宽主持，市人大常委会副主任郭建新、张冠文、韩增金出席。

23日至24日，市人大常委会举办九届市人大代表培训班，听取省人大常委会人事代表工作室处长马效东就人民代表大会制度和代表法所作的辅导报告，观看全国人大常委会副秘书长何晔晖、乔晓阳所作的《提高议案建议质量，增强代表活动实效》和《如何审议工作报告》的辅导录像。部分代表介绍了履行代表职责、发挥代表作用的经验体会。市人大常委会副主任、秘书长张冠文在开班仪式上讲话。

25日，召开市九届人大常委会第4次主任会议。市人大常委会副主任曹兴宽、郭建新、张冠文、韩增金出席，曹兴宽主持。

29日，市九届人大常委会第3次会议在滨州召开。市人大常委会副主任曹兴宽主持，市人大常委会副主任郭建新、张冠文、韩增金出席。副市长张兆宏、市中级人民法院院长宋文明、市人民检察院检察长赵继明等列席。

5月

8日，全市人大新闻宣传工作会议召开。总结交流全市人大新闻宣传工作的基本经验，研究探讨如何进一步加强和改进人大新闻宣传报道工作，表彰奖励2007年度人大新闻宣传工作先进单位和先进个人，颁发市第一届宣传人民代表大会制度好新闻奖，安排部署2008年人大新闻宣传以及调查研究工作任务。市委常委、宣传部长祁维华，市人大常委会副主任韩增金讲话。市人大常委会副主任曹兴宽、张冠文出席。

14日，市人大常委会机关举行支援四川地震灾区捐款仪式，全体干部职工共捐款9450元。

16日，市人大常委会机关举办第五届健身运动会。

19日，市人大常委会机关开展“抗震救灾，奉献爱心”活动，在四川汶川大地震全国哀悼日，为灾区捐款27500元。

21日，市人大常委会机关举行党员心系四川地震灾区“特殊党费”交纳仪式，再次向四川地震灾区人民献爱心、送温暖。84 名党员共向灾区捐献“特殊党费”75800 元。

22 日，市人大常委会视察组对创建省级文明城市工作情况进行视察。市人大常委会副主任张冠文参加。市委常委、宣传部部长祁维华，市长助理、公安局局长韩吉顺等陪同。

27 日至 28 日，市人大常委会检查组对实施《中华人民共和国建筑法》情况进行执法检查。市人大常委会副主任韩增金参加。副市长胡炳山等陪同。

6 月

12 日，市人大常委会检查组对实施《中华人民共和国未成年人保护法》情况进行执法检查。市人大常委会副主任张冠文参加。

17 日至 18 日，市人大常委会检查组对实施《山东省药品使用条例》情况进行执法检查。市人大常委会副主任郭建新参加。市长助理史德高等陪同。

18 日，召开中共滨州市人大常委会党组会，讨论研究召开市九届人大第二次会议的方案。党组书记曹兴宽，党组副书记侯宪秀、董吉增，党组成员张冠文、韩增金出席。曹兴宽主持。

20 日，2008 年“滨州环保世纪行”新闻发布会在滨州召开，启动 2008 年“滨州环保世纪行”活动。市委常委、副市长、滨州环保世纪行组委会主任韩奎祥讲话，市人大常委会副主任、滨州环保世纪行组委会主任侯宪秀主持会议并向 2008 年滨州环保世纪行记者采访团授旗。

23 日，召开市九届人大常委会第 5 次主任会议。市人大常委会副主任曹兴宽主持，副主任侯宪秀、董吉增、郭建新、张冠文、韩增金出席。

27 日，市九届人大常委会第 4 次会议在滨州召开。市人大常委会副主任曹兴宽、董吉增、郭建新、张冠文、韩增金出席，董吉增主持。副市长胡炳山、市中级人民法院院长宋文明等列席。

30 日，商务部原副部长张世尧、国家工商总局原副局长韩新民一行到滨州参观新滨公园、滨州城市规划展览馆、中海、滨州公铁两用大桥等。市人大常委会副主任董吉增等陪同。

7 月

3 日，召开市九届人大常委会第 6 次主任会议。市人大常委会副主任曹兴宽主持，副主任侯宪秀、董吉增、郭建新、张冠文、韩增金出席。

4 日，市九届人大常委会第 5 次会议在滨州召开。市人大常委会副主任曹兴宽主持，副主任侯宪秀、郭建新、张冠文、韩增金出席。副市长万永格、市中级人民法院院长宋文明、市人民检察院检察长赵继明等列席。

9 日，滨州市第九届人民代表大会第二次会议在滨州召开。

15 日至 16 日，市人大常委会检查组对实施《宗教事务条例》情况进行执法检查。市人大常委会副主任董吉增参加。市长助理史德高等陪同。

16 日，按照市委的统一部署，市人大常委会机关召开新一轮解放思想大讨论活动动员大会，传达全市新一轮解放思想大讨论活动动员大会的有关精神和实施意见。市人大常委会副主任侯宪秀作动员。

17 日至 18 日，省人大内司委副巡视员张伯厚带领省人大立法调研组到滨州就《山东省实施〈中华人民共和国道路交通安全法〉办法》进行立法调研。市人大常委会副主任张冠文陪同。

23 日，市人大常委会召开主任办公会议。传达全省人大工作会议精神，讨论确定市人大常委会在新一轮解放思想大讨论活动中组织人大代表对市政府和“两院”工作进行评议的实施方案，讨论确定市人大常委会机关新一轮解放思想大讨论活动实施意见。市委书记、市人大常委会主任邓向阳主持会议并讲话。市人大常委会副主任曹兴宽、侯宪秀、董吉增、郭建新、张冠文、韩增金，秘书长李国强出席。

8 月

5 日至 6 日，市人大常委会检查组对实施《中华人民共和国水法》《中华人民共和国防洪法》《山东省实施〈中华人民共和国水法〉办法》情况进行执法检查。市人大常委会副主任董吉增参加。副市长尚龙江，市长助理史德高等陪同。

13 日，全市人大工作会议召开。传达全省人大工作会议精神，各县区人大常委会就如何做好新形势人大工作交流工作情况和经验。市委书记、市人大常委会主任邓向阳，市人大常委会副主任曹兴宽讲话。市委副书记、市长张光峰，市委副书记孙孺声，市委常委、滨城区委书记王文禄，市委常委、惠民县委书记何思清，市人大常委会副主任侯宪秀、董吉增、郭建新、张冠文，市人大常委会顾问李成明、田宝礼，市中级人民法院院长宋文明，市人民检察院检察长赵继明等出席。

21 日，召开市九届人大常委会第 7 次主任会议。市人大常委会副主任曹兴宽主持，副主任侯宪秀、董吉增、郭建新、张冠文、韩增金，秘书长李国强出席。

22 日至 26 日，市人大常委会视察组对全市节能减排工作进行视察。市人大常委会副主任侯宪秀参加。市委常委、副市长韩奎祥、孙承志分别陪同。

27 日，市九届人大常委会第 6 次会议在滨州召开。市人大常委会副主任曹兴宽、侯宪秀、董吉增、郭建新、张冠文、韩增金，秘书长李国强出席。侯宪秀主持。市委常委、副市长孙承志，市中级人民法院院长宋文明，市人民检察院检察长赵继明，市长助理、秘书长何凤岐等列席。

9 月

1 日至 2 日，省人大常委会副主任鲍志强带领省人大常委会立法调研组到滨州就《山东省财政监督条例(草案)》进行立法调研。省人大常委会委员、省人大财经委副主任委员王同生，省人大财经委副巡视员翟振波，省财政厅副厅长庞敦之等参加和随同。市委书记、市人大常委会主任邓向阳，市委副书记、市长张光峰，市人大常委会副主任曹兴宽、韩增金，市长助理、公安局局长韩吉顺，市人大常委会秘书长李国强等分别陪同。

3 日至 4 日，省人大城环资委主任委员矫学柏带领省人大常委会调研组到滨州对实施《中华人民共和国人民防空法》情况进行调研。省人大城环资委副巡视员段贺光，省人防办主任张兆启等参加。市人大常委会副主任侯宪秀，副市长胡炳山等陪同。

8 日，根据省人大常委会办公厅的安排，市人大常委会组织滨州市选出的省人大代表进行调研。调研组分为“农产品质量安全问题”和“中小学校园安全问题”两个组，分别在沾化县、惠民县和阳信县、无棣县调研。省人大代表王道玉、曹兴宽、刘志钢、李成明、王瑜、贾善银、张秀葵、孙青林、姜玉华、张波、李家良、刘连民、吴高亭、刘曰兴、李俊杰、李恩波、林国华、黄春生、肖广兰等参加。市委常委、惠民县委书记何思清，市人大常委会副主任侯宪秀，副市长胡炳山、尚龙江，市长助理史德高等陪同。

9 日，省人大常委会委员、省人大内务司法委员会主任委员陈明甫带领省人大常委会检查组到滨州对实施《中华人民共和国法官法》《中华人民共和国检察官法》情况进行执法检查。省人大代表吴高亭，省高级人民法院专委会委员冷绍民，省人民检察院党组成员、政治部主任董以志等参加和随同。市人大常委会副主任张冠文，市中级人民法院院长宋文明，市人民检察院检察长赵继明等陪同。

12 日，中共滨州市人大常委会党组召开民主生活会，主题是学习和实践科学发展观。党组书记曹兴宽主持。党组副书记侯宪秀、董吉增，党组成员张冠文、韩增金、李国强出席。

23 日至 25 日，市人大常委会检查组对实施《中华人民共和国劳动合同法》情况进行执法检查。市人大常委会副主任张冠文参加。副市长张兆宏等陪同。

25 日，全市人大报刊宣传工作座谈会召开，交流人大新闻宣传和报刊征订情况，研究加强和改进人大新闻宣传工作的任务和措施。市人大常委会副主任韩增金讲话。

10 月

10 日，市人大常委会组织部分市人大代表对市政府及有关单位办理落实市九届人大一次会议以来代表建议、批评和意见的情况进行视察，对重点建议的落实情况进行现场视察和听取专项汇报。市人大常委会副主任侯宪秀参加。

13日至15日，省人大常委会副主任时立军带领视察组到滨州视察节能减排工作。省人大常委会委员、省人大城环委主任委员矫学柏，省人大常委会委员、省人大城环委副主任委员姚学政，省人大城环委副巡视员段贺光等参加。市委书记、市人大常委会主任邓向阳，市人大常委会副主任曹兴宽，市委常委、副市长孙承志，市人大常委会副主任侯宪秀等陪同。

14日至16日，全省各市人大常委会原主持工作的第一副主任联谊会在滨州召开。参会人员参观考察滨州黄河公铁两用大桥、愉悦家纺有限公司、滨州城市规划展览馆、国家级中海风景区、盟威高新技术工业园、滨魏科技工业园、孙子兵法城、魏氏庄园、沾化县下洼镇冬枣生态园等。省人大常委会原副主任王道玉，省人大常委会原副秘书长、财经委副主任委员王启信、姜明文参加此次联谊活动。市委书记、市人大常委会主任邓向阳，市委副书记、市长张光峰，市委副书记孙蕎声，市人大常委会副主任曹兴宽，市委常委、秘书长王文禄，市人大常委会副主任侯宪秀、董吉增、郭建新、张冠文、韩增金，市人大常委会顾问李成明，市人大常委会秘书长李国强等陪同。

16日，齐鲁环保世纪行组委会副主任郭庆惠带领齐鲁环保世纪行记者团到滨州采访、调研海洋环境保护工作。听取全市海洋环境保护工作及贝壳堤岛与湿地系统国家级自然保护区建设管理情况的汇报，实地进行采访调研。市委常委、副市长韩奎祥，市人大常委会副主任韩增金出席情况汇报会。

17日，市人大常委会调研组对全市林业工作和《中华人民共和国森林法》实施情况进行调研。市人大常委会副主任董吉增参加。副市长尚龙江等陪同。

20日至21日，全市乡镇人大主席、办事处人大工委主任培训班举办。市人大常委会副主任董吉增作动员讲话，副主任侯宪秀作总结讲话，副主任郭建新、张冠文等分别主持动员和总结会议。副主任韩增金，秘书长李国强出席会议。

23日，日本和歌山县纪之川市市长中村慎思带领友好访问团访问滨州。市委书记、市人大常委会主任邓向阳与访问团交谈并互赠礼物。市委副书记、市长张光峰，市人大常委会副主任曹兴宽，市长助理、市政府秘书长何凤岐与日本友好访问团在张肖堂干渠渠首共同种下"中日友谊树"，并合影留念。访问团一行还参观了惠民县胡集林粮间作示范点、孙子兵法城、盟威集团惠民工业园、滨州经济开发区等。市委书记、市人大常委会主任邓向阳，市人大常委会副主任曹兴宽、侯宪秀、张冠文、韩增金，秘书长李国强等参加活动。

25日，召开市九届人大常委会第8次主任会议。市人大常委会副主任曹兴宽主持，副主任侯宪秀、郭建新、张冠文、韩增金出席。

25日，市人大常委会机关举行向四川汶川地震灾区"送温暖、献爱心"捐赠仪式。共捐款3800多元，衣被40余件。

29日，市九届人大常委会第7次会议在滨州召开。市人大常委会副主任曹兴宽、侯宪秀、董吉增、郭建新、张冠文、韩增金，秘书长李国强出席。张冠文主持。副市长尚龙江、市中级人民法院院长宋文明等列席。

11月

5日，市人大常委会组织机关全体人员到秦台军事训练中心进行实战射击训练，开展军事日活动庆祝改革开放30周年。市人大常委会原副主任段成英、刘宝庭、张秀亭、巩若良，市人大常委会秘书长李国强等参加。

5日至6日，市人大常委会调研组对全市安全生产情况进行调研。市人大常委会副主任韩增金参加。

7日，市人大常委会机关举办学习贯彻十七届三中全会精神培训班，集中观看中央政策研究室农村局局长冯海发有关推进农村改革发展若干重大问题报告的录像。市人大常委会副主任韩增金讲话，秘书长李国强参加。

19日，省人大常委会副主任崔曰臣在滨州召开住滨全国、省人大代表座谈会。全国人大代表、省人大代表、市委书记、市人大常委会主任邓向阳，全国人大代表、市政协副主席刘凤，全国人大代表冯怡生、张忠正、沈志强，省人大代表、市人大常委会副主任曹兴宽，省人大代表张秀葵、贾善银、赵建明、李恩波、王延平、姜玉华、李俊杰、张波，市人大常委会副主任张冠文等出席。

19 日至 21 日，全国 15 省（市、区）32 地区（盟、市）人大工作联席会第 21 次会议在湖南省永州市召开。市人大常委会副主任侯宪秀、秘书长李国强参加。

19 日至 26 日，市人大常委会调研组到滨城、惠民、无棣、沾化 4 县区对经济运行情况进行调研。市人大常委会副主任曹兴宽、韩增金等参加。

21 日，市人大常委会机关举办学习贯彻十七届三中全会精神报告会，听取市农业局局长张炳宣关于农业、农村问题的报告。市人大常委会副主任韩增金主持。

28 日，市人大常委会机关举行全体党员大会，听取市人大常委会办公室调研员、机关党委书记张树香所作的工作报告；选举产生第二届机关党的委员会、机关纪律检查委员会；市人大常委会副主任、党组书记曹兴宽，市直机关工委副书记孟青讲话。市人大常委会秘书长李国强主持。市人大常委会副主任侯宪秀、张冠文、韩增金，市人大常委会顾问李成明等出席。

12 月

3 日，市人大常委会组织住滨全国人大代表和省人大代表进行会前集中视察。听取市政府关于全市经济和社会事业发展以及社会稳定情况、推进社会主义新农村建设情况、应对国际金融危机情况的汇报，听取市中级人民法院、市人民检察院工作情况的汇报，视察滨城区经济社会发展和深化农村改革情况。全国人大代表、省人大代表张忠正，省人大代表曹兴宽、李成明、吴高亭、孙青林、肖广兰、张秀葵等参加。市人大常委会副主任侯宪秀、副市长尚龙江、市中级人民法院院长宋文明、市人民检察院检察长赵继明、市人大常委会秘书长李国强等陪同。

11 日，召开市九届人大常委会第 9 次主任会议。市人大常委会副主任曹兴宽主持，副主任侯宪秀、董吉增、郭建新、张冠文、韩增金，秘书长李国强出席。

16 日至 17 日，全省人大工作座谈会在滨州举行。总结交流工作经验，研究部署下年度目标任务。省人大常委会常务副主任高新亭讲话，省人大常委会副主任时立军、鲍志强、崔曰臣、刘玉功、温孚江，秘书长王文升出席，时立军、崔曰臣分别主持。滨州市委书记、市人大常委会主任邓向阳致辞，市人大常委会副主任曹兴宽及其他 16 个兄弟市人大常委会负责人先后作交流发言。省人大常委会副秘书长、省人大各专门委员会和常委会办事机构主要负责人，滨州市人大常委会副主任侯宪秀、董吉增、郭建新、张冠文、韩增金，秘书长李国强等参加。

16 日，参加全省人大工作座谈会的与会人员对滨州市经济社会发展情况进行视察，听取情况介绍，视察盟威集团、滨魏工业园、愉悦家纺有限公司、滨州城市规划展、黄河公铁两用特大桥、中海风景区及滨州市容市貌等。省人大常委会常务副主任高新亭，副主任时立军、鲍志强、崔曰臣、温孚江，秘书长王文升，省人大常委会部分委员和全省各市人大常委会负责人等参加。滨州市委书记、市人大常委会主任邓向阳，市委副书记、市长张光峰，市委副书记孙孺声，市人大常委会副主任曹兴宽，滨州军分区司令员刘志钢，市委常委、秘书长王文禄，市委常委、滨城区委书记何思清，市人大常委会秘书长李国强等分别陪同。

19 日，市九届人大常委会第 8 次会议在滨州召开。市人大常委会副主任曹兴宽、侯宪秀、董吉增、郭建新、张冠文、韩增金，秘书长李国强出席。韩增金主持。副市长胡炳山、崔娅妮，市人民检察院检察长赵继明等列席。

22 日，市九届人大三次会议筹备工作会议召开，对人代会各方面工作进行研究部署，作具体分工，提出明确要求。市人大常委会副主任曹兴宽讲话，秘书长李国强主持。

29 日，全市人大人事代表工作室主任会议召开，传达全省人大人事代表工作室主任会议精神，各县区汇报工作情况。

2009 年

1 月

4 日，召开市九届人大常委会第 10 次主任会议。市人大常委会副主任曹兴宽主持，副主任董吉增、郭建新、张冠文、韩增金，秘书长李国强出席会议。

5日,市人大常委会进行联合接访。参加联合接访人员共分八个组,分别到各县、区接访。市人大常委会副主任曹兴宽参加联合接访。

6日,市九届人大常委会第9次会议召开。市人大常委会常务副主任曹兴宽,副主任侯宪秀、郭建新、张冠文,秘书长李国强出席会议。侯宪秀主持会议。副市长崔娅妮,市中级人民法院院长宋文明等列席会议。

9日,市委副书记孙馮声、市人大常委会常务副主任曹兴宽、市政协副主席宋振华、市人大常委会秘书长李国强检查两会筹备情况。

12日至15日,滨州市第九届人民代表大会第三次会议在滨州召开。

2月

1日,市人大常委会召开机关大会,总结市人大常委会机关2008年工作,安排部署2009年工作,对2008年度先进个人和单位进行了表彰。市人大常委会常务副主任曹兴宽,副主任侯宪秀、郭建新、张冠文、韩增金,顾问李成明、田宝礼,秘书长李国强出席会议。侯宪秀主持会议。

2日,市人大常委会与“一府两院”工作联席会议在滨州召开。市委书记、市人大常委会主任邓向阳,市委副书记、市长张光峰,市人大常委会常务副主任曹兴宽出席会议并讲话。曹兴宽主持会议。市人大常委会副主任董吉增、郭建新、张冠文、韩增金,副市长崔娅妮、张兆宏、尚龙江、万永格,市中级人民法院院长宋文明,市人民检察院检察长赵继明,市人大常委会秘书长李国强出席会议。

3日,市人大常委会进行联合接访。市人大常委会副主任侯宪秀参加。

9日,市人大常委会机关召开深入贯彻市纪委七届四次全会精神暨“发展环境优化年”活动动员大会,市人大常委会副主任郭建新、张冠文、韩增金,秘书长李国强出席会议。郭建新作动员讲话,李国强主持会议。

11日,住滨州省十一届人大代表启程赴济,参加2月13日至18日在济南召开的省十一届人大二次会议。邓向阳、张光峰、孙馮声、曹兴宽、燕钦国等市领导为代表们送行。

25日,召开市九届人大常委会第11次主任会议。市人大常委会常务副主任曹兴宽主持,市人大常委会副主任侯宪秀、董吉增、郭建新、张冠文、韩增金,秘书长李国强出席会议。

3月

1日,住滨州全国人大代表刘凤、张忠正、沈志强、董风华等启程赴京,出席即将在北京召开的十一届全国人大二次会议。市委书记、市人大常委会主任邓向阳,市委副书记孙馮声,市人大常委会常务副主任曹兴宽,市政协主席燕钦国等市领导为代表们送行。

3日,市人大常委会进行联合接访。市人大常委会副主任董吉增参加。

3日,市人大常委会召开机关深入学习实践科学发展观活动动员大会。市人大常委会常务副主任曹兴宽,副主任侯宪秀、郭建新、张冠文、韩增金,顾问李成明、田宝礼,秘书长李国强出席会议。侯宪秀主持会议,曹兴宽作动员讲话,李国强传达市委深入学习科学发展观活动的实施意见。

11日,市人大常委会召开人大代表评议部门和单位工作动员会议,对人大代表评议部门和单位工作进行部署。市人大常委会常务副主任曹兴宽,市人大常委会副主任侯宪秀、韩增金,副市长崔娅妮,市人大常委会秘书长李国强出席会议。

12日,全市各县、区人大常委会秘书长、办公室主任座谈会在滨州召开。市人大常委会常务副主任曹兴宽,秘书长李国强等出席会议并作重要讲话。

13日,全市2006年至2008年度执法责任制工作总结表彰大会召开。市委副书记孙馮声出席会议并作重要讲话,市委常委、常务副市长韩奎祥主持会议。市委常委、政法委书记步乃章,市人大常委会副主任张冠文,市中级人民法院院长宋文明,市人民检察院检察长赵继明,市长助理、公安局局长韩吉顺,市人大常委会秘书长李国强等出席会议。

16日,市人大常委会机关邀请市委党校教授张燕作学习实践科学发展观辅导报告。市人大常委会常务副主任曹兴宽，市人大常委会顾问田宝礼等参加报告会。

19日至20日，省人大常委会委员、教科文卫委员会副主任委员王天瑞率省人大常委会调研组到滨对实施《山东省职业教育条例》情况进行调研。市人大常委会常务副主任曹兴宽，市人大常委会副主任郭建新，副市长崔娅妮等分别陪同调研。

25日至27日，市人大常委会副主任张冠文带领市人大调研组对全市民政工作情况进行调研。副市长张兆宏等陪同调研。

26日，市人大常委会副主任郭建新带领市人大调研组赴沾化、博兴开展计划生育执法工作调研。

30日至31日，市人大常委会副主任韩增金带领执法检查组对《中华人民共和国中小企业促进法》《山东省中小企业促进条例》在滨州市实施情况进行执法检查。市委常委、副市长孙承志等陪同执法检查。

4月

3日，市人大常委会进行联合接访。市人大常委会副主任郭建新参加。

7日，市人大常委会召开全市民政工作调研情况反馈座谈会。市人大常委会副主任张冠文，副市长张兆宏参加座谈会。

8日，全市人大代表小组召集人培训班在滨州举行。市人大常委会副主任侯宪秀、秘书长李国强等出席。

8日至10日，市人大常委会常务副主任曹兴宽、副主任张冠文率领市人大常委会专题调研组对全市"以创业带动就业"工作情况进行专题调研。副市长张兆宏等陪同调研。

10日，市人大常委会副主任董吉增率领市人大常委会调研组对全市实施《中华人民共和国畜牧法》情况进行专题调研。

17日，市九届人大常委会第12次主任会议召开。会议讨论通过了关于举行市九届人大常委会第10次会议的有关事项。市人大常委会常务副主任曹兴宽主持，市人大常委会副主任侯宪秀、董吉增、郭建新、张冠文、韩增金，秘书长李国强出席会议。

22日，市九届人大常委会第10次会议举行。市人大常委会常务副主任曹兴宽，副主任董吉增、郭建新、张冠文、韩增金，秘书长李国强出席会议。董吉增主持会议。市委常委、副市长孙承志，市中级人民法院院长宋文明，市人民检察院检察长赵继明等列席会议。

24日，市人大常委会召开机关深入学习实践科学发展观活动解放思想大讨论交流会。市人大常委会副主任侯宪秀，顾问李成明，秘书长李国强出席会议。李国强主持会议。

28日，市人大常委会举办机关第六届健身运动会。市人大常委会副主任郭建新，顾问李成明、田宝礼等参加运动会。

5月

3日，市人大常委会进行联合接访。市人大常委会副主任张冠文参加。

6日，市人大常委会召开机关全体人员会议，传达市委七届六次全体会议精神，部署深入学习实践科学发展观活动转段工作。市人大常委会副主任郭建新、韩增金，秘书长李国强出席会议。李国强主持会议并讲话。

9日至16日，市人大常委会副主任侯宪秀到安徽、河南等地考察学习代表小组活动经验。

12日，市人大常委会机关邀请济南军区情况部资料室主任陈乃利作了题为《当前国家安全形势的几个问题》的国防教育专题报告。市人大常委会副主任郭建新主持报告会。市人大常委会顾问李成明、田宝礼，市人大常委会原副主任刘宝庭、张秀亭、朱向旭、邢文福，滨州军分区参谋长赵起，市人大常委会秘书长李国强出席报告会。

18日至20日，市人大常委会副主任张冠文率领执法检查组对《中华人民共和国行政许可法》在滨州市实施情况进行检查。市人大常委会秘书长李国强，市人大常委会委员蒋爱学、李强、刁万祥、李淑忠等参加执法检查。市委常委、常务副市长韩奎祥等陪同执法检查。

21日，市人大常委会机关举行"慈心一日捐"活动，捐款25000余元。市人大常委会常务副主任曹兴宽，副主任侯宪秀、董吉增、郭建新、张冠文、韩增金，顾问李成明、田宝礼，秘书长李国强等参加捐款活动。

26日至27日，市人大常委会副主任郭建新带领执法检查组对《中华人民共和国文物保护法》在滨州市实施情况进行执法检查。

6月

1日，市人大常委会党组召开深入学习实践科学发展观活动专题民主生活会。市人大常委会常务副主任、党组书记曹兴宽，副主任、党组副书记侯宪秀、董吉增，副主任、党组成员张冠文、韩增金，秘书长、党组成员李国强参加会议。

3日，市人大常委会进行联合接访。市人大常委会副主任韩增金参加。

4日，市人大常委会召开人大代表评议部门和单位调研工作会议。市人大常委会副主任侯宪秀主持会议，市人大常委会副主任韩增金对评议调研阶段的工作进行部署。

8日至9日，省人大常委会委员、农业与农村委员会副主任委员宋继峰率领省人大执法检查组对滨州市贯彻实施《中华人民共和国畜牧法》情况进行执法检查。省人大常委会办公厅巡视员、农业与农村委员会委员谭明山，省人大农业与农村工作委员会副巡视员郝传义等随同执法检查。市人大常委会副主任董吉增，副市长尚龙江等陪同执法检查。

10日，“2009滨州环保世纪行”组委会工作会议在滨州召开。市委常委、副市长韩奎祥，市人大常委会副主任侯宪秀出席会议并讲话。

11日至13日，省人大常委会委员、省人大城环委副主任委员姚学政率领省人大执法检查组到滨州市就小清河流域水污染防治情况进行执法检查。省环保厅厅长张波，省人大城环委副巡视员段贺光等随同执法检查。市委常委、常务副市长韩奎祥，市人大常委会副主任侯宪秀等陪同执法检查。

18日，召开市九届人大常委会第13次主任会议。市人大常委会常务副主任曹兴宽主持，市人大常委会副主任侯宪秀、董吉增、郭建新、张冠文、韩增金，秘书长李国强出席会议。

25日，为迎接中国共产党成立88周年，市人大常委会机关与滨州经济开发区党工委、管委会联合举办“中海放歌”迎“七一”文艺联欢晚会。市人大常委会常务副主任曹兴宽，副主任侯宪秀、郭建新、张冠文、韩增金，顾问李成明、田宝礼，市政府副市长崔娅妮，市政协副主席李绍木，市长助理、开发区党工委书记、管委会主任崔其忠，市人大常委会秘书长李国强，山东人民广播电台文艺台台长张先等出席晚会。

26日，市九届人大常委会第11次会议召开。市人大常委会常务副主任曹兴宽，副主任侯宪秀、董吉增、郭建新、张冠文、韩增金，秘书长李国强出席会议。郭建新主持会议。市委常委、副市长孙承志，市中级人民法院院长宋文明，市人民检察院检察长赵继明等列席会议。

7月

3日，市人大常委会进行联合接访。市人大常委会常务副主任曹兴宽参加。

9日，省人大内司委副主任委员毛春智、省高级人民检察院副检察长吕涛到滨州就《山东省人大常委会关于加强人民检察院法律监督工作的决议(草案)》进行专题调研。市委书记、市人大常委会主任邓向阳，市人大常委会常务副主任曹兴宽，市人大常委会副主任张冠文，市人民检察院检察长赵继明，市人大常委会秘书长李国强等分别陪同。

15日，省人大常委会通过济南联通公司视频举办全省各级人大常委会《中华人民共和国宪法》集体学习会，邀请全国人大法律委员会主任委员胡康生就宪法的基本原则和主要内容作辅导报告。市人大常委会常务副主任曹兴宽，副主任侯宪秀、郭建新、韩增金，顾问李成明、田宝礼，秘书长李国强等在滨州分会场参加学习。

16日，市人大常委会副主任董吉增带领部分常委会委员和人大代表对全市“三农”工作和新农村建设情况进行视察，并对《中华人民共和国农产品质量安全法》实施情况进行执法检查。市长助理史德高等陪同。

20日，市人大常委会机关举行部分科级干部竞争上岗民主推荐会。市人大常委会副主任侯宪秀、张冠文、韩增金，顾问李成明，秘书长李国强等参加会议。

22日至26日，为推动科学发展观学习活动的深入开展，制定措施，抓好整改落实，市人大常委会副主任侯宪秀带领市人大学习考察团前往烟台、威海两市人大就机构设置、决定重大事项、规范性文件备案审查、机关工作制度规范及人大业务工作等进行考察学习。

28日，全市人大新闻宣传工作会议召开。市人大常委会副主任韩增金出席会议并讲话，市人大常委会秘书长李国强主持会议。

8月

3日，市人大常委会进行联合接访。市人大常委会副主任侯宪秀参加。

14日，市人大常委会召开机关深入学习实践科学发展观活动总结暨满意度测评大会。市人大常委会常务副主任曹兴宽出席会议并作总结讲话。市人常委会副主任侯宪秀主持会议，市人大常委会副主任董吉增、郭建新、张冠文，秘书长李国强出席会议。市委深入学习实践科学发展观活动领导小组办公室指导组市直二组组长、市人事局副局长、编办主任纪思彬出席会议并讲话。

19日，市人大常委会常务副主任曹兴宽带队到市人民检察院进行调研。市人大常委会副主任侯宪秀、郭建新、张冠文、韩增金，秘书长李国强等参加调研。市人民检察院检察长赵继明汇报工作情况。

21日，召开市九届人大常委会第14次主任会议。市人大常委会常务副主任曹兴宽主持，市人大常委会副主任侯宪秀、董吉增、郭建新、张冠文、韩增金，秘书长李国强出席会议。

25日，市九届人大常委会第12次会议召开。市人大常委会常务副主任曹兴宽，副主任董吉增、郭建新、张冠文、韩增金，秘书长李国强出席会议。张冠文主持会议。副市长尚龙江，市长助理、秘书长何凤岐等列席会议。

9月

2日至3日，三门峡市人大常委会主任赵继祥一行到滨参观考察。市人大常委会常务副主任曹兴宽，副主任韩增金，秘书长李国强等分别陪同考察。

3日，市人大常委会进行联合接访。市人大常委会副主任董吉增参加。

3日至5日，驻鲁全国人大代表专题调研第二调研组到滨州市就关于加快黄河三角洲高效生态经济示范区建设问题进行专题调研。市委书记、市人大常委会主任邓向阳，市委副书记、市长张光峰，市人大常委会常务副主任曹兴宽，市人大常委会副主任郭建新，副市长胡炳山、崔娅妮，市人大常委会秘书长李国强等分别出席汇报会、座谈会并陪同调研。

6日至7日，甘肃省武威市人大常委会秘书长王天魁一行就人大制度建设情况到滨学习考察，市人大常委会秘书长李国强等陪同考察。

7日至11日，四川省人大常委会原主任何郝炬一行到滨参观考察。市人大常委会常务副主任曹兴宽，副主任郭建新，顾问李成明、田宝礼，秘书长李国强等分别陪同考察。

10日至11日，市人大常委会副主任郭建新率领执法检查组对全市实施《中华人民共和国传染病防治法》《艾滋病防治条例》《预防接种和疫苗流通管理条例》情况进行执法检查。副市长崔娅妮等陪同执法检查。

15日至17日，省人大常委会副主任鲍志强率领立法调研组到滨州进行《山东省农民专业合作社条例（草案）》立法调研。省人大农业与农村委员会委员谭明山、省人大常委会副秘书长顾京华、省人大农业与农村委员会副巡视员王秀芬、省农业厅副厅长庄文忠等随同调研。市委书记、市人大常委会主任邓向阳，市委副书记、市长张光峰，市人大常委会常务副主任曹兴宽，市委常委、市委秘书长王文禄，市人大常委会副主任董吉增，副市长尚龙江，市委党校常务副校长、市长助理、市政府秘书长何凤岐，市人大常委会秘书长李国强等分别陪同调研。

18日，市人大常委会副主任董吉增率领执法检查组对全市实施《山东省民族工作条例》情况进行执法检查。副市长崔娅妮等陪同执法检查。

20日至22日，市人大常委会理论学习中心组读书会在邹平召开。市委书记、市人大常委会主任邓向阳出席会议并作重要讲话。市人大常委会常务副主任曹兴宽出席会议并作动员讲话。市人大常委会副主任侯宪秀、董吉增、郭建新、韩增金，秘书长李国强出席会议。曹兴宽、侯宪秀、郭建新分别主持会议。

23日至24日，市人大常委会副主任张冠文带领视察组对全市社会治安情况进行视察。副市长张兆宏等陪同视察。

25日，市人大常委会副主任侯宪秀带领部分住滨省人大代表到北海新区，就“关于推进黄河三角洲高效生态经济区建设问题”和“关于实施海洋经济发展战略问题”进行专题调研。省人大代表张秀葵、肖广兰、孙青林等参加专题调研。

27日，市人大常委会组织100余名全国、省、市人大代表，分六个评议组，对市发改委、经贸委、财政局、国税局、地税局、工商局、检验检疫局、青岛海关驻滨州办事处、人行、银监局、农发行、工行、农行、中行、建行、农信社等16个经济职能部门和单位进行工作评议。市人大常委会副主任侯宪秀、董吉增、郭建新、韩增金，秘书长李国强等带队参加评议活动。

10月

9日，市人大常委会进行联合接访。市人大常委会副主任郭建新参加。

10日至11日，省政协原主席陆懋曾、省人大常委会原副主任董凤基、省高级人民法院院长尹忠显、省公安厅原厅长孟庆丰、省政府原省长助理孙光远等省老领导到滨州市参观。市委书记、市人大常委会主任邓向阳，市委副书记、市长张光峰，市人大常委会常务副主任曹兴宽，市政协主席燕钦国，副市长崔娅妮，市政协顾问吴金娃，市长助理、滨州经济开发区党工委书记、管委会主任崔其忠等分别陪同。

12日，市人大常委会副主任韩增金带领视察组对市九届人大三次会议以来政府系统办理代表建议、批评和意见情况进行视察。副市长尚龙江等陪同视察。

19日至21日，韩国高阳市议会议长裴哲镐带领访问团到滨访问。市委书记、市人大常委会主任邓向阳，市委副书记、市长张光峰分别会见访问团。访问团还参加了十一运会柔道项目开赛仪式，观摩了选手部分比赛，参观了中国孙子兵法城、魏氏庄园。市人大常委会常务副主任曹兴宽，市人大常委会副主任韩增金，市委党校常务副校长、市长助理、市政府秘书长何凤岐，市人大常委会秘书长李国强等参加会见并陪同活动。

20日至27日，市人大常委会副主任董吉增带领农业农村工作委员会、民族侨务外事工作委员会，赴广西壮族自治区考察学习林业和民族宗教工作。

21日至22日，广西壮族自治区人大常委会委员、环境与资源保护委员会副主任委员张勤铭一行到滨参观考察。市人大常委会常务副主任曹兴宽、副主任侯宪秀、秘书长李国强等分别陪同活动。

23日至25日，全国人大法律委员会副主任委员洪虎一行到滨州参观考察，并作当前宏观经济形势和有关政策问题报告。市委书记、市人大常委会主任邓向阳，市人大常委会常务副主任曹兴宽、副主任韩增金、秘书长李国强等分别陪同活动。

23日，召开市九届人大常委会第15次主任会议。市人大常委会常务副主任曹兴宽主持，市人大常委会副主任侯宪秀、郭建新、韩增金，秘书长李国强出席会议。

26日至27日，陕西省人大常委会委员、人事代表选举工委主任岳松华一行到滨参观考察。市人大常委会常务副主任曹兴宽、副主任侯宪秀、秘书长李国强等分别陪同活动。

26日，市九届人大常委会第13次会议召开。市人大常委会常务副主任曹兴宽，副主任侯宪秀、郭建新、韩增金，秘书长李国强出席会议。韩增金主持会议。市委常委、副市长孙承志，市中级人民法院院长宋文明，市长助理、市公安局局长韩吉顺等列席会议。

28日，全市人大人事代表工作座谈会在滨州召开。会议传达学习了全省人大人事代表工作经验交流会议精神，交流开展代表工作的好经验、好做法，安排部署落实会议精神的意见。市人大常委会副主任韩增金、秘书长李国强出席会议。

11 月

3 日，市人大常委会进行联合接访。

6 日，全市人大教科文卫工作座谈会在滨州召开。会议结合人大教科文卫工作实际，交流换届以来人大教科文卫工作经验和做法，对 2010 年人大教科文卫工作重点提出意见和建议。市人大常委会副主任郭建新出席会议并讲话。

10 日至 11 日，市人大常委会副主任韩增金带领执法调研组对全市实施《中华人民共和国消费者权益保护法》和《中华人民共和国烟草专卖法》情况进行执法调研。市委常委、滨城区委书记何思清陪同在滨城区的调研。副市长张兆宏等陪同调研。

12 日，市人大常委会机关邀请市委党校科学社会主义教研室主任尚玉明教授为机关全体人员作十七届四中全会精神辅导报告。市人大常委会副主任郭建新、秘书长李国强等参加报告会。

16 日，市人大常委会召开全市人大信息工作会议。

19 日至 20 日，市人大常委会调研组对全市法律服务工作进行调研。市人大常委会副主任张冠文参加调研。副市长张兆宏等陪同调研。

25 日，市人大常委会举办全市人大系统学习《中华人民共和国各级人民代表大会常务委员会监督法》知识竞赛。市人大常委会常务副主任曹兴宽，副主任侯宪秀、郭建新、韩增金，副市长张兆宏，市中级人民法院院长宋文明，市人大常委会原副主任刘宝庭、苏乃军、张秀亭、朱向旭、郭德刚，市人大常委会秘书长李国强等出席活动。

30 日至 12 月 2 日，省人大常委会委员、省人大城环委主任委员矫学柏到滨州走访联系省人大代表。市人大常委会常务副主任曹兴宽，副主任侯宪秀，秘书长李国强等分别陪同。

12 月

3 日，市人大常委会进行联合接访。市人大常委会副主任韩增金参加。

4 日，市人大常委会视察组对市直基础设施建设项目使用贷款情况进行视察。市人大常委会副主任韩增金，秘书长李国强参加视察。副市长胡炳山等陪同视察。

4 日，市人大常委会机关邀请滨州市中医院专家为机关全体工作人员作健康知识讲座。市人大常委会顾问李成明，秘书长李国强等参加。

9 日，市人大常委会组织住滨全国人大代表和滨州市选出的省人大代表会前视察。代表们听取了市政府关于 2009 年全市经济社会发展情况的汇报，书面听取了市中级人民法院、市人民检察院关于 2009 年主要工作情况的汇报。代表们还就着力保障和改善民生、促进扩大就业等情况到滨化集团、滨州愉悦家纺公司进行实地视察。全国人大代表刘凤、张忠正、董风华，省人大代表曹兴宽、李成明、刘曰兴、张秀葵、孙青林等参加视察活动。副市长尚龙江、市人大常委会秘书长李国强等陪同视察。

18 日，市人大常委会常务副主任曹兴宽主持召开市九届人大四次会议筹备工作会议，对人代会各方面的工作进行了研究部署，作了具体分工，提出了明确要求。市人大常委会秘书长李国强参加会议。

23 日，召开市九届人大常委会第 16 次主任会议。市人大常委会常务副主任曹兴宽主持，市人大常委会副主任侯宪秀、董吉增、郭建新、张冠文、韩增金，秘书长李国强出席会议。

24 日，市九届人大常委会第 14 次会议召开。市人大常委会常务副主任曹兴宽，副主任侯宪秀、董吉增、郭建新、张冠文、韩增金，秘书长李国强出席会议。侯宪秀主持会议。副市长胡炳山，市中级人民法院院长宋文明，市人民检察院检察长赵继明等列席会议。

29 日，全市人大信访工作会议召开。会议传达了全省人大信访工作会议精神，通报了市人大信访工作情况，各县区人大、市公安局、市中级人民法院、市人民检察院交流了信访工作情况及经验，部署了下一步全市人大信访工作。市人大常委会副主任张冠文出席会议并讲话。

2010 年

1 月

6 日，市人大常委会机关开展向受灾群众“送温暖、献爱心”活动，共捐款 7500 元。市人大常委会常务副主任曹兴宽，副主任侯宪秀、董吉增、郭建新、张冠文、韩增金，顾问李成明、田宝礼、邓文泉，秘书长李国强等参加活动。

12 日，市人大常委会常务副主任曹兴宽主持召开市九届人大四次会议筹备工作调度会，听取会议筹备工作情况的汇报，对有关工作进行协调落实。市人大常委会秘书长李国强参加会议。

15 日，召开市九届人大常委会第 17 次主任会议。市人大常委会常务副主任曹兴宽主持，市人大常委会副主任侯宪秀、董吉增、郭建新、张冠文、韩增金，秘书长李国强出席会议。

16 日，市九届人大常委会第 15 次会议召开。市人大常委会常务副主任曹兴宽，副主任侯宪秀、董吉增、郭建新、张冠文、韩增金出席会议。曹兴宽主持会议。副市长崔娅妮，市中级人民法院院长宋文明等列席会议。

16 日，市人大常委会常务副主任曹兴宽，市委常委、秘书长王文禄，市政协副主席宋振华检查“两会”筹备情况。

19 日至 22 日，滨州市第九届人民代表大会第四次会议在滨州召开。

23 日，驻滨省十一届人大代表启程赴济，参加 1 月 25 日至 30 日在济南召开的省十一届人大三次会议。邓向阳、张光峰、曹兴宽等市领导为代表们送行。

2 月

3 日，市人大常委会进行联合接访。市人大常委会副主任侯宪秀参加。

20 日，市人大常委会召开机关总结表彰大会。会上传达了市委、市政府当日召开的黄河三角洲高效生态经济区建设誓师动员暨 2009 年度表彰大会精神；表彰了先进集体和个人；对市人大常委会 2009 年机关工作进行回顾总结，对 2010 年机关工作进行安排部署。市人大常委会常务副主任曹兴宽出席会议并讲话，市人大常委会副主任董吉增主持会议，市人大常委会副主任郭建新、张冠文、韩增金，市人大常委会顾问李成明、田宝礼，市人大常委会秘书长李国强出席会议。

3 月

1 日，住滨州全国人大代表刘凤、沈志强、董风华等启程赴京，出席即将在北京召开的十一届全国人大三次会议。市委书记、市人大常委会主任邓向阳，市委副书记、市长张光峰，市人大常委会常务副主任曹兴宽等市领导为代表们送行。

1 日，市人大常委会与“一府两院”工作联席会议在滨州召开。市委书记、市人大常委会主任邓向阳，市委副书记、市长张光峰，市人大常委会常务副主任曹兴宽出席会议并讲话。邓向阳主持会议。市人大常委会副主任董吉增、郭建新、张冠文、韩增金，市委常委、副市长韩奎祥，副市长胡炳山、张兆宏，市政府特邀咨询李炳众，市中级人民法院院长宋文明，市人民检察院检察长赵继明，市人大常委会秘书长李国强，市政府秘书长赵建明等出席会议并从各自的工作角度谈了意见。

3 日，市人大常委会进行联合接访。市人大常委会副主任董吉增参加。

4 日，召开市九届人大常委会第 18 次主任会议。市人大常委会常务副主任曹兴宽主持，市人大常委会副主任董吉增、郭建新、张冠文、韩增金，秘书长李国强出席会议。

16 日，市九届人大四次会议代表建议、批评和意见交办会议召开。市人大常委会副主任张冠文、副市长尚龙江出席会议并讲话。

17 日至 21 日，全市各县区人大常委会秘书长、办公室主任座谈会在滨州召开。市人大常委会常务副主任曹兴宽，秘书长李国强出席会议并讲话。

30 日至 4 月 1 日，市人大常委会副主任张冠文带领视察组对“五五”普法规划和依法治市规划及相关决议落实情况进行视察。副市长张兆宏等陪同视察。

4 月

3 日,市人大常委会进行联合接访。市人大常委会副主任郭建新参加联合接访。

6 日至 7 日,市人大常委会副主任韩增金带领执法检查组对全市实施《中华人民共和国商标法》和《中华人民共和国商标法实施条例》情况进行执法检查。市委常委、副市长孙承志等陪同执法检查。

8 日至 9 日,市人大常委会执法检查组对全市实施《中华人民共和国城乡规划法》情况进行执法检查。市人大常委会副主任张冠文参加执法检查。副市长胡炳山等陪同执法检查。

13 日,召开市九届人大常委会第 19 次主任会议。市人大常委会常务副主任曹兴宽主持,市人大常委会副主任董吉增、郭建新、张冠文,秘书长李国强出席会议。

14 日,市九届人大常委会第 16 次会议召开。市人大常委会常务副主任曹兴宽,副主任郭建新、张冠文、韩增金,秘书长李国强出席会议。郭建新主持会议。副市长胡炳山,市中级人民法院院长宋文明等列席会议。

15 日,市九届人大四次会议第 9401 号议案交办会议召开。市人大常委会副主任张冠文、副市长张兆宏出席会议。

20 日至 22 日,省人大常委会委员、农业与农村委员会副主任委员宋继峰率领省人大调研组到滨州就供销社改革发展和服务“三农”情况进行调研。省人大农业与农村委员会副主任委员谭明山,省供销社党组副书记、监事会主任王华艺,省人大农业与农村委员会副巡视员王秀芬等随同调研。市委常委、副市长孙承志,市人大常委会副主任郭建新等陪同调研。

20 日至 21 日,全国人大常委会委员、全国人大环资委副主任委员曹伯纯率领全国人大调研组到滨州就“以科技促进循环经济发展”情况进行调研。全国人大常委会委员、全国人大环资委委员张兴凯,全国人大代表何晶,全国人大环资委调研室主任靳军安,全国人大环资委调研室副主任翟勇,全国人大环资委办公室巡视员尚莒城,科技部社会发展司副司长杨劼等随同调研。省人大常委会委员、城乡建设与环境资源保护委员会主任委员矫学柏,省科技厅副厅长孙伟,省政府节能办副主任赵旭东,市委书记、市人大常委会主任邓向阳,市委副书记、市长张光峰,市人大常委会副主任张冠文等陪同调研。

28 日至 29 日,省人大常委会副秘书长韩军率领调研组到滨州就人大常委会工作和常委会机关建设情况进行调研,征求了对省人大常委会及机关工作的意见和建议。市人大常委会常务副主任曹兴宽、副主任韩增金、秘书长李国强等分别陪同调研。

5 月

7 日,市人大常委会进行联合接访。

11 日至 12 日,市人大常委会举办全市基层人大干部培训班。培训期间,省人大常委会人事代表工作室副主任徐京信作了选举法知识辅导报告。市人大常委会副主任侯宪秀参加。

14 日至 15 日,全国人大常委会原副秘书长刘镇一行到滨州参观考察。市委书记、市人大常委会主任邓向阳,市人大常委会常务副主任曹兴宽,市人大常委会副主任侯宪秀,市人大常委会秘书长李国强等分别陪同。

17 日至 18 日,德州市人大常委会原主任李荣振一行到滨州参观考察。市人大常委会常务副主任曹兴宽,市人大常委会原副主任李成明等陪同。

26 日,2010 年滨州环保世纪行组委会工作会议在滨州召开。市委常委、副市长韩奎祥,市人大常委会副主任侯宪秀出席会议并讲话。

26 日至 28 日,市人大常委会副主任张冠文带领执法检查组对全市实施《中华人民共和国就业促进法》和《山东省就业促进条例》情况进行执法检查。副市长张兆宏等陪同检查。

29 日,辽宁省人大常委会原副主任李军到滨州考察。市人大常委会原副主任苏乃军等陪同。

6 月

3日，市人大常委会进行联合接访。市人大常委会副主任韩增金参加联合接访。

9日至11日，省人大常委会副主任鲍志强率领视察组到滨州就节能减排工作情况进行视察。省人大常委会委员、财经委副主任委员杜昌祚，省人大常委会副秘书长顾克华等参加视察。省环保厅副厅长车纯滨，省政府节能办主任郑晓光，市委副书记孙孺声，市人大常委会常务副主任曹兴宽，市委常委、副市长孙承志，市人大常委会副主任侯宪秀，市人大常委会秘书长李国强等陪同视察。

17日，市人大常委会副主任董吉增率执法检查组对全市实施《中华人民共和国海域使用管理法》和《中华人民共和国海洋环境保护法》情况进行执法检查。

23日，省人大常委会人事代表工作室副主任马效东一行到滨州就乡镇人大工作进行专题调研。市人大常委会副主任侯宪秀等陪同调研。

24日至26日，省人大法制委员会主任委员李宏祥率立法调研组到滨州开展《山东省清洁生产促进条例(修订草案修改稿)》《山东省旅游条例(修订草案修改稿)》《山东省未成年人保护条例(修订草案修改稿)》专题立法调研。省人大常委会法制工作委员会主任温守信，省人大法制委员会副巡视员冯秉章等随同调研。市人大常委会常务副主任曹兴宽，副主任张冠文、韩增金，秘书长李国强等陪同调研。

28日，召开市九届人大常委会第20次主任会议。市人大常委会常务副主任曹兴宽主持，市人大常委会副主任侯宪秀、董吉增、郭建新、张冠文、韩增金，秘书长李国强出席会议。

29日，市九届人大常委会第17次会议召开。市人大常委会常务副主任曹兴宽，副主任侯宪秀、董吉增、郭建新、张冠文、韩增金，秘书长李国强出席会议。张冠文主持会议。副市长张兆宏，市中级人民法院院长宋文明，市人民检察院检察长赵继明等列席会议。

7月

2日，市人大常委会副主任郭建新带领调研组到滨城区、博兴县对社区卫生体系建设情况进行调研。

3日，市人大常委会进行联合接访。

8日，全市人大人事代表工作会议在滨州召开。市人大常委会副主任侯宪秀出席会议。

23日，市人大常委会召开市政府组成部门主要负责人述职工作动员会议，对市政府组成部门主要负责人述职工作进行动员和部署。市人大常委会副主任侯宪秀出席会议并讲话。副市长尚龙江，市长助理、市公安局局长韩吉顺出席会议。

28日，市人大常委会常务副主任曹兴宽，市人大常委会副主任郭建新、韩增金到滨州高新区走访调研考察黄河水乡生态农业科技、现代设施农业园区、金毅设备制造等项目。

30日，市人大常委会对市八届人大期间部分代表议案的办理工作进展进行了调度。市人大常委会副主任侯宪秀出席会议并讲话。

8月

3日，市人大常委会副主任侯宪秀到滨城区参加联合接访。

17日，市九届人大常委会举行第21次主任会议，市人大常委会常务副主任曹兴宽主持会议，市人大常委会副主任侯宪秀、郭建新、张冠文、韩增金，市人大常委会秘书长李国强出席会议。

19日，市九届人大常委会第18次会议举行。市人大常委会常务副主任曹兴宽，副主任侯宪秀、董吉增、张冠文，秘书长李国强出席会议。侯宪秀主持会议。市委常委、副市长、市委政法委书记胡炳山，市中级人民法院院长宋文明，市人民政府秘书长赵建明等列席会议。

23日至24日，省人大常委会委员、城环委副主任委员姚学政带领省立法和执法调研组到滨州对《山东省道路运输管理条例(修订草案)》和《山东省农村公路条例》进行立法和执法调研。市人大常委会副主任侯宪秀，副市长万永格陪同。

25日至27日，省人大常委会委员、内司委副主任委员毛春智率省人大执法检查组到滨州开展《山东省实施

〈中华人民共和国道路交通安全法〉办法》和《山东省高速公路交通安全条例》执法检查。市委常委、副市长、市委政法委书记胡炳山，市人大常委会副主任张冠文，市长助理、市公安局局长韩吉顺陪同检查。

31日，市人大常委会组织住滨全国人大代表和省人大代表到北海新区就黄河三角洲高效生态经济区建设进行专题调研。市人大常委会常务副主任曹兴宽，副主任侯宪秀、张冠文、韩增金，市人大常委会秘书长李国强陪同调研。

9月

3日，市人大常委会副主任董吉增到博兴县参加联合接访。

14日，市人大常委会调研组对全市统筹城乡发展和"三农"工作情况进行调研。市人大常委会副主任董吉增参加调研。

16日至17日，市人大常委会理论学习中心组读书会在博兴举行。市委书记、市人大常委会主任邓向阳出席会议并讲话。市人大常委会常务副主任曹兴宽，副主任侯宪秀、董吉增、张冠文、韩增金，秘书长李国强出席会议。

19日至20日，市人大常委会调研组到市中级人民法院、滨城区和邹平县调研《中华人民共和国行政诉讼法》实施情况。市人大常委会副主任张冠文参加调研。

29日，全市人大宣传调研工作会议召开。市人大常委会副主任韩增金对做好下一阶段的人大宣传和调研工作提出具体要求。市人大常委会秘书长李国强出席会议。

10月

11日至12日，省人大常委会原副主任郭长才、董凤基，省政协原副主席王裕晏，省高级人民法院原院长宇培杲，原省长助理孙光远等老领导到滨州参观考察。市人大常委会副主任侯宪秀，市人大常委会秘书长李国强陪同。

12日至13日，市人大常委会组织部分市人大代表对市政府各相关部门帮扶惠民工作情况，及全市中小学周边文化环境治理等代表建议进行视察。市人大常委会副主任侯宪秀参加视察。

18日，召开市九届人大常委会第22次主任会议。市人大常委会常务副主任曹兴宽主持，副主任侯宪秀、张冠文、韩增金，市人大常委会秘书长李国强出席会议。

19日至21日，省人大常委会副主任崔曰臣带领省人大常委会执法检查组到滨州对《中华人民共和国食品安全法》实施情况进行执法检查，同时对《中华人民共和国农产品质量安全法》的相关内容落实情况进行了检查。市委副书记、市长张光峰，市人大常委会常务副主任曹兴宽，市委常委、副市长孙承志，市人大常委会副主任韩增金陪同检查。

20日至22日，全国人大常委会委员、农业与农村委员会副主任委员、原国土资源部部长孙文盛到滨州视察。市委书记、市人大常委会主任邓向阳，市委常委、组织部部长于常青，市人大常委会副主任张冠文，副市长张兆宏先后陪同。

25日，市九届人大常委会第19次会议举行。市人大常委会常务副主任曹兴宽，副主任侯宪秀、董吉增、张冠文、韩增金，秘书长李国强出席会议。韩增金主持会议。副市长崔娅妮，市中级人民法院院长宋文明等列席会议。

28日，全省地方立法工作座谈会在滨州召开。省人大常委会副主任崔曰臣，省人大法制委员会主任委员李宏祥，省人大法制委员会副主任委员李建军、谢国忠、丁义军，省人大法制委员会委员臧天翔，省人大常委会法工委主任温守信，省人大法制委员会副巡视员冯秉章，市委书记、市人大常委会主任邓向阳，市人大常委会常务副主任曹兴宽，市人大常委会副主任侯宪秀出席会议。

11月

8日，召开市九届人大常委会第23次主任会议。市人大常委会常务副主任曹兴宽主持，副主任侯宪秀、董吉增、张冠文、韩增金，秘书长李国强出席会议。

10日,市九届人大常委会第20次会议举行。市委书记、市人大常委会主任邓向阳出席会议并作重要讲话。市人大常委会常务副主任曹兴宽,副主任侯宪秀、董吉增、张冠文、韩增金,秘书长李国强出席会议。曹兴宽主持会议。市委副书记、市长张光峰,市委常委、副市长、政法委书记胡炳山,市委常委、副市长李眈陆,市中级人民法院院长宋文明,市人民检察院检察长赵继明,市长助理、市公安局局长韩吉顺等列席会议。

15日,市人大常委会组织部分市人大代表集中视察城区供热情况。

17日至19日,市人大常委会金融业发展情况调研组对全市金融业发展情况进行全面调研。市委常委、常务副市长韩奎祥,市人大常委会副主任韩增金参加。

19日,市人大常委会机关举行学习十七届五中全会精神报告会,邀请市委党校管理学教研室副主任张维亮教授作关于学习党的十七届五中全会精神的辅导报告。市人大常委会秘书长李国强出席报告会。

25日,市委副书记、市长张光峰主持召开滨州市"十二五"规划征求人大代表意见座谈会,了解人大代表对"十二五"规划纲要的意见。市人大常委会副主任郭建新,市政府秘书长赵建明出席座谈会。

12月

1日,市人大常委会机关举行机关读书心得交流会。市人大常委会秘书长李国强出席会议。

6日,市人大常委会视察市九届人大四次会议第9401号议案(《关于加快推进全市养老服务社会化的议案》)办理情况,听取市政府关于第9401号议案办理情况的汇报,并实地视察市城区部分养老服务设施。市人大常委会副主任张冠文参加视察活动。副市长张兆宏,市委党校常务副校长何凤岐参加活动。

16日,市九届人大五次会议召开筹备工作会议,部署市九届人大五次会议筹备工作的有关事宜。市人大常委会常务副主任曹兴宽出席会议并讲话。秘书长李国强出席会议。

16日,市人大常委会副主任张冠文带领部分人大代表旁听了法院庭审。

22日,市人大常委会组织住滨全国人大代表和滨州市选出的省人大代表进行会前视察。市人大常委会常务副主任曹兴宽、副主任侯宪秀,市政府特邀咨询于志刚,市人大常委会秘书长李国强等陪同视察。

24日,召开市九届人大常委会第24次主任会议。市人大常委会常务副主任曹兴宽主持,副主任侯宪秀、董吉增、郭建新、张冠文、韩增金,市人大常委会秘书长李国强出席会议。

28日,市九届人大常委会第21次会议举行。市人大常委会常务副主任曹兴宽,副主任侯宪秀、董吉增、郭建新、张冠文、韩增金,秘书长李国强出席会议。侯宪秀主持会议。副市长万永格等列席会议。

2011年

1月

7日,市人大常委会常务副主任曹兴宽率领部分市人大代表视察了全市海河迎查准备工作情况,市委常委、副市长、市海河迎查指挥部副总指挥孙承志,市政府党组成员、市海河迎查指挥部副总指挥王惠军陪同视察,市人大常委会秘书长李国强参加视察活动。

12日,召开市九届人大常委会第25次主任会议。市人大常委会常务副主任曹兴宽主持,副主任侯宪秀、郭建新、张冠文,秘书长李国强出席会议。

14日,市九届人大常委会第22次会议召开。市人大常委会常务副主任曹兴宽,市人大常委会副主任董吉增、张冠文、韩增金,秘书长李国强出席会议。曹兴宽主持会议。副市长尚龙江,市中级人民法院院长宋文明等列席会议。

18日至21日,滨州市第九届人民代表大会第五次会议在滨州召开。

24日,市人大常委会常务副主任曹兴宽一行走访慰问市直劳动模范及困难企业、困难职工。

30日,市人大常委会常务副主任曹兴宽到市人民医院,看望节日期间坚守岗位的广大医务工作人员。

2月

9 日，市人大常委会与“一府两院”工作联席会召开。市委书记、市人大常委会主任邓向阳主持会议并讲话。市委副书记、市长张光峰就如何支持和配合好人大常委会各项工作作了讲话。市人大常委会常务副主任曹兴宽通报了市人大及其常委会 2011 年工作要点（讨论稿）。市委常委、常务副市长韩奎祥，市人大常委会副主任董吉增、郭建新、张冠文、韩增金，副市长崔娅妮、张兆宏、尚龙江、万永格、耿涛，市政府特邀咨询于志刚，市中级人民法院院长宋文明，市人民检察院检察长赵继明，市人大常委会秘书长李国强，市政府秘书长赵建明参加会议。

10 日，住滨省人大代表启程赴济南参加省十一届人大四次会议。市委书记、市人大常委会主任邓向阳及王浩、曹兴宽、韩奎祥等市六大班子领导为代表们送行。

14 日，市人大常委会组织公检法等部门到县区参加联合接访。

25 日，召开市九届人大常委会第 26 次主任会议。市人大常委会常务副主任曹兴宽主持，市人大常委会副主任董吉增、郭建新、张冠文、韩增金，秘书长李国强出席。

3 月

1 日，市人大常委会机关大会召开。会议书面传达了省十一届人大四次会议精神，总结了市人大机关 2010 年工作，对 2011 年工作作了安排部署。市人大常委会常务副主任曹兴宽出席会议并讲话。市人大常委会副主任张冠文、韩增金，秘书长李国强出席会议。

1 日，住滨的全国人大代表启程赴京参加十一届全国人大四次会议。市六大班子领导为代表们送行。

3 日，市人大常委会组织公检法等部门到县区参加联合接访。

23 日，全市人大人事代表工作会议召开。市人大常委会副主任张冠文出席会议并讲话。

24 日至 25 日，市人大常委会副主任韩增金带领市人大执法检查组深入博兴、沾化两县以及亚光集团、渤海活塞等企业，对全市《中华人民共和国产品质量法》贯彻落实情况进行检查。

4 月

7 日，市人大常委会副主任张冠文赴滨城区参加联合接访。

20 日，市委书记、市人大常委会主任邓向阳会见韩国全罗北道任实郡议会李淳奉议长一行。市人大常委会常务副主任曹兴宽、市人大常委会秘书长李国强参加会见。在滨州期间，韩国全罗北道任实郡议会访问团还到邹平县参观考察了山东芳绿农业科技有限公司。

25 日，召开滨州市九届人大常委会第 27 次主任会议。市人大常委会常务副主任曹兴宽主持，市人大常委会副主任董吉增、郭建新、张冠文、韩增金，市人大常委会秘书长李国强出席会议。

26 日，市人大常委会副主任董吉增率市人大视察组对无棣、博兴两县的现代农业示范园进行了视察。市政府特邀咨询王观庆陪同。

27 日，市九届人大常委会第 23 次会议召开。市人大常委会常务副主任曹兴宽，副主任董吉增、郭建新、张冠文、韩增金，秘书长李国强出席。郭建新主持会议。市委常委、副市长孙承志等列席。

27 日，市人大常委会召开第二批市政府组成部门主要负责人述职工作动员会议。市人大常委会副主任张冠文，副市长崔娅妮出席会议并讲话。

28 日，市人大常委会副主任董吉增率市人大相关委室负责人及部分人大代表，视察滨州港和北海经济开发区基础设施建设情况。

29 日，市人大常委会副主任董吉增率部分市人大代表对滨州城区城中村改造和城市防汛进行了视察。副市长尚龙江陪同。

5 月

4 日，市人大常委会副主任韩增金到惠民县参加联合接访。

16 日，市人大常委会机关开展了“慈心一日捐”活动，共捐款 22000 余元。

22 日至 24 日，渤海区老领导、原临沂地委副书记、行署专员王任之到滨参观考察，实地考察了渤海革命纪念馆、城市规划展等。市人大常委会原副主任郭德刚陪同。

30日，市人大代表对全市创城工作进行视察。市人大常委会常务副主任曹兴宽，市委常委、宣传部部长祁维华，市人大常委会副主任郭建新、市人大常委会秘书长李国强参加活动，副市级干部、市公安局局长韩吉顺向人大代表汇报了本单位的创城工作。

31日至6月2日，省人大常委会委员、教科文卫委员会主任委员王天瑞一行到滨参观考察，并赴惠民、沾化等地考察了经济开发区、新城区建设等情况。市人大常委会常务副主任曹兴宽、市人大常委会副主任郭建新陪同考察。

6月

3日，市人大常委会组织公检法等部门到县区参加联合接访。

10日，2011年滨州环保世纪行活动正式启动。市委常委、副市长孙承志，市人大常委会副主任董吉增出席活动新闻发布会并为记者采访团授旗。

13日，市人大常委会副主任韩增金率领部分人大代表对全市金融业发展情况进行视察调研。

24日，市人大常委会邀请全国人大常委会代表资格审查委员会办公室主任李伯钧到滨州作《代表法》学习辅导报告。市人大常委会副主任郭建新，全国人大代表、市政协副主席刘凤，副市级干部、市公安局局长韩吉顺等200人听取了辅导报告。

25日，全市人大代表工作经验交流会召开。市人大常委会副主任张冠文出席会议。

29日，市九届人大常委会举行第28次主任会议。市人大常委会常务副主任曹兴宽，市人大常委会副主任郭建新、张冠文、韩增金，秘书长李国强出席会议。曹兴宽主持会议。

30日，市九届人大常委会第24次会议召开。市人大常委会常务副主任曹兴宽，副主任郭建新、张冠文、韩增金，秘书长李国强出席会议。张冠文主持会议。副市长张兆宏，市人民检察院检察长赵继明等列席会议。

7月

8日，市人大常委会机关组织党员干部职工集体观看廉政教育片。

19日，市人大常委会副主任韩增金带领部分市人大常委会委员和人大代表赴阳信县、无棣县视察民族工作情况。副市长崔娅妮陪同活动。

22日，召开市九届人大常委会第29次主任会议。市人大常委会常务副主任曹兴宽，副主任郭建新、张冠文、韩增金，秘书长李国强出席。曹兴宽主持会议。

22日，市九届人大常委会第25次会议召开。市人大常委会常务副主任曹兴宽，副主任郭建新、张冠文、韩增金，秘书长李国强出席会议。曹兴宽主持会议。

22日，全市人大信访工作会议召开。市人大常委会副主任张冠文出席会议并讲话。

22日，市人大机关举行学习胡锦涛总书记“七一”讲话辅导报告会。

22日，市人大常委会副主任董吉增、郭建新、张冠文、韩增金到滨州职业学院视察工作。

29日，市人大常委会常务副主任曹兴宽、市人大常委会秘书长李国强等到滨州经济开发区视察城中村改造、重点项目建设以及城市绿化工作。

8月

3日，市人大常委会组织公检法部门到县区联合接访。

9日至11日，市人大常委会副主任张冠文带领调研组对全市法院商事审判工作情况进行调研。

15日至17日，全国人大常委会原副委员长蒋正华到滨州考察并出席房地产战略发展(滨州)报告会和滨州经济开发区南街棚户区改造项目奠基仪式。省人大常委会原副主任邵桂芳，市委书记、市人大常委会主任邓向阳，市委常委、秘书长王文禄，市人大常委会副主任郭建新，副市长尚龙江等陪同考察或参加有关活动。

22日，市九届人大常委会举行第30次主任会议。市人大常委会常务副主任曹兴宽，副主任董吉增、郭建新、张冠文，秘书长李国强出席会议。曹兴宽主持会议。

23 日，市九届人大常委会第 26 次会议召开。市人大常委会常务副主任曹兴宽，副主任董吉增、郭建新、张冠文，秘书长李国强出席会议。郭建新主持会议。市委常委、副市长孙承志，市中级人民法院院长宋文明，市人民检察院检察长赵继明，副市级干部、市公安局局长韩吉顺，市政府秘书长赵建明等列席会议。

24 日至 25 日，省人大常委会委员、内司委主任委员陈明甫，省人大内司委副主任委员刘本举率省人大内司委调研组到滨州就法院行政审判工作进行调研。市人大常委会副主任张冠文，市中级人民法院院长宋文明参加座谈会。

24 日至 25 日，省人大常委会副主任连承敏到滨州调研。省人大常委会委员、内司委主任委员陈明甫，省人大内司委副主任委员刘本举参加调研。市委书记、市人大常委会主任邓向阳，市委副书记、市长张光峰，市人大常委会常务副主任曹兴宽陪同调研。

24 日至 25 日，省人大常委会委员、财经委主任委员马金忠率省人大财经委有关人员对《山东省企业国有资产监督管理条例（草案）》立法调研。市人大常委会副主任韩增金陪同调研。

25 日，全市县乡两级人大换届选举工作会议召开。市委常委、组织部部长于常青，市人大常委会副主任张冠文出席会议。市人大常委会副主任郭建新主持会议。

26 日，市人大常委会举办县乡人大换届选举工作骨干培训班。市人大常委会副主任张冠文出席会议并讲话。

29 日至 31 日，全省人大预算审查监督工作培训班在滨州举行。省人大常委会副秘书长、预算工委主任谭鹏飞出席并讲话，省人大常委会预算工委副主任张玉成、李玉海，副巡视员迟国英，市人大常委会常务副主任曹兴宽，市人大常委会副主任韩增金出席开班仪式。全国人大常委会预算工委预决算审查室主任夏光，山东社会科学院经济研究所所长张卫国应邀授课。

29 日，市委书记、市人大常委会主任邓向阳在滨州贵苑大酒店会见了省人大常委会副秘书长、预算工委主任谭鹏飞一行。省人大常委会预算工委副主任张玉成、李玉海，副巡视员迟国英，市人大常委会常务副主任曹兴宽，市委常委、秘书长王文禄，市人大常委会副主任韩增金参加会见。

9 月

2 日，市人大常委会组织部分常委会委员和人大代表对市城区集中供热工作进行了专题视察。市人大常委会副主任董吉增参加视察，副市长尚龙江代表市政府汇报有关情况并陪同视察。

5 日，市人大常委会组织到县区联合接访。

7 日至 9 日，全省人大教科文卫工作座谈会在滨州召开。省人大常委会副主任刘玉功、温孚江分别主持会议。省人大常委会委员王天瑞、宫志峰、刘静、张业法，省人大教科文卫委员会副巡视员任晓清出席会议。省卫生厅厅长包文辉应邀到会介绍了全省医药卫生体制改革的有关情况。市委书记、市人大常委会主任邓向阳到会致辞。市人大常委会常务副主任曹兴宽，市人大常委会副主任郭建新参加会议。

8 日，出席全省人大教科文卫工作座谈会的省人大常委会副主任刘玉功，省人大常委会委员王天瑞、宫志峰、刘静，省人大教科文卫委员会副巡视员任晓清以及 17 市人大常委会负责人在滨州参观考察。市人大常委会副主任郭建新陪同。

9 日至 10 日，市人大常委会理论学习中心组读书会在惠民举行。市委书记、市人大常委会主任邓向阳出席会议并讲话。市人大常委会常务副主任曹兴宽出席会议并作总结讲话。市人大常委会副主任董吉增、郭建新、张冠文、韩增金，秘书长李国强出席会议。

15 日，全市人大规范性文件备案审查工作会议召开。市人大常委会副主任张冠文出席会议并讲话。副市长张兆宏出席会议。

22 日至 23 日，市人大常委会对全市人才工作进行视察。市人大常委会副主任张冠文、副市长张兆宏参加视察。

10 月

9 日，市人大常委会组织到县区联合接访。

10 日至 11 日，市人大常委会副主任张冠文带领调研组对全市检察机关深入推进三项重点工作情况，认真履行检察职能、服务大局和经济社会发展情况，以及工作中面临的总体形势、存在的主要问题和下一步工作打算进行调研。市人民检察院检察长赵继明陪同调研。

11 日，市人大常委会组织部分人大代表对市九届人大五次会议期间代表建议、批评和意见办理情况进行了视察。市人大常委会副主任张冠文参加视察。

11 日，市人大常委会副主任董吉增率市人大调研组对全市贯彻实施《中华人民共和国农业机械促进法》情况和农村水利改革发展情况进行调研。市政府特邀咨询王观庆陪同调研。

14 日，市人大常委会组织部分人大代表对我市保障性安居工程建设情况进行了视察并听取了相关情况汇报。市人大常委会副主任张冠文参加活动，副市长尚龙江作情况汇报。

18 日至 19 日，青岛市人大常委会主任张若飞率住青岛全国人大代表，到滨州就黄河三角洲高效生态经济区建设情况进行调研。市委书记、市人大常委会主任邓向阳，市人大常委会常务副主任曹兴宽，市委常委、常务副市长韩奎祥，市委常委、秘书长王文禄陪同活动。

22 日，市委书记、市人大常委会主任邓向阳会见了美国夏威夷州众议院议长佘贵人一行。市人大常委会常务副主任曹兴宽，市委常委、秘书长王文禄，副市长万永格会见时在座。

24 日，山东鲁人摄影艺术交流中心滨州分中心成立暨摄影展开展仪式在市档案馆举行，省人大常委会原副主任、山东鲁人摄影艺术交流中心名誉会长时立军，市人大常委会常务副主任曹兴宽，市人大常委会副主任郭建新、张冠文等出席仪式。

25 日，市九届人大常委会举行第 31 次主任会议，市人大常委会常务副主任曹兴宽，副主任郭建新、张冠文、韩增金出席会议，曹兴宽主持会议。

27 日，市九届人大常委会第 27 次会议举行。市人大常委会常务副主任曹兴宽，副主任董吉增、郭建新、张冠文、韩增金，秘书长李国强出席会议。韩增金主持会议。副市长张兆宏等列席会议。

11 月

3 日，市人大常委会组织到县区联合接访。

8 日至 9 日，市人大常委会组织部分市人大常委会组成人员，对《山东省旅游条例》在滨州市的实施情况进行执法检查。市人大常委会副主任韩增金参加检查，副市长万永格陪同活动。

9 日，全市执法责任制标准化建设试点工作座谈会召开。市人大常委会副主任张冠文参加会议。

17 日，市人大常委会副主任张冠文带领部分人大代表视察全市道路交通安全和消防工作。副市长张兆宏陪同。

22 日至 23 日，市人大常委会副主任韩增金带领调研组对《中华人民共和国商标法》《中华人民共和国商标法实施条例》及 2010 年以来全市商标品牌战略实施情况进行调研。

23 日，市人大常委会召开全市人大换届选举工作调度会。市人大常委会副主任张冠文、秘书长李国强参加会议。

29 日，市人大常委会副主任张冠文到滨城区部分选区检查指导县乡人大换届选举工作。

29 日，市人大常委会副主任韩增金带领市人大常委会调研组到市国土资源局、市人力资源和社会保障局、阳光政务服务中心实地调研电子政务工程实施情况。副市长张兆宏陪同。

12 月

2 日，市人大常委会组织到县区联合接访。

8 日，省人大就《山东省科技进步条例（修订草案修改稿）》修订工作到滨州进行立法调研。省人大法制委员会主任委员法进衎、省人大常委会法制工作委员会主任温守信、省人大法制委员会副巡视员连建华参加调研。市人大常委会副主任张冠文,副市长张兆宏陪同。

9 日,市人大常委会组织住滨部分全国人大代表和省人大代表进行会前集中视察活动。我省选举的全国人大代表冯怡生、张忠正、沈志强、董风华,滨州市选举的省人大代表曹兴宽、李成明、张秀葵、刘曰兴、姜玉华、郭延军、孙青林、肖广兰参加视察。市委常委、常务副市长韩奎祥,市人大常委会副主任张冠文,市人大常委会秘书长李国强陪同视察。

18 日,滨城区第九届人民代表大会代表换届选举投票日,邓向阳、张光峰、王浩、曹兴宽、燕钦国等市领导分别在各自选区投票站参加投票或委托工作人员投票。

22 日至 23 日,省人大常委会委员、财经委副主任委员王同生带领省人大财经委调研组,到滨州主要就今年以来经济运行情况进行调研。市人大常委会副主任韩增金陪同。

28 日,市九届人大常委会举行第 32 次主任会议,市人大常委会常务副主任曹兴宽,副主任郭建新、张冠文、韩增金,秘书长李国强出席会议,曹兴宽主持会议。

31 日,市九届人大常委会第 28 次会议举行。市人大常委会常务副主任曹兴宽,副主任董吉增、郭建新、张冠文、韩增金,秘书长李国强出席会议。张冠文主持会议。副市长万永格,市政府党组成员、市黄蓝两区建设办公室主任路军等列席会议。

2012 年

1 月

5 日,召开市十届人大一次会议筹备工作会议,部署市十届人大一次会议筹备工作的有关事宜。市人大常委会常务副主任曹兴宽出席会议并讲话。秘书长李国强主持会议。

18 日,全市县乡两级人大换届选举工作总结会议召开。市人大常委会副主任张冠文出席会议并讲话,市人大常委会秘书长李国强主持会议。

18 日,市人大常委会代表资格审查委员会召开会议,对十届人大代表资格进行审查。市人大常委会副主任、代表资格审查委员会主任张冠文出席会议。

29 日,市人大常委会机关召开总结表彰大会。市人大常委会常务副主任曹兴宽出席会议并讲话。市人大常委会副主任董吉增、郭建新、张冠文、韩增金,秘书长李国强出席会议。

2 月

2 日,市人大常委会到县区联合接访。

8 日,市九届人大常委会举行第 33 次主任会议,市人大常委会常务副主任曹兴宽,副主任郭建新、张冠文、韩增金,秘书长李国强出席会议。曹兴宽主持会议。

9 日,市九届人大常委会第 29 次会议举行。市人大常委会常务副主任曹兴宽,副主任郭建新、张冠文、韩增金,秘书长李国强出席会议。曹兴宽主持会议并讲话。副市长万永格,市中级人民法院院长宋文明,市人民检察院代理检察长邵汝卿等列席会议。

21 日,全市执法责任制总结表彰大会召开。市委常委、政法委书记胡炳山,市人大常委会副主任张冠文,副市长张兆宏,市中级人民法院院长宋文明,市人民检察院代理检察长邵汝卿,副市级干部、市公安局局长桑培伦出席会议。

27 日至 3 月 1 日,滨州市十届人大一次会议召开。

3 月

1 日,市人大常委会与“一府两院”工作联席会召开。市委书记、市人大常委会主任邓向阳主持会议并讲话。市委副书记、市长张光峰就如何支持和配合好人大常委会工作作了讲话。市人大常委会常务副主任曹兴宽通报了《滨州市人大常委会2012年工作要点(征求意见稿)》。市委常委、常务副市长韩奎祥,市委常委、副市长祁维华,市人大常委会副主任郭建新、韩增金,市人大常委会副主任、秘书长李国强,市人大常委会副主任王立勇,副市长王文禄、张兆宏、万永格、耿涛、王瑜,市政府特邀咨询于志刚、王观庆,市中级人民法院院长宋文明,市人民检察院检察长邵汝卿等参加会议。

2日,参加十一届全国人大五次会议的住滨全国人大代表启程赴京。

5日,市人大常委会组织到县区联合接访。

7日,市十届人大常委会举行第1次主任会议,市人大常委会常务副主任曹兴宽,副主任郭建新、韩增金、李国强、王立勇出席会议。曹兴宽主持会议。

9日,市十届人大常委会第1次会议在滨州召开。市人大常委会常务副主任曹兴宽,副主任郭建新、韩增金、李国强、王立勇出席会议。曹兴宽主持会议并讲话。副市长张兆宏,市中级人民法院院长宋文明,市人民检察院检察长邵汝卿等列席会议。

22日,市九届人大优秀代表建议、先进单位表彰暨市十届人大一次会议代表建议交办会议在滨州召开。市人大常委会副主任、秘书长李国强,副市长王瑜出席会议并讲话。

4月

6日,市人大常委会组织到县区联合接访。

9日、11日,市人大常委会副主任郭建新带领市人大执法检查组对全市贯彻执行《中华人民共和国农业法》情况进行检查。副市长耿涛陪同。

12日至13日,省人大常委会委员、民侨外委主任委员王维新带队到滨州调研民族工作。市委常委、副市长祁维华,市人大常委会副主任王立勇出席汇报会。

16日至17日,市人大常委会执法检查组到博兴县、沾化县检查《中华人民共和国体育法》和《全民健身条例》贯彻实施情况。市人大常委会副主任郭建新参加检查,市政府特约咨询王保民陪同检查。市委常委、副市长祁维华参加汇报会。

19日至20日,市人大常委会调研组赴博兴县、邹平县调研宗教工作情况。市人大常委会副主任王立勇参加调研。

24日,全市人大内务司法工作座谈会在邹平县召开。总结交流人大内务司法工作,研究部署2012年工作任务。市人大常委会副主任韩增金出席会议。

25日,市十届人大常委会举行第2次主任会议。市人大常委会常务副主任曹兴宽,副主任郭建新、韩增金,副主任、秘书长李国强出席会议。曹兴宽主持会议。

27日,市十届人大常委会第2次会议召开。市人大常委会常务副主任曹兴宽,副主任韩增金,副主任、秘书长李国强出席会议。韩增金主持会议。市人民政府特邀咨询王保民,市中级人民法院院长宋文明,市人民检察院检察长邵汝卿,副市级干部、市公安局局长桑培伦等列席会议。

5月

3日,市人大常委会组织到县区联合接访。

5日至6日,省委原书记、省人大常委会原主任赵志浩到滨州参观考察。市委书记、市人大常委会主任邓向阳陪同。省军区原副政委李养珍,省驻京办原巡视员边玉富,市人大常委会常务副主任曹兴宽,省委办公厅副厅级机要秘书孟向东陪同或参加有关活动。

7日至13日,省人大常委会原主任韩喜凯到滨州参观考察。市委书记、市人大常委会主任邓向阳,市人大常委会常务副主任曹兴宽,市委常委、秘书长杨国强,市政协副主席、市委统战部部长姜银浩陪同。

9日至10日,市人大常委会副主任韩增金率部分人大代表对全市《中华人民共和国价格法》贯彻实施情况进行执法检查。

16日至17日,市人大常委会组织部分人大代表对全市城乡居民养老金发放工作进行了视察。市人大常委会副主任韩增金参加视察,市政府副市长张兆宏陪同视察。

16日至17日,初任市人大代表培训班举行。培训班邀请省人大常委会人事代表委员会副主任徐京信讲解了《中华人民共和国全国人民代表大会和地方各级人民代表大会代表法》和《中华人民共和国地方各级人民代表大会和地方各级人民政府组织法》。市人大常委会副主任、秘书长李国强出席会议并讲话。

17日至18日,临沂市人大常委会副主任冯安带领考察团到滨州学习考察。市人大常委会副主任郭建新陪同活动。

18日至19日,全国人大机关服务中心主任袁吉亮,副主任吴秀萍、何森,在省人大常委会副秘书长、办公厅主任赵瑞林的陪同下到滨州参观考察。市人大常委会副主任韩增金陪同考察。

22日至23日,市人大常委会调研组到邹平县、滨城区、无棣县对全市实施《中华人民共和国人口与计划生育法》工作情况进行调研。市人大常委会副主任郭建新参加调研。

23日,滨州市人大系统学习《中华人民共和国各级人民代表大会常务委员会监督法》知识竞赛在滨州传媒集团演播大厅举行。市人大常委会常务副主任曹兴宽、市人大常委会副主任王立勇、副市长万永格参加。

28日,市人大常委会机关举行"慈心一日捐"活动。市人大常委会副主任王立勇参加活动,市人大常委会机关干部职工共捐款41200元。

6月

5日,市人大常委会组织到县区联合接访。

5日,市人大常委会举行2012年"滨州环保世纪行"新闻发布会暨启动仪式。市人大常委会副主任王立勇出席会议。

25日,省人大常委会委员、农委主任委员宋继峰在省南水北调工程建设管理局副局长王祖利的陪同下,带领调研组到滨州(邹平县)调研南水北调工程建设情况。市人大常委会副主任郭建新、副市长耿涛陪同调研。

26日,市十届人大常委会举行第3次主任会议。市人大常委会常务副主任曹兴宽,副主任郭建新、韩增金,副主任、秘书长李国强,副主任王立勇出席会议。曹兴宽主持会议。

28日,市十届人大常委会第3次会议召开。市人大常委会常务副主任曹兴宽,副主任郭建新、韩增金,副主任、秘书长李国强,副主任王立勇出席会议。郭建新主持会议。副市长张兆宏,市中级人民法院院长宋文明等列席会议。

7月

3日,市人大常委会组织到县区联合接访。

12日,省人大常委会预算工委副主任李玉海率调研组到滨州就县乡财政建设情况进行调研。市人大常委会副主任韩增金陪同调研。

13日,市人大常委会召开全体机关干部会议。会议传达了全省人大工作座谈会精神,市人大常委会常务副主任曹兴宽出席会议并讲话,市人大常委会副主任郭建新、韩增金,市人大常委会副主任、秘书长李国强,市人大常委会副主任王立勇出席会议。

17日,市人大常委会副主任王立勇带领市人大常委会视察组,对全市城区环境综合整治情况进行视察。副市长王瑜陪同。

25日至26日,市人大常委会视察组对全市文化事业和文化产业发展情况进行视察。市人大常委会副主任郭建新参加视察。市委常委、副市长祁维华陪同。

25日至26日,全国人大环境与资源保护委员会副主任委员、解放军总后勤部原政委张文台到滨州调研。市委书记、市人大常委会主任邓向阳,市委副书记、市长张光峰,市委副书记王浩陪同调研。省委办公厅巡视员王治水,省人大常委会委员宋兰祥,曹兴宽、胡红兵、于培洪、杨国强、王仲余等陪同。

8 月

3 日，市人大常委会组织到县区联合接访。

5 日至 11 日，中共山东省人大常委会党组理论学习中心组读书会在滨州召开。省人大常委会副主任、党组副书记国家森，副主任、党组副书记柏继民分别在闭幕式和开幕式讲话；副主任刘玉功传达全省领导干部会议精神；副主任连承敏、尹慧敏、于建成，秘书长王文升，济南市人大常委会主任徐长玉出席会议。市委书记、市人大常委会主任邓向阳致辞。市委副书记、市长张光峰，市委副书记王浩，市人大常委会常务副主任曹兴宽，市政协主席孙承志，市领导韩奎祥、祁维华、胡炳山、葛伟、魏克田、于培洪、周桂萍、张凯、郭建新、韩增金、李国强、王立勇、张冠文参加会议。

6 日，省人大常委会副主任连承敏、于建成一行视察指导滨州市医疗卫生事业。市委常委、组织部部长张凯，市人大常委会副主任王立勇陪同。

8 日，全省各市人大常委会秘书长座谈会在滨州举行。省人大常委会副主任、党组副书记国家森、柏继民到会并作重要讲话，秘书长王文升主持会议并讲话。滨州市人大常委会副主任、秘书长李国强在会上发言，交流了做好人大工作、加强机关建设的经验做法。

9 日，在滨州出席省人大常委会党组理论学习中心组读书会的领导和嘉宾到滨州部分县区视察指导工作。省人大常委会副主任、党组副书记国家森，副主任、党组副书记柏继民，副主任于建成，秘书长王文升，济南市人大常委会主任徐长玉等参加视察。市委书记、市人大常委会主任邓向阳，市委副书记王浩，市人大常委会常务副主任曹兴宽，市委常委、秘书长杨国强，市人大常委会副主任、秘书长李国强，副市级干部、市公安局局长桑培伦等陪同视察。

27 日，市十届人大常委会举行第 4 次主任会议。市人大常委会常务副主任曹兴宽，副主任韩增金，副主任、秘书长李国强，副主任王立勇出席会议，曹兴宽主持会议。

30 日，市十届人大常委会第 4 次会议召开。市人大常委会常务副主任曹兴宽，副主任韩增金，副主任、秘书长李国强，副主任王立勇出席会议。韩增金主持会议。副市长万永格等列席会议。

9 月

3 日，市人大常委会组织到县区联合接访。

4 日，市人大常委会组织部分常委会委员就保障性住房建设情况进行调研。市人大常委会副主任王立勇，副市长王瑜参加调研。

6 日，省人大内司委副主任委员姚成林、刘本举率调研组到滨州市调研加强法院基层建设促进公正司法工作。市人大常委会副主任韩增金，市中级人民法院院长宋文明陪同调研。

13 日至 14 日，市人大常委会调研组对全市法院民事审判工作进行调研。市人大常委会副主任韩增金参加调研，市中级人民法院院长宋文明陪同调研。

20 日，市人大常委会组织住滨部分全国、省人大代表视察现代农业发展情况。市人大常委会副主任、秘书长李国强，副市长耿涛陪同视察。刘凤、张忠正等全国、省人大代表参加视察。

20 日至 21 日，市人大常委会组织部分市人大常委会委员和市人大代表对《中华人民共和国统计法》在全市的实施情况进行执法检查。市人大常委会副主任韩增金参加检查，市委常委、常务副市长韩奎祥陪同。

21 日，全市人大代表小组暨基层人大工作规范化建设现场会在沾化县召开。市人大常委会副主任、秘书长李国强出席会议并讲话。

23 日至 24 日，全国人大常委会委员、教科文卫委员会副主任委员宋法棠率全国人大调研组到滨州调研。市委书记、市人大常委会主任邓向阳，市委副书记、市长张光峰，市人大常委会常务副主任曹兴宽陪同。全国人大教科文卫委员会人口卫生体育室副巡视员章武，国家体育总局体育经济司副司长陈恩堂，省人大常委会委员、教科文卫委员会主任委员王天瑞，省人大教科文卫委员会副主任委员朱绍阳，市领导祁维华、郭建新、李国强等陪同。

24日、26日，市人大常委会调研组对全市检察机关开展查办和预防职务犯罪工作情况进行调研。市人大常委会副主任韩增金参加调研。

25日至26日，市人大常委会党组理论学习中心组读书会在邹平县召开。市委书记、市人大常委会主任邓向阳出席会议并讲话。市人大常委会常务副主任曹兴宽出席会议并作总结讲话。副主任郭建新、韩增金，副主任、秘书长李国强，市人大常委会顾问张冠文参加读书会。

25日，全市各县区人大常委会办公室主任座谈会在邹平县召开。市人大常委会副主任、秘书长李国强出席会议并讲话。

27日，市人大常委会常务副主任曹兴宽带领部分市人大常委会委员视察巩固国家卫生城市工作。市委常委、副市长祁维华，市人大常委会副主任郭建新，市人大常委会副主任、秘书长李国强等陪同视察。

10月

9日，市人大常委会组织到县区联合接访。

10日，市委书记、市人大常委会主任邓向阳在滨州会见了韩国任实郡议会议长金明子一行。任实郡守姜完墨，市人大常委会常务副主任曹兴宽，市人大常委会副主任、秘书长李国强会见时在座。

10日，全市人大宣传工作座谈会召开。会议传达了全省人大报刊宣传工作会议精神，部署了近期人大宣传工作。

16日至17日，市人大常委会组织部分市人大常委会委员和市人大代表对全市政府教育投入情况进行视察。市委常委、副市长祁维华汇报了2011年以来全市政府教育投入有关情况并陪同视察。市人大常委会副主任郭建新参加视察。

23日至24日，省人大法制委主任委员法进衍、省人大常委会法工委主任温守信带领省人大立法调研组到滨州就《山东省民用建筑节能条例(草案修改稿)》《山东省实施<中华人民共和国村民委员会组织法>办法(草案修改稿)》开展立法调研。市人大常委会副主任韩增金参加活动。省人大法制委副巡视员连建华、省住房城乡建设厅副厅长耿庆海一同到滨州调研。

25日，市人大常委会组织部分市人大代表对市十届人大一次会议以来代表建议、批评和意见办理落实情况进行视察。市人大常委会副主任、秘书长李国强参加视察。

26日，市十届人大常委会举行第5次主任会议。市人大常委会常务副主任曹兴宽，副主任郭建新、韩增金，副主任、秘书长李国强出席会议。曹兴宽主持会议。

30日，市十届人大常委会第5次会议召开。市人大常委会常务副主任曹兴宽，副主任郭建新、韩增金，副主任、秘书长李国强出席会议。李国强主持会议。市人民检察院检察长邵汝卿，市政府党组成员耿同庆等列席会议。

31日，省人大常委会委员、财经委主任委员杜昌祚率省人大财经委调研组到滨州调研"黄蓝"两区开发建设情况。省人大财经委副主任委员刘筱杰参加调研。市委常委、常务副市长韩奎祥，市人大常委会副主任韩增金陪同。

11月

2日，市人大常委会组织到县区联合接访。

2日，市人大常委会视察组对黄河三角洲(滨州)国家农业科技园区建设情况进行视察。市人大常委会副主任郭建新参加视察。

7日，驻滨全国人大代表和省人大代表换届选举工作座谈会召开。会上传达了省人大常委会关于驻鲁全国人大代表和省人大代表换届选举工作座谈会精神。市人大常委会副主任、秘书长李国强出席会议并讲话。

16日，市人大常委会召开市九届人大四次会议第9401号议案推进落实座谈会。市人大常委会副主任韩增金出席会议并讲话。副市长张兆宏汇报了第9401号议案办理情况。

19日,市人大常委会机关举行学习贯彻十八大精神动员大会,对学习贯彻落实十八大精神,做好新形势下人大工作提出具体要求。市人大常委会副主任、秘书长李国强出席会议并讲话。

20日,市人大常委会组织调研组对全市水利改革发展工作情况进行调研。

22日,全国人大内务司法委员会委员高新亭带领全国人大执法调研组到滨州,就修订后的保密法贯彻实施情况进行调研。全国人大内务司法委员会内务室巡视员王振乾,国家保密局指导管理司司长王言彬参加调研。省人大常委会副主任连承敏,省人大常委会委员、内司委主任委员陈明甫,省委保密办主任、省保密局局长张文杰,市委书记、市人大常委会主任邓向阳,市委副书记、市长张光峰,市人大常委会常务副主任曹兴宽,市人大常委会副主任韩增金,市人大常委会副主任、秘书长李国强,副市长张兆宏,市中级人民法院院长宋文明陪同调研。

12月

3日,市人大常委会组织到县区联合接访。

4日,市十届人大常委会举行第6次主任会议,市人大常委会常务副主任曹兴宽,副主任韩增金,副主任、秘书长李国强,副主任王立勇出席会议。曹兴宽主持会议。

7日,市十届人大常委会第6次会议召开。市人大常委会常务副主任曹兴宽,副主任郭建新、韩增金,副主任、秘书长李国强,副主任王立勇出席会议。王立勇主持会议。副市长耿涛等列席会议。

10日,市十届人大二次会议筹备工作会议召开。市人大常委会常务副主任曹兴宽出席会议并讲话。市人大常委会副主任、秘书长李国强主持会议。

25日,市十届人大常委会举行第7次主任会议。市人大常委会常务副主任曹兴宽主持会议。副主任郭建新、韩增金,副主任、秘书长李国强,副主任王立勇出席会议。

28日,市十届人大常委会第7次会议在滨州举行。市人大常委会常务副主任曹兴宽,副主任郭建新、韩增金,副主任、秘书长李国强出席会议。郭建新主持会议。副市长万永格,市中级人民法院院长宋文明等列席会议。

31日,市十届人大二次会议筹备工作调度会议召开。市人大常委会副主任、秘书长李国强出席会议并讲话。

2013年

1月

5日,联合接访。

8日至11日,滨州市第十届人民代表大会第二次会议召开。

21日,召开市十届人大二次会议代表建议交办会。市人大常委会副主任、秘书长李国强出席会议并讲话。

23日,住滨省人大代表启程赴济南参加山东省第十二届人民代表大会第一次会议。市委书记、市人大常委会主任邓向阳,市人大常委会常务副主任曹兴宽,市委常委、常务副市长韩奎祥,市委常委、滨州军分区政委于培洪,市委常委、秘书长杨国强,市委常委、组织部部长张凯等市领导为代表们送行。

2月

1日,联合接访。

17日,市人大常委会机关总结表彰大会召开。市人大常委会常务副主任曹兴宽出席会议并讲话。市人大常委会副主任郭建新、韩增金,副主任、秘书长李国强,副主任王立勇,顾问张冠文出席会议。

27日,送全国人大代表启程参加十二届全国人大一次会议。

3月

1日,联合接访。

6日,市十届人大常委会举行第8次主任会议。市人大常委会常务副主任曹兴宽,副主任郭建新、韩增金,副主任、秘书长李国强，副主任王立勇出席会议。曹兴宽主持会议。

6 日，市十届人大常委会举行第 8 次会议。市委书记张光峰，副书记崔洪刚参加会议。市人大常委会常务副主任曹兴宽，副主任郭建新、韩增金，副主任、秘书长李国强，副主任王立勇出席会议。曹兴宽主持会议。市中级人民法院院长宋文明等列席会议。

12 日，全市人大人事代表工作会议召开。市人大常委会副主任、秘书长李国强出席会议并讲话。

25 日至 26 日，广东省江门市人大常务副主任梁清兆带领考察团到滨州考察滨州港与北海新区开发，推动海洋经济发展等情况。市人大常委会常务副主任曹兴宽，副主任、秘书长李国强陪同。

25 日，市人大常委会与“一府两院”召开工作联席会议。市委书记张光峰主持会议并讲话。市委副书记、代市长崔洪刚，市人大常委会常务副主任曹兴宽等出席会议。市人大常委会各位副主任、秘书长，市政府各位副市长、特邀咨询、秘书长，市中级人民法院院长，市人民检察院检察长参加会议并发言。

27 日，市十届人大常委会举行第 9 次主任会议。市人大常委会常务副主任曹兴宽，副主任韩增金，副主任、秘书长李国强，副主任王立勇出席会议。曹兴宽主持会议。

27 日，市十届人大常委会举行第 9 次会议。市人大常委会常务副主任曹兴宽，副主任韩增金，副主任、秘书长李国强，副主任王立勇出席会议。曹兴宽主持会议。副市长耿涛等列席会议。

28 日，市十届人大三次会议筹备调度工作会议召开。市人大常委会副主任、秘书长李国强参加会议并作讲话。

28 日，市委常委、秘书长杨国强，市人大常委会副主任、秘书长李国强检查十届人大三次会议筹备情况。

29 日至 31 日，市十届人大三次会议举行。

4 月

3 日，联合接访。

3 日，市人大常委会机关举行作风改进年活动暨学习动员阶段、查找剖析阶段动员大会。市人大常委会副主任、秘书长李国强出席会议并讲话。

8 日至 9 日，市人大常委会视察组对全市“六五”普法规划和 2011 至 2015 年依法治市规划及其决议执行情况进行视察。市人大常委会副主任韩增金参加视察，副市长万永格陪同视察。

15 日至 16 日，市人大常委会执法检查组对《中华人民共和国商业银行法》实施情况进行执法检查。市人大常委会副主任韩增金，副市长王文禄参加活动。

18 日至 19 日，市人大常委会执法检查组对《中华人民共和国农业技术推广法》贯彻落实情况进行检查。市人大常委会副主任、秘书长李国强，市政府特邀咨询王保民参加汇报会。

19 日至 20 日，全国人大常委会委员、华侨委员会副主任委员、致公党中央副主席杨邦杰到滨州考察。市委书记、市人大常委会主任张光峰会见了杨邦杰一行。

22 日，市人大常委会调研组对《中华人民共和国台湾同胞投资企业保护法》贯彻落实情况进行调研。市人大常委会副主任王立勇、市政府副市长万永格参加调研。

26 日，市人大常委会举行省、市两级人大代表小组召集人学习辅导班，研讨代表小组活动的理论和实践问题。市人大常委会副主任、秘书长李国强参加学习辅导并讲了意见。

5 月

2 日，全国人大常委会委员、财经委副主任委员、民建中央副主席辜胜阻带领调研组到滨州市邹平县就城镇化建设进行专题调研。省人大常委会委员、财经委主任委员杜昌祚，市人大常委会副主任韩增金，市政协副主席、民建滨州市委主委吴国瑞陪同调研。

3 日，联合接访。

8 日，市十届人大常委会举行第 10 次主任会议，市人大常委会常务副主任曹兴宽，副主任郭建新，副主任、秘书长李国强，副主任王立勇出席会议，曹兴宽主持会议。

9日,市十届人大常委会第10次会议召开。市委书记、市人大常委会主任张光峰,市人大常委会常务副主任曹兴宽,副主任郭建新,副主任、秘书长李国强,副主任王立勇出席会议。张光峰主持会议并作重要讲话。副市长王文禄,市中级人民法院院长宋文明等列席会议。

15日,市人大常委会机关“作风改进年”活动整改落实阶段动员会议召开。市人大常委会副主任、秘书长李国强主持会议。

17日,市人大常委会机关举行“慈心一日捐”活动捐款仪式。当日,市人大常委会机关共募集善款35000元。市人大常委会副主任韩增金,副主任、秘书长李国强,副主任王立勇参加捐款。

21日,市十届人大常委会第11次会议举行。市人大常委会常务副主任曹兴宽,副主任郭建新、韩增金,副主任、秘书长李国强,副主任王立勇出席会议。曹兴宽主持会议。市人民政府特邀咨询王保民,市人民检察院检察长邵汝卿等列席。

23日,市人大常委会组织调研组对全市人口计生工作进行调研。市人大常委会副主任郭建新参加调研,市委常委、副市长祁维华参加活动。

24日,市人大常委会组织调研组对全市铁路建设情况进行调研。市人大常委会副主任王立勇参加调研。

28日至30日,市人大常委会组织领衔提出建议代表、市人大常委会及市政府有关部门负责人到交通、住建、公安、食安、规划等部门对市十届人大二次会议以来代表建议、批评和意见办理答复情况进行督办检查。

30日至31日,市人大常委会视察组对《中华人民共和国食品安全法》贯彻实施情况进行了视察。市人大常委会副主任郭建新参加视察,市委常委、常务副市长韩奎祥代表市政府作了汇报。

6月

3日,联合接访。

7日,市人大常委会执法检查组对《中华人民共和国社会保险法》实施情况进行执法检查。市人大常委会副主任韩增金参加检查,副市长张兆宏陪同检查。

18日,市十届人大常委会举行第12次主任会议,市人大常委会常务副主任曹兴宽,副主任郭建新、韩增金,副主任、秘书长李国强,副主任王立勇出席会议。曹兴宽主持会议。

19日,市人大常委会召开全市人大宣传工作会议。会议全面总结了各县区人大宣传工作开展情况,对下一阶段全市人大宣传工作进行了安排部署。

20日,市十届人大常委会第12次会议召开。市人大常委会常务副主任曹兴宽,副主任郭建新、韩增金,副主任、秘书长李国强,副主任王立勇出席会议。韩增金主持会议。市政府特邀咨询何凤岐,市中级人民法院院长宋文明,市人民检察院检察长邵汝卿等列席会议。

7月

3日,联合接访。

4日,全市人大规范性文件备案审查工作会议召开。市人大常委会副主任韩增金出席会议并讲话。

10日至11日,省人大常委会副主任于建成带领视察组到滨州视察节能减排工作。省人大内司委主任委员张国琛参加活动;市委书记、市人大常委会主任张光峰,市委副书记、市长崔洪刚,市委副书记薛庆国,市人大常委会常务副主任曹兴宽,市委常委、秘书长杨国强,市人大常委会副主任、秘书长李国强,市人大常委会副主任王立勇,副市长张兆宏陪同活动。

17日,市人大常委会召开人大代表议案督办、交办会议。市人大常委会副主任、秘书长李国强,副市长张兆宏出席会议。

17日,市十届人大常委会举行第13次主任会议,市人大常委会常务副主任曹兴宽,副主任郭建新、韩增金,副主任、秘书长李国强,副主任王立勇出席会议。曹兴宽主持会议。

18日,市十届人大常委会第13次会议召开。市人大常委会常务副主任曹兴宽,副主任郭建新、韩增金,副主任、秘书长李国强，副主任王立勇出席会议。曹兴宽主持会议。市委常委、常务副市长秦传滨，市中级人民法院院长宋文明，市人民检察院检察长邵汝卿等列席会议。

18日，全市执法责任制标准化建设试点扩面工作会议召开。市人大常委会副主任、市执法责任制协调领导小组副组长韩增金出席会议并讲话。

26日，市人大常委会执法检查组对《山东省城乡规划条例》贯彻实施情况进行执法检查。市人大常委会副主任王立勇参加活动。

30日，市人大常委会视察组对全市重点项目建设管理情况进行视察。市人大常委会副主任韩增金参加视察，市委常委、副市长马春笋参加活动。

8月

2日，联合接访。

15日，市人大常委会组织调研组赴邹平县调研文化事业和文化产业发展情况。市人大常委会副主任郭建新参加活动，市政府特邀咨询王保民陪同。

15日至16日，市人大常委会视察组对市区、博兴县、无棣县的道路交通安全管理工作机制、运行情况，道路交通安全责任的运行情况，高速公路应急救援、处置以及多部门联动工作情况进行视察。市人大常委会副主任韩增金，副市长张兆宏，副市级干部、市公安局局长桑培伦参加活动。

26日至27日，省人大常委会委员、农委副主任委员侯英民带领执法检查组到滨州对《中华人民共和国农村土地承包经营纠纷调解仲裁法》贯彻实施情况进行执法检查，并对关于制定《山东省生态农业条例》的议案进行调研。市人大常委会副主任、秘书长李国强，副市长李维东陪同。

28日，市十届人大常委会举行第14次主任会议。市人大常委会常务副主任曹兴宽，副主任郭建新、韩增金，副主任、秘书长李国强，副主任王立勇出席会议，曹兴宽主持会议。

30日，市十届人大常委会第14次会议召开。市人大常委会常务副主任曹兴宽，副主任郭建新、韩增金，副主任、秘书长李国强，副主任王立勇出席会议。李国强主持会议。市委常委、常务副市长秦传滨，市人民检察院检察长邵汝卿等列席会议。

9月

3日，联合接访。

3日至4日，省人大常委会副主任宋远方带领省人大执法检查组到滨州对《中华人民共和国义务教育法》实施情况进行执法检查。省人大常委会委员、教科文卫委员会副主任委员安世银，省教育厅副厅长王坦参加检查。市委书记、市人大常委会主任张光峰，市委副书记薛庆国，市人大常委会常务副主任曹兴宽，市委常委、副市长祁维华，市人大常委会副主任郭建新分别陪同有关活动。

11日至12日，省人大常委会委员、城环资委主任委员杨焕彩带领省人大立法调研组到滨州就《山东省辐射污染防治条例》（草案）》进行立法调研。省人大常委会委员、城环资委副主任委员贾学英，省人大城环资委副主任委员周燕明，省环保厅副厅长谢锋参加调研。市委常委、常务副市长秦传滨，市人大常委会副主任王立勇陪同调研。

24日至25日，市人大常委会组织调研组对全市检察机关推进三项建设情况进行调研。市人大常委会副主任韩增金参加调研，市人民检察院检察长邵汝卿陪同。

29日，市人大常委会视察组对全市基层水利服务体系建设工作进行视察。市人大常委会副主任郭建新参加视察，副市长李维东陪同。

10月

9日，联合接访。

14日，市人大常委会视察组对市政府系统办理代表建议情况进行视察。市人大常委会副主任王立勇参加视察。

15日，市人大常委会视察组对全市城镇化工作进行视察。市人大常委会副主任王立勇参加视察。

16日至17日，省人大常委会委员、法制委员会副主任委员程辉带领立法调研组到滨州就《山东省供热条列（草案）》和《山东省厂务公开条例（草案）》进行立法调研。省人大常委会委员、法制委员会委员藏天翔，省人大常委会办公厅巡视员刘卿，省总工会副主席李臻参加调研。市人大常委会副主任韩增金陪同调研。

18日，省人大常委会办公厅副主任高月塘、副巡视员徐桂英带领省人大常委会机关考察团到滨州参观学习。市人大常委会顾问李凤岐陪同活动。

21日，市人大常委会组织调研组到滨城区、邹平县就外经贸工作进行调研，市人大常委会副主任韩增金参加调研，副市长万永格陪同。

22日，省人大常委会副秘书长、办公厅主任赵瑞林，省人大常委会办公厅副巡视员牛保平到滨州调研机关办公自动化工作。

29日，市十届人大常委会举行第15次主任会议。市人大常委会常务副主任曹兴宽，副主任郭建新、韩增金、王立勇出席会议。曹兴宽主持会议。

29日至30日，市人大常委会组织调研组对全市老龄工作进行调研。市人大常委会副主任韩增金、市政府副市长张兆宏参加调研活动。

11月

1日，联合接访。

6日，市十届人大常委会举行第16次主任会议。市人大常委会常务副主任曹兴宽，副主任郭建新、韩增金、王立勇出席会议。曹兴宽主持会议。

8日，市十届人大常委会第15次会议举行。市人大常委会常务副主任曹兴宽，副主任郭建新、韩增金、王立勇出席会议。王立勇主持会议。市委常委、常务副市长秦传滨，市中级人民法院院长宋文明，市人民检察院检察长邵汝卿等列席会议。

26日，市十届人大常委会第16次会议举行。市人大常委会常务副主任曹兴宽，副主任韩增金，副主任、秘书长李国强、副主任王立勇出席会议。曹兴宽主持会议。

27日，全市贯彻落实市十届人大三次会议《关于加快依法治市进程，推动滨州科学发展、追赶超越的决定》情况视察动员大会召开。市委副书记、市长崔洪刚，市人大常委会常务副主任曹兴宽出席大会。市领导韩增金、李国强、王立勇、张兆宏参加活动。

28日，市人大常委会分四个视察组对全市加快依法治市进程、推进依法行政情况进行了视察。市人大常委会副主任韩增金，市人大常委会副主任、秘书长李国强，市人大常委会副主任王立勇分别带组视察。

12月

3日，联合接访。

9日，中共滨州市人大常委会机关委员会举行换届大会。市人大常委会副主任韩增金，市人大常委会副主任、秘书长李国强出席会议。

11日，市人大常委会组织调研组对《中华人民共和国工会法》实施情况进行调研。市委常委、市总工会主席魏克田，市人大常委会副主任韩增金参加调研。

11日，市人大常委会视察组对全市医改工作进行视察。市人大常委会副主任郭建新参加视察。市政府特邀咨询王保民陪同。

12日，市十届人大四次会议筹备工作会议召开。市人大常委会常务副主任曹兴宽出席会议并讲话。市人大常委会副主任、秘书长李国强主持会议。

13日，市人大常委会组织住滨部分全国人大代表和省人大代表进行会前集中视察活动。全国人大代表刘凤,省人大代表曹兴宽、丁海棠、毛海峰、从桂兰、纪延英、李守江、张秀葵、张忠正、张宝亮、张荣强、张敏、赵洪林、段建国、高三阳参加视察。市委常委、常务副市长秦传滨,市人大常委会副主任、秘书长李国强陪同视察。

18 日,市十届人大常委会举行第 18 次主任会议,市人大常委会常务副主任曹兴宽,副主任郭建新、韩增金,副主任、秘书长李国强,副主任王立勇出席会议。曹兴宽主持会议。

20 日,市十届人大常委会第 17 次会议召开。市人大常委会常务副主任曹兴宽,副主任郭建新、韩增金,副主任、秘书长李国强,副主任王立勇出席会议。郭建新主持会议。市委常委、常务副市长秦传滨,市中级人民法院院长宋文明,市人民检察院检察长邵汝卿等列席会议。

30 日,市人大常委会召开人代会筹备工作调度会议。市人大常委会副主任、秘书长李国强主持会议并讲话。

2014 年

1 月

3 日,联合接访。

3 日,市人大常委会常务副主任曹兴宽到沾化县富国街道办事处走访慰问困难群众。

6 日,全国人大常委会原副委员长蒋正华到邹平县视察。在邹平视察期间,蒋正华出席了由中国民族贸易促进会主办的“美丽中国文化邹平”书画展。省人大常委会原副主任连承敏,市委书记、市人大常委会主任张光峰,市人大常委会副主任、秘书长李国强陪同。

7 日,市十届人大常委会举行第 19 次主任会议。市人大常委会常务副主任曹兴宽,副主任韩增金,副主任、秘书长李国强,副主任王立勇出席会议。曹兴宽主持会议。

9 日,市十届人大常委会第 18 次会议召开。市人大常委会常务副主任曹兴宽,副主任郭建新、韩增金,副主任、秘书长李国强,副主任王立勇出席会议。韩增金主持会议。副市长李维东等列席会议。

11 日至 14 日,滨州市第十届人民代表大会第四次会议举行。

14 日,市人大常委会与“一府两院”工作联席会议召开。市委书记、市人大常委会主任张光峰主持会议并讲话。市委副书记、市长崔洪刚就如何支持和配合好人大常委会工作作了讲话。市人大常委会常务副主任曹兴宽通报了《滨州市人大常委会 2014 年工作要点(讨论稿)》。市人大常委会副主任,市政府副市长、特邀咨询、秘书长,市中级人民法院院长,市人民检察院检察长参加会议。

15 日,住滨省人大代表启程赴济南参加省十二届人大三次会议。市委副书记、市长崔洪刚,市委副书记薛庆国,市人大常委会常务副主任曹兴宽,市领导秦传滨、祁维华、胡炳山、杨国强、王立勇、王瑜、刘相庆等为赴济参会的代表送行。

28 日,市人大常委会召开秘书长会议。市人大常委会副主任、秘书长李国强出席会议。

2 月

7 日,市人大常委会机关召开总结表彰大会,总结 2013 年工作,学习贯彻市纪委八届五次全体会议精神,安排部署 2014 年工作。市人大常委会常务副主任曹兴宽,市人大常委会副主任郭建新、韩增金,市人大常委会副主任、秘书长李国强,市人大常委会副主任王立勇等出席会议。

14 日,市人大常委会召开机关作风建设会议(党的群众路线教育实践活动领导小组办公室全体人员会议),为党的群众路线教育实践活动做好预备工作。市人大常委会副主任、秘书长李国强出席会议并讲话。

20 日,市人大常委会及机关党的群众路线教育实践活动领导小组办公室召开会议,专题讨论实施方案。市人大常委会副主任、秘书长、市人大常委会及机关党的群众路线教育实践活动领导小组副组长兼办公室主任李国强出席会议。

21 日,市人大常委会及机关党的群众路线教育实践活动领导小组办公室召开会议,专题讨论动员大会讲话。市人大常委会副主任、秘书长、市人大常委会及机关党的群众路线教育实践活动领导小组副组长兼办公室主任李国强出席会议。

26日,市十届人大四次会议代表建议、批评和意见交办会议召开。市人大常委会副主任、秘书长李国强,副市长王瑜出席会议。

3月

3日,联合接访。

6日,市人大常委会及机关党的群众路线教育实践活动动员大会召开。市人大常委会常务副主任曹兴宽主持会议并作动员讲话,市委督导组代表市委就市人大常委会及机关开展党的群众路线教育实践活动提出具体要求。副主任郭建新、韩增金、李国强、王立勇出席会议,省委督导组派员参加会议。

13日,省人大常委会法工委、省政府法制办及省卫生计生委组成立法调研组到滨州就开展"单独两孩"政策进行立法调研并召开座谈会。省人大常委会法工委巡视员刘卿,省政府法制办副主任李春田,省卫生计生委副巡视员钟爱平参加调研。市人大常委会副主任韩增金陪同。

18日,市委书记、市人大常委会主任张光峰调研市人大常委会及机关开展教育实践活动情况。市人大常委会常务副主任曹兴宽,副主任郭建新、韩增金,副主任、秘书长李国强,副主任王立勇参加活动。

24日,市十届人大常委会第19次会议召开。市人大常委会常务副主任曹兴宽,副主任、秘书长李国强,副主任王立勇出席会议。曹兴宽主持会议。

4月

3日,联合接访。

10日至11日,市人大常委会执法检查组对全市实施《中华人民共和国安全生产法》情况进行执法检查。市人大常委会副主任韩增金参加执法检查,副市长王文禄陪同。

14日,市人大常委会调研组对全市民族工作情况进行调研。市人大常委会副主任王立勇参加调研。

18日,市人大常委会及机关党的群众路线教育实践活动领导小组会议召开。会议的主要任务是,听取市人大常委会及机关教育实践活动开展情况汇报,安排部署下一步工作。市人大常委会常务副主任曹兴宽主持会议并讲话。市人大常委会副主任郭建新,副主任、秘书长李国强,副主任王立勇出席会议。李国强汇报了教育实践活动前期开展情况。

18日,受省人大常委会委托,市人大常委会视察组对全市大气污染防治工作进行视察。市人大常委会副主任王立勇参加视察,市委常委、常务副市长秦传滨出席工作汇报会,市政府党组成员焦守俊陪同。

18日,市人大常委会视察组对全市公安机关执法规范化建设情况进行视察。市人大常委会副主任韩增金参加视察。

18日,市人大常委会常务副主任曹兴宽,副主任、秘书长李国强到沾化县召开有县人大常委会领导班子成员、乡镇(办事处)人大主席(工委主任)及省、市、县人大代表参加的征求意见座谈会。

18日,市人大常委会副主任郭建新到高新区召开有乡镇(办事处)人大主席(工委主任)及省、市、县人大代表参加的征求意见座谈会。

21日,市人大常委会副主任韩增金、王立勇到无棣县召开有县人大常委会领导班子成员、乡镇(办事处)人大主席(工委主任)及省、市、县人大代表参加的征求意见座谈会。

28日,市十届人大常委会举行第21次主任会议。市人大常委会常务副主任曹兴宽,副主任郭建新、韩增金,副主任、秘书长李国强,副主任王立勇出席会议。曹兴宽主持会议。

29日,受省人大常委会委托,市人大常委会执法检查组对全市《山东省实施<中华人民共和国残疾人保障法>办法》实施情况进行执法检查。市人大常委会副主任韩增金参加执法检查,市政府党组成员路军陪同。

29日,全市人大人事代表工作会议召开。市人大常委会副主任、秘书长李国强出席会议并讲话。

30日,市十届人大常委会第20次会议召开。市人大常委会常务副主任曹兴宽,副主任郭建新、韩增金,副主任、秘书长李国强,副主任王立勇出席会议。李国强主持会议。副市长张兆宏,市人民检察院检察长邵汝卿等列席会议。

5 月

5 日,联合接访。

5 日,市人大常委会召开秘书长会议。研究第一书记、全员联户、教育实践活动、帮扶救助等工作。市人大常委会副主任、秘书长李国强出席会议。

13 日,省委赴滨州市教育实践活动督导组第一副组长唐传喜到市人大常委会机关对市级领导机关教育实践活动“回头看”工作进行督导。市人大常委会常务副主任曹兴宽,市委常委、组织部部长张凯,市人大常委会副主任郭建新、韩增金,副主任、秘书长李国强,副主任王立勇参加活动。

20 日至 21 日,省人大常委会立法调研组到滨州,就《山东省老年人权益保障条例(修订草案)》进行立法调研。省人大常委会法工委巡视员刘卿,省老龄办副主任肖培树参加调研。副市长张兆宏陪同。

6 月

4 日,联合接访。

9 日至 10 日,市人大代表专题培训班举办。省人大常委会预算工作委员会副主任张玉成作关于地方人大预决算审查和监督问题的辅导报告,市人大常委会副主任、秘书长李国强参加活动。

10 日至 11 日,市人大常委会视察组对全市海洋经济和海洋产业发展情况进行视察。市人大常委会副主任郭建新参加视察,副市长李维东陪同。

11 日,省人大常委会原副主任国家森到滨州调研。市委书记、市人大常委会主任张光峰,市人大常委会常务副主任曹兴宽,市人民检察院检察长邵汝卿参加活动。

12 日,全市执法责任制标准化建设工作推进会议召开。市人大常委会副主任韩增金出席会议并讲话。

17 日,受省人大常委会委托,市人大常委会执法检查组对全市贯彻落实《中华人民共和国邮政法》和《山东省邮政条例》的有关情况进行了检查。市人大常委会副主任王立勇参加执法检查。

18 日至 20 日,住滨州市省人大代表赴临沂参加省十二届人大代表专题学习班。

24 日,市十届人大常委会举行第 22 次主任会议。市人大常委会常务副主任曹兴宽主持会议。副主任郭建新、韩增金,副主任、秘书长李国强,副主任王立勇出席会议。

26 日,市十届人大常委会第 21 次会议召开。市人大常委会常务副主任曹兴宽,副主任郭建新、韩增金,副主任、秘书长李国强,副主任王立勇出席会议。王立勇主持会议。副市长万永格,市中级人民法院院长吴声,市人民检察院检察长邵汝卿等列席会议。

7 月

3 日,联合接访。

15 日至 16 日,市人大常委会党组召开党的群众路线教育实践活动专题民主生活会。省委赴滨州市督导组第一副组长、省政协常委、省档案馆原馆长唐传喜全程指导并作重要讲话。会议由市委书记、市人大常委会主任张光峰主持,市人大常委会常务副主任、党组书记曹兴宽,副主任、党组副书记韩增金,副主任、秘书长、党组成员李国强,副主任、党组成员王立勇参加会议。副主任郭建新列席会议。

18 日,市人大常委会调研组对全市食品药品安全暨监管体制改革情况进行调研。市人大常委会副主任郭建新参加调研。

22 日,全市人大代表小组及乡镇人大工作规范化建设会议在邹平县召开。市人大常委会副主任、秘书长李国强出席会议并讲话。

25 日,市人大常委会调研组对全市新型城镇化工作进行调研。市人大常委会副主任王立勇参加活动,副市长王瑜陪同。

31日至8月1日，市人大常委会执法检查组对全市实施《中华人民共和国森林法》情况进行执法检查。市人大常委会副主任郭建新参加执法检查，副市长李维东陪同。

8月

5日，联合接访。

6日，市人大常委会组织部分市人大代表到市住房和城乡建设局调研人大建议办理情况。市人大常委会副主任、秘书长李国强参加调研。

11日，市人大常委会调研组对全市生态建设和环境保护工作进行调研。市人大常委会副主任王立勇参加调研。

12日至13日，受省人大常委会委托，市人大常委会对企业技术进步和自主创新情况进行视察。市人大常委会副主任韩增金参加视察，副市长王文禄陪同。

18日，市十届人大常委会举行第23次主任会议。市人大常委会常务副主任曹兴宽，副主任郭建新、韩增金，副主任、秘书长李国强，副主任王立勇出席会议，曹兴宽主持会议。

21日，市十届人大常委会第22次会议召开。市人大常委会常务副主任曹兴宽，副主任郭建新、韩增金，副主任、秘书长李国强，副主任王立勇出席会议。郭建新主持会议。市委常委、副市长祁维华，市中级人民法院院长吴声，市人民检察院检察长邵汝卿等列席会议。

29日至30日，省人大常委会法制工作委员会到滨州就规范性文件备案审查工作进行调研。

9月

2日至3日，省人大常委会执法调研组到滨州就《山东省审计监督条例》贯彻实施情况进行执法调研。省人大常委会副秘书长、预算工委主任王守涛，省审计厅副厅长、党组成员王修歧参加执法调研。市人大常委会副主任韩增金，副市长王文禄陪同。

3日，联合接访。

3日，滨州环保世纪行组委会工作会议召开。会议总结2013年环保世纪行工作情况，表彰了"滨州环保世纪行好新闻"，发布了2014年活动方案。市委常委、常务副市长秦传滨出席会议并讲话，市人大常委会副主任王立勇主持会议。

4日至5日，全国人大代表、省政协副主席郭爱玲等住鲁部分全国人大代表，到滨就村容镇貌综合整治工作进行专题调研。市委书记、市人大常委会主任张光峰，市政协副主席刘凤等驻滨全国人大代表一同参加调研。市委副书记薛庆国，市人大常委会常务副主任曹兴宽，市委常委、秘书长杨国强，市人大常委会副主任、秘书长李国强，副市长王瑜等陪同。

10日至11日，市人大常委会组织住滨省人大代表调研组到德州市就基层医疗卫生机构综合改革工作进行专题调研。市人大常委会副主任、秘书长李国强参加专题调研。德州市人大常委会副主任战士平、副市长康志民、市人大常委会党组成员史秀芝陪同。

12日，市人大常委会调研组对全市《山东省建筑节能条例》实施情况和建筑节能工作进行调研。市人大常委会副主任王立勇参加调研。

16日至17日，市人大常委会视察组对全市沿黄生态高效农业及林水会战项目建设等情况进行视察。市人大常委会副主任郭建新参加视察。

16日至17日，省人大执法检查组就《山东省行政复议条例》贯彻落实情况到滨州检查。省人大常委会委员、内务司法委员会副主任张建华参加活动。市人大常委会副主任韩增金，副市长张兆宏陪同。

24日至26日，市人大常委会组成3个视察组对市县两级法院、检察院贯彻落实市十届人大三次会议《关于加快依法治市进程，推动滨州科学发展、追赶超越的决定》、公正司法情况进行视察。市人大常委会常务副主任曹兴宽，市人大常委会副主任韩增金，市人大常委会副主任、秘书长李国强，市人大常委会副主任王立勇参加视察。市中级人民法院院长吴声，市人民检察院检察长邵汝卿陪同。

28 日至 29 日，省人大立法调研组到滨州对《山东省森林资源条例（草案）》进行立法调研。省人大常委会委员、农业与农村委员会主任委员战树毅，省林业厅副厅长吴庆刚参加调研。市委常委、副市长童鹰，市人大常委会副主任郭建新，副市长王瑜陪同。

10 月

9 日，联合接访。

9 日至 10 日，市人大常委会调研组对全市实施《中华人民共和国动物防疫法》及畜牧业发展情况进行调研。市人大常委会副主任郭建新参加调研。

13 日，市人大常委会视察组对全市科技创新工作进行视察。市人大常委会副主任郭建新参加视察。

16 日，市人大常委会视察组对市政府系统办理市十届人大四次会议以来代表建议、批评和意见情况进行视察。市人大常委会副主任、秘书长李国强参加视察，副市长王瑜陪同。

20 日至 21 日，省人大执法检查组到滨州对贯彻实施《中华人民共和国妇女权益保障法》和《山东省实施 < 中华人民共和国妇女权益保障法 > 办法》情况进行执法检查。省人大常委会副主任于建成，省人大常委会委员、内司委副主任委员张建华，省人大常委会委员、内务委委员、省妇联主席翟黎明参加执法检查。市委书记、市人大常委会主任张光峰，市人大常委会常务副主任曹兴宽，市委常委、副市长童鹰，市人大常委会副主任韩增金陪同。

21 日至 22 日，省人大调研组到滨州调研国土资源工作和《矿产资源法》的贯彻实施情况。省人大常委会委员、城环资委主任委员杨焕彩，省人大常委会委员、城环资委副主任委员贾学英，省国土资源厅党组副书记、副厅长张庆坤参加调研。市委书记、市人大常委会主任张光峰，市委常委、副市长童鹰，市人大常委会副主任王立勇陪同。

22 日，市人大常委会及机关党的群众路线教育实践活动总结大会召开。市人大常委会常务副主任、党组书记曹兴宽出席会议并讲话。市人大常委会副主任郭建新、韩增金，市人大常委会副主任、秘书长李国强出席会议。省委督导组派员参加，市委督导组全体成员参加会议。

28 日，滨州市十届人大常委会举行第 24 次主任会议。市人大常委会常务副主任曹兴宽主持会议。

30 日，省人大常委会立法调研组到滨州就《山东省国有土地上房屋征收与补偿条例（草案修改稿）》《山东省归侨侨眷权益保护条例（草案修改稿）》《山东省行政执法监督条例（草案）》《山东省气象设施和气象探测环境保护条例（草案修改稿）》开展立法调研。省人大法制委员会副主任委员李少华、省人大常委会办公厅巡视员刘卿参加活动，省侨办副主任孙西忠、省法制办副主任张敬亮、省气象局副局长李春虎等分别参加有关座谈会。市人大常委会副主任韩增金陪同。

30 日，市十届人大常委会第 23 次会议召开。市人大常委会常务副主任曹兴宽，副主任郭建新、韩增金，副主任、秘书长李国强，副主任王立勇出席会议。韩增金主持会议。副市长张兆宏等列席会议。

11 月

3 日，联合接访。

4 日，市人大常委会组织人大代表就省级文明城市创建工作进行专题视察。市人大常委会副主任王立勇参加视察。

6 日，市人大常委会调研组到沾化县调研乡镇人大工作及人大代表接待站工作。市人大常委会副主任、秘书长李国强参加调研。

10 日，市人大常委会调研组到无棣县就镇街人大工作进行调研，联系走访了部分驻棣市人大代表。市人大常委会副主任、秘书长李国强参加调研。

11 日，市人大常委会秘书长会议召开。市人大常委会副主任、秘书长李国强主持会议。

14 日，市人大常委会机关组织干部职工学习党的十八届四中全会精神，市委党校法学教研室主任、教授苟宝生作辅导报告。市人大常委会副主任、秘书长李国强参加。

24 日，市人大常委会召开机关全体人员会议，深入学习全省人大工作会议精神，研究部署贯彻落实意见。市人大常委会副主任、秘书长李国强出席会议并讲话。

25 日，市人大常委会执法检查组对全市实施《中华人民共和国职业教育法》情况进行执法检查。市人大常委会副主任郭建新参加执法检查。市委常委、副市长祁维华参加汇报座谈会，滨州职业学院党委书记崔其忠，滨州职业学院院长石忠，市技师学院院长宁守东等陪同。

26 日，市人大常委会调研组到邹平县调研镇街人大工作。市人大常委会副主任、秘书长李国强参加调研。

27 日，市人大常委会召开清理规范性文件工作会议，对市（地）委转发的关于人大方面的文件进行梳理，提出修改建议。市人大常委会副主任、秘书长李国强参加会议。

12 月

1 日至 5 日，全市人大干部轮训班举行。本次培训邀请了北京市人大制度理论研究会副会长、原北京市人大常委会委员、民族宗教侨务委员会主任委员席文启，省人大常委会人代工委原副主任马效东，省人大常委会办公厅副巡视员王依东，省委党校政法教研部副主任、政治学教授张杰和省委党校教授钟丽娟对党的十八届四中全会精神，人民代表大会制度的理论与实践，宪法、代表法、组织法等相关法律以及如何做好乡镇人大工作等内容作专题辅导。市人大常委会副主任、秘书长李国强参加活动并讲话。

2 日至 3 日，市人大常委会调研组对全市推进依法行政工作进行调研。市人大常委会副主任韩增金参加调研。

3 日，市人大常委会组织机关干部学习宪法知识。省委党校教授张杰受邀对宪法和十八届四中全会精神进行解读，并对国家宪法日设立背景、意义进行讲解。市人大常委会副主任、秘书长李国强参加。

3 日，联合接访。

7 日至 9 日，省人大常委会调研组到滨就部分省人大代表提出的滨州路桥费减免优惠措施进行实地调研。省人大城环委副主任委员张秋波，省人大城环委办公室主任秦建华，省交通运输厅副厅长范正金，高速集团副总经理艾贻忠参加调研，市委常委、常务副市长秦传滨，市人大常委会副主任王立勇陪同。

10 日，市人大常委会召开部分规章制度修订会议。市人大常委会副主任、秘书长李国强参加会议。

11 日，市人大常委会调研组到博兴县调研乡镇人大工作。市人大常委会副主任、秘书长李国强参加调研。

17 日，市人大常委会组织部分住滨全国、省人大代表赴北海经济开发区和滨州港进行会前视察。市委常委、常务副市长秦传滨，市人大常委会副主任、秘书长李国强陪同视察。

18 日，市文明办考核组来市人大常委会机关考核省级文明单位创建工作。

22 日，市十届人大常委会举行第 25 次主任会议。市人大常委会常务副主任曹兴宽，副主任韩增金，副主任、秘书长李国强，副主任王立勇出席会议。曹兴宽主持会议。

25 日，市十届人大常委会第 24 次会议召开。市人大常委会常务副主任曹兴宽，副主任郭建新、韩增金，副主任、秘书长李国强，副主任王立勇出席会议。李国强主持会议。市委常委、常务副市长秦传滨，市中级人民法院院长吴声等列席会议。

25 日，市委市直机关工委考核组来市人大常委会机关进行党建工作考核。

26 日，市人大常委会召开秘书长会议。市人大常委会副主任、秘书长李国强参加会议。

29 日，市人大常委会机关党员到无棣县棣丰街道小齐村联户并走访慰问困难家庭。市人大常委会副主任、秘书长李国强参加活动。

2015 年

1 月

6 日,联合接访。

8 日,市十届人大五次会议筹备工作会议在滨州召开。市人大常委会副主任、秘书长李国强出席会议并讲话。

15 日,市十届人大常委会第 25 次会议在滨州召开。市人大常委会常务副主任曹兴宽,副主任郭建新、韩增金,副主任、秘书长李国强,副主任王立勇出席会议。曹兴宽主持会议。会前,召开市十届人大常委会第 26 次主任会议。

23 日,市十届人大常委会举行第 27 次主任会议。市人大常委会常务副主任曹兴宽,副主任郭建新、韩增金,副主任、秘书长李国强,副主任王立勇参加会议。曹兴宽主持会议。

24 日,市十届人大常委会第 26 次会议在滨州召开。市人大常委会常务副主任曹兴宽,副主任郭建新、韩增金,副主任、秘书长李国强,副主任王立勇出席会议。曹兴宽主持会议。市委常委、常务副市长秦传滨等列席会议。

25 日,31 名出席(列席)山东省十二届人大四次会议的住滨省人大代表和 19 名参加山东省政协十一届三次会议的住滨省政协委员赴济南参加省“两会”。市人大常委会常务副主任曹兴宽,市政协主席孙承志,市委常委、副市长祁维华,市委常委、市总工会主席魏克田,市委常委、组织部部长张凯等为代表、委员送行。

30 日,召开市十届人大常委会第 28 次主任会议。市人大常委会常务副主任曹兴宽,副主任郭建新、韩增金,副主任、秘书长李国强,副主任王立勇参加会议。曹兴宽主持会议。

30 日,市十届人大常委会第 27 次会议在滨州召开。市人大常委会常务副主任曹兴宽,副主任郭建新、韩增金,副主任、秘书长李国强,副主任王立勇出席会议。王立勇主持会议。

30 日下午,市领导到市“两会”主会场和代表、委员驻地,检查了解“两会”各项工作筹备情况。市委副书记、秘书长薛庆国,市人大常委会副主任、秘书长李国强,市政协副主席宋振华等参加活动。

2 月

2 日,联合接访。

3 日至 6 日,滨州市第十届人民代表大会第五次会议举行。

9 日,市人大常委会秘书长会议召开。市人大常委会副主任李国强,秘书长高中兴参加会议。

9 日,市人大常委会机关全体人员会议召开。市人大常委会副主任李国强出席会议。

10 日,召开市十届人大常委会第 29 次主任会议。市人大常委会第一副主任祁维华,副主任郭建新、宋振华、李国强、王立勇,秘书长高中兴参加会议。祁维华主持会议。

10 日,市人大常委会第一副主任祁维华到沾化区走访慰问老党员、劳模和困难职工。

11 日,市人大常委会召开机关全体人员会议,传达中办、国办文件精神。市人大常委会第一副主任祁维华,副主任郭建新、宋振华、李国强、王立勇,秘书长高中兴出席会议。

13 日,市委召开全市人大工作会议。市委书记、市人大常委会主任张光峰出席会议并讲话;市委副书记、市长崔洪刚主持会议;市委副书记、秘书长薛庆国,市政协主席孙承志,市人大常委会第一副主任祁维华,滨州军分区司令员王长虹,市委常委,市人大常委会副主任,市政府副市长,市法院院长、市检察院检察长,市人大、市政府、市政协秘书长,市人大常委会委员、副秘书长等出席会议。

13 日,市十届人大常委会第 28 次会议在滨州召开。市委书记、市人大常委会主任张光峰,市人大常委会第一副主任祁维华,副主任郭建新、宋振华、李国强、王立勇,秘书长高中兴出席会议。张光峰主持会议。市委常委、常务副市长秦传滨,市中级人民法院院长吴声,市人民检察院检察长邵汝卿等列席会议。会前,张光峰主持召开市十届人大常委会第 30 次主任会议。

13日,市人大常委会与“一府两院”工作联席会议召开。市委书记、市人大常委会主任张光峰主持会议并代表市委作重要讲话。市委副书记、市长崔洪刚就如何支持和配合好人大常委会工作作了讲话。市人大常委会第一副主任祁维华通报了《滨州市人大常委会2015年工作要点(讨论稿)》。市委常委、常务副市长秦传滨,市委常委、副市长杨国强、童鹰,市人大常委会副主任郭建新、宋振华、李国强、王立勇,副市长李维东、王瑜,市中级人民法院院长吴声,市人民检察院检察长邵汝卿,市人大常委会秘书长高中兴,市政府秘书长袁朝晖参加会议。

15日,市人大常委会党组召开会议,通报市人大常委会党组和各党组成员教育实践活动整改落实情况,查找存在的问题,研究巩固深化整改成果的措施意见。市委书记、市人大常委会主任、党组书记张光峰主持会议并作重要讲话,市人大常委会第一副主任、党组副书记祁维华,市人大常委会副主任、党组成员宋振华、李国强、王立勇,市人大常委会秘书长、党组成员高中兴出席会议,市人大常委会副主任郭建新列席会议。

26日,市委督查组来市人大常委会机关就干部工作作风进行专项督查。市委常委、统战部部长张兆宏参加活动,市人大常委会秘书长高中兴汇报工作情况。

27日,市人大常委会机关总结表彰大会召开。市人大常委会第一副主任祁维华出席会议并讲话。市人大常委会副主任郭建新、宋振华、李国强、王立勇,秘书长高中兴出席会议。

3月

2日,市人大常委会秘书长会议召开。市人大常委会秘书长高中兴参加会议。

3日,联合接访。

9日,市人大常委会秘书长会议召开。市人大常委会秘书长高中兴参加会议。

11日,机关制度修订会议召开。

12日,全市人大宣传工作会议召开,安排部署下阶段工作任务。

13日,滨州市十届人大五次会议代表建议交办会召开,集中交办市十届人大五次会议期间人大代表提出的建议。市人大常委会副主任李国强,副市长万永格出席会议并讲话。市人大常委会秘书长高中兴主持会议。

16日,机关召开专门会议,集中传达学习中央文件精神。

18日,机关制度修订会议召开。

19日,机关工作部门例会召开,传达学习十二届全国人大三次会议精神,安排部署2015年工作。市人大常委会秘书长高中兴出席会议并讲话。

20日,市档案局来机关指导档案室达标升级和档案进馆工作。

21日,市人大常委会机关召开全体人员会议,传达学习十二届全国人大三次会议精神。

25日,市人大常委会到省人大常委会联系工作。市委书记、市人大常委会主任张光峰,市人大常委会第一副主任祁维华,省人大农业和农村委员会副主任委员曹兴宽,副主任宋振华、李国强,秘书长高中兴参加活动。

26日至27日,省人大常委会委员、法制工作委员会主任温守信一行到滨州调研地方立法工作,并授牌滨州畜牧兽医研究院为山东省首批人大常委会地方立法联系点。市人大常委会副主任宋振华、李国强陪同活动。

31日,全市人大工作座谈会在滨州召开。市委书记、市人大常委会主任张光峰主持会议并讲话。市人大常委会第一副主任祁维华,市人大常委会副主任宋振华、李国强、王立勇,秘书长高中兴出席会议。

4月

1日至2日,市人大常委会执法检查组对全市实施《中华人民共和国消费者权益保护法》情况进行执法检查。市人大常委会副主任宋振华参加活动。

2日,召开2012—2014年度执法责任制工作总结表彰大会。市委副书记、秘书长薛庆国出席会议并讲话。市委常委、政法委书记胡炳山主持会议。市人大常委会副主任宋振华,副市长万永格,市中级人民法院院长吴声,市人民检察院检察长邵汝卿,市人大常委会秘书长高中兴参加会议。

3日,联合接访。市人大常委会副主任宋振华到博兴县接访。

3 日，广西壮族自治区人大内司委调研组到滨州调研司法鉴定工作。

12 日至 16 日，市人大常委会考察团到安徽淮南、河南平顶山及黑龙江哈尔滨、黑河、五大连池等地学习预算工委机构设立及地方立法前期准备工作方面的经验。市人大常委会副主任宋振华、李国强分别带队考察。

15 日至 16 日，莱芜市人大常委会副主任高发林到滨州市考察学习电子商务发展情况。市人大常委会副主任宋振华陪同。

16 日至 17 日，市人大常委会调研组对《山东省实施〈中华人民共和国人民防空法〉办法》实施情况进行执法调研。市人大常委会副主任王立勇，秘书长高中兴参加活动。

17 日，市人大常委会机关召开选派第二批"第一书记"工作会议。市人大常委会秘书长高中兴出席会议。

21 日至 22 日，省人大常委会副主任贾万志带领省人大执法检查组到滨州市对《中华人民共和国大气污染防治法》实施情况进行执法检查。省人大常委会副秘书长、办公厅主任赵瑞林，省人大常委会委员、城环委副主任委员张秋波，省环境保护厅厅长张波，省人大城环委办公室主任秦建华参加执法检查。市委副书记、市长崔洪刚，市人大常委会第一副主任祁维华，市委常委、常务副市长秦传滨，市人大常委会副主任王立勇，市政府秘书长袁朝晖陪同。

24 日，市人大常委会调研组对全市广播电视事业发展情况进行了调研。市委常委、副市长杨国强，市人大常委会副主任郭建新参加调研。

28 日至 29 日，全国人大常委会办公厅新闻局巡视员王效云一行，到滨州就人大宣传工作进行调研。市人大常委会副主任李国强陪同。

29 日，市人大常委会召开专门会议听取外出学习考察组有关预算工委设立等情况的汇报。市人大常委会第一副主任祁维华，副主任宋振华、李国强、王立勇，秘书长高中兴参加会议。

5 月

5 日，联合接访。

5 日，省人大农业与农村委员会执法检查组到滨州对《山东省胶东调水条例》实施情况进行执法检查。省人大常委会委员、农业与农村委员会主任委员战树毅，省人大常委会委员、农业与农村委员会副主任委员侯英民等参加执法检查。省胶东调水局局长郑瑞家、副局长骆德年，市人大常委会副主任郭建新，副市长李维东等陪同。

6 日，市十届人大常委会举行第 31 次主任会议。市人大常委会第一副主任祁维华主持会议。市人大常委会副主任郭建新、宋振华、李国强、王立勇，秘书长高中兴出席会议。

8 日，市十届人大常委会第 29 次会议在滨州召开。市人大常委会第一副主任祁维华，副主任郭建新、宋振华、李国强、王立勇，秘书长高中兴出席会议。祁维华主持会议。副市长王文禄，市人民检察院检察长邵汝卿等列席会议。

11 日至 12 日，市人大常委会调研组对全市农田水利设施产权制度改革和创新运行管护机制情况进行调研。市人大常委会副主任郭建新参加调研，副市长李维东陪同。

11 日至 12 日，市人大常委会视察组对全市旅游发展情况进行视察。市人大常委会副主任王立勇、秘书长高中兴参加视察。

13 日，市人大常委会召开机关全体人员会议，收听收看张光峰同志"三严三实"专题党课。

15 日，市人大常委会机关举行"慈心一日捐"活动，45 名机关干部共捐款 22000 元。市人大常委会副主任郭建新、宋振华、李国强出席活动并捐款。

21 日，市人大常委会召开《滨州人大志》编纂工作调度会议。市人大常委会副主任李国强、市人大常委会秘书长高中兴出席会议。

22 日，市人大常委会及机关举办"三严三实"专题教育党课。市人大常委会第一副主任、党组副书记祁维华在会上作了专题党课报告。市人大常委会副主任郭建新、宋振华、李国强，秘书长高中兴参加党课。

26日至27日，机关召开工作制度修订会议。

26日至27日，市人大常委会视察组对全市就业创业工作情况进行了视察。市人大常委会副主任宋振华参加视察，副市长万永格代表市政府作了汇报。

28日至29日，潍坊市人大民侨外委学习考察组到滨州考察民侨外工作。

6月

3日，联合接访。

3日，市十届人大常委会举行第32次主任会议。市人大常委会第一副主任祁维华主持会议。市人大常委会副主任李国强、王立勇，秘书长高中兴出席会议。市人大常委会副秘书长和各工作部门负责人列席会议。

5日，市人大常委会召开第一批市政府组成部门主要负责人向市人大常委会述职动员会议。市人大常委会副主任李国强，副市级干部、市政府党组成员、市公安局局长桑培伦，市人大常委会秘书长高中兴出席会议。

9日至10日，省人大法制委员会副主任委员吕明辰一行，到滨州对《山东省人力资源市场条例(草案修改稿)》进行立法调研。省人力资源社会保障厅副巡视员魏兴隆参加调研。市人大常委会副主任宋振华陪同。

15日至18日，市人大常委会述职调研小组到第一批向市人大常委会述职的市政府组成部门调研。市人大常委会副主任郭建新、宋振华、李国强，秘书长高中兴分别参加调研。

18日，市人大常委会党组召开专题会议，研究有关事项。市人大常委会党组副书记、第一副主任祁维华，副主任、党组成员宋振华、李国强、王立勇，党组成员、秘书长高中兴参加会议。

23日，市十届人大常委会举行第33次主任会议。市人大常委会第一副主任祁维华主持会议。市人大常委会副主任郭建新、宋振华、李国强、王立勇，秘书长高中兴出席会议。市人大常委会副秘书长和各工作部门负责人列席会议。

25日，市十届人大常委会第30次会议在滨州召开。市人大常委会第一副主任祁维华，副主任郭建新、宋振华、李国强、王立勇，秘书长高中兴出席会议。郭建新主持会议。市委常委、副市长童鹰等列席会议。

29日，市人大常委会党组开展了“三严三实”专题教育第一专题集体学习研讨活动。市人大常委会第一副主任祁维华，市人大常委会副主任郭建新、宋振华、李国强，秘书长高中兴参加学习研讨。

29日，聊城市人大常委会副主任张同村一行到滨州考察大气污染防治工作。市人大常委会副主任王立勇陪同。

30日，市人大常委会组织机关党员干部到惠民县渤海革命老区机关旧址暨惠民县党员领导干部党性教育基地接受党性教育。市人大常委会第一副主任祁维华、副主任李国强等参加教育活动。

7月

1日，市人大常委会机关组织庆“七一”活动。市人大常委会第一副主任祁维华，副主任李国强参加活动。市人大常委会秘书长高中兴为机关全体人员上党课。

1日，省人大常委会副秘书长、省人大城建环资委副主任委员骆宝臻带领齐鲁环保世纪行记者团，到滨州对小清河流域水污染防治情况进行采访。省环保厅副厅长董秀娟一同参加活动。市委常委、常务副市长秦传滨，市人大常委会副主任王立勇等陪同。

2日，市人大常委会秘书长会议召开，研究部署近期有关工作。市人大常委会秘书长高中兴参加会议。

3日，联合接访。

4日、6日，市人大常委会机关组织全体人员到国家卫生城复审包保路段参加义务劳动。

7日，市人大常委会机关召开信息化工作会议。市人大常委会副主任李国强，秘书长高中兴参加会议。

9日，市人大常委会机关组织全体人员到国家卫生城复审包保路段参加义务劳动。市人大常委会秘书长高中兴参加活动。

10日，市人大常委会机关组织党员干部到无棣县小齐村开展联户工作。市人大常委会秘书长高中兴参加活动。

16日至17日,省人大常委会委员、民侨外委副主任委员段华东、朱晓强,省旅游局纪检组组长马国柱一行,到滨州就贯彻实施《中华人民共和国旅游法》《山东省旅游条例》情况进行调研。市委常委、副市长童鹰,市人大常委会副主任王立勇陪同。

21日,2015“滨州环保世纪行”工作会议召开。市委常委、常务副市长秦传滨,市人大常委会副主任王立勇出席会议。

24日,市人大常委会机关组织全体人员到国家卫生城复审包保路段参加义务劳动。市人大常委会第一副主任祁维华,副主任王立勇,秘书长高中兴等参加活动。

28日,市人大常委会视察组到沾化区、滨城区及经济技术开发区视察国家卫生城市迎审工作。市人大常委会第一副主任祁维华,市人大常委会副主任宋振华、王立勇,副市长王瑜、潘青参加活动。

28日至29日,省人大农委副主任委员谭明山一行到滨州就《关于修改〈山东省海域使用管理条例〉的议案》进行调研。省海洋与渔业厅巡视员鲁小兵,省人大农委办公室主任阎学平;市人大常委会副主任李国强,副市长李维东陪同。

8月

3日,联合接访。

3日至4日,市人大常委会视察组对全市农村土地承包经营权确权登记颁证工作情况进行视察。市人大常委会副主任郭建新参加活动,副市长李维东陪同。

4日至5日,市人大常委会组织调研组对全市法院刑事审判工作情况进行调研。市人大常委会副主任宋振华参加调研。

5日,省人大常委会副主任、党组副书记柏继民一行到滨州就县乡人大工作和建设情况进行专题调研。省人大常委会秘书长翟鲁宁,省人大常委会研究室主任王树忠,省人大常委会办公厅副主任刘治敏,省人大常委会办公厅副巡视员张杰参加调研。市委书记、市人大常委会主任张光峰,市人大常委会第一副主任祁维华,市人大常委会副主任宋振华、李国强、王立勇,市人大常委会秘书长高中兴陪同活动。

7日,市人大常委会机关组织集体学习。市人大常委会第一副主任祁维华,市人大常委会副主任郭建新、宋振华、李国强、王立勇,秘书长高中兴参加学习。

10日,市人大常委会组织人员赴省人大常委会、济南市人大学习法制工作委员会设立方面的经验。市人大常委会副主任李国强参加活动。

11日,市人大常委会党组围绕“严以律己,严守党的政治纪律和政治规矩,自觉做政治上的‘明白人’”这一主题,开展“三严三实”专题教育第二专题第一次集中学习研讨。市人大常委会第一副主任祁维华,市人大常委会副主任郭建新、宋振华、李国强、王立勇,秘书长高中兴参加学习研讨。

12日至13日,市人大常委会组织驻滨部分省人大代表到威海进行跨选举单位专题调研。市人大常委会副主任李国强陪同调研。

13日,市人大常委会调研组对全市服务业发展情况进行调研。市人大常委会副主任宋振华参加调研,市委常委、副市长赵庆平陪同调研。

14日至16日,市人大常委会副主任李国强带领考察组赴威海、烟台、潍坊学习考察法工委工作情况。

24日,市十届人大常委会举行第34次主任会议。市人大常委会第一副主任祁维华,副主任郭建新、宋振华、李国强、王立勇,秘书长高中兴出席会议。祁维华主持会议。市人大常委会副秘书长和各工作部门负责人列席会议。

31日,市十届人大常委会第31次会议在滨州召开。市人大常委会第一副主任祁维华,副主任郭建新、宋振华、李国强、王立勇,秘书长高中兴出席会议。宋振华主持会议。副市长王文禄,市政府秘书长袁朝晖等列席会议。

31日，省人大常委会委员、内务司法委员会主任委员张国琛，省民政厅副厅长冯建国一行到滨州就《山东省地名管理条例（草案）》进行立法调研，并召开座谈会听取意见建议。市人大常委会副主任宋振华参加调研。

9月

1日，市人大常委会党组围绕“严守党的政治纪律和政治规矩，严守组织纪律和廉政纪律，坚决杜绝‘七个有之’”这一主题，开展“三严三实”专题教育第二专题第二次集中学习研讨。市人大常委会第一副主任祁维华，市人大常委会副主任郭建新、宋振华、李国强、王立勇，秘书长高中兴参加学习研讨。

7日至8日，省人大法工委调研组到滨调研规范性文件备案审查和2016年地方立法计划工作。省人大常委会法工委副主任杨利参加调研，市人大常委会副主任宋振华陪同。

8日，临朐人大考察组到滨州学习信息化工作。

8日至9日，省人大常委会委员、城环资委主任委员杨焕彩率领调研组，就住房城乡建设情况到滨州调研。省人大常委会委员、城环资委副主任委员贾学英，省住房城乡建设厅巡视员万利国参加调研。市人大常委会副主任王立勇，副市长王瑜陪同活动。

8日至11日，市人大常委会举办第二期人大干部培训班。培训班邀请了省人大常委会人事代表工作委员会原副主任马效东，北京联合大学教授、北京市人大制度理论研究会副会长席文启，中共山东省委党校政法教研部副主任张杰进行了授课。市人大常委会副主任李国强，秘书长高中兴出席。

9日至10日，省人大财经委立法调研组就《山东省经济开发区条例（草案）》和《山东省特种设备安全条例（草案）》到滨州进行立法调研。省人大常委会委员、财经委副主任委员谭鹏飞，省人大财经委副主任委员李胜玉，省商务厅副厅长阎兆万，省质监局副巡视员岳尧参加调研。市人大常委会副主任宋振华陪同。

9日至12日，市人大常委会考察组赴潍坊、青岛、烟台、临沂、济宁等市人大常委会学习考察地方立法启动工作情况。

17日至18日，济宁市人大常委会党组副书记、副主任丁颖带领部分驻济宁省人大代表到滨州就完善老年人社会保障体制、加快养老服务体系建设情况进行专题调研。省人大代表于安玲、兰来领、张明、李敏、李素真、陈梅、温永明、翟玉田参加调研；市人大常委会副主任李国强，副市长万永格，市中级人民法院院长吴声陪同调研。

23日，市人大常委会视察组对全市工业经济适应“新常态”经济发展方式转变情况进行视察。市人大常委会副主任宋振华参加视察，副市长王文禄参加活动。

24日至26日，市人大常委会督察组到县区督查全市人大工作会议精神落实情况，对中央〔2015〕18号文件贯彻情况进行调研。市人大常委会第一副主任祁维华，副主任宋振华、李国强、王立勇，秘书长高中兴分别参加活动。

28日至29日，市人大常委会调研组对全市法院、检察院规范司法行为工作调研。市人大常委会副主任宋振华参加调研。

29日，市人大常委会党组开展“三严三实”专题教育第三专题第一次集体学习研讨。观看了电影《王伯祥》，学习了有关文件后，党组成员重点围绕“如何树立正确的权力观，用权为民、按规矩办事”这一题目，进行集中研讨交流。市人大常委会第一副主任祁维华，市人大常委会副主任宋振华、李国强、王立勇，秘书长高中兴参加学习研讨。

29日，市人大常委会调研组对全市检察机关开展查办和预防职务犯罪工作情况进行调研。市人大常委会副主任宋振华参加调研，市人民检察院检察长邵汝卿陪同调研。

10月

9日，联合接访。

9日，市人大常委会机关召开委室局主要负责人会议，对《滨州市制定地方性法规条例（草案）》征求意见。

市人大常委会副主任宋振华参加会议。

13日，市人大常委会组织驻滨全国、省人大代表对铁路建设及“十三五”规划编制情况进行视察。市人大常委会副主任李国强陪同视察。

13日至21日，市人大常委会分别组织视察组对市政府系统办理市十届人大五次会议以来代表建议、批评和意见情况进行视察。市人大常委会副主任李国强、秘书长高中兴参加视察。

15日，市人大常委会机关召开市直有关单位、部分法学专家学者、律师座谈会，对《滨州市制定地方性法规条例(草案)》征求意见。市人大常委会副主任宋振华参加会议。

19日至20日，省人大常委会委员、内司委主任委员张国琛带领省人大执法检查组到滨就贯彻落实《中华人民共和国消防法》《山东省消防条例》情况进行执法检查。市委常委、副市长赵庆平，市人大常委会副主任李国强，副市级干部、市公安局局长桑培伦陪同检查。

20日，河南新乡市人大常委会党组副书记冯志勇一行到滨考察黄河水利用情况。市人大常委会第一副主任祁维华陪同。

26日，市十届人大常委会举行第35次主任会议。市人大常委会第一副主任祁维华，副主任宋振华、李国强、王立勇，秘书长高中兴出席会议。祁维华主持会议。

30日，市人大常委会邀请山东省人大常委会法制工作委员会副主任石晓作题为“提高地方立法质量，努力实现良法善治”的专题报告。市人大常委会第一副主任祁维华、市人大常委会副主任宋振华、李国强、王立勇，副市长王瑜，市中级人民法院院长吴声，市人民检察院检察长邵汝卿，市人大常委会秘书长高中兴，市人大常委会委员，各县区人大常委会及市直有关部门、单位负责人出席报告会。

30日，市十届人大常委会第32次会议在滨州召开。市人大常委会第一副主任祁维华，副主任宋振华、李国强、王立勇，秘书长高中兴出席会议。李国强主持会议。副市长王瑜，市中级人民法院院长吴声，市人民检察院检察长邵汝卿等列席会议。

11月

3日，联合接访。

11日，市人大常委会法制工委到省人大联系工作。市人大常委会副主任宋振华参加活动。

12日、16日，市人大常委会召开秘书长会议。研究机关制度修订、第一书记帮扶村送温暖、合同制人员工资待遇等。市人大常委会秘书长高中兴参加会议。

12日，市人大常委会党组会议召开，研究贯彻全省县乡人大工作座谈会的意见及市人大常委会不再组织联合接访的意见。市人大常委会第一副主任祁维华，副主任宋振华、李国强，秘书长高中兴参加会议。

13日，市人大常委会机关召开全体人员会议，传达学习党的十八届五中全会精神和全省县乡人大工作座谈会精神。市人大常委会副主任宋振华出席会议。市人大常委会秘书长高中兴传达了有关会议精神。

17日，市人大常委会副主任李国强到惠民县联系省乡村之星山东天禧牧业有限公司董事长、总经理胡振新。

18日、19日，市人大常委会在阳信、博兴分别召开座谈会，讨论《关于加强和改进全市县乡人大工作和建设的实施意见》(征求意见稿)。市人大常委会秘书长高中兴参加会议。

20日，市人大常委会预算工委到省人大常委会联系工作。市人大常委会副主任宋振华参加活动。

23日至24日，市人大常委会调研组对全市农村公路“三通”建设及管理情况进行调研。市人大常委会副主任王立勇，秘书长高中兴参加调研。市委常委、常务副市长张凯陪同调研。

26日，市人大常委会机关举办消防知识培训讲座。

12月

3日，联合接访。

8日，第二批市政府组成部门主要负责人向市人大常委会述职动员会召开。市人大常委会副主任李国强出席会议并讲话，秘书长高中兴主持会议。

8 日至 9 日，市人大常委会调研组对制定滨州市立法规划和 2016 年立法计划进行调研。市人大常委会副主任宋振华参加调研。

9 日，全市县乡人大工作和建设座谈会召开。市委副书记、市长崔洪刚出席会议并讲话，市人大常委会第一副主任祁维华主持会议，市人大常委会副主任郭建新、宋振华、李国强，秘书长高中兴出席会议。

10 日，市人大常委会组织驻滨州市的全国人大代表和省人大代表围绕滨州市经济社会发展情况和“十三五”规划纲要制定情况及“两院”公正司法的情况进行了会前视察活动。驻滨全国人大代表刘凤，省人大代表栾兴刚、高三阳、王雪征、张秀葵、张敏、纪延英、段建国、张荣强、毛海峰和赵洪林参加视察。市委常委、常务副市长张凯，市人大常委会副主任李国强参加活动。

10 日至 18 日，市人大常委会述职调研组到第二批向市人大常委会述职的市政府组成部门进行调研。市人大常委会副主任宋振华、李国强、王立勇，秘书长高中兴分别参加调研。

11 日，市人大常委会视察组对《中华人民共和国食品安全法》实施情况进行视察。市人大常委会副主任郭建新参加视察，副市长万永格陪同。

21 日，市十届人大常委会举行第 36 次主任会议。市人大常委会第一副主任祁维华主持会议。市人大常委会副主任郭建新、宋振华、李国强、王立勇，秘书长高中兴出席会议。

24 日，市十届人大常委会举行第 37 次主任会议。市人大常委会第一副主任祁维华主持会议。市人大常委会副主任郭建新、宋振华、李国强、王立勇，秘书长高中兴出席会议。

24 日，市十届人大常委会第 33 次会议在滨州召开。市人大常委会第一副主任祁维华，副主任郭建新、宋振华、李国强、王立勇，秘书长高中兴出席会议。王立勇主持会议。市委常委、常务副市长张凯等列席会议。

28 日至 31 日，市人大常委会机关举办新进人员培训班。市人大常委会副主任李国强作总结讲话，市人大常委会秘书长高中兴作动员讲话并参加总结会议。

28 日，市直机关工委考核组来机关考核党建工作。

29 日，市人大常委会召开全市县区人大常委会办公室主任座谈会。市人大常委会秘书长高中兴出席会议并讲话。

30 日，市档案局档案工作科学化管理测评组来机关考核。经过汇报座谈、实地察看、查阅材料等，市人大常委会办公室档案工作以 92 分通过省级先进单位测评。

31 日，市人大常委会党组召开“三严三实”专题民主生活会。市人大常委会第一副主任、党组副书记祁维华，党组成员、副主任宋振华、李国强、王立勇，党组成员、秘书长高中兴参加会议并作对照检查。

2016 年

1 月

4 日，市人大常委会机关组织全体人员观看《学习贯彻 < 中国共产党廉洁自律准则 > 和 < 中国共产党纪律处分条例 > 专题辅导报告》视频讲座。

7 日，市十届人大六次会议筹备工作会议在滨州召开。市人大常委会副主任李国强出席会议并讲话，秘书长高中兴主持会议。

12 日，市人大常委会调研组对北海经济开发区落实滨发〔2015〕18 号文件情况进行调研。市人大常委会副主任李国强、秘书长高中兴参加调研。

14 日，全市税收收入情况座谈会召开。市人大常委会副主任宋振华出席会议并讲话，市国税局、市地税局、人民银行滨州市中心支行等单位负责人参加座谈。

14 日，市人大常委会信访局、内务司法工委、法制工委到省人大常委会汇报联系工作。市人大常委会副主任王立勇参加活动。

18 日，市人大常委会机关召开 2015 年度考核工作会议。市人大常委会副主任郭建新、宋振华、李国强、王立勇出席会议。秘书长高中兴主持会议。

21 日，市人大常委会第一副主任祁维华、副市长王文禄到沾化区走访慰问送温暖。

22 日，市委副书记秦传滨，市政协主席孙承志，市人大常委会第一副主任祁维华等市领导欢送省人大代表、省政协委员赴济南参加省“两会”。

22 日，市人大常委会召开预算审查座谈会。市人大常委会副主任宋振华出席会议并讲话，滨州职业学院党委书记杨光军，全国人大代表、滨州畜牧兽医研究院院长沈志强及部分市人大代表、市直有关部门负责同志参加会议。

28 日，市人大常委会副主任李国强到烟台、潍坊走访慰问离退休干部。

29 日，市十届人大常委会举行第 38 次主任会议。会议讨论通过了关于举行滨州市十届人大常委会第 34 次会议的有关事宜。审议通过了市人大常委会主任会议关于任免市人大常委会机关工作人员职务的决定。市人大常委会第一副主任祁维华主持会议。市人大常委会副主任郭建新、宋振华、李国强、王立勇，秘书长高中兴出席会议。

29 日，市人大常委会组织召开《滨州市 2016 年—2020 年立法规划》立法项目研讨论证会。市人大常委会副主任王立勇出席会议。

29 日，市人大常委会召开市十届人大六次会议筹备情况调度会。市人大常委会副主任李国强出席会议并讲话，秘书长高中兴主持会议。

2 月

2 日，市十届人大常委会第 34 次会议在滨州召开。市人大常委会第一副主任祁维华，副主任郭建新、宋振华、李国强、王立勇，秘书长高中兴出席会议。祁维华主持会议。副市长李维东，市中级人民法院院长吴声，市人民检察院检察长邵汝卿列席会议。

4 日，市人大常委会机关召开副县级以上干部会议传达《习近平总书记在中央政治局“三严三实”专题民主生活会上的讲话》，并观看《国企党员干部违纪违法案件警示录》。秘书长高中兴参加会议。

16 日至 20 日，滨州市第十届人民代表大会第六次会议召开。

25 日，市人大常委会机关召开 2015 年度总结表彰大会。市人大常委会第一副主任祁维华出席会议并讲话，市人大常委会副主任郭建新、新振华、李国强、王立勇，秘书长高中兴参加会议。李国强主持会议。

25 日，市委常委、副市长赵庆平带领市委督查组到市人大常委会机关对市委、市政府重大决策部署进行专项督查。市人大常委会秘书长高中兴汇报了有关工作情况。

3 月

2 日，市十届人大常委会举行第 39 次主任会议。会议审议并通过了《滨州市人大常委会 2016 年工作要点》，研究了滨州市人大常委会 2016 年度立法计划(送审稿)，审议并通过了市人大常委会主任会议关于任免市人大常委会机关工作人员职务的决定。市人大常委会第一副主任祁维华主持会议。市人大常委会副主任郭建新、宋振华、李国强、王立勇，秘书长高中兴出席会议。

2 日，市人大常委会召开《滨州市人大志》编纂工作调度会议。市人大常委会副主任李国强、市人大常委会秘书长高中兴出席会议。

4 日，滨州市十届人大六次会议代表建议交办会召开。市委常委、副市长赵庆平，市人大常委会副主任李国强参加会议。市人大常委会秘书长高中兴主持会议。

4 日，市十届人大常委会举行第 40 次主任会议，会议研究了关于举行滨州市十届人大常委会第 35 次会议的有关事项。市人大常委会第一副主任祁维华主持会议。市人大常委会副主任郭建新、宋振华、李国强，秘书长高中兴出席会议。

5日，市人大常委会组织机关人员参加城区公共卫生整治志愿者服务活动，对城区部分道路和绿化带进行清扫。

7日，市十届人大常委会第35次会议在滨州召开。市人大常委会第一副主任祁维华，副主任郭建新、宋振华、李国强、王立勇，秘书长高中兴出席会议。郭建新主持会议。市委常委、副市长赵庆平，市中级人民法院院长吴声列席会议。

7日至8日，省人大常委会委员、城环委副主任委员张秋波、贾学英率执法检查组到滨州检查《中华人民共和国环境保护法》贯彻实施情况。省人大代表高三阳，省人大城环委办公室主任秦建华，省环保厅副厅长董秀娟参加检查。市委常委、常务副市长张凯，市人大常委会副主任宋振华陪同检查。

10日至11日，市人大常委会考察组到济宁市人大常委会考察学习机关建设方面的经验。市人大常委会秘书长高中兴带队考察。

11日，市人大常委会机关人员开展义务植树活动。市人大常委会第一副主任祁维华、副主任王立勇参加活动。

11日，市人大常委会副主任宋振华带领市人大财经委有关人员到省人大财经委请示工作。

8日至11日，市人大常委会督查组先后到惠民、阳信、邹平、博兴、滨城、沾化、无棣督导滨发〔2015〕18号文件落实情况。市人大常委会副主任李国强参加督查。

18日，市人大常委会检查组对全市《中华人民共和国妇女权益保障法》实施情况进行执法检查。市人大常委会副主任王立勇带队检查。

21日至25日，市人大常委会组织考察组赴青岛市、大连市学习考察《供热条例》制定情况。市人大常委会副主任、法制委主任委员王立勇参加考察。

21日至23日，市人大常委会法制工作委员会调研组到立法联系点调研。

30日至31日，市人大常委会执法检查组对全市《中华人民共和国安全生产法》实施情况进行执法检查。市人大常委会副主任宋振华参加检查，副市长、市公安局局长桑培伦陪同检查。

4月

1日，市委召开常委会议，专门听取市人大常委会党组工作情况汇报。市委书记、市人大常委会主任张光峰主持会议，市人大常委会党组副书记、第一副主任祁维华汇报。

5日至8日，市人大常委会考察组赴烟台、青岛、临沂学习财经和预算审查监督工作。市人大常委会副主任、财经委主任委员宋振华参加考察。

6日至7日，枣庄市人大常委会副主任秦元祥到滨州学习考察地方立法工作情况。市人大常委会副主任王立勇陪同活动。

6日至7日，市人大常委会视察组对全市创建水生态文明城市工作进行视察。市人大常委会副主任郭建新参加视察。

11日至15日，市人大常委会组织县区人大常委会分管人事代表工作的负责人到上海、江苏等地学习选民登记信息化管理系统建设情况。市人大常委会副主任李国强参加。

13日，市人大常委会召集市直有关部门和部分律师事务所负责人安排部署常委会立法咨询专家及顾问推荐工作。

18日，市人大常委会检查组对全市贯彻落实《中华人民共和国大气污染防治法》情况进行执法检查。市人大常委会副主任宋振华参加检查，市委常委、常务副市长张凯陪同检查。

18日，市人大常委会召开专门会议，研究选民登记信息管理系统事宜。市人大常委会副主任李国强参加。

19日，市人大常委会第一副主任祁维华到惠民县联系市人大代表。市人大常委会秘书长高中兴陪同活动。

19 日，河南省人大常委会副主任王保存一行到滨州考察黄河防汛立法工作。省人大农委办公室主任阎学平，市人大常委会副主任郭建新陪同。

19 日至 22 日，全省人大民侨外工作座谈会暨骨干培训班在聊城举行。市人大常委会副主任宋振华参加。

20 日，市人大常委会举办《滨州市制定地方性法规条例》培训班。省人大常委会法工委副主任石晓就《立法法》进行专题授课，市人大常委会副主任、法制委主任委员王立勇讲话。

20 日，全国人大环资委调研组到博兴县调研循环经济情况。市委书记、市人大常委会主任张光峰，市人大常委会第一副主任祁维华，市人大常委会秘书长高中兴陪同调研。

22 日，省人大常委会研究室主任王树忠一行到阳信县围绕贯彻落实中央和省委文件精神、加强县乡人大工作和建设情况进行专题调研。市人大常委会副主任李国强陪同调研。

25 日，滨州市十届人大常委会举行第 41 次主任会议，会议研究了关于举行滨州市十届人大常委会第 36 次会议的有关事项。会议还审议通过了市人大常委会主任会议关于任免市人大常委会机关工作人员职务的决定和其它事项。市人大常委会第一副主任祁维华主持会议。市人大常委会副主任宋振华、李国强、王立勇，秘书长高中兴出席会议。市人大常委会副秘书长，市人大各专门委员会和常委会各工作部门负责人列席会议。

25 日至 26 日，省人大常委会召开地方立法工作会议。市人大常委会副主任王立勇参加会议。

26 日至 27 日，省人大常委会办公厅信访局到滨州调研。市人大常委会副主任王立勇陪同调研。

27 日，市十届人大常委会第 36 次会议在滨州召开。市人大常委会第一副主任祁维华，副主任郭建新、宋振华、李国强、王立勇，秘书长高中兴出席会议。宋振华主持会议。市政府党组成员焦守俊列席会议。

27 日，市人大常委会机关召开“两学一做”学习教育动员会议。市人大常委会第一副主任祁维华，市人大常委会副主任李国强、王立勇，秘书长高中兴出席会议。李国强作动员讲话，高中兴主持会议。

28 日，市人大常委会机关召开专门会议研究选民登记信息管理系统情况。市人大常委会副主任李国强参加。

28 日，市人大常委会机关召开专门会议安排部署人大调研宣传工作。市人大常委会副主任李国强参加。

29 日，市人大常委会人事代表工作委员会就选民登记信息管理系统情况进行调查了解。

5 月

5 日至 6 日，省人大城环委调研组到滨州调研交通运输工作，并就《山东省大气污染防治条例（草案）》征求意见和建议。省人大常委会委员、城环委主任委员杨焕彩，省人大常委会委员、城环委副主任委员周清利，省交通运输厅党组副书记、副厅长谢涛参加调研。市人大常委会第一副主任祁维华，市委常委、常务副市长张凯，市委常委、副市长赵庆平，市人大常委会副主任宋振华陪同。

10 日，市人大常委会组织召开宪法宣誓制度落实工作座谈会。市人大常委会副主任李国强出席会议并讲话。

11 日，市人大常委会组织开展可再生能源开发和利用情况进行专题调研。市人大常委会副主任宋振华参加调研。

13 日，市人大常委会党组副书记、第一副主任祁维华以普通党员身份，参加所在市人大机关第一党支部集中学党章活动，与办公室全体党员一起逐条逐句学习《中国共产党章程》，并领学了总纲部分。市人大常委会秘书长高中兴参加学习会并领学党章。

9 日至 14 日，市人大常委会考察组赴江苏常州、无锡和浙江杭州三市考察学习城市道路管理工作。市人大常委会副主任、市人大法制委主任委员王立勇参加考察。

17 日，新疆维吾尔自治区人大常委会副主任董新光一行来我市考察农机化工作。省人大常委会委员、农业与农村委员会主任委员战树毅，市人大常委会副主任郭建新陪同考察。

18 日，市人大常委会视察组对全市义务教育学校“全面改薄”暨解决大班额问题工作情况进行视察。市人大常委会副主任李国强参加视察,副市长潘青,滨州经济技术开发区党工委书记、管委会主任姚和民陪同。

18日,市人大常委会副主任王立勇到所在党支部参加集中学习党章活动,与法制委、法工委全体党员逐字逐句学习了《中国共产党章程》全文,并带头领学了总纲部分。

24日,全市乡镇(街道)人大规范化建设现场会在滨州召开。市人大常委会副主任李国强出席会议并讲话。

27日,市人大常委会组织机关全体党员干部观看学习警示教育片《镜鉴》。市人大常委会第一副主任祁维华,市人大常委会副主任宋振华,秘书长高中兴参加观看。

30日,市人大常委会调研组对全市城市管理行政执法工作进行调研。市人大常委会副主任宋振华参加调研。

31日,市人大常委会党组副书记、第一副主任祁维华以《学思践悟,知行合一,争做新时期合格的党员干部》为题为市人大常委会机关第一党支部和第四党支部党员干部讲专题党课。市人大常委会秘书长高中兴参加学习。

6月

3日,市人大常委会副主任王立勇到滨州经济技术开发区接访。

6日,第三批市政府组成部门主要负责人向人大常委会述职动员会召开。市人大常委会副主任李国强出席会议并讲话,市人大常委会秘书长高中兴主持会议。

6日,市人大常委会秘书长会议召开,研究机关工勤人员(任继锋)辞退问题,安排机关全体人员赴西柏坡进行革命传统教育事宜,通报设备购置、机关公车改革和司勤人员分流、合同制人员解除合同情况。秘书长高中兴参加会议。

7日,市人大常委会立法研究服务基地和立法联系点授牌仪式举行。市人大常委会第一副主任祁维华为立法研究服务基地和立法联系点授牌,市人大常委会副主任王立勇出席授牌仪式并讲话,市人大常委会秘书长高中兴主持仪式。

7日,市人大常委会副主任宋振华、李国强、王立勇分别为所在支部和联系支部党员上党课。

13日至14日,市人大常委会组织机关全体人员到西柏坡进行革命传统教育。市人大常委会第一副主任祁维华,市人大常委会副主任宋振华、李国强、王立勇,市人大常委会原副主任张冠文,市人大常委会秘书长高中兴参加活动。

15日至22日,市人大常委会到第三批向市人大常委会述职的市政府组成部门调研。市人大常委会副主任郭建新、李国强、宋振华、王立勇分别带队参加调研。

23日,市人大常委会秘书长、机关党委书记高中兴为机关全体党员上党课。

23日,市人大法制委召开第二次全体会议,会议讨论通过了《滨州市人大法制委员会主要职责》《滨州市人民代表大会法制委员会统一审议地方性法规案工作规则》《滨州市人大法制委员会组成人员立法任务分工安排》《关于第10601号议案审议结果的报告》等制度规范和有关事项。市人大常委会副主任、市人大法制委主任委员王立勇参加会议。

24日,市人大财经委全体会议召开。

27日,市十届人大常委会举行第42次主任会议,会议研究了关于举行滨州市十届人大常委会第37次会议的有关事项。会议还审议通过了市人大常委会主任会议关于任命市人大常委会机关工作人员职务的决定和其它事项。市人大常委会第一副主任祁维华主持会议。市人大常委会副主任郭建新、宋振华、李国强、王立勇,秘书长高中兴出席会议。

28日,市人大常委会机关召开落实中央“八项规定”精神专项督查迎查调度会议。秘书长高中兴参加会议并提出要求。

29日至30日,市十届人大常委会第37次会议召开。市人大常委会第一副主任祁维华,副主任郭建新、宋振华、李国强、王立勇，秘书长高中兴出席会议。李国强主持会议。副市长潘青列席会议。

30日至7月1日，省人大常委会委员、教科文卫委员会副主任委员李显升率领调研组就贯彻实施《中华人民共和国档案法》和《山东省档案条例》情况进行调研。省人大常委会委员、教科文卫委员会委员于联华、省档案局副局长苏东亮、省人大教科文卫委员会办公室主任王少鸣、省人大代表王雪征参加调研。市人大常委会副主任郭建新、副市长潘青陪同调研。

7月

1日，组织机关全体党员收听收看庆祝中国共产党建党95周年大会。

1日，市人大常委会秘书长会议召开，通报机关县级干部调整和秘书长、副秘书长、办公室副主任分工情况，进一步调度中央"八项规定"精神专项督查迎查工作。秘书长高中兴参加会议。

4日，市人大常委会机关召开县级干部会议，传达有关文件精神。市人大常委会副主任李国强，秘书长高中兴参加会议。

5日，省委督查组到市人大常委会机关检查中央"八项规定"精神落实情况。

5日，市人大常委会副主任郭建新到滨州经济技术开发区接访。

6日，2016年"环保世纪行"工作会议召开。市委常委、常务副市长张凯，市人大常委会副主任宋振华出席会议。

8日，市人大常委会机关第三党支部举行"两学一做"学习教育第一专题讨论。市人大常委会副主任王立勇参加讨论。

11日，市人大常委会党组举行"两学一做"学习教育第一专题研讨。市人大常委会党组副书记、第一副主任祁维华，市人大常委会党组成员、副主任宋振华、李国强、王立勇参加研讨，市人大常委会副主任郭建新应邀出席会议。

14日，受省人大常委会委托，滨州市人大常委会组织开展保障性安居工程视察。市人大常委会副主任宋振华参加视察，副市长李维东陪同视察。

19日，市委书记、市人大常委会主任张光峰到市人大常委会就城市规划和科技创新进行专题调研。市人大常委会第一副主任祁维华汇报了市人大常委会今年以来的工作情况，城建环保工委、教科文卫工委主要负责人汇报了城市规划和科技创新方面的工作情况。市人大常委会副主任宋振华、李国强，秘书长高中兴参加座谈。

18日至29日，市人大常委会组织对市十届人大代表建议进行督导检查。市人大常委会副主任宋振华、李国强、秘书长高中兴分别带队督查。

26日，东营市人大常委会党组副书记、副主任李金昆带领驻东营市部分省人大代表到滨进行跨选举单位专题调研。市人大常委会第一副主任祁维华主持座谈会，市人大常委会副主任李国强、副市长潘青陪同调研。

8月

4日，市人大常委会调研组对全市法院审判工作情况进行调研并召开座谈会。市人大常委会副主任王立勇参加调研。

5日，市人大常委会召开党组会议。传达学习全省县乡领导班子换届学习班精神。市人大常委会党组副书记、第一副主任祁维华，市人大常委会党组成员、副主任宋振华、李国强、王立勇，秘书长高中兴参加会议。市人大常委会副主任郭建新列席会议。

17日，全市县乡两级人民代表大会换届选举工作学习班在滨州举办，安排部署我市县乡人大换届选举工作。市人大常委会第一副主任祁维华，市委常委、组织部部长曾晓黎出席并讲话；市人大常委会秘书长高中兴主持学习班。

17日，全市县乡人大换届选举工作联席会议第一次会议召开。市人大常委会秘书长高中兴出席会议并讲话。

17 日至 19 日，根据省人大常委会通知要求，市人大常委会组织部分住滨省人大代表到枣庄进行跨选举单位专题调研。市人大常委会副主任李国强带队调研。

23 日，市十届人大常委会举行第 43 次主任会议，市人大常委会第一副主任祁维华主持会议。市人大常委会副主任郭建新、宋振华、李国强、王立勇，秘书长高中兴出席会议。

25 日，市十届人大常委会举行第 44 次主任会议，市人大常委会第一副主任祁维华主持会议。市人大常委会副主任郭建新、宋振华、李国强、王立勇，秘书长高中兴出席会议。

25 日，市十届人大常委会举行第 45 次主任会议，市人大常委会第一副主任祁维华主持会议。市人大常委会副主任郭建新、宋振华、李国强、王立勇，秘书长高中兴出席会议。

25 日，市十届人大常委会第 38 次会议召开。市人大常委会第一副主任祁维华，副主任郭建新、宋振华、王立勇，秘书长高中兴出席会议。王立勇主持会议。市人民检察院检察长邵汝卿等列席会议。

9 月

6 日，市人大常委会组织召开滨州人大志编撰专题会议。市人大常委会副主任李国强，秘书长高中兴参加会议。

6 日至 7 日，市人大常委会组织部分市人大常委会委员、市人大代表对全市《中华人民共和国税收征收管理法》实施情况进行了执法检查。市人大常委会副主任、市人大财政经济委员会主任委员宋振华参加执法检查。

8 日至 9 日，市人大常委会调研组对市属开发区重点项目建设情况进行调研。市人大常委会副主任宋振华参加调研。

9 日，市人大常委会视察组对我市农产品质量安全工作进行视察。市人大常委会副主任郭建新参加视察。

12 日，市人大常委会视察全市基层卫生工作。市人大常委会副主任郭建新参加视察。副市长潘青陪同。

13 日，市人大常委会举办全市县乡两级人大换届选举骨干培训班，市人大常委会副主任李国强出席会议并讲话。

14 日，市十届人大常委会举行第 46 次主任会议，市人大常委会第一副主任祁维华主持会议。市人大常委会副主任郭建新、李国强、王立勇，秘书长高中兴出席会议。

20 日，全市人大预算审查监督工作座谈会暨预算审查监督培训会议在滨州召开。市人大常委会副主任宋振华出席会议并讲话，市人大常委会秘书长高中兴主持会议。

22 日，市人大常委会视察组对全市国省道干线公路和高速公路建设情况进行了视察。市人大常委会副主任宋振华参加视察。市委常委、常务副市长张凯陪同活动。

22 日，全市县区人大常委会办公室主任座谈会在滨州召开，市人大常委会秘书长高中兴出席会议并讲话。

27 日，市人大常委会副主任宋振华带领视察组视察全市宗教工作情况。副市长万永格参加活动。

30 日，市人大常委会副主任郭建新带领调研组对全市科技创新驱动经济发展工作情况进行调研。市委常委、副市长赵庆平陪同调研。

30 日，市人大常委会召开滨州市 2017 年立法计划建议项目征求意见座谈会，市人大常委会副主任、市人大法制委主任委员王立勇出席会议并讲话。

10 月

12 日至 13 日，省人大法制委员会主任委员彭绪进带领省人大常委会立法调研组一行到滨州，就《山东省旅游条例（修订草案修改稿）》《山东省企业工资集体协商条例（草案修改稿）》和《山东省地方立法条例（草案修改稿）》进行立法调研。

17 日至 18 日，省人大常委会委员、省人大财经委主任委员王文升带领调研组到滨州就《山东省消费者权益保护条例（修订草案）》《山东省安全生产条例（修订草案）》立法和贯彻实施《中华人民共和国预算法》情况进行调研。市人大常委会副主任宋振华陪同。

18 日，市人大常委会副主任郭建新率视察组对全市脱贫攻坚工作情况进行了视察。

19 日至 21 日，省人大常委会委员、城环委副主任委员张秋波率省人大视察组一行到滨，就土壤污染防治情况进行视察。省人大常委会委员、省人大城环委副主任委员贾学英，省人大常委会委员、城环委委员李玲，省人大城环委办公室主任秦建华参加视察。省环保厅副厅长姚云辉，市人大常委会副主任宋振华，副市长王文禄陪同。

22 日，市人大常委会召开滨州市第十一届人民代表大会代表选举工作会议，市人大常委会副主任李国强出席会议并讲话。

24 日，市十届人大常委会举行第 47 次主任会议，市人大常委会第一副主任祁维华主持会议。市人大常委会副主任宋振华、李国强、王立勇，秘书长高中兴出席会议。

26 日，市人大常委会召开全市县乡人大换届选举工作座谈会。会议听取了各县区人大换届选举工作进展情况的汇报，对下一步换届选举工作作出安排部署。市人大常委会副主任李国强出席会议并讲话，市人大常委会秘书长高中兴主持会议。

27 日，市十届人大常委会举行第 48 次主任会议，市人大常委会第一副主任祁维华主持会议。市人大常委会副主任宋振华、李国强、王立勇，秘书长高中兴出席会议。

27 日，滨州市十届人大常委会第 39 次会议召开。市人大常委会第一副主任祁维华，副主任郭建新、宋振华、李国强、王立勇，秘书长高中兴出席会议。郭建新主持会议。

31 日至 11 月 1 日，省人大常委会立法调研组到滨州开展《山东省动物防疫条例（修订草案）》立法调研。省人大常委会委员、农业与农村委员会副主任委员侯英民参加调研。市委常委、副市长赵庆平，市人大常委会副主任郭建新陪同调研。

11 月

2 日，市人大常委会党组举行“两学一做”学习教育第二专题研讨。市人大常委会党组副书记、第一副主任祁维华，市人大常委会党组成员、副主任宋振华、李国强、王立勇，市人大常委会党组成员、秘书长高中兴参加研讨。

10 日至 11 日，市人大常委会组织县乡人大换届选举工作督导。市人大常委会第一副主任祁维华，市人大常委会副主任郭建新、宋振华、李国强、王立勇分别带领督导组到县区进行督导，秘书长高中兴参加督导。

14 日，市人大常委会召开滨州人大志编纂专题会议，对人大志修改情况进行研究讨论，提出修改意见。市人大常委会副主任李国强、秘书长高中兴参加讨论。

14 日，市人大常委会召开县乡人大换届选举工作第一次督导情调度会。市人大常委会第一副主任祁维华，市人大常委会副主任郭建新、宋振华、李国强，秘书长高中兴参加会议。

15 日，省人大常委会研究室主任王树忠到滨调研县乡人大换届选举工作，并实地调研了邹平县韩店镇、黄山街道办的选民登记情况。市人大常委会第一副主任祁维华，市人大常委会副主任李国强，秘书长高中兴陪同调研。

24 日，市人大常委会召开机关全体人员会议，传达学习中共滨州市委八届十二次会议精神，研究贯彻落实意见。市人大常委会第一副主任祁维华出席会议并讲话，市人大常委会副主任郭建、李国强、王立勇，秘书长高中兴出席会议。

12 月

2 日，滨州市人大常委会召开机关专题会议，传达学习省人大常委会副主任、党组副书记柏继民主任一行到滨调研县乡人大换届选举工作讲话精神。市人大常委会秘书长高中兴参加会议。

8 日，市人大常委会召开贯彻落实《滨州市人大常委会 2017—2021 年地方立法规划》会议。市人大常委会副主任、市人大法制委员会主任委员王立勇出席会议并讲话。

11 日，省人大常委会党组副书记、副主任柏继民到滨州调研县乡人大换届选举工作，省人大常委会秘书长刘俭朴，市委书记、市人大常委会主任张光峰陪同调研。柏继民一行到邹平县黄山街道黄东村、黄西社区和韩店镇肖镇村实地调研了选民登记和张榜、公布选民名单情况，调研了韩店镇人大工作，听取了滨州市关于经济社会发展和县乡人大换届选举及县乡人大工作和建设情况的汇报，听取了选民登记信息管理系统建设和运行情况的介绍。省人大常委会研究室主任王树忠，省人大常委会人事代表工作委员会副主任牛保平；市人大常委会第一副主任祁维华，市领导李国强、赵伟宏、高中兴参加调研。

16 日，市十届人大常委会举行第 49 次主任会议。市人大常委会第一副主任祁维华主持会议。市人大常委会副主任宋振华、李国强、王立勇，秘书长高中兴出席会议。

16 日，市人大常委会召开 2016 年度市级预算调整审查会议，对市财政局提报的《关于 2016 年市级预算调整事项的报告》进行了审查，市人大代表预算审查监督联络员、市人大常委会预算审查监督专家咨询委员会委员、常委会相关委室负责人参加会议，市人大常委会副主任宋振华出席会议并讲话。

26 日，市人大常委会组织驻我市的全国和省人大代表围绕全市交通基础设施建设情况进行了会前视察活动。代表先后到滨惠大道、济滨东高速、东外环外延工程及南外环拓宽工程现场进行了实地察看。驻滨全国人大代表刘凤、沈志强，省人大代表张忠正、张秀葵、张宝东、王雪征、张敏、纪延英、杨广富、段建国、张荣强、赵洪林参加视察。市委常委、常务副市长张凯，市人大常委会副主任李国强陪同视察。

29 日，市十届人大常委会举行第 50 次主任会议，市人大常委会第一副主任祁维华主持会议。市人大常委会副主任郭建新、李国强、王立勇，秘书长高中兴出席会议。

30 日，滨州市十届人大常委会第 40 次会议召开。市人大常委会第一副主任祁维华，副主任郭建新、李国强、王立勇，秘书长高中兴出席会议。李国强主持会议。会议决定，滨州市第十一届人民代表大会第一次会议将于 2017 年 2 月下旬在滨州召开。市委常委、副市长赵庆平、市中级人民法院院长吴声等列席会议。

2017 年

1 月

4 日，市人大常委会机关举行机关党员大会。推荐参加全国党代会和省党代会代表人选。

6 日，市人大常委会召开全市选民登记工作总结会议。会上，各县区对县乡人大换届中的选民登记工作进行总结。市人大常委会副主任李国强出席会议并讲话。

9 日，市十届人大常委会举行第 51 次主任会议。市人大常委会第一副主任祁维华主持会议。市人大常委会副主任郭建新、宋振华、李国强、王立勇，秘书长高中兴出席会议。

9 日，市人大常委会召开预算收入及国库资金运行情况座谈会。市人大常委会预算审查监督专家咨询委员会委员、市财政局、市国税局、市地税局、市国资委、市人社局、中国人民银行滨州市中心支行和常委会相关委室负责人参加座谈。市人大常委会副主任、财经委主任委员宋振华出席会议并讲话。

10 日，市十届人大常委会第 41 次会议在滨州举行。市委书记、市人大常委会主任张光峰，市人大常委会第一副主任祁维华，副主任郭建新、宋振华、李国强、王立勇，秘书长高中兴出席会议。张光峰主持会议。副市长潘青等列席会议。

15 日，市十届人大常委会第 52 次主任会议召开。市人大常委会第一副主任祁维华，副主任郭建新、宋振华、李国强、王立勇，秘书长高中兴出席会议。祁维华主持会议。

15 日，市十届人大常委会第 42 次会议在滨州举行。市人大常委会第一副主任祁维华，副主任郭建新、宋振华、李国强、王立勇，秘书长高中兴出席会议。宋振华主持会议。

20 日，市人大常委会党组召开民主生活会。以学习贯彻党的十八届六中全会精神为主题，围绕“两学一做”学习教育要求，重点对照《关于新形势下党内政治生活的若干准则》和《中国共产党党内监督条例》，结合思想和工作实际，进行党性分析，开展批评和自我批评，认真查摆存在问题，深入剖析根源，提出今后努力方向和整改措施。市人大常委会党组副书记、第一副主任祁维华主持会议。市人大常委会党组成员、副主任宋振华、李国强、王立勇，市人大常委会党组成员、秘书长高中兴参加会议。

23 日，市十届人大常委会第 53 次主任会议召开。市人大常委会第一副主任祁维华，副主任郭建新、宋振华、李国强、王立勇，秘书长高中兴出席会议。祁维华主持会议。

23 日，市十届人大常委会第 43 次会议在滨州举行。市人大常委会第一副主任祁维华，副主任郭建新、宋振华、李国强、王立勇，秘书长高中兴出席会议。祁维华主持会议。市人民检察院代理检察长赵霞等列席会议。

2 月

3 日，市人大常委会机关召开总结表彰大会。回顾总结 2016 年工作，安排部署 2017 年工作。市人大常委会第一副主任祁维华出席会议并讲话。市人大常委会副主任郭建新、宋振华、李国强、王立勇，秘书长高中兴参加会议。

15 日，市十届人大常委会举行第 54 次主任会议。市人大常委会第一副主任祁维华主持会议。市人大常委会副主任郭建新、宋振华、李国强、王立勇，秘书长高中兴出席会议。

17 日，市十届人大常委会第 44 次会议在滨州召开。市人大常委会第一副主任祁维华，副主任郭建新、宋振华、李国强、王立勇，秘书长高中兴出席会议。祁维华主持会议。副市长郝吉虎等列席会议。

第一篇 历史沿革

革命战争年代，现滨州所辖区域分属清河区、冀鲁边区和渤海区革命根据地，最高权力机关是各级临时参议会。新中国建立初期，惠民专区各县的最高权力机关是县各界人民代表会议。从1954年起，各县由县人民代表大会行使人民的最高权力。1984年12月，惠民地区设立人大工作联络处。1988年8月，惠民地区人大工作联络处改为山东省人大常委会惠民地区联络组。1989年3月，惠民地区联络组撤销，成立山东省人大常委会惠民地区工作委员会，作为山东省人民代表大会常务委员会派驻惠民地区的办事机构。1992年3月，随地区名称变更，惠民地区人大工委改称为山东省人大常委会滨州地区工作委员会。

第一章 民主政权清河区、渤海区参议会

(1940.05—1950.05)

第一节 建置沿革

机构沿革

1940年5月5日，清河区参议会成立大会选举产生清河区第一届参议会。1940年12月，清河区工、农、青、妇、文各界代表大会选举成立清河区第二届参议会。1942年秋，清河区各县参议会陆续开幕，选举出席清河区第三届参议会的委员，因抗战形势恶劣，没有能够召开议员大会，只先后开过三次驻会委员会议。1944年1月，清河地区与冀鲁边区合并，成立渤海区，李植庭被选为渤海区参议长。1946年11月1日，渤海区参议会全区议员大会选举产生渤海区第四届参议会。

领导人更迭

清河区第一届参议会

议　长　景晓村(兼)

副议长　孙鸣岗(国民党员，爱国人士)

清河区第二届参议会

议　长　李植庭(民主人士)

副议长　刘　群　刘冠甲(民主人士)

渤海区第四届参议会

议　长　李植庭(民主人士，1946年10月入党)

副议长　刘冠甲(民主人士)　周砚波(民主人士)

第二节 工作职责

抗日战争时期的各级参议会是各革命根据地的人民代表机关，也是抗日民主政权的权力机关。参议会制度

是中国共产党领导的抗日民主政权的组织形式。参议会直接代表人民实行选举、罢免、创制、复决四大民权，并将立法、司法、行政各权统一于人民代表大会及参议会。

第三节 重要工作

1940年5月5日，清河区参议会成立大会在广饶、临淄边界的李家踞高村举行，境内邹平、齐东、长山、高苑、博兴、蒲台、青城七县和历城、章丘、桓台、临淄、寿光、广饶等县代表参加，选举产生清河区第一届参议会，景晓村为议长，孙鸣岗为副议长；选举产生了联合各抗日阶层的“三三制”（共产党员、左派进步分子、中间分子各占三分之一）政权——清河区行政专员公署，李人凤任专员，王兴国任副专员，并试选出刘群等20名“国大”代表。

1940年12月上旬，清河区工、农、青、妇、文各界代表大会在博兴县纯化镇召开，参加会议的有历城、章丘、齐东、邹平、长山、青城、高苑、滨县、桓台、博兴、蒲台、临淄、广饶、益都、寿光、潍县等县，还有军队和后方生产两个单位，共有代表280余人，选出议员150人。会议持续20余天。会议选举成立清河区第二届参议会，刘群、夏戎当选为区各界抗日救国联合会正副会长；李植庭当选为清河区第二届参议会议长，刘群、刘冠甲当选为副议长；决定清河区专员公署改为行政主任公署，李人凤担任行署主任，下辖清东、清西、清中三个办事处。

1941年7月7日，清河区二届三次参议会决定，将全区分建四个行政区，即清东、清西、清中和垦区，各行政区成立行政督察专员公署。

1942年秋，清河区各县参议会陆续召开，选举了出席清河区第三届参议会的98名委员，其中有地主、有富农、有国民党员、有无党无派的进步人士，有共产党员27名。在12个驻会议员中，有共产党员4名、国民党员2名、地主2名。此时日伪加紧对我抗日根据地扫荡、清剿、蚕食，形势恶劣，没有能够召开议员大会，只先后开过三次驻会委员会议，讨论并督促实施了如下议案：1. 号召克服官僚主义，改造村政，并制定了惩治贪污条例及惩治贪污暂行办法。颁布施行了；并督促政府改造了部分的村政。2. 号召保障人权、地权、财权、政权；制定了保障人权条例《清河区人权保障条例执行规则》，修正地权补充决定及敌人扫荡时盗窃案件处理办法等。颁布施行了。3. 号召拥军拥政，屡次在报上披露文章说明意义及办法，并制定了优待抗属条例、抚恤军人条例。颁布施行了。又号召广泛开展民兵，造成民众性的游击战争。4. 组织了清河区行政常务委员会。5. 号召全区人民、部队、机关、团体生产节约，救济泰山、太行难胞，并督促政府安插难民。6. 号召全区人民对敌展开宣传战，展开政治攻势，并积极备战，以免遭受无谓损失。7. 号召人民配合政府展开对敌货币斗争，制定伪造及法币本位币处罚办法。颁布施行了。8. 号召1944年大生产，改善人民生活。9. 讨论加强民主建设，普遍掀起民主运动。10. 普遍推行文化教育。11. 讨论优待日本、朝鲜、台湾士兵与侨民的办法，通知各县去做。12. 提出省议员候选人名单，通知各县选举。①

1944年1月，清河区与冀鲁边区合并，成立渤海区。李植庭被选为渤海区参议长。渤海区继续执行原清河区颁布施行的《人权保障条例执行规则》。

1946年11月1日，渤海区参议会在惠民召开全区议员大会，会议选举产生了渤海区第四届参议会，选举李植庭任议长，刘冠甲、周砚波任副议长；选举李人凤任渤海区行政公署主任，并选出行政委员21名。其中，李人凤、景晓村、张耀增、刘孟、杨仲宣、刘冠甲、李震、刘春圃、董清岚、于勋忱、张铭吉、王连芳、兰竹坡、陈诚斋、毕绍亭、李又生、董山光、马千里等18人为正式委员；王宜之、刘文青、陈梅川三人为候补委员。会议形成决议，作为渤海人民给予政府的任务，主要为：1. 支援自卫战争，争取胜利；2. 贯彻土地改革；3. 开展大生产运动。

---

① 清河区第三届参议会驻会委员会议内容来源于档案记载，未做修订。

会议文件

★山东省渤海区行政公署通知(1949年10月11日)

为执行省府《关于召开山东省人民代表会议及代表选举办法的决定》通知

各专署、县(市)政府：

山东省人民代表会议即将召开，各地区之代表务于10月20日前选举完竣。除执行省政府之决定外，兹将补充事项，通知如下：

一、代表名额及分配。

甲、区域代表共48名，计：行政区人民团体、民主人士、开明士绅、新式富农、自由职业者及革命职员共7名。各县每县1名，德州市、羊角沟市各1名。泺北分区新接收的两个县份，每县1名。

乙、职业团体代表共15名，计妇联6名(由渤海妇联分配)、私营职工代表3名(内德州市1名)、青年学生及文化教育界代表2名。工商业者代表4名(惠民城、德州市、柴胡店、羊角沟市各1名)

丙、回民代表由省回民协会统一布置。

二、代表选举办法

甲、区域代表。行政区代表之选举，由行署召集党政民学各机关团体代表选举产生。各县市代表，由县市政府召集党政军机关团体代表、工农青妇群众团体代表、文化教育界及学生、新式富农、工商业界及开明士绅等各界代表，组成临时代表会选举产生。

乙、职工代表、青年学生及文化教育界代表、妇女代表由各个团体召开代表会议选举产生。

三、选举事务由各级人民政府办理，务于省府限期内选举完毕，由各专署将各县代表当选人之姓名、性别、年龄、家庭成分、本人出身、职业、简历、代表的单位等，汇总于10月22日报来行署。

★山东省渤海区行政公署通知(1950年2月14日)

为我区选举与特邀出席省各界人民代表会议之代表均须于本月22号(即旧历正月初六)到省报到及注意事项通知

各专署、德州市：

奉山东省人民政府电令，省各界人民代表会议即将开会，我区出席该会议的全体代表(各地选出和经省批准之特邀)，均需于本月22日(即旧历正月初六)到省报到。专员如选为代表者，则应于本月21日到省报到。兹将代表集合前与赴省途中应做的工作及应注意的问题通知如下：

一、为了集合简便，特决定我区全体代表分别地区以五个单位集中直接赴省，具体规定为：行署和垦利专区为一单位，均在惠民集合(垦利专区代表应于21日到行署报到)。其余以沧南、泺北、清河、德市等为单位，分别自行决定集合地点直接赴省。各专署民政科长(或副科长)要陪同代表赴省，以便对各代表进行照顾与招待，乘火车赴济者，下车后到车站站长室找省各界人民代表会议之联络员联系。

二、为不使遗漏代表事情发生，故对各集合单位，应负责集合之出席省人代会代表名单抄写附后，过去我区提名之特邀代表对象，经省审查未批准者计有：沧南专区史善甫、吕墨林、吴心泉(周砚波、李敬斋没有向省提名)；泺北专区王之成、陈树桐、郭登五；清河专区刘春圃、赵发祥；垦利专区赵光恒、张仁斋、刘树勋等11人。省所以没有批准是因为其代表性不大，但有的专区过去已向其本人说明，为特邀代表而出席会议者，现在应向其作艰苦的解释工作，表示歉意并作适当检讨说明，原来省府只是让我们提名当作特邀代表的对象，经省人代会筹委会通过加聘，这样我们就不能自行决定为特邀代表，因我们领会不足故出错讹。全省特邀代表有相当数量，渤海应聘者并不多，此事应由我们负责，我们只有向其本人作诚恳解释并应当作我们今后的经验教训。

三、各代表应携带随身被褥，所穿服装亦应适合于个人代表的身份，避免一律穿制服。同时省府决定除地委书记、专员以上干部及年在50岁以上因有特殊需要者外，其余代表一律不准带警卫通讯人员。

四、为使各界人民代表会议开得更好，集合前各代表应广为搜集群众意见，制出提案，以便交会议讨论。

五、代表离村区县启程赴省时，可组织有驻地机关及当地群众参加的欢送会，但会议要隆重，又须掌握节俭原则，主要是在政治上扩大省各界人民代表会议在群众中的影响，因而不要会餐请客等。

六、各代表伙食招待等费用，按省府1949年9月25日财地字第一五号通知内规定办理，公营私营工厂工人代表之工资及旅费应按照省府总劳字第一号通知、中央财政劳动部财计字第一号通知办理。望即遵照执行为要！

附：各单位应负责通知之省各界人民代表会议代表名单一份。

各界人民代表会议代表名单

行署与垦利专区单位应集合代表名单：行署负责通知者，王卓如、孙汉卿、李植庭、秦杰、殷培芝、李韻斋、杨俊亭、钱正英、李敬渔、刘冠甲、江衍坤、吕华、吕光辉、陈允功、李毅汉；垦利专署负责通知者，孙学文、李伯衡、丁丹贯、任杰、刘锡元、姜寿先、董晴岚、吴耀南、邢钧、丁元之、张连一、冯桂生、马长德、苏俊岭、袁铁辉

沧南专区应集合之代表名单：王道和、范仲华、李穷、王允恭、耿秀亭、戈学义、史义林、高汉章、胡玉亭、朱宝森、冯毅、刘同智、王叔和（后增之妇女代表系乐陵县城关区北关村人）

泺北专区应集合之代表名单：高曰坤、王筱湖（该代表因调动工作去与不去已请示，省府现未回电）、徐俊峰、戴令德、刘喜三、王其元、刘克、赵重山、王丕勋、路金洲、许文彬、韩文昌、赵兰英、程式、徐正一、董宾如、王俊英（后增之妇女代表系临邑县宿安区宋家庙村）

清河专区应集合代表名单：王云生、张星田、王立亭、朱训武、张闵斋、蔡本昌、宋立言、马沂泉、张立英、张文正、李敬堂、李桃园、王成五、王玉兰、李洪洲、李田英（系广饶县七区三柳村人，是后增之妇女代表）

德州市应集合之代表名单：曹万增、张国忠、王锡庆

以上共代表79名，连同在省之4名（即陈竹村、杨宣武、孙陶林、韩秀贞，由省直接通知）共计83名，此即为出席省各界人民代表会议正式代表之总额。

★垦利地委关于召开县各界人民代表会议指示（1949年10月30日）

一、中共、华东局及山东分局、区党委历有指示，迅速召开县各界人民代表会议，并一再指出：这是今天加强政府与人民群众联系的最好的和最重要的组织形式之一。因此，我们必须了解，今后贯彻发动群众的中心问题，就是发扬民主，而发扬民主的最好形式就是各界代表会议。因此，我们要经过各界人民代表会议来彻底纠正我们严重的干部包办的不良作风，克服我区当前在发展农业生产与救济灾荒中的许多困难和缺点。我们任何对各界代表会议认识不足和错误观点，应深刻进行检讨纠正，迅速召开县各界人代会议。通过各界代表会议，克服当前困难，进行各种生产建设，发动群众。

二、参加县各界人民代表会议的人数，应根据各县人口多少与工作情况确定。跟从省规定确定区域代表每2000人一个代表，其他为职业团体代表。

代表产生的办法，应注意确能广泛吸收广大人民群众的代表参加。但应以农民代表为基础，以便使各种不同阶层、不同行业的人民群众都能经过他们的代表和党及人民政府发生密切关系。因此，我区应由各区、乡的农会、青年团、妇联会、文化教育界、县城及各大市镇的职工会、工商业界、少数民族（回民）及当地党政军机关选派代表。没有群众团体组织的地区，可以由区域推选开明士绅及其他行业有代表性的人物，可以由政府聘请一部。各个代表不但应真正具有充分的代表性，而且应严格注意代表的严肃性，不允许有地主及反动分子参加，致影响人民群众对党及各界代表会议的威信。其中，共产党员不可过多，以能保证议案的通过为原则，一般共产党员及可靠的左翼分子约占二分之一以上。

三、县各界人民代表会议要开好。会前必须充分做好以下的准备工作：

1.在召开县各界人代会议之前，须先召开一次党代会议，使全体党员认识各界人代会的性质、职责，研究代

表产生的办法,讨论会议内容,组织党团。其次教育出席各界人代会议的党员,学习民主作风,及团结党外人士的应有态度。对各界人代会的一切决议,党内应高度的尊重,并保证首先贯彻下去,提高人代会议的积极性和广大人民群众中的威信,以此,将党的政策能通过人代会议贯彻到广大群众中去,真正成为群众的语言和行动。

2. 会议前可先吸收各界人民群众中的代表人物,协同县府共同研究组织筹备委员会,进行一切准备工作。向广大人民中进行各界人代会议的意义及代表产生办法的宣传教育。制定县各界人代会议代表选举办法,协助各区乡进行选举,登记代表,协商会议内容,以及会议的召开与程序等。

3. 政府向人代会议提出的工作总结及今后工作任务报告,须跟从当前生产救灾工作中心,提出群众急于迫切要求解决的事情,如发展农村农业副业生产、节约救灾、兴办水利、组织合作、沟通城乡关系、开展农村文教事业等,不可太多,事先都必须准备好,经县委慎重审查研究通过后,并送地委审查。

四、县各界人代会议是全县性的会议,必须在县委的领导下,由县政府召开。因此必须在代表中组织强有力的党团(或党组),有组织有领导的指导党员、青年团员发挥和确保党的领导作用,在领导上必须充分发扬民主,对政府的工作报告和重要提案,应启发代表们进行充分的讨论,党及政府应虚心倾听代表的意见,了解各阶层人民的生活与要求。对一切善意的批评和正确的建议,都应表示接受。发挥批评与自我批评的精神,真正使人民群众的呼声和要求能够得到反映出来,而党及政府的政策与工作措施也能得到代表们的了解。在讨论通过议案中,要郑重负责,启发大家分析,认识本县实际情况,明确工作中心,从而分清轻重缓急,能办而且必须要办的即详细研究,制成议案,分交有关部门执行,不能办或者可以缓办的,亦须经过讨论,说明道理,作出切合实际,符合广大群众当前要求的各种议案,切不可敷衍草率,使代表感觉代表会议是形式主义,决议此法贯彻,影响党的政治威信。

五、使人代会的决议真正为广大群众所认识和接受,变为他们的实际行动,就必须注意使会议中代表们的积极活动推广到群众中去。因此,会后要协助代表们向他们所代表的单位和群众进行传达和报告;并发动群众去讨论这些报告和决议。发动代表在各种群众集会的场合去宣传会议的精神和决议案。政府要认真的去研究决议案,分别缓急,切实的有步骤地付诸实施。这样使各界人代会议起到联系群众的作用,尽到代表的职责,改进党及政府与人民群众之间的密切关系。

六、会议时间:确定3天到5天,会议产生人代会主席1人,副主席2人(主席、副主席中共产党员不得超过2人),及大会秘书处。会后由大会通过之秘书处执行日常事务,定期召集会议。

七、各县可根从本指示,及省府关于召开各界人代会及人代大会的指示,和人代会及代表选举办法的决定,制定本县各界人代会方案,呈报批准后,即可按照步骤召开。

会议提案

★渤海垦利分区各县之各界人民代表大会提案(1949年11月1日,部分分类整理)

土地问题:

阳信县提:1. 以前评议地级有的高低不均需要整理。2. 有的土地变质,因水将地泡碱而不交公粮,需要另评产量。3. 群众要求确定地权。4. 有的地边有坟或有道或有公路未退产量。5. 有的村庄每人平均地很少,每年收的粮食不够半年用,需要向外村调剂土地。6. 贫民说以前所分到的土地大部分是农富献出来的弱地,需要调剂。

惠民县提:1. 要求土地确权,因为土地不确权种地不踏实。2. 土地改革不很彻底,穷人缺少地种。3. 土地极不平衡,要求整理地基。4. 妇女要求确定地权时将土地证交给妇女(自己应分的)。

无棣县提:1. 无棣在土地复查中,一部分群众怕变天不敢要地。有的土改也不彻底和村干的富农路线多分地,使部分地区得地少而弱,未满足要求。在党的近几年的领导教育下和在新中国成立鼓舞下是提高了阶级觉悟和生产热情,而嫌土地少的要求土地并要求颁发土地证明。因此提议应有计划的来结束土改,进行调剂土地,抽多补少、抽肥补瘦,满足农民的要求颁发土地证,进一步巩固和提高人民的生产积极性。2. 因过去土地评级不彻底,评议的产量高低不一,土地与地之接壤间即有 90 斤、100 斤、120 斤、150 斤高低不同的产量。这样即造成负担上不合理,致使群众攀伴不满,以上情况应重新整理地级,以达到群众的承担公平。

沾化县提:1. 农民要求调整土地——土改时,有的雇贫农当时思想落后,不要土地或分到土地不敢种,现要求适当调整。2. 土地等级不平衡要重新评议。3. 要求颁发土地证。

利津县提:河滩种地户有一年淹二季的,群众要求废除按地墒承担。

滨县提:土地改革以后农民要求土地确权并发给土地证。

蒲台县提:1. 地的质量由好变坏,产量过去评的高,现在实在出产不了那些粮食。群众对统一承担问题要求迅速解决,求得负担公平合理。2. 河套被淹后移民中的房基问题如何解决。3. 土地确权问题。现在虽然土改,贫农分到土地,但不大胆施肥种植,认为不牢靠,应迅速颁发土地证。

妇女问题:

阳信县提:1. 产权问题。政府应保障妇女的产权,在发土地证时要有明确规定。2. 人权问题。要求与男子有同样的权利,反对虐待。3. 要求婚姻自由自主,禁止变相的买卖婚姻。4. 妇女的文化要求非常迫切(特别是青年妇女),要求政府在各方面提高妇女的文化水平。5. 妇女政治权利的保障,要求参加社会各种活动。6. 妇女的副业生产问题。要求参加合作社,并要求与男的合作社同样搞起来。

惠民县提:1. 妇女要求处理妇女问题时交给妇女干部作。2. 政府处理妇女问题时应与妇联配合。3. 干部深入检查工作不够。

无棣县提:1. 无棣有一部分地区妇女出门后婆家不管穿,并得管其男人和小孩的穿衣,妇女得病而婆家不管,得依靠娘家医治,如娘家贫寒者照顾不过来,以至使妇女得病不能就医失去身体的健康而影响劳动生产。这是在政治经济上不平等、不合理的事情。政府应予以明令取缔。2. 关于婚姻自由自主条例下达到区县,但因为宣传不够和干部群众中有部分人存在着旧观念,而不敢或不乐意来宣传教育群众。而买卖婚姻和不到年龄结婚事件不断发生,现政府应将婚姻条例直下达到村,布告群众以扶持妇女解放。3. 妇女的职业问题。纺织生产日渐萧条,现妇女又转业做鞋做袜等,应以公营合作经济帮妇女们副业生产的推销,使其再生产下去。

沾化县提:1. 要求加强妇女工作的领导,求得迅速达到在政治经济文化各方面的平等权利。2. 要求婚姻自由自主,废除婚姻的封建束缚。3. 禁止早婚、买卖婚姻、缠足等陋习。4. 反对娶阴亲等迷信习惯。

利津县提:1. 早婚、买卖婚姻、童养媳、虐待妇女要早加制止,自己革命同志犯这种错误更应制止。2. 各种训练理应大量吸收妇女。3. 妇女要有继承权,也和男子一样。

蒲台县提:1. 买卖婚姻很严重,如何禁止。个别村买卖婚姻,有的一女一石粮食。2. 早婚如何禁止,童养媳如何禁止。3. 妇女的土地财产继承权问题。在家庭经济方面不平等,政治待遇的压迫如何改进。4. 妇女的缠足陋习依然不少,是否可以以村为单位成立放足委员会督促检查。

海防办事处提:要注意与重视妇女解放事业,逐渐的取缔买卖婚姻、虐待妇女的封建传统。

生产救灾方面:

阳信县提:1. 贫农虽然分到土地,但是没有生产资料,而使土地减产,群众有的向外交地。2. 贫农现缺乏农具、大车特别是牲口。3. 插伙组未搞好,有农具与有农具插伙,而无农具困难户在生产中受到困难。4. 上级只是号召改良农具,而始终未想法改良。5. 由外临时归来之农民(因年荒去外者),今回家后未有地种,生活很成问题。6. 两个地户之地界上,有一户近地界种树及蔬菜等,而使邻地户生产减收,常发生纠纷。7. 春天旱时就叫我们挖井,秋后大涝了就不设法排水。8. 今年普遍减收,最好减轻负担。

惠民县提:1. 淄角区要求把火硝推卖以便渡春荒。2. 鳏寡孤独无劳力要求照顾问题。

无棣县提:1. 在今天的经济困难和各地灾情下,应大力号召勤俭节约,制止一切不必要不正当的开支和浪费。2. 秋末冬初到来的时期,也就是群众要发展各种副业时期,政府应在一般地区发动群众集中物资开展副业,在灾区以贷粮扶持群众发展副业。3. 据群众反映花生米一斤顶公粮二斤，问题是花生价格高于粮食价格，为了提倡群众的大量生产工业原料，以帮助工业发展，应进行调查研究而适当的规定价格。

沾化县提：1. 改良农具提高生产技术。2. 消除病虫害。3. 改造土质。4. 处理开荒地。5. 保护耕畜农具。6. 供给斯凉棉种子。7. 改革婚丧制度反对浪费现象。8. 外来难民很多，生活很困难，亟待解决。9. 受灾严重地区要求减免。10. 灾区群众要求贷款冬天搞副业生产。

利津县提：1. 改革旧风俗，如婚丧嫁娶大吃大喝、送人情的不必要开支，应加以制止，这对备荒有关，或政府可布告制止。2. 消耗品应加以制止或禁止、少用（如烟酒等）。3. 黄河水淹的群众应有计划的去他区安地安房和贷款扶持（全县被黄水淹的共200多个村，河涝30000多亩，雨涝60000多亩，房屋被淹、土地变质，该灾区群众有以下意见：(1)河滩种地户有一年淹两季的，群众要求种田废除按地质负担；(2)被淹地有水不能耩麦者，准备明年耩大麦和豌豆，群众要求贷种；(3)房屋土地未淹者，今冬要求运输及各种副业，要求贷款扶持；(4)外来灾民安置和救济问题，我县有鲁西灾民很多，约400多户1500余人。）4. 根据利津县水旱灾严重，冬季副业生产是个主要问题，须大力扶持领导，不然春灾是很难渡的。5. 今年冬修须粮食10000000斤，按以工代赈的办法解决其灾荒问题，粮食是很困难的。6. 棉花花生应提价问题，上级指示棉絮一斤换粮食15斤，现市价棉絮换粮食7.5斤至8斤，这样一方面对明春增种棉花打击了群众情绪，同时备荒有关。7. 黄河淹的群众应有计划的去他区安地安房和贷款扶持。8. 全县被黄水淹的共200多个村，河涝地3万多亩，雨涝6万多亩，房屋被淹、土地变质应设法处理。9. 对各区水淹地方应当栽树以免风灾。

蒲台县提：1. 政府应普遍建立农场创造经验，试验办法，推广经验，这样能提高农业技术与改造农业产品。2. 本县今年棉花多、粮食少，必须由外县运粮调剂，才能转变粮贵棉贱现象以利民生（主要本县产粮区河套完全被黄水淹了，70%的土地无收益）。3. 如何消灭害虫，此地推广斯米棉，密虫害无法解决，如何治杀虫药，或上级发一部分灭虫剂。4. 河套被淹灾民今冬明春如何扶持他生产渡荒，另外小坝流口处可堵一下，而不是修小坝，希望明春收一季大麦。5. 民工的生活问题如何解决。

海滨提：1. 海滨历年发生旱灾涝灾与各种虫灾害，须政府领导与帮助群众兴修水利与多推销治虫药剂，以免虫害。2. 有大批荒地（据了解除原来能种植的土地外，这批荒地能种植各种庄稼的约计600000余亩），长十里宽三里的大窪有三四个。这些大窪都能生长很好庄稼。海滨人民生活比一般地区苦，若能开垦起来，这批荒地都能增加巨大的收入，人民生活即能得到提高。为此要求政府在物力上加以必要的扶持，领导与帮助群众开垦这批荒地，在人口稠密的地区可迁来一部群众，使其能够开垦生产。这是增加社会收入的源泉。这一工作在今冬明春即应有计划的安垦与开垦。

治安工作方面：

惠民县提：布置冬防镇压匪特。

沾化县提：1. 对反动党团的处理，应重于一般小偷。2. 地主富农的复辟问题是政治问题，应给予制止。3. 禁止乱捕乱打现象。

利津县提：在大复查时，有的坏蛋借着搞工作的偏差钻了空子，把家属打死，应如何处理。

教育工作方面：

阳信县提：1. 学校数目太少，数村一处小校，要求政府大量设学校。2. 乡村干部对小学态度有的不重视、不关心，在动员学生入学时，要求乡村干部给以适当协助。3. 小学的游戏问题，要求政府大量制造小册子，做以作教员参考。4. 学校经费很困难，不够开支的要求，今后对学校经费开支要放宽一些。5. 对文娱方面群众要求很迫切，光叫完小设小型剧团，但没指示不具体，不敢办。6. 教材方面，课本上的方言名词、政治含义有些不懂的，教员不敢提出来，要求政府印发教学方案。7. 课本太少，不足用的，如洋湖三四个学生一本书。课本上的字大部是宋体，不适合于启蒙学生的要求，应改为大一些的正楷字，并要求每个书本上要有三至五篇的彩色图画，能提高小学生的学习情绪。

惠民县提:1. 要求建立前期师范,因为有些人家庭困难,不愿升中学,故到师范学习,好当教员,解决生活问题。2. 妇女要求建立识字班解决经费问题。3. 要求整理农村剧团,改造旧戏。4. 普遍建立冬学。

无棣县提:1. 各村群众迫切要求设学,应在现有的基础上逐渐开办学校来培养青年。为了有利于青年身心发展,培养一批建国人才与提高学生更高的学习热潮,须添设各种运动器具,如篮球、乒乓球、排球、网球、双杠、木马、杠子等。2. 为了解决初小复式学教困难与有利开展社会教育,应建设小黑板及喊话筒,使教员减少事务负担,集中精力专心教学,教员建设伙食灶具。

沾化县提:1. 要加强领导,颁发教育刊物与各种报纸,多指导一些教育工作。2. 党的领导对教育工作不够,形成教育孤立。3. 要求增添教育设备(添设伟人像、地图器具等)。4. 教育员乡干统是薪粮制,在征收中,教员要求算家中人口。5. 四个区可办一子弟小学。6. 普及社会教育,提倡公办,使贫苦儿童得到求学机会。7. 初蒙课本不用南方土音。

利津县提:1. 大力提高培养师资,新的不多、旧的不少,须改造旧的,在方法上应多办师范,并多培养女教员。2. 充实教育干部,加强领导,普及各地文化教育。

滨县提:1. 建议上级编印关于指导高初级小学业务的刊物和教授法书。2. 高级小学可批一部医药费和体育员,以增进儿童的健康。3. 初级小学的办公费可以增加,尤其纸张、粉笔两项不够应用。4. 在征收公粮中,教育员也应和乡干同样的扣除免税点,因教师是为社会谋福利的职员,不同与为私人增利的商人。5. 灾区儿童入学困难,除靠半口制及社会互济外,可在县区设立子弟小学,解决贫苦儿童、烈军属子弟入校的求学问题。

蒲台县提:1. 遭荒灾民的子弟念书问题如何解决。2. 要求政府由省到县加强教育刊物的发放,以促进教育工作的开展。3. 政府可办简易乡师,提高教员的文化政治水平,或是训练班性质的。4. 如何办好社会教育,例如识字班,妇女年龄应有一定的规定,对个别死封建倾向的,动员也不上学,应订一处罚条例。

海滨提:发展国民教育事业,海滨文化基础极为薄弱,文盲特多,这一问题须迅速解决。

工商问题:

工商:

阳信提:1. 工商业要求有组织、有领导,及时了解工商政策。2. 要求政府经常维护市场稳定,物价对资本家要有掌握、要有限制,防止他们垄断。3. 私有营业是否允许发展,发展方向是什么,要求有明确指示。4. 对农业、手工业(纺织、造纸等)今后如何发展,其销路问题要求明确的指示。

惠民提:要求度量衡统一,以免市面买卖吃亏。

无棣县提:1. 帮助工商业建立统一工商联合会,促进工商业的恢复和发展。正确的掌握自由贸易政策,对一般正当商人给以切实的保护,克服某些统治市场阻碍正当交易、违背政策的行为,加强市场管理,稳定市价,制止奸商的投机操纵。2. 今年的抗旱抗涝虽在党和政府的领导下获得成绩,亦初步打下了明年的基础。但工作尚不够,如群众修井缺乏资料(如砖),大的道河尚未抗好,今后应大量恢复和发展窑业,以解决群众修井用砖困难。

利津提:1. 加工业(主要是油坊)是采取发展方针,现在情况是多数垮台,仍须恢复起来。2. 由于战争摧残,造成工商业凋零,现在须恢复起来,在新经济建设下,不但发展工业和农业,而须大力发展商业。3. 国营企业要壮大。4. 供销合作社要普遍建立,不然群众物资很不便利出售,避免不了商人中间剥削。5. 工商业政策应明确,哪是发展的,哪是禁止的,以免除商人顾虑。6. 当前经济干部很缺乏,应设专科学校大力培养。7. 对船业组织与领导问题,要求扩大船只,建立工会和航运合作社。8. 关于国营企业,要加强建立,并在各村建立供销合作社,把经济建设进一步提高,并使乡村关系密切起来。

滨县提:1. 滨县是产棉区,今后为大量发展棉产、大量种植棉花,当前需要为棉花找出销路,免得农民植棉的吃亏。2. 滨县产棉地区粮食缺乏,当前又是棉贱粮贵。按往年棉粮价格比例是十斤棉换一斗粮,今年是十斤棉换八升粮。这样一方面会影响群众生活,另外也影响下年棉花的种植。这个问题解决最好由贸易部门有计划的掌握市场市价,不叫农民吃亏,另外可以用粮换棉办法作以调剂。

城乡关系：

无棣县提：以公营企业来组织领导合作社与私人经济，有计划的将农业生产品购买到城市，扶助和供给城市工人的生产和食用，调运回工业品供给农民。要扶助农业生产，大力发展供销社，以输通城乡关系。

滨县提：为不影响人民生活，在滨产棉地区需要由城市供给一部分比较进步的铁机和线车，代替原有的落后的手摇木车和木机。

税收：

阳信县提：对税收要有明确指示，专业和副业要分清，是为了避免物价波动，要求税收作两季征收。

无棣县提：商人舆论营业税重（按小米计算有的亏本），要求减轻。

海滨提：为了使农民与渔民达到公平合理负担，增加国家的收入，并很好地扶持渔民生产，需要征收渔业税（在战前与我们解放该地后，都有税收。1947年整党会后才取消的），建议政府建立税收机关，制定税收制度。我们的初步意见是征收总收入的5%至10%。

渔业问题：

海滨县提：1. 海滨的渔民主要是依靠渔业为生活来源。从黄水来后，渔产大增，今年的渔船产量增加过去的一倍以上（每船全年纯盈利收入一百六十石粮食）。在战争中渔船又有很多损失，由于以前建堡不多，又因海水上潮又被淹坏，若不能很好的建堡，即不能更多的增加渔产。为此必须建立强有力的渔堡，这个问题在人力物力上，渔民自己都能解决，但必须加强对这一工作的领导。2. 建立造船厂。海滨人民习惯于渔业生产，这项生产在收入的数量上是极其大的，又须多制工具，帮助大量开展渔业生产。因此须政府帮助海滨建立造船工厂，在经济上予以扶助，并须解决木料的困难。这一工作目前即应开始着手办理。3. 建立织网厂。要想能够更多的增加生产，必须增加捕鱼工具，即是要建立织网厂，制造出大批网供给渔民使用以利生产。政府须帮助解决织网线的困难。此问题在现有手工业的织网基础上加以提高，须政府把其他地区现代化的织网技术加以介绍，以便推广提高技术。

社会福利问题：

阳信县提：1. 以前各村所分配大宅子，有的被各级政府居住，而不设法建设，妨碍农民居住。2. 各村斗出之宅子，政府未加以领导分配，今经大雨倾淋而致坍塌。

惠民县提：1. 妇女要求推广农村卫生事业，保护儿童健康。2. 要求培养医务人员，提高医术，改造旧医生。

沾化县提：1. 大量增设医院，培养医务人员。2. 提高收生人员技术，可大量开办训练班训练技术，以减免小儿的死亡率。

利津县提：1. 培养医务人才是群众最需要的问题，特别是小儿保育问题，今年痢疹死亡很多。应将现有的医生分发各地训练医务人员，免除群众伤亡。2. 旧医生可加以改造，须成立农村医药合作社。3. 须培养妇女卫生人员，因对妇女病员的看护感觉困难。

滨县提：1. 要求上级大量训练医务人员，特别是兽医人员的训练尤为需要。2. 为加强社会卫生，要求上级有计划的建立各级政府医药合作社的组织，以增进人民的健康和减少死亡率。

青年工作方面：

阳信县提：1. 一般青年要求学习和工作，特别是青年妇女要求更迫切。但受到封建家庭的束缚和群众旧的舆论阻止一切男女的进步要求，要求政府颁布指示，提高群众的认识水平。2. 要求政府严格执行婚姻制度，特别是结婚后，夫妇感情不睦也不敢提出离婚要求。各级政府要严格执行婚姻法。3. 青年妇女的学习问题——女孩在15岁以后，家庭即不让其学习，认为女孩学习不得成绩（即是对自己没好处），于是造各种借口阻止学习。要求政府颁布法令，规定出男女学习年龄。

无棣县提：1. 为了加强农村中的青年教育，应大力开展冬学，划分青年班、妇女识字班和培养青年教师，以加强青年的政治文化教育，并应注意解决冬学经费问题。2. 乡村中组织应大量吸收青年参加，以加强青年的革命积极性。

治黄问题：

利津县提：1. 河滩地群众要求拿小坝保护滩地，对大坝亦有帮助（因大坝基础容易出隘）。2. 对黄河不决口有以下意见：①料物准备。②改善塌防交通，大量运石料（今年利津共运15万方，不够用的，须很多）。③积料民工应统一负担，因利津沿河用料用民工很多，上坝工要求适当统一调剂，减轻这一地区负担，同时亦解决了该地的生产治黄矛盾问题。④大量培养技术人员，提高工程质量（平工险工残精堤作工工程标准力求争取主动，以免不必要的损失）。⑤疏通河门。⑥吸取被水建设洪汽管，并将黄水吸到被河改造良田。⑦适当提高治黄民工的工资，保障民工个人的生活。⑧治黄工人提出要求在黄河抢险时点洋油灯。⑨要求政府大量发展船只，以利水利运输。这样一方面发展了贸易运输，也保证供给了黄河石料。⑩船业贷款一年不能付清，因一年来刚够生活用的，船户要求随挣随付。⑪对青料的折扣问题，因青料折数颇大，要求少折一部分。

滨县提：1. 治黄问题——几年来沿黄河乡村大量献石，农村石料缺乏，建议上级及早准备下石料，应加强运石工具，以便今后治黄之用。2. 河套居民因今年秋汛过大，房屋倒塌，应设法迁移。

蒲台县提：1. 根据今次秋汛过大，河堤受灾害极大，河床逐渐游高，今冬明春的治黄工作（增高加宽）是个巨大而且艰巨的问题。应早作准备，特别是人力的调剂、物力的帮助等问题，要求上级高度重视，只蒲台一个小县实在负担不了，如何设法帮助解决。2. 沿河土地由好变坏，甚至不能耕种。如河北边即流口数十处河滩罗布面积日益扩大，其套里（离河较远地段）也因河口不能堵，收获亦无希望。河南四个区八个乡的河滩地亦被河水淹没，变成河滩者甚多，收益亦无希望。大堤外三里路以内土地都碱了。这三种情况完全是黄河之害所造成。目前群众生产生活直接受到威胁而致流离失所的占数不少，如何解决。

拥优问题：

沾化县提：1. 加强代耕工作，解决烈军工属生产生活中的困难。2. 提高烈军工属的政治地位，鼓励其生产热情。

利津县提：1. 提高军属政治地位。2. 家属被灾者政府应想办法解决之。3. 教育个别村干部应制止对军属不正的观感和应付现象。要求军属有饭吃，并解决一切困难。4. 对侮辱军属的坏分子应给以适当的处分。5. 荣军负伤回家后，应适当照顾和安置。6. 荣军残废金减轻一半，是否能根据财经情况能再提高一部分。7. 荣军同志的生活待遇要合理，应根据情况给以解决（荣军同志感到有些老战士有病或残废没有保健，才提拔的新干部即解决了保健，是不合适的）。8. 对荣军应由政府组织起来进行教育，提高其政治质量，不要不管犯了错就处分。9. 村干掩护其亲属进亡的很多，这样对工作感到受很大影响，应想法纠正之。10. 在参军时，地富因那时老百姓的觉悟性差，钻了空子，造成家属和积极分子的矛盾。这一问题如何处理。

滨县提：1. 在支前参军和驻军中，农村东西的损失偿还问题。为支前中死亡的牲口、参军中借用的被子与灶具，过去虽经过登记，但未作到偿还，以至群众吃亏。2. 在征收按人口除免税点每人七分地，这样人口多的比较便宜，鳏寡孤独因人口少比较人口多的照顾的差。

少数民族问题：

无棣县提：回民因被国民党反动派的压迫，生活是贫困的，应以平等友谊精神来帮助其提高生产，改善生活，并要尊重其习惯。

兴修水利：

阳信县提：春天旱时叫我挖井，秋后大涝了就不设法排水。

惠民县提：要求沙河顺水沟继续挖掘。

无棣县提：以公家的力量来领导扶助群众修理河道，挖好大的干沟以利群众。应大力号召和领导群众在洼地地区筑包壕地，以预防明年可能有的涝灾。

沾化县提：1. 疏通徒骇河、秦口河，既变交通又利于排水。2. 挖好排水沟，防止涝灾。3. 修好河坝防止水患，窪内缺水地方可修蓄水池。4.要求增设潮坝,每年要逐渐增修,防止海水泛滥为害。

利津县提:由于今年抗旱抗涝经验,根据利津情况,须设水利部门,添设水利人员,添设仪器等。

蒲台县提:兴修水利得继续加强领导,多培养技术人才,求得再提高一步,消除水涝灾。

海滨县提:1.须政府领导与帮助海滨打坝防潮,沿海常受潮灾,不能战胜这一困难,是不能做好生产工作的。2.海滨地区地位很低,雨后邻县的雨水多流于此处,又加本地区窪子很多,时常积水。若不能战胜这一困难,是不能很好的开展与增加生产的。必须挖沟顺出一切的积水,付〇区、埕口区、李家区的东部都须挖沟,为此要求政府在物力上加以扶持,并帮助测量。此问题今冬即应动工。3.海滨人民与邻县人民从历史以来多次遭受海潮,人民的生命财产都受着海水的危害。此困难不能战胜,即很难安定群众的生产情绪。本地区人民的生活艰苦、文化落后的主要原因就是不能战胜海潮,日辛月苦的开垦出土地被海水一淹,多年即不能耕作。海水还时常爆发上涨。为此要求政府领导与扶持海滨人民打坝防潮,要求在人力物力上加以扶助(邻县在内),有计划的逐步地把坝建好,永久免除此害。此问题在今冬明春即须动工并继续动工。

其他方面:

沾化县提:1.改革礼俗:取缔会门道门。停止瞎子算卦活动(必须找出适当的职业)。2.工人意见:要求提高工资。公营商店装卸货物应由工人装卸,以保证其生活。解决工人的负担代耕问题。3.部队意见:干部战士的结婚问题须予适当解决。损坏了群众的东西无钱赔偿(上级不准报销)。自己建设房子很困难(不准报销),各处住房子即很困难。缺乏学习资料。明文规定领导民兵的方针任务。4.建设问题:建修交通要道的桥梁。有水草地区建立牧场。建仓。土地问题中,在窪内,垦利、利津、沾化三县成立一个机构或由专署统一领导,以免混乱。柴草问题——我县欠的近200万斤征起来的不多。

利津县提:工人意见:要求上级对工人统一领导,成立工人组织,提高工人政治水平,可成立工人训练队。

第二章　惠民地区人大工作联络处
(1984.12—1988.08)

第一节　建置沿革

机构沿革

1984年12月,建立惠民地区人大工作联络处。1985年5月,定为县级单位。

领导人更迭

主　任　马振銮(兼,1984.12—1985.03)
　　　　周茂林(1985.03—1988.08)

副主任　巩若良(兼,1984.12—1985.03)
　　　　魏连福(1986.05—1988.08)

第二节　工作职责

了解全区各县市人大常委会工作情况,为地委加强对县市人大工作领导当好参谋;总结交流各县市人大工作经验,研究解决某些重大问题;联系驻本区的全国人大代表和省人大代表,反映代表的意见和要求,为代表执行任务提供方便。

第三节　重要工作

1. 重要会议。1985年11月10日至12日,地委召开全区第一次县市人大工作座谈会。惠民县等3个县的县委副书记介绍了加强对人大工作的领导、支持人大依法行使职权的情况,9个县市的人大常委会主任交流了人大工作情况。地委副书记刘殿金作动员讲话,地委副书记冯宝璞作总结讲话。省人大常委会副秘书长李庆鸿,地委委员商功阁、董承福、张联瑜、江连仲、郑锡昌、张小顺,地委顾问邢天才出席。9个县市负责联系人大工作的副书记、人大常委会主任、人大常委会办公室主任,滨州市、无棣县、博兴县的县市长,地委组织部、宣传部、政法委、纪委,行署办公室、中级法院、检察院、公安局、司法局、民政局人事处负责人参加,住地直单位的全国和省人大代表参加。

2. 重要活动。1987年10月28日至29日,省人大常委会副主任萧寒一行到邹平县视察小清河流域的水污染情况,以及由污染引起的当地群众饮水困难、农作物减产、人畜疾病增多等情况。此次视察情况列入省六届人大常委会第二十八次会议议程,由此促成了省政府从1988年起连续3年、每年拨付500万元用于解决小清河流域因污染造成的群众吃水难等问题,解决了15.2万人的吃水问题。地区人大工作联络处主任周茂林参加陪同。

3. 创办《人大工作情况》简报。1986年1月2日,地区人大工作联络处创办《人大工作情况》简报。第一期以"提高认识,加强领导,团结战斗,再展宏图"为题,介绍了各县市贯彻1985年11月10日至12日地委召开的全区县市人大工作座谈会精神的情况。

第三章　山东省人大常委会惠民地区联络组

（1988.09—1989.03）

第一节　建置沿革

机构沿革

1988年9月，建立山东省人大常委会惠民地区联络组，为厅局级单位。联络组设组长1人，为正厅级；设副组长2至3人，为副厅级。联络组下设办公室，为处级单位，可配备12名工作人员。联络组及其办公室的人员编制16人，原地区人大工作联络处的人员编制划归联络组。

领导人更迭

组　　长　胡兆坤（1988.09—1989.03）

副 组 长　杜洪三（1988.09—1989.03）

　　　　　　周茂林（1988.09—1989.03）

党组书记　胡兆坤（1988.09—1989.03）

内设机构及负责人更迭

办 公 室

1989年1月正式建立办公室。1988年12月，地区联络组办公室下设秘书科、联络科、法制科。

主　　任　魏连福（1989.01—1989.03）

秘 书 科

科　　长　陈培海（1988.12—1989.03）

副 科 长　杨秀芳（女，1988.12—1989.03）

联 络 科

副 科 长　赵淑芬（女，1988.12—1989.03）

法 制 科　（无资料）

第二节　工作职责

1. 联系驻本地区的全国和省人大代表，协助组织代表开展活动，为人大代表履行职权做好服务工作。

2. 负责组织驻本地区省人大代表视察行署、法院、检察分院执行宪法、法律、法规和上级人大及其常委会决议、决定的情况，视察省国民经济和社会发展计划、财政预算在本地区的执行情况。

3. 按照省人大及其常委会的要求，进行调查研究，征求全国和省人大代表及有关部门对法律、法规（草案）等议题的意见。

4. 指导县（市）人大及其常委会和乡镇人大及其主席团依法开展工作，并会同地区领导机关做好换届选举的组织工作。

5. 检查督促行署、法院、检察分院对全国和省人大代表建议、批评、意见的办理工作等。

第三节　重要工作

1.重要会议。1988年10月25日，地委召开全区人大工作会议，贯彻省人大常委会关于建立地区联络组的决定，学习《山东省人大常委会地区联络组暂行工作条例》，讨论研究做好人大工作、加强民主法制建设问题。省人大常委会副主任卢洪、地委书记董凤基、地区联络组组长胡兆坤先后讲话。地委副书记冯宝璞、地区联络组副组长杜洪三分别主持。副省长马忠臣，省人大常委会委员李聚馨、陈世宾，菏泽、聊城、德州、临沂四地区联络组负责人出席。各县市人大常委会主任、地直各单位负责人参加。

2.重要活动。1988年11月11日至1989年4月底，根据省人大常委会《关于在全省进行执法大检查的决定》，省人大常委会惠民地区联络组制定实施意见，要求各县市人大常委会、人民政府、地区中级法院、检察院、行署各部门对以宪法为核心内容的"十法一条例"的执行情况进行执法大检查。主要以自查与抽查相结合的方式进行，分搞好动员组织学习、进行自查、搞好抽查、总结提高四个阶段。于1989年4月底结束。11月15日，地委召开地直机关执法大检查动员大会，地委副书记冯宝璞作动员。地直各部门负责人参加。12月27日，召开全区执法大检查工作会议，总结交流经验，研究下步工作。地区联络组组长胡兆坤讲话。各县市人大常委会主任、分管副县长，地直有关部门负责人参加。1989年5月19日，全区执法大检查总结表彰大会在滨州召开，以地区执法大检查领导小组名义表彰了24个"执法大检查先进单位"、30个"执法先进单位"。地区工委主任胡兆坤讲话。各县市人大常委会主任、政法委书记、分管副县市长、地直有关部门负责人参加。

3.代表工作。1989年2月17日至19日，根据省人大常委会的安排，地区联络组组织住惠民地区的全国人大代表视察。听取行署、地区计委、财政局、农业局关于治理经济环境、整顿经济秩序的汇报，关于1988年国民经济和社会发展计划执行情况及1989年安排意见的汇报，关于1988年财政预算执行情况和1989年安排意见的汇报，关于农业生产情况的汇报。在惠民县听取汇报，到城关镇进行座谈，倾听群众意见。

第四章　山东省人大常委会滨州（惠民）地区工作委员会

（1989.03—2001.02）

第一节　建置沿革

机构沿革

1989年3月，根据省第七届人大常委会第七次会议决定，将惠民地区联络组改为山东省人大常委会惠民地区工作委员会，为正厅级单位。总编制为25人（配委员9人，其中专职委员3人），下设办公室、联络处、法制处，均为正县级单位。1989年6月，增设财经处、教科文卫处，两处均为正县级单位。1992年3月，山东省人大常委会惠民地区工作委员会改为山东省人大常委会滨州地区工作委员会。

领导人更迭

主　　任　胡兆坤（1989.03—1992.05）

冯宝璞（1992.05—1998.01）

赵延孝（1998.01—2000.02）

王宗廉（2000.02—2001.01）

副 主 任　杜洪三（1989.03—1991.01）

周茂林（1989.03—1991.01）

宋西九（1991.01—2000.02）

王法尧（1991.01—1992.09）

王元甫（1991.01—1995.02）

王金智（1992.12—1996.07）

段成英（女，1992.12—2000.12）

刘连省（女，1994.02—1998.06）

周建世（1995.03—1995.09）

江连仲（1995.09—2001.01）

邢文福（1996.07—2000.02）

张贵云（1998.02—2001.01）

叶庆华（2000.02—2001.01）

工委委员　樊信泉（1989.11—1990.03）

任广胜（1992.02—1994.07）

周玉伦（1992.02—1997.01）

魏连福（1993.09—1995.03）

刘立生（1993.09—1998.02）

许德成（1993.09—1996.04）

王福祥（1993.09—1997.01）

袁有述（1993.09—1998.05）

许培桓(1993.09—1998.02)
刘奎振（1994.07—2001.01）
王明仁(1995.07—2001.01)
梁昭春(1999.03—2001.01)

党组书记　胡兆坤(1989.03—1992.05)
冯宝璞(1992.05—1997.12)
赵延孝(1997.12—2000.02)
江连仲(2000.02—2001.01)

党组副书记　宋西九(1991.02—2000.02)
江连仲(1995.09—2000.02)
张贵云(1997.12—2001.01)
段成英(女,2000.02—2001.01)

秘 书 长　王明仁(1995.05—2001.01)

副秘书长　宋茂龙 1993.08—2001.02)
王建邦(1996.09—2001.02)

内设机构及负责人更迭

办 公 室

1989 年 3 月 25 日,经地区编制委员会批复设立,为正县级单位。1990 年 10 月,下设秘书科、信访科。1997 年 10 月,增设行政科。1998 年 3 月,增设人事科。均为正科级内设机构。1993 年 2 月,成立汽车队。

主　　任　魏连福(1989.03—1993.08)
宋茂龙(兼,1995.04—2001.02)

副 主 任　于家颖(1989.03—1993.08)
陈培海(1990.02—1992.12)
张明贤(1993.08—1997.08)
赵淑芬(女,1993.08—1997.03)
李　强(1997.08—2000.08)
李　凯(1998.06—2001.02)
杨秀芳(女,2000.01—2001.02)
王春山(2000.08—2001.02)

秘 书 科

科　　长　李　强(1992.03—1997.08)
孙学锋(1997.12—2001.02)

副 科 长　苏学华(1992.03—1998.02)

信 访 科　（无资料）

行 政 科

科　　长　郭文江(1997.12—2001.03)

人 事 科

科　　长　王春山(1998.08—2000.08)

车　　队

队　　长　陶公泉(1993.02—2001.01)

法制处

1989年3月25日，经地区编制委员会批复设立，为正县级单位。

处　　长　于家颖（1993.08—1999.11）

副处长　张同发（1990.01—1993.08）

林全治（1999.08—2001.02）

代表联络处

1989年3月25日，经地区编制委员会批复设立，为正县级单位。

处　　长　徐天祥（1993.08—2000.02）

李　强（2000.08—2001.02）

副处长　徐天祥（1989.09—1993.08）

刘卫红（女，1998.06—2001.02）

财经处

1989年6月26日，经地区编制委员会批复设立，为正县级单位。

处　　长　张发俊（1990.06—1993.08）

刘奎振（1994.02—2001.02）

副处长　李继文（1993.08—2001.02）

教科文卫处

1989年6月26日，经地区编制委员会批复设立，为正县级单位。

处　　长　郭玉芬（1989.09—1990.12）

张同发（1993.08—2001.02）

副处长　宋茂龙（1991.12—1993.08）

张明贤（1997.08—2001.02）

徐竹滨（2000.08—2001.02）

第二节　工作职责

1. 检查地区行政公署、地区中级人民法院、人民检察院地区分院对宪法、法律、法规和上级人民代表大会及其常务委员会的决议、决定在本地区的执行情况，重要情况向派出机关报告。

2. 审查批准本地区国民经济和社会发展计划、财政预算和决算；根据地区行政公署的建议，决定对本行政区域内的国民经济和社会发展计划预算的部分变更。

3. 听取、审议地区行政公署、地区中级人民法院、人民检察院地区分院的工作报告；接待、处理人大代表和人民群众的来信来访；检查、督促有关机关、组织办理代表提出的建议、批评和意见；了解本地区由上一级人民代表大会常务委员会任命的审判人员、检察人员履行职责的情况。

4. 对本地区行政公署、地区中级人民法院、人民检察院地区分院的不适当的决议、决定及其他规范性文件提出意见，并向派出机关报告；对本地区县级人民代表大会及其常务委员会的不适当的决议、决定及其他规范性文件提出意见，并向派出机关报告。

5. 按照派出机关准备审议的议题进行调查研究，征求在本地区的上级人民代表大会代表及其有关部门的意见，及时向派出机关提供情况。

6. 联系在本地区的上级人民代表大会代表,组织代表开展活动,反映代表的意见和要求,为代表执行职务提供服务。

7. 组织在本地区的上级人民代表大会代表评议地区行政公署及其工作部门、地区中级人民法院、人民检察院地区分院的工作;受理人民群众对地区行政公署、地区中级人民法院、人民检察院地区分院及工作人员的申诉和意见。

8. 参加派出机关组织的视察、检查、调查活动,为派出机关行使职权服务。

9. 指导、支持本地区县级人民代表大会及其常务委员会和乡级人民代表大会及其主席团依法开展工作,调查了解情况,总结交流经验,培训人大干部。

10. 组织、指导本地区县、乡两级人民代表大会的换届选举工作和上级人民代表大会代表的选举工作。

11. 负责对法律、法规草案征求意见的工作。

12. 承办派出机关交办的其他事项。

第三节 重要工作

1. 制度建设。

1996年10月29日,中共滨州地委制定《关于进一步加强和改善对人大工作领导的意见》,要求从“根本政治制度”的高度,提高加强和改善对人大工作领导重要意义的认识;加大对人民代表大会制度的宣传力度,努力创造一个全社会尊重、支持人大工作的良好氛围;支持各级人大及其常委会在全区政治、经济和文化生活中充分发挥地方国家权力机关的职能作用;健全落实人大常委会党员主任列席同级党委常委会制度,建立党委一年两次听取人大工作汇报制度,建立人大、政府一年两次联席会议制度,坚持党委、人大、政府、政协秘书长(办公室主任)一年两次联系会议制度,建立地委推荐须由人大常委会任命的干部事前向人大征求意见制度,建立人大新闻宣传工作制度;关心和支持各级人大搞好自身建设。

2. 重要会议。

1989年11月29日至12月1日,全区人大工作经验交流会召开,学习贯彻党的十三届四中、五中全会精神,总结交流工作,研究部署今后任务。县市人大常委会、乡镇人大、地直有关部门等20个单位介绍工作情况和经验。地委副书记冯宝璞、地区工委主任胡兆坤讲话。各县市负责联系人大工作的副书记,县市人大常委会主任、办公室主任,各乡镇人大主席团主席,部分乡镇党委、政府负责人,地直各部门负责人共200多人参加,是全区人大工作发展史上规模最大、人数最多、影响最大的一次会议。

1992年9月23日至25日,山东省五地区人大工作研讨会第四次会议在滨州召开,研究探讨地区工委如何在改革开放和经济建设中更好地发挥作用。德州、聊城、菏泽、临沂、滨州地区工委主要负责人参加。省人大常委会副主任王树芳及省人大常委会有关工作部门负责人出席。地委书记王道玉到会祝贺并讲话。

1994年9月25日,黄河三角洲滨州跨世纪发展战略研讨会在滨州召开。全国人大常委会副委员长费孝通主持会议并讲话。全国人大、全国政协、民盟中央、中国社会科学院、国务院发展研究中心、国务院研究室、国家土地局、科委、人事部、中国投资银行等单位及山东省人大常委会主任李振、副主任徐建春等省领导和部门负责人出席。地区六大班子领导参加。

1994年10月25日,地委与地区工委在邹平县召开全区人大代表评议“一府两院”工作座谈会。邹平县委、县人大、县政府分别就开展人大代表评议工作、接受人大代表监督谈了体会和经验。地委书记王道玉,地区工委主任冯宝璞讲话。这次会议对促进全区人大代表评议工作的深入开展,推动全区民主政治建设具有重要意义。地委委员盖国强,地区工委副主任王元甫、王金智、刘连省,各县市委书记、人大常委会主任及地区有关部门负责人共54人参加。

1999年10月14日，全区人大个案监督理论研讨会召开。会议指出，人大在实施法律监督过程中，对审判、检察机关重大违法案件实行个案监督，将更好地监督支持司法机关公正司法，对促进法律法规的正确实施，为全区改革开放、经济发展和社会稳定提供可靠的法律保障有着不可替代的重要作用。会议对于《滨州地区人大工委个案监督办法（试行）》实施以来开展个案监督的做法进行了交流，围绕个案监督的法律依据、内涵、原则等问题展开了研讨，对于进一步完善和规范个案监督工作发挥了重要作用。

3. 重要活动。

1994年4月1日至30日，地区工委组织各县市人大常委会对实施《中华人民共和国工会法》及《山东省实施〈中华人民共和国工会法〉办法》情况进行检查，以自查为主。各县市共组成检查组60多个，到700个基层单位进行检查。4月21至25日，地区工委组成两个检查组，分别由地区工委副主任王金智、段成英带队，对全区6县1市执行《中华人民共和国工会法》情况进行检查，共抽查26个基层单位。

1998年7月4日至6日，1998年“中华环保世纪行”“建设万里文明海疆”记者团，到山东省第一站无棣县，开展在滨州为期2天的采访活动。听取省海洋与水产厅、省环保局关于山东省海洋环境保护、山东省辖河流域水污染防治情况汇报，听取滨州地区和无棣县关于沿海经济开发及南运河污水改道排入漳卫新河方案将对滨州地区造成严重污染危害等情况汇报，到无棣北部沿海海滩、鲁北化工集团、埕口镇、大山镇进行考察采访。省人大常委会副主任王渭田，地委书记王宗廉，地区工委主任赵延孝、副主任段成英，行署副专员程竹坤等分别陪同。这次“中华环保世纪行”“建设万里文明海疆”记者团采访结束后，将无棣县部分人、畜吃水难等问题以简报形式报送全国人大常委会和国务院领导参阅。全国人大副委员长邹家华作了批示，引起山东省委、省政府的高度重视，省委书记吴官正、省长李春亭、副省长宋法棠分别对解决无棣县和沾化县部分群众吃水难问题做出明确指示，计划在1998年至2000年拨专款2000万元至3000万元，集中解决无棣、沾化两县38万人的吃水问题。1999年11月29日，无棣、沾化两县群众吃水工程送水典礼在无棣县三角洼水库会场举行。

1999年10月10日至13日，地区工委主任赵延孝，副主任江连仲、段成英、邢文福、张贵云，秘书长王明仁带队，分6个组对全区各县市、各乡镇人大“硬件”建设、《山东省乡镇人民代表大会工作若干规定》落实情况、代表小组建设情况进行检查。此前，地区工委在全区开展了以“有办公室、有工作人员、有代表活动场所、有工作制度、有通讯工具”为内容的乡镇人大“五有”建设活动，全区各乡镇人大进一步改善了办公条件和设施。

1999年11月29日，无棣、沾化两县群众吃水工程送水典礼在无棣县三角洼水库会场举行。全国人大环境资源保护委员会主任委员曲格平合闸放水。省委副书记吴爱英，国家环保总局副局长宋瑞祥，全国人大环境资源保护委员会副主任委员李蒙，委员李华忠、张宏仁，水利部副部长周文智，中国科协书记处书记常志海，农业部原部长赵凡，共青团中央书记处书记胡春华，省人大常委会副主任张宗亮等出席典礼。曾积极反映、热切关注两县群众吃水问题的“中华环保世纪行”记者团的记者们也出席了典礼，并再度进行采访报道。地委书记王宗廉介绍两县群众吃水工程建设情况，全国人大环境资源保护委员会主任委员曲格平、水利部副部长周文智、省委副书记吴爱英分别讲话。地委副书记、行署专员张执政主持典礼。

4. 代表工作。

1992年6月10日，根据省人大常委会主任会议安排，地区工委开始组织各县市人大常委会和部分各级人大代表对实施《中央关于计划生育工作的决定》和《山东省计划生育条例》情况进行集中视察。共组织省、县、乡人大代表520名，视察47个乡镇和县直单位，到217个村和350个农户了解情况、倾听意见。

1993年6月21日至7月20日，根据省人大常委会办公厅的安排，地区工委组织各县市人大常委会和各级人大代表对国务院《农民承担费用和劳务管理条例》《山东省农民负担管理条例》实施情况进行视察。共组织各级人大代表150人，视察地、县直单位65个、乡镇30个。听取行署、县乡政府有关情况汇报，到72个村、167个农户了解情况、倾听意见。

1993年7月5日至8月9日，地区工委组织各县市人大常委会和各级人大代表对实施《中华人民共和国食品卫生法》《公共场所卫生管理条例》《化妆品监督条例》《尘肺病防治条例》《学校卫生工作条例》《放射性同位素与射线装置放射防护条例》等公共卫生法律法规情况进行集中视察。视察活动按照自查、抽查的方法进行，住滨州地区省、县、乡三级人大代表共831人参加，直接视察592个单位。

1994年6月21日至7月5日，根据省人大常委会办公厅的安排，地区工委组织住滨部分省人大代表对农民负担管理法规贯彻实施情况进行集中视察。全区参加视察的各级人大代表共计500余人。

5. 重大事项。

1992年4月29日，地区工委主任会议研究决定，建立山东省滨州仁达贸易公司，隶属工委领导，实行独立经营，自负盈亏，主要负责人由工委任免。

1997年4月25日，中共滨州地委批转了地区人大工委党组《关于在国家机关中实行执法责任制的报告》(滨发〔1997〕14号)，明确了实行执法责任制的指导思想、范围、主体、基本要求和内容。成立了滨州地区执法责任制协调领导小组，领导小组办公室设在地区人大工委法制处。5月15日，中共滨州地委召开全区实行执法责任制动员大会，动员和部署在全区国家行政机关、审判机关和检查机关推行执法责任制工作。

6. 工委委员会议。

1992年6月9日，地区工委委员会议召开。决定建立委员会例会制度，每月月底召开一次工委委员会议；建立工作机构合属办公制度。这是工委主要负责人变动后的第一次工委委员会议。地委副书记、地区工委主任冯宝璞主持，地区工委副主任宋西九、王法尧，委员任广胜、周玉伦等出席。

1992年7月24日，地区工委委员会议召开。听取审议行署《关于1991年财政预算执行情况和1992年财政预算安排意见的汇报》。地委副书记、地区工委主任冯宝璞主持，工委副主任宋西九、王法尧、王元甫，委员任广胜、周玉伦出席。

1992年7月30日，地区工委委员会议召开。回顾检查上半年各项工作完成情况，研究部署下步主要工作。地委副书记、地区工委主任冯宝璞主持，地区工委副主任宋西九、王法尧、王元甫，委员任广胜、周玉伦等出席。

1993年2月12日，地区工委召开工委委员会议。研究工委主任、副主任、委员工作分工，讨论通过1993年工作要点。地委副书记、地区工委主任冯宝璞主持，地区工委副主任宋西九、王元甫、王金智、段成英及工委委员任广胜、周玉伦参加。

1993年8月7日，地区工委委员会议召开。听取审议行署1992年财政预算执行情况、1993年财政预算安排意见和1993年上半年财政预算执行情况的汇报。地区工委副主任宋西九、王元甫、王金智、段成英，工委委员任广胜、周玉伦出席。

1994年8月26日，地区工委召开工委委员会议。听取审议行署1993年财政预算执行情况、1994年财政预算安排意见和1月至7月份财政预算执行情况的汇报。地区工委主任冯宝璞讲话。

1996年8月8日，地区工委召开工委委员会议。听取并审议行署副专员燕钦国代表行署作的《关于1995年财政决算、1996年财政预算和上半年预算执行情况的汇报》；听取地区审计局局长曲振水所作的《关于1995年度的本级财政预算执行情况审计工作的汇报》。地区工委主任冯宝璞，副主任江连仲、宋西九、王金智、段成英，工委委员和部分住滨省人大代表参加。

1997年8月7日，地区工委召开工委委员会议。听取地区财政局局长魏艳和副局长张友庆受行署委托所作的《关于1996年财政决算、1997年财政预算安排意见及上半年预算执行情况》《关于滨州地区第二预算1996年决算、1997年收支计划安排及上半年收支执行情况》汇报。听取地区审计局局长曲振水受行署委托所作的《关于1996年地级财政预算执行情况审计情况报告》。地区工委主任冯宝璞主持，工委副主任、委员，住滨省人大代表参加。行署专员王宗廉讲话。

1998年6月9日，地区工委召开工委委员会议。听取审议行署1997年国民经济和社会发展计划执行情况与1998年计划安排意见。地区工委主任、副主任、委员，住滨全国、省人大代表参加。

1998年8月7日，地区工委召开工委委员会议。听取审议地区财政局副局长王秀夫受行署委托所作的《关于1997年财政总决算和1998年财政预算及上半年预算执行情况的汇报》，地区审计局局长胡炳山受行署委托所作的《关于1997年度地级预算执行情况审计工作的汇报》。地区工委主任赵延孝，副主任张贵云、段成英、邢文福及工委委员和部分省人大代表参加。行署副专员苏乃军出席。

1999年4月22日，地区工委委员会议召开。听取审议地区计委主任刘振新受行署委托所作的《全区1998年国民经济、社会发展计划执行情况与1999年计划安排意见的汇报》。地区工委副主任江连仲讲话。地区工委委员、部分全国和省人大代表出席会议。

1999年7月21日，地区工委委员会议召开。听取审议地区财政局局长魏艳受行署委托所作的《全区1998年财政预算执行情况和1999年预算安排及上半年预算执行情况的汇报》，听取审议地区审计局局长胡炳山受行署委托所作的《全区1998年度地直财政预算执行情况审计工作汇报》。地区工委委员，部分全国、省人大代表参加。

1999年7月22日，地区工委委员会议召开。听取审议行署法制局副局长张金华受行署委托所作的《行署上半年执法责任制工作情况汇报》，听取审议地区中级法院副院长张爱华、检察分院检察长修先哲《关于上半年工作的汇报》。地区工委委员，行署分管专员、秘书长、法制局正副局长，法院正、副院长，检察分院正、副检察长参加。

2000年6月19日，地区工委召开工委委员会议。听取地区中级人民法院、滨州检察分院、地区公安处《关于1999年以来办理个案、批办案件的情况汇报》，并进行专题讨论和审议。

2000年6月23日，地区工委召开工委委员会议。听取地区财政局局长宋振华受行署委托所作的《关于1999年财政预算执行情况和2000年财政预算安排的汇报》，听取地区审计局副局长刘合三受行署委托所作的《关于1999年度地直预算执行情况审计工作报告》。部分省人大代表参加。

第二篇　滨州市人民代表大会代表

第一章　历届市人民代表大会代表的选举

第一节　选举机构

第七届选举工作筹备委员会及组成人员

主　　任	王宗廉	地委书记、地区人大工委主任
副 主 任	安世银	地委副书记
	江连仲	地区人大工委党组书记、副主任
	裴建华	地委委员、组织部部长
	段成英	地区人大工委副主任
	张贵云	地区人大工委副主任
	叶庆华	地区人大工委副主任
	赵怀明	行署副专员
成　　员	王安东	军分区政治部主任
	王观庆	地区纪委副书记
	李国强	地委副秘书长、办公室主任
	朱向旭	地委组织部常务副部长
	于耀忠	地委宣传部常务副部长
	姜银浩	地委统战部部长
	黎爱芬	地直机关党委书记
	张德智	地区中级人民法院副院长
	丁福祥	滨州检察分院副检察长
	王明仁	地区人大工委委员、秘书长
	宋茂龙	地区人大工委副秘书长、办公室主任
	王建邦	地区人大工委副秘书长
	郭德刚	行署副秘书长、办公室主任
	刘振新	地区计委主任
	丁广恩	地区人事局局长
	王兴发	地区公安局局长
	刘启盛	地区民政局局长
	宋振华	地区财政局局长
	刘奎振	地区人大工委财经处处长

张同发　地区人大工委教科文卫处处长
李　强　地区人大工委代表联络处处长
林全治　地区人大工委法制处副处长
王悦华　地区工会常务副主任
蔡国华　共青团滨州地委书记
杨兴华　地区妇联副主任

筹委会下设办公室，办公室设在地区人大工委，江连仲同志兼任办公室主任。

第八届全市县乡人大换届选举工作委员会及组成人员

主　　任　朱向旭　市人大常委会副主任
副 主 任　王明仁　市人大常委会秘书长
　　　　　邓文泉　市委组织部常务副部长
委　　员　（按姓名笔划为序）
　　　　　于耀忠　市委宣传部常务副部长
　　　　　王　力　市财政局副局长
　　　　　王建邦　市人大常委会副秘书长
　　　　　张树香　市人大常委会副秘书长
　　　　　李　军　市委统战部副部长
　　　　　李　强　市人大常委会人事代表室主任
　　　　　杨光军　市政府副秘书长
　　　　　侯友新　市人事局副局长

市选举工作委员会下设办公室，李强同志兼任办公室主任。

第九届全市县乡人大换届选举工作委员会及组成人员

主　　任　李成明　市人大常委会副主任
副 主 任　侯宪秀　市人大常委会副主任
　　　　　张冠文　市人大常委会副主任
委　　员　（按姓名笔划为序）
　　　　　王秀夫　市财政局局长
　　　　　付泓波　市纪检委副书记
　　　　　刘培才　市委统战部副部长
　　　　　李　强　市人大常委会人事代表工作室主任
　　　　　吕德章　市委宣传部副部长
　　　　　谷守彬　市委组织部副部长
　　　　　杨光军　市政府副秘书长、办公室主任
　　　　　侯友新　市委组织部副部长、市人事局局长
　　　　　张树香　市人大常委会秘书长

市选举工作委员会下设办公室，李强同志兼任办公室主任。

第十届全市县乡人大换届选举工作联席会议成员

召集人	李国强	市人大常委会秘书长
成　员	王建邦	市人大常委会副秘书长、研究室主任
	李　凯	市人大常委会副秘书长、办公室主任
	李　强	市人大常委会人事代表工作室主任
	蒋爱学	市人大常委会内务司法工作委员会主任
	张金生	市委组织部副部长，市考评办公室主任
	李　平	市委宣传部副部长
	马兴盛	市委统战部常务副部长
	李玉会	市委政法委副书记，市社会治安综合治理委员会办公室主任
	高令章	市纪委干部管理室主任
	樊守林	市公安局副局长
	周胜利	市民政局副调研员
	陈庆荣	市财政局副局长
	韩万军	省国家安全厅驻滨州工作站副站长

联席会议下设办公室，李强同志兼任办公室主任。

第十一届全市县乡人大换届选举工作联席会议成员

召集人	高中兴	市人大常委会秘书长
成　员	张金生	市纪委常务副书记、市监察局局长
	张佃平	市委组织部副部长、市老干部局局长
	马广才	市委宣传部副部长、市社科联主席
	刘培峰	市委统战部副部长、市社会主义学院副院长
	崔广利	市委政法委副书记、市综治办主任
	李　凯	市人大常委会委员、副秘书长、办公室主任
	刘国安	市人大常委会副秘书长、研究室主任
	李　强	市人大常委会委员、人事代表工作委员会主任
	朱万春	市人大常委会委员、法制工作委员会主任
	李邦斌	市中级人民法院党组成员、副院长
	牛向阳	市人民检察院党组成员、副检察长
	马千里	市委保密办主任、市保密局局长
	孙昌亮	市电子政务办公室副主任、市信息网络中心主任
	樊守林	市公安局党委副书记、政委
	吕德祥	市民政局副局长
	安　林	市司法局副局长
	卢得珍	市财政局党组成员、副局长
	郭金鹏	市人力资源和社会保障局副局长、市劳动人事争议仲裁院院长
	苗满春	市国家安全局副局长

联席会议下设办公室，办公室设在市人大常委会人事代表工作委员会，李强同志兼任办公室主任。

第二节　选举情况

滨州市第七届人民代表大会选举情况

根据省人大常委会《关于山东省设区的市、县(市、区)人民代表大会换届时间和新一届代表及常务委员会组成人员名额的决定》规定,市人民代表大会代表名额为384名。按照《滨州市人民代表大会常务委员会关于全市县以上人民代表大会换届时间和新一届市人大代表名额分配的决定》的有关规定,在代表总名额中,留下15名作为预备名额,将369个代表名额按“农村每一代表所代表的人口数四倍于城市每一代表所代表的人口数”的原则,分配给各县区和解放军驻滨州部队,分别按照《中华人民共和国全国人民代表大会和地方各级人民代表大会选举法》和《中国人民解放军选举全国人民代表大会和地方各级人民代表大会代表的办法》选举产生。

各县区及解放军驻滨州部队等选举单位按照有关法律的规定,于2000年12月16日前依法选举产生了滨州市第七届人民代表大会代表369名。

滨州市第八届人民代表大会选举情况

本届人大代表的选举工作从2002年10月开始至2003年1月25日结束。根据省人大常委会《关于山东省设区的市、县(市、区)人民代表大会换届时间和新一届代表及常务委员会组成人员名额的决定》规定,市人民代表大会代表名额为384名。按照《滨州市人民代表大会常务委员会关于全市县以上人民代表大会换届时间和新一届市人大代表名额分配的决定》的有关规定,在代表总名额中,留下15名作为预备名额,将369个代表名额按“农村每一代表所代表的人口数四倍于城市每一代表所代表的人口数”的原则,分配给各县区和解放军驻滨州部队,分别按照《中华人民共和国全国人民代表大会和地方各级人民代表大会选举法》和《中国人民解放军选举全国人民代表大会和地方各级人民代表大会代表的办法》选举产生。

各县区及滨州军分区、71436部队等选举单位按照有关法律的规定,于2003年1月25日前依法选举产生了滨州市第八届人民代表大会代表368名,其中棣县缺选1名。

滨州市第九届人民代表大会选举情况

本届人大代表的选举工作从2007年8月开始至2007年12月16日结束。根据山东省人大常委会《关于山东省设区的市、县(市、区)人民代表大会换届时间和新一届代表及常务委员会组成人员名额的决定》规定,市第九届人民代表大会代表名额为384名。按照《滨州市人民代表大会常务委员会关于全市各级人民代表大会换届时间和市九届人大代表名额分配的决定》《滨州市人大常委会关于调整市九届人大代表预留名额的决定》的有关规定,在代表总名额中,留下5名作为预备名额,将379个代表名额分配给各县区和解放军驻滨州部队,分别按照《中华人民共和国全国人民代表大会和地方各级人民代表大会选举法》《中国人民解放军选举全国人民代表大会和地方各级人民代表大会代表的办法》选举产生。

各县区及解放军驻滨州部队等选举单位按照有关法律的规定,于2007年12月16日前依法选举产生了滨州市第九届人民代表大会代表379名。

滨州市第十届人民代表大会选举情况

本届人大代表的选举工作从2011年8月开始至2012年1月10日结束。根据山东省人大常委会《山东省人民代表大会常务委员会关于山东省设区的市新一届人民代表大会代表及常务委员会组成人员名额的决定》规定,市第十届人民代表大会代表名额为384名。按照《滨州市人民代表大会常务委员会关于滨州市第十届人民代表大会代表名额分配的决定》的有关规定，在代表总名额中，留下10名作为预备名额，将374个代表名额分配给各县区和解放军驻滨州部队，分别按照《中华人民共和国全国人民代表大会和地方各级人民代表大会选举法》《中国人民解放军选举全国人民代表大会和地方各级人民代表大会代表的办法》选举产生。

各县区及解放军驻滨州部队等选举单位按照有关法律的规定，于2012年1月10日前依法选举产生了滨州市第十届人民代表大会代表374名。

第三节　资格审查机构

★滨州市第七届人民代表大会筹委会代表资格审查委员会主任委员、委员名单

主任委员　江连仲

委　　员　（按姓名笔画为序）

王明仁　朱向旭　杨兴华（女）　沈志强　张吉文　郭德刚

★滨州市第七届人民代表大会常务委员会代表资格审查委员会主任委员、委员名单

主任委员　朱向旭

委　　员　（按姓名笔画为序）

王明仁　刘　凤　杨兴华　沈志强　张士平　张吉友
姜　力　蔡国华

★滨州市第八届人民代表大会常务委员会代表资格审查委员会主任委员、委员名单

主任委员　朱向旭

委　　员　（按姓名笔画为序）

杨兴华（女）　吴国瑞　沈志强　张士平　张树香　姜　力
高全福　蔡国华

★滨州市第九届人民代表大会常务委员会代表资格审查委员会主任委员、委员名单

主任委员　张冠文

委　　员　（按姓名笔划为序）

王悦华　刘志钢　杨玖庆　杨淑云　李凤岐　李　强
吴国瑞　沈志强　张士平　姜　力

★滨州市第十届人民代表大会常务委员会代表资格审查委员会主任委员、委员名单

主任委员　李国强

委　　员　（按姓名笔画为序）

刁万祥　李　军　李　强　李红军　张士平　沈志强
郑玉梅　胡红兵　杨万邦　董风华

第二章　历届市人大代表的构成名录及变动

第一节　代表名额及分配

滨州市第七届人民代表大会代表名额及分配

滨州市第七届人民代表大会代表名额为384名，由市人大常委会在预留15个名额的基础上，具体名额分配如下：滨城区85名、惠民县57名、阳信县39名、无棣县40名、沾化县35名、博兴县47名、邹平县63名、解放军3名。

滨州市第八届人民代表大会代表名额及分配

滨州市第八届人民代表大会代表名额为384名，由市人大常委会在预留15个名额的基础上，具体名额分配如下：滨城区86名、惠民县56名、阳信县38名、无棣县40名、沾化县35名、博兴县47名、邹平县64名、解放军3名。

滨州市第九届人民代表大会代表名额及分配

滨州市第九届人民代表大会代表名额为384名，由市人大常委会在预留5个名额的基础上，具体名额分配如下：滨城区88名、惠民县58名、阳信县39名、无棣县41名、沾化县36名、博兴县48名、邹平县66名、解放军3名。

滨州市第十届人民代表大会代表名额及分配

滨州市第十届人民代表大会代表名额为384名，由市人大常委会在预留10个名额的基础上，具体名额分配如下：滨城区62名、惠民县62名、阳信县44名、无棣县45名、沾化县41名、博兴县48名、邹平县69名、解放军驻滨部队3名。

第二节　代表的构成

滨州市第七届人民代表大会代表的构成

全市各选举单位实际选出滨州市第七届人民代表大会代表369名。其中：

1. 工农及其它劳动者190名，占51.5%；干部100名，占27.17%；知识分子66名，占17.89%；民主党派及无党派人士7名，占1.9%；解放军3名，占0.81%；其他2名，占0.54%。

2. 中共党员259名，占70.19%；非中共党员110名，占29.81%。

3. 妇女92名，占24.93%。

4. 少数民族5名，占1.36%。

5. 代表中，大学本科以上学历的116名，占31.44%；大专学历的118名，占31.98%；中专（高中）学历的83名，占22.49%；初中学历的51名，占13.82%；小学学历的1名，占0.27%。

滨州市第八届人民代表大会代表的构成

全市各选举单位实际选出滨州市第八届人民代表大会代表368名。其中:

1. 工农及其它劳动者180名,占48.91%;干部100名,占27.17%;知识分子66名,占17.94%;民主党派及无党派人士11名,占2.99%;解放军3名,占0.82%;其他8名,占2.17%。

2. 中共党员263名,占71.47%;非中共党员105名,占28.53%。

3. 妇女86名,占23.37%。

4. 少数民族5名,占1.36%。

5. 代表的平均年龄45.36岁。其中,45岁以下的183名,占49.73%;46岁至55岁的140名,占38.4%;56岁至60岁的34名,占9.24%;61岁以上的11名,占2.99%。

6. 代表中,大学本科以上学历的139名,占37.77%;大专学历的114名,占30.98%;中专(高中)学历的76名,占20.65%;初中学历的35名,占9.51%;小学学历的4名,占1.09%。

7. 是市七届人大代表的208名,占56.52%。

滨州市第九届人民代表大会代表的构成

全市各选举单位实际选出滨州市第九届人民代表大会代表379名。其中:

1. 工农及其它劳动者178名,占46.97%;干部119名,占31.4%;知识分子62名,占16.36%;解放军3名,占0.79%;其他17名,占4.49%。

2. 中共党员272名,占71.77%。

3. 妇女85名,占22.43%。

4. 少数民族3名,占0.79%。

5. 代表的平均年龄46.6岁。其中,45岁以下的199名,占52.51%;46岁至55岁的128名,占33.77%;56岁至60岁的35名,占9.23%;61岁以上的17名,占4.49%。

6. 代表中,大学本科以上学历的180名,占47.49%;大专学历的123名,占32.45%;中专(高中)学历的62名,占16.36%;初中学历的14名,占3.69%。

7. 是市八届人大代表的186名,占49.08%。

滨州市第十届人民代表大会代表的构成

全市各选举单位实际选出滨州市第十届人民代表大会代表374名。其中:

1. 工农及其它劳动者186名,占50%;干部113名,占30%;知识分子60名,占16%;解放军3名,占0.8%;其他12名,占3.2%。

2. 中共党员273名,占73%。

3. 妇女84名,占22.5%。

4. 少数民族4名,占1.1%。

5. 代表的平均年龄48岁。其中,45岁以下的127名,占34%;46岁至55岁的186名,占49.7%;56岁至60岁的41名,占11%;61岁以上的20名,占5.3%。

6. 代表中,研究生以上学历的80名,占21.4%;大学本科学历的152名,占40.6%;大专学历的96名,占25.7%;中专(高中)学历的34名,占9.1%;初中学历的12名,占3.2%。

7. 是市九届人大代表的175名,占46.8%。

第三节　代表名录及变动

滨州市第七届人民代表大会代表名录

滨州市第七届人民代表大会代表滨城区代表团名录

表1

姓　名	现任(或原任)职务	性别	民族	籍贯	学历	党派	代表界别	备注
邱新德	滨南采油厂厂长、党委副书记	男	汉	山东荣成	大学	中共	工人	
张政辉	滨州电业局局长	男	汉	山东莱芜	大专	中共	工人	
张秉春	滨州印染集团有限责任公司花布车间挡车工	男	汉	山东章丘	大专	中共	工人	
王　艳	滨州华润纺织有限公司工人	女	汉	山东东营	大专	中共	工人	
罗公义	滨州地区建筑公司第一分公司瓦工班长	男	汉	山东桓台	初中	中共	工人	
张乃生	滨州交运集团有限责任公司汽车修理总厂技术员	男	汉	山东邹平	中专	中共	工人	
邵明俊	山东活塞厂高级技师	女	汉	山东高青	高中	中共	工人	
张　波	山东滨州魏桥纺织有限公司总经理	男	汉	山东邹平	大专	中共	工人	
陈高峰	滨州市邮政局储汇分局副局长	男	汉	山东博兴	大学	-	工人	
宋志金	滨州京恋毛纺有限责任公司轮班长	男	汉	山东东营	中专	-	工人	
王延平	山东亚光纺织集团董事长、党委书记	男	汉	山东淄博	大专	中共	工人	省九届人大代表
解　聚	山东滨州黄河纸业集团有限公司董事长、总经理、党委书记	男	汉	山东荣成	大专	中共	工人	省七、八届人大代表
郁有国	山东滨州春晓针复制衣集团有限公司董事长、党委书记	男	汉	山东日照	研究生	中共	工人	
张志强	滨城区粮食收储有限公司北镇分公司经理	男	汉	山东滨城	大学	-	工人	
刘振海	滨州瑞恒印染有限责任公司工人	男	汉	山东滨城	初中	-	工人	
徐继武	滨州建工集团有限公司董事长、总经理	男	汉	山东滨城	大专	中共	工人	
陈　艳	滨州市百货大楼有限责任公司副总经理	女	回	山东临清	大学	中共	工人	
韩学军	滨州市长江集团董事长	男	汉	山东无棣	高中	-	工人	
王连生	滨州市胜滨石油机械厂厂长、总工程师	男	汉	山东滨城	初中	-	工人	
侯传光	滨州环宇纺织集团董事长、总经理、党总支书记	男	汉	山东滨城	大专	中共	农民	
张秀堂	滨城区北镇街道办事处党委副书记、郝家居委会党支部书记	男	汉	山东滨城	高中	中共	农民	
郭兰英	滨城区北镇街道办事处耿家居委会党支部书记、居委会主任	女	汉	山东滨城	初中	中共	农民	
于景河	滨城区市中街道办事处党委副书记、樊家居委会党支部书记	男	汉	山东滨城	高中	中共	农民	
李　生	滨州市惠生实业有限责任公司总经理	男	汉	山东青州	中专	-	农民	

续表1

姓　名	现任(或原任)职务	性别	民族	籍贯	学历	党派	代表界别	备注
赵玉华	滨城区市西街道办事处康家居委会党支部书记	男	汉	山东滨城	大专	中共	农民	省九届人大代表
姜玉华	滨城区彭李街道办事处党委副书记,滨州裕华(集团)实业总公司董事长	男	汉	山东滨城	大专	中共	农民	省八届、九届人大代表
李焕荣	滨州华龙企业(集团)总公司主管会计	女	汉	山东滨城	高中	-	农民	
毕雪林	滨城区市东街道办事处毕家村党支部书记、村委会主任	男	汉	山东滨城	大专	中共	农民	
苏茂彬	滨城区市东街道办事处苏家村党支部书记	男	汉	山东滨城	大专	中共	农民	
孙泽忠	滨城区蒲城街道办事处李庄村党支部书记兼滨城区市南建筑公司经理	男	汉	山东滨城	大专	中共	农民	
张守泽	滨城区滨北镇天龙建工有限责任公司总经理	男	汉	山东滨城	大专	中共	农民	
刘金生	滨城区滨北镇刘木皂村村委会主任	男	汉	山东滨城	中专	中共	农民	
尹龙山	滨城区堡集镇前尹村党支部书记	男	汉	山东滨城	高中	中共	农民	
陈　信	滨城区堡集镇国家村党支部书记	男	汉	山东滨城	高中	中共	农民	
张大成	滨城区小营宾馆、小营镇水利建安公司经理	男	汉	山东滨城	初中	-	农民	
李宝华	滨城区小营镇经委副主任、通达公司经理	男	汉	山东滨城	大专	中共	农民	
张光荣	滨城区里则镇张安村村委会主任	男	汉	山东滨城	初中	-	农民	
胡德兴	滨城区杜店镇南街村党支部书记	男	汉	山东滨城	初中	中共	农民	
姬长明	滨城区杜店镇姬家沟村党支部书记	男	汉	山东滨城	初中	中共	农民	
张其荣	滨城区旧镇镇尧洼村党支部书记	女	汉	山东滨城	初中	中共	农民	
杨内连	滨城区尚集乡杨柳雪村党支部书记	男	汉	山东滨城	初中	中共	农民	
宋承民	滨城区尚集乡辛店村党支部书记	男	汉	山东滨城	大专	中共	农民	
孟秀枝	滨城区滨北镇姑子庵村妇联主任、计生专干	女	汉	山东滨城	高中	-	农民	
窦国礼	滨城区梁才乡北石村党支部书记	男	汉	山东滨城	初中	中共	农民	
高法滨	滨城区梁才乡小高村村委会主任	男	汉	山东滨城	初中	-	农民	
安世银	中共滨州市委副书记	男	汉	山东东阿	大专	中共	干部	省八届人大代表
修先哲	滨州市人民检察院检察长、党组书记	男	汉	山东莱阳	大专	中共	干部	
郭德刚	滨州市人大常委会副主任	男	汉	山东博兴	大学	中共	干部	
黎爱芬	中共滨州市直属机关委员会书记	女	汉	山东博兴	大学	中共	干部	
宋茂龙	滨州市人大常委会委员,市人大常委会民族侨务外事工作委员会副主任	男	汉	山东商河	大专	中共	干部	
王洪吕	滨州市交通委主任、党组书记兼市公路局党委书记	男	汉	山东邹平	大专	中共	干部	省八届人大代表
李树国	滨州市科委主任、党组副书记	男	汉	山东无棣	大普	中共	干部	
张树香	滨州市人大常委会委员,市人大常委会副秘书长、办公室主任	女	汉	山东寿光	大专	中共	干部	
张冠文	滨州市农业局局长、党委书记	男	汉	山东广饶	大学	中共	干部	
丁广恩	滨州市人事局局长、党组书记、编办主任	男	汉	山东广饶	大专	中共	干部	

续表1

姓 名	现任(或原任)职务	性别	民族	籍贯	学历	党派	代表界别	备 注
韩振庆	滨州市水利局局长、党委书记	男	汉	山东邹平	大专	中共	干部	
殷炳明	中共滨州市委宣传部副部长,滨州市广播电视局局长、党组书记,滨州电视台台长	男	汉	山东沾化	大学	中共	干部	
张友庆	滨州市地方税务局局长、党组书记	男	汉	山东广饶	大学	中共	干部	
解少明	中国人民银行滨州市中心支行行长、党委书记	男	汉	山东莱西	大学	中共	干部	
曹兴宽	中共滨州市委常委、滨城区委书记	男	汉	山东阳信	大学	中共	干部	
王惠军	中共滨城区委副书记、区长	男	汉	山东寿光	大专	中共	干部	
陈维玉	滨城区人大常委会主任、党组书记	男	汉	山东蓬莱	大专	中共	干部	
刘桂芳	中共滨城区委常委、纪委书记	男	汉	山东滨城	大专	中共	干部	
单立新	滨城区公安局局长、党组副书记	男	汉	山东东营	大专	中共	干部	
张希水	滨城区市区国税局局长、党组书记	男	汉	山东滨城	大学	中共	干部	
董继泽	滨城区北镇街道办事处党委书记	男	汉	山东高青	大专	中共	干部	
苑凤奎	滨城区里则镇党委书记	男	汉	山东滨城	大学	中共	干部	
岳玉武	滨城区单寺乡党委书记	男	汉	山东高青	大学	中共	干部	
贾玉忱	滨州医学院党委书记	男	汉	山东高青	大学	中共	知识分子	
耿慧君	滨州市京剧团艺术指导	女	汉	山东德州	初中	中共	知识分子	
苏其鹏	滨州农业学校教师	男	汉	山东滨城	大学	中共	知识分子	
宋玉莲	山东省北镇中学教师	女	汉	山东桓台	大专	中共	知识分子	
张英美	滨州市复退军人医院副院长,市福利院院长、党支部书记	女	汉	山东惠民	中专	中共	知识分子	
王晓明	滨城区一中校长、党支部书记	男	汉	山东滨城	大学	中共	知识分子	
毛雪琴	滨城区第三中学教师	女	汉	山东阳信	大学	-	知识分子	
王新云	滨城区区立医院急救中心主任	女	汉	山东滨城	大专	-	知识分子	
李红梅	滨城区农业局植保站副站长	女	汉	山东滨城	大学	-	知识分子	
沙树霞	滨城区滨北镇第二中学教师	女	汉	山东滨城	大专	-	知识分子	
孙国翠	滨城区堡集镇第一中学教师	女	汉	山东滨城	大专	-	知识分子	
张玉娥	滨城区小营镇第一中学校长	女	汉	山东滨城	大学	中共	知识分子	
吕春勇	滨城区里则镇教委主任	男	汉	山东滨城	大学	中共	知识分子	
景爱莲	滨城区杜店镇林业站副站长	女	汉	山东高青	大专	-	知识分子	
洪宝朝	滨城区旧镇中学教师	男	汉	山东滨城	大学	-	知识分子	
韩星一	滨城区尚集二中校长	男	汉	山东滨城	大学	中共	知识分子	
高彬儒	滨州市人大常委会委员,滨州建安集团有限责任公司副总经理、民革滨州支部委员	男	汉	山东滨城	大专	民革	民主党派	

滨州市第七届人民代表大会代表惠民县代表团名录

表2

姓　名	现任(或原任)职务	性别	民族	籍贯	学历	党派	代表界别	备 注
韩长胜	山东中棉棉业有限责任公司董事长,惠民县良种棉加工厂厂长	男	汉	山东惠民	大专	中共	工人	
纪玉光	山东惠民华润纺织有限公司总经理、党委书记	男	汉	山东广饶	大学	中共	工人	
郝观美	山东彩霞地毯集团有限公司董事长、总经理、党委书记	男	汉	山东惠民	初中	中共	工人	
刘风栋	惠民县供销合作总社理事会副主任、党委委员兼第三油棉厂厂长	男	汉	山东惠民	大学	中共	工人	
骆崇水	惠民县农村信用合作社联合社主任	男	汉	山东惠民	大学	中共	工人	
董培堂	惠民县聚脂制瓶厂厂长	男	汉	山东惠民	高中	-	工人	
薛中霞	惠民县清河镇党政办公室办事员	女	汉	山东惠民	大专	-	工人	
孙建国	惠民县兴梁建筑安装、水利水电公司经理	男	汉	山东惠民	高中	中共	工人	
吕兴华	惠民县胡集镇经委主任	男	汉	山东阳信	中专	-	工人	
赵吉星	惠民县华兴酿造有限公司总经理	男	汉	山东惠民	高中	-	工人	
左　谦	惠民县城建委规划科职工	男	汉	山东惠民	大学	-	工人	
韩云华	惠民县电业局职工	女	汉	山东惠民	大专	-	工人	
尤林英	惠民县粮食局劳动服务公司职工	女	汉	江苏涟水	中专	-	工人	
邓宗元	惠民县桑落墅镇邓家村农民	男	汉	山东惠民	高中	-	农民	
王世明	惠民县陈集乡南王村党支部书记	男	汉	山东惠民	初中	中共	农民	
万福顺	惠民县麻店镇万家村农民	男	汉	山东惠民	中专	-	农民	
李金清	惠民县皂户李乡前找李村农民	男	汉	山东惠民	初中	-	农民	
潘洪金	惠民县淄角镇西李集村党支部书记	男	汉	山东惠民	初中	中共	农民	
周淑芹	惠民县辛店乡樊桥村计划生育专职主任	女	汉	山东惠民	初中	-	农民	
张振娥	惠民县三堡乡官道徐村党支部书记	女	汉	山东惠民	初中	中共	农民	
刘洪琴	惠民县省屯镇第二砖瓦厂副厂长	女	汉	山东惠民	中专	-	农民	
李焕英	惠民县何坊乡李四池村计划生育专职主任	女	汉	山东惠民	高中	中共	农民	
翟云堂	惠民县香翟乡香翟村党支部书记	男	汉	山东惠民	高中	中共	农民	
马希冉	山东省惠民县蝎王保健品厂厂长	男	汉	山东惠民	高中	-	农民	
潘广林	惠民县李庄镇潘家口村党支部书记	男	汉	山东惠民	初中	中共	农民	
朱安歧	惠民县姜楼镇兰家村党支部书记	男	汉	山东惠民	初中	中共	农民	
于佃洧	惠民县联伍乡丁家村村委会委员	男	汉	山东惠民	高中	-	农民	
张秀葵	惠民县大年陈乡林业站站长	女	汉	山东商河	大学	中共	农民	
刘合远	惠民县大年陈乡刘景新村党支部书记	男	汉	山东惠民	初中	中共	农民	
王宗廉	中共滨州市委书记,市人大常委会主任,市委党校校长,滨州军分区党委第一书记	男	汉	江苏丰县	研究生	中共	干部	省九届人大代表
胡兆坤	原滨州地区人大工委主任	男	汉	山东潍坊	大专	中共	干部	省七届人大代表

续表2

姓 名	现任(或原任)职务	性别	民族	籍贯	学历	党派	代表界别	备 注
张贵云	滨州市人大常委会副主任、党组副书记	男	汉	山东昌邑	大专	中共	干部	
张同发	滨州市人大常委会委员，市人大常委会教科文卫工作委员会副主任	男	汉	山东无棣	大专	中共	干部	
王建邦	滨州市人大常委会副秘书长、研究室主任	男	汉	河北盐山	研究生	中共	干部	
王乃信	滨州师专党委书记，滨州市教委主任、党组副书记	男	汉	山东沾化	大普	中共	干部	
宋振华	滨州市财政局局长、党组书记	男	汉	山东苍山	大专	中共	干部	
王保民	滨州市市长助理、市计生委主任、党组书记	男	汉	山东滨城	大学	中共	干部	
杨兴华	滨州市人大常委会委员，市妇联主席、党组书记	女	汉	山东沾化	大专	中共	干部	
祁维华	滨州市人民政府副市长	女	汉	山东博兴	大专	中共	干部	省九届人大代表
何凤岐	中共惠民县委书记	男	汉	山东沾化	大专	中共	干部	
曹洪儒	惠民县人大常委会主任、党组书记	男	汉	山东惠民	大专	中共	干部	
路福增	惠民县人大常委会原主任	男	汉	山东惠民	初中	中共	干部	
张世芳	惠民县惠民镇党委书记	男	汉	山东无棣	大学	中共	干部	
桑立谦	惠民县人事局局长	男	汉	山东惠民	高中	中共	干部	
李秀峰	滨州市人民医院名誉院长	男	汉	山东龙口	大学	中共	知识分子	省七届人大代表
张 彪	惠民县人民法院院长、党组书记	男	汉	山东莱州	大学	中共	知识分子	
张希华	惠民县第一中学校长、党支部书记	男	汉	山东惠民	大学	中共	知识分子	
张唐芝	山东六和集团董事长、滨州六和有限公司董事长	男	汉	山东寿光	大学	中共	知识分子	
高 娟	惠民县第一实验学校校长	女	汉	山东高青	大专	中共	知识分子	
李振钿	惠民县申桥镇中学校长、党支部书记	男	汉	山东惠民	大专	中共	知识分子	
王立伟	滨州市结核肿瘤医院主治医师	女	汉	山东龙口	大专	-	知识分子	
李向阳	惠民县广播电视局总编室总编	男	汉	山东惠民	大专	中共	知识分子	
李国强	惠民县机关医院副院长、党支部纪检委员、外科主任	男	汉	山东惠民	大学	中共	知识分子	
季丰泉	惠民县畜牧局科技服务中心主任	男	汉	山东惠民	大学	-	知识分子	
郑秀荣	惠民县计划生育服务站副站长	女	汉	山东惠民	中专	-	知识分子	
吴国瑞	滨州市人大常委会委员，市投资公司办公室副主任，民建滨州支部主任	女	汉	山东沾化	大学	民建	民主党派	
袁海芳	惠民县副县长	女	汉	山东惠民	大学	-	无党派	

滨州市第七届人民代表大会代表阳信县代表团名录

表3

姓 名	现任(或原任)职务	性别	民族	籍贯	学历	党派	代表界别	备 注
张忠正	滨州市人大常委会委员，山东省滨州化工集团董事长、总经理、党委书记	男	汉	山东潍坊	大学	中共	工人	省八届、九届人大代表
刘清树	阳信县电信局局长、党组书记	男	汉	山东惠民	大专	中共	工人	
凌志学	阳信县晟鑫餐具公司经理	男	汉	山东阳信	中专	-	工人	

续表 3

姓　名	现任(或原任)职务	性别	民族	籍贯	学历	党派	代表界别	备 注
程立静	阳信县城关农村信用合作社会计	女	汉	山东阳信	高中	-	工人	
万洪英	阳信县河流镇小刘村计划生育专职主任	女	汉	山东阳信	高中	-	农民	
朱洪生	阳信县翟王镇西朱村党支部书记	男	汉	山东阳信	初中	中共	农民	
闫庆春	阳信县雷家乡西闫村村委会主任、新建铸造材料厂厂长	男	汉	山东阳信	初中	-	农民	
劳爱枝	阳信县劳店乡河北辛村计划生育专职主任	女	汉	山东阳信	高中	-	农民	
张同林	阳信县兴银抽纱厂经理	男	汉	山东阳信	初中	-	农民	
李忠林	阳信县鹁鸽李乡鹁鸽李村党支部书记	男	汉	山东阳信	初中	中共	农民	
黄春生	阳信瑞鑫毛制品有限公司董事长	男	汉	山东阳信	大专	中共	农民	
韩焕兰	阳信县商店镇南街村党支部书记	女	汉	山东阳信	初中	中共	农民	
魏红爱	阳信县阳信镇牛王堂村计划生育专职主任	女	汉	山东阳信	高中	-	农民	
张寿辰	阳信县巨龙纺织有限公司经理	男	汉	山东阳信	高中	中共	农民	
周主珉	阳信县流坡坞镇周商办事处党总支副书记、周家村党支部书记	男	汉	山东阳信	高中	中共	农民	
郝玉环	阳信县翟王镇韩打箔中心小学教师	女	汉	山东阳信	中专	-	农民	
郝玉友	阳信县温店镇西郝村党支部书记,友忠塑料制品有限公司经理	男	汉	山东阳信	初中	中共	农民	
幽春芝	阳信县流坡坞镇幽家村妇女主任	女	汉	山东阳信	高中	-	农民	
夏子芹	阳信县温店镇温家村村委会主任	男	汉	山东阳信	高中	-	农民	
郭清河	阳信县美鼎餐具有限公司经理	男	汉	山东阳信	高中	中共	农民	
冯宝璞	原滨州地区人大工委主任	男	汉	山东荣成	大专	中共	干部	省七届、八届人大代表
江连仲	滨州市人大常委会副主任、党组书记	男	汉	山东济南	大学	中共	干部	省六届人大代表
侯宪秀	中共滨州市委常委、秘书长	男	汉	山东郓城	大普	中共	干部	
胡克生	滨州市人大常委会委员,市人大常委会城乡建设环境保护工作委员会副主任	男	汉	山东淄博	高中	中共	干部	
刘振新	滨州市市长助理、市计委主任、党组书记	男	汉	山东无棣	大学	中共	干部	
李　强	滨州市人大常委会人事代表工作室主任	男	汉	山东博兴	大专	中共	干部	
田宝礼	中共阳信县委书记	男	汉	山东无棣	大学	中共	干部	
李慎猛	中共阳信县委副书记、县长	男	汉	山东邹平	大学	中共	干部	
訾继志	阳信县人大常委会主任、党组书记	男	汉	山东阳信	中专	中共	干部	省九届人大代表
曲金辉	阳信县人民检察院检察长、党组书记	男	汉	山东陵县	大学	中共	干部	
焦本强	阳信县洋湖乡党委书记	男	汉	山东阳信	研究生	中共	干部	
冯一江	阳信县水落坡乡党委书记、人大主席	男	回	山东梁山	大专	中共	干部	
刘　凤	滨州市人大常委会委员,滨州医学院病理生理学教研室实验室主任、中国农工民主党滨州支部主委	女	蒙古	山东淄博	大学	农工	知识分子	全国九届人大代表

续表3

姓 名	现任(或原任)职务	性别	民族	籍贯	学历	党派	代表界别	备 注
王清敏	阳信县阳信镇林业站副站长	男	汉	山东阳信	大学	-	知识分子	
訾兴凤	阳信县林业局副局长	女	汉	山东阳信	中专	中共	知识分子	
李 斌	阳信县人民医院院长、党支部书记	男	汉	山东阳信	大学	中共	知识分子	
刘宝玉	阳信县第一中学教师	男	汉	山东阳信	中专	-	知识分子	
邓爱芝	阳信县供销总公司副总经理、总会计师	女	汉	山东阳信	大学	中共	知识分子	
郭建新	滨州市人大常委会副主任	女	汉	山东广饶	大学	-	无党派	

滨州市第七届人民代表大会代表无棣县代表团名录

表4

姓 名	现任(或原任)职务	性别	民族	籍贯	学历	党派	代表界别	备 注
冯久田	鲁北企业集团总公司党委书记,山东鲁北化工股份有限公司董事长	男	汉	山东无棣	大学	中共	工人	
蔡银芳	无棣县委常委	女	汉	山东无棣	研究生	中共	工人	
韩天敏	埕口盐化集团总公司总经理、党委书记,埕口盐场场长	男	汉	山东沾化	大专	中共	工人	
王照勇	山东万德酒业有限公司董事长、总经理	男	汉	山东无棣	大专	中共	工人	
徐清友	基德纺织科技有限公司董事长、党委书记	男	汉	山东无棣	大专	中共	工人	
罗清泉	山东省粮油工业公司经理助理,良友油脂股份有限公司总经理	男	汉	山东无棣	大专	中共	工人	
张 敏	中国工商银行无棣县支行行长	男	汉	山东无棣	大学	中共	工人	
杨金岭	山东金羚毛纺有限公司董事长	男	汉	山东无棣	大学	中共	工人	
史洪柱	埕口盐化集团八分场职工	男	汉	山东无棣	中专	中共	工人	
贾秀华	基德纺织科技有限公司职工	女	汉	山东无棣	大专	中共	工人	
贾爱莲	鲁北化工股份有限公司职工	女	汉	山东齐河	大专	中共	工人	
付海霞	无棣县国税局职工	女	汉	山东无棣	大专		工人	
邢宝英	无棣县大山镇付家码头村党支部书记	女	汉	山东无棣	初中	中共	农民	
信连海	无棣县埕口镇水沟村党支部书记	男	汉	山东无棣	高中	中共	农民	
刘俊侠	无棣县车镇乡五道庙村农民	男	汉	山东无棣	中专		农民	
王子让	无棣县西小王乡政府乡长助理、畜牧兽医站站长	男	汉	山东无棣	高中		农民	
杨宝俊	无棣县无棣镇杨白杨村村委会主任	男	汉	山东无棣	初中	中共	农民	
李清柱	无棣县双龙手套厂厂长	男	汉	山东无棣	高中		农民	
孟德收	无棣县柳堡乡闫家村村委会主任	男	汉	山东无棣	高中		农民	
肖景海	无棣县水湾镇郭辛店村党支部书记,县人大常委会委员	男	回	山东无棣	初中	中共	农民	省五届人大代表
李成明	中共滨州市委常委、纪委书记	男	汉	山东沂水	大专	中共	干部	
周清利	中共滨州市委常委、滨州市人民政府副市长、党组副书记	男	汉	山东惠民	大专	中共	干部	省九届人大代表

续表4

姓　名	现任(或原任)职务	性别	民族	籍贯	学历	党派	代表界别	备 注
张秀亭	滨州市委党校党委书记、副校长	男	汉	山东博兴	大专	中共	干部	
巩若良	滨州市人大常委会副主任	男	汉	山东惠民	大学	中共	干部	
梁昭春	滨州市人大常委会委员,市人大常委会内务司法工作委员会副主任	男	汉	山东滨城	大专	中共	干部	
于志刚	中共无棣县委书记	男	汉	山东淄博	大学	中共	干部	
刘鲁生	中共无棣县委副书记、县长	男	汉	河北南皮	大学	中共	干部	
商玉明	无棣县人大常委会主任、党组书记	男	汉	山东无棣	大专	中共	干部	省九届人大代表
张金鹏	滨州港经济开发区党委副书记,无棣县观山子镇党委书记	男	汉	山东无棣	研究生	中共	干部	
张明山	无棣县公安局局长、党委书记	男	汉	山东无棣	大专	中共	干部	
袁朝晖	无棣县交通局局长、党组书记	男	汉	山东无棣	大学	中共	干部	
纪在珍	无棣县城建委主任、党委书记	男	汉	山东惠民	大学	中共	干部	
刁万祥	滨州市人大常委会委员,市卫生学校教务处主任	男	汉	山东寿光	大学	九三学社	知识分子	
石　岷	无棣县人大常委会副主任	男	汉	山东利津	大专		知识分子	
刘振华	无棣县人民医院内科副主任、县人大常委会委员	女	汉	山东无棣	大专		知识分子	
王树德	无棣县人民医院院长	男	汉	山东无棣	大学	中共	知识分子	
吴淑娥	无棣县二中教师	女	汉	山东无棣	大专		知识分子	
李敬贵	无棣县教委干部	男	汉	山东惠民	大学	中共	知识分子	
郭金平	无棣县公路局高级经济师	女	汉	山东无棣	大学	中共	知识分子	
丁玉岩	滨州市公安消防支队政委	男	汉	山东阳谷	大学	中共	其他	

滨州市第七届人民代表大会代表沾化县·解放军代表团名录

表5

姓　名	现任(或原任)职务	性别	民族	籍贯	学历	党派	代表界别	备 注
任子芳	山东沾化发电厂厂长	男	汉	山东潍坊	大学	中共	工人	
李同彩	沾化县供销大厦营业员	女	汉	山东沾化	中专		工人	
董爱丽	山东金丝食品有限公司车间主任	女	汉	山东莱州	高中	中共	工人	
程金胜	沾化县粮油总公司副总经理,天祥公司总经理	男	汉	山东无棣	大学	中共	工人	
王素贞	沾化县泊头镇大牟村农民	女	汉	山东沾化	高中		农民	
付振英	沾化县滨海乡河北村农民	女	汉	山东沾化	初中		农民	
刘汉岐	沾化县利国乡来刘村党支部书记	男	汉	山东沾化	初中	中共	农民	
刘同山	沾化县大高乡官庄村村委会主任	男	汉	山东沾化	初中		农民	
吴玉涛	沾化县古城镇窑厂副厂长	男	汉	山东沾化	中专		农民	
武士清	沾化县富国镇党委副书记,清盛木业有限公司总经理	男	汉	山东沾化	高中	中共	农民	省八届、九届人大代表

续表5

姓　名	现任(或原任)职务	性别	民族	籍贯	学历	党派	代表界别	备注
武兴树	沾化县滨海乡耿局村党支部书记	男	汉	山东东营	大专	中共	农民	
张花娥	沾化县大高乡东黄村计划生育专职主任	女	汉	山东沾化	高中		农民	
陈国翠	沾化县富国镇双陈村计划生育专职主任	女	汉	山东沾化	初中		农民	
陈增安	沾化县黄升乡潘家沟村党支部书记	男	汉	山东沾化	大专	中共	农民	
周建玉	沾化县海防办事处五星渔业社党支部书记	男	汉	山东沾化	初中	中共	农民	
赵振奎	沾化县冯家镇李家村农民	男	汉	山东沾化	初中		农民	
郭振林	沾化县下洼镇台郭村村委委员、林管员	男	汉	山东沾化	高中		农民	
韩玉翠	沾化县下河乡大邵村妇女主任、计划生育专职主任	女	汉	山东沾化	初中		农民	
贾崇福	中共滨州市委副书记	男	汉	山东邹平	大学	中共	干部	
苏将忠	中共滨州市委常委、宣传部部长	男	汉	山东莱芜	大专	中共	干部	
叶庆华	滨州市人大常委会副主任、党组副书记	男	汉	山东日照	大学	中共	干部	
朱向旭	滨州市人大常委会副主任、市总工会主席	男	汉	山东惠民	大学	中共	干部	
魏　赩	滨州市市长助理、党组成员，经贸委主任	男	汉	山东青岛	大专	中共	干部	省九届人大代表
步乃章	中共滨州市委常委，中共沾化县委书记	男	汉	山东无棣	大学	中共	干部	
韩增金	中共沾化县委副书记、县长	男	汉	山东惠民	大专	中共	干部	
房英杰	沾化县人大常委会主任、党组书记	男	汉	山东沾化	大专	中共	干部	省九届人大代表
王金温	沾化县县长助理	男	汉	山东沾化	中专	中共	干部	
刘俊峰	沾化县交通局局长、党组书记	男	汉	山东沾化	大专	中共	干部	
丁洪国	沾化县粮油总公司副总经理、华安公司副总经理	男	汉	山东沾化	大专	中共	知识分子	
于洪长	沾化县冬枣研究所所长、苗木繁育场场长	男	汉	山东沾化	高中	中共	知识分子	
王兴龙	沾化县法院办公室主任兼研究室主任	男	汉	山东东营	大学	中共	知识分子	
苑荣兰	沾化一中党总支书记、副校长	女	汉	山东沾化	大专	中共	知识分子	
彭永泉	滨州师专校长、党委副书记	男	汉	山东荣成	大学	中共	知识分子	
王其方	沾化县林业局森保站站长	女	汉	山东宁津	大专	民盟	民主人士	
姜　力	滨州市人大常委会委员，市科学技术协会副主席	男	汉	山东广饶	大普		无党派	
张吉文	滨州市人大常委会委员，滨州军分区司令员	男	汉	山东沾化	大专	中共	解放军	省八届、九届人大代表
曹永孚	中共滨州市委常委，滨州军分区政治委员	男	汉	辽宁兴城	大专	中共	解放军	
田启炎	邹平炮团政治处副主任	男	汉	山东邹平	大学	中共	解放军	

滨州市第七届人民代表大会代表博兴县代表团名录

表6

姓　名	现任(或原任)职务	性别	民族	籍贯	学历	党派	代表界别	备注
赵象泉	博兴县电信局局长	男	汉	山东博兴	大学	中共	工人	
裴树忠	博兴县汇丰有限公司经理	男	汉	山东博兴	大学		工人	

续表 6

姓　名	现任(或原任)职务	性别	民族	籍贯	学历	党派	代表界别	备注
王俊岭	博兴县农业发展行行长	男	汉	山东博兴	大专	中共	工人	
舒忠峰	山东渤海油脂工业有限公司总经理	男	汉	山东博兴	大专	中共	工人	
刘连民	山东香驰粮油有限公司经理	男	汉	山东博兴	大专	中共	工人	省九届人大代表
马韵升	博兴县京博集团总经理	男	汉	山东博兴	研究生	中共	工人	
纪庆光	博兴县物资公司职工	女	汉	山东博兴	高中		工人	
李继绪	博兴县顺天公司总经理	男	汉	山东博兴	大专	中共	工人	
赵金光	博兴圣源水泥有限责任公司职工	男	汉	山东博兴	高中		工人	
扈胜信	纯梁采油厂党委常委、纪委书记	男	汉	山东利津	大学	中共	工人	
杨汝珍	博兴县闫坊镇农民	女	汉	山东博兴	高中		农民	
韩安政	博兴县政协常委、柳桥村党支部书记	男	汉	山东博兴	中专	中共	农民	省八届、九届人大代表
崔　军	博兴县湖滨镇鲁祝村农民	女	汉	山东博兴	高中		农民	
常秀巧	博兴县纯化镇常家村农村	女	汉	山东博兴	初中		农民	
赵向忠	山东省皇冠厨房设备总厂厂长	男	汉	山东博兴	大专	中共	农民	
王梅田	博兴县星宝不锈钢制品有限公司经理	男	汉	山东博兴	初中		农民	
宋传凤	博兴县曹王镇东鲁村村委会主任	男	汉	山东博兴	高中		农民	
杨光泉	博兴县博兴镇董杨村村委会主任	男	汉	山东博兴	高中		农民	
李雪梅	博兴县庞家镇高庙李村党支部委员、妇代会主任	女	汉	山东博兴	中专	中共	农民	
刘跃生	博兴县乔庄乡北贾王村农民	男	汉	山东博兴	初中		农民	
曹晨洋	博兴县曹王镇曹二村妇代会主任、计划生育专职主任	女	汉	山东博兴	高中		农民	
郭爱英	博兴县乔庄乡张寨村党支部书记	女	汉	山东博兴	大专	中共	农民	
李光梅	博兴县店子镇利城村农民	女	汉	山东博兴	初中	中共	农民	
林则懋	滨州市政协主席、党组书记	男	汉	山东烟台	大学	中共	干部	
吴金娃	中共滨州市委常委、政法委书记	女	汉	山东无棣	大学	中共	干部	
任树梓	滨州市中级人民法院院长、党组书记	男	汉	山东广饶	大专	中共	干部	
王明仁	滨州市人大常委会秘书长、党组成员	男	汉	山东广饶	大专	中共	干部	
刘奎振	滨州市人大常委会委员，市人大常委会财政经济工作委员会副主任	男	汉	山东龙口	大学	中共	干部	省五届、六届人大代表
王兴发	滨州市公安局局长、党委书记	男	汉	山东邹平	研究生	中共	干部	
蔡国华	滨州市人大常委会委员，共青团滨州市委书记	男	汉	山东阳信	研究生	中共	干部	
胡炳山	中共博兴县委书记	男	汉	山东无棣	研究生	中共	干部	
焦利平	中共博兴县委副书记、县长	男	汉	山东莱芜	大学	中共	干部	
石保利	博兴县人大常委会主任、党组书记	男	汉	山东高青	大专	中共	干部	

续表6

姓　名	现任(或原任)职务	性别	民族	籍贯	学历	党派	代表界别	备 注
张国华	博兴县副县长	女	汉	山东东营	大学	中共	干部	
侯平周	博兴县政协副主席、党组成员,县财政局局长	男	汉	山东博兴	大学	中共	干部	
黄泽民	博兴县人民检察院检察长	男	汉	上海市	大学	中共	干部	
高升荣	博兴县农业局蔬菜办副主任	女	汉	山东平度	大学		知识分子	
庞洪云	博兴县特殊教育学校教师	女	汉	山东博兴	大专		知识分子	
张新生	博兴县政协副主席,博兴县第二医院院长	男	汉	山东博兴	大学		知识分子	
齐源清	博兴县广播电视局副主任科员	男	汉	山东滨城	大学		知识分子	
周奎齐	博兴县实验中学校长、党支部书记	男	汉	山东博兴	研究生	中共	知识分子	
盖学忠	博兴县二中校长、党总支书记	男	汉	山东博兴	大学	中共	知识分子	
高桂荣	博兴县第一小学校长、党支部书记	女	汉	山东滨城	大学	中共	知识分子	
谢玉亮	博兴县人民医院院长	男	汉	山东博兴	大学	中共	知识分子	
沈志强	滨州市人大常委会委员,滨州畜牧兽医研究所所长、党支部书记	男	汉	山东荣成	大学	中共	知识分子	省九届人大代表
李淑忠	滨州市人大常委会委员,市水利物资供应站副站长,民盟滨州市委员	男	汉	山东桓台	大学	民盟	民主党派	
张秀莲	博兴县京剧团副团长、民盟博兴副主委	女	汉	山东桓台	初中	民盟	民主党派	

滨州市第七届人民代表大会代表邹平县代表团名录

表7

姓　名	现任(或原任)职务	性别	民族	籍贯	学历	党派	代表界别	备 注
马方兴	邹平县苑城镇党委委员,邹平八四厂厂长、党总支书记	男	汉	山东邹平	大专	中共	工人	
王居民	邹平县地毯厂厂长	男	汉	山东邹平	大专	中共	工人	
王建华	邹平县明集镇中心卫生院妇产科主厂厂长	男	汉	山东邹平	初中	中共	工人	
吕宗水	邹平县糠醛厂厂长、党支部书记任	女	汉	山东邹平	大专		工人	
王国明	山东魏桥纺织集团有限公司分	男	汉	山东邹平	初中	中共	工人	
刘　明	山东亚视集团公司董事长、总经理、党委书记	男	汉	山东邹平	大专	中共	工人	
张　峰	邹平县供销社主任、党委副书记	男	汉	山东邹平	大学	中共	工人	
张士平	滨州市人大常委会委员,邹平县供销社党委书记,山东魏桥纺织集团有限公司党委书记、董事长	男	汉	山东邹平	大专	中共	工人	全国九届人大代表、省八届人大代表
张卫东	邹平怡康葡萄糖厂厂长	男	汉	山东邹平	大专	中共	工人	
张红霞	山东魏桥纺织集团有限公司总经理	女	汉	山东邹平	大专	中共	工人	
赵长水	邹平县电力集团总公司总经理、党委副书记	男	汉	山东邹平	大专		工人	
郭道桐	邹平县码头乡建筑安装有限责任公司总经理	男	汉	山东邹平	大专		工人	
李德泉	邹平民族大酒店经理	男	回	山东邹平	初中		工人	

续表7

姓　名	现任(或原任)职务	性别	民族	籍贯	学历	党派	代表界别	备　注
王守昌	邹平县青阳镇青阳村党支部书记、村委会主任	男	汉	山东邹平	中专	中共	农民	
卞　玲	邹平县孙镇范家村妇代会主任、计划生育专职干部	女	汉	山东邹平	高中		农民	
冯永利	邹平县孙镇冯家村党支部书记、村委会主任	男	汉	山东邹平	高中	中共	农民	
刘学洲	邹平县焦桥镇刘道口村党支部书记	男	汉	山东邹平	高小	中共	农民	
李　军	邹平县长山镇东关村农民	女	汉	山东邹平	高中	中共	农民	
李　军	邹平县长山镇不锈钢材料有限公司经理	男	汉	山东邹平	高中		农民	
李功章	邹平县邹平镇山旺埠村党支部书记	男	汉	山东邹平	初中	中共	农民	
李宝远	邹平县邹平镇大新村村委会主任	男	汉	山东邹平	初中		农民	
束现美	邹平县青阳镇南陈村计划生育专职干部	女	汉	山东邹平	中专		农民	
张仁平	山东梁邹东升集团公司董事长、党委书记	男	汉	山东邹平	大学	中共	农民	
张延新	山东邹平防水帆布有限公司总经理	男	汉	山东邹平	大专	中共	农民	
张振安	邹平县魏桥镇楼子张村党支部书记	男	汉	山东邹平	高中	中共	农民	
张道震	邹平县第二建筑公司经理	男	汉	山东邹平	中专	中共	农民	
赵立杰	邹平县九户镇爱西村党支部书记、村委会主任	男	汉	山东邹平	高中	中共	农民	
柏建增	邹平县临池镇柏家村党支部书记、村委会主任,大众实业公司总经理	男	汉	山东邹平	中专	中共	农民	
路秀平	邹平县码头乡路家村党支部书记	男	汉	山东邹平	初中	中共	农民	
魏玉坤	邹平县魏桥镇魏桥村党总支书记	男	汉	山东邹平	初中	中共	农民	
王建中	邹平县好生镇尹桥村党支部书记,豪盛毛巾厂厂长、冶金耐火材料厂厂长	男	汉	山东邹平	高中	中共	农民	
李　纺	邹平县邹平镇小李村妇代会主任、计划生育专职干部	女	汉	山东邹平	中专		农民	
李新红	邹平县韩店镇冯家村农民	女	汉	山东邹平	中专		农民	
鄢圣勤	邹平县西董镇北禾村党支部书记	男	汉	山东邹平	高中	中共	农民	
崔建明	邹平县西董镇崔营村党支部书记、村委会主任	男	汉	山东邹平	高中	中共	农民	
张执政	中共滨州市委副书记、滨州市市长、党组书记	男	汉	山东荣成	大专	中共	干部	全国九届人大代表,省七届、九届人大代表
赵延孝	原滨州地区人大工委主任	男	汉	山东肥城	大专	中共	干部	省八届、九届人大代表
裴建华	中共滨州市委常委、组织部部长	男	汉	河南武陟	大专	中共	干部	
段成英	原滨州地区人大工委副主任、市总工会主席	女	汉	山东高青	中专	中共	干部	
李国强	中共滨州市委副秘书长、办公室主任	男	汉	山东滨城	大学	中共	干部	
李炳众	滨州市人民政府党组成员、秘书长,市政府办公室党组书记	男	汉	山东惠民	大学	中共	干部	省九届人大代表
王存友	滨州市人大常委会委员,市人大常委会农业和农村工作委员会副主任	男	汉	山东滨城	大专	中共	干部	

续表7

姓　名	现任(或原任)职务	性别	民族	籍贯	学历	党派	代表界别	备注
陈子孟	滨州市国家税务局局长、党组书记	男	汉	山东沾化	大学	中共	干部	
马先乐	滨州市土地管理局局长、党组书记	男	汉	山东日照	大专	中共	干部	
刘士合	中共邹平县委书记,邹平县人大常委会主任	男	汉	山东沾化	大学	中共	干部	
王建泉	中共邹平县委副书记、县长、县政府党组书记	男	汉	山东寿光	研究生	中共	干部	
尹兆明	邹平县人大常委会党组副书记、副主任	男	汉	山东邹平	大专	中共	干部	
刘继京	邹平县人民法院院长、党组书记	男	汉	山东邹平	大学	中共	干部	
李松水	邹平县政法委副书记	男	汉	山东邹平	大学	中共	干部	
赵怀臣	邹平县邹平镇党委书记	男	汉	山东邹平	大专	中共	干部	
纪德修	滨州日报社党委副书记、总编辑	男	汉	山东利津	大学	中共	知识分子	
尹　红	邹平县邹平镇第一初中教师	女	汉	山东邹平	大专		知识分子	
苏　峰	邹平县台子镇中心小学教师	女	汉	山东邹平	大专		知识分子	
李秀玲	邹平县码头乡教委干部	女	汉	山东邹平	大专		知识分子	
李秀莲	邹平县中医院医生	女	汉	山东邹平	大专		知识分子	
李春美	邹平县长山镇林业站技术员	女	汉	山东邹平	大专		知识分子	
肖爱珍	邹平县政府教育督导室督导员	女	汉	山东邹平	大专	中共	知识分子	
张红艳	邹平县西董镇第二初级中学教师	女	汉	山东邹平	大专		知识分子	
周玉玲	邹平县魏桥中学教师	女	汉	山东邹平	大专		知识分子	
高瑞平	邹平县教委教研室副主任	男	汉	山东邹平	大学		知识分子	
王　勇	邹平县韩店镇党委副书记,西王集团公司党委书记、董事长,先锋粮农实业股份有限公司副董事长	男	汉	山东邹平	高中	中共	知识分子	
纪家华	滨州市人大常委会委员,市农科所棉花研究室主任	男	汉	山东青岛	大学		知识分子	
王恒固	武警滨州支队支队长	男	汉	山东滕州	大专	中共	其他	

【代表变动情况】

1. 市七届人大一次会议时实有代表369名。会后有6名代表出缺,其中博兴县王兴发、滨城区解少明、邹平县王恒固调出我市,惠民县张彪、无棣县史洪柱逝世,沾化县刘同山被罢免代表资格。依照法律规定,以上6名代表的代表资格自行终止。根据选举法的规定,有关选举单位已补选市七届人大代表4名,即:惠民县刘相庆、无棣县付同木、沾化县张士月、博兴县毕宝文。

滨州市第七届人民代表大会常务委员会代表资格审查委员会对上述补选的4名代表的代表资格进行了审查,认为合乎法律规定,确认他们的代表资格有效。补选后,滨州市第七届人民代表大会代表共有367名。

2. 市七届人大二次会议时实有代表367名。邹平县张执政因工作变动调离滨州,依照法律规定,其代表资格自行终止。市七届人大代表共出缺3名。根据选举法的有关规定,经市委同意,按照出缺代表的届别,邹平县补选孙德汉、王强为滨州市第七届人民代表大会代表。

滨州市第七届人民代表大会常务委员会代表资格审查委员会对上述补选的2名代表的代表资格进行了审查,认为合乎法律规定,确认他们的代表资格有效。补选后,滨州市第七届人民代表大会代表共有368名。

滨州市第八届人民代表大会代表名录

滨州市第八届人民代表大会代表滨城区代表团名录

表 8

姓　名	现任(或原任)职务	性别	民族	籍贯	学历	党派	代表界别	备　注
王红星	山东亚光纺织集团总经理	男	汉	河北盐山	大学	中共	工人	
付希平	滨州市交运集团董事长	男	汉	山东临邑	研究生	中共	工人	
刘凤文	滨州万隆化轻集团公司党委书记、天阳化工有限公司董事长	男	汉	山东滨城	中专	中共	工人	
李俊杰	滨州市人大常委会委员、山东渤海涛塞集团有限责任公司党委书记、董事长、总经理	男	汉	山东广饶	大学	中共	工人	省十届人大代表
邱新德	滨南采油厂厂长	男	汉	山东荣成	大学	中共	工人	2005 年调出
张忠正	滨州市人大常委会委员，山东滨化集团董事长	男	汉	山东潍坊	大学	中共	工人	省九届、十届，市七届人大代表
张学强	滨州海得曲轴公司副总经理兼销售部经理	男	汉	山东沾化	大学	-	工人	
张政辉	滨州供电总公司总经理	男	汉	山东莱芜	大学	中共	工人	2003 年调离
张树森	滨州华建工程公司董事长	男	汉	山东滨城	中专		工人	
陈　艳	滨州市新大商场经理	女	回	山东临清	大学	中共	工人	市七届人大代表
林国民	滨州市滨城区商业开发公司经理	男	汉	山东莱西	大专		工人	2006 年调出
郇有国	滨州春晓集团董事长	男	汉	山东博山	大专	中共	工人	市七届人大代表
徐继武	滨州建工集团董事长	男	汉	山东滨城	大专	中共	工人	市七届人大代表
戚洁青	滨州华润纺织有限公司总经理	女	汉	天津市	大学	中共	工人	
解　聚	滨城区职教办副主任	男	汉	山东荣成	中专	中共	工人	省八届、九届，市七届人大代表
于景河	滨城区市中办事处樊家居委会党支部书记	男	汉	山东滨城	高中	中共	农民	市七届人大代表
王素华	滨城区彭李办事处王家居委会党支部书记	男	汉	山东滨城	大专	中共	农民	
毕雪林	滨城区市东办事处工作人员	男	汉	山东滨城	大专	中共	农民	市七届人大代表
刘金生	滨城区滨北镇刘木皂村委会主任	男	汉	山东滨城	中专	中共	农民	市七届人大代表
孙泽忠	滨城区蒲城办事处李庄村党支部书记	男	汉	山东滨城	大专	中共	农民	市七届人大代表
李宝华	滨城区小营通达公司经理	男	汉	山东滨城	大专	中共	农民	市七届人大代表
杨丙连	滨城区尚集乡杨柳雪村党支部书记、村委主任	男	汉	山东滨城	高中	中共	农民	市七届人大代表
宋承民	滨城区尚集乡西辛庄村党支部书记、村委主任	男	汉	山东滨城	大专	中共	农民	市七届人大代表
张　强	滨城区里则镇彭集村党支部书记	男	汉	山东滨城	大专	中共	农民	
张大成	滨城区小营宾馆经理	男	汉	山东滨城	初中		农民	市七届人大代表
张光芬	滨城区旧镇尧洼村计生专干	女	汉	山东滨城	高中	中共	农民	
张守泽	滨州天龙建工有限公司董事长	男	汉	山东滨城	大专	中共	农民	市七届人大代表
张秀堂	滨城区北镇办事处郝家居委会党支部书记、浩佳公司总经理	男	汉	山东滨城	高中	中共	农民	市七届人大代表

续表8

姓　名	现任(或原任)职务	性别	民族	籍贯	学历	党派	代表界别	备注
陈　信	滨城区堡集镇国家村党支部书记	男	汉	山东滨城	高中	中共	农民	市七届人大代表
赵长平	滨城区尚集乡王汗林村	男	汉	山东滨城	初中		农民	
赵玉华	滨城区市西办事处康家居委会党支部书记	男	汉	山东滨城	大专	中共	农民	省九届、十届人大代表,市七届人大代表
胡德兴	杜店镇南街村委主任	男	汉	山东滨城	小学	中共	农民	市七届人大代表
侯传光	滨城区北镇办事处胜利居委会党支部书记、滨州环宇纺织集团董事长	男	汉	山东滨城	大专	中共	农民	市七届人大代表
宣守林	滨城区市东办事处宣家村委会副主任	男	汉	山东滨城	大专		农民	
高法滨	滨城区梁才乡小高村委会主任	男	汉	山东滨城	初中		农民	市七届人大代表
郭兰英	滨城区北镇办事处耿家居委会党支部书记	女	汉	山东滨城	高中	中共	农民	市七届人大代表
姬长明	杜店镇姬家沟村	男	汉	山东滨城	小学	中共	农民	市七届人大代表
董玉华	山东天华集团董事长、总经理	男	汉	山东滨城	大专	中共	农民	
窦国礼	滨城区梁才乡北石村党支部书记	男	汉	山东滨城	初中	中共	农民	市七届人大代表
薛建国	滨城区北镇办事处和平居委会党支部书记、滨州瑞恒染织有限公司董事长	男	汉	山东滨城	大专	中共	农民	
王连生	滨州市胜滨石油机械厂厂长	男	汉	山东滨城	高中		其他劳动者	市七届人大代表
刘建国	滨州伟达物资公司总经理	男	汉	山东滨城	高中		其他劳动者	
李　生	滨州市惠生公司董事长	男	汉	山东青州	中专		其他劳动者	市七届人大代表
耿长安	滨城区单寺乡建筑公司经理	男	汉	山东滨城	高中	中共	其他劳动者	
孙德汉	中共滨州市委书记,市人大常委会主任、党组书记	男	汉	山东烟台	研究生	中共	干部	全国九届,省九届、十届,市七届人大代表
曹兴宽	中共滨州市委常委、秘书长	男	汉	山东阳信	大学	中共	干部	市七届人大代表
程竹坤	滨州学院党委书记	男	汉	山东阳信	专科	中共	干部	2004年补选
赵继明	滨州市人民检察院检察长、党组书记	男	汉	山东青州	大学	中共	干部	
黎爱芬	中共滨州市委市直机关工委书记	女	汉	山东博兴	大学	中共	干部	市七届人大代表
王洪昌	滨州市人大常委会委员、滨州市人大常委会城建环保工作委员会副主任	男	汉	山东邹平	大专	中共	干部	市七届人大代表
李树国	滨州市科学技术局局长、党组副书记	男	汉	山东无棣	大普	中共	干部	市七届人大代表
张树香	滨州市人大常委会秘书长、党组成员	女	汉	山东寿光	大专	中共	干部	市七届人大代表
殷炳明	中共滨州市委宣传部副部长兼市广播电视局局长、党组书记、滨州电视台台长	男	汉	山东沾化	大普	中共	干部	市七届人大代表
李　凯	滨州市人大常委会副秘书长、办公室主任	男	汉	山东高青	党校大学	中共	干部	
孙孺声	中共滨州市委常委、组织部长	男	汉	山东广饶	大学	中共	干部	
魏　艳	滨州市人民政府党组成员、市长助理、市委企业工委副书记、市经留委主任	男	汉	山东青岛	大专	中共	干部	省九届、市七届人大代表

续表 8

姓 名	现任(或原任)职务	性别	民族	籍贯	学历	党派	代表界别	备 注
张友庆	滨州市地税局党组书记、局长	男	汉	山东广饶	大学	中共	干部	市七届人大代表
李庆胜	中国人民银行滨州市中心支行党委书记、行长	男	汉	山东济宁	研究生	中共	干部	2004 年补选
胡炳山	滨州市副市长,中共滨城区委书记	男	汉	山东无棣	党校研究生	中共	干部	市七届人大代表
张志华	中共滨城区委副书记、区长	男	汉	山西沂州	省业余大学	中共	干部	省十届人大代表,2006 年调出
陈维玉	滨城区人大常委会主任、党组书记	男	汉	山东蓬莱	大专	中共	干部	市七届人大代表
周克宏	中共滨城区委常委、组织部长	男	汉	山东惠民	在职大学	中共	干部	
单立新	滨州市公安局副局长	男	汉	山东利津	大专	中共	干部	市七届人大代表
李 锋	滨州市市区国税局党组副书记、副局长	男	汉	山东东营	在职研究生	中共	干部	
岳玉武	滨城区小营镇党委书记	男	汉	山东高青	大学	中共	干部	市七届人大代表
苑凤奎	中共滨城区技工学校党总支副书记	男	汉	山东滨城	省业余大学	中共	干部	市七届人大代表
王廷华	滨城区审计局局长	男	汉	山东滨城	在职大专	中共	干部	
李兴华	滨城区市东办事处党委书记	男	汉	山东滨城	省业余大学	中共	干部	
沈志强	滨州市人大常委会委员,滨州畜牧研究所所长、研究员	男	汉	山东荣成	大学	中共	知识分子	全国十届,省九届,市七届人大代表
李秀峰	滨州市人民医院名誉院长	男	汉	山东龙口	大学	中共	知识分子	省七届,市七届人大代表
李国红	滨城区小营中心幼儿园	女	汉	山东滨城	大专	中共	知识分子	
贾玉忱	原滨州医学院党委书记	男	汉	山东高青	大学	中共	知识分子	市七届人大代表
张冠文	滨州职业学院党委书记	男	汉	山东广饶	大学	中共	知识分子	市七届人大代表
王晓明	滨城区第一中学校长、党支部书记	男	汉	山东滨城	大学	中共	知识分子	市七届人大代表
王新云	市立医院急救中心主任	女	汉	山东滨城	大专		知识分子	市七届人大代表
吕春勇	滨城区里则镇教委主任	男	汉	山东滨城	大学	中共	知识分子	市七届人大代表
毛雪琴	滨州学院教师	女	汉	山东阳信	大学		知识分子	市七届人大代表
卢得欣	滨州市教育局副局长、正县级督学	男	汉	山东东营	大学	中共	知识分子	
孙国翠	滨州实验学校教师	女	汉	山东滨城	大专		知识分子	市七届人大代表
李红梅	滨城区农业局生产科科长	女	汉	山东滨城	大学		知识分子	市七届人大代表
沙树霞	滨城区滨北镇第二中学教师	女	汉	山东滨城	大专		知识分子	市七届人大代表
洪宝朝	滨城区旧镇中学教师	男	汉	山东滨城	大学		知识分子	市七届人大代表
景爱莲	杜店镇副镇长	女	汉	山东高青	大专		知识分子	市七届人大代表
郭建新	滨州市人大常委会副主任、工商联会长	女	汉	山东广饶	大学		其它	市七届人大代表
成爱华	滨州白癜风医院院长	女	汉	山东邹平	大学	九三学社	其它	

续表8

姓　名	现任(或原任)职务	性别	民族	籍贯	学历	党派	代表界别	备注
周秀芹	滨城区尚集医院医师	女	汉	山东滨城	中专		其它	
张　磊	滨州供电公司总经理、党委委员	男	汉	山东夏津	本科	中共	工人	2004年1月补选，2005年调出
王宗廉	中共滨州市委书记、市人大常委会主任	男	汉	江苏丰县	研究生	中共	干部	省九届、市七届人大代表，2003年初调出
刘振海	中国人民银行滨州市中心支行行长、党委书记	男	汉	山东广饶	大学	中共	干部	2004年调出
姜忠福	滨州供电公司经理	男	汉	山东平度	大学	中共	工人	2005年补选，2006年调出
徐建设	滨城区人大常委会主任	男	汉	山东东营	大学	中共	干部	2005年补选
李洪刚	滨州市人大常委会委员，滨南采油厂厂长、党委副书记	男	汉族	山东无棣	大学	中共	工人	2005年补选
孙承志	中共滨州市委常委、副市长	男	汉	山东寿光	博士	中共	干部	2007年补选

滨州市第八届人民代表大会代表惠民县代表团名录

表9

姓　名	现任(或原任)职务	性别	民族	籍贯	学历	党派	代表界别	备注
邢庆斋	鲁港合作惠民鑫顺和油脂有限公司总经理	男	汉	山东惠民	高中		工人	
刘风栋	惠民县供销合作总社党委书记	男	汉	山东惠民	大学	中共	工人	市七届人大代表
刘丽霞	山东惠民孙武酒业有限责任公司营业室主任	女	汉	山东惠民	高中		工人	
李宗岭	滨州市黄河制粉有限公司经理	男	汉	山东惠民	中专	中共	工人	
赵吉兴	山东中惠食品有限公司董事长兼总经理	男	汉	山东惠民	高中		工人	市七届人大代表
张唐芝	山东六和集团董事长、滨州六和有限公司董事长	男	汉	山东寿光	大学	中共	工人	市七届人大代表
郑继芳	山东飞虹丝业公司副董事长、总经理兼书记，滨州丝业公司副经理	男	汉	山东阳谷	中专	中共	工人	
袁学军	山东惠民华润纺织有限公司总经理	男	汉	山东茌平	大学	中共	工人	2005年调出
董培堂	惠民县聚脂瓶厂厂长	男	汉	山东惠民	高中		工人	市七届人大代表
韩云华	惠民电业局调度站负责人	女	汉	山东惠民	大专		工人	市七届人大代表
韩长胜	山东中棉棉业有限公司董事长	男	汉	山东惠民	大专	中共	工人	市七届人大代表
于佃海	惠民县姜楼镇联五于村村委会副主任	男	汉	山东惠民	中专		农民	市七届人大代表
王世明	惠民县胡集镇南王村党支部书记	男	汉	山东惠民	初中	中共	农民	市七届人大代表
邓宗元	惠民县桑落墅镇邓家村村委主任	男	汉	山东惠民	高中		农民	市七届人大代表
巩成连	惠民县辛店乡辛店办事处副主任	男	汉	山东惠民	中专		农民	
刘合远	惠民县大年陈乡刘景新村党支部书记	男	汉	山东惠民	初中	中共	农民	市七届人大代表
刘爱云	惠民县何坊乡南马村计生专干	女	汉	山东惠民	初中		农民	
孙　新	惠民县石庙镇石头孙村计生干部	女	汉	山东惠民	中专		农民	
李双平	惠民县麻店镇后李村党支部书记	男	汉	山东惠民	中专	中共	农民	

续表 9

姓　名	现任(或原任)职务	性别	民族	籍贯	学历	党派	代表界别	备注
张振娥	惠民县辛店乡官道徐村党支部书记	女	汉	山东惠民	初中	中共	农民	市七届人大代表
宫庆花	惠民县胡集镇道口张村计生专干	女	汉	山东惠民	高中		农民	
郭爱荣	惠民县李庄镇蔡家村妇代会主任	女	汉	山东惠民	初中		农民	
翟云堂	惠民县何坊乡香翟村党支部书记	男	汉	山东惠民	高中	中共	农民	市七届人大代表
潘广林	惠民县李庄镇潘家村党支部书记	男	汉	山东惠民	初中	中共	农民	市七届人大代表
潘洪金	惠民县淄角镇西李村党支部书记	男	汉	山东惠民	高中	中共	农民	市七届人大代表
胡兆坤	原惠民地区人大工委主任	男	汉	山东潍坊	大专	中共	干部	市七届人大代表
裴建华	中共滨州市委副书记	男	汉	河南武陟	大专	中共	干部	市七届人大代表，2006 年调出
石增立	滨州医学院党委书记	男	汉	山东淄博	大学	中共	干部	2004 年补选
王乃信	滨州市教育局局长、党组书记	男	汉	山东沾化	大普	中共	干部	市七届人大代表
宋振华	滨州市财政局局长、党组书记	男	汉	山东苍山	大学	中共	干部	省十届人大代表，市七届人大代表
王保民	滨州学院党委委员、纪委书记	男	汉	山东滨城	大学	中共	干部	市七届人大代表
杨兴华	滨州市人大常委会委员、市人大常委会教科文卫工作委员会副主任	女	汉	山东沾化	大专	中共	干部	市七届人大代表
罗伟田	滨州市人大常委会教科文卫工作委员会副主任	男	汉	山东莱州	大学	中共	干部	
韩德臻	滨州市农业局局长、党组书记	男	汉	山东邹平	大普	中共	干部	
路　军	滨州市发展和改革委员会主任、党组书记	男	汉	山东淄博	大专	中共	干部	
宋茂龙	滨州市人大常委会委员、市人大常委会民族侨务外事工作委员会副主任	男	汉	山东商河	大专	中共	干部	市七届人大代表
何凤岐	中共惠民县委书记	男	汉	山东沾化	大专	中共	干部	市七届人大代表
刘相庆	中共滨州市委副秘书长	男	汉	山东滨城	大学	中共	干部	省十届人大代表，市七届人大代表
曹洪儒	惠民县人大常委会主任、党组书记	男	汉	山东惠民	大专	中共	干部	市七届人大代表
桑立谦	惠民县委党校党委书记、县人事局局长	男	汉	山东惠民	大专	中共	干部	市七届人大代表
李宗林	惠民县财政局局长	男	汉	山东惠民	大学	中共	干部	
王　忠	惠民县惠民镇党委书记	男	汉	山东惠民	大学	中共	干部	
王志勇	惠民县电视台台长	男	汉	山东惠民	大学	中共	知识分子	
王培芳	惠民县环境检测站化验员	女	汉	山东诸城	大学	中共	知识分子	
刘爱荣	惠民县第一中学教师	女	汉	山东惠民	大学		知识分子	
张　罡	惠民县卫生局局长	男	汉	山东惠民	大专	中共	知识分子	
陈彩霞	惠民县惠民镇中学年级主任	女	汉	山东泰安	大专		知识分子	
孟立军	滨州市中心医院内科主任兼心血管内科主任	男	汉	山东惠民	大学		知识分子	
高　娟	惠民县教研室副主任	女	汉	山东惠民	大专	中共	知识分子	市七届人大代表
郭玉水	惠民县国土局局长	男	汉	山东惠民	大学	中共	知识分子	

续表 9

姓 名	现任(或原任)职务	性别	民族	籍贯	学历	党派	代表界别	备 注
樊学军	惠民县鑫诚税务师事务所主任	男	汉	山东惠民	研究生		知识分子	
霍书华	惠民县计生服务站女性科主任	女	汉	山东商河	大专	中共	知识分子	
王树德	滨州市中心医院院长	男	汉	山东无棣	大学	中共	知识分子	市七届人大代表
吴国瑞	滨州市人大常委会委员、民建滨州支部主任、滨州市黄河三角洲旅游发展有限公司董事长、总经理	女	汉	山东沾化	大学	民建	其他	市七届人大代表
张立民	惠民县民族宗教办公室副主任,县交警大队副队长	男	回	山东商河	大专	中共	其他	
路福增	原惠民县人大常委会主任	男	汉	山东惠民	初中	中共	其他	市七届人大代表,2006 年病逝
张贵云	滨州市人大常委会副主任、党组副书记	男	汉	山东昌邑	中专	中共	干部	2004 年病逝
杨增平	惠民县华润纺织有限公司总经理	男	汉	山东惠民	大专	中共	工人	2005 年补选
何思清	中共滨州市委常委、惠民县委书记、县人大常委会主任	男	汉	山东寿光	大学	中共	干部	2005 年补选
王 瑜	中共惠民县委副书记、县长	男	汉	山东龙口	大专	中共	干部	2005 年补选
祁维华	中共滨州市委常委、宣传部长	女	汉	山东博兴	大专	中共	干部	省九届人大代表,2007 年补选

滨州市第八届人民代表大会代表阳信县代表团名录

表 10

姓 名	现任(或原任)职务	性别	民族	籍贯	学历	党派	代表界别	备 注
马元华	阳信县洋湖乡计生服务站副站长	女	回	山东阳信	大学		工人	
张同林	阳信县兴银抽纱厂经理	男	汉	山东阳信	高中		工人	市七届人大代表
张寿辰	阳信巨龙纺织有限公司经理	男	汉	山东阳信	高中	中共	工人	市七届人大代表
凌志学	阳信晟鑫餐具公司经理	男	汉	山东阳信	中专		工人	市七届人大代表
郭清河	阳信县美鼎餐具有限公司经理	男	汉	山东阳信	高中	中共	工人	市七届人大代表
万洪英	阳信县河流镇小刘村计生主任	女	汉	山东阳信	高中		农民	市七届人大代表
朱洪生	阳信县翟王镇西朱村党支部书记	男	汉	山东阳信	初中	中共	农民	市七届人大代表
闫庆春	阳信县水落坡乡西闫村党支部书记	男	汉	山东阳信	初中	中共	农民	市七届人大代表
安红霞	阳信县商店镇北街村计生主任	女	汉	山东阳信	初中	中共	农民	
劳爱芝	阳信县劳店镇河北辛村计生主任	女	汉	山东阳信	高中		农民	市七届人大代表
李忠林	阳信县洋湖乡勃李村党支部书记	男	汉	山东阳信	初中	中共	农民	市七届人大代表
周主珉	阳信县流坡坞镇周商办事处副书记兼周家村党支部书记	男	汉	山东阳信	高中	中共	农民	市七届人大代表
郝玉友	阳信县友忠塑料制品公司经理	男	汉	山东阳信	初中	中共	农民	市七届人大代表
郝玉环	阳信县翟王镇韩打箔中心小学教师	女	汉	山东阳信	中师		农民	市七届人大代表
高春岭	阳信县流坡坞镇大光村计生主任	女	汉	山东阳信	初中		农民	
郭丙礼	阳信县水落坡乡程家村村委会主任	男	汉	山东阳信	初中		农民	

续表 10

姓　名	现任(或原任)职务	性别	民族	籍贯	学历	党派	代表界别	备注
魏红爱	阳信县阳信镇牛王堂村计生主任	女	汉	山东阳信	高中		农民	市七届人大代表
邓向阳	中共滨州市委副书记、副市长	男	汉	山东威海	大学	中共	干部	省十届人大代表
江连仲	原滨州市人大常委会副主任、党组书记	男	汉	山东泰安	大学	中共	干部	省六届人大代表，市七届人大代表
苏乃军	滨州市人大常委会副主任、党组副书记	男	汉	山东邹平	大学	中共	干部	
王明仁	滨州市人大常委会委员	男	汉	山东广饶	大学	中共	干部	市七届人大代表
李　强	滨州市人大常委会人事代表工作室主任	男	汉	山东博兴	大专	中共	干部	市七届人大代表
刘振新	滨州市政府党组成员、市长助理	男	汉	山东无棣	大学	中共	干部	市七届人大代表
王观庆	滨州市政府党组成员、秘书长	男	汉	山东惠民	大专	中共	干部	
田宝礼	中共滨州市委常委、市总工会主席	男	汉	山东无棣	大学	中共	干部	市七届人大代表
尚龙江	中共阳信县委书记	男	汉	山东滨城	大学	中共	干部	省十届人大代表
王登祥	阳信县人大常委会主任、党组书记	男	汉	山东阳信	大专	中共	干部	
菅继志	原阳信县人大常委会主任	男	汉	山东阳县	中专	中共	干部	省九届人大代表，市七届人大代表
曲金辉	阳信县人民检察院检察长、党组书记	男	汉	山东陵县	大学	中共	干部	市七届人大代表
王鸿苇	阳信县实验中学年级主任	女	汉	山东阳信	大学		知识分子	
邓爱芝	阳信县供销合作社职工	女	汉	山东阳信	大学	中共	知识分子	市七届人大代表
刘宝玉	阳信县第一中学教师	男	汉	山东阳信	中专		知识分子	市七届人大代表
刘清树	阳信县电信局局长、党组书记	男	汉	山东惠民	大专	中共	知识分子	市七届人大代表
李　斌	阳信县卫生局局长、党组书记	男	汉	山东阳信	大学	中共	知识分子	市七届人大代表
张洪霞	阳信县林业局副局长、党组成员	女	汉	山东阳信	大学	中共	知识分子	
孟庆信	中国人民银行滨州市中心支行纪检委综合科科长	男	汉	山东垦利	大学	中共	知识分子	
魏玉新	阳信县河流镇党委书记	男	汉	山东阳信	大学	中共	知识分子	
丛恩涛	阳信县温店镇党委书记	男	回	山东阳信	大学	中共	其他	
赵建明	中共阳信县委副书记、县长	男	汉	山东沾化	大学	中共	干部	2005 年补选
高曰荣	滨州市人大常委会城建环保工委副主任	男	汉	山东博兴	大普	中共	干部	2005 年补选
林国华	中共阳信县委副书记、县长	女	汉	山东莱西	党校大专	中共	干部	2007 年补选

滨州市第八届人民代表大会代表无棣县代表团名录

表 11

姓　名	现任(或原任)职务	性别	民族	籍贯	学历	党派	代表界别	备注
王照勇	山东万德酒业有限公司董事长、总经理	男	汉	山东无棣	大学	中共	工人	市七届人大代表
冯希云	无棣县盐务局局长，海丰集团董事长、总经理	男	汉	山东无棣	大专	中共	工人	
刘泽莹	无棣县国税局计划征收局科员	女	汉	山东无棣	大专		工人	
汪宝竹	无棣星一皮革有限公司董事长兼总经理	男	汉	山东无棣	大专	中共	工人	

续表11

姓　名	现任(或原任)职务	性别	民族	籍贯	学历	党派	代表界别	备注
张　敏	工商银行滨州市分行工会副主任	男	汉	山东无棣	大学	中共	工人	
范秀丽	无棣县粮贸总公司会计	女	汉	山东无棣	大专		工人	
罗清泉	山东良友油脂股份有限公司总经理	男	汉	山东无棣	大专	中共	工人	市七届人大代表
贾秀华	山东基德纺织科技有限公司副董事长、油棉公司经理	女	汉	山东无棣	大专	中共	工人	市七届人大代表
贾爱莲	山东鲁北化工股份有限公司工会主席	女	汉	山东齐河	大专	中共	工人	市七届人大代表
徐清友	山东基德纺织科技有限责任公司党委书记、董事长	男	汉	山东无棣	研究生	中共	工人	市七届人大代表
韩天敏	山东埕口盐化集团总公司党委书记、总经理	男	汉	山东沾化	大专	中共	工人	市七届人大代表
王子让	无棣县西小王乡副乡长	男	汉	山东无棣	高中		农民	市七届人大代表
邢宝英	无棣县大山镇付家码头村党支部书记	女	汉	山东无棣	初中	中共	农民	市七届人大代表
刘俊侠	无棣县车镇乡五道庙村农民	男	汉	山东无棣	中专	中共	农民	市七届人大代表
李清柱	无棣县佘家巷乡双龙手套厂厂长	男	汉	山东无棣	高中		农民	市七届人大代表
杨金岭	山东金羚毛纺有限公司董事长、党总支书记	男	汉	山东无棣	大专	中共	农民	市七届人大代表
杨宝俊	无棣县无棣镇杨白杨村党支部书记	男	汉	山东无棣	高中	中共	农民	市七届人大代表
肖景海	无棣县水湾镇郭辛店村党支部书记	男	回	山东无棣	大专	中共	农民	省五届人大代表，市七届人大代表
信连海	无棣县埕口镇水沟村党支部书记	男	汉	山东无棣	高中	中共	农民	市七届人大代表
侯宪秀	中共滨州市委副书记	男	汉	山东郓城	大普	中共	干部	市七届人大代表
巩若良	原滨州市人大常委会副主任	男	汉	山东惠民	大学	中共	干部	市七届人大代表
张秀亭	滨州市人大常委会副主任	男	汉	山东博兴	大专	中共	干部	市七届人大代表
郭德刚	滨州市人大常委会副主任	男	汉	山东博兴	党校大学	中共	干部	市七届人大代表
王文禄	中共滨州市委常委、宣传部长	男	汉	山东无棣	研究生	中共	干部	
蒋爱学	滨州市人大常委会委员、市人大常委会内务司法工作委员会副主任	男	汉	山东无棣	大学	中共	干部	
刘星泰	中共无棣县委书记	男	汉	山东利津	大学	中共	干部	省十届人大代表，2006年调出
吴克端	无棣县人大常委会副主任、党组书记	男	汉	山东无棣	大学	中共	干部	
张明山	无棣县公安局局长、副县级侦察员	男	汉	山东无棣	大专	中共	干部	
刘学春	无棣县交通局局长	男	汉	山东无棣	大学	中共	干部	
冯立田	鲁北化工股份有限公司副总经理、鲁北热电厂厂长	男	汉	山东无棣	大学	中共	知识分子	市七届人大代表
孙玉凤	无棣县无棣镇一中教师	女	汉	河北海兴	大专		知识分子	
张金鹏	无棣县教育局干部	男	汉	山东无棣	研究生	中共	知识分子	市七届人大代表
郭金平	滨州市公路局局长助理	女	汉	山东无棣	大学	中共	知识分子	市七届人大代表
商玉波	无棣县供电公司高级经济师	男	汉	山东无棣	大专	中共	知识分子	
蒋翠仙	无棣县二中教师	女	汉	山东无棣	大学		知识分子	

续表 11

姓　名	现任(或原任)职务	性别	民族	籍贯	学历	党派	代表界别	备 注
丁玉岩	滨州市中级人民法院助理调研员	男	汉	山东阳谷	大学	中共	其他	市七届人大代表
刁万祥	滨州市人大常委会委员、九三学社滨州市委副主委、滨州职业学院工业工程系主任	男	汉	山东寿光	大学	九三学社	其他	市七届人大代表
董淑君	无棣县建筑设计院副院长	女	汉	内蒙古东胜市	大专		知识分子	2004 年 1 月补选
刘鲁生	中共无棣县委书记、县人大常委会主任	男	汉	河北南皮	研究生	中共	干部	2004 年调出
李维东	中共无棣县委书记、县人大常委会主任	男	汉	山东邹平	研究生	中共	干部	2005 年补选
于志刚	滨州市副市长，开发区党工委书记、管委会主任	男	汉	山东淄博	大学	中共	干部	2005 年补选
徐竹滨	滨州市人大常委会财经工委副主任	男	汉	山东沾化	大专	中共	干部	2005 年补选
李恩波	中共无棣县委副书记、县长	男	汉	山东章丘	大学	中共	干部	2005 年补选
于常青	中共滨州市委常委、组织部长	男	汉	山东招远	研究生	中共	干部	2007 年补选

滨州市第八届人民代表大会代表沾化县·解放军代表团名录

表 12

姓　名	现任(或原任)职务	性别	民族	籍贯	学历	党派	代表界别	备 注
任子芳	沾化发电厂厂长	男	汉	山东寿光	大学	中共	工人	市七届人大代表，2003 年调出
李同彩	沾化县供销大厦营业员	女	汉	山东沾化	中专		工人	市七届人大代表
董爱丽	山东金丝食品公司车间主任	女	汉	山东莱州	高中	中共	工人	市七届人大代表
王素贞	沾化县泊头镇大牟村农民	女	汉	山东沾化	高中		农民	市七届人大代表
张士月	沾化县大高镇东楼村党支部书记	男	汉	山东沾化	高中	中共	农民	市七届人大代表
吴德和	沾化县富国镇苏王村党支部书记	男	汉	山东沾化	大专	中共	农民	
武兴树	沾化县滨海乡耿局村党支部书记	男	汉	山东东营	大专	中共	农民	市七届人大代表
陈增安	沾化县黄升乡潘家沟村党支部书记	男	汉	山东沾化	大专	中共	农民	市七届人大代表
韩玉翠	沾化县下河乡大邵村计生主任	女	汉	山东沾化	初中		农民	市七届人大代表
张花娥	沾化县大高镇东黄村计生主任	女	汉	山东沾化	高中		农民	市七届人大代表
陈国翠	沾化县富国镇双陈村计生主任	女	汉	山东沾化	初中		农民	市七届人大代表
郭振林	沾化县下洼镇台郭村林管员	男	汉	山东沾化	高中		农民	市七届人大代表
刘云霞	沾化县利国乡车王村党支部书记	男	汉	山东沾化	初中	中共	农民	
周春景	沾化县海防办爱国社党支部书记	男	汉	山东沾化	初中	中共	农民	
付风叶	沾化县冯家镇李家村计生主任	女	汉	山东沾化	初中		农民	
张国祥	沾化县古城镇酒厂厂长	男	汉	山东沾化	高中		农民	
赵长云	沾化明珠集团总公司副总经理	男	汉	山东沾化	大学	中共	干部	
步乃章	中共滨州市委常委、政法委书记	男	汉	山东无棣	大学	中共	干部	市七届人大代表
朱向旭	滨州市人大常委会副主任	男	汉	山东惠民	大学	中共	干部	市七届人大代表
邓文泉	滨州市人大常委会委员、滨州市高级技工学校党委书记	男	汉	山东无棣	大专	中共	干部	省九届人大代表

续表12

姓　名	现任(或原任)职务	性别	民族	籍贯	学历	党派	代表界别	备注
丁广恩	政协滨州市委员会人口资源环境委员会副主任	男	汉	山东广饶	党校大专	中共	干部	市七届人大代表
王永祥	滨州市国土资源管理局局长	男	汉	山东沾化	函授大学	中共	干部	
杨玖庆	共青团滨州市委书记	女	汉	山东阳谷	大学	中共	干部	省十届人大代表
韩增金	中共沾化县委书记,县人大常委会主任	男	汉	山东惠民	大专	中共	干部	市七届人大代表
蔡国华	中共沾化县委副书记、县长	男	汉	山东阳信	在职研究生	中共	干部	市七届人大代表
刘德成	沾化县人大常委会副主任、党组书记	男	汉	山东沾化	大专	中共	干部	
杨春和	沾化县人大常委会委员	男	汉	山东沾化	大学	中共	干部	
马云国	沾化县冯家镇党委书记	男	汉	山东沾化	大学	中共	干部	
丁洪国	沾化华安肉类有限公司副总经理	男	汉	山东沾化	大专	中共	知识分子	市七届人大代表
于洪长	沾化冬枣研究所所长	男	汉	山东沾化	高中	中共	知识分子	市七届人大代表
王兴龙	沾化县人民法院副院长	男	汉	山东广饶	大学	中共	知识分子	市七届人大代表
苑荣兰	沾化县政协党组副书记	女	汉	山东沾化	大专	中共	知识分子	市七届人大代表
程金胜	沾化天祥植物油有限公司总经理	男	汉	山东无棣	研究生	中共	知识分子	市七届人大代表
刘德岭	山东滨化海源盐业有限公司总经理	男	汉	山东惠民	大专	中共	知识分子	
郑云爱	沾化县人民医院内二科主任	女	汉	山东沾化	大学		知识分子	
纪家华	滨州市人大常委会委员、滨州市职业学院科研处副处长	男	汉	山东青岛	大学	九三学社	其他	市七届人大代表
高彬儒	滨州市人大常委会委员、滨州市工程监理处副处长	男	汉	山东滨州	大专	民革	其他	市七届人大代表
綦守荣	沾化发电厂副厂长	男	汉	山东莱州	研究生	中共	工人	2004年1月补选
万　军	解放军驻邹平县部队	男	汉			中共	其他	2006年调出
葛　伟	中共滨州市委常委、纪委书记	男	汉	山东费县	党校研究生	中共	干部	2007年补选
高全福	滨州市人大常委会委员,滨州军分区司令员	男	汉	山东费县	大学	中共	其他	
曹永孚	中共滨州市委常委,滨州军分区政委	男	汉	辽宁兴城	大学	中共	其他	
耿　涛	中共沾化县委副书记、县长	男	汉	山东邹平	大学	中共	干部	2007年补选
刘志钢	滨州军分区司令员	男	汉	安徽枞阳	大学	中共	其他	2007年补选
谢守忠	中共滨州市委常委、军分区政委	男	汉	湖北江陵	研究生	中共	其他	2007年补选

滨州市第八届人民代表大会代表博兴县代表团名录

表13

姓　名	现任(或原任)职务	性别	民族	籍贯	学历	党派	代表界别	备注
史庆苓	博兴京博集团副总经理,石化公司副董事长、总经理	男	汉	山东鄄城	大学	中共	工人	
孙金峰	山东香驰粮油有限公司总经理	男	汉	山东博兴	大专	中共	工人	

续表 13

姓　名	现任(或原任)职务	性别	民族	籍贯	学历	党派	代表界别	备 注
孙宪华	山东华兴机械集团有限责任公司党委书记、董事长、总经理	男	汉	山东博兴	大学	中共	工人	
纪庆光	博兴县物资公司职工	女	汉	山东博兴	高中		工人	市七届人大代表
李继绪	博兴县顺天纺织有限公司党委书记、董事长、总经理	男	汉	山东博兴	大专	中共	工人	市七届人大代表
陈洪志	博兴县宏顺织造有限公司党委书记	男	汉	山东博兴	大学	中共	工人	
赵象泉	博兴电信局局长、党组书记	男	汉	山东博兴	大学	中共	工人	市七届人大代表
贾前卫	第一油棉厂厂长、党支部书记,山东华康食品有限公司董事长	男	汉	山东博兴	大专	中共	工人	
扈胜信	胜利石油管理局纯梁采油厂党委副书记、纪委书记	男	汉	山东利津	大学	中共	工人	2005 年调出
舒忠峰	山东渤海油脂工业有限公司党委书记、董事长、总经理	男	汉	山东博兴	大学	中共	工人	市七届人大代表
裴树忠	博兴县经纬织造有限公司经理	男	汉	山东博兴	大学		工人	市七届人大代表
王梅田	博兴县亮晶晶厨具集团公司董事长、总经理	男	汉	山东博兴	高中		农民	市七届人大代表
王雪强	博兴县陈户镇镇长助理、陈户村党支部书记	男	汉	山东博兴	大专	中共	农民	
许君之	博兴县绿源蔬菜食品有限公司经理	男	汉	山东博兴	初中		农民	
李玉芳	博兴县店子镇利城村农民	女	汉	山东博兴	初中		农民	
李雪梅	博兴县宠家镇高庙李村妇代会主任	女	汉	山东博兴	中专	中共	农民	市七届人大代表
杨玉民	博兴县城东大市场开发办主任、椒园村党支部书记	男	汉	山东博兴	高中	中共	农民	
杨汝珍	博兴县顺兴地毯有限公司总经理	女	汉	山东博兴	高中		农民	市七届人大代表
宋传凤	博兴县曹王镇东鲁村党支部书记	男	汉	山东博兴	高中	中共	农民	市七届人大代表
范曰光	山东鲁宝厨业有限公司总经理	男	汉	山东博兴	大专	中共	农民	
赵向忠	山东皇冠厨业集团总裁	男	汉	山东博兴	大专	中共	农民	市七届人大代表
徐文化	博兴县乔庄镇鲍王村村委会主任	男	汉	山东博兴	高中		农民	
韩安正	博兴县湖滨镇柳桥村党支部书记	男	汉	山东博兴	中专	中共	农民	省九届,市七届人大代表
程淑芬	博兴县湖滨镇东一村妇代会主任	女	汉	山东博兴	高中		农民	
林则懋	滨州市政协主席、党组书记	男	汉	山东烟台	大学	中共	干部	市七届人大代表
吴金娃	中共滨州市委副书记、纪检委书记	女	汉	山东无棣	大专	中共	干部	市七届人大代表
刘宝庭	滨州市人大常委会副主任、党组副书记	男	汉	山东博兴	大专	中共	干部	
任树梓	滨州市中级人民法院院长、党组书记	男	汉	山东广饶	大专	中共	干部	2005 年调出
冯宝璞	原滨州地区人大工委主任	男	汉	山东荣城	大专	中共	干部	省七届、八届,市七届人大代表
赵延孝	原滨州地区人大工委主任	男	汉	山东肥城	大专	中共	干部	省九届,市七届人大代表
毕宝文	滨州市公安局局长、党委书记	男	汉	山东淄博	大学	中共	干部	市七届人大代表,2006 年调出

续表 13

姓　名	现任(或原任)职务	性别	民族	籍贯	学历	党派	代表界别	备注
隆方同	滨州市建设局局长、党委书记	男	汉	山东沾化	大专	中共	干部	省九届人大代表
尚洪立	中共博兴县委书记、县人大常委会主任	男	汉	山东阳信	大学	中共	干部	2005 年调出
丁爱军	中共博兴县委副书记、县长	男	汉	山东东营	大学	中共	干部	省十届人大代表
李洪柱	博兴县人大常委会副主任、党组书记	男	汉	山东东营	大学	中共	干部	
刘玉清	博兴县乔庄镇副镇长	女	汉	山东博兴	大学		知识分子	
张新生	博兴县政协副主席、县第二医院院长	男	汉	山东博兴	大学		知识分子	市七届人大代表
周奎齐	博兴县教育局党委书记、副局长,实验中学校长、党支部书记	男	汉	山东博兴	研究生	中共	知识分子	市七届人大代表
庞洪云	博兴县特殊教育学校教师	女	汉	山东博兴	大学		知识分子	市七届人大代表
高升荣	博兴县农业局副局长	女	汉	山东平度	大学		知识分子	市七届人大代表
高桂荣	博兴一小校长、党支部书记	女	汉	山东滨城	研究生	中共	知识分子	市七届人大代表
盖学忠	博兴县一中校长、党总支书记	男	汉	山东博兴	大学	中共	知识分子	市七届人大代表
谢玉亮	博兴县人民医院院长、党委书记	男	汉	山东博兴	大学	中共	知识分子	市七届人大代表
李淑忠	滨州市人大常委会委员,民盟滨州市委副主任、市农村水利供水管理站站长	男	汉	山东桓台	大学	民盟	民主党派	市七届人大代表
张秀莲	博兴县京剧团副团长	女	汉	山东桓台	小学	民盟	民主党派	市七届人大代表
冯玉珍	博兴县计划生育局副局长	女	汉	山东博兴	中专		其他	
宋文明	滨州市中级人民法院院长、党组书记	男	汉	山东聊城	大学	中共	干部	2005 年补选
张显庆	滨州市公安消防支队政委	男	汉	山东滕州	大专	中共	干部	2005 年补选
庄建华	纯梁采油厂党委书记	男	汉	山东日照	大学	中共	工人	2005 年补选
韩吉顺	滨州市长助理,市公安局局长、党委书记	男	汉	山东广饶	大专	中共	干部	2007 年补选
初建波	中共博兴县委书记	男	汉	山东海阳	大学	中共	干部	2007 年补选
李家良	中共博兴县委副书记、县长	男	汉	山东邹平	业余大学	中共	干部	2007 年补选

滨州市第八届人民代表大会代表邹平县代表团名录

表 14

姓　名	现任(或原任)职务	性别	民族	籍贯	学历	党派	代表界别	备注
王云霞	邹平县供销合作社联合社党委办公室主任	女	汉	山东邹平	大专	中共	工人	
王建华	邹平县明集卫生院牙科门诊	女	汉	山东邹平	大专		工人	市七届人大代表
吕宗水	邹平县糠醛厂厂长、党支部书记	男	汉	山东邹平	初中	中共	工人	市七届人大代表
朱玉国	邹平县长星集团总经理	男	汉	山东邹平	大专	中共	工人	
刘　明	山东宏诚集团公司董事长兼总经理、党委书记	男	汉	山东邹平	大专	中共	工人	市七届人大代表
李　军	邹平县长山不锈钢材料公司经理	男	汉	山东邹平	高中	中共	工人	市七届人大代表
李玉伟	山东三龙油棉集团有限公司董事长	男	汉	山东邹平	大专	中共	工人	
宋学峰	山东华中琥珀啤酒有限公司产品质量管理部副部长	女	汉	山东邹平	大专		工人	

续表 14

姓 名	现任(或原任)职务	性别	民族	籍贯	学历	党派	代表界别	备 注
宋昭利	山东魏桥创业集团有限公司	男	汉	山东章丘	大专		工人	
宋爱冬	山东魏桥创业集团有限公司魏桥工业园第六棉纺厂厂长	女	汉	山东邹平	高中	中共	工人	
张士平	山东魏桥创业集团有限公司党委书记、董事长	男	汉	山东邹平	大专	中共	工人	全国九届、十届人大代表,市七届人大代表
张卫东	邹平怡康集团有限责任公司董事长	男	汉	山东邹平	大专	中共	工人	市七届人大代表
张玉岭	邹平县五金交电公司经理兼党支部书记	男	汉	山东邹平	大专	中共	工人	
张红霞	山东魏桥创业集团有限公司总经理	女	汉	山东邹平	大学	中共	工人	市七届人大代表
赵长水	山东齐星集团有限责任公司董事长兼总裁	男	汉	山东邹平	大专	中共	工人	市七届人大代表
郭道桐	邹平县码头建筑公司经理	男	汉	山东邹平	高中	中共	工人	市七届人大代表
樊学功	山东三龙油棉集团有限公司总经理	男	汉	山东邹平	中专		工人	
王 普	邹平县高新办事处盖家村党支部书记	男	汉	山东邹平	高中	中共	农民	
王守昌	邹平县青阳镇青阳村党支部书记	男	汉	山东邹平	初中	中共	农民	市七届人大代表
王泽民	邹平县韩店镇实户村党支部书记、村委会主任	男	汉	山东邹平	高中	中共	农民	
王建中	滨州豪盛巾被有限公司总经理	男	汉	山东邹平	高中	中共	农民	市七届人大代表
冯永利	邹平县孙镇冯家村党支部书记	男	汉	山东邹平	高中	中共	农民	市七届人大代表
刘元勤	邹平县桃树研究所所长	男	汉	山东邹平	初中		农民	
刘学洲	邹平县焦桥镇刘道口村党支部书记	男	汉	山东邹平	高小	中共	农民	市七届人大代表
刘恒阳	邹平县长山镇大巩村村委主任	男	汉	山东邹平	高中		农民	
许德林	邹平县高新办事处司家村党支部书记	男	汉	山东邹平	初中	中共	农民	
孙 迪	邹平县长山镇付家村村民	女	汉	山东邹平	初中		农民	
宋业荣	邹平县长山镇鲍家村村委主任	男	汉	山东邹平	初中		农民	
张仁平	山东梁邹东升集团公司董事长、党委书记	男	汉	山东邹平	大专	中共	农民	市七届人大代表
张道震	邹平县第二建筑公司经理	男	汉	山东邹平	初中	中共	农民	市七届人大代表
陈玉娥	邹平县焦桥镇东平村妇代会主任计生专干	女	汉	山东邹平	中专		农民	
柏建增	邹平县临池镇柏家村党支部书记,柏家大众实业公司总经理	男	汉	山东邹平	中专	中共	农民	市七届人大代表
徐元利	邹平县西董镇芽庄村党支部书记	男	汉	山东邹平	高中	中共	农民	
梁 星	邹平汇源酒业有限责任公司总经理	男	汉	山东邹平	高中		农民	
安世银	中共滨州市委副书记、市长	男	汉	山东东阿	党校大学	中共	干部	全国十届,省八届、十届,市七届人大代表,2006 年调出
李成明	滨州市人大常委会副主任、党组副书记	男	汉	山东沂水	函授大专	中共	干部	省十届,市七届人大代表
叶庆华	滨州市人大常委会副主任、党组副书记	男	汉	山东日照	大学	中共	干部	市七届人大代表
李炳众	中共滨州市委党校副校长、党委书记	男	汉	山东惠民	大学	中共	干部	省九届,市七届人大代表

续表14

姓　名	现任(或原任)职务	性别	民族	籍贯	学历	党派	代表界别	备注
李国强	滨州市委副秘书长、办公室主任	男	汉	山东滨州	大学	中共	干部	市七届人大代表
张子禹	滨州市审计局局长、党组书记	男	汉	山东东营	大专	中共	干部	
刘启盛	滨州市民政局局长、党组书记	男	汉	山东博兴	业余大专	中共	干部	
王惠军	滨州市环境保护局局长、党组书记	男	汉	山东寿光	大专	中共	干部	市七届人大代表
马平之	滨州市人大常委会委员、市人大常委会农业和农村工作委员会副主任	男	汉	山东邹平	大学	中共	干部	
陈子孟	滨州市国家税务局局长、党组书记	男	汉	山东沾化	大学	中共	干部	市七届人大代表
刘士合	中共滨州市委常委、邹平县委书记	男	汉	山东沾化	大学	中共	干部	省十届人大代表、2005年调出
魏克田	中共邹平县委副书记、县长	男	汉	山东沾化	研究生	中共	干部	市七届人大代表
刘书忠	邹平县人大常委会主任、党组书记	男	汉	山东邹平	大学	中共	干部	市七届人大代表
赵怀臣	中共邹平县委常委、政法委书记	男	汉	山东邹平	大专	中共	干部	市七届人大代表
王　静	邹平县月河中学初中部主任	女	汉	山东邹平	大专		知识分子	
刘红霞	邹平一中初中部教师	女	汉	山东邹平	大专		知识分子	
刘恒华	邹平县第一中学校长	男	汉	山东邹平	大专	中共	知识分子	
齐行书	邹平县魏桥第一初中副校长	男	汉	山东邹平	大专		知识分子	
孙玉娟	邹平县孙镇中心学校教师	女	汉	山东邹平	大学		知识分子	
李秀莲	邹平县中医院副主任中医师	女	汉	山东邹平	大专		知识分子	市七届人大代表
李春梅	邹平县青阳镇财政所	女	汉	山东邹平	大专		知识分子	市七届人大代表
宋桂贞	邹平县码头镇中心小学教师	女	汉	山东邹平	中专		知识分子	
张红燕	邹平县西董中心学校教师	女	汉	山东邹平	大学		知识分子	市七届人大代表
张素清	邹平县九户镇中心幼儿园园长	女	汉	山东邹平	大专		知识分子	
张晓青	邹平县台子中心初中教师	女	汉	山东邹平	大专		知识分子	
高玉君	滨州市人大常委会委员、市计划生育药具管理站站长	男	汉	山东利津	大学	农工民主党	其他	
姜　力	滨州市人大常委会委员，市科协副主席	男	汉	山东广饶	大学		其他	市七届人大代表
李德泉	邹平县黛溪办事处城里村村民	男	回	山东邹平	初中		少数民族	市七届人大代表
韩超然	邹平县临池镇政府	男	汉	山东邹平	大学		其他	
王　强	武警滨州支队支队长	男	汉	山东邹平	大学	中共	其他	市七届人大代表
王传民	中共邹平县委副书记、县长	男	汉	山东滨城	研究生	中共	干部	2005年补选
燕钦国	中共滨州市委常委、秘书长	男	汉	山东广饶	业余大学	中共	干部	2007年补选

【代表变动情况】

1. 市八届人民代表大会代表名额为384名。市八届人大一次会议时实有代表368名。会后，滨城区王宗廉、张政辉，沾化县任子芳因工作变动调离滨州，依照法律规定，其代表资格自行终止。无棣县十五届人大一次会议时，缺选1人，市八届人大代表按照分配的名额共出缺4名。根据选举法的有关规定，按照出缺代表的届别，滨城区和沾化县人大常委会分别补选张磊、綦守荣为滨州市第八届人民代表大会代表。无棣县十五届人大二次会议另行选举董淑君为滨州市第八届人民代表大会代表。

滨州市第八届人民代表大会常务委员会代表资格审查委员会对上述补选的 2 名代表和另行选举的 1 名代表的代表资格进行了审查，认为合乎法律规定，确认他们的代表资格有效。这样，目前滨州市第八届人民代表大会共有代表 368 名。

2. 市八届人大二次会议期间，我市共有八届人大代表 368 名。市八届人大一次会议后，滨城区王宗廉因工作需要调离我市，其代表资格自行终止。市八届人大二次会议后，滨州区刘振海、无棣县刘鲁生因工作需要调离我市，惠民县张贵云病逝，其代表资格自行终止，空额一直未予补选。市八届人大代表按照分配的名额共出缺 4 名。根据选举法的有关规定，按照出缺代表的届别，滨城区和惠民县人大常委会分别补选程竹坤、石增立、李庆胜为滨州市第八届人民代表大会代表。

滨州市第八届人民代表大会常务委员会代表资格审查委员会对补选的 3 名代表的代表资格进行了审查，认为合乎法律规定，确认他们的代表资格有效。滨州市第八届人民代表大会共有代表 368 名。

3. 市八届人大三次会议时实有代表 368 名。会后，滨城区邱新德、张磊，惠民县袁学军，博兴县任树梓、尚洪立、扈胜信，邹平县刘士合因工作变动调离滨州，依照法律规定，其代表资格自行终止。无棣县刘鲁生在市八届人大二次会议调出我市，出缺名额一直未予补选。市八届人大代表按照换届时分配到各县区（选举单位）的名额共出缺 8 名。根据选举法的有关规定，按照出缺代表的届别，滨城区、惠民县、无棣县、博兴县、邹平县人大常委会分别补选姜忠福、李洪刚、杨增平、李维东、宋文明、张显庆、庄建华、王传民为滨州市第八届人民代表大会代表。另外，根据市委提名，滨城区、惠民县、阳信县、无棣县、沾化县人大常委会分别补选徐建设、何思清、王瑜、赵建明、高曰荣、于志刚、徐竹滨、李恩波为滨州市第八届人民代表大会代表。

滨州市第八届人民代表大会常务委员会代表资格审查委员会对补选的 16 名代表的代表资格进行了审查，认为合乎法律规定，确认他们的代表资格有效。滨州市第八届人民代表大会共有代表 377 名。

4. 市八届人大四次会议时实有代表 377 名。会后，滨城区张志华、姜忠福、林国民，惠民县裴建华，无棣县刘星泰，博兴县毕宝文，邹平县安世银，解放军万军因工作变动调离滨州，惠民县路福增病逝，依照法律规定，以上 9 名代表的代表资格自行终止。因工作需要，根据市委提名，滨城区补选孙承志，惠民县补选祁维华（女），阳信县补选林国华（女），无棣县补选于常青，沾化县补选葛伟、耿涛，博兴县补选韩吉顺、初建波、李家良，邹平县补选燕钦国，解放军补选刘志钢、谢守忠为市八届人大代表。

滨州市第八届人民代表大会常务委员会代表资格审查委员会对补选的 12 名代表的代表资格进行了审查，认为合乎法律规定，确认他们的代表资格有效。补选后，滨州市第八届人民代表大会共有代表 380 名。

滨州市第九届人民代表大会代表名录

滨州市第九届人民代表大会代表滨城区代表团名录

表 15

姓　名	现任（或原任）职务	性别	民族	籍贯	学历	党派	代表界别	备注
步乃章	滨州市委常委、政法委书记	男	汉族	山东无棣	大学	中共	干部	市八届人大代表
董吉增	滨州市人大常委会副主任、党组副书记	男	汉族	山东利津	大学	中共	干部	
崔娅妮	滨州市副市长、市政府党组成员	女	汉族	山东龙口	研究生	中共	干部	
于志刚	滨州市政府特邀咨询	男	汉族	山东淄博	大学	中共	干部	市八届人大代表

续表15

姓　名	现任(或原任)职务	性别	民族	籍贯	学历	党派	代表界别	备注
江连仲	滨州市人大常委会原副主任、党组书记	男	汉族	山东泰安	大学	中共	干部	省六届，市八届人大代表
叶庆华	滨州市人大常委会原副主任、党组副书记	男	汉族	山东日照	大学	中共	干部	市八届人大代表
赵继明	滨州市人民检察院检察长、党组书记	男	汉族	山东青州	大学	中共	干部	市八届人大代表
黎爱芬	滨州市纪检委副书记、监察局局长	女	汉族	山东博兴	大学	中共	干部	市八届人大代表
王观庆	滨州职业学院党委书记	男	汉族	山东惠民	大专	中共	干部	市八届人大代表
李国强	滨州市人大常委会委员，市委副秘书长、办公室主任	男	汉族	山东滨州	大学	中共	干部	市八届人大代表
张树香	滨州市人大常委会原秘书长	女	汉族	山东寿光	大专	中共	干部	市八届人大代表
李庆胜	中国人民银行滨州市中心支行行长	男	汉族	山东邹城	大学	中共	干部	市八届人大代表
张友庆	滨州市地方税务局局长、党组书记	男	汉族	山东广饶	大学	中共	干部	市八届人大代表
李　凯	滨州市人大常委会委员、副秘书长、办公室主任	男	汉族	山东高青	大学	中共	干部	市八届人大代表
张子禹	滨州市审计局局长、党组书记	男	汉族	山东东营	大专	中共	干部	市八届人大代表
刘启盛	滨州市人大常委会委员、财经工委主任	男	汉族	山东博兴	大学	中共	干部	市八届人大代表
邵立勇	滨州市工商行政管理局党组书记、局长	男	汉族	山东威海	研究生	中共	干部	2008年调出
宋守松	滨州市人大常委会委员、教科文卫工委主任	男	汉族	山东广饶	大学	中共	干部	
王文禄	滨州市委常委，滨城区委书记	男	汉族	山东无棣	研究生	中共	干部	省十一届，市八届人大代表
何思清	滨州市委常委，滨城区委书记	男	汉族	山东寿光	大学	中共	干部	市八届人大代表
崔其忠	滨州市市长助理，滨州经济开发区党工委书记、管委会主任	男	汉族	山东博兴	大专	中共	干部	
赵建明	滨城区委副书记、区长	男	汉族	山东沾化	大学	中共	干部	省十一届，市八届人大代表
徐建设	滨城区人人常委会原主任	男	汉族	山东垦利	大学	中共	干部	市八届人大代表
魏景芳	滨城区人大常委会主任	男	汉族	山东博兴	研究生	中共	干部	
刘春国	滨城区委常委、组织部部长	男	汉族	山东沾化	研究生	中共	干部	
李　锋	滨州市市区国税局局长、党组书记	男	汉族	山东东营	研究生	中共	干部	市八届人大代表
李建汉	滨州工业园区管委会副主任、滨北办党工委书记	男	汉族	山东滨城	大学	中共	干部	
王树林	滨州工业园区管委会副主任、小营办党工委书记	男	汉族	山东无棣	大专	中共	干部	
于秀章	滨城区彭李街道办事处党工委书记	男	汉族	山东广饶	大学	中共	干部	
韩文远	滨城区水利局局长	男	汉族	山东滨城	大专	中共	干部	
李洪刚	滨州市人大常委会委员，滨南采油厂厂长	男	汉族	山东无棣	大学	中共	工人	市八届人大代表
张学强	滨州海得曲轴厂副总经理	男	汉族	山东沾化	大学	中共	工人	市八届人大代表
李小得	滨州蓝海科技生物董事长	男	汉族	浙江台州	大学	中共	工人	
王雪征	滨州众成担保公司董事长	女	汉族	山东无棣	大专	中共	工人	
刘曰兴	滨州市人大常委会委员，滨州愉悦家纺集团董事长	男	汉族	山东垦利	研究生	中共	工人	省十一届人大代表

续表 15

姓 名	现任(或原任)职务	性别	民族	籍贯	学历	党派	代表界别	备 注
张忠正	滨州市人大常委会委员,滨化集团董事长	男	汉族	山东潍坊	大学	中共	工人	全国十一届,省九届、十届,市八届人大代表
薄方明	滨州华纺股份有限公司董事长	男	汉族	山东垦利	大专	中共	工人	
付希平	滨州交运集团党支部书记、董事长	男	汉族	山东临邑	大学	中共	工人	市八届人大代表
李俊杰	滨州市人大常委会委员,盟威集团董事长	男	汉族	山东广饶	大学	中共	工人	省十届、十一届表,市八届人大代表
张元盛	滨州星都纺织有限公司总经理	男	汉族	山东高青	高中	中共	工人	
刘爱玉	青龙山水泥厂销售经理	女	汉族	山东寿光	中专		工人	
王 军	滨魏科技工业园有限公司党委副书记、总经理	男	汉族	山东沾化	大学	中共	工人	
韩洪亮	滨州东方地毯有限公司董事长	男	汉族	山东惠民	大专	中共	工人	
王聿国	滨岭矿业公司党委书记、董事长	男	汉族	山东章丘	大专	中共	工人	
王红星	山东亚光毛巾有限公司副董事长、总经理	男	汉族	河北盐山	大学	中共	工人	市八届人大代表
刘凤文	新天阳化工有限责任公司董事长	男	汉族	山东滨城	中专	中共	工人	市八届人大代表
李晓伟	滨州泓瑞医药科技公司总经理	男	汉族	浙江东阳	大学		工人	
杜民生	滨城区市中办高杜居委会党支部书记、主任	男	汉族	山东滨城	高中	中共	农民	
孙泽忠	滨城区市中街道办事处李庄村党支部书记、中兴置业董事长	男	汉族	山东滨城	大专	中共	农民	市八届人大代表
于景河	滨城区市中街道办事处樊家居委会党支部书记、主任	男	汉族	山东滨城	高中	中共	农民	市八届人大代表
侯传光	滨州环宇集团董事长,滨城区北办胜利居委会党支部书记、主任	男	汉族	山东滨城	大专	中共	农民	市八届人大代表
郑连柱	滨城区北镇街道办事处五四一居委会党支部书记、主任	男	汉族	山东滨城	高中	中共	农民	
薛建国	滨州瑞恒染织公司董事长、总经理,滨城区北办和平居委会党支部书记、主任	男	汉族	山东滨城	大专	中共	农民	市八届人大代表
张秀堂	滨城区北镇街道办事处郝家居委会党支部书记、主任	男	汉族	山东滨城	高中	中共	农民	市八届人大代表
李宝华	滨城区通达实业公司总经理	男	汉族	山东滨城	大专	中共	农民	市八届人大代表
张大成	滨州盛豪水利建安有限公司总经理	男	汉族	山东滨城	大专		农民	市八届人大代表
陈 信	滨城区堡集镇国家村党支部书记	男	汉族	山东滨城	初中	中共	农民	市八届人大代表
范春东	滨城区秦皇台腾飞物流中心董事长	男	汉族	山东滨城	大专	中共	农民	
宋承民	滨城区尚集乡辛庄村党支部书记、村委会主任	男	汉族	山东滨城	大专	中共	农民	市八届人大代表
高法滨	滨城区梁才街道办事处小高居委会主任	男	汉族	山东滨城	初中		农民	市八届人大代表
张 强	滨州经济开发区里则街道办事处彭集村党支部书记	男	汉族	山东滨城	大专	中共	农民	市八届人大代表
王素华	滨城区彭李办事处王家居委会党支部书记	男	汉族	山东滨城	大专	中共	农民	市八届人大代表
宣守林	滨城区市东办事处宣家居委会党支部书记、主任	男	汉族	山东滨城	大专	中共	农民	市八届人大代表

续表 15

姓　名	现任(或原任)职务	性别	民族	籍贯	学历	党派	代表界别	备 注
赵金成	滨州宇航商贸有限公司董事长	男	汉族	山东滨城	高中		农民	
于小波	滨城区旧镇镇博一村村委会主任	男	汉族	山东滨城	高中		农民	
刘建国	滨州伟达公司总经理	男	汉族	山东滨城	高中		农民	市八届人大代表
徐继武	滨州建工集团董事长	男	汉族	山东滨城	大专	中共	农民	市八届人大代表
张树森	滨州华建工程公司董事长、总经理	男	汉族	山东滨城	中专		农民	市八届人大代表
董玉华	滨州天华集团董事长、总经理	男	汉族	山东滨城	大专	中共	农民	市八届人大代表
齐民超	博翱职业中专校长	男	汉族	山东无棣	大专	中共	其他劳动者	
袁金平	滨州黄河律师事务所主任	男	汉族	山东惠民	大学	中共	其他劳动者	
李　生	滨州惠生集团公司董事长	男	汉族	山东青州	中专		其他劳动者	市八届人大代表
沈志强	滨州市人大常委会委员,滨州畜牧兽医研究院院长	男	汉族	山东荣城	研究生	中共	知识分子	全国十届、十一届,省九届,市八届人大代表
李秀峰	滨州市人民医院名誉院长	男	汉族	山东龙口	大学	中共	知识分子	市八届人大代表
任学武	滨州市教育局副局长,北镇中学党委书记、校长	男	汉族	山东博兴	大学	中共	知识分子	
毛雪琴	滨州学院教师	女	汉族	山东阳信	大学	民主促进会	知识分子	市八届人大代表
周国辉	滨城区公安分局市西派出所所长	女	汉族	山东无棣	大学	中共	知识分子	
刘相生	滨州渤海中学董事长	男	汉族	山东滨城	研究生	中共	知识分子	
吕春勇	滨州经济开发区教育管理办公室主任	男	汉族	山东滨城	大学	中共	知识分子	市八届人大代表
周秀芹	滨城区尚集卫生院内科主任	女	汉族	山东滨城	大专		知识分子	市八届人大代表
杜淑霞	滨城区秦皇台乡中心学校年级部主任	女	汉族	山东滨城	大学		知识分子	
孙国翠	滨城区堡集中学一级教师	女	汉族	山东滨城	大专		知识分子	市八届人大代表
刘宁宁	滨城区旧镇中心幼儿园教务主任	女	汉族	山东滨城	大学		知识分子	
张立华	滨城区第二中学年级部主任	女	汉族	山东滨城	大学		知识分子	
张德珍	清怡中学教师	女	汉族	山东滨城	大学	民革	知识分子	
张献青	滨州市人大常委会委员,滨州市黄河三角洲文化研究所副所长	男	汉族	山东沾化	大学	民革	其他	
白咸勇	滨州市人大常委会委员,滨州医学院副院长	男	汉族	山东茌平	研究生博士	无党派	其他	
成爱华	滨州华海白癜风医院院长	女	汉族	山东邹平	大学	九三学社	其他	市八届人大代表
景爱莲	滨州经济开发区杜店街道办事处副主任	女	汉族	山东高青	大专		其他	市八届人大代表

滨州市第九届人民代表大会代表惠民县代表团名录

表 16

姓　名	现任(或原任)职务	性别	民族	籍贯	学历	党派	代表界别	备 注
邓向阳	滨州市委书记	男	汉族	山东荣成	大学	中共	干部	全国十一届,省十届、十一届,市八届人大代表

续表 16

姓　名	现任(或原任)职务	性别	民族	籍贯	学历	党派	代表界别	备 注
燕钦国	滨州市政协主席	男	汉族	山东广饶	大学	中共	干部	
田宝礼	滨州市人大常委会原副主任、党组副书记	男	汉族	山东无棣	大学	中共	干部	市八届人大代表
郭德刚	滨州市人大常委会原副主任	男	汉族	山东博兴	大学	中共	干部	市八届人大代表
张冠文	滨州市人大常委会副主任、秘书长	男	汉族	山东广饶	大学	中共	干部	市八届人大代表
胡炳山	滨州市副市长	男	汉族	山东无棣	研究生	中共	干部	市八届人大代表
高发明	滨州市市长助理兼滨州北海新区筹建委员会主任、北海新区工作委员会书记,交通局局长	男	汉族	山东滨州	研究生	中共	干部	
路　军	滨州市发展和改革委员会主任	男	汉族	山东淄博	大专	中共	干部	市八届人大代表
王秀夫	滨州市财政局局长	男	汉族	山东无棣	研究生	中共	干部	
王少青	滨州市水利局局长	男	汉族	山东桓台	研究生	中共	干部	
徐竹滨	滨州市人大常委会财经工委副主任	男	汉族	山东沾化	大专	中共	干部	市八届人大代表
王　瑜	惠民县委副书记、县长	男	汉族	山东龙口	研究生	中共	干部	省十一届,市八届人大代表
张世芳	惠民县人大常委会主任	男	汉族	山东无棣	大学	中共	干部	
杨玖庆	惠民县委副书记、县长	女	汉族	山东平度	研究生	中共	干部	省十届,市八届人大代表
李宗林	惠民县财政局局长	男	汉族	山东惠民	大学	中共	干部	市八届人大代表
徐庆忠	惠民县民政局局长	男	汉族	山东惠民	大专	中共	干部	
曹洪儒	惠民县人大常委会原主任	男	汉族	山东惠民	大专	中共	干部	市八届人大代表
王　忠	惠民县孙武镇党委书记	男	汉族	山东惠民	大学	中共	干部	市八届人大代表
杜美收	惠民县东方餐饮有限公司总经理	男	汉族	山东惠民	中专		工人	
杨增平	山东惠民华润纺织有限公司总经理	男	汉族	山东惠民	大学	中共	工人	市八届人大代表
路素珍	惠民县胡集镇农经站站长	女	汉族	山东惠民	大专	中共	工人	
牛学玲	惠民孙子兵法城旅游开发公司导游部主任	女	汉族	山东惠民	大专		工人	
韩云华	山东惠民鲁瑞供电自动化有限公司副经理	女	汉族	山东惠民	大专		工人	市八届人大代表
李风忠	惠民县忠谊煤业有限公司董事长	男	汉族	山东惠民	大专		工人	
李宗岭	山东黄河粮油科技有限公司总经理	男	汉族	山东惠民	大学	中共	工人	市八届人大代表
张　云	惠民县良友宾馆有限责任公司经理	女	汉族	山东惠民	初中		工人	
胡振新	山东天禧牧业有限公司董事长	男	汉族	山东惠民	大学		工人	
邢玉平	滨州波涛化纤制品有限公司董事长	男	汉族	山东惠民	高中	中共	农民	
闫绍云	惠民县昌宁线业有限责任公司总经理	女	汉族	山东惠民	初中		农民	
孙　斌	惠民县金桥纺织有限责任公司总经理	男	汉族	山东惠民	高中		农民	
马先伦	惠民县胡集镇建筑安装工程有限公司总经理	男	汉族	山东惠民	大专		农民	
王光云	惠民县姜楼镇闫大庄村村民	女	汉族	山东惠民	初中		农民	
王建翠	惠民县李庄镇经济委员会副主任	女	汉族	山东惠民	大专		农民	
刘合远	惠民县大年陈乡刘景新村党支部委员	男	汉族	山东惠民	初中	中共	农民	

续表16

姓　名	现任(或原任)职务	性别	民族	籍贯	学历	党派	代表界别	备注
李双平	惠民县麻店镇后李村原党支部书记	男	汉族	山东惠民	中专	中共	农民	市八届人大代表
李　华	惠民县石庙镇刘堡村妇女主任	女	汉族	山东惠民	高中		农民	
朱乐峰	惠民县姜楼镇兰家村村委会主任	男	汉族	山东惠民	高中	中共	农民	
刘　杰	山东惠民长明织业有限责任公司总经理	女	汉族	山东惠民	高中		农民	
潘洪金	惠民县淄角镇西李集村党支部书记、村委会主任	男	汉族	山东惠民	高中	中共	农民	市八届人大代表
翟云堂	惠民县何坊乡香翟村党支部书记、村委会主任	男	汉族	山东惠民	高中	中共	农民	市八届人大代表
董培堂	山东裴堂瓶业有限公司董事长	男	汉族	山东惠民	大学		农民	市八届人大代表
张滨清	惠民县桑落墅镇哨马张村党支部书记	男	汉族	山东惠民	高中	中共	农民	
赵吉兴	山东中惠食品有限公司总经理	男	汉族	山东惠民	高中		农民	市八届人大代表
石增立	滨州医学院党委书记	男	汉族	山东淄博	大学	中共	知识分子	市八届人大代表
董风华	滨州市人大常委会委员,滨州实验学校副校长	女	汉族	山东滨州	大专	民主促进会	知识分子	全国十、十一届人大代表
门方利	惠民县卫生局副局长、县人民医院院长	男	汉族	山东无棣	大学	中共	知识分子	
王振才	滨州市中心医院院长助理	男	汉族	山东临朐	研究生	中共	知识分子	
王培芳	惠民县环保局监测站站长	女	汉族	山东诸城	大学	中共	知识分子	市八届人大代表
左登焕	惠民县检察院纪检组长、政工科长	女	汉族	山东惠民	大学	中共	知识分子	
刘培军	惠民县农业局局长助理、发展计划科科长	男	汉族	山东寿光	大学		知识分子	
杜炳立	惠民县城市建设房地产开发公司经理	男	汉族	山东惠民	大学	中共	知识分子	
张绍勋	惠民县第一中学校长	男	汉族	山东无棣	大学	中共	知识分子	
陈彩霞	惠民县孙武镇中学教师	女	汉族	山东泰安	大专		知识分子	市八届人大代表
樊学军	惠民县地方税务局党组成员、纪检组长	男	汉族	山东惠民	研究生	中共	知识分子	市八届人大代表
韩长胜	山东中棉棉业有限责任公司名誉董事长	男	汉族	山东惠民	大学	中共	知识分子	市八届人大代表
赵永民	惠民县供销合作总社副主任	男	汉族	山东惠民	大学	中共	知识分子	
张立民	惠民县民族宗教事务局局长	男	回族	山东商河	大专	中共	其他	市八届人大代表
吴国瑞	滨州市人大常委会委员,市黄河三角洲旅游开发公司董事长、总经理,民建滨州支部主任	女	汉族	山东沾化	大学	民建	其他	市八届人大代表

滨州市第九届人民代表大会代表阳信县代表团名录

表17

姓　名	现任(或原任)职务	性别	民族	籍贯	学历	党派	代表界别	备注
孙德汉	滨州市人大常委会主任	男	汉族	山东烟台	研究生	中共	干部	全国九届,省九届、十届、十一届,市八届人大代表,2008年调出
张光峰	中共滨州市委副书记、市长	男	汉族	山东平原	在职研究生	中共	干部	省十一届人大代表,2008年4月补选

续表 17

姓 名	现任(或原任)职务	性别	民族	籍贯	学历	党派	代表界别	备 注
祁维华	滨州市委常委、宣传部长	女	汉族	山东博兴	大专	中共	干部	省九届,市八届人大代表
葛 伟	滨州市委常委、市纪委书记	男	汉族	山东费县	研究生	中共	干部	市八届人大代表
张兆宏	滨州市副市长	男	汉族	山东淄博	大学	中共	干部	
苏乃军	滨州市人大常委会原副主任、党组副书记	男	汉族	山东邹平	大学	中共	干部	市八届人大代表
李 强	滨州市人大常委会委员、人事代表工作室主任	男	汉族	山东博兴	大专	中共	干部	市八届人大代表
宁守东	滨州市国资委主任、党委副书记	男	汉族	山东高青	大学	中共	干部	
尚龙江	滨州市副市长	男	汉族	山东滨城	研究生	中共	干部	省十届,市八届人大代表
王登祥	阳信县人大常委会主任	男	汉族	山东阳信	大学	中共	干部	市八届人大代表
马福祥	阳信县委副书记、县长	男	汉族	山东邹平	大专	中共	干部	
林国华	阳信县委副书记、县长	女	汉族	山东莱西	研究生	中共	干部	省十一届,市八届人大代表
李荣舜	阳信县委常委、组织部长	男	汉族	山东无棣	研究生	中共	干部	
李 斌	阳信县卫生局局长	男	汉族	山东阳信	大学	中共	干部	市八届人大代表
杨春林	阳信胜达工艺制品有限公司经理	男	汉族	山东阳信	大专	中共	工人	
王爱平	山东滨阳燃化公司总经理	男	汉族	山东利津	大专	中共	工人	
曲金博	阳信县供电公司总经理	男	汉族	山东陵县	大学	中共	工人	
蒋迎辉	阳信立昌纺织公司董事长	男	汉族	山东阳信	大学	中共	工人	
刘清树	阳信县网通公司总经理	男	汉族	山东惠民	大专	中共	工人	市八届人大代表
凌志学	阳信金鑫餐具公司总经理	男	汉族	山东阳信	中专		工人	市八届人大代表
郭清河	阳信美鼎餐具公司总经理	男	汉族	山东阳信	高中	中共	工人	市八届人大代表
黄春生	阳信瑞鑫集团总经理	男	汉族	山东阳信	大专	中共	工人	省十一届人大代表
安红霞	阳信县商店镇北街村计生专职主任	女	汉族	山东阳信	中专		农民	市八届人大代表
蔡新志	阳信华瑞工贸公司总经理	男	汉族	山东阳信	大专		农民	
李树才	流坡坞镇曹集村委会会计	男	汉族	山东阳信	高中		农民	
郝玉友	阳信兴阳塑料制品厂厂长	男	汉族	山东阳信	高中	中共	农民	市八届人大代表
赵圣军	阳信君怡工艺品公司总经理	男	汉族	山东阳信	中专		农民	
司元福	阳信县洋湖乡农民	男	汉族	山东阳信	初中		农民	
樊洪田	阳信县翟王建筑公司经理	男	汉族	山东阳信	高中		农民	
贾兆元	阳信县翟王雹泉庙卫生所所长	男	汉族	山东阳信	高中		农民	
吴玉翠	阳信县劳店乡大杜村计生主任	女	汉族	山东阳信	大专		农民	
郭丙礼	阳信县水落坡乡程家村支部书记	男	汉族	山东阳信	初中	中共	农民	市八届人大代表
张同林	阳信县兴银抽纱厂厂长	男	汉族	山东阳信	高中		农民	市八届人大代表
亓恒香	阳信县河流镇计生服务站站长	女	汉族	山东阳信	大专		知识分子	

续表17

姓　名	现任(或原任)职务	性别	民族	籍贯	学历	党派	代表界别	备注
王鸿苇	阳信县教育局教研员	女	汉族	山东阳信	大学	中共	知识分子	市八届人大代表
张红霞	阳信县林业局副局长	女	汉族	山东阳信	大学	中共	知识分子	市八届人大代表
赵维娥	阳信县洋湖乡勃李中学教师	女	汉族	山东阳信	大学		知识分子	
雷书枝	阳信县雷家中心小学教导处主任	女	汉族	山东阳信	大专		知识分子	
李朝霞	阳信镇中心幼儿园副园长	女	汉族	山东阳信	大专		知识分子	
高玉君	滨州市人大常委会委员,市计划生育药具站站长,农工党滨州市委副主委	男	汉族	山东东营	研究生	农工党	其他	市八届人大代表
丛恩涛	阳信县民宗局局长	男	回族	山东阳信	大学	中共	其他	市八届人大代表

滨州市第九届人民代表大会代表无棣县代表团名录

表18

姓　名	现任(或原任)职务	性别	民族	籍贯	学历	党派	代表界别	备注
孙儒声	滨州市委副书记	男	汉族	山东广饶	大学	中共	干部	市八届人大代表
侯宪秀	滨州市人大常委会副主任、党组副书记	男	汉族	山东郓城	大普	中共	干部	市八届人大代表
何凤岐	滨州市市长助理、市政府秘书长	男	汉族	山东沾化	大学	中共	干部	市八届人大代表
张秀亭	滨州市人大常委会原副主任	男	汉族	山东博兴	大专	中共	干部	市八届人大代表
蒋爱学	滨州市人大常委会委员、内司工委主任	男	汉族	山东无棣	大学	中共	干部	市八届人大代表
王永祥	滨州市国土资源局局长、党组书记	男	汉族	山东沾化	大学	中共	干部	市八届人大代表
盖忠领	滨州市政府副秘书长,市油区办主任、党组书记	男	汉族	山东垦利	大专	中共	干部	
李维东	无棣县委书记、县人大常委会主任	男	汉族	山东邹平	研究生	中共	干部	市八届人大代表
李恩波	无棣县委副书记、县长	男	汉族	山东章丘	研究生	中共	干部	省十一届人大代表,市八届人大代表
吴克端	无棣县人大常委会副主任、党组书记	男	汉族	山东无棣	大学	中共	干部	市八届人大代表
张明山	无棣县公安局局长	男	汉族	山东无棣	大专	中共	干部	市八届人大代表
刘学春	无棣县交通局局长	男	汉族	山东无棣	大学	中共	干部	市八届人大代表
宋树春	无棣县车镇乡党委书记、人大主席	男	汉族	山东无棣	研究生	中共	干部	
郭树龙	无棣县马山子镇党委书记	男	汉族	山东无棣	研究生	中共	干部	
张令峰	无棣县埕口镇党委书记	男	汉族	山东无棣	大学	中共	干部	
王照勇	山东万德酒业有限公司董事长、总经理	男	汉族	山东无棣	大学	中共	工人	市八届人大代表
徐清友	山东基德纺织科技有限责任公司董事长、党委书记	男	汉族	山东无棣	研究生	中共	工人	市八届人大代表
贾秀华	无棣县基德油棉有限公司董事长	女	汉族	山东无棣	大专	中共	工人	市八届人大代表
刘泽莹	无棣县国税局科员	女	汉族	山东无棣	大学	中共	工人	市八届人大代表
汪宝竹	无棣星一皮革有限公司董事长、总经理	男	汉族	山东无棣	大专	中共	工人	市八届人大代表
冯立田	山东鲁北企业集团总公司党委委员、团委书记;山东鲁北化工股份有限公司副总经理	男	汉族	山东无棣	研究生	中共	工人	市八届人大代表

续表 18

姓　名	现任(或原任)职务	性别	民族	籍贯	学历	党派	代表界别	备 注
范秀丽	无棣宏天置业有限公司会计	女	汉族	山东无棣	大专		工人	市八届人大代表
张荣强	无棣县工商联会长,山东埕口盐化有限责任公司董事长	男	汉族	山东无棣	大学	无党派	工人	
谢金涛	滨州市供电公司副总经济师,无棣县供电公司经理	男	汉族	山东博兴	大学	中共	工人	
张国芳	无棣县民政局局长,慈善总会办公室主任	男	汉族	山东无棣	大专	中共	工人	
邱延博	滨州港西港经济园区工委副书记、管委会主任,西港公司董事长、总经理	男	汉族	山东无棣	大专	中共	工人	
朱前锋	中国工商银行无棣县支行行长、党总支书记	男	汉族	山东广饶	大学	中共	工人	
赵振武	无棣县网通公司总经理、党组书记	男	汉族	山东邹平	大学	中共	工人	
杨金岭	山东金羚毛纺有限公司董事长、党总支书记	男	汉族	山东无棣	大专	中共	农民	市八届人大代表
邢宝英	无棣县碣石山镇付家码头村党支部书记	女	汉族	山东无棣	中专	中共	农民	市八届人大代表
信连海	无棣县埕口镇大口河党总支书记、水沟村党支部书记	男	汉族	山东无棣	高中	中共	农民	市八届人大代表
刘俊侠	无棣县车镇乡五道庙村农民	男	汉族	山东无棣	中专		农民	市八届人大代表,2008 年 3 月病逝
杨宝俊	无棣县无棣镇杨白杨村党支部书记	男	汉族	山东无棣	高中	中共	农民	市八届人大代表
肖景海	无棣县水湾镇郭辛店村党支部书记	男	回族	山东无棣	大学	中共	农民	市八届人大代表
蒋翠仙	无棣二中教师	女	汉族	山东无棣	大学		知识分子	市八届人大代表
董淑君	无棣县建筑设计院院长	女	汉族	内蒙古鄂尔多斯	大学	无党派	知识分子	市八届人大代表
孙玉凤	无棣县无棣镇一中教师	女	汉族	河北海兴	大专		知识分子	市八届人大代表
张国华	无棣一中党总支书记,教育局局长	男	汉族	山东无棣	大专	中共	知识分子	
刘东武	滨州医学院附属医院无棣医院党总支书记	男	汉族	山东无棣	大普	中共	知识分子	
邓文泉	滨州市人大常委会委员、市技术学院党委书记	男	汉族	山东无棣	大专	中共	知识分子	市八届人大代表
刁万祥	滨州市人大常委会委员,滨州职业学院院长助理,九三学社滨州市委副主委	男	汉族	山东垦利	大学	九三学社	其他	市八届人大代表

滨州市第九届人民代表大会代表沾化县·解放军代表团名录

表 19

姓　名	现任(或原任)职务	性别	民族	籍贯	学历	党派	代表界别	备 注
曹兴宽	滨州市人大常委会副主任、党组书记	男	汉族	山东阳信	大学	中共	干部	省十一届,市八届人大代表
于常青	滨州市委常委、组织部部长	男	汉族	山东招远	研究生	中共	干部	市八届人大代表
韩吉顺	滨州市副市级干部,市长助理、市公安局局长、党委书记	男	汉族	山东广饶	大学	中共	干部	市八届人大代表
林则茂	滨州市政协原主席	男	汉族	山东烟台	大学	中共	干部	市八届人大代表
朱向旭	滨州市人大常委会原副主任	男	汉族	山东惠民	大学	中共	干部	市八届人大代表

续表 19

姓　名	现任(或原任)职务	性别	民族	籍贯	学历	党派	代表界别	备 注
李继文	滨州市人大常委会委员、农业农村工委主任	男	汉族	山东滨城	大学	中共	干部	
杨淑云	滨州市人大常委会委员，市妇联主席、党组书记	女	汉族	山东无棣	研究生	中共	干部	
耿　涛	沾化县委书记、县人大常委会主任	男	汉族	山东邹平	大学	中共	干部	市八届人大代表
贾善银	沾化县委副书记、县长	男	汉族	山东邹平	大学	中共	干部	省十一届人大代表
刘德成	沾化县人大常委会副主任、党组书记	男	汉族	山东沾化	大专	中共	干部	市八届人大代表
房　斌	沾化县黄升乡党委书记	男	汉族	山东沾化	研究生	中共	干部	
綦守荣	山东鲁能发展集团有限公司沾化发电厂厂长	男	汉族	山东莱州	研究生	中共	工人	市八届人大代表
李同彩	沾化县供销大厦营业员	女	汉族	山东沾化	中专		工人	市八届人大代表
许友国	山东金丝食品有限公司董事长兼总经理	男	汉族	山东沾化	大专		工人	
吕樊利	山东亿人食品有限公司董事长兼总经理	男	汉族	山东沾化	大专		工人	
李瑞兰	沾化县泊头镇供销社主任	女	汉族	山东东营	大专	中共	工人	
郭九香	沾化县富国镇黑龙村党支部书记、村委会主任	男	汉族	山东沾化	大专	中共	农民	
高子美	沾化县诚信大药房主任	女	汉族	山东沾化	大专		农民	
王洪林	沾化浩华果汁食品有限公司总经理	男	汉族	山东沾化	高中		农民	
蔡胜平	沾化县蔡氏木业有限公司董事长	男	汉族	湖北浠水	大专		农民	
张花娥	沾化县大高镇东黄村计生专职主任	女	汉族	山东沾化	高中		农民	市八届人大代表
张士月	沾化县大高镇东楼村党支部书记	男	汉族	山东沾化	高中	中共	农民	市八届人大代表
陈增安	沾化县黄升乡潘家沟村党支部书记、村委会主任	男	汉族	山东沾化	大专	中共	农民	市八届人大代表
花春霞	沾化县下河乐园食品厂经理	女	汉族	山东沾化	初中		农民	
魏克举	沾化县海金食品批发公司经理	男	汉族	山东沾化	高中		农民	
周新花	沾化县冯家镇新花渔具公司经理	女	汉族	山东沾化	初中		农民	
武兴树	沾化县滨海乡耿局村党支部书记、村委会主任	男	汉族	山东东营	大专	中共	农民	市八届人大代表
张海燕	沾化县古城镇中心幼儿园教师	女	汉族	山东沾化	大专		农民	
赵言民	沾化县利国乡马营七村村委会副主任	男	汉族	山东沾化	初中	中共	农民	
王汉云	沾化县中医院副院长	女	汉族	山东沾化	大学	中共	知识分子	
丁洪国	沾化县华安肉类有限公司总经理	男	汉族	山东沾化	大学	中共	知识分子	市八届人大代表
赵珠峰	沾化一中校长	男	汉族	山东沾化	研究生	中共	知识分子	
卢玉凤	沾化冬枣产业办公室党组副书记、副主任	女	汉族	山东无棣	大学	中共	知识分子	
刘德岭	山东滨化海源盐化有限公司党委书记、总经理	男	汉族	山东惠民	大专	中共	知识分子	市八届人大代表
姜　力	滨州市人大常委会委员，市科协副主席	男	汉族	山东广饶	大学	无党派	其他	市八届人大代表
王其方	沾化县林业局干部	女	汉族	山东德州	大专	民盟	其他	
刘志钢	滨州市人大常委会委员、军分区司令员	男	汉族	安徽枞阳	研究生	中共	解放军	
谢守忠	滨州市委常委，军分区政委	男	汉族	湖北江陵	研究生	中共	解放军	
江首建	中共滨州市委常委、军分区政委	男	汉族	江苏南京	研究生	中共	解放军	2008 年 6 月补选

续表 19

姓　名	现任（或原任）职务	性别	民族	籍贯	学历	党派	代表界别	备 注
杨传勇	山东省邹平县 71436 部队副政治委员	男	汉族	山东博兴	大学	中共	解放军	2008 年调出

滨州市第九届人民代表大会代表博兴县代表团名录

表 20

姓　名	现任（或原任）职务	性别	民族	籍贯	学历	党派	代表界别	备 注
孙承志	滨州市委常委、副市长	男	汉族	山东寿光	研究生	中共	干部	市八届人大代表
韩增金	滨州市人大常委会副主任、党组成员	男	汉族	山东惠民	大学	中共	干部	市八届人大代表
宋文明	滨州市中级人民法院院长、党组书记	男	汉族	山东聊城	研究生	中共	干部	市八届人大代表
赵延孝	原滨州地区人大工委党组书记、主任	男	汉族	山东肥城	大专	中共	干部	省八届、九届，市八届人大代表
刘宝庭	滨州市人大常委会原副主任、党组副书记	男	汉族	山东博兴	大专	中共	干部	市八届人大代表
刘翠英	原省政协滨州地区工委主任、党组书记	女	汉族	山东桓台	大专	中共	干部	
侯友新	滨州市人大常委会委员、城环工委主任	男	汉族	山东禹城	大学	中共	干部	
王春山	滨州市人大常委会委员、副秘书长兼研究室主任	男	汉族	山东沾化	大学	中共	干部	
初建波	博兴县委书记	男	汉族	山东荣成	大学	中共	干部	市八届人大代表
李洪柱	博兴县人大常委会主任、党组书记	男	汉族	山东东营	大学	中共	干部	市八届人大代表
李家良	博兴县委副书记、县长	男	汉族	山东邹平	大学	中共	干部	省十一届，市八届人大代表
李全昌	博兴县人民法院院长	男	汉族	山东邹平	大学	中共	干部	
刘源吉	博兴县人民检察院检察长、党组书记	男	汉族	山东寿光	研究生	中共	干部	
杨洪志	博兴县发展计划局党组书记、局长	男	汉族	山东东营	大学	中共	干部	
耿雨河	博兴县经贸局党委书记、局长	男	汉族	山东博兴	研究生	中共	干部	
周奎齐	博兴县教育局局长	男	汉族	山东博兴	研究生	中共	干部	市八届人大代表
张文明	胜利油田纯梁采油厂党委副书记、工会主席	男	汉族	山东武城	研究生	中共	工人	
崔洪章	山东华兴机械股份有限公司党委书记、总经理	男	汉族	山东博兴	大学	中共	工人	
贾前卫	山东华康食品有限公司董事长、总经理	男	汉族	山东博兴	大专	中共	工人	市八届人大代表
史庆苓	京博石油化工有限公司总经理、山东京博控股发展有限公司执行总裁	男	汉族	山东鄄城	大学	中共	工人	市八届人大代表
刘传禄	滨州宏信有限责任会计师事务所所长	男	汉族	山东济南	大学	中共	工人	
孙金峰	山东香驰粮油有限公司副总经理	男	汉族	山东博兴	大专	中共	工人	市八届人大代表
胡　波	香港华润化工控股有限公司董事、副总经理兼华润油化 CEO	男	汉族	山东博兴	研究生	中共	工人	
李继绪	山东顺天纺织有限公司董事长、总经理	男	汉族	山东博兴	大学	中共	工人	市八届人大代表
张良千	博兴县永鑫化工有限公司董事长、总经理	男	汉族	山东高青	大专		工人	
王世润	山东渤海实业股份有限公司党委副书记、副总经理	男	汉族	山东博兴	大专	中共	工人	
赵向忠	山东皇冠厨业有限公司党支部书记、董事长	男	汉族	山东博兴	大专	中共	农民	市八届人大代表

续表20

姓　名	现任(或原任)职务	性别	民族	籍贯	学历	党派	代表界别	备注
杨玉民	博兴县城东街道办事处椒园村党支部书记、村委会主任	男	汉族	山东博兴	大专	中共	农民	市八届人大代表
李宝永	博兴县兴福镇福旺村党支部书记、村委会主任	男	汉族	山东博兴	大学	中共	农民	
杨汝珍	博兴县顺兴金属制造公司经理	女	汉族	山东博兴	高中		农民	市八届人大代表
韩安正	博兴县湖滨镇柳桥村党支部书记、博大食品有限公司董事长	男	汉族	山东博兴	中专	中共	农民	省八届、九届,市八届人大代表
王连梅	山东龙升食品有限公司董事长	女	汉族	山东博兴	中专	中共	农民	
王德兰	博兴县万德油棉有限公司志向达分公司经理	女	汉族	山东博兴	高中		农民	
孙　玮	山东金太阳矿业有限公司经理	男	汉族	山东博兴	中专		农民	
徐芝美	博兴县乔庄镇苍上村妇女主任	女	汉族	山东博兴	初中		农民	
许军之	博兴县纯化镇许楼村党支部书记、村委会主任	男	汉族	山东博兴	初中	中共	农民	市八届人大代表
王雪强	山东华宇酒精总厂厂长	男	汉族	山东博兴	大专	中共	农民	市八届人大代表
宋道冉	博兴县曹王镇东鲁村党支部书记	男	汉族	山东博兴	大专	中共	农民	
程竹坤	滨州学院党委书记	男	汉族	山东莱阳	大专	中共	知识分子	
盖学忠	博兴县第一中学党支部书记、校长	男	汉族	山东博兴	大学	中共	知识分子	市八届人大代表
高升荣	博兴县农业局副局长	女	汉族	山东平度	大学		知识分子	市八届人大代表
冯玉珍	博兴县人口与计划生育局副局长	女	汉族	山东博兴	大学		知识分子	市八届人大代表
王新兰	博兴县林业局森保站站长	女	汉族	山东桓台	大学		知识分子	
刘玉清	博兴县经济责任审计办公室副主任	女	汉族	山东博兴	大学		知识分子	市八届人大代表
王军红	博兴县锦秋街道办事处湾头中心小学教师	女	汉族	山东博兴	大专		知识分子	
李一涛	武警滨州市支队支队长、党委副书记	男	汉族	山东莱芜	大学	中共	其他	
李淑忠	滨州市人大常委会委员,市水利局基建工程管理站站长	男	汉族	山东桓台	大学	民盟	其他	市八届人大代表
安长东	博兴县打渔张引黄灌溉管理处主任、县水务局副局长	男	汉族	山东博兴	大学	无党派	其他	

滨州市第九届人民代表大会代表邹平县代表团名录

表21

姓　名	现任(或原任)职务	性别	民族	籍贯	学历	党派	代表界别	备注
李成明	滨州市人大常委会原副主任(正厅级)、党组副书记	男	汉族	山东沂水	大专	中共	干部	省十届、十一届,市八届人大代表
韩奎祥	滨州市委常委、副市长	男	汉族	山东广饶	大专	中共	干部	
冯宝璞	原滨州地区人大工委主任、党组书记	男	汉族	山东荣成	大专	中共	干部	省七届、八届,市八届人大代表
李凤岐	滨州市人大常委会委员,市委组织部常务副部长	男	汉族	山东滨州	大普	中共	干部	
耿同庆	滨州市经贸委主任、党委书记	男	汉族	山东滨州	大专	中共	干部	
王惠军	滨州市环保局局长、党组书记	男	汉族	山东滨州	大专	中共	干部	市八届人大代表
高中兴	滨州市教育局局长、党组书记	男	汉族	山东滨州	大学	中共	干部	

续表21

姓 名	现任(或原任)职务	性别	民族	籍贯	学历	党派	代表界别	备 注
韩智勇	滨州市国家税务局局长、党组书记	男	汉族	山东高青	研究生	中共	干部	
林全治	滨州市人大常委会委员、信访局局长	男	汉族	山东荣成	大专	中共	干部	
田光利	滨州市人大常委会委员、民侨外工委主任	男	汉族	山东淄博	大学	中共	干部	
王悦华	滨州市人大常委会委员,市总工会常务副主席、党组副书记	女	汉族	山东无棣	大学	中共	干部	
魏克田	邹平县委书记	男	汉族	山东沾化	研究生	中共	干部	省十届,市八届人大代表
王传民	邹平县委副书记、县长	男	汉族	山东滨城	博士	中共	干部	省十一届,市八届人大代表
刘书忠	邹平县人大常委会主任、党组书记	男	汉族	山东邹平	大学	中共	干部	市八届人大代表
范连生	邹平县委副书记、县长	男	汉族	山东滨城	大学	中共	干部	
张 礁	邹平县人民法院院长	男	汉族	山东阳信	大专	中共	干部	
邹长恩	邹平县人民检察院检察长	男	汉族	山东泰安	大学	中共	干部	
孙利华	邹平县长山镇党委书记	男	汉族	邹平明集	大学	中共	干部	
王秀海	邹平久久鸭业公司总经理	男	汉族	邹平台子	大专		工人	
张宏伟	山东天地缘集团董事长	男	汉族	山东邹平	大专	中共	工人	
刘 东	山东邹平振龙金属公司副总经理	男	汉族	山东高青	大专		工人	
田 超	山东伊怡乳业有限公司总经理	男	汉族	山东邹平	大专		工人	
刘 明	山东宏诚集团党委书记、董事长、总经理	男	汉族	山东邹平	大专	中共	工人	市八届人大代表
宋学峰	山东琥珀啤酒厂技术部部长	女	汉族	山东邹平	大学		工人	市八届人大代表
张 永	邹平齐星热电有限公司总经理	男	汉族	山东邹平	大专	中共	工人	
张玉岭	邹平县五交化公司经理、党支部书记	男	汉族	山东邹平	大专	中共	工人	市八届人大代表
张承先	邹平供销大厦集团董事长、总经理	男	汉族	山东邹平	大学	中共	工人	
张士平	滨州市人大常委会委员,山东魏桥创业集团董事长、党委书记	男	汉族	山东邹平	大专	中共	工人	全国九届、十届,市八届人大代表
张红霞	山东魏桥纺织有限公司董事长	女	汉族	山东邹平	研究生	中共	工人	市八届人大代表
邓文强	山东魏桥铝电公司副总经理	男	汉族	陕西咸阳	大学	中共	工人	
蔡红燕	山东魏桥创业集团分厂厂长	女	汉族	山东邹平	高中		工人	
宫传洋	山东传洋集团总裁	男	汉族	山东邹平	大专		农民	
朱玉国	山东群星纸业董事长	男	汉族	山东邹平	大专	中共	农民	市八届人大代表
李 军	邹平县长山镇前时村支部书记	男	汉族	山东邹平	中专	中共	农民	市八届人大代表
王继香	邹平县魏桥镇东码头村支部书记、村委会主任	男	汉族	山东邹平	初中	中共	农民	
徐元利	邹平县西董镇芽庄村支部书记、村委会主任	男	汉族	山东邹平	高中	中共	农民	市八届人大代表
王建中	滨州豪盛集团董事长、总经理	男	汉族	山东邹平	中专	中共	农民	市八届人大代表
李继义	邹平县临池镇郭庄村支部书记、村委会主任	男	汉族	山东邹平	高中	中共	农民	
曲修春	邹平县焦桥镇后三村支部书记、村委会主任	男	汉族	山东邹平	高中	中共	农民	

续表 21

姓　名	现任(或原任)职务	性别	民族	籍贯	学历	党派	代表界别	备 注
裴立芳	邹平县焦桥镇东平村妇委会主任	女	汉族	山东邹平	高中		农民	
王明峰	山东三星集团董事长	男	汉族	山东邹平	大专	中共	农民	
王泽民	邹平县韩店镇实户村支部书记、村委会主任	男	汉族	山东邹平	高中	中共	农民	市八届人大代表
张广富	山东广富集团董事长、总经理	男	汉族	山东邹平	大专	中共	农民	
冯永利	邹平县孙镇冯家村支部书记	男	汉族	山东邹平	高中	中共	农民	市八届人大代表
高现仁	山东邹平惠仁煤业和金光焦化有限公司总经理	男	汉族	山东邹平	大学	中共	农民	
张道震	邹平县第二建筑公司经理	男	汉族	山东邹平	大专	中共	农民	市八届人大代表
郭道桐	邹平码头建筑集团董事长、总经理	男	汉族	山东邹平	大专	中共	农民	市八届人大代表
张仁平	山东梁邹东升集团有限公司董事长、党委书记	男	汉族	山东邹平	大专	中共	农民	市八届人大代表
王清顺	山东邹平铁雄焦化有限公司董事长	男	汉族	山东邹平	高中		农民	
李桂英	邹平黄山办侯家村妇女主任	女	汉族	山东邹平	高中		农民	
边桂华	邹平县高新办事处大刘村支部书记	女	汉族	山东邹平	高中	中共	农民	
李炳众	滨州市委党校常务副校长	男	汉族	山东惠民	大学	中共	知识分子	
孙艳梅	邹平县长山镇第一初中教师	女	汉族	山东邹平	大学		知识分子	
梁　峰	邹平魏桥实验学校校长	男	汉族	山东邹平	大专	中共	知识分子	
马晓燕	邹平县西董镇鹤伴中学级部主任	女	汉族	山东邹平	大学		知识分子	
张素清	邹平县九户镇中心幼儿园园长	女	汉族	山东邹平	大专		知识分子	市八届人大代表
张春燕	邹平县孙镇第一小学教导主任	女	汉族	山东邹平	大专		知识分子	
王红梅	邹平县台子镇计生服务站站长	女	汉族	山东邹平	中专		知识分子	
宋桂贞	邹平县码头镇一小副校长	女	汉族	山东邹平	大专		知识分子	市八届人大代表
朱文业	邹平县黄山中学校长	男	汉族	山东邹平	研究生	中共	知识分子	
冯爱萍	邹平县鲁中职业学院教师	女	汉族	山东莒县	大学		知识分子	
李秀莲	邹平县中医院门诊部主任	女	汉族	山东邹平	大学		知识分子	市八届人大代表
张素芬	邹平县农业局执法办副主任	女	汉族	山东邹平	大学		知识分子	
郭建新	滨州市人大常务委员会副主任,市工商业联合会会长	女	汉族	山东广饶	大学	无党派	其他	市八届人大代表
纪家华	滨州市人大常委会委员,滨州职业学院科研处副处长	男	汉族	山东青岛	大学	九三学社	其他	市八届人大代表
田德民	邹平县黄山办事处副主任	男	汉族	山东邹平	大学		其他	

【代表变动情况】

1. 市九届人大一次会议期间实有代表 379 名。会后,阳信县孙德汉因工作需要调离本行政区,无棣县刘俊侠因病去世,依照法律规定,以上 2 名代表的代表资格自行终止。因工作需要,根据市委提名,阳信县补选张光峰为市九届人大代表。

滨州市第九届人民代表大会常务委员会代表资格审查委员会对阳信县人大常委会补选的代表的代表资格进行了审查,认为合乎法律规定,确认其代表资格有效。补选后,滨州市第九届人民代表大会共有代表 378 名。

2. 截止 2008 年 5 月底,市九届人大实有代表 378 名。之后,解放军驻滨部队选举的谢守忠调离本行政区,按照法律规定，其代表资格自行终止。根据市委提名，滨州军分区补选江首建为市九届人大代表。

滨州市第九届人民代表大会常务委员会代表资格审查委员会对滨州军分区补选的江首建代表的代表资格进行了审查，认为合乎法律规定，确认其代表资格有效。补选后，滨州市第九届人民代表大会共有代表378名。

3. 市九届人大二次会议期间，市九届人大实有代表378名。之后，滨城区选举的邵立勇、解放军驻滨部队选举的杨传勇调离本行政区，按照有关法律规定，以上2名代表的代表资格自行终止。根据市委提名，阳信县补选马福祥、邹平县补选范连生为市九届人大代表。

滨州市第九届人民代表大会常务委员会代表资格审查委员会对阳信县补选的马福祥代表、邹平县补选的范连生代表的代表资格进行了审查，认为合乎法律规定，确认其代表资格有效。补选后，滨州市第九届人民代表大会共有代表378名。

4. 市九届人大三次会议期间，市九届人大实有代表378名。会后，滨城区选举的李洪刚、李庆胜、谢金涛，沾化县选举的綦守荣，邹平县选举的梁峰调离本行政区域；滨城区选举的张子禹因工作需要辞去代表职务；滨城区选举的张献青、惠民县选举的高发明因病去世，按照法律规定，以上8名代表的代表资格自行终止。根据市委提名，滨城区补选焦本强、郑现中、朱桂林，惠民县补选王建邦，无棣县补选朱兴新，沾化县补选王博，邹平县补选邹继刚为市九届人大代表。

滨州市第九届人民代表大会常务委员会代表资格审查委员会对滨城区补选的焦本强、郑现中、朱桂林，惠民县补选的王建邦，无棣县补选的朱兴新，沾化县补选的王博，邹平县补选的邹继刚代表的代表资格进行了审查，认为合乎法律规定，确认其代表资格有效。补选后，滨州市第九届人民代表大会共有代表377名。

5. 市九届人大四次会议期间，实有代表377名。会后，滨城区选举的何思清，惠民县选举的石增立，无棣县选举的孙孺声，博兴县选举的程竹坤、张文明，邹平县选举的韩智勇调离本行政区域，依照有关法律规定，以上6名代表的代表资格自行终止。根据市委提名，阳信县补选姚鲁、李廷敏，无棣县补选王浩、郭云鹰，沾化县补选陈志凯，博兴县补选潘益杰，滨州军分区补选胡红兵为市九届人大代表。

滨州市第九届人民代表大会常务委员会代表资格审查委员会对阳信县补选的姚鲁、李廷敏，无棣县补选的王浩、郭云鹰，沾化县补选的陈志凯，博兴县补选的潘益杰，滨州军分区补选的胡红兵的市九届人大代表的代表资格进行了审查，认为合乎法律规定，确认其代表资格有效。补选后，市九届人大实有代表378名。

滨州市第十届人民代表大会代表名录

滨州市第十届人民代表大会代表滨城区代表团名录

表22

姓　名	现任(或原任)职务	性别	民族	籍贯	学历	党派	代表界别	备　注
韩奎祥	滨州市委常委、常务副市长	男	汉族	山东广饶	研究生	中共	干部	市九届人大代表
李国强	滨州市人大常委会副主任、秘书长	男	汉族	滨州滨城	大学	中共	干部	市九届人大代表
邵汝卿	滨州市人民检察院检察长	男	汉族	山东平度	大学	中共	干部	
林则茂	滨州市政协正市级干部	男	汉族	山东烟台	大学	中共	干部	市九届人大代表
王观庆	滨州市政府党组成员、特邀咨询	男	汉族	山东惠民	大专	中共	干部	市九届人大代表
王惠军	滨州市政府党组成员，黄河三角洲(滨州)国家农业科技园区党工委书记、管委会主任	男	汉族	山东寿光	大专	中共	干部	市九届人大代表
张炳宣	滨州市人大常委会农业和农村工作委员会主任	男	汉族	滨州滨城	大学	中共	干部	
李红军	共青团滨州市委书记、党组书记	男	汉族	山东莘县	研究生	中共	干部	

续表22

姓名	现任(或原任)职务	性别	民族	籍贯	学历	党派	代表界别	备注
李军	滨州市总工会常务副主席、党组副书记,兼任滨州市职工技术协会会长	女	汉族	滨州滨城	大学	中共	干部	
赵伟宏	中共滨城区委书记	男	汉族	山东昌乐	本科	中共	干部	
魏景芳	滨城区人大常委会主任	男	汉族	山东博兴	研究生	中共	干部	市九届人大代表
焦本强	滨城区人民政府区长	男	汉族	山东阳信	研究生	中共	干部	市九届人大代表
姚和民	滨州经济开发区党工委书记、管委会主任	男	汉族	山东惠民	研究生	中共	干部	
傅成栋	滨州高新区党工委书记、管委会主任	男	汉族	山东沾化	研究生	中共	干部	
田洪健	中共滨城区委组织部部长	男	汉族	山东沾化	研究生	中共	干部	
王建忠	滨城区人民法院院长	男	汉族	山东惠民	研究生	中共	干部	
路来芳	滨城区地方税务局局长	男	汉族	山东无棣	大学	中共	干部	
李兴林	滨城区市中街道办事处党工委书记	男	汉族	德州禹城	研究生	中共	干部	
顾全新	滨城区彭李街道办事处党工委书记	男	汉族	山东滨州	大学	中共	干部	
薄方明	华纺股份有限公司董事长	男	汉族	山东垦利	大专	中共	工人	市九届人大代表
付希平	滨州交运集团书记、董事长	男	汉族	山东惠民	研究生	中共	工人	市九届人大代表
韩洪亮	滨州东方地毯集团有限公司董事长	男	汉族	山东惠民	研究生	中共	工人	市九届人大代表
李俊杰	滨州盟威集团有限公司董事长	男	汉族	山东广饶	大学	中共	工人	市九届人大代表
李晓伟	滨州泓瑞医药科技公司总经理	男	汉族	浙江东阳	大学		工人	市九届人大代表
李艳芳	山东科伦药业有限公司生产部长	女	汉族	山东章丘	研究生		工人	
刘凤文	新天阳化工有限责任公司董事长	男	汉族	山东滨州	中专	中共	工人	市九届人大代表
刘曰兴	愉悦家纺有限公司董事长	男	汉族	山东垦利	研究生	中共	工人	市九届人大代表
石秦岭	滨化集团总经理	男	汉族	山东利津	大学	中共	工人	
王红星	亚光毛巾有限公司副董事长、总经理	男	汉族	山东滨州	大学	中共	工人	市九届人大代表
王新东	滨南采油厂书记	男	汉族	山东潍坊	研究生	中共	工人	
王学军	滨州市金毅设备有限公司董事长	男	汉族	山东滨州	大学		工人	
王雪征	众成担保公司董事长	女	汉族	山东利津	研究生	中共	工人	市九届人大代表
王聿国	滨岭矿业公司党委书记、董事长	男	汉族	山东章丘	大专	中共	工人	市九届人大代表
魏家坤	滨州魏桥科技工业园有限公司总经理	男	汉族	山东邹平	中专	中共	工人	
徐继武	滨州建工集团董事长	男	汉族	山东滨州	大学	中共	工人	市九届人大代表
陈信	滨城区三河湖镇国家村党支部书记	男	汉族	山东滨州	大专	中共	农民	市九届人大代表
杜民生	滨城区市中街道办事处高杜居委会党支部书记、主任	男	汉族	山东滨州	大学	中共	农民	市九届人大代表
高法滨	滨城区梁才街道办事处小高居委会主任	男	汉族	山东滨州	初中		农民	市九届人大代表
马利军	滨城区彭李街道办事处马家居委会党支部书记	男	汉族	山东滨州	大专	中共	农民	
宋承民	滨城区杨柳雪镇辛庄村党支部书记、村委会主任	男	汉族	山东滨州	大专	中共	农民	市九届人大代表
孙泽忠	滨州中兴置业董事长	男	汉族	山东滨州	大专	中共	农民	市九届人大代表

续表22

姓　名	现任(或原任)职务	性别	民族	籍贯	学历	党派	代表界别	备 注
宣守林	滨城区市东街道办事处宣家居委会党支部书记、主任	男	汉族	山东滨州	大专	中共	农民	市九届人大代表
薛建国	瑞恒染织公司董事长、总经理,滨城区北镇街道办事处和平居委会党支部书记、主任	男	汉族	山东滨州	大专	中共	农民	市九届人大代表
张　强	滨州经济技术开发区里则街道办事处彭集村党支部书记	男	汉族	山东滨州	大专	中共	农民	市九届人大代表
张建锋	滨州中晨桩业有限公司、山东建大物流有限公司董事长	男	汉族	济南章丘	大专	中共	农民	
赵金成	滨州宇航商贸有限公司董事长	男	汉族	山东滨州	大学		农民	市九届人大代表
赵玉华	滨城区市西街道办事处康家居委会书记、主任	男	汉族	山东滨州	大专	中共	农民	
董风华	滨州实验学校副校长	女	汉族	滨州滨城	大专	民进	知识分子	市九届人大代表
成爱华	华海白癜风医院院长	女	汉族	山东邹平	研究生	九三学社	知识分子	市九届人大代表
杜淑霞	滨城区秦皇台乡中心学校年级部主任	女	汉族	山东滨州	大学		知识分子	市九届人大代表
吕春勇	滨州经济开发区教育局局长	男	汉族	山东滨州	大学	中共	知识分子	市九届人大代表
毛雪琴	滨州学院教师	女	汉族	山东阳信	研究生	民进促进会	知识分子	市九届人大代表
齐民超	博翱职业中专校长	男	汉族	山东无棣	大专	中共	知识分子	市九届人大代表
任学武	北镇中学校长	男	汉族	山东博兴	大学	中共	知识分子	市九届人大代表
沈志强	山东省滨州畜牧兽医研究院院长	男	汉族	山东荣成	研究生	中共	知识分子	市九届人大代表
孙国翠	滨城区三河湖镇中学一级教师	女	汉族	山东滨州	大专		知识分子	市九届人大代表
王树德	滨州市人民医院院长	男	汉族	山东无棣	大学	中共	知识分子	
王树林	滨城区委党校常务副校长	男	汉族	山东无棣	大学	中共	知识分子	市九届人大代表
于秀章	滨州市委党校行政处处长	男	汉族	山东广饶	大学	中共	知识分子	市九届人大代表
张立华	滨城区第二中学年级部主任	女	汉族	山东滨州	大学		知识分子	市九届人大代表
周国辉	滨州市公安局特警支队一大队大队长	女	汉族	山东无棣	大学	中共	知识分子	市九届人大代表
周秀芹	滨城区杨柳雪卫生院内科主任	女	汉族	山东滨州	大学		知识分子	市九届人大代表

滨州市第十届人民代表大会代表惠民县代表团名录

表23

姓　名	现任(或原任)职务	性别	民族	籍贯	学历	党派	代表界别	备 注
张光峰	滨州市委副书记、市长	男	汉族	山东平原	中央党校研究生	中共	干部	市九届人大代表
祁维华	滨州市委常委、副市长	女	汉族	山东博兴	大专	中共	干部	市九届人大代表
胡炳山	滨州市委常委、政法委书记,市法学会会长	男	汉族	山东无棣	省委党校研究生	中共	干部	市九届人大代表
韩增金	滨州市人大常委会副主任	男	汉族	山东惠民	省委党校大学	中共	干部	市九届人大代表

续表23

姓 名	现任(或原任)职务	性别	民族	籍贯	学历	党派	代表界别	备 注
王 瑜	滨州市副市长	男	汉族	山东龙口	省委党校研究生	中共	干部	市九届人大代表
赵建明	滨州市政府秘书长	男	汉族	山东沾化	中央党校大学	中共	干部	市九届人大代表
李 强	滨州市人大常委会人事代表工作室主任	男	汉族	山东博兴	大专	中共	干部	市九届人大代表
郑玉梅	滨州市妇女联合会主席、党组书记	女	汉族	山东沾化	省委党校研究生	中共	干部	
杨光军	滨州市发展和改革委员会主任、党组书记	男	汉族	山东高青	省委党校研究生	中共	干部	
扈景芳	滨州市国家税务局局长	男	汉族	山东利津	大学	中共	干部	
王永祥	滨州市国土资源局局长	男	汉族	山东沾化	函授大学	中共	干部	市九届人大代表
范连生	惠民县委书记、党校校长,县人大常委会主任、党组书记	男	汉族	山东滨州	大学	中共	干部	市九届人大代表
李守江	惠民县委副书记、县长,县政府党组书记	男	汉族	山东昌乐	省委党校研究生	中共	干部	
李 勇	惠民县人大常委会常务副主任、党组副书记	男	汉族	河北盐山	省业余大学	中共	干部	
徐庆忠	惠民县人大常委会副主任	男	汉族	山东惠民	大专	中共	干部	市九届人大代表
王 忠	惠民县副县级干部、国土资源局党组书记、局长	男	汉族	山东惠民	省业余大学	中共	干部	市九届人大代表
卢兆俊	惠民县财政局党委书记、局长	男	汉族	山东惠民	中央党校大专	中共	干部	
赵永晖	惠民县民政局党组副书记、局长	男	汉族	山东惠民	省业余大学	中共	干部	
杜美收	惠民县东方餐饮有限责任公司总经理	男	汉族	山东惠民	中专		工人	市九届人大代表
杜圣军	山东圣豪商业有限公司董事长	男	汉族	山东邹平	大专	中共	工人	
樊宪国	山东龙马重工集团有限公司董事长	男	汉族	山东成武	大专		工人	
韩云华	惠民县供电公司妇委会主任,惠民电力设备厂副厂长	女	汉族	山东惠民	大学		工人	市九届人大代表
胡振新	山东天禧牧业有限公司董事长	男	汉族	山东惠民	大学		工人	市九届人大代表
李风忠	山东忠谊集团董事长	男	汉族	山东惠民	大专		工人	市九届人大代表
林依锃	惠民闽鑫金属制品有限公司董事长	男	汉族	福建长乐	大学	工人		
路素珍	惠民县胡集镇三农服务中心主任	女	汉族	山东惠民	大专	中共	工人	市九届人大代表
牛学玲	惠民县孙子兵法城旅游开发有限责任公司总经理	女	汉族	山东惠民	大专	中共	工人	市九届人大代表
孙胜锋	惠民县联谊棉业总经理	男	汉族	山东惠民	大专	中共	工人	
王 力	山东浩瀚科技发展有限公司董事长	男	汉族	山东惠民	大学		工人	

续表23

姓　名	现任(或原任)职务	性别	民族	籍贯	学历	党派	代表界别	备　注
徐兆会	山东惠民森邦木业有限公司董事长	男	汉族	山东惠民	大专	中共	工人	
张　云	惠民县良友宾馆有限责任公司董事长	女	汉族	山东惠民	初中		工人	市九届人大代表
张光玲	山东惠民正信织业有限公司董事长	女	汉族	山东惠民	大专		工人	
赵汝恒	山东惠民鲁洁纺织有限责任公司董事长	男	汉族	山东惠民	大专		工人	
常修盛	山东滨州茂盛化纤有限公司董事长	男	汉族	山东惠民	初中		农民	
陈有梅	惠民县石庙镇屯里街村委会主任、计生专干	女	汉族	山东惠民	中专	中共	农民	
董培堂	山东裴堂瓶业有限公司董事长	男	汉族	山东惠民	高中		农民	市九届人大代表
韩增秀	惠民县东方运输有限责任公司副总经理	女	汉族	山东惠民		中共	农民	
潘洪金	惠民县淄角镇西李集村支部书记、村委会主任	男	汉族	山东惠民	高中	中共	农民	市九届人大代表
宋成强	惠民县孙武街道关帝庙街支部书记	男	汉族	山东惠民	初中	中共	农民	
孙　斌	山东惠民金利达纺织有限责任公司总经理	男	汉族	山东惠民	大专		农民	市九届人大代表
邢大选	山东滨州恒迈尼龙化纤制品有限公司总经理	男	汉族	山东惠民	高中		农民	
邢玉平	山东滨州波涛公司董事长	男	汉族	山东惠民	高中	中共	农民	市九届人大代表
翟云堂	惠民县何坊街道香翟村党支部书记	男	汉族	山东惠民	初中	中共	农民	市九届人大代表
赵吉兴	山东中惠食品有限公司总经理	男	汉族	山东惠民	在职研究生		农民	市九届人大代表
赵树清	山东惠民县惠祥特钢有限公司董事长	男	汉族	山东邹平	高中	中共	农民	
周忠梅	和信化纤绳网有限公司总经理	女	汉族	山东惠民	中专		农民	
朱长清	山东惠民长青木业有限责任公司董事长	男	汉族	山东惠民	高中	农民		
毕崇君	滨州市朗润置业有限公司董事长	男	汉族	辽宁大连	研究生	中共	知识分子	
刘玉利	惠民县胡集镇第一中学教师	男	汉族	山东惠民	大专		知识分子	
门方利	惠民县人民医院院长	男	汉族	山东无棣	大学	中共	知识分子	市九届人大代表
孙维勤	山东省惠民县利源煤业有限责任公司董事长	男	汉族	山东惠民	大学	中共	知识分子	
唐　华	惠民县姜楼镇第一中学教师	女	汉族	山东惠民	大学		知识分子	
杨承寿	山东力丰工业园执行董事(法人代表)	男	汉族	安徽马鞍山	大学		知识分子	
袁俊平	滨州医学院党委书记	男	汉族	山东济南	大学	中共	知识分子	
张绍勋	惠民县政协副主席,县第一中学校长,县教育局局长、局党委书记	男	汉族	山东无棣	省委党校大学	中共	知识分子	
张维昌	山东瑞五机械有限公司董事长	男	汉族	山东惠民	大学		知识分子	
左登焕	惠民县人民检察院副检察长、政工科科长	女	汉族	山东惠民	省委党校大学	中共	知识分子	市九届人大代表
韩德富	农工党滨州市委秘书长	男	汉族	山东博兴	大学	农工	其他	
商建文	中国民主建国会滨州市委员会副主任委员、秘书长	男	汉族	山东东营	省委党校大学	民建	其他	
张桂忠	惠民县城乡建设局副局长、生态农业科技开发中心主任	男	回族	山东商河	大专	中共	其他	

滨州市第十届人民代表大会代表阳信县代表团名录

表24

姓 名	现任(或原任)职务	性别	民族	籍贯	学历	党派	代表界别	备 注
步乃章	滨州学院党委书记	男	汉 族	山东无棣	大学	中共	知识分子	市九届人大代表
蔡光程	滨州供电公司总经理	男	汉 族	山东寒亭	研究生	中共	工人	
邓向阳	滨州市委书记,市委党校校长,市人大常委会主任	男	汉 族	山东荣成	大学	中共	干部	十一届全国人大代表、省十一届人大代表、市九届人大代表
刁万祥	滨州职业学院副院长	男	汉 族	山东寿光	大学	九三学社	其他	市九届人大代表
段建国	龙福环能科技股份有限公司董事长兼总经理	男	汉 族	山东莒县	大专	中共	工人	
谷雪梅	阳信县移动公司翟王分公司主任	女	汉 族	山东阳信	本科	-	工人	
郭建新	滨州市人大常委会副主任,市工商业联合会主席	女	汉 族	山东阳信	大学	-	干部	市九届人大代表
黄春生	阳信瑞鑫集团董事长兼总经理	男	汉 族	山东阳信	大专	中共	工人	省十一届人大代表、市九届人大代表
蒋洪涛	阳信县二中党支部书记、校长	男	汉 族	山东阳信	研究生	中共	知识分子	
蒋迎辉	山东立昌纺织公司董事长	男	汉 族	山东阳信	本科	中共	工人	市九届人大代表
劳荣树	阳信县宁安科技有限公司总经理	男	汉 族	山东阳信	本科	中共	工人	
李俊霞	阳信县洋湖卫生院职工	女	汉 族	山东阳信	大专	-	工人	
李廷敏	阳信县人大常委会常务副主任	男	汉 族	山东阳信	大学	中共	干部	市九届人大代表
刘 敏	阳信县信城街道办事处文化站站长	女	汉 族	山东阳信	大专	-	工人	
路 军	滨州市政府党组成员,市推进黄河三角洲高效生态经济区建设办公室主任	男	汉 族	山东淄博	大专	中共	干部	市九届人大代表
栾兴刚	阳信县人民政府县长	男	汉 族	山东齐河	研究生	中共	干部	
罗丽娜	阳信瑞鑫集团设计师	女	汉 族	浙江温州	大专	-	工人	
马福祥	阳信县委书记、人大常委会主任	男	汉 族	山东邹平	大学	中共	干部	市九届人大代表
马玉静	阳信亘嘉皮革制品有限公司董事长兼总经理	男	回族	山东阳信	初中	-	其他	
毛延茹	阳信县金阳街道办事处旅游管理处职工	女	汉 族	山东阳信	本科	-	工人	
彭 波	阳信县第一实验学校党支部书记、校长	男	汉 族	山东阳信	研究生	中共	知识分子	
曲金博	东进餐具(阳信)有限公司董事长	男	汉 族	山东陵县	本科	中共	工人	市九届人大代表
史学平	阳信县河流镇韩榜村计生主任	女	汉 族	山东阳信	初中	-	农民	
苏荣芝	阳信县劳店镇大杜村计生主任	女	汉 族	山东阳信	初中	-	农民	
王爱平	山东滨化滨阳燃化有限公司总经理	男	汉 族	山东东营	大专	中共	工人	市九届人大代表
王春丽	阳信华森农林牧生态科技有限公司董事长	女	汉 族	山东阳信	大专	-	工人	
王 力	滨州市财政局党组书记、局长	男	汉 族	山东新泰	大学	中共	干部	
王清敏	阳信县鸭梨研究所所长	男	汉 族	山东阳信	大学	-	知识分子	
王文禄	滨州市政府党组副书记	男	汉 族	山东无棣	研究生	中共	干部	市九届人大代表

续表24

姓　名	现任(或原任)职务	性别	民族	籍贯	学历	党派	代表界别	备注
王晓丽	阳信县流坡坞镇卫生院工人	女	汉族	山东阳信	初中	-	工人	
王兴池	阳信县人民医院副院长兼内二科主任	男	汉族	山东阳信	本科	中共	知识分子	
王玉军	阳信县一中校长,教体局党委书记、局长	男	汉族	山东阳信	研究生	中共	知识分子	
武秀香	山东伟国板业科技有限公司财务经理	女	汉族	山东阳信	高中	-	工人	
杨春林	阳信龙泰商贸有限公司经理	男	汉族	山东阳信	大专	中共	工人	市九届人大代表
杨广富	阳信广富畜产品有限公司董事长、河流镇刘庙大寺杨村委会主任	男	回族	山东阳信	大专	中共	农民	
杨国强	滨州市委秘书长、常委	男	汉族	山东蓬莱	大学	中共	干部	
杨守岭	滨州市卫生局党委书记	男	汉族	山东无棣	大专	中共	干部	
杨太敏	山东金缘生物科技有限公司董事长	男	汉族	山东阳信	大学	中共	工人	
尹丙杰	山东玉杰面粉有限公司董事长	男	汉族	山东阳信	本科	中共	工人	
张立军	滨州裕阳铝业有限公司董事长	男	汉族	山东沾化	研究生	-	工人	
张清新	阳信祥泰贸易有限公司经理、燕店村村支部书记	男	汉族	山东阳信	大专	中共	农民	
赵维娥	阳信县鹁李中学教师	女	汉族	山东阳信	本科	-	知识分子	市九届人大代表
郑洪云	山东滨州意象工贸有限公司销售部经理	女	汉族	山东阳信	高中	-	农民	
周中华	阳信县中医医院院长	男	汉族	山东阳信	大学	中共	知识分子	
尚子彬	无棣农村合作银行董事长	男	汉	山东沾化	研究生	中共	工人	

滨州市第十届人民代表大会代表无棣县代表团名录

表25

姓　名	现任(或原任)职务	性别	民族	籍贯	学历	党派	代表界别	备注
王　浩	滨州市委副书记	男	汉族	山东单县	大学	中共	干部	市九届人大代表
周桂萍	滨州市委宣传部长	女	汉族	山东蒙阴	研究生	中共	干部	
张兆宏	滨州市副市长	男	汉族	山东淄博	大学	中共	干部	市九届人大代表
李维东	滨州市技师学院党委书记、市委组织部常务副部长	男	汉族	山东邹平	研究生	中共	干部	市九届人大代表
侯宪秀	滨州市人大常委会原副主任	男	汉族	山东郓城	大学	中共	干部	市九届人大代表
于志刚	滨州市政府党组成员、特邀咨询	男	汉族	山东惠民	大学	中共	干部	市九届人大代表
邓文泉	滨州市人大常委会原顾问	男	汉族	山东无棣	大专	中共	干部	市九届人大代表
李　凯	滨州市人大副秘书长,办公室主任	男	汉族	山东高青	大学	中共	干部	市九届人大代表
李　峰	滨州市人大常委会城环工委办公室主任	男	汉族	山东利津	研究生	无党派	干部	
李恩波	无棣县委书记、县人大常委会主任	男	汉族	山东章丘	研究生	中共	干部	市九届人大代表
丁海堂	无棣县委副书记、县长	男	汉族	山东滨州	研究生	中共	干部	
王振祥	无棣县人大常委会常务副主任	男	汉族	山东无棣	研究生	中共	干部	
袁朝晖	北海经济开发区党工委书记、管委会主任	男	汉族	河北盐山	大学	中共	干部	
宋树春	无棣经济开发区管委会副主任、县政法委常务副书记	男	汉族	山东无棣	研究生	中共	干部	市九届人大代表

续表25

姓　名	现任(或原任)职务	性别	民族	籍贯	学历	党派	代表界别	备 注
吕国廷	无棣县公安局局长	男	汉族	山东沾化	大学	中共	干部	
张恩传	无棣县交通运输局局长	男	汉族	山东无棣	研究生	中共	干部	
李玉涛	无棣县国土资源局局长	男	汉族	山东无棣	大本	中共	干部	
马云忠	无棣县旅游局局长	男	汉族	山东无棣	大学	中共	干部	
孟维赞	北海经济开发区马山子镇党委书记、人大主席	男	汉族	山东无棣	大学	中共	干部	
郭春森	山东海瓷集团董事长	男	汉族	山东无棣	研究生	中共	工人	
贾秀华	山东基德生态科技有限公司副董事长	女	汉族	山东无棣	大专	中共	工人	市九届人大代表
邵振新	无棣县国税局局长、会计师	男	汉族	山东庆云	研究生	中共	工人	
汪宝竹	星一进出口集团公司董事长、总经理	男	汉族	山东无棣	大专	中共	工人	市九届人大代表
王秀霞	无棣县油区办办公室主任	女	汉族	山东无棣	大学	中共	工人	
王照勇	万德酒业公司董事长、总经理	男	汉族	山东无棣	大专	中共	工人	市九届人大代表
徐清友	山东基德生态科技有限公司副董事长	男	汉族	山东无棣	研究生	中共	工人	市九届人大代表
燕厚军	无棣县供电公司经理	男	汉族	山东广饶	大本	中共	工人	
张宝东	鲁北企业集团总公司董事长	男	汉族	山东无棣	大学	中共	工人	
张荣强	汇泰投资集团董事长	男	汉族	山东无棣	大学		工人	市九届人大代表
从桂兰	无棣县德宝皮革有限公司总经理	女	回族	山东无棣	大专		农民	
冯树举	无棣县柳堡镇冯王村支部书记	男	汉族	山东无棣	大专	中共	农民	
刘淑枝	无棣县碣石山镇李贝孙村支部书记	女	汉族	山东无棣	中专	中共	农民	
田荣昌	滨州市荣昌农牧科技有限公司董事长	男	汉族	山东无棣	大专		农民	
吴克俊	无棣欧亚木器公司总经理	男	汉族	山东章丘	大学		农民	
吴明春	滨州港正海生态科技有限公司董事长	男	汉族	山东无棣	大专		农民	
信连海	无棣县埕口镇水沟村支部书记	男	汉族	山东无棣	高中	中共	农民	市九届人大代表
杨金岭	山东金羚集团董事长	男	汉族	山东无棣	大本	中共	农民	市九届人大代表
张洪欣	黄河文化产业开发集团董事长	男	汉族	山东无棣	研究生		农民	
何凤岐	滨州市委党校常务副校长	男	汉族	山东沾化	大学	中共	知识分子	市九届人大代表
邱先明	无棣一中党总支书记、中学高级教师	男	汉族	山东无棣	大学	中共	知识分子	
王剑秋	无棣县第一实验学校幼儿园团长、小学高级教师	女	汉族	山东无棣	大学		知识分子	
徐沛琦	无棣县文联主席	女	汉族	山东无棣	大学		知识分子	
杨宝爱	无棣县农业局农技站站长、农艺师	女	汉族	山东沾化	大专		知识分子	
支洪波	滨医附院无棣医院副院长、副主任医师	男	汉族	山东无棣	大学	中共	知识分子	

滨州市第十届人民代表大会代表沾化县·解放军代表团名录

表26

姓　名	现任(或原任)职务	性别	民族	籍贯	学历	党派	代表界别	备 注
曹兴宽	滨州市人大常委会常务副主任(正市级)	男	汉族	山东阳信	大学	中共	干部	市九届人大代表

续表26

姓 名	现任(或原任)职务	性别	民族	籍贯	学历	党派	代表界别	备 注
张 凯	滨州市委常委、组织部部长	男	汉族	山东莒县	大学	中共	干部	
耿 涛	滨州市副市长	男	汉族	山东邹平	大学	中共	干部	市九届人大代表
李成明	滨州市人大常委会原常务副主任	男	汉族	山东沂人	大专	中共	干部	市九届人大代表
董吉增	滨州市人大常委会原副主任	男	汉族	山东利津	大学	中共	干部	市九届人大代表
王保民	滨州市政府特邀咨询	男	汉族	山东滨州	大学	中共	干部	
丁希安	滨州市审计局党级书记、局长	男	汉族	山东沾化	大专	中共	干部	
贾善银	沾化县委书记,人大常委会主任、党组书记	男	汉族	山东邹平	研究生	中共	干部	市九届人大代表
张宝亮	沾化县委副书记、县长	男	汉族	山东无棣	研究生	中共	干部	
陈志凯	沾化县人大常委会党组副书记、常务副主任(正县级)	男	汉族	山东沾化	大学	中共	干部	市九届人大代表
田道军	沾化县大高镇党委书记	男	汉族	山东惠民	研究生	中共	干部	
雷 霞	沾化县下洼派出所所长	女	汉族	山东沾化	大学	中共	干部	
李同彩	沾化县供销大厦营业员	女	汉族	山东沾化	中专		工人	市九届人大代表
刘宝东	山东海明化工有限公司总经理	男	汉族	山东惠民	研究生	中共	工人	
刘德岭	山东滨化海源盐化有限公司党委书记、总经理;沾化盐务局副局长	男	汉族	山东惠民	大专	中共	工人	
刘云升	沾化庆翔金属材料有限公司副总经理	男	汉族	山东邹平	研究生	中共	工人	
秦箴林	华能沾化热电有限公司党委委员、总经理	男	汉族	山东昌乐	研究生	中共	工人	
许友国	山东金丝食品有限公司董事长、总经理	男	汉族	山东沾化	大专	中共	工人	市九届人大代表
张荣安	沾化伟业纺织有限公司董事长、总经理	男	汉族	山东沾化	大专	中共	工人	
陈增安	沾化县黄升镇潘家村支部书记、村委主任	男	汉族	山东沾化	大专	中共	农民	市九届人大代表
董建合	滨州市家具行业协会会长,沾化北方家具城党支部书记、总经理	男	汉族	山东沾化	大学	中共	农民	
高子美	沾化县富城路城市社区卫生服务站	女	汉族	山东沾化	大专		农民	市九届人大代表
郭九香	沾化县富国街道黑龙村党支部书记、村委会主任	男	汉族	山东沾化	中专	中共	农民	市九届人大代表
刘新青	山东金地食品有限公司董事长、总经理	男	汉族	山东沾化	大专		农民	
吕光芝	山东省沾化县利国乡养殖户	女	汉族	山东沾化	高中	中共	农民	
齐占民	沾化县睿民禽业有限公司董事长、总经理	男	汉族	山东沾化	高中		农民	
魏克举	山东海金食品有限公司总经理	男	汉族	山东沾化	大专	中共	农民	市九届人大代表
武士清	山东清盛家具有限公司董事长、总经理	男	汉族	山东沾化	高中	中共	农民	
武兴树	沾化县滨海镇耿局村支部书记	男	汉族	山东沾化	大专	中共	农民	市九届人大代表
于洪长	沾化县冬枣研究所所长	男	汉族	山东沾化	高中	中共	农民	
周新花	沾化欧帆钓具制品有限公司总经理	女	汉族	山东沾化	初中		农民	市九届人大代表
崔其忠	滨州职业学院原党委书记	男	汉族	山东博兴	大专	中共	农民	
牟同忠	沾化一中校长、区教育局局长党总支副书记、校长	男	汉族	山东沾化	研究生	中共	知识分子	

续表26

姓　名	现任(或原任)职务	性别	民族	籍贯	学历	党派	代表界别	备注
宋艳清	沾化县国家税务局党组副书记、副局长	女	汉族	山东沾化	大学	中共	知识分子	
王汉云	沾化县中医院院长、卫生局党委委员	女	汉族	山东沾化	大学	中共	知识分子	市九届人大代表
张海燕	沾化县大高镇第一中学教师	女	汉族	山东沾化	大学		知识分子	市九届人大代表
张良信	沾化县古城镇中心幼儿园教师	女	汉族	山东沾化	大学		知识分子	
郑云爱	沾化县人民医院呼吸科主任	女	汉族	山东沾化	大学		知识分子	
白咸勇	滨州医学院副院长	男	汉族	山东茌平	博士	无党派	其他	市九届人大代表
宁彩云	滨州学院中文系副教授	女	汉族	山东蓬莱	硕士研究生	民革	其他	
王其方	沾化县林业局专家办公室主任	女	汉族	山东德州	大专	民盟	其他	市九届人大代表
胡红兵	滨州军分区司令员	男	汉族	江苏南通	研究生	中共	解放军	市九届人大代表
于培洪	滨州军分区原政治委员	男	汉族	山东荣成	研究生	中共	解放军	
张　勇	驻邹平71436部队政治处副主任	男	汉族	山东淄博	大学	中共	解放军	

滨州市第十届人民代表大会代表博兴县代表团名录

表27

姓　名	现任(或原任)职务	性别	民族	籍贯	学历	党派	代表界别	备注
孙承志	滨州市政协主席	男	汉族	山东寿光	博士研究生	中共	干部	市九届人大代表
葛　伟	滨州市委常委、市纪委书记	男	汉族	山东费县	研究生	中共	干部	市九届人大代表
桑培伦	滨州市政府党组成员,市公安局局长	男	汉族	山东莱芜	大学	中共	干部	
田宝礼	滨州市人大常委会原副主任	男	汉族	山东无棣	大学	中共	干部	市九届人大代表
黎爱芬	滨州市纪委常务副书记、监察局局长	女	汉族	山东博兴	大学	中共	干部	市九届人大代表
杨万邦	滨州市委组织部副部长,市人才工作办公室主任	男	汉族	山东垦利	研究生	中共	干部	
王建邦	滨州市人大常委会委员、副秘书长,研究室主任	男	汉族	山东滨城	研究生	中共	干部	市九届人大代表
张秀森	滨州市人大常委会财政经济委员会主任	男	汉族	山东桓台	大学	中共	干部	
王海军	滨州市地方税务局党组书记、局长	男	汉族	山东安丘	大学	中共	干部	
李家良	中共博兴县委书记、县人大常委会主任、县委党校校长	男	汉族	山东邹平	大学	中共	干部	市九届人大代表
殷梅英	中共博兴县委副书记、县长	女	汉族	山东德州	博士研究生	中共	干部	
张光卫	博兴县人大常委会常务副主任、县经济开发区党工委书记	男	汉族	山东博兴	研究生	中共	干部	
李洪波	博兴县人民法院党组书记、院长	男	汉族	山东无棣	本科	中共	干部	
牛向阳	博兴县人民检察院党组书记、检察长	男	汉族	山东滨城	研究生	中共	干部	
李学峰	博兴县财政局局长	男	汉族	山东博兴	本科	中共	干部	
周奎齐	博兴县第一中学党总支书记、县教育局局长	男	汉族	山东博兴	研究生	中共	干部	市九届人大代表
崔洪章	山东华兴机械股份有限公司总经理	男	汉族	山东博兴	大学	中共	工人	市九届人大代表

续表 27

姓　名	现任（或原任）职务	性别	民族	籍贯	学历	党派	代表界别	备 注
胡　波	香港华润化工控股有限公司董事、副总经理兼华润油化 CEO	男	汉族	山东博兴	研究生	中共	工人	市九届人大代表
贾前卫	山东华康食品有限公司董事长	男	汉族	山东博兴	专科	中共	工人	市九届人大代表
李继绪	山东顺天纺织有限公司董事长、总经理	男	汉族	山东博兴	大专	中共	工人	市九届人大代表
马韵升	山东京博控股股份有限公司党委书记，山东京博石油化工有限公司董事长	男	汉族	山东博兴	研究生	中共	工人	
孙金峰	山东香驰控股有限公司副董事长	男	汉族	山东博兴	大专	中共	工人	市九届人大代表
王德敬	山东泰山水泥有限公司董事长	男	汉族	山东博兴	大专	中共	工人	
王世润	山东渤海实业股份有限公司党委副书记	男	汉族	山东博兴	大专	中共	工人	市九届人大代表
徐志刚	山东大宏新能源化工有限公司董事长	男	汉族	山东临淄	大专	中共	工人	
薛　明	胜利油田纯梁采油厂党委常委、工会主席	男	汉族	山东广饶	本科	中共	工人	
张良千	山东省博兴县永鑫化工有限公司董事长	男	汉族	山东高青	大专		工人	市九届人大代表
左　鹏	滨州供电公司副总经济师，博兴县供电公司总经理	男	汉族	山东高青	本科	中共	工人	
韩安正	山东博大食品有限公司董事长，湖滨镇柳桥村党支部书记	男	汉族	山东博兴	中专	中共	农民	市九届人大代表
孙中光	山东泰元木业有限公司董事长	男	汉族	山东博兴	高中	中共	农民	
王江然	博兴县开发区相公堂村党支部书记	男	汉族	山东博兴	初中	中共	农民	
王连梅	山东龙升食品有限公司董事长	女	汉族	山东博兴	本科	中共	农民	市九届人大代表
王庆明	山东颐兴医疗器械有限公司董事长	男	汉族	山东博兴	大学	中共	农民	
徐芝美	博兴县乔庄镇苍上村计生主任	女	汉族	山东博兴	初中		农民	市九届人大代表
杨清华	山东远大板业科技有限公司董事长	男	汉族	山东博兴	大专		农民	
杨汝珍	山东省博兴县顺达化工有限公司经理	女	汉族	山东博兴	高中		农民	市九届人大代表
杨玉民	博兴县城东大市场管理办公室主任、城东街道办事处椒园村党支部书记、主任	男	汉族	山东博兴	大专	中共	农民	市九届人大代表
于　华	山东科瑞钢板有限公司总经理	女	汉族	山东博兴	高中		农民	
张雪玉	博兴县店子镇万达能源有限公司总经理	女	汉族	山东博兴	高中		农民	
赵向忠	山东省皇冠厨业有限公司董事长、党支部书记	男	汉族	山东博兴	大专	中共	农民	市九届人大代表
朱惠民	山东澳博厨具商城支部书记、董事长	男	汉族	山东博兴	大专	中共	农民	
左向红	滨州晟发纺织科技有限公司车间主任	女	汉族	山东博兴	中专		农民	
冯玉珍	博兴县人口和计划生育局副局长	女	汉族	山东博兴	本科		知识分子	市九届人大代表
刘　娟	博兴县博奥幼儿园园长	女	汉族	山东博兴	研究生		知识分子	
刘殿珍	博兴县人民医院妇产科主任	女	汉族	山东博兴	本科		知识分子	
宁守东	滨州技师学院院长、副书记	男	汉族	山东高青	本科	中共	知识分子	市九届人大代表
吴加军	博兴县农村合作银行董事长、党委书记	男	汉族	山东惠民	大学	中共	知识分子	
王桂玲	博兴县纯化中学教师	女	汉族	山东博兴	大专		知识分子	
李一涛	山东武警总队滨州支队支队长	男	汉族	山东莱芜	大学	中共	其他	市九届人大代表

滨州市第十届人民代表大会代表邹平县代表团名录

表28

姓　名	现任(或原任)职务	性别	民族	籍贯	学历	党派	代表界别	备注
魏克田	滨州市委常委、市总工会主席、党组书记	男	汉族	山东沾化	研究生	中共	干部	
王立勇	滨州市人大常委会副主任	男	汉族	山东桓台	研究生	中共	干部	
万永格	滨州市副市长、民盟滨州市委主任委员	男	汉族	山东广饶	大学		干部	
宋文明	滨州中级人民法院党组书记、院长	男	汉族	山东聊城	研究生	中共	干部	市九届人大代表
燕钦国	政协滨州市委员会主席、党组书记	男	汉族	山东广饶	大学	中共	干部	市九届人大代表
吴金娃	滨州市政协顾问	女	汉族	山东无棣	大学	中共	干部	市九届人大代表
张冠文	滨州市人大常委会原副主任	男	汉族	山东广饶	大学	中共	干部	市九届人大代表
李炳众	滨州市委党校原常务副校长	男	汉族	山东惠民	大学	中共	干部	市九届人大代表
耿同庆	滨州市政府党组成员	男	汉族	山东滨州	大专	中共	干部	市九届人大代表
宋家功	滨州市人大常委会民族侨务外事工作委员会主任	男	汉族	山东博兴	大学	中共	干部	
李慎猛	滨州市人大常委会城乡建设环境保护工作委员会主任、党组书记	男	汉族	山东邹平	研究生	中共	干部	
蒋爱学	滨州市人大常委会内务司法工作委员会主任	男	汉族	山东无棣	大学	中共	干部	市九届人大代表
王传民	中共邹平县委书记、县人大常委会主任	男	汉族	山东滨州	研究生	中共	干部	市九届人大代表
邹继刚	中共邹平县委副书记、县长	男	汉族	黑龙江鹤岗市	研究生	中共	干部	市九届人大代表
尹艳玲	中共邹平县委常委、副县长	女	汉族	山东博兴	研究生	中共	干部	
李汝伟	邹平县人大常委会常务副主任	男	汉族	山东邹平	大学	中共	干部	
张　礁	邹平县人民法院党组书记、院长	男	汉族	黑龙江汤原县	大学	中共	干部	市九届人大代表
邹长恩	邹平县人民检察院党组书记、检察长	男	汉族	山东泰安	大学	中共	干部	市九届人大代表
牛希亮	邹平县长山镇党委副书记、镇长	男	汉族	山东邹平	研究生	中共	干部	
卜晓霞	山东魏桥纺织股份有限公司邹魏三园副总经理	女	汉族	山东邹平	大专		工人	
邓文强	山东魏桥铝电有限公司铝业公司总经理	男	汉族	陕西咸阳	大学	中共	工人	市九届人大代表
高　宽	山东德利集团有限公司党支部书记、董事长	男	汉族	山东邹平	大学	中共	工人	
刘　明	山东宏诚集团有限公司党委书记、董事长、总经理	男	汉族	山东邹平	大学	中共	工人	市九届人大代表
苏恒湖	山东铁雄冶金科技有限公司副总经理	男	汉族	山东惠民	研究生	中共	工人	
王瑞国	山东开泰集团有限公司副董事长、总经理	男	汉族	山东章丘	大学	中共	工人	
张红霞	山东魏桥纺织股份有限公司董事长、总经理	女	汉族	山东邹平	研究生	中共	工人	市九届人大代表
张宏伟	山东天地缘集团有限公司董事长	男	汉族	山东邹平	大专	中共	工人	市九届人大代表
张士平	山东魏桥创业集团有限公司党委书记、董事长	男	汉族	山东邹平	大专	中共	工人	市九届人大代表
张玉岭	邹平县德鑫五交化公司总经理、党支部书记	男	汉族	山东邹平	大专	中共	工人	市九届人大代表
赵　强	齐星集团副总裁	男	汉族	山东邹平	研究生	中共	工人	
崔立新	山东创新金属科技股份有限公司董事长	男	汉族	山东邹平	大专		农民	

续表 28

姓　名	现任(或原任)职务	性别	民族	籍贯	学历	党派	代表界别	备 注
高现仁	山东邹平金光焦化有限公司董事长	男	汉族	山东邹平	大学	中共	农民	市九届人大代表
宫传洋	山东传洋集团有限公司总经理	男	汉族	山东邹平	大专		农民	市九届人大代表
韩学超	山东省邹平涌杰商贸有限责任公司董事长	女	汉族	山东邹平	大学		农民	
寇玉芳	山东芳绿农业科技有限公司董事长	女	汉族	山东邹平	大专		农民	
李　军	山东圣邦不锈钢制品有限公司董事长	男	汉族	山东邹平	中专	中共	农民	市九届人大代表
李继义	邹平县临池镇郭庄村党支部书记、村委会主任	男	汉族	山东邹平	高中	中共	农民	市九届人大代表
刘　东	山东创辉金属科技有限公司总经理	男	汉族	山东邹平	大专	中共	农民	市九届人大代表
刘法合	邹平县三利集团有限公司董事长	男	汉族	山东邹平	大学	中共	农民	
彭作泉	邹平县黄山街道办事处黄西村党支部书记	男	汉族	山东邹平	大学	中共	农民	
孙　民	邹平县孙镇辛集村党支部书记	男	汉族	山东邹平	高中	中共	农民	
王建中	山东滨州豪盛集团有限公司董事长	男	汉族	山东邹平	大学	中共	农民	市九届人大代表
王明峰	山东三星集团有限公司董事长	男	汉族	山东邹平	大学	中共	农民	市九届人大代表
王乃忠	邹平福海集团有限公司董事长	男	汉族	山东潍坊	大学	中共	农民	
王秀海	山东久久农业科技产业集团股份有限公司董事长兼总裁	男	汉族	山东邹平	大专		农民	市九届人大代表
王泽民	邹平县韩店镇实户村党支部书记、村委会主任	男	汉族	山东邹平	大专	中共	农民	市九届人大代表
张佰海	邹平县海华纸业有限公司董事长、总经理	男	汉族	山东邹平	高中	中共	农民	
张道震	邹平县第二建筑有限责任公司经理	男	汉族	山东邹平	大专	中共	农民	市九届人大代表
张方庚	邹平县西董街道办事处北禾村党支部书记、村委会主任	男	汉族	山东邹平	高中	中共	农民	
张广富	山东广富集团有限公司董事长	男	汉族	山东邹平	大专	中共	农民	市九届人大代表
张士学	邹平县魏桥镇魏桥村党支部书记、村委会主任	男	汉族	山东邹平	大专	中共	农民	
赵方东	山东齐明集团有限公司党委书记、董事长	男	汉族	山东邹平	高中	中共	农民	
赵友谊	山东华星环保集团有限公司董事长	男	汉族	山东邹平	中专	中共	农民	
周秀华	山东华义玉米科技有限公司副总经理	女	汉族	山东邹平	大学	中共	农民	
朱玉国	山东长星集团董事长	男		山东邹平	大专	中共	农民	市九届人大代表
李凤岐	滨州市技术学院党委书记	男	汉族	山东滨州	大学	中共	知识分子	市九届人大代表
郭玉红	邹平县长山一中教师	女	汉族	山东邹平	大学		知识分子	
韩　颖	邹平县人民政府外事侨务办公室主任	女	汉族	山东邹平	研究生	中共	知识分子	
李秀莲	邹平县中医院门诊部主任、脾胃科主任	女	汉族	山东邹平	大学		知识分子	市九届人大代表
刘海玲	邹平县魏桥实验学校教师	女	汉族	山东邹平	大学	中共	知识分子	
刘乐岑	邹平县鲁中职业学院教师	女	汉族	山东滨州	大学		知识分子	
马晓燕	邹平县西董街道办事处鹤伴中学级部主任	女	汉族	山东邹平	大学		知识分子	市九届人大代表
宋桂贞	邹平县码头镇广田小学副校长	女	汉族	山东邹平	大学		知识分子	市九届人大代表
王淑明	邹平县第一中学教师	男	汉族	山东邹平	大学	中共	知识分子	

续表 28

姓 名	现任(或原任)职务	性别	民族	籍贯	学历	党派	代表界别	备 注
张素芬	邹平县农业局执法办公室主任	女	汉族	山东邹平	大学		知识分子	市九届人大代表
朱秀燕	邹平县国土资源局孙镇国土所所长	女	汉族	山东邹平	大学		知识分子	
王 莉	民盟滨州市委秘书长	女	汉族	山东邹平	大专	民盟 民建	其他	
綦跃勤	滨州沪滨眼科医院院长	男	汉族	山东利津	大专	致公党	其他	
田德民	邹平县黛溪街道办事处副主任	男	汉族	山东邹平	大学		其他	市九届人大代表

【代表变动情况】

1. 市十届人大一次会议期间,市十届人大实有代表 374 名。会后,惠民县选举的郑现中、无棣县选举的王浩调离本行政区域,依照有关法律规定,以上 2 名代表的代表资格自行终止;无棣县选举的徐清友、阳信县选举的张清新,因涉嫌违法,市人大常委会分别在第 5 次、第 7 次常委会会议上决定暂停以上 2 名代表的代表职务。变动后,市十届人大实有代表 370 名。

2. 市十届人大二次会议期间实有代表 370 名。会后,阳信县选举的邓向阳因工作变动调离本行政区,依照法律规定,其代表资格自行终止。根据市委提名,阳信县补选崔洪刚为市十届人大代表。

滨州市第十届人民代表大会常务委员会代表资格审查委员会对阳信县人大常委会补选的崔洪刚的代表资格进行了审查,认为合乎法律规定,确认其代表资格有效。补选后,滨州市第十届人民代表大会共有代表 370 名。

3. 市十届人大三次会议期间实有代表 370 名。会后,滨城区选举的马利军申请辞去代表职务,滨城区第九届人民代表大会常务委员会第 13 次会议已决定接受其辞去代表职务的请求,终止其代表资格;滨城区选举的韩奎祥、惠民县选举的袁俊平、沾化县选举的耿涛和邹平县选举的王传民因工作需要调离本行政区,依照法律规定,以上 4 人代表资格自行终止。变动后,滨州市第十届人民代表大会共有代表 365 名。

4. 市十届人大三次会议期间实有代表 372 名。会后,有 5 名代表调离本行政区域;1 名辞去代表职务。以上 6 人代表资格终止。

市委提名,秦传滨、薛庆国、洪胜兵为市十届人大代表候选人。滨城区、无棣县和滨州军分区分别对以上 3 名候选人依法进行补选。

滨州市第十届人民代表大会常务委员会代表资格审查委员会对滨城区人大常委会补选的秦传滨、无棣县人大常委会补选的薛庆国、滨州军分区补选的洪胜兵的代表资格进行了审查,认为符合法律规定,确认其代表资格有效。补选后,滨州市第十届人民代表大会共有代表 369 名。

5. 市十届人大三次会议期间实有代表 372 名(其中,有 3 名代表因故暂停代表职务)。会后,有 8 名代表因工作需要调离本行政区和辞去代表职务等原因终止代表资格。期间,补选了薛庆国、秦传滨和洪胜兵为市十届人大代表。变动后,滨州市第十届人民代表大会共有代表 367 名。

2013 年 12 月,市委提名吴声、王长虹、刘树琪、郭文江、李福友、王忠亭、闫福利、丁锋、李勇、韩伟、魏亮珠等 11 人为市十届人大代表候选人,并同意滨城区人大常委会提请补选杨玉国为市十届人大代表的请示。以上 12 名候选人分别由滨城区、惠民县、阳信县、沾化县、邹平县和滨州军分区依法进行了补选。

滨州市第十届人民代表大会常务委员会代表资格审查委员会对滨城区人大常委会补选的郭文江、李福友、王忠亭、杨玉国,惠民县人大常委会补选的刘树琪、韩伟、魏亮珠,阳信县人大常委会补选的闫福利,沾化县人大常委会补选的丁锋、李勇,邹平县人大常委会补选的吴声和滨州军分区补选的王长虹的代表资格进行了审查,认为合乎法律规定,确认其代表资格有效。补选后,滨州市第十届人民代表大会共有代表 379 名。

6. 市十届人大四次会议期间实有代表 379 名。会后，有 8 名代表因工作需要调离本行政区、辞去代表职务、被罢免等原因终止代表资格。其中，无棣县选举的周桂萍因工作需要调离本行政区，其代表资格终止；惠民县人大常委会先后罢免了门方利和赵汝恒的代表职务；阳信县人大常委会罢免了张清新的代表职务，接受了王春丽申请辞去代表职务的请求；无棣县选举的徐清友、邹平县选举的朱玉国和博兴县选举的左鹏也先后辞去了代表职务。

2015 年 1 月，市委提名周静、颜炳华、郭增禄、王文华、吴凤水、朱伟、刘继东、宋振华、王京生、高中兴等 10 人为市十届人大代表候选人，分别由滨城区、沾化区、惠民县、阳信县、无棣县和邹平县依法进行了补选。

滨州市第十届人民代表大会常务委员会代表资格审查委员会对滨城区人大常委会补选的周静，沾化区人大常委会补选的颜炳华，惠民县人大常委会补选的郭增禄、王文华，阳信县人大常委会补选的吴凤水、朱伟、刘继东，无棣县人大常委会补选的宋振华、王京生，邹平县人大常委会补选的高中兴的代表资格进行了审查，认为合乎法律规定，确认其代表资格有效。补选后，滨州市第十届人民代表大会共有代表 381 名。

7. 市十届人大五次会议期间实有代表 381 名。2015 年 8 月 7 日，沾化区选举的刘云升向沾化区人大常委会递交辞呈，辞去代表职务；8 月 13 日，经沾化区第十七届人大常委会第 35 次会议审议，同意接受刘云升的辞职请求，其代表资格终止。变动后，滨州市第十届人民代表大会实有代表 380 名。

8. 由滨城区选举的市十届人大代表周静、阳信县选举的市十届人大代表杨国强、无棣县选举的市十届人大代表李恩波、薛庆国和博兴县选举的市十届人大代表葛伟因工作变动调离本行政区。周静、杨国强、李恩波、薛庆国和葛伟的代表资格依法自行终止。

由沾化区选举的市十届人大代表武兴树提出辞去市十届人大代表职务，沾化区人大常委会决定接受其辞职请求。由博兴县选举的市十届人大代表杨玉民提出辞去市十届人大代表职务，博兴县人大常委会决定接受其辞职请求。依照代表法的有关规定，武兴树和杨玉民的代表资格终止。截至 2015 年 10 月，滨州市第十届人民代表大会实有代表 373 人。

9. 代表资格审查委员会第 8 次会议时，实有代表 373 名。滨城区选举的王新东因工作变动调离本行政区，其代表资格依法自行终止，其市人大常委会委员职务自动免除；博兴县选举的杨汝珍因长期处于失联状态，无法履行代表职务，博兴县十七届人大常委会第 31 次会议依法罢免其代表职务。以上 2 人代表资格终止。截至 2015 年 12 月，滨州市第十届人民代表大会共有代表 371 名。

10. 阳信县选举的刘继东因工作变动调离本行政区，其代表资格依法自行终止。2016 年 1 月，市委提名，赵庆平、李元忠、曾晓黎、王晓娟、潘青、罗公利、姚亦华、吕德章、朱万春、臧伟、袁金平、王磊等 12 人为市十届人大代表候选人；博兴县委提名，许学敏为市十届人大代表候选人。滨城、沾化等县区对以上候选人依法进行了补选。

滨州市第十届人民代表大会常务委员会代表资格审查委员会对滨城区人大常委会补选的姚亦华、袁金平、王磊，沾化区人大常委会补选的罗公利，惠民县人大常委会补选的吕德章，阳信县人大常委会补选的曾晓黎、朱万春，无棣县人大常委会补选的王晓娟、臧伟，博兴县人大常委会补选的李元忠、潘青、许学敏，邹平县人大常委会补选的赵庆平的代表资格进行了审查，认为符合法律规定，确认其代表资格有效。补选后，滨州市第十届人民代表大会共有代表 383 名。

11. 2016 年 1 月，代表资格审查委员会第 10 次会议时，实有代表 383 名。邹平县选举的寇玉芳请求辞去代表职务，邹平县第十六届人大常委会第三十次会议已决定接受其辞去代表职务的请求。依照法律规定，其代表资格自行终止。截至 2016 年 4 月，滨州市第十届人民代表大会共有代表 382 名。

第三篇　滨州市人民代表大会会议

2000年6月10日，经国务院批准（国函〔2000〕59号），撤销滨州地区和县级滨州市，设立地级滨州市。2001年1月，滨州市第七届人民代表大会第一次会议召开。沿用原县级滨州市届别。至此，滨州市人民代表大会制度进入新时期。

第一章　第七届人民代表大会会议

第一节　第七届人民代表大会第一次会议

一、概况

2001年1月11日至15日，滨州地区撤地设市后的首届人民代表大会——滨州市第七届人民代表大会第一次会议在滨州召开。

会议的主要议程是选举市人大常委会主任、副主任、秘书长、委员，市长、副市长，市中级人民法院院长、市人民检察院检察长；听取和审议市人民政府关于滨州市国民经济和社会发展第十个五年计划纲要草案的报告，审查、批准滨州市国民经济和社会发展第十个五年计划纲要；审议市政府关于滨州市2001年国民经济和社会发展计划草案的报告（书面），审查、批准滨州市2001年国民经济和社会发展计划；审议市政府关于滨州市2001年财政预算草案的报告（草案），审查滨州市2001年财政预算，批准滨州市2001年市级财政预算等。

二、组织机构及组成人员

主 席 团　（45人，按姓氏笔画为序）

于志刚　王明仁　王宗廉　田宝礼　叶庆华　冯宝璞
巩若良　朱向旭　任树梓　刘　凤（女，蒙古族）　刘士合
江连仲　安世银　祁维华（女）　苏将忠　李成明　李秀峰
杨兴华（女）　步乃章　肖景海（回族）　吴国瑞（女）　吴金娃（女）　沈志强
宋玉莲（女）　张士平　张吉文　张执政　张忠正　张贵云
林则茂　周清利　赵延孝　胡兆坤　胡炳山　段成英（女）
修先哲　侯宪秀　贾玉忱　贾崇福　郭建新（女）　郭德刚
曹永孚　曹兴宽　蔡国华　裴建华

主席团常务主席

王宗廉　张执政　贾崇福　安世银　江连仲　张贵云
叶庆华　朱向旭　郭德刚　巩若良　郭建新（女）

秘 书 长　江连仲（兼）

副秘书长　叶庆华　朱向旭　郭德刚　王明仁　李国强　宋茂龙
王建邦

议案审查委员会

主任委员　段成英(女)

委　　员　(按姓名笔画为序)

王乃信	王存友	王兴发	王保民	王洪昌	李　强
吴国瑞(女)	张同发	胡克生	梁昭春		

计划预算审查委员会

主任委员　叶庆华

委　　员　(按姓名笔画为序)

刘奎振	李国强	李树国	李炳众	沈志强	张友庆
张忠正	张树香(女)	陈子孟	魏　艳		

三、大会通过的各项决议、决定

(一)滨州市第七届人民代表大会第一次会议关于滨州市国民经济和社会发展“十五”计划纲要和关于《纲要》报告的决议(2001年1月15日滨州市第七届人民代表大会第一次会议通过)

滨州市第七届人民代表大会第一次会议,审查了《滨州市国民经济和社会发展第十个五年计划纲要(草案)》,审议了张执政市长代表市人民政府所作的《关于滨州市国民经济和社会发展第十个五年计划纲要(草案)的报告》。会议认为,《纲要》和《报告》以邓小平理论、“三个代表”重要思想和党的基本路线、基本方针为指导,对滨州的发展现状作了客观的评价和深入的分析,提出的今后五年全市国民经济和社会发展的指导思想、目标任务、发展重点和对策措施,体现了党的十五大和十五届五中全会精神,反映了全市人民的根本利益和愿望,符合滨州市情,是动员和组织全市人民在新世纪夺取良好开局的行动纲领。会议决定,批准《滨州市国民经济和社会发展第十个五年计划纲要》,批准张执政市长所作的《报告》。

会议认为,“九五”期间取得的成绩来之不易。在省委、省政府和地委的领导下,经过全市人民的共同努力,圆满完成了“九五”计划确定的各项任务,基本遏制了主要经济指标与全省平均水平继续拉大的局面,全市经济和社会面貌发生了深刻变化。可以说,“九五”是继“八五”以来又一个快速发展的时期。会议认为,在肯定成绩的同时,必须清醒地看到改革和发展中存在的困难和问题,并积极采取措施,认真加以解决。

会议认为,撤地设市标志着滨州进入了一个新的历史时期。实施好“十五”计划是全市实施追赶战略,改变欠发达面貌的关键。为此,全市上下必须坚持以邓小平理论、“三个代表”重要思想为指导,深人贯彻党的十五大、十五届五中全会和省七届五次全委会精神,以发展为主题,以结构调整为主线,以改革开放和科技进步为动力,以提高人民生活水平为根本出发点,以实施追赶战略为总抓手,改造提升传统产业,加快发展高新技术产业,大力发展外向型经济,放手发展民营经济,提高城市化水平,增强经济竞争力,抢占发展制高点,努力保持高于全省平均水平的经济增长速度,实现经济持续快速健康发展和社会全面进步,全面完成“十五”的各项计划目标。

会议强调,实现全市“十五”计划和追赶战略的宏伟目标,必须抓住机遇,加快发展,整体推进,重点突破,抓好关系长远发展的重大战略问题。要始终把农业放到国民经济的首位,加强农业和农村工作。要以加农民收入为核心,加大农业和农村经济结构的战略性调整,大力发展特色农业,提高农业产业化水平,增加农业投入,加快农业产业化、市场化、现代化进程。采取有力措施减轻农民负担,保护农民的生产积极性。要继续加大经济结构调整力度,努力膨胀优势产业,尽快形成具有区域特色的工业经济结构。要大力采用高新技术和先进适用技术改造传统产业,培育骨干优势企业。大力推进技术创新,新上一批技改项目,实施“名牌”战略,努力增强经济竞争力。坚持“三改一加强”同步推进,提高工业增长质量和效益。要大力发展服务业。在积极改造提升商业流通等传统服务业的同时,加快发展现代服务业,努力扩展服务领域。加快国民经济信息化进程,全面提高信息技术应用程度。

会议强调,要进一步深化改革,扩大开放。以产权制度改革为重点,在调整和完善所有制结构上寻求突破。

以建立现代企业制度为目标,努力推进投资主体多元化,加快股份制改造步伐,切实转换内部经营机制。要进一步解放思想,更新观念,放手发展民营经济,在全市形成民营经济大发展的格局。继续培育完善市场体系,搞好社会保障体系建设,深化财税、金融、住房等各项改革。适应加入世界贸易组织后的新形势,加快实施外向带动战略,加大招商引资力度,提高利用外资的规模和档次,推进对外贸易持续增长,努力提高开放型经济的层次和水平。

会议强调,要以加快城市化进程为目标,继续加大基础设施建设力度。要以滨州撤地设市为契机,适时调整城市建设总体规划,加快以文化行政中心为重点的新区建设,带动滨州城市化水平的提高。继续集中抓好一批事关全局的基础设施项目,从根本上改善全市投资硬环境。

会议强调,要始终坚持"两手抓,两手都要硬"的方针,大力加强社会主义精神文明建设和民主法制建设,全面发展繁荣社会事业。要组织广大群众认真学习马列主义、毛泽东思想、邓小平理论和"三个代表"重要思想,采取灵活多样的形式,积极开展群众性精神文明创建活动。要大力推进社会主义民主政治建设,提高决策的民主化、科学化水平。要深入开展法制宣传教育,提高全社会法制观念。要加强廉政勤政建设,深入持久地开展反腐败斗争。要进一步强化社会治安综合治理,依法严厉打击各类犯罪活动,保持社会稳定。要大力发展文化、教育、卫生、体育等各项社会事业,落实计划生育、保护环境、保护耕地三大基本国策,实现经济社会的可持续发展。

会议要求,各级政府及其工作人员,特别是领导干部,要讲学习、讲政治、讲正气,勇于实践,大胆探索,创造性地开展工作。要转变政府职能,提高依法行政水平。要牢记党的宗旨,增强群众观念,切实转变作风,狠抓工作落实。2001 年是实施"十五"计划的第一年。各级政府都要认真贯彻本次大会的决议,扎扎实实地做好今年的工作,开好头,起好步,努力实现"十五"的良好开局。

会议号召,全市人民紧密地团结在以江泽民同志为核心的党中央周围,高举邓小平理论伟大旗帜,认真贯彻十五届五中全会精神,在中共滨州市委的领导下,同心同德,团结奋斗,开拓进取,真抓实干,把全市改革开放和社会主义现代化建设事业全面推向前进!

(二)滨州市第七届人民代表大会第一次会议关于滨州市 2001 年国民经济和社会发展计划的决议(2001 年 1 月 15 日滨州市第七届人民代表大会第一次会议通过)

滨州市第七届人民代表大会第一次会议经过审议,并根据滨州市第七届人民代表大会第一次会议计划预算审查委员会的审查报告,决定批准市人民政府提出的滨州市 2001 年国民经济和社会发展计划,批准滨州市人民政府作的《关于滨州市 2001 年国民经济和社会发展计划草案的报告》。

(三)滨州市第七届人民代表大会第一次会议关于 2001 年全市和市级财政预算的决议(2001 年 1 月 15 日滨州市第七届人民代表大会第一次会议通过)

滨州市第七届人民代表大会第一次会议经过审议,并根据滨州市第七届人民代表大会第一次会议计划预算审查委员会的审查报告,决定批准市人民政府提出的滨州市 2001 年市级财政预算,同意滨州市人民政府作的《关于滨州市 2001 年财政预算草案的报告》。

四、选举情况

(一)滨州市人民代表大会公告(第一号)

滨州市第七届人民代表大会常务委员会主任、副主任、秘书长由滨州市第七届人民代表大会第一次会议于 2001 年 1 月 13 日选出:主任王宗廉,副主任江连仲、张贵云、叶庆华、朱向旭、郭德刚、巩若良、郭建新(女),秘书长王明仁。

(二)滨州市人民代表大会公告(第二号)

滨州市第七届人民代表大会第一次会议于 2001 年 1 月 13 日选出:市长张执政,副市长周清利、赵怀明、燕钦国、程竹坤、祁维华(女)、苏乃军 、王方正、董吉增。

(三)滨州市人民代表大会公告(第三号)

滨州市第七届人民代表大会第一次会议于2001年1月13日选举任树梓为滨州市中级人民法院院长。

（四）滨州市人民代表大会公告（第四号）

滨州市第七届人民代表大会常务委员会委员由滨州市第七届人民代表大会第一次会议于2001年1月14日选出：委员（20人，按姓名笔划排列）刁万祥、王存友、刘凤（女，蒙古族）、刘奎振、纪家华、李淑忠、杨兴华（女）、吴国瑞（女）、沈志强、宋茂龙、张士平、张吉文、张同发、张忠正、张树香（女）、胡克生、姜力、高彬儒、梁昭春、蔡国华。

（五）滨州市第七届人民代表大会第一次会议选举出的滨州市人民检察院检察长

滨州市第七届人民代表大会第一次会议于2001年1月13日选举修先哲为滨州市人民检察院检察长。根据《中华人民共和国地方各级人民代表大会和地方各级人民政府组织法》第八条关于“选出的人民检察院检察长，须报经上一级人民检察院检察长提请该级人民代表大会常务委员会批准”的规定，另行备文报批。

五、代表议案、建议、批评和意见及办理情况

代表议案和建议的提出情况：在市七届人大一次会议上，滨城区代表团张冠文等12位代表提出了《稳定和健全农业技术推广体系促进农业和农村经济发展》的第49号议案，大会主席团交由市人大常委会负责办理。

本次人代会上没有代表提出建议、批评和意见。

第二节　第七届人民代表大会第二次会议

一、概况

2002年3月1日至4日，滨州市第七届人民代表大会第二次会议在滨州召开。

会议的主要议程是听取和审议市人民政府工作报告；听取和审议市政府关于2001年国民经济和社会发展计划执行情况与2002年国民经济和社会发展计划草案的报告，审查批准2001年国民经济和社会发展计划执行情况的报告与2002年国民经济和社会发展计划；听取和审议市政府关于2001年财政预算执行情况和2002年财政预算草案的报告，审查2001年财政预算执行情况和2002年财政预算草案的报告，批准2001年市级财政预算执行情况的报告和2002年市级财政预算；听取和审议市人民代表大会常务委员会工作报告；听取和审议市中级人民法院工作报告；听取和审议市人民检察院工作报告。

二、组织机构及组成人员

主 席 团　（41人，按姓氏笔画为序）

刁万祥	于志刚	王明仁	王宗廉	田宝礼	叶庆华
冯宝璞	巩若良	朱向旭	刘凤（女，蒙古族）		刘士合
江连仲	安世银	苏将忠	李成明	李秀峰	杨兴华（女）
步乃章	肖景海（回族）	吴国瑞（女）	吴金娃（女）	何凤岐	沈志强
宋玉莲（女）	张士平	张吉文	张忠正	张贵云	林则茂
赵延孝	胡兆坤	胡炳山	侯宝秀	贾玉忱	贾崇福
郭建新（女）	郭德刚	曹永孚	曹兴宽	蔡国华	裴建华

主席团常务主席

王宗廉	贾崇福	安世银	李成明	江连仲	张贵云
叶庆华	朱向旭	郭德刚	巩若良	郭建新（女）	王明仁

秘 书 长　江连仲（兼）

副秘书长　王明仁　李国强　邓文泉　于耀忠　张树香（女）　王建邦

孟宪平

议案审查委员会

主任委员 张贵云

委　　员 （按姓名笔画为序）

王乃信	王金温	王洪昌	毕宝文	李　强	吴国瑞（女）
张仁平	张同发	胡克生	商玉明		

计划预算审查委员会

主任委员 叶庆华

委　　员 （按姓名笔画为序）

王延平	刘　明	刘奎振	李树国	沈志强	张友庆
张忠正	张　敏	陈子孟	韩安政		

三、大会通过的各项决议、决定

（一）滨州市第七届人民代表大会第二次会议关于《政府工作报告》的决议（2002 年 3 月 4 日滨州市第七届人民代表大会第二次会议通过）

滨州市第七届人民代表大会第二次会议审议了张执政市长代表市人民政府所作的《政府工作报告》。会议认为，2001 年，市人民政府在省委、省政府和中共滨州市委的领导下，团结带领全市人民，坚持以邓小平理论和“三个代表”重要思想为指导，全面贯彻落实党的十五届五中、六中全会精神，紧紧围绕我市“十五”计划提出的各项任务目标，积极实施“追赶战略”，团结奋斗，开拓进取，实现了市七届人大一次会议确定的年度预期目标，会议对市人民政府一年来的工作表示满意。报告对 2001 年政府工作的总结是实事求是的，提出的 2002 年政府工作的指导思想、任务目标、工作重点和对策措施是积极可行的。会议决定批准这个报告。

会议指出，2002 年是我国加入世贸组织的第一年，党的十六大将在今年召开。做好今年的各项工作，对于巩固和发展“十五”开局的良好势头，具有重要的意义。在新的一年里，全市既面临着经济发展阶段的重大转折，又面临着国内外政治经济格局的重大变化。可以说机遇与挑战并存，机遇大于挑战。为此，全市上下要坚持以邓小平理论和党的十五大精神为指导，深入贯彻落实党的十五届五中、六中全会精神和“三个代表”的重要思想，积极应对国际环境的新变化和加入 WTO 的新形势，以实施“追赶战略”为总抓手，以大开放为主战略，以工业化为重点，以提高地方财政收入、农民收入和充分就业为出发点，转变政府职能，发挥比较优势，加快调整步伐，全面深化改革，放手发展民营经济，努力提高经济整体素质和综合竞争力，促进国民经济持续快速健康发展和社会全面进步。

会议强调，面对国际国内新一轮产业结构调整浪潮和加入 WTO 的新形势，要加快结构调整步伐，努力提高综合竞争力。第一产业，要以增加农民收入为中心，加快农业和农村经济结构的战略性调整。要发挥比较优势，筑构特色品牌农业新格局；加快农业产业化经营步伐。促使农产品多次增值；加大农村劳动力转移力度，促进农村二、三产业发展；加强农业基础设施建设，继续落实好党在农村的各项基本政策。第二产业，要以技术创新和培植新的经济增长点为核心，加速工业化进程。进一步推进工业经济的战略性调整。提高企业核心竞争力；抓好企业技术改造，提高技术创新能力；加大项目投人，大力培植新的增长点；抓好管理创新，提高企业的管理现代化水平。第三产业，要以发展现代服务业为重点，努力提高在国民经济结构中的比重。要积极推进流通行业战略性调整，改造传统服务业，发展薪型流通服务方式，加快服务业的市场化和社会化。

会议强调，要积极应对入世带来的各种机遇与挑战，实施外向带动战略，加快经济国际化进程。要切实加大招商引资力度，实现招商引资的新突破。进一步落实招商引资责任制，积极探索利用外资的新方式，加强投资软硬环境建设。要不断提高经济外向度，努力实现外经工作新突破。要增强企业的国际竞争力，继续保持外贸出口较快增长。

会议强调，要继续深化各项改革，为加快发展和扩大开放创造良好的体制环境。要进一步解放思想，加大国企改革力度，加快建设现代企业制度。要加大规范股份制改革力度，加快资产重组步伐，积极推进投资主体多元化。要继续推动农村改革，减轻农民负担，提高农民的组织化程度。要深化社会保障、财政、金融、住房等各项配套改革，进一步增强体制活力。

会议强调，要调整优化所有制结构，加速民营经济发展。要把思想认识进一步统一到党的十五大和江泽民总书记"七一"重要讲话精神上来，解放思想，放宽政策，优化环境，强化服务，放心、放胆、放手加快民营经济发展，拓展发展领域，提升规模水平，增强整体素质。要鼓励和支持民营企业进行制度创新、技术创新和管理创新，不断提高竞争力。继续膨胀民营经济园区，加快载体建设力度，掀起新一轮发展民营经济的热潮。要进一步优化民营经济发展环境，保护民营企业经营者的合法权益，为民营经济发展提供优质服务。

会议强调，要加大基础设施建设力度，加快城市化进程。继续抓好一批事关全局的基础设施项目，进一步改善交通、电力、通信等基础条件。要切实提高城市规划、建设和管理水平，抓好新区开发，搞好旧城改造，切实增强城市综合服务功能。要加快城市资产经营步伐，把城市作为最大的国有资产来经营，做好以地生财、以地聚资的文章。

会议强调，要实施科教兴滨和可持续发展战略，促进各项社会事业全面发展。要切实加强社会主义精神文明建设和民主法制建设，维护社会稳定。从贯彻落实"三个代表"重要思想和以德治国的高度，全面加强思想道德建设。要坚持依法治市，全面落实社会治安综合治理各项措施，继续抓好"严打整治"斗争，依法严厉打击各类犯罪活动，维护社会稳定。要切实抓好新形势下的社会保障和群众生活问题，处理好人民内部矛盾。

会议要求，政府及各部门要从实践"三个代表"的高度，切实加快职能转变，改进工作作风，把政府自身建设提高到一个新水平。要认真学习贯彻党的十五届六中全会精神，全面抓好政府作风建设。讲学习、讲政治、讲正气，切实做到"八个坚持、八个反对"。要密切联系群众，强化宗旨观念，改进工作作风，坚持廉政勤政。要适应WTO规则的要求，转变行政营理模式，全面提高行政效率，优化经济发展环境，努力建设廉洁、勤政、务实、高效政府。要坚持依法行政，全面提高依法行政水平，把各项工作纳入规范化、法制化的轨道。各级政府都要认真贯彻本次大会的决议，狠抓各项措施的落实，全面完成本次会议所确定的各项任务。

会议号召，全市人民要高举邓小平理论伟大旗帜，更加紧密地团结在以江泽民同志为核心的党中央周围，在中共滨州市委的领导下，按照"三个代表"要求，解放思想，埋头苦干，奋发有为，拼抢赶超，夺取改革开放和现代化建设的更大成绩，迎接党的十六大的胜利召开。

（二）滨州市第七届人民代表大会第二次会议关于滨州市2001年国民经济和社会发展计划执行情况与2002年国民经济和社会发展计划的决议（2002年3月4日滨州市第七届人民代表大会第二次会议通过）

滨州市第七届人民代表大会第二次会议经过审议，并根据滨州市第七届人民代表大会第二次会议计划预算审查委员会的审查报告，决定批准市人民政府提出的滨州市2002年国民经济和社会发展计划，批准市发展计划委员会主任路军受市人民政府委托所作的《关于滨州市2001年国民经济和社会发展计划执行情况与2002年国民经济和社会发展计划草案的报告》。

（三）滨州市第七届人民代表大会第二次会议关于2001年全市和市级财政预算执行情况与2002年全市和市级财政预算的决议（2002年3月4日滨州市第七届人民代表大会第二次会议通过）

滨州市第七届人民代表大会第二次会议经过审议，并根据滨州市第七届人民代表大会第二次会议计划预算审查委员会的审查报告，决定批准市人民政府提出的滨州市2002年市级财政预算，同意市财政局局长宋振华受市人民政府委托所作的《关于滨州市2001年财政预算执行情况和2002年财政预算草案的报告》。

（四）滨州市第七届人民代表大会第二次会议关于滨州市人民代表大会常务委员会工作报告的决议（2002年3月4日滨州市第七届人民代表大会第二次会议通过）

滨州市第七届人民代表大会第二次会议，听取并审议了江连仲副主任代表市人大常委会所作的工作报告。

会议认为，市七届人大一次会议以来，市人大常委会在中共滨州市委的领导下，依照宪法和法律的规定及大会有关决议的要求，认真履行职责，在紧紧围绕经济建设这个中心和党委的工作大局，加大监督工作力度，发挥代表作用，加强自身建设等方面，都取得了新的成绩。报告实事求是地总结了过去一年的工作，对今后一年工作的安排也是切实可行的。会议决定批准这个报告。

会议要求，市人大常委会要以邓小平理论和党的十五大精神为指导，进一步贯彻落实党的十五届五中、六中全会精神。按照“三个代表”的要求和依法治国方略，坚持以经济建设为中心，为改革、发展和稳定的大局服务，把加强社会主义民主法制建设作为根本任务，全面执行本次会议的各项决议、决定，继续依法履行好各项职责。要认真行使好重大事项决定权，适时讨论决定全市经济建设和各项社会事业发展中的重大事项；要加大监督力度，注重监督实效，监督和支持“一府两院”依法行政、公正司法，保证宪法和法律的贯彻实施；要进一步拓宽渠道，密切与代表和人民群众的联系，注意倾听人民群众的愿望和要求，维护代表和人民群众的根本利益；要进一步加强常委会的自身建设，认真学习政治理论和业务知识，深入开展调查研究，努力提高常委会依法决策的水平，振奋精神，扎实工作，大力推进社会主义民主法制建设，努力实施“追赶战略”，为实现本次大会确定的全市国民经济和社会发展的目标作出积极贡献，迎接党的十六大的胜利召开。

（五）滨州市第七届人民代表大会第二次会议关于滨州市中级人民法院工作报告的决议（2002 年 3 月 4 日滨州市第七届人民代表大会第二次会议通过）

滨州市第七届人民代表大会第二次会议批准任树梓院长作的《滨州市中级人民法院工作报告》。

（六）滨州市第七届人民代表大会第二次会议关于滨州市人民检察院工作报告的决议（2002 年 3 月 4 日滨州市第七届人民代表大会第二次会议通过）

滨州市第七届人民代表大会第二次会议批准修先哲检察长作的《滨州市人民检察院工作报告》。

四、代表议案、建议、批评和意见及办理情况

（一）代表议案和建议的提出情况

截至 2002 年 3 月 3 日下午 17 时，本次会议共收到代表 10 人以上联名提出的议案 24 件。其中，财经方面的 4 件，教科文卫方面的 3 件，农林水方面的 11 件，工基交方面的 1 件，内务司法方面的 2 件，环保方面的 1 件，旅游方面的 2 件。这些议案涉及进一步加强农业基础地位、增加农民收入、加快水利建设、优化人才发展环境、治理环境污染、开发旅游资源、加快高校建设等。

经滨州市第七届人民代表大会第二次会议议案审查委员会审查认为，沈志强等 11 名代表提出的《关于实施人才战略，抓紧制定留住人才、吸引人才、用好人才政策的议案》（第 009 号），反应了我市在改革发展中存在的突出问题，应尽快制定相关政策和措施加以解决，其内容符合议案的要求，建议作为议案处理。其余 23 件或属于政府及其职能部门的具体工作，或超出了本市的职权范围，改为代表建议、批评和意见处理。

（二）代表议案的处理情况

关于市七届人大一次会议第 49 号议案处理情况：在市七届人大一次会议上，滨城区代表团张冠文等 12 位代表提出了《稳定和健全农业技术推广体系促进农业和农村经济发展》的第 49 号议案，大会主席团交由市人大常委会负责办理。会后，市人大常委会对议案进行了认真审议，针对乡镇农技推广体系存在的“三定”工作落实不到位，人员工资待遇和事业经费得不到保障，专业技术人员所占比例低、素质不高等问题，提出的依法宣传、明确职责，落实法规、保证稳定，理顺关系、强化管理，制定政策、鼓励发展等建议，形成《关于市七届人大一次会议第 49 号议案的处理意见》（滨人办发〔2001〕1 号文）交于市政府办理。2001 年 10 月 22 日市七届人大常委会第 6 次会议上，市人大常委会对议案的办理落实情况报告进行了审议。

第三节　第七届人民代表大会第三次会议

一、概况

2002年4月28日至29日,滨州市第七届人民代表大会第三次会议在滨州召开。

会议的主要议程是选举滨州市市长;审议市政府关于提请审议的滨州市加快民营经济发展的意见(草案)的议案等。

二、组织机构及组成人员

主 席 团　(41人,按姓氏笔画为序)

刁万祥	于志刚	王明仁	王宗廉	田宝礼	叶庆华
冯宝璞	巩若良	朱向旭	刘凤(女,蒙古族)		刘士合
江连仲	安世银	苏将忠	李成明	李秀峰	杨兴华(女)
步乃章	肖景海(回族)	吴国瑞(女)	吴金娃(女)	何凤岐	沈志强
宋玉莲(女)	张士平	张吉文	张忠正	张贵云	林则茂
赵延孝	胡兆坤	胡炳山	侯宪秀	贾玉忱	贾崇福
郭建新(女)	郭德刚	曹永孚	曹兴宽	蔡国华	裴建华

主席团常务主席

王宗廉	贾崇福	安世银	李成明	江连仲	裴建华
张贵云	叶庆华	朱向旭	郭德刚	巩若良	郭建新(女)
王明仁					

秘 书 长　江连仲(兼)

副秘书长

王明仁	李国强	邓文泉	于耀忠	张树香(女)	王建邦
李殿文					

三、大会通过的各项决议、决定

滨州市第七届人民代表大会第三次会议关于滨州市加快民营经济发展的意见的决议(2002年4月29日滨州市第七届人民代表大会第三次会议通过)

滨州市第七届人民代表大会第三次会议审议了市人民政府关于提请审议滨州市加快民营经济发展的意见的议案和副市长赵怀明关于滨州市加快民营经济发展的意见的说明,决定批准滨州市加快民营经济发展的意见。

四、选举情况

滨州市人民代表大会公告(第五号)

滨州市第七届人民代表大会第三次会议,于2002年4月29日补选孙德汉为滨州市市长。

第二章　第八届人民代表大会会议

第一节　第八届人民代表大会第一次会议

一、概况

2003年2月18日至24日，滨州市第八届人民代表大会第一次会议在滨州召开。

会议的主要议程是听取和审议市人民政府工作报告，听取和审议市人民政府关于2002年国民经济和社会发展计划执行情况与2003年国民经济和社会发展计划草案的报告，审查批准2002年国民经济和社会发展计划执行情况与2003年国民经济和社会发展计划草案的报告及2003年国民经济和社会发展计划；听取审议市政府关于2002年财政预算执行情况和2003年财政预算草案的报告，审查2002年财政预算执行情况和2003年财政预算草案的报告及2003年财政预算，批准2003年市级财政预算；听取审议市人民代表大会常务委员会工作报告；听取审议市中级人民法院工作报告；听取审议市人民检察院工作报告；选举市八届人大常委会主任、副主任、秘书长、委员；选举市长、副市长；选举市中级人民法院院长、市人民检察院检察长。

二、组织机构及组成人员

主 席 团　（43人，按姓氏笔画为序）

刁万祥	王明仁	王宗廉	田宝礼	叶庆华	冯宝璞
巩若良	朱向旭	刘士合	刘宝庭	刘鲁生	江连仲
孙德汉	孙孺声	苏乃军	李成明	杨兴华（女）	步乃章
肖景海（回族）	吴国瑞（女）	吴金娃（女）	何凤岐	沈志强	张士平
张秀亭	张忠正	张树香（女）	张贵云	林则茂	尚洪立
赵延孝	胡兆坤	胡炳山	侯宪秀	贾玉忱	高全福
郭建新（女）	郭德刚	曹永孚	曹兴宽	韩增金	蔡国华
裴建华					

主席团常务主席

王宗廉	孙德汉	李成明	江连仲	吴金娃（女）	侯宪秀
裴建华	张贵云	刘宝庭	苏乃军	叶庆华	张秀亭
朱向旭	郭德刚	巩若良	郭建新（女）	王明仁	张树香（女）

秘 书 长　江连仲（兼）

副秘书长

王明仁	李国强	邓文泉	于耀忠	张树香（女）	孟宪平
王建邦					

议案审查委员会

主任委员　张贵云

委　　员　（按姓名笔画为序）

王乃信	王洪昌	毕宝文	李　强	李　斌	杨春和
吴克端	吴国瑞（女）	张仁平	隆方同		

计划预算审查委员会

主任委员　叶庆华

委　　员　(按姓名笔画为序)

刘　明	刘振新	李国强	李宗林	李树国	沈志强
张子禹	张友庆	张忠正	陈子孟		

三、大会通过的各项决议、决定

(一)滨州市第八届人民代表大会第一次会议关于《政府工作报告》的决议(2003年2月24日滨州市第八届人民代表大会第一次会议通过)

滨州市第八届人民代表大会第一次会议,审议了安世银代市长所作的《政府工作报告》。会议认为,报告实事求是地总结了滨州撤地设市两年来的政府工作,明确提出了今后五年及2003年任务目标、工作重点和措施,符合滨州实际,是切实可行的。会议决定批准这个报告。

会议认为,过去的两年,在中共滨州市委的正确领导下,市政府坚持把发展作为第一要务,大力实施"追赶战略",抢抓机遇,扎实工作,较好地完成了市七届人大一次会议以来确定的各项目标任务。会议对市人民政府两年来的工作表示满意。

会议指出,今后五年是滨州经济社会发展极为重要的时期。新一届政府肩负着团结带领全市人民实施"追赶战略",完成"十五"计划,全面建设小康社会的历史重任。各级政府要以邓小平理论和"三个代表"重要思想为指导,按照实施"追赶战略"的发展思路,立足全面建设小康社会,紧紧抓住发展这个执政兴国的第一要务,解放思想,与时俱进,突出重点,真抓实干,力争通过五年的努力,使全市综合经济实力在全省的位次进一步上升。特别要注重县域经济的发展,根据新形势、新任务的要求,研究新思路,实施新举措,坚持走政府推动、市场运作、突出重点、整体推进的路子,因情施策,分类指导,实现全市经济的协调发展。

会议强调,要按照产业化、城镇化、工业化的思路,全面推进农村小康建设和农业农村经济结构的战略性调整,提高全市农业的产业化、标准化水平;要大力发展农村二、三产业,扩大农村劳务输出,引导农民向城镇和非农产业转移。要坚持工业兴市战略,以信息化带动工业化,培植壮大优势产业,抓好工业园区建设,加快纺织、化工、汽车配件、农产品加工制造业基地建设,促进优势产业和规模企业的群体膨胀。要以发展现代物流业、超市、连锁经营等新型业态为重点,加快推进流通现代化;要抓好旅游景点、景区建设,大力发展旅游业。要进一步贯彻实施《滨州市加快民营经济发展的意见》,营造全民创业的机制、氛围和环境,掀起民营经济发展的新高潮。

会议强调,要切实把招商引资作为加快发展的战略举措紧紧抓在手上,完善和落实招商引资目标责任制,进一步改进招商方式,优化投资环境,上下动员,全民动手,努力形成全民招商的浓厚氛围。要高度重视高新技术产业发展,加快高新技术创业园建设,运用新技术改造提升传统产业,抓好一批重大技术创新项目的实施,努力培植具有滨州特色的高新技术产业。

会议强调,要继续加大基础设施建设力度,积极推进城市化进程。要抓住国家扩大内需的机遇,集中力量新上一批重点建设项目。要坚持高起点规划,高标准建设,高效能管理,市场化经营,完善城市功能,膨胀城市规模。要抓好经济开发区、行政文化中心和"四环五海"工程建设,搞好老城改造。要积极探索以地生财、以城养城、经营城市的新路子,增强城市自我发展的能力。

会议强调,要进一步深化各项改革,增强经济和社会发展的活力。要切实加强社会主义精神文明建设和民主法制建设,维护社会稳定;认真贯彻"科教兴市"战略和可持续发展战略,协调发展各项社会事业;努力扩大就业和再就业,完善社会保障机制,全力抓好"两个确保"和"一个低保";加大对城镇特困人群、农村贫困群众及其他弱势群体的救助和扶贫力度,切实解决好困难群众的生产生活问题。要继续深入开展严打整治斗争和社会治安综合治理,为人民群众创造安居乐业的良好环境。

会议要求,各级政府要坚持讲政治、讲团结、讲发展、讲创业、讲效率、讲廉政,发扬"团结、拼搏、奉献、开拓、求实、廉洁”的创业精神，进一步提高执政能力，转变政府职能，改进工作作风，树立执政为民的良好形象，不断创新领导方式和工作方法，努力把政府工作提高到一个新水平。

会议号召，全市人民要高举邓小平理论伟大旗帜，努力实践“三个代表”重要思想，紧密团结在以胡锦涛同志为总书记的党中央周围，在省委、省政府和市委的正确领导下，与时俱进，开拓创新，励精图治，奋发有为，为实现我市经济和社会发展的宏伟目标而努力奋斗！

（二）滨州市第八届人民代表大会第一次会议关于滨州市2002年国民经济和社会发展计划执行情况与2003年国民经济和社会发展计划的决议（2003年2月24日滨州市第八届人民代表大会第一次会议通过）

滨州市第八届人民代表大会第一次会议经过审议，并根据滨州市第八届人民代表大会第一次会议计划预算审查委员会的审查报告，决定批准市人民政府提出的滨州市2003年国民经济和社会发展计划，批准市发展计划委员会主任路军受市人民政府委托所作的《关于滨州市2002年国民经济和社会发展计划执行情况与2003年国民经济和社会发展计划草案的报告》。

（三）滨州市第八届人民代表大会第一次会议关于2002年全市和市级财政预算执行情况与2003年全市和市级财政预算的决议（2003年2月24日滨州市第八届人民代表大会第一次会议通过）

滨州市第八届人民代表大会第一次会议经过审议，并根据滨州市第八届人民代表大会第一次会议计划预算审查委员会的审查报告，决定批准市人民政府提出的滨州市2003年市级财政预算，同意市财政局局长宋振华受市人民政府委托所作的《关于滨州市2002年财政预算执行情况和2003年财政预算草案的报告》。

（四）滨州市第八届人民代表大会第一次会议关于滨州市第七届人民代表大会常务委员会工作报告的决议（2003年2月24日滨州市第八届人民代表大会第一次会议通过）

滨州市第八届人民代表大会第一次会议，听取并审议了江连仲副主任代表滨州市第七届人民代表大会常务委员会所作的工作报告，对滨州市第七届人民代表大会常务委员会的工作表示满意，决定批准这个报告。

会议认为，滨州市第七届人民代表大会常务委员会在任期的两年中，在中共滨州市委的领导下，坚持以邓小平理论和党的基本理论、基本路线和基本方针为指导，按照“三个代表”重要思想的要求，认真履行宪法和法律赋予的职责，在紧紧围绕经济建设这个中心，加大监督工作力度，发挥代表作用，加强自身建设等方面，都取得了一定的成绩，对促进滨州改革开放、经济建设和社会全面进步发挥了应有的作用。

会议要求，滨州市第八届人民代表大会常务委员会要在中共滨州市委的领导下，以邓小平理论和“三个代表”重要思想为指导，认真贯彻落实党的十六大精神，解放思想，实事求是，与时俱进，开拓创新，认真履行宪法法律赋予的神圣职责，全面贯彻党的路线、方针、政策，使党的主张经过法定程序成为国家意志，切实把党的领导、人民当家作主和依法治国有机统一起来。要扣紧执政兴国第一要务，充分发挥人大的作用和优势，努力为经济建设服务。要大力发展社会主义民主政治，努力建设社会主义政治文明，巩固和发展全市民主团结、安定和谐的政治局面。要进一步坚持和完善人民代表大会制度，与时俱进，开拓创新，积极探索新形势下人大工作的路子，努力推动人民代表大会制度的完善和发展。要加大监督力度，注重监督实效，组织好执法检查、听取专题报告等工作，促进依法行政，公正司法，保证宪法和法律在本行政区域的贯彻实施，维护法制的统一和尊严，促进依法治国方略在我市的贯彻实施。要认真行使好重大事项决定权，适时讨论决定全市经济建设和各项社会事业发展中的重大事项，使重大事项的决策符合和体现全市人民的意志。要认真做好代表工作，充分发挥代表作用，进一步拓宽渠道，密切与代表和人民群众的联系，注意倾听人民群众的呼声和要求，切实维护代表和人民群众的根本利益。要进一步加强常委会的自身建设，努力学习政治理论和业务知识，认真转变思想和工作作风，努力提高常委会依法决策的水平，不断适应形势发展和人大工作的要求。今后五年，是我国实现党的十六大提出的全面建设小康社会奋斗目标的关键时期，也是我市进一步加大改革开放力度，招商引资，加快发展，实施“追赶战略”，推动经济和社会全面发展的重要时期，市人大常委会要振奋精神，扎实苦干，努力做好各项工作，为推动全市改革开放和物质文明、政治文明、精神文明建设作出积极的贡献。

（五）滨州市第八届人民代表大会第一次会议关于滨州市中级人民法院工作报告的决议（2003 年 2 月 24 日滨州市第八届人民代表大会第一次会议通过）

滨州市第八届人民代表大会第一次会议批准任树梓院长作的《滨州市中级人民法院工作报告》。

（六）滨州市第八届人民代表大会第一次会议关于滨州市人民检察院工作报告的决议（2003 年 2 月 24 日滨州市第八届人民代表大会第一次会议通过）

滨州市第八届人民代表大会第一次会议批准赵继明代检察长作的《滨州市人民检察院工作报告》。

四、选举情况

（一）滨州市人民代表大会公告（第一号）

滨州市第八届人民代表大会常务委员会主任、副主任、秘书长由滨州市第八届人民代表大会第一次会议于 2003 年 2 月 23 日选出：主任孙德汉，副主任李成明、张贵云、刘宝庭、苏乃军、叶庆华、张秀亭、朱向旭、郭德刚、郭建新（女），秘书长张树香。

（二）滨州市人民代表大会公告（第二号）

滨州市第八届人民代表大会第一次会议于 2003 年 2 月 23 日选出：市长安世银，副市长邓向阳、赵怀明、燕钦国、程竹坤、祁维华（女）、王方正、董吉增、胡炳山。

（三）滨州市人民代表大会公告（第三号）

滨州市第八届人民代表大会第一次会议于 2003 年 2 月 23 日选举任树梓为滨州市中级人民法院院长。

（四）滨州市人民代表大会公告（第四号）

滨州市第八届人民代表大会常务委员会委员由滨州市第八届人民代表大会第一次会议于 2003 年 2 月 24 日选出：委员（20 人。按姓名笔画排列）刁万祥、马平之、王明仁、王洪昌、邓文泉、纪家华、李俊杰、李淑忠、杨兴华（女）、吴国瑞（女）、沈志强、宋茂龙、张士平、张忠正、姜力、高玉君、高全福、高彬儒、蒋爱学、蔡国华。

（五）滨州市第八届人民代表大会第一次会议选举出的滨州市人民检察院检察长

滨州市第八届人民代表大会第一次会议于 2003 年 2 月 23 日选举赵继明为滨州市人民检察院检察长。根据《中华人民共和国地方各级人民代表大会和地方各级人民政府组织法》第八条关于"选出的人民检察院检察长，须报经上一级人民检察院检察长提请该级人民代表大会常务委员会批准"的规定，另行备文报批。

（六）选举产生滨州市出席山东省第十届人民代表大会的代表 34 名（内容详见第八篇第三章出席历届山东省人民代表大会代表名单）。

五、代表议案、建议、批评和意见及办理情况

（一）代表议案和建议的提出情况

截至 2003 年 2 月 20 日中午 12 时，本次会议共收到代表 10 人以上联名提出的议案 20 件。其中，财经方面的 3 件，教科文卫方面的 1 件，农林水方面的 5 件，工基交方面的 4 件，城建环保方面的 7 件。这些议案涉及优化经济发展环境、治理环境污染、开发旅游资源、改善交通设施、建设品牌农业、加快水利建设等。

滨州市第八届人民代表大会第一次会议议案审查委员会经审查认为，代表联名提出的 20 件议案均属于政府及其职能部门的行政管理工作范围，根据有关规定，改为代表建议、批评和意见处理。

本次会议共收到代表建议 67 件（含 20 件议案经议案审查委员会审查转为建议办理）。其中，财经方面的 13 件，教科文卫方面的 4 件，农林水方面的 9 件，工基交方面的 6 件，城建环保方面的 8 件，内务司法方面的 7 件，全部转交有关部门办理，并负责答复代表。

（二）代表议案的处理情况

滨州市人大常委会关于市七届人大二次会议第 009 号议案办理情况：市七届人大二次会议期间，沈志强等 11 名代表提出的《关于建立留住与吸引人才的新体制与机制的议案》（第 009 号），大会主席团交市人大常委会办理。市人大常委会非常重视，召开会议进行专题研究，并责成内务司法工作委员会会同市政府有关部门围绕议案内容,开展调查研究,听取各方面的建议和意见,与提出议案的代表座谈。市七届人大常委会第16次会议对第009号议案的办理情况进行了审议,原则上同意市政府所作的《关于滨州市七届人大二次会议第009号议案办理情况的汇报》,并提出了审议意见。

(三)代表建议、批评和意见的办理情况

市七届人大一次、二次会议以来共收到代表建议133件。其中,3件由市人大常委会办理,128件涉及市政府各方面工作,2件归市综治委办理。会后,市人大常委会人事代表工作室及时将建议向市政府及有关部门进行了转办。市政府承办的建议中,涉及工业交通、基本建设的49件,占37.4%;涉及财政金融的16件,占11.38%;涉及农业、林业、水利、水产等方面的28件,占22.76%;涉及科技、教育、文化、卫生、体育等方面的20件,占16.26%;涉及劳动、人事、司法等方面的15件,占12.19%。各承办单位均向提出建议的代表作了书面答复,答复率达到100%,98.5%的人大代表对办复结果表示满意或基本满意。

建议的办理答复情况:

1. 已经解决或基本解决的建议为35件,占总数的26.35%。

2. 正在解决或已列入计划逐步解决的建议为66件,占总数的49.62%。

3. 暂时难以解决的建议为23件,占总数的17.28%。

第二节 第八届人民代表大会第二次会议

一、概况

2004年2月1日至4日,滨州市第八届人民代表大会第二次会议在滨州召开。

会议的主要议程是听取和审议市人民政府工作报告;听取和审议市政府关于2003年国民经济和社会发展计划执行情况与2004年国民经济和社会发展计划草案的报告,审查、批准2003年国民经济和社会发展计划执行情况的报告与2004年国民经济和社会发展计划;听取和审议市政府关于2003年财政预算执行情况和2004年财政预算草案的报告,审查2003年财政预算执行情况的报告和2004年财政预算,批准2003年市级财政预算执行情况的报告和2004年市级财政预算;听取和审议市人民代表大会常务委员会工作报告;听取和审议市中级人民法院工作报告;听取和审议市人民检察院工作报告;审议通过市八届人民代表大会第二次会议关于坚持"五个统筹",建设系统"九州"的决定草案。

二、组织机构及组成人员

主 席 团 (41人,按姓氏笔画为序)

刁万祥	王文禄	田宝礼	叶庆华	冯宝璞	巩若良
朱向旭	刘士合	刘宝庭	刘鲁生	江连仲	孙德汉
孙孺声	杨玖庆(女)	苏乃军	李成明	步乃章	
肖景海(回族)	吴国瑞(女)	吴金娃(女)	何凤岐	沈志强	张士平
张秀亭	张忠正	张树香(女)	张贵云	林则茂	尚洪立
赵延孝	胡兆坤	胡炳山	侯宪秀	贾玉忱	高全福
郭建新(女)	郭德刚	曹永孚	曹兴宽	韩增金	裴建华

主席团常务主席

孙德汉	吴金娃(女)	侯宪秀	裴建华	李成明	张贵云
刘宝庭	苏乃军	叶庆华	张秀亭	朱向旭	郭德刚
郭建新(女)	张树香(女)				

秘 书 长 李成明(兼)

副秘书长 张树香(女) 李国强 邓文泉 于耀忠 及建冰 王建邦 李 凯 王春山

议案审查委员会

主任委员 张贵云

委 员 (按姓名笔画为序)

王乃信 王洪昌 毕宝文 李 强 李 斌 杨春和 吴克端 吴国瑞(女) 张仁平 隆方同

计划预算审查委员会

主任委员 叶庆华

委 员 (按姓名笔画为序)

刘 明 刘振新 李国强 李宗林 李树国 沈志强 张子禹 张友庆 张忠正 陈子孟

三、大会通过的各项决议、决定

(一)滨州市第八届人民代表大会第二次会议关于《政府工作报告》的决议(2004 年 2 月 4 日滨州市第八届人民代表大会第二次会议通过)

滨州市第八届人民代表大会第二次会议,认真审议了市长安世银代表市人民政府所作的《政府工作报告》。会议认为,报告对市政府 2003 年工作的总结回顾实事求是,提出的 2004 年的目标任务和工作重点,贯彻了“三个代表”重要思想和党的十六大、十六届三中全会精神,体现了市委工作会议提出的解放思想、干事创业、加快发展的要求,符合滨州实际,代表了全市人民的意愿,是鼓舞人心和积极可行的。会议决定批准这个报告。

会议认为,过去的一年,全市人民在党中央、国务院、省委、省政府和中共滨州市委的正确领导下,以邓小平理论和“三个代表”重要思想为指导,深入贯彻落实党的十六大、十六届三中全会和省、市委工作会议精神,经济发展速度明显加快,各项社会事业全面进步,安定团结的政治局面进一步巩固发展,人民生活继续得到改善,圆满完成了市八届人大一次会议确定的各项任务,改革开放和现代化建设取得显著成就。会议对市政府去年的工作表示满意。同时指出,在前进中还存在不少困难和问题,必须高度重视,突出重点,求真务实,采取有力措施认真加以解决。

会议指出,2004 年是全面建设小康社会、完善社会主义市场经济体制的重要一年,是全市实现“十五”计划的关键一年,也是滨州实现跨越式大发展的希望之年。面对新的机遇和挑战,必须要以邓小平理论和“三个代表”重要思想为指导,全面贯彻党的十六大、十六届三中全会精神,继续坚持“发展是主题,调整是主线,招商是重点,实干是关键,稳定是基础”的工作方针,坚持以人为本,树立全面、协调、可持续的科学发展观,以“五个统筹”总揽全局,围绕“一二三四五六”的工作重点,进一步解放思想,干事创业,克服困难,加快发展,全力打造系统“九州”,促进国民经济和社会各项事业持续快速健康协调发展。

会议强调,要按照城乡统筹、深化改革、保护耕地、稳定粮食、加快调整、增加收入的总体思路,着力解决好“三农”问题,坚持“多予、少取、放活”的方针,促进农民增收、农业增效、农村经济社会全面发展。加快实施工业兴市战略,以“1238”工程总揽工业发展全局,努力提高全市工业的总量规模、技术水平和市场占有率。加大固定资产投入,加快基础设施建设和城市化进程,突出抓好交通、水利、电力、信息、环保五大基础设施工程,进一步扩大城市规模,完善城市功能,提升城市品位,加快人口和产业聚集,构筑城乡发展新格局。积极推进经济结构调整,努力实现招商引资和外经外贸、民营经济、高新技术产业、现代服务业发展的新突破。继续大力实施“渡河战役”和“乡镇行动”,促进县域经济协调、健康、快速发展。以“四环五海”和“两带”开发为突破口,强力推进生态滨州建设。深化各项改革,加快制度建设和体制创新。坚持统筹兼顾,强力推进科技、教育、卫生、体育、文化等社会事业协调发展,加快实施人才强市战略,全面加强计划生育、环境和资源保护工作。做好就业和社会保障工作,切实关心群众生产生活。

会议要求,各级政府必须按照“为民、务实、清廉”的要求,进一步加强自身建设。切实转变政府职能,继续大力建设“服务政府、责任政府、阳光政府、法治政府、高效政府、诚信政府、廉洁政府”。坚持执政为民,牢固树立求真务实、扎实苦干的作风,进一步抓好“政府提速提效”,确保各项决策和工作部署落到实处。加强廉政建设和反腐败工作,坚决纠正损害群众利益的不正之风,努力优化发展环境。加强民主法制建设,认真学习贯彻《中华人民共和国行政许可法》,严格按照法律、法规办事,提高依法行政水平。努力建设“平安滨州”,全力维护社会稳定。

会议号召,全市人民紧密团结在以胡锦涛同志为总书记的党中央周围,以邓小平理论和“三个代表”重要思想为指导,在中共山东省委、滨州市委的坚强领导下,凝聚力量,实干创业,为建设市强民富、碧水绿荫的黄河三角洲生态园林型现代滨州而努力奋斗。

(二)滨州市第八届人民代表大会第二次会议关于滨州市2003年国民经济和社会发展计划执行情况与2004年国民经济和社会发展计划的决议(2004年2月4日滨州市第八届人民代表大会第二次会议通过)

滨州市第八届人民代表大会第二次会议经过审议,并根据滨州市第八届人民代表大会第二次会议计划预算审查委员会的审查报告,决定批准市人民政府提出的2004年国民经济和社会发展计划,批准市发展计划委员会主任路军受市人民政府委托所作的《关于滨州市2003年国民经济和社会发展计划执行情况与2004年国民经济和社会发展计划草案的报告》。

会议要求,各级政府要认真贯彻党的十六大、十六届三中全会和省委工作会议精神及市委的工作方针,坚持“五个统筹”,全力建设系统“九州”,促进全市经济和社会各项事业持续、快速、健康发展。会议强调,要高度重视“三农”问题,千方百计增加农民收入,大力推进农业和农村经济结构调整。要继续调整优化经济结构,大力发展高新技术产业和新兴服务业。要进一步加大对外开放和招商引资的力度,继续保持固定资产投资高增长,努力扩大经济总量。要深化经济体制改革,健全完善国有资本运营机制。要加大社会事业发展力度,切实解决困难群众的生产生活问题。

(三)滨州市第八届人民代表大会第二次会议关于2003年全市和市级财政预算执行情况与2004年全市和市级财政预算的决议(2004年2月4日滨州市第八届人民代表大会第二次会议通过)

滨州市第八届人民代表大会第二次会议经过审议,并根据滨州市第八届人民代表大会第二次会议计划预算审查委员会的审查报告,决定批准市人民政府提出的2004年市级财政预算,同意市财政局局长宋振华受市人民政府委托所作的《关于滨州市2003年财政预算执行情况和2004年财政预算草案的报告》。

会议要求,市人民政府严格执行会议批准的预算,全面完成2004年的预算任务。各级政府和财税部门要认真贯彻党的十六大、十六届三中全会和省委工作会议精神及市委的工作方针,按照完善社会主义市场经济体制的要求,充分发挥财政职能作用,积极推进经济结构调整,大力支持招商引资,培植和壮大财源。要认真贯彻《预算法》等法律法规,切实提高依法理财水平。要严格依法治税,加强税收征管,确保财政收人稳定增长。要深化财政改革,优化支出结构,强化监督管理,保障和服务全市经济及社会事业的跨越式发展。

(四)滨州市第八届人民代表大会第二次会议关于滨州市人民代表大会常务委员会工作报告的决议(2004年2月4日滨州市第八届人民代表大会第二次会议通过)

滨州市第八届人民代表大会第二次会议,听取并审议了李成明副主任代表滨州市第八届人民代表大会常务委员会所作的工作报告。会议认为,市八届人大一次会议以来,市人大常委会在中共滨州市委的领导下,坚持以邓小平理论为指导,按照“三个代表”重要思想的要求,认真履行宪法和法律赋予的职责,在加大监督工作力度,发挥代表作用,加强自身建设等方面做了大量的工作,取得了新的成绩,为坚持和完善人民代表大会制度,推进依法治市的进程,促进滨州改革开放、经济建设和社会全面进步发挥了应有的作用。会议对市人大常委会一年来的工作表示满意，决定批准这个报告。

会议要求，在新的一年里，市人大常委会要坚持以邓小平理论和"三个代表"重要思想为指导，全面落实十六大和十六届三中全会精神，紧紧围绕经济建设这个中心和改革、发展、稳定的大局，把加强社会主义民主法制建设作为根本任务，全面执行本次会议的各项决议、决定，依法履行好各项职权，进一步做好各项工作。要认真行使好重大事项决定权，适时讨论决定全市经济建设和各项社会事业发展中的重大事项，使重大事项的决策符合和体现全市人民的意志。要改进监督工作，突出监督实效，加大监督力度，促进依法行政和公正司法，保证宪法和法律在本行政区域内的贯彻实施。要依法行使好任免权，为建设系统"九州"提供强有力的组织保障。要认真做好代表工作，进一步拓宽渠道，密切与代表和人民群众的联系，切实维护代表和人民群众的根本利益。要按照思想抓教育、作风抓转变、制度抓完善、素质抓提高的思路，加强常委会自身建设，努力提高依法决策的水平。要动员和组织全市人民紧密团结在以胡锦涛同志为总书记的党中央周围，在中共滨州市委的领导下，坚持"五个统筹"，解放思想，干事创业，依法治市，建设系统"九州"，为加快建设市强民富、碧水绿荫生态园林型现代滨州作出新的更大的贡献。

（五）滨州市第八届人民代表大会第二次会议关于滨州市中级人民法院工作报告的决议（2004 年 2 月 4 日滨州市第八届人民代表大会第二次会议通过）

滨州市第八届人民代表大会第二次会议听取并审议了滨州市中级人民法院院长任树梓所作的《滨州市中级人民法院工作报告》。会议认为，2003 年，市中级人民法院认真贯彻党的十六大和市八届人大一次会议精神，不断强化为党和国家工作大局服务的意识，积极履行宪法和法律赋予的职责，努力实践"司法为民"宗旨和"公正与效率"主题，全面加强审判和执行工作，各项工作和建设都取得了新的成绩，为维护全市社会稳定，促进经济和社会发展做出了积极贡献。报告对市中级人民法院工作的总结是实事求是的，对今后工作提出的意见是切实可行的。会议决定批准这个报告。会议要求，在新的一年里，市中级人民法院要继续坚持以邓小平理论和"三个代表"重要思想为指导，努力实践"司法为民"宗旨和"公正与效率"主题，履行好法律职责，抓好队伍建设，为加快滨州改革开放，促进经济和社会事业发展，依法治市，打造平安滨州，建设系统"九州"提供强有力的司法保障。

（六）滨州市第八届人民代表大会第二次会议关于滨州市人民检察院工作报告的决议（2004 年 2 月 4 日滨州市第八届人民代表大会第二次会议通过）

滨州市第八届人民代表大会第二次会议听取并审议了滨州市人民检察院检察长赵继明所作的《滨州市人民检察院工作报告》。会议认为，2003 年，全市检察机关认真贯彻党的十六大精神和市八届人大一次会议决议，坚持"立检为公、执法为民"的思想，不断强化政治意识、大局意识和服务意识，依法履行检察职责，全面加强诉讼监督，各项工作和建设都取得了新的成绩，为维护社会稳定和公平正义，推动反腐败斗争，促进全市经济和社会发展，做出了积极贡献。报告对全市检察工作的总结实事求是，提出的今后工作意见切实可行。会议决定批准这个报告。

会议要求，在新的一年里，全市检察机关要继续坚持以邓小平理论和"三个代表"重要思想为指导，立检为公、执法为民，依法履行检察职责，抓好队伍建设，不断开创检察工作新局面，为加快全市经济发展和社会进步，依法治市，打造平安滨州，建设系统"九州"做出新的贡献。

（七）滨州市第八届人民代表大会第二次会议通过关于坚持"五个统筹"，建设系统"九州"的决定。

四、代表议案、建议、批评和意见及办理情况

（一）代表议案和建议的提出情况

截至 2004 年 2 月 2 日 15 时，本次会议共收到代表 10 人以上联名提出的议案 18 件。其中，财经方面的 3 件，教科文卫方面的 5 件，农林水方面的 4 件，工基交方面的 5 件，内务司法方面的 1 件。这些议案内容涉及改善教育卫生条件、加强交通水利等基础设施建设、做好就业再就业工作、维护群众利益等方面。

滨州市第八届人民代表大会第二次会议议案审查委员会经审查认为，刘玉清等 15 名代表提出的《关于引黄济胶东渠道工程建设有关问题的议案》,关系到省重点工程建设、群众利益、社会稳定和全市形象,建议作为议案处理。其他17件议案均属于政府及其职能部门的具体工作,建议改为代表建议、批评和意见处理。

另外,大会秘书处议案组还收到代表提出的建议、批评和意见28件。其中,财经方面的3件,教科文卫方面的3件,农林水方面的2件,工基交方面的12件,环保方面的2件,内务司法方面的6件,这些建议将在会后转交有关部门办理,并负责答复代表。

(二)代表建议、批评和意见的办理情况

市八届人大一次会议期间及会后,市人大常委会共收到市人大代表提出的建议、批评和意见113件。其中,涉及市政府各方面工作的110件,涉及市人大常委会和市中级人民法院、市人民检察院工作的各1件。市人大常委会人事代表工作室及时将收到的代表建议、批评和意见向有关机关进行了交办。市政府承办的建议中,涉及工业、交通、基本建设的47件,占42.73%;涉及财政金融等21件,占19.09%;涉及农业、林业、水利、水产等方面的19件,占17.27%;涉及科技、教育、文化、卫生、体育等方面的8件,占7.27%;涉及劳动、人事、司法等方面的11件,占10%;涉及接待旅游等方面的2件,占1.82%。各承办单位均向提出建议的代表作了书面答复,答复率达到100%,98%以上的人大代表对办复结果表示满意或基本满意。

建议的办理答复情况:

1. 已经解决或基本解决的建议为40件,占总数的35.4%。

2. 正在解决或已列入工作规划的建议为50件,占总数的44.2%。

3. 因目前条件限制,暂时难以解决的建议为23件,占总数的20.4%。

第三节　第八届人民代表大会第三次会议

一、概况

2005年1月24日至28日,滨州市第八届人民代表大会第三次会议在滨州召开。

会议的主要议程是听取和审议市政府工作报告;审议市政府关于2004年国民经济和社会发展计划执行情况与2005年国民经济和社会发展计划草案的报告,审查并批准2004年国民经济和社会发展计划执行情况的报告及2005年国民经济和社会发展计划;审议市政府关于2004年预算执行情况和2005年预算草案的报告,审查2004年预算执行情况的报告及2005年预算草案,批准2004年市级预算执行情况的报告和2005年市级预算;听取和审议市人民代表大会常务委员会工作报告;听取和审议市中级人民法院工作报告;听取和审议市人民检察院工作报告。

二、组织机构及组成人员

主 席 团　(45人,按姓氏笔画为序)

刁万祥	王文禄	石增立	叶庆华	田宝礼	冯宝璞
巩若良	朱向旭	刘士合	刘宝庭	刘星泰	江连仲
孙德汉	孙孺声	杨玖庆(女)	苏乃军	李庆胜	李成明
步乃章	肖景海(回族)	吴国瑞(女)	吴金娃(女)	何凤岐	邱新德
沈志强	张士平	张秀亭	张忠正	张树香(女)	林则茂
尚龙江	尚洪立	赵延孝	胡兆坤	胡炳山	侯宪秀
贾玉忱	高全福	郭建新(女)	郭德刚	曹永孚	曹兴宽
韩增金	程竹坤	裴建华			

主席团常务主席

孙德汉 吴金娃(女) 侯宪秀 裴建华 李成明 刘宝庭
苏乃军 叶庆华 张秀亭 朱向旭 郭德刚 郭建新(女)
张树香(女)

秘书长 李成明(兼)

副秘书长 张树香(女) 李国强 李凤岐 孙华良 王建邦 李 凯
王春山 及建冰

议案审查委员会

主任委员 朱向旭

委　　员 (按姓名笔画为序)

王 忠 王洪昌 毕宝文 李 强 李 斌 杨春和
吴克端 吴国瑞(女) 张仁平 隆方同

计划预算审查委员会

主任委员 叶庆华

委　　员 (按姓名笔画为序)

刘 明 刘振新 李国强 李宗林 李树国 沈志强
张子禹 张友庆 张忠正 陈子孟

三、大会通过的各项决议、决定

(一)滨州市第八届人民代表大会第三次会议关于政府工作报告的决议(2005年1月28日滨州市第八届人民代表大会第三次会议通过)

滨州市第八届人民代表大会第三次会议听取审议了市长安世银代表滨州市人民政府所作的工作报告,同意这个报告,决定批准这个报告。

(二)滨州市第八届人民代表大会第三次会议关于滨州市2004年国民经济和社会发展计划执行情况与2005年国民经济和社会发展计划的决议(2005年1月28日滨州市第八届人民代表大会第三次会议通过)

滨州市第八届人民代表大会第三次会议经过审议并根据滨州市第八届人民代表大会第三次会议计划预算审查委员会的审查报告,决定批准市人民政府提出的2005年国民经济和社会发展计划,批准市发展和改革委员会主任路军受市人民政府委托向大会提交的《关于滨州市2004年国民经济和社会发展计划执行情况与2005年国民经济和社会发展计划草案的报告》。

(三)滨州市第八届人民代表大会第三次会议关于滨州市2004年预算执行情况和2005年预算的决议(2005年1月28日滨州市第八届人民代表大会第三次会议通过)

滨州市第八届人民代表大会第三次会议经过审议并根据滨州市第八届人民代表大会第三次会议计划预算审查委员会的审查报告,决定批准市人民政府提出的2005年市级预算,批准市财政局局长宋振华受市人民政府委托向大会提交的《关于滨州市2004年预算执行情况和2005年预算草案的报告》。

(四)滨州市第八届人民代表大会第三次会议关于滨州市人民代表大会常务委员会工作报告的决议(2005年1月28日滨州市第八届人民代表大会第三次会议通过)

滨州市第八届人民代表大会第三次会议听取审议了市人大常委会副主任李成明代表滨州市人民代表大会常务委员会所作的工作报告,同意这个报告,决定批准这个报告。

(五)滨州市第八届人民代表大会第三次会议关于滨州市中级人民法院工作报告的决议(2005年1月28日滨州市第八届人民代表大会第三次会议通过)

滨州市第八届人民代表大会第三次会议听取审议了市中级人民法院院长任树梓代表滨州市中级人民法院所作的工作报告,同意这个报告,决定批准这个报告。

（六）滨州市第八届人民代表大会第三次会议关于滨州市人民检察院工作报告的决议（2005 年 1 月 28 日滨州市第八届人民代表大会第三次会议通过）

滨州市第八届人民代表大会第三次会议听取审议了市人民检察院检察长赵继明代表滨州市人民检察院所作的工作报告，同意这个报告，决定批准这个报告。

四、代表议案、建议、批评和意见及办理情况

（一）代表议案和建议的提出情况

截至 2005 年 1 月 26 日 12 时，本次会议共收到代表 10 人以上联名提出的议案 19 件。其中财经方面的 7 件，环保方面的 3 件，农林水方面的 2 件，工基交方面的 6 件，内务司法方面的 1 件。这些议案内容涉及环境污染防治、生态环境恢复和保护、行政管理体制改革、交通和水利基础设施建设、城市规划、药品价格等。

滨州市第八届人民代表大会第三次会议议案审查委员会经审查认为，博兴代表团李淑忠等 14 名代表提出的《关于加快水务改革，实现水务一体化管理的议案》，事关全市可持续发展和生态滨州建设的大局，对于有效理顺水资源管理体制，实现水资源的优化配置和合理利用，整合有限的水资源，保障工农业和城乡生活用水，具有非常重要的意义。滨城区代表团刘金生等 10 名代表提出的《解决环境污染，建设生态滨州的议案》，事关全市“六河水变清工程”的实施和生态园林型滨州的建设，事关人民群众生产生活条件的改善和经济的持续协调发展，是造福子孙后代的百年大计。因此，议案审查委员会建议将这两件代表议案作为议案处理。

代表联名提出的其他 17 件议案，或超出了本级人民代表大会的职权范围；或属于政府及其职能部门的具体工作；或属于上次会议已经提出，政府正在办理之中，改为代表建议、批评和意见处理。另外，大会秘书处议案组还收到代表提出的建议、批评和意见 23 件。其中，财经方面的 4 件，教科文卫方面的 6 件，农林水方面的 2 件，工基交方面的 8 件，环保方面的 2 件，内务司法方面的 1 件，这些建议将在会后转交有关部门办理，并负责答复代表。

（二）代表议案的处理情况

关于市八届人大二次会议第 82001 号议案处理情况：在滨州市第八届人民代表大会第二次会议上，刘玉清等 15 名代表提出了《关于引黄济胶渠首工程建设有关问题的议案》（第 82001 号），大会主席团决定将此议案由市人大常委会责成市政府办理。对刘玉清代表提的议案，市人大常委会和市政府高度重视，由市人大常委会农业和农村工作委员会具体督促协调，市政府组织有关部门成立了议案办理工作组，做了大量的工作，2004 年 12 月 22 日，市八届人大常委会第 13 次会议对议案的办理落实情况进行了专门审议。

（三）代表建议、批评和意见的办理情况

市八届人大二次会议期间及会后，市人大常委会共收到市人大代表提出的建议、批评和意见 82 件。其中，涉及市政府各方面工作的 79 件，涉及市人大常委会和市中级人民法院、市人民检察院工作的各 1 件。市人大常委会人事代表工作室及时将收到的代表建议、批评和意见向有关机关进行了交办。市政府承办的建议中，涉及工业、交通、基本建设的 39 件，占 49.36%；涉及财政金融等 4 件，占 5.06%；涉及农业、林业、水利、水产等方面的 8 件，占 10.13%；涉及科技、教育、文化、卫生、体育等方面的 11 件，占 13.92%；涉及劳动、人事、司法等方面的 13 件，占 16.46%；涉及民族宗教方面的 1 件，占 1.27%，由市县区两级政府办理的 3 件，占 3.80%。各承办单位均向提出建议的代表作了书面答复，答复率达到 100%，98% 以上的人大代表对办复结果表示满意或基本满意。

建议的办理答复情况：

1. 已经解决或基本解决的建议为 37 件，占总数的 45.12%。

2. 正在解决或已列入工作规划的建议为 29 件，占总数的 35.37%。

3. 因目前条件限制，暂时难以解决的建议为 16 件，占总数的 19.51%。

第四节　第八届人民代表大会第四次会议

一、概况

2006年2月7日至12日，滨州市第八届人民代表大会第四次会议在滨州召开。

会议的主要议程是听取和审议市人民政府工作报告；审议滨州市国民经济和社会发展第十一个五年规划纲要（草案），审查并批准国民经济和社会发展第十一个五年规划纲要；审议市政府关于2005年国民经济和社会发展计划执行情况与2006年国民经济和社会发展计划草案的报告，审查并批准2005年国民经济和社会发展计划执行情况的报告及2006年国民经济和社会发展计划；审议市政府关于2005年预算执行情况和2006年预算草案的报告，审查2005年预算执行情况的报告及2006年预算草案，批准2005年市级预算执行情况的报告和2006年市级预算；听取和审议市人民代表大会常务委员会工作报告；听取和审议市中级人民法院工作报告；听取和审议市人民检察院工作报告；选举事项。

会议闭幕前，举行"先进代表小组"颁奖仪式，7个市人大代表小组、17个县人大代表小组受到市人大常委会表彰。市委书记、市人大常委会主任孙德汉等领导为获奖单位颁奖。

二、组织机构及组成人员

主 席 团　（47人，按姓氏笔画为序）

刁万祥	王文禄	石增立	叶庆华	田宝礼	冯宝璞
巩若良	朱向旭	刘宝庭	刘星泰	江连仲	孙德汉
孙孺声	杨玖庆（女）	苏乃军	李庆胜	李成明	李洪刚
李俊杰	步乃章	肖景海（回族）	吴国瑞（女）	吴金娃（女）	何思清
沈志强	张士平	张秀亭	张忠正	张冠文	张树香（女）
林则茂	尚龙江	赵延孝	胡兆坤	胡炳山	侯宪秀
贾玉忱	高全福	郭建新（女）	郭德刚	曹永孚	曹兴宽
韩增金	程竹坤	裴建华	蔡国华	魏克田	

主席团常务主席

孙德汉	吴金娃（女）	侯宪秀	裴建华	李成明	刘宝庭
苏乃军	叶庆华	张秀亭	朱向旭	郭德刚	郭建新（女）
张冠文	韩增金	张树香（女）			

秘 书 长　李成明（兼）

副秘书长

张树香（女）	李国强	李凤岐	王建邦	李　凯	王春山
孙华良	及建冰				

议案审查委员会

主任委员　朱向旭

委　　员　（按姓名笔画为序）

王　忠	王洪昌	毕宝文	李　强	李　斌	杨春和
吴克端	吴国瑞（女）	张仁平	隆方同		

计划预算审查委员会

主任委员　叶庆华

委　　员 （按姓名笔画为序）

刘　明	刘振新	李国强	李宗林	李树国	沈志强
张子禹	张友庆	张忠正	陈子孟	徐竹滨	路　军

三、大会通过的各项决议、决定

（一）关于《政府工作报告》的决议（2006年2月12日滨州市第八届人民代表大会第四次会议通过）

滨州市第八届人民代表大会第四次会议听取和审议了安世银市长所作的《政府工作报告》。会议同意报告提出的“十一五”时期经济社会发展的总体要求和对2006年工作的安排部署，决定批准这个报告。

会议号召，全市人民紧密团结在以胡锦涛同志为总书记的党中央周围，高举邓小平理论和“三个代表”重要思想伟大旗帜，认真贯彻党的十六大和十六届三中、四中、五中全会精神，全面落实科学发展观，在中共滨州市委的领导下，奋力开创经济社会持续稳定、又快又好发展的新局面，为建设民富市强的生态园林型现代滨州而努力奋斗！

（二）关于《滨州市国民经济和社会发展第十一个五年规划纲要》的决议（2006年2月12日滨州市第八届人民代表大会第四次会议通过）

滨州市第八届人民代表大会第四次会议审查了市人民政府提出的《滨州市国民经济和社会发展第十一个五年规划纲要草案》，决定批准这个规划纲要，并由市人民政府发布实施。

（三）关于滨州市2005年国民经济和社会发展计划执行情况与2006年国民经济和社会发展计划的决议（2006年2月12日滨州市第八届人民代表大会第四次会议通过）

滨州市第八届人民代表大会第四次会议审查了市人民政府提出的《关于滨州市2005年国民经济和社会发展计划执行情况与2006年国民经济和社会发展计划草案的报告》及2006年国民经济和社会发展计划草案。会议同意滨州市第八届人民代表大会第四次会议计划预算审查委员会的审查报告，决定批准《关于滨州市2005年国民经济和社会发展计划执行情况与2006年国民经济和社会发展计划草案的报告》，批准2006年国民经济和社会发展计划。

（四）关于滨州市2005年预算执行情况和2006年预算的决议（2006年2月12日滨州市第八届人民代表大会第四次会议通过）

滨州市第八届人民代表大会第四次会议审查了市人民政府提出的《关于滨州市2005年预算执行情况和2006年预算草案的报告》及滨州市2006年全市和市级预算草案。会议同意滨州市第八届人民代表大会第四次会议计划预算审查委员会的审查报告，决定批准《关于滨州市2005年预算执行情况和2006年预算草案的报告》，批准2006年滨州市市级预算。

（五）关于滨州市人民代表大会常务委员会工作报告的决议（2006年2月12日滨州市第八届人民代表大会第四次会议通过）

滨州市第八届人民代表大会第四次会议听取和审议了市人民代表大会常务委员会副主任李成明代表滨州市人民代表大会常务委员会所作的工作报告，决定批准这个报告。

（六）关于滨州市中级人民法院工作报告的决议（2006年2月12日滨州市第八届人民代表大会第四次会议通过）

滨州市第八届人民代表大会第四次会议听取和审议了市中级人民法院代院长宋文明代表滨州市中级人民法院所作的工作报告，决定批准这个报告。（七）关于滨州市人民检察院工作报告的决议（2006年2月12日滨州市第八届人民代表大会第四次会议通过）

滨州市第八届人民代表大会第四次会议听取和审议了市人民检察院检察长赵继明代表滨州市人民检察院所作的工作报告，决定批准这个报告。

四、选举情况

（一）滨州市人民代表大会公告（第五号）

滨州市第八届人民代表大会第四次会议，于2006年2月12日补选张冠文、韩增金同志为滨州市第八届人民代表大会常务委员会副主任。

（二）滨州市人民代表大会公告（第六号）

滨州市第八届人民代表大会第四次会议，于2006年2月12日补选杨玖庆、李凯、李洪刚、李树国同志为滨州市第八届人民代表大会常务委员会委员。

（三）滨州市人民代表大会公告（第七号）

滨州市第八届人民代表大会第四次会议，于2006年2月12日补选宋文明同志为滨州市中级人民法院院长。

五、代表议案、建议、批评和意见及办理情况

（一）代表议案和建议的提出情况

截至2006年2月10日12时，会议共收到代表10人以上联名提出的议案15件；其中，财经方面的3件，科教文卫方面的1件，农林水方面的2件，工基交方面的8件，内务司法方面的1件。这些议案涉及重大项目建设、公车改革、交通和水利基础设施建设、集中供暖等方面。

滨州市第八届人民代表大会第四次会议议案审查委员会经审查认为，张新生等12名代表提出的《关于将国电集团博兴电厂项目列入市"十一五"发展规划的议案》（议案第8403号），符合议案条件，议案审查委员会建议列为大会议案；高玉君等10名代表提出的《关于城区居民集中供暖体制改革的议案》（议案第8407号）、罗伟田等12名代表提出的《关于加强和完善集中供暖管理的议案》（议案第8408号），充分反映了人民群众的意见要求，议案审查委员会建议列入大会议案并案处理；李强等10名代表提出的《关于优先发展城市公共交通的议案》（议案第8409号）、王新云等12名代表提出的《关于加强城市公共交通配套设施建设的议案》（议案第8411号），事关全市城市公共交通与城市经济社会的协调发展，事关滨州城市的整体形象，事关人民群众的切身利益，议案审查委员会建议列为大会议案并案处理。列入大会的议案会后由市人大常委会研究处理。

代表提出的其他10件议案，或超出了本级人民代表大会的职权范围；或属于政府及其职能部门的行政管理工作；或属于已经立案，政府正在办理之中，建议作为代表建议、批评和意见处理。其中，宋茂龙等10名代表提出的《关于推行公车改革的议案》，已经连续两次在会议上提出，市政府对此应高度重视，积极学习借鉴外地成功经验，积极探索公车改革的路子，在时机成熟时，制定适合全市实际的改革方案，力争尽早实施。高升荣等12名代表提出的《关于胶东调水工程渠首建设及引黄济青渠首有关问题的议案》，市八届人大二次会议已经作为议案处理，市政府做了大量工作，已答复提出议案的代表，并向市八届人大三次会议做出了书面汇报。本次会议不再作为议案处理，市政府要在该项工程实施过程中认真汲取以往的经验教训，从滨州的发展、生态滨州建设以及切实保障人民群众根本利益的全局出发，积极协调好各方面的关系，保障工程的顺利建设，维护好人民群众的切身利益。

（二）代表议案的处理情况

1. 关于市八届人大二次会议第8301号议案的处理情况：在滨州市第八届人民代表大会第二次会议上，李淑忠等14名代表提出了《关于加快水务改革，实现水务一体化管理的议案》（第8301号），大会主席团决定将此议案由市人大常委会责成市政府办理。对李淑忠等代表提的议案，市人大常委会和市政府高度重视，市人大常委会农业和农村工作委员会具体督促协调，市政府及有关部门做了大量细致的工作。

2. 关于市八届人大三次会议第8309号议案处理情况：在滨州市第八届人民代表大会第三次会议上，沙树霞等10名代表提出了《关于解决环境污染，建设生态滨州的议案》（第8309号），大会主席团决定将此议案由市人大常委会责成市政府办理。对沙树霞等代表提的议案，市人大常委会和市政府高度重视，市人大常委会城乡建设和环境保护工作委员会具体督促协调,市政府及有关部门做了大量的工作。2005 年 12 月 20 日市八届人大常委会第 20 次会议对议案的办理落实情况进行了审议。

(三)代表建议、批评和意见的办理情况

市八届人大三次会议期间及会后,市人大常委会共收到代表建议 88 件。其中,涉及市政府各方面工作的 87 件,市中级人民法院负责承办 1 件。在涉及政府工作方面的 87 件建议中,按行业分类,涉及工业、交通、基本建设方面的 40 件,占 45.98%;涉及财政、金融方面的 12 件,占 13.79%;涉及农业、林业、水利等方面的 8 件,占 9.2%;涉及科教文卫方面的 9 件,占 10.4%;涉及劳动、人事、民政、司法方面的 5 件,占 5.75%;由县(区)政府及开发区办理的 13 件,占 14.94%。各承办单位均向提出建议的代表作了书面答复,答复率达到100%。从已收到的市人大代表的反馈意见看,98%以上的人大代表表示对办复结果满意或基本满意。建议的办理答复情况:

1. 已经解决或基本解决的建议为 34 件,占办理总数的 38.64%。

2. 正在解决或已列入工作规划逐步解决的建议为 42 件,占办理总数的 47.73%。

3. 因不具备条件或其它原因需以后解决的建议为 2 件,占办理总数的 2.27%。

第五节 第八届人民代表大会第五次会议

一、概况

2007 年 2 月 27 日至 3 月 3 日,滨州市第八届人民代表大会第五次会议在滨州召开。

会议的主要议程是听取审议市人民政府工作报告;审议市政府关于 2006 年国民经济和社会发展计划执行情况与 2007 年国民经济和社会发展计划草案的报告,审查批准 2006 年国民经济和社会发展计划执行情况的报告及 2007 年国民经济和社会发展计划;审议市政府关于 2006 年预算执行情况和 2007 年预算草案的报告,审查 2006 年预算执行情况的报告及 2007 年预算草案,批准 2006 年市级预算执行情况的报告和 2007 年市级预算;听取审议市人民代表大会常务委员会工作报告;听取审议市中级人民法院工作报告;听取审议市人民检察院工作报告。

会议闭幕前,举行“优秀市人大代表”颁奖仪式,张忠正等 51 名市人大代表受到市人大常委会表彰。市委书记、市人大常委会主任孙德汉等领导为获奖人员颁奖。

二、组织机构及组成人员

主 席 团 (49 人,按姓氏笔画为序)

刁万祥	于常青	王文禄	石增立	叶庆华	田宝礼
冯宝璞	巩若良	朱向旭	刘宝庭	刘志钢	江连仲
孙德汉	孙孺声	杨玖庆(女)	苏乃军	李庆胜	李成明
李洪刚	李俊杰	李维东	步乃章	肖景海(回族)	吴国瑞(女)
吴金娃(女)	何思清	沈志强	初建波	张士平	张秀亭
张忠正	张冠文	张树香(女)	林则茂	尚龙江	赵延孝
胡兆坤	侯宪秀	贾玉忱	郭建新(女)	郭德刚	高全福
曹永孚	韩增金	程竹坤	葛 伟	谢守忠	蔡国华
魏克田					

主席团常务主席

孙德汉	吴金娃(女)	侯宪秀	李成明	刘宝庭	苏乃军
田宝礼	张秀亭	朱向旭	郭德刚	郭建新(女)	张冠文

韩增金　张树香(女)

秘书长　李成明(兼)

副秘书长　张树香(女)　李国强　李凤岐　王建邦　李　凯　王春山　吕德章　及建冰

议案审查委员会

主任委员　朱向旭

委　员　(按姓名笔画为序)

王惠军　杨春和　李　强　李　斌　吴克端　吴国瑞(女)　张仁平　郭玉水　高曰荣　韩吉顺

计划预算审查委员会

主任委员　韩增金

委　员　(按姓名笔画为序)

刘　明　李国强　李宗林　李树国　沈志强　张子禹　张友庆　张忠正　徐竹滨　路　军

三、大会通过的各项决议、决定

(一)关于《政府工作报告》的决议(2007年3月3日滨州市第八届人民代表大会第五次会议第三次全体会议通过)

滨州市第八届人民代表大会第五次会议听取和审议了邓向阳代市长作的《政府工作报告》。会议同意这个报告,决定批准这个报告。会议号召,全市人民紧密团结在以胡锦涛同志为总书记的党中央周围,高举邓小平理论和"三个代表"重要思想伟大旗帜,全面贯彻落实科学发展观,在中共滨州市委的坚强领导下,团结拼搏,求真务实,奋发进取,开拓创新,推动经济又好又快发展,加快构建社会主义和谐社会,为建设民富市强、和谐文明、碧水绿荫的生态园林型现代滨州而努力奋斗。

(二)关于滨州市2006年国民经济和社会发展计划执行情况与2007年国民经济和社会发展计划的决议(2007年3月3日滨州市第八届人民代表大会第五次会议第三次全体会议通过)

滨州市第八届人民代表大会第五次会议审查了市人民政府提出的《关于滨州市2006年国民经济和社会发展计划执行情况与2007年国民经济和社会发展计划草案的报告》及滨州市2007年国民经济和社会发展计划草案。会议同意滨州市第八届人民代表大会第五次会议计划预算审查委员会的审查报告,决定批准《关于滨州市2006年国民经济和社会发展计划执行情况与2007年国民经济和社会发展计划草案的报告》,批准滨州市2007年国民经济和社会发展计划。

(三)关于滨州市2006年预算执行情况和2007年预算的决议(2007年3月3日滨州市第八届人民代表大会第五次会议第三次全体会议通过)

滨州市第八届人民代表大会第五次会议审查了市人民政府提出的《关于滨州市2006年预算执行情况和2007年预算草案的报告》及滨州市2007年全市和市级预算草案。会议同意滨州市第八届人民代表大会第五次会议计划预算审查委员会的审查报告,决定批准《关于滨州市2006年预算执行情况和2007年预算草案的报告》,批准2007年滨州市市级预算。

(四)关于滨州市人民代表大会常务委员会工作报告的决议(2007年3月3日滨州市第八届人民代表大会第五次会议第三次全体会议通过)

滨州市第八届人民代表大会第五次会议听取和审议了市人民代表大会常务委员会副主任李成明代表滨州市人民代表大会常务委员会所作的工作报告,决定批准这个报告。

(五)关于滨州市中级人民法院工作报告的决议(2007年3月3日滨州市第八届人民代表大会第五次会议

第三次全体会议通过)

滨州市第八届人民代表大会第五次会议听取和审议了市中级人民法院院长宋文明代表滨州市中级人民法院所作的工作报告,决定批准这个报告。

(六)关于滨州市人民检察院工作报告的决议(2007 年 3 月 3 日滨州市第八届人民代表大会第五次会议第三次全体会议通过)

滨州市第八届人民代表大会第五次会议听取和审议了市人民检察院检察长赵继明代表滨州市人民检察院所作的工作报告,决定批准这个报告。

四、选举情况

(一)滨州市人民代表大会公告(第八号)

滨州市第八届人民代表大会第五次会议,于 2007 年 3 月 3 日选举邓向阳同志为滨州市人民政府市长。

(二)滨州市人民代表大会公告(第九号)

滨州市第八届人民代表大会第五次会议,于 2007 年 3 月 3 日补选侯宪秀、田宝礼同志为滨州市第八届人民代表大会常务委员会副主任。

五、代表议案、建议、批评和意见及办理情况

(一)代表议案和建议的提出情况

截至 2007 年 3 月 1 日 15 时,会议共收到代表 10 人以上联名提出的议案 13 件。这些议案涉及建设社会主义新农村、加快发展民营经济、构建资源节约型环境友好型社会、重大项目建设、交通基础设施建设以及人大组织体系建设等方面。

根据《中华人民共和国地方各级人民代表大会和地方各级人民政府组织法》有关代表议案的处理规定,滨州市第八届人民代表大会第五次会议议案审查委员会经过审查后认为,沈志强等 11 名代表提出的《关于充分发挥市级农业科研机构在建设社会主义新农村和发展现代农业及生物技术产业的带动示范作用的议案》(议案第 8510 号),充分体现了中央关于积极发展现代农业,扎实推进新农村建设的精神,议案审查委员会建议列为大会议案处理;成爱华等 13 名代表提出的《关于促进全市民营科技企业加快发展的议案》(议案第 8513 号),符合议案要求,议案审查委员会建议列为大会议案处理。列入大会的议案,建议会后交由市人大常委会研究处理。

代表提出的其他 11 件议案,或超出了本级人民代表大会的职权范围;或属于政府及其职能部门的行政管理工作;或属于已经立案,政府正在办理之中,建议作为代表建议、批评和意见处理。其中,刘玉清等 13 名代表提出的《关于解决胶东调水工程问题的议案》(议案第 8509 号),市八届人大二次会议已经作为议案处理,市政府做了大量工作,已答复提出议案的代表,并向市八届人大三次会议做出了书面汇报,本次会议不再作为议案处理。鉴于该项目已经开工建设,年底必须送水的情况,市政府要在工程实施过程中认真汲取以往引黄渠首工程建设的经验教训,从滨州的发展、生态滨州建设以及切实保障人民群众根本利益出发,积极协调好各方面的关系,既要保障工程的顺利建设,又要维护好人民群众的切身利益。刘凤栋等 10 名代表提出的《关于对簸箕李引黄灌区进行沙化治理的议案》(议案第 8506 号),关系到灌区渠首群众的生产生活条件当前及今后的长远利益;李玉伟等 12 名代表提出的《为建设资源节约型环境友好型社会应大力推广秸秆燃料"生物煤" 的议案》(议案第 8504 号),体现了构建资源节约型环境友好型社会的要求;李强等 12 名代表提出的《关于设立市人民代表大会专门委员会的议案》(议案第 8503 号),着眼于人民代表大会及其常委会职能的发挥和人大组织体系的建设;张立民等 10 名代表提出的《关于升级改造滨石路的议案》(议案第 8505 号),事关惠民县与滨州经济开发区的基础设施建设,事关提升惠民县的区位优势,改善投资环境及未来发展。以上 5 件议案改作建议处理后,市人大常委会和市政府要以对人民和事业高度负责的精神,作为重要建议,认真加以办理,加强督导落实。

另外,截至 3 月 1 日 15 时,大会秘书处议案组还收到代表提出的建议、批评和意见 48 件。其中财经方面的 3 件,教科文卫方面的 12 件,农林水方面的 13 件,工基交方面的 8 件,环保方面的 2 件,内务司法方面的 7 件,其他方面的3件。这些建议，将在会议期间转交有关部门认真办理，会后，由各承办部门积极办理并答复代表。

（二）代表议案的处理情况

1.关于市八届人大四次会议第8403号议案处理情况：在滨州市第八届人民代表大会第四次会议上，张新生等12名代表提出的《将国电集团博兴电厂项目列入市“十一五”发展规划的议案》（第8403号），大会主席团决定将此议案由市人大常委会责成市政府办理。市人大常委会财政经济工作委员会具体督促协调。市政府对此高度重视，已将国电集团博兴电厂项目列入《滨州市国民经济和社会发展第十一个五年规划纲要》。2006年12月23日市八届人大常委会第28次会议对议案的办理落实情况进行了审议。

2.关于市八届人大四次会议第8407.8408号议案处理情况：在滨州市第八届人民代表大会第四次会议上，高玉君等10名代表提出了《关于城区居民集中供热体制改革的议案》（第8407号）、罗伟田等12名代表提出了《关于加强和完善集中供热管理的议案》（第8408号），大会主席团决定将这两个议案并案处理，由市人大常委会责成市政府办理。对这两个议案，市人大常委会和市政府高度重视，市人大常委会城乡建设环境保护工作委员会具体督促协调，市政府及有关部门做了大量工作。2006年12月23日市八届人大常委会第28次会议对议案的办理落实情况进行了审议。

3.关于市八届人大四次会议第8409号议案处理情况：在滨州市第八届人民代表大会第四次会议上，李强等10名代表提出了《关于优先发展城市公共交通事业的议案》（第8409号），大会主席团决定将此议案由市人大常委会责成市政府办理。对李强等代表提出的议案，市人大常委会和市政府高度重视，市人大常委会城乡建设环境保护委员会具体督促协调，市政府及有关部门做了大量工作。2006年12月23日市八届人大常委会第28次会议对议案的办理落实情况进行了审议。

（三）代表建议、批评和意见的办理情况

市八届人大四次会议期间及会后，市人大常委会共收到代表建议87件。其中，涉及市政府各方面工作的85件，涉及垂直管理部门2件。在涉及政府工作方面的85件建议中，按行业分类，涉及工业、交通、基本建设方面的35件，占41.18%；涉及财政、金融方面的4件，占4.71%；涉及农业、林业、水利等方面的10件，占11.76%；涉及科教文卫方面的12件，占14.12%；涉及劳动、人事、民政、司法方面的14件，占16.47%；由县（区）政府及开发区办理的10件，占11.76%。各承办单位均向提出建议的代表作了书面答复，答复率达到100%。从已收到的市人大代表的反馈意见看，满意的67件，占77%，基本满意的18件，占20.7%，不满意的2件，占2.3%。建议的办理答复情况：

1.已经解决或基本解决的建议为36件，占办理总数的41.38%。

2.正在解决或已列入工作规划逐步解决的建议为34件，占办理总数的39.08%。

3.因不具备条件或其它原因需以后解决的建议为10件，占办理总数的11.49%。

4.暂时难以解决，留作参考的4件，占办理总数的4.6%。

第三章 第九届人民代表大会会议

第一节 第九届人民代表大会第一次会议

一、概况

2008年1月3日至7日,滨州市第九届人民代表大会第一次会议在滨州召开。

会议的主要议程是听取和审议市人民政府工作报告;审议市政府关于2007年国民经济和社会发展计划执行情况与2008年国民经济和社会发展计划草案的报告,审查并批准2007年国民经济和社会发展计划执行情况的报告及2008年国民经济和社会发展计划;审议市政府关于2007年预算执行情况和2008年预算草案的报告,审查2007年预算执行情况的报告及2008年预算草案,批准2007年市级预算执行情况的报告和2008年市级预算;听取和审议市人民代表大会常务委员会工作报告;听取和审议市中级人民法院工作报告;听取和审议市人民检察院工作报告;选举市九届人大常委会主任、副主任、秘书长、委员;选举市长、副市长;选举市中级人民法院院长、市人民检察院检察长。

二、组织机构及组成人员

主 席 团 (55人,按姓氏笔画为序)

刁万祥	于常青	王文禄	王悦华(女)	邓向阳	石增立
叶庆华	田宝礼	冯宝璞	朱向旭	刘志钢	刘宝庭
刘翠英(女)	江连仲	祁维华(女)	孙承志	孙德汉	孙儒声
杨玖庆(女)	杨淑云(女)	苏乃军	李庆胜	李成明	李洪刚
李俊杰	李维东	步乃章	肖景海(回族)	吴国瑞(女)	何思清
沈志强	宋文明	初建波	张士平	张秀亭	张忠正
张冠文	张树香(女)	林则茂	尚龙江	赵延孝	赵继明
侯宪秀	耿 涛	郭建新(女)	郭德刚	曹兴宽	韩奎祥
韩增金	葛 伟	董吉增	程竹坤	谢守忠	燕钦国
魏克田					

主席团常务主席

孙德汉	孙儒声	李成明	曹兴宽	侯宪秀	苏乃军
田宝礼	郭德刚	董吉增	郭建新(女)	张冠文	韩增金
张树香(女)					

秘 书 长 李成明(兼)

副秘书长

张树香(女)	李国强	李凤岐	吕德章	王建邦	李 凯
王春山	及建冰	孙玉军			

议案审查委员会

主任委员 张冠文

委　　员 (按姓名笔画为序)

王惠军	李 强	李 斌	李洪柱	吴克端	吴国瑞(女)

张仁平　　张世芳　　韩吉顺　　魏景芳

计划预算审查委员会

主任委员　韩增金

委　　员　（按姓名笔画为序）

王秀夫　　宁守东　　李国强　　沈志强　　张子禹　　张友庆

张忠正　　徐竹滨　　韩智勇　　路　军

三、大会通过的各项决议、决定

（一）关于《政府工作报告》的决议（2008年1月7日滨州市第九届人民代表大会第一次会议第三次全体会议通过）

滨州市第九届人民代表大会第一次会议听取和审议了邓向阳市长作的《政府工作报告》。会议同意这个报告，决定批准这个报告。会议号召，全市人民紧密团结在以胡锦涛同志为总书记的党中央周围，高举中国特色社会主义伟大旗帜，坚持以邓小平理论、"三个代表"重要思想、十七大和省九次党代会精神为指导，全面贯彻落实科学发展观，在中共滨州市委的坚强领导下，认真落实政府工作报告各项任务，团结拼搏，求真务实，奋发进取，开拓创新，推动全市经济社会科学发展、跨越发展、率先发展、和谐发展、全面发展、可持续发展、又好又快发展，为建设民富市强、碧水绿荫、和谐文明的现代滨州而努力奋斗。

（二）关于滨州市2007年国民经济和社会发展计划执行情况与2008年计划的决议（2008年1月7日滨州市第九届人民代表大会第一次会议第三次全体会议通过）

滨州市第九届人民代表大会第一次会议审查了市人民政府提出的《关于滨州市2007年国民经济和社会发展计划执行情况与2008年计划草案的报告》及滨州市2008年国民经济和社会发展计划草案。会议同意滨州市第九届人民代表大会第一次会议计划预算审查委员会的审查报告，决定批准《关于滨州市2007年国民经济和社会发展计划执行情况与2008年计划草案的报告》，批准滨州市2008年国民经济和社会发展计划。

（三）关于滨州市2007年预算执行情况和2008年预算的决议（2008年1月7日滨州市第九届人民代表大会第一次会议第三次全体会议通过）

滨州市第九届人民代表大会第一次会议审查了市人民政府提出的《关于滨州市2007年预算执行情况和2008年预算草案的报告》及滨州市2008年全市和市级预算草案。会议同意滨州市第九届人民代表大会第一次会议计划预算审查委员会的审查报告，决定批准《关于滨州市2007年预算执行情况和2008年预算草案的报告》，批准2008年滨州市市级预算。

（四）关于滨州市第八届人民代表大会常务委员会工作报告的决议（2008年1月7日滨州市第九届人民代表大会第一次会议第三次全体会议通过）

滨州市第九届人民代表大会第一次会议听取和审议了市人民代表大会常务委员会副主任李成明代表滨州市第八届人民代表大会常务委员会所作的工作报告，决定批准这个报告。

（五）关于滨州市中级人民法院工作报告的决议（2008年1月7日滨州市第九届人民代表大会第一次会议第三次全体会议通过）

滨州市第九届人民代表大会第一次会议听取和审议了市中级人民法院院长宋文明代表滨州市中级人民法院所作的工作报告，决定批准这个报告。

（六）关于滨州市人民检察院工作报告的决议（2008年1月7日滨州市第九届人民代表大会第一次会议第三次全体会议通过）

滨州市第九届人民代表大会第一次会议听取和审议了市人民检察院检察长赵继明代表滨州市人民检察院所作的工作报告，决定批准这个报告。

四、选举情况

(一)滨州市人民代表大会公告(第一号)

滨州市第九届人民代表大会常委员会主任、副主任、秘书长由滨州市第九届人民代表大会第一次会议于2008年1月7日选出:主任孙德汉,副主任曹兴宽、侯宪秀、董吉增、郭建新(女)、张冠文、韩增金,秘书长张冠文(兼)。

(二)滨州市人民代表大会公告(第二号)

滨州市第九届人民代表大会第一次会议于2008年1月7日选出:市长邓向阳,副市长韩奎祥、孙承志、胡炳山、崔娅妮(女)、张兆宏、尚龙江、万永格。

(三)滨州市人民代表大会公告(第三号)

滨州市第九届人民代表大会第一次会议于2008年1月7日选举宋文明为滨州市中级人民法院院长。

(四)滨州市人民代表大会公告(第四号)

滨州市第九届人民代表大会常务委员会委员由滨州市第九届人民代表大会第一次会议于2008年1月7日选出:(32名,按姓名笔画为序)刁万祥、王春山、王悦华(女)、邓文泉、田光利、白咸勇、刘曰兴、刘志钢、刘启盛、纪家华、杨玖庆(女)、杨淑云(女)、李凯、李强、李凤岐、李国强、李俊杰、李洪刚、李继文、李淑忠、吴国瑞(女)、沈志强、宋守松、张士平、张忠正、张献青、林全治、侯友新、姜力、高玉君、董风华(女)、蒋爱学。

(五)滨州市第九届人民代表大会第一次会议选举出的滨州市人民检察院检察长

滨州市第九届人民代表大会第一次会议于2008年1月7日选举赵继明为滨州市人民检察院检察长。根据《中华人民共和国地方各级人民代表大会和地方各级人民政府组织法》第八条关于"选出的人民检察院检察长,须报经上一级人民检察院检察长提请该级人民代表大会常务委员会批准"的规定,另行备文报批。

五、代表议案、建议、批评和意见及办理情况

(一)代表议案和建议的提出情况

截至2008年1月5日10时,本次会议共收到代表10人以上联名提出的议案10件。这些议案涉及发展民营经济、发展民办教育、社会主义和谐社会建设、基础设施建设等方面。

根据《中华人民共和国地方各级人民代表大会和地方各级人民政府组织法》有关代表议案的处理规定,滨州市第九届人民代表大会第一次会议议案审查委员会经过审查后认为,代表提出的这10件议案,或超出了本级人民代表大会的职权范围;或属于政府及其职能部门的行政管理工作,建议作为代表建议、批评和意见处理。

另外,截至1月5日12时,大会秘书处议案组还收到代表提出的建议、批评和意见64件。其中:工业方面的2件,农业方面的5件,服务业方面的2件,财政金融方面的3件,基础设施方面的20件,节能环保方面的7件,科技文化方面的3件,民生方面的12件,内务司法方面的10件。这些建议,将在会后转交有关部门办理并答复代表。

(二)代表议案的处理情况

1.关于市八届人大五次会议第8510号议案处理情况:在滨州市第八届人民代表大会第五次会议上,沈志强等11名代表提出《关于充分发挥市级农业科研机构在建设新农村和发展现代农业及生物技术产业的带动示范作用的议案》(第8510号),大会主席团决定由市人大常委会责成市政府办理。市政府办公室及相关部门进行了专题研究,并做了大量工作。2007年12月21日市八届人大常委会第37次会议对议案的办理落实情况进行了审议。

2.关于市八届人大五次会议第8513号议案处理情况:在滨州市第八届人民代表大会第五次会议上,成爱华等13名代表提出的《关于促进全市民营科技企业加快发展的议案》(第8513号),大会主席团决定由市人大常委会责成市政府办理。市政府高度重视,进行了专题研究,并责成市科技局做好议案的落实。2007年12月5日市八届人大常委会第36次会议对议案的办理落实情况进行了审议。

(三)代表建议、批评和意见的办理情况

市八届人大一次会议以来,市人大常委会共收到代表建议463件,分别是:一次会议113件,二次会议82件,三次会议88件,四次会议87件,五次会议93件。这些建议中,涉及工业、交通、基本建设方面的145件,涉及财政、金融方面的48件,涉及农业、林业、水利方面的66件,科教文卫方面的58件,民政、司法方面的56件,劳动、人事方面的28件,环保方面的22件,其他方面的40件。从办理情况看,已办结及近期办结的283件,逐步解决的148件,有32件建议,确因政策、管理权限等方面的原因暂时不能办理。从代表的反馈情况看,满意和基本满意率达到98%以上。

第二节　第九届人民代表大会第二次会议

一、概况

2008年7月9日,滨州市第九届人民代表大会第二次会议在滨州召开。

会议的主要议程是选举事项;审议通过关于进一步解放思想,改进作风,创新实干,科学发展,在新起点上实现富民强市新跨越的决定草案等。

二、组织机构及组成人员

主 席 团　(49人,按姓氏笔画为序)

刁万祥　于常青　王文禄　王悦华(女)　邓向阳　石增立
叶庆华　田宝礼　冯宝璞　朱向旭　刘志钢　刘宝庭
刘翠英(女)　江连仲　江首建　祁维华(女)　孙孺声　杨玖庆(女)
杨淑云(女)　苏乃军　李庆胜　李成明　李俊杰　李洪刚
李维东　步乃章　肖景海(回族)　吴国瑞(女)　何思清　沈志强
初建波　张士平　张秀亭　张忠正　张冠文　林则茂
林国华(女)　赵延孝　侯宪秀　耿　涛　郭建新(女)　郭德刚
曹兴宽　韩增金　葛　伟　董吉增　程竹坤　燕钦国
魏克田

主席团常务主席

邓向阳　孙孺声　曹兴宽　于常青　侯宪秀　董吉增
郭建新(女)　张冠文　韩增金

秘 书 长　曹兴宽(兼)

副秘书长　张冠文　李国强　李凤岐　吕德章　王建邦　李　凯
王春山　崔明月　单立新

三、大会通过的各项决议、决定

滨州市第九届人民代表大会第二次会议通过关于进一步解放思想,改进作风,创新实干,科学发展,在新起点上实现富民强市新跨越的决定。

四、选举情况

(一)滨州市人民代表大会公告(第五号)

滨州市第九届人民代表大会第二次会议,于2008年7月9日选举邓向阳为滨州市第九届人民代表大会常务委员会主任。

(二)滨州市人民代表大会公告(第六号)

滨州市第九届人民代表大会第二次会议，于2008年7月9日选举张光峰为滨州市市长。

（三）滨州市人民代表大会公告（第七号）

滨州市第九届人民代表大会第二次会议，于2008年7月9日选举李国强为滨州市第九届人民代表大会常务委员会秘书长。

（四）选举产生滨州市出席山东省第十届人民代表大会的代表33名（内容详见第八篇第三章出席历届山东省人民代表大会代表名单）。

第三节　第九届人民代表大会第三次会议

一、概况

2009年1月13日至15日，滨州市第九届人民代表大会第三次会议在滨州召开。

会议的主要议程是听取和审议滨州市人民政府工作报告；审议滨州市人民政府关于滨州市2008年国民经济和社会发展计划执行情况与2009年国民经济和社会发展计划草案的报告，审查并批准滨州市2008年国民经济和社会发展计划执行情况的报告及2009年国民经济和社会发展计划；审议滨州市人民政府关于滨州市2008年预算执行情况和2009年预算草案的报告，审查滨州市2008年预算执行情况的报告及2009年预算草案，批准滨州市2008年市级预算执行情况的报告和2009年市级预算；听取和审议滨州市人民代表大会常务委员会工作报告；听取和审议滨州市中级人民法院工作报告；听取和审议滨州市人民检察院工作报告。

二、组织机构及组成人员

主 席 团　（51人，按姓名笔画为序）

刁万祥	于常青	王文禄	王传民	王悦华（女）	王　瑜
邓向阳	石增立	叶庆华	田宝礼	冯宝璞	朱向旭
刘志钢	刘宝庭	刘翠英（女）	江连仲	江首建	祁维华（女）
孙孺声	杨淑云（女）	苏乃军	李庆胜	李成明	李国强
李俊杰	李洪刚	李维东	步乃章	肖景海（回族）	吴国瑞（女）
何思清	沈志强	初建波	张士平	张秀亭	张忠正
张冠文	林则茂	林国华（女）	赵延孝	侯宪秀	耿　涛
郭建新（女）	郭德刚	曹兴宽	韩增金	葛　伟	董吉增
程竹坤	燕钦国	魏克田			

主席团常务主席

邓向阳	孙孺生	曹兴宽	侯宪秀	董吉增	郭建新（女）
张冠文	韩增金	李国强			

秘 书 长　曹兴宽（兼）

副秘书长

李国强	商玉昌	李凤岐	吕德章	王建邦	李　凯
及建冰	韩发业				

议案审查委员会

主任委员　张冠文

委　　员　（按姓名笔画为序）

王惠军	李　强	李　斌	李洪柱	吴克端	吴国瑞（女）
张仁平	张世芳	韩吉顺	魏景芳		

计划预算审查委员会

主任委员　韩增金

委　　员　（按姓名笔画为序）

王秀夫	王登祥	宁守东	沈志强	张子禹	张友庆
张忠正	刘书忠	刘启盛	刘德成	韩智勇	路　军

三、大会通过的各项决议、决定

（一）滨州市第九届人民代表大会第三次会议关于《政府工作报告》的决议（2009 年 1 月 15 日滨州市第九届人民代表大会第三次会议第三次全体会议通过）

滨州市第九届人民代表大会第三次会议听取和审议了张光峰市长作的《政府工作报告》。会议同意这个报告，决定批准这个报告。会议号召，全市人民紧密团结在以胡锦涛同志为总书记的党中央周围，全面贯彻党的十七大、十七届三中全会精神，坚持以邓小平理论和“三个代表”重要思想为指导，深入贯彻落实科学发展观，在中共滨州市委的坚强领导下，解放思想，坚定信心，积极作为，科学务实，精心打造“四环五海、生态滨州”、“粮丰林茂、北国江南”两个品牌，全力推动经济社会又好又快发展，为建设富裕、文明、和谐的新滨州而努力奋斗。

（二）滨州市第九届人民代表大会第三次会议关于滨州市 2008 年国民经济和社会发展计划执行情况与 2009 年计划的决议（2009 年 1 月 15 日滨州市第九届人民代表大会第三次会议第三次全体会议通过）

滨州市第九届人民代表大会第三次会议审查了市人民政府提出的《关于滨州市 2008 年国民经济和社会发展计划执行情况与 2009 年计划草案的报告》及滨州市 2009 年国民经济和社会发展计划草案。会议同意滨州市第九届人民代表大会第三次会议计划预算审查委员会的审查报告，决定批准《关于滨州市 2008 年国民经济和社会发展计划执行情况与 2009 年计划草案的报告》，批准滨州市 2009 年国民经济和社会发展计划。

（三）滨州市第九届人民代表大会第三次会议关于滨州市 2008 年预算执行情况和 2009 年预算的决议（2009 年 1 月 15 日滨州市第九届人民代表大会第三次会议第三次全体会议通过）

滨州市第九届人民代表大会第三次会议审查了市人民政府提出的《关于滨州市 2008 年预算执行情况和 2009 年预算草案的报告》及滨州市 2009 年全市和市级预算草案。会议同意滨州市第九届人民代表大会第三次会议计划预算审查委员会的审查报告，决定批准《关于滨州市 2008 年预算执行情况和 2009 年预算草案的报告》，批准 2009 年滨州市市级预算。

（四）滨州市第九届人民代表大会第三次会议关于滨州市人民代表大会常务委员会工作报告的决议（2009 年 1 月 15 日滨州市第九届人民代表大会第三次会议第三次全体会议通过）

滨州市第九届人民代表大会第三次会议听取和审议了市人民代表大会常务委员会常务副主任曹兴宽代表滨州市人民代表大会常务委员会所作的工作报告，决定批准这个报告。

（五）滨州市第九届人民代表大会第三次会议关于滨州市中级人民法院工作报告的决议（2009 年 1 月 15 日滨州市第九届人民代表大会第三次会议第三次全体会议通过）

滨州市第九届人民代表大会第三次会议听取和审议了市中级人民法院院长宋文明代表滨州市中级人民法院所作的工作报告，决定批准这个报告。

（六）滨州市第九届人民代表大会第三次会议关于滨州市人民检察院工作报告的决议（2009 年 1 月 15 日滨州市第九届人民代表大会第三次会议第三次全体会议通过）

滨州市第九届人民代表大会第三次会议听取和审议了市人民检察院检察长赵继明代表滨州市人民检察院所作的工作报告，决定批准这个报告。

四、代表议案、建议、批评和意见及办理情况

（一）代表议案和建议的提出情况

截至 2009 年 1 月 14 日 12 时，本次会议共收到代表 10 人以上联名提出的议案 13 件。这些议案涉及经济建设、文化旅游、财政金融、城市基础设施建设、民生问题等方面。

根据《中华人民共和国地方各级人民代表大会和地方各级人民政府组织法》《滨州市人民代表大会代表议案处理暂行办法》的规定，滨州市第九届人民代表大会第三次会议议案审查委员会经过审查后认为，代表提出的13件议案，均属于政府及其职能部门的行政管理工作范围，建议作为代表建议、批评和意见处理。

另外，截至1月14日12时，大会秘书处议案组还收到代表提出的建议、批评和意见54件。其中：基础设施建设方面的14件，农业方面的10件，科技文化卫生方面的10件，内务司法方面的10件，民生方面的5件，节能环保方面的3件，工业方面的1件，财贸流通方面的1件。这些建议，将在会后转交有关部门办理并答复代表。

（二）代表建议、批评和意见的办理情况

自市九届人大一次会议以来，针对各方面工作提出了富有建设性和前瞻性的议案和建议88件，其中10件议案经大会议案审查委员会审议不作议案处理，按照规定改按代表建议办理。并将涉及滨州城市基础设施建设、县乡道路桥梁的产权归属及维护管理、平安建设、北海新区发展以及民生问题的12件建议，经研究确定为重点办理的代表建议，进行重点跟踪督办。这88件建议全部交由市人民政府办理。截止2008年底，市政府及其有关部门已全部办理答复完毕。从《人大代表建议、批评和意见办理情况征询意见表》反馈的意见看，满意和基本满意率达到98%以上。

一是建议所提问题已经得到解决或基本解决的32件，占办理总数的36.4%；

二是所提问题正在解决或已列入工作计划逐步解决的45件，占办理总数的51.1%；

三是所提问题因目前条件限制或其他原因需要以后解决的建议11件，占办理总数的12.5%。

第四节　第九届人民代表大会第四次会议

一、概况

2010年1月20日至22日，滨州市第九届人民代表大会第四次会议在滨州召开。

会议的主要议程是听取和审议滨州市人民政府工作报告；审议滨州市人民政府关于滨州市2009年国民经济和社会发展计划执行情况与2010年国民经济和社会发展计划草案的报告，审查并批准滨州市2009年国民经济和社会发展计划执行情况的报告及2010年国民经济和社会发展计划；审议滨州市人民政府关于滨州市2009年预算执行情况和2010年预算草案的报告，审查滨州市2009年预算执行情况的报告及2010年预算草案，批准滨州市2009年市级预算执行情况的报告和2010年市级预算；听取和审议滨州市人民代表大会常务委员会工作报告；听取和审议滨州市中级人民法院工作报告；听取和审议滨州市人民检察院工作报告；选举事项。

二、组织机构及组成人员

主 席 团　（51人，按姓名笔画为序）

刁万祥	于常青	王文禄	王传民	王悦华（女）	王　瑜
邓文泉	邓向阳	叶庆华	田宝礼	冯宝璞	朱向旭
朱桂林	刘志钢	刘宝庭	刘翠英（女）	江连仲	江首建
祁维华（女）	孙孺声	杨淑云（女）	苏乃军	李成明	李国强
李俊杰	李维东	步乃章	肖景海（回族）	吴国瑞（女）	何思清
沈志强	初建波	张士平	张秀亭	张忠正	张冠文
林则茂	林国华（女）	郑现中	赵延孝	侯宪秀	耿　涛
郭建新（女）	郭德刚	曹兴宽	崔其忠	韩增金	葛　伟
董吉增	燕钦国	魏克田			

主席团常务主席

邓向阳	孙孺生	曹兴宽	侯宪秀	董吉增	郭建新(女)
张冠文	韩增金	李国强			

秘 书 长　曹兴宽(兼)

副秘书长

李国强	商玉昌	王建邦	李　凯	及建冰	张金生
吕德章	韩发业				

议案审查委员会

主任委员　张冠文

委　　员　(按姓名笔画为序)

王惠军	李　强	李　斌	李洪柱	吴克端	吴国瑞(女)
刘　明	张世芳	韩吉顺	魏景芳		

计划预算审查委员会

主任委员　韩增金

委　　员　(按姓名笔画为序)

王秀夫	王登祥	宁守东	沈志强	张友庆	张忠正
刘书忠	刘启盛	刘德成	韩智勇	路　军	

三、大会通过的各项决议、决定

(一)滨州市第九届人民代表大会第四次会议关于《政府工作报告》的决议(2010 年 1 月 22 日滨州市第九届人民代表大会第四次会议第三次全体会议通过)

滨州市第九届人民代表大会第四次会议听取和审议了张光峰市长作的《政府工作报告》。会议同意这个报告,决定批准这个报告。会议号召,全市人民更加紧密团结在以胡锦涛同志为总书记的党中央周围,全面贯彻党的十七大和十七届三中、四中全会精神,坚持以邓小平理论和"三个代表"重要思想为指导,深入贯彻落实科学发展观,在中共滨州市委的坚强领导下,解放思想,抢抓机遇,科学实干,追赶超越,奋力谱写黄河三角洲高效生态经济区开发、山东半岛蓝色经济区建设的新篇章,精心打造"四环五海、生态滨州"、"粮丰林茂、北国江南"两个品牌,为建设富裕、文明、和谐的新滨州而努力奋斗。

(二)滨州市第九届人民代表大会第四次会议关于滨州市 2009 年国民经济和社会发展计划执行情况与 2010 年计划的决议(2010 年 1 月 22 日滨州市第九届人民代表大会第四次会议第三次全体会议通过)

滨州市第九届人民代表大会第四次会议审查了市人民政府提出的《关于滨州市 2009 年国民经济和社会发展计划执行情况与 2010 年计划草案的报告》及滨州市 2010 年国民经济和社会发展计划草案。会议同意滨州市第九届人民代表大会第四次会议计划预算审查委员会的审查报告,决定批准《关于滨州市 2009 年国民经济和社会发展计划执行情况与 2010 年计划草案的报告》,批准滨州市 2010 年国民经济和社会发展计划。

(三)滨州市第九届人民代表大会第四次会议关于滨州市 2009 年预算执行情况和 2010 年预算的决议(2010 年 1 月 22 日滨州市第九届人民代表大会第四次会议第三次全体会议通过)

滨州市第九届人民代表大会第四次会议审查了市人民政府提出的《关于滨州市 2009 年预算执行情况和 2010 年预算草案的报告》及滨州市 2010 年全市和市级预算草案。会议同意滨州市第九届人民代表大会第四次会议计划预算审查委员会的审查报告,决定批准《关于滨州市 2009 年预算执行情况和 2010 年预算草案的报告》,批准 2010 年滨州市市级预算。

(四)滨州市第九届人民代表大会第四次会议关于滨州市人民代表大会常务委员会工作报告的决议(2010 年 1 月 22 日滨州市第九届人民代表大会第四次会议第三次全体会议通过)

滨州市第九届人民代表大会第四次会议听取和审议了市人民代表大会常务委员会常务副主任曹兴宽代表

滨州市人民代表大会常务委员会所作的工作报告,决定批准这个报告。

(五)滨州市第九届人民代表大会第四次会议关于滨州市中级人民法院工作报告的决议(2010 年 1 月 22 日滨州市第九届人民代表大会第四次会议第三次全体会议通过)

滨州市第九届人民代表大会第四次会议听取和审议了市中级人民法院院长宋文明代表滨州市中级人民法院所作的工作报告,决定批准这个报告。

(六)滨州市第九届人民代表大会第四次会议关于滨州市人民检察院工作报告的决议(2010 年 1 月 22 日滨州市第九届人民代表大会第四次会议第三次全体会议通过)

滨州市第九届人民代表大会第四次会议听取和审议了市人民检察院检察长赵继明代表滨州市人民检察院所作的工作报告,决定批准这个报告。

四、选举情况

滨州市人民代表大会公告(第八号)

滨州市第九届人民代表大会第四次会议,于 2010 年 1 月 22 日补选王博、王建邦、朱兴新、朱桂林、邹继刚同志(5 名,按姓名笔画为序)为滨州市第九届人民代表大会常务委员会委员。

五、代表议案、建议、批评和意见及办理情况

(一)代表议案和建议的提出情况

截至 2010 年 1 月 21 日 12 时,本次会议共收到代表 10 人以上联名提出的议案 3 件。这些议案涉及经济发展、社会保障、中小学校舍安全等方面。

根据《中华人民共和国地方各级人民代表大会和地方各级人民政府组织法》《滨州市人民代表大会代表议案处理暂行办法》的规定,滨州市第九届人民代表大会第四次会议议案审查委员会经过审查后认为,蒋爱学等 20 名代表提出的《关于加快推进全市养老服务社会化的议案》,针对全市老龄化趋势加快,农村和城区家庭养老矛盾日趋突出的问题,提出进一步制定科学的养老服务事业发展规划,完善养老服务社会化的政策支持体系,加大财政投入力度等措施,符合全市养老事业发展的需要,符合市情和人民群众的需要,建议作为议案处理。阳信代表团李斌等 10 名代表提出的《请求市委、市人大、市政府继续加大对阳信县帮扶支持力度》和阳信代表团王鸿苇等 10 名代表提出的《关于提请对阳信县中小学校舍安全工程进行资金帮扶的议案》,均属于政府及其职能部门的行政管理工作范围,建议作为代表建议、批评和意见处理这些建议,将在会后转交有关部门认真办理并答复代表。

另外,截至 1 月 21 日 15 时,大会秘书处议案组还收到代表提出的建议、批评和意见 74 件。其中:内务司法方面的 8 件,城建环保方面的 23 件,财经方面的 11 件,农业农村方面的 14 件,教科文卫方面的 12 件,民侨外旅方面的 2 件,其他方面的 4 件。

(二)代表建议、批评和意见的办理情况

市九届人大三次会议以及闭会期间,市九届人大代表针对人民群众普遍关注的社会热点问题,提出议案及建议、批评和意见 69 件(其中,代表十人以上联名提出的 13 件议案,经大会议案审查委员会审议不作议案处理,按照规定改为代表建议办理)。这 69 件代表建议中有 67 件交由市人民政府办理,2 件由市人大常委会办公室办理。

一是建议所提问题已经得到解决或基本解决的 35 件,占办理总数的 50.72%;

二是所提问题正在解决或已列入工作计划逐步解决的 19 件,占办理总数的 27.54%;

三是所提问题因目前条件限制或其他原因需要以后解决的建议 15 件,占办理总数的 21.74%。

第五节　第九届人民代表大会第五次会议

一、概况

2011 年 1 月 19 日至 21 日，滨州市第九届人民代表大会第五次会议在滨州召开。

会议的主要议程是听取和审议滨州市人民政府工作报告；审议和批准滨州市国民经济和社会发展第十二个五年规划纲要；审议滨州市人民政府关于滨州市 2010 年国民经济和社会发展计划执行情况与 2011 年国民经济和社会发展计划草案的报告，审查并批准滨州市 2010 年国民经济和社会发展计划执行情况的报告及 2011 年国民经济和社会发展计划；审议滨州市人民政府关于滨州市 2010 年预算执行情况和 2011 年预算草案的报告，审查滨州市 2010 年预算执行情况的报告及 2011 年预算草案，批准滨州市 2010 年市级预算执行情况的报告和 2011 年市级预算；听取和审议滨州市人民代表大会常务委员会工作报告；听取和审议滨州市中级人民法院工作报告；听取和审议滨州市人民检察院工作报告；选举事项。

二、组织机构及组成人员

主 席 团　（54 人，按姓名笔画为序）

刁万祥　于常青　马福祥　王文禄　王传民　王悦华（女）
王　浩　王　瑜　邓文泉　邓向阳　叶庆华　田宝礼
冯宝璞　朱向旭　朱桂林　刘曰兴　刘志钢　刘宝庭
刘翠英（女）　江连仲　江首建　祁维华（女）　杨淑云（女）　苏乃军
李成明　李国强　李俊杰　李恩波　李家良　李炳众
步乃章　肖景海（回族）　吴国瑞（女）　沈志强　张士平　张秀亭
张忠正　张冠文　林则茂　林国华（女）　郑现中　胡红兵
胡炳山　赵延孝　侯宪秀　贾善银　郭建新（女）　郭德刚
曹兴宽　韩增金　葛　伟　董吉增　燕钦国　魏克田

主席团常务主席

邓向阳　王　浩　曹兴宽　侯宪秀　董吉增　郭建新（女）
张冠文　韩增金　李国强

秘 书 长　曹兴宽（兼）

副秘书长　李国强　商玉昌　王建邦　李　凯　张金生　李　平
丁爱军　樊守林

议案审查委员会

主任委员　张冠文

委　　员　（按姓名笔画为序）

于惠军　刘　明　李　强　吴国瑞（女）　宋树春　张世芳
郭云鹰　韩吉顺　潘益杰　魏景芳

计划预算审查委员会

主任委员　韩增金

委　　员　（按姓名笔画为序）

王秀夫　朱兴新　刘书忠　李廷敏　沈志强　张友庆
张忠正　陈志凯　耿同庆　路　军

三、大会通过的各项决议、决定

(一)滨州市第九届人民代表大会第五次会议关于《政府工作报告》的决议(2011年1月21日滨州市第九届人民代表大会第五次会议第三次全体会议通过)

滨州市第九届人民代表大会第五次会议听取和审议了张光峰市长作的题为《科学发展、追赶超越,以更加“创新、务实、执着”的姿态全力推进新时期的政府工作》的工作报告。会议同意这个报告,决定批准这个报告。

会议号召,全市人民更加紧密地团结在以胡锦涛同志为总书记的党中央周围,全面贯彻党的十七大、十七届五中全会精神,坚持以邓小平理论和“三个代表”重要思想为指导,深入贯彻落实科学发展观,在中共滨州市委的坚强领导下,进一步解放思想,抢抓机遇,锐意进取,攻坚克难,以更加优异的成绩迎接建党90周年,为建设富裕文明、和谐幸福的现代滨州而努力奋斗!

(二)滨州市第九届人民代表大会第五次会议关于滨州市国民经济和社会发展第十二个五年规划纲要草案的决议(2011年1月21日滨州市第九届人民代表大会第五次会议第三次全体会议通过)

滨州市第九届人民代表大会第五次会议审查了市人民政府提出的《滨州市国民经济和社会发展第十二个五年规划纲要草案》,决定批准这个规划纲要,并由市人民政府发布实施。

(三)滨州市第九届人民代表大会第五次会议关于滨州市2010年国民经济和社会发展计划执行情况与2011年国民经济和社会发展计划的决议(2011年1月21日滨州市第九届人民代表大会第五次会议第三次全体会议通过)

滨州市第九届人民代表大会第五次会议审查了市人民政府提出的《关于滨州市2010年国民经济和社会发展计划执行情况与2011年国民经济和社会发展计划草案的报告》及滨州市2011年国民经济和社会发展计划草案。会议同意滨州市第九届人民代表大会第五次会议计划预算审查委员会的审查报告,决定批准《关于滨州市2010年国民经济和社会发展计划执行情况与2011年国民经济和社会发展计划草案的报告》,批准滨州市2011年国民经济和社会发展计划。

(四)滨州市第九届人民代表大会第五次会议关于滨州市2010年预算执行情况和2011年预算的决议(2011年1月21日滨州市第九届人民代表大会第五次会议第三次全体会议通过)

滨州市第九届人民代表大会第五次会议审查了市人民政府提出的《关于滨州市2010年预算执行情况和2011年预算草案的报告》及滨州市2011年全市和市级预算草案。会议同意滨州市第九届人民代表大会第五次会议计划预算审查委员会的审查报告,决定批准《关于滨州市2010年预算执行情况和2011年预算草案的报告》,批准2011年滨州市市级预算。

(五)滨州市第九届人民代表大会第五次会议关于滨州市人民代表大会常务委员会工作报告的决议(2011年1月21日滨州市第九届人民代表大会第五次会议第三次全体会议通过)

滨州市第九届人民代表大会第五次会议听取和审议了市人民代表大会常务委员会常务副主任曹兴宽代表滨州市人民代表大会常务委员会所作的工作报告,决定批准这个报告。

(六)滨州市第九届人民代表大会第五次会议关于滨州市中级人民法院工作报告的决议(2011年1月21日滨州市第九届人民代表大会第五次会议第三次全体会议通过)

滨州市第九届人民代表大会第五次会议听取和审议了市中级人民法院院长宋文明代表滨州市中级人民法院所作的工作报告,决定批准这个报告。

(七)滨州市第九届人民代表大会第五次会议关于滨州市人民检察院工作报告的决议(2011年1月21日滨州市第九届人民代表大会第五次会议第三次全体会议通过)

滨州市第九届人民代表大会第五次会议听取和审议了市人民检察院检察长赵继明代表滨州市人民检察院所作的工作报告,决定批准这个报告。

四、选举情况

滨州市人民代表大会公告(第九号)

滨州市第九届人民代表大会第五次会议,于2011年1月21日补选张友庆、胡红兵同志(2名,按姓名笔画为序)为滨州市第九届人民代表大会常务委员会委员。

五、代表议案、建议、批评和意见及办理情况

(一)代表议案和建议的提出情况

截至2011年1月21日12时,本次会议共收到代表10人以上联名提出的议案11件。这些议案涉及经济建设、财政金融、农村水利基础设施建设、食品安全、文化旅游等方面。

根据《中华人民共和国地方各级人民代表大会和地方各级人民政府组织法》《滨州市人民代表大会代表议案处理暂行办法》的规定,滨州市第九届人民代表大会第五次会议议案审查委员会经过审查后认为,安长东等10名代表提出的《关于出台加快水利发展政策措施的议案》(第9501号),从落实中央农村工作会议精神的高度,结合全市加快推进"粮丰林茂、北国江南"建设步伐,建议出台加快水利发展政策措施;沈志强等10名代表提出的《关于将市直农业科研院所运行经费列入市级财政预算的议案》(第9502号),从实施"十二五"规划,加快全市经济社会科学发展、健康发展、和谐发展的高度,建议充分发挥市直农业科研院所的作用,这两件基本符合代表议案的立案条件,建议作为议案处理。其他9件议案均属于政府及其职能部门的行政管理工作范围,建议作为代表建议、批评和意见处理。

另外,截至1月20日15时,大会秘书处议案组还收到代表提出的建议、批评和意见79件。其中:城建环保方面的28件,财经方面的18件,农业农村方面的11件,教科文卫方面的15件,内务司法方面的5件,旅游方面的1件,其他方面的1件。这些建议,将在会后转交有关部门认真办理并答复代表。

(二)代表建议、批评和意见的办理情况

市九届人大四次会议以来,代表共提出建议90件,其中,市委办公室负责承办1件,市人大常委会办公室负责承办2件,市政府系统承办的87件,代表建议办理涉及31各承办部门和单位。按建议内容划分,发展规划、财政经济方面的建议12件,占总数的13.3%;城乡建设与环境资源保护方面的建议33件,占总数的36.7%;农业农村方面11件,占总数的12.2%;教科文卫方面15件,占总数的16.7%;公安、内务司法方面10件,占总数的11.1%;旅游方面的2件,占总数的2.2%;其他方面的7件,占7.8%。从办理结果看:

1.所提问题已经解决或基本解决的54件,占总数的60%。

2.所提问题正在解决或已列入工作规划逐步解决的26件,占总数的29%。

3.所提问题因目前条件限制或其它原因需以后解决的10件,占总数的11%。

第四章　第十届人民代表大会会议

第一节　第十届人民代表大会第一次会议

一、概况

2012年2月27日至3月1日，滨州市第十届人民代表大会第一次会议在滨州召开。

会议的主要议程是听取和审议滨州市人民政府工作报告；审议滨州市人民政府关于滨州市2011年国民经济和社会发展计划执行情况与2012年国民经济和社会发展计划草案的报告，审查、批准滨州市2011年国民经济和社会发展计划执行情况的报告与2012年国民经济和社会发展计划；审议滨州市人民政府关于滨州市2011年预算执行情况和2012年预算草案的报告，审查滨州市2011年预算执行情况的报告和2012年预算草案，批准滨州市2011年市级预算执行情况的报告和2012年市级预算；听取和审议滨州市人民代表大会常务委员会工作报告；听取和审议滨州市中级人民法院工作报告；听取和审议滨州市人民检察院工作报告；选举滨州市十届人大常委会主任、副主任、秘书长、委员；选举滨州市市长、副市长；选举滨州市中级人民法院院长、滨州市人民检察院检察长。

二、组织机构及组成人员

主 席 团　（59名，按姓名笔画为序）

刁万祥　于志刚　于培洪　马韵升　马福祥　王立勇
王传民　王观庆　王保民　王　浩　王新东
从桂兰（女，回族）　邓文泉　邓向阳　石秦岭　田宝礼
刘曰兴　祁维华（女）　孙承志　杨国强　李成明　李　军（女）
李红军　李国强　李俊杰　李炳众　李恩波　李家良
步乃章　吴金娃（女）　沈志强　宋文明　张士平　张光峰
张　凯　张冠文　邵汝卿　林则茂　范连生　周桂萍（女）
郑玉梅（女）　胡红兵　胡炳山　赵伟宏　侯宪秀　姚和民
袁俊平　袁朝晖　贾善银　郭建新（女，无党派）　曹兴宽
韩奎祥　韩增金　葛　伟　董风华（女，民进）　董吉增
傅成栋　燕钦国　魏克田

主席团常务主席

邓向阳　张光峰　王　浩　曹兴宽　董吉增
郭建新（女，无党派）　张冠文　韩增金　李国强　王立勇

秘 书 长　曹兴宽（兼）

副秘书长　李国强　王建邦　李　凯　商玉昌　张金生　李　平
丁爱军　樊守林

议案审查委员会

主任委员　张冠文

委　　员　（按姓名笔画为序）

王振祥　王惠军　李廷敏　李汝伟　李　强　张光卫
赵建明　商建文　黎爱芬（女）　魏景芳

计划预算审查委员会

主任委员　韩增金

委　　员　（按姓名笔画为序）

王　力　王海军　石秦岭　杨光军　李　凯　李　勇
沈志强　陈志凯　扈景芳　路　军

三、大会通过的各项决议、决定

（一）滨州市第十届人民代表大会第一次会议关于《政府工作报告》的决议（2012 年 3 月 1 日滨州市第十届人民代表大会第一次会议第三次全体会议通过）

滨州市第十届人民代表大会第一次会议听取和审议了张光峰市长作的《政府工作报告》。会议同意这个报告，决定批准这个报告。

会议号召，全市人民要更加紧密地团结在以胡锦涛同志为总书记的党中央周围，高举中国特色社会主义伟大旗帜，坚持以邓小平理论和“三个代表”重要思想为指导，深入贯彻落实科学发展观，在中共滨州市委的坚强领导下，坚定不移地贯彻“49 字”工作方针，坚定不移地落实“123456”总体布局，坚定不移地坚持“高效生态”发展定位，准确把握主题主线，抢抓“两区”开发机遇，深入实施追赶超越战略，坚定信心，振奋精神，锐意进取，加速赶超，奋力夺取全面建设小康社会的新胜利，为建设生态、美丽、幸福的新滨州而努力奋斗，以优异成绩迎接党的十八大胜利召开！

（二）滨州市第十届人民代表大会第一次会议关于滨州市 2011 年国民经济和社会发展计划执行情况与 2012 年计划的决议（2012 年 3 月 1 日滨州市第十届人民代表大会第一次会议第三次全体会议通过）

滨州市第十届人民代表大会第一次会议审查了市人民政府提出的《关于滨州市 2011 年国民经济和社会发展计划执行情况与 2012 年计划草案的报告》及滨州市 2012 年国民经济和社会发展计划草案。会议同意滨州市第十届人民代表大会第一次会议计划预算审查委员会的审查报告，决定批准《关于滨州市 2011 年国民经济和社会发展计划执行情况与 2012 年计划草案的报告》，批准滨州市 2012 年国民经济和社会发展计划。

（三）滨州市第十届人民代表大会第一次会议关于滨州市 2011 年预算执行情况和 2012 年预算的决议（2012 年 3 月 1 日滨州市第十届人民代表大会第一次会议第三次全体会议通过）

滨州市第十届人民代表大会第一次会议审查了市人民政府提出的《关于滨州市 2011 年预算执行情况和 2012 年预算草案的报告》及滨州市 2012 年全市和市级预算草案。会议同意滨州市第十届人民代表大会第一次会议计划预算审查委员会的审查报告，决定批准《关于滨州市 2011 年预算执行情况和 2012 年预算草案的报告》，批准 2012 年滨州市市级预算。

（四）滨州市第十届人民代表大会第一次会议关于滨州市第九届人民代表大会常务委员会工作报告的决议（2012 年 3 月 1 日滨州市第十届人民代表大会第一次会议第三次全体会议通过）

滨州市第十届人民代表大会第一次会议听取和审议了市人民代表大会常务委员会常务副主任曹兴宽代表滨州市第九届人民代表大会常务委员会所作的工作报告，决定批准这个报告。

（五）滨州市第十届人民代表大会第一次会议关于滨州市中级人民法院工作报告的决议（2012 年 3 月 1 日滨州市第十届人民代表大会第一次会议第三次全体会议通过）

滨州市第十届人民代表大会第一次会议听取和审议了市中级人民法院院长宋文明代表滨州市中级人民法院所作的工作报告，决定批准这个报告。

（六）滨州市第十届人民代表大会第一次会议关于滨州市人民检察院工作报告的决议（2012 年 3 月 1 日滨

州市第十届人民代表大会第一次会议第三次全体会议通过）

滨州市第十届人民代表大会第一次会议听取和审议了市人民检察院代检察长邵汝卿代表滨州市人民检察院所作的工作报告，决定批准这个报告。

四、选举情况

（一）滨州市人民代表大会公告（第一号）

滨州市第十届人民代表大会常务委员会主任、副主任、秘书长由滨州市第十届人民代表大会第一次会议于2012年3月1日选出：主任邓向阳，副主任曹兴宽、郭建新（女）、韩增金、李国强、王立勇，秘书长李国强（兼）。

（二）滨州市人民代表大会公告（第二号）

滨州市第十届人民代表大会第一次会议于2012年3月1日选出：市长张光峰，副市长韩奎祥、祁维华（女）、王文禄、张兆宏、万永格、耿涛、王瑜。

（三）滨州市人民代表大会公告（第三号）

滨州市第十届人民代表大会第一次会议于2012年3月1日选举宋文明为滨州市中级人民法院院长。

（四）滨州市人民代表大会公告（第四号）

滨州市第十届人民代表大会常务委员会委员由滨州市第十届人民代表大会第一次会议于2012年3月1日选出：（30名，按姓名笔画为序）刁万祥、马韵升、王建邦、王莉（女）、王新东、石秦岭、白咸勇、宁彩云（女）、刘曰兴、杨万邦、杨守岭、李军（女）、李红军、李凯、李俊杰、李峰、李强、李慎猛、沈志强、宋家功、张士平、张秀森、张炳宣、郑玉梅（女）、胡红兵、商建文、韩德富、董风华（女）、蒋爱学、綦跃勤。

（五）滨州市第十届人民代表大会第一次会议选举出的滨州市人民检察院检察长

滨州市第十届人民代表大会第一次会议于2012年3月1日选举邵汝卿为滨州市人民检察院检察长。根据《中华人民共和国地方各级人民代表大会和地方各级人民政府组织法》第八条关于“选出的人民检察院检察长，须报经上一级人民检察院检察长提请该级人民代表大会常务委员会批准”的规定，另行备文报批。

五、代表议案、建议、批评和意见及办理情况

（一）代表议案和建议的提出情况

截至2012年2月28日17时，本次会议共收到代表10人以上联名提出的议案5件。这些议案涉及城市交通、民企发展、文化教育建设等人民群众关心的民生问题。

根据《中华人民共和国地方各级人民代表大会和地方各级人民政府组织法》《滨州市人民代表大会代表议案处理暂行办法》的规定，滨州市第十届人民代表大会第一次会议议案审查委员会经过审查后认为，代表联名提出的5件议案均属政府及其职能部门的行政管理工作范围，根据有关规定，改为代表建议、批评和意见处理。

另外，截至2月28日17时，大会秘书处议案组还收到代表提出的建议、批评和意见79件。其中：城建环保方面的35件，财经方面的6件，农业林业方面的12件，教科文卫方面的18件，内务司法方面的8件。这些建议，将在会后转交有关部门认真办理并答复代表。

（二）代表议案的处理情况

关于市九届人大第9501号议案处理结果：在滨州市九届人大五次会议上，安长东等10名代表提出了“关于出台加快水利改革发展政策措施的议案”，该议案对于推动全市水利改革发展具有重要作用。大会主席团决定由市人大常委会责成市政府办理。市政府办公室及相关部门进行了专题研究，并做了大量工作。2011年12月市十届人大常委会对议案的办理落实情况进行了审议，2012年1月在市十届人大一次会议上将议案处理结果印发全体代表。

（三）代表建议、批评和意见的办理情况

市九届人大一次会议以来，代表共提出建议345件。其中，市政府系统承办的335件，市委办公室及部门承办的5件，市人大常委会办公室承办的5件。按建议内容划分，城建环保方面133件，占总数的38.6%；教科文卫方面64件，占总数的18.6%；财政经济方面55件，占总数的15.9%；内务司法方面42件，占总数的12.2%；农业农村方面40件，占总数的11.6%；民族侨务方面6件，占总数的1.7%；其他方面的5件，占1.4%。从办理结果看：

1. 所提问题已经解决或基本解决的241件，占总数的69.9%。

2. 所提问题正在解决或已列入工作规划逐步解决的64件，占总数的8.6%。

3. 所提问题因目前条件限制或其它原因需以后解决的32件，占总数的9.3%。

4. 所提问题由于政策限制目前难以解决而留作参考的8件，占总数的2.3%。

第二节　第十届人民代表大会第二次会议

一、概况

2013年1月8日至11日，滨州市第十届人民代表大会第二次会议在滨州召开。

会议的主要议程是听取和审议滨州市人民政府工作报告；审议滨州市人民政府关于滨州市2012年国民经济和社会发展计划执行情况与2013年国民经济和社会发展计划草案的报告，审查、批准滨州市2012年国民经济和社会发展计划执行情况的报告与2013年国民经济和社会发展计划；审议滨州市人民政府关于滨州市2012年预算执行情况和2013年预算草案的报告，审查滨州市2012年预算执行情况的报告和2013年预算草案，批准滨州市2012年市级预算执行情况的报告和2013年市级预算；听取和审议滨州市人民代表大会常务委员会工作报告；听取和审议滨州市中级人民法院工作报告；听取和审议滨州市人民检察院工作报告；选举产生滨州市出席山东省第十二届人民代表大会的代表。

二、组织机构及组成人员

主 席 团　（53名，按姓名笔画为序）

刁万祥　于志刚　于培洪　马韵升　马福祥　王立勇
王传民　王观庆　王保民　王新东　从桂兰（女，回族）
邓文泉　邓向阳　石秦岭　田宝礼　刘曰兴　孙承志
杨国强　李成明　李　军（女）　李红军　李国强　李俊杰
李炳众　李恩波　李家良　步乃章　吴金娃（女）　沈志强
张士平　张　凯　张冠文　林则茂　范连生　周桂萍（女）
郑玉梅（女）　胡红兵　胡炳山　赵伟宏　侯宪秀　姚和民
袁俊平　袁朝晖　贾善银　郭建新（女，无党派）　曹兴宽
韩增金　葛　伟　董风华（女，民进）　董吉增　傅成栋
燕钦国　魏克田

主席团常务主席

邓向阳　曹兴宽　郭建新（女，无党派）　韩增金　李国强
王立勇

秘 书 长　曹兴宽（兼）

副秘书长　李国强　商玉昌　王建邦　李　凯　张金生　李　平
丁爱军　樊守林

议案审查委员会

主任委员　李国强

委　　员　（按姓名笔画为序）

王振祥	王惠军	李廷敏	李汝伟	李　强	张光卫
赵建明	商建文（民建）	黎爱芬（女）	魏景芳		

计划预算审查委员会

主任委员　韩增金

委　　员　（按姓名笔画为序）

丁希安	王　力	王永祥	王海军	石秦岭	杨光军
张秀淼	李　勇	沈志强	陈志凯	扈景芳	路　军

三、大会通过的各项决议、决定

（一）滨州市第十届人民代表大会第二次会议关于《政府工作报告》的决议（2013 年 1 月 11 日滨州市第十届人民代表大会第二次会议第三次全体会议通过）

滨州市第十届人民代表大会第二次会议听取和审议了张光峰市长作的《政府工作报告》。会议同意这个报告，决定批准这个报告。会议号召，全市人民紧密团结在以习近平同志为总书记的党中央周围，高举中国特色社会主义伟大旗帜，坚持以邓小平理论、"三个代表"重要思想、科学发展观为指导，深入贯彻落实党的十八大精神，在中共滨州市委的坚强领导下，紧紧围绕"实现六个翻番、全面建成小康社会、再造一个新滨州"的工作目标，准确把握稳中求进的总基调，以提高经济增长质量和效益为中心，以生态发展为导向，以改善民生为根本，以产业提升为重点，以创新驱动为支撑，以廉政建设为保障，坚定不移地走新型工业化、信息化、城镇化、农业现代化同步发展之路，为建设生态、美丽、幸福新滨州而努力奋斗！

（二）滨州市第十届人民代表大会第二次会议关于滨州市 2012 年国民经济和社会发展计划执行情况与 2013 年国民经济和社会发展计划的决议（2013 年 1 月 11 日滨州市第十届人民代表大会第二次会议第三次全体会议通过）

滨州市第十届人民代表大会第二次会议审查了市人民政府提出的《关于滨州市 2012 年国民经济和社会发展计划执行情况与 2013 年国民经济和社会发展计划草案的报告》及滨州市 2013 年国民经济和社会发展计划草案。会议同意滨州市第十届人民代表大会第二次会议计划预算审查委员会的审查报告，决定批准《关于滨州市 2012 年国民经济和社会发展计划执行情况与 2013 年国民经济和社会发展计划草案的报告》，批准滨州市 2013 年国民经济和社会发展计划。

（三）滨州市第十届人民代表大会第二次会议关于滨州市 2012 年预算执行情况和 2013 年预算的决议（2013 年 1 月 11 日滨州市第十届人民代表大会第二次会议第三次全体会议通过）

滨州市第十届人民代表大会第二次会议审查了市人民政府提出的《关于滨州市 2012 年预算执行情况和 2013 年预算草案的报告》及滨州市 2013 年全市和市级预算草案。会议同意滨州市第十届人民代表大会第二次会议计划预算审查委员会的审查报告，决定批准《关于滨州市 2012 年预算执行情况和 2013 年预算草案的报告》，批准 2013 年滨州市市级预算。

（四）滨州市第十届人民代表大会第二次会议关于滨州市人民代表大会常务委员会工作报告的决议（2013 年 1 月 11 日滨州市第十届人民代表大会第二次会议第三次全体会议通过）

滨州市第十届人民代表大会第二次会议听取和审议了市人民代表大会常务委员会常务副主任曹兴宽代表滨州市人民代表大会常务委员会所作的工作报告，决定批准这个报告。

（五）滨州市第十届人民代表大会第二次会议关于滨州市中级人民法院工作报告的决议（2013 年 1 月 11 日滨州市第十届人民代表大会第二次会议第三次全体会议通过）

滨州市第十届人民代表大会第二次会议听取和审议了市中级人民法院院长宋文明代表滨州市中级人民法院所作的工作报告，决定批准这个报告。

（六）滨州市第十届人民代表大会第二次会议关于滨州市人民检察院工作报告的决议（2013 年 1 月 11 日滨州市第十届人民代表大会第二次会议第三次全体会议通过）

滨州市第十届人民代表大会第二次会议听取和审议了市人民检察院检察长邵汝卿代表滨州市人民检察院所作的工作报告，决定批准这个报告。

四、选举情况

选举产生滨州市出席山东省第十二届人民代表大会的代表 37 名（内容详见第八篇第三章出席历届山东省人民代表大会代表名单）。

五、代表议案、建议、批评和意见及办理情况

（一）代表议案和建议的提出情况

截至 2013 年 1 月 9 日 12 时，本次会议共收到代表 10 人以上联名提出的议案 7 件。这些议案涉及经济建设、城镇化建设、民生工程、文化产业发展等人民群众关心的问题。

根据《中华人民共和国地方各级人民代表大会和地方各级人民政府组织法》《滨州市人民代表大会代表议案处理暂行办法》的规定，滨州市第十届人民代表大会第二次会议议案审查委员会经审查认为，王树林等 12 名代表提出的《关于进一步加强城乡社区建设的议案》（第 10201 号），从贯彻落实党的十八大精神和国家相关政策、促进全市社会发展的高度，提出了进一步加强城乡社区建设的建议方案。该议案基本符合代表议案的立案条件，建议作为议案处理。其他 6 件议案均属于政府及其职能部门的行政管理工作范围，建议改为代表建议、批评和意见处理。

另外，截至 1 月 9 日 15 时，大会秘书处议案组还收到代表提出的建议、批评和意见 66 件。其中：城建环保方面的 20 件，财政经济方面的 10 件，农业农村方面的 12 件，教科文卫方面的 14 件，内务司法方面的 7 件，民宗旅游方面的 3 件。这些建议，会后转交有关部门认真办理并答复代表。

（二）代表议案的处理情况

市九届人大四次会议上，蒋爱学等 20 名代表联名提出的《关于加快推进全市养老服务社会化的议案》（9401 号），对于推动我市在“十二五”期间的社会化养老服务工作具有重要意义。议案交办以来，市人大常委会高度重视，以《议案》办理为契机，积极推动全市养老服务社会化各项工作，较好地完成了议案提出的任务目标。2012 年 12 月市十届人大常委会对议案的办理落实情况进行了审议，2013 年 1 月在市十届人大二次会议上将议案处理结果印发全体代表。

（三）代表建议、批评和意见的办理情况

市十届人大一次会议共收到代表建议 91 件（含 5 件议案经议案审查委员会审查转为建议办理）。其中市委系统负责承办 2 件，市政府系统负责承办 89 件。按建议内容划分，城建环保方面 40 件，占总数的 43.96%；财政经济方面 8 件，占总数的 8.79%；教科文卫方面 19 件，占总数的 20.88%；农村农业方面 13 件，占总数的 14.29%；内务司法方面 9 件，占总数的 9.89%；民侨旅游方面 2 件，占总数的 2.19%。建议办理工作共涉及 28 个承办单位和部门。各承办单位均向提出建议的代表作了书面答复，答复率达到 100%，建议的办理答复情况：

1. 已经解决或基本解决的建议为 56 件，占办理总数的 61.54%。

2. 正在解决或已列入工作规划逐步解决的建议为 28 件，占办理总数的 30.77%。

3. 因不具备条件或其它原因需以后解决的建议为 7 件，占办理总数的 7.69%。

第三节　第十届人民代表大会第三次会议

一、概况

2013年3月30日至31日，滨州市第十届人民代表大会第三次会议在滨州召开。

会议的主要议程是选举事项；审议通过滨州市第十届人民代表大会第三次会议关于加快依法治市进程，推动滨州科学发展、追赶超越的决定草案等。

二、组织机构及组成人员

主 席 团　(53名，按姓名笔画为序)

刁万祥　于志刚　于培洪　马韵升　马福祥　王立勇
王传民　王观庆　王保民　王新东　从桂兰(女，回族)
邓文泉　石秦岭　田宝礼　刘曰兴　孙承志　杨国强
李成明　李　军(女)　李红军　李国强　李俊杰　李炳众
李恩波　李家良　步乃章　吴金娃(女)　沈志强　张士平
张光峰　张　凯　张冠文　林则茂　范连生　周桂萍(女)
郑玉梅(女)　胡红兵　胡炳山　赵伟宏　侯宪秀　姚和民
袁俊平　袁朝晖　贾善银　郭建新(女，无党派)　曹兴宽
韩增金　葛　伟　董风华(女，民进)　董吉增　傅成栋
燕钦国　魏克田

主席团常务主席

张光峰　曹兴宽　郭建新(女，无党派)　韩增金　李国强
王立勇

秘 书 长　曹兴宽(兼)

副秘书长　李国强　商玉昌　王建邦　李　凯　张金生　李　平
丁爱军　樊守林

三、大会通过的各项决议、决定

滨州市第十届人民代表大会第三次会议通过关于加快依法治市进程，推动滨州科学发展追赶超越的决定。

四、选举情况

(一)滨州市人民代表大会公告(第五号)

滨州市第十届人民代表大会第三次会议，于2013年3月31日选举张光峰为滨州市第十届人民代表大会常务委员会主任。

(二)滨州市人民代表大会公告(第六号)

滨州市第十届人民代表大会第三次会议，于2013年3月31日选举崔洪刚为滨州市市长。

第四节　第十届人民代表大会第四次会议

一、概况

2014年1月12日至14日，滨州市第十届人民代表大会第四次会议在滨州召开。

会议的主要议程是听取和审议滨州市人民政府工作报告；审议滨州市人民政府关于滨州市2013年国民经

济和社会发展计划执行情况与2014年国民经济和社会发展计划草案的报告，审查、批准滨州市2013年国民经济和社会发展计划执行情况的报告与2014年国民经济和社会发展计划；审议滨州市人民政府关于滨州市2013年预算执行情况和2014年预算草案的报告，审查滨州市2013年预算执行情况的报告和2014年预算草案，批准滨州市2013年市级预算执行情况的报告和2014年市级预算；听取和审议滨州市人民代表大会常务委员会工作报告；听取和审议滨州市中级人民法院工作报告；听取和审议滨州市人民检察院工作报告；选举事项。

二、组织机构及组成人员

主席团 （56名，按姓名笔画为序）

刁万祥 于志刚 于培洪 马韵升 马福祥 王力
王长虹 王立勇 王观庆 王新东 从桂兰（女，回族）
邓文泉 石秦岭 田宝礼 刘曰兴 刘树琪 孙承志
杨国强 李凤岐 李成明 李红军 李国强 李俊杰
李炳众 李恩波 李家良 李福友 步乃章 吴金娃（女）
沈志强 张士平 张光峰 张凯 张冠文 林则茂
范连生 周桂萍（女） 郑玉梅（女） 胡红兵 胡炳山 赵伟宏
侯宪秀 洪胜兵 姚和民 贾善银 郭建新（女，无党派）
曹兴宽 韩伟 韩增金 葛伟 董风华（女，民进）
董吉增 焦本强 薛庆国 燕钦国 魏克田

主席团常务主席

张光峰 薛庆国 曹兴宽 郭建新（女，无党派） 韩增金
李国强 王立勇

秘书长 曹兴宽（兼）

副秘书长 李国强 商玉昌 王建邦 李凯 丁爱军 张佃平
石淑芬（女） 樊守林 刘国安 商建文（民建）

议案审查委员会

主任委员 李国强

委员 （按姓名笔画为序）

王忠亭 王振祥 王惠军 闫福利 李汝伟 李强
张光卫 赵建明 商建文（民建） 黎爱芬（女）

计划预算审查委员会

主任委员 韩增金

委员 （按姓名笔画为序）

丁希安 王永祥 王海军 石秦岭 杨光军 张秀森
李勇 沈志强 陈志凯 傅成栋 路军 魏亮珠（女）

三、各项报告及各项决议、决定

（一）滨州市第十届人民代表大会第四次会议关于《政府工作报告》的决议（2014年1月14日滨州市第十届人民代表大会第四次会议第三次全体会议通过）

滨州市第十届人民代表大会第四次会议听取和审议了崔洪刚市长所作的《政府工作报告》。会议充分肯定市政府过去一年的工作，同意报告提出的2014年经济社会发展的主要预期目标和工作部署，决定批准这个报告。

会议号召，全市人民要紧密团结在以习近平同志为总书记的党中央周围，高举中国特色社会主义伟大旗帜，

在中共滨州市委的坚强领导下，坚持以邓小平理论、“三个代表”重要思想、科学发展观为指导，全面贯彻党的十八大和十八届二中、三中全会精神，坚持稳中求进总基调，落实“六个更加注重”发展理念，突出优化结构，提升效益；突出项目建设，增强后劲；突出以人为本，关注民生；突出环境保护，生态优先；突出改革创新，激发活力，脚踏实地，攻坚克难，扎实苦干，开拓创新，为实现“六个翻番”、提前全面建成小康社会的宏伟目标，建设生态美丽幸福新滨州而努力奋斗！

（二）滨州市第十届人民代表大会第四次会议关于滨州市2013年国民经济和社会发展计划执行情况与2014年国民经济和社会发展计划的决议（2014年1月14日滨州市第十届人民代表大会第四次会议第三次全体会议通过）

滨州市第十届人民代表大会第四次会议审查了市人民政府提出的《关于滨州市2013年国民经济和社会发展计划执行情况与2014年国民经济和社会发展计划草案的报告》及滨州市2014年国民经济和社会发展计划草案。会议同意滨州市第十届人民代表大会第四次会议计划预算审查委员会的审查报告，决定批准《关于滨州市2013年国民经济和社会发展计划执行情况与2014年国民经济和社会发展计划草案的报告》，批准滨州市2014年国民经济和社会发展计划。

（三）滨州市第十届人民代表大会第四次会议关于滨州市2013年预算执行情况和2014年预算的决议（2014年1月14日滨州市第十届人民代表大会第四次会议第三次全体会议通过）

滨州市第十届人民代表大会第四次会议审查了市人民政府提出的《关于滨州市2013年预算执行情况和2014年预算草案的报告》及滨州市2014年全市和市级预算草案。会议同意滨州市第十届人民代表大会第四次会议计划预算审查委员会的审查报告，决定批准《关于滨州市2013年预算执行情况和2014年预算草案的报告》，批准2014年滨州市市级预算。

（四）滨州市第十届人民代表大会第四次会议关于滨州市人民代表大会常务委员会工作报告的决议（2014年1月14日滨州市第十届人民代表大会第四次会议第三次全体会议通过）

滨州市第十届人民代表大会第四次会议听取和审议了市人民代表大会常务委员会常务副主任曹兴宽代表滨州市人民代表大会常务委员会所作的工作报告，决定批准这个报告。

（五）滨州市第十届人民代表大会第四次会议关于滨州市中级人民法院工作报告的决议（2014年1月14日滨州市第十届人民代表大会第四次会议第三次全体会议通过）

滨州市第十届人民代表大会第四次会议听取和审议了市中级人民法院代理院长吴声代表滨州市中级人民法院所作的工作报告，决定批准这个报告。

（六）滨州市第十届人民代表大会第四次会议关于滨州市人民检察院工作报告的决议（2014年1月14日滨州市第十届人民代表大会第四次会议第三次全体会议通过）

滨州市第十届人民代表大会第四次会议听取和审议了市人民检察院检察长邵汝卿代表滨州市人民检察院所作的工作报告，决定批准这个报告。

四、选举情况

滨州市人民代表大会公告（第七号）

滨州市第十届人民代表大会第四次会议，于2014年1月14日选举吴声为滨州市中级人民法院院长。

五、代表议案、建议、批评和意见及办理情况

（一）代表议案和建议的提出情况

截至2014年1月13日12时，本次会议共收到代表10人以上联名提出的议案9件。这些议案涉及城市品牌建设、打造医疗健康产业园、设立黄蓝经济区商品交易市场、推广新材料应用、支持创新型农机研发以及加强机动车管理、关爱老年群体等方面。

根据《中华人民共和国地方各级人民代表大会和地方各级人民政府组织法》《滨州市人民代表大会代表议

案处理暂行办法》的规定，滨州市第十届人民代表大会第四次会议议案审查委员会经审查认为，这9件议案均属于政府及其职能部门的行政管理工作范围，建议改为代表建议、批评和意见处理。

另外，截至1月13日15时，大会秘书处议案组还收到代表提出的建议、批评和意见79件。其中：城建环保方面的26件，财政经济方面的12件，农业农村方面的10件，教科文卫方面的16件，内务司法方面的11件，民宗旅游方面的3件，其他方面的1件。这些建议，会后转交有关部门认真办理并答复代表。

（二）代表议案的处理情况

市九届人大五次会议上，沈志强代表领衔提出了《关于将市直农业科研院所运行经费列入市级财政预算，充分发挥市直农业科研院所作用》（第9502号）的议案。该议案从贯彻中央〔2012〕1号文件，加快全市经济社会科学发展、健康发展、和谐发展的高度，建议市政府充分发挥市直农业科研院所的作用，将市直农业科研院所的运行经费列入市本级财政预算。议案交办后，市人大常委会多次召开调度会对议案落实工作进行督办。市政府高度重视，对议案落实工作进行专题研究，并与沈志强等代表进行了多次沟通。2013年9月25日，市政府召开专题会议，形成了具体落实意见。根据《市人大第9502号议案办理工作专题会议纪要》（市政府专题会议纪要〔2013〕18号），决定在全市事业单位分类改革结束前，自2014年起每年将核定的市属科研院所全额事业人员日常公用经费列入财政预算。现已将市畜牧兽医研究院、市科技情报所、市农业机械化科学研究所、市海洋与渔业研究所全额事业人员日常公用经费列入2014年财政预算，待市人民代表大会批准2014年度财政预算后执行。

（三）代表建议、批评和意见的办理情况

市十届人大二次会议共收到代表建议77件（含6件议案经议案审查委员会转为建议办理）。这些代表建议按内容划分，城建环保方面24件，占总数的31.2%；财政经济方面12件，占总数的15.6%；农业农村方面13件，占总数的16.9%；教科文卫方面16件，占总数的20.8%；内务司法方面9件，占总数的11.7%；民族侨务方面3件，占总数的3.9%。建议办理工作共涉及36个承办单位和部门。各承办单位均向提出建议的代表作了书面答复，答复率达到100%，建议的办理答复情况：

1. 已经解决或基本解决的建议为40件，占总数的51.9%。

2. 正在解决或已列入工作规划的建议为24件，占总数的31.2%。

3. 因目前条件限制将列入计划在以后解决的建议为13件，占总数的16.9%。

4. 由于政策限制留做参考的建议1件。

第五节　第十届人民代表大会第五次会议

一、概况

2015年2月4日至6日，滨州市第十届人民代表大会第五次会议在滨州召开。

会议的主要议程是听取和审议滨州市人民政府工作报告；审议滨州市人民政府关于滨州市2014年国民经济和社会发展计划执行情况与2015年国民经济和社会发展计划草案的报告，审查、批准滨州市2014年国民经济和社会发展计划执行情况的报告与2015年国民经济和社会发展计划；审议滨州市人民政府关于滨州市2014年预算执行情况和2015年预算草案的报告，审查滨州市2014年预算执行情况的报告和2015年预算草案，批准滨州市2014年市级预算执行情况的报告和2015年市级预算；听取和审议滨州市人民代表大会常务委员会工作报告；听取和审议滨州市中级人民法院工作报告；听取和审议滨州市人民检察院工作报告；选举事项。

二、组织机构及组成人员

主席团　（62名，按姓名笔画为序）

刁万祥　于志刚　于培洪　马韵升　马福祥　王　力

王长虹　王立勇　王观庆　王保民　王新东
从桂兰(女,回族)　邓文泉　石秦岭　田宝礼　宁守东
刘曰兴　刘树琪　祁维华(女)　孙承志　李凤岐　李成明
李红军　李国强　李俊杰　李炳众　李恩波　李家良
李福友　步乃章　吴金娃(女)　沈志强　何凤岐　宋振华
张士平　张光峰　张兆宏　张　凯　张冠文　林则茂
范连生　周　静(女)　郑玉梅(女)　胡红兵　胡炳山　赵伟宏
侯宪秀　洪胜兵　姚和民　贾善银　郭建新(女,无党派)
曹兴宽　崔其忠　韩　伟　韩增金　葛　伟
董风华(女,民进)　董吉增　焦本强　薛庆国　燕钦国
魏克田

主席团常务主席

张光峰　曹兴宽　张　凯　郭建新(女,无党派)　韩增金
李国强　王立勇

秘 书 长　曹兴宽(兼)

副秘书长　李国强　商玉昌　王建邦　李　凯　丁爱军　张佃平
石淑芬(女)　樊守林　刘国安　商建文(民建)

议案审查委员会

主任委员　李国强

委　　员　(按姓名笔画为序)

王忠亭　王振祥　王惠军　闫福利　李汝伟　李　强
张光卫　袁朝晖　商建文(民建)　黎爱芬(女)

计划预算审查委员会

主任委员　韩增金

委　　员　(按姓名笔画为序)

丁希安　王永祥　王海军　石秦岭　杨光军　李　勇
张秀淼　沈志强　傅成栋　路　军　颜炳华　魏亮珠(女)

三、大会通过的各项决议、决定

(一)滨州市第十届人民代表大会第五次会议关于政府工作报告的决议(2015 年 2 月 6 日滨州市第十届人民代表大会第五次会议第三次全体会议通过)

滨州市第十届人民代表大会第五次会议听取和审议了滨州市市长崔洪刚所作的政府工作报告。会议同意这个报告,决定批准这个报告。

会议号召,全市人民要紧密团结在以习近平同志为总书记的党中央周围,在中共滨州市委的坚强领导下,深入贯彻落实党的十八大和十八届三中、四中全会精神,坚持稳中求进工作总基调,坚持以提高经济发展质量和效益为中心,坚持"六个更加注重"发展理念,努力在加快转调步伐、突破重点区域、统筹城乡发展、深化改革开放、保障改善民生、构建法治政府上实现新突破,全力加快小康社会建设步伐,把生态美丽幸福新滨州建设提升到一个新水平。

(二)滨州市第十届人民代表大会第五次会议关于滨州市 2014 年国民经济和社会发展计划执行情况与 2015 年国民经济和社会发展计划的决议(2015 年 2 月 6 日滨州市第十届人民代表大会第五次会议第三次全体会议通过)

滨州市第十届人民代表大会第五次会议审查了市人民政府提出的《关于滨州市2014年国民经济和社会发展计划执行情况与2015年国民经济和社会发展计划草案的报告》及滨州市2015年国民经济和社会发展计划草案。会议同意滨州市第十届人民代表大会第五次会议计划预算审查委员会的审查报告，决定批准《关于滨州市2014年国民经济和社会发展计划执行情况与2015年国民经济和社会发展计划草案的报告》，批准滨州市2015年国民经济和社会发展计划。

（三）滨州市第十届人民代表大会第五次会议关于滨州市2014年预算执行情况和2015年预算的决议（2015年2月6日滨州市第十届人民代表大会第五次会议第三次全体会议通过）

滨州市第十届人民代表大会第五次会议审查了市人民政府提出的《关于滨州市2014年预算执行情况和2015年预算草案的报告》及滨州市2015年全市和市级预算草案。会议同意滨州市第十届人民代表大会第五次会议计划预算审查委员会的审查报告，决定批准《关于滨州市2014年预算执行情况和2015年预算草案的报告》，批准2015年滨州市市级预算。

（四）滨州市第十届人民代表大会第五次会议关于滨州市人民代表大会常务委员会工作报告的决议（2015年2月6日滨州市第十届人民代表大会第五次会议第三次全体会议通过）

滨州市第十届人民代表大会第五次会议听取和审议了曹兴宽常务副主任受滨州市人大常委会委托所作的工作报告。会议同意这个报告，决定批准这个报告。

（五）滨州市第十届人民代表大会第五次会议关于滨州市中级人民法院工作报告的决议（2015年2月6日滨州市第十届人民代表大会第五次会议第三次全体会议通过）

滨州市第十届人民代表大会第五次会议听取和审议了吴声院长所作的滨州市中级人民法院工作报告。会议同意这个报告，决定批准这个报告。

（六）滨州市第十届人民代表大会第五次会议关于滨州市人民检察院工作报告的决议（2015年2月6日滨州市第十届人民代表大会第五次会议第三次全体会议通过）

滨州市第十届人民代表大会第五次会议听取和审议了邵汝卿检察长所作的滨州市人民检察院工作报告。会议同意这个报告，决定批准这个报告。

四、选举情况

滨州市人民代表大会公告（第八号）

滨州市第十届人民代表大会第五次会议，于2015年2月6日补选祁维华（女）、宋振华为滨州市人民代表大会常务委员会副主任，高中兴为滨州市人民代表大会常务委员会秘书长，王京生、朱伟、郭文江、郭增禄（4名，按姓名笔画为序）为滨州市人民代表大会常务委员会委员。

五、代表议案、建议、批评和意见及办理情况

（一）代表议案和建议的提出情况

截至2015年2月5日12时，本次会议共收到代表10人以上联名提出的议案5件。这些议案涉及加快发展中药材文化及产业、建立二手车交易市场、扩建市区至滨州港“海天大道”和加强城市管理等方面。

滨州市第十届人民代表大会第五次会议议案审查委员会经审查认为，代表联名提出的5件议案均属于政府及其职能部门的行政管理工作范围，根据有关规定，改为代表建议、批评和意见处理。

另外，截至2月5日12时，大会秘书处议案组还收到代表提出的建议、批评和意见91件。其中：城建环保方面的37件，财政经济方面的15件，农业农村方面的7件，教科文卫方面的15件，内务司法方面的15件，民族事务方面的2件。这些建议，会后转交有关部门认真办理并答复代表。

（二）代表议案的处理情况

滨州市人大常委会关于市十届人大二次会议第10201号议案的处理结果：自市人大十届二次会议第10201号议案《关于进一步加强城乡社区建设的议案》交办以来，市人大常委会不断加大对议案的督办力度，多次与市政府及相关部门研究具体落实措施，并于2014年10月份组织部分提出议案的市人大代表对10201号议案的办理进展情况进行了视察。提出议案的代表一致认为，近年来，市人民政府认真履行职责，加强对10201号议案的落实办理，议案提出的意见建议基本落实。

（三）代表建议、批评和意见的办理情况

市十届人大四次会议共收到代表建议93件（含9件议案经议案审查委员会审查转为建议办理）。其中市委系统和市中级人民法院各负责承办1件，市政府系统负责承办91件。按建议内容划分，城建环保方面的30件，占32.2%；财政经济方面的14件，占15.1%；农业农村方面的12件，占12.9%；教科文卫方面的16件，占17.2%；内务司法方面的16件，占17.2%；民侨外旅方面的4件，占4.3%；其他方面的1件，占1%。建议办理工作共涉及46个承办单位和部门。各承办单位均向提出建议的代表作了书面答复，答复率达到100%，建议办理答复情况：

1. 已经解决或基本解决的建议为47件，占办理总数的51.7%。

2. 正在解决或已列入工作规划逐步解决的建议为36件，占办理总数的39.6%。

3. 因不具备条件或其它原因需以后解决的建议为8件，占办理总数的8.7%。

第六节　第十届人民代表大会第六次会议

一、概况

2016年2月17日至20日，滨州市第十届人民代表大会第六次会议在滨州召开。

会议的主要议程是听取滨州市人民政府工作报告；审查滨州市国民经济和社会发展第十三个五年规划纲要草案；审议滨州市人民政府关于滨州市2015年国民经济和社会发展计划执行情况与2016年国民经济和社会发展计划草案的报告，审查、批准滨州市2015年国民经济和社会发展计划执行情况的报告与2016年国民经济和社会发展计划；审议滨州市人民政府关于滨州市2015年预算执行情况和2016年预算草案的报告，审查滨州市2015年预算执行情况的报告和2016年预算草案，批准滨州市2015年市级预算执行情况的报告和2016年市级预算；听取和审议滨州市人民代表大会常务委员会工作报告；听取和审议滨州市中级人民法院工作报告；听取和审议滨州市人民检察院工作报告；表决关于设立市十届人大法制委员会、财政经济委员会的决定（草案）；表决市十届人大六次会议选举办法（草案）；表决市十届人大法制委员会、财政经济委员会组成人员表决办法（草案）；审议《滨州市制定地方性法规条例（草案）》；选举事项。

二、组织机构及组成人员

主 席 团　（63名，按姓名笔画为序）

丁海棠　刁万祥　于志刚　于培洪　马韵升　马福祥
王长虹　王立勇　王观庆　王保民　王晓娟（女）
从桂兰（女，回族）　邓文泉　石秦岭　田宝礼　宁守东
刘曰兴　刘树琪　祁维华（女）　孙承志　李元忠　李凤歧
李成明　李国强　李俊杰　李炳众　李家良　李福友
步乃章　吴金娃（女）　沈志强　何凤岐　宋振华　张士平
张光峰　张兆宏　张冠文　林则茂　范连生　罗公利
郑玉梅（女）　胡红兵　胡炳山　赵伟宏　侯宪秀　洪胜兵
姚亦华　姚和民　秦传滨　贾善银　郭建新（女，无党派）
高中兴　曹兴宽　崔其忠　韩　伟　韩增金

董风华（女，民进）　董吉增　焦本强　曾晓黎　燕钦国
魏克田

主席团常务主席

张光峰　祁维华（女）　曾晓黎　郭建新（女，无党派）　宋振华
李国强　王立勇　高中兴

秘 书 长　祁维华（兼）

副秘书长　高中兴　刘　静（女）　王建邦　李　凯　张佃平　石淑芬（女）
刘国安　商建文　甄恩如　王星军

议案审查委员会

主任委员　李国强

委　　员　（按姓名笔画为序）

王忠亭　王振祥　闫福利　李汝伟　李福友　李　强
李　勇（北海）　姚和民　张光卫　袁朝晖　商建文　黎爱芬（女）

计划预算审查委员会

主任委员　宋振华

委　　员　（按姓名笔画为序）

丁希安　王海军　石秦岭　吕德章　张秀森
李　勇（惠民）　沈志强　郭增禄　傅成栋　路　军　颜炳华
魏亮珠（女）

三、大会通过的各项决议、决定

（一）滨州市第十届人民代表大会第六次会议关于政府工作报告的决议（2016 年 2 月 20 日滨州市第十届人民代表大会第六次会议第三次全体会议通过）

滨州市第十届人民代表大会第六次会议听取和审议了滨州市市长崔洪刚所作的政府工作报告。会议同意这个报告，决定批准这个报告。

会议号召，全市人民要紧密团结在以习近平同志为总书记的党中央周围，在中共滨州市委的坚强领导下，按照“四个全面”战略布局，积极适应和引领经济发展新常态，坚持以人民为中心的发展思想，把创新、协调、绿色、开放、共享五大发展理念贯穿于发展全过程，坚持“六个更加注重”，改革创新，攻坚克难，扎实工作，努力推动产业迈向更高端、基础建设更完善、生态环境更优美、改革开放更深入、社会局面更和谐、人民生活更幸福，保持经济社会持续健康发展，为夺取全面建成小康社会决胜阶段伟大胜利、开创生态美丽幸福新滨州建设新局面而努力奋斗。

（二）滨州市第十届人民代表大会第六次会议关于滨州市国民经济和社会发展第十三个五年规划纲要的决议（2016 年 2 月 20 日滨州市第十届人民代表大会第六次会议第三次全体会议通过）

滨州市第十届人民代表大会第六次会议审查了市人民政府提出的《滨州市国民经济和社会发展第十三个五年规划纲要草案》。会议同意滨州市第十届人民代表大会第六次会议计划预算审查委员会的审查结果报告，决定批准《滨州市国民经济和社会发展第十三个五年规划纲要》。

会议要求，全市人民要紧密团结在以习近平同志为总书记的党中央周围，在中共滨州市委的坚强领导下，紧紧围绕“四个全面”战略布局，以创新、协调、绿色、开放、共享的发展理念为引领，改革创新、锐意进取、团结一致、砥砺前行，为顺利完成国民经济和社会发展第十三个五年规划目标，加快建设生态美丽幸福新滨州而努力奋斗。

（三）滨州市第十届人民代表大会第六次会议关于滨州市 2015 年国民经济和社会发展计划执行情况与 2016 年国民经济和社会发展计划的决议（2016 年 2 月 20 日滨州市第十届人民代表大会第六次会议第三次全体

会议通过）

滨州市第十届人民代表大会第六次会议审查了市人民政府提出的《关于滨州市2015年国民经济和社会发展计划执行情况与2016年国民经济和社会发展计划草案的报告》及滨州市2016年国民经济和社会发展计划草案。会议同意滨州市第十届人民代表大会第六次会议计划预算审查委员会的审查报告，决定批准《关于滨州市2015年国民经济和社会发展计划执行情况与2016年国民经济和社会发展计划草案的报告》，批准滨州市2016年国民经济和社会发展计划。

（四）滨州市第十届人民代表大会第六次会议关于滨州市2015年预算执行情况和2016年预算的决议（2016年2月20日滨州市第十届人民代表大会第六次会议第三次全体会议通过）

滨州市第十届人民代表大会第六次会议审查了市人民政府提出的《关于滨州市2015年预算执行情况和2016年预算草案的报告》及滨州市2016年全市和市级预算草案。会议同意滨州市第十届人民代表大会第六次会议计划预算审查委员会的审查报告，决定批准《关于滨州市2015年预算执行情况和2016年预算草案的报告》，批准2016年滨州市市级预算。

（五）滨州市第十届人民代表大会第六次会议关于滨州市人民代表大会常务委员会工作报告的决议（2016年2月20日滨州市第十届人民代表大会第六次会议第三次全体会议通过）

滨州市第十届人民代表大会第六次会议听取和审议了祁维华第一副主任受滨州市人大常委会委托所作的工作报告。会议同意这个报告，决定批准这个报告。

（六）滨州市第十届人民代表大会第六次会议关于滨州市中级人民法院工作报告的决议（2016年2月20日滨州市第十届人民代表大会第六次会议第三次全体会议通过）

滨州市第十届人民代表大会第六次会议听取和审议了吴声院长所作的滨州市中级人民法院工作报告。会议同意这个报告，决定批准这个报告。

（七）滨州市第十届人民代表大会第六次会议关于滨州市人民检察院工作报告的决议（2016年2月20日滨州市第十届人民代表大会第六次会议第三次全体会议通过）

滨州市第十届人民代表大会第六次会议听取和审议了邵汝卿检察长所作的滨州市人民检察院工作报告。会议同意这个报告，决定批准这个报告。

四、选举情况

（一）滨州市人民代表大会公告（第九号）

滨州市第十届人民代表大会第六次会议于2016年2月19日依法通过滨州市第十届人民代表大会财政经济委员会主任委员、副主任委员、委员名单：

主任委员：宋振华（兼）

副主任委员：张秀森　郭增禄

委员（按姓名笔画为序）：张红霞（女）　顾全新　商建文　韩　伟

（二）滨州市人民代表大会公告（第十号）

滨州市第十届人民代表大会第六次会议于2016年2月19日依法通过滨州市第十届人民代表大会法制委员会主任委员、副主任委员、委员名单：

主任委员：王立勇（兼）

副主任委员：朱　伟　朱万春

委员（按姓名笔画为序）：王建忠　王　磊　周国辉（女）　袁金平

（三）滨州市人民代表大会公告（第十一号）

滨州市第十届人民代表大会第六次会议，于2016年2月20日补选桑培伦为滨州市人民政府副市长。

（四）滨州市人民代表大会公告（第十二号）

滨州市第十届人民代表大会第六次会议，于2016年2月20日补选王长虹、朱万春、姚亦华、袁金平（4名，按姓名笔画为序）为滨州市人民代表大会常务委员会委员。

五、代表议案、建议、批评和意见提出情况

截至2016年2月18日12时，本次会议共收到代表10人以上联名提出的议案6件。这些议案涉及建立城市管理长效机制、完善全市冬季极端天气应急措施、出台市内宠物犬管理办法以及秸秆综合利用、支持新燃料汽车应用等方面。

根据《中华人民共和国地方各级人民代表大会和地方各级人民政府组织法》《滨州市人民代表大会代表议案处理办法》的规定，经滨州市第十届人民代表大会第六次会议议案审查委员会审查，王树林等12名代表提出的《关于制定滨州市城市管理条例的议案》（第10601号），从贯彻落实党的十八大精神和国家相关政策、促进我市社会发展的高度，提出了制定滨州市城市管理条例的议案。该议案的内容属于市人民代表大会立法职权的范围，符合代表议案的立案条件，建议交市人大法制委员会审议后，向市人大常委会提出处理意见。其他5件议案均属于政府及其职能部门的行政管理工作范围，建议改为代表建议、批评和意见处理。

另外，截至2月18日16时，大会秘书处议案组还收到代表提出的建议、批评和意见74件。其中：城建环保方面的30件，财政经济方面的12件，农业农村方面的3件，教科文卫方面的10件，内务司法方面的15件，民宗旅游方面的4件。

2月18日上午，市民政局已对沾化·解放军代表团高子美代表提出的《关于组建市（县、区）养老服务协会的建议》进行了当面答复，代表对答复结果表示满意。其他建议，会后将由市人大常委会人事代表工作委员会转交有关部门认真办理并答复代表。

第四篇　滨州市人民代表大会常务委员会

县级以上的地方各级人民代表大会常务委员会行使下列职权：

（一）在本行政区域内，保证宪法、法律、行政法规和上级人民代表大会及其常务委员会决议的遵守和执行；

（二）领导或者主持本级人民代表大会代表的选举；

（三）召集本级人民代表大会会议；

（四）讨论、决定本行政区域内的政治、经济、教育、科学、文化、卫生、环境和资源保护、民政、民族等工作的重大事项；

（五）根据本级人民政府的建议，决定对本行政区域内的国民经济和社会发展计划、预算的部分变更；

（六）监督本级人民政府、人民法院和人民检察院的工作，联系本级人民代表大会代表，受理人民群众对上述机关和国家工作人员的申诉和意见；

（七）撤销下一级人民代表大会及其常务委员会的不适当的决议；

（八）撤销本级人民政府的不适当的决定和命令；

（九）在本级人民代表大会闭会期间，决定副省长、自治区副主席、副市长、副州长、副县长、副区长的个别任免；在省长、自治区主席、市长、州长、县长、区长和人民法院院长、人民检察院检察长因故不能担任职务的时候，从本级人民政府、人民法院、人民检察院副职领导人员中决定代理的人选；决定代理检察长，须报上一级人民检察院和人民代表大会常务委员会备案；

（十）根据省长、自治区主席、市长、州长、县长、区长的提名，决定本级人民政府秘书长、厅长、局长、委员会主任、科长的任免，报上一级人民政府备案；

（十一）按照人民法院组织法和人民检察院组织法的规定，任免人民法院副院长、庭长、副庭长、审判委员会委员、审判员，任免人民检察院副检察长、检察委员会委员、检察员，批准任免下一级人民检察院检察长；省、自治区、直辖市的人民代表大会常务委员会根据主任会议的提名，决定在省、自治区内按地区设立的和在直辖市内设立的中级人民法院院长的任免，根据省、自治区、直辖市的人民检察院检察长的提名，决定人民检察院分院检察长的任免；

（十二）在本级人民代表大会闭会期间，决定撤销个别副省长、自治区副主席、副市长、副州长、副县长、副区长的职务；决定撤销由它任命的本级人民政府其他组成人员和人民法院副院长、庭长、副庭长、审判委员会委员、审判员，人民检察院副检察长、检察委员会委员、检察员，中级人民法院院长，人民检察院分院检察长的职务；

（十三）在本级人民代表大会闭会期间，补选上一级人民代表大会出缺的代表和罢免个别代表；

（十四）决定授予地方的荣誉称号。

第一章　历届人大常委会及其组成人员

第七届人大常委会及其组成人员

(2001.01—2003.02)

2001年1月,滨州撤地设市。同月13日,召开滨州市第七届人民代表大会第一次会议,选举产生滨州市第七届人民代表大会常务委员会。选举主任1名、副主任7名、秘书长1名、委员20名,滨州市人民政府市长1名、副市长8名,滨州市中级人民法院院长1名,滨州市人民检察院检察长1名。选举王宗廉为市七届人大常委会主任,江连仲、张贵云、叶庆华、朱向旭、郭德刚、巩若良、郭建新(女)为副主任,王明仁为秘书长;选举刁万祥等20人为市七届人大常委会委员;选举张执政为滨州市市长,周清利、赵怀明、燕钦国、程竹坤、祁维华(女)、苏乃军 、王方正、董吉增为副市长;选举任树梓为市中级人民法院院长;选举修先哲为市人民检察院检察长。市七届人大三次会议于2002年4月29日补选孙德汉为滨州市市长。

组成人员

主　　任　王宗廉(2001.01—2003.02)

副 主 任　江连仲(2001.01—2003.02)

张贵云(2001.01—2003.02)

叶庆华(2001.01—2003.02)

朱向旭(2001.01—2003.02)

郭德刚(2001.01—2003.02)

巩若良(2001.01—2003.02)

郭建新(女,无党派,2001.01—2003.02)

秘 书 长　王明仁(2001.01—2003.02)

委　　员　(按姓氏笔划为序)

刁万祥(2001.01—2003.02)

王存友(2001.01—2003.02)

刘　凤(女, 2001.01—2003.02)

刘奎振(2001.01—2003.02)

纪家华(2001.01—2003.02)

李淑忠(2001.01—2003.02)

杨兴华(女, 2001.01—2003.02)

吴国瑞(女,(2001.01—2003.02)

沈志强(2001.01—2003.02)

宋茂龙(2001.01—2003.02)

张士平(2001.01—2003.02)

张吉文(2001.01—2003.02)

张同发(2001.01—2003.02)

张忠正(2001.01—2003.02)
张树香(女, 2001.01—2003.02)
胡克生(2001.01—2003.02)
姜　力(2001.01—2003.02)
高彬儒(2001.01—2003.02)
梁昭春(2001.01—2003.02)
蔡国华(2001.01—2003.02)

第八届人大常委会及其组成人员

(2003.02—2008.01)

2003 年 2 月 23 日,召开滨州市第八届人民代表大会第一次会议,选举产生滨州市第八届人民代表大会常务委员会。选举市八届人大常委会主任 1 名、副主任 9 名、秘书长 1 名、委员 20 名,滨州市人民政府市长 1 名、副市长 8 名,滨州市中级人民法院院长 1 名,滨州市人民检察院检察长 1 名。选举孙德汉为市八届人大常委会主任,李成明、张贵云、刘宝庭、苏乃军、叶庆华、张秀亭、朱向旭、郭德刚、郭建新(女)为副主任,张树香为秘书长;选举刁万祥等 20 人为市八届人大常委会委员;选举安世银为滨州市市长,邓向阳、赵怀明、燕钦国、程竹坤、祁维华(女)、王方正、董吉增、胡炳山为副市长;选举任树梓为市中级人民法院院长;选举赵继明为市人民检察院检察长。市八届人大常委会第 13 次会议于 2004 年 12 月 22 日决定接受程竹坤辞去滨州市副市长职务。市八届人大四次会议于 2006 年 2 月 12 日补选张冠文、韩增金为市八届人大常委会副主任,补选杨玖庆、李凯、李洪刚、李树国同志为市八届人大常委会委员,补选宋文明为市中级人民法院院长;于 2006 年 2 月 10 日接受叶庆华辞去市人大常委会副主任职务。市八届人大五次会议于 2007 年 3 月 3 日选举邓向阳为滨州市人民政府市长;补选侯宪秀、田宝礼为市八届人大常委会副主任;于 2007 年 3 月 1 日决定接受刘宝庭、张秀亭、朱向旭辞去市八届人大常委会副主任职务。

组成人员

主　　任　孙德汉(2003.02—2008.01)
副 主 任　李成明(2003.02—2008.01)
张贵云(2003.02—2004.09,去世)
刘宝庭(2003.02—2007.03)
苏乃军(2003.02—2008.01)
叶庆华(2003.02—2006.02)
张秀亭(2003.03—2007.03)
朱向旭(2003.02—2007.03)
郭德刚(2003.02—2008.01)
郭建新(女,无党派,2003.02—2008.01)
张冠文(2006.02—2008.01)
韩增金(2006.02—2008.01)
侯宪秀(2007.03—2008.01)
田宝礼(2007.03—2008.01)
秘 书 长　张树香(女,2003.02—2008.01)

委　　员（按姓氏笔划为序）

刁万祥（2003.02—2008.01）

马平之（2003.02—2008.01）

王明仁（2003.02—2008.01）

王洪昌（2003.02—2008.01）

邓文泉（2003.02—2008.01）

纪家华（2003.02—2008.01）

杨兴华（女，2003.02—2008.01）

李俊杰（2003.02—2008.01）

李淑忠（2003.02—2008.01）

吴国瑞（女，2003.02—2008.01）

沈志强（2003.02—2008.01）

宋茂龙（2003.02—2008.01）

张士平（2003.02—2008.01）

张忠正（2003.02—2008.01）

姜　力（2003.02—2008.01）

高玉君（2003.02—2008.01）

高全福（2003.02—2008.01）

高彬儒（2003.02—2008.01）

蒋爱学（2003.02—2008.01）

蔡国华（2003.02—2008.01）

杨玖庆（女，2006.02—2008.01）

李　凯（2006.02—2008.01）

李洪刚（2006.02—2008.01）

李树国（2006.02—2008.01）

第九届人大常委会及其组成人员

（2008.01—2012.03）

2008年1月7日，召开滨州市第九届人民代表大会第一次会议，选举产生滨州市第九届人民代表大会常务委员会。选举市九届人大常委会主任1名、副主任6名、秘书长1名、委员32名，滨州市人民政府市长1名、副市长7名，滨州市中级人民法院院长1名，滨州市人民检察院检察长1名。选举孙德汉为市九届人大常委会主任，曹兴宽、侯宪秀、董吉增、郭建新（女）、张冠文、韩增余为市九届人大常委会副主任，张冠文兼任市九届人大常委会秘书长；选举刁万祥等32人为市九届人大常委会委员；选举邓向阳为滨州市市长，韩奎祥、孙承志、胡炳山、崔娅妮（女）、张兆宏、尚龙江、万永格为副市长；选举宋文明为市中级人民法院院长；选举赵继明为市人民检察院检察长。市九届人大二次会议于2008年7月9日选举邓向阳为市九届人大常委会主任，选举张光峰为滨州市市长，选举李国强为市九届人大常委会秘书长。市九届人大四次会议于2010年1月22日补选王博、王建邦、朱兴新、朱桂林、邹继刚为市九届人大常委会委员。市九届人大常委会第22次会议于2011年1月14日决定接受侯友新、刘启盛辞去市九届人大常委会委员职务。市九届人大五次会议于2011年1月21日补选张友庆、胡红兵为市九届人大常委会委员。

组成人员

主　　任　孙德汉(2008.01—2008.04)

邓向阳(2008.07—2012.03)

副 主 任　曹兴宽(2008.01—2012.03)

侯宪秀(2008.01—2011.01)

董吉增(2008.01—2012.03)

郭建新(女,无党派,2008.01—2012.03)

张冠文(2008.01—2012.03)

韩增金(2008.01—2012.03)

秘 书 长　张冠文(兼,2008.01—2008.07)

李国强(2008.07—2012.03)

委　　员　(按姓氏笔划为序)

刁万祥(2008.01—2012.03)

王春山(2008.01—2008.08)

王悦华(女,2008.01—2012.03)

邓文泉(2008.01—2012.03)

田光利(2008.01—2012.03)

白咸勇(2008.01—2012.03)

刘曰兴(2008.01—2012.03)

刘志钢(2008.01—2012.03)

刘启盛(2008.01—2011.01)

纪家华(2008.01—2012.03)

邹继刚(2008.01—2011.12)

杨玖庆(女,2008.01—2008.12)

杨淑云(女,2008.01—2012.03)

李　凯(2008.01—2012.03)

李　强(2008.01—2012.03)

李凤岐(2008.01—2012.03)

李国强(2008.01—2012.03)

李俊杰(2008.01—2012.03)

李洪刚(2008.01—2012.03)

李继文(2008.01—2012.03)

李淑忠(2008.01—2012.03)

吴国瑞(女,2008.01—2012.03)

沈志强(2008.01—2012.03)

宋守松(2008.01—2012.03)

张士平(2008.01—2012.03)

张忠正(2008.01—2012.03)

张献青(2008.01—2012.03)

林全治(2008.01—2012.03)
侯友新(2008.01—2011.01)
姜　力(2008.01—2012.03)
高玉君(2008.01—2012.03)
董风华(女,2008.01—2012.03)
蒋爱学(2008.01—2012.03)
王　博(2010.01—2012.03)
王建邦(2010.01—2012.03)
朱兴新(2010.01—2012.03)
朱桂林(2010.01—2012.03)
张友庆(2011.01—2012.03)
胡红兵(2011.01—2012.03)

第十届人大常委会及其组成人员

(2012.03—2017.02)

2012年3月1日,召开滨州市第十届人民代表大会第一次会议,选举产生滨州市第十届人民代表大会常务委员会。选举市十届人大常委会主任1名、副主任5名、秘书长1名、委员30名,滨州市人民政府市长1名、副市长7名,滨州市中级人民法院院长1名,滨州市人民检察院检察长1名。选举邓向阳为市十届人大常委会主任,曹兴宽、郭建新(女)、韩增金、李国强、王立勇为副主任,李国强兼任秘书长;选举刁万祥等30人为市十届人大常委会委员;选举张光峰为滨州市市长,韩奎祥、祁维华(女)、王文禄、张兆宏、万永格、耿涛、王瑜为副市长;选举宋文明为市中级人民法院院长;选举邵汝卿为市人民检察院检察长。十届人大三次会议于2013年3月31日选举张光峰为滨州市第十届人民代表大会常务委员会主任,选举崔洪刚为滨州市市长。十届人大常委会第10次会议于2013年5月9日通过决定,接受杨万邦辞去十届人大常委会委员职务,接受宋文明辞去滨州市中级人民法院院长职务。十届人大四次会议于2014年1月14日选举吴声为滨州市中级人民法院院长。十届人大五次会议接受曹兴宽辞去市人大常委会副主任职务,接受韩增金辞去市人大常委会副主任职务,接受李国强辞去市人大常委会秘书长职务,于2015年2月6日补选祁维华(女)、宋振华为市十届人大常委会副主任,高中兴为市十届人大常委会秘书长,王京生、朱伟、郭文江、郭增禄为市十届人大常委会委员。

组成人员

主　　任　邓向阳(2012.03—2013.03)
张光峰(2013.03—2017.02)

副 主 任　曹兴宽(2012.03—2015.02)
郭建新(女,2012.03—2017.02)
韩增金(2012.03—2015.02)
李国强(2012.03—2017.02)
王立勇(2012.03—2017.02)
祁维华(女,2015.02—2017.02)
宋振华(2015.02—2017.02)

秘 书 长　李国强(兼,2012.03—2015.02)

高中兴(2015.02—2017.02)

委　员　(按姓氏笔划为序)

刁万祥(2012.03—2017.02)

马韵升(2012.03—2017.02)

王建邦(2012.03—2017.02)

王　莉(女,2012.03—2017.02)

王新东(2012.03—2015.12)

石秦岭(2012.03—2017.02)

白咸勇(2012.03—2017.02)

宁彩云(女,2012.03—2017.02)

刘曰兴(2012.03—2017.02)

杨万邦(2012.03—2013.05)

杨守岭(2012.03—2017.02)

李　军(女,2012.03—2017.02)

李红军(2012.03—2017.02)

李　凯(2012.03—2017.02)

李俊杰(2012.03—2017.02)

李　峰(2012.03—2017.02)

李　强(2012.03—2017.02)

李慎猛(2012.03—2017.02)

沈志强(2012.03—2017.02)

宋家功(2012.03—2017.02)

张士平(2012.03—2017.02)

张秀森(2012.03—2017.02)

张炳宣(2012.03—2017.02)

郑玉梅(女,2012.03—2017.02)

胡红兵(2012.03—2017.02)

商建文(2012.03—2017.02)

韩德富(2012.03—2017.02)

董风华(女,2012.03—2017.02)

蒋爱学(2012.03—2017.02)

綦跃勤(2012.03—2017.02)

王京生(2015.02—2017.02)

朱　伟(2015.02—2017.02)

郭文江(2015.02—2017.02)

郭增禄(2015.02—2017.02)

第二章　人大常委会会议

第一节　第七届人大常委会历次会议

（2001.01—2003.02）

市七届人大常委会第1次会议

2001年2月5日，滨州市七届人大常委会第1次会议在滨州举行。市人大常委会主任王宗廉主持会议。市人大常委会副主任江连仲、张贵云、叶庆华、朱向旭、郭德刚、巩若良、郭建新，秘书长王明仁出席会议。

会议议程

（一）审议《滨州市人大常委会组成人员守则》；（二）审议通过《滨州市人大常委会人事任免暂行办法》；（三）人事任免事项。

人事任免

任命：张贵云为市人大常委会内务司法工委主任（兼），梁昭春为市人大常委会内务司法工委副主任，蒋爱学为市人大常委会内务司法工委副主任、信访室主任（兼）；叶庆华为市人大常委会财政经济工委主任（兼），刘奎振、吕纪文为市人大常委会财政经济工委副主任；郭建新为市人大常委会农业和农村工委主任（兼），王存友、李继文为市人大常委会农业和农村工委副主任；朱向旭为市人大常委会城乡建设环境保护工委主任（兼），胡克生为市人大常委会城乡建设环境保护工委副主任；巩若良为市人大常委会教育科学文化卫生人口工委主任（兼），张同发为市人大常委会教育科学文化卫生人口工委副主任；郭德刚为市人大常委会民族侨务外事工委主任（兼），宋茂龙为市人大常委会民族侨务外事工委副主任；张树香为市人大常委会副秘书长、办公室主任（兼）；王建邦为市人大常委会副秘书长、研究室主任（兼）；李强为市人大常委会人事代表工作室主任。

任命：李炳众为市政府秘书长，刘振新为市计划委员会主任（兼），魏艳为市经济贸易委员会主任（兼），王小鲁为市经济体制改革委员会主任，王乃信为市教育委员会主任，李树国为市科学技术委员会主任，张俊华为市对外经济贸易委员会主任，王兴发为市公安局局长，刘启盛为市民政局局长，隋福民为市司法局局长，丁广恩为市人事局局长，单吉昌为市劳动和社会保障局局长，隆方同为市建设委员会主任，王洪昌为市交通委员会主任，韩振庆为市水利局局长，张冠文为市农业局局长，王长梅为市畜牧局局长，王友良为市贸易局局长、市政府财贸办公室主任，路军为市粮食局局长，孟宪平为市文化局局长，殷炳明为市广播电视局局长，岳卫国为市卫生局局长，相怀杰为市体育运动委员会主任，王保民为市计划生育委员会主任（兼），张子禹为市审计局局长，徐向东为市统计局局长，崔其忠为市乡镇企业局局长，卜宪信为市环境保护局局长，马先乐为市土地管理局局长，刘树栋为市民族宗教事务局局长，邱云鹏为市外事侨务办公室主任、市旅游局局长，丁广翔为市油区工作办公室主任（兼），韩德臻为市农业办公室主任。

任命：张德智、王学军为市中级人民法院副院长。

市七届人大常委会第2次会议

2001年3月29日，滨州市七届人大常委会第2次会议在滨州举行。市人大常委会主任王宗廉主持会议。市人大常委会副主任江连仲、张贵云、叶庆华、朱向旭、郭德刚、巩若良，秘书长王明仁出席会议。

会议议程

(一)审议《滨州市人民代表大会常务委员会关于许可对滨州市七届人大代表王兴发依法逮捕的决定》;(二)其他事项。

市七届人大常委会第 3 次会议

2001 年 4 月 17 日至 18 日,滨州市七届人大常委会第 3 次会议在滨州举行。市人大常委会主任王宗廉主持会议。市人大常委会副主任江连仲、张贵云、叶庆华、郭德刚、巩若良、郭建新,秘书长王明仁出席。

会议议程

(一)审议并表决《滨州市人大常委会会议议事规则(草案)》《滨州市人大常委会信访工作暂行办法(草案)》《滨州市人大常委会关于滨州市 2001—2005 年依法治市规划的决议(草案)》《滨州市人大常委会关于在全市公民中开展第四个五年法制宣传教育的决议(草案)》;(二)审议并表决市七届人大常委会代表资格审查委员会组成人员名单;(三)审议市财政局《关于调整市与县区财政体制的汇报》并提出建议意见;(四)人事任免事项。

决议决定

表决通过《滨州市人大常委会会议议事规则》《滨州市人大常委会信访工作暂行办法》《滨州市人大常委会关于滨州市 2001—2005 年依法治市规划的决议》《滨州市人大常委会关于在全市公民中开展第四个五年法制宣传教育的决议》

人事任免

任命:王观庆为市监察局局长,张秀淼为市林业局局长,耿同庆为市乡镇企业局局长;徐兴邦为市中级人民法院副院长;丁福祥、贾秀美、赵同亮、王学军为市人民检察院副检察长。

免去:崔其忠的市乡镇企业管理局局长职务。

市七届人大常委会第 4 次会议

2001 年 6 月 7 日至 8 日,滨州市七届人大常委会第 4 次会议在滨州举行。市人大常委会主任王宗廉、副主任江连仲分别主持会议。市人大常委会副主任张贵云、叶庆华、朱向旭、郭德刚、巩若良、郭建新,秘书长王明仁出席会议。

会议议程

(一)听取审议市政府关于 2000 年财政决算草案的报告;(二)审查市政府关于 2000 年市级财政决算;听取审议 2000 年度市级财政预算执行和其他财政收支情况的审计报告;(三)听取审议市政府关于 2000 年市级财政决算的审查报告;(四)听取市政府关于加入世界贸易组织对全市经济发展的影响和应对战略及措施的汇报;(五)听取审议市政府关于全市开展“严打”整治斗争情况的汇报。

市七届人大常委会第 5 次会议

2001 年 8 月 21 日至 22 日,滨州市七届人大常委会第 5 次会议在滨州举行。市人大常委会副主任江连仲主持会议。市人大常委会副主任张贵云、叶庆华、朱向旭、郭德刚、巩若良、郭建新,秘书长王明仁出席会议。

会议议程

(一)听取审议市政府关于 2001 年上半年国民经济和社会发展计划执行情况的报告;(二)听取审议市政府关于 2001 年上半年财政预算执行情况的报告;(三)听取市政府关于全市旅游工作情况的汇报;(四)听取市政府关于政府系统办理人大代表建议情况的汇报;(五)听取市人民检察院关于全市检察机关查办渎职侵权犯罪

案件工作情况的汇报。

市七届人大常委会第 6 次会议

2001 年 10 月 22 日至 23 日，滨州市七届人大常委会第 6 次会议在滨州举行。市人大常委会主任王宗廉、副主任江连仲分别主持会议。市人大常委会副主任张贵云、叶庆华、朱向旭、巩若良、郭建新，秘书长王明仁出席会议。

会议议程

(一)听取审议市政府关于全市整顿和规范市场经济秩序工作情况的汇报；(二)听取审议市政府关于 2001 年度市级财政有关收支情况的汇报；(三)听取审议市政府关于城市规划与城市基础设施建设情况的汇报；(四)听取审议市政府关于全市科技进步与科技创新情况的汇报；(五)听取审议市政府关于全市贯彻实施《村民委员会组织法》情况的汇报；(六)听取审议市人大常委会《国家公务员暂行条例》检查组执法检查情况的报告；(七)听取审议农业和农村工作委员会关于市七届人大一次会议《稳定和健全农业技术推广体系促进农业和农村经济发展》议案办理结果的汇报；(八)听取审议市政府关于全市民族宗教工作情况的汇报；(九)对市教委主任王乃信、市经贸委主任魏萢进行述职评议；(十)人事任免事项。

人事任免

任命：毕宝文为市公安局局长。

免去：王兴发的市公安局局长职务。

市七届人大常委会第 7 次会议

2001 年 12 月 14 日，滨州市七届人大常委会第 7 次会议在滨州举行。市人大常委会主任王宗廉主持会议。市人大常委会副主任江连仲、张贵云、叶庆华、郭德刚、巩若良、郭建新，秘书长王明仁出席会议。

会议议程

(一)表决《滨州市人民代表大会常务委员会关于召开滨州市第七届人民代表大会第二次会议的决定(草案)》；(二)人事任免事项。

人事任免

任命：刘长生为市民族宗教事务局局长、吴凤水为市粮食局局长、路军为市发展计划委员会主任、韩德臻为市农业局局长、赵军为市体育局局长、李慎猛为市对外贸易经济合作局局长。

免去：刘树栋的市民族宗教事务局局长、路军的市粮食局局长、刘振新的市计划委员会主任、韩德臻的市农业办公室主任、张冠文的市农业局局长、相怀杰的市体育运动委员会主任、张俊华的市对外经济贸易委员会主任、孟宪平的市文化局局长职务。

市七届人大常委会第 8 次会议

2002 年 1 月 18 日，滨州市七届人大常委会第 8 次会议在滨州举行。市人大常委会主任王宗廉主持会议。市人大常委会副主任江连仲、张贵云、叶庆华、郭德刚、郭建新，秘书长王明仁出席会议。

会议议程

(一)审议表决《滨州市人大常委会关于变更召开滨州市第七届人民代表大会第二次会议时间的决定(草案)》。(二)人事任免事项。

人事任免

任命：罗伟田为市人大常委会教育科学文化卫生人口工作委员会副主任；王观庆为市政府秘书长兼办公室

主任，王乃信为市教育局局长，李树国为市科学技术局局长，王洪昌为市交通局局长，邱云鹏为市外事与侨务办公室主任，崔其忠为市海洋与渔业局局长，耿同庆为市中小企业局局长，王延秀为市劳动和社会保障局局长，王永祥为市国土资源局局长。

免去：李炳众的市政府秘书长职务，单吉昌的市劳动和社会保障局局长职务。

市七届人大常委会第9次会议

2002年2月25日，滨州市七届人大常委会第9次会议在滨州举行。市人大常委会副主任江连仲主持会议。市人大常委会副主任张贵云、叶庆华、朱向旭、郭德刚、巩若良、郭建新，秘书长王明仁出席会议。

会议议程

（一）听取审议关于市七届人大二次会议筹备工作情况的汇报；（二）听取审议通过代表资格审查委员会关于补选的市七届人大代表资格的审查报告；（三）审议市人大常委会工作报告稿；（四）审议市七届人大二次会议议程（草案）；（五）审议市七届人大二次会议主席团和秘书长名单（草案）；（六）审议决定列席市七届人大二次会议人员范围（草案）；（七）审议市七届人大二次会议议案审查委员会组成人员名单（草案）；（八）审议市七届人大二次会议计划预算审查委员会组成人员名单（草案）；（九）审议市人大常委会关于市七届人大一次会议以来代表建议、批评和意见办理情况的报告；（十）审议市经贸委、市教育局整改情况的报告（书面）；（十一）人事任免事项。

人事任免

任命：马平之为市监察局局长。

免去：王观庆的市监察局局长职务。

市七届人大常委会第10次会议

2002年4月3日，滨州市七届人大常委会第10次会议在滨州举行。市人大常委会主任王宗廉主持会议。市人大常委会副主任江连仲、张贵云、叶庆华、朱向旭、郭德刚、巩若良，秘书长王明仁出席会议。

会议议程

（一）审议市长张执政关于提请任命市政府组成人员职务的议案，表决通过孙德汉为副市长；（二）听取审议市人大常委会主任会议关于提请审议张执政辞去市长职务的报告；（三）表决关于接受张执政辞去市长职务的请求的决定（草案）；（四）听取市人大常委会主任会议关于提请决定孙德汉代理市长的报告；（五）表决通过孙德汉为代理市长。

人事任免

任命：孙德汉为副市长。

决定：接受张执政辞去市长职务。决定孙德汉为代理市长。

市七届人大常委会第11次会议

2002年4月20日，滨州市七届人大常委会第11次会议在滨州举行。市人大常委会主任王宗廉主持会议。市人大常委会副主任江连仲、张贵云、叶庆华、朱向旭、郭德刚、巩若良、郭建新，秘书长王明仁出席会议。

会议议程

（一）审议关于举行市七届人民代表大会第三次会议的决定（草案）；（二）审议代表资格审查委员会关于补选代表的代表资格的审查报告；（三）审议市人大常委会关于在全市各级国家行政机关中继续实行和深化执法责任制的决定（草案）；（四）听取审议市政府关于全市纺织业现状及入世后应对措施实施情况的汇报；（五）听取

关于市七届人大三次会议筹备工作情况的汇报;(六)听取审议市政府关于提请市七届人大三次会议审议的加快滨州市民营经济发展的意见(草案)的议案;(七)听取审议市七届人大三次会议议程(草案);(八)听取审议市七届人大三次会议主席团和秘书长名单(草案);(九)审议决定列席市七届人大三次会议人员范围及名单(草案);(十)人事任免事项。

人事任免

免去:张德志的市中级人民法院副院长职务。

市七届人大常委会第12次会议

2002年6月25日至26日,滨州市七届人大常委会第12次会议在滨州举行。市人大常委会主任王宗廉主持会议。市人大常委会副主任江连仲、张贵云、叶庆华、朱向旭、巩若良、郭建新,秘书长王明仁出席会议。

会议议程

(一)听取审议市人大常委会内务司法工作委员会关于市人大代表视察全市社会治安综合治理情况的报告;(二)听取审议市政府关于2001年市级财政决算草案的报告,审查批准2001年市级财政决算(草案);(三)听取审议市政府关于2001年度市级财政预算执行情况和其他财政收支情况的审计报告;(四)听取审议市人大常委会财政经济工作委员会关于2001年市级财政决算的审查报告;(五)听取审议市政府关于全市农村税费改革情况的汇报;(六)听取审议市人大常委会农业和农村工作委员会对《中华人民共和国农业技术推广法》执法检查情况的报告;(七)听取审议市人大常委会民族侨务外事工作委员会关于全市宗教工作情况的报告;(八)审议市人大常委会内务司法工作委员会关于《中华人民共和国妇女权益保障法》及山东省实施办法执法情况的报告(书面)。

决议决定

批准滨州市人民政府提出的滨州市2001年市级财政决算,同意市政府所作的《关于2001年滨州市财政决算(草案)的报告》。

市七届人大常委会第13次会议

2002年8月27日至28日,滨州市七届人大常委会第13次会议在滨州召开。市人大常委会主任王宗廉主持。市人大常委会副主任江连仲、张贵云、叶庆华、朱向旭、巩若良、郭建新出席。

会议议程

(一)听取审议市政府关于2002年上半年国民经济和社会发展计划执行情况的汇报;(二)听取审议市政府关于2002年上半年财政预算执行情况的汇报;(三)听取审议市政府关于全市机构改革和市直机关国家公务员考录工作情况的汇报;(四)听取审议关于华人华侨及港澳台同胞在滨州市投资创业情况的视察报告;(五)对市交通局局长王洪昌、市水利局局长韩振庆进行述职评议;(六)人事任免事项。

人事任免

任命:宋家功为市计划生育委员会主任、边葆田为市文化局局长。

免去:王保民的市计划生育委员会主任职务。

市七届人大常委会第14次会议

2002年10月24日至25日,市七届人大常委会第14次会议在滨州召开。市人大常委会主任王宗廉主持。市人大常委会副主任江连仲、张贵云、叶庆华、朱向旭、巩若良,秘书长王明仁出席。

会议议程

(一)审议表决市人大常委会关于全市县级以上人民代表大会换届时间和新一届市人大代表名额分配的决定(草案);(二)审议表决市选举工作委员会关于2003年全市县级以上人大换届选举工作安排意见;(三)听取审议市政府关于办理市七届人大二次会议以来市人大代表建议、批评和意见情况的汇报;(四)听取审议市人大常委会执法检查组关于全市贯彻实施《中华人民共和国工会法》情况的报告;(五)听取审议市人大常委会检查组关于全市第七届村委会换届选举工作检查情况的报告;(六)听取审议市政府关于全市人口与计划生育工作情况的汇报。

市七届人大常委会第15次会议

2002年12月16日,市七届人大常委会第15次会议在滨州召开。市人大常委会副主任江连仲主持。副主任张贵云、叶庆华、朱向旭、巩若良、郭建新,秘书长王明仁出席。

会议议程

(一)审议表决市政府关于任免市政府组成人员职务的议案;(二)听取审议市七届人大常委会主任会议关于提请审议孙德汉辞去市长职务的议案;(三)审议表决市人民检察院检察长修先哲关于提请任免滨州市人民检察院检察人员职务的报告;(四)听取审议市七届人大常委会主任会议关于提请审议修先哲辞去市人民检察院检察长职务的议案;(五)听取审议市七届人大常委会主任会议关于提请决定代理市长人选的议案。

人事任免

任命:安世银、邓向阳为副市长;赵继明为市人民检察院副检察长。

决定:安世银为代理市长。

决定:接受孙德汉辞去市长职务;修先哲辞去人民检察院检察长职务;

免去:周清利的副市长职务;丁福祥的市人民检察院副检察长职务。

市七届人大常委会第16次会议

2002年12月31日,市七届人大常委会第16次会议在滨州召开。市人大常委会副主任江连仲主持。副主任张贵云、叶庆华、朱向旭、郭德刚、巩若良、郭建新,秘书长王明仁出席。

会议议程

(一)听取审议市政府关于市七届人大二次会议《关于建立留住与吸引人才的新体制与机制的议案》办理情况的汇报;(二)听取审议市人大常委会视察组关于市七届人大三次会议关于滨州市加快民营经济发展的意见的决议实施情况的视察报告;(三)审议表决通过市人大常委会关于举行市第八届人民代表大会第一次会议的决定(草案);(四)听取审议市中级人民法院、市人民检察院关于严打整治工作情况的汇报。

市七届人大常委会第17次会议

2003年1月7日,市七届人大常委会第17次会议在滨州召开。市人大常委会副主任江连仲主持。副主任张贵云、叶庆华、朱向旭、郭德刚、巩若良、郭建新,秘书长王明仁出席。

会议议程

会议补选孙德汉为省第九届人民代表大会代表。

市七届人大常委会第18次会议

2003年2月11日,市七届人大常委会第18次会议在滨州召开。市人大常委会副主任江连仲主持。副主任张贵云、叶庆华、朱向旭、郭德刚、巩若良、郭建新,秘书长王明仁出席。

会议议程

(一)听取审议市人大常委会代表资格审查委员会关于市八届人民代表大会代表资格审查情况的报告;(二)听取审议市人大常委会主任会议关于市八届人民代表大会第一次会议筹备工作情况的汇报;(三)审议市人大常委会工作报告稿;(三)审议市八届人民代表大会第一次会议议程(草案);(四)审议市八届人民代表大会第一次会议主席团和秘书长名单(草案);(五)审议决定列席市八届人民代表大会第一次会议人员范围及名单(草案);(六)审议通过市八届人民代表大会第一次会议议案审查委员会名单(草案)和计划预算审查委员会名单(草案);(七)审议市人大常委会财政经济工作委员会关于2002年国民经济和社会发展计划执行情况与2003年国民经济和社会发展计划草案的初审报告(书面),关于2002年财政预算执行情况和2003年财政预算草案的初审报告(书面);(八)表决通过人事任免事项。

人事任免

任命:王惠军为市环境保护局局长,王建泉为市司法局局长;赵继明任市人民检察院代理检察长。

免去:卜宪信的市环境保护局局长,隋福民的市司法局局长职务。

第二节　第八届人大常委会历次会议

(2003.02—2008.01)

市八届人大常委会第1次会议

2003年4月24日至25日,市八届人大常委会第1次会议在滨州召开。市委书记、市人大常委会主任孙德汉,市人大常委会副主任李成明、张贵云、刘宝庭、苏乃军、叶庆华、张秀亭、朱向旭、郭德刚、郭建新,秘书长张树香出席。

会议议程

(一)听取审议市人大常委会检查组关于全市扶贫帮困工作检查情况的报告;(二)听取审议市人大常委会主任会议提请审议滨州市人民代表大会常务委员会关于大力加强招商引资工作的决议的议案;(三)审议滨州市人民政府关于市土地收购储备中心城市基础设施项目贷款的议案;(四)审议通过滨州市第八届人民代表大会常务委员会代表资格审查委员会主任委员、委员名单(草案);(五)人事任免事项;(六)其他事项。

决议决定

会议表决通过:滨州市人民代表大会常务委员会关于大力加强招商引资工作的决议;

滨州市人民代表大会常务委员会关于批准滨州市人民政府城市基础设施项目贷款的决定。

人事任免

任命:张贵云为市人大常委会内务司法工作委员会主任(兼),蒋爱学为市人大常委会内务司法工作委员会副主任;刘宝庭为市人大常委会城乡建设环境保护工作委员会主任(兼),王洪昌为市人大常委会城乡建设环境保护工作委员会副主任;苏乃军为市人大常委会农业和农村工作委员会主任(兼),马平之、李继文为市人大常委会农业和农村工作委员会副主任;叶庆华为市人大常委会财政经济工作委员会主任(兼),张秀亭为市人大常委会教育科学文化卫生人口工作委员会主任(兼),杨兴华、罗伟田为市人大常委会教育科学文化卫生人口工作委员会副主任;郭德刚为市人大常委会民族侨务外事工作委员会主任(兼),宋茂龙为市人大常委会民族侨务外事工作委员会副主任。

任命:王观庆为市政府秘书长,路军为市发展计划委员会主任,魏艳为市经济贸易委员会主任,王乃信为市教育局局长,李树国为市科学技术局局长,毕宝文为市公安局局长,刘启盛为市民政局局长,王建泉为市司法局局长,宋振华为市财政局局长,丁广恩为市人事局局长,王延秀为市劳动和社会保障局局长,王永祥为市国土资源局局长，隆方同为市建设委员会主任，韩德臻为市农业局局长，张秀森为市林业局局长，崔其忠为市海洋与渔业局局长，李慎猛为市对外贸易经济合作局局长，吴凤水为市粮食局局长，边茂田为市文化局局长，宋家功为市计划生育委员会主任，张子禹为市审计局局长，王惠军为市环境保护局局长，刘长生为市民族宗教事务局局长，殷炳明为市广播电视局局长，赵军为市体育局局长，徐向东为市统计局局长，耿同庆为市中小企业局局长，邱云鹏为市外事与侨务办公室主任。

市八届人大常委会第2次会议

2003年5月20日，市八届人大常委会第2次会议在滨州召开。市委书记、市人大常委会主任孙德汉，市人大常委会副主任李成明、张贵云、刘宝庭、苏乃军、叶庆华、张秀亭、朱向旭、郭德刚、郭建新，秘书长张树香出席。

会议议程

(一)听取关于2003年全市县以上人大换届选举工作情况的汇报；(二)听取审议市人民政府关于全市传染性非典型肺炎防治工作情况的汇报；(三)人事任免事项；(四)其他事项。

人事任免

任命：史德高为市监察局局长，赵玉德为市卫生局局长，高发明为市交通局局长，王少青为市水利局局长。

市八届人大常委会第3次会议

2003年7月3日，市八届人大常委会第3次会议在滨州召开。市委书记、市人大常委会主任孙德汉，市人大常委会副主任李成明、张贵云、刘宝庭、苏乃军、叶庆华、张秀亭、朱向旭、郭德刚、郭建新，秘书长张树香出席。

会议议程

(一)听取审议市政府关于滨州市2002年度市级财政预算执行和其他财政收支的审计工作报告；(二)听取审议市政府关于滨州市2002年度市级财政决算草案的报告，审查和批准滨州市2002年市级财政决算；(三)听取审议市人大常委会财政经济工作委员会关于滨州市2002年市级财政决算的审查报告；(四)听取审议市人大常委会视察组关于“四环五海”工程建设情况的视察报告；(五)听取审议市人大常委会视察组关于全市贯彻实施《森林法》情况的视察报告；(六)听取审议市人大常委会视察组关于全市旅游工作情况的视察报告；(七)听取审议市政府关于全市社会劳动保障及就业工作情况的报告；(八)人事任免事项；(九)其他事项。

人事任免

任命：李凯为市人大常委会副秘书长、办公室主任；王春山为市人大常委会副秘书长、研究室主任；王文生为市人大常委会内务司法工作委员会副主任；卜宪信为市人大常委会城乡建设环境保护工作委员会副主任；徐竹滨、张明贤为市人大常委会财政经济工作委员会副主任；王钦友为市人大常委会民族侨务外事工作委员会副主任；林全治为市人大常委会信访室主任；景晨光同志为滨州市中级人民法院民事审判第一庭庭长；常维华同志为滨州市中级人民法院民事审判第一庭副庭长；免去：李萍同志的滨州市中级人民法院审判委员会委员、民事审判第一庭庭长、审判员职务；李全昌同志的滨州市中级人民法院审判委员会委员、审判员职务；王占林为滨州市人民检察院检察委员会委员；刘源吉为滨州市人民检察院检察委员会委员。

免去：张树香的市人大常委会办公室主任职务，王建邦的市人大常委会研究室主任职务，蒋爱学的市人大常委会信访室主任职务。

市八届人大常委会第4次会议

2003年8月6日，市八届人大常委会第4次会议在滨州召开。市人大常委会副主任李成明、张贵云、刘宝庭、苏乃军、张秀亭、郭德刚、郭建新，秘书长张树香出席。

会议议程

审议批准市政府提请审议的关于请求变更城市基础设施项目贷款数额和借款人的议案，并作出相应决定。

决议决定

滨州市人民代表大会常务委员会关于批准滨州市人民政府请求变更城市基础设施项目贷款数额和借款人的决定（2003 年 8 月 6 日市八届人大常委会第 4 次会议通过）。

市八届人大常委会第 5 次会议

2003 年 8 月 26 日，市八届人大常委会第 5 次会议在滨州召开。市委书记、市人大常委会主任孙德汉，市人大常委会副主任李成明、张贵云、苏乃军、张秀亭、朱向旭、郭德刚、郭建新，秘书长张树香出席。

会议议程

（一）听取审议市政府关于 2003 年上半年国民经济和社会发展计划执行情况的报告；（二）听取审议市政府关于 2003 年上半年财政预算执行情况的报告；（三）听取审议市政府关于《政府采购法》执法情况的报告；（四）听取审议市人大常委会检查组关于检查《滨州市人大常委会关于滨州市 2001—2005 年依法治市规划的决议》实施情况的报告；（五）听取审议市人大常委会城乡建设环境保护工作委员会关于全市环境保护执法情况的报告；（六）听取审议市政府关于办理市人大代表建议、批评和意见情况的报告；（七）人事任免事项；（八）其他事项。

人事任免

任命：刘学智、赵开明、李金花、王光胜为滨州市中级人民法院审判委员会委员。

市八届人大常委会第 6 次会议

2003 年 10 月 23 日至 24 日，市八届人大常委会第 6 次会议在滨州召开。市委书记、市人大常委会主任孙德汉，市人大常委会副主任李成明、张贵云、苏乃军、叶庆华、张秀亭、朱向旭、郭建新，秘书长张树香出席。

会议议程

（一）听取审议市人大常委会视察组关于全市贯彻实施《中华人民共和国水法》情况的视察报告；（二）听取审议市人大常委会视察组关于全市贯彻执行《中华人民共和国建筑法》情况的视察报告；（三）听取审议市人大常委会执法检查组关于《中华人民共和国人口与计划生育法》《山东省人口与计划生育条例》执法检查情况的报告；（四）听取审议市人大常委会民族侨务外事工作委员会关于全市民族宗教工作情况的报告；（五）听取审议市人民政府关于加强救灾款社会募捐资金发放使用管理及探索建立农村扶贫帮困长效机制情况的报告；（六）书面印发关于组织市人大代表视察市政府系统办理市八届人大一次会议以来代表建议、批评和意见情况的报告；（七）人事任免事项；（八）其他事项。

人事任免

任命：侯友新为市人事局局长；刘志涛为市中级人民法院副院长；牛洪波为市中级人民法院审判员。

免去：丁广恩的市人事局局长职务。

市八届人大常委会第 7 次会议

2003 年 12 月 23 日至 24 日，市八届人大常委会第 7 次会议在滨州召开。市委书记、市人大常委会主任孙德汉，市人大常委会副主任李成明、张贵云、刘宝庭、苏乃军、叶庆华、张秀亭、朱向旭、郭德刚、郭建新，秘书长张树香出席。

会议议程

（一）听取审议市人大常委会视察组《关于滨州市加快民营经济发展的意见的决议》落实情况的视察报告；

(二)听取审议市人民政府关于全市外事与侨务工作情况的报告;(三)审议通过滨州市人大常委会关于举行滨州市第八届人民代表大会第二次会议的决定;(四)对毕宝文、李慎猛进行述职评议,对张友庆、邵立勇进行执法评议;(五)审议通过市人大常委会关于接受蔡国华辞去市八届人大常委会委员职务的请求的决定;(六)人事任免事项。

决议决定

会议表决通过:滨州市人民代表大会常务委员会关于召开滨州市第八届人民代表大会第二次会议的决定;

关于接受蔡国华同志辞去滨州市第八届人民代表大会常务委员会委员职务的请求的决定;

滨州市第八届人民代表大会第二次会议关于以“五个统筹”总揽全局,全力打造系统“九州”的决定(草案)(拟提请市八届人大三次会议主席团讨论)。

人事任免

任命:黄泽民为市人民检察院副检察长、检察委员会委员、检察员;赵慧莲为滨州市中级人民法院审判员。

免去:蔡国华的滨州市人大常委会委员职务;刘源吉的滨州市人民检察院检察委员会委员、检察员职务;崔振声的滨州市人民检察院检察员职务;刘印功的滨州市人民检察院检察员职务;石击水的滨州市人民检察院检察员职务;闫景三、孙合义的滨州市中级人民法院审判员职务。

市八届人大常委会第 8 次会议

2004 年 1 月 15 日,滨州市八届人大常委会第 8 次会议在滨州举行。市人大常委会副主任李成明主持会议。市人大常委会副主任张贵云、刘宝庭、苏乃军、叶庆华、张秀亭、朱向旭、郭德刚、郭建新,秘书长张树香出席。

会议议程

(一)听取审议市人大常委会代表资格审查委员会关于代表资格审查情况的报告;(二)听取审议市人大常委会主任会议关于滨州市第八届人民代表大会第二次会议筹备工作情况的汇报;(三)审议滨州市人大常委会工作报告稿;(四)审议滨州市第八届人民代表大会第二次会议议程(草案);(五)审议滨州市第八届人民代表大会第二次会议主席团和秘书长名单(草案);(六)审议决定列席滨州市第八届人民代表大会第二次会议人员范围及名单(草案);(七)审议通过滨州市第八届人民代表大会第二次会议计划预算审查委员会名单(草案)和议案审查委员会名单(草案);(八)审议市人大常委会财政经济工作委员会关于滨州市 2003 年国民经济和社会发展计划执行情况与 2004 年国民经济和社会发展计划草案的初审报告、关于滨州市 2003 年财政预算执行情况和 2004 年财政预算草案的初审报告(书面);(九)审议市人大常委会关于滨州市第八届人民代表大会第一次会议以来代表建议、批评和意见办理情况的报告(书面);(十)人事任免事项。

人事任免

批准任命:刘源吉为博兴县人民检察院检察长。

补选:张磊、綦守荣、董淑君三名市八届人大代表。

市八届人大常委会第 9 次会议

2004 年 4 月 6 日,滨州市八届人大常委会第 9 次会议在滨州举行。市人大常委会副主任李成明主持会议。市人大常委会副主任张贵云、刘宝庭、苏乃军、叶庆华、张秀亭、朱向旭、郭德刚、郭建新,秘书长张树香出席。

会议议程

(一)听取审议市人大常委会视察组关于视察全市医疗、药品市场管理情况的报告;(二)听取审议市人大常委会视察组关于视察滨州市城区城市管理情况的报告;(三)听取审议市人民政府关于滨州市国民经济和社会发展“十五”计划前三年执行情况的报告;(四)听取审议市人大常委会执法检查组关于检查《中华人民共和国动物防疫法》《山东省动物防疫条例》实施情况的报告；（五）审议市人大常委会主任会议关于提请审议《滨州市人民代表大会常务委员会会议公民旁听办法（草案）》的议案；（六）审议市人大常委会主任会议关于提请审议《滨州市人大常委会述职评议和执法评议暂行办法（草案）》的议案；（七）人事任免事项。

人事任免

免去：张文忠、李建国的滨州市中级人民法院审判员职务。

市八届人大常委会第10次会议

2004年6月11日至12日，滨州市八届人大常委会第10次会议在滨州举行，市人大常委会副主任张贵云主持会议。市人大常委会副主任李成明、刘宝庭、苏乃军、叶庆华、张秀亭、朱向旭、郭德刚，秘书长张树香出席。

会议议程

（一）听取审议市人大常委会视察组关于视察全市“六河水变清”工程进展和城市供水、污水处理市场化运作情况的报告；（二）听取审议市人大常委会视察组关于视察全市城区就业职工义务教育费征收使用和中小学收费管理使用情况的报告；（三）听取审议市人民政府关于滨州市2003年度市级财政预算执行和其他财政收支的审计工作报告；（四）听取审议市人大常委会财政经济工作委员会关于滨州市2003年市级财政决算的审查报告；（五）听取审议市人民政府关于滨州市2003年财政决算草案的报告，审查和批准滨州市2003年市级财政决算；（六）听取审议市人民政府关于政府提速提效工作情况的报告；（七）审议滨州市人民代表大会常务委员会主任会议关于提请审议《滨州市人民代表大会常务委员会人事任免办法（草案）》的议案；（八）审议滨州市人民代表大会常务委员会主任会议关于提请审议《滨州市人民代表大会常务委员会个案监督暂行办法（草案）》的议案；（九）对市发展计划委员会主任路军、市劳动和社会保障局局长王延秀、市海洋与渔业局局长崔其忠、市统计局局长徐向东进行述职评议，对市技术监督局局长何远山、市气象局局长高凯进行执法评议；（十）人事任免事项。

人事任免

任命：吴成斌为滨州市人大常委会教育科学文化卫生人口工作委员会副主任；宁守东为滨州市经济贸易委员会主任，马明德为滨州市海洋与渔业局局长；崔淑华、刘玉祥为滨州市人民检察院检察员。

免去：魏艳的滨州市经济贸易委员会主任职务，崔其忠的滨州市海洋与渔业局局长职务。

市八届人大常委会第11次会议

2004年8月11日，滨州市八届人大常委会第11次会议在滨州举行，市人大常委会副主任刘宝庭主持会议。市人大常委会副主任李成明、张贵云、苏乃军、叶庆华、张秀亭、朱向旭、郭德刚，秘书长张树香出席。

会议议程

（一）听取审议市人民政府关于滨州市2004年上半年国民经济和社会发展计划执行情况的报告；（二）听取审议市人民政府关于滨州市2004年上半年财政预算执行情况的报告；（三）听取审议市人大常委会执法检查组关于检查《中华人民共和国档案法》和《山东省档案条例》实施情况的报告；（四）听取审议市人大常委会执法检查组关于检查《中华人民共和国劳动法》实施情况的报告；（五）听取审议市人大常委会执法检查组关于检查《中华人民共和国归国侨眷权益保护法》和《山东省实施＜中华人民共和国归国侨眷权益保护法＞办法》实施情况的报告；（六）听取审议市人民政府关于政府系统办理市八届人大二次会议以来人大代表建议、批评和意见的报告；（七）人事任免事项。

人事任免

免去：赵国滨的滨州市中级人民法院行政审判庭副庭长、审判员职务；高传政的滨州市中级人民法院审判员职务。

免去:墨洪庆的滨州市人民检察院检察员职务。

市八届人大常委会第12次会议

2004年10月21日至22日,市八届人大常委会第12次会议在滨州举行,会期两天。市委书记、市人大常委会主任孙德汉,市人大常委会副主任李成明、刘宝庭、苏乃军、叶庆华、张秀亭、朱向旭、郭德刚、郭建新,秘书长张树香出席会议。会议由苏乃军主持。

会议议程

(一)听取审议市人大常委会视察组关于视察市政府系统办理市八届人大二次会议以来代表建议、批评和意见情况的报告;(二)听取审议市人大常委会视察组关于视察全市《山东省民族工作条例》贯彻落实情况的报告;(三)听取审议市人民政府关于滨州市2004年市级财政预算调整情况的报告并作出相应决议;(四)听取审议市人民政府关于全市国土资源管理情况的报告;(五)听取审议市人民政府关于全市行政审批制度改革情况的报告;(六)听取审议市中级人民法院关于贯彻实施《中华人民共和国行政诉讼法》情况的报告;(七)对市科学技术局局长李树国、市民政局局长刘启盛、市财政局局长宋振华、市农业局局长韩德臻、市审计局局长张子禹、市广播电视局局长殷炳明进行述职评议;(八)人事任免事项。

人事任免

任命:朱兴新为滨州市统计局局长。

免去:徐向东的滨州市统计局局长职务;朱建立的滨州市中级人民法院立案庭副庭长、审判员的职务。

市八届人大常委会第13次会议

2004年12月21日至22日,市八届人大常委会第13次会议在滨州召开。市委书记、市人大常委会主任孙德汉,市人大常委会副主任李成明、刘宝庭、苏乃军、叶庆华、张秀亭、朱向旭、郭德刚、郭建新,秘书长张树香出席会议。会议由张秀亭主持。

会议议程

(一)听取审议市人民政府关于全市招商引资情况的报告;(二)听取审议市人民政府关于建设系统"九州"(平安、诚信、人才、开放滨州)有关情况的报告;(三)听取审议市人大常委会视察组关于视察市七届人大三次会议关于滨州市加快民营经济发展的意见的决议落实情况的报告;(四)听取审议市人大常委会视察组关于视察《山东省农民负担管理条例》实施情况的报告;(五)听取审议市人民政府关于市八届人大二次会议82001号议案(关于引黄济胶东渠首工程建设有关问题的议案)办理情况的报告,决定书面报告市八届人大三次会议;(六)听取审议市人民政府关于土地收购储备及西区开发中土地收益金使用情况的报告;(七)审议通过市八届人大常委会代表资格审查委员会关于补选的市八届人大代表资格审查的报告;(八)审议市人大常委会关于市八届人大二次会议以来代表建议、批评和意见办理情况的报告,决定书面报告市八届人大三次会议;(九)听取审议市人大常委会执法检查组关于检查全市实施工会法情况的报告;(十)审议通过市人大常委会关于举行滨州市第八届人民代表大会第三次会议的决定(草案);(十一)补选山东省第十届人民代表大会代表;(十二)人事任免事项。

决议决定

会议表决通过:滨州市人民代表大会常务委员会关于举行滨州市第八届人民代表大会第三次会议的决定;

人事任免

任命:于志刚为滨州市副市长;王俊民为滨州市人民检察院检察委员会委员;王连柱为滨州市人民检察院检

察员。

决定:接受程竹坤辞去滨州市副市长职务。

市八届人大常委会第14次会议

2005年1月10日,市八届人大常委会第14次会议在滨州召开。市人大常委会副主任朱向旭主持会议。市人大常委会副主任李成明、刘宝庭、苏乃军、叶庆华、张秀亭、郭德刚、郭建新,秘书长张树香出席会议。

会议议程

(一)听取审议市人大常委会主任会议关于滨州市第八届人民代表大会第三次会议筹备工作情况的汇报;(二)审议滨州市人大常委会工作报告稿;(三)审议滨州市第八届人民代表大会第三次会议议程(草案);(四)审议滨州市第八届人民代表大会第三次会议主席团和秘书长名单(草案);(五)审议决定列席滨州市第八届人民代表大会第三次会议人员范围及名单(草案);(六)审议通过滨州市第八届人民代表大会第三次会议计划预算审查委员会名单(草案)和议案审查委员会名单(草案);(七)审议市人大常委会财政经济工作委员会关于滨州市2004年国民经济和社会发展计划执行情况与2005年国民经济和社会发展计划草案的初审报告、关于滨州市2004年财政预算执行情况和2005年财政预算草案的初审报告;(八)人事任免事项。

人事任免

任命:路军为滨州市发展和改革委员会主任,隆方同为滨州市建设局局长,崔其忠为滨州市规划局局长,李金华为滨州市城市管理行政执法局局长,耿同庆为滨州市经济贸易委员会主任,宋家功为滨州市人口和计划生育委员会主任,皮台田为滨州市安全生产监督管理局局长;李静、曲慧娟、韩继强、李国栋为滨州市中级人民法院审判员;免去:李青梅的滨州市中级人民法院刑事审判第一庭副庭长、审判员职务。

免去:路军的滨州市发展计划委员会主任职务,隆方同的滨州市建设委员会主任职务,耿同庆的滨州市中小企业局局长职务,宋家功的滨州市计划生育委员会主任职务,宁守东的滨州市经济贸易委员会主任职务。

市八届人大常委会第15次会议

2005年4月20日,市八届人大常委会第15次会议在滨州召开。市人大常委会副主任李成明主持会议。市人大常委会副主任刘宝庭、苏乃军、叶庆华、张秀亭、朱向旭、郭德刚、郭建新,秘书长张树香出席会议。

会议议程

(一)听取审议市人大常委会执法检查组关于检查《中华人民共和国妇女权益保障法》《中华人民共和国未成年人保护法》实施情况的报告;(二)听取审议市人大常委会执法检查组关于检查《中华人民共和国渔业法》《中华人民共和国海域使用管理法》《中华人民共和国海洋环境保护法》《山东省海洋环境保护条例》实施情况的报告;(三)审议滨州市人民政府关于提请审议《滨州生态市建设规划》的议案并作出相应决议;(四)人事任免事项。

决议决定

会议表决通过:滨州市人民代表大会常务委员会关于批准《滨州生态市建设规划》的决议。

人事任免

任命:郭德刚为滨州市人大常委会内务司法工作委员会主任(兼),郭建新为滨州市人大常委会民族侨务外事工作委员会主任(兼)。

免去:郭德刚的滨州市人大常委会民族侨务外事工作委员会主任职务;贾秀美的滨州市人民检察院副检察长职务。

市八届人大常委会第 16 次会议

2005 年 6 月 18 日至 19 日,市八届人大常委会第 16 次会议在滨州召开。市委书记、市人大常委会主任孙德汉,市人大常委会副主任李成明、刘宝庭、苏乃军、张秀亭、朱向旭、郭德刚、郭建新,秘书长张树香出席会议。会议由郭德刚主持。

会议议程

(一)听取审议市人大常委会执法检查组关于检查《中华人民共和国行政许可法》实施情况的报告;(二)听取审议市人大常委会视察组关于视察全市交通基础设施建设情况的报告;(三)听取审议市人大常委会视察组关于视察全市高新技术产业发展情况的报告;(四)听取审议市人大常委会执法检查组关于检查《山东省旅游管理条例》实施情况的报告;(五)听取审议市人民政府关于滨州市 2004 年度市级财政预算执行和其他财政收支的审计工作报告;(六)听取审议市人大常委会财政经济工作委员会关于滨州市 2004 年市级财政决算的审查报告;(七)听取审议市人民政府关于滨州市 2004 年财政决算草案的报告,审查和批准滨州市 2004 年市级财政决算;(八)人事任免事项。

决议决定

会议表决通过:滨州市第八届人民代表大会常务委员会关于批准滨州市 2004 年市级财政决算的决议。

人事任免

任命:何凤岐为滨州市人民政府秘书长。

免去:王观庆的滨州市人民政府秘书长职务。

市八届人大常委会第 17 次会议

2005 年 7 月 15 日,市八届人大常委会第 17 次会议在滨州召开。市人大常委会副主任李成明、刘宝庭、苏乃军、叶庆华、张秀亭、朱向旭、郭德刚、郭建新,秘书长张树香出席会议,会议由李成明主持。

会议议程

审议滨州市人民政府关于市财政为滨州大高通用航空城有限责任公司提供融资服务的议案,并作出相应决定。

决议决定

会议表决通过:滨州市人民代表大会常务委员会关于批准市财政为滨州大高通用航空城有限责任公司提供融资服务的决定。

市八届人大常委会第 18 次会议

2005 年 8 月 24 日至 25 日,市八届人大常委会第 18 次会议在滨州召开。市委书记、市人大常委会主任孙德汉,市人大常委会副主任刘宝庭、苏乃军、叶庆华、朱向旭、郭德刚、郭建新出席会议。刘宝庭、郭建新分别主持了会议。

会议议程

(一)听取审议市人民政府关于政府系统办理市八届人大三次会议以来人大代表建议、批评和意见情况的报告;(二)听取审议市人民政府关于滨州市 2005 年上半年国民经济和社会发展计划执行情况的报告;(三)听取审议市人民政府关于滨州市 2005 年上半年财政预算执行情况的报告;(四)听取审议市人民政府关于城市基础设施建设项目使用国家开发银行贷款情况的报告;(五)对市监察局局长史德高、市司法局局长王建泉、市水利局局长王少青、市粮食局局长吴凤水、市文化局局长边茂田、市人口和计划生育委员会主任宋家功、市体育局局长赵军、市外事与侨务办公室主任邱云鹏,市中级人民法院副院长王学军、赵永金、徐兴邦、刘志涛,市人民检察院副检察长赵同亮、王学军、黄泽民进行述职评议,对滨州检验检疫局局长郭利军、市食品药品监督管理局局长李振恒进行执法评议;(六)审议滨州市人民政府提请市八届人大常委会审议的关于市财政为滨州经济开发区提供融资服务的议案,并作出相应决定;(七)人事任免事项;(八)其他事项。

决议决定

会议表决通过:滨州市人民代表大会常务委员会关于批准市财政为滨州经济开发区提供融资服务的决定;

滨州市八届人大常委会第18次会议决定批准市政府提交的关于市财政为滨州经济开发区提供融资服务的议案。

人事任免

任命:王力为滨州市劳动和社会保障局局长。

市八届人大常委会第19次会议

2005年10月25日,市八届人大常委会第19次会议在滨州召开。市人大常委会副主任李成明主持会议。市人大常委会副主任刘宝庭、苏乃军、叶庆华、张秀亭、朱向旭、郭德刚、郭建新,秘书长张树香出席会议。

会议议程

(一)听取审议市人大常委会关于组织市人大代表视察市政府系统办理市八届人大三次会议以来代表建议、批评和意见情况的报告;(二)听取审议市人大常委会执法检查组关于检查《中华人民共和国农村土地承包法》《山东省实施<中华人民共和国农村土地承包法>办法》实施情况的报告;(三)听取市人民政府关于滨州市2005年市级财政收入预算变更情况的说明;(四)听取审议市人民政府关于全市土地开发经营情况的报告;(五)审议市人大常委会主任会议关于提请审议《滨州市人大常委会关于市人大代表旁听市中级人民法院审理案件的办法(草案)》的议案;(六)审议市人民政府关于市财政为小营至滨州铁路(含黄河公铁两用大桥)项目提供融资服务的议案,并作出相应决定;(七)人事任免事项;(八)其他事项。

决议决定

会议表决通过:滨州市人民代表大会常务委员会关于批准市财政为小营至滨州铁路(含黄河公铁两用大桥)项目提供融资服务的决定。

人事任免

决定任命:邵斌华、张万旺、王胜伦为滨州市中级人民法院审判员。

市八届人大常委会第20次会议

2005年12月20日至21日,市八届人大常委会第20次会议在滨州召开。市委书记、市人大常委会主任孙德汉,市人大常委会副主任李成明、刘宝庭、苏乃军、叶庆华、张秀亭、朱向旭、郭德刚、郭建新,市人大常委会秘书长张树香出席会议。会议由刘宝庭主持。

会议议程

(一)听取审议市人大常委会执法检查组关于检查《中华人民共和国中小企业促进法》实施情况的报告;(二)听取审议市人大常委会执法检查组关于检查《山东省文化市场管理条例》、国务院《互联网上网服务营业场所管理条例》实施情况的报告;(三)听取审议市人民政府关于建设系统“九州”(科技、生态、民本滨州)有关情况的报告;(四)听取审议市人民政府关于提请审议《滨州市城市总体规划》的议案及滨州市城市总体规划修编情况的报告并做出相应决议;(五)听取审议市人民政府关于《滨州市国民经济和社会发展第十一个五年总体规划纲要草案》的报告,审查《滨州市国民经济和社会发展第十一个五年总体规划纲要草案》,决定提请市八届人大四次会议审议;(六)审议市人民政府关于市八届人大三次会议第8301号议案(关于加快水务改革,实现水务一体化管理的议案)办理情况的报告(书面),决定书面报告市八届人大四次会议;(七)审议市人民政府关于市八届人大三次会议第8309号议案(解决环境污染,建设生态滨州的议案)办理情况的报告(书面),决定书面报告市八届人大四次会议;(八)审议通过市人大常委会关于召开滨州市第八届人民代表大会第四次会议的决定(草案);(九)人事任免事项;(十)其他事项。

决议决定

会议表决通过:滨州市人民代表大会常务委员会关于召开滨州市第八届人民代表大会第四次会议的决定。

人事任免

任命:张新华为滨州市人民检察院副检察长。

市八届人大常委会第21次会议

2005年12月30日,市八届人大常委会第21次会议在滨州召开。市委书记、市人大常委会主任孙德汉,市人大常委会副主任李成明、刘宝庭、苏乃军、叶庆华、张秀亭、朱向旭、郭德刚、郭建新,市人大常委会秘书长张树香出席会议。会议由李成明主持。

会议议程

(一)审议表决滨州市中级人民法院院长任树梓关于提请任命滨州市中级人民法院审判人员职务的报告;(二)审议滨州市人大常委会主任会议关于提请审议任树梓辞去滨州市中级人民法院院长职务的议案;表决滨州市八届人大常委会关于接受任树梓辞去滨州市中级人民法院院长职务的请求的决定(草案);(三)决定滨州市中级人民法院代理院长;(四)其他事项。

决议决定

会议表决通过:滨州市人民代表大会常务委员会关于接受任树梓辞去滨州市中级人民法院院长职务的请求的决定。

人事任免

任命:宋文明为滨州市中级人民法院副院长、代理院长。

接受任树梓辞去滨州市中级人民法院院长职务的辞呈。

市八届人大常委会第22次会议

2006年1月12日,市八届人大常委会第22次会议在滨州召开。市人大常委会副主任李成明、刘宝庭、苏乃军、叶庆华、张秀亭、朱向旭、郭德刚、郭建新,秘书长张树香出席会议。市人大常委会副主任苏乃军主持会议。

会议议程

(一)听取审议市人大常委会代表资格审查委员会关于补选市八届人大代表的代表资格的审查报告;(二)听取审议市人大常委会主任会议关于滨州市第八届人民代表大会第四次会议筹备工作情况的汇报;(三)审议滨州市人大常委会工作报告稿;(四)审议滨州市第八届人民代表大会第四次会议议程(草案),决定提请滨州市第八届人民代表大会第四次会议预备会议通过;(五)审议滨州市第八届人民代表大会第四次会议主席团和秘书长名单(草案);(六)审议决定列席滨州市第八届人民代表大会第四次会议人员范围及名单(草案);(七)审议滨州市第八届人民代表大会第四次会议计划预算审查委员会名单(草案)和议案审查委员会名单(草案);(八)审议市人大常委会财政经济工作委员会关于滨州市2005年国民经济和社会发展计划执行情况与2006年国民经济和社会发展计划草案的初审报告、关于滨州市2005年财政预算执行情况和2006年财政预算草案的初审报告(书面);(九)审议市人大常委会关于市八届人大三次会议以来代表建议、批评和意见办理情况的报告(书面);(十)审议市人大常委会主任会议关于提请审议有关人员辞去市八届人大常委会委员职务的请求的议案;(十一)人事任免事项;(十二)其他事项。

决议决定

会议表决通过:滨州市人大常委会关于表彰先进代表小组的决定。

人事任免

接受马平之、王明仁、王洪昌辞去滨州市八届人大常委会委员职务的请求。

免去:房清泽的滨州市中级人民法院审判委员会委员、刑事审判第一庭庭长职务。

市八届人大常委会第23次会议

2006年3月6日,市八届人大常委会第23次会议在滨州召开。市人大常委会副主任李成明、刘宝庭、苏乃军、张秀亭、朱向旭、郭德刚、郭建新、张冠文、韩增金,秘书长张树香出席会议。市人大常委会副主任张秀亭主持会议。

会议议程

(一)人事任免事项;(二)其他事项。

人事任免

免去:叶庆华的滨州市人大常委会财政经济工作委员会主任职务;马平之的滨州市人大常委会农业和农村工作委员会副主任职务;王洪昌的滨州市人大常委会城建环保工作委员会副主任职务;罗伟田的滨州市人大常委会教科文卫人口工作委员会副主任职务。

任命:韩增金为滨州市人大常委会财政经济工作委员会主任(兼);李树国为滨州市人大常委会农业和农村工作委员会副主任;高曰荣为滨州市人大常委会城建环保工作委员会副主任;曹子敏为滨州市人大常委会教科文卫人口工作委员会副主任。

免去:隆方同的滨州市建设局局长职务;李树国的滨州市科学技术局局长职务。

市八届人大常委会第24次会议

2006年4月10日,市八届人大常委会第24次会议在滨州召开。市人大常委会副主任李成明、刘宝庭、苏乃军、张秀亭、朱向旭、郭德刚、郭建新、张冠文、韩增金,秘书长张树香出席会议。会议由朱向旭主持。

会议议程

(一)听取审议滨州市人大常委会执法检查组关于检查《中华人民共和国电力法》《山东省电力设施保护条例》实施情况的报告;(二)审议滨州市人民政府提请市八届人大常委会审议的关于落实滨州城建投资经营有限公司还贷资金来源的议案,并作出相应决定;(三)人事任免事项;(四)其他事项。

决议决定

会议表决通过:滨州市人民代表大会常务委员会关于批准《滨州市人民政府关于落实滨州城建投资经营有限公司还贷资金来源的议案》的决定。

人事任免

免去:王洪福的滨州市中级人民法院立案庭副庭长职务。

市八届人大常委会第25次会议

2006年6月27日至28日,市八届人大常委会第25次会议在滨州召开。市人大常委会副主任李成明、刘宝庭、苏乃军、张秀亭、朱向旭、郭德刚、郭建新、张冠文、韩增金,秘书长张树香出席会议。会议由郭德刚主持。

会议议程

(一)听取审议市人大常委会执法检查组关于检查《中华人民共和国劳动法》实施情况的报告;(二)听取审议市人大常委会执法检查组关于检查《中华人民共和国农业机械化促进法》实施情况的报告;(三)听取审议市人大常委会执法检查组关于检查《中华人民共和国食品卫生法》实施情况的报告;(四)听取审议市人民政府关于滨州市 2005 年度市级财政预算执行和其他财政收支的审计工作报告;(五)听取审议市人大常委会财政经济工作委员会关于滨州市 2005 年市级财政决算的审查报告;(六)听取审议市人民政府关于滨州市 2005 年度市级财政决算草案的报告,审查和批准滨州市 2005 年市级财政决算;(七)听取市人民政府关于《滨州市 2006—2010 年依法治市规划(草案)》的说明,审议《滨州市 2006—2010 年依法治市规划(草案)》,并作出相应的决议;(八)听取审议市人民政府关于我市"四五"普法、依法治市情况和"五五"普法规划的汇报,并作出相应的决议;(九)审议滨州市人民政府关于落实市技术学院农民工培训示范基地建设工程项目有关贷款条件的议案,并作出相应的规定;(十)人事任免事项;(十一)其他事项。

决议决定

会议表决通过:滨州市人民代表大会常务委员会关于在全市公民中开展第五个五年法制宣传教育的决议;

滨州市人民代表大会常务委员会关于《滨州市 2006—2010 年依法治市规划》的决议;

滨州市第八届人民代表大会常务委员会关于批准滨州市 2005 年市级财政决算的决议。

人事任免

任命:李景春为市中级人民法院审判员;杨富盛为市人民检察院检察员。

市八届人大常委会第 26 次会议

2006 年 8 月 22 日至 23 日,市八届人大常委会第 26 次会议在滨州召开。市人大常委会副主任李成明、刘宝庭、苏乃军、张秀亭、朱向旭、郭德刚、郭建新、张冠文、韩增金,秘书长张树香出席会议。郭建新主持会议。

会议议程

(一)听取审议市人大常委会视察组关于视察全市国土资源管理与经营情况的报告;(二)听取审议市人民政府关于政府系统办理市八届人大四次会议以来人大代表建议、批评和意见落实情况的报告;(三)听取审议市人民政府关于滨州市 2006 年上半年国民经济和社会发展计划执行情况的报告;(四)听取审议市人民政府关于滨州市 2006 年上半年财政预算执行情况的报告;(五)听取审议市人民政府关于城市基础设施建设项目使用国家开发银行贷款情况的报告;(六)听取审议市中级人民法院关于加强基层基础建设情况的报告;(七)对市人事局局长侯友新、市国土资源局局长王永祥、市交通局局长高发明、市林业局局长张秀森、市卫生局局长赵玉德、市环境保护局局长王惠军、市民族宗教事务局局长刘长生进行述职评议,对市国家税务局局长韩智勇、市烟草专卖局局长韩志忠进行执法评议;(八)人事任免事项;(九)其他事项。

人事任免

任命:王新建为滨州市人民检察院检察委员会委员。

市八届人大常委会第 27 次会议

2006 年 10 月 26 日,市八届人大常委会举行第 27 次会议。市人大常委会副主任李成明、刘宝庭、苏乃军、张秀亭、朱向旭、郭德刚、郭建新、张冠文、韩增金,秘书长张树香出席会议。韩增金主持会议。

会议议程

(一)听取审议市人大常委会视察组关于视察市政府系统办理市八届人大四次会议以来代表建议、批评和意见情况的报告;(二)听取审议市人大常委会视察组关于视察全市公安基层基础建设情况的报告;(三)听取审议市人大常委会视察组关于全市贯彻实施《中华人民共和国节约能源法》《山东省节约能源条例》及资源节约视察情况的报告;(四)听取审议市人大常委会执法检查组关于检查《中华人民共和国烟草专卖法》《中华人民共和国烟草专卖法实施条例》贯彻实施情况的报告;(五)听取审议市人大常委会执法检查组关于检查《中华人民共和国水土保持法》《山东省实施 < 中华人民共和国水土保持法 > 办法》贯彻实施情况的报告;(六)听取审议市人大常委会视察组关于视察《中华人民共和国人民防空法》《山东省实施 < 中华人民共和国人民防空法 > 办法》贯彻实施情况的报告;(七)听取审议市人大常委会执法检查组关于检查《山东省旅游条例》实施情况的报告;(八)审议市人民政府关于市八届人大四次会议第 8407.8408 号议案办理情况的报告;(九)审议市人民政府关于市八届人大四次会议第 8409 号议案办理情况的报告;(十)人事任免事项;(十一)其他事项。

人事任免

任命:林全治为滨州市人大常委会信访局局长;刘卫红为滨州市人大常委会民族侨务外事工作委员会副主任;刘来河为滨州市建设局局长;扈炳刚、邵珠山、车国华、冯宝忠、魏立国、刘洪军、王向东、陈勇、施林章、李义、张勇为滨州市人民检察院检察员。

市八届人大常委会第 28 次会议

2006 年 12 月 23 日,市八届人大常委会第 28 次会议在滨州召开。市委书记、市人大常委会主任孙德汉,市人大常委会副主任李成明、刘宝庭、苏乃军、张秀亭、朱向旭、郭德刚、郭建新、张冠文、韩增金,秘书长张树香出席会议。孙德汉、李成明分别主持会议。

会议议程

(一)听取审议市人民政府关于建设系统“九州”(小康、文明滨州)有关情况的报告;(二)听取审议市人大常委会视察组关于视察滨州市农村综合改革工作进展情况的报告;(三)听取审议市人大常委会视察组关于视察全市高新技术产业发展情况的报告;(四)听取审议市人民检察院关于全市检察机关开展法律监督工作情况的汇报;(五)听取审议市人民政府关于市八届人大四次会议第 8403 号议案办理情况的报告和第 8407.8408 号议案办理情况的报告;(六)审议通过滨州市人大常委会关于表彰优秀市人大代表的决定(草案);(七)审议通过滨州市人民代表大会常务委员会关于召开滨州市第八届人民代表大会第五次会议的决定(草案);(八)人事任免事项;(九)审议市人大常委会主任会议关于提请审议安世银辞去滨州市市长职务的议案;(十)决定滨州市代理市长;(十一)其他有关事项。

决议决定

会议表决通过:滨州市人大常委会关于表彰优秀市人大代表的决定;

滨州市人民代表大会常务委员会关于召开滨州市第八届人民代表大会第五次会议的决定;

滨州市人民代表大会常务委员会关于接受安世银辞去滨州市市长职务的请求的决定。

人事任免

任命:孙承志、崔娅妮为滨州市副市长,免去赵怀明的滨州市副市长职务;韩吉顺为滨州市公安局局长,邵振魁为滨州市科学技术局局长,免去:毕宝文的滨州市公安局局长职务。

任命:陈强为滨州市人民检察院检察委员会委员。

决定:接受安世银辞去滨州市市长职务;邓向阳为滨州市代理市长。

市八届人大常委会第 29 次会议

2007 年 1 月 11 日,市八届人大常委会第 29 次会议在滨州召开。市委书记、市人大常委会主任孙德汉,市人大常委会副主任李成明、刘宝庭、苏乃军、朱向旭、郭德刚、郭建新、张冠文、韩增金,秘书长张树香出席会议。孙德汉、李成明分别主持会议。

会议议程

(一)补选山东省第十届人民代表大会代表;(二)人事任免事项;(三)其他事项。

人事任免

任命:曹兴宽为滨州市副市长。

任命:孟华为滨州市中级人民法院刑事审判第一庭庭长,赵慧莲、周娟为滨州市中级人民法院刑事审判第一庭副庭长,邵斌华、耿妍君为滨州市中级人民法院刑事审判第二庭副庭长,马荷滨为滨州市中级人民法院民事审判第二庭副庭长,郑乃群为滨州市中级人民法院民事审判第四庭副庭长,刘颖、牛淑华为滨州市中级人民法院行政审判庭副庭长,于明辉为滨州市中级人民法院审判监督庭副庭长、审判员,黄跃江为滨州市中级人民法院审判监督庭副庭长,崔珂平、韩继强为滨州市中级人民法院立案庭副庭长;免去:张峰的滨州市中级人民法院刑事审判第二庭副庭长职务,李洪波的滨州市中级人民法院民事审判第二庭副庭长职务,孙长青的滨州市中级人民法院审判监督庭副庭长职务。

市八届人大常委会第30次会议

2007年2月2日,市八届人大常委会第30次会议在滨州召开。市委书记、市人大常委会主任孙德汉,市人大常委会副主任李成明、刘宝庭、苏乃军、张秀亭、朱向旭、郭德刚、郭建新、张冠文、韩增金,秘书长张树香出席会议。会议由张冠文主持。

会议议程

(一)听取审议市人大常委会代表资格审查委员会关于补选市八届人大代表的代表资格的审查报告;(二)听取审议市人大常委会主任会议关于滨州市第八届人民代表大会第五次会议筹备工作情况的汇报;(三)审议滨州市人大常委会工作报告稿;(四)审议滨州市第八届人民代表大会第五次会议议程(草案);(五)审议滨州市第八届人民代表大会第五次会议主席团和秘书长名单(草案);(六)审议决定列席滨州市第八届人民代表大会第五次会议人员范围及名单(草案);(七)审议滨州市第八届人民代表大会第五次会议计划预算审查委员会名单(草案)和议案审查委员会名单(草案);(八)审议市人大常委会财政经济工作委员会关于滨州市2006年国民经济和社会发展计划执行情况与2007年国民经济和社会发展计划草案的初审报告、关于滨州市2006年预算执行情况和2007年预算草案的初审报告(书面);(九)审议市人大常委会关于市八届人大四次会议以来代表建议、批评和意见办理情况的报告(书面);(十)审议市人大常委会主任会议关于提请审议滨州市人大常委会关于停止执行《滨州市人大常委会个案监督暂行办法》《滨州市人大常委会述职评议和执法评议暂行办法》的议案并作出相应决定;(十一)其他事项。

决议决定

会议表决通过:关于停止执行《滨州市人大常委会个案监督暂行办法》《滨州市人大常委会述职评议和执法评议暂行办法》的决定。

市八届人大常委会第31次会议

2007年4月20日,市八届人大常委会第31次会议在滨州召开。市人大常委会副主任李成明、侯宪秀、苏乃军、田宝礼、郭德刚、郭建新、张冠文、韩增金,秘书长张树香出席会议。侯宪秀、苏乃军分别主持会议。

会议议程

(一)听取审议市人民政府关于城市基础设施建设项目使用国家开发银行贷款情况的报告;(二)听取审议市人民政府关于全市城乡社会救助工作情况的报告;(三)审议通过滨州市第八届人民代表大会常务委员会代表资格审查委员会主任委员名单(草案);(四)审议表决市人大常委会主任会议提请审议关于修改《滨州市人大

常委会人事任免办法》的议案;(五)人事任免事项;(六)其他事项。

人事任免

任命:侯宪秀为滨州市人大常委会城乡建设环境保护工作委员会主任(兼),田宝礼为滨州市人大常委会教育科学文化卫生人口工作委员会主任(兼);免去:刘宝庭兼任的滨州市人大常委会城乡建设环境保护工作委员会主任职务,张秀亭兼任的滨州市人大常委会教育科学文化卫生人口工作委员会主任职务。

任命:黎爱芬为滨州市监察局局长,李金华为滨州市规划局局长,王秀夫为滨州市财政局局长;免去:燕钦国、祁维华的滨州市副市长职务,史德高的滨州市监察局局长职务,崔其忠的滨州市规划局局长职务,王乃信兼任的滨州市教育局局长职务,宋振华兼任的滨州市财政局局长职务。

市八届人大常委会第 32 次会议

2007 年 5 月 21 日,市八届人大常委会第 32 次会议在滨州召开。市委书记、市人大常委会主任孙德汉,市人大常委会副主任李成明、侯宪秀、苏乃军、田宝礼、郭德刚、郭建新、张冠文、韩增金,秘书长张树香出席会议。苏乃军主持会议。

会议议程

(一)审议市人民政府关于落实滨州城建投资经营有限公司还贷资金来源的议案,并作出相应决定;(二)审议市人民政府关于落实滨州市土地收购储备中心还贷资金来源的议案,并做出相应决定;(三)其他事项。

决议决定

会议表决通过:关于批准《滨州市人民政府关于落实滨州城建投资经营有限公司还贷资金来源的议案》的决定;

关于批准《滨州市人民政府关于落实滨州市土地收购储备中心还贷资金来源的议案》的决定。

市八届人大常委会第 33 次会议

2007 年 6 月 20 日至 21 日,市八届人大常委会第 33 次会议在滨州召开。市人大常委会副主任李成明、苏乃军、田宝礼、郭德刚、郭建新、张冠文、韩增金,秘书长张树香出席会议。会议由田宝礼主持。

会议议程

(一)听取审议市人大常委会执法检查组关于检查《中华人民共和国安全生产法》实施情况的报告;(二)听取审议市人大常委会执法检查组关于检查《中华人民共和国农产品质量安全法》实施情况的报告;(三)听取审议市人大常委会执法检查组关于检查《中华人民共和国环境保护法》《山东省环境保护条例》实施情况的报告;(四)听取审议市人大常委会执法检查组关于检查《中华人民共和国义务教育法》实施情况的报告;(五)听取审议市人民政府关于滨州市 2006 年度市级财政预算执行和其他财政收支的审计工作报告;(六)听取审议市人大常委会财政经济工作委员会关于滨州市 2006 年市级财政决算的审查报告;(七)听取审议市人民政府关于滨州市 2006 年度财政决算草案的报告,审查和批准滨州市 2006 年市级财政决算;(八)听取审议市中级人民法院关于开展审判工作监督情况的报告;(九)审议市人大常委会主任会议关于提请审议杨兴华同志辞去滨州市八届人大常委会委员职务的请求的议案;(十)人事任免事项;(十一)其他事项。

决议决定

会议表决通过:滨州市第八届人民代表大会常务委员会关于批准滨州市 2006 年市级财政决算的决议。

人事任免

接受杨兴华辞去滨州市第八届人民代表大会常务委员会委员职务的请求。

任命:高松为滨州市人大常委会内务司法工作委员会副主任。

免去:王钦友的滨州市人大常委会民族侨务外事工作委员会副主任职务,王文生的滨州市人大常委会内务司法工作委员会副主任职务,杨兴华的滨州市人大常委会教育科学文化卫生人口工作委员会副主任职务。

任命:高中兴为滨州市教育局局长。

免去:汤吉瑜的滨州市中级人民法院执行局执行一庭庭长职务,姚奎英的滨州市中级人民法院立案庭庭长、审判委员会委员职务,赵开明的滨州市中级人民法院审判委员会委员职务,牟恒湘的滨州市中级人民法院执行局执行一庭副庭长职务。

市八届人大常委会第34次会议

2007年8月21日,市八届人大常委会第34次会议在滨州召开。市人大常委会副主任李成明、侯宪秀、苏乃军、田宝礼、郭德刚、张冠文、韩增金,秘书长张树香出席会议。郭德刚主持会议。

会议议程

(一)听取审议市人民政府关于政府系统办理市八届人大五次会议以来代表建议、批评和意见的报告;(二)听取审议市人民政府关于滨州市2007年上半年国民经济和社会发展计划执行情况的报告;(三)听取审议市人民政府关于滨州市2007年上半年财政预算执行情况的报告;(四)听取审议市人民政府关于全市信息产业工作情况的报告;(五)审议通过滨州市选举工作委员会关于2007年全市人大换届选举工作安排意见;(六)审议通过市人大常委会关于全市各级人民代表大会换届时间和市九届人大代表名额分配的决定(草案);(七)人事任免事项;(八)其他事项。

决议决定

会议表决通过:滨州市人民代表大会常务委员会关于全市各级人民代表大会换届时间和市九届人大代表名额分配的决定。

人事任免

免去:王学军的滨州市中级人民法院副院长职务;赵同亮的滨州市人民检察院副检察长职务,李荣顺的滨州市人民检察院检察委员会委员、检察员职务。

市八届人大常委会第35次会议

2007年10月26日,市八届人大常委会第35次会议在滨州召开。市人大常委会副主任李成明、侯宪秀、苏乃军、郭德刚、郭建新、张冠文、韩增金,秘书长张树香出席会议。张冠文主持会议。

会议议程

(一)听取审议市人大常委会视察组关于视察政府系统办理市八届人大一次会议以来代表建议、批评和意见情况的报告;(二)听取审议市人民政府关于创建中国优秀旅游城市工作情况的报告;(三)听取审议市人民政府关于滨州市推行行政执法责任制工作情况的报告;(四)人事任免事项;(五)其他事项。

人事任免

任命:蹇家斌为滨州市中级人民法院副院长、审判委员会委员、审判员(挂职一年);王军为滨州市人民检察院检察员。

市八届人大常委会第36次会议

2007年12月5日,市八届人大常委会第36次会议在滨州召开。市委书记、市人大常委会主任孙德汉,市人大常委会副主任李成明、侯宪秀、苏乃军、田宝礼、郭德刚、郭建新、张冠文、韩增金,秘书长张树香出席会议。李成明主持会议。

会议议程

（一）听取审议市人民政府关于全市质量技术监督工作情况的报告；（二）听取审议市人民政府关于滨州市基础设施建设项目使用国家开发银行贷款及其他贷款情况的报告；（三）听取审议市人民政府关于全市社会主义新农村建设投入情况的报告；（四）听取审议市人民政府关于全市新型农村合作医疗运行情况的报告；（五）听取审议市人民政府关于市八届人大五次会议第8510号议案办理情况的报告；（六）听取审议市人民政府关于市八届人大五次会议第8513号议案办理情况的报告；（七）审议市人大常委会关于市八届人大一次会议以来代表建议、批评和意见办理情况的报告（书面）；（八）审议通过滨州市人民代表大会常务委员会关于召开滨州市第九届人民代表大会第一次会议的决定（草案）；（九）审议滨州人大常委会主任会议关于调整市九届人大代表预留名额的议案，并做出相应的决定；（十）审议滨州市人民政府关于滨州四环五海城市建设经营有限公司城市中心区域基础设施建设项目贷款的议案，并做出相应的决定；（十一）人事任免事项；（十二）其他事项。

决议决定

会议表决通过：滨州市人民代表大会常务委员会关于召开滨州市第九届人民代表大会第一次会议的决定；

滨州市人民代表大会常务委员会关于批准《滨州市人民政府关于滨州四环五海城市建设经营有限公司城市中心区域基础设施建设项目贷款的议案》的决定。

人事任免

任命：韩奎祥、张兆宏为滨州市副市长；李邦斌为滨州市中级人民法院副院长、审判委员会委员；贾恒武为滨州市人民检察院副检察长、检察委员会委员、检察员，张龙方为滨州市人民检察院检察委员会委员、检察员。

免去：程志民的滨州市人民检察院检察员职务，王俊民的滨州市人民检察院检察委员会委员、检察员职务。

市八届人大常委会第37次会议

2007年12月21日，市八届人大常委会第37次会议在滨州召开。市委书记、市人大常委会主任孙德汉，市人大常委会副主任李成明、侯宪秀、苏乃军、田宝礼、郭建新、张冠文、韩增金，秘书长张树香出席会议。孙德汉、李成明分别主持会议。

会议议程

（一）听取审议市人大常委会代表资格审查委员会关于滨州市第九届人民代表大会代表资格审查情况的报告；（二）听取审议市人大常委会主任会议关于滨州市第九届人民代表大会第一次会议筹备工作情况的汇报；（三）审议通过滨州市人民代表大会常务委员会关于变更滨州市第九届人民代表大会第一次会议召开时间的决定（草案）；（四）审议滨州市人民代表大会常务委员会工作报告稿，决定提请滨州市第九届人民代表大会第一次会议审议；（五）审议滨州市第九届人民代表大会第一次会议议程（草案）；（六）审议滨州市第九届人民代表大会第一次会议主席团和秘书长名单（草案）；（七）审议决定列席滨州市第九届人民代表大会第一次会议人员范围及名单（草案）；（八）审议滨州市第九届人民代表大会第一次会议计划预算审查委员会名单（草案）和议案审查委员会名单（草案）；（九）审议市人大常委会财政经济工作委员会关于滨州市2007年国民经济和社会发展计划执行情况与2008年国民经济和社会发展计划草案的初审报告、关于滨州市2007年预算执行情况和2008年预算草案的初审报告（书面）；（十）审议市人民政府关于市八届人大五次会议第8510号议案办理情况的报告；（十一）其他事项。

决议决定

会议表决通过：滨州市人民代表大会常务委员会关于变更滨州市第九届人民代表大会第一次会议召开时间的决定。

第三节　第九届人大常委会历次会议

（2008.01—2012.03）

市九届人大常委会第1次会议

2008年2月27日，市九届人大常委会第1次会议在滨州召开。市人大常委会副主任曹兴宽、侯宪秀、董吉增、郭建新、张冠文、韩增金出席，曹兴宽主持。

会议议程

（一）审议通过《滨州市人民代表大会常务委员会人事任免办法》修正案（草案）；（二）审议通过滨州市第九届人民代表大会常务委员会代表资格审查委员会主任委员、委员名单（草案）；（三）人事任免事项；（四）审议市人大常委会主任会议关于提请审议邓向阳辞去滨州市市长职务的议案，表决通过滨州市人民代表大会常务委员会关于接受邓向阳辞去滨州市市长职务的请求的决定（草案）；（五）决定滨州市代理市长；（六）其他事项。

人事任免

任命：蒋爱学为市人大常委会内务司法工作委员会主任；高松为市人大常委会内务司法工作委员会副主任；刘启盛为市人大常委会财政经济工作委员会主任；徐竹滨为市人大常委会财政经济工作委员会副主任；李继文为市人大常委会农业和农村工作委员会主任；侯友新为市人大常委会城乡建设环境保护工作委员会主任；宋守松为市人大常委会教育科学文化卫生人口工作委员会主任；田光利为市人大常委会民族侨务外事工作委员会主任；刘卫红为市人大常委会民族侨务外事工作委员会副主任。

任命：张光峰为滨州市副市长；何凤岐为市人民政府秘书长；路军为市发展和改革委员会主任；耿同庆为市经济贸易委员会主任；高中兴为市教育局局长；邵振魁为市科学技术局局长；韩吉顺为市公安局局长；黎爱芬为市监察局局长；李福友为市民政局局长；王建泉为市司法局局长；王秀夫为市财政局局长；徐玉民为市人事局局长；王力为市劳动和社会保障局局长；王永祥为市国土资源局局长；刘来河为市建设局局长；李金华为市规划局局长；高发明为市交通局局长；王少青为市水利局局长；张秀森为市林业局局长；马明德为市海洋与渔业局局长；吴凤水为市粮食局局长；边茂田为市文化局局长；赵玉德为市卫生局局长；宋家功为市人口和计划生育委员会主任；张子禹为市审计局局长；王惠军为市环境保护局局长；刘长生为市民族宗教事务局局长；赵军为市体育局局长；朱兴新为市统计局局长；李慎猛为市外事与侨务办公室主任；姚和民为市城市管理行政执法局局长；皮台田为市安全生产监督管理局局长。

批准任命：李松水为滨城区人民检察院检察长；程志民为惠民县人民检察院检察长；牛向阳为阳信县人民检察院检察长；王俊民为无棣县人民检察院检察长；于波为沾化县人民检察院检察长；刘源吉为博兴县人民检察院检察长；邹长恩为邹平县人民检察院检察长。

决定：接受邓向阳辞去滨州市市长职务的请求，报滨州市第九届人民代表大会备案。

决定：副市长张光峰为滨州市代理市长。

市九届人大常委会第2次会议

2008年4月20日，市九届人大常委会第2次会议在滨州召开。市人大常委会副主任曹兴宽、郭建新、张冠文、韩增金出席，曹兴宽主持会议。

会议议程

（一）听取市公安局关于许可对市九届人大代表董玉华依法行政拘留的请示；（二）审议市人大常委会主任会议关于提请市人大常委会许可对市九届人大代表董玉华依法采取行政拘留的议案，并做出相应的决定；（三）

其他事项。

决议决定

会议表决通过：滨州市人大常委会关于许可对市九届人大代表董玉华依法采取行政拘留的决定。

市九届人大常委会第3次会议

2008年4月29日，市九届人大常委会第3次会议在滨州召开。市人大常委会副主任曹兴宽主持，郭建新、张冠文、韩增金出席。

会议议程

（一）听取审议市人大常委会执法检查组关于检查《中华人民共和国招标投标法》实施情况的报告；（二）听取审议市人民政府关于全市就业再就业工作情况的报告；（三）审议市人大常委会视察组关于视察"平安滨州"建设情况的报告（书面）；（四）审议通过滨州市人民代表大会常务委员会关于加强自身建设的意见；（五）审议市人大常委会主任会议关于提请审议孙德汉辞去滨州市第九届人民代表大会常务委员会主任职务的议案，表决通过滨州市人民代表大会常务委员会关于接受孙德汉辞去滨州市第九届人民代表大会常务委员会主任职务的请求的决定（草案）；（六）听取审议市九届人大常委会代表资格审查委员会关于代表资格审查情况的报告；（七）人事任免事项；（八）其他事项。

人事任免

接受孙德汉辞去滨州市第九届人民代表大会常务委员会主任职务的请求。

免去：刘晋宏的滨州市中级人民法院执行局执行二庭副庭长职务。

市九届人大常委会第4次会议

2008年6月27日，市九届人大常委会第4次会议在滨州召开。市人大常委会副主任曹兴宽、董吉增、郭建新、张冠文、韩增金出席，董吉增主持。

会议议程

（一）审议市人大常委会执法检查组关于检查《中华人民共和国未成年人保护法》实施情况的报告（书面）；（二）听取审议市人大常委会执法检查组关于检查《中华人民共和国建筑法》实施情况的报告；（三）听取审议市人民政府关于滨州市2007年度市级财政预算执行和其他财政收支的审计工作报告；（四）听取审议市人大常委会财政经济工作委员会关于滨州市2007年财政决算草案的审查报告；（五）听取审议市人民政府关于滨州市2007年财政决算草案的报告，表决通过滨州市第九届人民代表大会常务委员会关于批准滨州市2007年市级财政决算的决议（草案）；（六）听取审议市中级人民法院关于全市法院执行工作情况的报告；（七）审议关于进一步解放思想，转变作风，创新实干，科学发展，在新起点上实现又好又快发展的决定（草案），并决定将其列入市九届人大二次会议议程；（八）审议通过滨州市人民代表大会常务委员会关于召开滨州市第九届人民代表大会第二次会议的决定（草案）；（九）审议通过关于加强和规范市人大代表活动的若干意见（草案）；（十）审议通过滨州市人民代表大会代表建议、批评和意见办理办法（草案）；（十一）人事任免事项；（十二）其他事项。

决议决定

会议表决通过：滨州市第九届人民代表大会常务委员会关于批准2007年市级财政决算的决议；

滨州市人民代表大会常务委员会关于召开滨州市第九届人民代表大会第二次会议的决定。

人事任免

任命：褚新法为滨州市人大常委会内务司法工作委员会副主任；高松为滨州市人大常委会城乡建设环境保护工作委员会副主任；蔺东华为滨州市人大常委会教育科学文化卫生人口工作委员会副主任；张炳宣为滨州市

农业局局长;赵景杰为滨州市对外贸易经济合作局局长。

免去:高松的滨州市人大常委会内务司法工作委员会副主任职务;张世忠的滨州市中级人民法院审判员职务;贾秀美的滨州市人民检察院检察委员会委员、检察员职务。

市九届人大常委会第5次会议

2008年7月4日,市九届人大常委会第5次会议在滨州召开。市人大常委会副主任曹兴宽主持,侯宪秀、郭建新、张冠文、韩增金出席。

会议议程

(一)听取审议市第九届人民代表大会常务委员会代表资格审查委员会关于代表资格审查情况的报告;(二)听取审议市人大常委会主任会议关于滨州市第九届人民代表大会第二次会议筹备工作情况的汇报;(三)审议滨州市第九届人民代表大会第二次会议议程(草案),决定提请滨州市第九届人民代表大会第二次会议预备会议通过;(四)审议滨州市第九届人民代表大会第二次会议主席团和秘书长名单(草案),决定提请滨州市第九届人民代表大会第二次会议预备会议选举;(五)审议决定列席滨州市第九届人民代表大会第二次会议人员范围及名单(草案);(六)审议市人民政府关于落实滨州市土地收购储备中心还贷资金来源的议案,并做出相应的决定;(七)其他事项。

决议决定

会议表决通过:批准《滨州市人民政府关于落实滨州市土地收购储备中心还贷资金来源的议案》的决定。

市九届人大常委会第6次会议

2008年8月27日,市九届人大常委会第6次会议在滨州召开。市人大常委会副主任曹兴宽、侯宪秀、董吉增、郭建新、张冠文、韩增金,秘书长李国强出席。侯宪秀主持。

会议议程

(一)听取审议市人民政府关于政府系统办理市九届人大一次会议以来代表建议、批评和意见情况的报告;(二)听取审议市人民政府关于滨州市2008年上半年国民经济和社会发展计划执行情况的报告;(三)听取审议市人民政府关于滨州市2008年上半年财政预算执行情况的报告;(四)听取审议市人大常委会执法检查组关于检查《中华人民共和国水法》《中华人民共和国防洪法》和《山东省实施〈中华人民共和国水法〉办法》实施情况的报告;(五)听取审议市人大常委会执法检查组关于检查《山东省药品使用条例》实施情况的报告;(六)听取审议市人大常委会执法检查组关于检查《宗教事务条例》实施情况的报告;(七)听取审议市人民检察院关于查办和预防职务犯罪工作的报告;(八)审议市人大常委会主任会议关于提请审议王春山辞去滨州市九届人大常委会委员职务的请求的议案;(九)人事任免事项;(十)其他事项。

人事任免

免去:王春山的滨州市人大常委会副秘书长、研究室主任职务。

市九届人大常委会第7次会议

2008年10月29日,市九届人大常委会第7次会议在滨州召开。市人大常委会副主任曹兴宽、侯宪秀、董吉增、郭建新、张冠文、韩增金,秘书长李国强出席。张冠文主持。

会议议程

(一)听取审议市人大常委会视察组关于视察政府系统办理市九届人大一次会议以来代表建议、批评和意见情况的报告(书面);(二)听取审议市人大常委会执法检查组关于检查《中华人民共和国劳动合同法》实施情况的报告；（三）听取审议市人大常委会视察组关于视察全市节能减排工作情况的报告；（四）听取审议市人民政府关于全市林业工作和《森林法》实施情况的报告；（五）听取审议市人民政府关于全市国土资源管理工作情况的报告；（六）审议通过滨州市人民代表大会代表议案处理暂行办法（草案）；（七）其他事项。

市九届人大常委会第8次会议

2008年12月19日，市九届人大常委会第8次会议在滨州召开。市人大常委会副主任曹兴宽、侯宪秀、董吉增、郭建新、张冠文、韩增金，秘书长李国强出席。韩增金主持。

会议议程

（一）听取审议市人民政府关于滨州市城市基础设施建设项目筹融资及资金使用情况的报告；（二）听取审议市人民政府关于《滨州市国民经济和社会发展第十一个五年规划纲要》中期评估的报告；（三）听取审议市人民政府关于全市文化产业发展情况的报告；（四）听取审议市人民政府关于变更2008年地方财政收入计划的报告，并作出相应的决定；（五）审议通过滨州市人民代表大会常务委员会关于召开滨州市第九届人民代表大会第三次会议的决定（草案）；（六）审议通过《滨州市人民代表大会常务委员会议事规则》（草案）；（七）审议通过《滨州市人民代表大会常务委员会组成人员守则》（草案）；（八）审议市人民政府关于滨州市城市南部区域基础设施建设工程项目向银行贷款及有关事项的议案；（九）审议市人民政府关于提请审议滨州城建集团公司还贷资金来源的议案；（十）审议市人大常委会主任会议关于提请审议杨玖庆辞去滨州市九届人大常委会委员职务的请求的议案；（十一）人事任免事项；（十二）其他事项。

决议决定

会议表决通过：滨州市人民代表大会常务委员会关于批准《滨州市人民政府关于变更2008年地方财政收入计划的报告》的决定；

滨州市人民代表大会常务委员会关于召开滨州市第九届人民代表大会第三次会议的决定；

滨州市人民代表大会常务委员会关于批准《滨州市人民政府关于滨州市城市南部区域基础设施建设工程项目向银行贷款及有关事项的议案》的决定；

滨州市人民代表大会常务委员会关于批准《滨州市人民政府关于提请审议滨州城建集团公司还贷资金来源的议案》的决定。

人事任免

决定：接受杨玖庆辞去滨州市第九届人民代表大会常务委员会委员职务的请求。

任命：王建邦为滨州市人大常委会研究室主任；牛洪波为滨州市中级人民法院审判委员会委员；焦力为滨州市人民检察院检察委员会委员。

市九届人大常委会第9次会议

2009年1月6日，市九届人大常委会第9次会议在滨州召开。市人大常委会常务副主任曹兴宽，副主任侯宪秀、郭建新、张冠文，秘书长李国强出席会议。侯宪秀主持会议。

会议议程

（一）听取审议市第九届人民代表大会常务委员会代表资格审查委员会关于代表资格审查情况的报告；（二）听取审议市人大常委会主任会议关于滨州市第九届人民代表大会第三次会议筹备工作情况的汇报；（三）审议滨州市人民代表大会常务委员会工作报告稿；（四）审议滨州市第九届人民代表大会第三次会议议程（草案）；（五）审议滨州市第九届人民代表大会第三次会议主席团和秘书长名单（草案），决定提请滨州市第九届人民代表大会第三次会议预备会议选举；（六）审议决定列席滨州市第九届人民代表大会第三次会议人员范围及名单(草案);(七)审议滨州市第九届人民代表大会第三次会议计划预算审查委员会名单(草案)和议案审查委员会名单(草案);(八)审议市人大常委会财政经济工作委员会关于滨州市2008年国民经济和社会发展计划执行情况与2009年国民经济和社会发展计划草案的初审报告、关于滨州市2008年预算执行情况和2000年预算草案的初审报告(书面);(九)审议市人大常委会关于市九届人大一次会议以来代表建议、批评和意见办理情况的报告(书面);(十)人事任免事项;(十一)其他事项。

人事任免

任命:陈文涛为滨州市中级人民法院刑事审判第一庭庭长,免去其滨州市中级人民法院刑事审判第二庭庭长职务;于国俊为滨州市中级人民法院刑事审判第一庭副庭长;孟华为滨州市中级人民法院刑事审判第二庭庭长,免去其滨州市中级人民法院刑事审判第一庭庭长职务;周娟为滨州市中级人民法院刑事审判第二庭副庭长,免去其滨州市中级人民法院刑事审判第一庭副庭长职务;韩现文为滨州市中级人民法院民事审判第一庭副庭长;李添珍为滨州市中级人民法院民事审判第一庭副庭长、审判员;孙卫国为滨州市中级人民法院民事审判第二庭庭长,免去其滨州市中级人民法院民事审判第四庭庭长职务;王忠民为滨州市中级人民法院民事审判第二庭副庭长;吴琦为滨州市中级人民法院民事审判第二庭副庭长;刘福敬为滨州市中级人民法院民事审判第四庭庭长,免去其滨州市中级人民法院民事审判第二庭庭长职务;张英波为滨州市中级人民法院民事审判第四庭副庭长、审判员;邵斌华为滨州市中级人民法院行政审判庭庭长,免去其滨州市中级人民法院刑事审判第二庭副庭长职务;牛立敏为滨州市中级人民法院审判监督庭庭长,免去其滨州市中级人民法院民事审判第一庭副庭长职务;常维华为滨州市中级人民法院立案庭庭长,免去其滨州市中级人民法院民事审判第一庭副庭长职务;高军燕为滨州市中级人民法院立案庭副庭长;王军为滨州市中级人民法院立案庭副庭长、审判员;张峰为滨州市中级人民法院执行第一庭庭长;贾善学为滨州市中级人民法院执行第一庭副庭长;陈勇为滨州市中级人民法院执行第一庭副庭长,免去其滨州市中级人民法院执行第二庭副庭长职务;王树岭为滨州市中级人民法院执行第二庭庭长;周新华为滨州市中级人民法院执行第二庭副庭长,免去其滨州市中级人民法院执行第一庭副庭长职务;侯培全为滨州市中级人民法院执行第二庭副庭长;杜洪东为滨州市中级人民法院审判员。免去:侯沛的滨州市中级人民法院民事审判第二庭副庭长职务;马荷滨的滨州市中级人民法院民事审判第二庭副庭长职务;郑乃群的滨州市中级人民法院民事审判第四庭副庭长职务;刘学智的滨州市中级人民法院行政审判庭庭长职务;王光胜的滨州市中级人民法院审判监督庭庭长职务;张玉珍的滨州市中级人民法院立案庭副庭长职务;韩继强的滨州市中级人民法院立案庭副庭长职务;马明海的滨州市中级人民法院执行第二庭庭长职务。

市九届人大常委会第10次会议

2009年4月22日,市九届人大常委会第10次会议在滨州举行。市人大常委会常务副主任曹兴宽,副主任董吉增、郭建新、张冠文、韩增金,秘书长李国强出席会议。董吉增主持会议。

会议议程

(一)听取审议市人大常委会执法检查组关于检查《中华人民共和国中小企业促进法》和《山东省中小企业促进条例》实施情况的报告;(二)听取审议市人民政府关于全市民政工作情况的报告;(三)听取审议市人民政府关于城市改造与建设情况的报告;(四)审议滨州市人民政府关于滨州市中海创业投资经营有限公司向银行贷款有关事项的议案,并作出相应的决定;(五)审议滨州市人民政府关于滨州市中海创业投资经营有限公司还贷资金来源的议案,并作出相应的决定;(六)人事任免事项;(七)其他事项。

决议决定

会议表决通过:滨州市人民代表大会常务委员会关于批准《滨州市人民政府关于滨州市中海创业投资经营有限公司向银行贷款有关事项的议案》的决定;

滨州市人民代表大会常务委员会关于批准《滨州市人民政府关于滨州市中海创业投资经营有限公司还贷资

金来源的议案》的决定。

人事任免

任命：尹佐祥、黄鲁滨、张炳琪、韩呈祥为滨州市人民检察院检察委员会委员；李丹娜、刘德力、王惠芳、王雪芹、万永强、卞宜良、吴学冰、周超凡、张环、温健为滨州市人民检察院检察员。

市九届人大常委会第11次会议

2009年6月26日，市九届人大常委会第11次会议在滨州召开。市人大常委会常务副主任曹兴宽，副主任侯宪秀、董吉增、郭建新、张冠文、韩增金，秘书长李国强出席会议。郭建新主持会议。

会议议程

（一）听取审议市人大常委会执法检查组关于检查《中华人民共和国行政许可法》实施情况的报告；（二）听取审议市人大常委会执法检查组关于检查《中华人民共和国文物保护法》和《山东省文物保护管理条例》实施情况的报告（书面）；（三）听取审议市人民政府关于全市食品药品安全工作情况的报告；（四）听取审议市人民政府关于滨州市2008年财政决算草案的报告，表决通过滨州市第九届人民代表大会常务委员会关于批准滨州市2008年市级财政决算的决议（草案）；（五）听取审议市人民政府关于滨州市2008年度市级财政预算执行和其他财政收支的审计工作报告；（六）听取审议市人大常委会财政经济工作委员会关于滨州市2008年财政决算草案的审查报告；（七）审议市人民政府关于市八届人大三次会议第8309号、市八届人大四次会议第8403号议案办理结果的报告（书面）；（八）征求市人大常委会组成人员对中共滨州市人大常委会党组关于学习实践科学发展观活动分析检查报告的意见（书面）；（九）人事任免事项；（十）其他事项。

决议决定

会议表决通过：滨州市第九届人民代表大会常务委员会关于批准滨州市2008年市级财政决算的决议。

人事任免

任命：郭梦贤、冯怡浩、孟庆良、景晨光、孙卫国、孟华、牛立敏、邵斌华、常维华为滨州市中级人民法院审判委员会委员；程纪寒、张诗卿为滨州市中级人民法院审判员；王锡友为滨州市人民检察院副检察长、检察委员会委员。

免去：刘辉的滨州市中级人民法院审判员职务。

市九届人大常委会第12次会议

2009年8月25日，市九届人大常委会第12次会议在滨州召开。市人大常委会常务副主任曹兴宽，副主任董吉增、郭建新、张冠文、韩增金，秘书长李国强出席会议。张冠文主持会议。

会议议程

（一）听取审议市人民政府关于政府系统办理市九届人大三次会议以来代表建议、批评和意见情况的报告；（二）听取审议市人民政府关于滨州市2009年上半年国民经济和社会发展计划执行情况的报告；（三）听取审议市人民政府关于滨州市2009年上半年财政预算执行情况的报告；（四）听取审议市人大常委会执法检查组关于检查《中华人民共和国农产品质量安全法》实施情况的报告；（五）听取审议市人民政府关于"三农"工作和新农村建设情况的报告；（六）审议市人民政府关于疏港公路工程项目向银行贷款及有关事项的议案，并做出相应的决定；（七）审议市人民政府关于北海新区防潮堤工程项目向银行贷款及有关事项的议案，并做出相应的决定；（八）人事任免事项；（九）其他事项。

决议决定

会议表决通过：滨州市人民代表大会常务委员会关于批准《滨州市人民政府关于疏港公路工程项目向银行

贷款及有关事项的议案》的决定;

滨州市人民代表大会常务委员会关于批准《滨州市人民政府关于北海新区防潮堤工程项目向银行贷款及有关事项的议案》的决定。

人事任免

任命:边茂田为滨州市文化新闻出版局(版权局)局长。

市九届人大常委会第13次会议

2009年10月26日,市九届人大常委会第13次会议在滨州召开。市人大常委会常务副主任曹兴宽,副主任侯宪秀、郭建新、韩增金,秘书长李国强出席会议。韩增金主持会议。

会议议程

(一)听取审议市人大常委会视察组关于视察政府系统办理市九届人大三次会议以来代表建议、批评和意见情况的报告;(二)听取审议市人大常委会执法检查组关于检查《中华人民共和国传染病防治法》和《艾滋病防治条例》《预防接种和疫苗流通管理条例》实施情况的报告;(三)听取审议市人大常委会执法检查组关于检查《山东省民族工作条例》实施情况的报告;(四)听取审议市人民政府关于全市社会治安工作情况的报告;(五)听取审议市人民政府关于全市节能减排工作情况的报告;(六)审议市人民政府关于滨州港西导堤改建工程项目自筹资金及项目委托代建资金问题的议案,并做出相应的决定;(七)审议市人民政府关于滨州港2×3万吨级散杂货码头工程项目自筹资金及项目委托代建资金问题的议案,并做出相应的决定;(八)审议市人民政府关于滨州市文化中心项目向招商银行青岛分行融资的议案,并做出相应的决定;(九)审议市人民政府关于落实滨州城建投资经营有限公司还贷资金来源的议案,并做出相应的决定;(十)其他事项。

决议决定

会议表决通过:滨州市人民代表大会常务委员会关于批准《滨州市人民政府关于滨州港西导堤改建工程项目自筹资金及项目委托代建资金问题的议案》的决定;滨州市人民代表大会常务委员会关于批准《滨州市人民政府关于滨州港2×3万吨级散杂货码头工程项目自筹资金及项目委托代建资金问题的议案》的决定;滨州市人民代表大会常务委员会关于批准《滨州市人民政府关于滨州市文化中心项目向招商银行青岛分行融资的议案》的决定;滨州市人民代表大会常务委员会关于批准《滨州市人民政府关于落实滨州城建投资经营有限公司还贷资金来源的议案》的决定。

市九届人大常委会第14次会议

2009年12月24日,市九届人大常委会第14次会议在滨州召开。市人大常委会常务副主任曹兴宽,副主任侯宪秀、董吉增、郭建新、张冠文、韩增金,秘书长李国强出席会议。侯宪秀主持会议。

会议议程

(一)听取审议市人民政府关于市级基础设施建设项目使用贷款情况的报告;(二)审议通过滨州市人民代表大会常务委员会关于召开滨州市第九届人民代表大会第四次会议的决定(草案);(三)人事任免事项;(四)其他事项。

决议决定

会议表决通过:滨州市人民代表大会常务委员会关于召开滨州市第九届人民代表大会第四次会议的决定。

人事任免

任命:杨子魁为滨州市人大常委会农业和农村工作委员会副主任;赵建明为滨州市人民政府秘书长;周军为滨州市规划局局长;杜建民为滨州市海洋与渔业局局长;王中强为滨州市民族宗教事务局局长;冯怡浩为滨州市

中级人民法院副院长；田树新、王宁为滨州市人民检察院检察委员会委员。

免去：徐竹滨的滨州市人大常委会财政经济工作委员会副主任职务；何凤岐的滨州市人民政府秘书长职务；李金华的滨州市规划局局长职务；马明德的滨州市海洋与渔业局局长职务；刘长生的滨州市民族宗教事务局局长职务；徐兴邦的滨州市中级人民法院副院长职务；牛洪波的滨州市中级人民法院审判委员会委员职务；房清泽的滨州市中级人民法院审判员职务；吴安同的滨州市人民检察院检察员职务。

市九届人大常委会第15次会议

2010年1月16日，市九届人大常委会第15次会议在滨州召开。市人大常委会常务副主任曹兴宽，副主任侯宪秀、董吉增、郭建新、张冠文、韩增金出席会议。曹兴宽主持会议。

会议议程

（一）听取审议滨州市第九届人民代表大会常务委员会代表资格审查委员会关于代表资格审查情况的报告；（二）听取审议市人大常委会主任会议关于滨州市第九届人民代表大会第四次会议筹备工作情况的汇报；（三）审议滨州市人民代表大会常务委员会工作报告稿；（四）审议滨州市第九届人民代表大会第四次会议议程（草案）；（五）审议滨州市第九届人民代表大会第四次会议主席团和秘书长名单（草案）；（六）审议决定列席滨州市第九届人民代表大会第四次会议人员范围及名单（草案）；（七）审议滨州市第九届人民代表大会第四次会议计划预算审查委员会名单（草案）和议案审查委员会名单（草案）；（八）审议市人大常委会财政经济工作委员会关于滨州市2009年国民经济和社会发展计划执行情况与2010年国民经济和社会发展计划草案的初审报告、关于滨州市2009年预算执行情况和2010年预算草案的初审报告（书面）；（九）审议市人大常委会关于市九届人大三次会议以来代表建议、批评和意见办理情况的报告（书面）；（十）补选山东省第十一届人民代表大会代表；（十一）人事任免事项；（十二）其他事项。

人事任免

任命：杨光军为滨州市发展和改革委员会主任；皮台田为滨州市经济和信息化委员会主任；纪思彬为滨州市科学技术局局长；王力为滨州市人力资源和社会保障局局长；刘来河为滨州市住房和城乡建设局局长；王立勇为滨州市交通运输局局长；赵景杰为滨州市商务局局长；边茂田为滨州市文化广电新闻出版局局长；杨守岭为滨州市卫生局局长；刘传佳为滨州市食品药品监督管理局局长；丁希安为滨州市审计局局长；韩杰为滨州市环境保护局局长；李树军为滨州市统计局局长；刘希安为滨州市安全生产监督管理局局长；及建冰为滨州市城市管理行政执法局局长；宁守东为滨州市政府国有资产监督管理委员会主任。

免去：皮台田的滨州市安全生产监督管理局局长职务；路军的滨州市发展和改革委员会主任职务；邵振奎的滨州市科学技术局局长职务；赵玉德的滨州市卫生局局长职务；张子禹的滨州市审计局局长职务；王惠军的滨州市环境保护局局长职务；朱兴新的滨州市统计局局长职务；姚和民的滨州市城市管理行政执法局局长职务。

市九届人大常委会第16次会议

2010年4月14日，市九届人大常委会第16次会议在滨州召开。市人大常委会常务副主任曹兴宽，副主任郭建新、张冠文、韩增金，秘书长李国强出席会议。郭建新主持会议。

会议议程

（一）听取审议市人大常委会执法检查组关于检查《中华人民共和国商标法》和《中华人民共和国商标法实施条例》实施情况的报告；（二）听取审议市人大常委会执法检查组关于检查《中华人民共和国城乡规划法》实施情况的报告；（三）听取审议市人民政府关于滨州市“五五”普法规划和2006—2010年依法治市规划及相关决议执行情况的报告；（四）审议市人民政府关于提请审议建立滨州市城中及城郊农村住房建设偿债基金的议案，并作出相应的决定;(五)人事任免事项;(六)其他事项。

人事任免

任命:朱伟为滨州市人民防空办公室主任;李全昌、朱海舰为滨州市中级人民法院审判委员会委员。

市九届人大常委会第17次会议

2010年6月29日,市九届人大常委会第17次会议在滨州召开。市人大常委会常务副主任曹兴宽,副主任侯宪秀、董吉增、郭建新、张冠文、韩增金,秘书长李国强出席会议。张冠文主持会议。

会议议程

(一)听取审议市人大常委会执法检查组关于检查《中华人民共和国就业促进法》和《山东省就业促进条例》实施情况的报告;(二)听取审议市人大常委会执法检查组关于检查《中华人民共和国海洋环境保护法》和《中华人民共和国海域使用管理法》实施情况的报告;(三)听取审议市人民政府关于滨州市2009年财政决算草案的报告,表决滨州市第九届人民代表大会常务委员会关于批准滨州市2009年市级财政决算的决议(草案);(四)听取审议市人民政府关于滨州市2009年度市级财政预算执行和其他财政收支的审计工作报告;(五)听取审议市人大常委会财政经济工作委员会关于滨州市2009年财政决算草案的审查报告;(六)听取审议市人民政府关于调整2010年国民经济和社会发展有关计划指标的报告,并做出相应的决定;(七)人事任免事项;(八)其他事项。

决议决定

会议表决通过:滨州市第九届人民代表大会常务委员会关于批准滨州市人民政府《关于调整2010年国民经济和社会发展有关计划指标的报告》的决定。

人事任免

任命:吴凤水为滨州市人民政府国有资产监督管理委员会主任;张新国、丁玉岩、赵海永、何兆海、孙晓青、王守亮、王秀平、吴金魁为滨州市中级人民法院审判员;李松水为滨州市人民检察院检察委员会委员、检察员;王琳琳为滨州市人民检察院检察员。

免去:宁守东的滨州市人民政府国有资产监督管理委员会主任职务;刘福敬的滨州市中级人民法院民事审判第四庭庭长职务;李同义的滨州市中级人民法院民事审判第三庭副庭长职务;赵同亮的滨州市人民检察院检察委员会委员、检察员职务。

市九届人大常委会第18次会议

2010年8月19日,市九届人大常委会第18次会议在滨州举行。市人大常委会常务副主任曹兴宽,副主任侯宪秀、董吉增、张冠文,秘书长李国强出席会议。侯宪秀主持会议。

会议议程

(一)听取审议市人民政府关于政府系统办理市九届人大四次会议以来代表建议、批评和意见情况的报告;(二)听取审议市人民政府关于滨州市2010年上半年国民经济和社会发展计划执行情况的报告;(三)听取审议市人民政府关于滨州市2010年上半年财政预算执行情况的报告;(四)听取审议市人民政府关于全市农村公路建设情况的报告;(五)审议市人民政府关于市八届人大二次会议第8201号、市八届人大三次会议第8301号、市八届人大四次会议第8407.8408.8409号、市八届人大五次会议第8513号议案办理结果的报告(书面);(六)其他事项。

市九届人大常委会第19次会议

2010年10月25日，市九届人大常委会第19次会议在滨州举行。市人大常委会常务副主任曹兴宽，副主任侯宪秀、董吉增、张冠文、韩增金，秘书长李国强出席会议。韩增金主持会议。

会议议程

（一）听取审议市人大常委会执法检查组关于检查《中华人民共和国义务教育法》和《山东省义务教育条例》实施情况的报告；（二）听取审议市人大常委会视察组关于视察市政府系统办理市九届人大四次会议以来代表建议、批评和意见情况的报告；（三）听取审议市人民政府关于统筹城乡发展和“三农”工作情况的报告；（四）听取审议市人民政府关于《中华人民共和国科学技术进步法》实施情况及高新技术产业发展情况的报告；（五）听取审议市中级人民法院关于全市法院行政审判工作情况的报告；（六）人事任免事项；（七）其他事项。

人事任免

免去：孙忠生的滨州市人民检察院检察员职务。

市九届人大常委会第20次会议

2010年11月10日，滨州市九届人大常委会举行第20次会议。市委书记、市人大常委会主任邓向阳出席会议并作重要讲话。市人大常委会常务副主任曹兴宽，副主任侯宪秀、董吉增、张冠文、韩增金，秘书长李国强出席会议。曹兴宽主持会议。

会议议程

（一）对市教育局、市监察局、市公安局、市司法局、市财政局、市国土资源局、市住房和城乡建设局、市水利局、市农业局、市林业局、市商务局、市人口和计划生育委员会、市体育局的主要负责人进行述职评议；（二）人事任免事项；（三）其他事项。

人事任免

任命：王博为滨州市人大常委会城乡建设环境保护工作委员会主任；郭文江为滨州市人大常委会城乡建设环境保护工作委员会副主任；朱兴新为滨州市人大常委会财政经济工作委员会主任；吴学文为滨州市人大常委会财政经济工作委员会副主任；李眈陆为滨州市副市长；张俊礼为滨州市民政局局长。

免去：侯友新的滨州市人大常委会城乡建设环境保护工作委员会主任职务；刘启盛的滨州市人大常委会财政经济工作委员会主任职务；李福友的滨州市民政局局长职务。

市九届人大常委会第21次会议

2010年12月28日，市九届人大常委会第21次会议在滨州举行。市人大常委会常务副主任曹兴宽，副主任侯宪秀、董吉增、郭建新、张冠文、韩增金，秘书长李国强出席会议。侯宪秀主持会议。

会议议程

（一）听取审议市人民政府关于市级基础设施建设项目使用贷款情况的报告；（二）听取审议市人民政府关于加快黄河三角洲高效生态经济区开发建设情况的报告；（三）听取市人民政府关于《滨州市国民经济和社会发展第十二个五年总体规划纲要（草案）》有关情况的说明，审议《滨州市国民经济和社会发展第十二个五年总体规划纲要（草案）》；（四）听取审议市人民政府关于市九届人大四次会议第9401号议案办理情况的报告，决定书面报告市九届人大五次会议；（五）听取审议市人民检察院关于开展法律监督工作情况的报告；（六）听取审议市人大常委会关于召开滨州市第九届人民代表大会第五次会议的决定（草案）；（七）人事任免事项；（八）其他事项。

决议决定

会议表决通过：滨州市人民代表大会常务委员会关于召开滨州市第九届人民代表大会第五次会议的决定。

人事任免

任命:耿涛为滨州市人民政府副市长;郭安果为滨州市人民检察院检察委员会委员;陈学敏为滨州市人民检察院检察员。

免去:胡炳山的滨州市人民政府副市长职务;付建国、张龙方的滨州市人民检察院检察委员会委员职务。

市九届人大常委会第22次会议

2011年1月14日,市九届人大常委会第22次会议在滨州召开。市人大常委会常务副主任曹兴宽,市人大常委会副主任董吉增、张冠文、韩增金,秘书长李国强出席会议。曹兴宽主持会议。

会议议程

(一)听取审议滨州市第九届人民代表大会常务委员会代表资格审查委员会关于代表资格审查情况的报告;(二)听取审议市人大常委会主任会议关于滨州市第九届人民代表大会第五次会议筹备工作情况的汇报;(三)审议滨州市人民代表大会常务委员会工作报告稿;(四)审议滨州市第九届人民代表大会第五次会议议程(草案);(五)审议滨州市第九届人民代表大会第五次会议主席团和秘书长名单(草案);(六)审议决定列席滨州市第九届人民代表大会第五次会议人员范围及名单(草案);(七)审议滨州市第九届人民代表大会第五次会议计划预算审查委员会名单(草案)和议案审查委员会名单(草案);(八)审议市人大常委会财政经济工作委员会关于滨州市2010年国民经济和社会发展计划执行情况与2011年国民经济和社会发展计划草案的初审报告、关于滨州市2010年预算执行情况和2011年预算草案的初审报告(书面);(九)审议市人大常委会关于市九届人大四次会议以来代表建议、批评和意见办理情况的报告(书面);(十)审议市人大常委会主任会议关于提请审议有关人员辞去滨州市第九届人民代表大会常务委员会委员职务的请求的议案;(十一)其他事项。

人事任免

接受刘启盛、侯友新辞去滨州市第九届人民代表大会常务委员会委员职务的请求,报滨州市第九届人民代表大会第五次会议备案。

市九届人大常委会第23次会议

2011年4月27日,市九届人大常委会第23次会议在滨州召开。市人大常委会常务副主任曹兴宽,副主任董吉增、郭建新、张冠文、韩增金,秘书长李国强出席会议。郭建新主持会议。

会议议程

(一)听取审议市人大常委会执法检查组关于检查《中华人民共和国产品质量法》实施情况的报告;(二)听取审议市人民政府关于全市环境保护及海河流域水污染防治情况的报告;(三)听取审议市人民政府关于全市新型农村合作医疗运行情况的报告;(四)人事任免事项;(五)其他事项。

人事任免

任命:崔永高为滨州市人大常委会财政经济工作委员会副主任;张建民为滨州市人大常委会城乡建设环境保护工作委员会副主任;王力为滨州市财政局局长;徐玉民为滨州市人力资源和社会保障局局长;赵慧莲为滨州市中级人民法院刑事审判第一庭庭长;孙德国为滨州市中级人民法院刑事审判第一庭副庭长、审判员;于明辉为滨州市中级人民法院刑事审判第二庭副庭长;张建彬为滨州市中级人民法院刑事审判第二庭副庭长、审判员;周娟为滨州市中级人民法院刑事审判第三庭庭长;王守亮为滨州市中级人民法院刑事审判第三庭副庭长;张秀峰为滨州市中级人民法院民事审判第三庭庭长;黄跃江为滨州市中级人民法院民事审判第三庭副庭长;唐贵学为滨州市中级人民法院民事审判第三庭副庭长、审判员;杨斯勇为滨州市中级人民法院民事审判第四庭庭长;唐顺江为滨州市中级人民法院民事审判第四庭副庭长;李景春为滨州市中级人民法院行政审判庭副庭长;崔诗君为滨州市中级人民法院审判监督庭副庭长；王胜伦为滨州市中级人民法院审判监督庭副庭长；曲新杰为滨州市中级人民法院立案庭副庭长；张魁海为滨州市中级人民法院立案庭副庭长、审判员；孙群为滨州市中级人民法院审判员；毕海峰为滨州市中级人民法院审判员；杜文静为滨州市中级人民法院审判员；张发荣为滨州市中级人民法院审判员。刘源吉为滨州市滨城区人民检察院检察长；马肃之为阳信县人民检察院检察长；牛向阳为博兴县人民检察院检察长。

免去：王秀夫的滨州市财政局局长职务；王力的滨州市人力资源和社会保障局局长职务；陈文涛的滨州市中级人民法院刑事审判第一庭庭长职务；李金花的滨州市中级人民法院民事审判第三庭庭长职务；王军的滨州市中级人民法院立案庭副庭长职务；刘颖的滨州市中级人民法院行政审判庭副庭长职务；耿妍君的滨州市中级人民法院刑事审判第二庭副庭长职务；崔珂平的滨州市中级人民法院立案庭副庭长职务。

市九届人大常委会第24次会议

2011年6月30日，市九届人大常委会第24次会议在滨州召开。市人大常委会常务副主任曹兴宽，副主任郭建新、张冠文、韩增金，秘书长李国强出席会议。张冠文主持会议。

会议议程

（一）听取审议市人民政府关于我市“五五”普法、依法治市情况和“六五”普法规划的报告，并作出相应的决议；（二）听取市人民政府关于《滨州市2011—2015年依法治市规划（草案）》的说明，审议《滨州市2011—2015年依法治市规划（草案）》，并作出相应的决议；（三）听取审议市人民政府关于滨州市2010年财政决算草案的报告，表决通过滨州市人民代表大会常务委员会关于批准滨州市2010年市级财政决算的决议（草案）；（四）听取审议市人民政府关于滨州市2010年度市级财政预算执行和其他财政收支的审计工作报告；（五）听取审议市人大常委会财政经济工作委员会关于滨州市2010年财政决算草案的审查报告；（六）听取审议市人民政府关于全市服务业、金融工作情况的报告；（七）听取审议市人大常委会视察组关于视察全市现代农业示范园区建设情况的报告；（八）听取审议市人大常委会视察组关于视察滨州港、北海经济开发区配套基础设施建设情况的报告；（九）听取审议市人大常委会视察组关于视察市区城中村改造、城市防汛工作情况的报告；（十）人事任免事项；（十一）其他事项。

决议决定

会议表决通过：滨州市人民代表大会常务委员会关于在全市公民中深入开展第六个五年法制宣传教育的决议；

滨州市人民代表大会常务委员会关于滨州市2011—2015年依法治市规划的决议；

滨州市人民代表大会常务委员会关于批准滨州市2010年市级财政决算的决议。

人事任免

任命：康永彬为滨州市林业局局长；汪红梅为滨州市人民检察院副检察长、检察委员会委员；王新建为滨州市人民检察院副检察长。

免去：张秀森的滨州市林业局局长职务；墨洪庆、周黎的滨州市人民检察院检察员职务。

市九届人大常委会第25次会议

2011年7月22日，滨州市九届人大常委会第25次会议在滨州举行。市人大常委会常务副主任曹兴宽，副主任郭建新、张冠文、韩增金，秘书长李国强出席会议，曹兴宽主持会议。

会议议程

听取审议市人民检察院关于提请许可刑事拘留滨州市九届人大代表初建波的报告，并做出相应的决定。

决议决定

会议表决通过:滨州市人民代表大会常务委员会关于许可滨州市人民检察院对市九届人大代表初建波采取刑事拘留强制措施的决定。

市九届人大常委会第26次会议

2011年8月23日,市九届人大常委会第26次会议在滨州召开。市人大常委会常务副主任曹兴宽,副主任董吉增、郭建新、张冠文,秘书长李国强出席会议。郭建新主持会议。

会议议程

(一)听取审议市人民政府关于政府系统办理市九届人大五次会议以来代表建议、批评和意见办理情况的报告;(二)听取审议市人民政府关于滨州市2011年上半年国民经济和社会发展计划执行情况的报告;(三)听取审议市人民政府关于滨州市2011年上半年财政预算执行情况的报告;(四)听取审议市人民政府关于全市民族工作情况的报告;(五)听取审议市中级人民法院关于商事审判工作情况的报告;(六)人事任免事项;(七)其他事项。

人事任免

任命:杜洪东为滨州市中级人民法院审判委员会委员;常维华为滨州市中级人民法院立案一庭庭长;曲新杰为滨州市中级人民法院立案一庭副庭长;高军燕为滨州市中级人民法院立案一庭副庭长;张魁海为滨州市中级人民法院立案一庭副庭长;郑乃群为滨州市中级人民法院立案二庭庭长;崔珂平为滨州市中级人民法院立案二庭副庭长;张发荣为滨州市中级人民法院立案二庭副庭长。

免去:崔娅妮的滨州市人民政府副市长职务;王学军的滨州市中级人民法院审判委员会委员职务。

市九届人大常委会第27次会议

2011年10月27日,市九届人大常委会第27次会议在滨州举行。市人大常委会常务副主任曹兴宽,副主任董吉增、郭建新、张冠文、韩增金,秘书长李国强出席会议。韩增金主持会议。

会议议程

(一)听取审议市人大常委会视察组关于视察政府系统办理市九届人大五次会议以来代表建议、批评和意见情况的报告;(二)听取审议市人大常委会执法检查组关于检查《中华人民共和国农业机械化促进法》《山东省农业机械化促进条例》实施情况的报告;(三)听取审议市人大常委会视察组关于视察市城区集中供热情况的报告;(四)听取审议市人民政府关于全市人才工作情况的报告;(五)听取审议市人民检察院关于全市检察机关深入开展三项重点工作情况的报告;(六)审议通过滨州市人民代表大会常务委员会规范性文件备案审查办法(草案);(七)审议通过滨州市人民代表大会常务委员会关于滨州市第十届人民代表大会代表名额分配的决定(草案);(八)人事任免事项;(九)其他事项。

决议决定

会议表决通过:滨州市人民代表大会常务委员会关于滨州市第十届人民代表大会代表名额分配的决定。

人事任免

免去:赵开明的滨州市中级人民法院审判员职务;张华勤的滨州市人民检察院检察员职务。

市九届人大常委会第28次会议

2011年12月31日,市九届人大常委会第28次会议在滨州举行。市人大常委会常务副主任曹兴宽,副主任董吉增、郭建新、张冠文、韩增金,秘书长李国强出席会议。张冠文主持会议。

会议议程

(一)听取审议市人大常委会执法检查组关于检查《山东省旅游条例》实施情况的报告;(二)听取审议市人民政府关于消防及道路交通安全工作情况的报告;(三)听取审议市人民政府关于重大基础设施建设项目使用贷款情况的报告;(四)听取审议市人民政府关于黄河三角洲高效生态经济区和山东半岛蓝色经济区建设情况的报告;(五)审议通过滨州市人民代表大会常务委员会关于召开滨州市第十届人民代表大会第一次会议的决定(草案);(六)审议市人大常委会主任会议关于提请审议邹继刚辞去滨州市九届人大常委会委员职务的请求的议案,表决通过滨州市人民代表大会常务委员会关于接受邹继刚辞去滨州市九届人大常委会委员职务的请求的决定(草案);(七)人事任免事项;(八)审议市人大常委会主任会议关于提请审议赵继明辞去滨州市人民检察院检察长职务的请求的议案,表决通过滨州市人民代表大会常务委员会关于接受赵继明辞去滨州市人民检察院检察长职务的请求的决定(草案);(九)决定滨州市人民检察院代理检察长;(十)其他事项。

人事任免

任命:桑培伦为滨州市公安局局长;高立东为滨州市水利局局长;吕迎春为滨州市农业局局长;高树先为滨州市卫生局局长;郭增禄为滨州市人口和计划生育委员会主任。邵汝卿为滨州市人民检察院副检察长(代理检察长)。

免去:尚龙江的滨州市副市长职务;韩吉顺的滨州市公安局局长职务;王少青的滨州市水利局局长职务;张炳宣的滨州市农业局局长职务;杨守岭的滨州市卫生局局长职务;宋家功的滨州市人口和计划生育委员会主任职务;王学军的滨州市人民检察院副检察长职务;李汝堂的滨州市人民检察院检察员职务。

市九届人大常委会第29次会议

2012年2月9日,市九届人大常委会第29次会议在滨州举行。市人大常委会常务副主任曹兴宽,副主任郭建新、张冠文、韩增金,秘书长李国强出席会议。曹兴宽主持会议。

会议议程

(一)听取审议并表决市人大常委会代表资格审查委员会关于滨州市第十届人民代表大会代表资格审查情况的报告;(二)听取审议市人大常委会主任会议关于滨州市第十届人民代表大会第一次会议筹备工作情况的汇报;(三)审议滨州市人民代表大会常务委员会工作报告稿;(四)审议滨州市第十届人民代表大会第一次会议议程(草案);(五)审议滨州市第十届人民代表大会第一次会议主席团和秘书长名单(草案);(六)审议列席滨州市第十届人民代表大会第一次会议人员范围及名单;(七)审议滨州市第十届人民代表大会第一次会议计划预算审查委员会名单(草案)和议案审查委员会名单(草案);(八)审议市人大常委会财政经济工作委员会关于滨州市2011年国民经济和社会发展计划执行情况与2012年国民经济和社会发展计划草案的初审报告、关于滨州市2011年预算执行情况和2012年预算草案的初审报告;(九)审议市人大常委会关于市九届人大期间代表提出的建议、批评和意见办理情况的报告;(十)审议市人民政府关于市九届人大四次会议第9401号议案办理情况的报告;(十一)审议市人民政府关于市九届人大五次会议第9501号议案办理结果的报告;(十二)表决有关人事任免事项;(十三)其他事项。

人事任免

批准任命:刘源吉为滨城区人民检察院检察长;程志民为惠民县人民检察院检察长;马肃之为阳信县人民检察院检察长;王俊民为无棣县人民检察院检察长;于波为沾化县人民检察院检察长;牛向阳为博兴县人民检察院检察长;邹长恩为邹平县人民检察院检察长。

免去:姚奎英的滨州市中级人民法院审判员职务。

第四节　第十届人大常委会历次会议

(2012.03—2017.02)

市十届人大常委会第1次会议

2012年3月9日,市十届人大常委会第1次会议在滨州举行。市人大常委会常务副主任曹兴宽,副主任郭建新、韩增金、李国强、王立勇出席会议。曹兴宽主持会议。

会议议程

(一)人事任免事项;(二)其他事项。

人事任免

根据滨州市人大常委会主任会议的提请,于2012年3月9日任命:蒋爱学为滨州市人大常委会内务司法工作委员会主任;张秀淼为滨州市人大常委会财政经济工作委员会主任;吴学文为滨州市人大常委会财政经济工作委员会副主任;崔永高为滨州市人大常委会财政经济工作委员会副主任;张炳宣为滨州市人大常委会农业和农村工作委员会主任;杨子魁为滨州市人大常委会农业和农村工作委员会副主任;李慎猛为滨州市人大常委会城乡建设环境保护工作委员会主任;张建民为滨州市人大常委会城乡建设环境保护工作委员会副主任;杨守岭为滨州市人大常委会教育科学文化卫生人口工作委员会主任;宋家功为滨州市人大常委会民族侨务外事工作委员会主任;刘卫红为滨州市人大常委会民族侨务外事工作委员会副主任;崔利中为滨州市人大常委会民族侨务外事工作委员会副主任;郭文江为滨州市人大常委会信访局局长。

免去:林全治的滨州市人大常委会信访局局长职务。

会议根据滨州市市长张光峰的提请,于2012年3月9日决定任命:赵建明为滨州市人民政府秘书长;杨光军为滨州市发展和改革委员会主任;皮台田为滨州市经济和信息化委员会主任;高中兴为滨州市教育局局长;纪思彬为滨州市科学技术局局长;黎爱芬为滨州市监察局局长;桑培伦为滨州市公安局局长;张俊礼为滨州市民政局局长;王建泉为滨州市司法局局长;王力为滨州市财政局局长;徐玉民为滨州市人力资源和社会保障局局长;王永祥为滨州市国土资源局局长;刘来河为滨州市住房和城乡建设局局长;李勇为滨州市交通运输局局长;高立东为滨州市水利局局长;吕迎春为滨州市农业局局长;康永彬为滨州市林业局局长;杜建民为滨州市海洋与渔业局局长;赵景杰为滨州市商务局局长;边茂田为滨州市文化广电新闻出版局局长;高树先为滨州市卫生局局长;刘传佳为滨州市食品药品监督管理局局长;郭增禄为滨州市人口和计划生育委员会主任;丁希安为滨州市审计局局长;韩杰为滨州市环境保护局局长;王中强为滨州市民族宗教事务局局长;赵军为滨州市体育局局长;李树军为滨州市统计局局长;刘希安为滨州市安全生产监督管理局局长;周军为滨州市规划局局长;及建冰为滨州市城市管理行政执法局局长;吴凤水为滨州市人民政府国有资产监督管理委员会主任;朱伟为滨州市人民政府防空办公室主任。

免去:王立勇的滨州市交通运输局局长职务;汤吉瑜的滨州市中级人民法院审判员职务。

市十届人大常委会第2次会议

2012年4月27日,市十届人大常委会第2次会议在滨州举行,市人大常委会常务副主任曹兴宽,副主任韩增金、李国强出席会议。曹兴宽主持会议。

会议议程

(一)审议通过滨州市第十届人民代表大会常务委员会代表资格审查委员会主任委员、委员名单(草案);(二)听取审议市人大常委会执法检查组关于检查《中华人民共和国农业法》实施情况的报告;(三)听取审议市人大常委会执法检查组关于检查《中华人民共和国体育法》和《全民健身条例》实施情况的报告;(四)听取审议市人民政府关于全市宗教工作情况的报告;(五)人事任免事项;(六)其他事项。

人事任免

任命:刘洪庆为滨州市人大常委会内务司法工作委员会副主任;吴凤广为滨州市人大常委会教育科学文化卫生人口工作委员会副主任;任建林为滨州市人大常委会教育科学文化卫生人口工作委员会副主任。贾学刚为滨州市城市管理行政执法局局长。

免去:及建冰的滨州市城市管理行政执法局局长职务。

市十届人大常委会第3次会议

2012年6月28日,市十届人大常委会第3次会议在滨州召开。市人大常委会常务副主任曹兴宽,副主任郭建新、韩增金,副主任、秘书长李国强,副主任王立勇出席会议。郭建新主持会议。

会议议程

(一)听取审议市人大常委会执法检查组关于检查《中华人民共和国价格法》实施情况的报告;(二)听取审议市人大常委会视察组关于视察全市新型农村和城镇居民社会养老保险金发放情况的报告;(三)听取审议市人民政府关于滨州市2011年财政决算草案的报告,表决通过滨州市人民代表大会常务委员会关于批准滨州市2011年市级财政决算的决议(草案);(四)听取审议市人民政府关于滨州市2011年度市级财政预算执行和其他财政收支的审计工作报告;(五)听取审议市人大常委会财政经济工作委员会关于滨州市2011年财政决算草案的审查报告;(六)人事任免事项;(七)其他事项。

人事任免

免去:周新华的滨州市中级人民法院执行二庭副庭长职务。

市十届人大常委会第4次会议

2012年8月30日,市十届人大常委会第4次会议在滨州召开。市人大常委会常务副主任曹兴宽,副主任韩增金,副主任、秘书长李国强,副主任王立勇出席会议。韩增金主持会议。

会议议程

(一)听取审议市人大常委会视察组关于视察全市城区环境综合整治情况的报告;(二)听取审议市人民政府关于政府系统办理市十届人大一次会议以来代表建议、批评和意见情况的报告;(三)听取审议市人民政府关于滨州市2012年上半年国民经济和社会发展计划执行情况的报告;(四)听取审议市人民政府关于滨州市2012年上半年财政预算执行情况的报告;(五)听取审议市人民政府关于全市文化事业和文化产业发展情况的报告;(六)其他事项。

市十届人大常委会第5次会议

2012年10月30日,市十届人大常委会第5次会议在滨州召开。市人大常委会常务副主任曹兴宽,副主任郭建新、韩增金,副主任、秘书长李国强出席会议。李国强主持会议。

会议议程

(一)听取审议市人大常委会视察组关于视察市政府系统办理市十届人大一次会议以来代表建议、批评和意见情况的报告;(二)听取审议市人大常委会执法检查组关于检查《中华人民共和国统计法》实施情况的报告;(三)听取审议市中级人民法院关于民事审判工作情况的报告;(四)听取审议市人民检察院关于全市检察机关查办和预防职务犯罪工作情况的报告;(五)听取济南市公安局历下区分局关于许可对市十届人大代表徐清友执行刑事拘留强制措施的报告;审议市人大常委会主任会议关于提请市人大常委会许可对市十届人大代表徐清友执行刑事拘留强制措施的议案,并做出相应的决定;(六)人事任免事项;(七)其他事项。

决议决定

滨州市人民代表大会常务委员会关于许可对市十届人大代表徐清友执行刑事拘留强制措施的决定。

人事任免

任命:杨斯勇、张秀峰、赵慧莲、周娟为滨州市中级人民法院审判委员会委员。

免去:徐兴邦的滨州市中级人民法院审判委员会委员职务;王宝明、徐曼华的滨州市中级人民法院审判员职务。

市十届人大常委会第6次会议

2012年12月7日,市十届人大常委会第6次会议在滨州召开。市人大常委会常务副主任曹兴宽,副主任郭建新、韩增金,副主任、秘书长李国强,副主任王立勇出席会议。王立勇主持会议。

会议议程

(一)听取审议市人大常委会视察组关于视察农业高科技示范园区建设情况的报告;(二)听取审议市人民政府关于重大基础设施建设项目使用贷款情况的报告;(三)听取审议市人民政府关于调整2012年国民经济和社会发展有关计划指标的报告,并做出相应的决定;(四)听取审议市人民政府关于水利改革发展工作情况的报告;(五)审议通过滨州市人民代表大会常务委员会关于召开滨州市第十届人民代表大会第二次会议的决定(草案);(六)其他事项。

决议决定

会议表决通过:滨州市人民代表大会常务委员会关于批准《滨州市人民政府关于调整2012年国民经济和社会发展有关计划指标的报告》的决定;

滨州市人民代表大会常务委员会关于召开滨州市第十届人民代表大会第二次会议的决定。

市十届人大常委会第7次会议

2012年12月28日,市十届人大常委会第7次会议在滨州举行。市人大常委会常务副主任曹兴宽,副主任郭建新、韩增金,副主任、秘书长李国强出席会议。郭建新主持会议。

会议议程

(一)听取阳信县公安局关于报请许可对市十届人大代表张清新采取刑事强制措施的报告;审议市人大常委会主任会议关于提请许可对市十届人大代表张清新采取刑事强制措施的议案,并做出相应的决定;(二)听取审议滨州市人民代表大会常务委员会代表资格审查委员会关于代表资格审查情况的报告;(三)听取审议市人大常委会主任会议关于滨州市第十届人民代表大会第二次会议筹备工作情况的汇报;(四)审议滨州市人民代表大会常务委员会工作报告稿,决定提请滨州市第十届人民代表大会第二次会议审议;(五)审议滨州市第十届人民代表大会第二次会议议程(草案),决定提请滨州市第十届人民代表大会第二次会议预备会议通过;(六)审议滨州市第十届人民代表大会第二次会议主席团和秘书长名单(草案),决定提请滨州市第十届人民代表大会第二次会议预备会议选举;(七)审议决定列席滨州市第十届人民代表大会第二次会议人员范围及名单(草案);(八)审议滨州市第十届人民代表大会第二次会议计划预算审查委员会名单(草案)和议案审查委员会名单(草案),决定提请滨州市第十届人民代表大会第二次会议预备会议通过;(九)审议市人大常委会财政经济工作委员会关于滨州市2012年国民经济和社会发展计划执行情况与2013年国民经济和社会发展计划草案的初审报告、关于滨州市2012年预算执行情况和2013年预算草案的初审报告;(十)审议市人大常委会关于市十届人大一次会议以来代表建议、批评和意见办理情况的报告，决定书面报告滨州市第十届人民代表大会第二次会议；(十一)审议市人民政府关于市九届人大四次会议第9401号议案办理结果的报告，决定书面报告滨州市第十届人民代表大会第二次会议；(十二)其他事项。

决议决定

滨州市人民代表大会常务委员会关于许可对市十届人大代表张清新采取刑事强制措施的决定。

市十届人大常委会第8次会议

2013年3月6日，市十届人大常委会举行第8次会议。市委书记张光峰，副书记崔洪刚参加会议。市人大常委会常务副主任曹兴宽，副主任郭建新、韩增金，副主任、秘书长李国强，副主任王立勇出席会议。曹兴宽主持会议。

会议议程

(一)人事任免事项；(二)审议市人大常委会主任会议关于提请审议张光峰辞去滨州市市长职务的议案，表决通过滨州市人民代表大会常务委员会关于接受张光峰辞去滨州市市长职务的请求的决定(草案)；(三)决定滨州市代理市长；(四)其他事项。

人事任免

决定任命：崔洪刚为滨州市副市长。

决定：接受张光峰辞去滨州市市长职务；崔洪刚为滨州市代理市长。

免去：王洪福的滨州市中级人民法院审判员职务。

市十届人大常委会第9次会议

2013年3月27日，市十届人大常委会举行第9次会议。市人大常委会常务副主任曹兴宽，副主任韩增金，副主任、秘书长李国强，副主任王立勇出席会议。曹兴宽主持会议。

会议议程

(一)审议关于加快依法治市进程，推动滨州科学发展、追赶超越的决定(草案)，决定将其列入市十届人大三次会议议程；(二)审议通过滨州市人民代表大会常务委员会关于召开滨州市第十届人民代表大会第三次会议的决定(草案)；(三)审议市人大常委会主任会议关于提请审议邓向阳辞去滨州市第十届人民代表大会常务委员会主任职务的议案，表决通过滨州市人民代表大会常务委员会关于接受邓向阳辞去滨州市第十届人民代表大会常务委员会主任职务的请求的决定(草案)；(四)听取审议市人大常委会代表资格审查委员会关于代表资格审查情况的报告；(五)审议滨州市第十届人民代表大会第三次会议议程(草案)，决定提请滨州市第十届人民代表大会第三次会议预备会议通过；(六)审议滨州市第十届人民代表大会第三次会议主席团和秘书长名单(草案)，决定提请滨州市第十届人民代表大会第三次会议预备会议选举；(七)其他事项。

决议决定

会议表决通过：滨州市人民代表大会常务委员会关于接受邓向阳辞去滨州市第十届人民代表大会常务委员会主任职务的请求的决定。

市十届人大常委会第10次会议

2013年5月9日，市十届人大常委会第10次会议在滨州召开。市委书记、市人大常委会主任张光峰，市人大常委会常务副主任曹兴宽，副主任郭建新，副主任、秘书长李国强，副主任王立勇出席会议。张光峰主持会议并作重要讲话。

会议议程

(一)听取审议市人大常委会执法检查组关于检查《中华人民共和国商业银行法》实施情况的报告;(二)听取审议市人大常委会执法检查组关于检查《中华人民共和国农业技术推广法》实施情况的报告;(三)听取审议市人大常委会视察组关于视察“六五”普法规划决议和依法治市规划决议实施情况的报告;(四)听取审议市人民政府关于《中华人民共和国台湾同胞投资保护法》实施情况的报告;(五)审议市人大常委会主任会议关于提请审议杨万邦辞去滨州市十届人大常委会委员职务的请求的议案,并作出相应的决定;(六)人事任免事项;(七)其他事项。

决议决定

会议表决通过:滨州市人民代表大会常务委员会关于接受杨万邦辞去滨州市十届人大常委会委员职务的请求的决定。

人事任免

任命:更藏为滨州市人民政府副市长;杨万邦为滨州市人力资源和社会保障局局长;王立民为滨州市体育局局长。

免去:徐玉民的滨州市人力资源和社会保障局局长职务;赵军的滨州市体育局局长职务;刘福敬的滨州市中级人民法院审判委员会委员、审判员职务;邵珠山的滨州市人民检察院检察员职务;杨万邦的滨州市第十届人大常委会委员职务。

市十届人大常委会第11次会议

2013年5月21日,市十届人大常委会第11次会议在滨州举行。市人大常委会常务副主任曹兴宽,副主任郭建新、韩增金,副主任、秘书长李国强,副主任王立勇出席会议。曹兴宽主持会议。

会议议程

(一)补选山东省第十二届人民代表大会代表;(二)其他事项。

市十届人大常委会第12次会议

2013年6月20日,市十届人大常委会第12次会议在滨州召开。市人大常委会常务副主任曹兴宽,副主任郭建新、韩增金,副主任、秘书长李国强,副主任王立勇出席会议。韩增金主持会议。

会议议程

(一)听取审议市人大常委会执法检查组关于检查《中华人民共和国社会保险法》实施情况的报告;(二)听取审议市人民政府关于滨州市2012年财政决算草案的报告,并作出相应的决议;(三)听取审议市人民政府关于滨州市2012年度市级财政预算执行和其他财政收支情况的审计工作报告;(四)听取审议市人大常委会财政经济工作委员会关于滨州市2012年财政决算草案的审查报告;(五)听取审议市人民政府关于全市铁路建设情况的报告;(六)听取审议市人民政府关于《中华人民共和国食品安全法》、《中华人民共和国农产品质量安全法》实施情况的报告;(七)人事任免事项;(八)其他事项。

人事任免

任命:秦传滨、马春笋为滨州市人民政府副市长。

免去:韩奎祥的滨州市人民政府副市长职务;杜华的滨州市人民检察院检察委员会委员职务。

市十届人大常委会第13次会议

2013年7月18日,市十届人大常委会第13次会议在滨州召开。市人大常委会常务副主任曹兴宽,副主任郭建新、韩增金，副主任、秘书长李国强，副主任王立勇出席会议。曹兴宽主持会议。

会议议程

（一）人事任免事项；（二）其他事项。

人事任免

任命：李维东为滨州市人民政府副市长；张金生为滨州市监察局局长；张兆杰为滨州市民政局局长；贾恒武为滨州市司法局局长；高月华为滨州市人民政府国有资产监督管理委员会主任；王立东、马花蕾、任磊、崔晋华、崔春燕、徐珊珊、刘治发、杨丽、高学超、孙臻、王永建、王蕾、李峰、牟冲、卢欣为滨州市人民检察院检察员。

免去：耿涛的滨州市人民政府副市长职务；黎爱芬的滨州市监察局局长职务；张俊礼的滨州市民政局局长职务；王建泉的滨州市司法局局长职务；吴凤水的滨州市人民政府国有资产监督管理委员会主任职务；贾恒武的滨州市人民检察院副检察长、检察委员会委员、检察员职务。

市十届人大常委会第 14 次会议

2013 年 8 月 30 日，市十届人大常委会第 14 次会议在滨州召开。市人大常委会常务副主任曹兴宽，副主任郭建新、韩增金，副主任、秘书长李国强，副主任王立勇出席会议。李国强主持会议。

会议议程

（一）听取审议市人大常委会代表资格审查委员会关于代表资格审查情况的报告；（二）听取审议市人大常委会执法检查组关于检查《山东省城乡规划条例》实施情况的报告；（三）听取审议市人大常委会视察组关于视察全市道路交通安全工作情况的报告；（四）听取审议市人大常委会视察组关于视察全市重点项目建设情况的报告；（五）听取审议市人民政府关于市政府系统办理市十届人大二次会议以来代表建议、批评和意见情况的报告；（六）听取审议市人民政府关于滨州市 2013 年上半年国民经济和社会发展计划执行情况的报告；（七）听取审议市人民政府关于滨州市 2013 年上半年财政预算执行情况的报告；（八）人事任免事项；（九）其他事项。

人事任免

任命：沈新宇为滨州市副市长。

免去：刘卫红、崔利中的滨州市人大常委会民族侨务外事工作委员会副主任职务。

市十届人大常委会第 15 次会议

2013 年 11 月 8 日，市十届人大常委会第 15 次会议在滨州举行。市人大常委会常务副主任曹兴宽，副主任郭建新、韩增金、王立勇出席会议。王立勇主持会议。

会议议程

（一）听取审议市人大常委会代表资格审查委员会关于代表资格审查情况的报告；（二）听取审议市人大常委会执法检查组关于检查《中华人民共和国义务教育法》实施情况的报告；（三）听取审议市人大常委会视察组关于视察市政府系统办理市十届人大二次会议以来代表建议、批评和意见情况的报告；（四）听取审议市人大常委会视察组关于视察全市基层水利服务体系建设情况的报告；（五）听取审议市人大常委会视察组关于视察全市县乡公路建设和农村公路“三通”工作情况的报告；（六）听取审议市人民政府关于调整 2013 年国民经济和社会发展计划有关指标的报告，并作出相应的决定；（七）听取审议市人民政府关于滨州市 2013 年财政预算调整草案的报告，并作出相应的决定；（八）听取审议市人民检察院关于全市检察机关推进三项建设工作情况的报告；（九）人事任免事项；（十）其他事项。

人事任免

任命：刘国安、商建文为滨州市人大常委会副秘书长；张可浩为滨州市人大常委会农业和农村工作委员会副主任；佘洪烈为滨州市住房和城乡建设局局长；曹玉斌为滨州市文化广电新闻出版局局长。

免去：刘来河的滨州市住房和城乡建设局局长职务；边茂田的滨州市文化广电新闻出版局局长职务；冯怡浩的滨州市中级人民法院副院长职务；黄泽民的滨州市人民检察院副检察长、检察委员会委员职务；邢惠民、李俊林的滨州市人民检察院检察员职务。

市十届人大常委会第16次会议

2013年11月26日，市十届人大常委会第16次会议在滨州召开。市人大常委会常务副主任曹兴宽，副主任韩增金，副主任、秘书长李国强，副主任王立勇出席会议。曹兴宽主持会议。

会议议程

（一）审议市人大常委会主任会议关于提请许可对市十届人大代表左鹏采取取保候审强制措施的议案，并作出相应的决定；（二）其他事项。

决议决定

滨州市人民代表大会常务委员会关于许可对市十届人大代表左鹏采取取保候审强制措施的决定。

市十届人大常委会第17次会议

2013年12月20日，市十届人大常委会第17次会议在滨州召开。市人大常委会常务副主任曹兴宽，副主任郭建新、韩增金，副主任、秘书长李国强，副主任王立勇出席会议。郭建新主持会议。

会议议程

（一）听取审议市人大常委会视察组关于视察全市深化医药卫生体制改革工作情况的报告；（二）听取审议市人民政府关于《滨州市国民经济和社会发展第十二个五年规划纲要》实施情况的中期评估报告；（三）听取审议市人民政府关于市级重大基础设施建设项目贷款及城投债券使用情况的报告；（四）听取审议市中级人民法院关于民事调解工作情况的报告；（五）审议通过滨州市人民代表大会常务委员会关于召开滨州市第十届人民代表大会第四次会议的决定（草案）；（六）人事任免事项；（七）其他事项。

人事任免

任命：刘传佳为滨州市食品药品监督管理局局长；李全昌为滨州市中级人民法院副院长；王建忠、崔玺为滨州市中级人民法院审判委员会委员；李向阳为滨州市中级人民法院审判委员会委员、滨州经济开发区人民法院院长；李松水为滨州市人民检察院副检察长；牛向阳、张志华为滨州市人民检察院副检察长、检察委员会委员、检察员；马肃之为滨州市人民检察院检察委员会委员、检察员；刘源吉为滨州市人民检察院检察员、滨州经济开发区人民检察院检察长；于波为滨州市人民检察院检察委员会委员、检察员；

免去：孟华的滨州市中级人民法院审判委员会委员、刑事审判第二庭庭长、审判员职务；孙长青、常清利的滨州市中级人民法院审判员职务；张新华的滨州市人民检察院副检察长、检察委员会委员职务；黄海洋的滨州市人民检察院检察委员会委员职务；韩呈祥、黄鲁滨、张炳琪的滨州市人民检察院检察委员会委员、检察员职务；生寿禄、陈学敏、李同平的滨州市人民检察院检察员职务。

市十届人大常委会第18次会议

2014年1月9日，市十届人大常委会第18次会议在滨州召开。市人大常委会常务副主任曹兴宽，副主任郭建新、韩增金，副主任、秘书长李国强，副主任王立勇出席会议。韩增金主持会议。

会议议程

（一）听取审议市人大常委会视察组关于视察全市贯彻落实滨州市第十届人民代表大会第三次会议《关于

加快依法治市进程,推动滨州科学发展、追赶超越的决定》、推进依法行政情况的报告;(二)听取审议市人大常委会主任会议关于滨州市第十届人民代表大会第四次会议筹备工作情况的汇报;(三)审议滨州市人民代表大会常务委员会工作报告稿,决定提请滨州市第十届人民代表大会第四次会议审议;(四)审议滨州市第十届人民代表大会第四次会议议程(草案),决定提请滨州市第十届人民代表大会第四次会议预备会议通过;(五)审议滨州市第十届人民代表大会第四次会议主席团和秘书长名单(草案),决定提请滨州市第十届人民代表大会第四次会议预备会议选举;(六)审议决定列席滨州市第十届人民代表大会第四次会议人员范围及名单(草案);(七)审议滨州市第十届人民代表大会第四次会议计划预算审查委员会名单(草案)和议案审查委员会名单(草案),决定提请滨州市第十届人民代表大会第四次会议预备会议通过;(八)审议市人大常委会财政经济工作委员会关于滨州市2013年国民经济和社会发展计划执行情况与2014年国民经济和社会发展计划草案的初审报告、关于滨州市2013年预算执行情况和2014年预算草案的初审报告;(九)审议市人民政府关于市九届人大五次会议第9502号议案办理结果的报告,决定书面报告滨州市第十届人民代表大会第四次会议;(十)审议市人大常委会关于市十届人大二次会议以来代表建议、批评和意见办理情况的报告,决定书面报告滨州市第十届人民代表大会第四次会议;(十一)人事任免事项;(十二)审议市人大常委会主任会议关于提请审议宋文明辞去滨州市中级人民法院院长职务的议案,并作出相应的决定;(十三)决定滨州市中级人民法院代理院长;(十四)听取审议市人大常委会代表资格审查委员会关于代表资格审查情况的报告;(十五)其他事项。

决议决定

会议表决通过:滨州市人民代表大会常务委员会关于宋文明辞去滨州市中级人民法院院长职务的请求的决定。

人事任免

任命:郭增禄为滨州市人大常委会农业和农村工作委员会副主任;王京生为滨州市人大常委会城乡建设环境保护工作委员会副主任;朱伟为滨州市人大常委会民族侨务外事工作委员会副主任;傅成栋为滨州市财政局局长;贾安利为滨州市商务局局长;邱希敏为滨州市民族宗教事务局局长;马兴盛为滨州市人民防空办公室主任;吴声为滨州市中级人民法院审判员、审判委员会委员、副院长、代理院长。

免去:朱伟的滨州市人民防空办公室主任职务;郭增禄的滨州市人口和计划生育委员会主任职务;王力的滨州市财政局局长职务;赵景杰的滨州市商务局局长职务;王中强的滨州市民族宗教事务局局长职务。

市十届人大常委会第19次会议

2014年3月24日,市十届人大常委会第19次会议在滨州召开。市人大常委会常务副主任曹兴宽,副主任、秘书长李国强,副主任王立勇出席会议。曹兴宽主持会议。

会议议程

审议市人大常委会主任会议关于提请许可对市十届人大代表门方利采取刑事强制措施的议案,并做出相应的决定

决议决定

滨州市人民代表大会常务委员会关于许可对市十届人大代表门方利采取刑事强制措施的决定。

市十届人大常委会第20次会议

2014年4月30日,市十届人大常委会第20次会议在滨州召开。市人大常委会常务副主任曹兴宽,副主任郭建新、韩增金,副主任、秘书长李国强,副主任王立勇出席会议。李国强主持会议。

会议议程

（一）听取审议市人大常委会执法检查组关于检查《中华人民共和国安全生产法》实施情况的报告；（二）听取审议市人民政府关于全市公安机关执法规范化建设工作情况的报告；（三）听取审议市人民政府关于全市民族工作情况的报告；（四）人事任免事项；（五）其他事项。

人事任免

任命：常增文为滨州市统计局局长；王俊民为滨州市滨城区人民检察院检察长；张炳琪为阳信县人民检察院检察长；生寿禄为无棣县人民检察院检察长；黄鲁滨为沾化县人民检察院检察长；陈学敏为博兴县人民检察院检察长；韩呈祥为邹平县人民检察院检察长。

免去：杨子魁的滨州市人大常委会农业和农村工作委员会副主任职务；李树军的滨州市统计局局长职务；刘源吉的滨州市滨城区人民检察院检察长职务；马肃之的阳信县人民检察院检察长职务；王俊民的无棣县人民检察院检察长职务；于波的沾化县人民检察院检察长职务；牛向阳的博兴县人民检察院检察长职务；邹长恩的邹平县人民检察院检察长职务；王连贵的滨州市中级人民法院审判员职务；张英波的滨州市中级人民法院民事审判第四庭副庭长、审判员职务；闫胜利、张悦民的滨州市人民检察院检察员职务。

市十届人大常委会第21次会议

2014年6月26日，市十届人大常委会第21次会议在滨州召开。市人大常委会常务副主任曹兴宽，副主任郭建新、韩增金，副主任、秘书长李国强，副主任王立勇出席会议。王立勇主持会议。

会议议程

（一）听取审议市人大常委会执法检查组关于检查《中华人民共和国防震减灾法》实施情况的报告；（二）听取审议市人大常委会视察组关于视察全市海洋经济和海洋产业发展情况的报告；（三）听取审议市人民政府关于滨州市2013年度市级财政预算执行和其他财政收支的审计工作报告；（四）听取审议市人民政府关于滨州市2013年财政决算草案的报告，并作出相应的决议；（五）听取审议市人大常委会财政经济工作委员会关于滨州市2013年财政决算草案的审查报告；（六）人事任免事项；（七）其他事项。

人事任免

任命：胡秀琴、高国强、高立俊、张耀伟、张树民、方月伦、庞辉、王正真、鲁守芳、杨慧、王琳、王杰为滨州市中级人民法院审判员。

免去：牟恒湘的滨州市中级人民法院审判员职务。

市十届人大常委会第22次会议

2014年8月21日，市十届人大常委会第22次会议在滨州召开。市人大常委会常务副主任曹兴宽，副主任郭建新、韩增金，副主任、秘书长李国强，副主任王立勇出席会议。郭建新主持会议。

会议议程

（一）听取审议市人大常委会执法检查组关于检查《中华人民共和国森林法》实施情况的报告；（二）听取审议市人大常委会视察组关于视察全市生态建设、环境保护工作情况的报告；（三）听取审议市人民政府关于政府系统办理市十届人大四次会议以来代表建议、批评和意见情况的报告；（四）听取审议市人民政府关于滨州市2014年上半年国民经济和社会发展计划执行情况的报告；（五）听取审议市人民政府关于滨州市2014年上半年财政预算执行情况的报告；（六）人事任免事项；（七）其他事项。

人事任免

任命：童鹰为滨州市人民政府副市长；李成远、潘晓、陈敏、徐鹤鸣、杨爱省、高放、赵璇、王超、毕景林、王超、李占勇、王树喜为滨州市人民检察院检察员；王红艳、王文柱、李玉平、徐娟、张艳、王中秀、王瑞霞、郑斌、刘龙强、刘德猛为滨州经济开发区人民检察院检察员。

市十届人大常委会第23次会议

2014年10月30日，市十届人大常委会第23次会议在滨州召开。市人大常委会常务副主任曹兴宽，副主任郭建新、韩增金，副主任、秘书长李国强，副主任王立勇出席会议。韩增金主持会议。

会议议程

（一）听取审议市人大常委会视察组关于视察贯彻落实市十届人大三次会议《关于加快依法治市进程，推动滨州科学发展、追赶超越的决定》、公正司法情况的报告；（二）听取审议市人大常委会视察组视察市政府系统办理市十届人大四次会议以来代表建议、批评和意见情况的报告；（三）听取审议市人大常委会视察组关于视察沿黄农业示范园区及林水会战项目工程建设情况的报告；（四）听取审议市人大常委会执法检查组关于检查全市《山东省民用建筑节能条例》实施情况的报告；（五）审议市人民政府关于撤销沾化县设立滨州市沾化区的议案，并表决通过相关意见和决定；（六）人事任免事项；（七）其他事项。

人事任免

任命：刘希安为滨州市科学技术局局长；刘学俭为滨州市安全生产监督管理局局长；王文柱为滨州市人民检察院检察员；冯宝忠、王向东为滨州经济开发区人民检察院副检察长、检察员。

免去：刘希安的滨州市安全生产监督管理局局长职务；纪思彬的滨州市科学技术局局长职务；孟庆良的滨州市中级人民法院审判委员会委员职务；王文柱的滨州经济开发区人民检察院检察员职务；冯宝忠、王向东的滨州市人民检察院检察员职务。

市十届人大常委会第24次会议

2014年12月25日，市十届人大常委会第24次会议在滨州召开。市人大常委会常务副主任曹兴宽，副主任郭建新、韩增金，副主任、秘书长李国强，副主任王立勇出席会议。李国强主持会议。

会议议程

（一）听取审议市人大常委会执法检查组关于检查《中华人民共和国职业教育法》实施情况的报告；（二）听取审议市人民政府关于市级重大基础设施建设项目贷款使用情况的报告；（三）听取审议市人民政府关于推进依法行政工作情况的报告；（四）听取滨州市人民政府职能转变和机构改革情况的报告；（五）审议市人民政府关于提请审议滨州高新区三河综合治理工程项目融资及建设方案的议案，并作出相应决定；（六）审议滨州市人民代表大会常务委员会关于召开滨州市第十届人民代表大会第五次会议的决定（草案）；（七）人事任免事项；（八）其他事项。

决议决定

会议表决通过：滨州市人民代表大会常务委员会关于召开滨州市第十届人民代表大会第五次会议的决定。

人事任免

任命：高树先为滨州市卫生和计划生育委员会主任；张文峰为滨州市工商行政管理局局长；张毅为滨州市质量技术监督局局长；杨宗为滨州市人民检察院检察员。

免去：付建国、徐本芳的滨州市人民检察院检察员职务。

市十届人大常委会第25次会议

2015年1月15日，市十届人大常委会第25次会议在滨州召开。市人大常委会常务副主任曹兴宽，副主任郭建新、韩增金，副主任、秘书长李国强，副主任王立勇出席会议。曹兴宽主持会议。

会议议程

(一)补选山东省第十二届人民代表大会代表;(二)其他事项。

会议补选时培伟为山东省第十二届人民代表大会代表。

市十届人大常委会第26次会议

2015年1月24日,市十届人大常委会第26次会议在滨州召开。市人大常委会常务副主任曹兴宽,副主任郭建新、韩增金,副主任、秘书长李国强,副主任王立勇出席会议。曹兴宽主持会议。

会议议程

(一)审议关于提请市十届人大常委会第26次会议审议的滨州市人民代表大会常务委员会工作报告稿,决定提请滨州市第十届人民代表大会第五次会议审议;(二)审议滨州市第十届人民代表大会第五次会议议程(草案),决定提请滨州市第十届人民代表大会第五次会议预备会议通过;(三)听取审议市人大常委会财政经济工作委员会关于滨州市2014年国民经济和社会发展计划执行情况与2015年国民经济和社会发展计划草案的初审报告、关于滨州市2014年预算执行情况和2015年预算草案的初审报告;(四)审议市人民政府关于市十届人大二次会议第10201号议案办理结果的报告,决定书面报告滨州市第十届人民代表大会第五次会议;(五)审议市人大常委会关于市十届人大四次会议以来代表建议、批评和意见办理情况的报告,决定书面报告滨州市第十届人民代表大会第五次会议;(六)人事任免事项;(七)其他事项。

人事任免

任命:齐中军为滨州市人大常委会内务司法工作委员会副主任;李峰为滨州市人大常委会民族侨务外事工作委员会副主任;杨国强为滨州市人民政府副市长;袁朝晖为滨州市人民政府秘书长。

免去:张兆宏的滨州市人民政府副市长职务;赵建明的滨州市人民政府秘书长职务;高中兴的滨州市教育局局长职务;崔淑华的滨州市人民检察院检察员职务。

市十届人大常委会第27次会议

2015年1月30日,市十届人大常委会第27次会议在滨州召开。市人大常委会常务副主任曹兴宽,副主任郭建新、韩增金,副主任、秘书长李国强,副主任王立勇出席会议。王立勇主持会议。

会议议程

(一)听取审议市人大常委会代表资格审查委员会关于代表资格审查情况的报告;(二)审议市人大常委会主任会议关于滨州市第十届人民代表大会第五次会议筹备工作情况的汇报;(三)审议滨州市第十届人民代表大会第五次会议主席团和秘书长名单(草案),决定提请滨州市第十届人民代表大会第五次会议预备会议选举;(四)审议决定列席滨州市第十届人民代表大会第五次会议人员范围及名单(草案);(五)审议滨州市第十届人民代表大会第五次会议计划预算审查委员会名单(草案)和议案审查委员会名单(草案),决定提请滨州市第十届人民代表大会第五次会议预备会议通过;(六)其他事项。

市十届人大常委会第28次会议

2015年2月13日,市十届人大常委会第28次会议在滨州召开。市委书记、市人大常委会主任张光峰,市人大常委会第一副主任祁维华,副主任郭建新、宋振华、李国强、王立勇,秘书长高中兴出席会议。张光峰主持会议。

会议议程

(一)人事任免事项;(二)其他事项。

人事任免

任命：吕德章为滨州市发展和改革委员会主任；杨光军为滨州市教育局局长。

免去：祁维华的滨州市人民政府副市长职务；杨光军的滨州市发展和改革委员会主任职务。

市十届人大常委会第29次会议

2015年5月8日，市十届人大常委会第29次会议在滨州召开。市人大常委会第一副主任祁维华，副主任郭建新、宋振华、李国强、王立勇，秘书长高中兴出席会议。祁维华主持会议。

会议议程

（一）听取审议市人大常委会执法检查组关于检查《中华人民共和国消费者权益保护法》实施情况的报告；（二）审议通过《滨州市人民代表大会代表议案处理办法》（草案）；（三）审议通过《滨州市人民代表大会代表建议、批评和意见办理办法》（修订草案）；（四）审议通过《滨州市人民代表大会代表履职守则》（草案）；（五）人事任免事项；（六）其他事项。

人事任免

任命：潘青为滨州市人民政府副市长。

免去：杨国强的滨州市人民政府副市长职务；丁玉岩、刘晋宏的滨州市中级人民法院审判员职务；周波的滨州市人民检察院检察员职务。

市十届人大常委会第30次会议

2015年6月25日，市十届人大常委会第30次会议在滨州召开。市人大常委会第一副主任祁维华，副主任郭建新、宋振华、李国强、王立勇，秘书长高中兴出席会议。郭建新主持会议。

会议议程

（一）听取审议市人大常委会视察组关于视察全市就业创业工作情况的报告；（二）听取审议市人民政府关于滨州市2014年度市级财政预算执行和其他财政收支的审计工作报告；（三）听取审议市人民政府关于滨州市2014年财政决算草案的报告，并作出相应的决议；（四）听取审议市人大常委会财政经济工作委员会关于滨州市2014年财政决算草案的审查报告；（五）听取审议市人民政府关于全市学前教育工作情况的报告；（六）听取审议市人民政府关于全市旅游工作情况的报告；（七）人事任免事项；（八）听取关于市政府组成部门主要负责人向市人大常委会述职有关情况的报告；（九）市公安局、市人力资源和社会保障局、市国土资源局、市水利局、市农业局、市海洋与渔业局、市林业局、市审计局、市体育局、市规划局、市人民政府国有资产监督管理委员会主要负责人向市人大常委会述职；（十）其他事项。

决议决定

会议表决通过：滨州市人民代表大会常务委员会关于批准滨州市2014年市级财政决算的决议。

人事任免

任命：张文峰为滨州市人大常委会财政经济工作委员会副主任；赵庆平为滨州市副市长；王明柱为滨州市经济和信息化委员会主任；皮台田为滨州市环境保护局局长；韩杰为滨州市工商行政管理局局长；周娟为滨州市中级人民法院刑事审判第一庭庭长；张建彬为滨州市中级人民法院刑事审判第一庭副庭长；于明辉为滨州市中级人民法院刑事审判第二庭庭长；于国俊为滨州市中级人民法院刑事审判第二庭副庭长；张树民为滨州市中级人民法院刑事审判第二庭副庭长；张玉珍为滨州市中级人民法院未成年人案件综合审判庭庭长；王守亮为滨州市中级人民法院未成年人案件综合审判庭副庭长；唐顺江为滨州市中级人民法院民事审判第三庭副庭长；赵慧莲为滨州市中级人民法院民事审判第四庭庭长；崔诗君为滨州市中级人民法院民事审判第四庭副庭长；高立俊为

滨州市中级人民法院民事审判第四庭副庭长；杜洪东为滨州市中级人民法院行政审判庭庭长；常维华为滨州市中级人民法院审判监督庭庭长；张魁海为滨州市中级人民法院审判监督庭副庭长；牛立敏为滨州市中级人民法院立案一庭庭长；贾善学为滨州市中级人民法院立案一庭副庭长；马荷滨为滨州市中级人民法院执行局执行一庭庭长；韩继强为滨州市中级人民法院执行局执行一庭副庭长；曲新杰为滨州市中级人民法院执行局执行二庭副庭长；李景春为滨州经济开发区人民法院副院长、审判委员会委员、审判员；唐贵学为滨州经济开发区人民法院副院长、审判委员会委员、审判员；张新国为滨州经济开发区法院审判委员会委员、审判员；毕海峰为滨州经济开发区人民法院审判委员会委员、审判员。

免去：皮台田的滨州市经济和信息化委员会主任职务；韩杰的滨州市环境保护局局长职务；张文峰的滨州市工商行政管理局局长职务；周娟的滨州市中级人民法院刑事审判第三庭庭长职务；张建彬的滨州市中级人民法院刑事审判第二庭副庭长职务；于国俊的滨州市中级人民法院刑事审判第一庭副庭长职务；王守亮的滨州市中级人民法院刑事审判第三庭副庭长职务；唐顺江的滨州市中级人民法院民事审判第四庭副庭长职务；赵慧莲的滨州市中级人民法院刑事审判第一庭庭长职务；崔诗君的滨州市中级人民法院审判监督庭副庭长职务；常维华的滨州市中级人民法院立案一庭庭长职务；张魁海的滨州市中级人民法院立案一庭副庭长职务；牛立敏的滨州市中级人民法院审判监督庭庭长职务；贾善学的滨州市中级人民法院执行局执行一庭副庭长职务；曲新杰的滨州市中级人民法院立案一庭副庭长职务；李景春的滨州市中级人民法院行政审判庭副庭长、审判员职务；唐贵学的滨州市中级人民法院民事审判第三庭副庭长、审判员职务；张新国的滨州市中级人民法院审判员职务；毕海峰的滨州市中级人民法院审判员职务；张峰的滨州市中级人民法院执行局执行一庭庭长职务；杨斯勇的滨州市中级人民法院民事审判第四庭庭长职务。

市十届人大常委会第31次会议

2015年8月31日，市十届人大常委会第31次会议在滨州召开。市人大常委会第一副主任祁维华，副主任郭建新、宋振华、李国强、王立勇，秘书长高中兴出席会议。宋振华主持会议。

会议议程

(1)听取审议市人大常委会视察组关于视察全市农村土地承包经营权确权登记颁证情况的报告；(2)听取审议市人民政府关于政府系统办理市十届人大五次会议以来代表建议、批评和意见情况的报告；(3)听取审议市人民政府关于滨州市2015年上半年国民经济和社会发展计划执行情况的报告；(4)听取审议市人民政府关于滨州市2015年上半年财政预算执行情况的报告；(5)听取审议市人民政府关于国家卫生城市复审工作情况的报告；(6)听取审议市中级人民法院关于刑事审判工作情况的报告；(7)审议市人民政府关于滨州经济开发区引入社会资本合作建设城市基础设施及园区配套工程的议案，并作出相应的决定；(8)审议通过市人大常委会关于接受胡红兵辞去市十届人大常委会委员职务的请求的决定；(9)人事任免事项；(10)其他事项

决议决定

会议表决通过：滨州市人民代表大会常务委员会关于批准《滨州市人民政府关于提请审议滨州经济开发区引入社会资本合作建设城市基础设施及园区配套工程的议案》的决定；滨州市人民代表大会常务委员会关于接受胡红兵辞去滨州市第十届人民代表大会常务委员会委员职务的请求的决定。

人事任免

任命：张凯为滨州市副市长；王爱君为滨州市中级人民法院民事审判第一庭副庭长。

免去：秦传滨的滨州市副市长职务。

市十届人大常委会第32次会议

2015年10月30日，市十届人大常委会第32次会议在滨州召开。市人大常委会第一副主任祁维华，副主任宋振华、李国强、王立勇，秘书长高中兴出席会议。李国强主持会议。

会议议程

(1)听取审议市人大常委会代表资格审查委员会关于个别代表的代表资格的报告；(2)听取审议市人大常委会执法检查组关于检查《中华人民共和国体育法》实施情况的报告；(3)听取审议市人大常委会视察组关于视察市政府系统办理市十届人大五次会议以来代表建议、批评和意见情况的报告；(4)听取审议市人大常委会视察组关于视察适应“新常态”经济发展方式转变情况的报告；(5)听取审议市人民政府关于城区重点河道(新立河和秦台河)污染综合治理情况的报告；(6)听取审议市人民检察院关于查办和预防职务犯罪工作情况的报告；(7)审议《滨州市制定地方性法规条例》(草案)；(8)审议市人大常委会主任会议关于提请审议设立滨州市人民代表大会常务委员会法制工作委员会和预算工作委员会的议案，并作出相应的决定；(9)人事任免事项；(10)其他事项。

决议决定

会议表决通过：滨州市人民代表大会常务委员会关于设立滨州市人民代表大会常务委员会法制工作委员会和预算工作委员会的决定。

人事任免

任命：李军为滨州市人大常委会教育科学文化卫生人口工作委员会主任；朱万春为滨州市人大常委会法制工作委员会主任；郭增禄为滨州市人大常委会预算工作委员会主任；牛洪波为滨州市中级人民法院审判员。

免去：杨守岭的滨州市人大常委会教育科学文化卫生人口工作委员会主任职务；李军的滨州市人大常委会教育科学文化卫生人口工作委员会副主任职务；郭增禄的滨州市人大常委会农业和农村工作委员会副主任职务；孙卫国的滨州市中级人民法院审判委员会委员、民事审判第二庭庭长、审判员职务；张龙方、王印波、刘建民的滨州市人民检察院检察员职务。

市十届人大常委会第33次会议

2015年12月24日，市十届人大常委会第33次会议在滨州召开。市人大常委会第一副主任祁维华，副主任郭建新、宋振华、李国强、王立勇，秘书长高中兴出席会议。王立勇主持会议。

会议议程

(一)听取审议市人大常委会执法检查组关于检查《中华人民共和国消防法》和《山东省消防条例》贯彻实施情况的报告；(二)听取审议市人大常委会视察组关于视察《中华人民共和国食品安全法》贯彻实施情况的报告；(三)听取审议市人民政府关于《滨州市国民经济和社会发展第十三个五年规划纲要(草案)》的说明，审议《滨州市国民经济和社会发展第十三个五年规划纲要(草案)》，决定提请市十届人大六次会议审议；(四)听取审议市人民政府关于2015年市级及市属开发区财政支出预算调整方案的报告，并作出相应的决定；(五)审议通过滨州市人民代表大会常务委员会关于召开滨州市第十届人民代表大会第六次会议的决定(草案)；(六)审议《滨州市制定地方性法规条例》(草案)，决定提请市十届人大六次会议审议；(七)人事任免事项；(八)审议滨州市人民代表大会常务委员会主任会议关于滨州市人民代表大会常务委员会人事代表工作室更名为滨州市人民代表大会常务委员会人事代表工作委员会的议案，并作出相应的决定；(九)听取审议市人大常委会代表资格审查委员会关于个别代表的代表资格的报告；(十)听取关于第二批市政府组成部门主要负责人向市人大常委会述职有关情况的报告；(十一)市民族宗教事务局、市监察局、市民政局、市司法局、市住房和城乡建设局、市交通运输局、市文化广电新闻出版局、市卫生和计划生育委员会、市质量技术监督局、市食品药品监督管理局、市城市管理行政执法局主要负责人向市人大常委会述职;(十二)其他事项。

决议决定

会议表决通过:滨州市人民代表大会常务委员会人事代表工作室更名为滨州市人民代表大会常务委员会人事代表工作委员会的决定。

滨州市人民代表大会常务委员会关于召开滨州市第十届人民代表大会第六次会议的决定。

人事任免

任命:任晓明为滨州市人大常委会农业和农村工作委员会副主任;牛洪波为滨州市中级人民法院审判委员会委员;张云霞、张莹、董志霞、王素洁、朱国亭、代海霞、芦宁、马文霞为滨州经济技术开发区人民法院审判员。

免去:王瑜的滨州市副市长职务;高月华的滨州市人民政府国有资产监督管理委员会主任职务。

市十届人大常委会第34次会议

2016年2月2日,市十届人大常委会第34次会议在滨州召开。市人大常委会第一副主任祁维华,副主任郭建新、宋振华、李国强、王立勇,秘书长高中兴出席会议。祁维华主持会议。

会议议程

(1)听取审议市人大常委会代表资格审查委员会关于个别代表的代表资格的报告;(2)听取审议市人大常委会主任会议关于滨州市第十届人民代表大会第六次会议筹备工作情况的汇报;(3)审议关于提请滨州市第十届人民代表大会第六次会议审议的滨州市人民代表大会常务委员会工作报告稿,决定提请滨州市第十届人民代表大会第六次会议审议;(4)审议滨州市第十届人民代表大会第六次会议议程(草案),决定提请滨州市第十届人民代表大会第六次会议预备会议通过;(5)审议滨州市第十届人民代表大会第六次会议主席团和秘书长名单(草案),决定提请滨州市第十届人民代表大会第六次会议预备会议选举;(6)审议决定列席滨州市第十届人民代表大会第六次会议人员范围及名单(草案);(7)审议滨州市第十届人民代表大会第六次会议计划预算审查委员会名单(草案)和议案审查委员会名单(草案),决定提请滨州市第十届人民代表大会第六次会议预备会议通过;(8)听取审议市人大常委会财政经济工作委员会关于滨州市2015年国民经济和社会发展计划执行情况与2016年国民经济和社会发展计划草案的初审报告、市人大常委会预算工作委员会关于滨州市2015年预算执行情况和2016年预算草案的初审报告;(9)审议市人大常委会关于市十届人大五次会议以来代表建议、批评和意见办理情况的报告,决定书面报告滨州市第十届人民代表大会第六次会议;(10)审议市人大常委会主任会议关于提请审议有关人员辞去滨州市第十届人民代表大会常务委员会委员职务的请求的议案,并作出相应的决定;(11)审议通过滨州市人大常委会关于表彰优秀市十届人大代表的决定;(12)审议通过《滨州市实施宪法宣誓制度组织办法》(暂行);(13)人事任免事项;(14)其他事项。

决议决定

会议表决通过:滨州市人大常委会关于表彰优秀市十届人大代表的决定。

人事任免

任命:李强为滨州市人大常委会人事代表工作委员会主任;崔永高为滨州市人大常委会内务司法工作委员会副主任;张文峰为滨州市人大常委会教育科学文化卫生人口工作委员会副主任;吴学文为滨州市人大常委会民族侨务外事工作委员会副主任;王进东为滨州市教育局局长;贾学刚为滨州市交通运输局局长;刘春国为滨州市水利局局长;郭树龙为滨州市海洋与渔业局局长;杜建民为滨州市规划局局长;班福忠为滨州市城市管理行政执法局局长;王道臣为滨州市人民政府国有资产监督管理委员会主任。

免去:王建邦的滨州市人大常委会副秘书长、研究室主任职务;张秀森的滨州市人大常委会财政经济工作委员会主任职务;张文峰的滨州市人大常委会财政经济工作委员会副主任职务;吴学文的滨州市人大常委会财政经济工作委员会副主任职务；崔永高的滨州市人大常委会财政经济工作委员会副主任职务；朱伟的滨州市人大常委会民族侨务外事工作委员会副主任职务；李勇的滨州市交通运输局局长职务；杨光军的滨州市教育局局长职务；高立东的滨州市水利局局长职务；杜建民的滨州市海洋与渔业局局长职务；周军的滨州市规划局局长职务；贾学刚的滨州市城市管理行政执法局局长职务；冯子祥的滨州市中级人民法院审判员职务。

市十届人大常委会第35次会议

2016年3月7日，市十届人大常委会第35次会议在滨州召开。市人大常委会第一副主任祁维华，副主任郭建新、宋振华、李国强、王立勇，秘书长高中兴出席会议。郭建新主持会议。

会议议程

(1)人事任免事项；(2)其他事项。

人事任免

任命：刘传佳为滨州市人大常委会农业和农村工作委员会主任；柴德杰为滨州市人大常委会城乡建设环境保护工作委员会副主任；谷守彬为滨州市人力资源和社会保障局局长；赵惠民为滨州市食品药品监督管理局局长；桑玉玲为滨州经济技术开发区人民法院副院长、审判委员会委员、审判员；魏晓雪为滨州经济技术开发区人民法院审判员；李玉平、郑斌、刘龙强、王红艳、王瑞霞、王中秀、徐娟、张艳、任光达为滨州市人民检察院检察员；吴学冰、王立东、王永建为滨州经济技术开发区人民检察院检察员。

免去：张炳宣的滨州市人大常委会农业和农村工作委员会主任职务；杨万邦的滨州市人力资源和社会保障局局长职务；刘传佳的滨州市食品药品监督管理局局长职务；吴学冰、王立东、王永建的滨州市人民检察院检察员职务；李玉平、郑斌、刘龙强、王红艳、王瑞霞、王中秀、徐娟、张艳的滨州经济技术开发区人民检察院检察员职务。

市十届人大常委会第36次会议

2016年4月27日，市十届人大常委会第36次会议在滨州召开。市人大常委会第一副主任祁维华，副主任郭建新、宋振华、李国强、王立勇，秘书长高中兴出席会议。宋振华主持会议。

会议议程

(1)听取审议市人常委会执法检查组关于检查《中华人民共和国妇女权益保障法》实施情况的报告；(2)听取审议市人大常委会执法检查组大关于检查《中华人民共和国安全生产法》实施情况的报告；(3)听取审议市人大常委会执法检查组关于检查《中华人民共和国大气污染防治法》实施情况的报告；(4)听取审议市人大常委会视察组关于视察全市水生态文明城市创建工作情况的报告；(5)听取审议市人大常委会代表资格审查委员会关于个别代表的代表资格的报告；(6)审议通过《滨州市人民代表大会常务委员会规范性文件备案审查办法(修订草案)》；(7)审议市人民政府关于提请审议2016年滨州市新增政府债务限额调整方案(草案)的议案，并作出相应决定；(8)人事任免事项；(9)审议市中级人民法院关于提请任命滨州经济技术开发区人民法院人民陪审员职务的报告；(10)其他事项。

人事任免

任命：刘国安为滨州市人大常委会研究室主任；刘长生为滨州市人大常委会内务司法工作委员会副主任；高立东为滨州市国土资源局局长；李畅为滨州市人民检察院检察员；刘源吉、冯宝忠、王向东、吴学冰、王立东、王永建为滨州经济技术开发区人民检察院检察委员会委员；牟冲为滨州经济技术开发区人民检察院检察委员会委员、检察员。

免去：刘洪庆的滨州市人大常委会内务司法工作委员会副主任职务；王永祥的滨州市国土资源局局长职务；

王光胜的滨州市中级人民法院审判委员会委员、审判员职务；赵振华的滨州市中级人民法院审判员职务；张向阳的滨州市中级人民法院审判员职务；牟冲的滨州市人民检察院检察员职务。

市十届人大常委会第37次会议

2016年6月29日，市十届人大常委会第37次会议在滨州召开。市人大常委会第一副主任祁维华，副主任郭建新、宋振华、李国强、王立勇，秘书长高中兴出席会议。李国强主持会议。

会议议程

(1)听取审议市人大常委会视察组关于视察全市"全面改薄"和解决城镇普通中小学大班额问题工作情况的报告；(2)听取审议市人民政府《关于我市"六五"普法、依法治市情况和"七五"普法规划的报告》，并作出相应的决议；(3)听取市人民政府关于《滨州市2016年－2020年依法治市规划(草案)》的说明，审议《滨州市2016年－2020年依法治市规划(草案)》，并作出相应的决议；(4)听取审议市人民政府关于2015年市级财政预算执行和其他财政收支情况的审计工作报告；(5)听取审议市人民政府关于2015年市级财政决算草案的报告，并作出相应的决议；(6)审议市人大财政经济委员会关于滨州市2015年财政决算草案的审查报告；(7)听取审议市人大法制委员会关于第10601号议案审议结果的报告，决定报告市十一届人大一次会议；(8)听取关于第三批市政府组成部门主要负责人向市人大常委会述职有关情况的报告；(9)市人民政府秘书长、市发展和改革委员会、市经济和信息化委员会、市教育局、市科学技术局、市财政局、市商务局、市环境保护局、市统计局、市工商行政管理局、市安全生产监督管理局主要负责人向市人大常委会述职；(10)第一次审议《滨州市供热条例(草案)》；(11)人事任免事项；(12)其他事项

决议决定

会议表决通过：滨州市人民代表大会常务委员会关于在全市公民中开展第七个五年法治宣传教育的决议；

滨州市人民代表大会常务委员会关于《滨州市2016—2020年依法治市规划》的决议；

滨州市人民代表大会常务委员会关于批准滨州市2015年市级财政决算的决议。

人事任免

任命：王京生为滨州市人大常委会城乡建设环境保护工作委员会主任；何兆胜为滨州市人大常委会民族侨务外事工作委员会副主任；何玫莉、徐超、张白、李延波、杨阳、谢禅为滨州市人民检察院检察员。

免去：张秀森的滨州市人民代表大会财政经济委员会副主任委员职务；李慎猛的滨州市人大常委会城乡建设环境保护工作委员会主任职务；冯怡浩、郭梦贤的滨州市中级人民法院审判委员会委员职务；杜华的滨州市人民检察院检察员职务。

市十届人大常委会第38次会议

2016年8月25日，市十届人大常委会第38次会议在滨州召开。市人大常委会第一副主任祁维华，副主任郭建新、宋振华、王立勇，秘书长高中兴出席会议。王立勇主持会议。

会议议程

(一)听取审议市人民政府关于政府系统办理市十届人大六次会议以来代表建议、批评和意见情况的报告；(二)听取审议市人民政府关于滨州市2016年上半年国民经济和社会发展计划执行情况的报告；(三)听取审议市人民政府关于滨州市2016年上半年财政预算执行情况的报告；(四)听取审议市中级人民法院关于开展行政审判工作情况的报告；(五)第二次审议《滨州市供热条例(草案修改稿)》；(六)第一次审议《滨州市城区道路管理条例(草案)》；(七)审议并表决通过滨州市人民代表大会常务委员会关于加强预算决算审查监督的决定(1)听取审议市人民政府关于政府系统办理市十届人大六次会议以来代表建议、批评和意见情况的报告；(2)听取审

议市人民政府关于滨州市2016年上半年国民经济和社会发展计划执行情况的报告;(3)听取审议市人民政府关于滨州市2016年上半年财政预算执行情况的报告;(4)听取审议市中级人民法院关于开展行政审判工作情况的报告;(5)第二次审议《滨州市供热条例(草案修改稿)》;(6)第一次审议《滨州市城区道路管理条例(草案)》;(7)审议并表决通过滨州市人民代表大会常务委员会关于加强预算决算审查监督的决定(草案);(8)审议市人民政府关于撤销邹平县设立邹平市的议案,并表决通过相关意见;(9)人事任免事项;(10)其他事项。

决议决定

会议表决通过了《滨州市供热条例》,待报省人大常委会批准后,按法定程序公布实施。

人事任免

任命:张毅为滨州市人大常委会副秘书长;商秀丽为滨州市卫生和计划生育委员会主任;高树先为滨州市质量技术监督局局长。

免去:高树先的滨州市卫生和计划生育委员会主任职务;张毅的滨州市质量技术监督局局长职务。

市十届人大常委会第39次会议

2016年10月27日,市十届人大常委会第39次会议在滨州召开。市人大常委会第一副主任祁维华,副主任郭建新、宋振华、王立勇,秘书长高中兴出席会议。王立勇主持会议。

会议议程

(1)听取审议市人大常委会执法检查组关于检查《中华人民共和国税收征收管理法》实施情况的报告;(2)听取审议市人大常委会视察组关于视察全市农产品质量安全工作情况的报告;(3)听取审议市人大常委会视察组关于视察全市国、省道干线公路和高速路建设情况的报告;(4)听取审议市人大常委会视察组关于视察全市基层卫生工作情况的报告;(5)听取审议市人民政府关于全市科技创新驱动经济发展情况的报告;(6)听取审议市人民政府关于全市宗教工作情况的报告;(7)听取审议市人民检察院关于全市检察机关司法规范化建设情况的报告;(8)听取审议市人大常委会督查组关于市政府系统办理市十届人大六次会议代表建议及本届以来代表建议"回头看"活动督导检查情况的报告;(9)第二次审议《滨州市城区道路管理条例(草案修改稿)》;(10)审议关于滨州市第十一届人民代表大会代表名额分配的决定(草案);(11)审议市人大常委会主任会议关于提请许可对市十届人大代表王建中采取司法拘留强制措施的议案,并作出相应的决定;(12)人事任免项;(13)其他事项事。

决议决定

会议表决通过的《滨州市城区道路管理条例》,待报省人大常委会批准后,按法定程序公布实施。

滨州市人民代表大会常务委员会关于许可对市十届人大代表王建中采取司法拘留强制措施的决定。

人事任免

任命:卢跃林为滨州市人大常委会农业和农村工作委员会副主任。

免去:李强的滨州市人大常委会人事代表工作委员会主任职务。

任命:李玉国为滨州市中级人民法院审判员、审判委员会委员;刘伟、邵伟宁、刘洋、戚立明、刘连义、尹晓宁、周健萍、张珊、宋蕾蕾、刘超元、孙琦、徐丽萍、张红娟、司艳丽、李海云、宋洁、刘玉霞、王小巧为滨州市中级人民法院人民审判员。

免去:黄泽民、尹左祥的滨州市人民检察院检查员职务。

市十届人大常委会第40次会议

2016年12月30日,滨州市十届人大常委会第40次会议召开。市人大常委会第一副主任祁维华,副主任郭建新、李国强、王立勇，秘书长高中兴出席会议。李国强主持会议。

会议议程

(1)听取审议市人大常委会视察组关于视察全市脱贫攻坚工作情况的报告；(2)听取审议市人民政府关于推进依法行政工作情况的报告；(3)听取审议市人民政府关于2015年度全市环境状况和环境保护目标完成情况的报告；(4)听取审议市人民政府关于2016年市级财政预算调整方案的报告，并作出相应的决定；(5)审议通过滨州市人民代表大会常务委员会关于召开滨州市第十一届人民代表大会第一次会议的决定(草案)；(6)人事任免事项；(7)其他事项。

人事任免

任命：李海峰为滨州市环境保护局局长。

免去：皮台田的滨州市环境保护局局长职务。

免去：蒋爱学的滨州市人大常委会内务司法工作委员会主任职务；刘长生的滨州市人大常委会内务司法工作委员会副主任职务；张文峰的滨州市人大常委会教育科学文化卫生人口工作委员会副主任职务。

市十届人大常委会第41次会议

2017年1月10日，滨州市十届人大常委会第41次会议在滨州举行。市委书记、市人大常委会主任张光峰，市人大常委会第一副主任祁维华，副主任郭建新、宋振华、李国强、王立勇，秘书长高中兴出席会议。张光峰主持会议。

会议议程

(一)人事任免事项；(二)审议市人大常委会主任会议关于提请审议邵汝卿辞去滨州市人民检察院检察长职务的请求的议案，并作出相应的决定；(三)决定滨州市人民检察院代理检察长；(四)其他事项。

决议决定

表决通过了滨州市人大常委会关于接受邵汝卿辞去滨州市人民检察院检察长职务的请求的决定。

人事任免

任命：郝吉虎为滨州市人民政府副市长；赵永生为滨州市公安局局长；赵霞为滨州市人民检察院副检察长、检察委员会委员、检察员。

决定：滨州市人民检察院副检察长赵霞为滨州市人民检察院代理检察长。

免去：桑培伦的滨州市公安局局长职务；王新建的滨州市人民检察院副检察长、检察委员会委员、检察员职务。

市十届人大常委会第42次会议

2017年1月15日，市十届人大常委会第42次会议在滨州举行。市人大常委会第一副主任祁维华，副主任郭建新、宋振华、李国强、王立勇，秘书长高中兴出席会议。宋振华主持会议。

会议议程

补选山东省第十二届人民代表大会代表。

会议补选陈必昌、祁维华为山东省第十二届人民代表大会代表。

市十届人大常委会第43次会议

2017年1月23日，市十届人大常委会第43次会议在滨州举行。市人大常委会第一副主任祁维华，副主任郭建新、宋振华、李国强、王立勇，秘书长高中兴出席会议。祁维华主持会议。

会议议程

（一）听取审议滨州市第十届人民代表大会常务委员会代表资格审查委员会关于滨州市第十一届人民代表大会代表的代表资格的审查报告；（二）审议市人大常委会关于市十届人大六次会议及本届以来代表建议、批评和意见办理情况的报告，决定书面报告市十一届人大一次会议；（三）审议市人大法制委员会关于市十届人大六次会议第10601号议案处理结果的报告，决定书面报告市十一届人大一次会议；（四）人事任免事项；（五）其他事项。

人事任免

批准任命：王俊民为滨州市滨城区人民检察院检察长；黄鲁滨为滨州市沾化区人民检察院检察长；张炳琪为惠民县人民检察院检察长；曹家宝为阳信县人民检察院检察长；温健为无棣县人民检察院检察长；陈学敏为博兴县人民检察院检察长；韩呈祥为邹平县人民检察院检察长。

批准：惠民县人大常委会接受程志民辞去惠民县人民检察院检察长职务的请求；阳信县人大常委会接受张炳琪辞去阳信县人民检察院检察长职务的请求；无棣县人大常委会接受生寿禄辞去无棣县人民检察院检察长职务的请求。

任命：程志民为滨州市人民检察院检察委员会委员、检察员；生寿禄为滨州市人民检察院检察员；扈炳刚为滨州经济技术开发区人民检察院检察长、检察委员会委员、检察员。

免去：张志华的滨州市人民检察院副检察长、检察委员会委员、检察员职务；张新华、温健、扈炳刚、王文柱、曹家宝的滨州市人民检察院检察员职务；刘源吉的滨州经济技术开发区人民检察院检察长、检察委员会委员职务。

市十届人大常委会第44次会议

2月17日，市十届人大常委会第44次会议在滨州召开。市人大常委会第一副主任祁维华，副主任郭建新、宋振华、李国强、王立勇，秘书长高中兴出席会议。祁维华主持会议。

会议议程

（一）听取审议市人大常委会代表资格审查委员会关于个别代表的代表资格的报告；（二）审议市人大常委会主任会议关于滨州市第十届人民代表大会第六次会议筹备工作情况的汇报；（三）审议关于提请滨州市第十一届人民代表大会第一次会议审议的滨州市人民代表大会常务委员会工作报告稿，决定提请滨州市第十一届人民代表大会第一次会议审议；（四）审议滨州市第十一届人民代表大会第一次会议议程（草案），决定提请滨州市第十一届人民代表大会第一次会议预备会议通过；（五）审议滨州市第十一届人民代表大会第一次会议主席团和秘书长名单（草案），决定提请滨州市第十一届人民代表大会第一次会议预备会议选举；（六）审议列席滨州市第十一届人民代表大会第一次会议人员范围及名单（草案）；（七）审议滨州市第十一届人民代表大会第一次会议计划预算审查委员会名单（草案）和议案审查委员会名单（草案），决定提请滨州市第十一届人民代表大会第一次会议预备会议通过；（八）审议市人大财政经济委员会关于滨州市2016年国民经济和社会发展计划执行情况与2017年国民经济和社会发展计划草案初审情况的报告、关于滨州市2016年预算执行情况和2017年预算草案的报告的初步审查意见；（九）人事任免事项；（十）其他事项。

人事任免

免去：李军的滨州市人大常委会教育科学文化卫生人口工作委员会主任职务。

第三章　人大常委会主任会议

主任会议依法行使下列职权：

（一）讨论研究市人民代表大会会议的筹备工作，拟定召开市人民代表大会工作方案（草案）和市人民代表大会换届选举方案（草案），研究大会议程草案、日程草案、各项名单草案等；

（二）讨论研究常委会会议的筹备工作，决定常委会会议的会期和日程，拟定常委会会议议程（草案），决定常委会会议列席人员；

（三）讨论常委会工作报告，并决定提请常委会会议审议；

（四）制定常委会年度工作要点并组织实施；

（五）向常委会提出属于常委会职权范围内的议案，由常委会会议审议；

（六）对市人民政府或常委会组成人员五人以上联名向常委会提出的议案，决定是否提请常委会会议审议，或者决定先交常委会有关工作机构提出意见，再决定是否提请常委会会议审议；

（七）研究决定质询案的处理方式。常委会组成人员五人以上联名向常委会书面提出对本级人民政府及其部门和人民法院、人民检察院的质询案。质询案由主任会议决定是否交由受质询的机关答复。主任会议可以决定由受质询机关在常委会会议上口头答复，或者由受质询机关书面答复。主任会议认为必要时，可以将答复质询案的情况报告印发常委会会议。提质询案的常委会组成人员的过半数对受质询机关的答复不满意的，可以提出要求，经主任会议决定是否由受质询机关再作答复。

（八）研究决定提请常委会审议表决的决议、决定草案；

（九）督促检查市人民代表大会及其常委会决议、决定的贯彻落实情况，检查代表议案及建议、批评和意见的办理情况，决定是否提请常委会会议审议；

（十）在常委会闭会期间，主任会议可以听取"一府两院"及其部门的专项工作汇报；

（十一）向常委会提名市人大常委会代表资格审查委员会主任委员、副主任委员和委员的人选，由常委会会议通过；

（十二）主任会议可以向常委会提议组织关于特定问题的调查委员会，提请常委会审议。

五分之一以上常委会组成人员书面联名，可以向常委会提议组织关于特定问题的调查委员会，由主任会议决定是否提请常委会审议。

调查委员会由主任委员、副主任委员和委员组成，由主任会议在常委会组成人员和市人民代表大会代表中提名，提请常委会审议通过。

（十三）在市人民代表大会闭会期间，向常委会提出补选省人民代表大会出缺代表的人选和提出罢免个别代表的议案；

（十四）听取常委会有关工作机构、备案审查工作机构关于下一级人民代表大会及其常委会不适当的决议、市人民政府不适当的决定和命令的初步审查意见，决定是否提请常委会会议审议。

常委会有关工作机构、备案审查工作机构认为备案的规范性文件需要审查，或接收到国家机关、社会团体、企事业单位和其他组织以及公民对规范性文件提出审查要求和建议后，经过审查，认为规范性文件存在不适当情形，应当提出初步审查意见，报主任会议研究。主任会议认为需要修改或者废止的，由备案审查工作机构向制定机关提出自行修改或者废止该规范性文件的书面审查意见。备案审查工作机构应当及时将制定机关的处理意见报告主任会议。

规范性文件制定机关收到规范性文件书面审查意见后，对规范性文件不予修改或者废止的，常委会有关工作机构、备案审查工作机构可以提出撤销该规范性文件的建议，报经主任会议研究，主任会议认为必要时提出撤销该规范性文件的议案，提请常委会会议审议。

规范性文件制定机关未按规定期限报送规范性文件备案，或者报送的文件材料不齐全的，备案审查工作机构应当通知其限期报送或者补充报送；逾期仍不报送的，主任会议可以视情要求其作出说明，或者建议有关机关追究责任人的责任。

（十五）研究确定提请由常委会会议任免的地方国家机关工作人员名单，决定常委会工作委员会办公室主任、办事机构的副职、调研员、副调研员等工作人员的任免；

（十六）研究确定常委会听取审议“一府两院”专项工作报告年度计划和常委会年度执法检查计划，主任会议通过后，印发常委会组成人员并向社会公布。

常委会听取和审议专项工作报告前，主任会议可以组织常委会组成人员和市人民代表大会代表，对有关工作进行视察或者专题调查研究。

执法检查结束后，执法检查组应当及时提出执法检查报告，由主任会议决定是否提请常委会审议。

“一府两院”研究处理执法检查报告和常委会审议意见情况的报告，主任会议认为必要时，可以决定提请常委会审议，或者由常委会组织跟踪检查。

（十七）讨论研究市人民代表大会代表和人民来信来访中反映的重大问题以及群众对“一府两院”和国家机关工作人员的申诉控告，提出意见。

（十八）主任会议可以提出对国家机关工作人员的撤职案，提请常委会审议。

常委会五分之一以上的组成人员书面联名向常委会提出对国家机关工作人员的撤职案，由主任会议决定是否提请常委会会议审议；或者由主任会议提议，经常委会全体会议决定，组织调查委员会，由以后的常委会会议根据调查委员会的报告审议决定。

撤职案在提请表决前，被提出撤职的人员有权在常委会会议上提出申辩意见，或者书面提出申辩意见，由主任会议决定是否印发常委会会议。

（十九）在市人民代表大会闭会期间，市长、市中级人民法院院长、市人民检察院检察长因故不能担任职务的时候，主任会议提出决定代理人选的议案，提请常委会决定。

（二十）市人民代表大会代表，如果因为是现行犯必须逮捕，而又不能及时召开人民代表大会或常委会会议，可以先由主任会议许可，再由主任会议提请常委会下一次会议确认。

（二十一）主任会议可以根据需要，决定常委会会议安排公民旁听，并决定旁听会议的范围；

（二十二）讨论、决定以常委会名义召开的会议、开展的活动等事项；

（二十三）听取常委会工作机构的工作汇报；

（二十四）研究决定常委会机关建设的重要事项；

（二十五）处理常委会的其他重要日常工作。

第一节　第七届人大常委会主任会议

市七届人大常委会第1次主任会议

2001年2月4日，滨州市七届人大常委会第1次主任会议在滨州举行。会议由市委书记、市人大常委会主任王宗廉主持，市人大常委会副主任江连仲、张贵云、叶庆华、朱向旭、郭德刚、巩若良、郭建新、秘书长王明仁出席了会议。

会议议题

(一)讨论通过关于召开市七届人大常委会第1次会议的有关事项,讨论通过拟提交滨州市七届人大常委会第1次会议通过议程的(草案);(二)讨论通过拟提交滨州市七届人大常委会第1次会议通过的《滨州市人大常委会组成人员守则(草案)》;(三)讨论通过拟提交滨州市七届人大常委会第1次会议通过的《滨州市人大常委会人事任免暂行办法(草案)》;(四)讨论通过拟提交滨州市七届人大常委会第1次会议表决的人事任免事项。

会议决定于2001年2月5日在滨州召开市七届人大常委会第1次会议。

市七届人大常委会第2次主任会议

2001年3月21日,滨州市七届人大常委会第2次主任会议在滨州举行。会议由市委书记、市人大常委会主任王宗廉主持,市人大常委会副主任江连仲、张贵云、叶庆华、朱向旭、巩若良、郭建新、秘书长王明仁出席了会议。

会议议题

(一)讨论通过拟提请滨州市七届人大常委会第2次会议表决的《滨州市人民代表大会常务委员会议事规则(草案)》;(二)讨论通过拟提请滨州市七届人大常委会第2次会议表决的《滨州市人大常委会信访工作暂行办法(草案)》;(三)讨论通过《滨州市人民代表大会常务委员会主任会议议事规则(草案)》;(四)讨论通过《滨州市人大常委会主任办公会议制度》;(五)讨论通过《滨州市人大常委会2001年工作要点》。

会议一致同意将《滨州市人民代表大会常务委员会议事规则(草案)》和《滨州市人大常委会信访工作暂行办法(草案)》提请滨州市七届人大常委会第2次会议进行表决;一致通过了《滨州市人民代表大会常务委员会主任会议议事规则(草案)》《滨州市人大常委会主任办公会议制度》和《滨州市人大常委会2001年工作要点》。

会议决定

将市委确定的“依法治国与以德治国相结合,促进农村精神文明建设”的调研任务列入市人大常委会2001年工作要点。

市七届人大常委会第3次主任会议

2001年3月29日,滨州市七届人大常委会第3次主任会议在滨州举行。会议由市委书记、市人大常委会主任王宗廉主持,市人大常委会副主任江连仲、张贵云、叶庆华、朱向旭、郭德刚、巩若良、秘书长王明仁出席了会议。

会议议题

(一)通过《关于举行滨州市七届人大常委会第2次会议的决定》;(二)通过拟提请滨州市七届人大常委会第2次会议通过的《滨州市七届人大常委会第2次会议议程(草案)》;(三)根据中华人民共和国最高人民检察院的提请,讨论通过了拟提请滨州市七届人大常委会第2次会议审议表决的《滨州市人民代表大会常务委员会关于许可对滨州市七届人大代表王兴发依法逮捕的决定(草案)》。

会议决定于2001年3月29日在滨州举行市七届人大常委会第2次会议。

市七届人大常委会第4次主任会议

2001年4月5日,滨州市七届人大常委会第4次主任会议在滨州举行。会议由市委书记、市人大常委会主任王宗廉主持,市人大常委会副主任江连仲、张贵云、郭德刚、巩若良、郭建新,秘书长王明仁出席了会议。

会议议题

(一)讨论通过拟提交市七届人大常委会第3次会议审议的市人民政府关于依法治市第三个五年规划和“四五”普法规划的汇报和《决议(草案)》;(二)讨论通过拟提交市七届人大常委会第3次会议通过的滨州市第七届人民代表大会常务委员会代表资格审查委员会组成人员名单(草案);(三)讨论通过拟提交市七届人大常委会第3次会议审议的市政府关于调整市与县区财政体制的建议(草案);(四)讨论通过提交市七届人大常委会第3次会议表决的人事任免案;(五)听取有关个案监督的汇报;(六)讨论通过关于举行市七届人大常委会第3次会议的有关事宜。

会议一致通过将滨州市人民代表大会常务委员会代表资格审查委员会组成人员名单(草案),市政府关于调整市与县区财政体制的汇报和滨州市市长张执政提请市人大常委会任命的市政府部分组成人员名单,滨州市中级人民法院副院长、副庭长、审判委员会委员、审判员名单,滨州市人民检察院副检察长、检察委员会委员、检察员名单提交市七届人大常委会第3次会议表决。

会议决定

1.滨州市依法治市规划(2001—2005年)(草案)和在公民中开展法制宣传教育的第四个五年规划(草案)待市政府正式研究同意后再提交市七届人大常委会第3次会议审议或提交下一次常委会审议。2.同意对被告人王法胜交通肇事案实施个案监督,责令市中级人民法院再审。

会议决定于2001年4月17日在滨州举行市七届人大常委会第3次会议。

市七届人大常委会第5次主任会议

2001年5月24日,滨州市七届人大常委会第5次主任会议在滨州举行。会议由市委书记、市人大常委会主任王宗廉主持,市人大常委会副主任江连仲、张贵云、叶庆华、朱向旭、郭德刚、郭建新,秘书长王明仁出席会议。

会议议题

(一)财政经济工作委员会作关于听取和审议滨州市2000年市级财政决算(草案)议题的说明,讨论决定是否将议题列入市七届人大常委会第4次会议议程;讨论通过拟提交市七届人大常委会第4次会议审议表决的关于批准2000年市级财政决算的决议(草案);(二)财政经济工作委员会作关于听取和审议2000年度市级财政预算执行和其他财政收支的审计工作报告议题的说明,讨论决定是否将该项议题列入市七届人大常委会第4次会议议程;(三)财政经济工作委员会作关于听取市政府关于加入世贸组织对全市经济发展的影响和应采取的应对战略及措施的汇报的说明,讨论决定是否将该项议题列入市七届人大常委会第4次会议议程;(四)内务司法工作委员会作关于听取市政府全市开展严打整治斗争情况汇报的说明,讨论决定是否将该项议题列入市七届人大常委会第4次会议议程;(五)讨论决定关于举行市七届人大常委会第4次会议的有关事项。

会议决定于2001年6月7日在滨州举行市七届人大常委会第4次会议。

市七届人大常委会第6次主任会议

2001年8月13日,滨州市七届人大常委会第6次主任会议在滨州举行。市人大常委会副主任江连仲受市人大常委会主任王宗廉委托主持会议,市人大常委会副主任张贵云、朱向旭、郭德刚、巩若良、郭建新,秘书长长王明仁出席会议。

会议议题

(一)财政经济工作委员会作关于听取和审议市政府关于滨州市2001年上半年国民经济和社会发展计划执行情况的报告的说明,讨论决定是否将该项议题列入市七届人大常委会第5次会议议程;(二)财政经济工作委员会作关于听取和审议市政府关于滨州市2001年上半年财经预算执行情况的报告的说明,讨论决定是否将该项议题列入市七届人大常委会第5次会议议程；(三)内务司法工作委员会作关于听取市检察院关于全市检察机关查办渎职公民权犯罪案件工作情况的汇报的说明，讨论决定是否将该项议题列入市七届人大常委会第5次会议议程；(四)民族侨务外事工作委员会作关于听取市政府关于全市旅游工作情况的汇报的说明，讨论决定是否将该项议题列入市七届人大常委会第5次会议议程；(五)人事代表室作关于听取市政府关于政府系统办理人大代表建议情况的汇报的说明，讨论决定是否将该项议题列入市七届人大常委会第5次会议议程；(六)讨论决定关于举行市七届人大常委会第5次会议的有关事项；(七)讨论通过滨州市人大常委会关于2001年度对部分被任命人员进行述职评议的实施方案。

会议决定于2001年8月21日在滨州举行市七届人大常委会第5次会议。

市七届人大常委会第7次主任会议

2001年10月15日，滨州市七届人大常委会第7次主任会议在滨州举行，市委书记、市人大常委会主任王宗廉主持会议，市人大常委会副主任江连仲、张贵云、叶庆华、朱向旭、巩若良、郭建新，秘书长王明仁出席会议。

会议议题

(一)财政经济工作委员会作关于听取和审议市政府关于整顿和规范经济秩序工作情况汇报的议题说明，讨论决定是否将该项议题列入市七届人大常委会第6次会议议程；(二)财政经济工作委员会作关于听取和审议市政府关于2001年度市级财政有关收支情况汇报的议题说明，讨论决定是否将该项议题列入市七届人大常委会第6次会议议程；(三)城乡建设环境保护工作委员会作关于听取和审议市政府关于城市规划与城市基础设施建设情况的汇报的说明，讨论决定是否将该项议题列入市七届人大常委会第6次会议议程；(四)教育科学文化卫生人口工作委员会作关于听取和审议市政府关于全市科技进步与科技创新情况汇报的说明，讨论决定是否将该议题列入市七届人大常委会第6次会议议程；(五)内务司法工作委员会作关于听取市政府关于全市贯彻实施《村民委员会组织法》情况汇报的说明，讨论决定是否将该项议题列入市七届人大常委会第6次会议议程；(六)内务司法工作委员会作关于听取市人大常委会《国家公务员暂行条例》执法检查组执法检查情况报告的说明，讨论决定是否将该项议题列入市七届人大常委会第6次会议议程；(七)农业和农村工作委员会作关于听取和审议市七届人大一次会议第49号议案办理结果的说明，讨论决定是否将该项议题列入市七届人大常委会第6次会议议程；(八)民族侨务外事工作委员会作关于听取和审议市政府关于滨州市民族宗教工作情况汇报的说明，讨论决定是否将该项议题列入市七届人大常委会第6次会议议程；(九)人事代表工作室作关于对王乃信、魏旎两同志进行述职评议有关情况的说明，讨论决定是否将该项议题列入市七届人大常委会第6次会议议程；(十)人事代表工作室作关于人事任免事项的说明，讨论决定是否将该项议题列入市七届人大常委会第6次会议议程；(十一)讨论决定关于举行市七届人大常委会第6次会议的有关事项。

会议决定于2001年10月22日在滨州举行市七届人大常委会第6次会议。

市七届人大常委会第8次主任会议

2001年12月10日，滨州市七届人大常委会第8次主任会议在滨州举行。市委书记、市人大常委会主任王宗廉主持会议，市人大常委会副主任江连仲、叶庆华、郭德刚、巩若良、郭建新，秘书长王明仁出席会议。

会议议题

(一)讨论通过《滨州市人民代表大会常务委员会关于召开滨州市第七届人民代表大会第二次会议的方案(草案)》；(二)王明仁同志作关于滨州市人民代表大会常务委员会关于召开滨州市第七届人民代表大会第二次会议决定事项的说明，讨论决定是否将该项议题列入市七届人大常委会第7次会议议程；(三)李强同志作关于人事任免事项的说明，讨论决定是否将该项议题列入市七届人大常委会第7次会议议程；(四)讨论决定关于举行滨州市七届人大常委会第7次会议的有关事项。

会议决定于2001年12月14日在滨州举行市七届人大常委会第7次会议。

市七届人大常委会第9次主任会议

2002年1月11日,滨州市七届人大常委会第9次主任会议在滨州举行。市委书记、市人大常委会主任王宗廉主持会议,市人大常委会副主任江连仲、叶庆华、郭德刚、巩若良、郭建新,秘书长王明仁出席会议。

会议议题

(一)审议表决《滨州市人大常委会关于变更召开滨州市第七届人民代表大会第二次会议时间的决定(草案)》;(二)人事任免事项;(三)讨论决定关于滨州市七届人大常委会第8次会议的有关事项。

会议决定于2002年1月8日在滨州举行市七届人大常委会第8次会议。

市七届人大常委会第10次主任会议

2002年1月17日,滨州市七届人大常委会第10次主任会议在滨州举行。市委书记、市人大常委会主任王宗廉主持会议,市人大常委会副主任江连仲、张贵云、叶庆华、郭德刚、郭建新,秘书长王明仁出席会议。

会议议题

审议通过滨州市市长张执政提请市人大常委会任免的部分市政府组成人员的议案。

会议决定

将滨州市市长张执政提请市人大常委会任免的部分组成人员的议案列入市七届人大常委会第8次会议议程。

市七届人大常委会第11次主任会议

2002年2月20日,滨州市七届人大常委会第11次主任会议在滨州举行。市委书记、市人大常委会主任王宗廉主持,市人大常委会副主任江连仲、张贵云、叶庆华、郭德刚、郭建新,秘书长王明仁出席。

讨论通过召开市七届人大常委会第9次会议的有关事项。

市七届人大常委会第12次主任会议

2002年4月2日,滨州市七届人大常委会第12次主任会议在滨州举行。市委书记、市人大常委会主任王宗廉主持,市人大常委会副主任江连仲、张贵云、叶庆华、朱向旭、郭德刚、巩若良,秘书长王明仁出席。

讨论通过召开市七届人大常委会第10次会议的有关事项。

市七届人大常委会第13次主任会议

2002年4月17日,滨州市七届人大常委会第13次主任会议在滨州举行。市委书记、市人大常委会主任王宗廉主持,市人大常委会副主任江连仲、张贵云、叶庆华、朱向旭、郭德刚、巩若良、郭建新,秘书长王明仁出席。

讨论通过召开市七届人大常委会第11次会议的有关事项。

市七届人大常委会第14次主任会议

2002年6月17日,滨州市七届人大常委会第14次主任会议在滨州举行。市委书记、市人大常委会主任王宗廉主持会议,市人大常委会副主任江连仲、张贵云、叶庆华、郭德刚、巩若良、郭建新,秘书长王明仁出席会议。

会议议题

（一）听取审议市人大常委会内务司法工作委员会关于市人大代表视察全市社会治安综合治理情况的报告，决定是否提请市七届人大常委会第12次会议审议；（二）听取审议市政府关于2001年滨州市财政决算草案的报告，决定是否提请市七届人大常委会第12次会议审议；讨论通过拟提请市七届人大常委会第12次会议审议表决的关于批准滨州市2001年市级财政决算的决议（草案）；（三）听取审议市审计局关于滨州市2001年度市级财政预算执行情况和其他财政收支情况的审计报告，决定是否提请市七届人大常委会第12次会议审议；（四）听取审议市人大常委会财政经济工作委员会关于滨州市2001年市级财政决算的审查报告，决定是否提请市七届人大常委会第12次会议审议；（五）听取审议市政府关于全市农村税费改革情况的汇报，决定是否提请市七届人大常委会第12次会议审议；（六）听取审议市人大常委会农业和农村工作委员会关于对《中华人民共和国农业技术推广法》执法检查情况的报告，决定是否提请市七届人大常委会第12次会议审议；（七）听取审议市人大常委会民族侨务外事工作委员会关于全市宗教工作情况的报告，决定是否提请市七届人大常委会第12次会议审议；（八）听取审议市人大常委会内务司法工作委员会关于《妇女权益保障法》及山东省实施办法执法情况的报告（书面），决定是否提请市七届人大常委会第12次会议审议；（九）讨论决定关于举行市七届人大常委会第12次会议的有关事项。

会议决定于2002年6月25日在滨州举行市七届人大常委会第12次会议。

市七届人大常委会第15次主任会议

2002年8月20日，滨州市七届人大常委会第15次主任会议在滨州举行。市委书记、市人大常委会主任王宗廉主持会议，市人大常委会副主任江连仲、张贵云、叶庆华、朱向旭、郭德刚、巩若良、郭建新，秘书长王明仁出席会议。

会议议题

（一）听取市人大常委会财政经济工作委员会副主任刘奎振关于提请审议市人民政府关于滨州市2002年上半年国民经济和社会发展计划执行情况的汇报的说明，决定是否将该项议题列入市七届人大常委会第13次会议议程；（二）听取市人大常委会财政经济工作委员会副主任刘奎振关于提请审议市人民政府关于滨州市2002年上半年财政预算执行情况的汇报的说明，决定是否将该项议题列入市七届人大常委会第13次会议议程；（三）听取市人大常委会人事代表工作室主任李强关于提请市七届人大常委会第13次会议对王洪昌、韩振庆两同志进行述职评议的说明，决定是否将该项议题列入市七届人大常委会第13次会议议程；（四）听取市人大常委会内务司法工作委员会副主任蒋爱学关于提请审议市人民政府关于全市机构改革和市直机关国家公务员考录工作情况的汇报的说明，决定是否将该项议题列入市七届人大常委会第13次会议议程；（五）听取市人大常委会民族侨务外事工作委员会副主任宋茂龙关于提请审议华人、华侨及港澳台同胞在我市投资创业情况的视察报告的说明，决定是否将该项议题列入市七届人大常委会第13次会议议程；（六）听取市人大常委会人事代表工作室主任李强关于提请审议的人事任免事项的说明，决定是否将该项议题列入市七届人大常委会第13次会议议程；（七）讨论决定关于举行市七届人大常委会第13次会议的有关事项。

会议决定于2002年8月27日在滨州举行市七届人大常委会第13次会议。

第二节　第八届人大常委会主任会议

市八届人大常委会第1次主任会议

2003年4月18日，在滨州召开市八届人大常委会第1次主任会议。市人大常委会副主任李成明主持，副主任张贵云、刘宝庭、苏乃军、叶庆华、张秀亭、朱向旭、郭德刚、郭建新，秘书长张树香出席。

会议议题

(一)听取审议市人大常委会检查组关于全市扶贫帮困工作检查情况的报告，决定是否提请市八届人大常委会第1次会议审议。(二)审议关于提请审议滨州市人民代表大会常务委员会关于大力加强招商引资工作的决议的议案，决定是否提请市八届人大常委会第1次会议审议。(三)审议滨州市第八届人民代表大会常务委员会代表资格审查委员会主任委员、委员名单(草案)，决定是否提请市八届人大常委会第1次会议审议通过。(四)审议关于提请任命滨州市人大常委会机关负责工作人员职务的议案和关于提请任命市人民政府组成人员职务的议案，决定是否提请市八届人大常委会第1次会议审议表决。(五)讨论决定关于举行市八届人大常委会第1次会议的有关事项。

会议决定于2003年4月24日举行滨州市八届人大常委会第1次会议。

市八届人大常委会第2次主任会议

2003年4月22日晚，市八届人大常委会第2次主任会议在滨州召开。市委书记、市人大常委会主任孙德汉主持了会议。市人大常委会副主任李成明、张贵云、刘宝庭、苏乃军、叶庆华、张秀亭、朱向旭、郭德刚、郭建新，秘书长张树香出席。

会议议题

研究滨州市人民政府关于市土地收购储备中心城市基础设施项目贷款的议案，并拟提请市八届人大常委会第1次会议审议。

市八届人大常委会第3次主任会议

2003年5月16日，在滨州召开市八届人大常委会第3次主任会议。市委书记、市人大常委会主任孙德汉主持，市人大常委会副主任李成明、张贵云、刘宝庭、苏乃军、叶庆华、朱向旭、张秀亭、郭德刚、郭建新，秘书长张树香出席。

会议议题

(一)听取关于2003年滨州市县以上人大换届选举工作情况的报告，决定是否将该项议题列入市八届人大常委会第2次会议议程。(二)审议市人民政府关于全市防治传染性非典型肺炎工作情况的汇报，决定是否提请市八届人大常委会第2次会议审议。(三)审议关于提请市八届人大常委会第2次会议审议的人事任免事项，决定是否提请市八届人大常委会第2次会议审议表决。(四)讨论决定关于举行市八届人大常委会第2次会议的有关事项。

会议决定于2003年5月20日举行滨州市八届人大常委会第2次会议。

市八届人大常委会第4次主任会议

2003年6月26日，在滨州召开市八届人大常委会第4次主任会议。市委书记、市人大常委会主任孙德汉主持，市人大常委会副主任李成明、张贵云、刘宝庭、苏乃军、叶庆华、张秀亭、朱向旭、郭德刚、郭建新，秘书长张树香出席。

会议议题

(一)听取审议市政府关于滨州市2002年度市级财政预算执行和其它财政收支的审计工作报告，决定是否提请市八届人大常委会第3次会议审议；(二)听取审议市政府关于滨州市2002年度市级财政决算草案的报告，决定是否提请市八届人大常委会第3次会议审议；讨论通过拟提请市八届人大常委会第3次会议审议表决的关于批准滨州市2002年市级财政决算的决议(草案);(三)听取审议市人大常委会财政经济工作委员会关于滨州市2002年市级财政决算的审查报告,决定是否提请市八届人大常委会第3次会议审议;(四)听取审议市政府关于全市社会保障及就业工作情况的报告,决定是否提请市八届人大常委会第3次会议审议;(五)听取审议市人大常委会视察组关于全市"四环五海"工程建设情况的视察报告,决定是否提请市八届人大常委会第3次会议审议;(六)听取审议市人大常委会视察组关于全市旅游工作情况的视察报告,决定是否提请市八届人大常委会第3次会议审议;(七)听取审议市人大常委会视察组关于全市贯彻实施《森林法》情况的视察报告,决定是否提请市八届人大常委会第3次会议审议;(八)审议关于提请任免滨州市人大常委会机关负责工作人员职务的议案、关于提请任免市中级人民法院审判人员职务的报告和关于提请任命滨州市人民检察院检察人员职务的报告,决定是否提请市八届人大常委会第3次会议审议表决;(九)审议表决市人大常委会主任会议关于决定任免市人大常委会机关负责工作人员职务的决定(草案);(十)讨论决定关于举行市八届人大常委会第3次会议的有关事项。

会议决定

任命:蔺东华为滨州市人大常委会办公室副主任;刘洪庆为滨州市人大常委会研究室副主任;郭文江为滨州市人大常委会城乡建设环境保护工作委员会办公室主任;杨秀芳为滨州市人大常委会农业和农村工作委员会助理调研员。

免去:徐竹滨的滨州市人大常委会城乡建设环境保护工作委员会办公室主任;石淑芬的滨州市人大常委会财政经济工作委员会办公室主任职务;张明贤的滨州市人大常委会教育科学文化卫生人口工作委员会办公室主任职务;王文生的滨州市人大常委会民族侨务外事工作委员会办公室主任职务;杨秀芳的滨州市人大常委会农业和农村工作委员会办公室主任职务;蔺东华的滨州市人大常委会信访室副主任职务;孙学锋的滨州市人大常委会研究室副主任职务。

会议决定于2003年7月3日举行滨州市八届人大常委会第3次会议。

市八届人大常委会第5次主任会议

2003年8月5日,在滨州召开市八届人大常委会第5次主任会议。市人大常委会副主任李成明、张贵云、刘宝庭、苏乃军、张秀亭、郭德刚、郭建新,秘书长张树香出席。

会议议题

(一)审议滨州市人民政府提请市八届人大常委会审议的关于请求变更城市基础设施项目贷款数额和借款人的议案,决定是否提请市八届人大常委会第4次会议审议。(二)审议滨州市人民代表大会常务委员会关于批准滨州市人民政府请求变更城市基础设施项目贷款数额和借款人的决定(草案),决定是否提请市八届人大常委会第4次会议审议表决。(三)讨论决定关于举行市八届人大常委会第4次会议的有关事项。

会议决定于2003年8月6日举行滨州市八届人大常委会第4次会议。

市八届人大常委会第6次主任会议

2003年8月8日,在滨州召开市八届人大常委会第6次主任会议。市人大常委会副主任李成明主持会议。市人大常委会副主任张贵云、刘宝庭、苏乃军、张秀亭、朱向旭、郭德刚、郭建新,秘书长张树香出席。

会议议题

听取审议并通过关于对全市救灾扶贫资金发放使用情况进行监督检查的实施意见。

市八届人大常委会第7次主任会议

2003年8月22日，在滨州召开市八届人大常委会第7次主任会议。市委书记、市人大常委会主任孙德汉主持，市人大常委会副主任李成明、张贵云、刘宝庭、苏乃军、叶庆华、张秀亭、朱向旭、郭德刚、郭建新，秘书长张树香出席。

会议议题

（一）听取审议市人民政府关于滨州市2003年上半年国民经济和社会发展计划执行情况的报告，决定是否提请市八届人大常委会第5次会议审议。（二）听取审议市人民政府关于滨州市2003年上半年财政预算执行情况的报告，决定是否提请市八届人大常委会第5次会议审议。（三）听取审议市人民政府关于《政府采购法》执法情况的报告，决定是否提请市八届人大常委会第5次会议审议。（四）听取审议市人大常委会检查组关于检查《滨州市人大常委会关于滨州市2001—2005年依法治市规划的决议》实施情况的报告，决定是否提请市八届人大常委会第5次会议审议。（五）听取审议市人大常委会城建环保工作委员会关于全市环境保护执法情况的调查报告，决定是否提请市八届人大常委会第5次会议审议。（六）听取审议市人民政府关于办理市人大代表建议、批评和意见情况的报告，决定是否提请市八届人大常委会第5次会议审议。（七）审议关于提请市八届人大常委会第5次会议审议的人事任免事项，决定是否提请市八届人大常委会第5次会议审议表决。（八）讨论决定关于举行市八届人大常委会第5次会议的有关事项。

会议决定于2003年8月26日在滨州举行市八届人大常委会第5次会议。

市八届人大常委会第8次主任会议

2003年10月18日，召开市八届人大常委会第8次主任会议。市委书记、市人大常委会主任孙德汉主持，市人大常委会副主任李成明、张贵云、刘宝庭、苏乃军、叶庆华、张秀亭、朱向旭、郭德刚、郭建新，秘书长张树香出席。

会议议题

（一）听取审议市人大常委会视察组关于全市贯彻实施《中华人民共和国水法》情况的视察报告，决定是否提请市八届人大常委会第6次会议审议。（二）听取审议市人大常委会视察组关于全市《中华人民共和国建筑法》贯彻执行情况的视察报告，决定是否提请市八届人大常委会第6次会议审议。（三）听取审议市人大常委会执法检查组关于《中华人民共和国人口与计划生育法》《山东省人口与计划生育条例》执法检查情况的报告，决定是否提请市八届人大常委会第6次会议审议。（四）听取审议市人大常委会民族侨务外事工作委员会关于全市民族宗教工作情况的报告，决定是否提请市八届人大常委会第6次会议审议。（五）听取审议市人民政府关于加强救灾款社会募捐资金发放使用管理及探索建立农村扶贫帮困长效机制情况的报告，决定是否提请市八届人大常委会第6次会议审议。（六）听取审议关于组织市人大代表视察市政府系统办理市八届人大一次会议以来代表建议、批评和意见情况的报告，决定是否提请书面印发市八届人大常委会第6次会议。（七）审议关于提请市八届人大常委会第6次会议审议的人事任免事项，决定是否提请市八届人大常委会第6次会议审议表决。（八）审议通过《滨州市人大常委会关于开展述职评议工作的实施意见》《滨州市人大常委会2003年述职评议工作方案》。（九）审议通过《滨州市人大常委会审议意见办理制度（草案）》。（十）讨论决定关于举行市八届人大常委会第6次会议的有关事项。

市八届人大常委会第9次主任会议

2003年12月15日，在滨州召开市八届人大常委会第9次主任会议。市委书记、市人大常委会主任孙德汉主持，市人大常委会副主任李成明、张贵云、刘宝庭、苏乃军、叶庆华、张秀亭、朱向旭、郭德刚、郭建新，秘书长张树香出席。

会议议题

(一)听取审议市人大常委会视察组关于《滨州市加快民营经济发展的意见的决议》落实情况的视察报告,决定是否提请市八届人大常委会第7次会议审议。(二)听取审议市人民政府关于全市外事工作情况的报告,决定是否提请市八届人大常委会第7次会议审议。(三)听取审议市人大常委会关于举行滨州市第八届人民代表大会第二次会议的决定(草案),决定是否提请市八届人大常委会第7次会议审议决定。(四)听取关于提请市八届人大常委会第7次会议对毕宝文、李慎猛进行述职评议,对张友庆、邵立勇进行执法评议的说明,决定是否提请市八届人大常委会第7次会议对毕宝文、李慎猛进行述职评议,对张友庆、邵立勇进行执法评议。(五)听取审议市人大常委会关于接受蔡国华辞去市八届人大常委会委员职务的请求的决定(草案),决定是否提请市八届人大常委会第7次会议审议决定。(六)审议关于提请市八届人大常委会第7次会议审议的人事任免事项,决定是否提请市八届人大常委会第7次会议审议表决。(七)审议表决市人大常委会主任会议关于决定任免市人大常委会机关负责工作人员职务的决定(草案)。(八)讨论决定关于举行市八届人大常委会第7次会议的有关事项。

会议决定

任命:曹学海为滨州市人大常委会教育科学文化卫生人口工作委员会办公室主任。

会议决定于2003年12月23日在滨州举行市八届人大常委会第7次会议。

市八届人大常委会第10次主任会议

2004年1月5日,滨州市八届人大常委会第10次主任会议在滨州召开。市人大常委会副主任李成明、刘宝庭、苏乃军、叶庆华、张秀亭、朱向旭、郭德刚、郭建新,秘书长张树香出席会议。

会议议题

(一)听取审议市人大常委会代表资格审查委员会关于代表资格审查情况的报告,决定是否提请市八届人大常委会第8次会议审议。(二)听取审议市人大常委会主任会议关于滨州市第八届人民代表大会第二次会议筹备工作情况的汇报,决定是否提请市八届人大常委会第8次会议审议。(三)审议关于提请市八届人大常委会第8次会议审议的滨州市人大常委会工作报告稿,决定是否提请市八届人大常委会第8次会议审议。(四)审议滨州市第八届人民代表大会第二次会议议程(草案),决定是否提请市八届人大常委会第8次会议审议。(五)审议滨州市第八届人民代表大会第二次会议主席团和秘书长名单(草案),决定是否提请市八届人大常委会第8次会议审议。(六)审议列席滨州市第八届人民代表大会第二次会议人员范围及名单(草案),决定是否提请市八届人大常委会第8次会议决定。(七)审议滨州市第八届人民代表大会第二次会议计划预算审查委员会名单(草案)和议案审查委员会名单(草案),决定是否提请市八届人大常委会第8次会议审议。(八)听取审议市人大常委会财政经济工作委员会关于滨州市2003年国民经济和社会发展计划执行情况与2004年国民经济和社会发展计划草案的报告初审情况的报告、关于滨州市2003年财政预算执行情况和2004年财政预算草案的报告初审情况的报告,决定是否提请市八届人大常委会第8次会议审议。(九)听取审议市人大常委会主任会议关于滨州市第八届人民代表大会第一次会议以来代表建议、批评和意见办理情况的报告,决定是否提请市八届人大常委会第8次会议审议。(十)审议关于提请市八届人大常委会第8次会议审议的人事任免事项,决定是否提请市八届人大常委会第8次会议审议表决。(十一)审议表决市人大常委会主任会议关于决定任命市人大常委会机关负责工作人员职务的决定(草案)。(十二)讨论决定关于举行市八届人大常委会第8次会议的有关事项。

会议决定

任命:解德新为滨州市人大常委会办公室副主任。

会议决定于2004年1月15日在滨州举行市八届人大常委会第8次会议。

市八届人大常委会第11次主任会议

2004年2月16日，滨州市八届人大常委会第11次主任会议在滨州召开。市委书记、市人大常委会主任孙德汉，副主任李成明、张贵云、刘宝庭、苏乃军、叶庆华、张秀亭、朱向旭、郭德刚、郭建新，秘书长张树香出席会议。

会议议题

审议通过滨州市人大常委会2004年工作要点。

市八届人大常委会第12次主任会议

2004年4月2日，滨州市八届人大常委会第12次主任会议在滨州召开。市委书记、市人大常委会主任孙德汉，副主任李成明、张贵云、刘宝庭、苏乃军、叶庆华、张秀亭、朱向旭、郭德刚、郭建新，秘书长张树香出席了会议。

会议议题

(一)听取审议市人大常委会视察组关于视察全市医疗、药品市场管理情况的报告，决定提请市八届人大常委会第9次会议审议。(二)听取审议市人大常委会视察组关于视察滨州市城区城市管理情况的报告，决定提请市八届人大常委会第9次会议审议。(三)听取审议市人民政府关于滨州市国民经济和社会发展“十五”计划前期执行情况的报告，决定提请市八届人大常委会第9次会议审议。(四)听取审议市人大常委会执法检查组关于检查《中华人民共和国动物防疫法》《山东省动物防疫条例》实施情况的报告，决定提请市八届人大常委会第9次会议审议。(五)审议通过滨州市人民代表大会常务委员会主任会议关于提请市八届人大常委会第9次会议审议《滨州市人民代表大会常务委员会会议公民旁听办法(草案)》的议案。(六)审议通过滨州市人民代表大会常务委员会主任会议关于提请市八届人大常委会第9次会议审议《滨州市人大常委会述职评议和执法评议暂行办法(草案)》的议案。(七)审议关于提请市八届人大常委会第9次会议审议的人事任免事项，决定提请市八届人大常委会第9次会议审议表决。(八)讨论决定关于举行市八届人大常委会第9次会议的有关事项。

会议决定于2004年4月6日在滨州举行市八届人大常委会第9次会议。

市八届人大常委会第13次主任会议

2004年5月31日，滨州市八届人大常委会第13次主任会议在滨州召开。市委书记、市人大常委会主任孙德汉，副主任李成明、张贵云、刘宝庭、苏乃军、朱向旭、郭德刚，秘书长张树香出席会议。

会议议题

(一)听取审议市人大常委会视察组关于视察全市“六河水变清”工程进展和城市供水、污水处理市场化运作情况的报告，决定提请市八届人大常委会第10次会议审议。(二)听取审议市人大常委会视察组关于视察全市城区就业职工义务教育费征收使用和中小学收费管理使用情况的报告，决定提请市八届人大常委会第10次会议审议。(三)听取审议市人民政府关于滨州市2003年度市级财政预算执行情况和其他财政收支的审计工作报告，决定提请市八届人大常委会第10次会议审议。(四)听取审议市人大常委会财政经济工作委员会关于滨州市2003年市级财政决算的审查报告，决定提请市八届人大常委会第10次会议审议。(五)听取审议市人民政府关于滨州市2003年度市级财政决算草案的报告，决定提请市八届人大常委会第10次会议审议；讨论通过拟提请市八届人大常委会第10次会议审议表决的关于批准滨州市2003年市级财政决算的决议(草案)。(六)听取审议市人民政府关于政府提速提效工作情况的报告，决定提请市八届人大常委会第10次会议审议。(七)审议通过滨州市人民代表大会常务委员会主任会议关于提请市八届人大常委会第10次会议审议《滨州市人民代表大会常务委员会人事任免办法(草案)》的议案。(八)审议通过滨州市人民代表大会常务委员会主任会议关于提请市八届人大常委会第10次会议审议《滨州市人民代表大会常务委员会个案监督暂行办法(草案)》的议案。(九)听取关于提请市八届人大常委会第10次会议对市发展计划委员会主任路军、市劳动和社会保障局局长王延秀、市海洋与渔业局局长崔其忠、市统计局局长徐向东进行述职评议,对市技术监督局局长何远山、市气象局局长高凯进行执法评议的说明,决定提请市八届人大常委会第10次会议对市发展计划委员会主任路军、市劳动和社会保障局局长王延秀、市海洋与渔业局局长崔其忠、市统计局局长徐向东进行述职评议,对市技术监督局局长何远山、市气象局局长高凯进行执法评议。(十)审议关于提请市八届人大常委会第10次会议审议的人事任免事项,决定提请市八届人大常委会第10次会议审议表决。(十一)讨论决定关于举行市八届人大常委会第10次会议的有关事项。

会议决定于2004年6月11日在滨州举行市八届人大常委会第10次会议。

市八届人大常委会第14次主任会议

2004年6月14日,滨州市八届人大常委会第14次主任会议在滨州召开。市人大常委会副主任李成明、张贵云、刘宝庭、苏乃军、叶庆华、张秀亭、朱向旭、郭德刚、郭建新,秘书长张树香出席了会议。

会议议题

审议通过市八届人大常委会第10次会议述职评议和执法评议结果。

市八届人大常委会第15次主任会议

2004年7月30日,滨州市八届人大常委会第15次主任会议在滨州召开。市委书记、市人大常委会主任孙德汉,副主任李成明、张贵云、刘宝庭、苏乃军、叶庆华、郭德刚、郭建新,秘书长张树香出席了会议。

会议议题

(一)听取审议市人民政府关于滨州市2004年上半年国民经济和社会发展计划执行情况的报告,决定提请市八届人大常委会第11次会议审议。(二)听取审议市人民政府关于滨州市2004年上半年财政预算执行情况的报告,决定提请市八届人大常委会第11次会议审议。(三)听取审议市人大常委会执法检查组关于检查《中华人民共和国档案法》和《山东省档案条例》实施情况的报告,决定提请市八届人大常委会第11次会议审议。(四)听取审议市人大常委会执法检查组关于检查《中华人民共和国劳动法》实施情况的报告,决定提请市八届人大常委会第11次会议审议。(五)听取审议市人大常委会执法检查组关于检查《中华人民共和国归国侨眷权益保护法》和《山东省实施〈中华人民共和国归国侨眷权益保护法〉办法》实施情况的报告,决定提请市八届人大常委会第11次会议审议。(六)听取审议市人民政府关于政府系统办理市八届人大二次会议以来人大代表建议、批评和意见的报告,决定提请市八届人大常委会第11次会议审议。(七)审议关于提请市八届人大常委会第11次会议审议的人事任免事项,决定提请市八届人大常委会第11次会议审议表决。(八)讨论决定关于举行市八届人大常委会第11次会议的有关事项。

会议决定于2004年8月11日在滨州举行市八届人大常委会第11次会议。

市八届人大常委会第16次主任会议

2004年10月10日,在滨州召开市八届人大常委会第16次主任会议。市人大常委会副主任刘宝庭、苏乃军、叶庆华、张秀亭、朱向旭、郭德刚、郭建新,秘书长张树香出席会议。

会议议题

(一)听取审议市人大常委会视察组关于视察市政府系统办理市八届人大二次会议以来代表建议、批评和意见情况的报告,决定提请市八届人大常委会第12次会议审议。(二)听取审议市人大常委会视察组关于视察全市《山东省民族工作条例》贯彻落实情况的报告,决定提请市八届人大常委会第12次会议审议。(三)听取审议市人民政府关于滨州市2004年市级财政预算调整情况的报告,决定提请市八届人大常委会第12次会议审议;讨论通过拟提请市八届人大常委会第12次会议审议表决的关于批准滨州市2004年市级财政预算调整情况的决议(草案)。(四)听取审议市人民政府关于全市国土资源管理情况及西区开发中土地收益金使用情况的报告,决定提请市八届人大常委会第12次会议审议。(五)听取审议市人民政府关于行政审批制度改革情况的报告,决定提请市八届人大常委会第12次会议审议。(六)听取审议市中级人民法院关于贯彻实施《中华人民共和国行政诉讼法》情况的报告,决定提请市八届人大常委会第12次会议审议。(七)听取关于提请市八届人大常委会第12次会议对市科学技术局局长李树国、市民政局局长刘启盛、市财政局局长宋振华、市农业局局长韩德臻、市审计局局长张子禹、市广播电视局局长殷炳明进行述职评议的说明,决定提请市八届人大常委会第12次会议对市科学技术局局长李树国、市民政局局长刘启盛、市财政局局长宋振华、市农业局局长韩德臻、市审计局局长张子禹、市广播电视局局长殷炳明进行述职评议。(八)审议关于提请市八届人大常委会第12次会议审议的人事任免事项,决定提请市八届人大常委会第12次会议审议表决。(九)审议表决市人大常委会主任会议关于决定任命市人大常委会机关负责工作人员职务的决定(草案)。(十)讨论决定关于举行市八届人大常委会第12次会议的有关事项。

会议决定

任命:李晓光为滨州市人大常委会办公室助理调研员。

会议决定于2004年10月21日在滨州举行市八届人大常委会第12次会议。

市八届人大常委会第17次主任会议

2004年12月11日,市八届人大常委会第17次主任会议在滨州召开。市人大常委会副主任李成明主持了会议。市委书记、市人大常委会主任孙德汉,市人大常委会副主任刘宝庭、苏乃军、叶庆华、张秀亭、郭德刚、郭建新,秘书长张树香出席会议。

会议议题

(一)听取审议市人民政府关于全市招商引资情况的报告,决定提请市八届人大常委会第13次会议审议。(二)听取审议市人民政府关于建设系统"九州"(平安、诚信、人才、开放滨州)有关情况的报告,决定提请市八届人大常委会第13次会议审议。(三)听取审议市人大常委会视察组关于视察市七届人大三次会议关于滨州市加快民营经济发展的意见的决议落实情况的报告,决定提请市八届人大常委会第13次会议审议。(四)听取审议市人大常委会视察组关于视察《山东省农民负担管理条例》实施情况的报告,决定提请市八届人大常委会第13次会议审议。(五)听取审议市人民政府关于市八届人大二次会议82001号议案(关于引黄济胶东渠首工程建设有关问题的议案)办理情况的报告,决定提请市八届人大常委会第13次会议审议。(六)听取审议市人民政府关于土地收购储备及西区开发中土地收益金使用情况的报告,决定提请市八届人大常委会第13次会议审议。(七)审议市八届人大常委会代表资格审查委员会关于补选的市八届人大代表资格审查的报告,决定提请市八届人大常委会第13次会议审议通过。

会议决定于2004年12月21日在滨州举行市八届人大常委会第13次会议。

市八届人大常委会第18次主任会议

2004年12月31日,市八届人大常委会第18次主任会议在滨州召开。市人大常委会副主任李成明主持了会议。市委书记、市人大常委会主任孙德汉,市人大常委会副主任刘宝庭、苏乃军、叶庆华、张秀亭、朱向旭、郭德刚、郭建新,秘书长张树香出席会议。

会议议题

（一）听取审议市人大常委会主任会议关于滨州市第八届人民代表大会第三次会议筹备工作情况的汇报，决定提请市八届人大常委会第14次会议审议。（二）审议关于提请市八届人大常委会第14次会议审议的滨州市人大常委会工作报告稿，决定提请市八届人大常委会第14次会议审议。（三）审议滨州市第八届人民代表大会第三次会议议程（草案），决定提请市八届人大常委会第14次会议审议。（四）审议滨州市第八届人民代表大会第三次会议主席团和秘书长名单（草案），决定提请市八届人大常委会第14次会议审议。（五）审议列席滨州市第八届人民代表大会第三次会议人员范围及名单（草案），决定提请市八届人大常委会第14次会议决定。（六）审议滨州市第八届人民代表大会第三次会议计划预算审查委员会名单（草案）和议案审查委员会名单（草案），决定提请市八届人大常委会第14次会议审议。（七）听取审议市人大常委会财政经济工作委员会关于滨州市2004年国民经济和社会发展计划执行情况与2005年国民经济和社会发展计划草案的初审报告、关于滨州市2004年财政预算执行情况和2005年财政预算草案的初审报告，决定提请市八届人大常委会第14次会议审议。（八）审议关于提请市八届人大常委会第14次会议审议的人事任免事项，决定提请市八届人大常委会第14次会议审议表决。（九）讨论决定关于举行市八届人大常委会第14次会议的有关事项。

会议决定于2005年1月10日在滨州举行市八届人大常委会第14次会议。

市八届人大常委会第19次主任会议

2005年4月8日，市八届人大常委会第19次主任会议在滨州召开。市人大常委会副主任李成明主持会议。市人大常委会副主任刘宝庭、叶庆华、张秀亭、郭德刚，秘书长张树香出席会议。

会议议题

（一）听取审议市人大常委会执法检查组关于检查《中华人民共和国妇女权益保障法》《中华人民共和国未成年人保护法》实施情况的报告，决定提请市八届人大常委会第15次会议审议。（二）听取审议市人大常委会执法检查组关于检查《中华人民共和国渔业法》《中华人民共和国海域使用管理法》《中华人民共和国海洋环境保护法》《山东省海洋环境保护条例》实施情况的报告，决定提请市八届人大常委会第15次会议审议。（三）审议滨州市人民政府关于提请审议《滨州生态市建设规划》的议案，决定提请市八届人大常委会第15次会议审议；讨论通过拟提请市八届人大常委会第15次会议审议表决的关于批准《滨州生态市建设规划》的决议（草案）。（四）审议关于提请市八届人大常委会第15次会议审议的人事任免事项，决定提请市八届人大常委会第15次会议审议表决。（五）讨论决定关于举行市八届人大常委会第15次会议的有关事项。

会议决定于2005年4月20日在滨州举行市八届人大常委会第15次会议。

市八届人大常委会第20次主任会议

2005年5月10日，市八届人大常委会第20次主任会议在滨州召开。

会议议题

通过滨州市人大常委会《联合接访》办法、《信访听证》办法、滨州市人大常委会信访室信访件（三笺）办理制度。

市八届人大常委会第21次主任会议

2005年6月7日，市八届人大常委会第21次主任会议在滨州召开。市人大常委会副主任李成明主持会议。市人大常委会副主任刘宝庭、叶庆华、张秀亭、朱向旭、郭建新，秘书长张树香出席会议。

会议议题

（一）听取审议市人大常委会执法检查组关于检查《中华人民共和国行政许可法》实施情况的报告，决定提请市八届人大常委会第16次会议审议。（二）听取审议市人大常委会视察组关于视察全市交通基础设施建设情况的报告，决定提请市八届人大常委会第16次会议审议。（三）听取审议市人大常委会视察组关于视察全市高新技术产业发展情况的报告，决定提请市八届人大常委会第16次会议审议。（四）听取审议市人大常委会执法检查组关于检查《山东省旅游管理条例》实施情况的报告，决定提请市八届人大常委会第16次会议审议。（五）听取审议市人民政府关于滨州市2004年度市级财政预算执行情况和其他财政收支的审计工作报告，决定提请市八届人大常委会第16次会议审议。（六）听取审议市人大常委会财政经济工作委员会关于滨州市2004年市级财政决算的审查报告，决定提请市八届人大常委会第16次会议审议。（七）听取审议市人民政府关于滨州市2004年市级财政决算草案的报告，决定提请市八届人大常委会第16次会议审议；讨论通过拟提请市八届人大常委会第16次会议审议表决的关于批准滨州市2004年市级财政决算的决议（草案）。（八）讨论决定关于举行市八届人大常委会第16次会议的有关事项。

会议决定于2005年6月18至19日在滨州举行市八届人大常委会第16次会议。

市八届人大常委会第22次主任会议

2005年7月13日，市八届人大常委会第22次主任会议在滨州召开。市人大常委会副主任李成明主持了会议。市人大常委会副主任刘宝庭、苏乃军、叶庆华、张秀亭、朱向旭、郭德刚、郭建新，秘书长张树香出席会议。

会议议题

（一）听取审议滨州市人民政府关于城市基础设施建设项目使用国家开发银行贷款情况的报告，决定是否提请市八届人大常委会第17次会议审议。（二）审议滨州市人民政府提请市八届人大常委会审议的关于市财政为滨州大高通用航空城有限责任公司融资提供担保的议案，决定是否提请市八届人大常委会第17次会议审议；讨论通过拟提请市八届人大常委会第17次会议审议表决的关于批准市财政为滨州大高通用航空城有限责任公司融资提供服务的决定（草案）。（三）讨论决定关于举行市八届人大常委会第17次会议的有关事项。

会议决定于2005年7月17日在滨州举行市八届人大常委会第17次会议。

市八届人大常委会第23次主任会议

2005年8月10日，市八届人大常委会第23次主任会议在滨州召开。市人大常委会副主任李成明主持了会议。市人大常委会副主任刘宝庭、苏乃军、叶庆华、张秀亭、朱向旭、郭德刚、郭建新出席会议。

会议议题

（一）听取审议市人民政府关于政府系统办理市八届人大三次会议以来人大代表建议、批评和意见情况的报告，决定提请市八届人大常委会第18次会议审议。（二）听取审议市人民政府关于滨州市2005年上半年国民经济和社会发展计划执行情况的报告，决定提请市八届人大常委会第18次会议审议。（三）听取审议市人民政府关于滨州市2005年上半年财政预算执行情况的报告，决定提请市八届人大常委会第18次会议审议。（四）听取审议市人民政府关于城市基础设施建设项目使用国家开发银行贷款情况的报告，决定提请市八届人大常委会第18次会议审议。（五）听取关于提请市八届人大常委会第18次会议对市监察局局长史德高、市司法局局长王建泉、市水利局局长王少青、市粮食局局长吴凤水、市文化局局长边茂田、市人口和计划生育委员会主任宋家功、市体育局局长赵军、市外事与侨务办公室主任邱云鹏，市中级人民法院副院长王学军、赵永金、徐兴邦、刘志涛，市人民检察院副检察长赵同亮、王学军、黄泽民进行述职评议，对滨州出入境检验检疫局局长郭利军、市食品药品监督管理局局长李振恒进行执法评议的说明，决定提请市八届人大常委会第18次会议对市监察局局长史德高、市司法局局长王建泉、市水利局局长王少青、市粮食局局长吴凤水、市文化局局长边茂田、市人口和计划生育委员会主任宋家功、市体育局局长赵军、市外事与侨务办公室主任邱云鹏，市中级人民法院副院长王学军、赵永金、徐兴邦、刘志涛，市人民检察院副检察长赵同亮、王学军、黄泽民进行述职评议，对滨州出入境检验检疫局局长郭利军、市食品药品监督管理局局长李振恒进行执法评议。（六）审议滨州市人民政府提请市八届人大常委会审议的关于市财政为滨州经济开发区提供融资服务的议案，决定提请市八届人大常委会第18次会议审议；并作出相应决定。（七）审议表决市人大常委会主任会议关于决定任免市人大常委会机关负责工作人员职务的决定（草案）。（八）讨论决定关于举行市八届人大常委会第18次会议的有关事项。

会议决定

任命：韩竹功为滨州市人大常委会财政经济工作委员会办公室主任；齐中军为滨州市人大常委会农业和农村工作委员会办公室主任；李谦为滨州市人大常委会民族侨务外事工作委员会办公室主任。

会议决定于2005年8月24日至25日在滨州举行市八届人大常委会第18次会议。

市八届人大常委会第24次主任会议

2005年10月9日，市八届人大常委会第24次主任会议在滨州召开。市人大常委会副主任李成明主持了会议。市人大常委会副主任刘宝庭、苏乃军、叶庆华、张秀亭、朱向旭、郭德刚，秘书长张树香出席会议。

会议议题

（一）听取审议市人大常委会视察组关于视察市政府系统办理市八届人大三次会议以来代表建议、批评和意见情况的报告，决定提请市八届人大常委会第19次会议审议。（二）听取审议市人大常委会执法检查组关于检查《中华人民共和国农村土地承包法》《山东省实施 < 中华人民共和国农村土地承包法 > 办法》实施情况的报告，决定提请市八届人大常委会第19次会议审议。（三）听取审议市人民政府关于滨州市2005年市级财政预算调整情况的报告，决定提请市八届人大常委会第19次会议审议；讨论通过拟提请市八届人大常委会第19次会议审议表决的关于批准滨州市2005年市级财政预算调整情况的决议（草案）。（四）听取审议市人民政府关于全市土地开发经营情况的报告，决定提请市八届人大常委会第19次会议审议。（五）审议通过滨州市人民代表大会常务委员会主任会议关于提请市八届人大常委会第19次会议审议《滨州市人民代表大会常务委员会关于市人大代表旁听市中级人民法院审理案件的办法（草案）》的议案。（六）审议关于提请市八届人大常委会第19次会议审议的人事任免事项，决定提请市八届人大常委会第19次会议审议表决。（七）讨论决定关于举行市八届人大常委会第19次会议的有关事项。

会议决定于2005年10月25日在滨州举行市八届人大常委会第19次会议。

市八届人大常委会第25次主任会议

2005年12月7日，市八届人大常委会第25次主任会议在滨州召开。市人大常委会副主任李成明主持会议。市委书记、市人大常委会主任孙德汉，市人大常委会副主任刘宝庭、苏乃军、叶庆华、张秀亭、朱向旭、郭建新，秘书长张树香出席会议。

会议议题

（一）听取审议市人大常委会执法检查组关于检查《中华人民共和国中小企业促进法》实施情况的报告，决定提请市八届人大常委会第20次会议审议。（二）听取审议市人大常委会执法检查组关于检查《山东省文化市场管理条例》、国务院《互联网上网服务营业场所管理条例》实施情况的报告，决定提请市八届人大常委会第20次会议审议。（三）听取审议市人民政府关于建设“九州”（科技、生态、民本滨州）有关情况的报告，决定提请市八届人大常委会第20次会议审议。（四）听取审议市人民政府关于提请审议《滨州市城市建设规划》的议案，决定提请市八届人大常委会第20次会议审议;讨论通过拟提请市八届人大常委会第20次会议审议表决的关于批准《滨州市城市建设规划》的决议(草案)。(五)听取审议市人民政府关于《滨州市国民经济和社会发展第十一个五年总体规划纲要(草案)》的汇报,审议《滨州市国民经济和社会发展第十一个五年总体规划纲要(草案)》,决定提请市八届人大常委会第20次会议审议。(六)听取审议市人民政府关于市八届人大三次会议第83001号议案(关于加快水务改革,实现水务一体化管理的议案)办理情况的报告,决定提请市八届人大常委会第20次会议审议。(七)听取审议市人民政府关于市八届人大三次会议第83002号议案(解决环境污染,建设生态滨州的议案)办理情况的报告,决定提请市八届人大常委会第20次会议审议。(八)审议市人大常委会关于举行滨州市第八届人民代表大会第四次会议的决定(草案),决定提请市八届人大常委会第20次会议审议决定。(九)审议关于提请市八届人大常委会第20次会议审议的人事任免事项,决定提请市八届人大常委会第20次会议审议表决。(十)讨论决定关于举行市八届人大常委会第20次会议的有关事项。

会议决定于2005年12月20日至21日在滨州举行市八届人大常委会第20次会议。

市八届人大常委会第26次主任会议

2005年12月28日,市八届人大常委会第26次主任会议在滨州召开。市人大常委会副主任李成明主持会议。市委书记、市人大常委会主任孙德汉,市人大常委会副主任刘宝庭、苏乃军、张秀亭、朱向旭、郭德刚、郭建新,秘书长张树香出席会议。

会议议题

(一)审议滨州市中级人民法院院长任树梓关于提请任命滨州市中级人民法院审判人员职务的报告,决定提请市八届人大常委会第21次会议审议表决。(二)审议滨州市人大常委会主任会议关于提请审议任树梓辞去滨州市中级人民法院院长职务的议案,决定提请市八届人大常委会第21次会议审议。(三)审议滨州市八届人大常委会关于接受任树梓辞去滨州市中级人民法院院长职务的请求的决定(草案),决定提请市八届人大常委会第21次会议审议表决。(四)审议滨州市人大常委会主任会议关于提请决定滨州市中级人民法院代理院长人选的议案,决定提请市八届人大常委会第21次会议审议表决。(五)讨论决定关于举行市八届人大常委会第21次会议的有关事项。

会议决定于2005年12月30日在滨州举行市八届人大常委会第21次会议。

市八届人大常委会第27次主任会议

2006年1月10日,市八届人大常委会第27次主任会议在滨州召开。市人大常委会副主任李成明主持会议。市人大常委会副主任刘宝庭、苏乃军、叶庆华、张秀亭、朱向旭、郭德刚、郭建新,秘书长张树香出席会议。

会议议题

(一)听取审议市人大常委会代表资格审查委员会关于补选市八届人大代表的代表资格的审查报告,决定提请市八届人大常委会第22次会议审议。(二)听取审议市人大常委会主任会议关于滨州市第八届人民代表大会第四次会议筹备工作情况的汇报,决定提请市八届人大常委会第22次会议审议。(三)审议关于提请市八届人大常委会第22次会议审议的滨州市人大常委会工作报告稿,决定提请市八届人大常委会第22次会议审议。(四)审议滨州市第八届人民代表大会第四次会议议程(草案),决定提请市八届人大常委会第22次会议审议。(五)审议滨州市第八届人民代表大会第四次会议主席团和秘书长名单(草案),决定提请市八届人大常委会第22次会议审议。(六)审议列席滨州市第八届人民代表大会四次会议人员范围及名单(草案),决定提请市八届人大常委会第22次会议决定。(七)审议滨州市第八届人民代表大会第四次会议计划预算审查委员会名单(草案)和议案审查委员会名单(草案),决定提请市八届人大常委会第22次会议审议。(八)听取审议市人大常委会财政经济工作委员会关于滨州市2005年国民经济和社会发展计划执行情况与2006年国民经济和社会发展计划草案的初审报告、关于滨州市2005年财政预算执行情况和2006年财政预算草案的初审报告,决定提请市八届人大常委会第22次会议审议。(九)审议市人大常委会关于市八届人大三次会议以来代表建议、批评和意见办理情况的报告,决定提请市八届人大常委会第22次会议审议。(十)审议市人大常委会主任会议关于提请审议马平之、王明仁、王洪昌辞去市八届人大常委会委员职务的请求的议案,决定提请市八届人大常委会第22次会议审议表决。(十一)审议关于提请市八届人大常委会第22次会议审议的人事任免事项,决定提请市八届人大常委会第22次会议审议表决。(十二)讨论决定关于举行市八届人大常委会第22次会议的有关事项。

会议决定于2005年1月12日在滨州举行市八届人大常委会第22次会议。

市八届人大常委会第28次主任会议

2006年3月2日,市八届人大常委会第28次主任会议在滨州召开。市人大常委会副主任李成明主持会议。市人大常委会副主任刘宝庭、苏乃军、张秀亭、朱向旭、郭建新、张冠文、韩增金,秘书长张树香出席会议。

会议议题

(一)审议关于提请市八届人大常委会第23次会议审议的人事任免事项,决定提请市八届人大常委会第23次会议审议表决。(二)讨论决定关于举行市八届人大常委会第23次会议的有关事项。

会议决定于2006年3月6日在滨州举行市八届人大常委会第23次会议。

市八届人大常委会第29次主任会议

2006年3月6日,市八届人大常委会第29次主任会议在滨州召开。市人大常委会副主任李成明主持会议。市人大常委会副主任刘宝庭、苏乃军、张秀亭、朱向旭、郭德刚、郭建新、张冠文、韩增金,秘书长张树香出席会议。

会议议题

审议表决市人大常委会主任会议关于决定任命市人大常委会机关负责工作人员职务的决定(草案)。

会议决定

任命:王明仁为滨州市人大常委会办公室调研员;马平之为滨州市人大常委会农业和农村工作委员会调研员;王洪昌为滨州市人大常委会城乡建设环境保护工作委员会调研员;罗伟田为滨州市人大常委会教育科学文化卫生人口工作委员会调研员。

市八届人大常委会第30次主任会议

2006年4月6日,市八届人大常委会第30次主任会议在滨州召开。市人大常委会副主任李成明主持会议。市人大常委会副主任刘宝庭、苏乃军、张秀亭、朱向旭、郭建新、韩增金,秘书长张树香出席会议。

会议议题

(一)听取审议市人大常委会执法检查组关于检查《中华人民共和国电力法》《山东省电力设施保护条例》实施情况的报告,决定提请市八届人大常委会第24次会议审议。(二)审议滨州市人民政府关于落实滨州城建投资经营有限公司还贷资金来源的议案,决定提请市八届人大常委会第24次会议审议;讨论通过拟提请市八届人大常委会第24次会议审议表决的滨州市人民代表大会常务委员会关于批准《滨州市人民政府关于落实滨州城建投资经营有限公司还贷资金来源的议案》的决定(草案)。(三)审议滨州市人民政府关于2005年下半年滨州市基础设施建设使用国家开发银行贷款情况的报告,决定书面提请市八届人大常委会第24次会议审议。(四)审议关于提请市八届人大常委会第24次会议审议的人事任免事项,决定提请市八届人大常委会第24次会议审议表决。(五)讨论决定关于举行市八届人大常委会第24次会议的有关事项。(六)其他有关事项。

会议决定于2006年4月10日在滨州举行市八届人大常委会第24次会议。

市八届人大常委会第31次主任会议

2006年6月14日,市八届人大常委会第31次主任会议在滨州召开。市人大常委会副主任李成明主持会议。市人大常委会副主任刘宝庭、苏乃军、张秀亭、朱向旭、郭德刚、郭建新、张冠文、韩增金,秘书长张树香出席会议。

会议议题

(一)听取审议市人大常委会执法检查组关于检查《中华人民共和国劳动法》实施情况的报告,决定提请市八届人大常委会第25次会议审议。(二)听取审议市人大常委会执法检查组关于检查《中华人民共和国农业机械化促进法》实施情况的报告,决定提请市八届人大常委会第25次会议审议。(三)听取审议市人大常委会执法检查组关于检查《中华人民共和国食品卫生法》实施情况的报告,决定提请市八届人大常委会第25次会议审议。(四)听取审议市人民政府关于滨州市2005年度市级财政预算执行和其他财政收支的审计工作报告,决定提请市八届人大常委会第25次会议审议。(五)听取审议市人大常委会财政经济工作委员会关于滨州市2005年市级财政决算的审查报告,决定提请市八届人大常委会第25次会议审议。(六)听取审议市人民政府关于滨州市2005年度市级财政决算草案的报告,决定提请市八届人大常委会第25次会议审议;讨论通过拟提请市八届人大常委会第25次会议审议表决的滨州市人民代表大会常务委员会关于批准滨州市2005年市级财政决算的决议(草案)。(七)听取市人民政府关于《滨州市2006—2010年依法治市规划(草案)》的说明,审议《滨州市2006—2010年依法治市规划(草案)》,决定提请市八届人大常委会第25次会议审议;讨论通过拟提请市八届人大常委会第25次会议审议表决的滨州市人民代表大会常务委员会关于《滨州市2006—2010年依法治市规划》的决议(草案)。(八)听取审议市人民政府关于全市"四五"普法、依法治市情况和"五五"普法规划的汇报,决定提请市八届人大常委会第25次会议审议;讨论通过拟提请市八届人大常委会第25次会议审议表决的滨州市人民代表大会常务委员会关于在全市公民中开展第五个五年法制宣传教育的决议(草案)。(九)审议滨州市人民政府关于落实市技术学院农民工培训示范基地建设工程项目有关贷款条件的议案,决定提请市八届人大常委会第25次会议审议;讨论通过拟提请市八届人大常委会第25次会议审议表决的滨州市人民代表大会常务委员会关于批准《滨州市人民政府关于落实市技术学院农民工培训示范基地建设工程项目有关贷款条件的议案》的决定(草案)。(十)审议关于提请市八届人大常委会第25次会议审议的人事任免事项,决定提请市八届人大常委会第25次会议审议表决。(十一)讨论决定关于举行市八届人大常委会第25次会议的有关事项。(十二)其他有关事项。

会议决定于2006年6月27日至28日在滨州举行市八届人大常委会第25次会议。

市八届人大常委会第32次主任会议

2006年8月4日,市八届人大常委会第32次主任会议在滨州召开。市人大常委会副主任李成明主持会议。市人大常委会副主任刘宝庭、苏乃军、张秀亭、朱向旭、郭德刚、郭建新、张冠文、韩增金,秘书长张树香出席会议。

会议议题

(一)听取审议市人大常委会视察组关于视察全市国土资源管理与经营情况的报告,决定提请市八届人大常委会第26次会议审议。(二)听取审议市人民政府关于政府系统办理市八届人大四次会议以来人大代表建议、批评和意见落实情况的报告,决定提请市八届人大常委会第26次会议审议。(三)听取审议市人民政府关于滨州市2006年上半年国民经济和社会发展计划执行情况的报告,决定提请市八届人大常委会第26次会议审议。(四)听取审议市人民政府关于滨州市2006年上半年财政预算执行情况的报告,决定提请市八届人大常委会第26次会议审议。(五)听取审议市人民政府关于城市基础设施建设项目使用国家开发银行贷款情况的报告,决定提请市八届人大常委会第26次会议审议。(六)听取审议市中级人民法院关于加强基层基础建设情况的报告,决定提请市八届人大常委会第26次会议审议。(七)听取关于提请市八届人大常委会第26次会议对市人事局局长侯友新、市国土资源局局长王永祥、市交通局局长高发明、市林业局局长张秀森、市卫生局局长赵玉德、市环境保护局局长王惠军、市民族宗教事务局局长刘长生进行述职评议,对市国家税务局局长韩智勇、市烟草专卖局局长韩志忠进行执法评议的说明,决定提请市八届人大常委会第26次会议对市人事局局长侯友新、市国土资源局局长王永祥、市交通局局长高发明、市林业局局长张秀森、市卫生局局长赵玉德、市环境保护局局长王惠军、市民族宗教事务局局长刘长生进行述职评议,对市国家税务局局长韩智勇、市烟草专卖局局长韩志忠进行执法评议。(八)审议关于提请市八届人大常委会第26次会议审议的人事任免事项,决定提请市八届人大常委会第26次会议审议表决。(九)讨论决定关于举行市八届人大常委会第26次会议的有关事项。(十)其他有关事项。

会议决定

任命:杨子魁为滨州市人大常委会信访局副局长;任建林为滨州市人大常委会研究室副调研员;

免去:刘卫红的滨州市人大常委会人事代表工作室副主任的职务。

会议决定于2006年8月22日在滨州举行市八届人大常委会第26次会议。

市八届人大常委会第33次主任会议

2006年10月20日,市八届人大常委会第33次主任会议在滨州召开。市人大常委会副主任李成明主持会议。市人大常委会副主任刘宝庭、苏乃军、朱向旭、郭建新、韩增金,秘书长张树香出席会议。

会议议题

(一)听取审议市人大常委会视察组关于视察市政府系统办理市八届人大四次会议以来代表建议、批评和意见情况的报告,决定提请市八届人大常委会第27次会议审议。(二)听取审议市人大常委会视察组关于视察全市公安机关基层基础建设情况的报告,决定提请市八届人大常委会第27次会议审议。(三)听取审议市人大常委会视察组关于全市贯彻实施《中华人民共和国节约能源法》《山东省节约能源条例》及资源节约视察情况的报告,决定提请市八届人大常委会第27次会议审议。(四)听取审议市人大常委会执法检查组关于检查《中华人民共和国烟草专卖法》《中华人民共和国烟草专卖法实施条例》贯彻实施情况的报告,决定提请市八届人大常委会第27次会议审议。(五)听取审议市人大常委会执法检查组关于检查《中华人民共和国水土保持法》《山东省实施〈中华人民共和国水土保持法〉办法》贯彻实施情况的报告,决定提请市八届人大常委会第27次会议审议。(六)听取审议市人大常委会视察组关于视察《中华人民共和国人民防空法》《山东省实施〈中华人民共和国人民防空法〉办法》贯彻实施情况的报告,决定提请市八届人大常委会第27次会议审议。(七)听取审议市人大常委会执法检查组关于检查《山东省旅游条例》实施情况的报告,决定提请市八届人大常委会第27次会议审议。(八)听取市人民政府关于市级地方财政超收及安排情况的汇报,决定提请市八届人大常委会第27次会议听取市人民政府关于市级地方财政超收及安排情况的汇报。(九)听取审议市人民政府关于市八届人大四次会议第8407.8408号议案办理情况的报告、关于市八届人大四次会议第8409号议案办理情况的报告,决定提请市八届人大常委会第27次会议审议。(十)审议关于提请市八届人大常委会第27次会议审议的人事任免事项,决定提请市八届人大常委会第27次会议审议表决。(十一)审议表决市人大常委会主任会议关于决定任命市人大常委会机关负责工作人员职务的决定(草案)。(十二)讨论决定关于举行市八届人大常委会第27次会议的有关事项。(十三)其他有关事项。

会议决定于2006年10月26日在滨州举行市八届人大常委会第27次会议。

市八届人大常委会第 34 次主任会议

2006 年 12 月 21 日，市八届人大常委会第 34 次主任会议在滨州召开。市人大常委会副主任李成明主持会议。市人大常委会副主任刘宝庭、苏乃军、张秀亭、朱向旭、郭德刚、郭建新、张冠文、韩增金，秘书长张树香出席会议。

会议议题

（一）听取审议市人大常委会视察组关于视察滨州市农村综合改革工作进展情况的报告，决定提请市八届人大常委会第 28 次会议审议。（二）听取审议市人大常委会视察组关于视察全市高新技术产业发展情况的报告，决定提请市八届人大常委会第 28 次会议审议。（三）听取审议市人民政府关于建设系统“九州”（小康、文明滨州）有关情况的报告，决定提请市八届人大常委会第 28 次会议审议。（四）听取审议市人民检察院关于全市检察机关开展法律监督工作情况的汇报，决定提请市八届人大常委会第 28 次会议审议。（五）听取审议市人民政府关于市八届人大四次会议第 8403 号议案办理情况的报告，决定提请市八届人大常委会第 28 次会议审议。（六）听取审议市人民政府关于市八届人大四次会议第 8407.8408 号议案办理情况的报告，决定提请市八届人大常委会第 28 次会议审议。（七）审议市人大常委会关于表彰优秀市人大代表的决定（草案），决定提请市八届人大常委会第 28 次会议审议通过。（八）审议市人大常委会关于举行滨州市第八届人民代表大会第五次会议的决定（草案），决定提请市八届人大常委会第 28 次会议审议决定。（九）审议关于提请市八届人大常委会第 28 次会议审议的人事任免事项，决定提请市八届人大常委会第 28 次会议审议表决。（十）审议市人大常委会主任会议关于提请审议安世银辞去滨州市市长职务的议案，决定提请市八届人大常委会第 28 次会议审议。（十一）审议市八届人大常委会关于接受安世银辞去滨州市市长职务的请求的决定（草案），决定提请市八届人大常委会第 28 次会议审议表决。（十二）审议市人大常委会主任会议关于提请决定滨州市代理市长人选的议案，决定提请市八届人大常委会第 28 次会议审议表决。（十三）讨论决定关于举行市八届人大常委会第 28 次会议的有关事项。（十四）审议通过滨州市人大常委会贯彻实施监督法的若干意见。（十五）审议通过滨州市人大常委会 2007 年工作要点。（十六）其他有关事项。

会议决定于 2006 年 12 月 23 日在滨州举行市八届人大常委会第 28 次会议。

市八届人大常委会第 35 次主任会议

2007 年 1 月 10 日，市八届人大常委会第 35 次主任会议在滨州召开。市人大常委会副主任李成明主持会议。市委书记、市人大常委会主任孙德汉，市人大常委会副主任刘宝庭、苏乃军、张秀亭、朱向旭、郭德刚、郭建新、张冠文、韩增金，秘书长张树香出席会议。

会议议题

（一）审议市人大常委会主任会议关于提请补选山东省第十届人民代表大会代表的议案，决定提请市八届人大常委会第 29 次会议审议表决；（二）审议关于提请市八届人大常委会第 29 次会议审议的人事任免事项，决定提请市八届人大常委会第 29 次会议审议表决；（三）讨论决定关于举行市八届人大常委会第 29 次会议的有关事项；（四）审议表决市人大常委会主任会议关于决定任免市人大常委会机关负责工作人员职务的决定（草案）；（五）其他事项。

会议决定

任命：朱建立为滨州市人大常委会信访局副局长。

免去：李晓光的滨州市人大常委会办公室助理调研员职务。会议决定于 2007 年 1 月 11 日在滨州举行市八届人大常委会第 29 次会议。

市八届人大常委会第36次主任会议

2007年1月31日，市八届人大常委会第36次主任会议在滨州召开。市人大常委会副主任李成明主持会议。市人大常委会副主任刘宝庭、苏乃军、张秀亭、朱向旭、郭德刚、郭建新、张冠文、韩增金，秘书长张树香出席会议。

会议议题

（一）听取审议市人大常委会代表资格审查委员会关于补选市八届人大代表的代表资格的审查报告，决定提请市八届人大常委会第30次会议审议。（二）听取审议市人大常委会主任会议关于滨州市第八届人民代表大会第五次会议筹备工作情况的汇报，决定提请市八届人大常委会第30次会议审议。（三）审议关于提请市八届人大常委会第30次会议审议的滨州市人民代表大会常务委员会工作报告稿，决定提请市八届人大常委会第30次会议审议。（四）审议滨州市第八届人民代表大会第五次会议议程（草案），决定提请市八届人大常委会第30次会议审议。（五）审议滨州市第八届人民代表大会第五次会议主席团和秘书长名单（草案），决定提请市八届人大常委会第30次会议审议。（六）审议列席滨州市第八届人民代表大会第五次会议人员范围及名单（草案），决定提请市八届人大常委会第30次会议决定。（七）审议滨州市第八届人民代表大会第五次会议计划预算审查委员会名单（草案）和议案审查委员会名单（草案），决定提请市八届人大常委会第30次会议审议。（八）听取审议市人大常委会财政经济工作委员会关于滨州市2006年国民经济和社会发展计划执行情况与2007年国民经济和社会发展计划草案的初审报告、关于滨州市2006年预算执行情况和2007年预算草案的初审报告，决定提请市八届人大常委会第30次会议审议。（九）审议市人大常委会关于市八届人大四次会议以来代表建议、批评和意见办理情况的报告，决定提请市八届人大常委会第30次会议审议。（十）审议市人大常委会主任会议关于提请审议滨州市人大常委会关于修改《滨州市人大常委会信访工作暂行办法》的议案，决定提请市八届人大常委会第30次会议审议表决。（十一）审议市人大常委会主任会议关于提请审议滨州市人大常委会关于不再执行《滨州市人大常委会个案监督暂行办法》《滨州市人大常委会述职评议和执法评议暂行办法》的议案，讨论通过拟提请市八届人大常委会第30次会议审议表决的滨州市人民代表大会常务委员会关于不再执行《滨州市人大常委会个案监督暂行办法》《滨州市人大常委会述职评议和执法评议暂行办法》的决定（草案）。（十二）讨论决定关于举行市八届人大常委会第30次会议的有关事项。（十三）听取关于《滨州市人民代表大会常务委员会主任会议议事规则》修订情况的说明，审议通过修订后的《滨州市人民代表大会常务委员会主任会议议事规则》。（十四）审议通过市人大常委会主任会议关于不再执行《滨州市人大常委会审议意见办理办法》的决定（草案）。（十五）其他事项。

会议决定于2007年2月2日在滨州举行市八届人大常委会第30次会议。

市八届人大常委会第37次主任会议

2007年4月10日，市八届人大常委会第37次主任会议在滨州召开。市人大常委会副主任李成明主持会议。市委书记、市人大常委会主任孙德汉，市人大常委会副主任侯宪秀、苏乃军、田宝礼、郭德刚、郭建新、张冠文，秘书长张树香出席会议。

会议议题

（一）听取审议市人民政府关于城市基础设施建设项目使用国家开发银行贷款情况的报告，决定提请市八届人大常委会第31次会议审议；（二）听取审议市人民政府关于全市城乡社会救助工作情况的报告，决定提请市八届人大常委会第31次会议审议；（三）审议滨州市第八届人民代表大会常务委员会代表资格审查委员会主任委员名单（草案），决定提请市八届人大常委会第31次会议审议表决。（四）审议市人大常委会主任会议关于修改《滨州市人大常委会人事任免办法》的议案，决定提请市八届人大常委会第31次会议审议表决。（五）审议关于提请市八届人大常委会第 31 次会议审议的人事任免事项，决定提请市八届人大常委会第 31 次会议审议表决；(六)讨论决定关于举行市八届人大常委会第 31 次会议的有关事项；(七)审议通过《滨州市人大常委会关于表彰代表工作先进单位的决定(草案)》；(八)审议表决市人大常委会主任会议关于决定免去市人大常委会机关负责工作人员职务的决定(草案)；(九)其他事项。

会议决定

免去：马平之的滨州市人大常委会农业和农村工作委员会调研员职务；王洪昌的滨州市人大常委会城乡建设环境保护工作委员会调研员职务；罗伟田的滨州市人大常委会教育科学文化卫生人口工作委员会调研员职务；王明仁的滨州市人大常委会办公室调研员职务。

会议决定于 2007 年 4 月 20 日在滨州举行市八届人大常委会第 31 次会议。

市八届人大常委会第 38 次主任会议

2007 年 5 月 20 日，市八届人大常委会第 38 次主任会议在滨州召开。市人大常委会副主任李成明主持会议。市人大常委会副主任苏乃军、田宝礼、郭德刚、郭建新、张冠文、韩增金，秘书长张树香出席会议。

会议议题

(一)审议市人民政府关于落实滨州城建投资经营有限公司还贷资金来源的议案，决定是否提请市八届人大常委会第 32 次会议审议；讨论通过拟提请市八届人大常委会第 32 次会议审议表决的关于批准《滨州市人民政府关于落实滨州城建投资经营有限公司还贷资金来源的议案》决定(草案)。(二)审议市人民政府关于落实滨州市土地收购储备中心还贷资金来源的议案，决定是否提请市八届人大常委会第 32 次会议审议；讨论通过拟提请市八届人大常委会第 32 次会议审议表决的关于批准《滨州市人民政府关于落实滨州市土地收购储备中心还贷资金来源的议案》决定(草案)。(三)讨论决定关于举行市八届人大常委会第 32 次会议的有关事项；(四)其他事项。

会议决定于 2007 年 5 月 21 日在滨州举行市八届人大常委会第 32 次会议。

市八届人大常委会第 39 次主任会议

2007 年 6 月 14 日，市八届人大常委会第 39 次主任会议在滨州召开。市人大常委会副主任李成明主持会议。市人大常委会副主任侯宪秀、苏乃军、郭建新、张冠文、韩增金，秘书长张树香出席会议。

会议议题

(一)听取审议市人大常委会执法检查组关于检查《中华人民共和国安全生产法》实施情况的报告，决定是否提请市八届人大常委会第 33 次会议审议；(二)听取审议市人大常委会执法检查组关于检查《中华人民共和国农产品质量安全法》实施情况的报告，决定是否提请市八届人大常委会第 33 次会议审议；(三)听取审议市人大常委会执法检查组关于检查《中华人民共和国环境保护法》和《山东省环境保护条例》实施情况的报告，决定是否提请市八届人大常委会第 33 次会议审议；(四)听取审议市人大常委会执法检查组关于检查《中华人民共和国义务教育法》实施情况的报告，决定是否提请市八届人大常委会第 33 次会议审议；(五)听取审议市人民政府关于滨州市 2006 年度市级财政预算执行和其他财政收支的审计工作报告，决定提请市八届人大常委会第 33 次会议审议；(六)听取审议市人大常委会财政经济工作委员会关于滨州市 2006 年市级财政决算的审查报告，决定提请市八届人大常委会第 33 次会议审议。(七)听取审议市人民政府关于滨州市 2006 年度市级财政决算草案的报告，决定提请市八届人大常委会第 33 次会议审议；讨论通过拟提请市八届人大常委会第 33 次会议审议表决的滨州市人民代表大会常务委员会关于批准滨州市 2006 年市级财政决算的决议(草案)；(八)听取审议市中级人民法院关于开展审判工作监督情况的报告，决定是否提请市八届人大常委会第 33 次会议审议；(九)审议市人大常委会主任会议关于提请审议杨兴华同志辞去滨州市八届人大常委会委员职务的请求的议案，决定提请市八届人大常委会第33次会议审议表决；（十）审议关于提请市八届人大常委会第33次会议审议的人事任免事项，决定提请市八届人大常委会第33次会议审议表决；（十一）讨论决定关于举行市八届人大常委会第33次会议的有关事项；（十二）其他事项。

会议决定于2007年6月20日在滨州举行市八届人大常委会第33次会议。

市八届人大常委会第40次主任会议

2007年8月16日，市人大常委会副主任李成明主持召开市八届人大常委会第40次主任会议。市人大常委会副主任侯宪秀、苏乃军、郭德刚、韩增金，秘书长张树香出席会议。

会议议题

（一）听取审议市人民政府关于政府系统办理市八届人大五次会议以来代表建议、批评和意见的报告，决定是否提请市八届人大常委会第34次会议审议；（二）听取审议市人民政府关于滨州市2007年上半年国民经济和社会发展计划执行情况的报告，决定是否提请市八届人大常委会第34次会议审议；（三）听取审议市人民政府关于滨州市2007年上半年财政预算执行情况的报告，决定是否提请市八届人大常委会第34次会议审议；（四）听取审议市人民政府关于全市信息产业工作情况的报告，决定是否提请市八届人大常委会第34次会议审议；（五）审议滨州市选举工作委员会关于2007年全市人大换届选举工作安排意见，决定是否提请市八届人大常委会第34次会议审议表决；（六）审议市人大常委会关于全市各级人民代表大会换届时间和市九届人大代表名额分配的决定（草案），决定是否提请市八届人大常委会第34次会议审议表决；（七）审议关于提请市八届人大常委会第34次会议审议的人事任免事项，决定提请市八届人大常委会第34次会议审议表决；（八）讨论决定关于举行市八届人大常委会第34次会议的有关事项；（九）其他事项。

会议决定于2007年8月21日在滨州举行市八届人大常委会第34次会议。

市八届人大常委会第41次主任会议

2007年10月16日，市八届人大常委会第41次主任会议在滨州召开。市人大常委会副主任李成明主持会议。市人大常委会副主任侯宪秀、苏乃军、田宝礼、郭德刚、张冠文、韩增金，秘书长张树香出席会议。

会议议题

（一）听取审议市人大常委会视察组关于视察政府系统办理落实市八届人大代表建议、批评和意见情况的报告，决定是否提请市八届人大常委会第35次会议审议；（二）听取审议市人民政府关于创建中国优秀旅游城市工作情况的报告，决定是否提请市八届人大常委会第35次会议审议；（三）听取审议市人民政府关于滨州市推行行政执法责任制工作情况的报告，决定是否提请市八届人大常委会第35次会议审议；（四）审议关于提请市八届人大常委会第35次会议审议的人事任免事项，决定提请市八届人大常委会第35次会议审议表决；（五）讨论决定关于举行市八届人大常委会第35次会议的有关事项；（六）其他事项。

会议决定于2007年10月26日在滨州举行市八届人大常委会第35次会议。

市八届人大常委会第42次主任会议

2007年12月3日，市八届人大常委会第42次主任会议在滨州召开。市人大常委会副主任李成明主持会议。市人大常委会副主任侯宪秀、田宝礼、郭建新、张冠文、韩增金，秘书长张树香出席会议。

会议议题

（一）听取审议市人民政府关于全市质量技术监督工作情况的报告，决定提请市八届人大常委会第36次会议审议。(二)听取审议市人民政府关于2007年城市基础设施建设项目使用国家开发银行贷款及其他贷款情况的报告,决定提请市八届人大常委会第36次会议审议。(三)听取审议市人民政府关于全市社会主义新农村建设投入情况的报告,决定提请市八届人大常委会第36次会议审议。(四)听取审议市人民政府关于全市新型农村合作医疗运行情况的报告,决定提请市八届人大常委会第36次会议审议。(五)听取审议市人民政府关于市八届人大五次会议第8510号议案办理情况的报告,决定提请市八届人大常委会第36次会议审议。(六)听取审议市人民政府关于市八届人大五次会议第8513号议案办理情况的报告,决定提请市八届人大常委会第36次会议审议。(七)审议市人大常委会关于市八届人大一次会议以来代表建议、批评和意见办理情况的报告,决定提请市八届人大常委会第36次会议审议。(八)审议滨州市人民代表大会常务委员会关于召开滨州市第九届人民代表大会第一次会议的决定(草案),决定提请市八届人大常委会第36次会议审议决定。(九)审议滨州市人民政府关于滨州四环五海城市建设经营有限公司城市中心区域基础设施建设项目贷款的议案,决定提请市八届人大常委会第36次会议审议;讨论通过拟提请市八届人大常委会第36次会议审议表决的滨州市人民代表大会常务委员会关于批准《滨州市人民政府关于滨州四环五海城市建设经营有限公司城市中心区域基础设施建设项目贷款的议案》的决定(草案)。(十)审议关于提请市八届人大常委会第36次会议审议的人事任免事项,决定是否提请市八届人大常委会第36次会议审议表决。(十一)讨论决定关于举行市八届人大常委会第36次会议的有关事项。(十二)其他事项。

会议决定于2007年12月5日在滨州举行市八届人大常委会第36次会议。

市八届人大常委会第43次主任会议

2007年12月21日,市八届人大常委会第43次主任会议在滨州召开。市人大常委会副主任李成明主持会议。市人大常委会副主任侯宪秀、苏乃军、田宝礼、张冠文、韩增金,秘书长张树香出席会议。

会议议题

(一)听取审议市人大常委会代表资格审查委员会关于滨州市第九届人民代表大会代表资格审查情况的报告,决定提请市八届人大常委会第37次会议审议;(二)听取审议市人大常委会主任会议关于滨州市第九届人民代表大会第一次会议筹备工作情况的汇报,决定提请市八届人大常委会第37次会议审议;(三)审议滨州市人民代表大会常务委员会关于变更滨州市第九届人民代表大会第一次会议召开时间的决定(草案),决定提请市八届人大常委会第37次会议审议决定;(四)审议关于提请市八届人大常委会第37次会议审议的滨州市人民代表大会常务委员会工作报告稿,决定提请市八届人大常委会第37次会议审议;(五)审议滨州市第九届人民代表大会第一次会议议程(草案),决定提请市八届人大常委会第37次会议审议;(六)审议滨州市第九届人民代表大会第一次会议主席团和秘书长名单(草案),决定提请市八届人大常委会第37次会议审议;(七)审议列席滨州市第九届人民代表大会第一次会议人员范围及名单(草案),决定提请市八届人大常委会第37次会议决定:(八)审议滨州市第九届人民代表大会第一次会议计划预算审查委员会名单(草案)和议案审查委员会名单(草案),决定提请市八届人大常委会第37次会议审议;(九)审议市人大常委会财政经济工作委员会关于滨州市2007年国民经济和社会发展计划执行情况与2008年国民经济和社会发展计划草案的初审报告、关于滨州市2007年预算执行情况和2008年预算草案的初审报告,决定提请市八届人大常委会第37次会议审议;(十)审议市人民政府关于市八届人大五次会议第8510号议案办理情况的报告,决定提请市八届人大常委会第37次会议审议;(十一)讨论决定关于举行市八届人大常委会第37次会议的有关事项;(十二)审议市人大常委会有关工作部门关于对"一府两院"贯彻落实市人大常委会有关审议意见情况的审查报告;(十三)听取市财政局关于分享城镇土地使用税税额有关情况的说明;(十四)其他事项。

会议决定于2007年12月21日在滨州举行市八届人大常委会第37次会议。

第三节　九届人大常委会主任会议

市九届人大常委会第1次主任会议

2008年2月1日，市九届人大常委会举行第1次主任会议。市人大常委会副主任曹兴宽，副主任董吉增、郭建新、张冠文、韩增金出席，曹兴宽主持。

会议议题

会议审议通过滨州市人大常委会2008年工作要点。

市九届人大常委会第2次主任会议

2008年2月26日，市九届人大常委会举行第2次主任会议。市人大常委会副主任曹兴宽、侯宪秀、董吉增、郭建新、张冠文、韩增金出席，曹兴宽主持。

会议议题

（一）审议《滨州市人民代表大会常务委员会人事任免办法》修正案（草案），决定是否提请市九届人大常委会第1次会议审议通过；（二）审议滨州市第九届人民代表大会常务委员会代表资格审查委员会主任委员、委员名单（草案），决定是否提请市九届人大常委会第1次会议审议通过；（三）审议关于提请市九届人大常委会第1次会议审议的人事任免事项，决定是否提请市九届人大常委会第1次会议审议表决；（四）审议市人大常委会主任会议关于提请审议邓向阳辞去滨州市市长职务的议案，决定是否提请市九届人大常委会第1次会议审议；（五）审议滨州市人民代表大会常务委员会关于接受邓向阳辞去滨州市市长职务的请求的决定（草案），决定是否提请市九届人大常委会第1次会议审议表决；（六）审议市人大常委会主任会议关于提请决定滨州市副市长张光峰为滨州市代理市长的议案，决定是否提请市九届人大常委会第1次会议审议表决；（七）讨论决定关于举行市九届人大常委会第1次会议的有关事项；（八）审议表决市人大常委会主任会议关于任命市人大常委会机关负责工作人员职务的决定（草案）；（九）其他事项。

会议决定

任命：张树香为滨州市人大常委会办公室调研员；张明贤为滨州市人大常委会财政经济工作委员会调研员；李树国为滨州市人大常委会农业和农村工作委员会调研员；卜宪信、高曰荣为滨州市人大常委会城乡建设环境保护工作委员会调研员；吴成斌为滨州市人大常委会教育科学文化卫生人口工作委员会调研员；宋茂龙为滨州市人大常委会民族侨务外事工作委员会调研员。

会议决定于2008年2月27日在滨州举行滨州市九届人大常委会第1次会议。

市九届人大常委会第3次主任会议

2008年4月20日，市九届人大常委会举行第3次主任会议。市人大常委会副主任曹兴宽、郭建新、张冠文、韩增金出席，曹兴宽主持。

会议议题

（一）审议市人大常委会主任会议关于提请市人大常委会许可对市九届人大代表董玉华依法采取行政拘留的议案，决定是否提请市九届人大常委会第2次会议审议；讨论通过拟提请市九届人大常委会第2次会议审议表决的滨州市人大常委会关于许可对市九届人大代表董玉华依法采取行政拘留的决定（草案）；（二）讨论决定关于举行市九届人大常委会第2次会议的有关事项；（三）其他事项。

会议决定于2008年4月20日在滨州举行滨州市九届人大常委会第2次会议。

市九届人大常委会第 4 次主任会议

2008 年 4 月 25 日，市九届人大常委会举行第 4 次主任会议。市人大常委会副主任曹兴宽、郭建新、张冠文、韩增金出席，曹兴宽主持。

会议议题

(一)听取审议市人大常委会执法检查组关于检查《中华人民共和国招标投标法》实施情况的报告，决定是否提请市九届人大常委会第 3 次会议审议；(二)听取审议市人民政府关于全市就业再就业工作情况的报告，决定是否提请市九届人大常委会第 3 次会议审议；(三)审议市人大常委会视察组关于视察全市"平安滨州"建设情况的报告(书面)，决定是否提请市九届人大常委会第 3 次会议审议；(四)审议滨州市人民代表大会常务委员会关于加强自身建设的意见，决定是否提请市九届人大常委会第 3 次会议审议通过；(五)审议市人大常委会主任会议关于提请审议孙德汉辞去滨州市人民代表大会常务委员会主任职务的议案，决定是否提请市九届人大常委会第 3 次会议审议；讨论通过拟提请市九届人大常委会第 3 次会议审议表决的滨州市人民代表大会常务委员会关于接受孙德汉辞去滨州市人民代表大会常务委员会主任职务的请求的决定(草案)；(六)听取审议市九届人大常委会代表资格审查委员会关于代表资格审查情况的报告，决定是否提请市九届人大常委会第 3 次会议审议；(七)审议关于提请市九届人大常委会第 3 次会议审议的人事任免事项，决定是否提请市九届人大常委会第 3 次会议审议表决；(八)讨论决定关于举行市九届人大常委会第 3 次会议的有关事项；(九)其他事项。

会议决定于 2008 年 4 月 29 日在滨州举行滨州市九届人大常委会第 3 次会议。

市九届人大常委会第 5 次主任会议

2008 年 6 月 23 日，市九届人大常委会举行第 5 次主任会议。市人大常委会副主任曹兴宽、侯宪秀、董吉增、郭建新、张冠文、韩增金出席，曹兴宽主持。

会议议题

(一)审议市人大常委会执法检查组关于检查《中华人民共和国未成年人保护法》实施情况的报告(书面)，决定提请市九届人大常委会第 4 次会议审议；(二)听取审议市人大常委会执法检查组关于检查《中华人民共和国建筑法》实施情况的报告，决定提请市九届人大常委会第 4 次会议审议；(三)听取审议市人民政府关于滨州市 2007 年度市级财政预算执行和其他财政收支的审计工作报告，决定提请市九届人大常委会第 4 次会议审议；(四)听取审议市人大常委会财政经济工作委员会关于滨州市 2007 年财政决算草案的审查报告，决定提请市九届人大常委会第 4 次会议审议；(五)听取审议市人民政府关于滨州市 2007 年财政决算草案的报告，决定提请市九届人大常委会第 4 次会议审议；讨论通过拟提请市九届人大常委会第 4 次会议审议表决的滨州市第九届人民代表大会常务委员会关于批准滨州市 2007 年市级财政决算的决议(草案)；(六)听取审议市中级人民法院关于全市法院执行工作情况的报告，决定提请市九届人大常委会第 4 次会议审议；(七)提请市九届人大常委会第 4 次会议审议关于进一步解放思想，转变作风，创新实干，科学发展，在新起点上实现又好又快发展的决定(草案)，并决定将其列入市九届人大二次会议议程；(八)审议滨州市人民代表大会常务委员会关于召开滨州市第九届人民代表大会第二次会议的决定(草案)，决定提请市九届人大常委会第 4 次会议审议决定；(九)审议关于加强和规范市人大代表活动的若干意见(草案)，决定提请市九届人大常委会第 4 次会议审议通过；(十)审议滨州市人民代表大会代表建议、批评和意见办理办法(草案)，决定提请市九届人大常委会第 4 次会议审议通过；(十一)审议关于提请市九届人大常委会第 4 次会议审议的人事任免事项，决定提请市九届人大常委会第 4 次会议审议表决；(十二)讨论决定关于举行市九届人大常委会第 4 次会议的有关事项；(十三)审议通过滨州市人民代表大会常务委员会执法检查工作办法(试行)(草案)；(十四)审议表决市人大常委会主任会议关于任免市人大常委会机关负责工作人员职务的决定(草案);(十五)其他事项。

会议决定

任命:曹学海为滨州市人大常委会教育科学文化卫生人口工作委员会副调研员;

免去:曹学海的滨州市人大常委会教育科学文化卫生人口工作委员会办公室主任职务;褚新法的滨州市人大常委会内务司法工作委员会办公室主任职务;蔺东华的滨州市人大常委会办公室副主任职务。

会议决定于2008年6月27日在滨州举行滨州市九届人大常委会第4次会议。

市九届人大常委会第6次主任会议

2008年7月3日,市九届人大常委会举行第6次主任会议。市人大常委会副主任曹兴宽、侯宪秀、董吉增、郭建新、张冠文、韩增金出席,曹兴宽主持。

会议议题

(一)听取审议市第九届人民代表大会常务委员会代表资格审查委员会关于代表资格审查情况的报告,决定提请市九届人大常委会第5次会议审议;(二)听取审议市人大常委会主任会议关于滨州市第九届人民代表大会第二次会议筹备工作情况的汇报,决定提请市九届人大常委会第5次会议审议;(三)审议滨州市第九届人民代表大会第二次会议议程(草案),决定提请市九届人大常委会第5次会议审议;(四)审议滨州市第九届人民代表大会第二次会议主席团和秘书长名单(草案),决定提请市九届人大常委会第5次会议审议;(五)审议列席滨州市第九届人民代表大会第二次会议人员范围及名单(草案),决定提请市九届人大常委会第5次会议决定;(六)审议市人民政府关于落实滨州市土地收购储备中心还贷资金来源的议案,决定提请市九届人大常委会第5次会议审议;讨论通过拟提请市九届人大常委会第5次会议审议表决的滨州市人民代表大会常务委员会关于批准《滨州市人民政府关于落实滨州市土地收购储备中心还贷资金来源的议案》决定(草案)。(七)讨论决定关于举行市九届人大常委会第5次会议的有关事项;(八)其他事项。

会议决定于2008年7月4日在滨州举行滨州市九届人大常委会第5次会议。

市九届人大常委会第7次主任会议

2008年8月21日,市九届人大常委会举行第7次主任会议。市人大常委会副主任曹兴宽、侯宪秀、董吉增、郭建新、张冠文、韩增金,秘书长李国强出席,曹兴宽主持。

会议议题

(一)听取审议市人民政府关于政府系统办理市九届人大一次会议以来代表建议、批评和意见情况的报告,决定提请市九届人大常委会第6次会议审议;(二)听取审议市人民政府关于滨州市2008年上半年国民经济和社会发展计划执行情况的报告,决定提请市九届人大常委会第6次会议审议;(三)听取审议市人民政府关于滨州市2008年上半年财政预算执行情况的报告,决定提请市九届人大常委会第6次会议审议;(四)听取审议市人大常委会执法检查组关于检查《中华人民共和国水法》《中华人民共和国防洪法》和《山东省实施〈中华人民共和国水法〉办法》实施情况的报告,决定提请市九届人大常委会第6次会议审议;(五)听取审议市人大常委会执法检查组关于检查《山东省药品使用条例》实施情况的报告,决定提请市九届人大常委会第6次会议审议;(六)听取审议市人大常委会执法检查组关于检查《宗教事务条例》实施情况的报告,决定提请市九届人大常委会第6次会议审议;(七)听取审议市人民检察院关于查办和预防职务犯罪工作的报告,决定提请市九届人大常委会第6次会议审议;(八)审议市人大常委会主任会议关于提请审议王春山辞去滨州市九届人大常委会委员职务的请求的议案,决定提请市九届人大常委会第6次会议审议;讨论通过拟提请市九届人大常委会第6次会议审议表决的滨州市人民代表大会常务委员会关于接受王春山辞去滨州市九届人大常委会委员职务的请求的决定(草案)；(九)审议关于提请市九届人大常委会第6次会议审议的人事任免事项，决定提请市九届人大常委会第6次会议审议表决；(十)讨论决定关于举行市九届人大常委会第6次会议的有关事项；(十一)审议表决市人大常委会主任会议关于免去市人大常委会机关负责工作人员职务的决定(草案)；(十二)其他事项。

会议决定

免去：王春山的滨州市人大常委会办公室副主任的职务。

会议决定于2008年8月27日在滨州举行滨州市九届人大常委会第6次会议。

市九届人大常委会第8次主任会议

2008年10月24日，市九届人大常委会举行第8次主任会议。市人大常委会副主任曹兴宽、侯宪秀、郭建新、张冠文、韩增金出席，曹兴宽主持。

会议议题

(一)听取审议市人大常委会视察组关于视察政府系统办理市九届人大一次会议以来代表建议、批评和意见情况的报告(书面)，决定提请市九届人大常委会第7次会议审议；(二)听取审议市人大常委会执法检查组关于检查《中华人民共和国劳动合同法》实施情况的报告，决定提请市九届人大常委会第7次会议审议；(三)听取审议市人大常委会视察组关于视察全市节能减排工作情况的报告，决定提请市九届人大常委会第7次会议审议；(四)听取审议市人民政府关于全市林业工作和《森林法》实施情况的报告，决定提请市九届人大常委会第7次会议审议；(五)听取审议市人民政府关于全市国土资源管理工作情况的报告，决定提请市九届人大常委会第7次会议审议；(六)审议滨州市人民代表大会代表议案处理暂行办法(草案)，决定提请市九届人大常委会第7次会议审议通过；(七)讨论决定关于举行市九届人大常委会第7次会议的有关事项；(八)其他事项。

会议决定于2008年10月29日在滨州举行滨州市九届人大常委会第7次会议。

市九届人大常委会第9次主任会议

2008年12月11日，市九届人大常委会举行第9次主任会议。市人大常委会副主任曹兴宽、侯宪秀、董吉增、郭建新、张冠文、韩增金，秘书长李国强出席，曹兴宽主持。

会议议题

(一)听取审议市人民政府关于滨州市城市基础设施建设项目筹融资及资金使用情况的报告，决定提请市九届人大常委会第8次会议审议；(二)听取审议市人民政府关于《滨州市国民经济和社会发展第十一个五年规划纲要》中期评估的报告，决定提请市九届人大常委会第8次会议审议；(三)听取审议市人民政府关于全市文化产业发展情况的报告，决定提请市九届人大常委会第8次会议审议；(四)审议滨州市人民代表大会常务委员会关于召开滨州市第九届人民代表大会第三次会议的决定(草案)，决定提请市九届人大常委会第8次会议审议通过；(五)审议《滨州市人民代表大会常务委员会议事规则》(草案)，决定提请市九届人大常委会第8次会议审议通过；(六)审议《滨州市人民代表大会常务委员会组成人员守则》(草案)，决定提请市九届人大常委会第8次会议审议通过；(七)审议市人大常委会主任会议关于提请审议杨玖庆辞去滨州市九届人大常委会委员职务的请求的议案，决定提请市九届人大常委会第8次会议审议；讨论通过拟提请市九届人大常委会第8次会议审议表决的滨州市人民代表大会常务委员会关于接受杨玖庆辞去滨州市九届人大常委会委员职务的请求的决定(草案)；(八)审议市人民政府关于滨州市城市南部区域基础设施建设工程项目向银行贷款及有关事项的议案，决定提请市九届人大常委会第8次会议审议；讨论通过拟提请市九届人大常委会第8次会议审议表决的滨州市人民代表大会常务委员会关于批准《滨州市人民政府关于滨州市城市南部区域基础设施建设工程项目向银行贷款及有关事项的议案》的决定(草案)；(九)审议关于提请市九届人大常委会第8次会议审议的人事任免事项，决定提请市九届人大常委会第8次会议审议表决;(十)讨论决定关于举行市九届人大常委会第8次会议的有关事项;(十一)审议通过《滨州市人民代表大会常务委员会主任会议议事规则》(草案);(十二)审议表决市人大常委会主任会议关于任免市人大常委会机关负责工作人员职务的决定(草案);(十三)其他事项。

会议决定

任命:刘洪庆为滨州市人大常委会教育科学文化卫生人口工作委员会办公室主任;任建林为滨州市人大常委会研究室副主任; 刘国安为滨州市人大常委会办公室副主任;刘树林为滨州市人大常委会人事代表工作室副主任;解德新为滨州市人大常委会办公室副调研员;

免去:刘洪庆的滨州市人大常委会研究室副主任的职务;任建林的滨州市人大常委会研究室副调研员职务;解德新的滨州市人大常委会办公室副主任职务;王钦友的滨州市人大常委会民族侨务外事工作委员会调研员职务。

会议决定于2008年12月19日在滨州举行滨州市九届人大常委会第8次会议。

市九届人大常委会第10次主任会议

2009年1月4日,市九届人大常委会举行第10次主任会议。市人大常委会副主任曹兴宽、董吉增、郭建新、张冠文、韩增金,秘书长李国强出席,曹兴宽主持。

会议议题

(一)听取审议市第九届人民代表大会常务委员会代表资格审查委员会关于代表资格审查情况的报告,决定提请市九届人大常委会第9次会议审议;(二)听取审议市人大常委会主任会议关于滨州市第九届人民代表大会第三次会议筹备工作情况的汇报,决定提请市九届人大常委会第9次会议审议;(三)审议关于提请市九届人大常委会第9次会议审议的滨州市人民代表大会常务委员会工作报告稿,决定提请市九届人大常委会第9次会议审议;(四)审议滨州市第九届人民代表大会第三次会议议程(草案),决定提请市九届人大常委会第9次会议审议;(五)审议滨州市第九届人民代表大会第三次会议主席团和秘书长名单(草案),决定提请市九届人大常委会第9次会议审议;(六)审议列席滨州市第九届人民代表大会第三次会议人员范围及名单(草案),决定提请市九届人大常委会第9次会议决定;(七)审议滨州市第九届人民代表大会第三次会议计划预算审查委员会名单(草案)和议案审查委员会名单(草案),决定提请市九届人大常委会第9次会议审议;(八)审议市人大常委会财政经济工作委员会关于滨州市2008年国民经济和社会发展计划执行情况与2009年国民经济和社会发展计划草案的初审报告、关于滨州市2008年预算执行情况和2009年预算草案的初审报告,决定提请市九届人大常委会第9次会议审议;(九)审议市人大常委会关于市九届人大一次会议以来代表建议、批评和意见办理情况的报告,决定提请市九届人大常委会第9次会议审议;(十)审议关于提请市九届人大常委会第9次会议审议的人事任免事项,决定提请市九届人大常委会第9次会议审议表决;(十一)讨论决定关于举行市九届人大常委会第9次会议的有关事项;(十二)其他事项。

会议决定于2009年1月6日在滨州举行滨州市九届人大常委会第9次会议。

市九届人大常委会第11次主任会议

2009年2月25日,市九届人大常委会举行第11次主任会议。市人大常委会常务副主任曹兴宽,副主任侯宪秀、董吉增、郭建新、张冠文、韩增金,秘书长李国强出席,曹兴宽主持。

会议议题

会议审议并表决通过了滨州市人大常委会2009年工作要点。

市九届人大常委会第 12 次主任会议

2009 年 4 月 17 日，市九届人大常委会举行第 12 次主任会议。市人大常委会常务副主任曹兴宽，副主任侯宪秀、董吉增、郭建新、张冠文、韩增金，秘书长李国强出席，曹兴宽主持。

会议议题

（一）听取审议市人大常委会执法检查组关于检查《中华人民共和国中小企业促进法》和《山东省中小企业促进条例》实施情况的报告，决定提请市九届人大常委会第 10 次会议审议；（二）听取审议市人民政府关于全市民政工作情况的报告，决定提请市九届人大常委会第 10 次会议审议；（三）听取审议市人民政府关于城市改造与建设情况的报告，决定提请市九届人大常委会第 10 次会议审议；（四）审议滨州市人民政府关于滨州市中海创业投资经营有限公司向银行贷款有关事项的议案，决定提请市九届人大常委会第 10 次会议审议；讨论通过拟提请市九届人大常委会第 10 次会议审议表决的滨州市人民代表大会常务委员会关于批准《滨州市人民政府关于滨州市中海创业投资经营有限公司向银行贷款有关事项的议案》的决定（草案）；（五）审议滨州市人民政府关于滨州市中海创业投资经营有限公司还贷资金来源的议案，决定提请市九届人大常委会第 10 次会议审议；讨论通过拟提请市九届人大常委会第 10 次会议审议表决的滨州市人民代表大会常务委员会关于批准《滨州市人民政府关于滨州市中海创业投资经营有限公司还贷资金来源的议案》的决定（草案）；（六）审议关于提请市九届人大常委会第 10 次会议审议的人事任免事项，决定提请市九届人大常委会第 10 次会议审议表决；（七）讨论决定关于举行市九届人大常委会第 10 次会议的有关事项；（八）其他事项。

会议决定于 2009 年 4 月 22 日在滨州举行滨州市九届人大常委会第 10 次会议。

市九届人大常委会第 13 次主任会议

2009 年 6 月 18 日，市九届人大常委会举行第 13 次主任会议。市人大常委会常务副主任曹兴宽，副主任侯宪秀、董吉增、郭建新、张冠文、韩增金，秘书长李国强出席，曹兴宽主持。

会议议题

（一）听取审议市人大常委会执法检查组关于检查《中华人民共和国行政许可法》实施情况的报告，决定提请市九届人大常委会第 11 次会议审议；（二）听取审议市人大常委会执法检查组关于检查《中华人民共和国文物保护法》和《山东省文物保护管理条例》实施情况的报告，决定书面提请市九届人大常委会第 11 次会议审议；（三）听取审议市人民政府关于全市食品药品安全工作情况的报告，决定提请市九届人大常委会第 11 次会议审议；（四）听取审议市人民政府关于滨州市 2008 年财政决算草案的报告，决定提请市九届人大常委会第 11 次会议审议；讨论通过拟提请市九届人大常委会第 11 次会议审议表决的滨州市第九届人民代表大会常务委员会关于批准滨州市 2008 年市级财政决算的决议（草案）；（五）听取审议市人民政府关于滨州市 2008 年度市级财政预算执行和其他财政收支的审计工作报告，决定提请市九届人大常委会第 11 次会议审议；（六）听取审议市人大常委会财政经济工作委员会关于滨州市 2008 年财政决算草案的审查报告，决定提请市九届人大常委会第 11 次会议审议；（七）审议市人民政府关于市八届人大三次会议第 8309 号、市八届人大四次会议第 8403 号议案办理结果的报告，决定书面提请市九届人大常委会第 11 次会议审议；（八）讨论中共滨州市人大常委会党组关于学习实践科学发展观活动分析检查报告，决定书面提请市九届人大常委会第 11 次会议征求市人大常委会组成人员的意见；（九）审议关于提请市九届人大常委会第 11 次会议审议的人事任免事项，决定提请市九届人大常委会第 11 次会议审议表决；（十）讨论决定关于举行市九届人大常委会第 11 次会议的有关事项；（十一）审议通过任职宣誓词（修改稿）；（十二）其他事项。

会议决定于 2009 年 6 月 26 日在滨州举行滨州市九届人大常委会第 11 次会议。

市九届人大常委会第 14 次主任会议

2009 年 8 月 21 日，市九届人大常委会举行第 14 次主任会议。市人大常委会常务副主任曹兴宽，副主任侯宪秀、董吉增、郭建新、张冠文、韩增金，秘书长李国强出席，曹兴宽主持。

会议议题

（一）听取审议市人民政府关于政府系统办理市九届人大三次会议以来代表建议、批评和意见情况的报告，决定提请市九届人大常委会第 12 次会议审议；（二）听取审议市人民政府关于滨州市 2009 年上半年国民经济和社会发展计划执行情况的报告，决定提请市九届人大常委会第 12 次会议审议；（三）听取审议市人民政府关于滨州市 2009 年上半年财政预算执行情况的报告，决定提请市九届人大常委会第 12 次会议审议；（四）听取审议市人大常委会执法检查组关于检查《中华人民共和国农产品质量安全法》实施情况的报告，决定提请市九届人大常委会第 12 次会议审议；（五）听取审议市人民政府关于“三农”工作和新农村建设情况的报告，决定提请市九届人大常委会第 12 次会议审议；（六）审议市人民政府关于北海新区防潮堤工程项目向银行贷款及有关事项的议案，决定提请市九届人大常委会第 12 次会议审议；讨论通过拟提请市九届人大常委会第 12 次会议审议表决的滨州市人民代表大会常务委员会关于批准《滨州市人民政府关于北海新区防潮堤工程项目向银行贷款及有关事项的议案》的决定（草案）；（七）审议市人民政府关于疏港公路工程项目向银行贷款及有关事项的议案，决定提请市九届人大常委会第 12 次会议审议；讨论通过拟提请市九届人大常委会第 12 次会议审议表决的滨州市人民代表大会常务委员会关于批准《滨州市人民政府关于疏港公路工程项目向银行贷款及有关事项的议案》的决定（草案）；（八）审议关于提请市九届人大常委会第 12 次会议审议的人事任免事项，决定提请市九届人大常委会第 12 次会议审议表决；（九）讨论决定关于举行市九届人大常委会第 12 次会议的有关事项；（十）审议通过滨州市人大常委会关于代表建议、批评和意见督办办法（草案）；（十一）审议通过滨州市人大常委会审议意见办理办法（修订稿）；（十二）审议通过滨州市人大常委会主任办公会议制度（修订稿）；（十三）审议通过滨州市人大常委会秘书长会议制度（修订稿）；（十四）听取市人大常委会人事代表工作室关于对市九届人大三次会议期间重点督办的代表建议办理情况的汇报；（十五）其他事项。

会议决定于 2009 年 8 月 25 日在滨州举行滨州市九届人大常委会第 12 次会议。

市九届人大常委会第 15 次主任会议

2009 年 10 月 23 日，市九届人大常委会举行第 15 次主任会议。市人大常委会常务副主任曹兴宽，副主任侯宪秀、郭建新、韩增金，秘书长李国强出席，曹兴宽主持。

会议议题

（一）听取审议市人大常委会视察组关于视察政府系统办理市九届人大三次会议以来代表建议、批评和意见情况的报告，决定提请市九届人大常委会第 13 次会议审议；（二）听取审议市人大常委会执法检查组关于检查《中华人民共和国传染病防治法》和《艾滋病防治条例》《预防接种和疫苗流通管理条例》实施情况的报告，决定提请市九届人大常委会第 13 次会议审议；（三）听取审议市人大常委会执法检查组关于检查《山东省民族工作条例》实施情况的报告，决定提请市九届人大常委会第 13 次会议审议；（四）听取审议市人民政府关于全市社会治安工作情况的报告，决定提请市九届人大常委会第 13 次会议审议；（五）听取审议市人民政府关于全市节能减排工作情况的报告，决定提请市九届人大常委会第 13 次会议审议；（六）审议市人民政府关于滨州港西导堤改建工程项目自筹资金及项目委托代建资金问题的议案，决定提请市九届人大常委会第 13 次会议审议；讨论通过拟提请市九届人大常委会第 13 次会议审议表决的滨州市人民代表大会常务委员会关于批准《滨州市人民政府关于滨州港西导堤改建工程项目自筹资金及项目委托代建资金问题的议案》的决定（草案）；（七）审议市人民政府关于滨州港 2×3 万吨级散杂货码头工程项目自筹资金及项目委托代建资金问题的议案，决定提请市九届人大常委会第13次会议审议;讨论通过拟提请市九届人大常委会第13次会议审议表决的滨州市人民代表大会常务委员会关于批准《滨州市人民政府关于滨州港2×3万吨级散杂货码头工程项目自筹资金及项目委托代建资金问题的议案》的决定(草案);(八)审议市人民政府关于滨州市文化中心项目向招商银行青岛分行融资的议案,决定提请市九届人大常委会第13次会议审议;讨论通过拟提请市九届人大常委会第13次会议审议表决的滨州市人民代表大会常务委员会关于批准《滨州市人民政府关于滨州市文化中心项目向招商银行青岛分行融资的议案》的决定(草案);(九)审议市人民政府关于落实滨州城建投资经营有限公司还贷资金来源的议案,决定提请市九届人大常委会第13次会议审议;讨论通过拟提请市九届人大常委会第13次会议审议表决的滨州市人民代表大会常务委员会关于批准《滨州市人民政府关于落实滨州城建投资经营有限公司还贷资金来源的议案》的决定(草案);(十)讨论决定关于举行市九届人大常委会第13次会议的有关事项;(十一)其他事项。

会议决定于2009年10月26日在滨州举行滨州市九届人大常委会第13次会议。

市九届人大常委会第16次主任会议

2009年12月23日,市九届人大常委会举行第16次主任会议。市人大常委会常务副主任曹兴宽,副主任侯宪秀、董吉增、郭建新、张冠文、韩增金,秘书长李国强出席,曹兴宽主持。

会议议题

(一)听取审议市人民政府关于市级基础设施建设项目使用贷款情况的报告,决定提请市九届人大常委会第14次会议审议;(二)审议滨州市人民代表大会常务委员会关于召开滨州市第九届人民代表大会第四次会议的决定(草案),决定提请市九届人大常委会第14次会议审议通过;(三)审议关于提请市九届人大常委会第14次会议审议的人事任免事项,决定提请市九届人大常委会第14次会议审议表决;(四)讨论决定关于举行市九届人大常委会第14次会议的有关事项;(五)审议表决市人大常委会主任会议关于任免市人大常委会机关负责工作人员职务的决定(草案);(六)其他事项。

会议决定

任命:徐竹滨为滨州市人大常委会财政经济工作委员会调研员;劳建刚、陈崇波为滨州市人大常委会办公室副主任;衣艳强为滨州市人大常委会内务司法工作委员会办公室主任。

免去:王文生的滨州市人大常委会内务司法工作委员会调研员职务;卜宪信、高曰荣的滨州市人大常委会城乡建设环境保护工作委员会调研员职务;杨子魁的滨州市人大常委会信访局副局长职务。

会议决定于2009年12月24日在滨州举行滨州市九届人大常委会第14次会议。

市九届人大常委会第17次主任会议

2010年1月15日,市九届人大常委会举行第17次主任会议。市人大常委会常务副主任曹兴宽,副主任侯宪秀、董吉增、郭建新、张冠文、韩增金,秘书长李国强出席,曹兴宽主持。

会议议题

(一)听取审议滨州市第九届人民代表大会常务委员会代表资格审查委员会关于代表资格审查情况的报告,决定提请市九届人大常委会第15次会议审议;(二)听取审议市人大常委会主任会议关于滨州市第九届人民代表大会第四次会议筹备工作情况的汇报,决定提请市九届人大常委会第15次会议审议;(三)审议关于提请市九届人大常委会第15次会议审议的滨州市人民代表大会常务委员会工作报告稿,决定提请市九届人大常委会第15次会议审议;(四)审议滨州市第九届人民代表大会第四次会议议程(草案),决定提请市九届人大常委会第15次会议审议;(五)审议滨州市第九届人民代表大会第四次会议主席团和秘书长名单(草案),决定提请市九届人大常委会第15次会议审议;(六)审议列席滨州市第九届人民代表大会第四次会议人员范围及名单

(草案),决定提请市九届人大常委会第15次会议决定;(七)审议滨州市第九届人民代表大会第四次会议计划预算审查委员会名单(草案)和议案审查委员会名单(草案),决定提请市九届人大常委会第15次会议审议;(八)审议市人大常委会财政经济工作委员会关于滨州市2009年国民经济和社会发展计划执行情况与2010年国民经济和社会发展计划草案的初审报告、关于滨州市2009年预算执行情况和2010年预算草案的初审报告,决定提请市九届人大常委会第15次会议审议;(九)审议市人大常委会关于市九届人大三次会议以来代表建议、批评和意见办理情况的报告,决定提请市九届人大常委会第15次会议审议;(十)审议市人大常委会主任会议关于提请补选梁波同志为山东省第十一届人民代表大会代表的议案,决定提请市九届人大常委会第15次会议审议表决;(十一)审议关于提请市九届人大常委会第15次会议审议的人事任免事项,决定提请市九届人大常委会第15次会议审议表决;(十二)讨论决定关于举行市九届人大常委会第15次会议的有关事项;(十三)审议表决市人大常委会主任会议关于免去市人大常委会机关负责工作人员职务的决定(草案);(十四)其他事项。

会议决定

免去:劳建刚的滨州市人大常委会办公室副主任职务。

会议决定于2010年1月16日在滨州举行滨州市九届人大常委会第15次会议。

市九届人大常委会第18次主任会议

2010年3月4日,市九届人大常委会举行第18次主任会议。市人大常委会常务副主任曹兴宽,副主任董吉增、郭建新、张冠文、韩增金,秘书长李国强出席,曹兴宽主持。

会议议题

会议审议并表决通过了滨州市人大常委会2010年工作要点。

市九届人大常委会第19次主任会议

2010年4月13日,市九届人大常委会举行第19次主任会议。市人大常委会常务副主任曹兴宽,副主任董吉增、郭建新、张冠文,秘书长李国强出席,曹兴宽主持。

会议议题

(一)听取审议市人大常委会执法检查组关于检查《中华人民共和国商标法》和《中华人民共和国商标法实施条例》实施情况的报告,决定提请市九届人大常委会第16次会议审议;(二)听取审议市人大常委会执法检查组关于检查《中华人民共和国城乡规划法》实施情况的报告,决定提请市九届人大常委会第16次会议审议;(三)听取审议市人民政府关于滨州市"五五"普法规划和2006—2010年依法治市规划及相关决议执行情况的报告,决定提请市九届人大常委会第16次会议审议;(四)审议市人民政府关于提请审议建立滨州市城中及城郊农村住房建设偿债基金的议案,决定提请市九届人大常委会第16次会议审议;讨论通过拟提请市九届人大常委会第16次会议审议表决的滨州市人民代表大会常务委员会关于批准《滨州市人民政府关于提请审议建立滨州市城中及城郊农村住房建设偿债基金的议案》的决定(草案);(五)审议关于提请市九届人大常委会第16次会议审议的人事任免事项,决定提请市九届人大常委会第16次会议审议表决;(六)讨论决定关于举行市九届人大常委会第16次会议的有关事项;(七)审议表决市人大常委会主任会议关于免去市人大常委会机关工作人员职务的决定(草案);(八)其他事项。

会议决定

免去:宋茂龙的滨州市人大常委会民族侨务外事工作委员会调研员职务。

会议决定于2010年4月14日在滨州举行滨州市九届人大常委会第16次会议。

市九届人大常委会第20次主任会议

2010年6月28日，市九届人大常委会举行第20次主任会议。市人大常委会常务副主任曹兴宽，副主任侯宪秀、董吉增、郭建新、张冠文、韩增金，秘书长李国强出席。曹兴宽主持。

会议议题

（一）听取审议市人大常委会执法检查组关于检查《中华人民共和国就业促进法》和《山东省就业促进条例》实施情况的报告，决定提请市九届人大常委会第17次会议审议；（二）听取审议市人大常委会执法检查组关于检查《中华人民共和国海洋环境保护法》和《中华人民共和国海域使用管理法》实施情况的报告，决定提请市九届人大常委会第17次会议审议；（三）听取审议市人民政府关于滨州市2009年财政决算草案的报告，决定提请市九届人大常委会第17次会议审议；讨论通过拟提请市九届人大常委会第17次会议审议表决的滨州市第九届人民代表大会常务委员会关于批准滨州市2009年市级财政决算的决议（草案）；（四）听取审议市人民政府关于滨州市2009年度市级财政预算执行和其他财政收支的审计工作报告，决定提请市九届人大常委会第17次会议审议；（五）听取审议市人大常委会财政经济工作委员会关于滨州市2009年财政决算草案的审查报告，决定提请市九届人大常委会第17次会议审议；（六）听取审议市人民政府关于调整2010年国民经济和社会发展有关计划指标的报告，决定提请市九届人大常委会第17次会议审议；讨论通过拟提请市九届人大常委会第17次会议审议表决的滨州市第九届人民代表大会常务委员会关于批准《滨州市人民政府关于调整2010年国民经济和社会发展有关计划指标的报告》的决定（草案）；（七）审议关于提请市九届人大常委会第17次会议审议的人事任免事项，决定提请市九届人大常委会第17次会议审议表决；（八）讨论决定关于举行市九届人大常委会第17次会议的有关事项；（九）审议通过市人民政府关于市九届人大四次会议第9401号议案办理方案；（十）审议通过市人大常委会关于组织市人大代表向选举单位述职及评选优秀市人大代表和先进代表小组活动的实施意见；（十一）审议通过市人大常委会关于市政府组成部门主要负责人述职工作的实施方案；（十二）其他事项。

会议决定于2010年6月29日在滨州举行滨州市九届人大常委会第17次会议。

市九届人大常委会第21次主任会议

2010年8月17日，市九届人大常委会举行第21次主任会议。市人大常委会常务副主任曹兴宽，副主任侯宪秀、郭建新、张冠文、韩增金，秘书长李国强出席，曹兴宽主持。

会议议题

（一）听取审议市人民政府关于政府系统办理市九届人大四次会议以来代表建议、批评和意见情况的报告，决定提请市九届人大常委会第18次会议审议；（二）听取审议市人民政府关于滨州市2010年上半年国民经济和社会发展计划执行情况的报告，决定提请市九届人大常委会第18次会议审议；（三）听取审议市人民政府关于滨州市2010年上半年财政预算执行情况的报告，决定提请市九届人大常委会第18次会议审议；（四）听取审议市人民政府关于全市农村公路建设情况的报告，决定提请市九届人大常委会第18次会议审议；（五）审议市人民政府关于市八届人大二次会议第8201号、市八届人大三次会议第8301号、市八届人大四次会议第8407.8408.8409号、市八届人大五次会议第8513号议案办理结果的报告，决定书面提请市九届人大常委会第18次会议审议；（六）讨论决定关于举行市九届人大常委会第18次会议的有关事项；（七）其他事项。

会议决定于2010年8月19日在滨州举行滨州市九届人大常委会第18次会议。

市九届人大常委会第22次主任会议

2010年10月18日，市九届人大常委会举行第22次主任会议。市人大常委会常务副主任曹兴宽，副主任侯宪秀、张冠文、韩增金，秘书长李国强出席，曹兴宽主持。

会议议题

（一）听取审议市人大常委会执法检查组关于检查《中华人民共和国义务教育法》和《山东省义务教育条例》实施情况的报告，决定提请市九届人大常委会第19次会议审议；（二）听取审议市人大常委会视察组关于视察市政府系统办理市九届人大四次会议以来代表建议、批评和意见情况的报告，决定提请市九届人大常委会第19次会议审议；（三）听取审议市人民政府关于统筹城乡发展和“三农”工作情况的报告，决定提请市九届人大常委会第19次会议审议；（四）听取审议市人民政府关于《中华人民共和国科学技术进步法》实施情况及高新技术产业发展情况的报告，决定提请市九届人大常委会第19次会议审议；（五）听取审议市中级人民法院关于全市法院行政审判工作情况的报告，决定提请市九届人大常委会第19次会议审议；（六）审议关于提请市九届人大常委会第19次会议审议的人事任免事项，决定提请市九届人大常委会第19次会议审议表决；（七）讨论决定关于举行市九届人大常委会第19次会议的有关事项；（八）审议表决市人大常委会主任会议关于免去市人大常委会机关工作人员职务的决定（草案）；（九）其他事项。

会议决定

免去：杨秀芳的滨州市人大常委会农业和农村工作委员会副调研员职务。

会议决定于2010年10月25日在滨州举行滨州市九届人大常委会第19次会议。

市九届人大常委会第23次主任会议

2010年11月8日，市九届人大常委会举行第23次主任会议。市人大常委会常务副主任曹兴宽，副主任侯宪秀、董吉增、张冠文、韩增金，秘书长李国强出席，曹兴宽主持。

会议议题

（一）听取关于提请市九届人大常委会第20次会议对市教育局、市监察局、市公安局、市司法局、市财政局、市国土资源局、市住房和城乡建设局、市水利局、市农业局、市林业局、市商务局、市人口和计划生育委员会、市体育局的主要负责人进行述职评议的说明，决定提请市九届人大常委会第20次会议对市教育局、市监察局、市公安局、市司法局、市财政局、市国土资源局、市住房和城乡建设局、市水利局、市农业局、市林业局、市商务局、市人口和计划生育委员会、市体育局的主要负责人进行述职评议；（二）审议关于提请市九届人大常委会第20次会议审议的人事任免事项，决定提请市九届人大常委会第20次会议审议表决；（三）讨论决定关于举行市九届人大常委会第20次会议的有关事项；（四）审议表决市人大常委会主任会议关于任免市人大常委会机关工作人员职务的决定（草案）；（五）其他事项。

会议决定

任命：王介香为滨州市人大常委会城乡建设环境保护工作委员会办公室主任。

免去：郭文江的滨州市人大常委会城乡建设环境保护工作委员会办公室主任职务；韩竹功的滨州市人大常委会财政经济工作委员会办公室主任职务。

会议决定于2010年11月10日在滨州举行滨州市九届人大常委会第20次会议。

市九届人大常委会第24次主任会议

2010年12月24日，市九届人大常委会举行第24次主任会议。市人大常委会常务副主任曹兴宽，副主任侯宪秀、董吉增、郭建新、张冠文、韩增金，秘书长李国强出席，曹兴宽主持。

会议议题

（一）听取审议市人民政府关于重大基础设施建设项目使用贷款情况的报告，决定提请市九届人大常委会第21次会议审议；（二）听取审议市人民政府关于加快黄河三角洲高效生态经济区开发建设情况的报告，决定提请市九届人大常委会第21次会议审议;(三)听取审议市人民政府关于《滨州市国民经济和社会发展第十一个五年总体规划纲要》实施情况的报告及关于《滨州市国民经济和社会发展第十二个五年总体规划纲要(草案)》有关情况的说明,审议《滨州市国民经济和社会发展第十二个五年总体规划纲要(草案)》,决定提请市九届人大常委会第21次会议审议;(四)听取审议市人民政府关于市九届人大四次会议第9401号议案办理情况的报告,决定提请市九届人大常委会第21次会议审议;(五)听取审议市人民检察院关于开展法律监督工作情况的报告,决定提请市九届人大常委会第21次会议审议;(六)听取审议市人大常委会关于召开滨州市第九届人民代表大会第五次会议的决定(草案),决定提请市九届人大常委会第21次会议审议;(七)审议关于提请市九届人大常委会第21次会议审议的人事任免事项,决定提请市九届人大常委会第21次会议审议表决;(八)讨论决定关于举行市九届人大常委会第21次会议的有关事项;(九)审议通过滨州市人大常委会关于表彰优秀市人大代表和先进市人大代表小组的决定(草案);(十)审议表决市人大常委会主任会议关于免去市人大常委会机关工作人员职务的决定(草案);(十一)其他事项。

会议决定

免去张明贤的滨州市人大常委会财政经济工作委员会调研员职务。

会议决定于2010年12月28日在滨州举行滨州市九届人大常委会第21次会议。

市九届人大常委会第25次主任会议

2011年1月12日,市九届人大常委会举行第25次主任会议。市人大常委会常务副主任曹兴宽,副主任侯宪秀、郭建新、张冠文,秘书长李国强出席,曹兴宽主持。

会议议题

(一)听取审议滨州市第九届人民代表大会常务委员会代表资格审查委员会关于代表资格审查情况的报告,决定提请市九届人大常委会第22次会议审议;(二)听取审议市人大常委会主任会议关于滨州市第九届人民代表大会第五次会议筹备工作情况的汇报,决定提请市九届人大常委会第22次会议审议;(三)审议关于提请市九届人大常委会第22次会议审议的滨州市人民代表大会常务委员会工作报告稿,决定提请市九届人大常委会第22次会议审议;(四)审议滨州市第九届人民代表大会第五次会议议程(草案),决定提请市九届人大常委会第22次会议审议;(五)审议滨州市第九届人民代表大会第五次会议主席团和秘书长名单(草案),决定提请市九届人大常委会第22次会议审议;(六)审议列席滨州市第九届人民代表大会第五次会议人员范围及名单(草案),决定提请市九届人大常委会第22次会议决定;(七)审议滨州市第九届人民代表大会第五次会议计划预算审查委员会名单(草案)和议案审查委员会名单(草案),决定提请市九届人大常委会第22次会议审议;(八)审议市人大常委会财政经济工作委员会关于滨州市2010年国民经济和社会发展计划执行情况与2011年国民经济和社会发展计划草案的初审报告、关于滨州市2010年预算执行情况和2011年预算草案的初审报告,决定提请市九届人大常委会第22次会议审议;(九)审议市人大常委会关于市九届人大四次会议以来代表建议、批评和意见办理情况的报告,决定提请市九届人大常委会第22次会议审议;(十)审议市人大常委会主任会议关于提请审议有关人员辞去滨州市第九届人民代表大会常务委员会委员职务的请求的议案,决定提请市九届人大常委会第22次会议审议;(十一)讨论决定关于举行市九届人大常委会第22次会议的有关事项;(十二)其他事项。

会议决定于2011年1月14日在滨州举行滨州市九届人大常委会第22次会议。

市九届人大常委会第26次主任会议

2011年2月25日,市九届人大常委会举行第26次主任会议,市人大常委会常务副主任曹兴宽,副主任董吉增、郭建新、张冠文、韩增金，秘书长李国强出席，曹兴宽主持。

会议议题

会议审议并表决通过了滨州市人大常委会2011年工作要点。

市九届人大常委会第27次主任会议

2011年4月25日，市九届人大常委会举行第27次主任会议。市人大常委会常务副主任曹兴宽，副主任董吉增、郭建新、张冠文、韩增金，秘书长李国强出席，曹兴宽主持。

会议议题

（一）听取审议市人大常委会执法检查组关于检查《中华人民共和国产品质量法》实施情况的报告，决定提请市九届人大常委会第23次会议审议；（二）听取审议市人民政府关于全市环境保护及海河流域水污染防治情况的报告，决定提请市九届人大常委会第23次会议审议；（三）听取审议市人民政府关于全市新型农村合作医疗运行情况的报告，决定提请市九届人大常委会第23次会议审议；（四）审议关于提请市九届人大常委会第23次会议审议的人事任免事项，决定提请市九届人大常委会第23次会议审议表决；（五）讨论决定关于举行市九届人大常委会第23次会议的有关事项；（六）审议表决市人大常委会主任会议关于任免市人大常委会机关工作人员职务的决定（草案）；（七）其他事项。

会议决定

任命：李谦为滨州市人大常委会财政经济工作委员会办公室主任；张亦国为滨州市人大常委会信访局副局长。

免去：李树国的滨州市人大常委会农业和农村工作委员会调研员职务；吴成斌的滨州市人大常委会教育科学文化卫生人口工作委员会调研员职务；陈崇波的滨州市人大常委会办公室副主任职务；刘树林的滨州市人大常委会人事代表工作室副主任职务；李谦的滨州市人大常委会民族侨务外事工作委员会办公室主任职务。

会议决定于2011年4月27日在滨州举行滨州市九届人大常委会第23次会议。

市九届人大常委会第28次主任会议

2011年6月29日，市九届人大常委会举行第28次主任会议。市人大常委会常务副主任曹兴宽，副主任郭建新、张冠文、韩增金，秘书长李国强出席，曹兴宽主持。

会议议题

（一）听取审议市人民政府关于全市“五五”普法、依法治市情况和“六五”普法规划的报告，决定提请市九届人大常委会第24次会议审议；讨论通过拟提请市九届人大常委会第24次会议审议表决的滨州市人民代表大会常务委员会关于在全市公民中深入开展第六个五年法制宣传教育的决议（草案）；（二）听取市人民政府关于《滨州市2011—2015年依法治市规划（草案）》的说明，审议《滨州市2011—2015年依法治市规划（草案）》，决定提请市九届人大常委会第24次会议审议；讨论通过拟提请市九届人大常委会第24次会议审议表决的滨州市人民代表大会常务委员会关于《滨州市2011—2015年依法治市规划》的决议（草案）；（三）听取审议市人民政府关于滨州市2010年财政决算草案的报告，决定提请市九届人大常委会第24次会议审议；讨论通过拟提请市九届人大常委会第24次会议审议表决的滨州市人民代表大会常务委员会关于批准滨州市2010年市级财政决算的决议（草案）；（四）听取审议市人民政府关于滨州市2010年度市级财政预算执行和其他财政收支的审计工作报告，决定提请市九届人大常委会第24次会议审议；（五）听取审议市人大常委会财政经济工作委员会关于滨州市2010年财政决算草案的审查报告，决定提请市九届人大常委会第24次会议审议；（六）听取审议市人民政府关于全市服务业、金融工作情况的报告，决定提请市九届人大常委会第24次会议审议；（七）听取审议市人大常委会视察组关于视察全市现代农业示范园区建设情况的报告，决定提请市九届人大常委会第24次会议审议；（八）听取审议市人大常委会视察组关于视察滨州港、北海经济开发区配套基础设施建设情况的报告，决定提请市九届人大常委会第24次会议审议；（九）听取审议市人大常委会视察组关于视察市区城中村改造、城市防汛工作情况的报告，决定提请市九届人大常委会第24次会议审议；（十）审议关于提请市九届人大常委会第24会议审议的人事任免事项，决定提请市九届人大常委会第24次会议审议表决；（十一）讨论决定关于举行市九届人大常委会第24会议的有关事项；（十二）其他事项。

会议决定

任命：李峰为市人大常委会城乡建设环境保护工作委员会办公室主任；王介香为市人大常委会民族侨务外事工作委员会办公室主任。

免去：王介香的市人大常委会城乡建设环境保护工作委员会办公室主任职务。

会议决定于2011年6月30日在滨州举行滨州市九届人大常委会第24次会议。

市九届人大常委会第29次主任会议

2011年7月22日，市九届人大常委会举行第29次主任会议。市人大常委会常务副主任曹兴宽，副主任郭建新、张冠文、韩增金，秘书长李国强出席，曹兴宽主持。

会议议题

听取审议市人民检察院关于提请许可刑事拘留滨州市九届人大代表初建波的报告，决定提请市九届人大常委会第25次会议审议；讨论通过拟提请市九届人大常委会第25次会议审议表决的滨州市人民代表大会常务委员会关于许可滨州市人民检察院对市九届人大代表初建波采取刑事拘留强制措施的决定（草案）。

会议决定于2011年7月22日在滨州举行滨州市九届人大常委会第25次会议。

市九届人大常委会第30次主任会议

2011年8月22日，市九届人大常委会举行第30次主任会议。市人大常委会常务副主任曹兴宽，副主任董吉增、郭建新、张冠文，秘书长李国强出席，曹兴宽主持。

会议议题

（一）听取审议市人民政府关于政府系统办理市九届人大五次会议以来代表建议、批评和意见办理情况的报告，决定提请市九届人大常委会第26次会议审议；（二）听取审议市人民政府关于滨州市2011年上半年国民经济和社会发展计划执行情况的报告，决定提请市九届人大常委会第26次会议审议；（三）听取审议市人民政府关于滨州市2011年上半年财政预算执行情况的报告，决定提请市九届人大常委会第26次会议审议；（四）听取审议市人民政府关于全市民族工作情况的报告，决定提请市九届人大常委会第26次会议审议；（五）听取审议市中级人民法院关于商事审判工作情况的报告，决定提请市九届人大常委会第26次会议审议；（六）审议关于提请市九届人大常委会第26次会议审议的人事任免事项，决定提请市九届人大常委会第26次会议审议表决；（七）讨论决定关于举行市九届人大常委会第26次会议的有关事项；（八）其他事项。

会议决定于2011年8月23日在滨州举行滨州市九届人大常委会第26次会议。

市九届人大常委会第31次主任会议

2011年10月25日，市九届人大常委会举行第31次主任会议。市人大常委会常务副主任曹兴宽，副主任郭建新、张冠文、韩增金出席，曹兴宽主持。

会议议题

（一）听取审议市人大常委会视察组关于视察市政府系统办理市九届人大五次会议以来代表建议、批评和意见情况的报告，决定提请市九届人大常委会第27次会议审议；（二）听取审议市人大常委会执法检查组关于检查《中华人民共和国农业机械化促进法》《山东省农业机械化促进条例》实施情况的报告，决定提请市九届人大常委会第27次会议审议；（三）听取审议市人大常委会视察组关于视察市城区集中供热情况的报告，决定提请市九届人大常委会第27次会议审议；（四）听取审议市人民政府关于全市人才工作情况的报告，决定提请市九届人大常委会第27次会议审议；（五）听取审议市人民检察院关于全市检察机关深入开展三项重点工作情况的报告，决定提请市九届人大常委会第27次会议审议；（六）审议滨州市人民代表大会常务委员会规范性文件备案审查办法（草案），决定提请市九届人大常委会第27次会议审议表决；（七）听取审议市人大常委会关于第二批市政府组成部门主要负责人述职评议工作的说明；（八）审议市人大常委会关于市十届人大代表名额分配的决定（草案），决定提请市九届人大常委会第27次会议审议表决；（九）审议关于提请市九届人大常委会第27次会议审议的人事任免事项，决定提请市九届人大常委会第27次会议审议表决；（十）讨论决定关于举行市九届人大常委会第27次会议的有关事项；（十一）其他事项。

会议决定于2011年10月27日在滨州举行滨州市九届人大常委会第27次会议。

市九届人大常委会第32次主任会议

2011年12月28日，市九届人大常委会举行第32次主任会议。市人大常委会常务副主任曹兴宽，副主任郭建新、张冠文、韩增金，秘书长李国强出席，曹兴宽主持。

会议议题

（一）听取审议市人大常委会执法检查组关于检查《山东省旅游条例》实施情况的报告，决定提请市九届人大常委会第28次会议审议；（二）听取审议市人民政府关于消防及道路交通安全工作情况的报告，决定提请市九届人大常委会第28次会议审议；（三）听取审议市人民政府关于重大基础设施建设项目使用贷款情况的报告，决定提请市九届人大常委会第28次会议审议；（四）听取审议市人民政府关于黄河三角洲高效生态经济区和山东半岛蓝色经济区建设情况的报告，决定提请市九届人大常委会第28次会议审议；（五）听取审议市人民政府关于市九届人大五次会议第9501号（关于出台加快水利发展政策措施的议案）议案办理情况的报告，决定提请市九届人大常委会第28次会议审议；（六）听取审议市人民政府关于市九届人大五次会议第9502号（关于将市直农业科研院所运行经费列入市级财政预算的议案）议案办理情况的报告，决定提请市九届人大常委会第28次会议审议；（七）审议滨州市人民代表大会常务委员会关于召开滨州市第十届人民代表大会第一次会议的决定（草案），决定提请市九届人大常委会第28次会议审议通过；（八）审议市人大常委会主任会议关于提请审议邹继刚辞去滨州市九届人大常委会委员职务的请求的议案，决定提请市九届人大常委会第28次会议审议；讨论通过拟提请市九届人大常委会第28次会议审议表决的滨州市人民代表大会常务委员会关于接受邹继刚辞去滨州市九届人大常委会委员职务的请求的决定（草案）；（九）审议关于提请市九届人大常委会第28次会议审议的人事任免事项，决定提请市九届人大常委会第28次会议审议表决；（十）审议市人大常委会主任会议关于提请审议赵继明辞去滨州市人民检察院检察长职务的请求的议案，决定提请市九届人大常委会第28次会议审议；讨论通过拟提请市九届人大常委会第28次会议审议表决的滨州市人民代表大会常务委员会关于接受赵继明辞去滨州市人民检察院检察长职务的请求的决定（草案）；（十一）审议市人大常委会主任会议关于提请决定滨州市人民检察院副检察长邵汝卿为滨州市人民检察院代理检察长的议案，决定提请市九届人大常委会第28次会议审议表决；（十二）讨论决定关于举行市九届人大常委会第28次会议的有关事项；（十三）审议表决市人大常委会主任会议关于任免市人大常委会机关工作人员职务的决定（草案）；（十四）其他事项。

会议决定于2011年12月31日在滨州举行滨州市九届人大常委会第28次会议。

市九届人大常委会第33次主任会议

2012年2月8日，市九届人大常委会举行第33次主任会议。市人大常委会常务副主任曹兴宽，副主任郭建新、张冠文、韩增金，秘书长李国强出席，曹兴宽主持。

会议议题

（一）听取审议市人大常委会代表资格审查委员会关于滨州市第十届人民代表大会代表资格审查情况的报告，决定提请市九届人大常委会第29次会议审议；（二）听取审议市人大常委会主任会议关于滨州市第十届人民代表大会第一次会议筹备工作情况的汇报，决定提请市九届人大常委会第29次会议审议；（三）审议关于提请市九届人大常委会第29次会议审议的滨州市人民代表大会常务委员会工作报告稿，决定提请市九届人大常委会第29次会议审议；（四）审议滨州市第十届人民代表大会第一次会议议程（草案），决定提请市九届人大常委会第29次会议审议；（五）审议滨州市第十届人民代表大会第一次会议主席团和秘书长名单（草案），决定提请市九届人大常委会第29次会议审议；（六）审议列席滨州市第十届人民代表大会第一次会议人员范围及名单（草案），决定提请市九届人大常委会第29次会议决定；（七）审议滨州市第十届人民代表大会第一次会议计划预算审查委员会名单（草案）和议案审查委员会名单（草案），决定提请市九届人大常委会第29次会议审议；（八）审议市人大常委会财政经济工作委员会关于滨州市2011年国民经济和社会发展计划执行情况与2012年国民经济和社会发展计划草案的初审报告、关于滨州市2011年预算执行情况和2012年预算草案的初审报告，决定提请市九届人大常委会第29次会议审议；（九）审议市人大常委会关于市九届人大期间代表建议、批评和意见办理情况的报告，决定提请市九届人大常委会第29次会议审议；（十）审议市人民政府关于市九届人大四次会议第9401号议案办理情况的报告，决定提请市九届人大常委会第29次会议审议；（十一）审议市人民政府关于市九届人大五次会议第9501号议案办理结果的报告，决定提请市九届人大常委会第29次会议审议；（十二）审议关于提请市九届人大常委会第29次会议审议的人事任免事项，决定提请市九届人大常委会第29次会议审议表决；（十三）讨论决定关于举行市九届人大常委会第29次会议的有关事项；（十四）审议通过市人民政府关于市九届人大五次会议第9502号议案办理落实工作方案；（十五）审议通过滨州市人大常委会关于表彰优秀代表建议和先进承办单位的决定（草案）；（十六）其他事项。

会议决定于2012年2月9日在滨州举行滨州市九届人大常委会第29次会议。

第四节　第十届人大常委会主任会议

市十届人大常委会第1次主任会议

2012年3月7日，市十届人大常委会举行第1次主任会议，市人大常委会常务副主任曹兴宽，副主任郭建新、韩增金，副主任、秘书长李国强，副主任王立勇出席会议，曹兴宽主持会议。

会议议题

（一）审议关于提请市十届人大常委会第1次会议审议的人事任免事项，决定提请市十届人大常委会第1次会议审议表决；（二）讨论决定关于举行市十届人大常委会第1次会议的有关事项；（三）审议通过滨州市人大常委会2012年工作要点（草案）；（四）讨论通过市人大常委会主任、副主任工作分工；（五）审议表决市人大常委会主任会议关于任免市人大常委会机关工作人员职务的决定（草案）；（六）其他事项。

会议决定

任命：褚新法为滨州市人大常委会内务司法工作委员会调研员；李继文为滨州市人大常委会农业和农村工作委员会调研员；蔺东华为滨州市人大常委会教育科学文化卫生人口工作委员会调研员；林全治为滨州市人大

常委会信访局调研员；朱建立为滨州市人大常委会信访局副调研员。

免去：张树香的滨州市人大常委会办公室调研员职务；徐竹滨的滨州市人大常委会财政经济工作委员会调研员职务；朱建立的滨州市人大常委会信访局副局长职务。

会议决定于2012年3月9日在滨州举行滨州市十届人大常委会第1次会议。

市十届人大常委会第2次主任会议

2012年4月25日，市十届人大常委会举行第2次主任会议，市人大常委会常务副主任曹兴宽，副主任郭建新、韩增金，副主任、秘书长李国强出席会议，曹兴宽主持会议。

会议议题

（一）审议滨州市第十届人民代表大会常务委员会代表资格审查委员会主任委员、委员名单（草案），决定提请市十届人大常委会第2次会议审议通过；（二）听取审议市人大常委会执法检查组关于检查《中华人民共和国农业法》实施情况的报告，决定提请市十届人大常委会第2次会议审议；（三）听取审议市人大常委会执法检查组关于检查《中华人民共和国体育法》和《全民健身条例》实施情况的报告，决定提请市十届人大常委会第2次会议审议；（四）听取审议市人民政府关于全市宗教工作情况的报告，决定提请市十届人大常委会第2次会议审议；（五）审议关于提请市十届人大常委会第2次会议审议的人事任免事项，决定提请市十届人大常委会第2次会议审议表决；（六）讨论决定关于举行市十届人大常委会第2次会议的有关事项；（七）审议表决市人大常委会主任会议关于任免市人大常委会机关工作人员职务的决定（草案）；（八）其他事项。

会议决定

任命：宋守松为滨州市人大常委会教育科学文化卫生人口工作委员会调研员；梁贞祥为滨州市人大常委会人事代表工作室副主任；何修民为滨州市人大常委会教育科学文化卫生人口工作委员会办公室主任。

免去：刘洪庆的滨州市人大常委会教育科学文化卫生人口工作委员会办公室主任职务；任建林的滨州市人大常委会研究室副主任职务。

会议决定于2012年4月27日在滨州举行滨州市十届人大常委会第2次会议。

市十届人大常委会第3次主任会议

2012年6月26日，市十届人大常委会举行第3次主任会议，市人大常委会常务副主任曹兴宽，副主任郭建新、韩增金，副主任、秘书长李国强，副主任王立勇出席会议，曹兴宽主持会议。

会议议题

（一）听取审议市人大常委会执法检查组关于检查《中华人民共和国价格法》实施情况的报告，决定提请市十届人大常委会第3次会议审议；（二）听取审议市人大常委会视察组关于视察全市新型农村和城镇居民社会养老保险金发放情况的报告，决定提请市十届人大常委会第3次会议审议；（三）听取审议市人民政府关于滨州市2011年财政决算草案的报告，决定提请市十届人大常委会第3次会议审议；讨论通过拟提请市十届人大常委会第3次会议审议表决的滨州市人民代表大会常务委员会关于批准滨州市2011年市级财政决算的决议（草案）；（四）听取审议市人民政府关于滨州市2011年度市级财政预算执行和其他财政收支的审计工作报告，决定提请市十届人大常委会第3次会议审议；（五）听取审议市人大常委会财政经济工作委员会关于滨州市2011年财政决算草案的审查报告，决定提请市十届人大常委会第3次会议审议；（六）审议关于提请市十届人大常委会第3次会议审议的人事任免事项，决定提请市十届人大常委会第3次会议审议表决；（七）讨论决定关于举行市十届人大常委会第3次会议的有关事项；（八）其他事项。

会议决定于2012年6月28日在滨州举行滨州市十届人大常委会第3次会议。

市十届人大常委会第4次主任会议

2012年8月27日，市十届人大常委会举行第4次主任会议，市人大常委会常务副主任曹兴宽，副主任韩增金，副主任、秘书长李国强，副主任王立勇出席会议，曹兴宽主持会议。

会议议题

（一）听取审议市人大常委会视察组关于视察全市城区环境综合整治情况的报告，决定提请市十届人大常委会第4次会议审议；（二）听取审议市人民政府关于政府系统办理市十届人大一次会议以来代表建议、批评和意见办理情况的报告，决定提请市十届人大常委会第4次会议审议；（三）听取审议市人民政府关于滨州市2012年上半年国民经济和社会发展计划执行情况的报告，决定提请市十届人大常委会第4次会议审议；（四）听取审议市人民政府关于滨州市2012年上半年财政预算执行情况的报告，决定提请市十届人大常委会第4次会议审议；（五）听取审议市人民政府关于全市文化事业和文化产业发展情况的报告，决定提请市十届人大常委会第4次会议审议；（六）讨论决定关于举行市十届人大常委会第4次会议的有关事项；（七）其他事项。

会议决定于2012年8月30日在滨州举行滨州市十届人大常委会第4次会议。

市十届人大常委会第5次主任会议

2012年10月26日，市十届人大常委会举行第5次主任会议，市人大常委会常务副主任曹兴宽，副主任郭建新、韩增金，副主任、秘书长李国强出席会议。曹兴宽主持会议。

会议议题

（一）听取审议市人大常委会视察组关于视察市政府系统办理市十届人大一次会议以来代表建议、批评和意见情况的报告，决定提请市十届人大常委会第5次会议审议；（二）听取审议市人大常委会执法检查组关于检查《中华人民共和国统计法》实施情况的报告，决定提请市十届人大常委会第5次会议审议；（三）听取审议市中级人民法院关于民事审判工作情况的报告，决定提请市十届人大常委会第5次会议审议；（四）听取审议市人民检察院关于全市检察机关查办和预防职务犯罪工作情况的报告，决定提请市十届人大常委会第5次会议审议；（五）审议市人大常委会主任会议关于提请市人大常委会许可对市十届人大代表徐清友执行刑事拘留强制措施的议案，决定是否提请市十届人大常委会第5次会议审议；讨论通过拟提请市十届人大常委会第5次会议审议表决的滨州市人大常委会关于许可对市十届人大代表徐清友执行刑事拘留强制措施的决定（草案）；（六）审议关于提请市十届人大常委会第5次会议审议的人事任免事项，决定提请市十届人大常委会第5次会议审议表决；（七）讨论决定关于举行市十届人大常委会第5次会议的有关事项；（八）审议表决市人大常委会主任会议关于免去市人大常委会机关工作人员职务的决定（草案）；（九）其他事项。

会议决定

免去：林全治的市人大常委会信访局调研员职务。

会议决定于2012年10月30日在滨州举行滨州市十届人大常委会第5次会议。

市十届人大常委会第6次主任会议

2012年12月4日，市十届人大常委会举行第6次主任会议，市人大常委会常务副主任曹兴宽，副主任韩增金，副主任、秘书长李国强，副主任王立勇出席会议。曹兴宽主持会议。

会议议题

（一）听取审议市人大常委会视察组关于视察农业高科技示范园区建设情况的报告，决定提请市十届人大常委会第6次会议审议；（二）听取审议市人民政府关于重大基础设施建设项目使用贷款情况的报告，决定提请市十届人大常委会第6次会议审议；（三）听取审议市人民政府关于调整2012年国民经济和社会发展有关计划指标的报告,决定提请市十届人大常委会第6次会议审议;讨论通过拟提请市十届人大常委会第6次会议审议表决的滨州市人民代表大会常务委员会关于批准《滨州市人民政府关于调整2012年国民经济和社会发展有关计划指标的报告》的决定(草案);(四)听取审议市人民政府关于水利改革发展工作情况的报告,决定提请市十届人大常委会第6次会议审议;(五)审议滨州市人民代表大会常务委员会关于召开滨州市第十届人民代表大会第二次会议的决定(草案),决定提请市十届人大常委会第6次会议审议通过;(六)讨论决定关于举行市十届人大常委会第6会议的有关事项;(七)其他事项。

会议决定于2012年12月7日在滨州举行滨州市十届人大常委会第6次会议。

市十届人大常委会第7次主任会议

2012年12月25日,市十届人大常委会举行第7次主任会议,市人大常委会常务副主任曹兴宽,副主任郭建新、韩增金,副主任、秘书长李国强,副主任王立勇出席会议,曹兴宽主持会议。

会议议题

(一)审议市人大常委会主任会议关于提请许可对市十届人大代表张清新采取刑事强制措施的议案,决定是否提请市十届人大常委会第7次会议审议;讨论通过拟提请市十届人大常委会第7次会议审议表决的滨州市人民代表大会常务委员会关于许可对市十届人大代表张清新采取刑事强制措施的决定(草案);(二)听取审议市人大常委会代表资格审查委员会关于代表资格审查情况的报告,决定提请市十届人大常委会第7次会议审议;(三)听取审议市人大常委会主任会议关于滨州市第十届人民代表大会第二次会议筹备工作情况的汇报,决定提请市十届人大常委会第7次会议审议;(四)审议关于提请市十届人大常委会第7次会议审议的滨州市人民代表大会常务委员会工作报告稿,决定提请市十届人大常委会第7次会议审议;(五)审议滨州市第十届人民代表大会第二次会议议程(草案),决定提请市十届人大常委会第7次会议审议;(六)审议滨州市第十届人民代表大会第二次会议主席团和秘书长名单(草案),决定提请市十届人大常委会第7次会议审议;(七)审议列席滨州市第十届人民代表大会第二次会议人员范围及名单(草案),决定提请市十届人大常委会第7次会议决定;(八)审议滨州市第十届人民代表大会第二次会议计划预算审查委员会名单(草案)和议案审查委员会名单(草案),决定提请市十届人大常委会第7次会议审议;(九)审议市人大常委会财政经济工作委员会关于滨州市2012年国民经济和社会发展计划执行情况与2013年国民经济和社会发展计划草案的初审报告、关于滨州市2012年预算执行情况和2013年预算草案的初审报告,决定提请市十届人大常委会第7次会议审议;(十)审议市人大常委会关于市十届人大一次会议以来代表建议、批评和意见办理情况的报告,决定提请市十届人大常委会第7次会议审议;(十一)审议市人民政府关于市九届人大四次会议第9401号议案办理结果的报告,决定提请市十届人大常委会第7次会议审议;(十二)讨论决定关于举行市十届人大常委会第7次会议的有关事项;(十三)其他事项。

会议决定于2012年12月28日在滨州举行滨州市十届人大常委会第7次会议。

市十届人大常委会第8次主任会议

2013年3月6日,市十届人大常委会举行第8次主任会议,市人大常委会常务副主任曹兴宽,副主任郭建新、韩增金,副主任、秘书长李国强,副主任王立勇出席会议。曹兴宽主持会议。

会议议题

(一)审议关于提请市十届人大常委会第8次会议审议的人事任免事项,决定提请市十届人大常委会第8次会议审议表决;(二)审议市人大常委会主任会议关于提请审议张光峰辞去滨州市市长职务的议案,决定提请市十届人大常委会第8次会议审议;(三)审议滨州市人民代表大会常务委员会关于接受张光峰辞去滨州市市长职务的请求的决定（草案），决定提请市十届人大常委会第 8 次会议审议表决；（四）审议市人大常委会主任会议关于提请决定滨州市副市长崔洪刚为滨州市代理市长的议案，决定提请市十届人大常委会第 8 次会议审议表决；（五）讨论决定关于举行市十届人大常委会第 8 次会议的有关事项；（六）其他事项。

会议决定于 2013 年 3 月 6 日在滨州举行滨州市十届人大常委会第 8 次会议。

市十届人大常委会第 9 次主任会议

2013 年 3 月 27 日，市十届人大常委会举行第 9 次主任会议，市人大常委会常务副主任曹兴宽，副主任郭建新、韩增金，副主任、秘书长李国强，副主任王立勇出席会议。曹兴宽主持会议。

会议议题

（一）提请市十届人大常委会第 9 次会议审议关于加快依法治市进程，推动滨州科学发展、追赶超越的决定（草案），并决定将其列入市十届人大三次会议议程；（二）审议滨州市人民代表大会常务委员会关于召开滨州市第十届人民代表大会第三次会议的决定（草案），决定提请市十届人大常委会第 9 次会议审议通过；（三）审议市人大常委会主任会议关于提请审议邓向阳辞去滨州市第十届人民代表大会常务委员会主任职务的议案，决定提请市十届人大常委会第 9 次会议审议；讨论通过拟提请市十届人大常委会第 9 次会议审议表决的滨州市人民代表大会常务委员会关于接受邓向阳辞去滨州市第十届人民代表大会常务委员会主任职务的请求的决定（草案）；（四）听取审议市人大常委会代表资格审查委员会关于代表资格审查情况的报告，决定提请市十届人大常委会第 9 次会议审议；（五）审议滨州市第十届人民代表大会第三次会议议程（草案），决定提请市十届人大常委会第 9 次会议审议；（六）审议滨州市第十届人民代表大会第三次会议主席团和秘书长名单（草案），决定提请市十届人大常委会第 9 次会议审议；（七）讨论决定关于举行市十届人大常委会第 9 次会议的有关事项；（八）审议通过滨州市人大常委会 2013 年工作要点（草案）；（九）审议表决市人大常委会主任会议关于免去市人大常委会机关工作人员职务的决定（草案）；（十）其他事项。

会议决定

免去：曹学海的滨州市人大常委会教育科学文化卫生人口工作委员会副调研员职务。

会议决定于 2013 年 3 月 27 日在滨州举行滨州市十届人大常委会第 9 次会议。

市十届人大常委会第 10 次主任会议

2013 年 5 月 8 日，市十届人大常委会举行第 10 次主任会议，市人大常委会常务副主任曹兴宽，副主任郭建新，副主任、秘书长李国强，副主任王立勇出席会议，曹兴宽主持会议。

会议议题

（一）听取审议市人大常委会执法检查组关于检查《中华人民共和国商业银行法》实施情况的报告，决定提请市十届人大常委会第 10 次会议审议；（二）听取审议市人大常委会执法检查组关于检查《中华人民共和国农业技术推广法》实施情况的报告，决定提请市十届人大常委会第 10 次会议审议；（三）听取审议市人大常委会视察组关于视察"六五"普法规划决议和依法治市规划决议实施情况的报告，决定提请市十届人大常委会第 10 次会议审议；（四）听取审议市人民政府关于《中华人民共和国台湾同胞投资保护法》实施情况的报告，决定提请市十届人大常委会第 10 次会议审议；（五）审议市人大常委会主任会议关于提请审议杨万邦辞去滨州市十届人大常委会委员职务的请求的议案，决定提请市十届人大常委会第 10 次会议审议；讨论通过拟提请市十届人大常委会第 10 次会议审议表决的滨州市人民代表大会常务委员会关于接受杨万邦辞去滨州市十届人大常委会委员职务的请求的决定（草案）；（六）审议关于提请市十届人大常委会第 10 次会议审议的人事任免事项，决定提请市十届人大常委会第 10 次会议审议表决；（七）讨论决定关于举行市十届人大常委会第 10 次会议的有关事项；

（八）审议表决市人大常委会主任会议关于免去市人大常委会机关工作人员职务的决定（草案）；（九）其他事项。

会议决定

任命：王介香为滨州市人大常委会民族侨务外事工作委员会副调研员。

免去：王介香的滨州市人大常委会民族侨务外事工作委员会办公室主任职务。

会议决定于2013年5月9日在滨州举行滨州市十届人大常委会第10次会议。

市十届人大常委会第11次主任会议

2013年5月21日，市十届人大常委会举行第11次主任会议。市人大常委会常务副主任曹兴宽，副主任郭建新、韩增金，副主任、秘书长李国强，副主任王立勇出席会议。曹兴宽主持会议。

会议议题

（一）审议市人大常委会主任会议关于提请补选崔洪刚为山东省第十二届人民代表大会代表的议案，决定提请市十届人大常委会第11次会议审议表决；（二）讨论决定关于举行市十届人大常委会第11次会议的有关事项；（三）其他事项。

会议决定

滨州市十届人大常委会第11次会议于2013年5月21日在滨州举行。

市十届人大常委会第12次主任会议

2013年6月18日，市十届人大常委会举行第12次主任会议，市人大常委会常务副主任曹兴宽，副主任郭建新、韩增金，副主任、秘书长李国强，副主任王立勇出席会议，曹兴宽主持会议。

会议议题

（一）听取审议市人大常委会执法检查组关于检查《中华人民共和国社会保险法》实施情况的报告，决定提请市十届人大常委会第12次会议审议；（二）听取审议市人民政府关于滨州市2012年财政决算草案的报告，决定提请市十届人大常委会第12次会议审议；讨论通过拟提请市十届人大常委会第12次会议审议表决的滨州市人民代表大会常务委员会关于批准滨州市2012年市级财政决算的决议（草案）；（三）听取审议市人民政府关于滨州市2012年度市级财政预算执行和其他财政收支的审计工作报告，决定提请市十届人大常委会第12次会议审议；（四）听取审议市人大常委会财政经济工作委员会关于滨州市2012年财政决算草案的审查报告，决定提请市十届人大常委会第12次会议审议；（五）听取审议市人民政府关于全市铁路建设情况的报告，决定提请市十届人大常委会第12次会议审议；（六）听取审议市人民政府关于《中华人民共和国食品安全法》《中华人民共和国农产品质量安全法》实施情况的报告，决定提请市十届人大常委会第12次会议审议；（七）审议关于提请市十届人大常委会第12次会议审议的人事任免事项，决定提请市十届人大常委会第12次会议审议表决；（八）讨论决定关于举行市十届人大常委会第12次会议的有关事项；（九）其他事项。

会议决定于2013年6月20日在滨州举行滨州市十届人大常委会第12次会议。

市十届人大常委会第13次主任会议

2013年7月17日，市十届人大常委会举行第13次主任会议，市人大常委会常务副主任曹兴宽，副主任郭建新、韩增金，副主任、秘书长李国强，副主任王立勇出席会议，曹兴宽主持会议。

会议议题

（一）审议关于提请市十届人大常委会第13次会议审议的人事任免事项，决定提请市十届人大常委会第13次会议审议表决；（二）讨论决定关于举行市十届人大常委会第13次会议的有关事项；（三）其他事项。

会议决定于 2013 年 7 月 18 日在滨州举行滨州市十届人大常委会第 13 次会议。

市十届人大常委会第 14 次主任会议

2013 年 8 月 28 日,市十届人大常委会举行第 14 次主任会议,市人大常委会常务副主任曹兴宽,副主任韩增金,副主任、秘书长李国强,副主任王立勇出席会议,曹兴宽主持会议。

会议议题

(一)听取审议市人大常委会代表资格审查委员会关于代表资格审查情况的报告,决定提请市十届人大常委会第 14 次会议审议;(二)听取审议市人大常委会执法检查组关于检查《山东省城乡规划条例》实施情况的报告,决定提请市十届人大常委会第 14 次会议审议;(三)听取审议市人大常委会视察组关于视察全市道路交通安全工作情况的报告,决定提请市十届人大常委会第 14 次会议审议;(四)听取审议市人大常委会视察组关于视察全市重点项目建设情况的报告,决定提请市十届人大常委会第 14 次会议审议;(五)听取审议市人民政府关于政府系统办理市十届人大二次会议以来代表建议、批评和意见情况的报告,决定提请市十届人大常委会第 14 次会议审议;(六)听取审议市人民政府关于滨州市 2013 年上半年国民经济和社会发展计划执行情况的报告,决定提请市十届人大常委会第 14 次会议审议;(七)听取审议市人民政府关于滨州市 2013 年上半年财政预算执行情况的报告,决定提请市十届人大常委会第 14 次会议审议;(八)审议关于提请市十届人大常委会第 14 次会议审议的人事任免事项,决定提请市十届人大常委会第 14 次会议审议表决;(九)讨论决定关于举行市十届人大常委会第 14 次会议的有关事项;(十)表决通过市人大常委会主任会议关于任命市人大常委会机关工作人员职务的决定(草案);(十一)讨论关于对全市贯彻落实市十届人大三次会议《关于加快依法治市进程,推进滨州科学发展、追赶超越的决定》情况进行视察的方案;(十二)其他事项。

会议决定

任命:刘卫红、崔利中为滨州市人大常委会民族侨务外事工作委员会调研员;李建伟为滨州市人大常委会民族侨务外事工作委员会办公室主任。

会议决定于 2013 年 8 月 30 日在滨州举行滨州市十届人大常委会第 14 次会议。

市十届人大常委会第 15 次主任会议

2013 年 10 月 29 日,市十届人大常委会举行第 15 次主任会议。市人大常委会常务副主任曹兴宽,副主任郭建新、韩增金、王立勇出席会议。曹兴宽主持会议。

会议议题

(一)审议表决市人大常委会主任会议关于任免市人大常委会机关工作人员职务的决定(草案);(二)其他事项。

会议决定

任命:唐海涛为滨州市人大常委会办公室副主任;薄其圣为滨州市人大常委会研究室副主任;王磊为滨州市人大常委会信访局副局长。

免去:衣艳强的滨州市人大常委会内务司法工作委员会办公室主任职务。

市十届人大常委会第 16 次主任会议

2013 年 11 月 6 日,市十届人大常委会举行第 16 次主任会议。市人大常委会常务副主任曹兴宽,副主任郭建新、韩增金、王立勇出席会议。曹兴宽主持会议。

会议议题

(一)听取审议市人大常委会代表资格审查委员会关于代表资格审查情况的报告,决定提请市十届人大常委会第15次会议审议;(二)听取审议市人大常委会执法检查组关于检查《中华人民共和国义务教育法》实施情况的报告,决定提请市十届人大常委会第15次会议审议;(三)听取审议市人大常委会视察组关于视察市政府系统办理市十届人大二次会议以来代表建议、批评和意见情况的报告,决定书面提请市十届人大常委会第15次会议审议;(四)听取审议市人大常委会视察组关于视察全市基层水利服务体系建设情况的报告,决定提请市十届人大常委会第15次会议审议;(五)听取审议市人大常委会视察组关于视察全市县乡公路建设和农村公路"三通"工作情况的报告,决定提请市十届人大常委会第15次会议审议;(六)听取审议市人民政府关于调整2013年国民经济和社会发展计划有关指标的报告,决定提请市十届人大常委会第15次会议审议;(七)听取审议市人民政府关于滨州市2013年财政预算调整草案的报告,决定提请市十届人大常委会第15次会议审议;(八)听取审议市人民检察院关于全市检察机关推进三项建设工作情况的报告,决定提请市十届人大常委会第15次会议审议;(九)审议关于提请市十届人大常委会第15次会议审议的人事任免事项,决定提请市十届人大常委会第15次会议审议表决;(十)讨论决定关于举行市十届人大常委会第15次会议的有关事项;(十一)审议表决市人大常委会主任会议关于免去市人大常委会机关工作人员职务的决定(草案);(十二)其他事项。

会议决定

免去:刘国安的滨州市人大常委会办公室副主任职务。

会议决定于2013年11月8日在滨州举行滨州市十届人大常委会第15次会议。

市十届人大常委会第17次主任会议

2013年11月26日,市十届人大常委会举行第17次主任会议。市人大常委会常务副主任曹兴宽,副主任郭建新、韩增金、王立勇出席会议。曹兴宽主持会议。

会议议题

(一)审议市人大常委会主任会议关于提请许可对市十届人大代表左鹏采取取保候审强制措施的议案,决定是否提请市十届人大常委会第16次会议审议;讨论通过拟提请市十届人大常委会第16次会议审议表决的滨州市人民代表大会常务委员会关于许可对市十届人大代表左鹏采取取保候审强制措施的决定(草案);(二)其他事项。

会议决定于2013年11月26日在滨州举行滨州市十届人大常委会第16次会议。

市十届人大常委会第18次主任会议

2013年12月18日,市十届人大常委会举行第18次主任会议,市人大常委会常务副主任曹兴宽,副主任郭建新、韩增金,副主任、秘书长李国强,副主任王立勇出席会议。曹兴宽主持会议。

会议议题

(一)听取审议市人大常委会视察组关于视察全市深化医药卫生体制改革工作情况的报告,决定提请市十届人大常委会第17次会议审议;(二)听取审议市人民政府关于《滨州市国民经济和社会发展第十二个五年规划纲要》实施情况的中期评估报告,决定提请市十届人大常委会第17次会议审议;(三)听取审议市人民政府关于市级重大基础设施建设项目贷款及城投债券使用情况的报告,决定提请市十届人大常委会第17次会议审议;(四)听取审议市中级人民法院关于民事调解工作情况的报告,决定提请市十届人大常委会第17次会议审议;(五)审议滨州市人民代表大会常务委员会关于召开滨州市第十届人民代表大会第四次会议的决定(草案),决定提请市十届人大常委会第17次会议审议通过;(六)审议关于提请市十届人大常委会第17次会议审议的人事任免事项,决定提请市十届人大常委会第17次会议审议表决;(七)讨论决定关于举行市十届人大常委会第17次会议的有关事项;(八)审议表决市人大常委会主任会议关于免去市人大常委会机关工作人员职务的决定(草案);(九)其他事项。

会议决定

免去:解德新的滨州市人大常委会办公室副调研员职务。

会议决定于2013年12月20日在滨州举行滨州市十届人大常委会第17次会议。

市十届人大常委会第19次主任会议

2014年1月7日,市十届人大常委会举行第19次主任会议,市人大常委会常务副主任曹兴宽,副主任韩增金,副主任、秘书长李国强,副主任王立勇出席会议。曹兴宽主持会议。

会议议题

(一)听取审议市人大常委会视察组关于视察全市贯彻落实滨州市第十届人民代表大会第三次会议《关于加快依法治市进程,推动滨州科学发展、追赶超越的决定》、推进依法行政情况的报告,决定提请市十届人大常委会第18次会议审议;(二)听取审议市人大常委会主任会议关于滨州市第十届人民代表大会第四次会议筹备工作情况的汇报,决定提请市十届人大常委会第18次会议审议;(三)审议关于提请市十届人大常委会第18次会议审议的滨州市人民代表大会常务委员会工作报告稿,决定提请市十届人大常委会第18次会议审议;(四)审议滨州市第十届人民代表大会第四次会议议程(草案),决定提请市十届人大常委会第18次会议审议;(五)审议滨州市第十届人民代表大会第四次会议主席团和秘书长名单(草案),决定提请市十届人大常委会第18次会议审议;(六)审议列席滨州市第十届人民代表大会第四次会议人员范围及名单(草案),决定提请市十届人大常委会第18次会议决定;(七)审议滨州市第十届人民代表大会第四次会议计划预算审查委员会名单(草案)和议案审查委员会名单(草案),决定提请市十届人大常委会第18次会议审议;(八)审议市人大常委会财政经济工作委员会关于滨州市2013年国民经济和社会发展计划执行情况与2014年国民经济和社会发展计划草案的初审报告、关于滨州市2013年预算执行情况和2014年预算草案的初审报告,决定提请市十届人大常委会第18次会议审议;(九)审议市人民政府关于市九届人大五次会议第9502号议案办理结果的报告,决定提请市十届人大常委会第18次会议审议;(十)审议市人大常委会关于市十届人大二次会议以来代表建议、批评和意见办理情况的报告,决定提请市十届人大常委会第18次会议审议;(十一)审议关于提请市十届人大常委会第18次会议审议的人事任免事项,决定提请市十届人大常委会第18次会议审议表决;(十二)审议市人大常委会主任会议关于提请审议宋文明辞去滨州市中级人民法院院长职务的议案,决定提请市十届人大常委会第18次会议审议;讨论通过拟提请市十届人大常委会第18次会议表决的滨州市人民代表大会常务委员会关于接受宋文明辞去滨州市中级人民法院院长职务的请求的决定(草案);(十三)审议市人大常委会主任会议关于提请决定滨州市中级人民法院副院长吴声为滨州市中级人民法院代理院长的议案,决定提请市十届人大常委会第18次会议审议表决;(十四)听取审议市人大常委会代表资格审查委员会关于代表资格审查情况的报告,决定提请市十届人大常委会第18次会议审议;(十五)讨论决定关于举行市十届人大常委会第18次会议的有关事项;(十六)其他事项。

会议决定于2014年1月9日在滨州举行滨州市十届人大常委会第18次会议。

市十届人大常委会第20次主任会议

2014年3月24日,市十届人大常委会举行第20次主任会议,市人大常委会常务副主任曹兴宽,副主任韩增金,副主任、秘书长李国强,副主任王立勇出席会议。曹兴宽主持会议。

会议议题

听取审议市人大常委会主任会议关于提请许可对市十届人大代表门方利采取刑事拘留强制措施的议案，决定提请市十届人大常委会第19次会议审议；讨论通过拟提请市十届人大常委会第19次会议审议表决的滨州市人民代表大会常务委员会关于许可对市十届人大代表门方利采取刑事拘留强制措施的决定（草案）。

会议决定于2014年3月24日在滨州举行滨州市十届人大常委会第19次会议。

市十届人大常委会第21次主任会议

2014年4月28日，市十届人大常委会举行第21次主任会议，市人大常委会常务副主任曹兴宽，副主任郭建新、韩增金，副主任、秘书长李国强，副主任王立勇出席会议。曹兴宽主持会议。

会议议题

（一）听取审议市人大常委会执法检查组关于检查《中华人民共和国安全生产法》实施情况的报告，决定提请市十届人大常委会第20次会议审议；（二）听取审议市人民政府关于全市公安机关执法规范化建设工作情况的报告，决定提请市十届人大常委会第20次会议审议；（三）听取审议市人民政府关于全市民族工作情况的报告，决定提请市十届人大常委会第20次会议审议；（四）审议关于提请市十届人大常委会第20次会议审议的人事任免事项，决定提请市十届人大常委会第20次会议审议表决；（五）讨论决定关于举行市十届人大常委会第20次会议的有关事项；（六）审议表决市人大常委会主任会议关于任命市人大常委会机关工作人员职务的决定（草案）；（七）其他事项。

会议决定

任命：杨子魁为滨州市人大常委会农业和农村工作委员会调研员。

会议决定于2014年4月30日在滨州举行滨州市十届人大常委会第20次会议。

市十届人大常委会第22次主任会议

2014年6月24日，市十届人大常委会举行第22次主任会议，市人大常委会常务副主任曹兴宽，副主任郭建新、韩增金，副主任、秘书长李国强，副主任王立勇出席会议，曹兴宽主持会议。

会议议题

（一）听取审议市人大常委会执法检查组关于检查《中华人民共和国防震减灾法》实施情况的报告，决定提请市十届人大常委会第21次会议审议；（二）听取审议市人大常委会视察组关于视察全市海洋经济和海洋产业发展情况的报告，决定提请市十届人大常委会第21次会议审议；（三）听取审议市人民政府关于滨州市2013年度市级财政预算执行和其他财政收支的审计工作报告，决定提请市十届人大常委会第21次会议审议；（四）听取审议市人民政府关于滨州市2013年财政决算草案的报告，决定提请市十届人大常委会第21次会议审议；讨论通过拟提请市十届人大常委会第21次会议审议表决的滨州市人民代表大会常务委员会关于批准滨州市2013年市级财政决算的决议（草案）；（五）听取审议市人大常委会财政经济工作委员会关于滨州市2013年财政决算草案的审查报告，决定提请市十届人大常委会第21次会议审议；（六）审议关于提请市十届人大常委会第21次会议审议的人事任免事项，决定提请市十届人大常委会第21次会议审议表决；（七）讨论决定关于举行市十届人大常委会第21次会议的有关事项；（八）其他事项。

会议决定于2014年6月26日在滨州举行滨州市十届人大常委会第21次会议。

市十届人大常委会第23次主任会议

2014年8月18日，市十届人大常委会举行第23次主任会议，市人大常委会常务副主任曹兴宽，副主任郭建新、韩增金，副主任、秘书长李国强，副主任王立勇出席会议，曹兴宽主持会议。

会议议题

（一）听取审议市人大常委会执法检查组关于检查《中华人民共和国森林法》实施情况的报告，决定提请市十届人大常委会第22次会议审议；（二）听取审议市人大常委会视察组关于视察生态建设、环境保护工作情况的报告，决定提请市十届人大常委会第22次会议审议；（三）听取审议市人民政府关于政府系统办理市十届人大四次会议以来代表建议、批评和意见情况的报告，决定提请市十届人大常委会第22次会议审议；（四）听取审议市人民政府关于滨州市2014年上半年国民经济和社会发展计划执行情况的报告，决定提请市十届人大常委会第22次会议审议；（五）听取审议市人民政府关于滨州市2014年上半年财政预算执行情况的报告，决定提请市十届人大常委会第22次会议审议；（六）审议关于提请市十届人大常委会第22次会议审议的人事任免事项，决定提请市十届人大常委会第22次会议审议表决；（七）讨论决定关于举行市十届人大常委会第22次会议的有关事项；（八）表决通过市人大常委会主任会议关于免去市人大常委会机关工作人员职务的决定（草案）；（九）其他事项。

会议决定

免去：褚新法的滨州市人大常委会内务司法工作委员会调研员职务；宋守松的滨州市人大常委会教育科学文化卫生人口工作委员会调研员职务。

会议决定于2014年8月21日在滨州举行滨州市十届人大常委会第22次会议。

市十届人大常委会第24次主任会议

2014年10月28日，市十届人大常委会举行第24次主任会议，市人大常委会常务副主任曹兴宽主持会议。市人大常委会副主任郭建新、韩增金，市人大常委会副主任、秘书长李国强，市人大常委会副主任王立勇参加会议。

会议议题

（一）听取审议市人大常委会视察组关于视察贯彻落实市十届人大三次会议《关于加快依法治市进程，推动滨州科学发展、追赶超越的决定》、公正司法情况的报告，决定提请市十届人大常委会第23次会议审议；（二）听取审议市人大常委会视察组关于视察市政府系统办理市十届人大四次会议以来代表建议、批评和意见情况的报告，决定提请市十届人大常委会第23次会议审议；（三）听取审议市人大常委会视察组关于视察沿黄农业示范园区及林水会战项目工程建设情况的报告，决定提请市十届人大常委会第23次会议审议；（四）听取审议市人大常委会执法检查组关于检查全市《山东省民用建筑节能条例》实施情况的报告，决定提请市十届人大常委会第23次会议审议；（五）审议市人民政府关于撤销沾化县设立滨州市沾化区的议案，决定提请市十届人大常委会第23次会议审议；讨论通过拟提请市十届人大常委会第23次会议审议表决的滨州市人民代表大会常务委员会关于同意撤销沾化县设立滨州市沾化区的意见（草案）；（六）讨论通过拟提请市十届人大常委会第23次会议审议表决的滨州市人民代表大会常务委员会关于原沾化县选举的市十届人大代表有关问题的决定（草案）；（七）审议关于提请市十届人大常委会第23次会议审议的人事任免事项，决定提请市十届人大常委会第23次会议审议表决；（八）讨论决定关于举行市十届人大常委会第23次会议的有关事项；（九）其他事项。

会议决定于2014年10月30日在滨州举行滨州市十届人大常委会第23次会议。

市十届人大常委会第25次主任会议

2014年12月22日，市十届人大常委会举行第25次主任会议。市人大常委会常务副主任曹兴宽，副主任韩增金，副主任、秘书长李国强，副主任王立勇出席会议。曹兴宽主持会议。

会议议题

(一)听取审议市人大常委会执法检查组关于检查《中华人民共和国职业教育法》实施情况的报告,决定提请市十届人大常委会第24次会议审议;(二)听取审议市人民政府关于市级重大基础设施建设项目贷款使用情况的报告,决定提请市十届人大常委会第24次会议审议;(三)听取审议市人民政府关于推进依法行政工作情况的报告,决定提请市十届人大常委会第24次会议审议;(四)听取滨州市人民政府职能转变和机构改革情况的报告,提请市十届人大常委会第24次会议听取;(五)审议市人民政府关于提请审议滨州高新区三河综合治理工程项目融资及建设方案的议案,决定提请市十届人大常委会第24次会议审议;讨论通过拟提请市十届人大常委会第24次会议审议表决的关于批准《滨州市人民政府关于提请审议滨州高新区三河综合治理工程项目融资及建设方案的议案》的决定(草案);(六)审议滨州市人民代表大会常务委员会关于召开滨州市第十届人民代表大会第五次会议的决定(草案),决定提请市十届人大常委会第24次会议审议通过;(七)审议关于提请市十届人大常委会第24次会议审议的人事任免事项,决定提请市十届人大常委会第24次会议审议表决;(八)讨论决定关于举行市十届人大常委会第24次会议的有关事项;(九)其他事项。

会议决定于2014年12月25日在滨州举行滨州市十届人大常委会第24次会议。

市十届人大常委会第26次主任会议

2015年1月15日,市十届人大常委会举行第26次主任会议。市人大常委会常务副主任曹兴宽,副主任韩增金,副主任、秘书长李国强,副主任王立勇出席会议。曹兴宽主持会议。

会议议题

(一)审议市人大常委会主任会议关于提请补选时培伟为山东省第十二届人民代表大会代表的议案,决定提请市十届人大常委会第25次会议审议表决;(二)讨论决定关于举行市十届人大常委会第25次会议的有关事项;(三)其他事项。

会议决定于2015年1月15日在滨州举行滨州市十届人大常委会第25次会议。

市十届人大常委会第27次主任会议

2015年1月23日,市十届人大常委会举行第27次主任会议,市人大常委会常务副主任曹兴宽,市人大常委会副主任郭建新、韩增金,副主任、秘书长李国强,副主任王立勇参加会议。曹兴宽主持会议。

会议议题

(一)审议关于提请市十届人大常委会第26次会议审议的滨州市人民代表大会常务委员会工作报告稿,决定提请市十届人大常委会第26次会议审议;(二)审议滨州市第十届人民代表大会第五次会议议程(草案),决定提请市十届人大常委会第26次会议审议;(三)审议市人大常委会财政经济工作委员会关于滨州市2014年国民经济和社会发展计划执行情况与2015年国民经济和社会发展计划草案的初审报告、关于滨州市2014年预算执行情况和2015年预算草案的初审报告,决定提请市十届人大常委会第26次会议审议;(四)审议市人民政府关于市十届人大二次会议第10201号议案办理结果的报告,决定提请市十届人大常委会第26次会议审议;(五)审议市人大常委会关于市十届人大四次会议以来代表建议、批评和意见办理情况的报告,决定提请市十届人大常委会第26次会议审议;(六)审议关于提请市十届人大常委会第26次会议审议的人事任免事项,决定提请市十届人大常委会第26次会议审议表决;(七)讨论决定关于举行市十届人大常委会第26次会议的有关事项;(八)审议表决市人大常委会主任会议关于任免市人大常委会机关工作人员职务的决定(草案);(九)其他事项。

会议决定

任命:李峰为滨州市人大常委会民族侨务外事工作委员会办公室主任;苏涛为滨州市人大常委会办公室副

主任;魏桂芳为滨州市人大常委会农业和农村工作委员会办公室主任;李建伟为滨州市人大常委会城乡建设环境保护工作委员会办公室主任;宋文哲为滨州市人大常委会内务司法工作委员会办公室主任。

免去:齐中军的滨州市人大常委会农业和农村工作委员会办公室主任职务;李峰的滨州市人大常委会城乡建设环境保护工作委员会办公室主任职务;李建伟的滨州市人大常委会民族侨务外事工作委员会办公室主任职务。

会议决定于2015年1月24日在滨州举行滨州市十届人大常委会第26次会议。

市十届人大常委会第28次主任会议

2015年1月30日,市十届人大常委会举行第28次主任会议,市人大常委会常务副主任曹兴宽,市人大常委会副主任郭建新、韩增金,副主任、秘书长李国强,副主任王立勇参加会议。曹兴宽主持会议。

会议议题

(一)听取审议市人大常委会代表资格审查委员会关于代表资格审查情况的报告,决定提请市十届人大常委会第27次会议审议;(二)听取审议市人大常委会主任会议关于滨州市第十届人民代表大会第五次会议筹备工作情况的汇报,决定提请市十届人大常委会第27次会议审议;(三)审议滨州市第十届人民代表大会第五次会议主席团和秘书长名单(草案),决定提请市十届人大常委会第27次会议审议;(四)审议列席滨州市第十届人民代表大会第五次会议人员范围及名单(草案),决定提请市十届人大常委会第27次会议决定;(五)审议滨州市第十届人民代表大会第五次会议计划预算审查委员会名单(草案)和议案审查委员会名单(草案),决定提请市十届人大常委会第27次会议审议;(六)讨论决定关于举行市十届人大常委会第27次会议的有关事项;(七)其他事项。

会议决定于2015年1月30日在滨州举行滨州市十届人大常委会第27次会议。

市十届人大常委会第29次主任会议

2015年2月10日,市人大常委会第一副主任祁维华主持召开市十届人大常委会第29次主任会议,市人大常委会副主任郭建新、宋振华、李国强、王立勇,秘书长高中兴出席会议。

会议议题

(一)审议关于提请市十届人大常委会第28次会议审议的人事任免事项;(二)讨论决定关于举行市十届人大常委会第28次会议的有关事项;(三)审议通过滨州市人大常委会2015年工作要点;(四)其他事项。

会议讨论通过了关于举行市十届人大常委会第28次会议的有关事项,还审议并表决通过了《滨州市人大常委会2015年工作要点》。

市十届人大常委会第30次主任会议

2015年2月13日,市人大常委会第一副主任祁维华主持召开市十届人大常委会第30次主任会议,市人大常委会副主任郭建新、宋振华、李国强、王立勇,秘书长高中兴出席会议。

会议议题

(一)审议关于提请市十届人大常委会第28次会议审议的人事任免事项;(二)其他事项。

市十届人大常委会第31次主任会议

2015年5月6日,市十届人大常委会举行第31次主任会议,市人大常委会第一副主任祁维华主持会议。市人大常委会副主任郭建新、宋振华、李国强、王立勇,秘书长高中兴出席会议。

会议议题

(一)听取审议市人大常委会执法检查组关于检查《中华人民共和国消费者权益保护法》实施情况的报告,决定提请市十届人大常委会第29次会议审议;(二)审议《滨州市人民代表大会代表议案处理办法》(草案)和《滨州市人民代表大会代表建议、批评和意见办理办法》(修订草案),决定提请市十届人大常委会第29次会议审议通过;(三)审议《滨州市人民代表大会代表履职守则》(草案),决定提请市十届人大常委会第29次会议审议通过;(四)审议关于提请市十届人大常委会第29次会议审议的人事任免事项,决定提请市十届人大常委会第29次会议审议表决;(五)讨论决定关于举行市十届人大常委会第29次会议的有关事项;(六)审议通过市人大常委会主任会议关于免去市人大常委会机关工作人员职务的决定(草案);(七)其他事项。

会议决定

免去:李继文的滨州市人大常委会农业和农村工作委员会调研员职务;蔺东华的滨州市人大常委会教育科学文化卫生人口工作委员会调研员职务。

会议决定于2015年5月8日在滨州举行滨州市十届人大常委会第29次会议。

市十届人大常委会第32次主任会议

2015年6月3日,市十届人大常委会举行第32次主任会议,市人大常委会第一副主任祁维华主持会议。市人大常委会副主任李国强、王立勇,秘书长高中兴出席会议。

会议议题

(一)审议《关于开展市政府组成部门主要负责人向市人大常委会述职工作的方案》;(二)其他事项。

会议决定

会议审议并表决通过了市人大常委会关于开展市政府组成部门主要负责人向市人大常委会述职工作的方案。会议决定本届人大换届前,组织市政府组成部门主要负责人向市人大常委会述职。述职工作分三批进行。第一批安排在2015年6月份进行,第二批安排在2015年12月份进行,第三批安排在2016年6月份进行。第一批述职的11个部门为滨州市公安局、滨州市人力资源和社会保障局、滨州市国土资源局、滨州市水利局、滨州市农业局、滨州市海洋与渔业局、滨州市林业局、滨州市审计局、滨州市体育局、滨州市规划局、滨州市人民政府国有资产监督管理委员会。

市十届人大常委会第33次主任会议

2015年6月23日,市十届人大常委会举行第33次主任会议,市人大常委会第一副主任祁维华主持会议。市人大常委会副主任郭建新、宋振华、李国强、王立勇,秘书长高中兴出席会议。

会议议题

(一)听取审议市人大常委会视察组关于视察全市就业创业工作情况的报告,决定提请市十届人大常委会第30次会议审议;(二)听取审议市人民政府关于滨州市2014年度市级财政预算执行和其他财政收支的审计工作报告,决定提请市十届人大常委会第30次会议审议;(三)听取审议市人民政府关于滨州市2014年财政决算草案的报告,决定提请市十届人大常委会第30次会议审议;讨论通过拟提请市十届人大常委会第30次会议审议表决的滨州市人民代表大会常务委员会关于批准滨州市2014年市级财政决算的决议(草案);(四)听取审议市人大常委会财政经济工作委员会关于滨州市2014年财政决算草案的审查报告,决定提请市十届人大常委会第30次会议审议;(五)听取审议市人民政府关于全市学前教育工作情况的报告,决定提请市十届人大常委会第30次会议审议;(六)听取审议市人民政府关于全市旅游工作情况的报告,决定提请市十届人大常委会第30次会议审议;(七)审议关于提请市十届人大常委会第30次会议审议的人事任免事项,决定提请市十届人大常委会第30次会议审议表决;(八)听取关于第一批市政府组成部门主要负责人向市人大常委会述职工作的说明,决定市公安局、市人力资源和社会保障局、市国土资源局、市水利局、市农业局、市海洋与渔业局、市林业局、市审计局、市体育局、市规划局、市人民政府国有资产监督管理委员会主要负责人向市人大常委会述职;(九)讨论决定关于举行市十届人大常委会第30次会议的有关事项;(十)审议通过市人大常委会主任会议关于任免市人大常委会机关工作人员职务的决定(草案);(十一)其他事项。

会议决定

任命:张亦国为滨州市人大常委会财政经济工作委员会办公室主任。

免去:刘卫红的滨州市人大常委会民族侨务外事工作委员会调研员职务;张亦国的滨州市人大常委会信访局副局长职务。

会议决定于2015年6月25日在滨州举行滨州市十届人大常委会第30次会议。

市十届人大常委会第34次主任会议

2015年8月24日,市十届人大常委会举行第34次主任会议。市人大常委会第一副主任祁维华,副主任郭建新、宋振华、李国强、王立勇,秘书长高中兴出席会议。祁维华主持会议。

会议议题

(一)听取审议市人大常委会视察组关于视察全市农村土地承包经营权确权登记颁证情况的报告,决定提请市十届人大常委会第31次会议审议;(二)听取审议市人大常委会视察组关于视察国家级卫生城市复审工作情况的报告,决定提请市十届人大常委会第31次会议审议;(三)听取审议市人民政府关于政府系统办理市十届人大五次会议以来代表建议、批评和意见情况的报告,决定提请市十届人大常委会第31次会议审议;(四)听取审议市人民政府关于滨州市2015年上半年国民经济和社会发展计划执行情况的报告,决定提请市十届人大常委会第31次会议审议;(五)听取审议市人民政府关于滨州市2015年上半年财政预算执行情况的报告,决定提请市十届人大常委会第31次会议审议;(六)听取审议市中级人民法院关于刑事审判工作情况的报告,决定提请市十届人大常委会第31次会议审议;(七)审议市人民政府关于滨州经济开发区引入社会资本合作建设城市基础设施及园区配套工程的议案,讨论通过拟提请市十届人大常委会第31次会议审议表决的关于批准《滨州市人民政府关于滨州经济开发区引入社会资本合作建设城市基础设施及园区配套工程的议案》的决定(草案);(八)审议市人大常委会主任会议关于提请审议胡红兵辞去滨州市十届人大常委会委员职务的请求的议案,决定提请市十届人大常委会第31次会议审议;讨论通过拟提请市十届人大常委会第31次会议审议表决的滨州市人民代表大会常务委员会关于接受胡红兵辞去滨州市十届人大常委会委员职务的请求的决定(草案);(九)审议关于提请市十届人大常委会第31次会议审议的人事任免事项,决定提请市十届人大常委会第31次会议审议表决;(十)讨论决定关于举行市十届人大常委会第31次会议的有关事项;(十一)审议通过市人大常委会主任会议关于免去市人大常委会机关工作人员职务的决定(草案);(十二)其他事项

会议决定

免去:崔利中的滨州市人大常委会民族侨务外事工作委员会调研员职务。

会议决定2015年8月31日在滨州举行滨州市十届人大常委会第31次会议。

市十届人大常委会第35次主任会议

2015年10月26日,市十届人大常委会举行第35次主任会议。市人大常委会第一副主任祁维华,副主任宋振华、李国强、王立勇,秘书长高中兴出席会议。祁维华主持会议。

会议议题

(一)听取审议滨州市人大常委会代表资格审查委员会关于个别代表的代表资格的报告,决定提请市十届人大常委会第32次会议审议;(二)听取审议市人大常委会执法检查组关于检查《中华人民共和国体育法》实施情况的报告,决定提请市十届人大常委会第32次会议审议;(三)听取审议市人大常委会视察组关于视察市政府系统办理市十届人大五次会议以来代表建议、批评和意见情况的报告,决定提请市十届人大常委会第32次会议审议;(四)听取审议市人大常委会视察组关于视察适应"新常态"经济发展方式转变情况的报告,决定提请市十届人大常委会第32次会议审议;(五)听取审议市人民政府关于城区重点河道(新立河和秦台河)污染综合治理情况的报告,决定提请市十届人大常委会第32次会议审议;(六)听取审议市人民检察院关于查办和预防职务犯罪工作情况的报告,决定提请市十届人大常委会第32次会议审议;(七)审议《滨州市制定地方性法规条例》(草案),决定提请市十届人大常委会第32次会议审议;(八)审议市人大常委会主任会议关于提请审议设立滨州市人民代表大会常务委员会法制工作委员会和预算工作委员会的议案,讨论通过拟提请市十届人大常委会第32次会议审议表决的滨州市人民代表大会常务委员会关于设立滨州市人民代表大会常务委员会法制工作委员会和预算工作委员会的决定(草案);(九)审议关于提请市十届人大常委会第32次会议审议的人事任免事项,决定提请市十届人大常委会第32次会议审议表决;(十)讨论决定关于举行市十届人大常委会第32次会议的有关事项;(十一)审议通过《关于办理对市人民代表大会代表采取限制人身自由措施的工作规范》(草案);(十二)审议通过《滨州市人大常委会关于评选优秀市十届人大代表的方案》;(十三)审议通过《关于开展第二批市政府组成部门主要负责人向市人大常委会述职工作的方案》;(十四)审议通过市人大常委会主任会议关于任免市人大常委会机关工作人员职务的决定(草案);(十五)其他事项。

会议决定

任命:宋文哲为滨州市人大常委会法制工作委员会副主任;颜世庚为滨州市人大常委会预算工作委员会副主任。

免去:宋文哲的滨州市人大常委会内务司法工作委员会办公室主任职务。

会议决定于2015年10月30日在滨州举行滨州市十届人大常委会第32次会议。

市十届人大常委会第36次主任会议

2015年12月21日,市十届人大常委会举行第36次主任会议,市人大常委会第一副主任祁维华主持会议。市人大常委会副主任郭建新、宋振华、李国强、王立勇,秘书长高中兴出席会议。

会议议题

(一)听取审议市人大常委会执法检查组关于检查《中华人民共和国消防法》和《山东省消防条例》贯彻实施情况的报告,决定提请市十届人大常委会第33次会议审议;(二)听取审议市人大常委会视察组关于视察全市食品安全法贯彻实施情况的报告,决定提请市十届人大常委会第33次会议审议;(三)听取审议市人民政府关于《滨州市国民经济和社会发展第十三个五年规划纲要(草案)》的说明,审议《滨州市国民经济和社会发展第十三个五年规划纲要(草案)》,决定提请市十届人大常委会第33次会议审议;(四)听取审议市人民政府关于2015年市级及市属开发区财政支出预算调整方案的报告,决定提请市十届人大常委会第33次会议审议;(五)听取审议市人大常委会关于召开滨州市第十届人民代表大会第六次会议的决定(草案),决定提请市十届人大常委会第33次会议审议;(六)审议《滨州市制定地方性法规条例》(草案),决定提请市十届人大常委会第33次会议审议;(七)审议关于提请市十届人大常委会第33次会议审议的人事任免事项,决定提请市十届人大常委会第33次会议审议表决;(八)审议滨州市人民代表大会常务委员会主任会议关于滨州市人民代表大会常务委员会人事代表工作室更名为滨州市人民代表大会常务委员会人事代表工作委员会的议案(草案),决定提请市十届人大常委会第33次会议审议;(九)听取审议市人大常委会代表资格审查委员会关于个别代表的代表资格的报告,决定提请市十届人大常委会第33次会议审议；（十）听取关于第二批市政府组成部门主要负责人向市人大常委会述职工作的说明，决定市民族宗教事务局、市监察局、市民政局、市司法局、市住房和城乡建设局、市交通运输局、市文化广电新闻出版局、市卫生和计划生育委员会、市质量技术监督局、市食品药品监督管理局、市城市管理行政执法局主要负责人向市人大常委会述职；（十一）讨论决定关于举行市十届人大常委会第33次会议的有关事项；（十二）听取市人民政府关于重大基础设施建设项目融资情况的报告的说明；（十三）其他事项。

会议决定于2015年12月24日在滨州举行滨州市十届人大常委会第33次会议。

市十届人大常委会第37次主任会议

2015年12月24日，市十届人大常委会举行第37次主任会议，市人大常委会第一副主任祁维华主持会议。市人大常委会副主任郭建新、宋振华、李国强、王立勇，秘书长高中兴出席会议。

会议议题

（一）审议关于提请市十届人大常委会第33次会议审议的人事任免事项，决定提请市十届人大常委会第33次会议审议表决；（二）其他事项。

市十届人大常委会第38次主任会议

2016年1月29日，市十届人大常委会举行第38次主任会议，市人大常委会第一副主任祁维华主持会议。市人大常委会副主任郭建新、宋振华、李国强、王立勇，秘书长高中兴出席会议。

会议议题

（一）听取审议市人大常委会代表资格审查委员会关于个别代表的代表资格的报告，决定提请市十届人大常委会第34次会议审议；（二）听取审议市人大常委会主任会议关于滨州市第十届人民代表大会第六次会议筹备工作情况的汇报，决定提请市十届人大常委会第34次会议审议；（三）审议关于提请滨州市第十届人民代表大会第六次会议审议的滨州市人民代表大会常务委员会工作报告稿，决定提请市十届人大常委会第34次会议审议；（四）审议滨州市第十届人民代表大会第六次会议议程（草案），决定提请市十届人大常委会第34次会议审议；（五）审议滨州市第十届人民代表大会第六次会议主席团和秘书长名单（草案），决定提请市十届人大常委会第34次会议审议；（六）审议列席滨州市第十届人民代表大会第六次会议人员范围及名单（草案），决定提请市十届人大常委会第34次会议决定；（七）审议滨州市第十届人民代表大会第六次会议计划预算审查委员会名单（草案）和议案审查委员会名单（草案），决定提请市十届人大常委会第34次会议审议；（八）审议市人大常委会财政经济工作委员会关于滨州市2015年国民经济和社会发展计划执行情况与2016年国民经济和社会发展计划草案的初审报告、审议市人大常委会预算工作委员会关于滨州市2015年预算执行情况和2016年预算草案的初审报告，决定提请市十届人大常委会第34次会议审议；（九）审议市人大常委会关于市十届人大五次会议以来代表建议、批评和意见办理情况的报告，决定提请市十届人大常委会第34次会议审议；（十）审议市人大常委会主任会议关于提请审议有关人员辞去滨州市十届人大常委会委员职务的请求的议案，决定提请市十届人大常委会第34次会议审议；讨论通过拟提请市十届人大常委会第34次会议审议表决的滨州市人民代表大会常务委员会关于接受有关人员辞去滨州市十届人大常委会委员职务的决定（草案）；（十一）审议市人大常委会关于表彰优秀市十届人大代表的决定（草案），决定提请市十届人大常委会第34次会议审议表决；（十二）审议关于提请市十届人大常委会第34次会议审议的人事任免事项，决定提请市十届人大常委会第34次会议审议表决；（十三）讨论决定关于举行市十届人大常委会第34次会议的有关事项；（十四）审议表决市人大常委会主任会议关于任免市人大常委会机关工作人员职务的决定（草案）；（十五）其他事项。

会议决定

任命:梁贞祥为滨州市人大常委会人事代表工作委员会副主任,原任的滨州市人大常委会人事代表工作室副主任职务自然免除。

会议决定于2016年2月2日在滨州举行滨州市十届人大常委会第34次会议。

市十届人大常委会第39次主任会议

2016年3月2日,市十届人大常委会举行第39次主任会议,市人大常委会第一副主任祁维华主持会议。市人大常委会副主任郭建新、宋振华、李国强、王立勇,秘书长高中兴出席会议。

会议议题

(一)审议通过滨州市人大常委会2016年工作要点;(二)研究滨州市人大常委会2016年度立法计划(送审稿);(三)审议通过市人大常委会主任会议关于任免市人大常委会机关工作人员职务的决定(草案);(四)其他事项。

会议决定

任命:张亦国为滨州市人民代表大会财政经济委员会办公室主任,原任的滨州市人大常委会财政经济工作委员会办公室主任职务自然免除。

免去:杨子魁的滨州市人大常委会农业和农村工作委员会调研员职务。

市十届人大常委会第40次主任会议

2016年3月4日,市十届人大常委会举行第40次主任会议,市人大常委会第一副主任祁维华主持会议。市人大常委会副主任郭建新、宋振华、李国强,秘书长高中兴出席会议。

会议议题

(一)审议关于提请市十届人大常委会第35次会议审议的人事任免事项,决定提请市十届人大常委会第35次会议审议表决;(二)讨论决定关于举行市十届人大常委会第35次会议的有关事项;(三)其他事项。

会议决定于2016年3月7日在滨州举行滨州市十届人大常委会第35次会议。

市十届人大常委会第41次主任会议

2016年4月25日,市十届人大常委会举行第41次主任会议,市人大常委会第一副主任祁维华主持会议。市人大常委会副主任宋振华、李国强、王立勇,秘书长高中兴出席会议。

会议议题

(一)听取审议市人大常委会执法检查组关于检查《中华人民共和国妇女权益保障法》实施情况的报告,决定提请市十届人大常委会第36次会议审议;(二)听取审议市人大常委会执法检查组关于检查《中华人民共和国安全生产法》实施情况的报告,决定提请市十届人大常委会第36次会议审议;(三)听取审议市人大常委会执法检查组关于检查《中华人民共和国大气污染防治法》实施情况的报告,决定提请市十届人大常委会第36次会议审议;(四)听取审议市人大常委会视察组关于视察全市水生态文明城市创建工作情况的报告,决定提请市十届人大常委会第36次会议审议;(五)听取审议市人大常委会代表资格审查委员会关于个别代表的代表资格的报告,决定提请市十届人大常委会第36次会议审议;(六)审议《滨州市人民代表大会常务委员会规范性文件备案审查办法(修订草案)》,决定提请市十届人大常委会第36次会议审议;(七)审议市人民政府关于提请审议2016年滨州市新增政府债务限额调整方案(草案)的议案,决定提请市十届人大常委会第36次会议审议;(八)审议关于提请市十届人大常委会第36次会议审议的人事任免事项,决定提请市十届人大常委会第36次会议审议表决；（九）审议市中级人民法院关于提请任命滨州经济技术开发区人民法院人民陪审员职务的报告，决定提请市十届人大常委会第36次会议审议；（十）讨论决定关于举行市十届人大常委会第36次会议的有关事项；（十一）讨论通过《滨州市人大常委会立法听证规则（试行）》《滨州市人大常委会立法研究服务基地工作制度》《滨州市人大常委会立法联系点工作制度》《滨州市人大常委会立法咨询专家工作规定》《滨州市人大法制委及常委会法工委立法调研工作制度》；（十二）讨论通过《滨州市人大常委会关于预算审查前听取市人大代表和社会各界建议的办法》《滨州市人大常委会预算工作委员会工作规程》；（十三）研究建立市人大常委会立法专家咨询库、立法研究服务基地、立法联系点等事项；（十四）听取市人大常委会学习考察组有关外出学习考察情况的报告；（十五）审议表决市人大常委会主任会议关于任免市人大常委会机关工作人员职务的决定（草案）；（十六）其他事项。

会议决定

任命：贾怀利为滨州市人大常委会民族侨务外事工作委员会办公室主任。

免去：苏涛的滨州市人大常委会办公室副主任职务；李峰的滨州市人大常委会民族侨务外事工作委员会办公室主任职务。

会议决定于2016年4月27日在滨州举行滨州市十届人大常委会第36次会议。

市十届人大常委会第42次主任会议

2016年6月27日，市十届人大常委会举行第42次主任会议，市人大常委会第一副主任祁维华主持会议。市人大常委会副主任郭建新、宋振华、李国强、王立勇，秘书长高中兴出席会议。

会议议题

（一）听取审议市人大常委会视察组关于视察全市“全面改薄”和解决城镇普通中小学大班额问题工作情况的报告，决定提请市十届人大常委会第37次会议审议；（二）听取审议市人民政府《关于我市“六五”普法、依法治市情况和“七五”普法规划的报告》，决定提请市十届人大常委会第37次会议审议；讨论通过拟提请市十届人大常委会第37次会议审议表决的《滨州市人民代表大会常务委员会关于在全市公民中开展第七个五年法制宣传教育的决议（草案）》；（三）听取市人民政府关于《滨州市2016年—2020年依法治市规划（草案）》的说明，审议《滨州市2016年—2020年依法治市规划（草案）》，决定提请市十届人大常委会第37次会议审议；讨论通过拟提请市十届人大常委会第37次会议审议表决的滨州市人民代表大会常务委员会关于《滨州市2016年—2020年依法治市规划》的决议（草案）；（四）听取审议市人民政府关于2015年市级财政预算执行和其他财政收支情况的审计工作报告，决定提请市十届人大常委会第37次会议审议；（五）听取审议市人民政府关于滨州市2015年财政决算草案的报告，决定提请市十届人大常委会第37次会议审议；讨论通过拟提请市十届人大常委会第37次会议审议表决的滨州市人民代表大会常务委员会关于批准滨州市2015年市级财政决算的决议（草案）；（六）听取审议市人大财政经济委员会关于滨州市2015年财政决算草案的审查报告，决定书面提请市十届人大常委会第37次会议审议；（七）审议关于提请市十届人大常委会第37次会议审议的人事任免事项，决定提请市十届人大常委会第37次会议审议表决；（八）听取关于第三批市政府组成部门主要负责人向市人大常委会述职有关情况的说明，决定市政府秘书长，市发展和改革委员会、市经济和信息化委员会、市教育局、市科学技术局、市财政局、市商务局、市环境保护局、市统计局、市工商行政管理局、市安全生产监督管理局主要负责人向市人大常委会述职；（九）审议《滨州市供热条例（草案）》，决定提请市十届人大常委会第37次会议进行第一次审议；（十）讨论决定关于举行市十届人大常委会第37次会议的有关事项；（十一）审议表决市人大常委会主任会议关于任命市人大常委会机关工作人员职务的决定（草案）；（十二）讨论通过《滨州市人民代表大会财政经济委员会工作规则》（草案）；（十三）讨论通过《滨州市人民代表大会法制委员会统一审议地方性法规案工作规则》（草案）；（十四）讨论市人大法制委员会关于第10601号议案审议结果的报告；（十五）听取市人大常委会学习考察组有关外出学习考察情况的报告;(十六)其他事项。

会议决定

任命:张玉忠为滨州市人大常委会办公室副主任;徐清涛为滨州市人民代表大会法制委员会办公室主任;高华为滨州市人大常委会内务司法工作委员会办公室主任。

会议决定于2016年6月29日至30日在滨州举行滨州市十届人大常委会第37次会议。

市十届人大常委会第43次主任会议

2016年8月23日,市十届人大常委会举行第43次主任会议,市人大常委会第一副主任祁维华主持会议。市人大常委会副主任郭建新、宋振华、李国强、王立勇,秘书长高中兴出席会议。

会议议题

(一)听取审议市人民政府关于政府系统办理市十届人大六次会议以来代表建议、批评和意见情况的报告,决定提请市十届人大常委会第38次会议审议;(二)听取审议市人民政府关于滨州市2016年上半年国民经济和社会发展计划执行情况的报告,决定提请市十届人大常委会第38次会议审议;(三)听取审议市人民政府关于滨州市2016年上半年财政预算执行情况的报告,决定提请市十届人大常委会第38次会议审议;(四)听取审议市中级人民法院关于开展行政审判工作情况的报告,决定提请市十届人大常委会第38次会议审议;(五)审议《滨州市供热条例(草案修改稿)》,决定提请市十届人大常委会第38次会议进行第二次审议;(六)审议《滨州市城区道路管理条例(草案)》,决定提请市十届人大常委会第38次会议进行第一次审议;(七)审议滨州市人民代表大会常务委员会关于加强预算决算审查监督的决定(草案),决定提请市十届人大常委会第38次会议审议;(八)审议关于提请市十届人大常委会第38次会议审议的人事任免事项,决定提请市十届人大常委会第38次会议审议表决;(九)讨论决定关于举行市十届人大常委会第38次会议的有关事项;(十)研究滨州市2017—2021年地方立法规划(送审稿);(十一)讨论通过《滨州市地方立法协调联席会议制度(草案)》《滨州市人大常委会年度立法计划编制办法(草案)》《滨州市地方立法政协协商工作办法(草案)》;(十二)讨论通过《市人大代表预算监督联络员名单(草案)》《市人大常委会预算审查监督专家咨询委员会委员名单(草案)》;(十三)其他事项。

会议决定于2016年8月25日在滨州举行滨州市十届人大常委会第38次会议。

市十届人大常委会第44次主任会议

2016年8月25日,市十届人大常委会举行第44次主任会议,市人大常委会第一副主任祁维华主持会议。市人大常委会副主任郭建新、宋振华、李国强、王立勇,秘书长高中兴出席会议。

会议议题

(一)审议市人民政府关于撤销邹平县设立邹平市的议案,决定提请市十届人大常委会第38次会议审议;讨论通过拟提请市十届人大常委会第38次会议审议表决的滨州市人民代表大会常务委员会关于撤销邹平县设立邹平市的决定(草案);(二)其他事项。

市十届人大常委会第45次主任会议

2016年8月25日,市十届人大常委会举行第45次主任会议,市人大常委会第一副主任祁维华主持会议。市人大常委会副主任郭建新、宋振华、李国强、王立勇,秘书长高中兴出席会议。

会议议题

(一)听取市人大常委会法制工作委员会关于《滨州市供热条例(草案修改稿)》修改情况的汇报,审议《滨州市供热条例(草案表决稿)》,决定提请市十届人大常委会第38次会议表决通过;(二)其他事项。

市十届人大常委会第46次主任会议

2016年9月14日，市十届人大常委会举行第46次主任会议，市人大常委会第一副主任祁维华主持会议。市人大常委会副主任郭建新、李国强、王立勇，秘书长高中兴出席会议。

会议议题

会议研究了市中级人民法院协助淄博市中级人民法院提出对市人大代表王建中采取司法拘留措施申请的有关事项。

市十届人大常委会第47次主任会议

2016年10月24日，市十届人大常委会举行第47次主任会议，市人大常委会第一副主任祁维华主持会议。市人大常委会副主任宋振华、李国强、王立勇，秘书长高中兴出席会议。

会议议题

（一）听取审议市人大常委会执法检查组关于检查《中华人民共和国税收征收管理法》实施情况的报告，决定提请市十届人大常委会第39次会议审议；（二）听取审议市人大常委会视察组关于视察全市农产品质量安全工作情况的报告，决定提请市十届人大常委会第39次会议审议；（三）听取审议市人大常委会视察组关于视察全市国、省道干线公路和高速路建设情况的报告，决定提请市十届人大常委会第39次会议审议；（四）听取审议市人大常委会视察组关于视察全市基层卫生工作情况的报告，决定提请市十届人大常委会第39次会议审议；（五）听取审议市人民政府关于全市科技创新驱动经济发展情况的报告，决定提请市十届人大常委会第39次会议审议；（六）听取审议市人民政府关于全市宗教工作情况的报告，决定提请市十届人大常委会第39次会议审议；（七）听取审议市人民检察院关于全市检察机关司法规范化建设情况的报告，决定提请市十届人大常委会第39次会议审议；（八）听取审议市人大常委会督查组关于市政府系统办理市十届人大六次会议代表建议及本届以来代表建议"回头看"活动督导检查情况的报告，决定提请市十届人大常委会第39次会议审议；（九）审议《滨州市城区道路管理条例（草案修改稿）》，决定提请市十届人大常委会第39次会议进行第二次审议；（十）审议关于滨州市第十一届人民代表大会代表名额分配的决定（草案），决定提请市十届人大常委会第39次会议审议；（十一）审议市人大常委会主任会议关于提请许可对市十届人大代表王建中采取司法拘留强制措施的议案（草案），讨论通过拟提请市十届人大常委会第39次会议审议表决的滨州市人民代表大会常务委员会关于许可对市十届人大代表王建中采取司法拘留强制措施的决定（草案），决定提请市十届人大常委会第39次会议审议；（十二）人事任免事项；（十三）其他事项。

会议决定

滨州市十届人大常委会第39次会议于2016年10月27日在滨州举行。

市十届人大常委会第48次主任会议

2016年10月27日，市十届人大常委会举行第48次主任会议，市人大常委会第一副主任祁维华主持会议。市人大常委会副主任宋振华、李国强、王立勇，秘书长高中兴出席会议。

会议议题

（一）听取市人大常委会法制工作委员会关于《滨州市城区道路管理条例（草案修改稿）》修改情况的汇报，审议《滨州市城区道路管理条例（草案表决稿）》，决定提请市十届人大常委会第39次会议表决通过；（二）其他事项。

市十届人大常委会第49次主任会议

2016年12月16日，市十届人大常委会举行第49次主任会议，市人大常委会第一副主任祁维华主持会议。市人大常委会副主任宋振华、李国强、王立勇，秘书长高中兴出席会议。

会议议题

（一）研究决定滨州市第十一届人民代表大会代表选举问题；（二）其他事项。

市十届人大常委会第50次主任会议

2016年12月29日，滨州市十届人大常委会举行第50次主任会议，市人大常委会第一副主任祁维华主持会议。滨州市人大常委会副主任郭建新、李国强、王立勇，秘书长高中兴出席会议。

会议议题

（一）听取审议市人大常委会视察组关于视察全市脱贫攻坚工作情况的报告，决定提请市十届人大常委会第40次会议审议；（二）听取审议市人民政府关于推进依法行政工作情况的报告，决定提请市十届人大常委会第40次会议审议；（三）听取审议市人民政府关于2015年度全市环境状况和环境保护目标完成情况的报告，决定提请市十届人大常委会第40次会议审议；（四）听取审议市人民政府关于2016年市级财政预算调整方案的报告，决定提请市十届人大常委会第40次会议审议，并作出相应的决定；（五）听取审议市人大常委会关于召开滨州市第十一届人民代表大会第一次会议的决定（草案），决定提请市十届人大常委会第40次会议审议通过；（六）审议关于提请市十届人大常委会第40次会议审议的人事任免事项，决定提请市十届人大常委会第40次会议审议表决；（七）讨论决定关于举行市十届人大常委会第40次会议的有关事项；（八）审议表决市人大常委会主任会议关于任命市人大常委会机关工作人员职务的决定（草案）；（九）其他事项。

会议决定

任命：尹艳玲为滨州市人大常委会信访局副局长。

滨州市十届人大常委会第40次会议于2016年12月30日在滨州举行。

市十届人大常委会第51次主任会议

2017年1月9日，市十届人大常委会举行第51次主任会议，市人大常委会第一副主任祁维华主持会议。市人大常委会副主任郭建新、宋振华、李国强、王立勇，秘书长高中兴出席会议。市人大常委会副秘书长，市人大各专委会和常委会各工作部门负责人列席会议。

会议议题

（一）审议关于提请市十届人大常委会第41次会议审议的人事任免事项，决定提请市十届人大常委会第41次会议审议表决；（二）审议市人大常委会主任会议关于提请审议邵汝卿辞去滨州市人民检察院检察长职务的请求的议案，决定提请市十届人大常委会第41次会议审议；讨论通过拟提请市十届人大常委会第41次会议审议表决的滨州市人民代表大会常务委员会关于接受邵汝卿辞去滨州市人民检察院检察长职务的请求的决定（草案）；（三）审议市人大常委会主任会议关于提请决定滨州市人民检察院副检察长赵霞为滨州市人民检察院代理检察长的议案，决定提请市十届人大常委会第41次会议审议表决；（四）讨论决定关于举行市十届人大常委会第41次会议的有关事项；（五）其他事项。

会议决定

滨州市十届人大常委会第41次会议于2017年1月10日在滨州举行。

市十届人大常委会第52次主任会议

2017年1月15日，市十届人大常委会举行第52次主任会议，市人大常委会第一副主任祁维华主持会议。市人大常委会副主任郭建新、宋振华、李国强、王立勇，秘书长高中兴出席会议。

会议议题

（一）研究补选山东省第十二届人民代表大会代表事宜；（二）讨论决定关于举行市十届人大常委会第42次会议的有关事项；（三）其他事项。

会议决定

滨州市十届人大常委会第42次会议于2017年1月15日在滨州举行。

市十届人大常委会第53次主任会议

2017年1月23日，市十届人大常委会举行第53次主任会议，市人大常委会第一副主任祁维华主持会议。市人大常委会副主任郭建新、宋振华、李国强、王立勇，秘书长高中兴出席会议。

会议议题

（一）听取审议滨州市第十届人民代表大会常务委员会代表资格审查委员会关于滨州市第十一届人民代表大会代表的代表资格的审查报告，决定提请市十届人大常委会第43次会议审议；（二）听取审议市人大常委会关于市十届人大六次会议及本届以来代表建议、批评和意见办理情况的报告，决定提请市十届人大常委会第43次会议审议；（三）听取审议市人大法制委员会关于市十届人大六次会议第10601号议案处理结果的报告，决定提请市十届人大常委会第43次会议审议；（四）讨论决定关于举行市十届人大常委会第43次会议的有关事项；（五）其他事项。

会议决定

滨州市十届人大常委会第43次会议于2017年1月23日在滨州举行。

市十届人大常委会第54次主任会议

2017年2月15日，市十届人大常委会举行第54次主任会议，市人大常委会第一副主任祁维华主持会议。市人大常委会副主任郭建新、宋振华、李国强、王立勇，秘书长高中兴出席会议。市人大常委会副秘书长，市人大各专委会和常委会各工作部门负责人列席会议。

会议议题

（一）听取审议市人大常委会代表资格审查委员会关于个别代表的代表资格的报告，决定提请市十届人大常委会第44次会议审议；（二）听取审议市人大常委会主任会议关于滨州市第十一届人民代表大会第一次会议筹备工作情况的汇报，决定提请市十届人大常委会第44次会议审议；（三）审议关于提请滨州市第十一届人民代表大会第一次会议审议的滨州市人民代表大会常务委员会工作报告稿，决定提请市十届人大常委会第44次会议审议；（四）审议滨州市第十一届人民代表大会第一次会议议程（草案），决定提请市十届人大常委会第44次会议审议；（五）审议滨州市第十一届人民代表大会第一次会议主席团和秘书长名单（草案），决定提请市十届人大常委会第44次会议审议；（六）审议列席滨州市第十一届人民代表大会第一次会议人员范围及名单（草案），决定提请市十届人大常委会第44次会议决定；（七）审议滨州市第十一届人民代表大会第一次会议计划预算审查委员会名单（草案）和议案审查委员会名单（草案），决定提请市十届人大常委会第44次会议审议；（八）审议市人大财政经济委员会关于滨州市2016年国民经济和社会发展计划执行情况与2017年国民经济和社会发展计划草案初审情况的报告、审议市人大常委会预算工作委员会关于滨州市2016年预算执行情况和2017年预算草案的报告的初步审查意见,决定提请市十届人大常委会第44次会议审议;(九)审议关于提请市十届人大常委会第44次会议审议的人事任免事项,决定提请市十届人大常委会第44次会议审议表决;(十)讨论决定关于举行市十届人大常委会第44次会议的有关事项;(十一)审议通过市人大常委会主任会议关于免去市人大常委会机关工作人员职务的决定(草案);(十二)其他事项。

会议决定

免去:朱建立的滨州市人大常委会信访局副调研员职务。

滨州市十届人大常委会第44次会议于2017年2月17日在滨州举行。

第四章　人大常委会工作

第一节　历年工作要点

2001 年工作要点

（2001 年 3 月 21 日市七届人大常委会第 2 次主任会议通过）

监督工作

（一）计划和预算

1. 听取审查市财政局关于 2000 年市级财政决算报告。2. 听取市审计局关于 2000 年市级财政预算执行和其他财政收支情况的审计报告。3. 听取市政府 2001 年国民经济和社会发展计划执行情况、财政预算执行情况的报告和 2002 年计划、预算草案的报告，并向市政府及有关部门提出建议和意见。4. 听取并审查市政府关于国民经济和社会发展计划、财政预算调整变更建议的报告。

（二）听取和审议专项工作报告

1. 听取市中级人民法院关于法院改革情况的汇报。2. 听取市人民检察院关于全市检察机关查办渎职侵权犯罪案件工作情况的汇报。3. 听取市司法局关于第三个依法治市五年规划和“四五”普法规划的汇报。4. 听取市政府关于农业产业结构调整情况的汇报。5. 听取市水利局关于费改税后水利工程建设投入情况的汇报。6. 听取市教委关于实施义务教育法情况的汇报。7. 听取市科委关于如何发挥企业技术创新主体作用的汇报。8. 听取市监察局关于反腐败源头治理工作开展情况的汇报。

（三）执法检查

1. 对部分法律法规实施情况进行监督检查。组织对刑事诉讼法、民事诉讼法、行政诉讼法、刑法等基本法律实施情况的执法检查和对村民委员会组织法、人民警察法、律师法、国家公务员暂行条例、国家通用语言文字法等法律法规实施情况的监督检查。2. 根据省人大的安排，协助做好对质量法及山东省实施办法和省惩治生产、销售假冒伪劣商品违法行为条例进行执法检查的各项工作。3. 对山东省私营企业和个体工商户权益保护条例执行情况及全市发展个体私营经济情况进行检查和视察。4. 对山东省文化市场管理条例实施情况进行检查。5. 对森林法、农业技术推广法执行情况进行视察和调查。

（四）其他工作

1. 进一步深化完善执法责任制，保障法律法规在全市的贯彻实施。2. 对公安、检察、审判工作中的重大典型违法案件实施个案监督。3. 对执法责任制工作和“四五”普法规划由市人大常委会做出决定。4. 继续组织开展好“齐鲁环保世纪行”和“滨州环保世纪行”活动，进一步强化对环保工作的监督。5. 加强人民群众来信来访工作。在机构健全的基础上，加强信访队伍建设，完善接访督办制度，认真细致地做好信访工作。

调研工作

1. 把依法治国和以德治国相结合，推进农村精神文明建设作为重要课题开展调研。2. 围绕市七届人大一次会议主席团决定审议的《关于稳定和健全农业推广体系，促进农业和农村经济发展》的议案落实情况，搞好调查研究。3. 对畜牧及草业发展情况进行调研。4. 对国企改革有关问题进行调研。5. 对邮政、电信执法情况、滨州市城市规划建设执法情况进行调研。6. 结合《山东省民族工作条例》《山东省宗教事务管理条例》，对《中华人民共和国归侨侨眷权益保护修正案(草案)》《中华人民共和国中外合资经营法修正案(草案)》《中华人民共和国中外合资经营企业法》《中华人民共和国外资企业法》执行情况以及全市华侨华人回国创业活动情况进行调研。7.根据省人大的安排,协助省人大对农村费改税工作情况进行专题调研。同时,配合省人大有关专门委员会做好立法调研。

代表工作

1.抓好市人大代表的培训,提高代表素质,进一步完善联系代表制度,通过各种方式和途径听取代表的意见和建议。2.进一步健全代表工作制度,通过建立邀请代表列席常委会会议,常委分工联系代表和召开座谈会直接听取代表意见等制度,丰富工作内容,广泛开展活动,保证代表活动的经常化和制度化,并加强对人大代表宣传的力度,在全市形成尊重代表、支持代表的良好氛围。3.制定人事任免办法,严格任免程序,搞好任免考核,依法做好常委会和主任会议的人事任免工作。4.做好代表议案、建议、意见办理工作。制定代表议案、建议、意见办理办法,完善办理程序,提高办理质量,使办理工作逐步步入制度化、规范化轨道。5.做好2002年乡镇人大换届选举的准备工作。下半年,筹备组织好全市乡镇人大换届选举工作会议。6.总结经验,强化措施,继续抓好对市人大常委会任命人员的述职评议工作,认真组织好代表各项视察活动。7.加强同县区人大常委会的联系和指导,支持县区人大常委会依法行使职权。

自身建设

1.加强学习,提高政治、法律和业务素质。加强政治理论学习,认真学习马克思列宁主义、毛泽东思想、邓小平理论和"三个代表"的重要思想,以此统一认识,武装头脑。加强人大基本知识和业务的学习,充分认识人大的性质、地位、作用,增强做好人大工作的使命感和责任感。认真学习宪法和地方组织法、选举法、代表法等法律,熟悉人大工作的规则和程序,适应人大工作需要。2.抓好思想作风建设。以"争创一流"为目标,努力提高机关工作的标准和质量,内强素质,外树形象,以新的精神面貌和工作质量树立地方国家权力机关的形象和权威。建立廉政建设领导责任制,不断加强廉政建设。3.进一步健全完善各项规章制度。如常委会议事规则、主任会议议事规则、信访工作暂行办法等规章制度,规范完善常委会机关工作有关制度,确保常委会各项工作的有序运转。4.进一步抓好常委会机关硬件建设,力所能及地改善干部职工的工作、生活条件,为干部职工创造一个良好的工作环境。同时,要进一步加强人大宣传工作。强化领导,抓好宣传队伍和阵地建设,健全网络。办好刊物,加强与兄弟市地的交流。抓好常委会重大活动和代表事迹的宣传,为人大开展工作营造良好的舆论环境。

2002年工作要点

(2002年3月8日市人大常委会主任办公会议通过)

监督工作

(一)计划和预算

1.听取市政府关于2001年市级财政预算执行和其它财政收支情况的审计报告。2.听取、审查市政府关于2001年市级财政决算报告,并作出相应的决议。3.听取审议市政府2002年上半年国民经济和社会发展计划执行情况、财政预算执行情况的报告。4.听取、审查市政府国民经济和社会发展计划、财政预算调整变更建议的报告,并作出相应的决议。

(二)听取和审议专项工作报告

1.听取市政府关于全市农业产业化情况的汇报。2.听取市政府关于全市纺织业现状及入世后应对措施实施情况的汇报。3.听取市政府关于全市规范和整顿市场经济秩序情况的汇报。4.听取全市《中华人民共和国税收征管法》贯彻执行情况的汇报。5.听取全市关于《山东省私营企业和个体工商户权益保护条例》执行情况及发展民营经济情况的汇报。6.贯彻落实可持续发展战略,结合《中华人民共和国人口与计划生育法》的颁布实施，听取市政府关于全市计划生育工作情况的汇报。7. 加大环保工作监督力度，进一步开展好“滨州环保世纪行”活动，听取市政府关于城建工作的汇报。8. 听取市政府关于外事和侨务工作情况的汇报。9. 听取市政府《关于全市第七届村委会换届选举工作情况》、市政府《关于机构改革及公务员录取工作情况》的汇报。10. 听取法院、检察院《关于开展“严打”整治斗争情况》及法院适应入世的要求，改革审判工作情况的汇报。

（三）执法检查

1. 对全市贯彻实施《中华人民共和国工会法》和《山东省实施＜中华人民共和国工会法＞办法》的情况进行检查。2. 对全市贯彻实施《中华人民共和国妇女权益保障法》和《山东省实施（中华人民共和国妇女权益保障法＞办法》的情况进行检查。3. 对《中华人民共和国农业技术推广法》《中华人民共和国环保法》《中华人民共和国防疫法》《中华人民共和国食品卫生法》《中华人民共和国药品管理法》等贯彻实施情况进行检查。4. 配合省人大常委会做好对《中华人民共和国税收征管法》、外商投资企业“三法”贯彻实施情况的检查。

（四）工作视察

1. 组织人大代表对全市旅游工作和民族宗教工作进行视察。2. 组织人大代表对全市贯彻实施《全国人大常委会关于加强社会治安综合治理的决定》的情况及全市开展“严打”整治斗争的情况进行视察。3. 组织人大代表对全市贯彻实施《中华人民共和国义务教育法》的情况进行视察。

（五）其他工作

1. 深入开展执法责任制。根据情况，常委会将审议通过《进一步深入开展执法责任制工作的决议》。对全市行政执法机关执法责任制工作进行部署、检查和考核表彰。做好错案责任追究的督查工作。2. 加大个案监督力度，做好重大违法案件的督查工作，力争在司法监督方面有新的突破。3. 把人大信访工作作为了解社情民意、为人民群众解决实际问题、保障社会稳定的重要工作来抓。依照宪法、法律法规的规定和《山东省各级人大常委会信访工作条例》《滨州市人大常委会信访工作暂行办法》，认真处理人民来信来访，及时办理省人大交办、批办的信访案件，切实维护人民群众的合法权益。年内召开全市人大信访工作会议、全市人大领导批办信访件调度会、举办信访培训班，进一步提高人大信访干部素质。

调研工作

1. 完成“关于加强政法队伍建设，促进公平公正执法的调查与思考”调研课题。2. 与水利部门配合搞好水利灌区执法管理和水利工程建设投入情况的调查研究。3. 搞好《中华人民共和国义务教育法》实施情况和计划生育情况的调查研究。4. 对涉外法律法规执行情况进行调查研究。5. 配合省人大搞好有关立法调研工作。

代表工作

1. 健全代表活动机制，进一步提高代表工作水平。认真组织开展代表法颁布实施十周年纪念宣传活动。积极组织稿件，加强与各新闻单位的联系，采取开辟专栏、领导发表电视讲话、召开座谈会等形式，进行广泛宣传。要落实滨发〔2001〕28 号文件精神，落实好邀请代表列席常委会会议和“六必访”制度，落实保障代表依法履行职务的各项措施，密切与代表的联系，做好代表来信来访工作，为代表履行职责服好务。要加强代表议案及建议、批评和意见的办理工作。坚持高标准、严要求，使办理工作真正法制化、规范化，进一步提高办理质量。组织开展好“滨州人民好公仆”评选活动。2. 依法做好各级人大换届选举和人事任免工作。继续做好 2002 年全市乡镇人大换届选举工作。加强调研和指导，及时掌握情况，确保乡镇人大换届选举工作圆满成功。做好 2003 年全国、省、市、县四级人大换届选举准备工作。继续做好人事任免工作。3. 进一步加强与县区人大的工作联系。继续坚持县区人大常委会主任列席市人大常委会会议制度。开好全市各县区人大常委会主任座谈会，深化主题，强化效果，及时总结和推广各县区人大常委会的工作经验。工作中加强联系和指导，积极支持县区人大常委会依法行使职权。积极支持乡镇人大工作的开展和自身建设。上半年，举办全市乡镇人大主席培训班，使其转变思路、熟悉业务、适应工作需要。加强对省乡镇人大工作条例执行情况和全市乡镇人大“五有建设”情况的督促检查。4. 继续搞好述职评议活动。年内拟安排部分市政府组成部门主要负责人在市人大常委会会议上进行口头或书面述职报告，并进行认真评议。

自身建设

1. 进一步转变思想和工作作风。今年是中央确定的“转变作风年”和“调查研究年”，要认真贯彻中央精神和省委、省府提出的提高行政效率、优化发展环境的要求，按照市委的部署，进一步加强思想建设，转变思想工作作风。要发扬顽强拚搏、勇于探索、开拓进取、与时俱进的精神，发扬廉洁勤政、无私奉献、任劳任怨的精神，保持旺盛的工作热情和斗志，切实做到思想上提速、工作上提速和机关运转上提速，使精神面貌、服务意识、机关作风和工作效率有明显变化，做到服务优质，工作高效。要深入基层，深入实际，调查研究，体察民情，广泛听取人民群众的意见和要求，不断提高决策的民主化和科学化水平。2. 加强理论和业务学习。深入学习邓小平理论和“三个代表”重要思想，学习有关的法律法规和 WTO 知识，学习人大理论和基本知识，特别要认真学习贯彻党的十五届六中全会、十六大、全国人代会和省、市委有关会议精神，不断提高政治理论素养和业务水平。3. 加强人大宣传和理论研究工作。(1)认真贯彻滨宣发〔2001〕11 号文件精神，加强与各新闻单位的联系，营造人大宣传工作的良好环境。认真贯彻执行常委会机关人大宣传工作的有关制度，调动积极性，形成合力，进一步提高人大宣传工作的质量和水平。(2)认真组织开展宣传活动。结合宪法颁布实施 20 周年，代表法颁布实施 10 周年纪念活动，认真组织开展好宣传活动。(3)继续办好《滨州人大》刊物的编辑工作，提高办刊质量，使其成为与县区乡、外省外市地人大工作交流、联系的桥梁和纽带。(4)加强人大制度和人大工作理论研究，进一步提高理论水平，指导工作实践。4. 进一步搞好制度建设。要进一步完善常委会和主任会议议事规则，规范议事程序，健全完善机关各项规章制度，加强管理，严格考核，使各项工作更加规范、科学，确保机关工作有序运转。5. 继续搞好对外交流。加强与兄弟市地人大的联系和交流，扩大与国外地方议会的交往和交流。

2003 年工作要点

（2003 年 3 月 21 日滨州市人大常委会主任办公会议通过）

监督工作

(一)计划和预算

1. 适时听取审议 2002 年市级预算执行和其他财政收支情况的审计工作报告。2. 听取审议市政府关于 2002 年财政决算的报告。3. 听取审议市政府关于 2003 年上半年全市计划和预算执行情况的报告。4. 根据情况，适时听取审议市政府关于调整、变更年度计划、预算建议的报告，并做出相应的决议。5. 听取市政府关于“十五”计划执行情况的汇报。

(二)听取和审议专项工作报告

1. 按照市委关于大力开展招商引资工作的要求，加强对市政府及其有关部门开展招商引资工作的监督，听取市政府关于招商引资工作的汇报。2. 听取市政府关于产业结构调整情况的汇报。3. 听取关于全市社会保障工作的汇报。4. 听取关于全市旅游工作情况的汇报。

(三)执法检查

进一步加强对法律、法规执行情况的检查和视察。加强对《中华人民共和国政府采购法》《中华人民共和国森林法》《中华人民共和国水法》《中华人民共和国环境保护法》《中华人民共和国人口与计划生育法》等有关法律法规以及关于《滨州市 2001—2005 年依法治市规划》的决议的执行情况进行检查或视察。

(四)工作视察

1. 对全市招商引资、政府提速、解决“三农”问题和扶贫帮困及低保工作进行视察和检查。2. 对城市建设、城市经营、城市管理、西区建设及四环五海建设情况进行视察和检查。3. 对全市林业生产、水利建设、民营经济发展情况进行视察和检查。4. 对教师工资发放和解决教师工资拖欠情况进行视察和检查。5. 对全市旅游工作进行视察和检查。

（五）其他工作

1. 深入开展执法责任制。(1)召开全市执法责任制表彰大会。(2)督促“一府两院”狠抓执法责任制各项措施的落实。(3)抓创新、促深化。全面落实错案和执法过错责任追究制。(4)搞好评议考核。重点围绕优化经济发展环境、促进政府提速开展工作，为全市招商引资和全面实施“追赶战略”创造良好的法制环境。2. 积极开展个案监督。筛选1—2件群众反映强烈、社会影响大的重大违法案件实施个案监督。3. 加强对环保工作的监督，继续组织好“滨州环保世纪行”活动。4. 继续做好人民群众来信来访和申诉控告的受理工作。重点解决影响全市经济发展、司法机关办案不公的控告、申诉信访案件。建立完善信访督办制度、督促检查和抽查回访三项制度。认真落实《关于市人大常委会领导干部公开接待群众来访试行意见》的规定，做好常委会主任、副主任、秘书长接待群众来访的组织工作，全年安排6次常委会领导公开接访。

调研工作

1. 对民族、宗教工作和华侨归国创业情况进行跟踪调研。2. 配合省人大对相关法规搞好立法调研工作。

代表工作

1. 建立健全代表活动组织网络。划分代表活动小组，加强对代表的培训和代表小组活动的指导。制定和落实市人大常委会组成人员分工联系驻滨州市全国、省人大代表和市人大代表的意见。2. 按照滨发〔2001〕28号文件的要求，完善代表工作制度，健全代表活动机制。落实好邀请代表列席市人大常委会会议制度，密切与代表的联系，做好代表来信来访工作。进一步做好代表议案及建议、批评和意见的办理工作，切实提高办理质量和效率。搞好对代表履职情况和工作事迹的宣传报道，组织好代表的视察活动。改善和提高代表履行职务的环境和条件。3. 进一步加强人事任免工作。完善人事任免的各项程序，规范考试内容，使人事任免工作更加规范。4. 进一步加强与县区人大的工作联系。继续坚持县区人大常委会主任列席市人大常委会会议制度。开好全市县区人大常委会主任座谈会，深化主题，强化效果，及时总结和推广各县区人大常委会的工作经验。积极支持乡镇人大工作的开展和自身建设。5. 继续搞好述职评议活动，进一步加强对常委会任命人员的监督。6. 围绕经济建设和招商引资工作，安排部分市政府组成人员在市人大常委会会议上进行述职，并进行评议。

自身建设

1. 进一步加强思想和作风建设。按照党的十六大关于加强和改进思想作风建设的要求，把执政为民作为根本目的，切实转变思想和工作作风，深入基层、深入实际，调查研究，体察民情，广泛听取人民群众的意见和要求，不断提高决策的民主化和科学化水平。发扬顽强拚搏、勇于探索、开拓进取、与时俱进和廉洁勤政、无私奉献、任劳任怨的精神，保持旺盛的工作热情和高昂的斗志。2. 加强理论和业务学习。深入学习马列主义、毛泽东思想、邓小平理论和“三个代表”重要思想，认真学习党的十六大精神，不断提高政治理论素养。同时，要认真学习人大理论和基本知识，学习法律法规和市场经济知识，不断提高工作水平。3. 进一步加强人大宣传和理论研究工作。(1)继续贯彻滨宣发〔2001〕11号文件精神，进一步加强与市委宣传部门和各新闻单位的联系，努力形成大宣传的格局，营造人大宣传工作的良好环境。认真贯彻执行常委会机关人大宣传工作的有关制度，调动积极性，形成合力，不断提高人大宣传工作的质量和水平。(2)召开全市人大新闻宣传工作会议，总结经验，研究深化人大宣传工作的任务和措施。(3)继续办好《滨州人大》刊物的编辑工作，进一步提高办刊质量，使其成为与县区乡、外省外市地人大工作交流、联系的桥梁和纽带。(4)加强人大制度和人大工作理论研究，进一步提高理论水平，指导工作实践。4. 进一步加强机关组织和制度建设。搞好机关机构改革，健全和完善工作机构。不断完善常委会议事程序，提高常委会会议质量，完善机关各项规章制度，加强管理，严格考核，使机关各项工作更加规范、科学，确保机关工作有序运转。5. 继续加强对外联系和交流。加强与兄弟市地人大的联系和交流，扩大与国外地方议会的交往和交流。

2004 年工作要点

（2004 年 2 月 16 日滨州市八届人大常委会第 11 次主任会议通过）

监督工作

（一）计划和预算

1. 关于“十五”计划执行情况的报告。2. 关于 2003 年市级财政预算执行和其它财政收支情况的审计报告。3. 关于 2003 年度市级财政决算的报告。4. 2004 年上半年国民经济和社会发展计划执行情况的报告。5. 2004 年上半年财政预算执行情况的报告。6. 国民经济和社会发展计划调整变更建议的报告。7. 财政预算调整变更建议的报告；

（二）听取和审议专项工作报告

1. 公检法机关关于超期羁押、刑讯逼供、律师会见难等问题整改情况的报告。2. 市政府关于行政审批工作情况及政府提速提效工作情况的报告。3. 关于行政诉讼法实施情况的报告。4. 市政府关于全市招商引资情况的报告。5. 关于代表议案及建议、批评和意见办理落实情况的报告。6. 关于市政府国土资源管理工作的报告。7. 关于滨州市城市建设规划的报告。8. 关于建设系统“九州”（平安、诚信、人才、开放滨州）有关情况的报告。对上述事项和“一府两院”提请审议的其他重大事项，常委会审议后做出相应的决议或决定。对以上听取审议的各项汇报，相关工作机构要事先搞好调查，在举行常委会会议时提供相应的调查报告，供常委会组成人员审议时参考。

（三）执法检查

1.《中华人民共和国劳动法》。2.《中华人民共和国工会法》《山东省实施〈中华人民共和国工会法〉办法》。3.《中华人民共和国动物防疫法》《山东省动物防疫条例》。4.《中华人民共和国档案法》《山东省档案条例》。5.《中华人民共和国归国侨眷权益保护法》及《山东省实施〈中华人民共和国归国侨眷权益保护法〉办法》。

（四）工作视察

1.“六河水变清”工程进展和自来水、污水处理市场化运作情况。2. 交通公路建设情况。3. 教育集资、收费使用管理情况。4. 医疗、药品市场管理工作情况。5. 费改税后的农民负担监督管理情况及费税改革对县乡财政的影响。6. 市七届人大三次会议关于滨州市加快民营经济发展的意见的决议落实情况。7. 城市管理情况及“五个五”管理新办法落实和市区建筑物乱写、乱涂、乱贴广告整治情况。8.《山东省民族工作条例》及《山东省宗教活动场所管理办法》贯彻落实情况。9. 代表议案及建议、批评和意见办理落实情况。10. 全国、省十届人大代表会前视察。

（五）其他工作

1. 继续组织“滨州环保世纪行”。2. 信访工作。认真受理人民群众来信来访和公民的申诉控告，倾听人民群众的意见、建议和要求，及时办理省人大、市人大常委会及其领导交办、批办的人民群众来信来访件，维护人民群众的合法权益。加强制度建设，加大督办力度，维护法律的公平与公正。

代表工作

1. 进一步组织好闭会期间的代表活动。加强对代表小组活动的组织指导，完善代表小组活动制度，建立代表小组活动阵地，实现代表小组活动的制度化、规范化和经常化。坚持向代表小组提出活动内容建议，组织代表小组进行工作交流，为代表小组开展活动创造条件。做好代表培训工作。搞好代表先进典型的推广，更好地发挥代表的作用。搞好代表述职试点工作。2. 搞好市八届人大二次会议期间代表议案及建议、批评和意见的交办工作。加强对代表议案及建议、批评和意见办理工作的督促检查。及时听取和审议承办机关关于代表议案及建议、批评和意见办理情况的报告，组织对办理情况进行视察检查，对代表反馈不满意的办理结果要重点督查，努力提高办理质量。3. 进一步加强与县区人大的工作联系。继续坚持县区人大常委会主任列席市人大常委会会议制度。开好全市县区人大常委会主任座谈会，及时总结和推广县区人大常委会的工作经验。支持和指导乡镇人大开展工作和加强自身建设。4. 做好乡镇人大换届选举准备工作。5. 述职评议和执法评议。在依法做好人事任免的同时，继续开展对常委会任命的国家机关工作人员述职评议和垂直管理的具有行政管理职能的机关主要负责人执法评议工作。进一步研究对“两院”进行工作评议的办法和途径。上半年对市发展计划委员会、市劳动和社会保障局、市海洋与渔业局、市统计局局长进行述职评议，对市技术监督局和市气象局局长进行执法评议；下半年对市财政局、市科技局、市民政局、市广播电视局、市农业局和市审计局局长进行述职评议。

自身建设

1. 加强人大常委会制度建设。提请市人大常委会会议审议通过《滨州市人大常委会述职评议和执法评议暂行办法》《滨州市人大常委会个案监督暂行办法》《滨州市人大常委会人事任免办法》和《滨州市人民代表大会常务委员会会议公民旁听办法》；进一步完善常委会议事程序，提高常委会会议质量；对《滨州市人大常委会关于我市与外国建立友好城市关系审议程序的暂行规定》《滨州市授予荣誉市民称号暂行办法》《滨州市人大常委会关于外事交往交流工作的暂行规定》等，今年上半年搞好调查研究，起草草案，下半年提请主任会议审议，如果条件成熟提请常委会会议审议通过。2. 加强学习，提高政治素质和决策水平。加强常委会组成人员的学习，坚持常委会党组理论学习中心组制度，认真学习邓小平理论、“三个代表”重要思想和党的十六大及十六届三中全会精神，学习宪法、有关法律以及人民代表大会制度的基本知识，了解和掌握经济、社会、科技等方面发展的动态，使常委会组成人员始终保持强烈的责任感和使命感，保持开拓进取、奋发有为的精神状态，更好地把握全局，依法履行职责，推动人大工作新的发展。3. 坚持和依靠市委对人大工作的领导。认真贯彻党的路线、方针、政策和市委的部署，在监督、讨论决定重大事项和人事任免工作中积极贯彻和实现党的主张。认真落实市委提出的任务和要求，努力使各项工作再上新台阶。4. 加强调查研究工作。围绕监督工作，以及推进民主法制建设、促进本市改革发展稳定的有关课题，深入实际开展调查研究，使常委会工作建立在科学的基础上。重视调研成果的实际运用，提高人大工作创新发展的理论含量。5. 关于人大宣传和理论研究工作。(1)规范和坚持宣传工作联席会议制度，加强与新闻宣传部门的协调与沟通，形成顺畅的人大新闻宣传报道运转机制。(2)召开全市人大新闻宣传工作会议，总结经验，部署任务。加大工作力度，确保市以上报刊稿件采用量有较大上升。(3)继续编辑出版好《滨州人大》内部刊物，提高编校印水平，使其成为指导工作、对外交流的桥梁和纽带。(4)加强人大制度和人大工作理论研究，进一步提高理论水平，指导工作实践。(5)制定人大宣传资料的收集与保管制度。6. 进一步加强机关制度建设。完善各项规章制度，提高服务质量和工作效率。做好机关后勤服务工作，为机关干部职工创造良好的工作和生活环境。7. 加强人大机关队伍建设。加大机关干部内外交流的力度，充实机关工作人员，切实优化干部的年龄、知识和专业结构。按照肯干事、能干事、干好事的要求，通过建立科学有效的干部考核、任用、奖惩机制和进一步加强机关思想政治工作，努力形成一支朝气蓬勃、锐意进取的高素质的干部队伍。8. 继续开展对外交往交流工作。加强与外国城市议会间的友好往来，拓宽对外开放领域；加强与兄弟城市人大联系和工作交流，不断改进常委会工作。9. 加大工作力度，完成500万美元的招商引资任务。

2005 年工作要点

(2004 年 12 月 31 日滨州市八届人大常委会第 18 次主任会议通过)

监督工作

(一)计划和预算

1. 2004 年市级财政预算执行和其他财政收支情况的审计报告。2. 2004 年市级财政决算报告。3. 2005 年上半年国民经济和社会发展计划执行情况的报告。4. 2005 年上半年财政预算执行情况的报告。5. 国民经济和社会发展计划调整、变更建议的报告。6. 财政预算调整、变更建议的报告。

（二）听取和审议专项工作报告

1. 建设系统“九州”（科教、生态、民本）有关情况的报告。2. 生态市建设规划。3. 城市建设规划。4. 经营土地情况的报告。对上述事项和“一府两院”提请审议的其他重大事项，常委会审议后做出相应的决议或决定。对以上听取审议的各项汇报，相关工作机构要事先搞好调查，在举行常委会会议时提供相应的调查报告，供常委会组成人员审议时参考。

（三）执法检查

1. 中华人民共和国中小企业促进法。2. 中华人民共和国行政许可法。3. 中华人民共和国渔业法、山东省海洋环境保护条例。4. 中华人民共和国妇女权益保障法、中华人民共和国未成年人保护法。5. 山东省文化市场管理条例。6. 山东省旅游管理条例。7. 中华人民共和国农村土地承包法。

（四）工作视察

1. 全市公路交通建设情况。2. 高新技术发展情况。3. 代表议案及建议、批评和意见办理落实情况。4. 代表会前视察

（五）其他工作

1. 继续深化执法责任制。2. 继续组织“滨州环保世纪行”。3. 信访工作。举办信访干部培训班；认真受理人民群众来信来访和公民的申诉控告，及时办理省人大、市人大常委会及其领导交办、批办的人民群众来信来访件；构建“大信访平台”，切实维护公民、法人和其他组织的合法权益。

代表工作

1. 加强对《中华人民共和国全国人民代表大会和地方各级人民代表大会代表法》的宣传贯彻，为代表执行职务创造良好的社会环境。2. 组织好闭会期间的代表活动。在全市组织开展先进代表小组评选和县乡人大代表向选民述职活动，部分县区开展市人大代表向原选举单位述职试点，增强代表依法履职的自觉性，探索制定代表活动实绩考核办法，建立代表活动实绩档案，逐步达到活动经常，内容丰富，效果明显的目的。紧扣全市的工作重点，认真组织代表开展“五个一带头”活动（即联系一方群众，带头为民排忧解难；引进一个项目，带头贴近中心抓招商；闯一条致富路子，带头富民奔小康；提一条好建议，带头为加快发展建言献策；化解一项社会矛盾，带头维护社会稳定）。3. 认真办理代表建议、批评和意见，提高办理质量和效率。4. 举办乡镇人大主席培训班，有计划、有步骤地培训基层人大干部，提高为代表服务的整体水平。5. 述职评议和执法评议。在依法做好人事任免的同时，继续开展对常委会任命的国家机关工作人员述职评议和垂直管理的具有行政管理职能的机关主要负责人执法评议工作。今年对市监察局、市计划生育委员会、市粮食局、市司法局、市水利局、市文化局、市体育局、市外事侨务办公室等部门主要负责人进行述职评议；对市食品药品监督管理局、市出入境检验检疫局等部门主要负责人进行执法评议，对市中级人民法院副院长、市人民检察院副检察长进行述职评议。

自身建设

1. 加强学习，提高素质。学习要有新进步。继续创建“学习型”机关，兴起学习“三个代表”重要思想新高潮，深刻理解和全面把握科学发展观的精神实质，务必在武装思想和指导人大工作实践上取得新成效。掌握必备的法律法规和经济社会管理知识，人大业务知识，探讨人大工作的特点和规律，增强工作的主动性、针对性和预见性，努力提高依法履行职权的能力和水平。2. 加强调研，转变作风。作风要有新改变。坚持把思想再解放作为引领和推动人大工作发展的强大动力，不断将新的理念融入思想和行动；常委会及其组成人员要自觉接受代表和人民群众的监督，牢记“两个务必”，坚持权为民所用、情为民所系、利为民所谋；扩大决策民主，集中群众智慧，全面提高监督水平。要紧紧围绕增强监督实效、循环经济、乡镇人大职能作用发挥、换届选举、民族工作、华人、华侨投资情况等深入实际开展调查研究，使常委会工作建立在科学的基础上。3. 人大宣传和理论研究工作。（1）举办第一届宣传人大制度好新闻评选活动。（2）召开全市人大新闻宣传工作会议，总结经验，部署任

务。加大工作力度,确保市以上报刊稿件采用量有较大上升。(3)编辑出版好《滨州人大》内部刊物,管理好滨州人大网站,使其成为指导工作、对外交流的桥梁和纽带。(4)加强人大制度和人大工作理论研究,进一步提高理论水平,指导工作实践。(5)建立和完善人大信息数据库。4.积极开展对外交往交流工作。起草"荣誉市民、友好城市、外事活动"等规定,加强与外国城市议会间的友好往来,拓宽对外开放领域;加强与兄弟城市人大联系和工作交流,不断改进常委会工作。5.加大工作力度,完成500万美元的招商引资任务。

2006年工作要点

(2006年1月10日滨州市八届人大常委会第27次主任会议通过)

监督工作

(一)计划和预算

1.2005年市级财政预算执行和其他财政收支情况的审计报告。2.2005年市级财政决算草案的报告。3.2006年上半年计划和预算执行情况的报告。4.国民经济和社会发展计划调整、变更建议的报告。5.财政预算调整、变更建议的报告。

(二)听取和审议专项工作报告

1.建设系统"九州"(小康、文明)有关情况的报告。2.市政府"四五普法"、依法治市情况,"五五普法规划"及《滨州市2006—2010年依法治市规划》的报告。3.市中级人民法院关于加强基层基础建设情况的报告。4.市人民检察院关于开展法律监督工作情况的报告。5.市政府关于城市基础设施建设项目使用国家开发银行贷款及其他贷款情况的报告。对上述事项和"一府两院"提请审议的其他重大事项,常委会审议后做出相应的决议或决定。对以上听取审议的各项汇报,相关工作机构要事先搞好调查,在举行常委会会议时提供相应的调查报告,供常委会组成人员审议时参考。

(三)执法检查

1.中华人民共和国电力法、山东省电力设施保护条例。2.中华人民共和国食品卫生法。3.中华人民共和国水土保持法及其实施条例、山东省实施中华人民共和国水土保持法办法。4.中华人民共和国劳动法。5.中华人民共和国农业机械化促进法。6.中华人民共和国统计法。

(四)工作视察

1.全市国土资源管理与经营情况。2.全市公安基层基础建设情况。3.代表建议、批评和意见办理落实情况。4.代表会前视察。5.旅游工作。6.高新技术产业发展情况。7.税费改革配套政策实施情况。

(五)其他工作

1.继续深化执法责任制,在全市各级国家行政机关中全面开展"行政执法相对人监督评议行政执法人员"工作。2.继续组织"滨州环保世纪行"活动。3.信访工作。举办信访干部培训班;认真受理人民群众来信来访和公民的申诉控告,及时办理省、市人大常委会及其领导交办、批办的人民群众来信来访件;继续推进"联合接访"工作,完善制度,提高信访案件的处结质量和效率。

调研工作

1.建设资源节约型、环境友好型社会。2.民族宗教方面的法律法规的执行情况和民族宗教工作。3.归侨侨眷权益保护方面法律法规执行情况。4.全民体育健身方面法律、法规的贯彻实施情况。5.防洪法实施情况。6.对部分职能部门的收费情况进行工商业户问卷调查。7.失地农民保障问题。8.金融环境(企业融资难)问题。

代表工作

1.代表评议工作。2.市人大代表述职工作。3.组织好闭会期间的代表活动。继续组织代表开展"五个一带头"活动(即联系一方群众,带头为民排忧解难;引进一个项目,带头贴近中心抓招商;闯一条致富路子,带头富民奔小康;提一条好建议,带头为加快发展建言献策;化解一项社会矛盾,带头维护社会稳定)。4. 认真办理代表建议、批评和意见,提高办理质量和效率。5. 举办代表培训班,组织代表赴外地学习考察。6. 评选首届滨州人民好公仆和表彰"五个一带头"活动优秀代表。7. 制定《代表议案处理暂行办法》。8. 述职评议和执法评议。在依法做好人事任免的同时,继续开展对常委会任命的国家机关工作人员述职评议和垂直管理的具有行政管理职能的机关主要负责人执法评议工作。今年对市人事局、市教育局、市交通局、市卫生局、市环保局、市民族宗教事务局、市林业局等部门主要负责人进行述职评议;对市国税局、市烟草专卖局等部门主要负责人进行执法评议,对市中级人民法院庭长、副庭长,市人民检察院检察委员会委员(不含副检察长)、检察员进行述职评议。

自身建设

1. 切实加强政治理论和业务学习。认真学习党的十六届五中全会和市委六届十次全委会、全市人大工作会议精神,继续坚持每次常委会会前或会后法律法规辅导讲座制度,学习宪法法律和人大业务知识,进一步提高常委会组成人员的整体素质和依法履行职责能力。制定《滨州市人大常委会监督工作暂行办法》。2. 深入开展调查研究。要努力转变工作作风,深入实际,深入基层,深入群众,进行调查研究,不断提高决策民主化、科学化水平。要加强人大理论研究工作,组织开展全市人大系统优秀调研论文评选活动,及时总结推广经验。3. 关于人大宣传工作。(1)举办人大新闻宣传通讯员培训班。(2)召开全市人大新闻宣传工作暨首届好新闻颁奖大会。研究制定加强和改进人大宣传工作的措施,推动全市人大宣传工作深入开展。(3)编辑出版好《滨州人大》《常委会公报》,管理好滨州人大网站。4. 密切与县区人大常委会的联系。加强工作交流,坚持邀请县区人大常委会负责同志列席市人大常委会会议和重大活动、重大决策向县区人大常委会通报制度。5. 加强与省人大常委会及其工作部门的联系,及时沟通信息,接受工作指导。6. 重视加强机关建设。加强学习,不断提高政治业务素质,努力创建"学习型"机关;强化服务意识,努力创建"服务型"机关;加强作风建设,提高队伍的战斗力;狠抓各项规章制度的落实,确保人大机关工作规范;群策群力,圆满完成市委分配的重点工作和机关招商引资任务。

2007 年工作要点

(2006 年 12 月 21 日市八届人大常委会第 34 次主任会议通过)

监督工作

(一)计划和预算

1. 听取和审议 2006 年市级财政预算执行和其他财政收支情况的审计报告。2. 审查和批准 2006 年市级财政决算草案的报告。3. 听取和审议 2007 年上半年计划和预算执行情况的报告。4. 审查和批准国民经济和社会发展计划调整、变更建议的报告。5. 审查和批准财政预算调整、变更建议的报告。

(二)听取和审议专项工作报告

1. 市政府关于城乡社会救助工作情况的报告。2. 市政府关于城市基础设施建设项目使用国家开发银行贷款及其他贷款情况的报告。3. 市政府关于社会主义新农村建设投入情况的报告。4. 市政府关于信息产业工作情况的报告。5. 市政府关于质量技术监督工作情况的报告。6. 市政府关于创建优秀旅游城市工作情况的报告。7. 市政府关于新型农村合作医疗运行情况的报告。8. 市中级人民法院关于开展审判工作监督情况的报告。9. 市政府关于推行"行政执法责任制"工作情况的报告。10. 市政府关于延长十大产业链工作情况的报告。

(三)执法检查

1.《中华人民共和国安全生产法》和《山东省安全生产条例》。2.《中华人民共和国环境保护法》和《山东省环境保护条例》。3.《中华人民共和国农产品质量安全法》。4.《中华人民共和国义务教育法》和《山东省实施(中华人民共和国义务教育法 > 办法》。

(四)其他工作

1. 做好规范性文件备案审查工作。2. 继续开展“滨州环保世纪行”活动。3. 信访工作。举办信访干部培训班；认真受理人民群众来信来访和公民的申诉控告；及时办理省、市人大常委会及其领导交办、批办的人民群众来信来访件；深入推进“联合接访”工作，努力提高信访案件的处结质量和效率。

代表工作

1. 切实抓好代表小组建设。着力抓好各级代表小组的规范化建设，适当时机对全市人大代表小组建设情况进行一次检查。2. 强化代表在监督工作中的作用，继续开展代表评议工作。对土地征用、补偿，社会保障，供电用电服务质量等3个热点问题组织代表进行评议。3. 召开全市人大代表工作经验交流会，推荐出出席全省人大代表工作经验交流会的典型。4. 努力做好换届选举工作。举办换届选举工作培训班；制订换届选举工作总体方案；指导好县乡直接选举工作；协助有关方面做好市九届人大代表候选人提名推荐工作；按照省人大常委会的要求，协助有关方面做好全国、省人大代表候选人提名推荐工作；做好换届选举统计及总结工作。5. 强化服务，规范代表活动。认真组织、指导代表开展以“五个一带头”为主要内容的代表活动，提高活动实效；组织开展好市人大代表向选举单位述职活动。继续做好并进一步完善代表履职情况登记工作；继续为代表知情知政提供情况、搞好服务；依法管理使用好代表活动经费，为代表依法履行职务提供物质保障；加强代表工作制度化建设，制定《加强和规范代表在闭会期间活动的若干规定》《代表议案处理暂行办法》，进一步规范代表活动和议案办理工作。6. 认真办理代表建议、批评和意见，进一步规范办理程序，提高办理质量。7. 修订《滨州市人民代表大会常务委员会人事任免办法》，进一步规范人事任免工作。

自身建设

1. 切实加强政治理论和业务学习。认真学习党的十六届五中、六中全会精神，促进常委会组成人员和人大机关的思想建设、作风建设。要按照监督法和相关法律的要求完善常委会制度建设，进一步促进常委会工作的制度化、法制化和规范化。继续坚持每次常委会会前或会后进行法律法规辅导讲座制度，大力加强宪法法律特别是监督法的学习，深刻领会监督法的重大意义和精神实质，进一步提高常委会组成人员的整体素质和依法履行职责能力。2. 深入开展调查研究。要努力转变工作作风，深入实际，深入基层，深入群众，进行调查研究，增强监督实效性。要加强人大理论研究工作，组织开展全市人大系统优秀调研论文评选活动，及时总结推广经验。3. 关于人大宣传工作。(1)认真落实滨人办发〔2006〕41号文件精神。(2)认真落实监督法的规定，进一步加大人大宣传工作力度，推动全市人大宣传工作再上新水平。(3)结合优秀人大代表评选和换届选举，大力宣传人大代表先进事迹。(4)编辑出版好《滨州人大》、市人大常委会《公报》；管理好滨州人大网站。(5)举办人大新闻宣传通讯员培训班。4. 密切与县区人大常委会的联系。加强工作交流，坚持邀请县区人大常委会负责同志列席市人大常委会会议，重大活动、重要工作向县区人大常委会通报。5. 加强与省人大常委会及其工作部门的联系，及时沟通信息，接受工作指导。6. 重视加强机关建设，加强政治、经济及监督法和各项法律法规的学习，不断提高政治业务素质，努力创建“学习型”机关；强化服务意识，努力创建“服务型”机关；加强作风建设，提高队伍的凝聚力和战斗力；狠抓各项规章制度的落实，确保人大工作规范；圆满完成市委分配的重点工作和机关招商引资任务。7. 筹备召开15省(市、区)32地市人大工作联席会第20次会议。

2008年工作要点

(2008年2月1日滨州市九届人大常委会第1次主任会议通过)

监督工作

(一)计划和预算

1. 听取和审议市政府2007年市级财政预算执行和其他财政收支情况的审计报告。2. 审查和批准市级财政决算草案的报告。3. 听取和审议市政府2008年上半年计划执行情况的报告。4. 听取和审议市政府2008年上半年预算执行情况的报告。5.审查和批准国民经济和社会发展计划调整、变更建议的报告。6.审查和批准财政预算调整变更建议的报告。

(二)听取和审议专项工作报告

1.市政府关于就业再就业工作情况的报告。2.市政府关于节能减排责任目标完成情况的报告。3.市政府关于国土资源管理情况的报告。4.市政府关于全市林业工作情况和《森林法》实施情况的报告。5.市政府关于文化产业发展情况的报告。6.市政府关于滨州市"十一五"规划执行情况的报告。7.市政府关于城市基础设施建设项目使用国家开发银行贷款及其他贷款情况的报告。8.市中级人民法院关于执行工作情况的报告。9.市人民检察院关于查办和预防职务犯罪情况的报告。10.市政府关于办理代表建议、批评和意见情况的报告。

(三)执法检查

1.《中华人民共和国食品安全法》;2.《中华人民共和国劳动合同法》;3.《中华人民共和国水法》《山东省实施<中华人民共和国水法>办法》《中华人民共和国防洪法》;4.《中华人民共和国招标法》;5.《中华人民共和国建筑法》;6.《宗教事务条例》。

(四)其他工作

1.继续开展"行政执法相对人监督评议行政执法人员"工作;组织开展执法责任制三年检查考评;筹备召开2006—2008年执法责任制表彰会。2.继续开展"滨州环保世纪行"活动。3.信访工作。依法受理好群众来信来访;深化联合接访;加强综合分析、加大督办力度;强化信访信息系统建设;加强对县区信访工作的指导。

调研工作

1.对监督法贯彻落实情况开展调研。2.对全市安全生产情况进行调研。3.对社会主义新农村建设情况进行调研。4.对民族、侨务及旅游工作进行调研。

代表工作

1.强化代表培训工作。举办新任代表和全市乡镇人大主席培训班。2.加强代表工作制度化建设。起草《关于进一步加强和规范人大代表活动的实施意见》《议案处理办法》和《代表建议、批评和意见办理办法》,制定市人大常委会组成人员分工联系代表的意见。3.采取有效措施增强代表活动实效。继续组织在全市各级人大代表中开展"五个一带头"活动;继续开展代表评议热点问题活动;认真做好代表建议、批评和意见的督办工作。4.做好为驻滨全国人大代表、我市选出的省人大代表、市九届人大代表的联系及服务工作,认真组织驻滨全国人大代表、滨州市选出的省人大代表、市九届人大代表年中集中调研和会前集中视察活动。

自身建设

1.切实加强政治理论和业务学习,不断提高履职能力。深入学习党的十七大精神,进一步提高理论政策水平。继续坚持每次常委会会前或会后进行法律法规辅导讲座制度,大力加强宪法法律特别是监督法的学习,深刻领会监督法的重大意义和精神实质,进一步提高常委会组成人员的整体素质和依法履行职责能力。2.加强机关队伍建设,努力提升服务水平。继续扎实开展创建"学习型、和谐型、服务型、节约型"机关活动。加强队伍建设、作风建设、制度建设和廉政建设,进一步提升为常委会和代表服务的水平和质量。3.关于人大宣传工作。(1)召开全市人大宣传工作会议;(2)举办第二届人大好新闻评选活动;(3)编辑出版好《滨州人大》、市人大常委会《公报》;改进完善滨州人大网站;(4)举办人大新闻宣传通讯员培训班;(5)完成人大代表集中采访活动。4.密切与县区人大常委会的联系。加强工作交流,坚持邀请县区人大常委会负责同志列席市人大常委会会议,重大活动、重要工作向县区人大常委会通报。5.加强与省人大常委会及其工作部门的联系,及时沟通信息;接受工作指导。6.完成市委分配的重点工作,做好招商引资工作。

2009 年工作要点

（2009 年 2 月 25 日滨州市九届人大常委会第 11 次主任会议通过）

监督工作

（一）计划和预算

1. 听取和审议市政府 2008 年市级财政预算执行和其他财政收支情况的审计报告。2. 审查和批准 2008 年市级财政决算草案的报告。3. 听取和审议市政府 2009 年上半年计划执行情况的报告。4. 听取和审议市政府 2009 年上半年预算执行情况的报告。5. 审查和批准国民经济和社会发展计划调整、变更建议的报告。6. 审查和批准财政预算调整变更建议的报告。

（二）听取和审议专项工作报告

1. 市政府关于民政工作情况的报告。2. 市政府关于城市基础设施建设项目使用国家开发银行贷款及其他贷款情况的报告。3. 市政府关于节能减排工作情况的报告。4. 市政府关于食品药品安全工作情况的报告。5. 市政府关于"三农"工作及新农村建设情况的报告。6. 市政府关于社会治安工作情况的报告。7. 市政府关于城市改造与建设工作情况的报告。

（三）执法检查

1.《中华人民共和国行政许可法》。2.《中华人民共和国中小企业促进法》。3.《中华人民共和国农产品质量安全法》。4.《中华人民共和国传染病防治法》。5.《山东省民族工作条例》。

（四）其他工作

1. 做好规范性文件备案审查工作。2. 继续开展"滨州环保世纪行"活动。3. 信访工作。依法受理好群众来信来访；深化联合接访；加强综合分析、加大督办力度；加强对县区信访工作的指导。4. 执法责任制工作。召开全市执法责任制工作表彰大会，推动做好"行政执法相对人监督评议行政执法人员"工作。继续落实《市人大代表旁听法院庭审办法》。

调研工作

1. 对法律服务工作情况进行调研。2. 对"以创业带动就业"工作情况进行调研。3. 对服务业发展情况进行调研。4. 对《中华人民共和国畜牧法》执法情况进行调研。5. 对《中华人民共和国人口与计划生育法》执法情况进行调研。6. 对区域治污基础设施建设情况进行调研。7. 对侨务工作情况进行调研。

代表工作

1. 按照《滨州市人民代表大会代表建议、批评和意见办理办法》规定，进一步规范办理程序，认真办理代表建议、批评和意见。对市九届人大三次会议期间代表提出的建议、批评和意见分解，落实到各委室，各委室要按照要求狠抓落实，切实提高办理质量。根据《滨州市人民代表大会议案处理办法》的规定，对上一届的代表议案办理情况进行一次"回头看"，提高代表议案的严肃性，维护代表的权力和代表履职的积极性。2. 组织开展争创"优秀人大代表"活动。3. 在抓好代表小组规范化建设试点的基础上，加强代表小组阵地建设，督促指导各代表小组认真开展活动，努力发挥代表作用。4. 继续做好代表参与人大常委会会议和活动的工作。邀请代表列席人大常委会会议；组织代表参与常委会组织的视察、调查和执法检查活动；进一步加强与代表的联系，多听取代表的建议和意见，增强联系工作的实效。5. 认真组织驻滨全国人大代表、省人大代表和市人大代表的年中集中调研和会前集中视察活动。6. 从加强被任命人员的法律学习入手，进一步规范人事任免工作，加强对被任命人员的任后监督，积极稳妥地推进人事任免工作的创新。7. 工作评议。组织人大代表对有关部门贯彻落实中央、省市委扩内需、保增长、促发展一系列政策措施工作情况进行评议。被评议的部门有：市人行、银监局、经贸委、发改委、工商局、财政局、国税局、地税局、出入境检验检疫局、青岛海关驻滨州办事处。对中行、农行、工行、建行、农发行、农信社参照进行评议。

自身建设

1. 切实加强政治理论和业务学习。认真学习党的十七大、十七届三中全会和中央、省市委一系列会议精神，开展深入学习实践科学发展观、“发展环境优化年”、“基础设施建设年”等活动，促进常委会组成人员和人大机关的思想建设、作风建设。进一步加强制度建设，促进常委会工作的制度化、法制化和规范化。继续坚持每次常委会会前或会后进行法律法规辅导讲座制度，大力加强宪法法律的学习，进一步提高常委会组成人员整体素质和依法履职能力。2. 深入开展调查研究。要努力转变工作作风，深入实际，深入基层，深入群众，进行调查研究，增强监督工作的针对性和实效性。加强人大理论研究工作，及时总结推广经验。3. 关于人大宣传工作。(1)召开全市人大宣传工作会议；(2)举办人大新闻宣传写作培训班；(3)认真编辑出版《滨州人大》《滨州市人大常委会公报》，办好滨州人大网站；(4)建立全市人大新闻宣传考核通报制度；(5)举办人大好新闻和优秀调研论文评选活动；(6)组织开展人大代表集中采访宣传活动。4. 加强与省人大常委会及其工作部门的联系，及时沟通信息，接受工作指导。密切与县区人大常委会的联系，加强交流，密切关系，形成合力。坚持邀请县区人大常委会负责同志列席市人大常委会会议和重大活动、重大决策向县区人大常委会通报制度。5. 完成市委分配的重点工作，努力做好招商引资工作。

2010 年工作要点

（2010 年 3 月 4 日滨州市九届人大常委会第 18 次主任会议通过）

监督工作

（一）计划和预算

1. 听取和审议市政府 2009 年市级财政预算执行和其他财政收支情况的审计报告。2. 审查和批准 2009 年市级财政决算草案的报告。3. 听取和审议市政府 2010 年上半年计划执行情况的报告。4. 听取和审议市政府 2010 年上半年预算执行情况的报告。5. 审查和批准国民经济和社会发展计划调整、变更建议的报告。6. 审查和批准财政预算调整变更建议的报告。

（二）听取和审议专项工作报告

1. 市政府关于重大基础设施建设项目使用贷款情况的报告。2. 市政府关于加快黄河三角洲高效生态经济区开发建设情况的报告。3. 市政府关于全市农村公路建设情况的报告。4. 市政府关于科学技术进步法实施情况及高新技术产业发展情况的报告。5. 市政府关于统筹城乡发展和“三农”工作情况的报告。6. 市政府关于“五五”普法规划落实情况的报告。7. 市人民检察院关于开展法律监督工作情况的报告。8. 市中级人民法院关于开展行政诉讼工作情况的报告。

（三）执法检查

1.《中华人民共和国就业促进法》《山东省就业促进条例》。2.《中华人民共和国商标法》。3.《中华人民共和国城乡规划法》。4.《中华人民共和国海洋环境保护法》《中华人民共和国海域使用管理法》。5.《山东省旅游条例》。6.《中华人民共和国义务教育法》。

（四）其他工作

1. 做好规范性文件备案审查工作。2. 开展“滨州环保世纪行”活动。3. 继续深化执法责任制工作。4. 深化联合接访，强化督办实效，加强综合分析，创新工作机制。

调研工作

1. 对全市金融工作情况进行调研。2. 对影响农业发展难点问题进行调研。3. 对城乡社区卫生体系建设情况进行调研。4. 对民族宗教有关问题进行调研。5. 对节能减排工作情况进行调研。6. 对城市居民集中供暖情况进行调研。

代表工作

1. 认真办理代表议案及建议、批评和意见。对市九届人大四次会议期间代表提出的议案及建议、批评和意见进行分办交办，并落实到人大有关工作部门，实行跟踪督办，提高办理质量。2. 开展代表述职评议活动，评选优秀代表和先进代表小组。3. 搞好代表小组规范化建设，督促指导代表小组认真开展闭会期间的活动。4. 扩大代表对常委会工作的参与。继续邀请代表列席常委会会议，参与视察调研和执法检查活动；加强与代表的联系，广泛听取代表的意见和建议，充分发挥代表作用。5. 认真组织驻滨全国人大代表、省人大代表和市人大代表的视察调研和学习考察活动，为代表依法履职创造良好条件。6. 听取市政府部分工作部门主要负责人述职报告，加强对被任命人员的任后监督。7. 举办全市基层人大干部培训班。

自身建设

1. 加强政治理论和业务学习。认真学习党的十七大、十七届三中、四中全会精神，深入贯彻落实科学发展观，促进常委会组成人员和人大机关的思想建设、作风建设。进一步加强制度建设，促进常委会工作的制度化、法制化和规范化。坚持常委会法律辅导讲座制度，大力加强宪法法律的学习，提高常委会组成人员依法履职能力。2. 深入开展调查研究。切实转变工作作风，深入实际，调查研究，增强工作的针对性和实效性。加强人大理论研究，及时总结推广经验。3. 关于人大宣传工作。(1)召开全市人大宣传工作会议；(2)举办人大新闻宣传写作培训班；(3)编辑出版《滨州人大》《常委会公报》，办好人大网站；(4)举办人大好新闻和优秀调研论文评选活动；(5)组织开展人大代表集中采访宣传活动。3. 加强与省人大常委会及其工作部门的联系，及时沟通信息，接受工作指导。密切与县区人大常委会的联系，加强交流，密切关系，形成合力。坚持邀请县区人大常委会负责人列席常委会会议和重要事项、重大活动向县区人大常委会通报制度。4. 组织开展滨州市人大设立常委会十周年纪念活动。5. 完成市委分配的重点工作，做好招商引资工作。

2011 年工作要点

(2011 年 2 月 25 日滨州市九届人大常委会主任办公会议通过)

监督工作

(一)计划和预算

1. 听取审议 2010 年市级财政预算执行和其他财政收支情况的审计报告。2. 审查批准 2010 年市级财政决算草案的报告。3. 听取审议市政府 2011 年上半年计划执行情况的报告。4. 听取审议市政府 2011 年上半年预算执行情况的报告。

(二)听取和审议专项工作报告

1. 市政府关于黄河三角洲高效生态经济区和山东半岛蓝色经济区建设情况的报告。2. 市政府关于全市服务业、金融工作情况的报告。3. 市政府关于全市人才工作情况的报告。4. 市政府关于重大基础设施建设项目使用贷款情况的报告。5. 市政府关于环境保护及海河流域水污染防治情况的报告。6. 市政府关于新型农村合作医疗情况的报告。7. 市政府关于消防及道路交通安全工作情况的报告。8. 市政府关于全市"五五"普法、依法治市情况和"六五"普法规划的报告，并对"六五"普法作出决议。审议市政府关于滨州市 2011—2015 年依法治市规划(草案)并作出相应的决议。9. 市中级人民法院关于商事审判工作情况的报告。10. 市人民检察院关于三项重点工作情况的报告。

(三)执法检查

1.《中华人民共和国产品质量法》。2.《农业机械化促进法》和《山东省农业机械化促进条例》。3.《山东省旅游条例》。

(四)其他工作

1. 组织代表对城市防汛、供暖情况进行视察。2. 对第 9401 号议案的跟踪督办工作。3. 规范性文件备案审查工作。4. “滨州环保世纪行”活动。5. 执法责任制工作。6. 信访工作。

调研工作

1. 全市实施电子政务工程,推进信息资源共享集约化建设模式,提高财政资金使用效益的情况。2. 全市农村水利改革情况。3. 城区中小学建设情况。4. 全市小城镇建设情况。5. 全市民族工作情况。6. 邮政法实施情况。7. 全市食品(餐饮)安全工作情况。

代表工作

1. 选举任免工作。2. 代表议案以及建议、批评和意见办理工作。3. 市政府组成部门主要负责人述职评议工作。4. 其他代表服务工作。

自身建设

1. 加强能力建设。认真学习党的路线方针政策、宪法法律、人大理论和业务知识,提高依法履职的能力和水平。2. 加强作风建设。大力弘扬真抓实干的工作作风,切实增强做好人大工作的责任感和使命感。加强调查研究,努力实现决策民主化、科学化和规范化。3. 加强宣传工作。及时公布常委会工作情况,切实提高工作透明度,依法接受市人大代表和公众的监督。加强对人民代表大会制度和人大工作的研究,提高人大工作水平。改进人大新闻宣传,增加群众对人大工作的了解和参与。积极开展法制宣传教育工作,推进依法治市进程。4. 加强机关建设。扎实开展创建“学习型、和谐型、服务型、节约型”机关活动,提升服务质量和水平。加强与上下级人大及有关方面的工作联系。积极招商引资,做好市委分配的其他工作。

2012 年工作要点

(2012 年 3 月 7 日滨州市十届人大常委会第 1 次主任会议通过)

监督工作

(一)计划和预算

1. 听取和审议 2011 年市级财政预算执行和其他财政收支情况的审计报告。2. 审查和批准 2011 年市级财政决算草案的报告。3. 听取和审议市政府 2012 年上半年计划执行情况的报告。4. 听取和审议市政府 2012 年上半年预算执行情况的报告。

(二)听取和审议专项工作报告

1. 市政府关于社会保障资金和保障性住房资金审计情况的报告。2. 市政府关于重大基础设施建设项目使用贷款情况的报告。3. 市政府关于水利改革发展工作情况的报告。4. 市政府关于文化事业和文化产业发展情况的报告。5. 市政府关于宗教工作情况的报告。6. 市中级人民法院关于民事审判工作情况的报告。7. 市人民检察院关于查办和预防职务犯罪工作情况的报告。

(三)执法检查

1.《中华人民共和国农业法》。2.《中华人民共和国物价法》。3.《中华人民共和国体育法》。4.《中华人民共和国统计法》。

(四)工作视察

1. 对农村居民和城镇居民养老保险发放情况进行视察。2. 对城区环境综合整治、排污治理情况进行视察。3. 对农业高科技示范园区建设情况进行视察。4. 对黄河三角洲高效生态经济区发展规划实施情况进行视察。

(五)其他工作

1. 对第 9401 号、第 9502 号议案进行督办。2. 规范性文件备案审查工作。3. 执法责任制标准化建设工作。

4.“滨州环保世纪行”活动。5.信访工作。

调研工作

1.对台湾同胞投资保护法实施情况进行调研。2.对计划生育法实施情况进行调研。3.对工会法实施情况进行调研。4.对特色产业集群发展情况进行调研。5.对保障性住房建设及使用管理情况进行调研。

代表工作

1.选举任免工作。2.代表议案以及建、批评和意见办理工作。3.组织代表闭会期间活动。4.代表学习培训。5.做好全国、省人大代表换届准备工作。

自身建设

1.加强能力建设。认真学习党的路线方针政策、宪法法律、人大理论和业务知识,提高依法履职的能力和水平。2.加强作风建设。弘扬真抓实干的工作作风,大力实施“效能提升工程”。加强调查研究,努力实现决策民主化、科学化和规范化。3.加强宣传工作。及时公布常委会工作情况,提高工作透明度,自觉接受市人大代表和公众的监督。加强对人民代表大会制度和人大工作研究,提高人大工作水平。开展法制宣传教育工作,推进依法治市进程。4.加强机关建设。开展创先争优活动,提升服务质量和水平。加强与上下级人大及有关方面的工作联系。做好市委安排的其他工作。

2013 年工作要点

(2013 年 3 月 27 日滨州市第十届人大常委会第 9 次主任会议通过)

监督工作

(一)计划和预算

1.听取和审议 2012 年市级财政预算执行和其他财政收支情况的审计报告。2.审查和批准 2012 年市级财政决算草案的报告。3.听取和审议市政府 2013 年上半年计划执行情况的报告。4.听取和审议市政府 2013 年上半年预算执行情况的报告。

(二)听取和审议专项工作报告

1.市政府关于市级重大基础设施建设项目使用贷款情况的报告。2.市政府关于铁路建设情况的报告。3.市政府关于实施《中华人民共和国食品安全法》情况的报告。4.市政府关于实施《中华人民共和国台湾同胞投资保护法》情况的报告。5.市中级人民法院关于开展民事调解工作情况的报告。6.市人民检察院关于推进三项建设(执法规范化建设、检察信息化建设、基层基础建设)工作情况的报告。

(三)执法检查

1.《中华人民共和国社会保险法》。2.《中华人民共和国农业技术推广法》。3.《中华人民共和国商业银行法》。4.《山东省城乡规划条例》。5.《中华人民共和国义务教育法》。

(四)工作视察

1.对《滨州市 2011－2015 年依法治市规划》和《滨州市“六五”普法规划》以及两个决议的贯彻落实情况进行视察。2.对全市重点项目建设情况进行视察。3.对农村基层水利服务体系建设情况进行视察。4.对县乡道路情况进行视察。5.对全市深化医药卫生体制改革工作进行视察。

(五)其他工作

1.执法责任制标准化建设工作。2.规范性文件备案审查工作。3.“滨州环保世纪行”活动。4.信访工作。

调研工作

1.对全市老龄工作及《中华人民共和国工会法》实施情况进行调研。2.对全市工业企业自主创新情况进行调研。3.对全市外经外贸工作进行调研。4.对农业专业合作经济组织建设情况进行调研。5.对文化事业和文化产业发展情况进行调研。6. 对全市计划生育工作进行调研。7. 对保障性住房分配情况进行调研。

代表工作

1. 选举任免工作。2. 代表议案以及建议、批评和意见办理工作。3. 组织代表闭会期间活动。4. 举办代表小组召集人和基层人大干部培训班。5. 做好重点建议办理情况督查。

自身建设

1. 加强思想政治建设。深入学习贯彻党的十八大精神,用邓小平理论、"三个代表"重要思想、科学发展观武装头脑、指导工作。不断提高常委会组成人员和机关工作人员的思想政治素养、法律素养和业务水平,努力增强把握全局、依法办事和服务保障的能力。2. 加强工作作风建设。结合人大职能特点和工作实际,严格执行市委出台的《关于贯彻落实中央和省委改进工作作风密切联系群众有关规定的实施办法》,确保昂扬向上的精神状态和求真务实的工作作风。扎实推进生态建设年、提质增效年、作风转变年"三个年"活动,开展以"为民务实清廉"为主要内容的党的群众路线教育实践活动,着力推进人民群众反映强烈的热点问题的解决。注重深入基层调查研究,努力实现决策民主化、科学化和规范化。3. 加强新闻宣传工作。坚持正确的舆论导向,丰富宣传报道形式,增强人大宣传工作实效。加强对人民代表大会制度和人大工作的研究,提高人大工作水平。开展法制宣传教育工作,推进依法治市进程。4. 加强常委会机关建设。进一步提升工作质量和服务水平。加强机关廉政建设,深入实施党风廉政建设"十百千示范带动工程"。加强与上下级人大及有关方面的工作联系。完成省人大常委会和市委交办的其他工作。

2014 年工作要点

监督工作

(一)计划和预算

1. 听取和审议市人民政府关于 2013 年市级财政预算执行和其他财政收支情况的审计报告。2. 审查和批准市人民政府关于 2013 年市级财政决算草案的报告。3. 听取和审议市人民政府关于 2014 年上半年计划执行情况的报告。4. 听取和审议市人民政府关于 2014 年上半年预算执行情况的报告。

(二)听取和审议专项工作报告

1. 听取和审议市人民政府关于市级重大基础设施建设项目贷款使用情况的报告。2. 听取和审议市人民政府关于全市公安机关执法规范化建设工作情况的报告。3. 听取和审议市人民政府关于推进依法行政工作情况的报告。4. 听取和审议市人民政府关于全市民族工作情况的报告。

(三)执法检查

1.《中华人民共和国安全生产法》。2.《中华人民共和国防震减灾法》。3.《中华人民共和国森林法》。4.《中华人民共和国职业教育法》。

(四)工作视察

1. 对贯彻落实市十届人大三次会议《关于加快依法治市进程,推动滨州科学发展、追赶超越的决定》、公正司法情况进行视察。2. 对海洋经济和海洋产业发展情况进行视察。3. 对科技工作情况进行视察。4. 对生态建设、环境保护工作情况进行视察。5. 对沿黄农业示范园区建设情况进行视察。

(五)其他工作

1. 执法责任制标准化建设工作。2. 规范性文件备案审查工作。3. "滨州环保世纪行"活动。4. 信访工作。

调研工作

1. 对电子商务应用情况进行调研。2. 对工业企业自主创新情况进行调研。3. 对保障性住房建设和分配情况进行调研。4. 对《中华人民共和国动物防疫法》贯彻实施及畜牧工作情况进行调研。5. 对食品药品安全暨监管体制改革情况进行调研。6. 对新型城镇化建设情况进行调研。

代表工作

1. 修订《滨州市人民代表大会常务委员会人事任免办法》，完善任免工作；组织开展政府组成部门负责人向人大常委会述职活动。2. 修订《滨州市人民代表大会代表议案处理暂行办法》和《滨州市人民代表大会代表建议、批评和意见办理办法》，进一步强化代表议案和建议办理工作。3. 规范代表小组活动和代表履职行为，创新代表活动方式，更好地发挥代表在闭会期间的作用。4. 举办市人大代表履职专题讲座，进一步提高代表素质；举办县乡人大干部培训班，加强基层人大规范化建设。

自身建设

1. 加强思想政治建设。把学习贯彻落实十八届三中全会和习近平总书记系列讲话精神作为人大当前和今后一个时期的首要政治任务，把思想和行动统一到中央和省市委的决策部署上来。认真学习党的十八届三中全会关于"推动人民代表大会制度与时俱进"的新部署和关于加强社会主义民主政治建设的新要求，始终坚持党的领导、人民当家作主、依法治国有机统一，认真探索推进人民代表大会制度与时俱进的理论和实践问题，以新的理论成果指导人大工作实践，全面提高常委会组成人员和机关工作人员的思想政治素养、法律素养和业务水平。2. 加强工作作风建设。扎扎实实组织好党的群众路线教育实践活动，贯彻落实中央八项规定，有效解决"四风"问题，始终保持昂扬向上的精神状态和求真务实的工作作风。深入基层调查研究，努力实现决策民主化、科学化和规范化，健全完善各项制度，把党风廉政责任制落到实处。3. 加强宣传调研工作。坚持正确的舆论导向，丰富宣传报道形式，增强人大宣传工作实效，进一步深化全社会对人民代表大会性质、地位、作用的认识。加强对人大制度和人大工作的理论研究，提高理论水平和工作质量。开展法制宣传教育工作，推进依法治市进程。4. 加强常委会机关建设。贯彻落实好《党政机关厉行节约反对浪费条例》《党政机关国内公务接待管理规定》，根据实际修订机关一系列规章制度；组织好《滨州人大志》编写；以档案工作升级为抓手，促进文件档案管理规范化建设；加强与上下级人大及有关方面的工作联系，完成省人大常委会和市委交办的其他工作，推进"四型机关"建设，提升机关服务质量和水平。

2015 年工作要点

（2015 年 2 月 11 日滨州市第十届人大常委会第 29 次主任会议通过）

监督工作

（一）计划和预算

1. 听取和审议市人民政府关于 2014 年市级财政预算执行和其他财政收支情况的审计报告。2. 审查和批准市人民政府关于 2014 年市级财政决算草案的报告。3. 听取和审议市人民政府关于 2015 年上半年计划执行情况的报告。4. 听取和审议市人民政府关于 2015 年上半年预算执行情况的报告。

（二）听取和审议专项工作报告

1. 听取审议市人民政府关于"十二五"规划实施情况及"十三五"规划纲要（草案）的报告，审查"十三五"规划纲要（草案）。2. 听取和审议市人民政府关于市级重大基础设施建设项目贷款使用情况的报告。3. 听取和审议市人民政府关于全市旅游工作发展情况的报告。4. 听取和审议市人民政府关于城区重点河道（新立河和秦台河）治理情况的报告。5. 听取和审议市人民政府关于全市学前教育工作情况的报告。6. 听取和审议市中级人民法院关于刑事审判工作情况的报告。7. 听取和审议市人民检察院关于查办和预防职务犯罪工作情况的报告。

（三）执法检查

1.《中华人民共和国消防法》。2.《中华人民共和国消费者权益保护法》。3.《中华人民共和国体育法》。

（四）工作视察

1. 对适应“新常态”经济发展方式转变情况进行视察。2. 对全市农村土地承包经营权确权登记颁证情况进行视察。3. 对全市就业创业工作情况进行视察。4. 对《中华人民共和国食品安全法》贯彻实施情况进行视察。

（五）其他工作

1. 进一步规范选举任免。开展政府组成部门负责人向人大常委会述职工作。2. 执法责任制标准化建设工作。3. 规范性文件备案审查工作。4. 开展以促进生态文明建设为主题的“滨州环保世纪行”活动。5. 信访工作。

调研工作

1. 对全市服务业发展情况进行调研。2. 对全市农田水利设施产权制度改革和创新运行管护机制进行调研。3. 对《山东省实施〈中华人民共和国人民防空法〉办法》贯彻实施情况进行调研。4. 对全市广播电视事业发展情况进行调研。5. 对农村公路“三通”建设及管理情况进行调研。

代表工作

1. 组织全市人大代表履职学习、各级代表小组召集人学习、全市人大干部学习培训班。2. 加强对闭会期间代表活动的指导，组织代表闭会期间活动。3. 强化对代表履职的监督力度，加强《滨州市人民代表大会代表履职守则》的学习宣传，建立驻滨省人大代表和市人大代表的履职档案。4. 推进人大代表接待站工作。5. 开展优秀市十届人大代表评选活动。6. 评选优秀市十届人大代表建议和建议承办先进单位，督促承办单位学习《滨州市人民代表大会代表议案处理办法》《滨州市人民代表大会代表建议、批评和意见办理办法》的相关规定，切实提高代表议案、建议质量和办理效果。7. 加强对县区人大工作指导，继续做好市人大代表向选举单位述职。

自身建设

1. 加强思想政治建设。认真学习贯彻党的十八大、十八届三中、四中全会和习近平总书记系列重要讲话精神，学习贯彻中央和省、市委重要会议精神，坚定不移用“四个全面”统一思想推进工作。认真贯彻全市人大工作会议精神，把省、市委有关加强和改进人大工作的意见落到实处。不断提高常委会组成人员和机关工作人员的思想政治素养、法律素养和业务水平，努力增强把握全局、依法办事和服务保障的能力。2. 加强工作作风建设。继续巩固拓展党的群众路线教育实践活动成果，严格执行中央八项规定，坚守党的政治纪律和政治规矩，自觉践行“三严三实”要求。不断完善常委会议事程序和工作规范，深入基层调查研究，努力实现决策民主化、科学化和规范化，始终保持昂扬向上的精神状态和求真务实的工作作风。履行好党风廉政建设的“两个责任”，把中央从严治党的部署要求落到实处。3. 加强新闻宣传工作。坚持正确的舆论导向，丰富宣传报道形式，增强人大宣传工作实效。加强对人民代表大会制度和人大工作的研究，提高人大工作水平。开展法制宣传教育工作，推进依法治市进程。4. 加强常委会机关建设。切实加强机关干部队伍、基础设施、信息化等各项建设，完善工作机制，提升机关工作质量和服务水平，为常委会依法履职提供更好服务。加强与上下级人大及有关方面的工作联系。完成省人大常委会和市委交办的其他工作。

2016 年工作要点

（2016 年 3 月 2 日滨州市十届人大常委会第 39 次主任会议通过）

立法工作

1. 编制年度立法计划和立法规划。2. 开展有关地方性法规草案的立法调研工作。3. 选聘常委会立法专家咨询委员会顾问及专家，建立立法专家库。4. 通过多种渠道广泛征求意见，建立立法联系点。5. 做好法规草案的审议工作。6. 加强对市政府规章及规范性文件的备案审查工作。

监督工作

（一）计划和预算

1. 听取审议 2015 年市级财政预算执行和其他财政收支情况的审计报告。2. 审查批准 2015 年市级财政决算草案的报告。3. 听取审议市人民政府关于滨州市 2016 年上半年国民经济和社会发展计划执行情况的报告。4. 听取审查市人民政府 2016 年上半年预算执行情况的报告。

（二）听取和审议专项工作报告

1. 市人民政府《关于我市“六五”普法、依法治市情况和“七五”普法规划的报告》，并作出《滨州市人民代表大会常务委员会关于在全市公民中开展第七个五年法制宣传教育的决议》。2. 市人民政府关于《滨州市 2016 年－2020 年依法治市规划（草案）》，并作出相应的决议。3. 市人民政府关于全市科技创新驱动经济发展工作情况的报告。4. 市人民政府关于全市宗教工作情况的报告。5. 市中级人民法院关于开展行政审判工作情况的报告。6. 市人民检察院关于司法规范化建设情况的报告。

（三）执法检查

1.《中华人民共和国妇女权益保障法》;2.《中华人民共和国安全生产法》;3.《中华人民共和国税收征收管理法》;4.《中华人民共和国农产品质量安全法》;5.《中华人民共和国大气污染防治法》。

（四）工作视察

1. 对全市扶贫攻坚工作进行视察。2. 对全市水生态文明城市创建工作情况进行视察。3. 对全市国道省道高速路建设情况进行视察。4. 对全市“全面改薄”和解决城镇普通中小学大班额问题工作情况进行视察。5. 对全市基层卫生工作情况进行视察。

（五）其他工作

1. 执法责任制标准化建设工作。2.“滨州环保世纪行”活动。3. 建立市人大代表预算审查监督联络员制度，建立市人大常委会预算审查监督专家咨询委员会。4. 信访工作。

调研工作

1. 对全市新能源开发和利用情况进行调研。2. 对市属开发区经济发展及重大项目建设情况进行调研。3. 对全市城市管理行政执法工作情况进行调研。

代表工作

1. 全面做好换届选举工作。2. 规范人事任免工作，修订《滨州市人大常委会人事任免办法》，组织开展第三批市政府组成人员向市人大常委会述职。3. 修订《滨州市人大常委会代表议案处理办法》，做好代表议案以及建议、批评和意见办理工作。4. 组织全国、省、市人大代表闭会期间活动，督导全市代表小组活动及人大代表接待站运行情况。5. 检查督导滨发〔2015〕18 号文件的落实情况，检查县区、乡镇人大关于县乡人大工作和建设座谈会精神贯彻落实情况，重点是代表经费列入预算情况，机构建设及人员配备情况。

自身建设

1. 加强学习培训。推进学习型机关建设，开展“学党章党规、学系列讲话，做合格党员”学习教育，增强贯彻中央和省市委重大决策部署的自觉性和坚定性，认真做好市委部署的各项工作。开展对常委会组成人员和机关工作人员的系统培训，学习宪法法律，熟悉人大工作的议事规则和议事程序，不断提高依法履职能力和服务保障水平。2. 加强调查研究。依靠代表和群众开展工作，沉下身子了解基层实际和期盼，广泛听取代表和群众的意见建议，积极回应群众的现实关切，不断提高决策民主化、科学化水平。推进智库建设，请进来、走出去，总结基层经验，凝聚专家智慧，开展前瞻性研究，推动人大工作创新发展。3. 加强新闻宣传。探索向社会公开人大履职过程和结果的办法，及时公开工作计划、专项工作报告、审议意见、代表建议等情况，提高社会关注度、参与度，依法接受公众监督。发挥好传统媒体和新兴媒体的作用，提高人大工作透明度和影响力，深化公众对人大制度的理论认同、法律认同和情感认同，凝聚民主法治建设正能量。开展法制宣传教育，推进全民守法，让守法成为全社会自觉意识自觉行动。4. 加强机关建设。紧密结合机构和人员增加的实际，进一步健全各项制度，完善工作机制，切实提高服务保障工作水平。加强与上下级人大及有关方面的工作联系。完成省人大常委会和市委交办的其他工作。加强党风廉政建设，学习贯彻廉洁自律准则和纪律处分条例，维护人大机关为民务实清廉的良好形象。

第二节 重要工作
（2001—2016年）

内务司法工作
2001年度

执法检查

（一）4月5日至25日，市人大常委会执法检查组对全市实施《中华人民共和国律师法》情况进行了执法检查。市人大常委会内务司法工委会同市司法局采取市、县区联动的方式，听取全市司法行政机关和律师事务所贯彻执行《律师法》的情况汇报，分别召开公检法机关有关人员、律师顾问单位负责人、律师代表和案件当事人座谈会，向社会广泛征求意见和建议，对惠民县、滨城区进行抽查。市人大常委会副主任、内务司法工委主任张贵云，内务司法工委副主任蒋爱学参加执法检查。

（二）5月14日至15日，市人大常委会执法检查组对全市实施《中华人民共和国残疾人保障法》十周年情况进行了执法检查。检查组到沾化、邹平两县进行了检查，听取了县政府的工作汇报，召开了由有关部门和福利企业负责人及残疾人代表、残疾人亲属参加的座谈会，实地考察了沾化县富国镇、邹平县邹平镇残联办公场所及工作情况，走访了沾化县卫生材料厂和邹平县鲁杨化工厂两处福利企业，了解了福利企业残疾人的生产、生活、福利及文化生活等有关情况。市人大常委会副主任张贵云、内务司法工委副主任蒋爱学参加执法检查。

（三）8月10日至25日，市人大常委会执法检查组对全市贯彻实施《国家公务员暂行条例》以下简称《条例》情况进行了执法检查。检查组听取了市政府关于全市贯彻实施《条例》情况的汇报，抽查了市教委、审计局、农业局、公安局及沾化、惠民、博兴等县的部分乡镇和县直部门。市人大常委会副主任张贵云、内务司法工委副主任蒋爱学参加执法检查。

市七届人大常委会第6次会议听取并审议了市人大常委会执法检查组关于《国家公务员暂行条例》执法检查情况的报告。

（四）11月20日至25日，市人大常委会执法检查组对《中华人民共和国人民警察法》实施情况进行了执法检查。检查组听取市公安局汇报，对市公安局指挥中心、交警支队，滨城区、无棣县的部分乡镇派出所、交警队、看守所进行抽查，向市、县区两级人大代表及法院、检察院、监察局发放调查问卷1600份。市人大常委会副主任张贵云、内务司法工委副主任蒋爱学参加执法检查。

调研工作

（一）3月8日，省人大内务司法委员会副主任委员薄振明一行，到滨州对实施《中华人民共和国村民委员会组织法》情况进行调研，听取市政府汇报，到博兴、邹平等县调研。市人大常委会副主任张贵云、内务司法工委副主任蒋爱学陪同调研。

（二）9月19日至20日，省人大内司委副主任委员李春田、督查处处长张建峰到滨州检查司法监督工作情况，并到阳信县、无棣县进行检查。市人大常委会副主任、内务司法工委主任张贵云汇报了滨州市开展司法监督工作情况，内务司法工委副主任蒋爱学陪同检查。

专题会议

（一）3月23日，全市人大内务司法（法制）工作座谈会在滨州召开，内务司法工委副主任蒋爱学总结了2000年的工作情况并对2001的工作进行了安排部署。市人大常委会副主任张贵云出席会议并讲话。

（二）12月20日至21日，全市贯彻实施《中华人民共和国村民委员会组织法》经验交流会在邹平县召开，内务司法工委副主任蒋爱学传达了全省贯彻实施《中华人民共和国村民委员会组织法》经验交流会精神。市委副书记安世银、市人大常委会副主任张贵云出席会议并讲话,市委常委、组织部部长裴建华主持会议。各县区委分管书记、组织部部长、人大常委会分管主任、民政局局长及14个先进典型单位代表参加了会议。

执法责任制

8月27日,市委下发《关于调整滨州市执法责任制协调领导小组的通知》(滨委〔2001〕150号),经调整,组长为市委副书记安世银,副组长为市委常委、政法委书记吴金娃、市人大常委会副主任张贵云、市政府副市长赵怀明,成员为市中级人民法院院长任树梓、市人民检察院检察长修先哲、市委副秘书长、办公室主任李国强、市纪委副书记、市监察局局长王观庆、市人大常委会副秘书长、办公室主任张树香、市人大常委会内务司法工作委员会副主任蒋爱学、市政府副秘书长王延秀、市政府法制局局长张金华。市执法责任制协调领导小组办公室设在市人大常委会内务司法工作委员会,蒋爱学同志兼任办公室主任。

2002年度

执法检查

(一)4月10日至23日,市人大常委会执法检查组对全市贯彻实施《中华人民共和国妇女权益保障法》情况进行了执法检查。召开由市妇联、人事局、农业局、公安局等有关部门参加的座谈会,到博兴县、惠民县部分乡镇检查。市人大常委会副主任、内务司法工委主任张贵云,内务司法工委副主任蒋爱学参加执法检查。

市七届人大常委会第12次会议听取审议了市人大常委会《妇女权益保障法》执法检查组执法检查情况的报告。

(二)10月24日至25日,市人大常委会执法检查组对全市贯彻实施《中华人民共和国工会法》情况进行了执法检查。检查组听取了县区政府贯彻实施《工会法》情况的汇报。召开组织部、劳动和社会保障局等有关部门参加的座谈会。到部分企业进行实地考察。市人大常委会副主任张贵云、内务司法工委副主任蒋爱学参加执法检查。

市七届人大常委会第14次会议听取并审议了市人大常委会执法检查组关于全市贯彻实施《中华人民共和国工会法》情况的报告。

工作视察

(一)5月20日至23日,市人大常委会视察组对全市贯彻实施《全国人大常委会关于加强社会治安综合治理的决定》和开展"严打整治"工作情况进行了视察。听取有关部门汇报,召开省、市人大代表和政协委员座谈会,到滨城区、无棣县、邹平县的部分单位、企业、乡镇、村居视察。市人大常委会副主任江连仲、张贵云、郭德刚,秘书长王明仁,内务司法工委副主任蒋爱学参加视察。

市七届人大常委会第12次会议听取并审议了市人大常委会内务司法工作委员会关于市人大代表视察全市综合治理情况的报告。

(二)9月6日至16日,市人大常委会检查组对全市第七届村民委员会换届选举工作情况进行了检查。检查组听取了市政府关于村民委员会换届选举工作情况的汇报,对滨城、博兴、阳信三县区第七届村委会换届选举工作进行了重点检查,并深入到6个乡镇18个村和40多个农户,与基层干部和群众进行了广泛深入地座谈,详细了解了村民委员会换届选举工作情况。市人大常委会副主任张贵云、内务司法工委副主任蒋爱学参加检查。

市七届人大常委会第14次会议听取审议了市人大常委会检查组关于全市第七届村委会换届选举工作检查情况的报告。

执法责任制

5月31日,滨州市执法责任制协调领导小组会议召开。市委副书记安世银主持会议并讲话。市委政法委书记、副组长吴金娃,市人大常委会副主任、副组长张贵云及领导小组成员参加会议。市人大常委会内司法工委副主任、领导小组办公室主任蒋爱学宣读了《滨州市人民代表大会常务委员会关于在全市各级国家行政机关中继续实行和深化执法责任制的决定》,会议研究了贯彻落实该决定的意见,并决定在现有市委协调领导小组机构不变的情况下,市政府设立行政执法责任制领导小组,办公室设在市政府法制办,以加强对行政执法责任制工作的组织领导。

2003 年度

执法检查

7 月 14 日至 18 日,市人大常委会执法检查组对全市贯彻执行《2001—2005 年依法治市规划》决议的执行情况进行了检查。听取市政府汇报,到市工商局、建委、公安局、电业局、法院、检察院和邹平县、惠民县检查,并召开座谈会。市人大常委会副主任、内务司法工委主任张贵云,市人大常委会委员、内务司法工委副主任蒋爱学参加。

市八届人大常委会第 5 次会议听取审议市人大常委会检查组关于检查《滨州市人大常委会关于滨州市 2001—2005 年依法治市规划的决议》实施情况的报告。

工作视察

3 月 13 日至 25 日,市人大常委会检查组对全市 2002 年以来扶贫帮困情况进行了检查。采取各县区自查与市人大常委会检查组抽查相结合的方法,从开发扶贫工作的基本情况、救灾救济资金及地方财政配套资金的发放使用情况、城乡低保政策的落实情况、"社会救助工程"开展及社会捐助资金使用情况、农村"五保"供养政策的落实情况、开仓借粮情况等 7 个方面进行检查。市人大常委会副主任张贵云,市人大常委会委员、内务司法工委副主任蒋爱学参加。

市八届人大常委会第 1 次会议听取并审议了市人大常委会检查组关于全市扶贫帮困工作检查情况的报告。

专题会议

(一)3 月 20 日,全市人大内务司法和信访工作座谈会在滨州召开。内务司法工委副主任、信访室主任蒋爱学总结了 2002 年全市人大内务司法和信访工作情况,安排部署 2003 年内务司法和信访工作。市人大常委会副主任张贵云出席会议并讲话。

(二)3 月 21 日,内务司法工委召开市直内务司法部门工作座谈会,市人大常委会副主任张贵云出席会议并讲话。

执法责任制

5 月 20 日,全市执法责任制工作总结表彰电视会议召开,对在 2002 年全市执法责任制工作中涌现出的 35 个先进集体和 50 名先进个人进行表彰,并通报全市执法责任制情况及 2003 年工作安排。市委副书记、市纪委书记吴金娃出席会议,市人大常委会副主任张贵云、副市长赵怀明分别作了讲话。

2004 年度

执法检查

(一)7 月 26 日至 29 日,市人大常委会执法检查组对全市贯彻实施《中华人民共和国劳动法》情况进行了执法检查。检查组听取了市政府关于劳动法贯彻落实情况的汇报,并抽查了市直以及阳信、无棣、邹平三县的部分企业。市人大常委会副主任张贵云,市人大常委会委员、内务司法工委副主任蒋爱学参加执法检查。

市八届人大常委会第 11 次会议听取并审议了市人大常委会执法检查组关于检查《中华人民共和国劳动法》实施情况的报告。

(二)9 月 2 日至 3 日,省人大执法检查组到滨州对《中华人民共和国工会法》贯彻实施情况进行执法检查。检查组听取了全市及邹平县贯彻实施工会法情况的汇报,并检查了魏桥创业集团。省人大内司委副主任委员刘学德,省人大内司委委员、省总工会副主席王祝玉等到滨检查。市委副书记裴建华,市人大常委会副主任、市总工会主席朱向旭,市人大常委会委员、内务司法工委副主任蒋爱学陪同检查。

(三)11 月 15 日至 18 日,市人大常委会执法检查组对全市贯彻实施《中华人民共和国工会法》和《山东省实施〈中华人民共和国工会法〉办法》(以下简称“一法一办法”)情况进行了执法检查。到驻滨各高等院校、滨州化工集团、滨魏工业园、滨州盟威制造有限公司、滨州交运集团和滨城区、博兴县及其部分企业进行了实地检查。并委托惠民、阳信、无棣、沾化及邹平县人大常委会对辖区内贯彻实施“一法一办法”情况进行了检查。市人大常委会副主任、市总工会主席朱向旭,市人大常委会委员、内务司法工委副主任蒋爱学参加执法检查。

市八届人大常委会第13次会议听取审议了市人大常委会执法检查组关于检查全市实施工会法情况的报告。

专题会议

3月2日,全市人大内务司法和信访工作座谈会在滨州召开。内务司法工委副主任蒋爱学总结了2003年全市人大内务司法和信访工作情况,安排部署了2004年内务司法和信访工作。市人大常委会副主任张贵云出席会议并讲话。

2005年度

执法检查

(一)3月25日至30日,市人大常委会执法检查组对全市贯彻落实《中华人民共和国妇女权益保障法》《中华人民共和国未成年人保护法》情况进行了执法检查。全面了解全市当前面临的新情况、新形势,总结经验,查找问题,剖析原因,提出建议,督促有关单位改进执法工作,在全社会营造尊重妇女,维护未成年人合法权益的浓厚氛围。市人大常委会副主任郭德刚,市人大常委会委员、内司工委副主任蒋爱学参加执法检查。

市八届人大常委会第15次会议听取审议了市人大常委会执法检查组关于检查《中华人民共和国妇女权益保障法》《中华人民共和国未成年人保护法》实施情况的报告。

(二)5月20日至27日,市人大常委会执法检查组对全市贯彻实施《中华人民共和国行政许可法》情况进行执法检查。检查组听取了市政府贯彻实施《中华人民共和国行政许可法》的有关情况汇报,视察了市行政审批服务中心,先后到市出入境检验检疫局、工商局、环保局、国土资源局、建设局、交通局、公安局、农业局、卫生局等九个市直部门和阳信县进行检查,听取了情况汇报,查阅了相关资料,查看了制度建设情况,并现场发放问卷调查。市人大常委会副主任李成明、苏乃军、郭德刚,秘书长张树香,市人大常委会委员、内司工委副主任蒋爱学,市人大常委会委员纪家华、姜力参加执法检查。副市长赵怀明陪同检查。

6月18日至19日,市八届人大常委会第16次会议,听取审议了市人大常委会执法检查组关于检查《中华人民共和国行政许可法》实施情况的报告。

工作视察

10月12日至14日,省人大常委会副主任、内司委主任委员莫振奎率领省人大视察组到滨州就“平安山东”建设情况进行视察。视察组听取了市政府、滨城区政府和邹平县政府的工作汇报,视察了市长公开电话受理中心,滨城区益民小区、市西派出所,邹平县韩店镇东白村、魏桥纺织工业园等单位,并召开了在基层工作的省、市、县人大代表座谈会。在滨期间,视察组还参观了滨州新区、滨州经济开发区、中海、大高航空城等。省人大常委会委员、内司委副主任委员王庆才,省人大代表李凤娥、袁海芳等参加视察。市委书记、市人大常委会主任孙德汉,市委副书记、市长安世银,市人大常委会副主任李成明,市委常委、政法委书记步乃章,市委常委、邹平县委书记刘士合,市人大常委会副主任、内务司法工委主任郭德刚,副市长赵怀明等陪同视察。

调研工作

10月25日,内务司法工委在充分调研的基础上,起草了滨州市人大常委会《关于市人大代表旁听市中级人民法院审理案件的办法(草案)》,并提请市八届人大常委会第19次会议审议通过了该办法。

专题会议

(一)3月21日,市人大常委会内务司法工委召开市直内务司法部门工作座谈会。市人大常委会委员、内务司法工委副主任蒋爱学通报了市人大常委会内司工委2004年的工作情况和2005年的工作打算,向内司工委所联系的19个市直内务司法部门、驻滨部队及工会、妇联、共青团等群众团体征求了对市人大常委会和内司工委的意见和建议。有关部门的负责同志就今后如何加强内务司法方面的监督工作谈了意见和建议。

市人大常委会副主任郭德刚出席会议,并就市人大内司工委加强与对口部门联系,共同增强大局意识,全面推进依法行政、公正司法,保证各项职能作用的充分发挥讲了意见。市人大常委会内务司法工委全体人员、市直内务司法机关及各群众团体的负责同志参加会议。

(二)3月23日至24日,全市人大内务司法和信访工作座谈会在无棣县和沾化县召开,会议总结了2004年全市人大内务司法和信访工作情况,安排部署了2005年内务司法和信访工作。市人大常委会副主任郭德刚出席会议并讲话。

(三)8月11日,全市"行政执法相对人监督评议行政执法人员"试点工作座谈会在博兴县和市地税局召开。市直12个行政执法部门试点单位参加会议,与会人员参观了博兴县地税局办税大厅和陈户税务分局。市人大常委会副主任郭德刚出席会议并讲话。

(四)12月9日,市人大常委会召开纪念《中华人民共和国劳动法》颁布实施十周年座谈会。市委常委、市总工会主席田宝礼出席会议并讲话,市人大常委会副主任郭德刚就《劳动法》的进一步贯彻实施提出了具体要求。副市长赵怀明出席会议。市人大常委会内务司法工委、市委宣传部、市法院、市检察院、市劳动和社会保障局、市总工会、市司法局等市直有关部门负责人,滨化集团、滨印集团、滨州渤海活塞集团等企业负责同志参加座谈会。

2006年度

执法检查

(一)5月16日至19日,市人大常委会执法检查组对全市贯彻落实《中华人民共和国劳动法》情况进行了执法检查。检查组一行听取了市政府贯彻执行《中华人民共和国劳动法》和相关法律法规的汇报,召开了市直有关部门参加的座谈会。并深入到滨城区、博兴县、无棣县及滨州魏桥科技工业园、华纺股份有限公司、博兴县京博集团、无棣县鲁北企业集团、滨城区亚光集团等9家不同性质的企业进行了检查。市人大常委会副主任、内司工委主任郭德刚,市人大常委会秘书长张树香,市人大常委会委员、内司工委副主任蒋爱学等参加执法检查,副市长赵怀明等陪同检查。

6月27日,市八届人大常委会第27次会议听取并审议了市人大常委会执法检查组关于检查《中华人民共和国劳动法》实施情况的报告。常委会组成人员提出以下意见建议:一是强化宣传,提高认识,真正在全社会形成重视《劳动法》、宣传《劳动法》、贯彻《劳动法》的浓厚氛围。二是大力推行积极就业政策,千方百计扩大就业。三是进一步加大《劳动法》执法力度。四是全力推进社会保险扩面征缴。五是加大劳动保障经费投入。六是切实加强劳动保障执法队伍建设。

听取和审议专项工作报告

市八届人大常委会第28次会议听取审议了市人民检察院关于全市检察机关开展法律监督工作情况的汇报。

工作视察

9月5日至8日,市人大常委会视察组对全市公安基层基础工作进行了视察。视察组听取了全市公安基层基础工作情况汇报,先后视察了市公安局及滨州经济开发区公安分局、滨城区公安分局、无棣县公安局和邹平县公安局的看守所、派出所、刑警队等23个公安单位。9月11日还就视察情况进行了反馈。市人大常委会副主任郭德刚,市人大常委会委员蒋爱学、杨玖庆、李淑忠,市人大代表高曰荣、苑凤奎参加视察。市长助理、市公安局局长毕宝文等陪同视察。

市八届人大常委会举行第27次会议听取审议了市人大常委会视察组关于视察全市公安基层基础建设情况的报告。

调研工作

（一）5 月 11 日至 12 日，省人大常委会委员、内司委副主任委员杨文胜，团省委副书记孙爱军带领省人大执法调研组，到滨州就《山东省青年志愿服务规定》的贯彻落实情况进行调研。调研组听取了市政府贯彻实施《山东省青年志愿服务规定》和开展青年志愿服务活动情况的汇报，召开了有关部门和青年志愿者、受助对象代表参加的座谈会，并到滨州学院、滨州职业学院，山东西王集团、邹平县实验中学等进行了实地调研，参观了青年志愿者服务基地。市人大常委会副主任郭德刚、张冠文，副市长赵怀明，市人大常委会委员、内司工委副主任蒋爱学等陪同调研。

（二）8 月 9 日至 11 日，市人大常委会调研组到市中级人民法院及滨城区、惠民县人民法院和部分人民法庭，就法院基层基础建设情况进行了调研。听取了法院的工作汇报，召开了基层法官座谈会。市人大常委会副主任郭德刚，市人大常委会委员，内务司法工委副主任蒋爱学等参加调研。

市八届人大常委会第 26 次会议听取审议了市中级人民法院关于加强基层基础建设情况的报告。

（三）9 月 22 日至 23 日，省人大常委会委员、法制委副主任委员王国庆、梁德超带领济南、青岛、淄博三市人大法制委负责人到滨州参观考察。考察团一行先后到大高航空城、亚光集团、盟威制造高新技术工业园、滨州汽车工业园、愉悦家纺、黄河公铁两用大桥、惠民魏氏庄园、孙子兵法城、滨州学院、新滨公园及滨州市新区和滨州经济开发区进行参观考察。市委书记、市人大常委会主任孙德汉，市委副书记、市长安世银，市委副书记侯宪秀，市人大常委会副主任李成明、郭德刚，市人大常委会秘书长张树香等陪同考察。

专题会议

3 月 21 日，全市人大内务司法工作座谈会在滨州召开。市人大常委会委员、内务司法工委副主任蒋爱学通报了市人大常委会内务司法工委 2005 年的工作情况和 2006 年的工作要点。各县区人大及有关部门的负责同志就今后如何加强内务司法工作谈了意见和建议。市人大常委会副主任郭德刚出席会议，并就如何做好新形势下的人大内务司法工作讲了意见。市人大常委会秘书长张树香，各县区人大分管内务司法工作的副主任、法工委（法制室）主任，市人大常委会内务司法工委联系的市直单位负责同志参加了会议。

执法责任制

（一）2 月 28 日，2003—2005 年度全市执法责任制工作经验交流及总结表彰大会在滨州召开。邹平县、无棣县、市地税局、市公安局利用光盘介绍了经验。对 40 个优秀执法、司法机关和 122 个优秀执法、司法人员进行了表彰。各县区人大分管副主任、法工委（室）主任及市直各执法部门负责人参加了会议。市委副书记吴金娃，市人大常委会副主任郭德刚等出席会议。

（二）3 月 16 日，市委下发《关于调整滨州市执法责任制协调领导小组的通知》（滨委〔2006〕60 号），经调整，组长为市委副书记、市纪委书记吴金娃，副组长为市委常委、政法委书记步乃章、市人大常委会副主任、内务司法工委主任郭德刚、市政府副市长赵怀明，成员为市中级人民法院院长宋文明、市人民检察院检察长赵继明、市人大常委会秘书长张树香、市纪委副书记、监察局局长史德高、市委副秘书长、办公室主任李国强、市人大常委会委员、内务司法工作委员会副主任蒋爱学、市政府副秘书长、办公室主任杨光军、市政府副秘书长、法制办主任孟宪平。市执法责任制协调领导小组办公室设在市人大常委会内务司法工作委员会，蒋爱学同志兼任办公室主任。

2007 年度

工作视察

（一）5 月 30 日至 31 日，市人大常委会视察组对市中级人民法院开展审判工作监督情况进行了视察。听取市中级人民法院汇报，召开部分法官参加的座谈会，查看审判工作监督有关资料，到滨城区和邹平县人民法院进行了视察。市人大常委会副主任郭德刚、秘书长张树香、市人大常委会委员蒋爱学、姜力、高彬儒，市人大代表高曰荣、孙泽忠、陈艳参加视察。

市八届人大常委会第 33 次会议听取并审议了《滨州市中级人民法院关于开展审判工作监督情况的报告》。

（二）10 月 23 日至 24 日，市人大常委会组织两个视察组，分别由市人大常委会副主任李成明、副主任田宝礼、副主任郭德刚带队，到滨城区和滨州经济开发区对全市省级文明城市创建工作进行了视察，并分别召开了部分部门负责人参加的座谈会，听取了创城工作情况汇报。全国人大代表刘凤、董凤华、省人大代表刘相庆、杨玖庆、李风娥、袁海芳，市人大常委会委员蒋爱学、李凯等参加了视察。市委常委、市委宣传部部长祁维华，副市长崔亚妮，市长助理、市公安局局长韩吉顺陪同视察。

调研工作

（一）4月4日至6日，市人大常委会调研组对全市城乡社会救助工作情况进行了调研。调研组赴无棣、阳信、博兴等县听取了县政府城乡社会救助工作情况的汇报，召开了由民政、教育等部门负责人参加的座谈会。到困难企业、乡镇、村实地查看，并深入到救助对象、五保对象家中座谈交流，进行了问卷调查。市人大常委会副主任郭德刚、市人大常委会秘书长张树香、市人大常委会委员蒋爱学、吴国瑞、李淑忠、高玉君参加调研。

市八届人大常委会第31次会议听取并审议了市人民政府关于全市城乡社会救助工作情况的报告。

（二）4月12日至13日，省人大内司委调研组到滨州对《山东省预防和制止家庭暴力的决议》实施情况进行执法调研。调研组听取了滨州市关于《山东省预防和制止家庭暴力的决议》贯彻实施情况的汇报；实地查看了滨城区法院"维权合议庭"、市公安局"家庭暴力110报警中心"、市公安局开发区魏桥科技工业园"妇女维权之家"，并在邹平县召开了由"维权协调组"有关成员参加的座谈会。还参观了滨州黄河公铁两用特大桥、滨州经济开发区、大高通用航空城。省人大常委会委员、内司委副主任委员杨文胜，省妇联副主席宋立华等参加调研。市人大常委会副主任郭德刚、张冠文，市长助理、公安局局长韩吉顺，市人大常委会委员、内务司法工委副主任蒋爱学，市政府副秘书长及建冰，市妇联主席杨淑云等陪同调研。

专题会议

（一）4月2日，全市人大内务司法暨"监督评议"工作现场会在滨城区召开。会议通报了2006年内务司法工作情况，部署了2007年的工作，交流了2006年开展"行政执法相对人监督评议行政执法人员"工作经验和体会。市人大常委会副主任郭德刚出席会议并讲话。讲话要求，一要进一步认识开展"监督评议"工作的重大意义。二是抓重点，推进"监督评议"工作向纵深发展。三是以学习宣传贯彻监督法为契机，切实增强人大内务司法工作的实效。

（二）9月28日至29日，全省人大内务司法工作座谈会在滨州召开。省人大常委会副主任、内司委主任委员莫振奎出席会议并讲话。市委书记、市人大常委会主任孙德汉出席会议并致词。省人大常委会委员、内司委副主任委员刘忠泉、刘学德、邢来田、王庆才，省人大常委会副秘书长毛春智，省人大内司委副巡视员张伯厚，市人大常委会副主任李成明，市人大常委会副主任、内司工委主任郭德刚出席会议。会议传达了全国人大内务司法工作座谈会精神，各市人大内司委进行了交流发言。与会人员还参观了愉悦家纺、黄河公铁两用特大桥、滨州学院、新滨公园、滨州城市规划展、中海天地桥、普莱德汽车工业园、盟威工业园、魏氏庄园等。

（三）9月13日，召开全市推行执法责任制10周年座谈会。回顾交流经验和体会，探讨深化执法责任制工作的新思路、新途径。会上，部分县区人大和市直部门作经验介绍。市人大常委会副主任、市执法责任制协调领导小组副组长郭德刚出席会议并讲话。讲话要求，一要进一步提高做好新形势下执法责任制工作的认识。二要进一步加强领导，为深化执法责任制工作提供强有力的保证。三要进一步抓好执法责任制工作的创新。四要进一步加强伍建设。各县区人大常委会分管副主任、县区执法责任制办公室和政府法制办负责人、市直19个主要执法部门和法检两院负责人参加会议。

2008年度

执法检查

（一）6月12日至13日，市人大常委会执法检查组对全市贯彻实施《中华人民共和国未成年人保护法》情况进行了执法检查。检查期间，听取了市政府、滨城区和沾化县政府的工作汇报，召开了由法院、公安、司法、教育、民政、文化、团委等部门负责人参加的座谈会，实地考察了滨城区北镇办事处化工社区、滨城区第三中学和沾化县冯家一中,并在两所学校分别召开了部分师生座谈会。市人大常委会副主任、秘书长张冠文,市人大常委会委员蒋爱学、白咸勇、董风华、张献青参加执法检查。

市九届人大常委会第4次会议听取并审议了市人大常委会执法检查组关于检查未成年人保护法实施情况的报告。

(二)9月23日至25日,市人大常委会执法检查组对全市贯彻实施《中华人民共和国劳动合同法》(以下简称《劳动合同法》)情况进行了执法检查。检查组先后听取了市政府及滨城区、邹平县、阳信县人民政府关于贯彻实施《劳动合同法》情况的汇报,召开了市、县区直有关部门负责人参加的座谈会,并深入到纺织、商业、机械加工、矿山、餐具、电了等企业进行了实地调查,召开了部分职工座谈会,发放了问卷调查表。市人大常委会副主任张冠文,市人大常委会委员蒋爱学、王悦华、刁万祥,市人大代表袁金平参加执法检查。

市九届人大常委会第7次会议听取并审议了市人大常委会执法检查组关于检查《中华人民共和国劳动合同法》实施情况的报告。

(三)9月9日,省人大常委会委员、省人大内务司法委员会主任委员陈明甫带领执法检查组到滨,对实施《中华人民共和国法官法》和《中华人民共和国检察官法》情况进行执法检查。检查组听取了市中级人民法院和市人民检察院汇报,召开由司法行政部门负责人、法官、检察官、律师、人大代表参加的座谈会,到市中级人民法院、市人民检察院检查。市人大常委会副主任张冠文,市中级人民法院院长宋文明,市人民检察院检察长赵继明,市人大常委会委员、内务司法工委主任蒋爱学陪同执法检查。

工作视察

(一)3月31日至4月2日,市人大常委会视察组对全市就业再就业工作情况进行了视察。视察期间,听取了市政府及惠民县、博兴县政府关于就业再就业工作情况的汇报,分别召开了市县两级有关部门负责人参加的座谈会。实地视察了市劳动和社会保障局劳动保障服务大厅。市人大常委会副主任、秘书长张冠文,市人大常委会委员蒋爱学、李淑忠,市人大代表张学强、景爱莲、齐民超参加视察。

市九届人大常委会第2次会议听取并审议了市政府关于全市就业再就业工作情况的报告。

(二)4月8日至9日,市人大常委会视察组对“平安滨州”建设情况进行了视察。视察组先后听取了市政府及滨城区、无棣县政府关于“平安滨州”建设情况的汇报,分别召开了市县区综治办、公安局等部门负责人参加的座谈会。先后深入到滨州学院、滨州市公安局滨城分局及市东和北镇派出所、滨城区彭李办事处学苑社区及丽景新园、无棣县马山子镇及下泊头村、山东埕口盐化有限责任公司,实地视察了“平安校园”、“平安社区”、“平安家园”、“平安村庄”、“平安企业”的建设情况。市人大常委会副主任、秘书长张冠文,市人大常委会委员蒋爱学、宋守松、林全治、张献青,全国人大代表董风华参加了视察。

市九届人大常委会第3次会议听取并审议了市人大常委会视察组关于“平安滨州”建设情况的视察报告。

调研工作

(一)5月26日至27日,市人大常委会调研组对市中级人民法院执行工作情况进行了调研。调研期间,分别听取了市中级人民法院及滨城、无棣、博兴等县区基层法院执行工作情况的汇报,并召开了市、县区两级法院执行工作人员座谈会。市人大常委会副主任、秘书长张冠文,市人大常委会委员、内务司法工委主任蒋爱学参加调研。

市九届人大常委会第4次会议听取并审议市中级人民法院关于全市执行工作情况的报告。

(二)7月30日至8月1日,市人大常委会调研组对市人民检察院查办和预防职务犯罪工作进行了调研。分别听取了市检察院和无棣、邹平、滨城区等基层检察院以及市国税局、公路局、供电公司等单位的工作汇报,查看了相关资料,召开了部分基层检察官座谈会。市人大常委会副主任张冠文,市人大常委会委员、内务司法工委主任蒋爱学参加调研。

市九届人大常委会第6次会议听取并审议了市人民检察院关于查办和预防职务犯罪工作的报告。

专题会议

3月26日,全市人大内务司法工作座谈会在滨州召开。内务司法工委主任蒋爱学总结了2007年内务司法工作情况,对2008年的工作进行了安排部署。市人大常委会副主任张冠文出席会议并讲话。

执法责任制

对全市2006—2008年度执法责任制工作进行了检查考评。根据2008年的工作安排,按照市执法责任制协调领导小组和市人大常委会"关于执法责任制工作每三年考评表彰一次"的规定,市执法责任制协调领导小组办公室于2008年12月,由市人大常委会内务司法工作委员会与市政府法制办、市监察局组成4个考核组,对各县区和市直各执法部门2006—2008年度开展执法责任制情况进行了全面检查和考评。

2009年度

执法检查

5月18日至20日,市人大常委会执法检查组对全市贯彻实施《中华人民共和国行政许可法》(以下简称行政许可法)的情况进行了执法检查。检查期间,听取了市政府贯彻实施行政许可法情况的汇报,召开了市安监局、环保局等8个行政许可实施机关负责人参加的座谈会,实地查看了市公共行政审批服务中心和市公安局交警支队车管所综合服务大厅,抽查了惠民、沾化和邹平三县贯彻实施行政许可法的情况。市人大常委会副主任张冠文,市人大常委会秘书长李国强,市人大常委会委员蒋爱学、李强、刁万祥、李树忠参加执法检查。

市九届人大常委会第11次会议听取并审议了滨州市人大常委会执法检查组关于检查《中华人民共和国行政许可法》实施情况的报告。

工作视察

9月23日至24日,市人大常委会视察组对全市社会治安情况进行了视察。视察组听取了市政府及经济开发区、滨城区和惠民县的汇报,实地视察了开发区公共突发性事件处置系统演练及县区公安基层派出所、社区、学校和农村。市人大常委会副主任张冠文,市人大常委会委员蒋爱学,市人大代表张秀堂、袁金平、周国辉、齐民超、刘爱玉、刘宁宁参加视察。

市九届人大常委会第13次会议听取并审议了市政府关于全市社会治安工作情况的报告。

调研工作

(一)3月25日至28日,市人大常委会调研组对全市民政工作情况进行了调研。调研期间,分别听取了市民政局、无棣县、阳信县、惠民县政府的工作汇报,召开了市、县有关部门负责人座谈会,并到3个乡镇、2个村8个低保户、优抚户和3个敬老院以及市优抚医院、社会福利院进行了实地调研和走访。市人大常委会副主任张冠文,市人大常委会委员、内务司法工委主任蒋爱学参加调研。

市九届人大常委会第10次会议听取审议了市政府关于全市民政工作情况的报告。

(二)4月8日至10日,市人大常委会调研组对全市"以创业带动就业"工作情况进行了调研。调研组听取了市政府及滨城区、博兴县政府关于关于"以创业带动就业"工作情况的汇报,召开了有关部门负责人参加的座谈会,并到滨州学院实地调研,听取大学生关于择业、就业、创业的想法和意见建议。市人大常委会常务副主任曹兴宽,副主任张冠文,市人大常委会委员蒋爱学、王建邦参加调研。

(三)11月19日至20日,市人大常委会调研组对全市法律服务工作进行了调研。调研组先后深入山东正鉴律师事务所、无棣镇司法所、车镇乡司法所、山东王宁律师事务所、博兴县锦秋街道办事处司法所、陈户镇司法所、山东黄河律师事务所,通过听取汇报、实地查看、召开座谈会等形式对全市法律服务工作进行了调查研究。市人大常委会副主任张冠文,市人大常委会委员、内务司法工委主任蒋爱学参加调研。

执法责任制

经市执法责任制协调领导小组研究,并经市委同意,2009年3月13日,市人大常委会组织召开了全市2006—2008年度执法责任制工作总结表彰大会。本次会议总结了2006—2008年度全市执法责任制工作,对推选出的全市执法战线上涌现出来的优秀执法(司法)机关(单位)和优秀执法(司法)工作者进行了表彰,对下一步的执法责任制工作进行了研究部署。市委副书记孙藕声出席会议并讲话,市人大常委会副主任、领导小组副组长张冠文参加会议。

2010 年度

执法检查

5 月 26 日至 28 日,市人大常委会执法检查组对全市贯彻实施《中华人民共和国就业促进法》和《山东省就业促进条例》(简称"一法一条例")的情况进行了执法检查。执法检查组听取了市政府及惠民县、无棣县政府关于贯彻实施"一法一条例"情况的汇报,召开了有关部门负责人参加的座谈会。实地检查了滨州技术学院和滨州市博翱职业中专。市人大常委会副主任张冠文,市人大常委会委员蒋爱学、李强、宋守松、邹继刚,市人大代表齐民超参加了执法检查。

滨州市九届人大常委会第 17 次会议听取并审议了市人大常委会执法检查组关于检查《中华人民共和国就业促进法》和《山东省就业促进条例》实施情况的报告。

工作视察

3 月 30 日至 4 月 1 日,市人大常委会视察组对全市"五五"普法规划和 2006—2010 年依法治市规划及其决议执行情况进行了视察。视察组听取了市政府及滨城区和邹平县政府的工作汇报,并召开由市直 10 个部门负责人参加的座谈会,先后到市直四个部门及滨城区、邹平县有关学校、企业、社区和农村进行了实地视察。市人大常委会副主任张冠文,市人大常委会委员蒋爱学、杨淑云、刁万祥,市人大代表袁金平、齐民超参加视察。

市九届人大常委会第 16 次会议听取并审议了市政府关于"五五"普法规划和 2006—2010 年依法治市规划及其决议执行情况的报告。

调研工作

(一)9 月 19 日至 20 日,市人大常委会调研组到市中级人民法院及滨城区、邹平县人民法院对全市法院行政审判工作情况进行了调研。市人大常委会副主任张冠文,市人大常委会委员、内务司法工委主任蒋爱学参加调研。

市九届人大常委会第 19 次会议听取并审议了市中级人民法院关于全市法院行政审判工作情况的报告。

(二)11 月 22 日至 24 日,市人大常委会调研组到市人民检察院及滨城区、惠民县和邹平县人民检察院对法律监督工作情况进行了调研。市人大常委会副主任张冠文,市人大常委会委员、内务司法工委主任蒋爱学参加调研。

市九届人大常委会第 21 次会议听取并审议了市人民检察院关于开展法律监督工作情况的报告。

执法责任制

10 月 22 日,全市执法责任制标准化建设试点工作座谈会在滨州召开。会议研究部署了启动执法责任制标准化建设试点工作,确定了第一批试点的 12 个市直部门,下发了滨州市执法责任制标准化建设实施方案。市人大常委会副主任张冠文出席会议并讲话。

2011 年度

调研工作

(一)8 月 9 日至 11 日,市人大常委会调研组对全市法院商事审判工作情况进行了调研。调研组先后到市中级人民法院及滨城区、无棣县、邹平县人民法院进行调研,听取了市县两级法院关于商事审判工作情况的汇报,召开了相关庭室及法官参加的座谈会。市人大常委会副主任张冠文,市人大常委会委员、内务司法工委主任蒋爱学参加调研。

市九届人大常委会第 26 次会议听取并审议了市中级人民法院关于全市法院商事审判工作情况的报告。

(二)10 月 10 日至 11 日,市人大常委会调研组到市人民检察院及滨城区、博兴县和阳信县人民检察院对全市检察机关三项重点工作情况进行了专题调研。市人大常委会副主任张冠文，市人大常委会委员、内务司法工委主任蒋爱学参加调研。

市九届人大常委会第27次会议听取和审议了市人民检察院关于全市检察机关深入开展三项重点工作情况的报告。

（三）10月19日至20日，市人大常委会组织部分市人大常委会委员和市人大代表，对市九届人大四次会议第9401号议案进展情况进行了调研。调研组先后到市卫生局和市民政局听取了关于养老服务社会化进展情况的汇报，并深入到杜店办事处卫生服务中心、市中办事处便民社区卫生服务站、滨城区社会福利中心、滨州市颐寿苑老年公寓等社会养老服务机构实地视察。市人大常委会委员蒋爱学、刁万祥、吴国瑞，市人大代表徐竹滨参加调研。

工作视察

（一）9月22日至23日，市人大常委会视察组对全市人才工作情况进行了视察。视察组听取了市政府和博兴县政府的汇报，先后视察了滨州活塞集团、滨州市畜牧兽医研究院、山东京博集团等企事业单位。市人大常委会副主任张冠文，市人大常委会委员蒋爱学、王博、沈志强、刁万祥，市人大代表袁金平、周国辉、王树林、齐民超参加视察。

市九届人大常委会第27次会议听取和审议了市人民政府关于全市人才工作情况的报告。

（二）11月17日，市人大常委会视察组对全市道路交通安全及消防安全工作情况进行了视察。视察组听取了市政府关于全市道路交通安全和消防安全工作情况的汇报。并到交警支队视察，实地察看了西城大队四中队、滨州汽车总站、滨州实验幼儿园、支队车管所、东城大队车管所、支队交通安全宣传教育基地、东城大队信息发布中心、东城大队事故科等单位。到消防支队视察，实地察看了滨化集团东瑞化工公司、胜利油田华滨大酒店有限责任公司、银座黄河店等单位。市人大常委会副主任张冠文，市人大常委会委员蒋爱学、王博、董风华、刁万祥，市人大代表付希平、袁金平、周国辉、齐民超参加视察。

市九届人大常委会第28次会议听取并审议了市人民政府关于全市道路交通安全及消防安全工作情况的报告。

专题会议

9月15日，全市人大规范性文件备案审查工作会议在滨州召开。会议对全市人大全面启动规范性文件备案审查工作进行了动员部署。明确了市人大常委会内部分工职责和协调一致的备案审查工作机制。市人大常委会副主任张冠文出席会议并讲话，市人大常委会委员、内务司法工委主任蒋爱学参加会议。

10月27日在市九届人大常委会第27次会议上，审议通过了《滨州市人民代表大会常务委员会规范性文件备案审查办法》。规范性文件备案审查工作的启动与开展成为全市人大发挥监督职能的又一重要方式。

执法责任制

（一）4月11日，市委下发《关于调整滨州市执法责任制协调领导小组的通知》经调整，组长为市委副书记王浩，副组长市委常委、政法委书记为胡炳山、市人大常委会副主任张冠文、市政府副市长张兆宏，成员为市中级人民法院院长宋文明、市人民检察院检察长赵继明、市人大常委会秘书长李国强 、市纪委副书记、监察局局长黎爱芬、市委副秘书长、办公室主任商玉昌、市人大常委会内务司法工作委员会主任蒋爱学、市政府副秘书长、办公室主任李福友、市政府副秘书长、法制办主任丁爱军，市执法责任制协调领导小组办公室设在市人大常委会内务司法工作委员会，蒋爱学同志兼任办公室主任。

（二）11月9日，全市执法责任制标准化建设试点工作座谈会在滨州召开。会上，现场观摩了市公安局、市烟草专卖局开展执法责任制标准化建设工作取得的成效。各县区、滨州经济开发区、各试点部门总结交流了一年来执法责任制标准化建设试点工作的经验、做法和取得的成效。市人大常委会副主任张冠文出席会议并讲话。

2012 年度

工作视察

5 月 16 日至 17 日，市人大常委会视察组对全市新型农村和城镇居民社会养老保险金发放情况进行了视察。视察组听取了市政府关于全市新型农村和城镇居民社会养老保险金发放情况的汇报，实地视察了无棣县、滨城区和滨州经济开发区，深入到 3 个乡镇办、3 个社区和 4 个村居，走访了 7 户农村和城镇居民。市人大常委会副主任韩增金，市人大常委会委员蒋爱学、杨守岭、宋家功、董风华，市人大代表王树林、周国辉、齐民超、高法滨参加视察。

调研工作

(一)9 月 13 日至 14 日，市人大常委会调研组对全市法院民事审判工作情况进行了调研。调研组到市中级人民法院及滨城区和博兴县人民法院进行了专题调研。市人大常委会副主任韩增金，市人大常委会委员、内务司法工委主任蒋爱学参加调研。

市十届人大常委会第 5 次会议听取并审议了市中级人民法院关于全市法院民事审判工作情况的报告。

(二)9 月 24 日至 26 日，市人大常委会调研组对全市检察机关查办和预防职务犯罪工作情况进行了调研。调研组到市人民检察院及市地税局、市公路局和阳信县人民检察院进行了专题调研。市人大常委会副主任韩增金，市人大常委会委员、内务司法工委主任蒋爱学参加调研。

市十届人大常委会第 5 次会议听取和审议了市人民检察院关于全市检察机关查办和预防职务犯罪工作情况的报告。

(三)9 月 6 日，省人大内务司法委员会副主任委员姚成林一行，到滨对法院加强基层建设促进公正司法工作进行调研。省人大调研组听取市中级人民法院负责人和部分基层法院院长的工作汇报，召开由市委组织部、市委政法委、市人社局有关负责人及部分省人大代表参加的座谈会。座谈会后，到滨城区人民法院进行了实地调研。市人大常委会副主任韩增金，市人大常委会委员、内务司法工委主任蒋爱学陪同调研。

(四)10 月 23 日至 24 日，省人大常委会委员、法制委员会主任委员法进衍，省人大常委会委员、法制工作委员会主任温守信带领省人大立法调研组到滨州就《山东省民用建筑节能条例(草案修改稿)》和《山东省实施〈中华人民共和国村民委员会组织法〉办法(草案修改稿)》开展立法调研。立法调研组分别召开了两项法规草案的立法调研座谈会，征求了有关部门的意见建议。实地察看了我市民用建筑节能项目建设情况。市人大常委会副主任韩增金，市人大常委会委员蒋爱学、李慎猛、李峰陪同立法调研。

(五)11 月 22 日至 23 日，全国人大内司委委员高新亭、省人大常委会副主任连承敏一行，到滨州对《中华人民共和国保密法》进行执法调研。调研组实地考察了市地税局、市环保局 2 个涉密单位，听取了市政府贯彻实施《保密法》情况的汇报，召开了由市委办公室、市政府办公室、市保密局、市公安局、市国家安全局、市经信委、市科技局等部门和市法院、市检察院等单位以及滨州渤海活塞股份有限公司、山东绿都生物科技有限公司等企业有关负责人参加的《保密法》执法调研座谈会，深入了解了法律贯彻实施情况。市委书记、市人大常委会主任邓向阳，市人大常委会常务副主任曹兴宽、副主任韩增金、李国强，市人大常委会委员、内务司法工委主任蒋爱学陪同执法调研。

专题会议

(一)4 月 24 日，全市人大内务司法工作座谈会在邹平县召开。各县区人大常委会分管主任及法制室(法工委)主任参加会议。会议总结交流了人大内务司法工作，研究部署了 2012 年工作任务。市人大常委会副主任韩增金出席会议并讲话。

(二)11 月 15 日，内务司法工委组织召开了第 9401 号议案推进落实情况座谈会，听取了市政府关于第 9401 号议案办理情况的汇报。市人大常委会内务司法工委主任蒋爱学提出以下意见建议：一是进一步加大养老服务机构建设力度。二是加强城乡老年居民的医疗保障服务。三是认真落实养老服务机构各项优惠政策。四是积极推动养老服务信息化建设。根据议案办理工作的要求，特提请市十届人大常委会第7次会议审议并通过市政府关于9401号议案办理结果的报告，并建议将该议案的办理结果报告书面印发市十届人大二次会议。

执法责任制

经市执法责任制协调领导小组研究，并经市委同意，2012年2月21日，组织召开了全市2009—2011年度执法责任制工作总结表彰大会。会议总结了2009—2011年度全市执法责任制工作，对推选出的全市执法战线上涌现出来的优秀执法（司法）机关（单位）和优秀执法（司法）工作者进行了表彰，对下一步的执法责任制及标准化建设工作进行了研究部署。市委常委、政法委书记胡炳山出席会议并讲话，副组长张冠文、张兆宏，成员宋文明、邵汝卿、桑培伦、刘冠明、商玉昌、蒋爱学、丁爱军、朱万春参加会议。

2013 年度

执法检查

6月7日，市人大常委会执法检查组对全市贯彻实施《中华人民共和国社会保险法》情况进行了执法检查。检查组听取了市政府及滨城区政府的专题汇报，分别召开了由市、区两级人社、公安、建设、财政、统计等部门负责人参加的座谈会，并到北镇办事处社保所、亚光集团、市人社局社保服务大厅和人力资源社会保障信息中心进行了实地检查。市人大常委会副主任韩增金，市人大常委会委员蒋爱学、张秀森、张炳宣、李慎猛、杨守岭、宋家功、李军参加执法检查。

工作视察

（一）3月28日至29日，市人大常委会视察组对全市贯彻落实滨州市人大常委会“六五”普法规划决议和依法治市规划决议实施情况进行了视察。视察组分别听取了市、县“一府两院”的工作汇报，并召开了由有关部门参加的座谈会，实地察看了市直机关及无棣、博兴县学校、社区、农村、调解中心、乡镇司法所等单位。市人大常委会副主任韩增金，市人大常委会委员蒋爱学、张秀森、张炳宣、李峰、董风华，市人大代表赵金成、齐民超参加视察。

（二）8月15日至16日，受省人大常委会委托，市人大常委会视察组对全市道路交通安全工作情况进行了视察。视察组听取了市政府、博兴县、无棣县政府及市县相关部门的工作汇报，召开了市县两级公安、交通等14个部门参加的座谈会，先后对滨州客运汽车总站、市公安局交警支队车管所、事故科、危化品生产运输企业、校车管理公司、农村社区等14个现场和单位进行了实地察看。市人大常委会副主任韩增金，市人大常委会委员蒋爱学、张炳宣、杨守岭、宋家功、董风华，市人大代表付希平、齐民超参加视察。市政府副市长张兆宏，副市级干部、市公安局局长桑培伦陪同视察。

（三）11月27日至28日，市人大常委会组织30多名常委会委员和市人大代表组成四个视察组，分别由常委会副主任带领，对全市贯彻落实市十届人大三次会议《关于加快依法治市进程，推动滨州科学发展、追赶超越的决定》、推进依法行政情况进行了视察。11月27日，视察组全体成员听取了市人民政府的工作汇报，实地视察了市行政审批大厅和公共资源交易中心。崔洪刚市长、张兆宏副市长参加汇报会并陪同视察。11月28日，视察组分别到7个县区和3个开发区及部分市直部门进行了视察，听取了县区政府及有关部门的工作汇报，召开了由人大代表、企业及有关部门负责人参加的座谈会，发放调查问卷73份，征求了各方面的意见建议。

市人大常委会常务副主任曹兴宽，副主任韩增金、李国强、王立勇，市人大常委会委员蒋爱学、李凯、张秀森、张炳宣、杨守岭、刁万祥、商建文、韩德富、李强、宁彩云、李慎猛、宋家功、李峰、王莉、綦跃勤，市人大代表孙泽忠、成爱华、王雪征、王树林、付希平、刘凤文、吕春勇、齐民超参加视察。

调研工作

（一）4月24日至25日，省人大常委会委员、内司委副主任委员张建华一行到滨对公安机关执法规范化建设工作情况进行调研。省人大调研组听取了市政府及邹平县政府关于公安机关执法规范化建设工作的汇报，召开了由市公安局、市法院、市检察院有关负责人及部分市人大代表、基层干警和律师参加的座谈会，对邹平县的看守所、交警大队事故科、韩店派出所进行了实地考察。市人大常委会副主任韩增金，市人大常委会委员、内务司法工委主任蒋爱学陪同调研。

（二）9月24日至25日，市人大常委会调研组对全市检察机关推进“三项建设”工作进行了调研。调研组到市人民检察院及博兴、无棣县检察院听取了专项工作汇报，先后到市检察院案件集中管理大厅、市检察宣告庭、高新区检察室、博兴县陈户检察室和无棣开发区检察室实地调研。市人大常委会副主任韩增金、市人大常委会委员、内务司法工委主任蒋爱学参加调研。

市十届人大常委会第15次会议听取并审议了市人民检察院关于全市检察机关推进“三项建设”工作的报告。

（三）10月16日至17日，省人大常委会委员、法制委员会副主任委员程辉一行，到滨州对《山东省供热条例（草案修改稿）》和《山东省厂务公开条例（草案）》进行立法调研。省人大立法调研组分别召开了两个法规的座谈会，广泛征求了有关部门、人大代表、企业代表及居民代表有关人员的意见建议。省人大立法调研组实地查看了供热企业和居民小区的供热情况。共征求意见建议30余条。市人大常委会副主任韩增金，市人大常委会委员、内务司法工委主任蒋爱学陪同立法调研。

（四）10月29日至30日，市人大常委会调研组对全市老龄工作情况进行了调研。调研组听取了市政府及惠民县政府工作情况的汇报，并到市区的黄河社区老年人日间照料服务中心、滨城区社会福利中心、市东老年公寓和惠民县的孙武街道闫家堤口村、幸福家园老年公寓、健康颐养园实地考察。市人大常委会副主任韩增金，市人大常委会委员蒋爱学、李强、张秀森、杨守岭、韩德富，市人大代表赵金成参加调研。市政府副市长张兆宏参加汇报会。

（五）11月19日，市人大常委会调研组对全市法院民事调解工作情况进行了调研。调研组到市中级人民法院对民事调解工作开展情况进行了专题调研。市人大常委会副主任韩增金，市人大常委会委员、内务司法工委主任蒋爱学参加调研。

市十届人大常委会第17次会议听取并审议了市中级人民法院关于全市法院民事调解工作情况的报告。

（六）12月11日，市人大常委会执法调研组对全市贯彻实施《中华人民共和国工会法》（以下简称《工会法》）情况进行了执法调研。调研组听取了市政府关于贯彻实施《工会法》情况的汇报，召开了由市直有关部门、2个县总工会及3个企业等有关单位负责人参加的座谈会。市人大常委会副主任韩增金，市人大常委会委员蒋爱学、李军、郑玉梅、董风华参加执法调研。

执法责任制

为深入贯彻落实市十届人大三次会议作出的《关于加快依法治市进程，推动滨州科学发展、追赶超越的决定》，不断促进依法行政和公正司法，根据市执法责任制协调领导小组办公室2013年工作计划，于2013年7月18日，召开了全市执法责任制标准化建设试点扩面工作会议。会议上，对市烟草专卖局开展执法责任制标准化建设情况进行了实地观摩，新增了15个执法责任制标准化建设试点单位，并对下一步的执法责任制标准化建设工作进行了研究部署。市人大常委会副主任、市执法责任制协调领导小组副组长韩增金参加会议并讲话。

2014年度

执法检查

（一）4月29日，受省人大委托，市人大常委会执法检查组对全市贯彻实施《山东省实施〈中华人民共和国残疾人保障法〉办法》（以下简称《实施办法》）情况进行了执法检查。执法检查组听取了市人民政府关于《实施办法》实施情况的汇报，召开了由文明办、经信、人社等13个市直有关部门参加的座谈会，并实地查看了滨州医学院附属医院脑瘫儿童康复中心、市残疾人职业康复培训中心、滨州市启程信息技术有限公司、市技术学院特教系等现场。市人大常委会副主任韩增金，市人大常委会委员蒋爱学、李强 、张秀森、张炳宣、杨守岭参加执法检查。

（二）9月16日至17日，省人大常委会委员、内务司法委员会副主任委员张建华一行，到滨州对《山东省行政复议条例》(以下简称《条例》)进行执法检查。省人大执法检查组听取了市人民政府关于《条例》贯彻实施情况的汇报,召开了市中级人民法院、市信访局、市政府法制办、市公安局、人社局、国土资源局、住建局、交通运输局、卫生局、人口计生委、环保局、工商局、质监局、食品药品监督管理局等市直有关部门负责同志参加的座谈会。实地查看了市公安局办理行政执法案件情况和市政府法制办公室办理行政复议案件情况。省人大执法检查组赴沾化县,听取了县政府贯彻实施《条例》的情况汇报,检查了行政复议案件办理情况。市人大常委会副主任韩增金,市政府副市长张兆宏,市人大常委会委员、内务司法工委主任蒋爱学陪同执法检查。

(三)10月20日至21日,省人大常委会副主任于建成一行,到滨对贯彻实施《中华人民共和国妇女权益保障法》《山东省实施〈中华人民共和国妇女权益保障法〉办法》(以下简称"一法、一办法")情况进行执法检查。省人大执法检查组听取了市人民政府关于"一法、一办法"贯彻实施情况的汇报。召开了座谈会,市委组织部、市人社局、市民政局、市农业局、市法制办、市妇联和市中级人民法院等部门介绍了贯彻落实"一法、一办法"及维护妇女权益的情况。省人大执法检查组实地查看了博兴县的省级妇女维权服务示范站——博兴县博昌街道乐安社区、妇女创业就业示范基地——淘宝村(博兴县锦秋街道湾头村),并召开座谈会,听取县政府及有关部门的情况汇报,并召集部分乡(镇)、村(居)负责人和基层人大代表、妇女代表座谈,听取意见、建议。市委书记、市人大常委会主任张光峰,市人大常委会常务副主任曹兴宽、副主任韩增金,市人大常委会委员蒋爱学、郑玉梅陪同执法检查。

工作视察

(一)4月18日,市人大常委会视察组对全市公安机关执法规范化建设情况进行了视察。听取了市、区两级政府工作汇报,召开了由办事处、社区、村居、企业、学校、派出所等有关单位负责人参加的座谈会。实地查看了市公安局的特巡警支队、刑科所和网上公安局,滨城区分局梁才派出所和彭李派出所等现场和单位。市人大常委会副主任韩增金,市人大常委会委员蒋爱学、李军,市人大代表王建忠、刘凤文、孙泽忠、齐民超参加视察。

市十届人大常委会第20次会议听取并审议了市人民政府关于全市公安机关执法规范化建设情况的报告。

(二)9月24日至26日,市人大常委会组织20多名常委会委员和市人大代表组成三个视察组,分别由常委会副主任带领,对全市司法机关贯彻落实市十届人大三次会议《关于加快依法治市进程,推动滨州科学发展、追赶超越的决定》、公正司法情况进行了视察。9月24日,视察组全体成员分别听取了市中级人民法院、市人民检察院的工作汇报,实地视察了检察院的案管大厅、检察宣告庭、控申大厅和侦查指挥中心,法院的信息集控中心、审判庭和诉讼服务中心。9月24日至26日,视察组分别到7个县区进行了视察,听取了县区法院和检察院的汇报,召开了由人大代表及企业负责人参加的座谈会,发放调查问卷56份,征求了各方面的意见建议。市人大常委会常务副主任曹兴宽、副主任韩增金、李国强、王立勇,市人大常委会委员蒋爱学、李强、宋家功、李军、郭文江、李峰、宁彩云,省、市人大代表王雪征、付希平、刘凤文参加视察。

(三)10月24日,市人大常委会组织部分提议案的市人大代表对10201号议案的办理进展情况进行了视察。视察组听取了市人民政府关于第10201号议案办理进展情况的汇报,召开了由市民政局、组织部、综治办、法制办等14个部门负责人参加的座谈会。实地察看了邹平县的黄山街道黄西社区、好生街道和泰社区、韩店镇实户社区和滨城区的彭李街道大河社区、为民社区。市人大常委会委员蒋爱学、李强,市人大代表王树林、王雪征、路来芳、杜民生参加视察。提议案的代表一致认为,近年来,市人民政府认真履行职责,加强对10201号议案的落实办理,议案提出的意见建议基本落实。在市十届人大第五次会议上了,书面印发了《市十届人大二次会议第10201号议案办理结果的报告》。

调研工作

(一)3月13日,省人大常委会法工委巡视员刘卿一行,到滨州开展"单独两孩"政策立法调研。省人大立法调研组召开了由市政府法制办、市人口计生委等部门负责人,市人口计生委有关科室和2个县区计生局有关负责人参加的座谈会,征求意见建议20余条。市人大常委会副主任韩增金、市人大常委会委员、内务司法工委主任蒋爱学陪同立法调研。

（二）5月20日至21日，省人大常委会法工委巡视员刘卿带领立法调研组一行，到滨州对《山东省老年人权益保障条例》进行立法调研。到邹平县西王集团老年公寓、黄山办事处仁和老年公寓实地调研，分别在邹平和滨州召开了20多个部门及人大代表、政协委员参加的座谈会。市政府副市长张兆宏，市人大常委会委员、内务司法工委主任蒋爱学陪同立法调研。

（三）10月29日至31日，省人大法制委员会副主任委员李少华一行，到滨州就《山东省国有土地上房屋征收与补偿条例（草案修改稿）》《山东省归侨侨眷权益保护条例（草案修改稿）》《山东省气象设施和气象探测环境保护条例（草案修改稿）》和《山东省行政执法监督条例（草案）》四件法规开展立法调研，召开了四个立法调研座谈会，听取了市政府及有关部门、单位和人大代表等方面的意见和建议，共征求意见建议60余条。市人大常委会副主任韩增金、市人大常委会委员、内务司法工委主任蒋爱学陪同立法调研。

（四）12月2日至3日，市人大常委会调研组对全市推进依法行政工作情况进行了调研。调研组到市行政审批中心、市环保局、市交通局、市公安局、市教育局、市工商局、市物价局、市卫生局、市财政局等9个部门进行了调研，听取了各个部门关于依法行政工作情况的汇报。市人大常委会副主任韩增金，市人大常委会委员、内务司法工委主任蒋爱学参加调研。

市十届人大常委会第24次会议听取并审议市人民政府关于全市推进依法行政工作情况的报告。常委会组成人员提出以下意见和建议：一是提高依法行政意识，强化运用法治思维和法治方式能力。二是加快政府职能转变，切实提高依法行政水平。三是创新规范执法机制体制，实现执法责任制标准化建设全覆盖。四是完善落实依法行政情况报告制度。

执法责任制

（一）6月24日，滨州市执法责任制协调领导小组下发《关于调整滨州市执法责任制协调领导小组的通知》，经调整，组长为市委副书记薛庆国，副组长为市委常委、政法委书记胡炳山、市人大常委会副主任韩增金、市人大常委会副主任、秘书长李国强、副市长张兆宏，成员为市中级人民法院院长吴声、市人民检察院检察长邵汝卿、市纪委副书记、监察局局长张金生、市委副秘书长、办公室主任商玉昌、市人大常委会内务司法工作委员会主任蒋爱学、市政府副秘书长、办公室主任袁朝晖、市政府法制办主任朱万春，市执法责任制协调领导小组办公室设在市人大常委会内务司法工作委员会，蒋爱学同志兼任办公室主任。

（二）6月12日，全市执法责任制标准化建设工作推进会议在滨州召开。会议研究部署了深入贯彻落实党的十八大、十八届三中全会和习近平总书记重要讲话精神及市十届人大三次会议作出的《关于加快依法治市进程，推动滨州科学发展、追赶超越的决定》，全面深化和推进执法责任制标准化建设工作任务。会上，市公安局、市烟草专卖局和沾化县人大常委会作了交流发言。市人大常委会副主任韩增金出席会议并讲话。

（三）根据2014年的工作计划安排，按照市执法责任制协调领导小组和市人大常委会“关于执法责任制工作每三年考评表彰一次”的规定，市执法责任制协调领导小组办公室于2014年12月上旬，对各县区和市直各执法部门2012—2014年度开展执法责任制情况进行了全面检查和考评。

2015年度

执法检查

10月19日至20日，省人大执法检查组和市人大执法检查组联合对全市贯彻实施《中华人民共和国消防法》和《山东省消防条例》情况进行了执法检查。检查组听取了市政府及无棣县政府的汇报，分别召开了由消防安全委员会成员单位负责人及大型人员密集场所、重点企业负责人参加的座谈会，并到部分企业、商场、居民小区等单位进行了实地检查。省人大常委会委员、内司委主任委员张国琛，市人大常委会副主任李国强等参加执法检查。

工作视察

5月26日至27日，市人大常委会视察组对全市就业创业工作情况进行了视察。视察组听取了市政府及阳信县、无棣县政府关于就业创业工作情况的汇报，召开了市县两级有关部门参加的座谈会。先后到阳信县实地察看了春晖物业公司及培训学校、鲁北大市场，到无棣县实地察看了海力五金有限公司、县培训中心、利德公司和职业中专学校。市人大常委会副主任宋振华，市人大常委会委员蒋爱学、李军，省、市人大代表王雪征、王树林、齐民超参加视察。

调研工作

（一）3月26日，省人大常委会法制工作委员会主任温守信一行，到滨州市畜牧兽医研究院进行立法联系点挂牌，在滨州市畜牧研究院召开了立法联系点座谈会。会上，省人大常委会委员、法工委主任温守信同志作了重要讲话，省人大常委会法工委副主任杨利同志宣读立法联系点制度，全国人大代表、市畜牧兽医研究院院长沈志强同志进行表态发言。市人大常委会副主任宋振华、李国强，市人大常委会委员、内务司法工委主任蒋爱学陪同活动。

（二）6月8日，市人大常委会委员、内务司法工委主任蒋爱学带领调研组对全市社会保障工作进行了专题调研。按照省人大内务司法委员会关于对全省社会保障工作进行调研的相关要求，调研组召开了由市人社、民政、财政等部门分管负责同志及科室负责人参加的座谈会，对全市社会保障工作情况进行了专题调研，并对建议专题询问的问题进行了深入讨论和研究。向省人大提出了社会保障工作询问建议五条。

（三）6月9日至10日，省人大法制委员会副主任委员吕明辰率立法调研组一行，来我市对《山东省人力资源市场条例（草案修改稿）》进行立法调研。实地考察了城区2处人力资源服务机构，召开了由市政府法制办、人社、编办、发改、公安等13个部门以及人力资源服务机构负责人、省人大代表、律师等参加的《山东省人力资源市场条例（草案修改稿）》立法调研座谈会，共征求意见建议20余条。市人大常委会副主任宋振华，市人大常委会委员、内务司法工委主任蒋爱学陪同立法调研。

（四）8月4日至5日，市人大常委会调研组对全市法院刑事审判工作情况进行了调研。听取了全市法院开展刑事审判工作情况的汇报，召开由市法院、检察院、公安局、司法局、律师协会等单位负责人参加的座谈会，到山东运河监狱鲁北关押点、博兴县、惠民县法院进行实地调研。市人大常委会副主任宋振华，市人大常委会委员、内务司法工委主任蒋爱学参加调研。

（五）9月29日，市人大常委会调研组对全市检察机关开展查办和预防职务犯罪工作情况进行调研。听取了市人民检察院开展查办和预防职务犯罪工作情况的汇报，召开了相关庭室参加的座谈会，到市交通局、财政局和沾化区进行实地调研。市人大常委会副主任宋振华，市人大常委会委员、内务司法工委主任蒋爱学参加调研。

（六）9月28日至30日，受省人大委托，市人大常委会委员、内务司法工委主任蒋爱学带领调研组分别对市中级人民法院、市人民检察院规范司法行为工作情况开展专题调研。听取了市法检两院关于规范司法行为工作的汇报，召开了由法官、检察官、人民陪审员、人民监督员、律师、人大代表参加的座谈会，到邹平县法院和沾化区检察院进行了实地调研。

（七）9月9日至12日，市人大常委会委员、内务司法工委主任蒋爱学带领有关人员赴青岛、烟台、潍坊、济宁、临沂等市人大常委会，学习考察开展和筹备地方立法工作的相关情况，并组织起草了《滨州市制定地方性法规条例（征求意见稿）》。

（八）10月19至25日，市人大常委会副主任宋振华带队，内务司法工委主任蒋爱学及有关工作人员参加了全国人大常委会第二期立法法培训。通过学习培训，深刻理解了立法法修改的主要内容、立法法规定和有关立法的工作程序、步骤、方法，掌握立法要件，研究建立地方立法的相关制度和机制。

执法责任制

（一）3月12日，滨州市执法责任制协调领导小组下发《关于调整滨州市执法责任制协调领导小组的通知》，经调整，组长为市委副书记薛庆国，副组长为市委常委、政法委书记胡炳山、市人大常委会副主任宋振华、副市长万永格，成员为市中级人民法院院长吴声、市人民检察院检察长邵汝卿、市人大常委会秘书长高中兴、市纪委常务副书记、监察局局长张金生、市委副秘书长、办公室主任商玉昌、市人大常委会内务司法工作委员会主任蒋爱学、市政府副秘书长、办公室主任丁爱军、市政府法制办主任朱万春，市执法责任制协调领导小组办公室设在市人大常委会内务司法工作委员会，蒋爱学同志兼任办公室主任。

（二）经市执法责任制协调领导小组研究，并经市委同意，2015 年 4 月 2 日，召开了 2012—2014 年度全市执法责任制工作总结表彰大会。本次会议总结了 2012—2014 年度全市执法责任制工作，表彰了先进集体和先进个人，印发了《滨州市执法责任制标准化建设实施方案》，对下一步的执法责任制标准化建设工作进行了研究部署。市委副书记、秘书长薛庆国出席会议并讲话，市执法责任制协调领导小组副组长胡炳山、宋振华、万永格，成员吴声、邵汝卿、高中兴、刘冠明、蒋爱学、丁爱军、朱万春参加会议。

2016 年度

执法检查

3 月 18 日，市人大常委会执法检查组对全市贯彻实施《中华人民共和国妇女权益保障法》情况进行了执法检查。检查组听取了市政府及邹平县政府的汇报，分别召开了由组织部、法院、妇联、教育局、公安局、民政局、财政局、人力资源和社会保障局、农业局、卫生和计划生育委员会等部门负责人参加的座谈会。并到邹平县明集镇曹家村、永佳纺织公司、民政局婚姻登记处、市妇幼保健院、妇女儿童活动中心等单位进行了实地检查。市人大常委会副主任王立勇，市人大常委会委员蒋爱学、李军、郑玉梅、王莉，市人大代表杜淑霞、周秀琴参加执法检查。

调研工作

（一）3 月 2 日，市人大常委会委员、内务司法工委主任蒋爱学带领调研组到市司法局和市普法办就制定“七五”普法规划和《滨州市 2016 年—2020 年依法治市规划》进行了专题调研。

（二）8 月 4 日，按照山东省人大常委会办公厅《关于省市县人大三级联动对全省各级法院行政审判工作开展监督的通知》（鲁人办发〔2016〕3 号）要求，市人大常委会调研组到市中级人民法院及无棣县人民法院对全市法院行政审判工作进行了调研。听取了市中级人民法院和无棣县人民法院工作汇报，并分别召开了法院、检察院、政府法制办、公安局、人社局、房管局、国土局及乡镇办事处负责人参加的座谈会。市人大常委会副主任王立勇，市人大常委会委员、内务司法工委主任蒋爱学参加调研。市中级人民法院院长吴声陪同调研。

（三）10 月 18 日，市人大常委会调研组对全市检察机关司法规范化建设工作进行了调研。听取了市人民检察院关于全市检察机关司法规范化建设工作情况的报告，并到滨城区检察院进行现场实地调研，听取了情况介绍。市人大常委会副主任王立勇，市人大常委会委员、内务司法工委主任蒋爱学参加调研。市人民检察院检察长邵汝卿陪同调研。

（四）8 月 24 日至 25 日，河南省人大常委会委员、内司委主任委员张国臣，河南省人社厅副厅长刘京州一行到滨学习考察职业培训情况，并与市人社局等有关部门进行了座谈交流，到滨州技术学院进行了参观考察。省人大内司委副主任委员黄金华，滨州技术学院院长王建泉，市人大常委会委员、内务司法工委主任蒋爱学陪同考察。

（五）9 月 21 日至 22 日，上海市青浦区人大内司委主任委员潘杰一行到滨学习考察社区矫正工作和规范性文件备案审查工作。到滨州经济技术开发区和惠民县实地参观考察，并进行了座谈交流。市人大常委会委员、内务司法工委主任蒋爱学陪同考察。

执法责任制

（一）5 月 5 日至 12 日，市人大常委会副主任王立勇带领内司委到市直 6 个执法部门对全面落实执法责任制标准化建设工作情况进行了检查调研。

（二）11 月 29 日，市人大常委会内务司法工委在市国税局召开执法责任制标准化建设示范单位座谈会。各示范单位交流了加强执法责任制标准化建设工作情况。市人大常委会委员、内务司法工委主任蒋爱学就如何发挥好示范单位的示范引领带动作用,深入推进执法责任制标准化建设工作提出了三点要求。

专题会议

6月6日,市人大常委会内务司法工委与市司法局和市普法办召开专题会议,研究修改“七五”普法规划及决议和《滨州市2016年—2020年依法治市规划》,并提出具体修改意见和建议。6月29日,提请市人大常委会听取审议了市人民政府《关于我市“六五”普法、依法治市情况和“七五”普法规划的报告》,审议了市人民政府关于《滨州市2016年—2020年依法治市规划(草案)》,并分别对两个规划作出了决议。

财政经济工作

2001年度

听取和审议专项工作报告

(一)4月17日至18日,滨州市第七届人大常委会第3次会议听取并审议了市政府关于调整市与县区财政体制的汇报。会议原则同意调整市与县区财政体制的基本原则和具体方案。

(二)10月22日至24日,滨州市第七届人大常委会第6次会议分别听取和审议了市经济贸易委员会主任魏艳受市政府委托所作的《关于全市整顿和规范市场经济秩序工作情况的汇报》、市财政局局长宋振华受市政府委托所作的《关于2001年度市级财政有关收支情况的汇报》。

(三)滨州市七届人大常委会第11次会议听取了市经贸委主任魏艳受市政府委托所作的关于我市纺织企业现状及入世后应对措施情况的汇报。

评议工作

10月22日至11月15日,市人大常委会组织人大代表评议基层工商所工作。评议工作分动员部署和调查研究、评议、制定整改措施三个阶段性进行,各县区人大常委会都成立了由主要负责同志为组长的领导小组,并设立了办公室,各乡镇也成立了相应的机构。全市共3402名各级人大代表队从服务态度、办事效率、政务公开、廉洁公正、依法行政、行业风气和所长表现等七个方面分好、较好、一般、较差和不了解五个档次对98个工商所进行了认真的评议。

2002年度

听取和审议专项工作报告

(一)6月25日至26日,滨州市第七届人大常委会第12次会议,听取审议了市政府《关于滨州市2001年度市级财政预算执行各其他财政收支情况的审计工作报告》。

(二)2002年6月25日至26日,滨州市第七届人大常委会第12次会议,听取审议了市人民政府《关于我市农村税费改革情况报告的汇报》。

(三)经滨州市第七届人民代表大会常务委员会第12次会议审议,并根据市人大常委会财政经济工作委员会的审查报告,批准滨州市2001年市级财政决算。

(四)8月27日至28日,滨州市七届人大常委会第13次会议听取审议了市人民政府关于滨州市2002年上半年国民经济和社会发展计划执行情况的报告、滨州市2002年上半年财政预算执行情况的报告。

工作视察

11月1日至8日,市人大常委会组织部分委员及驻县的经济界部分全国、省、市人大代表对全市贯彻实施《关于滨州市加快民营经济发展的意见的决议》的情况进行了视察。视察组首先听取了市政府及有关部门关于贯彻《决议》情况的汇报,然后分两组分别到博兴、沾化、邹平、惠民四个县进行了视察。视察组先后听取了县政府实施《决议》情况的汇报,召开了中小企业局、财政局等有关部门负责人座谈会和民营企业负责人座谈会,深入部分民营企业进行了实地察看。

2003年度

决议决定

4 月 25 日，滨州市八届人大常委会 1 次会议通过《关于大力加强招商引资工作的决议》。

听取和审议专项工作报告

(一)7 月 3 日，滨州市八届人大常委会第 3 次会议听取和审议了市审计局局长张子禹受市政府委托所作的《关于滨州市 2002 年度市级财政预算执行和其他财政收支的审计工作报告》。

(二)8 月 26 日，滨州市八届人大常委会第 5 次会议，分别听取和审议了市发展计划委员会主任路军受市政府委托所作的《关于滨州市 2003 年上半年国民经济和社会发展计划执行情况的报告》、市财政局副局长王秀夫受市政府委托所作的《关于滨州市 2003 年上半年财政预算执行情况的报告》、市财政局副局长冯艳霞受市政府委托所作的《关于〈政府采购法〉执法情况的报告》。

工作视察

12 月 8 日至 10 日，市人大常委会部分组成人员及部分市人大代表对《关于滨州市加快民营经济发展的意见的决议》贯彻落实进行视察。视察分三个组到博兴、滨城、惠民、阳信、无棣、沾化 6 县区，听取了当地政府的汇报，分别召开了有关部门、民营企业负责人参加的座谈会，实地察看了部分民营企业。

2004 年度

听取和审议专项工作报告

(一)4 月 6 日，滨州市八届人大常委会第 9 次会议，听取和审议了市发展计划委员会副主任耿庆东受市政府委托所作的《关于滨州市国民经济和社会发展“十五”计划前三年执行情况的报告》。

(二)滨州市八届人大常委会第 10 次会议，听取和审议了市审计局局长张子禹受市政府委托所作的关于滨州市 2003 年度市级财政预算执行和其他财政收支的审计工作报告。

(三)8 月 11 日，滨州市八届人大常委会第 11 次会议，分别听取和审议了市发展计划委员会主任路军受市政府委托所作的《关于滨州市 2004 年上半年国民经济和社会发展计划执行情况的报告》、市财政局局长宋振华受市政府委托所作的《关于滨州市 2004 年上半年财政预算执行情况的报告》。

(四)12 月 21 日至 22 日，滨州市八届人大常委会第 13 次会议听取审议了市招商局副局长刘树平受市政府委托所作的《关于 2004 年招商引资情况的报告》。审议认为，在大好形势下，务必要保持清醒的头脑，针对工作发展不平衡、重管理轻服务等突出问题，采取积极有效的应对措施，进一步提高服务质量，加大软环境建设力度；加大招商方式创新力度，推动招商引资工作向更广领域、更高层次发展；切实完善考核制度，加大责任落实力度，防止虚报、借报招商成绩现象的发生，确保招商引资工作健康发展。

工作视察

11 月 10 日至 16 日，市人大常委会视察组对全市贯彻落实《关于滨州市加快民营经济发展的意见的决议》的情况进行了视察。视察组分三组分别到 6 县 1 区进行了视察，先听取了市政府及县区政府关于贯彻落实《决议》的情况汇报，召开了中小企业局、财政局等有关部门负责人和民营企业代表参加的座谈会，深入到部分民营企业进行了实地考察。

2005 年度

决议决定

(一)《关于批准市财政为滨州大高通用航空城有限责任公司提供融资服务的决定》。市财政为滨州大高通用航空城有限责任公司融资 1 亿元提供融资服务，是保证这个高新技术项目尽快启动建设的重要举措。滨州市八届人大常委会第 17 次会议决定批准市政府提交的有关这一问题的议案。

(二)《关于批准市财政为滨州经济开发区提供融资服务的决定》。滨州市八届人大常委会第 4 次会议决定批准市政府提交的关于市财政为滨州经济开发区提供融资服务的议案。

(三)《关于批准市财政为小营至滨州铁路(含黄河公铁两用大桥)项目提供融资服务的决定》。滨州市八届人大常委会第4次会议决定批准市政府提交的关于市财政为小营至滨州铁路(含黄河公铁两用大桥)项目提供融资服务的议案。

(四)根据滨州市八届人大常委会第4次会议通过的《滨州市人民代表大会常务委员会关于批准市财政为小营至滨州铁路(含黄河公铁两用大桥)项目提供融资服务的决定》,同意《滨州市人民政府关于落实滨州市黄河公铁大桥项目有关贷款条件的报告》。

执法检查

11月30日至12月3日,市人大常委会组织执法检查组对《中华人民共和国中小企业促进法》的贯彻实施情况进行执法检查。视察分三个组到各县区对中小企业促进法的执行情况进行了检查,听取了市直有关部门和各县区政府的汇报,召开了县区有关部门、金融机构负责人及部分中小企业负责人座谈会,并到21家中小企业进行了实地察看。

听取和审议专项工作报告

(一)6月17日至18日,滨州市八届人大常委会第16次会议听取和审议了市审计局局长张子禹受市政府委托所作的关于滨州市2004年度市级财政预算执行和其他财政收支的审计工作报告。

(二)8月24日至25日,滨州市八届人大常委会第18次会议审议了市发改委主任路军受市政府委托所作的《关于滨州市2005年上半年国民经济和社会发展计划执行情况的报告》。

(三)8月24日至25日,滨州市八届人大常委会第18次会议审议了市财政局局长宋振华受市政府委托所作的《关于滨州市2005年上半年财政预算执行情况的报告》。

(四)8月24日至25日,滨州市八届人大常委会第18次会议审议了市财政局局长宋振华受市政府委托所作的《关于城市基础设施建设项目使用国家开发银行贷款情况的报告》。

2006年度

决议决定

(一)《关于批准〈滨州市人民政府关于落实滨州城建投资经营有限公司还贷资金来源的议案〉的决定》。滨州市八届人大常委会第24次会议,听取审议了市政府关于落实滨州城建投资经营有限公司还贷资金来源的议案。会议决定批准这个议案。

(二)《关于同意〈滨州市人民政府关于增加开发银行贷款项目的报告〉的函》。根据《滨州市人民代表大会常务委员会关于批准滨州市人民政府城市基础设施项目贷款的决定》(滨人发〔2003〕10号)、《滨州市人民代表大会常务委员会关于批准滨州市人民政府请求变更城市基础设施项目贷款数额和借款人的决定》(滨人发〔2003〕21号)和开发银行贷款新的投资方向,同意《滨州市人民政府关于增加开发银行贷款项目的报告》。

(三)《关于批准滨州市2005年市级财政决算的决议》。经滨州市第八届人民代表大会常务委员会第25次会议审议,并根据市人大常委会财政经济工作委员会的审查报告,决定:批准滨州市人民政府提出的滨州市2005年市级财政决算,同意滨州市财政局局长宋振华受市政府委托所作的《关于滨州市2005年财政决算草案的报告》。

(四)《关于批准〈滨州市人民政府关于落实市技术学院农民工培训示范基地建设工程项目有关贷款条件的议案〉的决定》。滨州市八届人大常委会第25次会议决定批准市政府提交的关于落实市技术学院农民工培训示范基地建设工程项目有关贷款条件的议案。

执法检查

9月20日至22日,市人大常委会组织部分市人大常委会委员和市人大代表,对全市贯彻实施《中华人民共和国烟草专卖法》和《中华人民共和国烟草专卖法实施条例》的情况进行了执法检查。检查组先后听取了市政府和滨城、博兴、阳信县区政府有关情况的汇报,实地考察了烟草专卖管理所建设、零售终端市场管理和专卖执法的重点部位和区域。

听取和审议专项工作报告

（一）6 月 27 日至 28 日，滨州市八届人大常委会第 25 次会议，听取和审议了市审计局局长张子禹受市政府委托所作的关于滨州市 2005 年度市级财政预算执行和其他财政收支的审计工作报告。

（二）8 月 22 日至 23 日，滨州市八届人大常委会第 26 次会议听取和审议了市发改委主任路军受市政府委托所作的关于滨州市 2006 年上半年国民经济和社会发展计划执行情况的报告。

（三）8 月 22 日至 23 日，滨州市八届人大常委会第 26 次会议，听取和审议了市财政局局长宋振华受市政府委托所作的关于滨州市 2006 年上半年财政预算执行情况的报告。

（四）8 月 22 日至 23 日，滨州市八届人大常委会第 26 次会议听取和审议了市财政局副局长傅成栋受市政府委托所作的关于城市基础建设项目使用国家开发银行贷款情况的报告。

工作视察

（一）8 月 9 日至 10 日，市人大常委会副主任韩增金带队，组织部分市人大常委会委员和市人大代表，视察了全市《中华人民共和国节约能源法》《山东省节约能源条例》贯彻实施及资源节约的情况。此次视察采取听、看、议相结合的方法，先后到邹平、博兴、无棣三县对 7 家企业的节能情况进行了视察，听取了市政府和各县政府的情况汇报。

（二）11 月 30 日至 12 月 1 日，市人大常委会组织部分市人大常委会委员和市人大代表，对全市农村综合改革的情况进行了视察。此次视察先后听取了惠民、无棣县政府和市政府有关情况的汇报，与市县财政局、人事局、教育局、民政局、农业局、物价局、卫生局的负责人及部分乡镇政府负责人进行了座谈。

2007 年度

决议决定

（一）《关于批准〈滨州市人民政府关于落实滨州城建投资经营有限公司还贷资金来源的议案〉的决定》滨州市八届人大常委会第 32 次会议，听取审议了市政府关于落实滨州城建投资经营有限公司还贷资金来源的议案。会议决定予以批准。

（二）《关于批准〈滨州市人民政府关于落实滨州市土地收购储备中心还贷资金来源的议案〉的决定》。滨州市八届人大常委会第 32 次会议，听取审议了市政府关于落实滨州市土地收购储备中心还贷资金来源的议案。会议决定予以批准。

（三）《关于批准〈滨州市人民政府关于滨州四环五海城市建设经营有限公司城市中心区域基础设施建设项目贷款的议案〉的决定》。滨州市八届人大常委会第 36 次会议，听取审议了市政府关于滨州四环五海城市建设经营有限公司城市中心区域基础设施建设项目贷款的议案。会议决定予以批准。

听取和审议专项工作报告

（一）4 月 20 日，滨州市八届人大常委会第 31 次会议，听取和审议了市财政局副局长陈道江受市政府委托所作的关于城市基础建设项目使用国家开发银行贷款情况的报告。

（二）5 月 21 日，滨州市八届人大常委会第 32 次会议听取审议了市政府《关于落实滨州城建投资经营有限公司还贷资金来源的议案》和《关于落实滨州市土地收购储备中心还贷资金来源的议案》，会议决定予以批准。

（三）6 月 20 日至 21 日，市八届人大常委会第 33 次会议听取和审议了市人大财经工委副主任徐竹滨作的《滨州市人大常委会执法检查组关于检查＜中华人民共和国安全生产法＞实施情况的报告》。

（四）6 月 20 日至 21 日，市八届人大常委会第 33 次会议听取和审议了市审计局局长张子禹受市人民政府委托所作的《关于滨州市 2006 年度市级预算执行和其他财政收支的审计工作报告》。

（五）6 月 20 日至 21 日，市八届人大常委会第 33 次会议，听取和审议了市财政局局长王秀夫受市人民政府委托所作的《关于滨州市 2006 年财政决算草案的报告》。会议同意这个报告，决定批准 2006 年市级财政决算。

（六）8 月 21 日，市八届人大常委会第 34 次会议听取和审议了市发展和改革委员会主任路军受市人民政府委托所作的《关于滨州市2007年上半年国民经济和社会发展计划执行情况的报告》。

(七)8月21日,市八届人大常委会第34次会议听取和审议了市财政局局长王秀夫受市人民政府委托所作的《关于滨州市2007年上半年财政预算执行情况的报告》。

(八)8月21日,市八届人大常委会第34次会议听取了市政府《关于全市信息产业工作情况的报告》,并进行了认真的审议。

(九)12月5日,市八届人大常委会第36次会议听取并审议了市政府《关于滨州市基础设施建设项目使用国家开发银行贷款及其他贷款情况的报告》。

2008年度

决议决定

(一)《关于批准〈滨州市人民政府关于落实滨州市土地收购储备中心还贷资金来源的议案〉的决定》。滨州市九届人大常委会第5次会议,听取审议了市政府关于落实滨州市土地收购储备中心还贷资金来源的议案。会议决定予以批准。

(二)《关于批准〈滨州市人民政府关于变更2008年地方财政收入计划的报告〉的决定》。2008年12月19日滨州市九届人大常委会第8次会议,听取审议了市财政局局长王秀夫受市政府委托所作的《滨州市人民政府关于变更2008年地方财政收入计划的报告》,决定予以批准。

(三)《关于批准〈滨州市人民政府关于滨州市城市南部区域基础设施建设工程项目向银行贷款及有关事项的议案〉的决定》。滨州市九届人大常委会第8次会议,听取审议了滨州市人民政府关于滨州市城市南部区域基础设施建设工程项目向银行贷款及有关事项的议案。会议决定予以批准。

(四)《关于批准〈滨州市人民政府关于提请审议滨州城建集团公司还贷资金来源的议案〉的决定》。滨州市九届人大常委会第8次会议,听取审议了滨州市人民政府关于提请审议滨州城建集团公司还贷资金来源的议案。会议决定予以批准。

听取和审议专项工作报告

(一)4月29日,市九届人大常委会第3会议听取并审议了滨州市人大常委会执法检查组关于检查《中华人民共和国招标投标法》实施情况的报告。

(二)6月27日,市九届人大常委会第4次会议听取和审议了市审计局局长张子禹受市人民政府委托所作的《关于滨州市2007年度市级预算执行和其他财政收支的审计工作报告》。

(三)6月27日,市九届人大常委会第4次会议,听取和审议了市财政局局长王秀夫受市人民政府委托所作的《关于滨州市2007年财政决算草案的报告》。会议同意这个报告,决定批准2007年市级财政决算。

(四)8月27日,市九届人大常委会第6次会议听取和审议了市发展和改革委员会主任路军受市人民政府委托所作的《关于滨州市2008年上半年国民经济和社会发展计划执行情况的报告》。

(五)8月27日,市九届人大常委会第6次会议听取和审议了市财政局局长王秀夫受市人民政府委托所作的《关于滨州市2008年上半年财政预算执行情况的报告》。

2009年度

决议决定

(一)《关于批准〈滨州市人民政府关于滨州市中海创业投资经营有限公司向银行贷款有关事项的议案〉的决定》。滨州市九届人大常委会第10次会议,听取审议了滨州市人民政府关于滨州市中海创业投资经营有限公司向银行贷款有关事项的议案。会议决定予以批准。

(二)《关于批准〈滨州市人民政府关于滨州市中海创业投资经营有限公司还贷资金来源的议案〉的决定》。滨州市九届人大常委会第10次会议,听取审议了滨州市人民政府关于滨州市中海创业投资经营有限公司还贷资金来源的议案。会议决定予以批准。

(三)《关于批准〈滨州市人民政府关于疏港公路工程项目向银行贷款及有关事项的议案〉的决定》。滨州市九届人大常委会第12次会议审议了市人民政府关于疏港公路工程项目向银行贷款及有关事项的议案。会议决定予以批准。

(四)《关于批准〈滨州市人民政府关于北海新区防潮堤工程项目向银行贷款及有关事项的议案〉的决定》。滨州市九届人大常委会第12次会议审议了市人民政府关于北海新区防潮堤工程项目向银行贷款及有关事项的议案。会议决定予以批准。

(五)《关于批准〈滨州市人民政府关于滨州港2×3万吨级散杂货码头工程项目自筹资金及项目委托代建资金问题的议案〉的决定》。滨州市九届人大常委会第13次会议审议了市政府关于滨州港2×3万吨级散杂货码头工程项目自筹资金及项目委托代建资金问题的议案。会议决定予以批准。

(六)《关于批准〈滨州市人民政府关于滨州港西导堤改建工程项目自筹资金及项目委托代建资金问题的议案〉的决定》。滨州市九届人大常委会第13次会议审议了市政府关于滨州港西导堤改建工程项目自筹资金及项目委托代建资金问题的议案。会议决定予以批准。

(七)《关于批准〈滨州市人民政府关于滨州市文化中心项目向招商银行青岛分行融资的议案〉的决定》。滨州市九届人大常委会第13次会议审议了市政府关于滨州市文化中心项目向招商银行青岛分行融资的议案。会议决定予以批准。

(八)《关于批准〈滨州市人民政府关于落实滨州城建投资经营有限公司还贷资金来源的议案〉的决定》。滨州市九届人大常委会第13次会议,听取审议了市政府关于落实滨州城建投资经营有限公司还贷资金来源的议案。会议决定予以批准。

听取和审议专项工作报告

(一)4月22日,市九届人大常委会第10次会议对市人大常委会执法检查组《关于检查〈中华人民共和国中小企业促进法〉和〈山东省中小企业促进条例〉实施情况的报告》进行了审议。

(二)8月25日,滨州市九届人大常委会第12次会议听取和审议了市人民政府关于滨州市2009年上半年国民经济和社会发展计划执行情况的报告。

(三)8月25日,滨州市九届人大常委会第12次会议听取和审议了市人民政府关于滨州市2009年上半年财政预算执行情况的报告。

(四)6月26日,滨州市九届人大常委会第11次会议听取和审议了市政府关于滨州市2008年市级财政决算草案的报告。会议同意这个报告,决定批准2008年市级财政决算。

(五)6月26日,滨州市九届人大常委会第11次会议听取和审议了市政府关于滨州市2008年度市级预算执行和其他财政收支的审计工作报告。

(六)12月24日,滨州市九届人大常委会第14次会议对市政府《关于市级基础设施建设项目使用贷款情况的报告》进行了审议。

调研工作

(一)11月10日至11日,市人大常委会组织部分市人大常委会委员和市人大代表,对全市贯彻实施《中华人民共和国消费者权益保护法》的情况进行了执法调研。

(二)11月10日至11日,组织部分市人大常委会委员和市人大代表,对全市贯彻实施《中华人民共和国烟草专卖法》的情况进行了执法调研。

2010年度

决议决定

(一)《关于批准〈滨州市人民政府关于提请审议建立滨州市城中及城郊农村住房建设偿债基金的议案〉的决定》。滨州市九届人大常委会第16次会议审议了市人民政府关于提请审议建立滨州市城中及城郊农村住房建设偿债基金的议案。会议决定予以批准。

（二）《关于批准滨州市2009年市级财政决算的决议》。经滨州市第九届人民代表大会常务委员会第17次会议审议，并根据市人大常委会财政经济工作委员会的审查报告，决定批准滨州市人民政府提出的滨州市2009年市级财政决算，同意滨州市财政局局长王秀夫受市政府委托所作的《关于滨州市2009年财政决算草案的报告》。

（三）《关于批准滨州市人民政府〈关于调整2010年国民经济和社会发展有关计划指标的报告〉的决定》。6月29日，滨州市第九届人民代表大会常务委员会第17次会议审议决定，批准滨州市人民政府《关于调整2010年国民经济和社会发展有关计划指标的报告》。

听取和审议专项工作报告

（一）4月14日，滨州市九届人大常委会第16次会议对市人大常委会执法检查组关于检查《中华人民共和国商标法》和《中华人民共和国商标法实施条例》实施情况的报告进行了审议。

（二）6月29日，滨州市九届人大常委会第17次会议听取和审议了市财政局局长王秀夫受市人民政府委托所作的关于滨州市2009年财政决算草案的报告。会议同意这个报告，决定批准2009年市级财政决算。提出如下意见建议：一是加强财源建设，确保财政收入稳定增长。二是强化预算管理和监督，提高预算运行质量。

（三）市九届人大常委会第17次会议听取和审议了市审计局局长丁希安受市人民政府委托所作的《关于滨州市2009年度市级预算执行和其他财政收支的审计工作报告》。提出如下意见建议：一是充分运用审计成果，切实抓好整改落实。二是进一步加强预算执行审计，提升依法理财水平。

（四）8月19日，滨州市九届人大常委会第18次会议听取和审议了市发展和改革委员会主任杨光军受市人民政府委托所作的《关于滨州市2010年上半年国民经济和社会发展计划执行情况的报告》。提出如下意见和建议：一是要注重发展方式转变。二是要创新投融资方式。三是采取得力措施，加快推进北海新区开发建设。

（五）8月19日，滨州市九届人大常委会第18次会议听取和审议了市财政局局长王秀夫受市人民政府委托所作的《关于滨州市2010年上半年财政预算执行情况的报告》。提出如下意见和建议：一是加强收入管理，确保财政收入持续较快增长。二是进一步优化支出结构，提高财政资金使用效率。三是进一步加强对财政资金的监管。

2011年度

决议决定

《关于批准滨州市2010年市级财政决算的决议》。经滨州市第九届人民代表大会常务委员会第24次会议审议，并根据市人大常委会财政经济工作委员会的审查报告，决定批准滨州市人民政府提出的滨州市2010年市级财政决算，同意滨州市财政局局长王力受市人民政府委托所作的《关于滨州市2010年财政决算草案的报告》。

听取和审议专项工作报告

（一）4月27日，市九届人大常委会第23次会议听取审议了市人大常委会执法检查组关于检查《中华人民共和国产品质量法》实施情况的报告。

（二）6月30日，市九届人大常委会第24次会议听取和审议了市人民政府关于滨州市2010年度市级财政预算执行和其他财政收支的审计工作报告。

（三）6月30日，市九届人大常委会第24次会议听取和审议了市人民政府关于全市服务业发展工作情况的报告。

（四）6月30日，市九届人大常委会第24次会议听取审议了市人民政府关于全市金融工作情况的报告。

（五）8月23日，滨州市九届人大常委会第26次会议听取和审议了市发展和改革委员会主任杨光军受市人民政府委托所作的关于滨州市2011年上半年国民经济和社会发展计划执行情况的报告。

（六）8月23日，滨州市九届人大常委会第26次会议听取和审议了市财政局局长王力受市人民政府委托所作的关于滨州市2011年上半年财政预算执行情况的报告。

（七）12月31日，滨州市九届人大常委会第28次会议，听取和审议了市人民政府关于重大基础设施建设项目使用贷款情况的报告。

（八）12月31日，滨州市九届人大常委会第28次会议，听取和审议了市人民政府关于黄河三角洲高效生态经济区和山东半岛蓝色经济区建设情况的报告。

2012年度

决议决定

（一）《关于批准滨州市2011年市级财政决算的决议》。经滨州市第十届人民代表大会常务委员会第3次会议审议，并根据市人大常委会财政经济工作委员会的审查报告，决定批准滨州市人民政府提出的滨州市2011年市级财政决算，同意滨州市人民政府关于滨州市2011年财政决算草案的报告。

（二）《关于批准〈滨州市人民政府关于调整2012年国民经济和社会发展有关计划指标的报告〉的决定》。滨州市第十届人民代表大会常务委员会第6次会议经过审查，决定批准滨州市人民政府关于调整2012年国民经济和社会发展有关计划指标的报告。

（三）《关于市十届人大一次会议增加滨州经济开发区等预算执行情况和预算草案报告的通知》。为使滨州市2011年预算执行情况和2012年预算草案报告更具全面性和完整性，经研究，确定市十届人大一次会议，增加滨州经济开发区、高新区、北海经济开发区2011年预算执行情况和2012年预算草案报告，提请大会一并审议。

执法检查

9月20日至21日，市人大常委会副主任韩增金带领部分市人大常委会委员和市人大代表，对《中华人民共和国统计法》实施情况进行了执法检查。检查组听取了市政府和无棣、博兴两县关于《统计法》实施情况的汇报，深入到无棣、博兴两县和市直有关场所、企业进行了实地查看。

听取和审议专项工作报告

（一）6月28日，滨州市十届人大常委会第3次会议听取和审议了市人大常委会执法检查组关于检查《中华人民共和国价格法》实施情况的报告。

（二）6月28日，滨州市十届人大常委会第3次会议听取和审议了市人民政府关于滨州市2011年度市级财政预算执行和其他财政收支的审计工作报告。

（三）8月30日，滨州市十届人大常委会第4次会议听取和审议了市发展和改革委员会主任杨光军受市人民政府委托所作的关于滨州市2012年上半年国民经济和社会发展计划执行情况的报告。

（四）8月30日，滨州市十届人大常委会第4次会议听取和审议了市财政局局长王力受市人民政府委托所作的关于滨州市2012年上半年财政预算执行情况的报告。

（五）12月7日，滨州市十届人大常委会第6次会议听取和审议了市人民政府关于市级重大基础设施建设项目贷款使用情况的报告。

2013年度

决议决定

（一）《关于批准滨州市2012年市级财政决算的决议》。滨州市第十届人民代表大会常务委员会第12次会议听取了市财政局局长王力受市人民政府委托所作的关于滨州市2012年财政决算草案的报告和市审计局局长丁希安受市人民政府委托所作的关于滨州市2012年度市级财政预算执行和其他财政收支的审计工作报告。会议结合审议审计工作报告，对2012年市级财政决算报表（草案）和财政决算草案的报告进行了审查，同意市人大常委会财政经济工作委员会提出的关于滨州市2012年财政决算草案的审查报告，决定批准滨州市2012年市级财政决算。

（二）《关于批准市人民政府调整2013年国民经济和社会发展计划有关指标的报告的决定》。滨州市十届人大常委会第15次会议经过审查,决定批准市人民政府关于调整2013年国民经济和社会发展计划有关指标的报告。

(三)《关于批准市人民政府2013年财政预算调整草案的报告的决定》。滨州市十届人大常委会第15次会议经过审查,决定批准市人民政府关于2013年财政预算调整草案的报告。

执法检查

4月15日至16日,市人大常委会副主任韩增金带领执法检查组,对《商业银行法》在全市的实施情况进行了执法检查。执法检查组听取了市政府和邹平县政府关于《商业银行法》实施情况的汇报,到8家商业银行的服务现场进行了实地察看,并与市、县商业银行及有关部门负责人进行了座谈。

听取和审议专项工作报告

(一)6月20日,滨州市十届人大常委会第12次会议听取和审议了市审计局局长丁希安受市人民政府所委托所作的关于滨州市2012年度市级财政预算执行和其他财政收支的审计工作报告。

(二)8月30日,滨州市十届人大常委会第14次会议听取和审议了关于滨州市2013年上半年国民经济和社会发展计划执行情况的报告。

(三)8月30日,滨州市十届人大常委会第14次会议听取和审议了关于滨州市2013年上半年财政预算执行情况的报告。

工作视察

7月30日,市人大常委会副主任韩增金带领视察组对全市重点项目建设管理情况进行了视察。视察组听取了市政府关于全市重点项目建设管理情况的汇报,到滨城区、博兴县、滨州经济开发区、高新区有关重点项目建设场所进行了实地察看。

调研工作

10月18日,市人大常委会调研组对全市外经贸工作情况进行了调研。调研组听取了市政府关于全市外经贸工作情况的汇报,到邹平县、滨城区有关企业进行了实地察看。

2014年度

决议决定

(一)《关于批准〈滨州市人民政府关于提请审议滨州高新区三河综合治理工程项目融资及建设方案的议案〉的决定》。滨州市十届人大常委会第24次会议审议了市人民政府关于提请审议滨州高新区三河综合治理工程项目融资及建设方案的议案。会议决定予以批准。

(二)《关于批准滨州市2013年市级财政决算的决议》。滨州市第十届人民代表大会常务委员会第21次会议听取了市财政局局长傅成栋受市人民政府委托所作的《关于滨州市2013年财政决算草案的报告》和市审计局局长丁希安受市人民政府委托所作的《关于滨州市2013年度市级预算执行和其他财政收支的审计工作报告》。会议结合审议审计工作报告,对滨州市2013年财政决算草案报告和财政决算报表(草案)进行了审查,同意市人大常委会财政经济工作委员会提出《关于滨州市2013年财政决算草案的审查报告》,认为2013年市级预算执行情况是好的,完成了市十届人大二次会议及市十届人大常委会第15次会议确定的预算任务,决定批准滨州市2013年市级财政决算。

执法检查

4月10日至11日,市人大常委会执法检查组对我市实施《安全生产法》情况进行了执法检查。执法检查组听取了市政府和邹平县、滨城区政府及市住建局等三个市直单位关于《安全生产法》实施情况的汇报,到铁雄冶金科技有限公司等4家生产经营单位进行了实地察看。

听取和审议专项工作报告

(一)6月26日,滨州市十届人大常委会第21次会议听取和审议了关于滨州市2013年度市级预算执行和其他财政收支的审计工作报告。

（二）8月21日，滨州市十届人大常委会第22次会议听取和审议了关于滨州市2014年上半年国民经济和社会发展计划执行情况的报告。

（三）8月21日，滨州市十届人大常委会第22次会议听取和审议了关于滨州市2014年上半年公共财政预算执行情况的报告。

2015年度

决议决定

（一）滨州市十届人大常委会第31次会议审议了《滨州市人民政府关于滨州经济开发区引入社会资本合作建设城市基础设施及园区配套工程的议案》。会议决定予以批准。

（二）《关于批准滨州市2014年市级财政决算的决议》。滨州市第十届人民代表大会常务委员会第30次会议听取了市财政局局长傅成栋受市人民政府委托所作的《关于滨州市2014年财政决算草案的报告》和市审计局局长丁希安受市人民政府委托所作的《关于滨州市2014年度市级预算执行和其他财政收支的审计工作报告》。会议结合审议审计工作报告，对滨州市2014年财政决算草案报告和财政决算报表（草案）进行了审查，同意市人大常委会财政经济工作委员会提出《关于滨州市2014年财政决算草案的审查报告》，认为2014年市级预算执行情况是好的，完成了市十届人大四次会议确定的预算任务，决定批准滨州市2014年市级财政决算。

执法检查

4月1日至2日，市人大常委会副主任宋振华带领执法检查组对全市实施《中华人民共和国消费者权益保护法》（以下简称《消法》）情况进行了执法检查。检查组实地察看了山东圣豪惠兴农资有限公司、东方地毯有限公司、滨州银座华星店等企业学法用法情况和基层工商部门12315执法体系建设情况，听取了市政府和惠民县政府、经济开发区管委会关于实施《消法》的情况汇报。

听取和审议专项工作报告

（一）8月31日，滨州市十届人大常委会第31次会议听取和审议了关于滨州市2015年上半年国民经济和社会发展计划执行情况的报告。

（二）8月31日，滨州市十届人大常委会第31次会议听取和审议了关于滨州市2015年上半年财政预算执行情况的报告。

工作视察

9月23日，市人大常委会副主任宋振华带领视察组，对全市适应"新常态"经济发展方式转变情况进行了视察。视察组听取了市政府关于全市适应"新常态"经济发展方式转变情况的汇报，到博兴县、滨州经济开发区、高新技术开发区有关企业和重点项目建设现场进行了实地察看。

调研工作

8月14日，市人大常委会副主任宋振华带领调研组，对全市服务业发展情况进行了深入调研。调研组听取了市政府关于全市服务业发展情况的汇报，到滨城区有关企业进行了实地察看。

2016年度

决议决定

《关于批准滨州市2015年市级财政决算的决议》。滨州市第十届人民代表大会常务委员会第37次会议听取了市财政局局长傅成栋受市人民政府委托所作的《关于滨州市2015年财政决算草案的报告》和市审计局局长丁希安受市人民政府委托所作的《关于滨州市2015年度市级预算执行和其他财政收支的审计工作报告》。会议结合审议审计工作报告，对滨州市2015年财政决算草案报告和财政决算报表（草案）进行了审查，同意市人大常委会财政经济工作委员会提出《关于滨州市2015年财政决算草案的审查报告》，认为2015年市级预算执行情况是好的，完成了市十届人大五次会议确定的预算任务，决定批准滨州市2015年市级财政决算。

执法检查

3月30日至31日,市人大常委会副主任宋振华带领执法检查组对《安全生产法》在全市的贯彻实施情况进行了执法检查。检查组听取了市政府及博兴县政府、高新区管委会和市教育局、市质监局关于《安全生产法》贯彻实施情况的汇报,到山东万事达建筑钢品有限公司、滨城区第六中学等4家企业和两所学校进行了实地察看。

听取和审议专项工作报告

(一)6月29日,滨州市十届人大常委会第37次会议听取和审议了关于滨州市2015年度市级预算执行和其他财政收支的审计工作报告。

(二) 8月25日,滨州市十届人大常委会第38次会议听取和审议了关于滨州市2016年上半年国民经济和社会发展计划执行情况的报告。

(三)8月25日,滨州市十届人大常委会第38次会议听取和审议了关于滨州市2016年上半年财政预算执行情况的报告。

调研工作

(一)5月11日,市人大常委会副主任宋振华带领调研组,对全市可再生能源开发利用情况进行了深入调研。调研组听取了市政府关于全市可再生能源开发利用情况的汇报,到市直、无棣县有关企业进行了实地察看。

(二)9月8日至9日,市人大常委会副主任宋振华带领调研组,对市属开发区重点项目建设情况进行了深入调研。调研组听取了市政府关于市属开发区重点项目建设情况的汇报,到市属三个开发区重点项目建设现场进行了实地察看。

农业农村工作

2001 年度

工作视察

(一)8月27至29日,省人大常委会主任赵志浩一行到滨州视察市农业高科技示范园、渤海活塞集团、魏棉科技工业园,博兴县汇泉厨业,沾化县渤海高新技术苗木繁育场,无棣鲁北化工集团等。市委书记、市人大常委会主任王宗廉,市人大常委会副主任江连仲,市委常委、秘书长侯宪秀,市人大常委会秘书长王明仁等陪同。

(二)12月28至29日,省人大常委会副主任张瑞凤到滨视察沾化冬枣研究所、毛家洼水库、滨州农业高科技示范园。听取市人大常委会关于市人大常委会工作汇报,听取市建委关于滨州新区开发情况汇报。省人大常委会副秘书长、办公厅主任裴秀堂,市委书记、市人大常委会主任王宗廉,市人大常委会副主任张贵云、叶庆华、郭德刚、巩若良等分别陪同。

调研工作

4月18至20日,省人大常委会委员、农业与农村委员会副主任委员徐炳煦一行到滨州对实施《中华人民共和国气象法》情况进行调研。召开由市气象局等有关单位参加的座谈会,到博兴、惠民两县察看气象设施。市人大常委会副主任郭建新等陪同。

专题会议

(一)3月22日,市人大常委会农业和农村工作委员会召开关于七届人大一次会议《稳定和健全农业技术推广体系促进农业和农村经济发展》(第49号议案)征求意见座谈会。

(二)4月26日上午,市人大常委会召开全市人大农业与农村工作座谈会。传达贯彻全省农业与农村工作会议精神;各县、区交流2000年人大农业与农村工作经验和体会;研究部署2001年人大农业与农村工作。

2002 年度

执法检查

6月5日至6日,市人大常委会检查组对全市贯彻实施《中华人民共和国农业技术推广法》情况进行了执法检查。检查期间,听取了市政府及有关部门的汇报,抽查了无棣、沾化两县及部分乡镇,并实地察看了部分农技、畜牧等站所。

调研工作

11月6至9日,省人大常委会副主任王道玉到滨州就农业和农村工作进行调研。召开座谈会,到邹平、沾化以及滨州西区进行考察。市委副书记、市长孙德汉,市委副书记贾崇福,市委常委、沾化县县委书记步乃章,市人大常委会副主任张贵云,副市长苏乃军等陪同。

2003年度

工作视察

(一)5月22至24日,市人大常委会视察组对实施《中华人民共和国森林法》情况进行视察。视察期间,实地查看了各县区的林业绿化典型和绿色通道建设及山林防火等情况,听取了市政府和各县区及部分乡镇植树造林情况的工作汇报。

(二)9月7日至9日,市人大常委会视察组对我市《中华人民共和国水法》贯彻实施情况进行了视察。视察组听取了市政府及各县(区)政府关于贯彻执行《水法》情况的汇报,实地考察了水利建设工程现场。

专题会议

7月25日,市人大常委会召开全市农业和农村工作座谈会,总结交流上半年工作情况,部署下半年工作;进一步研究发挥人大监督职能的问题;市直有关部门主要汇报实施五大带动农户示范工程、招商引资和部门行政执法等方面的情况。

2004年度

执法检查

3月15日至l7日,市人大常委会组织部分市人大代表和委员对全市贯彻实施《中华人民共和国动物防疫法》和《山东省动物防疫条例》(以下简称“一法一条例”)的情况进行了执法检查。检查中,听取了市政府关于“一法一条例”贯彻执行情况的汇报,深入邹平、沾化、滨城、博兴等四县区动物养殖基地、乡镇兽医站(所),动物检疫、化验实验室进行了实地检查,召开了代表座谈会,广泛听取了大家的意见和建议。

工作视察

11月10日至16日,市人大常委会组织部分常委会委员和市人大代表,对全市农民负担管理工作进行了视察。视察组认真听取市政府和各县(区)政府关于减轻农民负担工作的情况汇报,分别深入到乡(镇)、村、户进行了实地检查,并召开了代表座谈会,广泛听取了不同层面的干部群众的意见和建议。

调研工作

4月21日至23日,市人大常委会副主任苏乃军带领部分常委会委员和市人大代表对全市贯彻实施《中华人民共和国气象法》、国务院《人工影响天气管理条例》、中国气象局《防雷减灾管理办法》和《山东省气象管理办法》情况进行执法调研。调研组对滨城、惠民、沾化、邹平四县区的“气象法规”实施情况进行了集中调研。

2005年度

执法检查

(一)3月29日至31日,市人大常委会组织部分市人大代表组成检查组,对全市贯彻实施《中华人民共和国渔业法》《中华人民共和国海域使用管理法》《中华人民共和国环境保护法》《山东省海洋环境保护条例》情况进行了检查。检查组听取了市政府和有关县政府的情况汇报,并到沿海自然生态保护区和沿黄渔业养殖区进行实地考察。

(二)9月27日至29日,市人大常委会组织部分市人大代表组成检查组,对全市贯彻实施《中华人民共和国农村土地承包法》《山东省实施<中华人民共和国农村土地承包法)办法》情况进行了检查。检查组先后听取了市政府和有关县(区)政府的情况汇报,深入到2个县区、4个乡镇、16个村、48户进行了实地检查。

工作视察

9月6日至9日，全国人大常委会委员、农业与农村委员会副主任委员李春亭到滨州，视察邹平县魏桥创业集团等。

调研工作

9月13日至16日，省人大常委会调研组到滨就《山东省实施〈中华人民共和国水法〉办法（草案）》进行立法调研。听取各界的修改意见，到沾化、邹平县召开座谈会并实地考察。

2006年度

执法检查

（一）5月24日至25日，市人大常委会组织部分市人大代表组成检查组，对全市贯彻实施《中华人民共和国农业机械化促进法》情况进行了检查。检查组先后听取了市政府和有关县（区）政府的情况汇报，深入到2个县区的农机服务大厅、农机经营业户、农机生产企业、农机作业试验田等有关场所进行了实地检查。

（二）8月，市人大常委会组织部分市人大代表，对全市贯彻实施《中华人民共和国农村土地承包法》情况进行了检查。检查组先后听取了市政府和有关县（区）政府的情况汇报，并深入到2个县区的部分乡镇、农户进行了实地检查。

（三）8月，市人大常委会组织部分市人大代表，对全市贯彻实施《中华人民共和国农业法》情况进行了检查。检查组先后听取了市政府和有关县（区）政府的情况汇报，深入到2个县区的部分乡镇、农户进行了实地检查。

（四）8月，市人大常委会组织部分市人大代表，对全市贯彻实施《中华人民共和国土地管理法》情况进行了检查。

（五）10月16日至18日，市人大常委会组织部分市人大代表对全市贯彻实施《中华人民共和国水土保持法》《山东省实施（中华人民共和国水土保持法 > 办法》情况进行了检查。检查组一行先后听取了市政府和沾化县、邹平县政府贯彻实施《中华人民共和国水土保持法》《山东省实施〈中华人民共和国水土保持法〉办法》情况的汇报，并深入到沾化防潮堤、邹平小流域治理现场进行了实地检查。

调研工作

（一）7月5日至6日，省人大常委会立法调研组到滨州对《山东省渔业港口和渔业船舶管理条例（草案）》进行立法调研。听取市人大常委会、市政府及有关部门的汇报，到沾化海防办事处码头、无棣滨州港西港区调研，召开相关部门、沿海乡镇和渔民代表参加的座谈会，听取对该法规草案的具体修改意见。省人大常委会委员、省人大常委会农委副主任委员乔秀和宋修武带队。市人大常委会副主任苏乃军、副市长王方正等陪同。

（二）7月26日，韩中国际产业园区开发株式会社社长、韩国科学技术人协会副会长朴钟璨带队的韩国农业考察团一行到滨州考察农业项目。考察无棣县赛尔生态园，重点听取了无棣县、沾化县的农业项目及投资优势。市人大常委会副主任李成明、郭建新，秘书长张树香等陪同。

2007年度

执法检查

5月29日至30日，市人大常委会执法检查组对全市贯彻实施《中华人民共和国农产品质量安全法》情况进行执法检查。检查组一行听取了市政府的情况汇报，实地检查了滨州裕华集团农业有限公司、滨城区绿洲渔业标准化养殖示范基地、博兴县农产品质量检验检测中心、博兴县龙升食品有限公司和山东华康食品有限公司等企业的标准化生产基地，与企业和基地负责人进行了座谈。市人大常委会副主任苏乃军、张冠文，市人大常委会秘书长张树香，市人大常委会委员纪家华、李树国，市人大代表徐竹滨、韩德臻等参加执法检查。市委常委、副市长曹兴宽等陪同检查。

调研工作

（一）8月16日至18日，省人大常委会委员、农业与农村委员会副主任委员刘宗元、宋修武率省人大农民增收专题调研组一行5人到滨州调研。调研组一行听取了市政府关于全市农民增收情况的汇报，召开了市直有关部门参加的座谈会，并到沾化县进行实地调研。市人大常委会副主任李成明、苏乃军，副市长董吉增，市人大常委会秘书长张树香等分别陪同调研。

（二）8月26日至28日，省人大法制委员会副主任委员王同生一行到滨对《山东省农业机械化促进条例（草案）》进行立法调研。调研组召开了由农工委、内司委、市直有关部门的负责同志，以及部分人大代表、农机站工作人员参加的座谈会，并赴博兴县进行实地调研。省人大法制委员会副巡视员冯秉章等随同调研。市人大常委会副主任苏乃军，市人大常委会秘书长张树香等陪同调研。

（三）11月27日至28日，市人大常委会调研组对全市社会主义新农村建设投入情况、新型农村合作医疗运行情况进行调研。调研组一行听取了市政府关于全市社会主义新农村建设投入情况、新型农村合作医疗运行情况的汇报，召开了由市直有关部门参加的座谈会，并到博兴、阳信两县进行实地调研。市人大常委会副主任苏乃军、田宝礼，市人大常委会委员蒋爱学、李树国、宋茂龙，市人大代表徐竹滨等参加调研，副市长胡炳山，市长助理史德高等陪同调研。

2008年度

执法检查

8月5日至6日，市人大常委会执法检查组对全市实施《中华人民共和国水法》《中华人民共和国防洪法》和《山东省实施〈中华人民共和国水法〉办法》情况进行执法检查。执法检查组一行听取了市政府的情况汇报，并实地察看了滨城区、沾化县、无棣县水利工程设施、防洪设施现场。市人大常委会副主任董吉增，市人大常委会委员李凯、李强、李继文、田光利、李淑忠，市人大代表王少青、赵金成等参加执法检查。副市长尚龙江，市长助理史德高等分别陪同检查。

调研工作

10月17日，市人大常委会调研组对全市林业工作和《中华人民共和国森林法》实施情况进行调研。调研组听取了市政府工作汇报，实地调研了阳信县鸭梨产业发展情况，博兴县绿色通道建设、农田林网及林权改革情况。市人大常委会副主任董吉增，市人大常委会委员李凯、李强、李继文，市人大代表张树香、赵金成等参加调研，副市长尚龙江等陪同调研。

2009年度

执法检查

（一）6月8日至9日，省人大常委会委员、农业与农村委员会副主任委员宋继峰率领省人大执法检查组对滨州市贯彻实施《中华人民共和国畜牧法》情况进行执法检查。执法检查组听取了市政府的情况汇报，实地考察了邹平县恩贝集团、长山大名牧场、长山兽医站，滨州经济开发区中大牧业、绿都安特，滨城区六和饲料、六和隆达食品公司。省人大常委会办公厅巡视员、农业与农村委员会委员谭明山，省人大农业与农村工作委员会副巡视员郝传义等随同执法检查。市人大常委会副主任董吉增，副市长尚龙江等陪同执法检查。

（二）7月17日，市人大常委会副主任董吉增带领部分常委会委员和人大代表对全市"三农"工作和新农村建设情况进行视察，并对《中华人民共和国农产品质量安全法》实施情况进行执法检查。董吉增一行先后到惠民县胡集镇三农服务中心、淄角镇、孙武镇的蔬菜标准化基地，孙武镇润地物华有机食品公司，惠民县农业局农产品质量检测中心；博兴县纯化镇林水会战示范区，兴福镇龙升食品有限公司有机农产品生产示范基地，城东办事处椒园村进行视察。市人大常委会委员李凯、李强、李继文、田光利，市人大代表赵金成、景爱莲等参加视察和执法检查。

调研工作

（一）4月10日，市人大常委会副主任董吉增带领市人大常委会调研组对全市实施《中华人民共和国畜牧法》情况进行专题调研。调研组听取了市政府的情况汇报，并到阳信县中渤鹅业公司、鸿安绿色肉牛养殖场，无棣县韩一奶牛饲养场、博大种鸡场、同丰养殖合作社等畜牧生产基地进行了实地调研。市人大常委会委员、农业农村工委主任李继文等随同调研。

(二)9月15日至17日,省人大常委会副主任鲍志强率领立法调研组到滨州对《山东省农民专业合作社条例(草案)》进行立法调研。调研组召开了市政府有关部门负责人和惠民、沾化、邹平三县农业局长等参加的座谈会,听取有关部门修改意见,并到博兴县店子镇迎康蔬菜专业合作社、兴福镇天龙草柳编专业合作社进行实地考察。省人大农业与农村委员会委员谭明山、省人大常委会副秘书长顾克华、省人大农业与农村委员会副巡视员王秀芬、省农业厅副厅长庄文忠等随同调研。市委书记、市人大常委会主任邓向阳,市委副书记、市长张光峰,市人大常委会常务副主任曹兴宽,市委常委、市委秘书长王文禄,市人大常委会副主任董吉增,副市长尚龙江,市委党校常务副校长、市长助理、市政府秘书长何凤岐,市人大常委会秘书长李国强等分别陪同调研。

2010 年度

执法检查

6月17日,市人大常委会副主任董吉增率执法检查组对全市实施《中华人民共和国海域使用管理法》和《中华人民共和国海洋环境保护法》情况进行执法检查。检查组一行书面听取了市政府关于实施《中华人民共和国海域使用管理法》和《中华人民共和国海洋环境保护法》情况的汇报,并到无棣县、沾化县进行实地检查。市人大常委会委员李强、李继文、田光利、宋守松、李淑忠等参加执法检查。

调研工作

(一)4月20日至22日,省人大常委会委员、农业与农村委员会副主任委员宋继峰率领省人大调研组来我市就供销社改革发展和服务“三农”情况进行调研。调研组听取了市政府及市供销社相关工作情况的汇报,并到邹平县、博兴县和惠民县的有关现场进行实地调研。省人大农业与农村委员会副主任委员谭明山,省供销社党组副书记、监事会主任王华艺,省人大农业与农村委员会副巡视员王秀芬等随同调研。市委常委、副市长孙承志,市人大常委会副主任郭建新等陪同调研。

(二)9月14日,市人大常委会副主任董吉增带领部分市人大常委会委员及市人大代表对全市统筹城乡发展和“三农”工作情况进行调研。调研组赴滨城区、博兴县实地察看新农村建设、现代农业发展现场,听取相关县区政府统筹城乡发展和“三农”工作情况的汇报。

2011 年度

执法检查

10月11日,市人大常委会副主任董吉增带领部分常委会委员对全市贯彻实施《中华人民共和国农业机械化促进法》《山东省农业机械化促进条例》情况进行了检查。检查组在听取市政府和有关县区政府执法情况报告的基础上,深入惠民县姜楼天禧农机化示范园、无棣县水湾镇惠康农机专业合作社进行了实地检查。

工作视察

4月26日,市人大常委会副主任董吉增带领部分市人大常委会委员和市人大代表对全市现代农业示范园区建设情况进行视察。视察组先后听取了市政府、无棣、博兴两县政府关于现代农业示范园区建设情况的汇报,并深入到无棣县高效生态农业示范园、华特希尔畜牧生态科技园、博兴龙升源有机蔬菜示范园等6个现代农业示范园区实地考察。

调研工作

(一)4月12日至15日,市人大常委会农业和农村工作委员会调研组对各级政府贯彻《滨州市人民政府办公室关于培植全市高效生态农业示范园区的通知》文件精神,促进园区健康发展的情况进行全面调研。召开了县区人大常委会、政府及发展改革、财政、农业、林业、海洋渔业、畜牧兽医、农机、农业开发办、水利等部门参加的座谈会,听取工作情况汇报并座谈;实地察看了惠民县、沾化县、滨城区、邹平县的有关园区。

(二)9月5日至7日,省人大常委会委员、农委主任委员班开庆带队到滨州就农业科技创新与推广情况进行调研。调研组召开了市人大常委会、市政府等有关部门负责人及部分人大代表参加的座谈会，先后到市畜牧兽医研究院（山东绿都生物科技有限公司）、高新区设施农业园区、滨城区山东泰裕麦业有限公司、邹平县好生镇农技综合服务站、邹平县山东芳绿农业科技有限公司、邹平县西王集团考察并召开座谈会。

（三）10月11日，市人大常委会副主任董吉增带领部分常委会委员和人大代表对全市农村水利改革发展情况进行了调研。调研组先后听取了市政府、惠民、无棣县政府及北海新区管工委关于农村水利改革发展情况的汇报，并深入到惠民县辛店方田工程、北海新区供水工程等水利工程施工现场实地考察。

2012 年度

执法检查

4月9日至11日，市人大常委会副主任郭建新带领部分常委会委员和人大代表对全市贯彻实施《中华人民共和国农业法》情况进行了检查。检查组先后深入到惠民、邹平两县的4个乡镇、1个农民专业合作社、1个农产品示范基地、3个农业园区和3个农业龙头企业，通过听汇报、实地察看、座谈等形式，初步了解和掌握了全市在贯彻落实农业法方面取得的成绩和存在的问题。通过讨论研究分析，形成了执法检查报告，并征求了林业局、海洋与渔业局、畜牧兽医局、农机局等有关部门的意见。

工作视察

11月2日，市人大常委会副主任郭建新带领部分常委会委员和人大代表对黄河三角洲（滨州）国家农业科技园区建设情况进行视察。视察组先后听取了市政府关于滨州国家农业科技园区建设情况的汇报，实地察看了博兴国丰高效生态循环农业示范园、经济开发区绿洲现代农业高科技示范园、滨州国家农业科技园区创业园及科技园、市科技局黄河三角洲农产品安全追溯平台等现场。

调研工作

（一）6月25日至26日，省人大农委主任委员宋继峰带领调研组，对全市南水北调工程建设情况进行调研。市人大常委会副主任郭建新等陪同调研。

（二）11月20日，市人大常委会农业和农村工作委员会对全市水利改革发展情况进行调研。调研组先后听取了市水利局、惠民、阳信县政府关于水利改革发展情况的汇报，并深入到簸箕李干渠清淤工程、惠民县高标准农田水利建设工程、南支流综合治理工程、土马沙河景观水系工程，阳信县幸福河衬砌工程、翟王镇“四位一体”标准化方田建设工程、阳信县水利信息化建设工程等施工现场实地考察。

2013 年度

执法检查

（一）4月18日至19日，市人大常委会执法检查组对《中华人民共和国农业技术推广法》的实施情况进行执法检查。期间听取了市、县（区）政府的执法情况汇报，并深入两县区实地考察。

（二）8月26日至28日，省人大农委到滨州市对《中华人民共和国农村土地承包经营纠纷调解仲裁法》贯彻实施情况进行执法检查。检查组听取了市政府贯彻实施工作情况的汇报，召开了市直有关部门参加的座谈会，实地察看了沾化县农村土地承包仲裁庭、1处乡镇三农服务中心（农村土地流转服务机构）、1个家庭农场和惠民县农村土地承包仲裁庭、1处乡镇三农服务中心（农村土地流转服务机构）、1个家庭农场等现场。市人大常委会副主任李国强、市人民政府副市长李维东等陪同。

工作视察

9月29日，市人大常委会副主任郭建新带领市人大常委会视察组对全市农村基层水利服务体系建设情况进行视察。实地察看了惠民县李庄镇水利站、辛店镇水利站，阳信县河流镇水利站、河流镇魏家农民用水户协会；并听取了市政府关于全市基层水利服务体系建设情况汇报。

调研工作

11月14日，市人大常委会副主任郭建新带领市人大常委会农业和农村工作委员会对全市农村合作经济组织发展情况进行现场调研。实地察看了无棣县水湾镇土地流转情况、无棣润丰农机专业合作社、无棣兴德水产专业合作社、沾化县利国乡南五棉花种植专业合作社、利国乡洼地绵羊良种繁育合作社等情况。

2014 年度

执法检查

7 月 30 日至 31 日,市人大常委会执法检查组对全市实施《中华人民共和国森林法》情况进行执法检查。检查组听取了市政府关于全市《森林法》实施情况的汇报,召开了市直有关部门负责同志参加的座谈会,实地察看了滨城区秦台生态林场,沾化县九华绿云高科产业园耐盐碱苗木组培试验基地、思源湖生态林场,无棣县新海生态林场林下苜蓿种植基地、黄河岛国家级湿地公园、无棣县黄河岛湿地科普馆、林昌园林有限公司盐松苗木繁育基地、小泊头镇俊棣生态林场和俊棣苗木种植专业合作社林下育苗基地,惠民县皂户李黄河三角洲苗木大市场、前找李苗木繁育基地、双河生态林场、长青木业,滨州经济开发区北美海棠园。

工作视察

(一)6 月 10 日至 11 日,市人大常委会视察组对全市海洋经济和海洋产业发展情况进行视察。视察组听取了市政府关于全市海洋经济和海洋产业发展情况的汇报,召开了市直有关部门负责同志参加的座谈会,实地察看了滨州贝壳堤岛与湿地国家级自然保护区(开展清洁海滩活动)、无棣县海城生态科技集团海珍品工厂化养殖园区、无棣县新海工业园正海集团海洋生物医药产业和无棣县西港经济园区基础设施建设、海忠软管、船舶修造等海洋产业,北海经济开发区滨州港建设情况、海缘养殖科技有限公司海水池塘养殖和海珍品工厂化养殖园区,沾化县国家一级渔港(乘执法船艇视察沿海开发)、滨化海源优质鱼项目区,博兴县乔庄镇优质鱼项目区现代渔业和渔业园区建设等。

(二)9 月 16 日至 17 日,市人大常委会视察组对全市沿黄农业示范园区及林水会战项目工程建设情况进行视察。视察组听取了市政府关于全市沿黄农业示范园区及林水会战项目工程建设情况的汇报,召开了市直有关部门负责同志参加的座谈会,实地察看了开发区、惠民县、阳信县、沾化县、滨城区、博兴县、高新区等有关现场。

调研工作

(一)9 月 28 日至 29 日,省人大农业与农村委员会调研组到滨州对《山东省森林资源条例(草案)》进行立法调研。调研组实地察看了惠民县皂户李黄河三角洲苗木大市场及苗木繁育基地、惠民县双河万亩生态林场、沾化县下洼冬枣园、沾化县思源湖生态林场,听取了市政府汇报及市直有关部门负责同志对条例草案的意见和建议。

(二)10 月 9 日至 10 日,市人大常委会调研组对全市实施《中华人民共和国动物防疫法》及畜牧业发展情况进行调研。调研组召开了市直有关部门负责同志参加的座谈会,实地考察了博兴县博威特畜牧发展有限公司、天鹏鸭业有限公司、新盛食品有限公司,邹平长山西江家庭农场种鸭养殖生态园、长山鲁中家庭牧场、长山镇畜牧兽医站、邹平长丰生态园 、中慧集团、华宏生物科技有限公司。

2015 年度

执法检查

5 月 5 日,省人大农业与农村委员会执法检查组到滨州对《山东省胶东调水条例》贯彻实施情况进行检查。检查组听取了市政府关于实施《条例》情况的汇报,并与国土资源、公安、水利、环境保护等部门进行了座谈交流,赴博兴县视察了打渔张渠道沉沙池并听取情况介绍。

调研工作

5 月 11 日至 12 日,市人大常委会调研组对我市农田水利设施产权制度改革和创新运行管护机制进行调研。调研组赴邹平县、博兴县进行了实地调研,召开了市直部门负责同志以及博兴县、邹平县政府分管领导和县水务局负责同志参加的汇报座谈会,听取了市政府关于农田水利设施产权制度改革和创新运行管护机制情况汇报。

2016 年度

工作视察

(一)4 月 6 日至 7 日,市人大常委会副主任郭建新带领视察组一行,对全市全国水生态文明城市创建工作情况进行了视察。视察组先后到张肖堂沉沙池工程、邹平县明集镇高标准农田基地、禾和湿地建设、污水处理厂、博兴打渔张灌区、南水北调博兴水库、长江水黄河水两水交汇和麻大湖湿地修复工程进行了视察。听取了市政府关于全国水生态文明城市创建工作情况的汇报并进行了座谈讨论。

市十届人大常委会第 36 次会议听取并审议了市人民政府关于全市人大常委会视察组关于视察全国水生态文明城市创建工作情况的报告。

(二)2016 年 9 月 9 日,市人大常委会副主任郭建新带领视察组对全市农产品质量安全市创建工作进行了视察。视察组一行先后视察了滨城区中裕高效生态农牧循环经济产业园、农资连锁经营配送中心示范店和惠民县鑫诚现代农业科技有限责任公司、农产品质量监管追溯平台。听取了市政府关于全市农产品质量安全市创建工作情况汇报,深入了解了全市农产品质量安全工作开展情况,并进行了座谈讨论。

城乡建设环境保护工作

2001 年度

工作视察

5 月 22 日至 23 日,市人大常委会副主任郭德刚、秘书长王明仁带领部分常委会委员及市人大代表,对全市客运市场进行集中视察。听取了市和滨城区、博兴县、惠民县的情况汇报,现场察看了市公共汽车站、公交公司、区个体客运站等 6 个站点。

环保世纪行

6 月 5 日,举行"纪念世界环境日新闻发布会暨 2001 滨州环保世纪行启动仪式"。市人大常委会副主任、环保世纪行组委会主任朱向旭和副市长、环保世纪行组委会主任程竹坤先后讲话,世纪行记者代表发言。市直有关单位及部分污染源企业负责人参加。世纪行活动围绕"一控双达标"再提高工程和小流域环境综合治理等环保工作以及资源保护等主题,全年组织活动 3 次。

2002 年度

环保世纪行

6 月 5 日,举行"纪念世界环境日新闻发布会暨 2002 年滨州环保世纪行启动仪式",环保世纪行组委会主任讲话,世纪行记者代表发言。市有关单位及部分污染源企业负责人参加。世纪行活动坚持对小流域环境综合治理有深度、有声势报道的同时,加大对建设项目、生态保护和环境执法等情况的宣传报道。6 月至 7 月、10 月至 11 月,集中两次活动。

2003 年度

工作视察

(一)6 月 18 日至 19 日,市人大常委会组织部分市人大代表和常委会委员,对全市"四环五海"工程建设情况进行视察。视察组听取了市政府副市长、总指挥部常务副总指挥程竹坤和各分指挥部负责同志的汇报,实地察看了工程建设进展情况,并进行了认真座谈讨论。

(二)9 月 15 日至 18 日,市人大城环工委组织部分代表和委员对全市《中华人民共和国建筑法》的执行情况进行了视察。听取了市政府关于《建筑法》执行情况的汇报,分组深入市直和各县区的重点施工现场进行了实地调查,召开了由部分驻县区代表参加的座谈会,广泛听取意见和建议。

调研工作

7月16日至22日，市人大城环工委对全市环境保护执法情况进行了调查。调查组听取了市环保局、建委、林业局等部门的情况汇报，深入到全市6县2区的11个重点污染源、6个污水处理厂和六河水变清工程的控制断面进行了实地考察，并召开了7次有部分人大代表参加的座谈会。

专题会议

5月12日，召开全市人大城建环保工作联席会。会议汇报交流了前段工作情况和今后打算，研究安排了2003年的工作。

环保世纪行

组织开展“纪念世界环境日新闻发布会暨2003年滨州环保世纪行”宣传活动。2003年“世纪行”活动分两个阶段进行。上半年以“保护生命之水”为主题，采访全市实施“六河水变清”工程为主，组织开展“县(区)长环保访谈”和防“非典”医疗垃圾等处理的采访；下半年以“向大气污染宣战”为主题，以大气污染防治为重点，结合城区锅炉、茶水炉污染治理、机动车尾气治理和建筑扬尘等污染的防治进行重点采访，同时组织秸秆禁烧和秸秆综合利用等方面的宣传活动。

2004年度

听取和审议专项工作报告

10月21日，滨州市八届人大常委会第12次会议听取了市政府关于全市国土资源管理情况的报告。会议结束后，市政府于11月3日就国土资源管理的有关情况向市委常委会做了汇报。会上，市委书记孙德汉讲了重要意见。

工作视察

(一)3月10日至11日，市人大常委会组织部分代表和委员，对滨州城区城市管理工作、“五个五”管理新办法落实情况及建筑物乱写、乱涂、乱贴广告整治情况进行了视察。

(二)5月19日至21日，市人大常委会组织部分委员和代表，对“六河水变清”工程进展情况和城市供水、污水处理市场化运作情况进行了视察。视察组在听取市政府及主管部门汇报的基础上，分三组深入六县两区作了较详尽的实地调查，然后进行了情况汇总和认真讨论。

调研工作

11月上旬，根据市人大常委会城环工委2004年工作计划，组织各县区人大常委会一名副主任，到云南、广西等地就城市管理和国土资源保护情况进行学习考察。

专题会议

(一)2月20日，召开全市人大城乡建设与环境保护工作座谈会。各县区汇报了2003年工作情况和2004年工作打算；通报了市人大城环工委2003年工作情况和2004年工作要点。

(二)7月15日至16日，举行全市人大发展循环经济、建设生态滨州研讨会。各县区人大常委会分管主任和城建环保工委负责同志，滨城区、阳信县、沾化县、博兴县政府分管县区长，市直有关部门和市、县(区)有关企业主要负责同志参加了会议。

环保世纪行

(一)4月9日，2004年“滨州环保世纪行”新闻发布会召开，2004年“滨州环保世纪行”活动正式启动。市委副书记侯宪秀宣读市委书记、市人大常委会主任孙德汉和市委副书记、市长安世银的贺信。市人大常委会副主任刘宝庭讲话。

(二)7月27日至29日，中华环保世纪行执委会组织记者团对全市实施渤海碧海行动计划实施情况进行调研和采访。7月28日，听取市政府副市长程竹坤关于滨州市海洋环境保护和渤海碧海行动计划实施情况的汇报，市环保局、市海洋与渔业局、市委宣传部等单位负责同志参加汇报会。会后，市委副书记侯宪秀、市人大常委会副主任刘宝庭、市政府副市长程竹坤及有关部门负责同志陪同记者团和省里的领导，到沾化县采访、考察湿地保护情况。下午到无棣县查看漳卫新河辛集闸断面，在鲁北化工企业集团听取无棣县政府及鲁北化工企业集团的情况汇报。

2005 年度

工作视察

（一）5 月 30 日至 31 日，市人大常委会组织部分委员和代表，对全市交通基础设施建设情况进行了视察。实地察看了两区五县的 16 处施工现场，听取了市政府及交通局、公路局、铁路办负责同志的情况汇报，并进行了认真的座谈讨论。

（二）7 月 12 日至 13 日，受省人大常委会的委托，市人大常委会对滨州生态市建设情况进行了视察。视察组现场视察了资源综合利用和发展循环经济；水污染防治和地质环境保护；人口控制；水资源优化配置与生态农业、生态林业建设；发展生态旅游等重点，听取了市政府关于贯彻落实市人大常委会建设生态市的决议和实施《滨州生态市建设规划》情况的汇报。

调研工作

7 月下旬，根据市人大常委会城环工委工作安排组织各县区人大常委会分管副主任，到西北地区（青海、甘肃、宁夏、山西）就基础设施建设和环境保护情况进行学习考察。

环保世纪行

5 月 23 日，举行 2005“滨州环保世纪行”新闻发布会暨《发展循环经济建设生态滨州》首发式，确定 2005 年“滨州环保世纪行”正式启动。市委副书记侯宪秀向 2005 年“滨州环保世纪行”记者采访团授旗；市人大常委会副主任、“滨州环保世纪行”组委会主任刘宝庭讲话，对编辑出版《发展循环经济建设生态滨州》一书作介绍，向出席会议人员赠书；副市长于志刚主持并宣读 2004“滨州环保世纪行”活动优秀组织单位、好新闻和先进个人的表彰通报。会后，记者采访团赴滨州黄河纸业集团现场采访，并查看秦台干沟的污染情况。

2006 年度

执法检查

3 月 9 日至 10 日，市人大常委会组织部分市人大常委会委员和代表，对全市贯彻落实《中华人民共和国电力法》《山东省电力设施保护条例》的情况进行了检查。检查组听取了市和沾化县供电公司情况介绍，实地察看了滨州市和沾化县电力调度中心、客户服务中心、天鸿热电厂、古城供电所、炜烨热电厂、尚集变电站、郭集变电站、滨城区供电公司滨北供电所和沾化县吴家村供电情况，然后听取了市政府及有关部门的情况汇报，并进行了认真地座谈讨论。

工作视察

（一）4 月 12 日至 14 日，省人大常委会副主任时立军带队，省人大常委会“两湖一河”流域水污染防治情况检查组对滨州市辖小清河流域水污染情况进行检查。检查组听取了汇报，与市委、市人大、市政府及市直有关部门负责人、省市人大代表进行座谈，现场查看魏桥创业集团、博兴香驰集团污染治理情况，邹平、博兴县污水处理厂的建设运行情况及魏桥、大肖、朱龙河入小清河处断面水质。

（二）6 月 29 日至 30 日，市人大常委会组织部分市人大常委会委员和人大代表，对全市国土资源管理和经营情况进行了视察。先后实地察看了滨城区单寺乡、梁才乡国家级和省级土地开发整理项目现场、邹平县集约用地现场和惠民县石庙镇省级土地开发整理现场，听取了市政府和两县关于国土资源管理及经营情况的汇报，并进行了认真地座谈讨论。

（三）8 月 9 日至 10 日，市人大常委会视察组对实施《中华人民共和国节约能源法》《山东省节约能源条例》及资源节约情况进行视察。听取市政府汇报，召开市直相关部门负责人参加的座谈会，到邹平、博兴、无棣 3 县对 7 家企业的节能情况进行视察。

调研工作

6月1日至6日,全国人大环资委《中华人民共和国循环经济法》立法起草工作小组到滨开展立法调研。6月3日,考察了鲁北化工集团,在企业组织座谈并书面征求了企业对《循环经济法》立法的建议和意见及发展循环经济的基本经验。省人大城环资委助理巡视员段贺光、省经贸委调研员史佩钊同志陪同调研。

专题会议

(一)2月28日,市人大城建环保工作座谈会召开。会议汇报交流2005年工作情况,研究安排年度工作。

(二)6月5日至9日,全省人大推进资源节约型、环境友好型社会建设座谈会在滨州召开。各市人大交流经验,研究探讨如何更好地发挥人大作用,坚持不懈地推进"两型"社会建设。与会人员参观考察了滨州新区、黄河公铁两用大桥、大高航空城,孙子兵法城,邹平县开发区、西王集团及邹魏工业园,鲁北化工集团等。对2005年度"齐鲁环保世纪行"先进单位和个人进行了表彰。省人大常委会副主任、城建环资委主任委员时立军讲话。市委书记、市人大常委会主任孙德汉在开幕式上致辞。

环保世纪行

4月5日,2006年"滨州环保世纪行"新闻发布会召开,启动2006年"滨州环保世纪行"活动。市委副书记侯宪秀为环保世纪行新闻采访团授旗,市人大常委会副主任李成明宣读《滨州环保世纪行组委会关于表彰2005年滨州环保世纪行好新闻的通报》,市人大常委会副主任、"滨州环保世纪行"组委会主任刘宝庭部署2006年活动,副市长于志刚主持。

2007年度

执法检查

5月21日至22日,市人大常委会组织部分市人大常委会组成人员及市人大代表,对全市贯彻落实《中华人民共和国环境保护法》和《山东省环境保护条例》情况进行执法检查。检查组听取了市政府及有关部门关于"一法一条例"贯彻执行情况的汇报;赴市直及部分县区的企业、污水处理厂、有关河流断面进行现场检查和水质检测。检查组向市人大常委会第32次会议提交了书面执法检查报告。

工作视察

(一)4月25日,省人大常委会副主任时立军带领检查团一行,对滨州市小清河流域水污染防治情况进行检查。历时4天。检查期间,查看河流断面水质、重点企业、城市环境基础设施建设等现场,召开有关部门参加的座谈会,听取了市政府关于小清河流域水污染防治情况的汇报。

(二)12月6日,全国人大环资委办公室巡视员尚莒城带队,中华环保世纪行采访团赴无棣、沾化,就解决人民群众吃水难的问题进行回访。

环保世纪行

5月25日,2007年"滨州环保世纪行"新闻发布会在滨州召开,启动2007年"滨州环保世纪行"活动。市委常委、秘书长燕钦国向环保世纪行记者采访团授旗,市委宣传部副部长吕德章宣读2006年"滨州环保世纪行"好新闻表彰通报,市人大常委会副主任侯宪秀部署2007年环保世纪行活动,副市长于志刚主持。

2008年度

执法检查

5月27日至28日,市人大常委会组织部分常委会组成人员及市人大代表,对我市贯彻落实《中华人民共和国建筑法》情况进行执法检查。检查组听取了市政府及有关部门关于建筑法贯彻执行情况的汇报;到市直及部分县区的建筑园区或施工现场检查。检查组向市九届人大常委会第4次会议提交了书面执法检查报告。

工作视察

(一)8月22日至26日,市人大常委会组织部分委员和代表,对全市节能减排工作进行了集中视察。视察组听取了市政府和滨城区、沾化县、邹平县、博兴县政府及开发区管委会关于节能减排工作情况的汇报,到市直和5个县区的26处企业、工业园区、污水处理厂、河流断面进行现场察看,并召开部分驻县区代表参加的座谈会,广泛听取意见和建议。

(二)10 月 13 日至 15 日,省人大常委会副主任时立军一行,对滨州市节能减排情况进行视察。视察组听取了滨州市政府关于节能减排工作汇报,实地察看了滨州市节能减排项目情况。

环保世纪行

10 月 16 日至 17 日,齐鲁环保世纪行记者采访团对滨州市海洋环境保护工作情况进行考察采访。采访团听取了滨州市政府海洋环境保护及贝壳堤岛与湿地系统国家级自然保护区建设管理工作情况的介绍;采访市政府分管领导,实地考察了贝壳堤岛与湿地系统国家级自然保护区。

2009 年度

执法检查

6 月 11 日至 13 日,省人大常委会委员、省人大城环委副主任委员姚学政一行,到邹平县对滨州市贯彻实施《山东省小清河流域水污染防治条例》情况进行执法检查。检查组召开座谈会,听取了滨州市政府关于小清河流域水污染防治情况的汇报,实地查看了邹平污水处理厂、西王集团、杏花河和博兴光大水务集团、京博控股集团、小清河金家闸等现场。

听取和审议专项工作报告

(一)4 月 22 日,市九届人大常委会第 10 次会议对《滨州市人民政府关于城市改造与建设情况的报告》进行了审议。

(二)10 月 26 日,市九届人大常委会第 13 次会议对滨州市人民政府关于全市节能减排工作情况的报告进行了审议。

环保世纪行

6 月 10 日,2009 年滨州环保世纪行新闻发布会召开。新闻发布会结束后,与会人员就有关工作进行了座谈。

2010 年度

执法检查

4 月 8 日至 9 日,市人大常委会执法检查组对全市实施《中华人民共和国城乡规划法》情况进行了执法检查。在检查中,先后听取了市政府、经济开发区管委会和博兴县、沾化县、滨城区政府关于《城乡规划法》实施情况的汇报,深入市直和两县、两区的规划模型展厅、居民小区、重要交通通道、汽车站、中心广场等 20 多处规划建设场所,进行了实地察看,并召开有部分驻县代表参加的座谈会,广泛听取意见和建议。

听取和审议专项工作报告

8 月 19 日,滨州市九届人大常委会第 18 次会议对《滨州市人民政府关于农村公路建设情况的报告》进行了审议。

工作视察

6 月 9 日至 11 日,省人大常委会副主任鲍志强带领视察组一行,到滨州对节能减排工作进行视察。视察组赴无棣县鲁北化工集团及市区有关企业考察,听取企业节能减排工作情况汇报,查看有关现场;召开汇报会,听取市政府节能减排工作情况汇报。

调研工作

市人大常委会调研组深入各县区和部分企业,对建立节能减排工作的长效机制进行了调查研究。国家和省人大环资委领导到滨州调研节能减排工作时,相关人员随同调研。

环保世纪行

5 月 26 日,2010 滨州环保世纪行组委会工作会议召开,市委宣传部、市环保局、市财政局、滨州日报社、滨州电视台、滨州人民广播电台、鲁北晚报社作会议发言。

2011 年度

工作视察

(一)4 月 28 日,市人大常委会副主任董吉增带领部分市人大常委会委员和市人大代表,到滨州港和北海经济开发区对配套基础设施建设情况进行了视察。视察组听取了市政府及有关部门关于滨港码头、北海经济开发区配套基础设施建设情况的汇报;到 2×3 万吨级码头和防洪堤一期续建及附属工程现场、北海经济开发区水电路讯配套设施建设现场进行查看。视察组向市九届人大常委会第 24 次会议提交了书面视察报告。

(二)4 月 29 日,市人大常委会副主任董吉增带领部分市人大常委会委员和市人大代表,到滨城区和开发区对城中村改造、城市防汛工作情况进行视察。

(三)9 月 2 日,市人大常委会副主任董吉增带领部分常委会委员和市人大代表,对市城区集中供热工作进行了视察。查看了有关现场,听取了市政府关于城区集中供热情况的汇报,进行了认真讨论。

(四)10 月 14 日至 15 日,市人大常委会副主任董吉增带领部分常委会委员和市人大代表,对全市保障性安居工程建设情况进行视察。视察组听取了市政府工作汇报,视察了全市住房建设信息系统,检查相关政策规定落实情况,随机抽样确定现场查看的项目,查看保障性安居工程建设情况。现场视察结束后,视察组对我市保障性安居工程建设情况作出总体评价,指出存在的主要问题,提出今后工作的意见、建议,并将视察报告报省人大常委会办公厅。

环保世纪行

6 月 10 日,2011 年滨州环保世纪行新闻发布会召开,总结了 2010 年滨州环保世纪行工作,安排了 2011 年活动。

2012 年度

工作视察

7 月 17 日,市人大常委会副主任王立勇带领部分常委会委员和市人大代表,对全市城区环境综合整治工作进行了视察。视察组先后对环卫机械化清扫、北环河绿化带建设工程、城区门口牌匾升级改造、公园广场管理、北外环道路照明工程共五个城市管理工作现场进行了察看;听取了市政府关于城区环境综合整治工作的汇报,并进行了认真讨论。

调研工作

9 月 4 日,市人大常委会组织部分常委会委员对全市保障性住房建设及使用管理情况进行调研,全面了解全市保障性住房建设及使用管理情况,总结经验,查找问题,研究对策,推动全市保障性住房建设及使用管理工作又好又快发展。调研组听取了市人民政府关于全市保障性住房建设及使用管理情况汇报,到有关现场实地察看。

2013 年度

执法检查

7 月 26 日,市人大常委会副主任王立勇带领执法检查组,到市城区、博兴县的城乡规划区和项目现场,对全市实施《山东省城乡规划条例》情况进行了实地检查,听取了市人民政府的工作汇报,并与规划部门进行了座谈。

听取和审议专项工作报告

6 月 20 日,市十届人大常委会第 12 次会议,听取和审议了市铁路局局长刘连营受市人民政府委托所作的关于全市铁路建设情况的报告。

工作视察

(一)7 月 10 日至 11 日,省人大常委会视察组到滨州市对节能减排工作情况进行视察。省人大常委会视察组召开汇报座谈会,听取了滨州市政府、邹平县政府关于节能减排工作情况的汇报;实地视察了山东滨州亚光毛巾有限公司、滨化集团股份有限公司、滨州经济开发区秦皇河湿地公园、邹平县污水处理厂、西王集团、山东长星风电科技有限公司等节能减排企业和项目。

(二)9 月 30 日,市人大常委会视察组对全市农村公路建设、养护管理工作情况进行了视察。在实地查看了惠民县西邓村、郭马庄村,阳信县冯店村、五支刘村,博兴县大吾杨村及部分县乡道路的建设养护管理状况后,听取了市政府的工作汇报,并就有关问题进行了座谈。

(三)10 月 15 日,受省人大城建环资委委托,市人大常委会视察组对全市城镇化工作情况进行了视察。视察重点包括贯彻落实国家和省里有关城乡规划方面法律法规的情况;贯彻国家关于城镇化的一系列决策部署,落实全省城镇化工作会议精神,《山东省城镇化发展纲要(2012—2020 年)》工作情况等。本次视察采取实地查看、召开座谈会、听取汇报等形式进行。

调研工作

5 月 24 日,市人大常委会组织调研组,对全市铁路建设情况进行工作调研。调研组听取了市人民政府关于全市铁路建设情况的汇报,实地察看了有关现场。

2014 年度

执法检查

(一)5 月 28 日,市人大常委会执法检查组对全市实施《中华人民共和国防震减灾法》情况进行了执法检查。检查组听取了市政府和沾化县、滨城区政府关于《防震减灾法》实施情况的汇报,到市行政审批服务中心等 4 个单位进行了实地察看。

(二)6 月 17 日,受省人大城乡建设与环境资源保护委员会委托,市人大常委会邀请有关驻滨的省人大代表两人与部分常委会组成人员组成执法检查组,对全市实施《中华人民共和国邮政法》和《山东省邮政条例》进行了执法检查。执法检查组在常委会副主任王立勇的带领下,听取了市人民政府的情况汇报,实地检查了滨州邮政快递物流公司等 5 个相关单位,并召开了市直有关部门座谈会,形成了《关于对滨州市实施 < 中华人民共和国邮政法 > 和 < 山东省邮政条例 > 情况的执法检查报告》。

工作视察

(一)4 月 18 日,受省人大城乡建设与环境资源保护委员会委托,市人大常委会组织视察组对全市大气污染防治工作进行了视察。视察组听取了市政府关于全市大气污染防治工作情况的汇报,实地视察滨州医学院附属医院宿舍楼工地、滨化热力有限公司脱硝工程、煤场扬尘治理、滨州安保机动车检测有限公司、中石化滨州第三加油站、滨北工业园,邹平县山东铁雄能源焦化科技有限公司、齐星开发区热电有限公司脱硫升级改造工程、山东明达热电有限公司脱硫脱硝工程等。

(二)8 月 11 日,市人大常委会视察组对全市生态建设和环境保护工作情况进行了视察。视察组听取了市政府和博兴县政府的有关情况汇报,到邹平县长山污水处理厂等 7 个单位进行了实地视察。形成了《关于视察全市生态建设和环境保护工作情况的报告》。

调研工作

(一)7 月 25 日,市人大常委会调研组对全市城镇化工作情况进行调研。调研重点包括贯彻国家关于城镇化的一系列决策部署,落实全市城镇化工作会议精神,推进新型城镇化建设情况等。调研组召开汇报座谈会,听取了市政府关于开展城镇化工作情况的汇报,并赴无棣县进行实地调研。

(二)9 月 12 日,受省人大城乡建设与环境资源保护委员会委托,市人大常委会副主任王立勇带领执法检查组,对我市实施《山东省民用建筑节能条例》进行了执法检查。执法检查组听取了市政府关于全市《条例》实施情况的汇报,到市人民医院外科病房楼节能改造等 5 个单位进行了实地察看,并召开了住建、经信、财政、规划等市直有关部门参加的座谈会,形成了《关于检查全市 < 山东省民用建筑节能条例 > 实施情况的报告》。

(三)10 月 21 日至 22 日,省人大城乡建设与环境资源保护委员会调研组,到滨州对国土资源工作和《中华人民共和国矿产资源法》贯彻实施情况进行调研。调研组听取了市政府关于国土资源工作和《矿产资源法》贯彻实施情况的汇报，与有关部门进行了座谈；实地察看了土地、矿产资源开发、利用和保护现场。

环保世纪行

(一)5月至11月，组织召开了滨州环保世纪行组委会工作会议，总结2013年全市开展“环保世纪行”活动的情况和经验，对2014年“滨州环保世纪行”活动进行安排部署；以“海河迎查”为契机，以全流域水质改善为目标，以小清河、潮河(秦台河)流域环境综合整治为重点，宣传流域水环境质量综合整治措施、取得的成就和经验；加强大气污染防治专题报道，宣传报道滨州市贯彻落实《山东省2013—2020年大气污染防治规划》及《一期行动计划》的具体情况，以工业大气脱硫脱硝、建筑工地扬尘、汽车尾气治理等为重点，关注大气环境质量；加强对发展循环经济、生态建设与资源保护的宣传报道，进一步培育“生态美丽幸福新滨州”的生态文化，诠释“生态建市”的科学内涵和战略意义，宣传经济社会与环境资源协调发展的观念，倡导简约适度、文明健康的“绿色消费”模式，不断增强全民环境保护意识，全力营造全社会共同推进生态文明建设的良好氛围。

(二)11月27日，为做好2014滨州环保世纪行系列活动总结，更好的开展下一步采访报道，组委会召开了2014滨州环保世纪行活动座谈会。

2015年度

执法检查

4月21日至23日，省人大常委会副主任贾万志带领执法检查组，到滨州对《中华人民共和国大气污染防治法》实施情况进行执法检查。执法检查组听取了滨州市政府的汇报，召开了有关部门和部分人大代表参加的座谈会，实地察看了重点行业污染治理工作进展和治污设施运行情况，城市建筑施工、道路和渣土车扬尘综合整治进展情况，机动车排气污染防治条例执行情况，环保检测机构建设和运行情况，黄标车限行的具体措施和提前淘汰工作进展情况，加油站、贮油库和油罐车等油气回收工作进展情况等。

听取和审议专项工作报告

10月30日，滨州市十届人大常委会第32次会议，听取和审议了市人民政府关于城区重点河道(新立河和秦台河)污染综合治理情况的报告。常委会组成人员提出以下审议意见：一是进一步加强宣传营造氛围。二是科学制定河道建设与管理规划。三是积极建立完善长效管理体系。

工作视察

(一)10月13日，按照省人大常委会通知要求，市人大常委会组织驻滨州部分全国、省人大代表对滨州市铁路建设及“十三五”规划编制情况进行了视察。视察组乘火车视察了铁路建设情况，赴无棣县视察了无棣县“十二五”经济社会发展情况；听取了市人民政府关于铁路建设及滨州市“十三五”规划编制等情况的汇报。

(二)10月20日，市人大常委会视察组对城区重点河道(新立河和秦台河)治理情况进行视察。视察重点包括对新立河和秦台河污染综合治理采取的主要措施；新立河和秦台河治理工作取得的明显成效；今后对城区重点河道治理的具体工作打算等。视察组实地查看了新立河和秦台河有关现场；听取了市人民政府关于城区重点河道(新立河和秦台河)污染综合治理情况的汇报，并召开由环保、住建、水利等相关部门负责人和滨城区政府分管领导参加的座谈会。

调研工作

(一)7月1日，省人大常委会组织记者采访团，对滨州市小清河流域水污染防治情况进行采访报道。采访重点是小清河流域水污染防治各项重点措施的落实情况。包括：小清河流域水环境质量；重点企业污染综合治理工作；城市污水处理设施建设运营情况；环境监管、监控能力建设情况等。采访团赴邹平县，采访了西王集团水处理厂二期扩建及中水回用工程和六六河人工湿地水质净化工程，查看小清河唐口桥断面水质情况。

(二)9月8日至10日，省人大城环资委主任委员杨焕彩率调研组，到滨州市对住房城乡建设工作情况进行调研。调研组召开了由住建、环保、规划、城管执法等部门负责人参加的座谈会，听取了市政府关于住房城乡建设情况的汇报，并实地查看了有关现场。

2016 年度

执法检查

(一)3 月 7 日至 8 日,省人大常委会委员、城环委副主任委员张秋波、贾学英率执法检查组到滨州检查《中华人民共和国环境保护法》贯彻实施情况。省环保厅副厅长董秀娟参加检查。市委常委、常务副市长张凯,市人大常委会副主任宋振华陪同检查。省人大常委会执法检查组到邹平县环境应急监控中心、六六河人工湿地生态修复工程、山东新天地环境服务有限公司、魏桥创业集团环境信息监控中心、狮子刘生活污水处理中心、秦皇河综合治理工程、滨州市金迪水务有限公司等地进行了实地检查。执法检查组对我市贯彻实施新环保法工作情况给予充分肯定,认为滨州市高度重视环保工作,扎实开展学习宣传,加大环境保护执法力度,水气污染防治取得显著成效。

(二)4 月 18 日,市人大常委会执法检查组对全市贯彻实施《中华人民共和国大气污染防治法》(以下简称《大气法》)情况进行了执法检查。市人大常委会副主任宋振华参加检查,市委常委、常务副市长张凯陪同检查。执法检查组先后到中石化加油站、滨化热力有限公司、万达广场、安保机动车检测中心、中海大酒店空气自动站、大唐滨州发电有限公司、华能沾化热电有限公司实地查看油气回收、治污设施运行、建筑扬尘整治、机动车尾气检测、推进清洁能源利用等情况。在沾化区,召开座谈会听取了市政府和沾化区政府贯彻实施《大气法》有关情况的汇报。执法检查组对各级政府和有关部门贯彻实施《大气法》所取得的成效给予了充分肯定,并针对检查中发现的问题提出了意见建议。

工作视察

(一)受省人大常委会委托,7 月 14 日,市人大常委会视察组对全市保障性安居工程建设情况进行了视察。市人大常委会副主任宋振华参加视察,副市长李维东陪同视察。视察组先后到博兴县城东街道南三村、纯化镇中心社区,高新区小营街道,滨城区彭李街道李南蒲棚户区改造现场,详细了解了棚户区改造进展、资金落实、政府购买棚改服务、货币化安置、工程质量等情况;召开座谈会,听取了市政府及有关部门的汇报。视察组肯定了全市保障性安居工程建设的成绩,并针对棚改工作中遇到的困难和问题提出了意见建议。

(二)9 月 22 日,市人大常委会视察组对全市国省道干线公路和高速公路建设情况进行了视察。市委常委、常务副市长张凯陪同视察组活动;市人大常委会副主任宋振华参加视察。视察组实地视察了 G205 东外环北延项目、济东高速滨州段、滨惠大道、长深高速滨州南出口等建设情况,现场听取了相关汇报;召开座谈会,听取了市政府关于全市公路重点建设情况的汇报,并与有关部门、公司进行了座谈。视察组对全市国省道干线公路和高速公路建设所取得显著成绩给予了充分肯定,对在建设过程中存在的问题和制约瓶颈提出了意见建议。

调研工作

5 月 30 日,市人大常委会副主任宋振华带领调研组,对全市城市管理行政执法工作进行调研。宋振华一行现场调研了滨州经济技术开发区“十乱”整治、至尊门第北门广场绿地修复项目、路灯箱升级改造、露天烧烤治理、城市“牛皮癣”治理、滨州餐厨废弃物处理项目、市生活垃圾焚烧发电厂、市数字化城市管理系统建设、杨柳絮防治实验、渤海十六路精度保洁筹备模式等城市管理重点工作,并召开座谈会,听取了全市城市管理工作情况的汇报。宋振华要求,要研究城市管理的方式方法,做到疏堵结合、以疏为主,强制和服务结合、以服务为主,推进城市管理工作再上新水平。

环保世纪行

7 月 6 日,2016 年滨州环保世纪行工作会议召开。会议通报表彰了 2015 年滨州环保世纪行好新闻,安排部署今年工作任务。市委常委、常务副市长张凯出席会议,市人大常委会副主任宋振华主持会议。今年滨州环保世纪行的主要任务是,以“让天更蓝、让水更清”为主题,以“流域环境综合整治和大气污染防治”为重点,大力宣传环境治理措施及取得的成果,宣传生态文明在全面建成小康社会“五位一体”发展布局中的重要地位和作用;关注环境信访热点,督促解决好人民群众最关心、最直接、最现实的环境问题。活动的主要内容是,围绕全年环保重点工作，进行专题跟踪报道，全面促进我市环境质量改善，并对全市开展生态红线划定等进行专题报道。滨州日报、滨州电视台、滨州大众网代表在会上作了发言。

教育科学文化卫生人口工作

2001 年度

执法检查

10 月 18 日至 19 日，市人大常委会对《山东省文化市场管理条例》实施情况进行执法检查，先后到无棣、邹平县进行实地察看。市人大常委会副主任巩若良参加。

2002 年度

执法检查　（一）5 月 28 日至 29 日，市人大常委会对《中华人民共和国食品卫生法》贯彻实施情况进行执法检查。检查组到惠民县、滨城区及相关单位进行实地察看。市人大常委会副主任巩若良参加。

（二）10 月 15 日至 25 日，市人大常委会对全市《中华人民共和国药品管理法》的执法情况进行了检查，听取了市政府有关情况汇报，到部分县区进行了实地检查。市人大常委会副主任巩若良参加。

工作视察

7 月 2 日至 4 日，市人大常委会组织部分住滨全国、省人大代表和市人大代表对《中华人民共和国义务教育法》实施情况进行视察，听取市政府汇报，到滨城区、无棣县的 6 个乡镇（办事处）9 处初中、8 处小学进行实地察看。市人大常委会副主任、教科文卫工委主任巩若良参加，副市长王方正等陪同。

2003 年度

执法检查

自 8 月下旬开始，教科文卫工委对全市实施《中华人民共和国人口与计划生育法》《山东省人口与计划生育条例》的情况进行了执法检查。在市、县（区）认真自查的基础上，9 月 27 日至 30 日，组织部分市人大常委会组成人员、市人大代表对惠民、博兴两个县进行了抽查。检查组首先听取了市政府“一法一条例”执行情况的汇报，先后深入这两个县的 4 个乡镇（惠民镇、淄角镇、博兴镇、纯化镇）、4 个行政村（关帝庙、西李集、西谷王、纯东）进行了检查，通过听汇报、看材料、随机入户调查、座谈等形式，基本掌握了全市实施“一法一条例”的情况。

2004 年度

执法检查

7 月 14 日至 16 日，市人大常委会对全市《中华人民共和国档案法》和《山东省档案条例》的实施情况进行了执法检查。检查组听取了市政府关于全市档案执法工作情况的汇报，并先后对邹平县长山镇、黛溪办事处，沾化县黄升乡、下洼镇的 4 个村档案室、1 个乡镇档案管理站、2 个县档案馆以及沾化县冬枣实业总公司、滨化集团、市公路局等单位的档案建立、管理、利用情况进行了检查。

工作视察

3 月 17 日至 19 日，市人大常委会组织部分市人大常委会组成人员及市人大代表，对全市医疗、药品市场管理情况进行了视察。视察组先后听取了市政府和邹平县、滨城区政府的工作汇报，随机抽查了邹平县和滨城区的 2 个乡镇卫生院、2 个药品生产企业、2 个民营药店、4 家诊所和村卫生室。

2005 年度

执法检查

11 月 21 日至 23 日，市人大常委会副主任、教科文卫工委主任张秀亭带队，组织部分市人大常委会组成人员及市人大代表，对全市实施《山东省文化市场管理条例》、国务院《互联网上网服务营业场所管理条例》情况进行了执法检查。这次检查以网吧、音像制品、书刊经营管理情况作为检查的重点，检查组先后听取了市政府和邹平县、阳信县、滨城区政府的工作汇报，对三个县区的部分网吧、音像制品、书刊经营业户进行了抽查。

工作视察

5 月 23 日至 25 日，市人大常委会副主任、教科文卫工委主任张秀亭带队，组织部分市人大常委会组成人员及市人大代表，对全市高新技术产业发展情况进行了视察。视察组先后听取了市政府和邹平、无棣两县政府的工作汇报，视察了邹平县的怡康集团公司、齐星新能源科技有限公司、西王集团和无棣县的天顺药业有限公司、贝瓷有限公司以及鲁北化工集团等 6 家高新技术企业。

2006 年度

执法检查

5 月 15 日至 17 日，市人大常委会副主任、教科文卫工委主任张秀亭带领部分市人大常委会组成人员及市人大代表，对全市实施《中华人民共和国食品卫生法》情况进行了检查。检查组先后听取了市政府和博兴县、沾化县、滨城区政府的工作汇报，随机抽查了两县一区的 2 个农贸市场、2 所中学学生食堂、2 个建筑工地食堂、4 个宾馆及酒店、3 个县城超市和 1 个民营小超市、10 多家个体食品商店和餐饮点，还查看了沾化县、滨城区工商局为《食品卫生法》实施建立的诸项制度、工作规范及打假扶优展览。

工作视察

11 月 23 日至 25 日，由市人大常委会副主任、教科文卫工委主任张秀亭带队，组织部分市人大常委会组成人员及市人大代表，对全市高新技术产业发展情况进行了视察。视察组听取了市政府及滨城区、博兴县政府的汇报，对两个县区的华兴机械集团、鲁丰铝箔公司、京博集团、香驰集团、科伦药业、佳泰公司、环氧镁公司、安琪酵母公司等有关高新技术企业进行了实地视察。

2007 年度

执法检查

5 月 14 日至 17 日，市人大常委会组织部分全国人大代表、省人大代表及市人大常委会组成人员，对全市实施《中华人民共和国义务教育法》情况进行了执法检查。这次市人大常委会执法检查，与省人大常委会的《义务教育法》执法检查在检查的重点内容、检查方式、检查时间上一致，所以省、市执法检查组一并进行了检查。省、市执法检查组先后听取了市政府和沾化县政府的汇报，分别召开了由市、县政府办公室、教育局、发改委、公安局、财政局、人事局、建设局、卫生局、新闻出版局、法制办公室等单位负责人参加的座谈会。检查了滨州实验学校、滨城区第三中学、沾化县黄升乡第二小学、沾化县下洼镇第一中学，并向市政府反馈了意见。在省人大执法检查结束后，市人大常委会执法检查组又检查了惠民县，听取了惠民县政府的汇报，召开了座谈会，检查了惠民县石庙中学、梁家小学。

2008 年度

执法检查

6 月 17 日至 18 日，市人大常委会副主任郭建新带领部分市人大常委会组成人员，对全市贯彻实施《山东省药品使用条例》情况进行了执法检查。执法检查组先后听取了市政府和无棣县、博兴县政府的汇报，分别召开了市、县食品药品监管局、卫生局、计生委、工商局、物价局等单位负责人参加的座谈会。实地检查了市人民医院、市开发区里则卫生院、无棣县计生服务中心、无棣县车镇中心卫生院、博兴县计生服务中心和博兴县吕艺镇卫生院，广泛提取了意见建议。

2009 年度

执法检查

9 月 10 日至 11 日，市人大常委会副主任郭建新带领执法检查组，对全市贯彻实施《中华人民共和国传染病防治法》和国务院《艾滋病防治条例》《预防接种和疫苗流通管理条例》情况进行了执法检查。检查期间，听取了市政府、滨城区政府和惠民县政府的汇报，实地察看了市县区疾控中心及重点防疫单位。

听取和审议专项工作报告

6月26日，市九届人大常委会第11次会议听取审议了市政府关于全市食品药品安全工作情况的报告。

2010年度

执法检查

9月27日，市人大常委会副主任郭建新带领部分市人大常委会委员和市人大代表，对全市实施《中华人民共和国义务教育法》和《山东省义务教育条例》情况进行了执法检查。听取了市政府、阳信县政府和无棣县政府的汇报，实地察看了两县5处中小学。

听取和审议专项工作报告

10月25日，滨州市九届人大常委会第19次会议听取和审议了市人民政府关于《中华人民共和国科学技术进步法》实施情况及高新技术产业发展情况的报告。

调研工作

7月2日，市人大常委会副主任郭建新带领调研组，对全市城市社区卫生服务体系建设情况进行了调研。先后听取了市政府和博兴县政府、滨城区政府的汇报，实地察看了7处社区卫生服务中心(站)建设和运行现状。

2011年度

听取和审议专项工作报告

4月27日，市九届人大常委会第23次会议听取审议了市人民政府关于全市新型农村合作医疗运行情况的报告。

调研工作

(一)10月19日，市人大常委会调研组对全市餐饮服务食品监管工作进行了调研。调研组听取了市食品药品监督管理局的工作汇报，检查了银茂大酒店、华滨大酒店等餐饮企业。

(二)10月28日，市人大常委会副主任郭建新带领调研组，对城区中小学建设情况进行了专题调研。调研组听取了市教育局关于城区中小学建设情况的汇报，并围绕全市目前城区中小学建设中遇到的难点问题进行了座谈交流。

2012年度

执法检查

4月16日至17日，市人大常委会副主任郭建新带领执法检查组，对全市贯彻实施《中华人民共和国体育法》和《全民健身条例》情况进行了检查。

听取和审议专项工作报告

8月30日，滨州市十届人大常委会第4次会议，听取和审议了市文化广电新闻出版局局长边茂田受市人民政府委托所作的关于全市文化事业和文化产业发展情况的报告。

调研工作

5月22日至23日，市人大常委会副主任郭建新带领调研组，对全市贯彻实施《中华人民共和国人口与计划生育法》和《山东省人口和计划生育条例》情况进行了调研。

2013年度

执法检查

9月3日至4日，市人大常委会执法检查组在副主任郭建新带领下，对全市贯彻实施《中华人民共和国义务教育法》情况进行了执法检查。听取了市政府及邹平县政府的专题汇报，分别召开了由市、县两级教育、财政、人社、编办、审计等部门负责同志和人大代表、中小学校长、教师、学生家长代表参加的座谈会，并到滨州经济开发区中海小学、滨城区第六中学和邹平县韩店镇初级中学、韩店镇中心小学、黄山实验初中、黄山实验小学进行了实地检查。

听取和审议专项工作报告

6月20日，滨州市十届人大常委会第12次会议，听取和审议了市人民政府办公室副主任、食品安全工作办公室副主任谷玉玲受市人民政府委托所作的关于《中华人民共和国食品安全法》《中华人民共和国农产品质量安全法》实施情况的报告。

工作视察

（一）7月25日至26日，市人大常委会视察组在郭建新副主任的带领下，对全市文化事业和文化产业发展情况进行了视察。听取了市政府对全市文化事业和文化产业发展情况的汇报，实地考察了市文化中心、市吕剧团以及滨城、无棣、博兴的文化事业和文化产业发展情况。

（二）12月11日，市人大常委会视察组在郭建新副主任带领下，对全市深化医药卫生体制改革工作情况进行了视察。听取了市政府及无棣、博兴两县的汇报，并到博兴、无棣实地察看。

调研工作

5月份，市人大常委会副主任郭建新带领调研组，对全市人口计生工作情况进行调研。实地考察了滨城区市西街道办事处彩虹湖社区、彭李街道办事处为民社区"幸福家庭365快乐驿站"，听取了滨城区、无棣县、博兴县、邹平县的汇报。

2014年度

执法检查

11月25日，市人大常委会副主任郭建新带领执法检查组，对全市实施《中华人民共和国职业教育法》情况进行了执法检查。检查组实地察看了博兴县职业中专、滨州职业学院的办学情况，听取了市政府、博兴县政府及两所职业院校关于实施《职业教育法》情况汇报。

工作视察

10月13日，市人大常委会副主任郭建新带领视察组，对全市科技工作情况进行了视察。视察组听取了市科技局代表市政府作的情况汇报，到滨城区等5个县区、7个单位进行了实地视察。

2015年度

执法检查

10月16日，市人大常委会副主任李国强带领执法检查组，对全市贯彻实施《中华人民共和国体育法》情况进行了执法检查。执法检查组采取实地察看、听取汇报、召开座谈会等方式，了解和掌握了体育法在我市贯彻实施情况。10月30日，市十届人大常委会第32次会议，听取审议了滨州市人大常委会执法检查组关于检查《中华人民共和国体育法》实施情况的报告。

听取和审议专项工作报告

6月25日，市十届人大常委会第30次会议听取审议了市人民政府关于全市学前教育工作情况的报告。

工作视察

（一）7月28日，市人大常委会第一副主任祁维华带领视察组，对全市国家级卫生城市复审工作情况进行视察。视察组先后到滨城区、沾化区、滨州经济开发区实地察看了部分居民小区、农贸市场以及旧城改造、环境整治等情况，听取了市政府关于复审工作情况的汇报，召开了市区两级有关部门参加的座谈会。8月31日，市十届人大常委会第31次会议，听取审议了滨州市人大常委会视察组关于视察国家级卫生城市复审工作情况的报告。

（二）12月11日，市人大常委会副主任郭建新带领视察组，对全市食品安全法贯彻实施情况进行了视察。视察组先后到滨州市食品药品检验检测中心、滨州市中裕食品有限公司、鸿安肥牛、六街批发市场及中邮医药连锁有限公司等食品药品生产经营单位等了解情况，听取了市政府关于贯彻实施情况的汇报，召开了相关部门参加的座谈会。12月24日，滨州市十届人大常委会第33次会议，听取审议了滨州市人大常委会视察组关于视察全市食品安全法贯彻实施情况的报告。

调研工作

4月24日，市人大常委会副主任郭建新带领部分市人大常委会委员、人大代表和市人大常委会教科文卫工委同志，对全市广播电视工作情况进行了调研。调研组一行先后到无棣县、阳信县、滨城区、滨州传媒集团实地调研，并召开座谈会听取政府工作汇报。

2016年度

工作视察

（一）5月18日，市人大常委会副主任李国强带领视察组对全市义务教育学校"全面改薄"暨解决大班额问题工作情况进行了视察。视察组先后到无棣县水湾镇庞集小学、棣州希贤学校、海丰街道办事处中学，滨州经济技术开发区第二中学在建项目、实验中学，详细了解了在建项目的进展、资金落实、政府投入、工程质量等情况；召开座谈会，听取了市政府及有关部门的汇报。视察组肯定了全市义务教育学校"全面改薄"暨解决大班额问题取得的成绩，并针对工作中遇到的困难和问题提出了意见建议。

（二）9月12日，市人大常委会副主任郭建新带领视察组对全市基层卫生工作情况进行了视察。视察组实地视察了滨城区杨柳雪镇卫生院、杨柳雪镇前韩村卫生室、滨城区彭李街道办事处社区卫生服务中心、彭李街道办事处海河社区卫生服务站，现场听取了相关汇报；召开座谈会，听取了市政府关于全市基层卫生工作情况的汇报。视察组对全市基层卫生工作所取得显著成绩给予了充分肯定，对当前基层卫生工作存在的问题提出了意见建议。

调研工作

（一）6月30日至7月1日，由省人大常委会委员、教科文卫委员会副主任委员李显升率领的省人大常委会调研组到滨州调研开展《中华人民共和国档案法》《山东省档案条例》实施情况。调研组实地察看了滨州市档案馆、滨州市烟草公司档案室、滨城区档案馆、滨城区检察院档案室。听取了市政府关于全市档案"一法一条例"贯彻实施情况的汇报，并召开了由市编办、财政、人社、规划、法制办、档案等部门负责同志参加的座谈会。省人大常委会调研组对滨州市贯彻档案"一法一条例"工作给予了充分肯定，同时，针对工作中发现的问题提出了积极建议。市人大常委会副主任李国强陪同。

（二）9月30日，市人大常委会副主任郭建新带领调研组，对我市科技创新驱动经济发展工作进行调研。郭建新一行现场调研了博兴县黄河三角洲京博化工研究院、滨州高新技术开发区愉悦家纺、滨州经济技术开发区滨州众创空间，并召开座谈会，听取了我市科技创新驱动经济发展工作情况的汇报。调研组就存在的问题提出了意见建议。

民族侨务外事工作

2001年度

执法检查

7月下旬，市人大常委会民侨外工委会同民宗局，对全市部分县区民族、宗教方面的法律法规执行情况进行检查。

听取和审议专项工作报告

10月22日，市七届人大常委会第6次会议听取审议了市人民政府关于全市民族宗教工作情况的报告。

专题会议

5月20日，在惠民县召开全市人大民侨外工作座谈会，会议的主要内容为：1. 传达贯彻全省人大民侨外工作座谈会议精神；2. 各县（区）人大和市直有关部门交流通报去年的工作情况及今年的工作打算；3. 就如何加强全市旅游业的发展进行座谈讨论；4. 部署今后的工作任务。市人大常委会副主任郭德刚参加。

2002 年度

调研工作

9 月 3 日至 5 日，省人大民族侨务外事委员会副主任委员张延水一行到滨州对实施《山东省民族工作条例》情况进行调研。听取市政府汇报，召开市和阳信、无棣县有关部门负责人参加的座谈会，到阳信县流坡坞乡和无棣县车镇乡进行考察。市人大常委会副主任郭德刚等陪同。

2003 年度

工作视察

6 月 20 日，市人大常委会视察组对旅游工作情况进行视察。听取市政府和惠民县政府汇报，到兵圣园和中海航母娱乐园建设工地进行视察。市人大常委会副主任郭德刚参加。

调研工作

8 月 28 日至 9 月 17 日，市人大常委会对全市民族宗教工作情况进行调研，召开各县区人大常委会分管主任或副主任参加的座谈会，组织有关人员去四川阿坝藏族自治州和西藏自治区拉萨市考察少数民族地区的人大民族宗教工作。

2004 年度

执法检查

4 月 22 日至 23 日，省人大常委会副主任、省人大常委会民侨外委员会主任委员曹学成带领省人大《山东省宗教事务管理条例》执法检查组到滨州检查。

工作视察

9 月 20 日至 21 日，市人大常委会视察组对实施《山东省民族工作条例》情况进行视察。听取市政府汇报，视察阳信、无棣县，召开由少数民族群众参加的座谈会。市人大常委会副主任郭德刚，市人大常委会委员宋茂龙、马平之、杨兴华，市人大代表李强参加。

调研工作

10 月 23 日至 11 月 7 日，市人大常委会副主任郭德刚带领市人大常委会民侨外工委负责人及各县区人大分管民侨外工作的负责人，赴新疆、青海和宁夏等少数民族地区考察学习人大民族宗教工作，并进行招商引资。

2005 年度

执法检查

6 月 7 日至 9 日，市人大常委会检查组对实施《山东省旅游管理条例》情况进行执法检查。听取市政府和博兴县、无棣县政府汇报，到“航母”娱乐城、国际会展中心、丈八佛、碣石山等景点检查，召开有部分旅行社和星级宾馆负责人参加的座谈会。市人大常委会副主任郭建新，市人大常委会委员宋茂龙、杨兴华、马平之参加。副市长王方正陪同。

2006 年度

执法检查

9 月 4 日至 7 日，市人大常委会检查组对实施《山东省旅游条例》情况进行执法检查。听取市政府汇报，到邹平、博兴、惠民、滨城 4 县区进行检查，召开由旅游主管部门和部分旅行社、酒店负责人参加的座谈会。市人大常委会副主任郭建新，市人大常委会委员宋茂龙等参加。市政府副秘书长赵景杰陪同。

调研工作

4 月 26 日，云南省人大教科文卫委员会副主任委员邱榆一行到滨州参观考察丈八佛、博兴县博物馆、滨州市容、魏氏庄园等。省人大教科文卫委员会副巡视员李滨利，市人大常委会副主任朱向旭等陪同。

2007 年度

工作视察

9月19日至20日，市人大常委会视察组对创建“中国优秀旅游城市”情况进行视察。听取副市长王方正代表市政府作的汇报，察看沾化下洼冬枣生态园，无棣“北带”开发风景区、碣石山、大觉寺、冯安邦故居、吴式芬故居等。市人大常委会副主任郭建新，市人大常委会委员李树国、宋茂龙、蒋爱学，市人大代表高曰荣参加。

2008年度

执法检查

7月15日至16日，市人大常委会检查组对实施《宗教事务条例》情况进行执法检查。听取市政府汇报，查看滨城区天王堂佛教场所、西李基督教堂，博兴县董杨天主教堂、寨郝基督教堂，邹平县城里基督教堂等宗教活动场所。市人大常委会副主任董吉增，市人大常委会委员田光利、李强、李继文，市人大代表张树香、张立民参加。市长助理史德高等陪同。

2009年度

执法检查

9月18日，市人大常委会副主任董吉增带领市人大常委会执法检查组，对《山东省民族工作条例》的贯彻实施情况进行了检查。检查组书面或会议听取了全市和阳信县、无棣县贯彻执行《条例》情况的汇报，实地察看了阳信县鸿安优质肉牛养殖基地、刘庙回民中学、刘庙清真南寺、民族团结进步展馆，无棣县五营回民学校、中共无棣县第一个支部革命业绩陈列馆、华兴畜牧有限公司、德宝皮革有限公司，并就有关情况进行了座谈。

2011年度

工作视察

7月19日，市人大常委会部分组成人员和市人大代表对全市民族工作情况进行视察。本次视察活动听取汇报，进行了实地查看及组织有关人员进行座谈。

听取和审议专项工作报告

8月23日，在滨州市九届人大常委会第26次会议上，听取和审议了市政府关于全市民族工作情况的报告。

执法检查

11月8日至9日，部分市人大常委会组成人员对《山东省旅游条例》在我市的实施情况进行执法检查。

12月31日，在滨州市九届人大常委会第28次会议上，听取了关于检查《山东省旅游条例》实施情况的报告。

2012年度

调研工作

4月12日至13日，省人大民族侨务外事委员会调研组到滨州对全市民族工作进行调研。调研组听取了市人民政府有关情况的汇报；赴阳信县召开了民族部门、乡镇、村居负责人以及少数民族人大代表等参加的座谈会。

2013年度

调研工作

4月22日，市人大常委会调研组对《中华人民共和国台湾同胞投资保护法》在全市的实施情况进行实地调研。调研组听取市政府汇报并召开座谈会。

5月19日，市十届人大常委会第10次会议听取审议了市人民政府关于《中华人民共和国台湾同胞投资保护法》实施情况的报告。

2014年度

听取和审议专项工作报告

4月30日，市十届人大常委会第20次会议，听取和审议了市人民政府关于全市民族工作情况的报告。

2015年度

调研工作

5月11日至12日，市人大常委会副主任王立勇带领调研组对全市学习宣传实施《中华人民共和国旅游法》

和《山东省旅游条例》情况进行调研。调研组听取市人民政府关于旅游业发展情况的汇报。在无棣县召开了市、县、乡旅游部门负责人及人大代表参加的座谈会，并赴惠民、无棣、博兴县和滨州经济技术开发区进行实地调研。

2016 年度

调研工作

9 月 27 日，市人大常委会副主任宋振华带领调研组对全市学习宣传贯彻《山东省宗教事务条例》《中华人民共和国旅游法》和《山东省旅游条例》情况进行调研。调研组听取市人民政府关于旅游业发展情况的汇报，召开了由市民宗局、旅游局、公安局、教育局、司法局、国家安全局负责人及人大代表参加的座谈会，并赴滨城区、博兴县进行实地调研。

代表工作

2001 年度

评议工作

组织各级人大代表对基层工商所进行评议，下发《关于组织人大代表对基层工商所进行评议的通知》。评议工作从 10 月 22 日开始，到 11 月 15 日结束，分动员部署和调查研究、评议、制定整改措施三个阶段进行。据统计，每个代表走访工商业户的户数都在 5 户以上，有的甚至达到 20 多户，先后召开座谈会 1100 多个。在搞好调查的基础上，结合各基层工商所一年来的工作情况汇报，采取会议评议和填写调查评议问卷的方式，组织人大代表对工商所进行评议。共计发放评议问卷 15000 余份。全市共有 3402 名各级人大代表从服务态度、办事效率、政务公开、廉洁公正、依法行政、行业风气和所长表现等七个方面分好、较好、一般、较差和不了解五个档次对 98 个基层工商所进行认真评议。评议结束后，各乡镇人大主席团将评议结果和问卷征求的意见进行认真汇总整理，并上报县区人大常委会。各县区人大常委会在全面梳理后，向工商部门进行反馈，各县区工商局也都责成有关人员制定出了具体的整改措施和整改期限。评议工作达到了预期目的。

2002 年度

代表建议办理

9 月，根据市政府系统办理市八届人大一次会议以来代表建议、批评和意见情况的汇报，重点视察《关于加快发展速生林的建议》等 6 件已经解决和基本解决的代表建议、批评和意见。视察采取听取汇报和实地察看相结合的方式，利用半天的时间听取市政府及有关部门汇报办理工作情况，用一天的时间组织代表实地察看，用半天的时间讨论反馈意见。

视察工作

4 月 16 日，市人大代表张贵云、宋茂龙、路军、宋振华到惠民县进行视察。期间，听取县政府的汇报，实地察看大年陈乡蜜桃种植、孙子兵法园建设、新建 1×24MW 热电工程、山东飞虹丝业有限责任公司及市政建设情况，并与县领导进行座谈。

10 月 26 日，市人大代表张贵云、张同发、李秀峰、宋振华、杨兴华到惠民县进行视察和联系代表活动。期间，听取县政府的汇报，实地察看农民植桑养蚕、食用菌生产和县城孙子故园及市政建设情况，并与县领导及部分市人大代表进行座谈。

11 月，根据《关于组织驻滨州全国人大代表和滨州选举的省人大代表进行会前视察的实施方案》，组织会前视察活动。整个视察工作共安排十天左右的时间，分三个阶段进行。第一阶段，11 月 10 日至 16 日，代表们根据视察内容，结合本职工作及本地实际，在当地广泛联系群众，深入调查研究，了解情况。第二阶段，11 月 17 日至 21 日，安排各省代表小组以小组为单位，分别在各县区和市直进行视察。全国人大代表参加所在县区或市直的视察活动。视察后向市人大常委会人事代表工作室写出视察情况的报告。第三阶段，11 月 24 日至 26 日，组织驻滨全国人大代表和省人大代表进行集中视察。视察中，代表们采取听、看、议相结合的方法，听取市政府和“两院”工作情况的汇报，视察新区和开发区建设情况、邹平、博兴两县的经济发展情况、沾化县灾民救济安置和农民增收情况等，召集部分群众进行座谈，并就视察的情况向市“一府两院”作了反馈。

学习培训

5月14日至17日，市人大常委会举办全市乡镇人大主席培训班。来自全市77个乡镇、6个办事处的人大主席（主任）、副主席（副主任）以及各县区分管人事代表工作的人大常委会副主任、人事代表室主任共97人参加培训。

2003年度

学习培训

7月，组织部分住滨全国、省人大代表参加全国和省人大代表学习培训班。

双联工作

7月，印发《关于滨州市人大常委会组成人员分工联系驻我市全国、省人大代表和市人大代表的意见》。要求以县区为单位，市人大常委会组成人员可以采取走访、召开座谈会、信函等多种形式联系代表，一般每年至少联系一次。

代表活动

按照有关要求，划分市八届人大代表小组23个，确定26名代表为小组召集人。

监督工作

（一）9月，在全市各级国家机关中的公务员、法官、检察官中评选“滨州人民好公仆”10名，由市人大常委会组织市人大代表进行投票评选。获得“滨州人民好公仆”荣誉称号的个人由市人大常委会颁发荣誉证书，为滨州市最高地方荣誉称号。

（二）为加强和规范对市人大常委会任命和决定任命人员的监督，增强“一府两院”被任命人员的法律意识、民主意识和公仆意识，使其更好地履行职责，依法行政，公正司法，经主任会议研究决定，对被任命市政府组成人员进行述职评议。本届内对市政府32个组成部门的主要负责人述职评议一遍，前四年每年安排8个部门主要负责人进行述职评议。2003年，市政府办公室、公安局、民政局、财政局、人事局、劳动与社会保障局、国土资源局、林业局的主要负责人进行述职评议。

2004年度

视察工作

市人大常委会于11月下旬组织住滨州市的全国人大代表和滨州市选出的省人大代表进行视察。视察活动分三个阶段进行。11月10日至16日，代表根据视察内容，结合本职工作及本地实际，在当地进行调查研究，了解情况。11月17日至21日，各省代表小组以小组为单位，分别在各县区和市直进行视察，全国人大代表参加所在县区或市直的视察活动。11月24日至26日，市人大常委会组织进行集中视察。视察期间，代表们听取市政府、市法院、市检察院的工作情况汇报和全市招商引资情况汇报，并实地视察四环五海建设情况、沾化县的防潮堤建设及芦苇湿地建设情况、滨城区的招商引资及工业兴市情况。针对群众普遍关注的“三农”问题，代表们还深入到无棣县的2个乡镇、十余个农户进行座谈走访，并就整个视察情况进行认真的讨论。

学习培训

10月26日至27日，全市省人大代表和市、县区人大代表小组召集人学习交流会召开。会议的主要内容是交流开展代表小组活动的经验、做法，研讨交流提高代表议案质量。滨州市选出的部分省人大代表和市县区人大代表小组召集人以及县区人大常委会的领导同志、人事代表工作室的负责同志共100余人参加会议。

2005年度

代表建议办理

9月27日至28日，市人大常委会副主任朱向旭带领视察组对市政府系统办理市八届人大三次会议以来代表建议、批评和意见的情况进行集中视察。视察中，代表们在充分肯定市政府及其职能部门对代表建议、批评和意见办理工作的基础上，提出一些好的意见和建议。

视察工作

12月上旬，市人大常委会组织住滨州全国人大代表和滨州市选出的省人大代表进行视察。视察活动分两个阶段进行。12月5日至7日，各省代表小组以小组为单位，分别在各县区和市直进行视察。全国人大代表参加所在县区或市直的视察活动。也有的代表根据视察内容，结合本职工作及本地实际，在当地进行调查研究。12月8日至10日，市人大常委会组织进行集中视察。视察期间，代表们听取市政府及有关部门2005年国民经济计划和社会发展执行情况及制定“十一五”规划有关情况的报告、2005年财政预算执行情况的报告、建设节约型社会情况的报告以及全市交通基础设施建设及规划情况的报告。视察铁公路两用桥、高速公路、港口、造船厂、防潮堤建设、博兴县兴福镇的民营经济及山东香驰有限公司和京博集团的经营情况。为增强视察的效果，期间参观考察潍坊市高新技术开发区。在听取汇报、视察和考察的基础上，代表们就视察情况进行认真的讨论。

学习培训

3月29日至30日，市人大常委会副主任朱向旭带队到济宁市学习开展代表工作的经验和做法。

6月17日至19日，市人大常委会举办全市乡镇办事处人大干部培训班。各县区人大常委会一名副主任、人事代表工作室主任，各乡镇办事处人大一名负责同志共计100余人参加培训。市委书记、市人大常委会主任孙德汉出席开班典礼并讲话。

9月13日至17日，组织部分县区人大常委会副主任参加全省人大干部培训班。

9月，组织部分住滨全国人大代表参加第四期全国人大代表培训班。

双联工作

6月，市人大常委会机关确定联系县区乡镇办名单。包括滨城区的市西办事处，惠民县麻店镇，阳信县的商店镇，无棣县的车镇乡，沾化县的黄升乡，博兴县的博兴镇和邹平县的黛溪办事处。

9月，组织部分市人大常委会组成人员集中联系市人大代表。

代表活动

8月至10月底，市人大常委会开展评选“先进人大代表小组”活动。对滨城区第二市人大代表小组等7个先进市人大代表小组，滨城区北镇街道办事处区人大代表小组等18个先进县区人大代表小组予以表彰。

2006年度

代表建议办理

9月，市人大常委会出台实施意见，研究决定在全市开展评选优秀代表建议和代表建议十佳承办单位活动。优秀代表建议的评选范围是市八届人大一次会议以来，市八届人大代表在会议期间和闭会期间提出的所有议案及建议、批评和意见。十佳代表建议承办单位的评选范围是市八届人大一次会议以来，承办代表议案及建议、批评和意见的部门和单位。

9月25日至26日，市人大常委会副主任朱向旭带领视察组对政府系统办理市八届人大四次会议以来代表建议、批评和意见的情况进行集中视察。视察选择13件涉及全市经济和社会发展以及人民群众普遍关心的问题，作为视察的重点，采取了听、看、议相结合的方法进行视察。

视察工作

市人大常委会于11月中下旬组织住滨州全国人大代表和滨州市选出的省人大代表进行会前视察。视察于11月19日至11月24日进行，共计6天时间。第一阶段（11月19日至21日），各省人大代表小组以小组为单位，分别在各县区和市直进行视察。第二阶段(11月22日至24日)，市人大常委会组织进行集中视察。视察期间，代表们听取市政府及有关部门2006年国民经济社会发展计划和执行情况的报告、2006年财政预算执行情况的报告、关于建设社会主义新农村情况的报告、关于黄河公铁大桥、大高航空城建设及相关专业人才培养情况的报告，听取市中级人民法院、市人民检察院工作汇报，实地视察滨州公铁两用桥、大高航空城、滨州学院飞行学院和滨州职业学院软件学院的建设情况以及博兴县博兴镇的椒园村、河东村、河西村的新农村建设情况。为增强视察的效果，期间考察龙口市东江镇南山村、芦头镇芦头村的新农村建设情况。在听取汇报、视察和考察的基础上，代表们就视察情况进行认真的讨论。

12 月底前，市人大常委会委托县区人大常委会组织市人大代表进行会前视察。

调研工作

5 月下旬，组织部分人大代表就“代表如何开展闭会期间的工作”问题赴广东、广西学习考察。

8 月 24 日至 27 日，省人大常委会组织由山东省选出的部分全国人大代表到滨州就关于建设资源节约型社会问题到滨州进行专题调研。

9 月，市人大常委会按照《省人大常委会关于组织省人大代表进行专题调研活动的通知》，组织住滨州 15 名省人大代表进行专题调研。分三个调研组，采取召开座谈会、走访、实地察看等形式，深入到有关县区、企业、农村及部分企事业单位就加快县域经济发展特别是 30 弱县经济发展优惠政策问题、创建文明城区问题、建设社会主义新农村推进经济结构调整和增长方式转变问题进行调研。

学习培训

5 月 22 日至 24 日，市人大常委会组织市八届人大代表第二期培训班。主要是学习贯彻落实党的十六届五中全会、中央 9 号文件、省委、市委人大工作会议精神，学习人民代表大会制度的基本知识和有关代表议案以及建议、批评和意见方面的知识，提高代表的政治理论水平、法律知识水平和履行职责的能力，充分发挥代表在管理国家事务和经济发展中的作用。市人大常委会党组副书记、副主任李成明作动员讲话。

7 月，组织人员参加省人大代表小组召集人培训班。

8 月 31 日至 9 月 6 日，市人大常委会组织部分人大干部赴北戴河进行培训学习。学习内容包括如何做好新时期的人大工作，人民代表大会制度的特点及其历史发展，宪法和法律赋予地方各级人大及其常委会的职权，乡镇人大的职权和工作方式，如何创新代表工作，充分发挥代表作用等。

双联工作

4 月，下发《关于市人大常委会组成人员分工联系驻我市全国、省人大代表和市人大代表的通知》，要求市人大常委会组成人员于 5 月和 11 月集中联系代表。

代表活动

12 月 26 日，市人大常委会召开全市人大代表小组建设工作会议。传达贯彻全省人大代表小组建设现场观摩会议精神，安排部署人大代表工作。

监督工作

4 月中旬至 5 月底，市人大常委会组织住滨州的全国人大代表、省人大代表以及市人大代表共计 100 人左右，对环境污染问题、中小学教育收费及学业负担问题 、公安交通管理 3 个热点问题进行评议。

2007 年度

代表建议办理

1 月，市人大常委会、市政府召开代表建议交办会议。集中交办市九届人大一次会议期间代表提出的建议、批评和意见。市人大常委会副主任张冠文出席会议并讲话。

9 月，市人大常委会组织对市八届人大一次会议以来代表建议、批评和意见办理落实情况进行检查。

9 月 26 日至 27 日，市人大常委会副主任张冠文带领视察组对市政府系统办理市八届人大一次会议以来代表建议、批评和意见的情况进行集中视察。

视察工作

11 月 13 日，市人大常委会副主任李成明带队，组织部分住滨全国人大代表和省人大代表进行集中视察。视察组集中视察了滨州港口建设、船舶制造及“北带”开发情况。

调研工作

7 月 17 日至 20 日，市人大常委会副主任张冠文一行先后到淄博、临沂、枣庄、济宁等市就人民代表大会专门委员会设置情况进行考察调研。

学习培训

8 月，组织部分人大工作人员参加全省人大干部培训班。

双联工作

4 月，根据市人大常委会组成人员变动情况，就市八届人大常委会组成人员分工联系住滨州市全国、省人大代表和市人大代表工作进行安排调整。确定每年 5 月份和 11 月份为市人大常委会组成人员集中联系代表时间。

代表活动

2 月，为做好 2007 年代表小组建设，结合代表变动情况，重新划分代表小组尤其是重点抓好的 1/3 代表小组，进一步研究确定代表小组召集人。

3 月，为进一步加强全市各级人大代表小组建设，保证代表依法履行职责，充分发挥代表闭会期间的作用，增强代表小组活动实效，根据全省和全市人大代表工作会议精神，结合全市代表小组建设实际，提出《关于加强人大代表小组建设增强代表小组活动实效的意见》。

6 月，按照省人大常委会关于对代表小组建设情况进行检查的要求和市人大常委会 2007 年工作要点的安排，市人大常委会副主任张冠文带领人事代表工作室有关人员对全市人大代表小组建设情况进行检查。检查采取听取县区人大常委会、乡镇人大工作机构负责同志汇报、实地查看、座谈走访等形式进行。每到一个县区，检查组都深入到两个代表小组，对小组的场所、制度、档案、活动开展等情况进行详细察看、了解。

监督工作

为了认真贯彻落实中共中央〔2005〕9 号文件和省委〔2005〕28 号文件以及市委〔2005〕19、25 号文件精神，更好地坚持和完善人民代表大会制度，进一步增强人大代表履行职责的责任感，调动人大代表履职的积极性，全面推动代表工作的深入开展，推进全市民主法制建设，经市人大常委会主任会议研究，决定在全市人大系统开展评选人大代表工作先进单位活动。滨城区人大常委会人事代表工作室等 20 个单位获代表工作先进单位称号。

2008 年度

代表建议办理

1 月 15 日，市人大常委会召开人大代表建议办理工作会议。总结市八届人大期间代表建议办理工作情况，交办市九届人大一次会议代表提出的建议、批评和意见。

10 月 10 日，市人大常委会副主任侯宪秀带领视察组对政府系统办理市九届人大一次会议以来代表建议、批评和意见的情况进行集中视察。

视察工作

11 月至 12 月，根据《滨州市人大常委会 2008 年工作要点》安排，市人大常委会委托县区人大常委会组织市九届人大代表进行会前集中视察。

12 月 3 日，市人大常委会组织部分住滨全国人大代表和省人大代表进行会前视察。视察期间，代表们听取市政府关于我市经济和社会视野发展及社会稳定情况，贯彻党的十七届三中全会精神，推进社会主义新农村建设的情况以及应对国际金融危机情况。听取市中级人民法院、市人民检察院一年来的主要工作情况汇报。视察滨城区经济社会发展和贯彻党的十七届三中全会精神，推进社会主义新农村建设的情况。代表们对视察情况进行讨论，对今后的工作提出一些建议和意见。

调研工作

9月,根据《滨州市人大常委会2008年工作要点》安排,市人大常委会委托县区人大常委会组织市九届人大代表进行专题调研。

9月8日,市人大常委会组织部分省人大代表进行2008年专题调研。活动由市人大常委会统一组织,分成两个调研组,分别就关于农产品质量安全问题和关于中小学校园安全问题进行调研。

学习培训

10月20日至21日,市人大常委会组织举办全市乡镇(办)人大干部培训班。市人大常委会副主任侯宪秀参加会议并讲话。

双联工作

11月,市人大常委会组织市九届人大常委会组成人员集中联系住滨州全国、省人大代表和市人大代表活动。这次集中联系代表活动,以党的十七届三中全会精神为指导,着重围绕贯彻落实科学发展观、构建社会主义和谐社会、推进农村改革发展、应对国际金融危机等重大问题,广泛听取代表的意见和建议。

代表活动

3月底至4月3日,下发通知要求各县区人大常委会和滨州军分区政治部分别将本选举单位或本代表团的市人大代表(含市直代表)进行编组。并确定一至二名代表小组召集人。

部署省、市人大代表小组规范化建设(试点)工作。市人大代表小组以"四有"(有活动场所、有活动制度、有活动计划、有活动档案)建设为基础,不断创新代表小组建设的内容,逐步实现代表小组活动的制度化、规范化。

监督工作

8月,按照市委、市政府《关于在全市集中开展新一轮解放思想大讨论活动的实施意见》的要求,市人大常委会征求住滨州的全国、省人大代表和市人大代表共121名人大代表对市政府组成部门和市"两院"围绕思想观念、工作作风、工作方法等方面,重点是服务态度,办事效率,办事公正、公平,乱收费、乱罚款、乱摊派,办事"中梗阻"以及廉洁勤政等方面工作的意见和建议。并将代表反映的相对集中的意见建议汇总反馈给市大讨论活动办公室,供在解放思想大讨论活动中参考。

2009年度

代表建议办理

2月27日,召开市九届人大三次会议以来代表建议交办会议。会议总结交流市九届人大一次会议以来代表建议、批评和意见办理情况,对市九届人大三次会议期间代表提出的69件建议、批评和意见进行交办。市人大常委会副主任侯宪秀,市政府副市长尚龙江参加会议。

4月开始,市人大常委会组织代表议案"回头看"活动。市八届人民代表大会期间,代表10人以上联名提出并经大会主席团审议决定,共确立8件议案。有关承办部门将8件议案的办理情况进行一次调查摸底,对照原解决方案中提出的办理时限、措施及结果,于6月向市人大常委会汇报。原方案需要进一步修改完善的,应根据情况制定新的办理方案,于5月底前报市人大常委会,经市人大常委会主任会议审议后实施。并将办理结果于10月向市人大常委会汇报。

视察工作

12月9日,市人大常委会组织住滨全国、省人大代表会前视察。视察组听取市政府关于全市经济社会发展情况的汇报,听取市中级人民法院、市人民检察院主要工作情况汇报,并到滨化集团和愉悦家纺集团视察扩大就业情况。

调研工作

8月至9月,根据市人大常委会工作要点,结合滨州经济社会发展实际,在广泛征求代表意见的基础上,市人大常委会委托县区人大常委会组织市九届人大代表专题调研。

学习培训

4月8日，市人大常委会举办全市市人大代表小组召集人培训班。

8月7日，市人大常委会人事代表工作室赴德州学习代表工作的经验，观摩德州市代表小组建设情况。

9月，组织市、县区人大常委会有关人员参加全省人大干部培训班。

双联工作

12月7日，省人大常委会委员矫学柏到滨州走访联系住滨全国和省人大代表。

代表活动

3月，印发《2009年市人大代表小组活动指导意见》，结合2009年工作要点，对市人大代表小组活动提出指导意见。印发《关于下拨2009年度市人大代表活动经费及加强代表活动经费使用管理的通知》，规范加强对代表活动经费使用管理。

结合深入开展"五个一带头"活动，组织开展评选优秀人大代表活动。评选比例掌握在30%左右。具体评选标准和实施方案由县区自行确定，年初部署，下半年评选。对评选出的优秀人大代表要进行大张旗鼓地宣传表彰，以推动"五个一带头"活动向更深层次开展。

监督工作

6月，委托县区人大常委会组织人大代表评议市直部分部门和单位工作，并将评议结果及时向有关单位通报，向相关人员反馈。

2010年度

代表议案办理

4月15日，市九届人大四次会议第9401号议案交办会议在滨州召开。市人大常委会副主任张冠文、副市长张兆宏出席会议并讲话。会议指出，市九届人大四次会议期间，与会代表联名提出议案3件，经滨州市第九届人民代表大会第四次会议议案审查委员会审查，并经大会主席团审议表决，蒋爱学等20名代表提出的《关于加快推进全市养老服务社会化的议案》(第9401号)，符合我市的实际和人民群众的需要，建议作为议案处理。根据《滨州市人民代表大会代表议案处理暂行办法》的规定，将大会确定的第9401号议案交与市政府办理。

10月12日至13日，市人大常委会副主任侯宪秀带领视察组对政府系统办理落实代表建议情况进行视察。视察主要是围绕市委2010年的中心工作和重点工作，把促进全市经济社会协调发展以及人民群众普遍关心的热点和难点问题作为重点。采取现场实地查看、召开座谈会、听取汇报等形式进行，先后到市区的计生巷"信息发布市场"、高杜茶叶市场、惠民县部分重点项目建设工地、惠民县实验学校周边及县城区域部分网吧网点进行了视察。

视察工作

12月22日，市人大常委会组织住滨州全国人大代表和省人大代表进行集中视察。代表们听取市人民政府、市中级人民法院、市人民检察院2010年主要工作情况书面汇报，听取市政府关于全市铁路建设情况及高新技术产业开发区建设情况的专项工作汇报，对滨州铁路建设现场、滨州高新技术产业开发区规划建设及项目建设情况进行实地视察。

调研工作

8月，按省人大常委会人事代表工作室《关于印发全国人大"学习贯彻新修改选举法与县乡人大换届选举工作"调研题目的通知》，市人大常委会安排各县区按照通知要求进行调研。同时，组织有关人员到博兴、邹平两县召开有乡镇人大主席、副主席，办事处人大工委主任及县人大常委会人事代表工作室主任参加的座谈会。围绕调研提纲，对以往选举工作的情况和做法进行了回顾总结，对选举法修改后可能遇到的问题进行了座谈，分析原因，提出建议。

8月31日，市人大常委会组织部分住滨全国人大代表、省人大代表以"黄河三角洲高效生态经济区开发建设"为题进行专题调研。市人大常委会常务副主任曹兴宽参加。

学习培训

5月11日至12日,全市基层人大干部培训班在滨州举办。来自全市各县区人大常委会人事代表工作室的负责人及各乡镇办事处的基层人大干部,共104人参加了培训。市人大常委会副主任侯宪秀出席活动并讲话。

11月至12月,根据山东省人大常委会《关于深入学习贯彻党的十七届五中全会精神的通知》(鲁人发〔2010〕32号)要求,组织市人大代表认真学习党的十七届五中全会精神,切实抓好贯彻落实。

11月3日,市人大常委会人事代表工作室有关人员参加省人大常委会办公厅组织的干部培训班。

代表活动

9月,印发《关于2010年市人大代表小组活动的指导意见》,结合2010年工作要点,对市人大代表小组活动提出指导意见。印发《关于下拨2010年度市人大代表活动经费及加强代表活动经费使用管理的通知》,规范加强对代表活动经费使用管理。

监督工作

8月,各县区人大常委会认真按照《滨州市人大常委会关于组织市人大代表向选举单位述职及评选优秀市人大代表和先进代表小组活动的实施意见》的规定,组织本选举单位选出的人大代表做好述职工作。

根据《监督法》有关规定,就2010年市人大常委会监督工作议题,通过各县区人大向部分市人大代表征求意见和建议。各县区接到通知后,按照市人大常委会人事代表工作室提供的格式,向部分市九届人大代表发出《征求意见表》,并将代表反馈的意见汇总报告。

2011年度

视察工作

10月11日,市人大常委会组织部分人大代表对市九届人大五次会议期间代表建议、批评和意见办理情况进行视察。市人大常委会副主任张冠文参加视察。

12月9日,市人大常委会组织住滨部分全国人大代表和省人大代表进行会前集中视察活动。我省选举的全国人大代表冯怡生、张忠正、沈志强、董凤华,滨州市选举的省人大代表曹兴宽、李成明、张秀葵、刘曰兴、姜玉华、郭延军、孙青林、肖广兰参加视察。市委常委、常务副市长韩奎祥,市人大常委会副主任张冠文,市人大常委会秘书长李国强陪同视察。

学习培训

6月24日至25日,市人大常委会举办《中华人民共和国全国人民代表大会和地方各级人民代表大会代表法》《中华人民共和国全国人民代表大会和地方各级人民代表大会选举法》及代表工作开展等问题专题学习培训。6月24日,市人大常委会邀请全国人大常委会代表资格审查委员会办公室主任李伯钧到滨州作《中华人民共和国全国人民代表大会和地方各级人民代表大会代表法》学习辅导报告。市人大常委会副主任郭建新,全国人大代表、市政协副主席刘凤,副市级干部、市公安局局长韩吉顺,部分住滨全国、省人大代表,部分市人大代表,市人大常委会组成人员,市政府组成部门主要负责同志,市中级人民法院、市人民检察院负责同志约200人听取辅导报告。

代表活动

3月,印发《2011年市人大代表小组活动指导意见》。

监督工作

4月27日,市人大常委会召开第二批市政府组成部门主要负责人述职工作动员会议。对第一批市政府组成部门主要负责人述职工作情况进行总结,对第二批市政府组成部门主要负责人的述职工作进行动员和部署。市人大常委会副主任张冠文,副市长崔娅妮出席会议并讲话。这次述职工作,从4月开始,到2012年一季度结束,共有19个市政府组成部门主要负责人参加述职。

2012 年度

代表建议办理

3 月 22 日,召开市九届人大优秀代表建议、先进承办单位表彰暨市十届人大一次会议代表建议交办会议。交办市十届人大一次会议以来的代表建议 91 件,并对市九届人大部分优秀代表建议和先进承办单位进行表彰。市人大常委会副主任、秘书长李国强,副市长王瑜参加会议。

10 月 25 日,市人大常委会副主任、秘书长李国强带领部分市人大代表组对市政府系统办理代表建议的情况进行督导视察。通过召开座谈会、实地查看等方式,进一步促进人大代表建议的办理落实。

调研工作

9 月 5 日,市人大常委会组织部分住滨州全国、省人大代表进行了题为“发展现代农业、改善农村民生”的专题调研。

学习培训

5 月 16 至 17 日,市人大常委会举办初任市人大代表培训班。邀请省人大常委会人事代表工作委员会负责人就《中华人民共和国全国人民代表大会和地方各级人民代表大会代表法》和《中华人民共和国地方各级人民代表大会和地方各级人民政府组织法》进行授课讲解,由市人大常委会人事代表工作室有关人员就怎样当好人大代表作了报告,还邀请优秀全国人大代表结合自身实际谈了发挥代表作用的体会。

代表活动

7 月,印发《关于 2012 年市人大代表小组活动的指导意见》,结合 2012 年工作要点,对市人大代表小组活动提出指导意见。按照市人大常委会组成人员既联系选举单位又联系驻选举单位的市人大代表,及便于工作、便于联系的原则,安排常委会组成人员负责联系选举的部分市人大代表。印发《关于下拨 2012 年度市人大代表活动经费及加强代表活动经费使用管理的通知》,规范加强对代表活动经费使用管理。

2013 年度

代表建议办理

7 月 17 日,召开代表议案督办、交办会议。督办《关于将市直农业科研院所运行经费列入市级财政预算的议案》(9502 号议案),交办《关于进一步加强城乡社区建设的议案》(10201 号议案)。市委常委、副市长赵庆平,市人大常委会副主任、秘书长李国强参加会议。

学习培训

3 月 12 日至 16 日,市人大常委会召开全市人大人事代表工作会议。会议期间,组织参加会议的各县区人大常委会分管人事代表工作的副主任和人事代表工作室主任到山西省晋中市学习考察代表建议答复办理、开展代表小组活动等方面的经验做法。

4 月 26 日,举办全市省、市两级人大代表小组召集人学习辅导班。全市的 5 个驻滨省人大代表小组召集人、18 个市人大代表小组召集人、各县区人大常委会分管人事代表工作的副主任及人事代表工作室主任参加辅导。市人大常委会副主任、秘书长李国强作讲话。

8 月 23 日,举办全市乡镇(办事处)人大主席(工委主任)培训班。培训期间,沾化、无棣县人大常委会以及韩店镇、流坡坞镇和市东办事处分别作典型发言,市人大常委会人事代表工作室主任李强作辅导报告,组织学员到沾化县和滨城区进行实地参观学习。市人大常委会副主任、秘书长李国强作讲话。

11 月 13 日,市人大常委会人事代表工作室有关人员赴菏泽市学习市人大常委会在经济开发区成立派出机构方面的工作经验。

代表活动

3 月,按照省人大常委会办公厅《关于省人大代表建立代表小组有关事项的通知》(鲁人办普发〔2013〕5 号)要求,市人大常委会对滨州市选举的省人大代表(含驻滨解放军代表)进行了编组。

4月,印发《关于2013年市人大代表小组活动的指导意见》,结合2013年工作要点,对市人大代表小组活动提出指导意见。印发《关于下拨2013年度市人大代表活动经费及加强代表活动经费使用管理的通知》,规范加强对代表活动经费使用管理。

专题座谈会

10月24日,召开征求修订《山东省实施<中华人民共和国全国人民代表大会和地方各级人民代表大会代表法>办法(修订草案)》修改意见和建议座谈会。

监督工作

6月,组织第三批市政府组成部门主要负责人向市人大常委会述职。听取并审议各单位主要负责人的述职报告,到述职对象所在单位进行调研,开展投票测评,将测评结果及时向有关单位通报,向相关人员反馈。

2014年度

代表建议办理

2月26日,召开市十届人大四次会议以来代表建议交办会。对市十届人大四次会议以来的代表建议进行交办,来自43个单位和部门的86名参会人员签署了《代表建议办理承诺书》,现场领办市十届人大四次会议上代表们提出的91件建议。市人大常委会副主任、秘书长李国强参加会议。截至6月底,全市91件代表建议全部答复完毕。

10月16日,市人大常委会副主任、秘书长李国强带领视察组对市十届人大四次会议以来代表建议的办理情况进行视察。

视察工作

10月24日,市人大常委会组织部分提议案的市人大代表对10201号议案的办理进展情况进行视察。

12月13日至17日,市人大常委会组织住滨州十二届全国人大代表和省十二届人大代表进行会前视察。实地视察北海新区开发建设、滨州港建设运营情况。市人大常委会副主任、秘书长李国强参加视察。

调研工作

9月7日,部分住鲁全国人大代表到滨州调研。市委书记、市人大常委会主任张光峰参加活动,并就滨州市村容镇貌整治工作作汇报。

9月10日至11日,市人大常委会副主任、秘书长李国强带领12名住滨州省人大代表到德州市,就基层医疗卫生机构综合改革工作进行专题调研。

学习培训

6月9日至10日,举办市人大代表专题培训班。围绕人大代表如何审议国民经济发展计划报告和财政预决算报告等进行专题辅导。市人大常委会副主任、秘书长李国强出席会议并讲话。

6月18日至20日,市人大常委会组织住滨省人大代表参加省人大常委会在临沂举办的省人大代表专题学习班。

8月27至31日,组织县区人大常委会副主任赴北戴河参加全省县级人大干部培训班。

11月7日,市人大常委会下发《关于组织全市各级人大代表认真学习贯彻党的十八届四中全会精神的通知》,要求在各级人大代表中掀起学习全会精神的热潮。

12月1日至5日,对全市人大干部进行首期集中轮训。市人大常委会副主任、秘书长李国强参加并讲话。

双联工作

为深入开展党的群众路线教育实践活动,进一步密切市人大常委会与人大代表的联系,从住滨州全国人大代表、省人大代表和市人大代表中确定了部分代表分别组成内务司法、财政经济、农业农村、城建环保、教科文卫、民族侨务外事等六个小组,每组代表30人左右,以便各工作委员会加强与代表的定向联系,深入听取代表意见,进一步发挥代表作用,不断增强监督实效。

代表活动及保障

(一)4月,印发《关于2014年市人大代表小组活动的指导意见》,结合2014年工作要点,对市人大代表小组活动提出指导意见。印发《关于下拨2014年度市人大代表活动经费及加强代表活动经费使用管理的通知》,规范加强对代表活动经费使用管理。

(二)开展代表接待站试点工作

4月29日,召开全市人事代表工作会议。部署"人大代表接待站"试点工作。会议后滨城区的5个乡镇办、阳信县的2个乡镇办分别搞了试点,沾化县的11个乡镇驻地全部建成代表接待站。

7月25日,滨城区首先启动人大代表接待群众来访活动。其他县区也抓紧部署安排此项工作。作为闭会期间代表联系选民群众、履行职责、发挥作用的一个重要平台,代表接待站的定点、定时、定代表以及信息的公开透明,能大大增进选民对代表的了解和信任,增进代表联系群众的主动性和亲和力,密切各级人大代表与选民群众间的联系。结合党的群众路线教育实践活动,各县区不断提高认识,端正态度,力求克服形式主义,把代表接待站工作做真做实。让来访群众看到代表接待站不是花架子、做样子、走形式,人大代表要"见得到"、"叫得动",群众反映的意见和问题要"抓得实"、"办得好",让"为民务实清廉"的主题在接待站里得到充分的诠释。同时,扩大宣传,紧紧抓住选民群众对接待站的"感同身受",大张旗鼓地宣传人民代表大会制度,宣传法律法规,提高广大人民群众的民主参与意识和法治意识。帮助群众对人大代表的地位、性质和作用更进一步的认识,认识到接待站设立和接待日活动开展,也是推进基层民主、扩大民众参与社会治理的一个良好途径,认识到代表接待与信访接待的不同,进而营造选民群众尊重人大代表、支持代表依法履职、积极参与"代表接待站"接待活动的良好氛围,为接待站工作深入持久开展,奠定广泛的群众基础。为进一步探索代表联系群众更有效的制度和做法,让各级人大代表深入群众,敞开大门听取民众意见,让代表工作"接地气"。

监督工作

根据市人常委会2014年工作要点安排,开展市、县、乡三级人大代表向选民或选举单位述职活动。县、乡人大代表直接向选民述职,由县(区)人大常委会委托乡镇(办)人大(工委)组织具体实施。市人大代表向原选举单位述职,由县(区)人大常委会组织具体实施。

2015年度

代表建议办理

3月13日,召开市十届人大五次会议以来代表建议交办会。对市十届人大五次会议以来的代表建议进行交办,并评选出10件建议为"滨州市第十届人民代表大会优秀代表建议",10个单位为"滨州市第十届人民代表大会代表建议先进承办单位"。市人大常委会副主任李国强参加会议。

5月8日,市第十届人民代表大会常务委员会第29次会议对《滨州市人民代表大会代表建议、批评和意见办理办法》进行修订。

10月14日至23日,由市人大常委会副主任或常委会组成人员带队分成五个视察组,对市政府系统办理的市十届人大五次会议以来代表提出的96件代表建议的办理落实情况进行了全面视察。

调研工作

8月12日至14日,按照省人大常委会办公厅《关于组织省人大代表跨选举单位开展调研活动的通知》要求,市人大常委会副主任李国强带领13名住滨州省人大代表到威海市,就完善老年人社会保障机制、加快养老服务体系建设的情况进行专题调研。

10月13日,市人大常委会组织部分住滨州全国人大代表和省人大代表对全市"十二五"经济社会发展规划实施情况进行专题调研。市委常委、常务副市长张凯,市人大常委会副主任李国强陪同调研。

学习培训

9月8日至11日,对全市人大干部进行第二期集中轮训。市人大常委会副主任李国强参加并讲话。

代表活动及保障

4月,印发《关于2015年市人大代表小组活动的指导意见》,结合2015年工作要点,对市人大代表小组活动提出指导意见。印发《关于下拨2015年度市人大代表活动经费及加强代表活动经费使用管理的通知》,规范加强对代表活动经费使用管理。

12月24日,市十届人大常委会第33次会议审议通过优秀市十届人大代表名单(50名)。

监督工作

根据《关于开展市政府组成部门主要负责人向市人大常委会述职工作的方案》的有关要求,市人大常委会分别于6月和12月组织两批市政府组成部门主要负责人向市人大常委会述职。

2016年度

代表建议办理

3月4日,召开市十届人大六次会议以来代表建议交办会议。交办市十届人大六次会议以来的代表建议85件,安排部署市十届人大一次会议以来代表建议“回头看”工作。市委常委、副市长赵庆平,市人大常委会副主任李国强参加会议。

7月18日至29日,市人大常委会副主任宋振华、李国强、秘书长高中兴分别带领督查组,对市政府系统办理代表建议的情况及市十届人大代表建议“回头看”活动进行督导检查。通过召开座谈会、实地查看等方式,进一步促进人大代表建议的办理落实。

视察工作

12月26日,部分住滨州全国人大代表、省人大代表围绕滨州市经济社会发展情况、“十三五”开局之年全市经济社会发展重点难点问题和法院、检察院工作情况进行会前视察。市委常委、常务副市长张凯,市人大常委会副主任李国强陪同。

调研工作

7月26日,东营市人大常委会党组副书记、副主任李金昆带领住东营市省人大代表到滨州,就公立医院综合改革工作情况进行专题调研。听取市政府有关工作情况汇报,召开市有关部门负责人参加的座谈会,到滨城区市立医院、市人民医院、滨医附院进行调研。市人大常委会第一副主任祁维华,市人大常委会副主任李国强,副市长潘青等陪同。

8月17日至19日,市人大常委会副主任李国强带领住滨州省人大代表8人到枣庄市,就推进供给侧结构性改革适应经济发展新常态情况进行专题调研。调研组先后到枣庄市新区东方光源项目、枣庄高新区互联网小镇项目、滕州市联想化工基地项目、台儿庄区丰元化学项目、台儿庄区联润纺织项目进行实地调研,并对台儿庄区人民法院诉讼服务中心及诉调对接工作情况进行视察了解。

学习培训

3月,组织住滨州全国人大代表联络员、省人大代表小组召集人赴济南参加专题学习班,就代表履职等有关内容进行专题学习培训。

5月,组织驻滨省人大代表10人赴济南参加专题学习班,就省“十三五”规划纲要情况的编制实施、推进全省扶贫开发工作情况、推进现代农业发展情况及省人大代表履职网络平台的建设、管理、应用等内容进行专题学习培训。

6月,组织全市乡镇(街道)人大负责同志100人赴济南,参加全省乡镇(街道)人大负责同志学习班。

双联工作

4月、11月,组织市人大常委会组成人员分工联系市十届人大代表。着重围绕贯彻落实科学发展观、加快滨州经济社会发展,构建和谐社会的重大问题,代表建议、批评和意见涉及的有关问题,人民群众普遍关心的热点、难点问题以及对市人大常委会的工作建议等,广泛征求代表的意见建议。

代表活动

2月2日,授予51名市十届人大代表“优秀市十届人大代表”荣誉称号。

4月,印发《关于2016年市人大代表小组活动的指导意见》,结合2016年工作要点,对市人大代表小组活动提出指导意见。印发《关于下拨2016年度市人大代表活动经费及加强代表活动经费使用管理的通知》,规范加强对代表活动经费使用管理。

监督工作

6月,组织第三批市政府组成部门主要负责人向市人大常委会述职。听取并审议各单位主要负责人的述职报告,到述职对象所在单位进行调研,开展投票测评,将测评结果及时向有关单位通报,向相关人员反馈。

信访工作

2001年度

4月17日,市人大常委会信访室提请市七届人大常委会第3次会议审议通过了《滨州市人民代表大会常务委员会信访工作暂行办法》,内务司法工委副主任、信访室主任蒋爱学作了说明。

5月11日,全市人大信访工作座谈会在滨州召开,会议学习了《滨州市人民代表大会常务委员会信访工作暂行办法》。市人大常委会副主任张贵云出席会议并讲话。

2002年度

4月17日至19日,省人大常委会办公厅副主任杨明到滨调研人大信访工作,到滨城区、惠民县调研,市人大常委会内务司法工委副主任、信访室主任蒋爱学汇报工作情况,并陪同调研。

7月11日至12日,全市人大信访工作情况通报会在滨州召开,各县区人大汇报了信访案件办理情况。市人大常委会副主任张贵云出席会议并讲话。

11月6日,全市人大信访工作会议在滨州召开,会议传达了全省人大信访工作会议精神,各县区交流了信访工作情况,市人大常委会副主任张贵云出席会议并讲话。

2003年度

3月20日,全市人大内务司法和信访工作座谈会在滨州召开。内务司法工委副主任、信访室主任蒋爱学总结了2002年全市人大内务司法和信访工作情况,安排部署了2003年内务司法和信访工作。市人大常委会副主任张贵云出席会议并讲话。

2004年度

3月2日,全市人大内务司法和信访工作座谈会在滨州召开。会议总结了交流了2003年全市人大内务司法和信访工作情况,安排部署了2004年内务司法和信访工作。市人大常委会副主任张贵云出席会议并讲话。

2005年度

5月24日,中共滨州市人大常委会党组制定出台《关于改进和加强人大信访工作的意见》。《意见》提出要创新机制,构建“大信访”格局,建立联合接访制度、信访听证制度、完善“三笺办理制度”,建立“四个百分之百”(即对所有来信来访进行登记、分析归类、交办、有回音四个方面均达到百分之百)。要进一步加大对信访案件的督办力度,强化督办措施;要加强对人大信访工作的领导,市人大信访室要充实加强到3至5人,并改善接访条件,建议各县区人大常委会设立专门信访机构,并配备2至3名信访工作人员。

5月26日,全市人大信访工作会议召开。传达贵阳市人大信访工作经验和全国、全省人大信访工作会议精神,贯彻市委批转的中共滨州市人大常委会党组关于改进和加强人大信访工作的意见,向市人大常委会聘请的法律咨询员姚奎英、景晨光、王光胜、李汝堂、郭安果、薛军、焦琳、徐文洲、袁金平、刘树松、时兰普、齐宝善、王国峰13人颁发聘书。市人大常委会副主任李成明讲话,郭德纲主持。

10月,市人大常委会信访室编印的《滨州市人大常委会信访工作资料汇编(一)》出版。收录了加强人大信访工作的意见、联合接访办法与制度、人大信访简报、媒体的相关报道等。此后,市人大常委会信访室每年编印一本,收录市人大常委会信访相关资料。

11月27日至29日,全省人大信访工作现场会议在滨州召开。传达全国人大加强和改进人大信访工作座谈会精神,安排部署信访交办事项,滨州、济南、青岛等市县人大常委会负责人分别介绍经验做法,省高级人民法院、省人民检察院、省公安厅、省信访局负责人介绍办理人大交办的信访事项情况。省人大常委会副主任莫振奎讲话。省人大常委会副秘书长王启信,省人大常委会办公厅巡视员杨明,省高级人民法院副厅级审判员李金庚,省人民检察院党组副书记、副检察长谢国忠,省信访局副局长杜永富,省公安厅党组副书记、副厅长孙克谦及全省各市及有关县区人大常委领导人出席。滨州市委书记、市人大常委会主任孙德汉,市委副书记、市纪委书记吴金娃,市人大常委会副主任李成明、郭德纲,秘书长张树香等参加。

组织联合接访。按照《滨州市人大常委会联合接访办法》的规定,每月3号为联合接访日,自2005年6月3日起,本年度共组织7次联合接访。

2006年度

2月20日,市人大常委会制定《联合接访实行到县、区接访的意见》。决定从3月3日起,每月3日的联合接访,实行到各县区接访。联合接访分成8个组,每个县区一个组;每组4人,分为3个接访小组,配一名工作人员(负责协调接访组与县区的联系,汇总有关材料,书面总结接访情况)。各县区人大常委会及开发区管委会在市人大联合接访小组中配备相关人员。到县区接访的人员由市人大常委会副主任,市中级人民法院副院长、党组成员及相关人员,市人民检察院副检察长、党组成员及相关人员,市公安局副局长、党组成员及相关人员组成。联合接访的场地由各县区人大常委会负责设置,并负责勤务保障;市经济开发区、市直场地设置在市人大常委会信访接待处。接访程序按登记、接访、协调实施。处访程序按"分级负责、归口办理"的原则。

3月3日,市人大常委会首次实行到县区联合接访。参加联合接访的人员共分8个组,分别到各县区接访,共接待人民群众来访146起、183人,其中初访的76起,重访的70起。市中级人民法院、市检察院、市公安局有关领导及工作人员共32人。市人大常委会副主任李成明、刘宝庭、苏乃军、张秀亭、朱向旭、郭德刚、郭建新、张冠文、韩增金,秘书长张树香参加。

4月6日,全市人大信访工作会议召开,总结2005年工作,研究探索今后信访工作的新路子。市人大常委会副主任李成明、郭德刚讲话。各县区人大常委会分管副主任、信访室主任,市中级人民法院、检察院、公安局分管信访工作的负责人、信访处处长参加。

4月30日,全市人大信访工作会议召开。总结2005年6月3日以来的联合接访情况;按照4月14日市委办公室、市政府办公室《关于在全市开展集中处理信访突出问题"百日会战"的实施方案》的安排,对集中处理信访突出问题"百日会战"作动员,要求从4月中旬至7月22日利用100天的时间,分宣传发动、排查分类、集中处理、检查验收四个阶段,对联合接访未能办结的问题进行集中处理。市人大常委会副主任李成明讲话,副主任郭德刚主持,秘书长张树香出席。

7月11日,召开全市人大信访工作座谈会,交流和研究市委集中处理信访问题"百日会战"动员会后各县区及有关部门处访涉诉案件工作情况及出现的新情况、新问题和需要采取的新措施。市人大常委会副主任郭德刚,秘书长张树香出席。至7月28日,全市市、县区两级法院、检察院、公安局"百日会战"涉及的230起涉法涉诉案件,处结129起,正在处理的101起。

市人大常委会信访室改为市人大常委会信访局。9月5日,市编制委员会批复:同意市人大常委会信访室改为市人大常委会信访局,正县级规格不变,配局长1名,副局长2名;内设接访科和督查科,各配科长1名;人员编制由市人大机关内部调剂。

11月2日,市人大常委会召开信访室改设为信访局座谈会。省人大常委会办公厅信访局局长张建国,市人大常委会副主任李成明、郭德刚出席。市人大常委会信访领导小组成员、各县区人大常委会分管副主任、信访室主任，市公、检、法、司分管信访工作的负责人、信访庭(处)长参加。

组织联合接访。按照《滨州市人大常委会联合接访办法》的规定，每月 3 号为联合接访日，本年度共组织 11 次联合接访。

2007 年度

1 月 18 日，全市人大信访工作会议召开。通报信访情况，各县区人大常委会和市公、检、法等单位汇报交流 2006 年工作情况及 2007 年工作安排。市人大常委会副主任李成明讲话，副主任郭德刚，秘书长张树香出席。

4 月 25 日，省人大常委会办公厅信访局局长张建国带领省人大常委会督查组到滨州督查全国、省人大交办信访案件处理情况。听取市人大常委会及市中级人民法院有关全国、省人大交办信访案件处理情况的汇报。市人大常委会副主任李成明、郭德刚等陪同。

5 月 25 日，全市人大信访工作座谈会召开。传达中央、省有关文件及领导讲话，通报上年以来市人大常委会交办、督办案件办理情况。各县区人大常委会分管副主任、信访室主任及市公安局、法院、检察院参加。市人大常委会副主任郭德刚讲话。

6 月 18 日至 19 日，菏泽市人大常委会副主任李玉华一行到滨州考察人大信访工作。市人大常委会副主任李成明、郭德刚、韩增金分别陪同。

9 月 7 日，全市人大信访干部培训班举办，对各县区人大信访干部进行人大信访信息系统培训。

12 月 30 日，市人大常委会信访局向市人大常委会写出情况报告，全面总结了 2005 年 6 月 3 日起实行联合接访至 2007 年底的情况。期间，共实行联合接访 30 次，受理案件 2111 起次，接待群众 3119 人次；共处结 2050 起次，占受理案件总数的 97%。

组织联合接访。按照《滨州市人大常委会联合接访办法》的规定，每月 3 号为联合接访日，本年度共组织 11 次联合接访。

2008 年度

4 月 16 日，全市人大信访工作会议召开。通报工作情况及安排工作，有关单位汇报受理信访案件的处访情况及做法。市人大常委会副主任、秘书长张冠文讲话。

组织联合接访。根据滨州市委的意见和《滨州市人大常委会联合接访办法》的规定，每月 3 号为联合接访日，本年度共组织 12 次联合接访。

2009 年度

组织联合接访。根据滨州市委的意见和《滨州市人大常委会联合接访办法》的规定，每月 3 号为联合接访日，本年度共组织 12 次联合接访。

2010 年度

组织联合接访。根据滨州市委的意见和《滨州市人大常委会联合接访办法》的规定，每月 3 号为联合接访日，本年度共组织 12 次联合接访。

2011 年度

组织联合接访。根据滨州市委的意见和《滨州市人大常委会联合接访办法》的规定，每月 3 号为联合接访日，本年度共组织 10 次联合接访。

2012 年度

5 月 9 日至 10 日，山东省人大常委会办公厅信访局局长王秀芬、督查处处长陈新伟、接访处副处长袁西联到滨州调研和督办案件。

组织联合接访。根据滨州市委的意见和《滨州市人大常委会联合接访办法》的规定，每月 3 号为联合接访日，本年度共组织 12 次联合接访。

2013 年度

8 月 15 日至 16 日，山东省人大常委会办公厅信访局副局长魏兴荣及信访局干部祁艳丽到滨州调研信访工作。

2014 年度

10 月 27 日，潍坊市人大常委会信访室主任杨官松、潍坊市人大常委会信访室副主任何洪涛、潍坊市人大常委会信访室主人科员刘静到滨州市学习涉法涉诉信访工作改革和处理越级上访等方面的经验。

2015 年度

市人大常委会党组关于不再组织联合接访的报告。11 月，市人大常委会党组向市委写出报告，提出，9 月 24 日山东省第十二届人民代表大会常务委员会第十六次会议表决通过了《山东省信访条例》，自 2016 年 1 月 1 日起施行。2005 年 5 月 9 日滨州市八届人大常委会第 20 次主任会议通过的《滨州市人大常委会联合接访办法》与《山东省信访条例》规定的县级以上人大常委会受理的信访事项相抵触，建议停止实施《滨州市人大常委会联合接访办法》，自 2016 年 1 月起，市人大常委会不再组织由市中级人民法院、市人民检察院和市公安局参加的联合接访。

关于贯彻实施《山东省信访条例》有关问题的通知。12 月 2 日，市人大常委会办公室发出关于贯彻实施《山东省信访条例》有关问题的通知，要求，(一)停止实施 2005 年 5 月 9 日滨州市第八届人民代表大会常委会第 20 次主任会议通过的《滨州市人大常委会联合接访办法》，自 2016 年 1 月起市人大常委会不再组织市中级人民法院、市人民检察院和市公安局联合接访。(二)全面梳理各县区常委会关于信访工作的各项规章制度，依据《山东省信访条例》，对相关的各项工作制度立改废，完善信访工作机制，依法解决群众合法合理诉求。(三)各县区人大常委会信访工作机构要组织人大信访工作人员学习《山东省信访条例》，正确理解、全面把握条例的指导思想、基本原则和主要内容，转变观念、理清思路、明确任务，积极主动地参与全市的各项信访工作，全面推动条例在我市的贯彻实施。

滨州市人民代表大会常务委员会公告。12 月 2 日，市人民代表大会常务委员会发布公告，确定自 2016 年 1 月 1 日起，滨州市人大常委会受理下列信访事项：(一)对本级或者下一级人民代表大会及其常务委员会通过的地方性法规或者决议、决定的建议；(二)对本级人民政府制定的地方政府规章或者其他规范性文件的建议；(三)对本级人民代表大会及其常务委员会、人民政府、人民法院、人民检察院工作的建议、意见；(四)对本级人民代表大会及其常务委员会选举、决定任命、批准任命的国家机关工作人员职务行为的建议、意见或者不服其行使司法职权以外的职务行为的投诉请求；(五)对本级人民代表大会代表、人民代表大会常务委员会组成人员、人民代表大会常务委员会机关工作人员职务行为的建议、意见或者不服其职务行为的投诉请求；(六)依法应当受理的其他信访事项。

2016 年度

学习《山东省信访条例》。信访局组织全员参加市里举办的信访条例学习，并印制了《山东省信访条例》单行本、制作了学习培训光盘下发各县区人大信访组织学习，并与市委市府信访局合作举办全市《信访条例》知识竞赛。

建立网上信访平台，接入山东省网上信访系统，为信访人提供便利。已办理网上信访 1 件。

立法工作

2015 年度

立法调研

(一)9 月，根据省人大常委会的统一部署和市委的意见，滨州市人大常委会正式启动地方立法工作。9 月 9 日至 12 日，根据主任会议要求，内务司法工委主任蒋爱学带领学习考察组到青岛、烟台、潍坊、临沂、济宁五市学习考察地方立法启动工作。

（二）12 月 8 日至 9 日，市人大常委会立法调研组对制定滨州市立法规划和 2016 年立法计划进行调研。调研组召开了市政府法制办、发改、经信、公安、住建、交通、文广新、环保、规划、城管执法等有关部门负责人参加的座谈会，并到沾化区、无棣县进行调研，广泛征求了市县两级有关部门的意见建议。市人大常委会副主任宋振华，市人大常委会委员李凯、蒋爱学、李慎猛、朱万春、李峰参加调研。

专题会议

（一）9 月 14 日，内务司法工委召开专题会议，研究起草《滨州市制定地方性法规条例》（以下简称《条例》）的总体框架和基本内容，形成了《条例（草案）》（征求意见第一稿）。

（二）9 月 28 日，内务司法工委再次召开专题会议，在征求常委会各委室局意见的基础上，研究修改《条例（草案）》（征求意见第一稿），形成了《条例（草案）》（征求意见第二稿）。

（三）10 月 9 日，召开市人大常委会各委室局主要负责人会议，研究讨论《条例（草案）》（征求意见第二稿），听取意见建议。市人大常委会副主任宋振华参加会议。会后将征求的意见汇总，作了进一步的修改和完善，形成了《条例（草案）》（征求意见第三稿）。

（四）10 月 15 日，召开了条例草案征求意见座谈会，听取了市政府法制办、市委党校、滨州学院、市政府部分法律顾问的意见。市人大常委会副主任宋振华参加会议。会后将主任、副主任、秘书长，各县区人大常委会以及座谈会反馈的意见汇总，又作了进一步的修改和完善，形成了《条例（草案）》（征求意见第四稿）。

（五）10 月 30 日，市十届人大常委会第 32 次会议，内务司法工委主任蒋爱学作了《关于提请审议＜滨州市制定地方性法规条例＞（草案）的说明》，提请本次常委会会议进行了第一次审议。

（六）12 月 17 日，将《条例（草案）》报送到省人大常委会法制工作委员会进行审核，根据省人大的意见建议，对《条例（草案）》进行了进一步修改。

（七）12 月 24 日，市十届人大常委会第 33 次会议，法制工委主任朱万春作了《＜滨州市制定地方性法规条例（草案）＞的说明》，提请本次会议进行了第二次审议。

2016 年度

立法调研

（一）2 月 2 日，市人大常委会、市政府法制办到市城管执法局，对全市城市管理执法工作情况进行调研座谈。

（二）3 月 21 日至 23 日，市人大常委会法工委对滨城区人大常委会、滨城区彭李街道办事处黄河社区、无棣县海丰街道办事处、惠民县孙武街道办事处、博兴县锦秋街道办事处等立法联系点进行立法调研。

（三）3 月 29 日，市人大常委会法工委对市委党校、滨州学院立法研究服务基地进行立法调研。

（四）3 月 21 日至 25 日，市人大常委会副主任、市人大法制委主任委员王立勇带领市人大法制委、常委会法工委、城建环保工委以及市政府法制办、市直有关部门等人员，到青岛、大连、秦皇岛三市学习地方立法工作，重点对三市地方立法的实务操作以及多年在立法工作中的经验、做法，进行了学习与交流。考察组成员与当地人大常委会及有关部门负责同志进行了交流座谈，并深入有关社区、机关、企业就有关立法项目进行了实地考察。

（五）5 月 9 日至 14 日，市人大常委会副主任、市人大法制委主任委员王立勇率领考察组一行，赴江苏常州、无锡和浙江杭州三市考察学习城市道路管理工作。考察组与三市人大常委会和政府分管负责同志就城市道路管理立法工作进行了座谈，深入探讨了在城市道路管理立法工作中遇到的重点、难点问题，以及解决城市道路管理问题的相关办法。通过实地考察调研，重点学习借鉴兄弟单位在城市道路管理和执法工作中的好经验、好做法。

（六）6 月 7 日，市人大法制委、市人大常委会法工委组织有关县区人大常委会、立法研究服务基地和立法联系点的分管负责同志在滨州学院召开座谈会，就《滨州市人大常委会 2017—2020 年地方立法规划（草案）》进行了专题研讨，并对《立法规划(草案)》内容提出了具体的修改意见和建议。

(七)6月28日，市人大常委会组织立法调研组，对《滨州渤海革命老区历史遗迹实物档案管理条例》的立法工作进行专题调研。市人大常委会副主任、市人大法制委主任委员王立勇参加调研。立法调研组到市档案馆、市博物馆、渤海革命老区纪念园、博兴县陈户烈士纪念塔进行了实地调研；召开了由市委党史研究室、市政府法制办、市民政局、市文广新局、市档案局等单位负责同志参加的座谈会，听取了他们的意见建议。

(八)8月3日至4日，市人大常委会法工委、市政府法制办、市住房和城乡建设局有关人员和市房地产协会负责人到青岛市人大常委会和供热企业考察学习供热管理情况。

(九)9月1日至2日，市人大常委会法工委、市政府法制办、城管执法局、交警支队赴惠民县人大常委会、市委党校、滨城区人大常委会、滨州学院对《滨州市城区道路管理条例(草案)》的有关问题进行专题调研，征求意见建议。

(十)9月5日，市人大常委会副主任、市人大法制委主任委员王立勇率领立法调研组，对《滨州市农村公路条例》的立法相关工作进行了专题调研。上午调研组到博兴县现场调研农村公路建设养护管理工作情况，下午召开立法座谈会，听取了市交通运输局、市政府法制办、市财政局关于农村公路工作立法情况的汇报。

(十一)9月20日至23日，市人大常委会法工委、市政府法制办、城管执法局、交警支队组成调研组，赴阳信县人大常委会、无棣县海丰街道办事处、邹平县人大常委会、博兴县锦秋街道办事处、惠民县孙武街道办事处、畜牧兽医研究院，对《滨州市2017年地方立法计划》和《滨州市城区道路管理条例(草案修改稿)》进行专题调研。

专题会议

(一)1月7日，市人大常委会法工委、教科文卫工委、市政府法制办、市档案局、市委党史研究室召开《滨州市渤海革命老区实物档案管理条例》的立法工作座谈会。

(二)1月7日，市人大常委会法工委、城建环保工委、内务司法工委、市政府法制办、市公安局、市城管执法局、市规划局、市住建局、市交通局、市财政局、市国土局召开《滨州市农村环境保护条例》的立法工作座谈会。

(三)1月20日，市人大常委会法工委、农业农村工委、市政府法制办、市城管执法局、市住建局、市水利局、市林业局召开《滨州城市水风景区管理条例》的立法工作座谈会。

(四)1月26日，市人大常委会法工委、市政府法制办召开“十三五”立法规划调研项目座谈会。对全市“十三五”期间的立法规划项目进行逐一研究论证。

(五)1月29日，市人大常委会召开《滨州市2016—2020年立法规划》立法项目研讨论证会，听取了市公安局、市住建局、市交通运输局、市环保局、市规划局、市商务局等12个部门相关负责人关于对《滨州市2016—2020年立法规划》(征求意见稿)中立法项目的意见建议。市人大常委会副主任王立勇出席会议。

(六)2月17日，市十届人大六次会议第一次全体会议表决通过关于设立市十届人大法制委员会、财政经济委员会的决定。

(七)2月19日，市十届人大六次会议第二次全体会议表决通过市十届人大法制委员会组成人员。

(八)2月19日，市十届人大法制委员会举行第一次全体会议。审议《滨州市制定地方性法规条例(草案)》各代表团讨论情况，表决通过条例(草案表决稿)。市人大常委会副主任、法制委主任委员王立勇，法制委副主任委员朱伟，法制委副主任委员、常委会法工委主任朱万春，委员王建忠、王磊、周国辉、袁金平参加。

(九)2月19日，滨州市第十届人民代表大会第六次会议第二次全体会议，市人大常委会副主任王立勇作了《<滨州市制定地方性法规条例(草案)>的说明》。

(十)2月19日，滨州市第十届人民代表大会第六次会议主席团第三次会议，市人大常委会副主任、市人大法制委员会主任委员王立勇作了《滨州市第十届人民代表大会法制委员会关于<滨州市制定地方性法规条例(草案)>审议结果的报告(草案)》。

(十一)2月20日，滨州市第十届人民代表大会第六次会议第三次全体会议，表决通过了《滨州市制定地方性法规条例》。

（十二）2 月 26 日，市人大常委会法工委、市政府法制办召开 2016 年立法项目座谈会。对市人大常委会 2016 年的立法项目进行分析研讨，对拟制定的政府规章项目进行研究论证。

（十三）3 月 7 日，市人大常委会法工委、市公安局、市城管执法局等部门召开《滨州市城区道路管理条例》立法项目座谈会，对全市城区道路管理中的有关问题进行探讨。

（十四）4 月 20 日，市人大常委会举办《滨州市制定地方性法规条例》培训班，邀请省人大常委会法工委副主任石晓就《中华人民共和国立法法》及地方立法实践进行了专题辅导。市人大法制委副主任委员、常委会法工委主任朱万春就贯彻落实《滨州市制定地方性法规条例》，切实做好地方立法工作进行了专题部署。市人大常委会副主任、市人大法制委主任委员王立勇出席培训班并讲话。

（十五）5 月 26 日，市人大常委会法工委、市政府法制办组织市住建局、市发改委、市公安局、市经信委、市财政局、市规划局、市工商局、市安监局、市国土局召开《滨州市供热条例（征求意见稿）》征求意见座谈会。

（十六）5 月 27 日，市人大法制委副主任委员、常委会法工委主任朱万春带领法工委全体工作人员赴淄博市人大常委会考察学习地方立法工作。考察组一行听取了淄博市人大常委会法工委负责同志关于淄博市人大常委会地方立法工作情况的介绍，深入了解淄博市在立法技术、立法程序、实际操作等方面的经验做法，并就当前开展地方立法工作遇到的相关问题，进行了认真交流和探讨。

（十七）6 月 23 日，市十届人大法制委员会举行第二次全体会议。市人大常委会副主任、法制委主任委员王立勇出席会议并讲话。法制委全体人员参加。

（十八）7 月 7 日，市人大法制委、市人大常委会法工委、城建环保工委、市政府法制办、市住建局和常委会部分立法顾问与全市 12 家供热企业就《滨州市供热条例（草案）》涉及的有关内容召开调研座谈会，征求供热企业的意见建议。

（十九）7 月 8 日，市人大法制委、市人大常委会法工委、城建环保工委、市政府法制办、市住建局和常委会部分立法顾问在黄河社区召开调研座谈会，与黄河社区的退休老干部代表、业主代表、物业公司代表等就《滨州市供热条例（草案）》进行座谈研讨，听取他们的意见建议。

（二十）7 月 12 日，市人大常委会法工委、市政府法制办、市住建局和 12 家房地产开发企业负责人召开调研座谈会，就《滨州市供热条例（草案）》是否规定“入住率”等问题进行专题座谈。座谈会后，市人大常委会法工委、市政府法制办与市住建局（供热管理站、开发办）召开会议，研究分析与房地产开发企业座谈会征求意见的情况。

（二十一）7 月 18 日，市人大常委会法工委、市住建局与市建设房产等 4 家房地产开发企业代表召开关于《滨州市供热条例（草案）》中入住率等有关问题的调研座谈会。

（二十二）7 月 20 日，市人大常委会法工委、市政府法制办、市城管执法局召开会议，修改完善《滨州市城区道路管理条例（征求意见稿）》。

（二十三）8 月 2 日，市人大常委会法工委、市政府法制办召开会议，研究修改《滨州市人大常委会 2017—2021 年立法规划》。

（二十四）8 月 16 日，市人大常委会法工委、市政府法制办、市住建局召开专题会议，进一步修改完善《滨州市供热条例（草案修改稿）》。

（二十五）8 月 17 日，市十届人大法制委员会举行第三次全体会议。审议《滨州市供热条例（草案）》，通过条例（草案）审议结果的报告和条例（草案修改稿）。市人大常委会副主任、法制委主任委员王立勇主持会议。法制委全体人员参加。市人大常委会立法顾问，市人大常委会城建环保工委、法工委及市政府法制办、市住房与城乡建设局负责人列席。

（二十六）8 月 25 日，市十届人大法制委员会举行第四次全体会议。审议《滨州市供热条例（草案修改稿）》

修改情况，通过条例（草案修改稿）修改情况的报告和条例（草案表决稿）。市人大常委会副主任、法制委主任委员王立勇主持会议。法制委全体人员参加。市人大常委会法工委、市政府法制办、市住房与城乡建设局负责人列席。

（二十七）9月30日上午，市人大常委会召开滨州市2017年立法计划建议项目征求意见座谈会，市人大常委会副主任、市人大法制委主任委员王立勇出席会议并讲话。座谈会上，市环保局、市质监局、市城管执法局、市水利局、市住建局、市民政局、市交通运输局、市文广新局、市规划局、市档案局的负责同志先后发言，就2017年立法计划发表了意见建议。

（二十八）10月20日，市十届人大法制委员会举行第五次全体会议。审议《滨州市城区道路管理条例（草案）》，表决通过条例（草案）审议结果的报告和条例（草案修改稿）。市人大常委会副主任、法制委主任委员王立勇主持会议。法制委全体人员参加。市人大常委会法工委、市政府法制办、市城管执法局负责人列席。

（二十九）10月27日，市十届人大法制委员会举行第六次全体会议。审议《滨州市城区道路管理条例（草案修改稿）》修改情况，表决通过条例（草案修改稿）修改情况的报告和条例（草案表决稿）。市人大常委会副主任、法制委主任委员王立勇主持会议。法制委全体人员参加。市人大常委会法工委、市政府法制办、市城管执法局、市公安交警支队负责人列席。

预算审查监督工作

2016年度

审查审议

（一）1月至2月，市人大常委会预算工作委员会依照法律规定，对《关于滨州市2015年预算执行情况和2016年预算草案的报告》及2016年预算草案进行了初步审查，市十届人大六次会议计划预算审查委员会在此基础上，结合代表审议意见，对预算报告和预算草案又作了进一步审查。2月20日市十届人大六次会议审查批准了《关于滨州市2015年预算执行情况和2016年预算草案的报告》，批准2016年滨州市市级预算。

（二）4月，市人大常委会预算工委对市政府提交《关于提请审议2016年滨州市新增政府债务限额调整方案的议案》进行了审查。4月27日滨州市第十届人民代表大会常务委员会第36次会议审查批准了2016年滨州市新增政府债务限额调整方案。

（三）6月，市人大常委会预算工作委员会结合审计工作报告对《关于滨州市2015年财政决算草案的报告》及2015年财政决算草案进行了预先审查，市人大财政经济委员会又对其进行了初步审查。6月27日市第十届人民代表大会常务委员会第37次会议审查批准了滨州市2015年市级财政决算。

（四）8月根据《中华人民共和国各级人民代表大会常务委员会监督法》《中华人民共和国预算法》和《山东省人大常委会关于加强预算决算审查监督的决定》的规定，市人大常委会预算工作委员会对《关于滨州市2016年上半年财政预算执行情况的报告》进行了预先审查，市人大财政经济委员会又对其进行了初步审查。8月25日，滨州市十届人大常委会第38次会议，听取和审议了市人民政府关于滨州市2016年上半年财政预算执行情况的报告。

执法检查

9月6日至7日，市人大常委会副主任、市人大财政经济委员会主任委员宋振华带领部分市人大常委会委员、市人大代表对全市《中华人民共和国税收征收管理法》实施情况进行了执法检查。检查组听取了市政府及相关部门的汇报，并实地察看了滨城区国地税联合办税大厅，滨北工业园国地税联合办税服务中心，中海沥青股份有限公司、中兴置业有限责任公司等4户重点企业，分别与基层税务工作人员、企业负责人进行了座谈交流。

专题会议

9月20日至21日，市人大常委会组织召开了全市人大预算审查监督工作座谈会暨预算审查监督培训会议。

市人大常委会副主任、市人大财政经济委员会主任委员宋振华出席会议并讲话，市人大常委会秘书长高中兴主持会议。座谈会上各县区人大常委会就预算审查监督工作开展情况进行了充分交流，同时邀请省人大常委会办公厅巡视员张玉成和市财政局有关同志分别讲授《新预算法解读》《地方人大预算审查和监督实务》等。通过座谈和培训，进一步提高全市人大常委会预算工委预算审查监督能力，为下一步依法加强预算审查监督、提高预算审查监督的质量奠定了坚实的基础。

第三节　指导县乡人大工作和建设情况及换届选举工作

2002 年度

换届选举工作

按照《中共山东省委组织部、山东省人大常委会办公厅关于山东省选举出席第十届全国人民代表大会代表的安排意见》(鲁人办发〔2002〕28 号)的要求，市人大常委会会同市委组织部按照规定程序，对十届全国人大代表候选人预备人选进行初步提名推荐工作。

10 月 17 日，市人大常委会向市委常委会议汇报全省县级以上人大换届选举工作会议精神，同时就提名推荐十届全国人大代表候选人预备人选问题进行汇报。

10 月 21 日，市人大常委会主任会议传达学习鲁人办发〔2002〕28 号文件。省人大常委会分配滨州市十届全国人大代表候选人预备人选名额为 5 名。其中：工农和其他劳动者 2 名，知识分子 2 名，干部 1 名。构成比例是：中共党员 4 名，非中共党员 1 名，妇女 1 名。按照上述要求，主任会议就提名推荐十届全国人大代表候选人预备人选进行了酝酿，初步提出 5 名预备人选，并征得了市委组织部的同意。

10 月 29 日，市委统战部召开市各民主党派负责人会议。就提名推荐的 5 名十届全国人大代表候选人预备人选征求了意见。

10 月 30 日，市选举工作委员会与市委组织部召开各县区和市有关部门、单位会议，就提名推荐的 5 名十届全国人大代表候选人预备人选进一步征求了各方面的意见。

11 月 15 日，将全国人大代表候选人预备人选材料报省人大常委会。12 月上旬，经省委批准后，确定代表候选人预备人选名单。

2003 年度

换届选举工作

2 月 18 日至 24 日，滨州市第八届人民代表大会第一次会议召开。大会依法选举产生了出席山东省第十届人民代表大会代表 33 名。

5 月 9 日，召开全市县以上人大换届选举工作总结会议。总结交流全市县以上人大换届选举工作的经验和做法。市人大常委会副主任、市选举工作委员会主任朱向旭同志参加会议并讲话。

2006 年度

指导县乡人大工作和建设

11 月，市人大常委会对中央 9 号文件和《中华人民共和国全国人民代表大会和地方各级人民代表大会代表法》的贯彻执行情况进行检查。检查内容包括中央 9 号文件的贯彻情况和换届以来代表工作开展情况，中央 9 号文件、市委 19 号、市委 25 号文件及代表法规定的代表工作机构设置、人员配备、代表活动经费使用情况(是否设立专门账页，由专人管理，经费是否专款专用等)以及为代表履行职务提供的保障等情况，代表依法履行职责情况，主要查看代表履行职责登记簿的记录情况。

11 月，市人大常委会推荐博兴县人大常委会和滨城区省人大代表小组为省人大人事代表工作室联系点。

2007 年度

指导县乡人大工作和建设

6 月，调研并统计全市乡镇(街道办事处)人大机构及人员配备情况。

换届选举工作

按照省委和省人大常委会关于县乡人大换届的要求，各县区、乡镇应按照县、乡两级人大代表换届选举同步进行的原则部署开展工作，于 2007 年 11 月底以前完成本级人大代表换届选举工作。结合滨州市的实际，建议县区、乡镇人大代表的选举日一般可安排在 2007 年 11 月中旬。县区新一届人大一次会议应在 2007 年 12 月 15 日前召开，选举产生第九届滨州市人大代表。乡镇新一届人大一次会议应在新一届乡镇人大代表选出后的两个月内召开。各县区、乡镇可根据总的时间要求，结合实际，做出具体安排，保证选举工作相互衔接、依法有序进行。

全市人大换届选举工作全面展开以来，市委高度重视，多次召开专题会议听取市人大常委会关于全市人大换届工作情况的汇报，批准成立了滨州市选举工作委员会和换届选举工作领导小组。市委书记、市人大常委会主任孙德汉对认真贯彻全省人大换届选举工作会议精神、做好人大换届选举工作做了重要批示，并在 8 月 23 日召开的全市人大换届选举工作会议上作书面讲话。11 月 28 日，市委书记、市人大常委会主任孙德汉到县区检查指导人大换届选举工作。

9 月 17 日，市委宣传部、市选举工作委员办公室专门召开全市人大换届选举宣传工作会议。会上，下发了《关于做好 2007 年全市人大换届选举宣传工作的通知》，强调要结合实际，采取多种形式，认真组织好宣传教育活动。

2009 年度

指导县乡人大工作和建设

10 月 28 日，召开全市人大人事代表工作座谈会。传达学习全省人大人事代表工作经验交流会议精神，交流各地开展代表工作的好经验、好做法，安排部署贯彻会议精神的措施。

2011 年度

指导县乡人大工作和建设

3 月 23 日，全市人大人事代表工作会议召开。安排部署了市人大常委会 2011 年人事代表工作。市人大常委会副主任张冠文出席会议并讲话。

6 月 25 日，全市人大代表工作经验交流会在滨州召开。市人大常委会副主任张冠文出席会议。

换届选举工作

8 月 25 日，全市县乡两级人大换届选举工作会议召开。市委常委、组织部部长于常青，市人大常委会副主任张冠文出席会议。市人大常委会副主任郭建新主持会议。

8 月 26 日，市人大常委会在滨州举办县乡人大换届选举工作骨干培训班。市人大常委会副主任张冠文出席会议并讲话。

11 月 23 日，市人大常委会召开全市人大换届选举工作调度会。市人大常委会副主任张冠文、秘书长李国强参加会议。

11 月 29 日，市人大常委会副主任张冠文到滨城区部分选区检查指导县乡人大换届选举工作。

2012 年度

指导县乡人大工作和建设

全市各级人大代表小组和乡镇(办)人大工作规范化建设。市十届人大常委会注重基层人大代表小组和乡镇(办)工作规范化建设进程，按照“六有”要求(有活动组织、有活动场所、有活动制度、有活动计划、有活动档案、有工作人员)，进行全方位部署。9 月 21 日，在沾化县召开全市人大代表小组和基层人大工作规范化建设现场会，观摩沾化县代表小组和乡镇人大规范化建设情况，交流学习，取长补短，进一步推进我市代表小组和基层人大建设。12 月，为进一步检验市人大代表小组规范化建设的成效，市人大常委会对全市 18 个市人大代表小组规范化建设情况进行了检查督导，并进行全市通报。

换届选举工作

1 月 18 日，召开全市县乡两级人大换届选举工作总结会议。会议内容为各县区汇报县乡两级人大换届选举工作基本情况、经验做法及《选举法》修改后换届选举工作遇到的新问题等。11 月 7 日，召开住滨第十二届全国人大代表和省人大代表换届工作座谈会。传达学习省人大常委会住鲁全国人大代表和省人大代表换届选举工作座谈会精神，市人大常委会领导同志和市委组织部、统战部分管副部长讲话，研究部署住滨州第十二届全国人大代表和省第十二届人大代表提名推荐工作。

12 月 15 日，市人大常委会党组在市委常委会议上进行提名推荐十二届全国人大代表候选人、十二届省人大代表候选人初步人选情况的汇报。

12 月 28 日，市委向省委提交《滨州市出席省十二届人民代表大会代表候选人预备人选提名推荐情况的报告》。经市十届人大二次会议代表酝酿后，确定正式代表候选人，在大会上依法选举产生。

2013 年度

换届选举

1 月 8 日至 11 日，滨州市第十届人民代表大会召开第二次会议。会议依据选举法的规定，经各政党、各人民团体联合推荐，并经全体代表酝酿、讨论，确定山东省第十二届人民代表大会正式代表候选人 52 名，差额比例为 40.54%。1 月 11 日的大会选举中，得票较多的 37 名候选人当选为山东省第十二届人民代表大会代表。

2014 年度

指导县乡人大工作和建设

（一）各级人大代表小组和乡镇办人大工作规范化建设

4 月，为进一步加强各级人大代表小组建设、推动基层人大工作，提高代表在闭会期间活动的实效，根据市人大常委会《关于加强市人大代表闭会期间活动的安排意见》和全市人大人事代表工作会议的有关要求，决定对各级人大代表小组和乡镇办人大规范化建设工作进行检查评比，下发检查方案，对规范化建设工作进行验收做准备。

7 月 8 日至 11 日，对全市各级人大代表小组和乡镇（办）人大规范化建设工作进行检查验收。省、市代表小组全部实地检查，县、乡级代表小组及乡镇办人大规范化情况随机抽查 1 至 2 处，提前半天通知抽查的地点。检查验收采取实地查看、现场评分的形式进行，按验收人员评分的平均分进行排名。检查验收结束后，市人大常委会人事代表工作室将检查验收结果形成书面材料报市人大常委会，并进行全市通报。

7 月 22 日，召开全市人大代表小组、乡镇人大规范化建设会议。通过近两年半的“规定性”动作，全市各级人大代表小组和乡镇办人大工作规范化建设工作扎实推进，取得明显成效。全市 5 个省人大代表小组统一进行规范化建设，按照省人大常委会的有关要求，依托各县区人大常委会，协助小组召集人开展省人大代表小组活动。乡镇人大的阵地建设和制度建设按照“六有”要求，已基本实现规范化全覆盖。各乡镇人大基本实现有活动场所、配齐电脑等现代化设备、工作制度上墙等规范化目标。

10 月至 12 月，市人大常委会副主任、秘书长李国强带领调研组对全市乡镇人大工作进行调研。调研的主要内容包括：县、乡人大信息化建设情况，乡镇召开人民代表大会的情况，县、乡人大代表发挥代表作用的情况，乡镇人大主席团的工作情况。视察组在每个县区实地察看 2 至 3 个相邻乡镇的人大工作规范化建设情况，并在其中一个乡镇召开座谈会。

（二）认真贯彻落实省委鲁发〔2014〕21 号文件精神，加强和改进全市人大工作

11 月 13 日，省委召开全省人大工作会议。市委书记、市人大常委会主任张光峰，市人大常委会第一副主任

曹兴宽，市人大常委会副主任、秘书长李国强参加会议。会议的主题是深入贯彻落实党的十八大和十八届三中、四中全会精神，贯彻落实习近平总书记系列重要讲话精神，进一步加强和改善党对人大工作的领导，更好地坚持和完善人民代表大会制度，充分发挥各级人大及其常委会作用，加快推进法治山东和经济文化强省建设。同时，会议下发了《中共山东省委关于进一步加强和改进人大工作的意见》（鲁发〔2014〕21 号）。

11 月 17 日，市人大常委会党组向市委常委会汇报全省人大工作会议精神。市委确定市人大常委会在调查研究的基础上，起草贯彻省委全省人大工作会议和鲁发〔2014〕21 号文件精神的意见，并在适当时机召开全市人大工作会议。

2015 年度

指导县乡人大工作和建设

（一）认真贯彻落实中央中发（2015）18 号文件和省委鲁发（2015）17 号文件精神情况

2 月 11 日，中共滨州市委印发了《中共滨州市委关于贯彻鲁发〔2014〕21 号文件进一步加强和改进人大工作的通知》（滨发〔2015〕4 号）。该通知共分为三部分。第一部分阐述了人民代表大会制度重要性和优越性，要求各级各部门切实提高认识，自觉坚持和完善人民代表大会制度。第二部分明确和细化了各级人大及其常委会的立法权、重大事项决定权、人事任免权和监督权的四项法定职权。第三部分明确责任，细化分工，把贯彻落实中共山东省委关于进一步加强和改进人大工作的意见》（鲁发〔2014〕21 号）的各项要求落到实处，并对各相关部门提出了明确要求。

2 月 13 日，市委召开全市人大工作会议。深入学习党的十八届四中全会和习近平总书记在庆祝全国人民代表大会成立 60 周年大会上的重要讲话精神，传达贯彻全省人大工作会议精神，进一步加强和改进新形势下的人大工作。市委书记、市人大常委会主任张光峰出席会议并讲话。市委副书记、市长崔洪刚主持会议。市委副书记、秘书长薛庆国，市政协主席孙承志，市人大常委会第一副主任祁维华出席会议。会议认为，刚刚过去的 2014 年，是全国人民代表大会成立 60 周年，也是地方人民代表大会设立 30 周年。30 多年来，全市各级人大及其常委会紧紧围绕改革发展稳定大局，认真行使宪法法律赋予的职权，始终坚持党的领导，始终坚持围绕中心服务大局，始终注重发挥人大代表主体作用，始终坚持加强自身建设，为推动全市经济社会发展做了大量富有成效的工作。会议指出，要深刻认识坚持和完善人民代表大会制度，是发展社会主义民主政治、保证人民当家作主的必然要求，是全面推进依法治国的重要内容，是推动滨州经济社会科学发展的重要保证。我们要切实把思想认识统一到十八届四中全会和习近平总书记重要讲话精神上来，统一到中央和省委的决策部署上来，进一步增强坚持和完善人民代表大会制度、发展社会主义民主政治的自觉性和坚定性。会议强调，当前，党和国家各项事业都全面进入了新常态，全市各级人大及其常委会要深入研究把握新形势下人大工作的特点和规律，主动适应人大工作的新常态、新要求，进一步提高人大工作科学化水平。要积极推进地方立法工作，不断增强监督工作实效，切实做好决定重大事项和选举任免工作，充分发挥人大代表主体作用，努力在加快滨州科学发展、全面推进依法治市中发挥更大作用。会议要求，要切实加强和改善党委对人大工作的领导，进一步营造做好新形势下人大工作的环境和氛围。各级党委要充分发挥领导核心作用，加强依法执政能力建设，努力提高依法执政、依法行政、依法办事的能力，确保我市各项事业在法治轨道上顺利开展。要加强党对人大工作的领导，把人大工作纳入总体工作布局统一谋划、统一部署、统一推进。要加强人大及其常委会自身建设，逐步建立健全适合地方国家权力机关特点、充满活力的工作制度和运行机制。要加强民主法治宣传教育，打牢法治滨州建设的基础。会议充分肯定了 30 年来全市人大工作取得的成绩，深刻阐述了坚持和完善人民代表大会制度的重大意义，对进一步做好新形势下的人大工作做出了全面部署，提出了明确要求，具有很强的指导性。各级各部门要统一思想认识，加强组织领导，狠抓工作落实，进一步巩固和完善人民代表大会制度，不断开创人大工作新局面，为建设生态美丽幸福新滨州作出更大贡献。会议宣读了《中共滨州市委关于贯彻鲁发〔2014〕21 号文件进一步加强和改进人大工作的通知》，要求大家结合工作实际，抓好贯彻落实。滨州军分区司令员王长虹，市委常委，市人大常委会副主任，市政府副市长，市法院院长、市检察院检察长，市人大、市政府、市政协秘书长，市人大常委会委员、副秘书长等出席会议。

3月31日，全市人大工作座谈会召开。市委书记、市人大常委会主任张光峰主持会议并讲话。市人大常委会第一副主任祁维华，市人大常委会副主任宋振华、李国强、王立勇，秘书长高中兴出席会议。会议听取了各县区关于学习贯彻十二届全国人大三次会议精神、落实全市人大工作会议精神情况的汇报，以及2015年主要工作打算，研究探讨如何做好新形势下的人大工作。会议指出，各级人大要进一步增强做好新形势下人大工作的责任感使命感，围绕中心、服务大局，认真履行宪法和法律赋予的职责，进一步发挥人大的职能作用。会议要求，各级人大要深入研究把握新形势下人大工作的特点和规律，主动适应人大工作的新常态、新要求，进一步提高人大工作科学化水平，努力在加快滨州科学发展、全面推进依法治市中发挥更大作用。要行使好重大事项决定权、选举任免权和监督权，保证宪法法律在本行政区域的遵守与执行，把各项工作纳入法治化轨道。新修订的《立法法》明确设区的市可以对“城乡建设与管理、环境保护、历史文化保护等方面的事项”制定地方性法规，市人大及其常委会要按照省人大常委会的部署，努力在提高立法能力上下功夫，并结合我市实际，提出立法需求，积极探索具有滨州特色的地方性法规的立法实践。各级人大要切实担负起宪法法律赋予的监督职责，加强对“一府两院”执法、司法工作的监督，确保法律法规有效实施，确保行政权、审判权、检察权得到公正行使。要把法律法规实施中的难点问题、经济社会发展的重点问题、人民群众关注的热点问题以及执法工作中的薄弱环节作为监督重点，积极探索行之有效的监督方式和机制，综合运用听取和审议专题报告、执法检查、代表视察、部门工作评议等多种方式，探索询问、质询、特定问题调查等监督方式，增强监督实效，保证人民赋予的权力始终为人民服务。要发挥人大代表主体作用，健全人大常委会组成人员联系本级人大代表机制，完善代表活动机制，为人大代表依法履职创造良好条件。会议强调，要进一步加强和改进党对新形势下人大工作的领导，高度重视支持人大及其常委会自身建设。各级人大要认真履行职权加强自身业务的学习和培训，提高参政议政的能力，不断提高代表建议的质量。

（二）督导、调研确保落实情况

3月8日至17日，市人大常委会副主任李国强带领督导组到各县区就贯彻落实中发〔2015〕18号、鲁发〔2015〕17号、滨发〔2015〕18号文件以及全国人大常委会、全省、全市县乡人大工作和建设座谈会会议精神情况进行全面督导检查，推动加强县乡人大工作和建设，县乡人大组织机构建设明显进步。通过贯彻落实中央、省委、市委关于加强和改进人大工作的精神，市人大常委会确定筹建市人民代表大会法制委员会、财政经济委员会、内务司法委员会、教育科学文化卫生人口委员会、城乡建设与环境资源保护委员会、农业与农村委员会、民族侨务外事委员会，组建市人大常委会法制工作委员会、预算工作委员会和人事代表工作委员会的组织架构。

7月，市人大常委会副主任李国强带领调研组到滨州经济技术开发区、北海经济开发区和高新区对开发区人大工作开展情况进行调研。

9月，市人大常委会各位副主任分别带领督查组赴全市7县区、3各开发区和26个乡镇，督查调研县乡人大工作。督查分为两个阶段：第一阶段就全市人大工作会议精神（滨发〔2015〕4号文件）的贯彻落实情况进行督查。由县（区）委组织召开座谈会，要求滨发〔2015〕4号文件中涉及的所有责任部门根据文件和自查表的要求，逐条逐项汇报落实情况。落实情况由督查组汇总后，向市人大常委会党组汇报，经市人大常委会党组研究后，报告市委，并向县区反馈督查建议。第二阶段就中发〔2015〕18号文件的贯彻情况进行调研。由县（区）人大常委会组织县（区）人大常委会领导班子成员及部分乡镇（街道）人大（工委）主席（主任）进行座谈。座谈内容涉及县乡人大机构设置及工作现状，结合实际提出贯彻中央文件精神的工作思路、打算及建议意见等。

12月9日，全市县乡人大工作和建设座谈会召开。会议的主要任务是深入学习贯彻党的十八届五中全会精神，贯彻落实中发〔2015〕18号文件、鲁发〔2015〕17号文件和全省县乡人大工作座谈会精神，进一步加强全市县乡人大工作和建设，努力提升人大工作水平。会前，市委书记、市人大常委会主任张光峰对县乡人大工作作出批示。市委副书记、市长崔洪刚出席会议并讲话。市人大常委会第一副主任祁维华主持会议。市人大常委会副主任郭建新、宋振华、李国强，秘书长高中兴出席会议。会上，传达了全省县乡人大工作座谈会精神和张光峰重要批示，部分县区人大和乡镇人大代表作了典型发言。张光峰在批示中指出，县乡人大是基层国家权力机关，对于落实"四个全面"战略布局、促进地方各项事业发展，具有举足轻重的作用。多年来，全市县乡人大坚持党的领导、人民当家作主、依法治国有机统一，紧紧围绕改革发展稳定大局，认真履行法定职责，为推动滨州经济社会持续健康发展作出了重要贡献。面对新形势、新任务，各级要深入学习贯彻党的十八大、十八届三中、四中、五中全会和习近平总书记系列重要讲话精神，认真落实中央对加强县乡人大工作和建设的部署要求，按照"总结、继承、完善、提高"的原则，健全县乡人大组织制度和工作机制，推动县乡人大工作与时俱进、创新发展。市人大常委会要加强对县乡人大工作的指导，及时研究新情况、解决新问题，大力提升县乡人大履职能力和水平。县乡党委要按照中央、省委和市委的要求，切实加强对人大工作的领导，为人大工作创造良好的环境。县乡人大要加强自身建设，不断推动人大各项工作创新发展。各级各有关部门要积极支持配合人大工作，共同营造人大依法履职的良好环境，为建设生态美丽幸福新滨州作出新的更大贡献。会议指出，加强县乡人大工作和建设，是发展社会主义民主政治、保证人民当家作主的需要，是加强基层政权建设、巩固党的执政基础的需要，是落实依法治国方略、深入推进法治滨州建设的需要。要准确把握县乡人大工作和建设的任务要求。一是依法做好人大代表选举工作，从严落实党中央关于严肃换届纪律的各项规定，加强对选举工作的组织领导和全过程监督。二是开好县乡人大会议，进一步健全议事规则，创新议事程序，完善审议程序，充实会议内容，努力提高会议的针对性、时效性和权威性。三是依法行使决定重大事项、监督权、做好选举任免工作等各项职权。四是密切同人大代表和人民群众的联系，拓宽代表联系群众的渠道。对于全面加强新形势下县乡人大自身建设，会议强调，要坚持党的领导，保证正确政治方向；加强组织建设，夯实县乡人大工作基础；强化队伍建设，提高履职能力；深化作风建设，自觉践行"三严三实"要求。中央18号文件和省委17号文件都针对加强县乡人大组织制度建设方面提出了明确要求，县乡党委要根据本地实际，在现有的编制和机构范围内通盘考虑、统筹安排、抓好落实。要重视人大干部队伍建设，把人大干部的培养、提拔、任用纳入干部队伍建设总体规划，努力打造一支政治坚定、业务精通、素质过硬的县乡人大干部队伍。崔洪刚指出，县乡党委要把人大工作纳入总体工作布局，摆上重要议事日程；各有关部门要积极支持配合，共同努力，切实把中央和省委、市委的各项政策措施落实到位，推动全市人大工作再上一个新的水平。市有关方面负责人，县（区）、开发区、乡镇（街道）党委、人大负责人等参加会议。

组织建设

滨州市十届人大常委会期间，市辖区内设5县2区，62个乡镇，全市各级人大代表共有6066名。其中，全国人大代表5名，省人大代表39名，市人大代表381名，县区人大代表1539名，乡镇人大代表4102名。

全市5县2区都配备了5至7名主任、副主任，县（区）人大主任均由县（区）委书记兼主任，各县区都配备了工作委员会和办事机构，5县2区都制定了常委会议事规程和工作制度，各项工作都步入了制度化、规范化。惠民县第十七届人民代表大会第五次会议决定：设立内务司法委员会、财政经济委员会。全市62个乡镇均设立了人大主席团，14个乡镇设专职人大主席，占23%。48个乡镇由党委书记兼任人大主席，占77%。全市62个乡镇中，44个乡镇设专职人大副主席，占71%。18个乡镇没有配备乡镇人大副主席，占29%。62个乡镇人大普遍配备1至2名工作人员。

通过贯彻落实中央、省委、市委关于加强县乡人大工作和建设的文件精神，各县区委、人大常委会都作了筹备设立内务司法、财政经济、城建环保、教科文卫、农业农村等专门委员会以及预算、人事代表等工作委员会的准备工作。各县区委都按照文件要求专职配备县区人大常委会主任和乡镇主席团主席以及街道人大工委主任。同时，按照新修改的组织法的规定，增加配备县区人大常委会委员。

为加强和规范开发区人大工作，根据滨州情况，滨州经济技术开发区、高新技术产业开发区和北海经济开发区党工委，在党群工作部加挂"人大工作委员会"牌子，由党群工作部主要负责人兼任主任，下设办公室（正科级），设办公室主任一人。受市人大常委会和开发区党工委双重领导，具体承办市人大常委会交办的工作。这一组织设置在滨发〔2015〕18号文件中加以规定。

2016年度

指导县乡人大工作和建设

3月8日至17日，市人大常委会副主任李国强带领督导组到各县区进行督导检查。重点督查贯彻落实《中共滨州市委关于加强全市县乡人大工作和建设的实施意见》（滨发〔2015〕18号）文件情况，进一步推动县乡人大工作和建设。

5月24日，召开全市乡镇（街道）人大规范化建设现场会。交流全市乡镇（街道）人大工作经验，实地参观滨城区市西街道办事处和杨柳雪镇的人大规范化建设试点现场，听取部分乡镇（街道）围绕"依法开好乡镇人代会、发挥代表主体作用、依法行使各项职权、积极推进乡镇（街道）人大规范化建设"的典型发言。市人大常委会副主任李国强出席会议并讲话。

7月，指导和督查全市各县区人大代表接待站工作，规范了全市62个人大代表接待站的建设、使用和维护。

10月，指导全市34个乡镇召开了年中人代会。

11月至12月，指导全市各县区开展基层人大换届选举。

换届选举工作

8月11日，向市委汇报全省县乡两级人大换届选举工作学习班的有关精神，并提出关于全市县乡两级人大换届选举工作建议，得到市委批准。

8月17日，举办全市县乡两级人大换届选举工作学习班。印发了《关于做好全市县乡两级人民代表大会换届选举工作的意见》，对全市县乡人大换届选举工作作出安排部署。

8月17日，召开滨州市县乡两级人大换届选举工作联席会议第一次全体会议。各成员单位根据不同的职能，抓重点抓关键，共同做好县乡人大换届选举工作。

9月，召开全市县区人大常委会办公室主任座谈会。部署全市县乡人大换届选举服务工作。会议要求各县区人大常委会办公室切实做好相关服务工作，特别是精心筹备好新一届人民代表大会第一次会议，同时，加强对人大常委会机关工作人员和县乡两级人大代表换届纪律的宣传教育，确保换届选举工作顺利进行。制作县乡换届宣传教育片，在电视台和网上进行了播放，进一步营造换届选举人人参与的气氛，动员广大选民参与到换届选举中来。成立了由常委会各位副主任和选举工作联席会议成员组成的5个换届选举工作督导组，分阶段到各县区进行督查指导。

9月13日，举办全市人大换届选举骨干培训班。对全市人大换届选举骨干进行培训，主要内容是县乡人大换届选举工作的基本精神和法律程序。

9月23日，选民登记信息管理系统在全市试运行。这是首次在全市采用电子化选民登记方式。

10月26日，召开县乡人大换届选举工作座谈会。听取县区工作情况的汇报，对下一步工作进行安排部署。

11月4日，召开座谈会。听取换届选举工作情况汇报，安排部署督导工作。

11月10日至11日，市人大常委会5个督导组分别到各县区对县乡人大换届选举工作情况进行督导。

第四节　外事交往

2002年8月24至9月14日，市人大常委会秘书长王明仁应魏桥纺织集团公司的邀请出访日本。

2002年11月22日至12月3日，应奥地利奥中友协的邀请，市人大常委会副主任江连仲率考察团赴奥地利、德国、法国、荷兰、卢森堡、比利时等国家进行访问考察，与奥地利外交部中国问题专家、奥中友协常务副会长卡明斯基博士，前奥地利驻中国大使、现奥中友协副会长布科夫斯基博士等进行了交流，并在奥地利、法国召开冬枣发展前景和开发冬枣项目说明会。

2006年7月26日，由韩中国际产业园区开发株式会社会长、韩国科学技术协会副会长朴钟瓈带队的韩国农业考察团一行到滨州考察农业项目。考察无棣县赛尔生态园，重点听取了无棣县、沾化县的农业项目及投资优势。市人大常委会副主任李成明、郭建新，秘书长张树香等陪同。

2007年5月22日至6月2日，应德国、法国地方议会邀请，市人大常委会副主任李成明带领市人大及工商业代表团赴德国、法国进行考察访问。拜会德国、法国两国地方议会，参加法兰克福纺织五金博览会，考察工业、农业、畜牧业产业化，进行经贸洽谈、招商引资。

2008年10月23日，日本和歌山县纪之川市市长中村慎思带领友好访问团访问滨州。市委书记、市人大常委会主任邓向阳与访问团交谈并互赠礼物。随后，市委副书记、市长张光峰，市人大常委会副主任曹兴宽，市长助理、市政府秘书长何凤岐与日本友好访问团一行前往黄河岸边，在张肖堂干渠渠首共同种下"中日友谊树"，并合影留念。访问团一行还参观了惠民县胡集林粮间作示范点、孙子兵法城、盟威集团惠民工业园、滨州经济开发区等。

2009年10月19日至21日，韩国高阳市议会议长裴哲镐带领访问团到滨访问。市委书记、市人大常委会主任邓向阳，市委副书记、市长张光峰分别会见访问团。访问团还参加了十一运会柔道项目开赛仪式，观摩了选手部分比赛，参观了中国孙子兵法城、魏氏庄园。市人大常委会常务副主任曹兴宽，市人大常委会副主任韩增金，市委党校常务副校长、市长助理、市政府秘书长何凤岐，市人大常委会秘书长李国强等参加会见并陪同活动。

2010年4月17日至24日，市人大常委会常务副主任曹兴宽、秘书长李国强率代表团访问日本纪之川市、韩国高阳市。

2011年4月20日，市委书记、市人大常委会主任邓向阳会见了韩国全罗北道任实郡议会李淳奉议长一行。该访问团此行主要目的是实地了解滨州概况，开展议会与市人大的友好交流，考察滨州食用菌产业的发展，推动双方合作。市人大常委会常务副主任曹兴宽、市人大常委会秘书长李国强参加会见。在滨期间，韩国全罗北道任实郡议会访问团还到邹平县参观考察了山东芳绿农业科技有限公司。

2011年10月22日，市委书记、市人大常委会主任邓向阳会见了美国夏威夷州众议院议长佘贵人一行。市人大常委会常务副主任曹兴宽，市委常委、秘书长王文禄，副市长万永格会见时在座。

2012年10月10日，市委书记、市人大常委会主任邓向阳在滨州会见了韩国任实郡议会议长金明子一行。任实郡守姜完墨，市人大常委会常务副主任曹兴宽，市人大常委会副主任、秘书长李国强参加会见。

第五章　中共滨州市人大常委会党组

中共滨州市人大常委会党组由中共滨州市委直接派出，直属于中共滨州市委，是常委会的领导核心。党组的主要任务是负责在市人大实现党的路线和政策，讨论和决定本部门的重大问题，指导人大机关和直属单位党组织的工作。

中共滨州市七届人大常委会党组

（2001.01—2003.02）

书　记　江连仲（2001.01—2003.02）

副书记　张贵云（2001.01—2003.02）

叶庆华（2001.01—2003.02）

刘宝庭（2002.12—2003.02）

苏乃军（2002.12—2003.02）

成　员　朱向旭（2001.01—2003.02）

郭德刚（2001.01—2003.02）

巩若良（2001.01—2003.02）

王明仁（2001.01—2003.02）

中共滨州市八届人大常委会党组

（2003.02—2008.01）

书　记　孙德汉（2003.02—2008.01）

副书记　李成明（2003.02—2008.01）

张贵云（2003.02—2004.09，去世）

刘宝庭（2003.02—2007.03）

苏乃军（2003.02—2008.01）

叶庆华（2003.02—2006.02）

侯宪秀（2007.03—2008.01）

田宝礼（2007.03—2008.01）

成　员　张秀亭（2003.03—2007.03）

朱向旭（2003.02—2007.03）

郭德刚（2003.02—2008.01）

张树香（女，2003.02—2008.01）

张冠文（2006.02—2008.01）

韩增金（2006.02—2008.01）

中共滨州市九届人大常委会党组

（2008.01—2012.03）

书　记　孙德汉（2008.01—2008.02）

曹兴宽(2008.02—2012.03)

副书记　曹兴宽(2008.01—2008.02)

侯宪秀(2008.01—2011.01)

董吉增(2008.01—2012.03)

成　员　张冠文(2008.01—2012.03)

韩增金(2008.01—2012.03)

李国强(2008.07—2012.03)

中共滨州市十届人大常委会党组

(2012.03—2017.02)

书　记　曹兴宽(2012.03—2015.02)

张光峰(2015.02—2017.02)

副书记　韩增金(2012.03—2015.02)

祁维华(2015.02—2017.02)

成　员　宋振华(2015.02—2017.02)

李国强(2015.02—2017.02)

王立勇(2015.02—2017.02)

高中兴(2015.02—2017.02)

第五篇　滨州市人民代表大会专门委员会

第一章　财政经济委员会

第一节　组织和人事沿革

2016年2月,滨州市十届人大六次会议依法决定设立财政经济委员会,并经代表大会选举产生组成人员。财政经济委员会设立办公室,为副县级规格的办事机构。

主任委员　宋振华(兼,2016.02—2017.02)
副主任委员　张秀淼(2016.02—2016.06)
郭增禄(2016.02—2017.02)
委　　员　(按姓名笔划为序)
张红霞(女,2016.02—2017.02)
顾全新(2016.02—2017.02)
商建文(2016.02—2017.02)
韩　伟(2016.02—2017.02)

办公室
主　　任　张亦国(2016.02—)

第二节　工作职责

1.向市人民代表大会或市人民代表大会常务委员会提出属于市人民代表大会或市人民代表大会常务委员会职权范围内的有关议案。

2.审议市人民代表大会主席团或市人民代表大会常务委员会交付的议案,提出报告。

3.办理市人民代表大会主席团或市人民代表大会常务委员会交付的质询案,听取受质询机关对质询的答复,必要时,向市人民代表大会主席团或市人民代表大会常务委员会提出报告。

4.审查全市国民经济和社会发展计划草案、全市和市级财政预决算草案,审查国民经济和社会发展计划、预算的变更或调整方案草案,听取和审议市人民政府关于国民经济和社会发展计划、预算执行情况报告、关于预算执行和其他财政收支的审计工作报告,向市人民代表大会或市人民代表会大会常务委员会提出审查报告和审议意见。

5.审查全市国民经济和社会发展规划纲要草案,听取市人民政府关于滨州市国民经济和社会发展规划纲要实施情况的中期评估报告,分别向市人民代表大会、市人民代表会大会常务委员会提出审查报告、审议意见。

6.根据常务委员会的决定,承办、参加或者组织关于财政经济方面的法律、法规和地方性法规的实施情况或工作情况的检查、视察活动;适时听取审议市人民政府有关部门的专题工作汇报,了解分析全市经济运行情况;

对全市财政经济方面的重大事项、人民群众反映强烈的重大问题进行调查，向常务委员会提出报告或意见建议。

7.对市人民代表大会或市人民代表大会常务委员会职权范围内同本委员会有关的重要问题，进行调查研究，提出建议。

8.审议市人民代表大会常务委员会交付的制定有关财政经济方面的行政规章草案或决定的重大事项，提出报告。

9.办理省人民代表大会财政经济委员会组织、交付的有关财政经济方面的法律法规草案的征求意见工作。

10.研究处理属于本委员会职权范围内的市人民代表大会代表提出的建议、批评和意见。

11.办理市人民代表大会及其常务委员会或主任会议交办的其它事项。

第二章 法制委员会

第一节 组织和人事沿革

2016年2月,滨州市十届人大六次会议依法决定设立法制委员会,并经代表大会选举产生组成人员。法制委员会设立办公室,为副县级规格的办事机构。

主任委员 王立勇(兼,2016.02—2017.02)

副主任委员 朱　伟(2016.02—2017.02)

朱万春(2016.02—2017.02)

委　　员 (按姓名笔划为序)

王建忠(2016.02—2017.02)

王　磊(2016.02—2017.02)

周国辉(2016.02—2017.02)

袁金平(2016.02—2017.02)

办公室

主　　任 徐清涛(2016.06—)

第二节 工作职责

1. 对列入市人民代表大会和市人民代表大会常务委员会会议议程的地方性法规案进行统一审议,并向市人民代表大会主席团或者市人民代表大会常务委员会提出审议结果报告、法规案修改稿、法规案表决稿和修改情况的报告。

2. 审议由法制委员会提请市人民代表大会和市人民代表大会常务委员会审议的地方性法规草案和其他有关法规议案。

3. 审议市人民代表大会主席团或者市人民代表大会常务委员会主任会议交付的有关法规议案,并向市人民代表大会主席团或者市人民代表大会常务委员会提出审议结果报告。

4. 对提请市人大常委会审议的法规解释草案进行统一审议,提出法规解释草案表决稿。

5. 对地方性法规草案涉及的重大问题举行听证会,并提出听证报告。

6. 对市人民政府报送市人大常委会备案的规章,经有关部门初步审查认为应当予以修改或者撤销的,由法制委员会进行审议,提出处理意见。

7. 对市人大代表或者常务委员会组成人员依法提出的有关质询案,根据代表大会主席团或者常务委员会主任会议的决定,听取受质询机关对质询案的答复,提出答复情况报告。

8. 对全国、省人大常委会或者专门委员会、工作委员会交付的征求意见的有关法律法规草案,做好修改和征求意见工作。

9. 加强与市人大代表的联系,为代表提出同本委员会工作有关的议案和建议、批评、意见提供服务;认真处理交由本委员会研究处理的代表建议、批评和意见,并负责答复代表。

10.办理市人民代表大会主席团、市人民代表大会常务委员会和市人民代表大会常务委员会主任会议交办的其他事项。

第六篇　滨州市人民代表大会常务委员会机关

2001年1月，召开滨州市第七届人民代表大会第一次会议（顺延县级滨州市人代会的届次），选举产生滨州市第七届人民代表大会常务委员会。市人大常委会机关下设办公室（内设秘书科、人事科、行政科，为正科级行政机构）、研究室、人事代表工作室（内设选举任免科、代表联络科，为正科级行政机构）、信访室四个正县级办事机构；设内务司法工作委员会、财政经济工作委员会、农业和农村工作委员会、城乡建设环境保护工作委员会、教育科学文化卫生人口工作委员会、民族侨务外事工作委员会六个正县级工作机构，并设立相应办事机构（办公室），均为副县级规格。

2003年2月，滨州市第八届人民代表大会第一次会议召开，选举产生了滨州市第八届人民代表大会常务委员会。2003年4月，市人大常委会办公室增设离退休干部科，与人事科合署办公。2006年9月，市人大常委会信访室改设为市人大常委会信访局（内设接访科、督查科，为正科级行政机构），正县级规格不变。

2008年1月，滨州市第九届人民代表大会第一次会议召开。选举产生了滨州市第九届人民代表大会常务委员会。2008年6月，市人大常委会办公室单独设立离退休干部科，不再与人事科合署办公。2011年7月，市人大常委会内务司法工作委员会设立备案审查室，为正科级内设行政机构。

2012年2月，滨州市第十届人民代表大会第一次会议召开。选举产生了滨州市第十届人民代表大会常务委员会。2015年10月，市人大常委会决定设立法制工作委员会和预算工作委员会（市编委分别于2015年9月、2015年7月批复成立），均为正县级工作机构。撤销市人大常委会内务司法工作委员会备案审查室，在市人大常委会法制工作委员会设立综合科、法规科、备案审查科，为正科级内设行政机构。预算工作委员会设立综合科和预算审查科，为正科级内设行政机构。2015年12月，市人大常委会决定将人事代表工作室更名为人事代表工作委员会（市编委2015年11月批复）。

第一章　秘书长、副秘书长

第一节　组织和人事沿革

2001年1月，召开滨州市第七届人民代表大会第一次会议，选举产生滨州市第七届人民代表大会常务委员会。市人大常委会秘书长为市人民代表大会常务委员会组成人员，由市人民代表大会选举产生。根据《中共滨州市委关于新建滨州市人大常委会机关机构设置的意见》（滨发〔2000〕2号），设立副秘书长。

秘　书　长　王明仁（2001.01—2003.02）
张树香（女，2003.02—2008.01）
张冠文（兼，2008.01—2008.07）
李国强（2008.07—2012.03；兼，2012.03—2015.02）
高中兴（2015.02— 2017.02）

副秘书长 张树香(女,2001.02—2003.02)
王建邦(2001.02—2016.02)
李　凯(2003.07—)
王春山(2003.07—2008.08)
刘国安(2013.11—)
商建文(2013.11—)
张　毅(2016.08—)

第二节　主要职责

常委会秘书长是人大常委会工作的中枢,负责人大常委会及机关日常工作。其主要职责是:召集秘书长会议;协调各委室局落实主任会议安排的各项工作;负责机关重大事务的处理;落实主任会议安排的各项工作;对外协调“一府两院”的部门,对内协调办公室和各委员会的日常工作。

副秘书长协助秘书长工作,按分工履行职责。

第二章　办公室

第一节　组织和人事沿革

市人大常委会办公室是滨州市人大常委会的综合办事机构。2001年1月，召开滨州市第七届人民代表大会第一次会议，选举产生滨州市第七届人民代表大会常务委员会，设立办公室，为正县级规格。办公室下设秘书科、人事科、行政科。2003年4月，建立离退休干部科，与人事科合署办公，2008年6月单独设立。

主　　任　张树香（女，兼，2001.02—2003.07）
　　　　　李　凯（兼，2003.07—）
调 研 员　张树香（女，2008.02—2012.03）
副 主 任　李　凯（2001.02—2003.07）
　　　　　王春山（2001.02—2008.08）
　　　　　蔺东华（2003.06—2008.06）
　　　　　解德新（2004.01—2008.12）
　　　　　刘国安（2008.12—2013.11）
　　　　　劳建刚（2009.12—2010.01）
　　　　　陈崇波（2009.12—2011.04）
　　　　　唐海涛（2013.10—）
　　　　　苏　涛（2015.01—2016.04）
　　　　　张玉忠（2016.06—）
副调研员　解德新（2008.12—2013.12）

秘书科

科　　长　刘国安（2003.07—2009.08）
　　　　　唐海涛（2009.08—2013.10；兼，2013.10—2013.12）
　　　　　徐清涛（2013.12—2016.06；兼，2016.06—2016.08）
　　　　　姜　宁（2016.08—）
副 科 长　刘国安（2001.05—2003.07）
　　　　　唐海涛（2007.05—2009.08）
　　　　　徐清涛（2009.12—2013.12）
　　　　　杨　娟（女，2012.05—）
　　　　　姜　宁（2013.12—2016.08）

人事科

科　　长　劳建刚（2003.07—2009.12）
　　　　　梁贞祥（2009.12—2012.04）
　　　　　高　华（女，2012.05—2016.06；兼，2016.06—）
副 科 长　劳建刚（2001.05—2003.07）

高　华(女,2009.12—2012.05)
顾娜娜(女,2012.05—2016.08)

行政科

科　　长　郭文江(2001.01—2003.01)
李晓光(2003.07—2004.10)
陈崇波(2007.05—2011.03)
苏　涛(2011.03—2015.01;兼,2015.01—2016.04)
苏鲁彬(2016.08—)

副 科 长　薄其圣(2003.07—2005.10)
王　磊(2007.05—2009.08)
徐清涛(2007.05—2009.12)
苏　涛(2009.12—2011.03)
姜　宁(2012.05—2013.12)
苏鲁彬(2013.12—2016.08)

离退休干部科

科　　长　劳建刚(2003.07—2009.08)
何修民(2009.08—2013.12)
魏　飞(2013.12—)

第二节　工作职责

1.负责市人民代表大会会议、常委会会议、常委会主任会议等有关会议的筹备和会务工作。

2.负责市人大常委会及办公室文件、函件的起草、审核、印制和发送工作。

3.负责市人大常委会领导同志政务活动的组织、协调和安排。

4.负责市人大常委会与省人大常委会、市直有关部门及县区人大联系的有关工作。

5.根据秘书长的意见或工作需要,组织协调市人大机关各部门的工作。

6.负责市人大常委会机关信息化建设工作。

7.负责市人大常委会机关文电、档案、报刊订阅、教育培训、保密、机要值班等方面的工作。

8.负责市人大常委会机关人事、行政、车辆管理、接待工作和离退休干部的管理、服务工作;负责机关财务、资产管理工作。

9.承办市人大常委会和主任会议、秘书长交办的其他工作。

第三章　研究室

第一节　组织和人事沿革

2001 年 1 月，召开滨州市第七届人民代表大会第一次会议，选举产生滨州市第七届人民代表大会常务委员会，设立研究室，为正县级规格。

主　　任　王建邦（兼，2001.02—2003.07）
　　　　　王春山（兼，2003.07—2008.08）
　　　　　王建邦（兼，2008.12—2016.02）
　　　　　刘国安（兼，2016.04—）

副 主 任　孙学锋（2001.02—2003.06）
　　　　　刘洪庆（2003.06—2008.12）
　　　　　任建林（2008.12—2012.04）
　　　　　薄其圣（2013.10—）

副调研员　任建林（2012.04—2008.12）

第二节　工作职责

1. 负责起草市人大常委会工作报告、领导同志讲话等综合性材料；负责编纂地方人大史志和年鉴。

2. 负责《滨州人大》《公报》的编印工作。

3. 调查了解国家法律、法规和市人大及其常委会决议、决定在全市的贯彻执行情况。

4. 了解、掌握全市政治、经济和社会发展等方面的情况，根据领导安排开展调查研究，为领导决策和处理问题提供资料和参考意见。

5. 负责市人大常委会机关宣传和理论研究工作，负责门户网站的更新维护。

6. 负责与省人大、市内外各级人大的信息资料交流。

7. 负责为市人民代表大会、常务委员会和主任会议服务的有关工作。

8. 承办市人大常委会和主任会议交办的其他工作。

第四章　人事代表工作委员会(室)

第一节　组织和人事沿革

2001年1月,召开滨州市第七届人民代表大会第一次会议,选举产生滨州市第七届人民代表大会常务委员会,设立人事代表工作室,为正县级规格。人事代表工作室下设选举任免科、代表联络科。2015年12月,市人大常委会决定将人事代表工作室更名为人事代表工作委员会(市编委2015年11月批复)。

主　　任　李　强(2001.02—2016.10)

副 主 任　刘卫红(女,2001.02—2006.10)

刘树林(2008.12—2011.04)

梁贞祥(2012.04—)

选举任免科

科　　长　韩竹功(2003.01—2005.08)

陈崇波(2005.09—2007.05)

梁贞祥(2007.05—2009.12)

高　华(女,2011.03—2012.05)

徐清涛(2012.05—2013.12)

戚　婧(女,2016.08—)

副 科 长　戚　婧(女,2013.12— 2016.08)

代表联络科

科　　长　刘树林(2003.07—2009.08)

薄其圣(2009.08—2013.12)

王美健(2016.08—)

副 科 长　刘树林(2001.05—2003.07)

王美健(2013.12— 2016.08)

第二节　工作职责

1.负责草拟市人大常委会有关人事任免选举、代表工作方面的文件、议案和制度。

2.负责承办市人大常委会人事任免的具体工作。

3.负责联系市人大代表和本市选出的省人大代表及驻本市全国人大代表,维护和保障代表的合法权益,处理和督办人大代表提出的建议、批评和意见。

4.负责人大代表活动经费使用安排。

5.承办市人大换届选举和选举全国及省人大代表的具体工作;承担市人大常委会指导县、乡两级人大换届选举的具体工作。

6.负责市人大常委会联系县区人大常委会的有关工作;负责指导乡镇办人大工作和乡镇办人大干部的培训

工作。

7. 负责市人大代表资格审查委员会交办的具体工作。

8. 做好为市人民代表大会、常务委员会和主任会议服务的有关工作。

9. 负责市人大代表的学习和业务培训工作。

10. 负责组织全国、省人大代表的会前视察，安排指导市人大代表的会前视察，组织闭会期间人大代表的活动。

11. 承办市人大常委会和主任会议交办的其他工作。

第五章　信访局(室)

第一节　组织和人事沿革

2001年1月,召开滨州市第七届人民代表大会第一次会议,选举产生滨州市第七届人民代表大会常务委员会,设立信访室,为正县级办事机构。2006年9月,信访室改为信访局,同时设督查科、接访科。

局长(主任)　蒋爱学(兼,2001.02—2003.07)
林全治(2003.07—2012.03)
郭文江(2012.03—)

副局长(副主任)
林全治(2001.02—2003.07)
蔺东华(2001.02—2003.06)
杨子魁(2005.11—2009.12)
朱建立(2007.01—2012.03)
张亦国(2011.04—2015.06)
王　磊(2013.10—)
尹艳玲(2016.12—)

调　研　员　林全治(2012.03—2012.10)

副调研员　朱建立(2012.03—)

督查科

科　　长　王　磊(2009.05—2016.08)
顾娜娜(女,2016.08—)

副　科　长　苏　涛(2007.05—2009.12)

接访科

科　　长　徐清涛(2011.03—2012.05)
宿晓静(女,2013.12—)

副　科　长　孙希军(2007.05—2008.02)
宿晓静(女,2012.05—2013.12)

第二节　工作职责

1.承办本级人大常委会组成人员交办的人民来信来访事项。

1.承办本级人大常委会交办的人民来信来访事项。

3.承办本级人民代表大会、本行政区域内的上级人民代表大会代表交办或转办的人民来信来访事项。

4.负责市人大常委会联合接访的具体组织工作。

5. 向领导及有关部门反映信访情况、动态和信访中的重要问题。
6. 检查、指导本系统的信访工作。
7. 督查市人大常委会领导批办的重要信访件。
8. 为信访人提供有关法律、法规及政策咨询。
9. 受理市人大常委会职权范围内的其他信访问题。
10. 承办市人大常委会和主任会议交办的其他工作。

第六章　内务司法工作委员会

第一节　组织和人事沿革

2001 年 1 月，召开滨州市第七届人民代表大会第一次会议，选举产生滨州市第七届人民代表大会常务委员会，设立内务司法工作委员会，为正县级工作机构。2011 年 7 月，市人大常委会内务司法工作委员会设立备案审查室，为正科级内设行政机构，2015 年 9 月撤销。

主　　任　张贵云（兼，2001.02—2004.09）
　　　　　郭德刚（兼，2005.04—2008.02）
　　　　　蒋爱学（2008.02—2016.12）
副 主 任　梁昭春（2001.02—2003.04）
　　　　　蒋爱学（2001.02—2008.02）
　　　　　王文生（2003.07—2007.06）
　　　　　高　松（2007.06—2008.06）
　　　　　褚新法（2008.06—2012.04）
　　　　　刘洪庆（2012.04—2016.04）
　　　　　齐中军（2015.01— ）
　　　　　崔永高（2016.02— ）
　　　　　刘长生（2016.04—2016.12）
调 研 员　王文生（2007.06—2009.12）
　　　　　褚新法（2012.03—2014.08）

办公室

主　　任　褚新法（2001.02—2008.06）
　　　　　衣艳强（2009.12—2013.10）
　　　　　宋文哲（2015.01—2015.10）
　　　　　高　华（女，2016.06— ）

备案审查室

副 主 任　晋　鑫（女，2012.05—2016.04）

第二节　工作职责

1. 负责对有关法律、法规在本市的实施情况和内务司法部门的工作进行检查和监督，并于每年年底前，向常委会提出下一年度常委会监督工作计划。

2. 协助常委会组织对内务司法工作方面的法律、法规进行执法检查和相关工作的视察，做好执法检查和视察活动的组织安排，制定检查、视察方案，写出检查、视察报告。负责跟踪市人大常委会审议的内务司法工作方面执法检查报告和视察报告中所提意见和建议的落实情况。

3. 根据市人大常委会听取和审议有关内务司法工作汇报的内容，认真搞好调查研究，写出报告，供常委会审议时参考。负责对常委会在审议中提出的意见落实情况进行督查，督促有关机关改进工作并向常委会提出整改情况的书面报告。

4. 负责市人民代表大会主席团交付的有关内务司法方面议案的督办工作，并提出报告。

5. 负责起草主任会议向常委会提请的以及常委会向人民代表大会提请的与内务司法工作有关的议案。

6. 负责拟定属于本工作委员会职权范围内的决议、决定，并负责督促检查决议、决定的贯彻落实。

7. 负责与省人大内司委、法制委、法工委，市“两院”和政府有关执法部门、各县区人大常委会法制工作机构以及外市人大法制机构的工作联系。

8. 负责市人大常委会主任会议研究交办的个案监督案件及省人大和省人大内司委交办的监督案件的处理、转办、催办工作。根据授权，参与对重大案件或其他重大问题的调查工作。对影响较大的重大疑难案件及政法干警严重违纪犯罪问题，及时向市人大常委会主任会议汇报，并根据研究意见，抓好督促查处工作。

9. 协助上级人大法制部门搞好有关法律法规的视察、执法检查和立法调研工作。办理省人大交付的相关法律法规草案征求意见工作。

10. 按照市执法责任制协调领导小组的要求，认真搞好全市的执法责任制工作。

11. 根据工作需要，听取有关部门的工作汇报，参加其召开的重要工作会议。

12. 承办市人大常委会和主任会议交办的其他事项。

第七章　财政经济工作委员会

第一节　组织和人事沿革

2001 年 1 月，召开滨州市第七届人民代表大会第一次会议，选举产生滨州市第七届人民代表大会常务委员会，设立财政经济工作委员会，为正县级工作机构。2016 年 2 月，市十届人大六次会议依法选举设立财政经济委员会，撤销财政经济工作委员会。

主　　任　叶庆华（兼，2001.02—2006.03）
　　　　　韩增金（兼，2006.03—2008.02）
　　　　　刘启盛（2008.02—2010.11）
　　　　　朱兴新（2010.11—2012.03）
　　　　　张秀淼（2012.03—2016.02）

副 主 任　刘奎振（2001.02—2003.04）
　　　　　吕纪文（2001.02—2003.04）
　　　　　徐竹滨（2003.07—2009.12）
　　　　　张明贤（2003.07—2008.02）
　　　　　吴学文（2010.11—2016.02）
　　　　　崔永高（2011.04—2016.02）
　　　　　张文峰（2015.06—2016.02）

调 研 员　张明贤（2008.02—2010.12）
　　　　　徐竹滨（2009.12—2012.03）

办公室

主　　任　石淑芬（女，2001.02—2003.06）
　　　　　韩竹功（2005.08—2010.11）
　　　　　李　谦（2011.04—2015.03）
　　　　　张亦国（2015.06—2016.02）

第二节　工作职责

1. 负责对有关法律、法规在本市的实施情况和财政经济部门的工作进行检查和监督，并于每年年底前，向常委会提出下一年度常委会监督工作计划。

2. 协助常委会组织对财政经济工作方面的法律、法规进行执法检查和相关工作的视察，做好执法检查和视察活动的组织安排工作，制订检查、视察方案，写出执法检查、视察报告。负责跟踪市人大常委会审议的财政经济工作方面执法检查报告和视察报告中所提意见和建议的落实情况。

3. 根据市人大常委会听取和审议有关财政经济工作汇报的内容，认真搞好调查研究，写出报告，供常委会审议时参考，负责对常委会在审议中提出的意见落实情况进行督查，督促有关机关改进工作并向常委会提出整改情况的书面报告。

4. 负责市人民代表大会主席团交付的有关财政经济方面议案办理的督促检查工作，并提出报告。

5. 负责起草主任会议向常委会提请的以及常委会向人民代表大会提请的与财政经济工作有关的议案。

6. 负责拟定属本工作委员会职权范围内的决议、决定，并负责督促检查决议、决定的贯彻落实。

7. 协助市人大常委会或市人民代表大会计划预算审查委员会审查全市国民经济和社会发展计划草案，财政预决算草案和执行情况的报告，以及国民经济和社会发展计划、财政收支预算的调整报告、市级财政决算报告，并提出审查报告。

8. 协助上级人大财政经济部门搞好有关法律法规的视察、执法检查和立法调研工作。办理省人大交付的相关法律草案征求意见工作。

9. 负责与省人大财经委、预工委、市政府有关部门、本市各县区人大财经部门和外市人大财经部门的联系。

10. 负责涉及本工作委员会业务的同级“一府两院”和下一级人大及其常委会制定的规范性文件的备案审查工作。

11. 承办市人民代表大会常务委员会和主任会议交办的其他事项。

第八章　农业和农村工作委员会

第一节　组织和人事沿革

2001年1月，召开滨州市第七届人民代表大会第一次会议，选举产生滨州市第七届人民代表大会常务委员会，设立农业和农村工作委员会，为正县级工作机构。

主　　任　郭建新（女，兼，2001.02—2003.04）
　　　　　苏乃军（兼，2003.04—2008.02）
　　　　　李继文（2008.02—2012.03）
　　　　　张炳宣（2012.03—2016.03）
　　　　　刘传佳（2016.03— ）
副 主 任　王存友（2001.02—2003.04）
　　　　　李继文（2001.02—2008.02）
　　　　　马平之（2003.04—2006.03）
　　　　　李树国（2006.03—2008.02）
　　　　　杨子魁（2009.12—2014.04）
　　　　　张可浩（2013.11—）
　　　　　郭增禄（2014.01—2015.10）
　　　　　任晓明（2015.12—）
　　　　　卢跃林（2016.10— ）
调 研 员　王存友（2003.04—2008.12）
　　　　　马平之（2006.03—2007.04）
　　　　　李树国（2008.02—2011.04）
　　　　　李继文（2012.03—2015.05）
　　　　　杨子魁（2014.04—2016.03）

办公室

主　　任　杨秀芳（女，2001.02—2003.06）
　　　　　齐中军（2005.08—2015.01）
　　　　　魏桂芳（女，2015.01—）
副调研员　杨秀芳（女，2003.06—2010.10）

第二节　工作职责

1. 负责对农业法律、法规在本市的实施情况和农业部门的工作进行检查和监督，并于每年年底前，向常委会提出下一年度常委会监督工作计划。

2. 协助常委会组织对农业和农村工作方面的法律、法规进行执法检查和相关工作的视察，做好执法检查和视察活动的组织安排工作，制订检查、视察方案，并写出检查、视察报告。负责跟踪市人大常委会审议的农业和农村工作方面执法检查报告和视察报告中所提意见和建议的落实情况。

3. 根据市人大常委会听取和审议有关农业和农村工作汇报的内容，认真搞好调查研究，写出有情况、有分析，建议得当的调研报告，供常委会审议时参考，负责对常委会在审议中提出的意见落实情况进行督查，督促有关机关改进工作并向常委会提出整改情况的书面报告。

4. 负责市人民代表大会主席团交付的有关农业和农村工作方面议案办理的督促检查工作，并提出报告。

5. 负责起草主任会议向常委会提请的以及常委会向人民代表大会提请的与农业和农村工作有关的议案。

6. 负责拟定属本工作委员会职权范围内的决议、决定，并负责督促检查决议、决定的贯彻落实。

7. 负责与省人大农委，市政府有关门、本市各县区人大农委和外市人大农委的联系。

8. 协助上级人大农业和农村部门搞好有关法律法规的视察、执法检查和立法调研工作。办理省人大交付的相关法律草案征求意见工作。

9. 调查了解有关农村经济方面的法律、法规的贯彻实施情况，为市人大常委会进行的法律监督做好准备。

10. 负责涉及本工作委员会业务的同级“一府两院”和下一级人大及其常委会制定的规范性文件的备案审查工作。

11. 承办市人民代表大会常务委员会和主任会议交办的其他事项。

第九章　城乡建设环境保护工作委员会

第一节　组织和人事沿革

2001年1月，召开滨州市第七届人民代表大会第一次会议，选举产生滨州市第七届人民代表大会常务委员会，设立城乡建设环境保护工作委员会，为正县级工作机构。

主　　任　朱向旭（兼，2001.02—2003.04）
　　　　　刘宝庭（兼，2003.04—2007.04）
　　　　　侯宪秀（兼，2007.04—2008.02）
　　　　　侯友新（2008.02—2010.11）
　　　　　王　博（2010.11—2012.03）
　　　　　李慎猛（2012.03—2016.06）
　　　　　王京生（2016.06—）

副 主 任　胡克生（2001.02—2003.04）
　　　　　王洪昌（2003.04—2006.03）
　　　　　卜宪信（2003.07—2008.02）
　　　　　高曰荣（2006.03—2008.02）
　　　　　高　松（2008.06—2010.08）
　　　　　郭文江（2010.11—2012.03）
　　　　　张建民（2011.04—）
　　　　　王京生（2014.01—2016.06）
　　　　　柴德杰（2016.03—）

调 研 员　卜宪信（2008.02—2009.12）
　　　　　高曰荣（2008.02—2009.12）

办公室

主　　任　徐竹滨（2001.02—2003.06）
　　　　　郭文江（2003.06—2010.11）
　　　　　王介香（女，2010.11—2011.12）
　　　　　李　峰（2011.12—2015.01）
　　　　　李建伟（2015.01—）

第二节　工作职责

1. 负责对有关法律、法规在本市的实施情况和城乡建设、环境保护、资源利用工作进行检查和监督，并于每年年底前，向常委会提出下一年度常委会监督工作计划。

2. 协助常委会组织对城乡建设、环境保护、资源利用工作方面的法律、法规进行执法检查和相关工作的视察，做好执法检查和视察活动的组织安排工作，制订检查、视察方案，写出检查、视察报告。负责跟踪市人大常委会审议的城乡建设、环境保护、资源利用工作方面执法检查报告和视察报告中所提意见和建议的落实情况。

3. 根据市人大常委会听取和审议有关城乡建设、环境保护、资源利用工作汇报的内容，认真搞好调查研究，写出报告，供常委会审议时参考，负责对常委会在审议中提出的意见落实情况进行督查，督促有关机关改进工作并向常委会提出整改情况的书面报告。

4. 负责市人民代表大会主席团交付的有关城乡建设、环境保护、资源利用方面议案办理的督促检查工作，并提出报告。

5. 负责起草主任会议向常委会提请的以及常委会向人民代表大会提请的与城乡建设、环境保护、资源利用工作有关的议案。

6. 负责拟定属本工作委员会职权范围内的决议、决定，并负责督促检查决议、决定的贯彻落实。

7. 对全市城乡建设、环境保护、资源利用方面的重大事项和人民群众反映强烈的重大问题进行调查研究，向常委会或主任会议提出报告。

8. 负责组织滨州环保世纪行活动。

9. 协助上级人大城建环保部门搞好有关法律法规的视察、执法检查和立法调研工作。办理省人大交付的相关法律草案征求意见工作。

10. 负责与省人大城环资委、市政府有关部门、本市各县区人大城环部门和外市人大城环部门的联系。

11. 负责涉及本工作委员会业务的同级“一府两院”和下一级人大及其常委会制定的规范性文件的备案审查工作。

12. 承办市人民代表大会常务委员会和主任会议交办的其他事项。

第十章　教育科学文化卫生人口工作委员会

第一节　组织和人事沿革

2001年1月,召开滨州市第七届人民代表大会第一次会议,选举产生滨州市第七届人民代表大会常务委员会,设立教育科学文化卫生人口工作委员会,为正县级工作机构。

主　　任　巩若良(兼,2001.02—2003.04)
　　　　　张秀亭(兼,2003.04—2007.04)
　　　　　田宝礼(兼,2007.04—2008.02)
　　　　　宋守松(2008.02—2012.03)
　　　　　杨守岭(2012.03—2015.10)
　　　　　李　军(2015.10—2017.02)
副 主 任　张同发(2001.02—2003.04)
　　　　　罗伟田(2002.01—2007.03)
　　　　　杨兴华(女,2003.04—2007.06)
　　　　　吴成斌(2004.06—2008.02)
　　　　　曹子敏(2006.03—2008.02)
　　　　　蔺东华(2008.06—2012.03)
　　　　　吴凤广(2012.04—)
　　　　　任建林(2012.04—)
　　　　　李　军(2013.12—2015.10)
　　　　　张文峰(2016.02—2016.12)
调 研 员　吴成斌(2008.02—2011.03)
　　　　　蔺东华(2012.03—2015.05)
　　　　　宋守松(2012.04—2014.08)
副调研员　曹学海(2008.06—2013.03)
办公室
主　　任　张明贤(2001.2—2003.6)
　　　　　曹学海(2003.12—2008.6)
　　　　　刘洪庆(2008.12—2012.04)
　　　　　何修民(2012.04—)

第二节　工作职责

1.负责对有关法律、法规在本市的实施情况和教育科学文化卫生人口工作进行检查和监督,并于每年年底前,向常委会提出下一年度常委会监督工作计划。

2. 协助常委会组织对教育科学文化卫生人口工作方面的法律、法规进行执法检查和相关工作的视察，做好执法检查和视察活动的组织安排工作，制订检查、视察方案，写出检查、视察报告。负责跟踪市人大常委会审议的教育科学文化卫生人口工作方面执法检查报告和视察报告中所提意见和建议的落实情况。

3. 根据市人大常委会听取和审议有关教育科学文化卫生人口工作汇报的内容，搞好调查研究，写出报告，供常委会审议时参考，负责对常委会在审议中提出的意见落实情况进行督查，督促有关机关改进工作并向常委会提出整改情况的书面报告。

4. 负责市人民代表大会主席团交付的有关教育科学文化卫生人口方面议案办理的督促检查工作，并提出报告。

5. 负责起草主任会议向常委会提请的以及常委会向人民代表大会提请的与教育科学文化卫生人口工作有关议案。

6. 负责拟定属本工作委员会职权范围内的决议、决定，并负责督促检查决议、决定的贯彻落实。

7. 负责与省人大教科文卫委员会、市政府有关部门、本市各县区人大教科文卫部门和外市人大教科文卫部门的联系。

8. 协助上级人大教科文卫部门搞好有关法律法规的视察、执法检查和立法调研工作。办理省人大交付的相关法律草案征求意见工作。

9. 对全市教育科学文化卫生人口方面的重大事项和人民群众反映强烈的重大问题进行调查研究，向常委会或主任会议提出报告。

10. 负责涉及本工作委员会业务的同级“一府两院”和下一级人大及其常委会制定的规范性文件的备案审查工作。

11. 承办市人民代表大会常务委员会和主任会议交办的其他事项。

第十一章　民族侨务外事工作委员会

第一节　组织和人事沿革

2001年1月,召开滨州市第七届人民代表大会第一次会议,选举产生滨州市第七届人民代表大会常务委员会,设立民族侨务外事工作委员会,为正县级工作机构。

主　　任　郭德刚(兼,2001.02—2005.04)
　　　　　郭建新(女,兼,2005.04—2008.02)
　　　　　田光利(2008.02—2012.03)
　　　　　宋家功(2012.03—)
副 主 任　宋茂龙(2001.02—2008.02)
　　　　　王钦友(2003.07—2007.06)
　　　　　刘卫红(女,2006.10—2013.08)
　　　　　崔利中(2012.03—2013.08)
　　　　　朱　伟(2014.01—2016.02)
　　　　　李　峰(2015.01—)
　　　　　吴学文(2016.02—)
　　　　　何兆胜(2016.06—)
调 研 员　宋茂龙(2008.02—2010.04)
　　　　　王钦友(2007.06—2008.12)
　　　　　刘卫红(2013.08—2015.06)
　　　　　崔利中(2013.08—2015.08)
副调研员　王介香(2013.05—)
办公室
主　　任　王文生(2001.02—2003.06)
　　　　　李　谦(2005.08—2011.04)
　　　　　王介香(2011.12—2013.05)
　　　　　李建伟(2013.08—2015.01)
　　　　　李　峰(2015.01—2016.04)
　　　　　贾怀利(2016.04—)

第二节　工作职责

1.负责对有关法律、法规在本市的实施情况和民族宗教侨务外事旅游、对台工作进行检查和监督,并于每年年底前,向常委会提出下一年度常委会监督工作计划。

2.协助常委会组织对民族宗教侨务外事旅游、对台工作方面的法律、法规进行执法检查和相关工作的视察,做好执法检查和视察活动的组织安排工作，制订检查、视察方案，写出检查、视察报告。负责跟踪市人大常委会审议的民族宗教侨务外事旅游、对台工作方面执法检查报告和视察报告中所提意见和建议的落实情况。

3. 根据市人大常委会听取和审议有关民族宗教侨务外事旅游、对台工作汇报的内容，认真搞好调查研究，写出报告，供常委会审议时参考，负责对常委会在审议中提出的意见落实情况进行督查，督促有关机关改进工作并向常委会提出整改情况的书面报告。

4. 负责市人民代表大会主席团交付的有关民族宗教侨务外事旅游、对台方面议案办理的督促检查工作，并提出报告。

5. 负责起草主任会议向常委会提请的以及常委会向人民代表大会提请的与民族宗教侨务外事旅游、对台工作有关议案。

6. 负责拟定属本工作委员会职权范围内的决议、决定，并负责督促检查决议、决定的贯彻落实。

7. 负责与省人大民族侨务外事委员会、市政府有关部门、本市各县区人大民族宗教侨务外事旅游、对台部门和外市人大民族宗教侨务外事旅游、对台部门的联系。

8. 协助上级人大相关委员会搞好有关法律法规的视察、执法检查和立法调研工作；办理省人大交付的相关法律草案征求意见工作。

9. 对全市民族宗教侨务外事旅游、对台方面的重大事项和人民群众反映强烈的重大问题进行调查研究，并向常委会或主任会议提出报告。

10. 负责拟定市人大常委会年度外事活动计划，并组织实施。

11. 负责涉及本工作委员会业务的同级“一府两院”和下一级人大及其常委会制定的规范性文件的备案审查工作。

12. 承办市人民代表大会常务委员会和主任会议交办的其他事项。

第十二章　法制工作委员会

第一节　组织和人事沿革

2015年9月30日，设立市人大常委会法制工作委员会，为市人大常委会的正县级工作机构，配备主任1名、副主任1名。下设综合科、法规科、备案审查科。

主　　任　朱万春(2015.10—)

副 主 任　宋文哲(2015.10—)

综合科

科　　长　晋　鑫(女,2016.08—)

副 科 长　晋　鑫(女,2016.04—2016.08)

法规科

副 科 长　时　青(女,2016.04—)

备案审查科

科　　长　刘安全(2016.11—)

第二节　工作职责

1. 负责为市人大及其常委会制定地方性法规提供法律和工作服务。

2. 负责草拟地方立法规划和年度立法计划；根据年度立法计划，会同有关部门进行调研论证，拟订地方性法规草案。

3. 负责地方性法规的草案提交、报批、发布、汇编、宣传、解释等工作。

4. 负责立法评估的组织实施。

5. 负责对市人民政府的规章、决定、命令和县(区)人大及其常委会的决议、决定等规范性文件进行备案审查；

6. 负责地方立法理论研究工作。

7. 承担对属于市人大常委会职权范围内的有关法律问题以及法律实施情况的监督检查、调查研究。

8. 承办国家和省法律法规草案征求意见工作。

9. 承办市人大代表和常委会组成人员提出的关于制定和修改地方性法规方面的议案、建议和意见工作。

10. 负责处理人民群众对制定地方性法规方面的建议和意见。

11. 负责市人大常委会立法咨询专家及基层立法联系点的日常联系工作。

12. 承办市人大及其常委会交办的其他工作。

第十三章　预算工作委员会

第一节　组织和人事沿革

2015 年 9 月 30 日设立市人大常委会预算工作委员会，为市人大常委会的正县级工作机构，配备主任 1 名、副主任 1 名。下设综合科、预算审查科。

主　　任　郭增禄(2015.10—)

副 主 任　颜世庚(2015.10—)

综合科(未配备科长、副科长)

预算审查科

科　　长　张利华(2016.04—)

第二节　工作职责

1. 承担市人大及其常委会审查预决算、审查预算调整方案和监督预算执行方面的具体工作。

2. 承办市人大常委会及主任会议交办的有关财政预算、审计、税务方面的具体事项。

3. 经市人大常委会主任会议批准，对各部门、各预算单位、重大建设项目资金使用和专项资金使用进行调查。

4. 负责市人大及其常委会和主任会议交办的其他事宜。

第十四章　机关党委

第一节　组织和人事沿革

市人大常委会机关党委于2001年4月成立。人大常委会机关党委是党的基层委员会，领导成员由本单位全体党员选出。机关党委在市直机关党委的领导下工作，同时接受常委会党组的指导。

2001年4月29日，市人大机关党委成立时共有共产党员49名，共设3个党支部。2008年12月，对原有的党支部重新进行了调整，设立11个党支部，其中机关党支部10个，老干部党支部1个。新设置的党支部以委、室、局为单位组建，便于合理安排好党员的学习，接受党组织的教育、管理和监督，更好地发挥先锋模范作用。支部委员的设置按照党员数量，党员人数10人及以下的设支部书记一人，党员人数10人以上的设支委，党员人数较多的支部设立党小组，调整后的党支部书记均由各委、室、局正职兼任。

第一届(2001.04—2008.11)

书　　记　王明仁

副 书 记　李　凯

专职副书记　李　谦(2003.08—2005.09)

任建林(2005.09—2006.11)

王介香(女,2006.11—2008.03)

委　　员　蔺东华　刘卫红(女)　徐竹滨　邢文福　褚新法　陶公泉

第二届(2008.11—2013.12)

书　　记　李国强

副 书 记　李　凯

专职副书记　王介香(女,2008.03—2011.03)

宋文哲(2011.03—2013.12)

委　　员　王建邦　蒋爱学　田光利　蔺东华　劳建刚

第三届(2013.12—)

书　　记　李国强(2013.12—2015.04)

高中兴(2015.04—)

副 书 记　李　凯　刘国安

委　　员　王建邦　蒋爱学　李建伟　梁贞祥　宋文哲　魏　飞

第二节　工作职责

机关党委的主要任务是负责机关的思想、组织和作风建设，通过党组织的战斗堡垒作用和党员的先锋模范作用，推动人大常委会机关的各项工作。

1. 宣传和执行党的路线方针、政策，宣传和执行党中央、各级组织和本组织的决议，发挥党组织的战斗堡垒作用和党员的先锋模范作用，支持和协助行政负责人完成本单位所担负的任务，组织党员认真学习马列主义、毛泽东思想、邓小平理论、“三个代表”重要思想、科学发展观和习近平总书记系列重要讲话精神，学习党的路线、方针、政策以及决议，学习科学、文化和业务知识。

2. 对党员进行严格管理，督促党员履行义务，保障党员的权利不受侵犯。

3. 对党员进行监督，严格执行党的纪律，加强党风廉政建设，坚决同腐败现象作斗争。

4. 做好机关工作人员的思想政治工作，推进机关社会主义精神文明建设，了解、反映群众的意见，维护群众的正当权益，帮助群众解决实际困难。

5. 对入党积极分子进行教育、培养和考察，做好发展党员工作。

第十五章　机关建设

第一节　组织建设

1. 加强基层组织建设。一是根据市直机关工委的要求和常委会党组的工作部署，主动适应形势变化，积极探索新时期基层组织建设和党员管理工作的新机制、新方法。根据不断变化的新情况，加强支部的组织建设。及时理顺党员组织关系，做好党支部换届调整工作，配好党支部委员会，充实部分年轻同志担任党支部成员，使基层组织更有活力和战斗力。重视机关工会工作和妇女工作，成立了机关工会和妇委会。关心老干部支部的政治学习和生活，精心组织开展老干部支部活动，定期向离退休干部通报人大工作情况，听取意见建议。每逢节日期间，开展上门慰问老干部活动，切实关心离退休老同志的身体状况和生活质量，为机关生病职工、困难老党员和家庭困难的同志解决实际困难。二是落实主要领导抓党建工作责任制和一岗双责。常委会党组始终把加强机关党建工作纳入重要议事日程，经常听取机关党委的工作汇报，定期研究重大问题，及时提出意见和要求，形成了责任明确、领导有力、运转有序、保障到位的工作机制。三是加强标准化和规范化建设。不断适应人大工作发展的需要，认真完善机关党建工作各项制度。建立健全了工作责任、理论学习、“三会一课”、民主生活会等制度，用制度约束党员，让党员按制度办事，依靠制度来保持党员和党组织的先进性、纯洁性。始终坚持和完善“三会一课”和“两述两评”制度，定期召开党员大会和民主生活会，开展民主评议党员活动，党员定期向支部汇报思想和工作，积极开展批评与自我批评，使党的组织生活更加规范化。四是提高机关工作效率。加强了机关信息化建设，通过内部协同办公系统，基本实现了无纸化办公；升级改版了滨州人大官方网站；开通了滨州人大微博，让机关党员和群众实现了及时便捷的沟通。

2. 加强学习型党组织建设。把创建学习型机关，提高党员干部思想政治理论水平，作为机关党建工作的一项基础工程来抓，以坚持学习为先、学以致用、学有所成为目标，树立“以学促干、以干助学、时时学习、终身学习”的理念，提高了机关全体党员干部的理论水平和工作能力。一是突出学习重点，强化对党的路线、方针、政策学习。二是创新学习方式，增强机关党员学习效果。以集中组织和个人自学相结合、通读全文和重点学习相结合、学习原文和学习辅导材料相结合，通过中心组学习、知识竞赛、报告会、集中收看大会实况、听取辅导讲座、撰写学习体会、讨论交流、开辟学习园地等形式开展学习；组织党员干部到发展较快的县区和全市重点工程项目现场参观学习，使党员干部进一步解放思想、提高认识，形成了人人参与支持发展的局面。三是优化学习内容，拓宽机关党员的知识面。组织机关党员开展人大理论和业务知识的学习；组织全市人大系统《监督法》知识竞赛，并组队参加了全省人大系统举办的法律知识竞赛。同时还开展了每年读两本书、健康知识讲座、摄影知识培训等活动。

3. 加强党风廉政建设。坚持制度、教育、监督并重，开展经常性的党纪党规教育、反腐倡廉教育，不断增强党员干部遵纪守法、廉洁自律的自觉性，筑牢拒腐防变的思想道德防线。一是强化党纪法规学习教育。及时传达学习中央和省、市委、纪委有关精神，学习有关法律法规和党内法规，进行了正面典型示范教育和反面典型警示教育。通过一系列的学习教育，进一步提高了反腐倡廉的防范意识，增强了严格遵守廉政勤政的自觉性，促进了机关党风廉政建设。二是认真落实党风廉政建设责任制。层层签订责任书，将党风廉政建设的任务分解落实到各工作部门，形成了机关党委主要负责同志负总责，机关党委委员和支部书记按照分工各负其责，机关党委、纪委综合协调的党风廉政建设工作领导体制和工作格局。三是加强监督管理。营造党风廉政建设的良好氛围。

各支部均认真履行监督职能，加强对制度执行情况的监督检查，确保政令畅通，各项制度落到实处。

第二节　制度建设

人大机关历来重视制度建设，用制度管人、管事，努力使机关各项工作制度化、规范化。2001年1月，召开滨州市第七届人民代表大会第一次会议，选举产生滨州市第七届人民代表大会常务委员会。成立人大机关以后，着手建立规章制度。随着人大工作的改进和加强，不断对制度进行补充、修订，使各项制度日臻完善，逐步形成了有序、合理、高效的运行机制。

2001年2月5日，市七届人大常委会第1次会议在滨州召开。审议通过《滨州市人大常委会组成人员守则》，审议通过《滨州市人大常委会人事任免暂行办法》。

2001年3月21日，召开市人大常委会第2次主任会议。讨论通过《滨州市人大常委会主任会议议事规则》和《滨州市人大常委会主任办公会议制度》。

2001年4月17—18日，市七届人大常委会第3次会议召开。审议并表决通过《滨州市人大常委会会议议事规则》。

2001年5月10日，市人大常委会办公室发出《关于公布滨州市人大常委会机关规章制度的通知》，将4月10日市人大常委会秘书长会议通过的工作人员守则、保密守则，学习、财务管理、接待、考勤、现金管理、公费医疗管理、办公物品管理、车辆管理、电话使用、外出从事公务和学习考察、办公自动化使用管理、档案管理、印章使用、值班制度等16项规章制度公布实施。

2004年6月12日，市八届人大常委会第10次会议审议表决通过《滨州市人民代表大会常务委员会人事任免办法》；2007年4月20日滨州市八届人大常委会第31次会议通过《关于〈滨州市人大常委会人事任免办法〉修正案》（第一次修正）；2008年2月27日滨州市九届人大常委会第1次会议通过《关于〈滨州市人大常委会人事任免办法〉修正案》（第二次修正）。

2004年8月5日，市人大常委会办公室发出《关于公布实施市人大常委会机关规章制度的通知》，在对2001年5月10日公布的规章制度修改的基础上，公布了工作人员守则、保密守则，学习、考勤、值班、外出学习考察、接待、财务管理、车辆管理、物品管理、办公设备管理、电话管理、档案管理、现金管理、印章管理等制度，公文处理等办法。

2005年10月25日，市八届人大常委会第19次会议通过《关于市人大代表旁听市中级人民法院审理案件的办法》。

2005年11月，市人大常委会办公室印制《滨州市人大常委会机关工作规范》，收录了办公室职责、研究室职责、信访室职责、各工作委员会职责等18项工作职责和保密守则、学习制度、考勤制度、车辆管理制度等20项工作制度。

2005年12月，市人大常委会办公室印制《滨州市人大常委会常用文件汇编》。

2006年3月22日，市人大常委会办公室印发《滨州市人大常委会机关职责、制度分解表》，公布市人大常委会各委、室的职责，以及工作人员守则、保密守则，学习、考勤、值班、外出学习考察、接待、财务管理、车辆管理、物品管理、办公设备管理、电话管理、档案管理、现金管理、印章管理、会议室管理、离退休干部管理等制度，公文处理等办法。

2007年1月31日，市八届人大常委会第36次主任会议审议通过修改后的《滨州市人大常委会主任会议议事规则》。

2007年4月20日，市八届人大常委会第31次会议审议表决通过修改后的《滨州市人大常委会人事任免办法》。

2008 年 2 月 27 日，市九届人大常委会第 1 次会议审议表决通过《滨州市人民代表大会常务委员会人事任免办法》修正案。

2008 年 4 月 29 日，市九届人大常委会第 3 次会议审议表决通过《滨州市人大常委会关于加强自身建设的意见》。

2008 年 6 月 27 日，市九届人大常委会第 4 次会议审议并表决通过《关于加强和规范市人大代表活动的若干意见》。审议并表决通过《滨州市人民代表大会代表建议、批评和意见办理办法》。

2008 年 10 月 29 日，市九届人大常委会第 7 次会议审议并表决通过《滨州市人民代表大会代表议案处理暂行办法》。

2008 年 12 月 11 日，市九届人大常委会第 9 次主任会议审议并表决通过《滨州市人民代表大会常务委员会主任会议议事规则》。

2008 年 12 月 19 日，市九届人大常委会第 8 次会议审议通过市人民代表大会常务委员会议事规则、市人民代表大会常务委员会组成人员守则。

2009 年 8 月 21 日，市九届人大常委会第 14 次主任会议审议通过了滨州市人大常委会关于代表建议、批评和意见督办办法，审议意见办理办法，主任办公会议制度，秘书长会议制度。

2011 年 10 月 27 日，市九届人大常委会第 27 次会议审议通过了《滨州市人民代表大会常务委员会规范性文件备案审查办法》。

2015 年 5 月 8 日，市十届人大常委会第 29 次会议修订《滨州市人民代表大会代表建议、批评和意见办理办法》。审议并通过了《滨州市人民代表大会代表议案处理办法》。

2016 年 3 月 9 日，市人大常委会办公室下发《关于印发机关工作人员守则等系列制度的通知》，公布了《机关工作人员守则》《滨州市人大常委会会议工作规程》《主任会议工作规程》《机关保密工作规定》《机关信息化管理制度》《印章使用管理制度》《机关会议室管理使用制度》《机关公文处理办法》《机关档案管理办法》《机关学习制度》《机关考勤请销假带薪年休假制度》《外出从事公务和学习考察制度》《机关退休干部服务工作规范》《公务接待工作制度》《财务及现金管理制度》《驾驶员及车辆管理制度》《办公物品管理制度》《机关差旅费管理办法》《机关培训费管理办法》《关于厉行节约反对铺张浪费的意见》。

2016 年 4 月 27 日，市十届人大常委会第 36 次会议修订《滨州市人民代表大会常务委员会规范性文件备案审查办法》。

第三节　思想建设

2001 年至 2003 年滨州市第七届人大期间，常委会及其机关思想作风建设以“三个代表”重要思想为指导，针对常委会设立 10 个工作机构，充实工作人员，撤地设市后地方人大工作开展的现实需要，围绕提高人大干部队伍政治理论和业务素质展开的。机关上下，紧密联系思想和工作实际，认真学习马克思列宁主义、毛泽东思想、邓小平理论，结合宪法颁布实施 20 周年，组织开展了宪法学习活动和地方组织法、选举法、代表法等法律知识的学习，举办培训班、举行报告会、聘请专家授课，召开座谈会等，进一步提高了常委会组成人员和机关干部的政治理论水平和法律知识水平。同时，加强常委会制度建设，制定并通过了滨州市人大常委会议事规则、滨州市人大常委会组成人员守则，滨州市人大常委会人事任免暂行办法等，规范了常委会组成人员的职责和常委会的工作程序，为依法行使职权提供了制度上的保障。不断加强思想作风建设，学习贯彻党的十五届六中全会通过的《中共中央关于加强和改进党的作风建设的决定》，深入基层、调查研究，常委会组成人员围绕党和国家的工作大局，认真撰写了一些有价值的调查报告，如：实施以德治国基本方略、推进农村道德建设的调查、关于如何经营建设城市和管理城市以及加强全市政法队伍建设、提高政法队伍素质的调查等。2001 年，在机关全体党员中开展了“学党章、守纪律、正党风”活动；是年，《滨州人大》内部刊物复刊。

2003 年至 2008 年第八届人大期间，思想作风建设按照思想抓教育、作风抓转变、制度抓完善、素质抓提高的思路，以打造运转高效、作风优良、服务优质、廉洁勤政、充满活力的人大机关为目标，围绕创建“学习型、和谐型、服务型”机关建设展开的。深入学习党的十六大、十七大精神，学习法律法规、人大工作理论，常委会坚持法律讲座制度，先后举办了宪法和宪法修正案、行政许可法、公务员法等内容的法制讲座，提高常委会组成人员和机关人员的法律理论水平，努力实现监督工作的“三个转变”，即：从疏于监督向敢于监督转变，由虚到实的转变，由肯定成绩多向既肯定成绩、又善于发现问题敢于追究责任的转变，增强了监督实效。

2008 年至 2012 年第九届人大期间，常委会及其机关在思想作风建设方面，以打造决策科学、运转高效、作风优良、廉洁勤政、充满活力的地方国家权力机关为目标，工作重点放在加强学习增强履职能力、改进作风树立良好形象、完善制度提高工作效率上。在思想建设方面，2008 年至 2010 年，先后开展学习实践科学发展观活动、新一轮解放思想大讨论、“发展环境优化年”等活动，深刻理解和把握党和国家的方针政策，深刻理解和把握市委的决策部署，统一思想；从人大的特点和定位出发，深入研究做好新形势下人大工作的思路和措施，增强了党的领导意识、大局意识、民主法制意识、群众意识和责任意识。

2012 年市十届人大以来，常委会坚持把思想作风建设作为一项基础性、经常性工作来抓，重点围绕学习贯彻党的十八大精神，着力强化政治素质，改进工作作风，努力提高依法履职、科学履职、民主履职的能力，提升人大工作的整体水平展开的。常委会及其机关不断加强理论武装。坚持中心组学习制度和机关学习制度，2012 年 11 月党的十八大召开后，把学习贯彻十八大精神作为首要政治任务，迅速作出学习部署，加强学习培训，深刻领会精神实质，统一思想认识，保持人大工作正确的政治方向。

第四节　作风建设

2002 年，市人大常委会召开“提高行政效率，优化发展环境”动员大会，常委会机关扎实开展了“转变作风、树立形象、争做表率”活动，营造了一心一意想工作、干事创业、共谋发展的氛围，增强了机关工作的生机和活力。

2003 年，按照市委的部署，开展“解放思想见行动、更新观念促发展”大讨论活动；2005 年，开展“保持共产党员先进性教育”活动，深入学习理解坚持走中国特色社会主义道路的决议等系列文献，广泛征求群众意见，认真查摆分析问题、落实责任，认真整改，取得明显成效。

2006 年、2007 年开展“我为滨州发展环境做什么”和“转变作风、清廉实干、创新观念，科学发展”解放思想大讨论等，不断将新的理念融入思想和行动。常委会注重加强廉政建设，维护了地方国家权力机关的良好形象。重视对机关干部的的培养使用，引入竞争机制，实行干部竞争上岗，优化了人大机关干部队伍的年龄结构，知识结构。健全完善了 38 项规章制度，机关工作进一步规范，为“三会”服务、为代表服务的水平有了较大提高。

2000 年、2011 年，深入开展“创先争优”活动，突出以争做黄河三角洲大开发服务先锋为载体，与开展的“黄河三角洲大开发，我们怎么干”为主要内容的新一轮解放思想大讨论活动相结合，与学习贯彻《党员领导干部廉洁从政若干准则》，加强廉政建设相结合，按照“讲党性、重品行、作表率”和“五个好”（领导班子好、党员队伍好、工作机制好、工作业绩好、群众反映好）的要求，结合依岗履责、为群众办实事进行了承诺、践诺、评诺和领导点评等活动，在常委会和机关上下形成创先争优的浓厚氛围。并围绕经济社会发展大局、法律法规的贯彻实施、群众关注的热点难点问题，坚持每年确定一批重点课题开展调研，增强了工作的针对性和实效性；坚持在工作实践中锻炼能力，努力提高服务保障水平，增强了人大机关的生机和活力。在完善制度，提高工作效率上，先后制定了

《常委会组成人员守则》《常委会关于加强自身建设的意见》，修订完善了常委会议事规则、主任会议议事规则、常委会人事任免办法等一系列规章制度，形成了民主的议题筛选机制、深入的调查研究机制、充分的审议表决机制、全程的督查督办机制，以规范的程序保证职权行使的严肃性，增强了决策的科学化和民主化。常委会坚持与“一府两院”联席会议制度，互通情况，交流意见，共商改革发展大计，营造了良好的工作氛围。

2014年，扎实开展了党的群众路线教育实践活动；2015年，进行了“三严三实”（严以修身、严以用权、严以律己，谋事要实、创业要实、做人要实）专题教育活动。2016年，开展“两学一做”（学党章党规、学系列讲话，做合格党员）学习教育。通过认真学习党的十八大、十八届三中、四中、五中全会和习近平总书记系列重要讲话精神等教育活动必读书目、视频资料，革命传统教育等，先后举办了15次专题学习和培训，通过学习教育，坚定了对中国特色社会主义的道路自信、理论自信、制度自信、文化自信，牢固树立党的观念、大局观念、宗旨观念、法治观念，增强了政治定力和工作的责任感。常委会不断加强作风建设。把开展党的群众路线教育实践活动作为作风建设的动力，紧扣为民务实清廉主题，按照“照镜子、正衣冠、洗洗澡、治治病”的要求，深刻查摆在“四风”（形式主义、官僚主义、享乐主义、奢靡之风）方面存在的突出问题。在广泛征求意见的基础上，召开常委会党组和各支部专题民主生活会，党组成员及县以上党员领导干部查摆问题，剖析原因，相互开展严肃认真的批评与自我批评，改进了不足，增进了团结，明确了努力方向。在“三严三实”专题教育活动中，坚持从严要求，强化问题导向；坚持以上率下，强化示范带动；坚持统筹兼顾，强化常态长效。聚焦对党忠诚、个人干净、敢于担当，把思想教育、党性分析、整改落实和立规执纪结合起来，着力解决“不严不实”问题，不断增强践行“三严三实”的思想自觉和行动自觉。认真贯彻落实中央《关于改进工作作风，密切联系群众的八项规定》，坚持领导干部以身作则，努力改进会风文风，自觉遵守厉行节约、反对浪费的各项规定，从严控制“三公”经费支出，牢固树立勤俭节约、廉洁勤政的新风正气。在制度规范方面，研究制定了四个层面的制度框架，从“三会”、监督工作、代表履职、工作作风、机关建设等方面制定完善25个方面的有关制度，在加强调查研究、精简会议活动和文件简报、改进新闻报道、厉行勤俭节约等方面，取得了明显成效，推动作风建设常态化，人大工作制度化。同时，按照市委要求，积极开展领导干部联系村居、党员干部联户和“结亲连心”活动，做好“第一书记”到村任职工作。积极推进机关干部人事制度改革，开展科级干部竞争上岗，加大干部培养交流力度，选派干部到基层挂职锻炼，增强机关活力。

第七篇　重要文献

第一章　规范性文件

第一节　地方性法规

一、滨州市制定地方性法规条例

（2016 年 2 月 20 日滨州市第十届人民代表大会第六次会议通过　2016 年 3 月 30 日经山东省第十二届人民代表大会常务委员会第二十次会议批准）

目　录

第一章　总 则
第二章　立法权限
第三章　立法规划和年度立法计划的编制
第四章　地方性法规草案起草
第五章　地方性法规草案提出
第六章　市人民代表大会审议、表决程序
第七章　市人民代表大会常务委员会审议、表决程序
第八章　地方性法规的报批和公布
第九章　地方性法规解释、修改和废止
第十章　规章的备案审查
第十一章　附　则

第一章　总　　则

第一条　为了健全本市立法制度，规范制定地方性法规活动，根据《中华人民共和国立法法》《中华人民共和国地方各级人民代表大会和地方各级人民政府组织法》和《山东省制定和批准地方性法规条例》的规定，结合本市实际，制定本条例。

第二条　市人民代表大会及其常务委员会制定、修改、废止、解释地方性法规，适用本条例。

市人民政府规章的制定、修改和废止，依照本条例的有关规定执行。

第三条　制定地方性法规应当依照法定的权限和程序，从国家整体利益出发，不得同宪法、法律、行政法规和本省地方性法规相抵触，符合本市的具体情况和实际需要。

地方性法规应当明确、具体,具有针对性和可执行性。

第四条 制定地方性法规应当发扬社会主义民主,坚持立法公开,保障人民通过多种途径参与制定地方性法规活动。

第五条 制定地方性法规应当坚持党的领导,发挥市人民代表大会及其常务委员会在地方立法工作中的主导作用,体现人民意志,适应经济社会发展和全面深化改革的要求,突出地方特色,科学合理地规定公民、法人和其他组织的权利与义务、国家机关的权力与责任,全面推进依法治市。

第二章 立法权限

第六条 市人民代表大会及其常务委员会根据本市的具体情况和实际需要,可以对城乡建设与管理、环境保护、历史文化保护等方面的事项制定地方性法规。

第七条 市人民代表大会制定和修改本市行政区域特别重大事项的地方性法规。

市人民代表大会常务委员会制定和修改除应当由市人民代表大会制定的地方性法规以外的其他地方性法规;在市人民代表大会闭会期间,对市人民代表大会制定的地方性法规进行部分补充和修改,但是不得同该地方性法规的基本原则相抵触。

第八条 制定地方性法规一般避免重复上位法已经明确规定的内容。

第三章 立法规划和年度立法计划的编制

第九条 市人民代表大会常务委员会通过立法规划、年度立法计划等形式,加强对地方立法工作的统筹安排。编制立法规划和年度立法计划,应当认真研究代表议案和建议,广泛征集意见,科学论证评估,根据经济社会发展和民主法治建设的需要,确定立法项目,提高立法的及时性、针对性和系统性。立法规划和年度立法计划由常务委员会主任会议通过并向社会公布。

第十条 市人民代表大会有关专门委员会、常务委员会法制工作机构应当分别对立法建议项目进行审查,充分调研论证,提出是否列入立法规划和年度立法计划的意见,由常务委员会法制工作机构报请常务委员会主任会议决定。

第十一条 任何组织和个人可以向市人民代表大会常务委员会提出立法建议。

提出的立法建议应当以立法建议书的形式提出。

立法建议书的主要内容包括:立法名称、立法依据、立法必要性和可行性、需要解决的主要问题和采取的法律对策等。

第十二条 市人民代表大会常务委员会法制工作机构负责编制立法规划和拟订年度立法计划,并按照市人民代表大会常务委员会的要求,督促立法规划和年度立法计划的落实。

年度立法计划在执行过程中需要对个别立法项目进行调整的,由市人民代表大会有关专门委员会或者常务委员会法制工作机构提出意见,由常务委员会主任会议决定。

第四章 地方性法规草案起草

第十三条 地方性法规草案一般由市人民政府有关部门、法制机构或者市人民代表大会专门委员会组织起草。

市人民代表大会有关的专门委员会、常务委员会法制工作机构应当提前参与地方性法规草案起草工作。涉及本市重大事项的地方性法规草案,可以由有关的专门委员会或者常务委员会法制工作机构组织起草。

市人民代表大会代表、常务委员会组成人员联名提出地方性法规案的,可以由其自行起草地方性法规草案,市人民代表大会专门委员会、市人民政府的有关部门予以协助;没有自行起草条件的,可以提出制定地方性法规的建议,由常务委员会主任会议根据需要指定或者委托有关部门、组织或者专家起草。

专业性较强的地方性法规草案,可以吸收相关领域的专家参与起草工作,或者委托有关专家、教学科研单位、社会组织起草。

第十四条　组织起草地方性法规草案应当确定起草工作负责人，落实起草工作人员，并根据立法计划的要求作出起草进度安排；不能按要求如期完成起草工作的，应当向常务委员会法制工作机构说明情况。

市人民代表大会有关的专门委员会、常务委员会法制工作机构根据需要，听取有关地方性法规草案起草工作的情况汇报，组织调研，督促起草工作按期完成。

第十五条　起草地方性法规草案应当进行深入的调查研究，广泛听取有关机关、组织和公民的意见。

第五章　地方性法规草案提出

第十六条　提出地方性法规案，应当同时提出地方性法规草案文本及其说明，并提供必要的参阅资料。修改地方性法规的，还应当提交修改前后的对照文本。

地方性法规草案的说明应当包括制定或者修改地方性法规的必要性、可行性和主要内容，以及起草过程中对重大分歧意见的协调处理情况。

第十七条　市人民代表大会常务委员会主任会议、市人民政府、市人民代表大会各专门委员会提出的地方性法规案，应当分别经常务委员会主任会议、市人民政府常务会议或者全体会议、专门委员会会议讨论通过。

第十八条　向市人民代表大会及其常务委员会提出的地方性法规案，在列入会议议程前，提案人有权撤回。

第十九条　交付市人民代表大会及其常务委员会全体会议表决未获得通过的地方性法规案，如果提案人认为必须制定该地方性法规，可以按照本条例规定的程序重新提出，由主席团或者常务委员会主任会议决定是否列入会议议程；其中，未获得市人民代表大会通过的地方性法规案，应当提请市人民代表大会审议决定。

地方性法规草案与其他地方性法规相关规定不一致的，提案人应当予以说明并提出处理意见。

第六章　市人民代表大会审议、表决程序

第二十条　市人民代表大会主席团可以向市人民代表大会提出地方性法规案，由市人民代表大会会议审议。

市人民代表大会常务委员会、市人民政府、市人民代表大会各专门委员会可以向市人民代表大会提出地方性法规案，由主席团决定列入会议议程。

第二十一条　市人民代表大会代表十人以上联名，可以向市人民代表大会提出地方性法规案，由主席团决定是否列入会议议程，或者先交有关的专门委员会审议、提出是否列入会议议程的意见，再决定是否列入会议议程。

专门委员会审议时，可以邀请提案人列席会议，发表意见。

第二十二条　向市人民代表大会提出的地方性法规案，在市人民代表大会闭会期间，可以先向常务委员会提出，经常务委员会会议依照本条例第七章规定的有关程序审议后，决定提请市人民代表大会审议，由常务委员会向市人民代表大会全体会议作说明，或者由提案人向大会全体会议作说明。

常务委员会依照前款规定审议地方性法规案，应当通过多种形式征求市人民代表大会代表的意见，并将有关情况予以反馈；市人民代表大会专门委员会和常务委员会法制工作机构进行立法调研，可以邀请有关的市人民代表大会代表参加。

第二十三条　市人民代表大会常务委员会决定提请市人民代表大会会议审议的地方性法规案，应当在会议举行的一个月前将地方性法规草案发给代表。

第二十四条　列入市人民代表大会会议议程的地方性法规案，大会全体会议听取提案人的说明后，由各代表团进行审议。

各代表团审议地方性法规案时，提案人应当派人听取意见，回答询问。

各代表团审议地方性法规案时，根据代表团的要求，有关机关、组织应当派人介绍情况。

各代表团对地方性法规案的审议意见，应当书面报送大会秘书处。

第二十五条 列入市人民代表大会会议议程的地方性法规案,由有关的专门委员会进行审议,向主席团提出审议意见,并印发会议。

第二十六条 列入市人民代表大会会议议程的地方性法规案,由法制委员会根据各代表团和有关的专门委员会的审议意见,对地方性法规案进行统一审议,向主席团提出审议结果的报告和地方性法规草案修改稿,对重要的不同意见应当在审议结果的报告中予以说明,经主席团会议审议通过后,印发会议。

第二十七条 列入市人民代表大会会议议程的地方性法规案,必要时,主席团常务主席可以召开各代表团团长会议,就地方性法规案中的重大问题听取各代表团的审议意见,进行讨论,并将讨论的情况和意见向主席团报告。

主席团常务主席也可以就地方性法规案中的重大的专门性问题,召集代表团推选的有关代表进行讨论,并将讨论的情况和意见向主席团报告。

第二十八条 列入市人民代表大会会议议程的地方性法规案,在交付表决前,提案人要求撤回的,应当说明理由,经主席团同意,并向大会报告,对该地方性法规案的审议即行终止。

第二十九条 地方性法规案在审议中有重大问题需要进一步研究的,经主席团提出,由大会全体会议决定,可以授权常务委员会根据代表的意见进一步审议,作出决定,并将决定情况向市人民代表大会下次会议报告;也可以授权常务委员会根据代表的意见进一步审议,提出修改方案,提请市人民代表大会下次会议审议决定。

第三十条 地方性法规草案修改稿经各代表团审议,由法制委员会根据各代表团的审议意见进行修改,提出地方性法规草案表决稿,由主席团提请大会全体会议表决,由全体代表的过半数通过。

第七章 市人民代表大会常务委员会审议、表决程序

第三十一条 市人民代表大会常务委员会主任会议可以向常务委员会提出地方性法规案,由常务委员会会议审议。

市人民政府、市人民代表大会各专门委员会,可以向常务委员会提出地方性法规案,由常务委员会主任会议决定列入常务委员会会议议程,或者先交有关的专门委员会审议、提出报告,再决定列入常务委员会会议议程。如果常务委员会主任会议认为地方性法规案有重大问题需要进一步研究,可以建议提案人修改完善后再向常务委员会提出。

第三十二条 市人民代表大会常务委员会组成人员五人以上联名,可以向常务委员会提出地方性法规案,由常务委员会主任会议决定是否列入常务委员会会议议程,或者先交有关的专门委员会审议,提出是否列入常务委员会会议议程的意见,再决定是否列入常务委员会会议议程。不列入常务委员会会议议程的,应当向常务委员会会议报告或者向提案人说明。

专门委员会审议的时候,可以邀请提案人列席会议,发表意见。

第三十三条 提请常务委员会审议的地方性法规案,提案人应当在会议举行的一个月前,将提请审议的地方性法规案送交常务委员会。

未在规定时间内送交的,不列入本次常务委员会会议议程,并向常务委员会主任会议说明情况。

第三十四条 列入常务委员会会议议程的地方性法规案,由有关专门委员会进行审议,提出书面审议意见,印发常务委员会会议。

有关专门委员会审议地方性法规案时,可以邀请其他专门委员会的成员列席会议,发表意见。

第三十五条 列入常务委员会会议议程的地方性法规案,除特殊情况外,应当在会议举行的七日前将地方性法规草案发给常务委员会组成人员。

常务委员会会议审议地方性法规案时,应当邀请有关的市人民代表大会代表列席会议。

第三十六条 列入常务委员会会议议程的地方性法规案,审议前应当由起草部门的负责人向常务委员会

组成人员介绍有关立法情况。

第三十七条　列入常务委员会会议议程的地方性法规案，一般应当经两次常务委员会会议审议后再交付表决。

常务委员会会议第一次审议地方性法规案，在全体会议上听取提案人的说明，印发有关专门委员会的书面审议报告，由分组会议进行初步审议。

常务委员会会议第二次审议地方性法规案，在全体会议上听取法制委员会关于地方性法规草案审议结果的报告，由分组会议对地方性法规草案修改稿进行审议。

常务委员会会议审议地方性法规案时，根据需要，可以召开联组会议或者全体会议，对地方性法规草案中的主要问题进行讨论。

常务委员会会议审议地方性法规案时，应当保证常务委员会组成人员和列席会议的人大代表有充足的时间发表意见。

第三十八条　列入常务委员会会议议程的地方性法规案，各方面意见比较一致的，可以经一次常务委员会会议审议即交付表决；重要的地方性法规案，可以经三次常务委员会会议审议后再交付表决。

第三十九条　常务委员会分组会议审议地方性法规案时，提案人应当派人听取意见，回答询问。

常务委员会分组会议审议地方性法规案时，根据小组要求，有关机关、组织应当派人介绍情况。

第四十条　列入常务委员会会议议程的地方性法规案，由法制委员会根据常务委员会组成人员、有关的专门委员会的审议意见和各方面提出的意见，对地方性法规案进行统一审议，提出审议结果报告和地方性法规草案修改稿，对重要的不同意见应当在审议结果报告中予以说明。对有关的专门委员会的审议意见没有采纳的，应当向有关的专门委员会反馈。

法制委员会审议地方性法规案时，应当邀请有关的专门委员会的成员列席会议，发表意见。

第四十一条　专门委员会审议地方性法规案时，应当召开全体会议审议，根据需要，可以邀请有关机关、组织派有关负责人说明情况。

第四十二条　专门委员会之间对地方性法规草案的重要问题意见不一致时，应当向常务委员会主任会议报告。

第四十三条　列入常务委员会会议议程的地方性法规案，法制委员会、有关的专门委员会和常务委员会法制工作机构应当听取各方面的意见。听取意见可以采取座谈会、论证会、听证会等多种形式。

地方性法规案有关问题专业性较强，需要进行可行性评价的，应当召开论证会，听取有关专家、部门和市人民代表大会代表等方面的意见。论证情况应当向常务委员会报告。

地方性法规案有关问题存在重大意见分歧或者涉及利益关系重大调整，需要进行听证的，应当召开听证会，听取有关基层和群体代表、部门、人民团体、专家、市人民代表大会代表和社会有关方面的意见。听证情况应当向常务委员会报告。

常务委员会法制工作机构应当将地方性法规草案发送相关领域的市人民代表大会代表、各县(区)人民代表大会常务委员会以及有关部门、组织和专家征求意见。

第四十四条　列入常务委员会会议议程的地方性法规案，应当在常务委员会会议后将地方性法规草案及其起草、修改的说明等向社会公布，征求意见，但是经常务委员会主任会议决定不公布的除外。向社会公布征求意见的时间一般不少于三十日。征求意见的情况应当向社会通报。

第四十五条　列入常务委员会会议议程的地方性法规案，常务委员会法制工作机构应当收集整理分组审议的意见和各方面提出的意见以及其他有关资料，分送法制委员会和有关的专门委员会，并根据需要，印发常务委员会会议。

第四十六条　拟提请常务委员会会议审议通过的地方性法规案，在法制委员会提出审议结果报告前，常务委员会法制工作机构可以对地方性法规草案中主要制度规范的可行性、地方性法规出台时机、地方性法规实施的社会效果和可能出现的问题等进行评估。评估情况由法制委员会在审议结果报告中予以说明。

第四十七条 列入常务委员会会议议程的地方性法规案，在交付表决前，提案人要求撤回的，应当说明理由，经常务委员会主任会议同意，并向常务委员会报告，对该地方性法规案的审议即行终止。

第四十八条 地方性法规案经常务委员会两次会议审议后，仍有重大问题需要进一步研究的，由常务委员会主任会议决定可以暂不付表决，交法制委员会和有关的专门委员会进一步审议。

第四十九条 地方性法规草案修改稿经常务委员会会议审议，由法制委员会根据常务委员会组成人员的审议意见进行修改，提出地方性法规草案表决稿，由常务委员会主任会议提请常务委员会全体会议表决，由常务委员会全体组成人员的过半数通过。

地方性法规草案表决稿交付常务委员会会议表决前，常务委员会主任会议根据常务委员会会议审议的情况，可以决定将个别意见分歧较大的重要条款提请常务委员会会议单独表决。

单独表决的条款经常务委员会会议表决后，常务委员会主任会议根据单独表决的情况，可以决定将地方性法规草案表决稿交付表决，也可以决定暂不付表决，交法制委员会和有关的专门委员会进一步审议。

第五十条 列入常务委员会会议审议的地方性法规案，因各方面对制定该地方性法规的必要性、可行性等重大问题存在较大意见分歧搁置审议满两年的，或者因暂不付表决经过两年没有再次列入常务委员会会议议程审议的，由常务委员会主任会议向常务委员会报告，该地方性法规案终止审议。

第五十一条 对多部地方性法规中涉及同类事项的个别条款进行修改，一并提出地方性法规案的，经常务委员会主任会议决定，可以合并表决，也可以分别表决。

第八章　地方性法规的报批和公布

第五十二条 市人民代表大会及其常务委员会通过的地方性法规，由市人民代表大会常务委员会报省人民代表大会常务委员会批准后生效。

市人民代表大会常务委员会应当将报请批准的地方性法规相关材料及时报送省人民代表大会常务委员会。报请批准地方性法规的书面报告，由市人民代表大会常务委员会主任签署。

第五十三条 市人民代表大会及其常务委员会制定的地方性法规报经批准后，由市人民代表大会常务委员会发布公告予以公布。

第五十四条 地方性法规应当自批准之日起十日内在《滨州日报》上刊载，并及时在市人民代表大会常务委员会公报和市人民代表大会网站上刊登。

在市人民代表大会常务委员会公报上刊登的地方性法规文本为标准文本。

第五十五条 地方性法规被修改的，报经省人民代表大会常务委员会批准后，应当公布新的法规文本。

地方性法规被废止的，报经省人民代表大会常务委员会批准后，由市人民代表大会常务委员会发布公告予以公布。

第五十六条 地方性法规应当明确规定施行日期。

第五十七条 地方性法规标题的题注应当载明制定机关、通过日期和批准机关、批准日期。经过修改的地方性法规，应当依次载明修改机关、修改日期和修改批准机关、修改批准日期。

第九章　地方性法规解释、修改和废止

第五十八条 地方性法规解释权属于市人民代表大会常务委员会，但是必须报经省人民代表大会常务委员会批准后施行。

地方性法规有以下情况之一的，由市人民代表大会常务委员会按照本条例规定的有关程序进行解释：

（一）地方性法规的规定需要进一步明确具体含义的；

（二）地方性法规制定后出现新的情况，需要明确适用地方性法规依据的。

第五十九条　市人民政府、市中级人民法院、市人民检察院和市人民代表大会各专门委员会以及县(区)人民代表大会常务委员会可以向市人民代表大会常务委员会书面提出地方性法规解释要求。

第六十条　市人民代表大会常务委员会法制工作机构研究拟订地方性法规解释草案,由常务委员会主任会议决定列入常务委员会会议议程。

第六十一条　地方性法规解释草案经常务委员会会议审议,由法制委员会根据常务委员会组成人员的审议意见进行审议、修改,提出地方性法规解释草案表决稿,由常务委员会主任会议提请常务委员会全体会议表决,由常务委员会全体组成人员的过半数通过。

第六十二条　市人民代表大会常务委员会通过的地方性法规解释,报省人民代表大会常务委员会批准后,应当发布公告及时予以公布。

第六十三条　市人民代表大会常务委员会的地方性法规解释同地方性法规具有同等效力。

第六十四条　市人民代表大会常务委员会法制工作机构可以对有关地方性法规具体问题的询问进行研究予以答复,并报常务委员会备案。

第六十五条　地方性法规的修改和废止程序,适用本条例的有关规定。

第六十六条　市人民代表大会法制委员会和有关的专门委员会审议地方性法规案时,认为需要修改或者废止其他地方性法规相关规定的,应当提出处理意见。

第六十七条　地方性法规明确要求有关国家机关对专门事项作出配套的具体规定的,有关国家机关应当自地方性法规施行之日起六个月内作出规定,地方性法规对配套的具体规定制定期限另有规定的,从其规定。有关国家机关未能在期限内作出配套的具体规定的,应当向市人民代表大会常务委员会说明情况。

第六十八条　制定、修改的地方性法规公布实施满一年后,负责法规实施的机关、单位应当将法规实施情况书面报市人民代表大会常务委员会。

地方性法规实施后,上位法就同一事项作出新规定或者修改、废止的,负责法规实施的机关、单位应当及时书面报告市人民代表大会常务委员会。

第十章　规章的备案审查

第六十九条　市人民政府制定的规章,应当在公布后的三十日内,报市人民代表大会常务委员会备案,同时报省人民代表大会常务委员会、省人民政府和国务院备案。报送备案的文件包括规章文本、说明和备案报告。

第七十条　市中级人民法院、市人民检察院、县(区)人民代表大会常务委员会认为规章同宪法、法律、行政法规和本省、市地方性法规相抵触的,可以向市人民代表大会常务委员会书面提出进行审查的要求,由常务委员会法制工作机构分送有关专门委员会进行审查,提出意见。

前款规定以外的其他国家机关和社会团体、企业事业组织以及公民认为规章同宪法、法律、行政法规和本省、市地方性法规相抵触的,可以向市人民代表大会常务委员会书面提出进行审查的建议,由常务委员会法制工作机构研究,必要时,送有关专门委员会进行审查、提出意见。

有关的专门委员会和常务委员会法制工作机构可以对报送备案的规章进行主动审查。

第七十一条　市人民代表大会专门委员会、常务委员会法制工作机构在审查、研究中认为规章同宪法、法律、行政法规和本省、市地方性法规相抵触的,可以向市人民政府提出书面审查意见、研究意见,也可以由法制委员会与有关专门委员会、常务委员会法制工作机构召开联合审查会议,要求市人民政府到会说明情况,再向市人民政府提出书面审查意见。市人民政府应当在两个月内研究提出是否修改或者废止的意见,并向市人民代表大会法制委员会和有关的专门委员会或者常务委员会法制工作机构反馈。

市人民代表大会法制委员会、有关的专门委员会、常务委员会法制工作机构根据前款规定,向市人民政府提出审查意见、研究意见,市人民政府按照所提意见对规章进行修改或者废止的,审查终止。

第七十二条　市人民代表大会法制委员会、有关的专门委员会、常务委员会法制工作机构经审查、研究认为规章同宪法、法律、行政法规和本省、市地方性法规相抵触而市人民政府不予修改或者废止的，应当向常务委员会主任会议提出予以撤销的议案、建议，由常务委员会主任会议决定提请常务委员会会议审议决定。

第七十三条 市人民代表大会有关的专门委员会和常务委员会法制工作机构应当按照规定要求，将审查、研究情况向提出审查建议的有关组织和个人反馈，并可以向社会公开。

第七十四条 市人民代表大会常务委员会会议审议规章撤销案，在全体会议上听取法制委员会或者有关的专门委员会审查意见的报告，进行审议，作出决定。

市人民代表大会常务委员会对规章作出的撤销决定，由常务委员会发布公告予以公布。

第十一章 附 则

第七十五条 本条例自公布之日起施行。

二、滨州市供热条例

（2016年8月25日滨州市第十届人民代表大会常务委员会第38次会议通过 2016年9月23日经山东省第十二届人民代表大会常务委员会第二十三次会议批准）

第一章 总 则

第一条 为了规范供热用热行为，提高供热服务质量，维护供用热双方的合法权益，节约能源和资源，促进供热事业健康发展，根据《山东省供热条例》和有关法律法规，结合本市实际，制定本条例。

第二条 在本市行政区域内从事供热规划、建设、经营、使用及相关管理活动，适用本条例。

本条例所称供热，是指供热企业依靠稳定热源，通过管网为用户提供生活用热的集中供热行为。

第三条 发展供热事业应当遵循政府主导、企业经营、统一规划、配套建设、保障安全、节能环保的原则。

鼓励利用天然气等清洁能源和太阳能、水能、生物质能、地热能等可再生能源发展供热事业，鼓励和扶持安全、高效、节能环保供热新技术、新工艺、新材料、新设备的研究开发和推广使用。

第四条 市、县（区）城乡建设行政主管部门（以下简称供热主管部门）负责本行政区域内的供热管理工作。

发展改革、经济和信息化、公安、财政、国土资源、环境保护、工商、质量技术监督、安全生产监督、规划、城管执法、价格主管部门和气象主管机构等按照各自职责，做好供热管理的有关工作。

第二章 规划与建设

第五条 市、县（区）供热专项规划由供热主管部门依据城市总体规划组织编制，按照法定程序报同级人民政府批准后实施。

供热专项规划应当包括天然气以及煤炭清洁高效利用供热的规划，对清洁能源利用区域、方式、规模和实施措施作出安排；按照城乡统筹的原则将供热设施逐步向镇和农村社区延伸。

第六条 新城区建设和旧城区改建，应当按照城市总体规划和供热专项规划的要求，配套建设供热设施，或者预留供热设施配套建设用地。

预留的供热设施配套建设用地，任何单位和个人不得擅自占用或者改变用途。

第七条 新建、改建、扩建工程需要接入供热管网的，建设单位在编制建设工程设计方案时，应当就建设项目的供热条件征求供热主管部门意见。

供热主管部门应当根据供热专项规划及其实施情况在法定期限内予以答复，明确工程是否具备供热条件。对具备供热条件的，确定供热方式和供热单位，并提出供热分项设计技术要求。

第八条 在供热管网覆盖的区域内，不得新建分散燃煤供热锅炉；供热管网覆盖前已建成使用的分散燃煤供热锅炉，由供热主管部门会同规划、环保等行政主管部门制定计划，限期停止使用，并将供热系统接入供热管网。

第九条 新建住宅小区实行供热的，必须按照规划要求和有关规定配套建设供热经营设施（包括供热管网、换热系统、温度调控和热计量装置），由供热企业负责投资、设计、建设、维护和管理。房地产开发企业应当协调配合供热经营设施的施工，并承担相关管沟、设备用房等土建工程的配套建设。

供热经营设施的建设资金，并入城市基础设施配套费，由房地产开发企业按照规定缴纳，专项用于供热经营设施的投资建设。

城市基础设施配套费收取标准由市人民政府依法合理确定。

第十条 本条例实施前现有住宅小区内用热分户计量装置或者入户端口以外的供热经营设施，应当经业主大会同意后移交给供热企业，由供热企业承担维护维修管理责任，实行经营管理一体化。

已成立业主委员会的小区，应当召开业主大会，全体业主三分之二以上同意的，由业主委员会与供热企业签订供热经营设施移交协议。

尚未成立业主委员会的小区，由街道办事处（乡镇人民政府）或社区居民委员会组织小区业主与供热企业签订供用热合同（含有供热经营设施移交选择条款）。全体业主三分之二以上同意移交供热经营设施的，由街道办事处（乡镇人民政府）或社区居民委员会组织小区业主与供热企业签订供热经营设施移交协议。

同意移交供热经营设施的，供热企业不得拒绝。不同意移交供热经营设施的，业主应当与供热企业签订供热经营设施维护维修管理协议，承担相关费用。

具体移交办法由市人民政府制定。

第十一条 城市集中供热管线按照规划需要穿越单位、厂区、宅院等地方的，有关单位和个人应当予以配合。因穿越施工造成设施损坏的，建设单位应当予以修复；无法修复的，应当给予赔偿。

第十二条 供热工程竣工后，供热企业、房地产开发企业等建设单位应当组织竣工验收，供热主管部门应当对验收进行监督，对符合条件的项目，出具供热工程竣工验收合格证明。未取得供热工程竣工验收合格证明的，房地产开发主管部门不得办理竣工综合验收备案。

第三章 供热管理

第十三条 供热经营实行许可证制度。从事供热经营活动，应当依法取得《供热经营许可证》。

第十四条 市、县（区）人民政府应当依据供热专项规划，采取招标投标方式，确定符合条件的供热企业，并与其签订供热特许经营协议，准予其在一定范围和期限内的供热特许经营权。

供热特许经营协议应当对供热温度、热能流量、供热区域、有效期限、服务标准、安全管理和违约责任等事项作出明确约定。

第十五条 供热企业与热用户应当依法签订供用热合同，主要内容包括供热面积、供热时间、供热质量、收费标准、交费时间、结算方式、供热设施维护责任、违约责任以及当事人约定的其他事项。

供热主管部门应当会同工商行政主管部门制定供用热合同示范文本。

第十六条 供热企业应当按照供用热合同约定，连续、稳定供热。

供热企业进行年度供热设施检修，应当避开采暖期，并提前十五日通知相关热用户。

在采暖期内，因特殊原因需要连续停止供热超过二十四小时的，供热企业应当提前二日通知热用户；因突发事故不能正常供热的，供热企业应当及时组织抢修，并通知受影响区域的热用户，同时向供热主管部门报告；连续停止供热二十四小时以上的，供热企业应当依据停供时间减收相应费用。

第十七条 供热企业不得擅自停业，确需停业的，应当在采暖期开始六个月前向供热主管部门提出申请，并对供热范围内的热用户用热作出妥善安排。供热主管部门应当自收到申请之日起二十日内作出是否批准的决定。

第十八条 供热企业对供热设施充水试压，应当提前五日通知热用户。充水试压时，出现室内供热设施漏水等异常情况，热用户应当及时通知供热企业。

供热企业应当在采暖期开始七日前进行预供热，做好调试、排气等工作。

第十九条 市城市规划区居民采暖期起止时间为每年11月15日至次年3月20日。

市、县(区)人民政府根据气象会商情况可以决定提前或者延长供热时间，并向社会公布。

第二十条 在室外温度不低于供热系统最低设计温度、建筑围护结构符合当时采暖设计规范标准和室内采暖系统正常运行条件下，供热企业应当保证采暖供热期内热用户卧室、起居室的温度不低于十八摄氏度。供用热合同另有约定的，从其约定。

第二十一条 供热企业应当向最终热用户收取热费。热用户应当按照供用热合同约定及时足额交纳热费。

供热企业可以自行向热用户收取热费，也可以委托金融机构或者其他单位代收；热用户选择向供热企业直接交纳热费的，供热企业不得拒绝。

供热企业和受委托的收费单位应当向热用户出具发票。

受委托的收费单位不得向热用户收取任何额外费用。

第二十二条 市、县(区)人民政府应当设立供热政策性补贴资金，专项用于补贴供热企业成本与价格倒挂亏损、延长采暖供热期限、供热系统节能和环保改造、旧住宅区供热经营设施改造等。

供热企业成本与价格倒挂年度亏损补贴由价格主管部门审核确定。价格主管部门应当按照有关规定，建立供热成本监审制度。

第二十三条 对城镇低收入困难家庭和其他需要特殊照顾的家庭，实行采暖热费政府补贴。采暖期结束后，经价格、供热主管部门审核后，由财政部门对供热企业进行补贴。

第二十四条 居民采暖热价实行政府定价。价格主管部门应当根据供热成本监审情况，按照法定程序适时调整热价，并向社会公布。

价格主管部门公布的热价为最终到户价格，任何单位和个人不得加收额外费用。

第二十五条 供热期间供热企业应当按照规定设置热用户室温监测点，使用符合规定并检定合格的计量器具测温，并做好测温记录。

供热企业应当按照规定向供热主管部门报送供热情况统计表以及其他资料。

第二十六条 城市供热管网覆盖范围内具备供热条件的新建住宅小区，热用户达到百分之四十八以上的，供热企业应当供热；热用户未达到百分之四十八的，由房地产开发建设单位与供热企业协商供热。

第四章 用热管理

第二十七条 需要用热的，应当向供热企业提出用热申请。供热企业应当对申请人的用热设施进行现场查勘，符合供热条件的，签订供用热合同并办理供用热手续。

变更用热面积、用热量以及其他用热登记事项的，热用户应当向供热企业办理变更手续。

第二十八条 热用户拟停止或恢复用热的，应当在每年10月15日前书面告知供热企业，供热企业应当为热用户办理停止或恢复用热手续。供热设施具备分户关闭条件的，供热企业不得因热用户停止或恢复用热收取任何费用；但对可能危害其他热用户用热安全或者影响公共设施安全运行的，不得申请停止供热。

第二十九条 热用户具备分户用热计量条件的，供热企业应当按照用热量收费。收费按照基本热价和计量热价相结合的两部制热价核算，基本热价不得超过单位面积热价的百分之三十。

对热用户按照用热量收费数额超过按照供热面积收费数额的，其超过部分不得高于按供热面积收费额的百分之十。

热用户不具备分户用热计量条件的，热费按房屋供热建筑面积计收。

具体收费标准和缴纳办法由市、县(区)人民政府依法确定。

第三十条　热用户应当妥善使用和维护自有供热设施，不得有下列妨碍供热设施正常运行的行为：

（一）擅自在室内供热设施上安装放水阀、排气阀或者换热装置；

（二）擅自改动供热管道、安装管道泵、增设散热器或者改变用热性质和方式；

（三）擅自排放供热系统的热水；

（四）其他妨碍供热设施正常运行的行为。

第五章　设施管理

第三十一条　供热设施属于供热企业的，用热分户计量装置或者入户端口以外供热设施的维修、检定、养护、更新责任，由供热企业承担。

热用户自有供热设施的维修、养护、更新责任，由热用户承担。

用热分户计量装置未经检定或检定不合格的不得使用。

第三十二条　供热主管部门应当建立并实施供热系统能耗统计、监测和考核评价等制度。

供热企业应当加强供热设施节能减排管理，实施系统节能改造，降低能源消耗，减少污染物排放，逐步建设供热计量温控一体化远程智能调控技术平台，实现热源、热网、换热站、用户能耗在线监测和自动调节。

第三十三条　供热企业应当建立健全安全生产责任制，对高温高压等重要供热设施，应当按照规定设置明显的安全警示标志。

供热企业应当对其负责管理的供热设施进行定期检查和维护，保证其安全稳定运行。检查和维护时，相关单位和个人应当予以配合。

第三十四条　供热企业应当制定供热事故抢险抢修应急预案，报供热主管部门备案。

供热企业发现供热事故或者接到供热事故报告后，应当立即组织抢险抢修，同时报告供热主管部门。

对影响抢修的设施，供热企业应当采取合理的应急处置和必要的现场防护措施，并及时通知有关单位和个人。供热企业可以先行组织施工，有关部门应当允许事后补办占道、道路开挖等审批手续。抢修期间，现场应当设置警示标志，采取安全措施，抢修结束后，应当恢复原状。

热用户自有供热设施发生漏气、漏水等紧急情况，给其他热用户正常用热造成影响，供热企业需要入户抢修作业的，相关单位和个人应当予以配合。

第三十五条　任何单位和个人不得实施下列危害供热设施安全的行为：

（一）破坏或者擅自改装、拆除供热管网、标志、井盖、阀门和仪表等供热设施；

（二）破坏或者擅自安装、拆卸、改装、干扰用热计量设施；

（三）利用供热管道或者支架悬挂物体；

（四）在规定的供热设施安全间距范围内，建设建筑物、构筑物、敷设管线或者种植深根植物；

（五）在规定的供热设施安全间距范围内，爆破、挖坑、掘土或者打桩；

（六）在规定的供热设施安全间距范围内，堆放垃圾、杂物、易燃易爆等危险物品，排放污水、腐蚀性液体或者气体；

（七）其他危害供热设施安全的行为。

第三十六条　建设工程施工可能影响供热设施安全的，建设单位或者施工单位应当向城建档案管理机构或者供热企业查明有关地下供热管线情况，与供热企业协商采取相应的安全保护措施。在施工中造成供热设施损坏的，应当立即通知供热企业修复，并赔偿损失。

第六章　投诉与争议处理

第三十七条　供热主管部门应当建立健全投诉与争议处理机制，公开投诉电话，受理有关供热质量、收费标准和服务质量等方面的投诉，并及时予以处理。

第三十八条　供热企业应当设立投诉受理机构，公开投诉电话。采暖期内安排人员二十四小时值守。

第三十九条 供热企业接到热用户投诉后,应当按照下列规定处理:

(一)对涉及供热设施漏气、漏水的投诉,应当在接到投诉后一小时内到达现场处理,并及时修复;

(二)对涉及供热温度等有关供热质量的投诉,在采暖期开始后十日内应当在接到投诉后五小时内到达现场处理;在采暖期的其他时间,应当在接到投诉后二小时内到达现场处理。

第四十条 供热期间,热用户认为室内温度不达标,可以向供热企业申请检测。供热企业应当在接到检测申请后二十四小时内安排现场检测。

检测时间为连续三天,每次检测时间应当在每天的6时至21时之间选择两个时间段,三天检测结果的平均值为热用户的室内实际温度。检测时应当在门窗正常关闭一小时以上的情况下,将计量器具置于被测房间中央距离地面一米处,计量器具的稳定读数为实际供热温度。检测数据一式两份,经供用热双方签字(章)确认。

热用户无正当理由拒不接受检测或者不在检测数据上签字,视为当日温度合格;供热单位未能及时检测或者拒绝检测的,视为当日温度不合格。

第四十一条 热用户对室内温度检测结果有异议,可以委托法定的鉴定机构进行检测,检测费用,由责任方承担。

第四十二条 热用户室内温度达不到规定标准属供热企业责任的,供热企业应当采取措施,保证供热温度达到规定标准。在供热温度达标前的期间,为温度不达标的天数,供热企业应当按照供用热合同约定减收或者免收热费,供用热合同未约定或者约定不明的,按以下规定执行:

(一)热用户室内温度在十六摄氏度以上、十八摄氏度(不含十八摄氏度)以下的,退还不合格天数收费额的百分之三十;

(二)热用户室内温度在十四摄氏度以上、十六摄氏度(含十六摄氏度)以下的,退还不合格天数收费额的百分之五十;

(三)热用户室内温度低于十四摄氏度(含十四摄氏度)的,退还不合格天数全部收费额;

(四)供热企业不按期限供热,应当按实际少供天数收费分摊比例的百分之百退还热用户热费;

(五)供热不合格天数的认定:从热用户向供热企业提出检测申请之日起至供热企业回测供热温度达到供热标准之日止。

相应热费的退还应当在每年采暖期结束后至5月31日前办理完毕。

第四十三条 供用热双方发生供热争议的,应当依据合同的约定进行协商;协商不成的,可以依法申请仲裁或者提起民事诉讼。

第七章 附 则

第四十四条 违反本条例的,按照《山东省供热条例》和相关法律法规规定进行处罚。

第四十五条 本条例自公布之日起施行。

三、滨州市城区道路管理条例

(2016年10月27日滨州市第十届人民代表大会常务委员会第39次会议通过 2016年11月26日经山东省第十二届人民代表大会常务委员会第二十四次会议批准)

第一章 总 则

第一条 为了加强城区道路管理,保障城区道路完好畅通,发挥城区道路功能,方便人民群众出行,促进经济和社会发展,根据《中华人民共和国道路交通安全法》《城市道路管理条例》等法律法规,结合本市实际,制定本条例。

第二条　本条例所称城区道路，是指城市规划区内供车辆、行人通行的道路、桥梁、隧道、涵洞及相关附属设施。

道路包括主干路、次干路、支路、街巷通道等。

桥梁包括跨河桥、立体交叉桥、人行天桥、人行地下通道等。

附属设施包括依附于城区道路的地下管廊（线）、排水管网、公共停车场、公共自行车站（点）、公交站（点）、出租车停靠点和交通安全、治安管理、环境卫生、城市照明、户外广告设施设备、专用建筑物、构筑物，以及相关的水系、绿地等。

第三条　本市城区道路的规划、建设、管理、养护和维修适用本条例。

第四条　市城市管理行政执法、公安机关交通管理以及住房和城乡建设、规划等行政主管部门按照各自职责，负责市城区道路管理工作。

县（区）人民政府确定的行政主管部门负责县（区）城区道路管理工作。

城区道路综合管理范围包括机动车道、非机动车道、人行道、路面边缘至现有合法建筑物之间的场地。

第五条　城区道路坚持统一规划、配套建设、协调发展和综合管理的原则。

第六条　市、县（区）人民政府应当将城区道路的规划、建设、管理、养护和维修等纳入国民经济和社会发展规划，所需资金列入财政预算予以保障。

第七条　市、县（区）人民政府应当经常进行城区道路管理法律法规的宣传教育，增强公民的遵法守法意识。

第八条　市、县（区）人民政府应当建立城区道路管理的考核机制，定期对城区道路管理工作进行考核、通报。

第二章　规划和建设

第九条　市、县（区）人民政府应当依据国民经济社会发展规划和城市总体规划，编制城区道路发展规划和年度建设计划。

城区道路发展规划应当包括附属设施专项规划。

第十条　新建、改建、扩建城区道路，应当符合国家有关技术标准、规范，并遵守下列规定：

（一）重点交叉路口设置展宽段；

（二）建设无障碍设施；

（三）在主干路过街人流、车流相对集中的区域建设人行过街设施；

（四）在主干道设置分向隔离护栏和机非隔离护栏。

具备条件的，应当采用节能环保类新技术、新工艺、新材料，建设人性化、智能化道路通行指挥系统和标识，规划和建设公共交通专用道、港湾式公共交通停靠站台和公共停车场。

第十一条　新建、改建、扩建城区道路及长途汽车站、火车站、大型居住中心、大型购物中心、大型文化娱乐场所、旅游景点和体育场馆等项目时，应当按照规划建设交通接驳站（点），并预留公共自行车服务网点设施建设用地和水、电、光纤接口。项目建成时，无偿提供公共自行车的配套场地。

第十二条　新建、改建、扩建、大中修城区道路确定设计方案前，建设单位应当书面征求规划、住房和城乡建设、城市管理行政执法、环境保护、公安机关交通管理等行政主管部门的意见。

第十三条　建设单位组织城区道路勘察、设计、施工、监理等参建单位进行竣工验收。验收合格，并经规划、环境保护、公安机关交通管理等行政主管部门认可后，依法向住房和城乡建设部门办理竣工验收备案。

第十四条　城区道路建设工程竣工验收备案后应当向行政主管部门办理建管交接。城区道路建设工程办理建管交接应当具备下列条件：

（一）道路及附属设施完好、齐全、整洁；

（二）施工机械设备、物料、工程暂设、临时围挡设施等全部撤离现场。

第十五条 城区道路建设工程未申报建管交接或者未完成建管交接的，由建设单位负责管理维护，并承担管理责任。

第三章 综合管理

第十六条 城区道路行政主管部门应当依法行使管理职能，加强城区道路综合管理，依照法定职权查处违反法律法规和本条例规定的行为。

第十七条 在城区道路范围内不得有下列行为：

（一）烧、砸、轧、刮和污损城区道路；

（二）向雨水排水设施及其他附属设施排放或倾倒污水污物；

（三）在道路规划红线范围内设置台阶、坡道；

（四）挪动、损毁道路附属设施；

（五）其他损害、侵占城区道路的行为。

第十八条 任何单位和个人不得擅自挖掘、穿越、跨越城区道路，因工程建设需要挖掘、穿越、跨越城区道路的，应当经行政主管部门批准，并承担道路修复费用。影响交通安全的，还应当征得公安机关交通管理部门同意；影响通行的，公安机关交通管理部门应当提前向市民公告并提供绕行建议方案。

新建、改建、扩建的城区道路交付使用后5年内、大修的城区道路竣工后3年内、同一道路地下相同管线建设竣工后3年内不得挖掘；因特殊情况需要挖掘的，须经市、县（区）人民政府批准。

埋设在城区道路下的管线发生影响公共安全或人身安全的故障需要紧急抢修的，可以先行破路抢修，同时报告行政主管部门，并在24小时内按照规定补办批准手续。

第十九条 任何单位和个人不得擅自占用城区道路，确需临时占用的，应当经行政主管部门批准。

临时占用城区道路的期限一般不得超过6个月。占用期满后需要继续占用的，占道单位或者个人应当在使用期届满30日前办理延期占用手续。

临时占用期满，占道单位或者个人应当及时清理占用现场，恢复原状。

第二十条 禁止占用城区道路作为集贸市场。

对本条例实施前已经占用城区道路的集贸市场，县（区）人民政府应当明确搬迁时限，逐步搬迁。

第二十一条 任何单位和个人不得擅自在城区道路上开设出入通道口。确需开设的，应当向规划部门提出申请，规划部门应当组织城市管理行政执法、住房和城乡建设、公安机关交通管理部门现场查勘，并按规定程序办理。

第二十二条 经批准占用、挖掘、穿越或者跨越城区道路的，应当按照批准的位置、面积、期限、用途组织施工。

第二十三条 城区道路施工现场，应当规范设置围挡设施、安全警示标志和公告牌等，并保持周边环境卫生。围挡设施应当按照规定设置公益广告。施工材料应当按照批准的位置堆放，弃土应当及时外运，保证道路畅通整洁。

第二十四条 在非机动车道、人行道及各类公共场所，应当在不影响正常交通秩序的前提下按照相关规定施划停车泊位、设置非机动车停放点。

未施划停车泊位的非机动车道和人行道禁止停放机动车。

第二十五条 驾驶人在道路停车泊位停放车辆，应当遵守下列规定：

（一）按照规定的时间停放；

（二）按照道路顺行方向停放；

（三）服从道路停车管理人员的指挥；

(四)因交通管制、现场管制、突发事件处置、应急抢险等特殊情况需要即时驶离车辆的,应当立即驶离。

第二十六条　机动车道、非机动车道内的停车泊位由公安机关交通管理部门进行管理,任何单位和个人不得擅自设置、撤除、占用。

路沿石至道路两侧现有合法建筑物之间场地的停车泊位由市、县(区)人民政府确定的行政主管部门管理。

第二十七条　各类行政事业单位办公场所的停车场应当允许在工作时间内办理事务的车辆免费停放。

第二十八条　公共自行车系统运营管理应当纳入政府购买服务。城市管理行政执法等部门应当加强对公共自行车系统运营管理企业的监督、管理。

第四章　养护和维修

第二十九条　负责城区道路及附属设施养护、维修的单位,应当严格执行养护、维修的技术规范,定期对城区道路及附属设施进行检查、养护和维修,确保正常使用。

第三十条　因交通事故造成道路及附属设施损坏的,公安机关交通管理部门应当通知道路及附属设施行政主管部门参与事故处理。

第三十一条　各类建设工程施工可能损坏或者污染城区道路及附属设施的,建设单位或者施工单位应当在开工前与行政主管部门签订道路保护协议。

因施工造成道路及附属设施损坏或者污染的,应当及时予以修复或者赔偿。

第三十二条　从事道路及附属设施养护维修和作业的专用车辆在城区道路行驶时,应当使用统一标志,停车作业时设置必要的警示标志,确保交通安全。

第三十三条　市、县(区)人民政府应当制定城区道路冬季除雪预案,辖区内的机关、企事业单位、人民团体、临街商户等在其管理及经营范围的责任区内,均有清除冰雪的职责。

第五章　法律责任

第三十四条　违反本条例规定的行为,法律、法规已作出处罚规定的,按照其规定执行;法律、法规未作出处罚规定的,按照本条例的规定执行。

第三十五条　违反本条例第十七条第一项的,由行政主管部门责令限期改正,并视情节按以下规定予以处罚:

(一)情节轻微的,予以警告;

(二)情节严重的,处以二千元以上一万元以下罚款;

(三)情节特别严重的,处以一万元以上二万元以下罚款。

第三十六条　违反本条例第十七条第二项的,由行政主管部门责令限期改正,并视情节按以下规定予以处罚:

(一)情节轻微的,予以警告;

(二)情节严重的,处以二百元以上一千元以下罚款;

(三)情节特别严重的,处以一千元以上二千元以下罚款。

第三十七条　违反本条例第十七条第三项的,由行政主管部门责令限期改正,逾期不改正的,予以拆除,并视情节按以下规定予以处罚:

(一)情节轻微的,处以二百元以上五百元以下罚款;

(二)情节严重的,处以五百元以上一千元以下罚款;

(三)情节特别严重的,处以一千元以上二千元以下罚款。

第三十八条　擅自占用城区道路摆摊设点、店外经营、堆放杂物或者从事生产、维修、加工等活动的,由城市管理行政执法部门责令限期改正,并视情节按以下规定予以处罚:(一)情节轻微的,予以警告;

(二)情节严重的,处以二百元以上一千元以下罚款;

（三）情节特别严重的，处以一千元以上二千元以下罚款。

第三十九条　违反本条例第二十一条，未经批准在城区道路上开设出入口的，由规划等有关行政主管部门责令限期改正，并视情节按以下规定予以处罚：

（一）情节轻微的，处以二千元以上五千元以下罚款；

（二）情节严重的，处以五千元以上一万元以下罚款；

（三）情节特别严重的，处以一万元以上二万元以下罚款。

第四十条　违反本条例第二十六条，擅自设置、撤除、占用机动车道、非机动车道内的停车泊位的，由公安机关交通管理部门责令改正，逾期不改正的，可以处五百元罚款。

第四十一条　违反本条例第三十三条，未按城区道路冬季除雪预案的要求履行清除冰雪职责的，由城市管理行政执法部门责令限期改正；逾期不改正的，予以通报批评，并对单位处以五千元以上三万元以下罚款，对个人处以二百元以上一千元以下罚款。

第四十二条　违反本条例规定，造成道路及附属设施损坏的，应当予以修复或者赔偿。

故意损坏城区道路、损坏或者盗窃附属设施的，由公安机关依法处理。

第四十三条　城区道路管理行政主管部门及其工作人员违反本条例规定，不履行法定职责、玩忽职守、滥用职权、徇私舞弊的，由其所在单位或者上级主管机关给予行政处分；构成犯罪的，依法追究刑事责任。

第六章　附　则

第四十四条　本条例自2017年1月1日起施行。

第二节　人民代表大会决定

一、关于坚持“五个统筹”，建设系统“九州”的决定

（2004年2月4日滨州市第八届人民代表大会第二次会议通过）

为深入贯彻落实党的十六届三中全会精神，促进我市经济和社会全面、协调、可持续发展，加快实施“追赶战略”，全面建设小康社会，特作如下决定：

一、坚持“五个统筹”，建设系统“九州”，是为全面建设小康社会实施的一项宏大的系统工程，是今后一个时期全市各级国家机关和全市人民的共同任务和目标。完成这一任务，要以邓小平理论和“三个代表”重要思想为指导，以深化改革为动力，以市强民富为目标，继续坚持“发展是主题，调整是主线，招商是重点，实干是关键，稳定是基础”的工作方针，解放思想，干事创业，求真务实，苦干实干，努力实现由“追赶战略”到“赶超战略”的转变，建设碧水绿荫生态园林型现代滨州。

二、坚持“五个统筹”，建设系统“九州”，其主要任务目标是：

（一）整体推进，建设小康滨州。按照全面建设小康社会总体要求，突出“一条主线”，强化“两大联动”，着眼“三个显著提高”，实现“四大目标”，加快工业化和城市化进程，建设市强民富的新滨州。

突出“一条主线”，坚持不懈地抓好结构调整。要坚持工业兴市，进一步调整产业产品结构，使三产比例达到全省平均水平。要坚持统筹协调发展，进一步调整区域结构，促强扶弱，促进全市平衡发展，实现共同富裕。要高度重视“三农”问题，进一步调整城乡结构，形成以工促农、以城带乡的城乡一体化发展机制。要进一步调整投资结构，重点向基础设施、工业项目、高新技术项目倾斜。要进一步调整所有制结构，大力发展非公有制经济。要进一步调整财税结构，提高地方财政收入。

强化“两大联动”，统筹城乡发展和区域发展。要通过城乡联动，加快中心城市、县城建设，扩大城市规模，完

善城市功能，增强吸纳、承载和辐射、带动能力，加快农民变市民步伐。加强中心城镇和乡村建设，突出科学规划和功能定位，实现农业人口就地转化。要通过南北联动，加强对区域发展的协调和指导，采取有效措施，促进黄河以南快速崛起，黄河以北加快赶上。重点支持强乡镇率先发展，帮扶弱乡镇转化升级，以强带弱，协调发展，着力提高乡镇财政收入，增强乡镇经济实力。

着眼"三个提高"，实现"四大目标"，促进全市经济社会和人的全面发展。要深化改革，加快发展，使全民生活水平、全民生活质量、全民整体素质显著提高。努力实现财政增长、农民增收、就业增加、城市增靓。使全市国内生产总值、地方财政收入、全社会固定资产投资、农民人均纯收入增幅高于全省平均水平。

（二）抢抓机遇，建设开放滨州。抓住新一轮国内外生产要素优化重组和产业转移的重大机遇，全方位多层次对外开放，构筑滨州大开放、大发展的新格局，把市场半径重点扩大到京三角、长三角、港澳台和日韩新。要继续开展全民招商引资，实现招商引资新突破。要积极引进国外先进设备、先进技术和关键工艺，提高我市工业装备水平、科技创新水平和产业产品档次。要学习掌握运用国际规则和惯例，引进先进的管理，改革思维方式、管理体制和运行机制，逐步建立起与国际接轨、运行高效、管理规范的管理体制和运行机制。要以开放的思维引进资本经营理念和现代产权制度，加快推进国有资本的退出和流动步伐，吸引外资和非公有资本等购买或参股国有企业。积极引入埠外金融机构进入滨州。要转变用人观念，改革用人制度，积极引进经济策划、企业管理、专业技术等高级人才。要进一步调整出口产品结构和市场结构，增大高附加值产品和特色资源产品出口份额。要鼓励优势企业直接参与国际竞争。要有组织地发展、扩大以劳务输出为重点的对外经济合作。要大力发展园区经济，集中膨胀纺织、化工、机械及汽车零部件、电力、农副产品加工、有色金属、造纸、高新技术等八大产业，形成具有滨州特色和竞争优势的现代工业体系。

（三）高点定位，建设生态滨州。牢固树立和认真落实全面、协调、可持续发展观，以循环经济发展理念为指导，建设以碧水绿脉新城为特色的中心城市和沿海、沿黄生态经济隆起带。要进一步完善城市规划，扩大城市规模，突出"四环五海"建设，尽快凸现大绿地、大水面、大空间城市特色，建成产业布局合理、基础设施配套、城市功能完善、人居环境优宜的中心城市。南部沿黄生态科技产业示范带，要积极承接胶济经济带的辐射，建设高新技术产业区、专业市场区和鹤伴山、麻大湖等区域性生态旅游观光区。要按照"绿色、无公害"的要求，发展特色农业、优质农业。北部黄河三角洲沿海（盐碱型）生态科技产业开发带，要按照循环经济模式，实施经济与国防、内陆与海洋综合开发，规划建设贝砂带和徒骇河畔、碣石山等旅游开发区，水产、盐和化工建设区，湿地芦苇、芦竹生态建设区，枣梨经济林建设区，中低产田改造建设区，防潮大堤区。近期内要重点抓好控制性工程建设和生态科技项目的论证。尽快形成以京三角经济技术圈辐射为主的环渤海链条型生态经济开发带，建成黄河三角洲开发的民心工程。

（四）塑造形象，建设诚信滨州。倡导诚信理念，增强诚信意识，政府、企事业单位和个人都要把诚实守信作为基本行动准则。要努力建设以道德为支撑、产权为基础、法律为保障的社会信用制度。按照完善法规、特许经营、商业运作、专业服务的方向，加快建设企业和个人信用服务体系。尽快完善信用监管制度和失信惩戒制度。

要以银企联合为突破口，开展重合同、守信用活动。建立和完善担保、典当机制，确保金融安全运行。要认真改善投资环境，清理压减收费项目，取消市及市以下设立的收费项目，省以上的收费项目按下限收取。继续整治"三乱"，完善外资企业保护制度和投诉制度，健全合同的公证、评价仲裁体系，努力建设诚信企业、诚信政府、诚信社会。要推行全面质量管理，加快标准化体系建设，提高产品质量、工程质量和服务质量。大力发展品牌经济。

（五）增创优势，建设科教滨州。坚持经科教统筹发展，大力实施科教兴滨战略。要瞄准国内外先进目标，推进科技创新，培育高新技术产业，构筑后发优势。要加快高起点、高技术、高效益项目的引进、开发，尽快形成产业规模，重点抓好一批重大技术创新项目的实施。要加快科技创新体系建设，发挥企业科技创新主体作用。要加大骨干企业技改投入，积极开发具有自主知识产权的专利技术，提高传统产品的科技含量。要加大政府对科技推广的扶持力度，健全完善科技推广网络，发展科技中介服务组织，鼓励科技人员走向市场，领办创办科技企业和服务组织。要制定优惠政策，鼓励海外学子来我市创办高新技术创业园。要建立科技风险基金，完善科技投融资机制。要认真贯彻《义务教育法》，进一步夯实教育基础。大力发展高等教育，建设工业工程和软件开发学院。积极引进外地院校和外资办学，鼓励兴办民办院校。要坚持三教统筹和产科教结合，全面推进素质教育，加强职业教育和培训，提高全民的科学文化素质。

（六）广蓄博揽，建设人才滨州。坚持党管人才的原则，牢固树立人才是第一资源的观念，广拓渠道育人才，不拘一格选人才，海纳百川引人才，放心大胆用人才，努力构筑建设现代滨州的人才高地。要坚持尊重知识、尊重人才的原则，着重抓好高层次、复合型、专家型人才的培养、引进和使用，保证其优惠待遇。要完善激励机制，建设好三支人才队伍（党政人才、企业经营管理人才、专业技术人才）。要建立重点领域、重点产业、重点项目技术带头人培养、引进和使用机制，实行公平竞争，尊重知识产权，鼓励技术创新。

（七）齐抓共管，建设文明滨州。坚持社会主义物质文明、政治文明和精神文明协调推进，把渤海黄河传统文明和现代文明相结合、本土文化和外来文化相结合，塑造体现厚重的历史感和强烈的时代感相统一、昂扬向上、团结奋进的滨州文明。要大力推进政治文明建设，坚持和完善人民代表大会制度，保证各级人民代表大会及其常委会依法履行职能，保证决策更好地体现人民的意志。要坚持和完善中国共产党领导的多党合作和政治协商制度，充分发挥民主党派、专家学者等参政议政的作用。要加强基层民主政治建设，丰富民主形式，扩大群众有序的政治参与。坚持和完善基层民主选举、民主决策、民主管理和民主监督制度，切实加强廉政建设。要完善以职代会为主要内容的企业民主管理制度，支持人民群众充分行使当家作主的权利。要把贯彻实施《公民道德建设纲要》与总结提炼“老渤海精神”、“新滨州精神”结合起来，倡导诚实守信、勤劳敬业、互助友爱、奉献社会的社会主义市场经济道德价值观。要重点规划建设一批文化娱乐和体育设施。积极开展群众性体育活动，努力争创体育工作先进市。要加强公共卫生管理体系建设，着重抓好提高医疗救治、环境卫生和疾病预防控制体系建设。要积极推进文化、旅游产业化，大力弘扬孙子文化，打造滨州文化特色的旅游产业。要做好文体事业与经济的对接，整合资源，提升层次。

（八）强基固本，建设民本滨州。认真实践执政为民的要求，重民、爱民、亲民、安民、利民、富民，建设经济富庶、政治开明、自由和谐的民本社会环境。要坚持“权为民所用，情为民所系，利为民所谋”，始终把群众利益放在第一位，扎扎实实为群众办实事。要健全社会保障体系，认真落实“两个确保”、“一个低保”和“三条保障线”制度，扩大养老保险和失业保险覆盖面，加快企事业单位医疗保险制度改革，尽快建立健全农村合作医疗保障体系。要抓好就业再就业工程，努力增加就业岗位。要深化农村税费制度改革，加快农村义务教育体制等配套改革，切实减轻农民负担。要加大土地征用监管力度，依法保护企业和农民群众的切身利益。要做好扶贫帮困工作，高度关注失业人员、贫困人口、受灾群众等弱势群体。要抓好人口与计划生育工作，维护好妇女儿童的合法权益。要放开胆子，放宽政策，放宽市场准入，广开融资渠道，改善市场环境，提供优质服务，营造民营经济发展的良好环境。要发动城镇居民和失业人员自主创业，大力发展个体私营经济。要鼓励各级各类人员领办、创办、帮办民营企业。要扶持规模以上民营企业提质扩量，做大做强。要大力招商引资，积极引进国内外知名民营企业进驻滨州。

（九）依法治市，建设平安滨州。要紧紧围绕完善社会主义市场经济体制，全面建设小康社会的要求，全力维护政治领域、经济领域、社会领域的稳定，努力实现“三个七”（七个零指标，七个较低，七个位居前列）的工作目标。要大力加强新形势下的对敌斗争，坚持“严打”方针不动摇，重点打击爆炸、杀人、绑架等严重暴力犯罪，黑恶势力犯罪，盗窃、抢夺、抢劫等侵财性犯罪，切实保持对刑事犯罪的高压态势。要规范市场经济秩序，打击欺行霸市、假冒伪劣、强装强卸等扰乱市场的行为。要坚持“打防结合，预防为主”的方针，加强社会治安综合治理，推进社会治安防控体系建设。要切实加强城乡基层组织、乡镇（街道）综治办、派出所、法庭、司法所、人民调解委员会以及社区、村（居）的基层政法综治组织建设。要建立健全“严打”整治长效机制，社会治安防控机制，矛盾纠纷排查调处机制，社会治安形势和不稳定隐患评估机制，突发性、群体性事件预警和处置机制，重大责任事故追究机制。要健全完善决策目标、执行责任、考核监督三个体系，实行社会治安综合治理黄牌警告和一票否决制。要深入开展普法教育，提高全民法治意识。要广泛深入地开展全民国防教育和双拥共建活动，增进军政军民团结，完善国防动员机制，加强人民防空、交通战备和民兵预备役建设。要加大执法力度，提高依法行政、公正司法的能力和水平，确保法律法规的有效实施，维护法制的统一与尊严。要以解决群众反映的突出问题为重点，加大反腐倡廉工作力度。要从严治标，着力治本，坚决查办违纪违法案件，认真纠正损害群众利益的不正之风。要按照"为民、务实、清廉"的要求，坚持不懈地抓好执法队伍建设，努力造就一支政治坚定、业务精通、作风优良、执法公正的队伍。

三、根据以上任务目标，市政府及其有关部门，市中级人民法院，市人民检察院要分别制订实施意见，切实抓好各项任务目标的落实。

各级人大常委会要创造性地开展工作，对坚持"五个统筹"，建设系统"九州"工作经常进行监督检查。要听取政府、法院、检察院有关工作汇报，要组织代表、委员督促检查工作开展情况和任务落实情况，以保证系统"九州"建设的健康顺利进行。

二、关于进一步解放思想　改进作风　创新实干　科学发展　在新起点上实现富民强市新跨越的决定

（2008 年 7 月 9 日滨州市第九届人民代表大会第二次会议通过）

为认真贯彻党的十七大和省九次、市七次党代会精神，深入落实科学发展观，进一步解放思想，改进作风，创新实干，科学发展，在新起点上实现富民强市新跨越，特作如下决定。

一、进一步解放思想，再掀科学发展新高潮

近年来，全市上下以解放思想为动力，深入贯彻落实科学发展观，坚持"30 字"工作方针，大力实施追赶赶超战略，滨州经济社会有了长足发展，城乡面貌和人们的精神状态发生了深刻变化，人民生活水平不断提高，主要经济指标连续多年保持较高增幅，在全省位次有所提升，形成了一整套符合科学发展观要求、符合滨州实际的思路决策，滨州发展已经站在了一个新的历史起点上。

但是，面对落实科学发展观的新要求，面对国内外形势的新变化，面对各地竞相发展的新态势，我市目前还存在许多不合时宜、影响发展的问题，特别是思想观念、工作作风等方面的问题还比较突出，只有通过开展新一轮解放思想大讨论活动，才能闯出新路子、实现新跨越。不同的时期、不同的形势，解放思想的内容和任务也不一样。当前及今后一个时期，我市干部群众在思想观念上要重点"克服三种情绪，增强三种意识"：

（一）克服歇气松劲情绪，切实增强危机意识。近年来我市自己同自己相比，确实发展较快、变化很大。面对过去的成绩，一些干部群众沾沾自喜，自我感觉良好，骄傲情绪滋生，忧患意识淡薄了，进取精神削弱了，等待观望、歇气松劲的思想逐步蔓延，成为制约我市在新起点上实现又好又快发展的一大思想障碍。要充分认识到，我市正处在承前启后、继往开来、负重爬坡、追赶赶超的关键时期，正面临着国家宏观调控趋紧、传统发展模式难以为继的严峻形势，面临着现有的基础和位置还不稳固、标兵渐远、追兵逼近的竞争态势，面临着推进重大基础设施建设和改善民生的双重任务，不进则退，小进也会退，稍有松懈就可能掉队落伍。要克服小成即满、小富即安，自我陶醉、歇气松劲情绪，迅速从滨州发展挺快、已经不错的感觉中解放出来，进一步增强危机意识、忧患意识和紧迫意识，时刻以一种决战状态、冲刺劲头、拼搏精神，自我加压、迎难而上，疾步追赶、奋勇争先，再掀科学发展的新高潮。

（二）克服畏难发愁情绪，切实增强创业创新意识。面对复杂的宏观形势和发展稳定的艰巨任务，干部群众

中艮难发愁，束手无策，安于现状，因循守旧，不想干、不敢干、不会干的问题日益突出。在当前各种制约因素日趋增多的情况下，不敢创新、不愿创业，就没有出路。要切实增强开拓创新、艰苦创业意识，进一步树立“有为”思想，服务于滨州发展，执着于干事创业，把精力和聪明才智全部集中到富民强市上来；进一步树立“敢为”思想，大力弘扬敢冒、敢试、敢为人先的创新精神，克服那些妨碍发展的思维习惯和定势，改变那些束缚发展的做法和规定，革除那些影响发展的体制弊端，激发全民创业热情，激活各类创业主体，放手让一切促进科学发展的活力竞相迸发；进一步树立“善为”思想，坚决执行宏观调控，积极适应宏观调控，向市场机制要办法，向改革创新要出路，更加有效地解决新问题，化解新矛盾，推动新发展。

（三）克服急功近利情绪，切实增强打基础增后劲意识。当前，有些干部在发展问题上存在着急功近利情绪，具体表现为重“显绩”不重“潜绩”，重个人不重群众，重眼前不重长远等。要克服这种急功近利情绪，坚持以科学发展观引导正确政绩观，把政绩切实建立在经济社会发展需要上，建立在符合最广大人民群众的根本利益上，从思想上摆正政绩与职位、事业与利益、“显绩”与“潜绩”的关系，做到干工作，事业为先，惠民为重，不以个人升迁进退为标准，搞形式主义的“虚假”政绩；抓发展，夯实基础，注重“潜绩”，不以浪费资源、牺牲长远利益为代价，搞粗放增长的短期政绩；搞建设，科学布局，注重实效，不以漠视民生、牺牲群众利益为代价，搞劳民伤财的泡沫政绩。在发展实践中，提高科学性、减少盲目性、克服片面性、注重长远性，努力创造出经得起实践检验、群众检验、历史检验的真正业绩。

二、进一步创新实干，努力推动经济社会又好又快发展

创新是推动发展的不竭动力。面对新形势、新挑战、新任务，要勇于探索，善于创新，不断用新思路、新举措、新机制去破解难题，以创新求突破，以创新促发展。

（一）创新发展思路，努力把科学发展观贯穿发展的全过程

要坚持继承性和创新性相统一，在继续坚持“30字”工作方针，坚持“夯实基础，埋头苦干，调整提升，巩固完善”总体要求的前提下，不断创新发展思路和理念，使之更加符合滨州实际、更加符合科学发展观要求。

1. 坚持好字优先、好中求快。我市既面临着扩大总量、加快赶超的艰巨任务，更面临着结构不合理、效益不高、节能减排的巨大压力。必须强化科学发展意识，正确处理好与快的关系，坚持好字优先、好中求快、又好又快，更加有效地转变经济发展方式，加快推进工作指导转变，防止盲目追求快而忽视质量、忽视效益，防止片面强调好而降低目标、放慢速度，努力实现发展速度、质量、效益、后劲的统一。

2. 坚持统筹兼顾、全面发展。牢固树立“五个统筹”理念，按照经济、政治、文化、社会建设“四位一体”总体布局，坚持统筹兼顾、整体推进，努力做到改革发展稳定相协调，经济与社会发展相协调，人口资源环境相协调。要立足当前，着眼长远，科学规划、统筹规划、超前规划，既要把当前工作做好，又要把长远事情做对，多为后人打基础，不为后人留包袱。要更加注重节能减排，大力发展循环经济，努力建设资源节约型、环境友好型社会。

3. 坚持以人为本、改善民生。要解决好为谁发展的问题，始终坚持一切为了群众、发展成果由人民群众共享，最大限度地实现好、维护好、发展好群众的根本利益。要解决好靠谁发展的问题，坚持一切依靠群众，尊重群众的首创精神，鼓励、支持、帮助全民创业，最大限度地调动好、发挥好、保护好群众的发展积极性，齐心协力谋发展，团结一致促和谐。

（二）创新发展举措，积极探索推动科学发展的新方式

1. 善于通过结构调整提高发展的质量和效益。经济结构不合理是制约我市科学发展最为突出的问题，加快结构调整是一项紧迫而艰巨的任务。必须坚持把调整结构作为转变发展方式、推动科学发展的核心手段，坚持抓二产带一产促三产，推动产业优化升级，在结构优化中提高经济发展的质量、效益和竞争力。要调优调特农业，大力发展特色农业、现代农业、生态农业，培植壮大农业龙头企业，培育农业名优特品牌，大力发展现代循环农业产业化，全面提升农业的综合生产能力、农民的综合致富能力和农村的综合发展能力；做大做强工业，坚持“工业兴市”不动摇，坚持走新型工业化道路，抓好一批支柱产业、一批大型企业集团、一批知名品牌，尽快构筑起

支柱产业优势明显、骨干企业地位突出、中小企业蓬勃发展的工业新格局；搞快搞活服务业，切实抓好10个重点城区、20个重点服务业园区、30个重点服务业项目建设，同时继续做好企业二三产业分离工作，进一步壮大地方财力。要树立"今天的投资结构就是明天的经济结构"的理念，坚持以优化投资结构为先导，突出重点、区别对待、有保有压，把资金重点投向符合国家产业政策、效益好、耗能小、无污染的项目，投向高新技术产业、先进装备制造业、现代服务业、社会事业项目，以科学投入带动结构调整。要突出抓好大工程大项目建设，真正在大工程、大项目建设上有大突破、见大成效，增强发展后劲。

2. 善于利用市场手段破解发展难题。当前我市发展面临着许多困难，最突出的是资金、土地、人才三大瓶颈制约，必须下大气力解决。一是着力破解资金制约。要变"有多少钱干多大事"的旧观念为"干多大事筹多少钱"的新理念，树立现代资本观、生产观和消费观，善于用市场经济的手段融通资金，用创新的办法破解难题。要善于整合、吸引各类要素，加大招商引资力度，内资外资民资一起引，提高利用外资的规模和质量。进一步加大资本市场融资力度，大力培植上市企业资源，通过境内外上市等多种渠道，加快优势企业的上市步伐。要通过向上争取、银行贷款、市场运作、BOT等多种形式，筹集资金，加快推进重大基础设施建设。二是着力破解土地制约。按照"挖掘增量、盘活存量、提高容量"的要求，采取清理闲置土地、运作储备土地、开发利用废弃土地等手段，盘活存量建设用地；制定提高土地容量的政策措施，进一步提高土地集约利用水平。三是着力破解人才制约。既要鼓励全民创业、能人创业，培养壮大企业经营管理、专业技术和高技能人才队伍，又要实行柔性人才政策，吸引更多的高层次人才到我市投资兴业、发挥作用，进一步壮大各类人才队伍。

3. 善于运用城乡统筹理念推进城镇建设。在城市，围绕打造"四环五海、生态滨州"的目标定位，坚持新城区建设和老城区改造并举，政府引导和市场化运作相结合，高起点规划、高标准建设、高效能管理、高水平经营，以城养城、以城建城、以城兴城，加快城市基础设施建设，不断完善城市功能，提升城市档次和水平。在乡村，围绕打造"粮丰林茂、北国江南"的目标定位，坚持以城带乡、以工促农，深入实施"七个一批"工程（一批龙头型企业、一批专业乡镇、一批标准化基地、一批服务型市场、一批合作型经济组织、一批基础性工程、一批示范型新村），继续实施好林水会战，大搞农田水利建设，大搞路域综合整治，扎实推进新农村建设。要做大做强县域经济，引导县区因地制宜，发挥优势，走经济特色化、产业规模化的路子。继续实施突破阳信、惠民战略，促进区域经济协调发展。

4. 善于借助园区载体培植新经济增长点。坚持把北海新区作为扩大开放的大战场、项目建设的大载体、要素集聚的大平台，放在更加突出的位置，举全市之力把北海新区规划好、建设好。把编制完善各类规划、加快基础设施建设、整合土地资源、扩大招商引资作为当前工作的重点，特别是进一步加快港口、疏港公路、铁路等重大基础设施建设，力争通过几年努力，尽快把北海新区建成黄河三角洲开发和山东"北翼"发展的开放先行区、改革试验区、产业聚集区和生态示范区。同时，继续完善提升8个省级经济园区和1个省级高新技术产业开发区，进一步理顺体制、转换职能、强化管理，切实增强对项目、资金、技术、人才的吸引力、承载力和聚集力，打造经济增长的新优势。

5. 善于采取综合措施促进社会和谐稳定。坚持从解决群众最关心、最直接、最现实的利益问题入手，顺应民意，突出民生，注重民权，千方百计为群众办实事、做好事。大力发展教育、科技、卫生、文化、体育等各项社会事业，不断满足人民群众多方面的需要。深入推进"平安滨州"建设，维护社会的公平正义，持续开展"严打"整治斗争，加强社会治安综合治理，进一步解决影响人民群众安全感的突出治安问题，特别注意做好奥运会期间的安全保卫工作。高度重视信访问题，坚持"民主议政日"、"联合接访日"、"社情民意日"相结合，畅通群众利益诉求渠道，切实做好矛盾化解工作。进一步加强全民国防教育，巩固全国双拥模范城成果，充分发挥民兵预备役在经济建设和社会发展中的重要作用。进一步加大对安全生产的监管力度，坚决防止重大安全事故发生，确保人民群众生命财产安全。

（三）创新工作机制，进一步激发推动科学发展的新动力

1. 健全完善工作推进机制。要按照决策目标项目化、执行责任具体化、考核监督制度化要求，健全完善细分工、严考核、硬约束、重激励的工作推进机制，彻底解决抓得不死、执行不力、落实不到位的问题。要进一步落实集体领导与分工负责相结合的工作机制，重大决策、重大事项集体讨论决定，一经决策就要按照职责分工，坚定不移地抓好落实。要落实重点工作分工责任制，把各项重点工作进一步分解细化，明确分工，落实到每个单位和每个人，务求每项工作都有人负责、有人落实。要进一步完善领导、专家、群众相结合的决策机制，专业性、技术性比较强的决策，要认真听取专家意见，涉及重大公共利益和人民群众切身利益的，要向社会公开，广泛征求群众意见。

2. 健全完善干部选用机制。要进一步树立正确的用人导向，完善选人用人机制，把领导评价、组织考察与群众评议结合起来，让事业选择人、凭实绩用干部，重用能干事、干成事、有实绩的干部。对为发展敢闯敢干、敢担责任的干部，要给予鼓励和支持；对为工作、为事业而出现不足和失误的干部，要给予宽容、理解和帮助；对那些不干事、干不成事甚至闹不团结、搞内耗耽误事的干部，要及时调整，切实把各级干部的精力真正集中到抓发展、干事业上来。

3. 健全完善考核评价机制。进一步改进干部考核评价的措施和办法，突出抓好改进和完善考核评价内容、考核评价方法和考核评价结果运用三个关键环节，不断健全和完善体现科学发展观要求的政绩考核评价体系，使考核工作更科学合理，更能客观公正地反映工作实际。进一步突出考核的针对性、导向性，更加注重自主创新、质量效益、节能环保，更加注重保障改善民生、促进社会和谐稳定，更加注重重点工作、重点任务和重大项目建设等方面的考核，使考核成为推动工作的有力抓手。

三、进一步改进作风，切实优化发展环境

发展的关键在环境，环境的好坏关键在干部、在干部的作风。必须把干部队伍作风建设作为优化发展环境的首要任务，持之以恒地抓紧抓好。当前最紧要是“解决三个问题，大兴三种风气”：

（一）着力解决工作不到位问题，大兴埋头苦干之风。要解决一个“实”字，说实话、办实事、求实效；要突出一个“干”字，少说多干，埋头苦干，只干不说；要追求一个“新”字，有新境界、新思维、新业绩。要切实解决责任心缺失、不愿负责、不敢负责、怕得罪人问题，倡树在其位、谋其政，敢于负责，敢于碰硬的风气；解决工作作风漂浮、揽功诿过、避重就轻、避难就易问题，倡树亲历亲为，深入基层、深入群众，化解矛盾，解决问题的风气；解决工作境界低、标准低、只求过得去不求做得好问题，倡树提升境界，提高标准，比学赶超，争创一流的风气，引导广大干部群众把全部热情和干劲都倾注到推动科学发展上。

（二）着力解决服务缺位问题，大兴优质高效服务之风。要切实解决部分部门单位中存在的门难进、脸难看、服务不优、上通下阻、上热下冷的问题，大力提倡热情服务，主动服务，优质服务；解决办事慢、办事拖、办事板的问题，大力提倡高效服务，快捷服务，灵活服务，努力营造企业舒心、群众满意的政务服务环境。切实加强政府自身建设，进一步转变政府职能，提高行政效率，加快行政审批制度改革，少干预、多服务，少限制、多支持，努力建设人民满意政府。积极营造尊重企业家的社会环境，进一步增强亲商、安商、扶商的意识，真心诚意帮助支持企业家，千方百计为企业排忧解难，让企业家感到在滨州投资舒心、安心、放心。加强诚信体系建设，重操守、讲诚信，言必信、行必果，建立守信褒奖、失信惩罚制度，努力打造“诚信滨州”。

（三）着力解决职能越位问题，大兴依法行政之风。要解决个别部门利益至上、随心所欲、阳奉阴违、吃拿卡要等行政行为不规范问题，大力倡导依法行政之风，严守法纪、严格自律，秉公用权、廉洁从政，树立为民、务实、清廉的良好形象。严格整治执法环境，坚持文明执法，寓管理、执法于服务之中，严禁乱收费、乱罚款、乱摊派，严禁吃拿卡要、徇私舞弊，严禁强迫企业接受指定服务，全面清理、严肃处理侵害群众和企业合法权益的不良行为。进一步完善行政许可、行政审批、行政执法等部门工作人员的行为规范，完善对渎职侵权等行为的责任追究制度，最大限度地减少行政干预，防止公权滥用，真正做到依法行政，按规办事，努力营造良好的发展环境。

站在新起点，实现新跨越，任务艰巨，使命光荣。全市人民一定要更加紧密地团结在以胡锦涛同志为总书记的党中央周围，在省委、省政府的坚强领导下，深入落实科学发展观，解放思想，凝心聚力，为建设民富市强、文明和谐的现代滨州而努力奋斗！

三、关于加快依法治市进程，推动滨州科学发展追赶超越的决定

（2013年3月31日滨州市第十届人民代表大会第三次会议通过）

为深入贯彻落实党的十八大精神和习近平总书记在中央政治局第四次集体学习时的重要讲话精神，进一步以法治凝聚改革共识、规范发展行为、促进矛盾化解、保障社会和谐，提高依法治市水平，加快推动滨州科学发展、追赶超越，作出如下决定。

一、进一步强化依法治市意识

1.深刻认识依法治市的重要性。党的十八大把政治建设摆在了更加突出的位置，对依法治国提出了一系列新目标、作出了一系列新部署。习近平总书记在中央政治局第四次集体学习时强调，“坚持依法治国、依法执政、依法行政共同推进，坚持法治国家、法治政府、法治社会一体建设，不断开创依法治国新局面”。这充分体现了中央对政治建设的高度重视和依法治国的坚定决心，为我们推进依法治市指明了方向。全市各级一定要深刻领会和准确把握党的十八大提出的新要求和习总书记的重要讲话精神，充分认识到依法治国是党治国理政的基本方略，依法治市是滨州科学发展、追赶超越的时代要求，牢固树立法治意识、强化法治理念，在建设生态美丽幸福新滨州的伟大实践中，始终坚持依法执政、依法行政、依法治市，为加快滨州科学发展、追赶超越提供强有力法治保障。

2.切实增强依法治市的自觉性。要充分认识到全面建成小康社会对依法执政、依法行政、依法治市提出的新要求；充分认识在新形势下，加快推进依法治市、建设法治滨州的紧迫性、必要性，着力克服和解决部分干部群众法制观念不强、法律意识淡薄、政策界限模糊等问题。各级干部要带头学法、懂法、守法、用法，不断增强法治意识，提高依法行政、依法办事的自觉性，加快推进发展理念、发展方式转变，保证经济、政治、文化、社会、生态等各项事业在法治的轨道上运行。

3.准确把握依法治市的原则。要坚持党的领导，把党的领导贯穿于依法治市的全过程。坚持法律至上，牢固树立任何组织和个人都要在宪法和法律范围内活动的观念。坚持服务大局，为科学发展、追赶超越提供法治保障，积极推进改革发展稳定各项任务完成。坚持以人为本，牢固树立一切权力属于人民的观念，尊重和保障人民群众的各项民主权利，促进和谐社会建设和人的全面发展。弘扬法治精神，注重运用法治思维和法治方式深化改革、化解矛盾、保证公平、维护稳定，不断增创科学发展新优势。

二、坚持依法有序推动科学发展

4.坚决执行党的方针政策和国家法律法规。要不折不扣地贯彻执行党的大政方针和国家法律法规，不折不扣地贯彻执行上级政策要求，决不允许以创造性开展工作为由，在贯彻执行中央决策部署上打折扣、做选择、搞变通。要防止、克服地方和部门保护主义、本位主义，决不允许“上有政策、下有对策”，决不允许有令不行、有禁不止。要进一步强化法律意识和政策观念，坚持用法治的思维和方法解决发展中的困难和问题，尤其在土地使用、环境保护、节能减排等方面，要严格执行法律法规和政策规定，不能违犯政策、违规操作。

5.深入落实科学发展观。把贯彻落实科学发展观作为依法治市的重要内容和依法执政的首要任务，尽快摆脱旧有思维方式的束缚和发展路径的依赖，正确把握加快科学发展的方向和重点。更加重视质量和效益，加快促进经济增长由主要依靠投资拉动向依靠消费、投资、出口协调拉动转变，由主要依靠物质资源消耗向依靠科技进步、劳动者素质提高和管理创新转变。更加重视生态建设，牢牢把握“黄蓝”两区开发建设对发展高效生态经济的第一要求，决不能以牺牲环境和浪费资源为代价谋求发展。更加重视改革创新，把改革的力度、发展的速度、社会可承受的程度和人民群众的满意度有机地结合起来，不失时机地依法推进重要领域和关键环节的改革。更加重视改善民生，把保障和改善民生作为一切工作的出发点和落脚点，着力促进群众增收，完善社会保障，维护公平正义，让人民安居乐业，共建共享改革发展成果。

6. 坚持依法科学民主决策。依法执政是依法治市的前提。要充分依靠党委总揽全局、协调各方的领导核心作用,严格执行民主集中制,健全完善科学决策、民主决策、依法决策机制。要规范决策程序,健全完善重大问题集体决策、重大项目专家咨询、重大决策法律咨询以及社会公示、群众听证等制度,不断完善重大问题公众参与、专家论证、风险评估、合法性审查和具体讨论决定相结合的决策程序。探索建立决策跟踪反馈、决策监督和决策责任追究制度。

三、全面提高依法行政水平

7. 加快法治政府建设。各级政府要按照合法行政、合理行政、程序正当、高效便民、诚实守信、权责统一的要求,行使权力,履行职责,承担责任,积极推进权力运行法律化、公开化、规范化。大力推进政务公开,依法、及时、准确、全面公开群众关心的政府信息。完善质询、问责制度,强化审计、监察工作,面向网络、面对媒体,公开承诺,接受社会监督、群众质询,让权力在阳光下运行。把从严治政、廉洁从政要求落实到政府工作的各个环节,严守政治纪律,把住廉政底线,切实做到干部清正、政府清廉、政治清明。

8. 深化行政体制改革。结合中央大部制改革,深化行政体制改革,对职责交叉、机构重叠的部门进行整合,进一步转变职能、提高效能,把政府的主要工作转到服务上来。坚持向市场放权、向社会放权、向地方放权,积极推进政企分开、政资分开、政事分开、政社分开。深化行政审批制度改革,加快网上审批进程,提高行政审批效率。坚决取消那些没有法律法规依据、不按法定程序设定的登记、年检、认定、审定等非行政许可审批。严格实行重大项目行政审批、施工、资金投入相互隔离,坚决打击以权谋私、执法不公、部门牟利等行为。深化公共资源交易改革,规范市公共资源交易中心运营,提高社会管理和公共服务的效率、质量和效益。深化财政体制改革,探索“政府投资项目代建制”,实行投资、建设、管理职能分离,提高政府投资效益。完善“公共服务购买制”,建立“政府引导、企业为主、市场运作”供给模式,提高政府投资的质量和效益。

9. 规范行政执法行为。转变行政执法理念,推进执法方式创新,建立权责分明、行为规范、监督有效、保障有力的行政执法机制。深入推进综合行政执法,减少执法层级,提高基层执法能力。完善相对集中行政处罚权制度。深入推进执法责任制标准化建设,科学界定执法职责、岗位、程序,努力实现“标准化管理、规范化执法”。健全行政裁量权基准制度,严格规范裁量权行使。建立完善依法行政工作规范制度,严格准入制度、岗前培训制度,推行服务承诺、首问负责、限时办结工作制度,严格错案责任和违规执法追究制度。

四、营造有利于科学发展追赶超越的法治环境

10. 深入开展法制宣传教育。认真落实《滨州市 2011－2015 年依法治市规划》,扎实推进《滨州市“六五”普法规划》的实施,积极开展法律进机关、进乡村、进社区、进学校、进企业、进家庭“法律六进”活动。大力开展依法治市、依法治县(区)创建活动,抓好基层和行业的普法教育工作,坚持用社会主义法治精神引导全体人民遵守法律、有问题依靠法律来解决,依法维护社会秩序,形成守法光荣的良好氛围。

11. 切实维护法律权威和尊严。尊重宪法和法律的权威地位,加强宪法和法律的实施,严格执法、公正司法、全民守法,努力营造人们不愿违法、不能违法、不敢违法的法治环境。坚持有法必依、执法必严、违法必究,维护社会主义法制的统一、尊严、权威。坚持法制教育与法治实践相结合,依法治市和以德治市相结合,把法治建设和道德建设紧密结合起来,把他律和自律紧密结合起来,广泛开展依法治理活动,提高社会管理法治化水平。

12. 坚持公正司法、为民司法。积极推进司法改革,保证公正司法,防止以权压法。创新和完善司法调解机制,提高法律服务水平,推进“法律顾问全覆盖工程”,加大对困难群众维护合法权益的法律援助。改进司法工作作风,规范司法行为,加大司法公开力度,切实解决好老百姓打官司难问题,使每一个司法案件都能让群众感到公平正义,依法维护人民群众的合法权益。依法规范市场经济秩序,维护市场主体合法权益。加强对执法活动的监督,坚决排除对执法活动的非法干预,坚决惩治和杜绝司法腐败现象。

13. 健全完善监督机制。强化人大监督,完善“一府两院”向人大及其常委会报告制度,健全对行政执法和司法机关评议制度、人大代表视察制度。强化行政监督,确保依法行政。强化民主监督、舆论监督和社会监督,确

保文明执法、严格执法、公正执法。

14. 加强和创新社会管理。更加注重运用法律手段妥善协调各方面利益关系，加强矛盾纠纷排查调处，解决信访突出问题。以扩大有序参与、加强议事协商、强化权力监督为重点，拓宽基层民主范围，丰富基层民主内容，保障人民群众享有更多更切实的民主权利。充分利用市长公开电话、行风热线、网络媒体的平台，完善人民调解、行政调解、司法调解联动的工作体系，畅通和规范群众诉求表达、利益协调、权益保障渠道。深化平安滨州建设，加强社会治安综合治理，依法防范和惩治违法犯罪活动，切实增强人民群众的安全感。加快依法治市进程，推动科学发展、追赶超越，是全市上下的共同责任和一致期望。全市人民一定要更加紧密地团结在以习近平同志为总书记的党中央周围，在中共滨州市委的坚强领导下，深入落实科学发展观，解放思想、凝心聚力、积极作为，为实现“六个翻番”、全面建成小康社会、再造一个新滨州的目标而努力奋斗！

第三节　市人大常委会意见和办法

一、滨州市人民代表大会常务委员会主任会议议事规则

（2001 年 3 月 21 日滨州市七届人大常委会第 2 次主任会议通过，
2008 年 12 月 11 日滨州市九届人大常委会第 9 次主任会议修订通过）

第一章　总　则

第一条　为保证市人民代表大会常务委员会（以下简称常委会）主任会议依法履行职责，根据《中华人民共和国地方各级人民代表大会和地方各级人民政府组织法》《中华人民共和国各级人民代表大会常务委员会监督法》及有关法律、法规的规定，结合工作实践和实际需要，制定本规则。

第二条　主任会议由常委会主任、副主任、秘书长组成。

第三条　主任会议依照法律规定行使职权，处理常委会的重要日常工作。

第四条　主任会议坚持民主集中制的原则，充分发扬民主，集体行使职权。

第二章　主任会议的召开

第五条　主任会议由常委会主任召集并主持。主任可以委托其他副主任召集并主持会议。

第六条　主任会议最少两个月举行一次，必要时可以临时召集。

第七条　主任会议须由组成人员的过半数出席始得举行。

第八条　主任会议的议题、会议召开时间，由秘书长提出，由主任或主任委托的副主任确定。

第九条　决定召开的主任会议，由常委会办公室提前两天将会议议题、会议召开时间通知主任会议组成人员和列席人员。临时召开的会议，临时通知。

第十条　常委会副秘书长、常委会各工作机构、办事机构主要负责人列席主任会议，承办有关事项。根据工作需要，常委会工作机构、办事机构其他负责人及有关人员可列席有关的主任会议，承办有关事项。必要时，可以邀请市人民代表大会代表和市人民政府、市中级人民法院、市人民检察院（以下简称“ 府两院”）负责人及有关部门负责人列席主任会议。

第十一条　主任会议研究议题，实行民主集中制的原则，按少数服从多数通过。决定重要事项以全体组成人员的过半数通过。必要时，可以进行举手表决或投票表决。

第十二条　主任会议确定专人记录，整理编印会议纪要。会议纪要由秘书长签发，重要事项由常委会主任或副主任签发。

第十三条　主任会议决定的事项，按照分工负责的原则，由主任会议各成员、常委会各工作机构和办事机构的

负责人负责落实。对落实的情况,分管副主任或常委会工作机构和办事机构负责人应及时向主任会议汇报。

第十四条 主任会议的次数按届次顺序排列。

第三章 主任会议的职责

第十五条 主任会议依法行使下列职权

(一)讨论研究市人民代表大会会议的筹备工作,拟定召开市人民代表大会工作方案(草案)和市人民代表大会换届选举方案(草案),研究大会议程草案、日程草案、各项名单草案等;

(二)讨论研究常委会会议的筹备工作,决定常委会会议的会期和日程,拟定常委会会议议程(草案),决定常委会会议列席人员;

(三)讨论常委会工作报告,并决定提请常委会会议审议;

(四)制定常委会年度工作要点并组织实施;

(五)向常委会提出属于常委会职权范围内的议案,由常委会会议审议;

(六)对市人民政府或常委会组成人员五人以上联名向常委会提出的议案,决定是否提请常委会会议审议,或者决定先交常委会有关工作机构提出意见,再决定是否提请常委会会议审议;

(七)研究决定质询案的处理方式。常委会组成人员五人以上联名向常委会书面提出对本级人民政府及其部门和人民法院、人民检察院的质询案。质询案由主任会议决定是否交由受质询的机关答复。主任会议可以决定由受质询机关在常委会会议上口头答复,或者由受质询机关书面答复。主任会议认为必要时,可以将答复质询案的情况报告印发常委会会议。提质询案的常委会组成人员的过半数对受质询机关的答复不满意的,可以提出要求,经主任会议决定是否由受质询机关再作答复。

(八)研究决定提请常委会审议表决的决议、决定草案;

(九)督促检查市人民代表大会及其常委会决议、决定的贯彻落实情况,检查代表议案及建议、批评和意见的办理情况,决定是否提请常委会会议审议;

(十)在常委会闭会期间,主任会议可以听取"一府两院"及其部门的专项工作汇报;

(十一)向常委会提名市人大常委会代表资格审查委员会主任委员、副主任委员和委员的人选,由常委会会议通过;

(十二)主任会议可以向常委会提议组织关于特定问题的调查委员会,提请常委会审议。

五分之一以上常委会组成人员书面联名,可以向常委会提议组织关于特定问题的调查委员会,由主任会议决定是否提请常委会审议。

调查委员会由主任委员、副主任委员和委员组成,由主任会议在常委会组成人员和市人民代表大会代表中提名,提请常委会审议通过。

(十三)在市人民代表大会闭会期间,向常委会提出补选省人民代表大会出缺代表的人选和提出罢免个别代表的议案;

(十四)听取常委会有关工作机构、备案审查工作机构关于下一级人民代表大会及其常委会不适当的决议、市人民政府不适当的决定和命令的初步审查意见,决定是否提请常委会会议审议。

常委会有关工作机构、备案审查工作机构认为备案的规范性文件需要审查,或接收到国家机关、社会团体、企事业单位和其他组织以及公民对规范性文件提出审查要求和建议后,经过审查,认为规范性文件存在不适当情形,应当提出初步审查意见,报主任会议研究。主任会议认为需要修改或者废止的,由备案审查工作机构向制定机关提出自行修改或者废止该规范性文件的书面审查意见。备案审查工作机构应当及时将制定机关的处理意见报告主任会议。

规范性文件制定机关收到规范性文件书面审查意见后,对规范性文件不予修改或者废止的,常委会有关工作机构、备案审查工作机构可以提出撤销该规范性文件的建议,报经主任会议研究,主任会议认为必要时提出撤销该规范性文件的议案，提请常委会会议审议。

规范性文件制定机关未按规定期限报送规范性文件备案，或者报送的文件材料不齐全的，备案审查工作机构应当通知其限期报送或者补充报送；逾期仍不报送的，主任会议可以视情要求其作出说明，或者建议有关机关追究责任人的责任。

（十五）研究确定提请由常委会会议任免的地方国家机关工作人员名单，决定常委会工作委员会办公室主任、办事机构的副职、调研员、副调研员等工作人员的任免；

（十六）研究确定常委会听取审议"一府两院"专项工作报告年度计划和常委会年度执法检查计划，主任会议通过后，印发常委会组成人员并向社会公布。

常委会听取和审议专项工作报告前，主任会议可以组织常委会组成人员和市人民代表大会代表，对有关工作进行视察或者专题调查研究。

执法检查结束后，执法检查组应当及时提出执法检查报告，由主任会议决定是否提请常委会审议。

"一府两院"研究处理执法检查报告和常委会审议意见情况的报告，主任会议认为必要时，可以决定提请常委会审议，或者由常委会组织跟踪检查。

（十七）讨论研究市人民代表大会代表和人民来信来访中反映的重大问题以及群众对"一府两院"和国家机关工作人员的申诉控告，提出意见。

（十八）主任会议可以提出对国家机关工作人员的撤职案，提请常委会审议。

常委会五分之一以上的组成人员书面联名向常委会提出对国家机关工作人员的撤职案，由主任会议决定是否提请常委会会议审议；或者由主任会议提议，经常委会全体会议决定，组织调查委员会，由以后的常委会会议根据调查委员会的报告审议决定。

撤职案在提请表决前，被提出撤职的人员有权在常委会会议上提出申辩意见，或者书面提出申辩意见，由主任会议决定是否印发常委会会议。

（十九）在市人民代表大会闭会期间，市长、市中级人民法院院长、市人民检察院检察长因故不能担任职务的时候，主任会议提出决定代理人选的议案，提请常委会决定。

（二十）市人民代表大会代表，如果因为是现行犯必须逮捕，而又不能及时召开人民代表大会或常委会会议，可以先由主任会议许可，再由主任会议提请常委会下一次会议确认。

（二十一）主任会议可以根据需要，决定常委会会议安排公民旁听，并决定旁听会议的范围；

（二十二）讨论、决定以常委会名义召开的会议、开展的活动等事项；

（二十三）听取常委会工作机构的工作汇报；

（二十四）研究决定常委会机关建设的重要事项；

（二十五）处理常委会的其他重要日常工作。

第四章　附　则

第十六条　本规则自主任会议通过之日起施行。

二、滨州市人民代表大会常务委员会议事规则

（2001年4月18日滨州市七届人大常委会第3次会议通过，
2008年12月19日滨州市九届人大常委会第8次会议修订通过）

第一章　总　则

第一条　为了保证市人民代表大会常务委员会（以下简称常委会）组成人员依法行使职权，提高议事效率和质量，根据《中华人民共和国宪法》《中华人民共和国地方各级人民代表大会和地方各级人民政府组织法》《中

华人民共和国各级人民代表大会常务委员会监督法》的有关规定，结合常委会工作的实际，制定本规则。

第二条 常委会审议议案、工作报告和决定问题，坚持民主集中制原则，充分发扬民主，保障常委会组成人员依法行使职权。

第三条 本规则适用于常委会全体会议、分组会议和联组会议。

第二章 议事内容

第四条 讨论决定本市政治、经济、教育、科学、文化、卫生、人口、环境和资源保护、社会保障、民政、民族等工作的重大事项。保证宪法、法律、行政法规、地方性法规、上级人民代表大会及其常委会和市人民代表大会及其常委会决议、决定的遵守和执行。

第五条 根据市人民政府的建议，决定对本市的国民经济和社会发展计划、财政预算以及国民经济和社会发展五年规划的部分变更和调整。审查和批准市人民政府编制的本级决算。

第六条 听取和审议市人民政府、市中级人民法院、市人民检察院的专项工作报告。受理人民群众对市人民政府、市中级人民法院、市人民检察院和国家工作人员的申诉和意见。

第七条 审议属于常委会职权范围内的议案。

第八条 撤销市人民政府不适当的决定、命令和市辖各县区人民代表大会及其常委会不适当的决议或决定。

第九条 决定常委会职权范围内的人事任免事项和撤职案。

接受省人民代表大会代表的辞职；在本级人民代表大会闭会期间，补选省人民代表大会出缺的代表和罢免个别代表。

在本级人民代表大会闭会期间，可以接受市人大常委会组成人员和市人民政府市长或副市长，市中级人民法院院长，市人民检察院检察长的辞职。常委会决定接受辞职后，报本级人民代表大会备案。人民检察院检察长的辞职，须报经上一级人民检察院检察长提请该级人民代表大会常务委员会批准。

第十条 决定市人民代表大会代表的选举和有关的选举事项。决定设立常委会代表资格审查委员会并确认代表资格。

决定召开并召集市人民代表大会会议。决定市人民代表大会会议列席人员。

第十一条 决定授予市级荣誉称号。

第十二条 需要常委会讨论决定的其它事项。

第三章 会议的召开

第十三条 常委会会议每两个月至少举行一次。特殊需要时，由主任会议决定，可以临时举行会议。

常委会会议由主任召集并主持，或由主任委托副主任召集并主持。

第十四条 常委会举行会议时，常委会组成人员应按时出席会议。遇有特殊原因不能出席会议时，应当书面报常委会第一副主任或秘书长批准。常委会组成人员请假每年一般不得超过两次。

常委会会议必须有常委会全体组成人员的过半数出席方可举行。

第十五条 常委会举行会议的日期，由主任会议决定。会议议程草案，由主任会议拟定，提请常委会全体会议审议决定。会议期间，议程如有改变，仍由主任会议提请常委会全体会议审议决定。

第十六条 常委会举行会议，一般在会议举行七日前，将会议召开日期、地点、建议会议讨论的主要事项等，通知常委会组成人员。临时决定召集的会议，临时通知。

第十七条 常委会举行会议时，市人民政府、市中级人民法院、市人民检察院的负责人列席会议。

常委会副秘书长，常委会各工作机构、办事机构负责人和市政府有关部门负责人及其他机关、团体负责人列席会议。

各县区人大常委会主任或副主任列席会议。必要时，邀请有关的全国、省、市人民代表大会代表列席会议。

列席会议人员因故不能到会时，应当请假。

第十八条　常委会举行会议的时候，可以召开全体会议、分组会议或联组会议。

第十九条　对常委会会议，新闻单位应当进行宣传报道。必要时，经主任会议决定，可以召开新闻发布会。

第二十条　常委会会议公开举行，并公告社会。根据需要，由主任会议决定安排部分公民旁听会议。公民旁听常委会会议按照有关规定执行。

第四章　议案的提出和审议

第二十一条　主任会议可以向常委会提出属于常委会职权范围内的议案，由常委会会议审议。

市人民政府可以向常委会提出属于常委会职权范围内的议案，由主任会议决定提请常委会会议审议。

常委会组成人员五人以上联名，可以向常委会提出属于常委会职权范围内的议案，由主任会议决定是否提请常委会会议审议。不提请审议的，应当向提议案人作出说明。

常委会各工作机构、办事机构，受主任会议委托，可以代常委会拟定议案草案，并向常委会会议作说明。

第二十二条　向常委会提出的议案，一般应在常委会会议举行前一个月，送交常委会有关的办事机构和工作机构。

第二十三条　对列入常委会会议议程的议案，提议案的机关、提议案人、常委会有关工作机构、办事机构应当提供有关的资料。

对任命案，提请任命的机关应当介绍被任命人员的简历、基本情况、主要表现和任命理由。被提请任命的人员一般应当到会作供职报告，回答询问，或者由有关部门负责人到会说明情况。

罢免个别省人大代表，依照选举法规定的程序办理。

第二十四条　常委会主任会议、市人民政府、市中级人民法院、市人民检察院可以向常委会提出属于常委会职权范围内的撤职案。

常委会五分之一以上的组成人员书面联名，可以向常委会提出属于常委会职权范围内的撤职案，由主任会议决定是否提请常委会会议审议；或者由主任会议提议，经全体会议决定，组织调查委员会，由以后的常委会会议根据调查委员会的报告审议决定。

撤职案应当写明撤职的对象和理由，并提供有关的材料。

撤职案在提请表决前，被提出撤职的人员有权在常委会会议上提出申辩意见，或者书面提出申辩意见，由主任会议决定印发常委会会议。

撤职案的表决采用无记名投票的方式，由常委会全体组成人员的过半数通过。

第二十五条　常委会全体会议听取关于议案或议案的说明。提议案机关的负责人可以在常委会全体会议、分组会议、联组会议上对议案作补充说明。

常委会全体会议听取议案说明后，由分组会议进行审议；必要时，举行联组会议进行审议。

第二十六条　列入常委会会议的议案，在交付表决前，提议案机关或者提议案人要求撤回的，经主任会议同意，对该议案的审议即行终止。

第二十七条　提请常委会会议审议的议案，在审议中有重大问题需要进一步研究的，经主任或主任会议提出，全体会议同意，可以暂不付表决，由主任会议进一步审议，并向以后的常委会会议提出审议结果的报告。

第五章　专项工作报告的听取和审议

第二十八条　常委会每年选择若干关系改革发展稳定大局和群众切身利益、社会普遍关注的重大问题，有计划地安排听取和审议市人民政府、市中级人民法院和市人民检察院的专项工作报告。

常委会听取和审议专项工作报告的年度计划，经主任会议通过，印发常委会组成人员并向社会公布。

第二十九条　常委会听取和审议市人民政府、市中级人民法院和市人民检察院专项工作报告的议题，根据下列途径反映的问题确定：

（一）常委会在执法检查中发现的突出问题；

（二）市人民代表大会代表对市人民政府、市中级人民法院和市人民检察院工作提出的建议、批评和意见集中反映的问题；

（三）常委会组成人员提出的比较集中的问题；

（四）常委会工作机构、办事机构在调查研究中发现的突出问题；

（五）人民来信来访集中反映的问题；

（六）社会普遍关注的其他问题。

市人民政府、市中级人民法院和市人民检察院可以向市人大常委会要求报告专项工作。

必要时，常委会可以要求市人民政府、市中级人民法院、市人民检察院作专项工作报告。

第三十条 常委会听取和审议专项工作报告前，主任会议可以组织常委会组成人员和市人民代表大会代表，对有关工作进行视察或者专题调查研究。

常委会可以安排参加视察或者专题调查研究的代表列席常委会会议，听取专项工作报告，提出意见。

第三十一条 常委会听取和审议专项工作报告前，常委会办事机构应当将各方面对该项工作的意见汇总，交由市人民政府、市中级人民法院、市人民检察院研究并在专项工作报告中作出回应。

第三十二条 市人民政府、市中级人民法院、市人民检察院应当在常委会举行会议的二十日前，由其办事机构将专项工作报告送交市人大常委会有关工作机构征求意见；市人民政府、市中级人民法院、市人民检察院对报告修改后，在常委会举行会议的十日前送交常委会。

常委会办事机构应当在常委会举行会议的七日前，将专项工作报告发给常委会组成人员。

第三十三条 专项工作报告由市人民政府、市中级人民法院、市人民检察院的负责人向常委会报告，市人民政府也可以委托有关部门负责人向常委会报告。

第三十四条 常委会全体会议听取专项工作报告后，由分组会议进行审议；必要时，应召开联组会议进行审议。

第三十五条 常委会会议审议专项工作报告后，应提出审议意见，必要的时候，可以对该专项工作报告作出相应的决议或决定。审议意见由常委会有关工作部门根据会议审议情况，归纳整理。

第三十六条 常委会组成人员对专项工作报告的审议意见交由市人民政府、市中级人民法院、市人民检察院研究处理。市人民政府、市中级人民法院、市人民检察院应当将研究处理情况由办事机构送交市人大常委会有关工作机构征求意见后，向常委会提出书面报告。常委会认为必要时，可以对专项工作报告作出决议；市人民政府、市中级人民法院、市人民检察院应当在决议规定的期限内，将执行决议的情况向常委会报告。

常委会听取的专项工作报告及审议意见，市人民政府、市中级人民法院、市人民检察院对审议意见研究处理情况或者执行决议情况的报告，向市人民代表大会代表通报并向社会公布。

第三十七条 在会议期间，常委会组成人员对有关方面工作提出的重要建议、批评和意见，由常委会有关办事机构整理成书面材料转交有关机关办理。有关机关一般应在三个月内办理完毕，并将办理情况答复常委会组成人员，抄报常委会人事代表工作室备案。

第六章　审查和批准决算，听取和审议国民经济和社会发展计划、预算的执行情况报告，听取和审议审计工作报告

第三十八条 市人民政府应当在每年六月至九月期间，将上一年度的市级决算草案提请常委会审查和批准。决算草案应当按照市人民代表大会批准的预算所列科目编制，按预算数、调整数或者变更数以及实际执行数分别列出，并作出说明。

第三十九条 市人民政府应当在每年六月至九月期间，向常委会报告本年度上一阶段国民经济和社会发展计划、预算的执行情况。

第四十条　国民经济和社会发展计划、预算经市人民代表大会批准后，在执行过程中需要作部分调整的，市人民政府应当将调整方案提请常委会审查和批准。

严格控制不同预算科目之间的资金调整。预算安排的农业、教育、科技、文化、卫生、社会保障等资金调减的，市人民政府应当提请常委会审查和批准。

市人民政府有关主管部门应当在常委会举行会议审查和批准预算调整方案的一个月前，将预算初步方案送常委会财政经济工作委员会征求意见，由常委会财政经济工作委员会进行初步审查，并提出审查报告。

第四十一条　常委会对决算草案和预算执行情况报告，重点审查下列内容：

（一）预算收支平衡情况；

（二）重点支出的安排和资金到位情况；

（三）预算超收收入的安排和使用情况；

（四）部门预算制度建立和执行情况；

（五）向下级财政转移支付情况；

（六）本级人民代表大会关于批准预算的决议的执行情况。

除前款规定外，常委会还应当重点审查上级财政补助资金的安排和使用情况。

第四十二条　常委会每年审查和批准决算的同时，听取和审议本级人民政府提出的审计机关关于上一年度预算执行和其他财政收支的审计工作报告。

第四十三条　常委会组成人员对国民经济和社会发展计划执行情况报告、预算执行情况报告和审计工作报告的审议意见交由市人民政府研究处理。市人民政府应当将研究处理情况向常委会提出书面报告。常委会认为必要时，可以对审计工作报告作出决议；市人民政府应当在决议规定的期限内，将执行决议的情况向常委会报告。

常委会听取的国民经济和社会发展计划执行情况报告、预算执行情况报告和审计工作报告及审议意见，市人民政府对审议意见研究处理情况或者执行决议情况的报告，向市人民代表大会代表通报并向社会公布。

第四十四条　国民经济和社会发展五年规划经市人民代表大会批准后，在实施的中期阶段，市人民政府应当将规划实施情况的中期评估报告提请常委会审议。规划经中期评估需要调整的，市人民政府应当将调整方案提请常委会审查和批准。

第七章　审议执法检查报告

第四十五条　常委会每年选择若干关系改革发展稳定大局和群众切身利益、社会普遍关注的重大问题，有计划地对有关法律、法规实施情况组织执法检查。

第四十六条　常委会年度执法检查计划，经主任会议通过，印发常委会组成人员并向社会公布。

第四十七条　常委会执法检查工作由市人大常委会有关工作机构按照《滨州市人大常委会执法检查办法（试行）》的规定具体组织实施。

第四十八条　执法检查结束后，执法检查组应当及时提出执法检查报告，由主任会议决定提请常委会审议。

第四十九条　常委会组成人员对执法检查报告的审议意见连同执法检查报告，一并交由市人民政府、市中级人民法院、市人民检察院研究处理。市人民政府、市中级人民法院、市人民检察院应当将研究处理情况由其办事机构送交常委会有关工作机构征求意见后，向常委会提出报告。必要时，由主任会议决定提请常委会审议，或者由常委会组织跟踪检查；常委会也可以委托有关工作机构组织跟踪检查。

常委会的执法检查报告及审议意见，市人民政府、市中级人民法院、市人民检察院对其研究处理情况的报告，向市人民代表大会代表通报并向社会公布。

第八章　规范性文件的备案审查

第五十条 规范性文件应当自公布之日起三十日内报送备案。

下列规范性文件，应当报送市人大常委会备案：

（一）市人民政府发布的决定、命令以及其他涉及公民、法人和其他组织权利义务、具有普遍约束力的文件；

（二）县区人民代表大会及其常委会作出的具有普遍约束力的决议、决定。

第五十一条 规范性文件报送备案，应当提交备案报告、规范性文件文本等有关文件，装订成册，一式五份，并同时报送电子文本。

每年一月三十一日前，各报送机关应当将上一年度制定的规范性文件目录报送备查。

第五十二条 常委会确定负责规范性文件备案审查工作的机构负责报送备案的规范性文件的接收、登记、分送和审查工作。

常委会工作机构按照职责分工，承担相关规范性文件的审查工作。

规范性文件的内容涉及两个或两个以上常委会工作机构职责范围的，备案审查工作机构应当同时分送常委会有关工作机构进行审查。

第五十三条 常委会对规范性文件主要审查是否存在下列情形：（一）同法律、法规相抵触；

（二）同上级或者本级人大及其常委会的有关决议、决定相抵触；

（三）超越法定权限，限制或者剥夺公民、法人和其他组织的合法权利，或者增加公民、法人和其他组织的义务；

（四）违反法定程序制定规范性文件；

（五）其他不适当的情形。

第五十四条 市人大常委会可以向省人大常委会书面提出规范性文件审查要求。

常委会有关工作机构认为备案的规范性文件有第五十三条所列情形之一的，可以进行主动审查。

第五十五条 市人民政府、市中级人民法院、市人民检察院、县区人大常委会可以向市人大常委会书面提出审查要求。

前款规定以外的其他国家机关、社会团体、企事业单位和其他组织以及公民，可以向市人大常委会书面提出审查建议。

第五十六条 常委会有关工作机构、备案审查工作机构审查规范性文件时，应当与制定机关沟通，征询意见；必要时，制定机关应当说明情况或者提交补充材料。

常委会有关工作机构、备案审查工作机构可以通过召开联合审查会议、论证会、听证会等方式，广泛听取制定机关、相关部门、专家及社会各界的意见。

第五十七条 常委会有关工作机构、备案审查工作机构应当自收到对规范性文件的审查要求或者审查建议之日起三个月内审查完毕。

第五十八条 常委会主任会议认为必要时，可提出撤销规范性文件的议案，提请常委会会议审议。

常委会会议审议撤销规范性文件的议案时，制定机关应当派人到会听取意见，回答询问。

常委会对撤销规范性文件的议案进行审议，并作出撤销或者不予撤销的决定。

第九章 询问和质询

第五十九条 常委会会议审议议案和有关报告时，市人民政府或者有关部门、市中级人民法院、市人民检察院应当派有关负责人到会，听取意见，回答询问。

第六十条 在常委会会议期间，常委会组成人员五人以上联名，可以向常委会书面提出对市人民政府及其工作部门和市中级人民法院、市人民检察院的质询案。

质询案必须写明质询对象、质询的问题和内容。

第六十一条 质询案由主任会议决定交由受质询的机关答复。

主任会议可以决定由受询机关在常委会会议上口头答复,或者由受质询机关书面答复。主任会议认为必要时,可以将答复质询案的情况报告印发常委会会议。

第六十二条　提质询案的常委会组成人员的过半数对受质询机关的答复不满意的,可以提出要求,经主任会议决定,由受质询机关再作答复。

第六十三条　质询案以口头答复的,由受质询机关的负责人到会答复。质询案以书面答复的,由受质询机关的负责人签署。

第六十四条　列入常委会会议的质询案,在未作出答复前,提质询案的常委会组成人员要求撤回的,经主任会议同意,质询即行终止。

第十章　特定问题调查

第六十五条　常委会对属于其职权范围内的事项,需要作出决议、决定,但有关重大事实不清的,可以组织关于特定问题的调查委员会。

第六十六条　主任会议可以向常委会提出组织关于特定问题的调查委员会,提请常委会审议。

五分之一以上的常委会组成人员书面联名,可以向常委会提议组织对于特定问题的调查委员会,由主任会议提请常委会审议。

第六十七条　调查委员会由主任委员、副主任委员和委员组成,由主任会议在常委会组成人员和本级代表中提名,提请常委会审议通过。调查委员会可以聘请专家参加调查工作。

与调查的问题有利害关系的常委会组成人员和其他人员不得参加调查委员会。

第六十八条　调查委员会进行调查的时候,有关的国家机关、社会团体、企事业组织和公民都有义务如实向其提供必要的材料。提供材料的公民要求调查委员会对材料来源保密的,调查委员会应当予以保密。

调查委员会在调查过程中,可以不公布调查的情况和材料。

第六十九条　调查委员会应当向产生它的常委会提出调查报告。常委会根据调查委员会的报告,可以作出相应的决议、决定。

第十一章　发言和表决

第七十条　常委会组成人员在常委会各种会议上的发言和表决不受法律追究。

第七十一条　常委会组成人员在接到召开会议的通知后,要认真学习有关的法律和文件,进行必要的调查研究,做好审议发言准备工作。

第七十二条　表决议案由常委会全体组成人员的过半数通过。

交付表决的议案,有修正案的,先表决修正案。

表决结果由会议主持人当场宣布。

第七十三条　任免案按《滨州市人民代表大会常务委员会人事任免办法》规定的方式表决。

第七十四条　常委会表决议案,可以采用无记名投票方式或者其他方式。

第七十五条　常委会作出的决议、决定,应当以常委会正式文件印发市人民政府、市中级人民法院、市人民检察院组织实施,并报省人大常委会备案。

市人民政府及其工作部门和市中级人民法院、市人民检察院,对贯彻落实市人大常委会决议、决定的情况,一般在两个月内向常委会提交书面报告。

常委会作出的决议、决定,市人民政府及其工作部门和市中级人民法院、市人民检察院对其贯彻落实情况的报告,向市人民代表大会代表通报并向社会公布。

第十二章　附　则

第七十六条　本规则由常委会主任会议负责解释。

第七十七条　本规则自通过之日起施行。

三、滨州市人民代表大会常务委员会组成人员守则

（2001年2月5日滨州市七届人大常委会第1次会议通过，
2008年12月19日滨州市九届人大常委会第8次会议修订通过）

第一条 为加强和改进市人大常委会工作，保证常委会组成人员依法履行职责，根据宪法和法律的有关规定，制定本守则。

第二条 本守则所称常委会组成人员，是指市人大常委会主任、副主任、秘书长和委员。

第三条 常委会组成人员必须坚持党的基本路线和基本纲领，坚持党的领导、人民当家作主和依法治国的有机统一，在政治上、思想上、行动上同党中央保持高度一致。

第四条 常委会组成人员要认真学习马列主义、毛泽东思想和中国特色社会主义理论，学习宪法和法律、法规，学习市场经济和科学文化等知识，用科学理论武装自己，掌握行使职权所必备的知识。

第五条 常委会组成人员必须维护国家和人民的根本利益，坚持和不断完善人民代表大会制度，致力于社会主义民主法制建设，模范地遵守宪法和法律、法规，全心全意为人民服务，自觉接受市人大代表和人民群众的监督。

第六条 常委会组成人员应当坚持民主集中制原则，以对国家和人民高度负责的精神，认真履行宪法和法律赋予的职责。驻会的常委会组成人员要遵守机关的工作规则和制范，专心致志地做好常委会的工作；不驻会的常委会组成人员要处理好本职工作与常委会工作的关系，积极参加常委会组织的有关活动。常委会组成人员其他社会活动应当服从常委会工作需要。

第七条 常委会组成人员必须按时出席常委会会议，严格遵守会议纪律，自觉维护和保障常委会集体行使权力。遇有特殊原因不能出席会议时，应当书面报常委会第一副主任或秘书长批准。请假每年一般不得超过两次。实行常委会组成人员出席会议情况通报制度，每半年通报一次。

第八条 常委会会议举行前，常委会组成人员要根据会议议题进行调查研究，听取代表和群众的意见，认真做好审议准备。会议期间，要遵守常委会议事规则和其他有关程序性的规定，围绕会议议题踊跃发言。

第九条 常委会组成人员参加对议案的表决并服从依法表决的结果。

第十条 常委会组成人员要积极参加常委会组织的执法检查、视察和调查研究活动。执法检查、视察和调查研究活动应当深入实际，了解情况，避免流于形式。

常委会组成人员在执法检查、视察和调查研究活动中，可以向被检查、视察和调查研究单位提出建议、批评和意见，但不直接处理问题。

第十一条 常委会组成人员要密切联系人大代表和人民群众，注重调查研究。听取代表和人民群众的意见、要求，如实向常委会反映情况。

第十二条 常委会组成人员要保持清正廉洁，勤政为民，不得牟取不正当利益。

第十三条 常委会组成人员要严守国家机密，凡属规定不应公开的内容，不得以任何方式传播。

第十四条 常委会组成人员在外事活动中，应当模范遵守外事纪律，维护国家的尊严和利益。

第十五条 常委会组成人员无故不请假或请假未予批准不参加常委会会议以及有其他违反本守则的行为，应向常委会主任会议作出说明。连续两次违反本守则，经批评教育无效的，应当辞去常委会委员职务。

第十六条 本守则自通过之日起施行。

四、滨州市人民代表大会常务委员会会议公民旁听办法

（2004 年 4 月 6 日滨州市八届人大常委会第 9 次会议通过）

第一条　为了进一步密切市人民代表大会常务委员会与人民群众的联系，使公民更好地了解市人民代表大会常务委员会行使职权的情况，拓宽公民参与管理国家事务的渠道，根据宪法、地方组织法的有关规定，结合本市实际，制定本办法。

第二条　年满十八周岁、户籍在滨州或在滨州居住一年以上的公民，可以依照本办法的规定申请旁听市人民代表大会常务委员会会议，依法被剥夺政治权利的人除外。

第三条　市人民代表大会常务委员会主任会议可以根据需要，决定市人民代表大会常务委员会会议安排公民旁听，并决定旁听会议的范围。

旁听包括申请旁听和邀请旁听。每次旁听市人民代表大会常务委员会会议的公民人数一般不超过八人。

第四条　市人民代表大会常务委员会办公室根据市人民代表大会常务委员会主任会议的决定，具体组织公民旁听。

第五条　主任会议决定公民旁听的市人民代表大会常务委员会会议，由市人民代表大会常务委员会办公室在会议举行十日前通过市级新闻媒体发布公告，公布会议举行的时间、地点、主要议题和接受旁听申请的方式。

第六条　公民申请旁听市人民代表大会常务委员会会议，应当于会议举行七日前持本人身份证到所在县、区的人民代表大会常务委员会办公室、滨州市经济开发区办公室提出书面申请。所在县、区的人民代表大会常务委员会办公室、滨州市经济开发区办公室同意后报市人民代表大会常务委员会办公室。

第七条　被确定旁听市人民代表大会常务委员会会议的公民，市人民代表大会常务委员会办公室应当在会议举行三日前通知本人。

第八条　旁听公民应当按照通知要求到市人民代表大会常务委员会办公室领取旁听证，参加会议旁听。

第九条　市人民代表大会常务委员会办公室应当为旁听公民提供会议有关材料和其他方便条件，并安排工作人员联系旁听公民。

第十条　旁听公民应当遵守会场纪律和会议有关规定。

第十一条　公民旁听会议时无发言权和表决权。

旁听公民可以在会议审议议题的范围内，书面向市人民代表大会常务委员会提出意见和建议。旁听公民提出的意见和建议，会后由市人民代表大会常务委员会办公室汇总后，交有关办事机构处理。

第十二条　本办法自通过之日起施行。

五、滨州市人民代表大会常务委员会个案监督暂行办法

（2004 年 6 月 11 日滨州市八届人大常委会第 10 次会议通过）

第一章　总　则

第一条　为监督公安、司法机关依法行使职权，促进公安、司法机关严格执法、公正司法，预防、纠正错案，保障公民、法人和其他组织的合法权益，根据《中华人民共和国宪法》《中华人民共和国地方各级人民代表大会和地方各级人民政府组织法》和《山东省司法工作人员违法办案责任追究条例》的有关规定，结合我市实际，制定本办法。

第二条　本办法适用于市中级人民法院、市人民检察院和市公安局。

第三条　市人民代表大会常务委员会(以下简称市人大常委会)实施个案监督应当遵循以下原则:

(一)依法监督;

(二)集体行使职权;

(三)不直接处理具体案件;

(四)以事后监督为主。

第二章 个案监督的范围和案件来源

第四条　个案监督的范围:

(一)经公安、司法机关处理且法律文书已发生法律效力,在程序或实体处理上违法或错误,依法应当纠正而未纠正的重大和有较大影响的案件;

(二)市人大常委会认为其他应当依法监督的案件。

第五条　个案监督案件的来源:

(一)公民、法人和其他组织向市人大常委会提出的涉及公安、司法机关及其工作人员的申诉、控告、检举的案件;

(二)市级以上人大代表提出的案件;

(三)市人大常委会在执法检查、组织代表视察和评议中发现的需要监督的案件;

(四)上级人大常委会交办或下级人大常委会提请以及其他同级人大常委会商请监督的案件;

(五)其他国家机关、人民团体商请监督的案件。

第三章　案件的受理和主办部门

第六条　市人大常委会受理的案件必须符合下列条件:

(一)申诉人必须持有公安、司法机关已经发生法律效力的法律文书;

(二)申诉人必须提交申诉书和有关证据材料;

(三)控告、检举公安、司法工作人员违法办案的案件,基本事实要清楚,并有证据证明。

第七条　市人大常委会内务司法工作委员会或信访室受理申诉、控告、检举的案件。

第八条　市人大常委会内务司法工作委员会为个案监督的主办机构。市人大常委会内务司法工作委员会办公室负责个案监督案件文字、图片、音像等材料的起草、收发和存档工作。

第九条　市人大常委会可以聘请法律专业人员,组成法律咨询小组,参与案件的审查、调查工作。

第四章　个案监督的程序

第十条　市人大常委会信访室受理申诉、控告、检举案件后,经审查认为符合个案监督范围和要求的案件,按程序及时移交市人大常委会内务司法工作委员会。

第十一条　市人大常委会内务司法工作委员会对信访室移交或通过其他途径转来的案件,应当按照下列程序处理:

(一)进行全面审查;

(二)听取有关公安、司法机关的汇报;

(三)查阅或者调阅案卷材料。调卷函由市人大常委会内务司法工作委员会签发,所调案卷包括正副卷;

(四)必要时可以向案件当事人询问了解案件的详细情况和有关问题;

(五)提出处理意见和建议并提请市人大常委会主任会议讨论决定。

第十二条　市人大常委会主任会议对提请讨论的案件,决定是否实行个案监督。

第十三条　对主任会议决定实行个案监督的案件,由市人大常委会内务司法工作委员会向有关公安、司法机关发出《个案监督通知书》,责成有关公安、司法机关依法处理。《个案监督通知书》由市人大常委会分管主任签发。

第十四条　有关公安、司法机关接到《个案监督通知书》后，应对案件认真复查，依法处理，并在三个月内书面向市人大常委会报告办理结果和对有关责任人员的追究情况。因特殊原因需要延长期限的，报请市人大常委会内务司法工作委员会批准。

第十五条　市人大常委会内务司法工作委员会如果认为有关公安、司法机关的查处结果在认定案件事实、适用法律及司法程序上不正确的，应向市人大常委会主任会议报告，由主任会议根据报告情况，决定是否提请市人大常委会会议审议。

第十六条　市人大常委会对提请审议的案件，根据案件的具体情况，可以作出如下处理：

(一)对有关公安、司法机关提出质询；

(二)决定组织特定问题调查委员会进行调查；

(三)决定由有关公安、司法机关限期依法纠正并报告结果。

第十七条　市人大常委会或主任会议决定组织的对监督案件的调查，应有三名常委会组成人员参加。

第十八条　参与个案监督的工作人员有下列情形之一的，必须主动回避；不主动回避的，当事人有权申请其回避，由主持研究案件的分管主任决定是否需要回避。

(一)是本案当事人的近亲属；

(二)与本案有利害关系；

(三)与本案当事人有其他关系，可能影响对案件公正处理的。

第十九条　市人大常委会实施个案监督的案件，结案后，市人大常委会内务司法工作委员会应及时将查处结果答复申诉、控告、检举人。

第五章　责任追究

第二十条　对市人大常委会监督的案件，公安、司法机关及其工作人员不得有下列行为：

(一)不按要求办理或不按时报告办理情况和办理结果；

(二)提供虚假材料或者销毁、隐匿案件证据材料，作虚假报告或汇报，故意拖延或拒不办理；

(三)拒不执行市人大常委会的有关决定；

(四)拒不纠正错案或执法过错；

(五)袒护包庇违法人员，拒不追究错案责任人员和违法人员的责任；

(六)打击报复申诉、控告、检举人员或者其他有关人员；

(七)其他规避市人大常委会监督的行为。

第二十一条　对有本办法第二十条规定行为之一的，市人大常委会根据不同情况可以作如下处理：

(一)责成有关公安、司法机关或责任人员作出书面检查或者通报批评，限期改正；

(二)建议有关公安、司法机关给予责任人员行政处分，或依法追究法律责任；

(三)对市人大常委会任命的人员，依法免去或者撤销其职务；

(四)对市人民代表大会选举产生的人员，依法向市人民代表大会提出罢免案；

(五)对触犯刑律的责任人员，责成公安、司法机关依法追究刑事责任。

第二十二条　参与个案监督的人员，应当依法履行职责，保守秘密，遵守纪律，不得以权谋私、徇私舞弊。违者，视其情节给予批评教育或行政处分；触犯刑律的，交由公安、司法机关依法追究刑事责任。

第二十三条　对于市人大常委会通过个案监督认定的错案和执法过错，由市公安、司法机关按照《山东省司法工作人员违法办案责任追究条例》的规定追究有关责任人员的责任。

第六章　附　则

第二十四条　本办法由市人大常委会主任会议负责解释。

第二十五条 本办法自公布之日起施行。(注:《中华人民共和国各级人民代表大会常务委员会监督法》2007年1月1日施行后该办法废止)

六、滨州市人民代表大会常务委员会人事任免办法

(2004年6月12日滨州市八届人大常委会第10次会议通过,根据2007年4月20日滨州市八届人大常委会第31次会议《关于〈滨州市人大常委会人事任免办法〉修正案》第一次修正,根据2008年2月27日滨州市九届人大常委会第1次会议《关于〈滨州市人大常委会人事任免办法〉修正案》第二次修正)

第一章　总则

第一条 为依法履行宪法和法律赋予市人民代表大会常务委员会(以下简称市人大常委会)任免地方国家机关工作人员的职权,根据《中华人民共和国宪法》《中华人民共和国地方各级人民代表大会和地方各级人民政府组织法》《中华人民共和国各级人民代表大会常务委员会监督法》《中华人民共和国人民法院组织法》《中华人民共和国人民检察院组织法》的有关规定,结合我市实际,制定本办法。

第二条 市人大常委会行使任免权,应坚持任人唯贤的干部路线,干部队伍"四化"方针,德才兼备、注重实绩的标准,党管干部和民主集中制的原则,严格依法办事。

第三条 本办法适用于法律规定须由市人大常委会决定任免、任免、批准任免的地方国家机关工作人员。

第二章　任免范围

第四条 市人大常委会主任因为健康情况不能工作或缺位时,由常务委员会在副主任中推选一人代理职务,直到主任恢复健康或市人民代表大会选出新的主任为止。

第五条 根据市人大常委会主任会议的提名,通过市人大常委会代表资格审查委员会主任委员、副主任委员和委员。

第六条 根据市人大常委会主任会议的提名,通过市人大常委会特定问题调查委员会主任委员、副主任委员和委员。

第七条 根据市人大常委会主任会议的提名,决定任免市人大常委会各工作委员会主任、副主任,市人大常委会副秘书长及各办事机构正职负责人。

第八条 在市人民代表大会闭会期间,市长因故不能担任职务的时候,根据市人大常委会主任会议的提名,从副市长中决定代理市长的人选。

第九条 在市人民代表大会闭会期间,根据市长的提名,决定任免个别副市长。根据市长的提名,决定任免市政府秘书长以及市政府组成部门的局长、委(办)主任。

第十条 在市人民代表大会闭会期间,市中级人民法院院长因故不能担任职务的时候,根据市人大常委会主任会议的提名,从副院长中决定代理院长的人选。

根据市中级人民法院院长的提名,任免市中级人民法院副院长、庭长、副庭长、审判委员会委员、审判员。

第十一条 在市人民代表大会闭会期间,市人民检察院检察长因故不能担任职务的时候,根据市人大常委会主任会议的提名,从副检察长中决定代理检察长的人选。市人大常委会决定后,由市人民检察院报山东省人民检察院并转报山东省人大常委会备案。

根据市人民检察院检察长的提名,任免市人民检察院副检察长、检察委员会委员、检察员。

根据市人民检察院检察长的提名,批准任免县(区)人民检察院检察长。

县(区)人大常委会决定本级人民检察院代理检察长,须报市人大常委会备案。

第十二条 按照法律规定,接受属于市人大常委会职权范围内的有关人员的辞职事项。

第三章　任免程序

第十三条　提请市人大常委会决定任免、任免和批准任免的人员，由提名机关向市人大常委会提出人事任免议案或提请报告。一般应在召开市人大常委会会议的15日前，报送市人大常委会。

第十四条　提请市人大常委会审议的人事任免议案或报告，应附有拟任免人员的基本情况、工作履历和任免理由等书面材料。提请任命的人员还应附有考察材料。法律法规或有关规定要求具有任职资格的职位，提请机关应同时提交被任命人员的任职资格证明文件复印件。

第十五条　对提请任免的议案、报告和辞职请求等材料，市人大常委会人事代表工作室进行审核，并向主任会议报告情况，由主任会议决定是否提交市人大常委会列入会议议程。

对被提请任命人员的情况需进一步了解的，由主任会议决定，交提请机关处理。

第十六条　提请市人大常委会任命的人员，在人大常委会审议前，一般应进行宪法、地方组织法、代表法和与任命职务相关的法律知识考试。以上人员中，换届时被继续提请担任原职务，并且在原提请任命时已经进行过考试的，不再考试。

考试由专业人员出题、阅卷，常委会有关工作机构负责监考。

考试成绩由市人大常委会人事代表工作室向主任会议汇报后，向人大常委会会议报告，作为审议任命事项的重要依据。

考试成绩不及格者，可补考一次，经补考合格后提请市人大常委会任命。补考成绩不合格者，暂缓任命。

第十七条　在市人大常委会审议人事任免事项之前，由市长或受市长委托的副市长、市中级人民法院院长、市人民检察院检察长向常委会会议作被提名任命人员情况的介绍和任免说明。

被提请任命的个别副市长和市政府秘书长以及市政府组成部门的局长、委(办)主任，市中级人民法院副院长、庭长，市人民检察院副检察长，一般应在市人大常委会会议上作供职报告。其他被提请任命人员，应提交书面供职报告。

第十八条　市人大常委会审议人事任免事项时，提请机关应派员到会听取意见。常委会组成人员提出询问，提请机关应作出答复。

第十九条　市人大常委会会议期间，接到人民群众检举、反映被提请任命人员问题的材料时，应由提请机关向常委会作出书面报告或口头说明；如反映的问题足以影响任命，提请机关又无法说明的，由主任会议提请常委会全体会议决定暂停该项任命案的审议。

第二十条　提请机关提请的人事任免议案或报告，在市人大常委会表决前，提请机关要求撤回的，市人大常委会对该任免议案或报告的审议即行终止。

第二十一条　市人大常委会决定任命事项，一般采用无记名投票方式表决；决定免职事项，可以采用投票方式表决，也可以采用举手方式表决。所有任免表决，须经市人大常委会全体组成人员的过半数通过。

第二十二条　市人大常委会表决任免事项时，先进行免职项的表决，后进行任命项的表决。

第二十三条　提请市人大常委会决定任命、任命、批准任命的地方国家机关工作人员未获通过时，可根据工作需要和本人条件，经进一步协商后，由提请机关在下次常委会会议时继续提名。如果连续两次提名未获通过，不得再提名为同一职务的人选。

第二十四条　经市人大常委会任命的地方国家机关工作人员，由市人大常委会颁发任命书。任命书由市人大常委会主任署名并颁发，或委托常委会一名副主任颁发。

第二十五条　经市人大常委会任命的地方国家机关工作人员，应进行就职宣誓。

第二十六条　经市人大常委会决定任免、任免、批准任免以及接受辞职的地方国家机关工作人员名单，由市人大常委会公告，并通过市级新闻媒体予以公布，同时发文通知提请机关和提请辞职本人。

第四章　任职期限

第二十七条　经市人大常委会通过的市人大常委会代表资格审查委员会主任委员、副主任委员、委员，经市人大常委会任命的市人大常委会各工作委员会主任、副主任和市政府秘书长以及市政府组成部门的局长、委(办)主任，任职至本届市人民代表大会届满。换届后，继续任职的分别由市人大常委会主任会议、市长提请市人大常委会通过和决定任命。由市人大常委会任命的其他国家机关工作人员，在市人民代表大会换届后继续任职的，不再提请重新任命。

第二十八条　在市人民代表大会换届后，由市人大常委会决定任命的市政府组成人员，应在两个月内提请任命。

第二十九条　经市人大常委会决定任命的市政府组成人员，如其任职机构名称改变而业务范围未变动的，由市政府提请市人大常委会重新任命。原任职务自行免除，不再办理免职手续。

第三十条　由市人大常委会决定任命、任命、批准任命的地方国家机关工作人员，在其任职机构撤销或者合并时，原任职务自行免除，不再办理免职手续，须由原提请机关报市人大常委会备案。合并后的机构，其工作人员需经市人大常委会任命的，由提请机关提请市人大常委会重新任命。

第三十一条　合并、增设和名称改变的机构，其工作人员需由市人大常委会任命的，提请机关在提请任命时须附有上级机关批准合并、增设机构和机构名称改变的文件。

第三十二条　经市人大常委会决定任命、任命、批准任命的地方国家机关工作人员，因工作变动或者任职年龄到限，应先办理免职手续，再行离职或者办理退休手续。在任职期间逝世的，由原提请任命的机关及时报市人大常委会备案。

第三十三条　由市人大常委会决定任免、任免、批准任免的地方国家机关工作人员，在市人大常委会任免之前，不得以任何形式对外公布。

依法任命的地方国家机关工作人员，其任职时间自市人大常委会任命之日起计算。

第五章　辞职撤职

第三十四条　在市人民代表大会闭会期间，市人大常委会主任、副主任、秘书长、委员，市长、副市长，市中级人民法院院长，市人民检察院检察长可以向市人大常委会提出辞职，常委会决定接受其辞职后，报市人民代表大会备案。市人民检察院检察长的辞职，须由市人民检察院报经山东省人民检察院检察长提请山东省人大常委会批准。

市人大常委会可以接受由常委会决定任命、任命的地方国家机关工作人员的辞职。

第三十五条　根据市人民检察院检察长的提请，市人大常委会批准县(区)人民检察院检察长的辞职。

第三十六条　市人大常委会组成人员，不得担任地方国家行政机关、审判机关、检察机关的职务。如果担任上述职务，必须向市人大常委会辞去所担任的常委会的职务。市人大常委会接受其辞职后，报市人民代表大会备案。

第三十七条　根据市人大常委会主任会议的提请，决定撤销常委会各工作委员会主任、副主任，副秘书长以及各办事机构正职负责人的职务。

第三十八条　根据市长提请，决定撤销个别副市长和市人大常委会任命的其他市政府组成人员的职务。

第三十九条　在市人民代表大会闭会期间，如果市人大常委会认为市中级人民法院院长需要撤换，由常委会主任会议提请市人大常委会全体会议决定后，由市中级人民法院报经山东省高级人民法院提请省人大常委会批准，并报市人民代表大会备案。根据市中级人民法院院长的提请，决定撤销市中级人民法院副院长、审判委员会委员、庭长、副庭长、审判员的职务。

第四十条　根据市人民检察院检察长的提请，决定撤销市人民检察院副检察长、检察委员会委员、检察员的职务。

第四十一条 市人大常委会组成人员5人以上联名，可以提出撤销由市人大常委会决定任命、任命、批准任命的地方国家机关工作人员职务的议案，由主任会议决定是否提请市人大常委会审议。

第四十二条 提请市人大常委会审议的撤销职务案，提请机关须附有撤销其职务的理由和主要问题的材料。允许拟被撤销职务的人员到会或者书面陈述意见。

第四十三条 由市人大常委会决定任命、任命、批准任命的地方国家机关工作人员，凡受到行政处分的，提请机关应及时报市人大常委会备案。

第六章 附则

第四十四条 本办法自通过之日起施行。

第四十五条 本办法由滨州市人大常委会负责解释。

七、关于市人大代表旁听市中级人民法院审理案件的办法

（2005年10月25日滨州市八届人大常委会第19次会议通过）

第一条 为进一步加强市人民代表大会及其常务委员会对审判和诉讼活动的监督，增加庭审的公开性和透明度，促进法官以事实为根据，以法律为准绳，公正、高效地审判案件，根据《中华人民共和国宪法》《中华人民共和国全国人民代表大会和地方各级人民代表大会代表法》及有关法律、法规的规定，结合我市实际，制定本办法。

第二条 市人大代表旁听庭审是指由市人民代表大会常务委员会（以下简称市人大常委会）组织市人大代表履行代表职务旁听市中级人民法院公开开庭审理的案件。市人大代表旁听市中级人民法院公开开庭审理的案件，每次参加的代表不少于3人。与庭审案件当事人有直接关系或与庭审案件有直接利益关系的人大代表应当回避。

第三条 组织市人大代表旁听的庭审案件，可以在下列案件中选择确定：

（一）在本市有重大影响的案件；

（二）市人大常委会主任会议确定督办再审的案件；

（三）市级以上人大代表关注的案件；

（四）市人大常委会内务司法工作委员会对上访案件认为有必要组织代表旁听的案件；

（五）市中级人民法院建议市人大常委会组织代表旁听的案件。

第四条 组织市人大代表旁听，原则上两个月安排一次，由市人大常委会内务司法工作委员会和人事代表工作室组织。人事代表工作室负责旁听代表的安排；内务司法工作委员会负责旁听案件的选择和旁听活动的时间安排。

第五条 市中级人民法院应在每月月底向市人大常委会内务司法工作委员会报送下月各审判业务庭公开审理的案件开庭排期表。市人大常委会内务司法工作委员会对确定参加旁听的案件应提前告知市中级人民法院。

第六条 市中级人民法院对市人大常委会确定代表旁听的案件，应在开庭前7日将旁听案件的案由、起诉书简要内容、开庭时间、庭审地点送交市人大常委会内务司法工作委员会。

第七条 市中级人民法院对市人大代表的旁听活动应当提供方便。

第八条 市人大代表参加旁听活动应在指定的座席就座。代表在旁听中要自觉遵守法庭纪律和有关规则，维护法庭秩序和法律尊严，不以代表身份影响审判人员对案件的审理，应支持审判人员依法办案。

第九条 市人大代表参加旁听活动后，对庭审活动的评价、意见和建议，于旁听后5日内以书面形式向市人大常委会内务司法工作委员会反映，由内务司法工作委员会反馈给市中级人民法院和市人民检察院。

第十条 市人大常委会组织市人大代表旁听的案件,市中级人民法院应在案件审结后将判决书或裁定书的复印件送交市人大常委会内务司法工作委员会,由其转交给参加旁听的代表。

第十一条 市中级人民法院、市人民检察院对市人大代表提出的意见和建议,应慎重对待,认真研究办理,并答复代表,同时将办理结果以书面形式报市人大常委会内务司法工作委员会。

第十二条 本办法自通过之日起施行。

八、滨州市人大常委会贯彻实施监督法的若干意见

(2006年12月21日滨州市八届人大常委会第34次主任会议通过)

《中华人民共和国各级人民代表大会常务委员会监督法》已由十届全国人大常委会第二十三次会议通过,将于2007年1月1日起实施,为了全面贯彻实施好监督法,提出如下意见。

一、加强学习,准确把握实施监督法的基本要领

监督法坚持以邓小平理论和“三个代表”重要思想为指导,以宪法为依据,正确处理了加强人大监督工作和坚持党的领导、支持“一府两院”依法行使职权的关系,充分体现了坚持党的领导、人民当家作主和依法治国的有机统一,体现了民主集中制、集体监督、有序监督的原则,是一部符合我国国情和人大工作实际的重要法律。市人大常委会组成人员、市人大常委会各工作部门要采取各种方式认真学习中央领导同志有关人大监督工作的重要讲话,逐章逐条学习监督法,领会监督法的精神实质,熟悉监督法的各项规定。要通过学习,统一思想认识,准确把握以下几点。

1. 人大监督,包括工作监督和法律监督,是宪法赋予人大的一项重要职权,是党和国家监督体系的重要组成部分。人大监督的目的,在于确保宪法和法律得到正确实施,确保行政权、审判权、检察权得到正确行使,确保公民、法人和其他组织的合法权益得到尊重和维护。

2. 人大作为国家权力机关,与行政机关、审判机关、检察机关虽然职责分工不同,但目标完全一致,都在党的领导下依法履行职责、协调一致开展工作。人大依法对“一府两院”进行监督,既是一种制约,又是支持和促进,必须把监督与支持有效结合、有机统一起来。

3. 人大常委会的监督职权由常委会依法集体行使。人大常委会在充分发扬民主的基础上,集体行使权力,切实加强对带有普遍性、倾向性问题的监督,进一步增强监督工作的针对性和实效性。

二、开展经常性监督的主要内容

监督法规定了各级人大常委会的监督职责及内容,即听取和审议“一府两院”专项工作报告;审查和批准决算,听取和审议计划、预算执行情况的报告和审计工作报告;组织执法检查;进行规范性文件备案审查;询问和质询;特定问题调查;撤职案的审议。

人大常委会的经常性监督主要是四个方面的内容。

1. 听取和审议“一府两院”专项工作报告;

2. 审查和批准决算,听取和审议计划、预算执行情况的报告和审计工作报告;

3. 组织执法检查;

4. 进行规范性文件的备案审查。

监督法对以上四个方面监督的内容、程序和要求都作了具体规定。规范性文件的备案审查,省人大常委会还要做具体规定。常委会要按照敢于监督、善于监督的要求,采取多种监督方式,不断增强监督实效。在实际工作中,要坚持把工作监督与法律监督结合起来;把专项监督与综合监督结合起来;把初次监督与跟踪监督结合起来;把听取专项工作报告与执法检查结合起来;把推动自行整改与依法纠正结合起来。

关于监督法规定的询问和质询、特定问题调查、撤职案的审议和决定等三个方面的监督职责,可以按不同情

况,专门研究处理。

三、精心选择听取和审议专项工作报告、组织执法检查的议题

监督法规定,听取和审议专项工作报告、组织执法检查要选择若干关系改革发展稳定大局和群众切身利益、社会普遍关注的重大问题,有计划、有准备地进行。议题要根据监督法规定的六个途径反映的问题来确定。为此,常委会各工作部门要按照分工,各负其责,广泛听取和综合分析来自各个途径的建议,提出听取和审议专项工作报告、组织执法检查的议题建议,确保议题符合法律规定的要求。

1. 市人大常委会在执法检查中发现的突出问题,由组织该项检查的有关工作部门负责汇总整理。

2. 市人大代表对“一府两院”工作提出的建议、批评和意见集中反映的问题,由人事代表工作室负责汇总整理。

3. 市人大常委会组成人员提出的比较集中的问题,由研究室负责汇总整理。

4. 常委会工作部门在调查研究中发现的突出问题,由进行该项调查研究的工作部门负责进行汇总整理。

5. 人民来信来访集中反映的问题,由信访局负责汇总整理。

6. 社会普遍关注的其他问题,由研究室深入基层、深入群众调研或根据媒体报道分析归纳、汇总整理。

人民政府、人民法院和人民检察院可以向本级人民代表大会常务委员会要求报告专项工作。

对上述六个途径反映的问题汇总整理后,有关工作部门要在每年 12 月上旬提出下一年度听取和审议专项工作报告、组织执法检查的议题建议。议题建议既要有情况反映,又要有综合分析,还要阐述提出议题建议的理由。议题建议提出后,常委会办公室经过综合平衡,提出下一年度听取和审议专项工作报告、组织执法检查的计划方案,报秘书长会议讨论后,提请 12 月中旬召开的主任会议审议通过。

四、认真汇总办理《审议意见》,督促推动整改工作

常委会组成人员审议专项工作报告、决算报告、计划执行情况报告、预算执行情况报告、审计工作报告、执法检查报告提出的意见、建议,由常委会有关工作部门按照综合整理、突出重点的要求,对各项报告分别归纳整理《审议意见》。《审议意见》要努力做到真实、全面、准确、鲜明。

《审议意见》初稿经有关工作部门研究审定后,由工作部门主要负责人核阅,报秘书长签发,以市人大常委会办公室文件的形式印送“一府两院”及其有关部门研究办理;对执法检查报告的审议意见,连同会议审议的报告,一并以市人大常委会办公室文件的形式印送“一府两院”及其有关部门研究办理;并选择热点、重点问题的《审议意见》报市委及市委领导同志、市人大常委会主任、副主任。

《审议意见》及有关报告印送“一府两院”及其有关部门后,常委会有关工作部门要按照制度规定,及时了解情况,督促有关方面落实整改,并及时向常委会汇报整改情况。切实防止重监督检查轻督促整改,听取和审议报告之后不了了之等情况的发生。

在“一府两院”向常委会提出《审议意见》办理结果的报告时,常委会办公室要及时送达有关工作部门,同时呈送市人大常委会主任、副主任、秘书长。有关工作部门应对《审议意见》办理结果的报告进行审议,提出审议意见,向市人大常委会主任会议报告。

对承办审议意见不认真的,市人大常委会有关工作部门可以提出要求其重新办理的建议,报经市人大常委会主任会议同意后,由市人大常委会办公室通知有关部门重新办理。

审议意见办理结果的报告书面印发市人大常委会会议。

对审议意见中涉及的重大问题或人民群众普遍关注的问题,经市人大常委会主任会议决定后,市人大常委会会议可以听取有关部门办理情况的报告。

五、加强沟通与协调

为使各方面协调一致地开展工作,把监督法的各项规定落到实处,常委会各工作部门必须十分注意改进工作方法和工作作风,在各个环节上加强相互沟通和协调。凡是需要与外部沟通的事项,事前应在机关内部进行

沟通，形成一致意见。在与外部沟通时，要力求做到以下几点。

1. 在听取和审议专项工作报告、组织执法检查的年度计划确定后，常委会办公室要将年度计划发送市人民政府办公室、市中级人民法院和市人民检察院，以便于他们提前做好有关工作。

2. 在准备听取和审议专项工作报告、组织执法检查时，常委会有关工作部门要认真听取“一府两院”有关部门的意见。执法检查要请有关方面参与。务求反映的问题客观全面、符合实际，提出的建议针对性强、切实可行。批评、建议都要从维护大局和人民群众利益出发。

3. 在专项工作报告、执法检查报告初稿完成后，常委会有关工作部门要与“一府两院”或有关部门及时沟通，交换意见，认真修改完善，力求在重大问题上取得共识。

4. 在审议专项工作报告、执法检查报告时，办公室要提前与“一府两院”及其有关部门联系，请他们安排有关负责同志到会听取意见，回答询问。

5. 专项工作报告、执法检查报告的审议意见印送“一府两院”后，常委会有关工作部门要继续保持与有关方面的联系和沟通，及时了解研究办理情况，督促有关方面向常委会提出研究办理情况的报告。

六、监督工作情况的通报和公布

根据监督法的规定，对于应当印发常委会组成人员和向市人大代表通报、向社会公布的事项，按照以下分工进行工作。

1. 根据监督法的规定，常委会听取和审议专项工作报告的年度计划、常委会年度执法检查计划，经主任会议通过后，印发常委会组成人员并向社会公布。这项工作由办公室负责，经秘书长批准后执行。

2. 根据监督法的规定，常委会听取专项工作报告、计划执行情况报告、预算执行情况报告、审计工作报告、执法检查报告及审议意见，“一府两院”对审议意见的研究办理情况或者执行决议情况的报告，向市人大代表及驻滨的全国和省人大代表通报。通报一般采用书面或电子邮件形式。具体工作由人事代表工作室负责。

3. 根据监督法的规定，常委会听取专项工作报告、计划执行情况报告、预算执行情况报告、审计工作报告、执法检查报告及审议意见，“一府两院”对审议意见的研究办理情况或者执行决议情况的报告，向社会公布。每次公布的形式由常委会研究室提出，经秘书长批准后执行。

向社会公布采取刊登《滨州日报》、在滨州电视台和滨州人民广播电台播发、刊登市人大常委会《公报》或《滨州人大》杂志、在《滨州人大网站》发布、召开新闻发布会或记者招待会等形式。

按照监督法的规定和省人大常委会的要求，结合我市实际情况，在认真学习、统一思想的基础上，由办公室牵头会同有关工作文件起草部门，对常委会有关工作文件进行全面梳理，最后由办公室将梳理情况向主任会议作出汇报，按程序对符合监督法规定的加以深化和细化，对与监督法规定的精神不一致的做出调整、规范或废止，实现平稳过渡。

九、滨州市人大常委会关于加强自身建设的意见

（2008 年 4 月 29 日滨州市九届人大常委会第 3 次会议通过）

为更好地履行宪法和法律赋予的职责，充分发挥地方国家权力机关的作用，积极推进民主法制建设和依法治市进程，实现我市在新起点上富民强市的新跨越，就加强市人大常委会自身建设提出如下意见：

一、加强政治建设，始终坚持正确的政治方向。坚持和依靠党的领导是人大工作的基本原则。常委会组成人员要始终保持政治上的清醒坚定，在政治上、思想上、行动上同党中央保持高度一致。要始终不渝地坚持和依靠市委对人大工作的领导，积极贯彻党的路线方针政策和市委决策，坚持在党委“总揽全局、协调各方”的领导格局中发挥地方国家权力机关的职能作用。一是紧紧依靠党的领导，坚持重要工作和重大事项及时向市委请示报告制度，把市委的主张通过法定程序转变为相关的决议、决定，成为全市人民群众的自觉行动。二是坚持和完善

人民代表大会制度，不断扩大人民民主，健全民主制度，丰富民主形式，拓宽民主渠道，切实保障人民的知情权、参与权、表达权、监督权。三是进一步增强大局意识。把一切机遇把握好，把一切竞争挑战应对好，把一切优势潜力发挥好，在市委的坚强领导下，凝聚一切力量，形成同心同德谋发展、和衷共济干事业的浓厚氛围，奋力推进富民强市的新跨越。

二、加强思想建设，不断提高履行职责的能力和水平。要紧密联系思想和工作实际，认真学习政治理论、宪法法律和人大业务知识，不断提高常委会组成人员依法履行职责的能力和水平。一是继续深入学习党的十七大和省第九次党代会及历次全会精神，学习科学发展观、构建社会主义和谐社会等重大理论，深刻领会精神实质和科学内涵，坚定理想信念，牢记根本宗旨，严守政治纪律，在重大问题上旗帜鲜明，在关键时刻和重大事件中经得起考验。二是认真学习《宪法》《地方组织法》《监督法》等法律，努力做到懂法、守法、用法，不断提高依法办事、依法履行职责的能力。三是认真学习人民代表大会制度理论，学习人大业务知识和经济、科技、文化、社会等方面的知识，优化知识结构，丰富知识储备，更好地担负起工作重任。四是弘扬理论联系实际的学风。紧密结合全市经济社会发展和人大工作实际，注重研究新情况、解决新问题、总结新经验，学以致用，用以促学，切实把学习的体会和成果转化为谋划工作的思路、促进工作的措施、履行职责的能力。五是坚持和完善学习制度。根据形势任务的要求和工作需要，制定学习计划，采取多种方式确保学习效果。

三、加强作风建设，密切与人大代表和人民群众的联系。常委会组成人员要始终牢记“两个务必”，保持艰苦奋斗的优良传统，进一步增强宗旨意识、公仆意识和民本意识，密切与人民群众的联系，始终把人民群众的呼声当作第一信号，把人民群众的需要当作第一选择，把人民群众的满意当作第一标准，把实现人民愿望、满足人民需求、维护人民利益作为想问题、办事情的出发点和归宿。一是树立人民利益高于一切的观念。坚持以人为本，高度关注民生，努力做到权为民所用、情为民所系、利为民所谋，在监督等工作中努力体现和维护人民群众的利益。认真受理人民群众来信来访，深化联合接访，加大督办力度，依法督促解决好群众最关心、最直接、最现实的问题，保证人民赋予的权力始终用来为人民谋利益。二是认真落实市委〔2005〕19号文件精神和《代表法》，坚持代表主体地位，扎实有效地做好代表工作，切实维护代表的权力，为代表依法执行职务提供保障。坚持常委会组成人员联系代表制度，坚持常委会的重要活动、重大决策广泛听取代表和社会各界意见的做法，邀请公民旁听常委会会议，扩大公民有序的政治参与。紧紧依靠人大代表和人民群众开展工作。三是深入开展调查研究。进一步转变作风，深入调查研究，把市委重大决策、社会普遍关注、政府着力推进的事项作为工作重点，深入基层，倾听群众呼声，了解群众意愿，集中群众智慧，不断深化对社情民意的了解程度，提出切实可行的建议措施，为正确决策和开展工作提供依据。四是弘扬求真务实精神。坚持实事求是，一切从实际出发，重实际、说实话、办实事、求实效。谦虚谨慎、艰苦奋斗，反对形式主义、官僚主义和弄虚作假，反对铺张浪费。外出调查研究和活动，要轻车简从，不给基层增加负担。五是加强与县（区）人大及其常委会的工作联系。注重听取县（区）人大常委会的意见和建议，经常沟通，密切关系，加强指导，及时总结推广县（区）人大工作的成功经验和有效做法，共同做好全市人大工作。

四、加强组织建设，不断完善运行机制和组织制度。一是完善议事程序，更好的坚持民主集中制原则。要按照民主集中制的组织原则行使各项法定职权，认真遵守常委会、主任会议的工作规程。常委会组成人员要依法行使权利和履行义务，按时出席常委会会议，紧紧围绕常委会议题，认真负责地进行审议，形成具有针对性和建设性的会议审议意见。常委会组成人员要自觉维护、模范遵守、带头执行常委会作出的决议决定，积极主动地围绕常委会工作计划和工作部署履行职责，努力促进和保证人大及其常委会决议决定的贯彻落实。二是认真落实市委〔2005〕25号文件，加强人大机关干部队伍建设，重视干部的培养、选拔、交流工作，努力营造有进有出、能上能下、充满活力与生机的用人机制。三是加强机关基层党组织建设，充分发挥其战斗堡垒作用和党员的先锋模范作用。关心支持人大常委会机关老干部工作，不断增强机关的凝聚力和战斗力。

五、加强制度建设，不断提高工作效率和工作质量。一是进一步健全工作制度。常委会要及时总结、制定、完善各项工作制度和议事程序,使各项工作有章可循,促进工作的制度化、规范化。二是自觉遵守工作制度。常委会组成人员要自觉执行常委会的各项规章制度,遵守常委会组成人员守则,遵守工作纪律,讲求办事程序,严格按照法律和制度履行职责和开展活动,靠制度提高办事效率和工作质量。三是始终保持良好的精神状态,牢固树立责任意识,爱岗敬业,恪尽职守,扎扎实实、尽职尽责地做好各项工作。四是营造和谐有序的工作氛围。树立常委会工作"一盘棋"思想,加强团结,顾全大局,密切常委会工作部门之间的联系,形成和谐有序的工作运行机制。密切常委会组成人员之间的联系,相互尊重,相互支持,共同营造民主和谐、依法有序、干事创业的良好氛围。

六、坚持勤政廉政,树立常委会的良好形象。一是坚决贯彻落实中央、省委和市委关于党风廉政建设的有关规定,落实党风廉政建设责任制。常委会组成人员要模范地遵守国家法律法规,遵守廉洁自律的各项规定,坚持自重、自省、自警、自励,以身作则,管好身边工作人员及家属子女,自觉防止和抵制腐败现象和不正之风。二是大力弘扬胡锦涛总书记强调的八个方面的良好风气,树立正确的世界观、人生观、价值观和权力观,增强忧患意识、公仆意识、节俭意识,自觉遵守社会公德、职业道德、家庭美德,培养健康的生活情趣,保持高尚的精神追求。三是自觉维护常委会的团结,做到事业为重,团结合作,光明磊落,坦诚相见,全心全意为人民服务。四是诚心诚意接受人民监督,严于律己,廉洁奉公,兢兢业业,干干净净为国家和人民工作,以实际行动树立"为民、务实、清廉"的良好形象。

十、关于加强和规范市人大代表活动的若干意见

(2008 年 6 月 27 日滨州市九届人大常委会第 4 次会议通过)

为保障市人民代表大会代表依法履行职责,充分发挥代表作用,并通过开展闭会期间的活动促进全市人大代表工作的深入开展,根据《中华人民共和国宪法》和《中华人民共和国地方各级人民代表大会和地方各级人民政府组织法》《中华人民共和国全国人民代表大会和地方各级人民代表大会代表法》等法律法规,结合我市的实际,就加强和规范市人大代表闭会期间的活动提出如下意见:

一、指导思想和目的。以邓小平理论和"三个代表"重要思想为指导,认真贯彻科学发展观,紧紧围绕市委的中心工作,围绕宪法和法律法规的贯彻实施,围绕市人大及其常委会的决议、决定和工作重点,围绕人民群众所关心的热点、难点问题,依法开展活动。通过开展活动,使市人大代表知情知政、掌握第一手资料,为酝酿、起草、提出议案及建议、批评和意见,出席市人民代表大会会议审议各项报告和议案作好准备。

二、代表闭会期间活动的主要内容。(1)参加年末统一组织的市人大代表集中视察;(2)参加统一组织的年中专题调研;(3)应邀参加市人大常委会组织的执法检查和专题视察;(4)参加市人大常委会组织的工作评议活动;(5)应邀列席市及县、区人大常委会会议;(6)列席本选举单位的人民代表大会会议;(7)参加所在代表小组组织的各项活动;(8)参加市和县、区人大常委会组织的代表学习培训;(9)向市人大常委会提出对各方面工作的建议、批评和意见;(10)密切联系人民群众,听取人民群众意见和建议等。

代表在闭会期间的活动,既是执行代表职务,也是知情知政、掌握第一手材料,酝酿、起草、提出议案或者建议、批评和意见,为出席大会会议审议各项报告和议案做准备的过程。代表应当自觉主动地参加,每位代表一年内参加大会闭会期间的活动应不少于 10 天。

三、代表活动的组织。市人大代表开展活动由市人大常委会组织或委托代表原选举单位的县、区人大常委会组织。解放军住滨州部队的市人大代表开展活动,由滨州军分区政治部组织,如代表提出要求参加地方的代表活动,由滨州军分区政治部会同市人大常委会人事代表工作室或辖区县、区人大常委会安排。

四、代表活动的形式。以集体活动为主,以代表小组活动为基本形式。每次换届后,市和县、区人大常委会代表工作机构要按照便于组织和方便活动的原则组成代表小组。市人大代表可以与县、区人大代表联合组成代

表小组开展活动。市人大代表小组一般每季度活动一次。市人大常委会办事机构每年年初要根据全市工作的重点、市人民代表大会通过的决议决定和市人大常委会工作要点等,及时向代表小组提出活动的建议内容。市和县、区人大常委会有关办事机构要加强对代表小组活动的指导。

市人大代表的活动一般在代表原选举单位的行政区域内进行。根据履行职责的需要,在市人大常委会办事机构统一安排下,也可以跨选举单位进行考察和调研。

五、专题调研。每年年中,根据市人大常委会的统一安排,县、区人大常委会要组织本县、区选出的市人大代表进行一次专题调研,时间三天左右。专题调研的题目由市人大常委会拟定,也可以由代表根据我市或当地工作的大局和实际情况自行确定。专题调研可以形式多样。结束后,应当形成调研报告或代表议案(草稿),送交市人大常委会办事机构研究处理。

六、代表视察。每年年末,根据市人大常委会的统一安排,县、区人大常委会要组织本县、区选出的市人大代表进行一次集中视察,时间五天左右。视察要突出主题,不拘形式,注重实效。视察时,代表可以向被视察单位提出建议、批评和意见,但不直接处理问题。视察后,县、区人大常委会要将视察情况汇总后报送市人大常委会办事机构。

市直机关的代表一般应参加原选举单位组织的视察。

根据代表本人的要求,经市或县、区人大常委会联系安排,市人大代表可以持代表证就地进行视察。市和县、区人大常委会办事机构及乡、镇、办人大工作机构要为代表个人持证视察提供方便和保障。

七、代表要密切联系原选举单位和人民群众。通过列席原选举单位的人大及其常委会会议、参加原选举单位组织的视察、调研和其他活动,或者通过个别走访、召开座谈会、代表电子信箱、人大网站等多种方式,加强与原选举单位的密切联系,广泛听取和反映原选举单位和人民群众的意见和要求。联系要求真务实,讲求实效,不搞形式主义。

八、扩大代表对市人大常委会活动的参与。市人大常委会制定年度工作计划,要听取市人大代表的意见;市人大常委会作出决议、决定,可根据需要在代表中征求意见;组织执法检查或专题视察,可以邀请市人大代表参加;到基层视察、调研,应当听取当地的市人大代表的意见和建议。市人大常委会及其有关工作机构督办、检查代表议案及代表建议、批评和意见办理工作,可以邀请提议案或建议的代表参加,听取代表的意见。要坚持和完善邀请市人大代表列席市人大常委会会议的制度。

九、保障代表的知情权。在每年的人民代表大会召开前,市人大常委会办事机构应当请市人民政府及其有关部门、市中级人民法院、市人民检察院利用多种形式向市人大代表通报全市改革发展稳定的基本情况。在大会闭会期间,市人大常委会办事机构要定期向代表寄发《市人大常委会公报》《滨州人大》,为代表订阅《中国人大》《人民权利报》《山东人大工作》等报刊。市人民政府办公室要向代表寄发《滨州市人民政府公报》,有关部门也要为代表提供相关的信息。市中级人民法院、市人民检察院应向代表提供有关报刊,并视情提供其他必要的信息和资料。县、区人大常委会印发本级人大代表的资料,要同时印发本选举单位选出的市人大代表,使市人大代表更多地了解市情、政情,为审议各项报告和议案,依法履职创造条件。

十、建立代表履职登记制度。由市人大常委会统一印制代表履职情况考核登记簿,发给各位市人大代表,由代表将自己参加代表活动的情况进行记录,每半年由选举单位的代表工作机构对代表履职登记情况进行汇总后,报市人大常委会代表工作部门备案。代表的履职情况登记作为评选优秀代表的条件之一,并作为代表换届时继续提名的重要参考依据。

十一、为代表开展闭会期间的活动提供必要的条件和保障。要认真落实中共滨州市委〔2005〕19号文件规定,把市人大代表的活动经费等列入财政预算,切实保证代表履职活动的需要。代表活动经费要专款专用,市人大常委会人事代表工作部门要认真做好代表活动经费的使用管理工作;县、区人大常委会人事代表工作部门要对拨付的市人大代表活动经费严格管理使用,确保用在市人大代表闭会期间的活动上。

十二、尊重人大代表的权利,支持代表执行职务。人大代表在调查、视察和检查等执行代表职务的活动时,有关单位要认真对待,提供工作上的便利和真实情况,不得妨碍代表执行代表职务或侵犯代表的合法权益。按照法律规定,代表依法参加代表活动,其所在单位必须给予时间保障,并按正常出勤对待,享受所在单位的工资和其他福利待遇。

县、区人大常委会要根据本选举单位选出的市人大代表人数,配备相应的工作人员,为市人大代表开展活动、履行职责做好服务工作。

十三、建立代表培训的长效机制。要通过定期举办培训班、总结交流推广经验等多种形式,组织市人大代表学习人民代表大会制度,我国行政体制与政府工作、司法体制和司法工作、代表议案及建议、批评和意见的提出与处理、代表职责和代表活动等方面的基本知识,使代表熟悉和掌握执行代表职务的基本技能。培训工作要加强针对性,注重系统性,做到经常化,注重实效。

十四、代表要自觉遵守宪法和法律,依法履行职责。要增强代表责任意识,积极参加各项代表活动,依法执行代表职务,密切联系群众,深入了解民情,充分反映民意,努力提高所提议案及建议、批评和意见的质量。要自觉接受原选举单位和人民群众的监督,按照市和县、区人大常委会的安排参加原选举单位组织的对代表进行的述职评议。

除市人大常委会和选举单位统一安排组织代表参加的活动外,凡以代表身份应邀担任的社会兼职以及受政府部门和有关单位邀请参加的活动,有关部门和单位以及代表本人应事先与市、县区人大常委会代表工作部门进行联系沟通,以便合理有序安排。

代表要依法履行法律赋予的权利和义务,自觉维护代表的声誉;要把依法执行代表职务与从事个人职业活动严格区别开来,不借执行代表职务之便进行个人的职业活动,不利用代表权利为本人或者亲属牟取不正当的利益;对于人民群众递交的申诉、控告和检举等信件,或者需要当面反映的这方面问题,可以交由市人大常委会办事机构转有关机关、组织研究处理;代表个人不干预具体案件的审理和执行,对涉及本人和亲属的具体案件应当回避;执行代表职务的活动,不接受企事业组织、社会团体和个人出资赞助;要努力学习执行代表职务必须掌握的基本知识和专门知识,不断提高自身素质和履行代表职责的能力,坚持“两个务必”,勤奋工作,廉洁自律,严格保守国家秘密。

十一、滨州市人民代表大会常务委员会执法检查工作办法(试行)

(2008 年 6 月 23 日滨州市九届人大常委会第 5 次主任会议通过)

第一条 为保证法律、法规在本行政区域内的正确实施,规范执法检查工作程序,增强执法检查实效,根据《中华人民共和国各级人民代表大会常务委员会监督法》,结合本市实际,制定本办法。

第二条 本办法所称执法检查,是指市人大常委会(以下简称常委会)对法律法规在本行政区域内的实施情况所进行的检查监督。

第三条 常委会每年选择若干关系本行政区域改革发展稳定大局和群众切身利益、社会普遍关注的重大问题,有计划地对有关法律、法规的实施情况组织执法检查。

第四条 常委会各工作机构根据职责分工于每年年底前提出下一年度常委会执法检查议题的建议。

执法检查的议题建议,要通过以下六个方面的途径提出:

(一)常委会在履行职责过程中发现的法律、法规实施中存在的突出问题,由常委会有关工作机构整理提出。

(二)市人大代表对市人民政府、市中级人民法院和市人民检察院(以下简称“一府两院”)工作提出的建议、批评和意见集中反映的问题,由常委会人事代表工作室整理提出。

（三）常委会组成人员提出的比较集中的问题，由常委会研究室整理提出。

（四）常委会工作机构在调查研究中发现的突出问题，由开展该项调查研究的工作机构整理提出。

（五）人民来信来访集中反映的问题，由常委会信访局整理提出。

（六）社会普遍关注的其他问题，由常委会研究室整理提出。

“一府两院”可以向常委会书面提出执法检查议题的建议。

第五条　常委会办公室负责收集汇总各工作机构以及其他有关方面提出的执法检查议题建议，征求“一府两院”意见后，提出常委会年度执法检查计划建议。年度计划建议应当包括执法检查的法律、理由、重点、时间安排和具体组织实施的常委会工作机构等。

第六条　常委会年度执法检查计划，经常委会主任会议（以下简称主任会议）通过，由常委会办公室印发常委会组成人员，通报本级人大代表，通知本级“一府两院”，并通过滨州日报、滨州电视台、滨州人民广播电台和滨州人大网站向社会公布。

第七条　主任会议根据实际需要或者“一府两院”的要求，可以适当调整年度执法检查计划，并由常委会办公室及时通知“一府两院”办事机构。

第八条　按常委会执法检查计划，常委会有关工作机构要在执法检查前20天制定执法检查方案，并与“一府两院”分管领导和相关工作机构进行沟通。

执法检查方案应包括以下内容：

1. 执法检查的目的要求；

2. 执法检查的对象和重点内容；

3. 执法检查组成员及工作人员；

4. 执法检查的时间和地点；

5. 执法检查的方法步骤；

6. 新闻报道；

7. 保障任务完成的措施；

8. 其他需要说明的事项。

第九条　组成执法检查组。按照精干、效能、便于活动的原则，应在进行执法检查前15天组成执法检查组。执法检查组的组成人员，从常委会组成人员中确定，并可以邀请部分人大代表参加。检查组组成人员应当熟悉所要检查的法律法规或该方面的工作。

执法检查时可以邀请部分专业人员参加工作。

第十条　学习法律法规。在执法检查前，检查组组成人员要认真学习相关的法律法规和政策规定。学习以自学为主，至少组织一次集中学习。

第十一条　进行调查研究。执法检查前，检查组成员要根据自己的实际情况，有针对性地对该项法律法规的实施情况进行走访、询问、查阅资料等灵活多样的调研，以掌握基本情况，在执法检查前向执法检查组提出书面意见和建议，以增强执法检查的实效。

第十二条　进行执法检查。

1. 执法检查组听取政府或法律、法规实施主管机关关于法律、法规实施情况的汇报。

2. 深入基层，深入实际，进行实地检查。

3. 通过听取汇报、召开座谈会、抽样调查、查阅文件和资料等多种方式，了解法律、法规实施的情况。必要时，可以委托有关机构进行调查并出具报告。

4. 执法检查要实事求是、客观公正，检查组成员要认真履行职责、廉洁自律。

5. 执法检查时，要组织好有关新闻媒体搞好宣传报道。

第十三条 执法检查组不直接处理问题。对执法检查中发现的急需处理的违法问题,常委会主任会议可以交常委会有关工作机构进行调查、提出报告,或要求有关机关或部门限期处理并报告处理结果。必要时,可以依法提请常委会组织特定问题调查委员会进行调查。

第十四条 执法检查结束后,检查组成员都要对执法情况做出评价,提出意见和建议。

第十五条 执法检查组召集座谈会,在充分听取检查组成员和参与检查人员的意见后,形成执法检查报告。

执法检查报告包括下列内容:

(一)对所检查法律、法规实施情况进行评价;

(二)对实施中存在的问题及原因作出分析;

(三)对改进执法工作的建议;

(四)对完善有关法律法规的建议;

(五)其他需要报告的事项。

第十六条 执法检查报告由常委会主任会议决定提请常委会会议审议。

第十七条 常委会会议审议执法检查报告时,政府分管领导和法律、法规实施主管机关负责人或者有关部门负责人应当到会听取意见,回答询问。

第十八条 常委会组织执法检查,根据需要,可以委托县区人大常委会对有关法律、法规在本行政区域的实施情况进行检查。由受委托的县区人大常委会提出执法检查情况报告,报送市人大常委会。

受省人大常委会委托进行的执法检查,常委会有关工作机构负责组织实施并提出执法检查情况报告,经分管主任审定后报送省人大常委会。

第十九条 常委会组成人员在审议执法检查报告时的意见和建议,由组织实施执法检查的常委会工作机构在常委会会议结束后及时整理,经分管主任审定后,形成审议意见。审议意见的内容应当包括对执法检查报告审议的总体意见和对"一府两院"工作的要求等。

审议意见连同执法检查报告,由常委会办公室负责送交本级"一府两院"研究处理。同时通报本级人大代表,并通过滨州日报和滨州人大网站向社会公布。

第二十条 "一府两院"应当于收到执法检查报告及审议意见后三个月内,将研究处理情况送交常委会有关工作机构征求意见,并向常委会提出书面报告。研究处理情况的报告,由常委会办公室发送常委会组成人员和参加执法检查的人大代表,通报本级人大代表,并通过滨州日报和滨州人大网站向社会公布。

常委会有关工作机构收到"一府两院"关于执法检查报告及审议意见的研究处理情况的报告后,要进行认真审查。对需要重新处理的,向主任会议提出重新处理的建议,由主任会议决定是否由原处理单位重新研究处理;或由主任会议决定,将"一府两院"对常委会执法检查报告及审议意见研究处理情况的报告提请常委会会议审议。如果主任会议认为有必要,可决定对研究处理情况进行跟踪检查。跟踪检查由实施该项执法检查的常委会工作机构负责,跟踪检查报告经主任会议决定,提请常委会会议审议。

十二、滨州市人民代表大会代表建议、批评和意见办理办法

(2008年6月27日滨州市第九届人民代表大会常务委员会第4次会议通过

2015年5月8日滨州市第十届人民代表大会常务委员会第29次会议修订)

第一章 总 则

第一条 为做好市人民代表大会代表建议、批评和意见的办理工作,根据《中华人民共和国宪法》《中华人

民共和国地方各级人民代表大会和地方各级人民政府组织法》《中华人民共和国全国人民代表大会和地方各级人民代表大会代表法》和《山东省人民代表大会代表建议、批评和意见办理工作条例》等法律法规的有关规定，结合本市实际，制定本办法。

第二条　本办法所称代表建议、批评和意见，是指市人民代表大会代表依照宪法和法律赋予的权利和义务，个人或者联名以书面形式及其他有效方式，向市人民代表大会或市人民代表大会常务委员会（以下简称市人大常委会）提出的有关全市各方面工作的建议、批评和意见，包括市人民代表大会主席团决定作为建议处理的代表议案。

第三条　代表提出建议、批评和意见，是法律赋予的权利，是依法执行代表职务，代表人民参与管理国家事务、经济和文化事业、社会事务，监督国家机关工作的一种重要形式。

全市各级国家机关、组织和企事业单位应为代表提出建议、批评和意见提供必要的条件和服务。

第四条　本办法所指承办机关是市人大常委会、市人民政府、市中级人民法院、市人民检察院和其他组织。承办单位是承办机关下属的具体承办部门，承办单位对承办机关负责。承办机关和承办单位办理代表建议、批评和意见是履行法律规定的职责，自觉接受人民群众和人大代表监督的具体体现。应尊重代表的权利，认真研究办理并在规定的期限内答复代表。

第五条　市人大常委会人事代表工作机构在市人大常委会领导下，负责市人民代表大会闭会期间代表建议、批评和意见的登记、交办以及情况汇总，负责向市人大常委会报告代表建议、批评和意见办理情况。市人大常委会各工作委员会应当就与其相关的代表建议、批评和意见的办理情况进行督办、检查。

第二章　代表建议、批评和意见的提出

第六条　代表应围绕全市改革、发展、稳定大局，针对政治、经济、文化、社会生活中的重大问题和人民群众普遍关心的问题，对市人民代表大会及其常务委员会、市人民政府及其部门、市中级人民法院、市人民检察院和其他机关、组织的工作，提出建议、批评和意见。

代表提出建议、批评和意见要在深入实际，深入基层调查研究的基础上进行。可以在市人民代表大会会议期间提出，也可在市人民代表大会闭会期间提出。

第七条　下列情况不应作为代表建议、批评和意见提出：

（一）不属于本市区域内国家机关和组织职权范围内的；

（二）涉及解决代表本人及其亲属个人问题的；

（三）代转人民群众来信的；

（四）属于学术研讨、广告宣传和产品推介的；

（五）没有实际内容或其他不应作为代表建议、批评和意见的。

不作为代表建议、批评和意见办理的，相关工作机构应及时告知代表。

第八条　代表建议、批评和意见可由一名代表提出，也可联名提出。联名提出的，参加联名的代表应确认建议、批评和意见的内容能够真实表达自己的意愿。

第九条　代表提出建议、批评和意见要实事求是，简明扼要，内容具体，书写规范，做到有情况，有分析，有明确的建议或意见，并一事一件。应使用统一印制的代表建议、批评和意见专用纸书写或打印，并亲笔签名。提出建议、批评和意见的代表及参加联名的代表应注明代表证编号、详细通讯地址等联系方式，以便承办机关或承办单位与其联络沟通，回复办理结果。

第十条　代表可以要求撤回本人提出的建议、批评和意见。要求撤回的，应以书面形式提出撤回意见，其办理工作即行终止。

第三章　代表建议、批评和意见的交办

第十一条　代表在市人民代表大会会议期间提出的建议、批评和意见，由大会秘书处工作机构整理、分类、

确定承办机关，于会议期间交承办单位，或会后由市人大常委会人事代表工作机构转承办机关或承办单位；在市人民代表大会闭会期间提出的建议、批评和意见，由市人大常委会人事代表工作机构转承办机关，承办机关应于五日内确定具体承办单位并交其办理。

市人大常委会组成人员联系代表时，对代表书面提出的建议、批评和意见，应及时转交市人大常委会人事代表工作机构，由市人大常委会人事代表工作机构按照前款规定交承办机关办理。

第十二条 对于代表本人要求予以保密或者代表所提建议、批评和意见有可能使代表或者当事人受到打击、报复、要挟等行为侵害的，承办机关及承办单位应当为其保密。

第十三条 在市人民代表大会会议期间，对代表提出的建议、批评和意见中的重要或紧急事项，大会秘书处工作机构应及时向大会秘书长报告；在市人民代表大会闭会期间，对代表提出的建议、批评和意见中的重要或紧急事项，市人大常委会人事代表工作机构应及时向市人大常委会秘书长报告。

第十四条 市人大常委会每年从代表提出的建议、批评和意见中选择若干件作为市人大常委会重点督办的建议。

市人民代表大会会议期间，大会秘书处工作机构在对代表提出的建议、批评和意见进行综合分析的基础上，应对代表提出的事关改革、发展、稳定的重大问题，群众普遍关心的热点、难点问题的建议、批评和意见，提出作为重点督办建议的意见，报大会秘书长确定。

市人民代表大会闭会期间，市人大常委会人事代表工作机构收到的代表建议、批评和意见，如果认为事关重大可作为重点建议督办的，报市人大常委会秘书长确定。

第十五条 承办机关应根据代表建议、批评和意见的内容以及相关单位的职能确定具体承办单位。

（一）属于市人大常委会办理的，由市人大常委会秘书长确定，交相关工作机构或办事机构办理；

（二）属于政府机关（含中央、省驻滨有关部门和单位）办理的，由市人民政府督查室确定承办单位；

（三）属于审判、检察机关及其他机关组织办理的，由市人大常委会有关工作机构交市中级人民法院、市人民检察院或其他机关和组织办理。

第十六条 代表建议、批评和意见需两个以上承办单位共同办理的，应确定主办单位和协办单位。需两个以上单位分别办理的，分别办理单位都是主办单位。

第十七条 承办单位对交办的代表建议、批评和意见认为不属于本单位职责范围内的，应当在收到代表建议的五日内退回承办机关并说明情况，由承办机关在五日内协调转交有关承办单位。未经承办机关同意，承办单位不得擅自退回或转办，不得滞留延误。

第四章 代表建议、批评和意见的承办

第十八条 承办机关或承办单位应确定主管领导和承办人员，健全制度，明确职责，严格程序，保证办理质量。

承办机关或承办单位对于重点督办的代表建议、批评和意见，承办单位应由主要负责人主持研究办理。

对代表提出的综合性强、涉及面广、办理难度大的建议、批评和意见，由市人民政府协调、组织办理。

第十九条 对共同办理的代表建议、批评和意见，主办单位应主动与协办单位协商制定办理方案；协办单位应当自收到代表建议、批评和意见之日起一个月内向主办单位提出书面协办意见。主办单位应负责答复代表，答复内容涉及协办单位的，应征求协办单位意见。共同主办的单位应分别办理并答复代表。

主办单位与协办单位之间意见不一致时，主办单位应进行协商。经协商意见仍不一致的，主办单位应向承办机关报告，承办机关有明确意见后，再答复代表。

第二十条 承办单位办理代表建议、批评和意见，应根据宪法、法律、法规和有关方针政策，对有条件解决的，应及时解决；对条件暂不具备的，应列入今后工作计划或规划，创造条件尽快解决；对不符合法律、法规、政策规定的，或因受客观条件限制确实不能解决的应说明原因，向代表解释清楚。

承办单位对代表建议、批评和意见所提问题正在解决或者列入计划、规划解决的，应在落实后再次答复代表。

第二十一条　承办机关和承办单位自收到代表建议、批评和意见之日起，应在三个月内答复代表。如遇特殊情况不能按期答复，应向市人大常委会作出书面说明，经市人大常委会有关工作机构同意，至迟不超过六个月。对市人民代表大会会议期间代表提出的建议、批评和意见，有条件立即办理的，承办单位应在会议期间研究办理并答复代表。

代表建议、批评和意见办理结果分为四类：A类为已解决或基本落实的；B类为正在解决或已列入计划当年可以解决的；C类为已列入计划下年度解决的；D类为因法律、政策限制只留做参考的。

第二十二条　承办单位在办理代表建议、批评和意见过程中，应密切与代表联系，通过走访、座谈、邀请视察等方式，充分听取和征求代表对办理工作的意见和要求。

第二十三条　承办单位对代表建议、批评和意见必须件件给予答复。答复形式可以是当面答复，也可以是书面答复。凡有条件当面答复的，应当面答复。当面答复代表建议、批评和意见的应作好记录，并由代表签署《人大代表建议、批评和意见办理情况征询意见表》，答复结束后送交市人大常委会人事代表工作机构。书面答复要按照统一公文格式行文，注明联系人、联系电话和办理结果类别，经主要负责人审核后签发，加盖承办单位公章，将《人大代表建议、批评和意见办理情况征询意见表》和代表建议专用信封一并寄送代表。

对代表建议、批评和意见的当面答复和书面答复，承办机关或承办单位应抄报市人大常委会人事代表工作机构，同时将答复件电子版通过滨州政务协同办公系统发送市人大常委会人事代表工作机构。属于政府机关确定的承办单位应同时抄报市政府督查室。

承办单位对代表联名提出建议、批评和意见的，应分别答复每位代表；对于内容相似的代表建议、批评和意见，应统一研究办理，分别答复代表。

第二十四条　代表收到答复件后，应在《人大代表建议、批评和意见办理情况征询意见表》上填写对办理结果的意见，并尽快寄送市人大常委会人事代表工作机构。由市人大常委会人事代表工作机构将代表对承办单位办理的意见反馈给承办机关和承办单位。代表对办理结果不满意要求重新办理的，由承办机关责成承办单位重新研究办理，并在一个月内再次答复代表。重新办理时，承办单位应听取代表意见。

第二十五条　代表建议、批评和意见的办理情况在网上公开，以便接受代表和人民群众的监督。

第五章　代表建议、批评和意见办理工作的监督检查

第二十六条　市人大常委会对承办机关和承办单位办理的代表建议、批评和意见，通过听取办理工作情况汇报，组织代表视察、检查、询问、质询等形式加强监督和检查。

第二十七条　市人大常委会对代表建议、批评和意见办理工作采用综合督办的方式进行。市人大常委会人事代表工作机构负责做好代表建议、批评和意见的分办，转办、与政府督查部门的联系和综合协调工作；市人大常委会各工作委员会负责做好所联系承办单位的代表建议、批评和意见督办工作。

第二十八条　市人大常委会各工作委员会应及时与承办单位沟通联系，了解和掌握代表建议、批评和意见的办理情况和存在的问题，检查、指导、督促承办单位做好办理工作。对需跨年度办理的，应进行跟踪督查，确保办理工作的连续性。督办过程中，要加强与代表的联系沟通，也可邀请相关代表参与督办。

第二十九条　对重点督办的建议、批评和意见的办理情况，市人大常委会主任会议可专题听取承办机关和承办单位的工作汇报，询问办理情况，提出办理工作意见。

第三十条　市人大常委会人事代表工作机构配合各工作委员会做好代表建议、批评和意见的督办工作；根据市人大常委会的安排，组织人大代表或代表小组对承办机关和承办单位办理代表建议、批评和意见工作进行专项检查或视察。

第三十一条　代表建议、批评和意见办结后，市人大常委会人事代表工作机构应及时向代表征询对办理结

果的反馈意见,对代表反馈不满意的,协调有关工作委员会再次督促落实。

第三十二条　承办机关在代表建议、批评和意见办结后,应向市人大常委会作办理情况的年度工作报告。

市人大常委会应当将上一次市人民代表大会会议以来代表建议、批评和意见的办理情况,书面印发下一次市人民代表大会会议全体与会代表。

第三十三条　在市人民代表大会会议期间,代表有权就代表建议、批评和意见的办理情况,对有关承办机关和承办单位提出询问或质询。

在市人大常委会会议期间,市人大常委会组成人员有权就代表建议、批评和意见的办理情况,对有关承办机关和承办单位提出询问或质询。

第三十四条　代表或代表小组可对代表建议、批评和意见办理情况进行调查、视察,由市人大常委会人事代表工作机构负责安排。被调查、视察单位负责人应如实向代表汇报情况,回答代表提出的问题,听取代表的意见。

第三十五条　市人大常委会可会同承办机关对代表建议、批评和意见办理工作成绩突出的承办单位和有关人员予以表彰;对办理工作拖拉、推诿、敷衍、不负责任的,给予通报批评。

有下列情形之一的,市人大常委会主任会议可责成承办机关或承办单位限期改正并报告处理结果;情节严重的,责成有关机关依法追究承办单位负责人的行政责任或法律责任:

(一)对代表建议、批评和意见办理不认真、敷衍塞责,答复意见不符合实际,答复不落实又不说明原因的;

(二)对代表进行刁难、无理指责或者打击报复的;

(三)贻误工作造成重大损失的;

(四)违反本办法第十二条规定没有为代表保密并造成严重后果的。

第六章　附　则

第三十六条　代表建议、批评和意见涉及具体司法案件的,不适用本办法。

第三十七条　驻滨州省级以上的人大代表,直接向市人民代表大会及其常务委员会提出的属于本市有关方面工作的建议、批评和意见,参照本办法办理。

第三十八条　本办法由市人大常委会人事代表工作机构负责解释。

第三十九条　本办法自修订之日起施行。《滨州市人大常委会关于代表建议、批评和意见督办办法》同时废止。

十三、滨州市人民代表大会代表议案处理办法

(2015年5月8日滨州市第十届人民代表大会常务委员会第29次会议通过)

第一章　总　则

第一条　为保障市人民代表大会代表依法行使提出议案的权利,做好代表议案工作,发挥代表作用,根据《中华人民共和国宪法》《中华人民共和国地方各级人民代表大会和地方各级人民政府组织法》《中华人民共和国全国人民代表大会和地方各级人民代表大会代表法》及有关法律法规的规定,参照《全国人民代表大会代表议案处理办法》和《山东省人民代表大会代表议案处理办法》,结合我市实际,制定本办法。

第二条　本办法所称代表议案,是指市人民代表大会代表十人以上联名,向市人民代表大会提出的属于市人民代表大会及其常务委员会职权范围内的议事原案。

第三条　代表提出议案是法律赋予代表的职权,是执行代表职务、参与行使地方国家权力的一项重要工作。代表议案经市人民代表大会及其常务委员会审议通过,即具法律效力。认真落实和办理代表议案,是有关

机关、组织的法定职责。

第四条　市人民代表大会常务委员会和各县区人民代表大会常务委员会应为代表议案工作提供必要的条件和服务。

第二章　代表议案的基本要求

第五条　代表议案应符合下列条件：

(一)由市人民代表大会代表十人以上联名向市人民代表大会提出；

(二)在市人民代表大会主席团规定的议案截止时间前提出；

(三)内容属于市人民代表大会及其常务委员会职权范围；

(四)要求列入市人民代表大会及其常务委员会会议议程进行审议的事项。

第六条　下列事项可以作为代表议案提出：

(一)有关保证宪法、法律、法规以及上级和本级人民代表大会及其常务委员会决议、决定实施的事项；

(二)有关全市国民经济和社会发展计划及财政预算重大调整意见；

(三)有关全市政治、经济、教育、科学、文化、卫生、环境和资源保护、民政、民族等工作的重大事项；

(四)有关改变或撤销市人民代表大会常务委员会不适当的决议、撤销市人民政府不适当的决定和命令的事项；

(五)有关保障全民和集体所有的财产，公民和组织的合法财产，公民人身、民主等权利的全局性重大事项；

(六)宪法和法律规定的属于市人民代表大会及其常务委员会职权范围内的其他事项。

第七条　下列事项不应作为代表议案提出：

(一)市人民政府行政管理职权范围内的事项；

(二)市中级人民法院审判权和市人民检察院检察权范围内的事项；

(三)应由县(区)乡(镇)人民代表大会和人民政府及其他基层组织处理的事项；

(四)属于有关政党、社会团体、企事业单位的内部事务和公民个人事务的事项；

(五)其他不属于市人民代表大会及其常务委员会职权范围内的事项。

第八条　代表提出的议案应当有案由、案据和方案。案由是指提出该议案的理由，应当明确清楚。案据是指提出该议案的根据，应当充分合理。方案是指解决该议案所提问题的具体办法，应当具体可行。

第九条　代表议案应当一事一案，使用统一印制的代表议案专用纸，并由参加联名的代表本人一一签名。

第三章　代表议案的提出

第十条　代表应通过视察、调研、代表小组活动等多种形式，深入实际，密切联系人民群众，广泛听取意见，在认真准备并充分酝酿的基础上提出议案。

第十一条　代表联名提出议案，应有领衔代表。领衔代表应向参加联名附议的代表提供议案文本，经附议人认真审阅同意后，签名附议。有条件集体讨论的，应经集体讨论，取得一致意见后，联名提出，以示共同负责。参加联名的代表应确认议案的内容能够真实表达自己的意愿。

第十二条　代表议案一般在市人民代表大会会议期间提出，也可在市人民代表大会闭会期间提出。

第十三条　市人民代表大会会议期间提出的议案，由代表本人或代表团工作人员在大会规定的议案截止时间前送交大会秘书处议案工作机构，超过议案截止时间送交的议案，作为代表建议办理。

闭会期间提出的议案，可由提议案代表或县区人民代表大会常务委员会办事机构送交市人民代表大会常务委员会人事代表工作机构。属于市人民代表大会职权范围的，在大会举行时，由市人民代表大会常务委员会办事机构送交大会秘书处，与会议期间提出的代表议案一并处理。属于市人民代表大会常务委员会职权范围的，由市人民代表大会常务委员会主任会议决定提交市人民代表大会常务委员会会议审议。

第十四条　市人民代表大会会议期间，代表提出议案的截止时间由大会主席团决定，并印发全体与会代表。

第四章　代表议案的处理

第十五条　市人民代表大会举行会议期间，设立议案审查委员会，在大会主席团领导下负责大会期间的代表议案处理工作。议案审查委员会组成人员由市人民代表大会常务委员会提名，市人民代表大会预备会议通过。

第十六条　市人民代表大会会议秘书处设立议案工作机构，负责对提交的代表议案进行收集、登记、分类和初审，对不符合代表议案基本要求的，可建议提议案人修改完善后在规定时间内提交。议案工作机构对提交的代表议案进行初审并提出处理建议后，提交议案审查委员会审议。

内容相同或相近的代表议案可以并案处理。

第十七条　议案审查委员会召开全体会议对代表议案进行审议，研究处理意见，向大会主席团提交代表所提议案处理意见的报告，由大会主席团决定是否作为议案处理或列入大会会议议程。经大会主席团审议通过的代表所提议案处理意见的报告，应印发大会全体与会代表。

第十八条　大会主席团决定列入大会会议议程的代表议案，交各代表团审议后，提交市人民代表大会会议表决，作出相关决议、决定。不列入大会会议议程的代表议案，由大会主席团授权市人民代表大会常务委员会会议审议并作出相关决议、决定。

第十九条　代表所提议案经大会主席团决定作为代表建议、批评和意见处理的，依照《滨州市人民代表大会代表建议、批评和意见办理办法》的规定，交有关机关、组织研究处理并答复代表。

第二十条　列入大会会议议程的代表议案在交付市人民代表大会会议表决前，代表议案提出人要求撤回的，应当说明理由，经大会主席团同意后，该议案的审议即行终止。

第二十一条　对市人民代表大会及其常务委员会作出的相关议案的决议、决定，市人民政府、市中级人民法院、市人民检察院和市人民代表大会常务委员会有关工作机构要认真执行。承办机关应于三个月内向市人民代表大会常务委员会提交办理落实方案，经市人民代表大会常务委员会主任会议批准后实施。

承办机关的主要负责人负责代表议案的办理落实工作。

第二十二条　承办机关在研究代表议案办理落实方案时，应邀请领衔代表参加调研、座谈，听取议案领衔代表对代表议案办理的意见；市人民代表大会常务委员会会议在听取审议承办机关汇报时，可邀请领衔代表列席会议、发表意见。

第二十三条　承办机关应根据代表议案的内容和市人民代表大会及其常务委员会的决议、决定制定办理落实方案。

办理落实方案应包括目标、责任、措施和完成时限等。

第二十四条　承办机关应在规定的时限内，提请市人民代表大会常务委员会主任会议对办理落实方案进行审议。办理落实方案未获得市人民代表大会常务委员会主任会议通过的，承办机关应重新制定办理落实方案并提请下一次市人民代表大会常务委员会主任会议审议。

承办机关在办理代表议案过程中，如遇特殊情况需对办理落实方案作出较大调整的，须报市人民代表大会常务委员会主任会议批准。

第二十五条　代表议案办理落实后，承办机关应在一个月内向市人民代表大会常务委员会提交议案办理结果的报告。议案办理结果的报告经市人民代表大会常务委员会会议审议通过的，应由承办机关在下一次市人民代表大会会议上向全体与会代表作出相关议案落实情况的报告。议案办理结果的报告未获得市人民代表大会常务委员会会议通过的，承办机关应当继续办理，并按照市人民代表大会常务委员会会议的要求重新提交议案办理结果的报告。

第五章　代表议案处理工作的督促落实

第二十六条　市人民代表大会常务委员会负责代表议案处理工作的督促落实。

市人民代表大会常务委员会主任会议领导、协调代表议案的督办工作。

市人民代表大会常务委员会人事代表工作机构负责代表议案的登记、转交、联系等具体工作。

市人民代表大会常务委员会主任会议确定有关工作委员会具体负责代表议案的督办检查工作，负责向主任会议报告年度办理情况及议案处理结果，并提请常委会审议。

第二十七条　市人民代表大会常务委员会主任会议可根据需要组织代表对代表议案的办理情况进行监督检查。监督检查可采取视察、评议或者听取专题汇报等形式进行。

第二十八条　市人民代表大会常务委员会组成人员和代表可依法就代表议案办理工作提出询问或者质询，承办机关应当予以答复。

第二十九条　代表议案一般应在下一次市人民代表大会会议前办结，或按照办理落实方案提出的时间办结。

本届市人民代表大会任期内未办理完毕的，由下一届市人民代表大会常务委员会继续督办。

第三十条　承办机关在办理代表议案时违反本办法的，市人民代表大会常务委员会责成有关承办机关限期改正，并可建议有关机关追究直接责任人的责任。

第六章　附　则

第三十一条　市人民代表大会常务委员会职权范围内的代表议案的处理参照本办法执行。

第三十二条　本办法由市人民代表大会常务委员会人事代表工作机构负责解释。

第三十三条　本办法自通过之日起施行。

十四、滨州市人民代表大会常务委员会规范性文件备案审查办法

（2011 年 10 月 27 日滨州市第九届人民代表大会常务委员会第 27 次会议通过
2016 年 4 月 27 日滨州市第十届人民代表大会常务委员会第 36 次会议修订）

第一条　为了加强规范性文件的备案审查工作，维护国家法制统一，根据《中华人民共和国各级人民代表大会常务委员会监督法》《山东省各级人民代表大会常务委员会规范性文件备案审查规定》《滨州市制定地方性法规条例》等法律、法规的规定，结合本市实际，制定本办法。

第二条　滨州市人民代表大会常务委员会（以下简称市人大常委会）进行规范性文件备案审查，适用本办法。县（区）人民代表大会常务委员会（以下简称县（区）人大常委会）进行规范性文件备案审查，参照本办法。

本办法所称规范性文件，是指制定机关依照法定职权和程序，制定、发布的涉及公民、法人和其他组织的权利义务，具有普遍约束力的文件。

第三条　市人大常委会法制工作机构负责规范性文件备案审查的组织协调工作。市人大常委会法制工作机构下设备案审查科，承担报送备案的规范性文件的接收、登记、分送、审查、存档等具体工作。

市人大专门委员会或者市人大常委会工作机构按照职责分工，承担相关规范性文件的审查工作。市人大常委会办公室配合市人大常委会法制工作机构做好规范性文件备案审查的相关协调工作。

第四条　市人大常委会进行规范性文件备案审查，实行主动审查与被动审查相结合的方式。

本办法所称主动审查，是指市人大常委会收到报送备案的规范性文件后，市人大有关专门委员会、市人大常委会有关工作机构根据规范性文件涉及的主要内容，按照审查标准和程序对规范性文件进行的审查。

本办法所称被动审查，是指市人大常委会收到国家机关、社会团体、企事业单位和其他组织以及公民、法人

提出的审查要求或者审查建议后，市人大有关专门委员会、市人大常委会有关工作机构按照审查标准和程序，对报送备案的规范性文件进行的审查。

第五条 下列规范性文件，应当报送市人大常委会备案：

（一）市人民政府制定的规章；

（二）市人民政府以及市人民政府办公室发布的决定、命令、办法、规定以及其他涉及公民、法人和其他组织权利义务、具有普遍约束力的文件；

（三）县（区）人大及其常委会作出的具有普遍约束力的决议、决定、办法等。

第六条 市人民政府以及市人民政府办公室、县（区）人大常委会应当确定承办规范性文件报送备案工作的部门。市人民政府以及市人民政府办公室制定的规范性文件，由市人民政府法制办公室报送备案；县（区）人大及其常委会制定的规范性文件，由县（区）人大常委会法制工作机构报送备案。

规范性文件应当自公布之日起三十日内，由制定机关将其报送市人大常委会备案。制定机关未按规定期限报送备案的，市人大常委会法制工作机构备案审查科（以下简称备案审查科）应当要求其及时报送。备案审查科在收到规范性文件备案材料后，应当及时对是否符合备案要求进行审核。对不符合备案要求的，应当通知报送机构在十日内补充报送。

第七条 报送规范性文件备案材料包括下列内容：

（一）规范性文件备案报告

是指市人民政府以及市人民政府办公室、县（区）人大常委会、县（区）人民政府以及县人民政府办公室向本级或者上一级人大常委会报送规范性文件备案的报告。应当以市人民政府以及市人民政府办公室、县（区）人大常委会、县（区）人民政府以及县人民政府办公室的名义行文，主送机关的名称应当为本级或者上一级人民代表大会常务委员会，接收部门的名称应当为本级或者上一级人民代表大会常务委员会确定的法制工作机构。

（二）规范性文件文本

制定或修订的规范性文件，报送规范性文件文本；修改的规范性文件，报送修改决定、修改后的规范性文件文本；废止规范性文件的，报送废止决定。

（三）说明

是指规范性文件制定机关对所制定（含修改、废止）规范性文件有关事项的说明，应当包括制定规范性文件的目的、依据（相关法律、法规、规章和政策）、主要内容，以及公民、法人或者其他组织对规范性文件的意见和建议等。

报送备案的规范性文件应当按照顺序装订成册，一式五份，并同时报送电子文本。

规范性文件报送机构应当于每年一月三十一日前，将上一年度制定的规范性文件目录报送备查。

第八条 市人大常委会对规范性文件主要审查是否存在下列情形：

（一）同法律、法规相抵触；

（二）同上级人大及其常委会或者市人大及其常委会的有关决议、决定相抵触；

（三）超越法定权限，限制或者剥夺公民、法人和其他组织的合法权利，或者增加公民、法人和其他组织的义务；

（四）违反法定程序制定规范性文件；

（五）其他不适当的情形。

第九条 市人民政府、市中级人民法院、市人民检察院、县（区）人大常委会认为市人大常委会接受备案审查的其他国家机关制定的规范性文件有本办法第八条所列情形之一，向市人大常委会书面提出审查要求的，备案审查科接收、登记后，由市人大常委会法制工作机构在收到审查要求十五日内提出办理建议，报经市人大常委会秘书长同意后，分送市人大有关专门委员会、市人大常委会有关工作机构进行审查并提出初步审查意见。

第十条　本办法第九条规定之外的国家机关、社会团体、企事业单位和其他组织以及公民、法人认为市人大常委会接受备案审查的规范性文件有本办法第八条所列情形之一，向市人大常委会书面提出审查建议的，备案审查科接收、登记后，由市人大常委会法制工作机构对审查建议提出意见。必要时，报经市人大常委会秘书长同意后，分送市人大有关专门委员会、市人大常委会有关工作机构进行审查并提出初步审查意见。

第十一条　国家机关、社会团体、企事业单位和其他组织以及公民、法人书面提出审查要求或者审查建议，应当向备案审查科提交审查要求书或者审查建议书一式五份。审查要求书或者审查建议书应当写明提出审查要求或者审查建议的主体及联系方式、要求或者建议审查的规范性文件名称、审查的事项和理由。

对不属于市人大常委会备案审查的规范性文件，备案审查科应当告知提出审查要求或者审查建议的组织或者公民向有权进行备案审查的机关提出。

第十二条　市人大常委会自收到对规范性文件的审查要求或者审查建议之日起三个月内审查完毕。在审查期间，不影响规范性文件的执行。

第十三条　市人大专门委员会、市人大常委会有关工作机构可以对备案的规范性文件进行主动审查，认为规范性文件有本办法第八条所列情形之一的，依照本办法的有关程序处理。

第十四条　市人大有关专门委员会、市人大常委会有关工作机构在审查规范性文件工作中，可以通过召开联合审查会议、论证会、听证会等方式，广泛听取相关部门、专家及社会各界的意见。必要时，制定机关应当说明情况或者提交相关材料。

第十五条　市人大有关专门委员会、市人大常委会有关工作机构审查规范性文件，应当在一个月内提出初步审查意见。初步审查意见认为规范性文件存在本办法第八条所列情形之一的，市人大常委会法制工作机构对初步审查意见汇总后报市人大常委会主任会议研究。市人大常委会主任会议认为需要修改或者废止的，提出由制定机关自行修改或者废止该规范性文件的书面审查意见，由备案审查科送达规范性文件制定机关。

第十六条　规范性文件制定机关应当自收到市人大常委会主任会议书面审查意见之日起一个月内，提出是否修改或者废止该规范性文件的意见，并书面告知市人大常委会法制工作机构。市人大常委会法制工作机构应当及时将制定机关的处理意见向市人大常委会主任会议报告。

制定机关修改或者废止规范性文件的，应当自书面告知市人大常委会法制工作机构之日起一个月内修改或者废止。制定机关修改规范性文件的，应当将修改后的规范性文件重新公布，并按照本办法报送备案。

第十七条　规范性文件制定机关收到市人大常委会主任会议书面审查意见后，在规定时间内对规范性文件不予修改或者废止的，市人大常委会法制工作机构可以提出撤销该规范性文件的建议，由市人大常委会主任会议决定提请常委会会议审议。

市人大常委会会议审议撤销规范性文件的议案时，该规范性文件制定机关应当派人到会听取意见，回答询问。

第十八条　市人大常委会依照有关法律及市人大常委会议事规则规定的程序，对撤销规范性文件的议案进行审议，并作出撤销或者不予撤销的决定。

第十九条　规范性文件审查工作结束后十五日内，备案审查科应当将审查结果书面告知提出审查要求或者审查建议的国家机关、社会团体、企事业单位和其他组织以及公民、法人。

第二十条　国家机关、社会团体、企事业单位和其他组织以及公民、法人，认为市人民政府组成部门、办事机构、直属机构、派出机构，或者垂直管理的市级行政机构制定的涉及公民、法人和其他组织的权利义务、具有普遍约束力的规范性文件有本办法第八条所列情形之一，向市人大常委会书面提出审查建议的，由市人大常委会法制工作机构会同市人大有关专门委员会或者有关工作机构进行审查，认为需要修改或者废止的，应当提出初步审查意见，报经市人大常委会主任会议同意后，交市人民政府限期处理，并要求报告处理结果。

第二十一条　国家机关、社会团体、企事业单位和其他组织以及公民、法人，认为市中级人民法院及其派出机构、市人民检察院及其派出机构为执行法律、法规和司法解释制定的具有普遍约束力的规范性文件有本办法第八条所列情形之一,向市人大常委会书面提出审查建议的,由市人大常委会法制工作机构进行审查,认为需要修改或者废止的,应当提出初步审查意见,报经市人大常委会主任会议同意后,责成制定机关自行修改或者废止该规范性文件;制定机关不予修改或者废止的,由市人大常委会通过其他监督方式责令其纠正,或者报告上一级人大常委会进行处理。

第二十二条 备案审查科应当在规范性文件审查工作结束后,及时将备案审查材料统一存档。

第二十三条 市人大及其常委会制定的需要报送省人大常委会备案的规范性文件,由市人大常委会法制工作机构承办。

第二十四条 市人大常委会认为省人大常委会接受备案审查的其他国家机关制定的规范性文件有《山东省各级人民代表大会常务委员会规范性文件备案审查规定》第七条所列情形之一,向省人大常委会书面提出审查要求的具体事宜,由市人大常委会法制工作机构承办。

第二十五条 本办法自修订通过之日起施行。

十五、滨州市人民代表大会代表履职守则

(2015年5月8日滨州市第十届人民代表大会常务委员会第29次会议通过)

第一条 为保证市人民代表大会代表(以下简称代表)依法行使代表职权,履行代表义务,充分发挥代表作用,根据《中华人民共和国宪法》和《中华人民共和国全国人民代表大会和地方各级人民代表大会代表法》的有关规定,结合我市实际,制定本守则。

第二条 代表依照法律规定选举产生,是我市国家权力机关的组成人员,代表通过出席本级人民代表大会、参加闭会期间的代表活动,代表人民的利益和意志,依照宪法和法律赋予的职权,行使管理国家事务的权力。

第三条 代表应模范遵守宪法和法律,认真贯彻执行党的路线、方针、政策,全心全意为人民服务,积极履行代表职责,维护人民群众的根本利益。

第四条 代表应努力学习中国特色社会主义理论,学习宪法、法律法规和党的方针政策,学习依法行使职权所必备的人大工作业务知识及科学文化知识,提高依法履行职责的能力。

第五条 代表应按时出席市人民代表大会会议,自觉遵守会议纪律,认真审议各项议案、报告和其他议题,充分发表意见,积极提出议案及建议、批评和意见,依法做好会议期间的各项工作。

代表应积极参加闭会期间的代表活动。履行职责应坚持围绕中心、突出主题、讲求实效,保持庄重严谨的作风,做到精神饱满、着装得体、举止文明、轻车简从。

第六条 代表出席市人民代表大会会议,参加由市人大常委会或选举单位组织的闭会期间的履职活动,应当安排好本人的生产和工作,优先执行代表职务。

第七条 代表在闭会期间以集体活动为主,以小组活动为基本形式。代表应积极参加代表小组活动,每年参加小组活动不少于两次。

第八条 在市人民代表大会闭会期间,代表列席市人大常委会会议或原选举单位的人民代表大会会议,参加市人大常委会、市人大常委会相关工作委员会和选举单位组织的会议、视察、调查、执法检查、学习培训、专题调研、述职评议等,都是代表的履职活动,应按时参加。

第九条 代表应注重调查研究,认真听取和反映人民群众的意见和要求,积极提出议案以及建议、批评和意见,但不直接处理问题。对人民群众递交的申诉、控告和检举等信件,应及时交市人大常委会相关办事机构转交有关机关或组织研究处理。

第十条 代表应自觉接受原选举单位和人民群众的监督。届内应向原选举单位述职一次,并接受评议。评议等次分为满意、基本满意和不满意。对被评议为不满意的,要重新述职并再次接受评议。对再次评议仍为不满意的,建议原选举单位劝其辞去代表职务。

代表有下列情形之一的,不能评议为满意等次:

(一)届内未经批准一次或者因个人原因请假两次不出席市人民代表大会会议的;

(二)届内未经批准一次或者因个人原因请假三次(从本守则通过之日算起,下同)不参加市人大常委会组织的闭会期间履职活动的;

(三)其他不依法履行代表义务的。

第十一条 代表应配合代表小组召集人实事求是地记录自己的履职情况,由选举单位定期向市人大常委会人事代表工作机构报告。履职情况作为述职评议和推荐优秀市人大代表的重要依据。

第十二条 代表因病、因事不能出席市人民代表大会会议的,应在市人民代表大会会议召开前,填写请假报告单,由各代表团统一报市人大常委会人事代表工作机构审核,并报市人大常委会第一副主任批准。在会议期间,应由代表团团长向大会秘书长请假。

代表届内请假两次不出席市人民代表大会会议的,在全体市人大代表中予以通报;请假三次的,视为不能正常履职,原选举单位应劝其辞去代表职务。

未经批准届内缺席一次市人民代表大会会议的,在全体市人大代表中予以通报;未经批准缺席两次的,依法终止其代表资格。

第十三条 闭会期间,代表因病、因事不能参加市人大常委会统一组织的履职活动的,应通过市人大常委会人事代表工作机构向市人大常委会秘书长请假,或通过组织活动的市人大常委会工作委员会向市人大常委会分管副主任请假。不能按时参加原选举单位安排的会议和活动的,要向原选举单位请假。

届内请假三次不参加闭会期间市人大常委会或原选举单位统一组织的履职活动的,在全体市人大代表中予以通报;被两次通报的,原选举单位应劝其辞去代表职务。

代表未经批准一次不参加闭会期间市人大常委会统一组织的履职活动的,在全体市人大代表中予以通报,本人向市人大常委会作出书面说明;未经批准两次不参加的,建议原选举单位劝其辞去代表职务;连续三次不能参加市人大常委会组织的履职活动的,视为不能正常履行代表职务,本人应主动向市人大常委会说明情况,或主动辞去代表职务。

第十四条 代表因职务、工作岗位发生变化,失去代表性,或者长期患病不能坚持工作,难以继续履行代表职责的,本人应当向原选举单位提出辞去代表职务。

第十五条 代表应把依法执行代表职务与从事个人职业活动严格区别开来,不得以代表名义为本人或亲属牟取不正当利益,不得干预司法机关和行政机关具体案件的审理和执行。应邀以代表身份参加涉及本人和亲属的具体案件的,应当申请回避,不得参与明显与代表职务相悖的活动。执行代表职务不得接受任何赞助。

第十六条 本守则自通过之日起施行。

第四节 加强人大工作的通知

1. 关于印发《全区县、市人大工作座谈会纪要》的通知(惠发〔1985〕22 号)
2. 关于召开全区县、市人大工作座谈会的预备通知(惠办〔1985〕25 号)
3. 关于印发《全区县市人大工作座谈会议纪要》的通知(惠发〔1987〕25 号)
4. 转发人大办代表选举问题(惠办〔1987〕32 号)

5. 中共惠民地委关于加强人大工作的领导充分发挥地方国家权力机关作用的通知(惠发〔1989〕7号)

6. 中共惠民地委批转惠民地区人大工委党组《关于一九九〇年县乡两级人大换届选举中几个问题的请示》的通知(惠发〔1989〕32号)

7. 地办人大办行办关于贯彻省委省人大省政府办公厅《关于在全省开展以宪法为核心内容的法制教育大检查的通知》的实施意见(惠办〔1989〕25号)

8. 关于印发《全区人大工作暨新闻宣传会议纪要》的通知(惠发〔1991〕10号)

9. 关于印发《中共滨州地区人大工委党组关于组织人大代表评议县市"一府两院"工作的请示》的通知(滨办发〔1994〕1号)

10. 地委转发地区人大工委党组《关于全区乡镇人大换届选举工作安排意见的报告》的通知(滨发〔1995〕19号)

11. 关于转发地区人大工委《关于开展评选先进人大代表和先进代表小组活动的意见》的通知(滨办发〔1995〕9号)

12. 关于进一步加强和改善对人大工作领导的意见(滨发〔1996〕23号)

13. 批转地区人大工委党组《关于在国家机关中实行执法责任制的报告》的通知(滨发〔1997〕14号)

14. 转发地区人大工委对行署、地区司法机关错案和执法过错责任追究工作的监督办法的通知(滨发〔1998〕28号)

15. 批转地区人大工委党组《关于全区乡镇人大换届选举工作安排意见的报告》(滨发〔1998〕29号)

16. 关于地区人大工委、政协工委领导同志及委员政治生活待遇问题的通知(滨办字〔1998〕12号)

17. 关于成立滨州市人大常委会党组并公布组成人员的通知(滨委〔2001〕3号)

18. 关于"两会"选举情况的报告(滨委〔2001〕7号)

19. 中共滨州市委滨州市人大常委会滨州市人民政府关于表彰1996—2000年全市普法依法治理先进单位的通报(滨委〔2001〕171号)

20. 关于新建滨州市人大常委会机关机构设置的意见(滨发〔2000〕2号)

21. 中共滨州市委关于转发《中共滨州市人大常委会党组关于加强全市人大代表工作的意见》的通知(滨发〔2001〕28号)

22. 关于转发《中共滨州市人大常委会党组关于2003年全市县以上人大换届选举工作有关问题的请示》的通知(滨发〔2002〕22号)

23. 关于对市人大常委会党组《关于召开滨州市第八届人民代表大会第一次会议方案的请示》的批复(滨委〔2003〕1号)

24. 关于提名补选孙德汉同志为山东省第九届人民代表大会代表候选人的通知(滨委〔2003〕4号)

25. 中共滨州市委关于成立市八届人大一次会议临时党委的通知(滨委〔2003〕18号)

26. 关于补选市八届人大代表有关事宜的批复(滨委〔2003〕241号)

27. 关于对市人大常委会党组《关于召开滨州市第八届人民代表大会第二次会议的方案的请示》的批复(滨委〔2003〕247号)

28. 中共滨州市委关于市级人大政协和群众团体机构改革工作实施意见(滨发〔2003〕2号)

29. 市委办公室关于印发《滨州市人大机关主要职责内设机构和人员编制方案》的通知(滨办字〔2003〕11号)

30. 关于人大、政协领导同志及委员政治生活待遇问题的通知(滨办字〔2003〕28号)

31. 中共滨州市委滨州市人大常委会关于表彰2002年度全市执法责任制工作优秀司法机关(单位)和优秀司法工作者的通报(滨委〔2003〕83号)

32. 关于成立滨州市第八届人民代表大会第二次会议临时党委的通知(滨委〔2004〕2 号)

33. 关于补选市八届人大代表有关问题的批复(滨委〔2004〕162 号)

34. 关于对市人大常委会党组《关于召开滨州市第八届人民代表大会第三次会议方案的请示》的批复(滨委〔2004〕164 号)

35. 市委关于成立中共滨州市第八届人民代表大会第三次会议主席团委员会(临时)的通知(滨委〔2005〕4 号)

36. 关于转发市人大常委会党组《关于改进和加强人大信访工作的意见》的通知(滨委〔2005〕52 号)

37. 关于对中共滨州市人大常委会党组《关于召开滨州市第八届人民代表大会第四次会议的方案的请示》的批复(滨委〔2005〕146 号)

38. 关于补选市人大代表的通知(滨委〔2005〕194 号)

39. 中共滨州市委关于转发《中共滨州市人大常委会党组关于进一步密切与人大代表的联系充分发挥代表作用的意见》的通知(滨发〔2005〕19 号)

40. 关于进一步加强人大工作的意见(滨发〔2005〕25 号)

41. 关于成立中共滨州市第八届人民代表大会第四次会议主席团委员会(临时)的通知(滨委〔2006〕15 号)

42. 中共滨州市委 滨州市人大常委会 滨州市人民政府关于表彰 2003—2005 年度全市执法责任制工作优秀执法机关、优秀组织单位和优秀执法工作者的通报(滨委〔2006〕46 号)

43. 中共滨州市委 滨州市人大常委会 关于表彰 2003—2005 年度全市执法责任制工作优秀司法机关(单位)和优秀司法工作者的通报(滨委〔2006〕47 号)

44. 关于召开滨州市第八届人民代表大会第五次会议的批复(滨委〔2006〕172 号)

45. 市委转发《中共滨州市人大常委会党组关于做好全市县、乡两级人民代表大会换届选举有关工作的意见》的通知(滨发〔2007〕20 号)

46. 关于对市人大党组《关于调整市九届人大代表预留名额的请示》的回复(滨委〔2007〕190 号)

47. 关于对市人大《关于更改市九届人大一次会议召开时间的请示》的批复(滨委〔2007〕199 号)

48. 关于补选张光峰同志为市九届人大代表的通知(滨委〔2008〕19 号)

49. 关于成立市九届人大二次会议主席团临时党委的通知(滨委〔2008〕66 号)

50. 中共滨州市委 滨州市人大常委会 滨州市人民政府关于表彰 2006—2008 年度全市执法责任制工作优秀执法机关、优秀组织单位和优秀执法工作者的通报(滨委〔2009〕19 号)

51. 中共滨州市委 滨州市人大常委会 关于表彰 2006—2008 年度全市执法责任制工作优秀司法机关(单位)和优秀司法工作者的通报(滨委〔2009〕20 号)

52. 转发《中共滨州市人大常委会党组关于做好全市县乡两级人民代表大会换届选举工作的意见》的通知(滨发〔2011〕21 号)

53. 关于成立滨州市县乡人大换届选举工作联席会议的通知(滨委〔2011〕101 号)

54. 关于调整县乡两级人大代表换届选举时间的批复(滨委〔2011〕126 号)

55. 中共滨州市委 滨州市人大常委会 关于表彰 2009—2011 年度全市执法责任制工作优秀司法机关(单位)和优秀司法工作者的通报(滨委〔2012〕41 号)

56. 中共滨州市委 滨州市人大常委会 滨州市人民政府关于表彰 2009—2011 年度全市执法责任制工作优秀执法机关、优秀组织单位和优秀执法工作者的通报(滨委〔2012〕42 号)

57. 关于省委提名参选省十二届人大省直代表和滨州市党政正职选举结果的报告(滨委〔2013〕3 号)

58. 关于补选崔洪刚同志为市十届人大代表的通知(滨委〔2013〕18 号)

59. 关于成立市十届人大三次会议主席团临时党委的通知(滨委〔2013〕40 号)

60. 关于补选薛庆国同志为市十届人大代表的通知(滨委〔2013〕67 号)

61. 关于成立市十届人大四次会议主席团临时党委的通知(滨委〔2014〕5 号)

62. 中共滨州市委关于贯彻鲁发〔2014〕21 号文件进一步加强和改进人大工作的通知(滨委〔2015〕4 号)

63. 中共滨州市委关于加强全市县乡人大工作和建设的实施意见(滨委〔2015〕18 号)

64. 关于成立市十届人大五次会议主席团临时党委的通知(滨发〔2015〕29 号)

65. 中共滨州市委关于滨州市十届人大五次会议和市政协十届四次会议选举结果的报告(滨发〔2015〕32 号)

66. 中共滨州市委 滨州市人大常委会 关于表彰 2012—2014 年度全市执法责任制工作优秀司法机关(单位)和优秀司法工作者的通报(滨委〔2015〕58 号)

67. 中共滨州市委 滨州市人大常委会 滨州市人民政府关于表彰 2009—2011 年度全市执法责任制工作优秀执法机关、优秀组织单位和优秀执法工作者的通报(滨委〔2015〕59 号)

68. 中共滨州市委 转发《中共滨州市人大常委会党组关于做好全市县乡两级人民代表大会换届选举工作的意见》的通知(滨发〔2016〕17 号)

69. 中共滨州市委转发《滨州市人大常委会 2017—2021 年地方立法规划》的通知(滨发〔2016〕21 号)

70. 中共滨州市委办公室关于转发《中共滨州市人大常委会党组关于各县区贯彻落实滨发〔2015〕18 号文件情况的报告》的通知(滨办字〔2016〕30 号)

71. 中共滨州市委关于成立市委县乡领导班子换届工作领导小组的通知(滨委〔2016〕101 号)

72. 中共滨州市委关于确定县乡两级人大换届选举时间的批复(滨委〔2016〕156 号)

第二章　历次人民代表大会的人大常委会工作报告

第七届人民代表大会第二次会议

滨州市人民代表大会常务委员会工作报告

——2002 年 3 月 2 日在滨州市第七届人民代表大会第二次会议上

滨州市人民代表大会常务委员会副主任　江连仲

各位代表:

我受王宗廉主任的委托,代表市人民代表大会常务委员会向大会报告市七届人大一次会议以来的工作,请予审议。

一、理清思路,努力开创人大工作新局面

过去的一年,是本届常委会任期的第一年,也是全市人民以撤地设市为契机夺取新世纪改革开放和现代化建设新胜利的一年。为不负人民的重托,更好地发挥人大在全市经济和社会发展中的作用,常委会针对新的历史条件和撤地设市后的新情况、新问题。认真学习邓小平理论、江泽民同志“七一”重要讲话和党的十五届五中、六中全会精神。深入研究人民代表大会理论和工作规律,结合我市实际,理清工作思路,明确提出,要在市委的领导下,坚持以邓小平理论和江总书记“三个代表”重要思想为指导,坚定不移地贯彻执行党的基本路线,积极推进社会主义现代化建设,认真履行宪法和法律赋予的各项职责,把加强社会主义民主和法制建设作为根本任务,保障和促进全市改革开放和社会主义现代化建设的顺利进行。常委会在工作中始终把握了以下几点:

一是自觉坚持和依靠党的领导。人民代表大会制度作为我国的根本政治制度,其核心是坚持共产党的领导,这一条任何时候都不能动摇。这既是人大工作必须遵循的基本政治原则,也是做好人大工作的根本保迁。一年来,常委会做到了深入学习领会中央的路线、方针、政策,认真贯彻执行市委的各项决策,重大问题和主要工作都取得市委的同意和支持,自觉地把人大工作置于党的领导之下。市委对市人大常委会的工作非常重视,多次听取工作汇报,给予指导,及时解决人大工作中的实际问题。

二是把坚持服从和服务于经济建设作为工作大局。一年来,常委会根据经济发展和改革开放稳定的需要,把握大局,突出重点,认真履行各项职责,监督和支持“一府两院”大胆改革,开拓创新,尽职尽责做好经济和社会发展各项工作,使全市形成了上下一条心、干部群众一股劲,议改革、话开放、促发展的良好局面。

三是把加强民主法制建设作为根本任务。坚持充分发扬民主,严格依法办事,切实维护人民群众当家作主的政治地位和法定权利。在工作中全面贯彻邓小平民主法制思想和以江泽民同志为核心的党中央关于民主法制建设的一系列重要指示,认真实施依法治国基本方略,监督“一府两院”依法行政、公正司法,切实维护法律的统一和权威。努力推进以民主选举、民主决策、民主管理、民主监督为主要内容的基层民主政治建设,调动人民群众投身社会主义现代化建设的积极性。

四是把贯彻“三个代表”重要思想、维护和实现人民群众的根本利益作为工作立足点。坚持群众路线,深入调查研究,充分反映民意,集中民智,全心全意为人民群众服务。

五是保持良好的精神状态。良好的精神状态是做好人大工作的前提。精神状态是事业心、责任感的外在体现,事业心、责任心强,工作就有压力、有动力、有胆识,精神状态就好。

二、履行职能,积极开展监督工作

为监督和支持"一府两院"认真履行职责,一年来,常委会共听取审议"一府两院"16次汇报,集中开展了3次视察活动,对两位市政府组成人员的工作进行了述职评议,作出了6项决议决定。

围绕"十五"计划、年度国民经济和社会发展计划执行情况开展监督。实施"十五"计划是一个时期内党和国家工作的大局,也是人大的工作大局。常委会把推动"十五"计划、年度国民经济和社会发展计划的实施作为服从服务于经济建设中心的具体体现。突出重点,积极工作。为落实市人大关于"十五"计划的决议,推动全市"追赶战略"的实施,去年分别在三次常委会上听取审议了2000年市级财政决算的报告、2000年市级财政预算执行和其他财政收支的审计工作报告;听取审议了全市2001年上半年国民经济和社会发展计划、财政预算执行情况的汇报;听取审议了2001年度市级财政有关收支情况的汇报。在计划、预算审查监督中,常委会充分肯定了"十五"计划开局之年所取得的重大进展和成绩,指出了当前经济发展中存在的问题,建议市政府正视经济工作的有利条件和不利因素,加快经济结构调整,加大改革开放力度,转变政府职能,优化经济发展环境,特别是要发挥好财政促进经济发展的职能作用,确保年度计划任务目标的实现。

围绕改革、发展中的重大问题开展监督。为了使我市抓住抓好我国加入世界贸易组织这一契机,将经济发展构筑在更高的起点上,常委会去年上半年及早安排听取了关于加入世界贸易组织对我市经济发展的影响和应对战略及措施的汇报,针对入世的新形势,建议市政府抓住入世后有利于我市经济和杜会发展的机遇,调整经济结构,扩大出口,提高利用外资水平,并尽可能地把负面影响降到最低限度,使我市经济尽快融人国际大市场,把我市对外开放提高到全方位、多层次、宽领域的水平上,为经济新一轮发展奠定基础。为了加快国有企业改革和推进结构调整,常委会组织视察组对全市工业进行调查研究和对企业集中视察,广泛听取各方面的意见,发现问题。分析原因,提出了针对性较强的建议和改进措施。根据市委工业兴市的战略,常委会建议,我市在大力促进骨干企业发展的同时,注重加快民营经济发展。经过努力,真正形成既"顶天立地",又"铺天盖地"的局面,为我市国民经济发展注入生机和活力。在国有企业改革上,针对有些国有企业法人治理结构不够规范、投资主体单一、机制转换不快、企业负担过重等同题,要求市政府及有关部门抓好现代企业制度的建立和完善,全面落实有关法律法规和政策,使我市国有企业改革和发展再上新水平。在农业、农村经济结构调整中,我们建议市政府和农业部门,选准农业结构调整和农民增收的结合点,把农业生产、经营、销售各个环节的工作做好、做细,并积极扶持小城镇建设,吸引更多的农民到城镇务工经商,发挥城镇在发展农业、提高农民收入方面的重要作用,进一步加快产业化步伐,加大对农业的投入,落实减负政策。为加快旅游业新兴产业的发展,常委会专题进行了调查,在听取市政府汇报的基础上,提出了加快发展旅游业,使之成为推动我市经济发展的重要产业的政策措施建议。推动科技进步是加快经济发展的根本措施。为了进一步落实"科教兴滨"战略,在对全市部分企业、科研单位和乡镇进行调查的基础上,听取审议了市政府关于全市科技进步与科技创新的情况汇报,提出在实施"科教兴滨"战略中,要尊重知识,培养人才,吸引人才,用好人才、留住人才,最大限度地调动科技人员的积极性,为发展滨州建功立业;依法加大对科技的投入;加强科技创新载体建设,进一步发挥科研单位与企业科技创新的主体作用等建议意见。

围绕优化经济和社会发展环境开展监督。加快经济和社会发展,还在于有一个好的软、硬环境。为改善我市经济和社会发展的软环境,全面贯彻中央关于整顿和规范市场经济秩序的部署,尽快形成有利于公平竞争的市场秩序,促进我市市场经济体制的发育成熟,去年,常委会把全市整顿和规范市场经济秩序工作作为重点,在深入调查的基础上,听取了市政府关于整顿和规范市场经济秩序工作情况的汇报,并组织3000多名各级人大代表对基层工商所进行了评议,提出要进一步加强对市场的监督,加大对有关法律法规及整顿和规范市场经济秩序工作的宣传力度,正确处理好全局和局部利益关系,进一步加大整治力度的建议意见。同时,还监督支持市政府及其有关部门开展了专项整顿规范工作。比如,组织开展了对《山东省文化市场管理条例》贯彻实施情况的执法检查,对全市文化市场规范和建设发挥了积极的推动作用。再如,常委会还针对群众对全市客运市场运转秩序不规范的反映，组织了集中视察，并听取了市政府汇报，通过了关于整顿、规范和发展滨州市客运市场的建议和意见，要求市政府抓紧制订客运市场规范运转的管理办法，统一编制城市交通发展计划，加强宏观调控，实行统一监督，并要求市政府将整顿、规范客运市场的情况6个月内向市人大常委会写出书面报告，使多年来群众反映强烈的客运市场秩序有明显好转。为了改善我市经济和社会发展的硬件环境，常委会针对撤地设市后滨州市城区功能亟待强化的状况，听取了市政府关于城市规划与城市基础设施建设情况的汇报，对新城区建设情况进行了视察，建议市政府认真组织好对滨州市总体规划进行局部调整、补充和完善方案的实施，一方面加大宣传，使全体市民认识到城市建设对全市经济发展和改革开放的重要意义；一方面广开融资渠道，加快滨州市城区建设，增强其作为全市发展龙头的实力地位。

围绕实施可持续发展战略开展监督。为督促市政府按期实现环保方面的目标任务，常委会加大监督力度，组织环保执法检查组，深入县区，实地察看了部分省、市控重点治理企业，并对小清河等几条主要河流污染防治情况进行了检查，针对存在问题，提出了加强环保工作领导、加大环保执法力度、搞好城市环境综合整治、依靠科技推动环保工作等意见和建议，市政府认真落实。使部分主要河流水质状况明显改善。同时，还组织有关新闻单位开展了“滨州环保世纪行”活动，配合“中华环保世纪行”记者团在我市进行了采访活动，促进了环保难点问题的解决。

围绕民主法制建设和社会稳定开展监督。为深入贯彻依法治国方略，推进依法治市进程，提高全民的法律意识，常委会去年4月份审议并通过了全市2001年—2005年依法治市规划的决议和在全市公民中开展第四个五年法制宣传教育的决议。根据严打斗争形势，常委会听取了公安、法院（书面）、检察院（书面）严打整治斗争情况的汇报，对政府和两院的工作给予了肯定，同时要求他们进一步加大措施，坚持“打防结合、预防为主”的方针，公检法机关密切配合，协同作战，突出打击重点，并通过集中教育整顿全面提高干警的政治、业务素质和战斗力，确保实现两年内社会治安明显进步的目标，对促进严打斗争起到了积极的作用。为加强对司法工作的监督，常委会还听取了全市检察机关查办渎职侵权犯罪案件工作情况的汇报；对人民警察法、律师法、国家公务员暂行条例、村民委员会组织法、残疾人保障法等5部法律贯彻实施情况进行了执法检查，就进一步加强和改进“一府两院”的工作，确保依法行政、公正司法，提出了意见和建议。继续在“一府两院”推行了执法责任制，探索建立起“四位一体”的模式，建立和完善对国家机关及其工作人员的监督约束机制，得到省人大常委会的肯定，在省内外产生了一定的影响。另外，还按照省人大常委会的要求对11部法规草案进行了立法调研，组织有关部门对省人大制定的法规草案进行了座谈讨论，提出了修改意见。去年以来，常委会还加强了个案监督方面的工作。

围绕政府组成人员履行职责情况开展监督。去年，常委会分别听取评议了市经贸委主任、市教委主任的述职报告。评议前，常委会组成了述职评议领导小组和2个调查组，邀请部分市人大代表参加，广泛听取人大代表和各方面的意见。评议中，大家充分肯定被评议人员在贯彻执行法律法规、依法行政、为基层服务、廉洁勤政等方面取得的成绩，实事求是地指出了工作中存在的问题，客观全面地提出了建议意见，并及时向市政府及有关部门和被评议人员进行了反馈。被评议人员对评议意见非常重视，都及时制订整改措施，认真抓好落实，并按要求向常委会提交了整改情况的报告。这项工作的开展，对政府组成人员增强法制观念和公仆意识，认真做好政府工作，起到了积极的促进作用。

常委会把信访工作作为了解社情民意、强化人大监督的重要渠道，及时制订了滨州市人大常委会信访工作暂行办法、关于市人大常委会领导干部公开接待群众来访的试行意见。一年来，市人大常委会共受理人民来信来访703起，其中受理人民群众来信88件，接待处理人民群众来访615起878人次，督促办理省、市人大领导批办的重大信访件76起。各县区人大常委会受理人民群众来信264件，接待来访391起945人次，落实省、市、县区人大领导批办的重大信访件109起，维护了法律的尊严和社会的稳定。通过信访工作，督促司法机关和行政执法部门查处和纠正了一批违法案件，保证了人民群众的合法权益。

常委会还依法行使任免权，任命国家机关工作人员263名，免职11名。对部分任命人员坚持进行了任前考试和听取供职报告,增强了被任命人员的法律意识和公仆观念。

三、加强代表工作,密切与县、乡人大的联系

人大代表是人民代表大会的主体。一年来,常委会认真贯彻代表法及省实施办法,采取多种形式进一步加强与代表的联系,注意发挥代表的作用,支持代表执行代表职务,依靠代表做好常委会工作。在加强同代表的联系和为代表服务方面,主要做法:一是及时建立了常委会组成人员分工联系代表制度。常委会组成人员通过走访、召开座谈会、信函等方式,普遍与驻我市全国和省人大代表、市人大代表进行了联系,向代表通报了工作情况,听取了代表的意见和要求,帮助和支持代表知情、知政。二是按照代表法的规定,协助代表建立了代表小组,并提出人代会闭会期间代表活动内容的建议。各代表小组任务明确,工作活跃,积极主动地开展了各种活动。三是建立人大代表列席常委会会议制度,全年邀请11名市人大代表列席了会议。四是组织代表开展视察活动。常委会组织的一些重要视察检查活动,都吸收人大代表参加。这次大会前,分别组织驻滨全国、省、市人大代表就我市国有企业改革、加强农业基础地位、增加农民收入、中小企业发展、城市建设等情况进行了视察,为开好人代会做好准备。五是组织和协助代表开展执法检查、述职评议及联系群众和选举单位等活动,为发挥代表在闭会期间的作用提供条件,使常委会工作更好地反映人民群众的意愿和要求。六是报市委批转了关于加强代表工作的意见。对代表的地位、开展工作的条件等做出了规定。

常委会十分重视审议和办理代表提出的议案和建议。市七届人大一次会议主席团交付审议的关于稳定和健全农业推广体系,促进农业和农村经济发展的议案,常委会在深入调查研究、广泛论证、认真审议的基础上,多次召开专门会议,督促办理。常委会第6次会议听取了市政府关于办理情况的汇报,进一步督促有关部门落实各项措施,并向提出议案的代表说明办理情况,征求意见,收到了较好的效果,也得到有关代表的肯定和好评,这次会上已书面汇报全体代表。对代表们在人代会和闭会期间提出的133条建议、批评和意见,及时交有关部门和组织研究办理,并加强了督促检查。市政府对这项工作高度重视,实行分工负责制,并多次召开调度会议,做到了认真答复,逐件办理。常委会工作开展与代表的努力是分不开的。过去的一年中,全市人大代表依法执行代表职务,认真履行代表职责,积极反映群众的意见和要求,在密切党同人民群众联系,管理国家和社会事务中发挥了重要的作用,为推动我市经济建设和社会事业的全面进步,做出了积极贡献。

常委会进一步加强同各级人大的联系,支持和指导县、乡人大依法履行职责。常委会坚持重大决策和重要活动及时向县区人大常委会通报情况、征求意见和邀请县区人大常委会负责同志列席市人大常委会会议。针对撤地设市后常委会刚建立的新情况,市人大常委会各工作委员会、室也分别召开了对口会议,常委会分管负责同志参加会议并对新形势下人大工作和自身建设中一些带有共性的问题发表意见,提出了建议和要求。一年来,全市各县区人大常委会围绕党的中心工作履行职责,从本地实际出发,积极探索监督工作的有效途径,认真开展执法检查、代表评议、述职评议、个案监督等各项活动,保证了宪法和法律法规在本行政区域内的贯彻实施,同时,对市人大常委会开展视察、调研、执法检查、个案监督、联系代表等工作给予了大力支持,为推动我市人大工作的深入开展发挥了重要作用。

根据法律规定,按照全国、省人大的要求和市委的指示,我市乡镇人大换届选举工作于2002年4月底以前完成。这次换届选举对深入贯彻落实党的十五届五中、六中全会精神,加强基层民主政治建设,全面推进农村经济发展和社会进步,都具有十分重要的意义。常委会依法加强了对这项工作的指导,根据市委关于全市乡镇人大换届选举工作要求,成立了市乡镇人大换届选举办公室,召开了全市乡镇人大换届选举工作会议。各县区在工作中坚持依靠党的领导,充分发扬民主,严格依法办事,选举工作进展顺利。到目前为止,全市已有5县区的57个乡镇选出了新一届人大代表,4个县区召开了新一届乡镇人民代表大会第一次会议,选出了新的乡镇政权领导班子。

四、以"三个代表"重要思想为指导,搞好常委会自身建设

适应形势发展的需要,加强常委会自身建设,提高全体组成人员的整体素质,是做好常委会工作的基本保

证。市人大常委会针对面临的繁重工作任务和部分组成人员对人大工作不熟悉的实际,始终把自身建设作为一项重要工作来抓。

一是加强学习,注重思想作风建设。一年来,常委会把学习江总书记“七一”重要讲话同学习马列主义、毛泽东思想、邓小平理论以及党的十五大、十五届五中、六中全会精神与人大工作的实际密切结合,不断提高思想理论素质和决策水平。去年7月份和10月份,常委会党组理论学习中心组举办了读书会,分别集中学习了江泽民总书记“七一”重要讲话和党的十五届六中全会文件。大家联系人大工作实际,就监督、发挥代表作用等各项工作如何体现“三个代表”的重要思想,改进作风,研究了意见和措施。通过学习,进一步加深了对“三个代表”重要思想的理解,增强了用“三个代表”指导人大工作的自觉性,促进了作风的改进和转变。

二是努力提高业务素质。常委会去年年初集中一段时间认真学习了江泽民总书记有关人大工作的重要讲话和宪法、地方组织法、选举法、代表法等法律,专门邀请专家、学者讲课,并结合常委会的工作情况,进行了认真的讨论。通过对法律知识和人大业务知识的学习,进一步提高了常委会组成人员的理论水平和业务素质。

三是加强常委会的制度建设。常委会根据地方组织法的有关规定,借鉴兄弟市的经验,审议通过了滨州市人大常委会议事规则、滨州市人大常委会组成人员守则,并对人事任免等工作也制订了规则,规范了常委会组成人员的职责和常委会的工作程序,为依法行使职权提供了制度上的保障。

四是加强对机关工作的领导。常委会设立了10个工作委室,充实了办事机构人员,加强了全体党员干部的思想政治教育和纪律作风建设,建立健全了各项工作制度,增强了机关工作的生机和活力,并加强了办公硬件建设,推动了自动化、规范化办公的进程。

五是改进工作作风。常委会组成人员围绕党和国家的工作大局,有计划地深入基层。深入实际,开展调查研究,并注意学习借鉴兄弟市人大好的经验和做法,撰写了一些有价值的调查报告,《关于实施以德治国基本方略,推进农村道德建设的调查》被市委批转市和县区领导班子参阅。

六是加强宣传工作。为了加强对人民代表大会制度和民主法制建设的宣传教育,常委会先后召开了人大新闻宣传工作座谈会和人大工作研讨会,积极组织开展了对人民代表大会制度的宣传和理论研讨活动;除利用报刊、电视、广播等新闻媒体进行宣传外,出刊了《滨州人大工作)内部刊物,及时宣传交流人大理论与实践各方面的信息和经验,推动了人大宣传工作的深入开展。

七是开展外事活动。去年以来由常委会副主任、委员率团出访了奥地利、德国、法国、英国、比利时、荷兰、卢森堡、新加坡等国家,促进了与这些国家的友好交往和经济合作。同时,也组团到周边省、市学习,开阔了思路,促进了市、县区人大及其常委会工作的开展。

一年来,常委会的工作取得了很大成绩,但也存在一些问题和不足,主要是:在如何行使好重大事项决定权方面需要探索突破;有些监督工作在途径和方法上需要进一步探索和完善,力度有待强化;调查研究、联系群众、反映人民群众意见和为代表服务等方面工作需要加强;常委会组成人员自身的政治素质和业务水平还需要提高。这些问题,应当在今后工作中认真加以解决。

各位代表,2002年是我们党和国家历史上具有重要意义的一年,要应对入世开局年的挑战,要在“十五”开局良好的基础上迈出新的步伐,继续推进建设有中国特色社会主义的伟大事业,人大及其常委会担负着重要的任务。今年,常委会工作的指导思想和总的要求是:以邓小平理论和党的十五大精神为指导,进一步贯彻落实党的十五届五中、六中全会精神,按照“三个代表”要求和依法治国方略,在市委的领导下,紧紧围绕全市的中心工作,积极推进社会主义民主法制建设,更好地发挥地方国家权力机关的作用,努力实施“追赶战略”,保障和促进滨州改革开放和现代化建设的顺利进行。

一、突出发展主题,努力推进全市改革和建设事业再上新台阶

今年,常委会将突出经济建设中心,围绕市委提出的突出“五个重点”,提高“五个方面水平”的经济工作思路,积极推进改革开放和现代化建设事业的全面发展。以提高国民经济运行质量和效益为中心,加强对全市国

民经济和社会发展计划及预算执行情况的审查和监督。突出财源建设,大力提高财政增收水平;以招商引资为重点,督促市政府认真落实关于促进对外开放、搞好招商引资的各项措施,对"三资"企业有关法律、法规执行情况进行检查,树立滨州形象,加强软硬环境建设,提高对外开放水平,加快推动经济国际化步伐;以突出农民增收为重点,督促加快农业结构调整,不断推进农业和农村特色化、产业化、优质化、城镇化,大力发展民营经济,改善农业生产条件;以突出竞争力为重点,围绕"工业兴市"做好文章,督促市政府大力推进经济结构的战略性调整,加快企业改革和重组步伐,围绕优化发展环境,对个体私营企业进行视察和检查,促其更快发展。以全面实施"科教兴市"战略为关键措施,重点对义务教育法贯彻实施情况进行视察,督促市政府和全社会育好人才,增强后劲。围绕严格控制人口、提高人口素质,科学规划利用土地,保护资源开展监督工作,把可持续发展战略的实施进一步推向深入。以落实社会稳定为保证措施,督促政府和司法机关依法行政、公正司法,大力推进依法治市和民主法制建设进程。

二、继续加强监督工作,注重监督实效

人大及其常委会对"一府两院"的监督是宪法赋予的职权。这种监督,既是一种制约,又是支持和促进。在新的一年里,常委会要积极履行监督职权,既充分发挥监督职能,又通过监督大力支持"一府两院"的工作。特别要突出对政府在行政管理和行政法制方面与 WTO 规则对接适应的监督,监督政府尽快适应 WTO 的要求。在法律监督方面,将对执法责任制作出决议,有重点地对相关法律法规的贯彻实施情况进行视察和执法检查,保障法律法规的正确实施。在工作监督方面,年内将听取审议计划和预算、对外贸易、农业产业化、交通建设、民营经济发展、计划生育等方面的工作汇报。继续推行错案责任追究制。不断完善对国家机关工作人员任免、监督机制,进一步深化对任命干部的述职评议工作。要深入持久地开展社会主义民主法制教育。要重点做好人民群众来信来访工作,加强对重大信访件的研究和督促办理,维护人民群众的合法权益,促进社会稳定。要重视民族、宗教工作,加大工作力度,维护民族团结。

三、加强同人大代表和人民群众的联系。更好地依靠人大代表做好常委会工作

要进一步提高认识,深入贯彻实施代表法,认真落实市委〔2001〕28 号文件精神,做好与各级人大代表的联系工作。要不断拓宽代表联系渠道,促进联系工作的经常化、制度化,及时了解代表的意见和要求,积极总结推广代表执行职务的先进经验。授予地方荣誉称号是法律赋予人大常委会的权力,也是拓宽代表工作渠道的有效形式。拟于年内组织开展第一届"滨州人民好公仆"评选活动。要加强对代表议案和建议、批评、意见的办理工作,进一步完善办理程序,强化督办力度,提高办理质量。要发挥代表在闭会期间的作用,围绕经济建设、民主法制建设和人大常委会的工作重点,组织好代表在闭会期间的活动,探索新的活动形式,丰富活动内容,提高活动实效;进一步落实邀请代表列席常委会会议、定期向代表小组提出活动内容等制度。要有计划地做好县以上各级人大的换届准备工作。要进一步密切与县、乡人大的联系,支持县区人大及其常委会依法行使职权。常委会还要加强对全市乡镇人大换届选举工作的指导,周密部署,精心组织,确保这项工作的顺利进行。

四、加强常委会自身建设,进一步提高依法履行职责的水平

要继续努力学习邓小平理论和江泽民总书记"七一"重要讲话、党的十五届五中、六中全会精神,进一步统一对当前国际国内形势的认识,用"三个代表"重要思想指导实践。要学习宪法、法律和人大业务知识,特别要围绕常委会视察、检查和评议的各项议题,应对加入世贸组织的挑战,有针对性地学习有关法律法规。要努力转变工作作风,深入开展调查研究,坚持民主集中制原则,依法集体行使职权。要进一步加强常委会机关的思想、组织、作风、制度建设,培养和造就高素质的人大机关干部队伍,为人大及其常委会依法履行职责提供优质高效服务。

各位代表,我们步入新世纪已经有了一个良好的开局,在新的一年里,让我们在中共滨州市委的领导下,更高举起邓小平理论伟大旗帜,更加紧密地团结在以江泽民同志为核心的党中央周围,统一思想,坚定信心,沉着应对,趋利避害,转变作风,扎实工作,以更加奋发有为的精神状态,更加求真务实的工作作风,依法履行好自己的职责,确保全面实现本次大会确定的奋斗目标,以改革开放和现代化建设的优异成绩,迎接党的第十六次全国代表大会的召开!

第八届人民代表大会第一次会议

滨州市人民代表大会常务委员会工作报告

——2003年2月20日在滨州市第八届人民代表大会第一次会议上

滨州市人民代表大会常务委员会副主任　江连仲

各位代表：

我受王宗廉主任的委托，代表市人民代表大会常务委员会向大会报告市七届人大常委会两年来的主要工作，请予审议。

一、明确指导思想，理清工作思路

2001年，撤地设市后市人大常委会的建立，是我市人大工作一个新的转折点和里程碑。为了使常委会的工作开好头、起好步，创造性地开展工作，进一步开创人大工作新局面，树立新形象，开创新业绩，为滨州经济的腾飞和民主法制建设发挥人大应有的作用，以不负全市人民的重托，常委会针对新的历史条件和撤地设市后的新情况、新问题，认真学习邓小平理论、江泽民同志"七一"重要讲话、党的十五届五中、六中全会和党的十六大精神，深入研究人民代表大会理论和工作规律，结合我市实际，坚持以邓小平理论和江泽民同志"三个代表"重要思想为指导，坚定不移地贯彻执行党的路线、方针和政策，围绕党委的工作中心，认真履行宪法和法律赋予的各项职责，为加强社会主义民主法制建设，推进依法治国，建设社会主义法治国家的进程，保障和促进全市改革开放和社会主义现代化建设的顺利进行做出了应有的贡献。常委会在工作中注重把握了以下几点：一是自觉坚持和依靠党的领导。二是坚持服从和服务于经济建设这个全党全国的工作大局。三是把加强民主法制建设作为根本任务。四是把贯彻"三个代表"重要思想、维护和实现人民群众的根本利益作为工作立足点。五是保持了良好的精神状态。常委会发扬与时俱进，开拓创新，真抓实干，团结奋进的精神，使整个人大机关充满了朝气、生机和活力。

二、把握工作重点，强化监督实效

常委会把监督工作摆上重要位置，突出重点，加大力度，取得了成效。

常委会把推动"十五"计划、年度国民经济和社会发展计划的实施作为重点，加强监督。两年来，常委会多次听取审议了全市国民经济和社会发展计划、财政预算执行情况的汇报；听取审议了市级财政决算的报告、市级财政预算执行和其他财政收支的审计工作报告；听取审议了市级财政有关收支情况的汇报。在计划、预算审查监督中，常委会充分肯定了"十五"计划开局之年所取得的成绩，指出了经济发展中存在的问题，建议和要求市政府正视经济工作的有利条件和不利因素，加快经济结构调整，加大改革开放力度，转变政府职能，优化经济发展环境，特别是要发挥好财政促进经济发展的职能作用，确保年度计划任务目标的实现。

抓住关系全市经济发展大局的重大问题和社会关注的热点、难点问题开展监督。为了使我市抓住我国加入世界贸易组织这一契机，将经济发展构筑在更高的起点上，常委会安排听取了关于加入世界贸易组织对我市经济发展的影响和应对战略及措施的汇报，建议市政府抓住入世后有利于我市经济和社会发展的机遇，调整经济结构，扩大出口，提高利用外资水平，使我市经济尽快融入国际大市场，把我市对外开放提高到全方位、多层次、宽领域的水平上，为经济新一轮发展奠定基础。为了加快国有企业改革和推进结构调整，常委会组织视察组对全市工业企业进行集中视察，针对有些国有企业法人治理结构不够规范、投资主体单一、机制转换不快、企业负担过重等问题，建议市政府及有关部门采取有力措施，抓好现代企业制度的建立和完善，全面落实有关法律法规和政策，使我市国有企业改革和发展再上新水平。根据我市实际，常委会建议市政府在大力促进骨干企业发展的同时，应注重加快民营经济的发展，使其形成既"顶天立地"，又"铺天盖地"的局面，为我市国民经济的发展注入生机和活力。在市七届人大三次会议上,通过了关于滨州市加快民营经济发展的决议,为我市民营经济的发展创造了更加宽松有利的环境。为督促决议的贯彻落实,常委会组织部分委员和人大代表对决议的贯彻实施情况进行了视察,针对存在问题,提出了进一步加大贯彻落实力度的建议和意见。常委会还把支持侨胞企业发展作为重要议题,组织委员进行视察,并纳入了常委会审议的议题,提出了一些很好的建议意见。在农业、农村经济结构调整中,建议市政府和农业部门,选准农业结构调整和农民增收的结合点,把农业生产、经营、销售各个环节的工作做好、做细,搞好基层农业科技推广体系建设,认真落实农村税费改革政策,切实减轻农民负担,进一步加大农业投入,提高农民收入。常委会认真督促"科教兴滨"战略的实施,提出了尊重知识,培养人才,吸引人才,用好人才,留住人才,最大限度地调动科技人员的积极性,依法加大对科技的投入,加强科技创新载体建设,进一步发挥科研单位与企业科技创新的主体作用,为发展滨州建功立业等建议意见。

经济和社会发展环境是关系我市改革发展的重要因素。两年来,常委会把全市整顿和规范市场经济秩序作为监督工作的重点,在深入调查的基础上,听取了市政府关于整顿和规范市场经济秩序工作情况的汇报,并组织3000多名各级人大代表对基层工商所进行了评议,提出了进一步加大整治力度的建议意见。组织开展了对《山东省文化市场管理条例》贯彻实施情况的执法检查,促进了文化市场的规范与发展。组织了对全市客运市场运转秩序情况的视察,通过了关于整顿、规范和发展滨州市客运市场的建议和意见。常委会针对撤地设市后滨州市城区功能应进一步强化的状况,听取了市政府关于城市规划与城市基础设施建设情况的汇报,对新城区建设情况进行了视察,建议市政府认真组织好对滨州市总体规划进行局部调整、补充和完善方案的实施。

环境保护是关系我市可持续发展的重大问题,也是社会十分关注的热点问题。为督促市政府按期实现环保方面的目标任务,常委会加大监督力度,组织环保执法检查组,深入县区,实地察看了部分省、市控重点治理企业,并对小清河等几条主要河流污染防治情况进行了检查,针对存在问题,提出了加强环保工作领导、加大环保执法力度、搞好城市环境综合整治、依靠科技推动环保工作等意见和建议,市政府认真落实,使部分主要河流水质状况明显改善。同时,还组织有关新闻单位开展了"滨州环保世纪行"活动,配合"中华环保世纪行"记者团在我市进行了采访活动,促进了环保难点问题的解决。

常委会还听取了市政府关于计划生育工作情况的汇报,并提出了加强计划生育工作的建议意见。常委会组织开展了对全市宗教工作和旅游业发展情况的调查、视察,听取了市政府关于宗教工作和旅游业发展情况的汇报,提出了关于加强全市宗教工作和发展旅游业的建议意见,督促市政府强化落实措施,取得了成效。通过对《义务教育法》贯彻实施情况的视察和监督检查,督促市政府对教育经费投入不足、农村中小学教师工资拖欠、初中生辍学及优化学校布局等问题提出了解决的意见和办法。对《食品卫生法》《药品管理法》实施情况也进行了视察,对进一步加强食品卫生管理,加大医药市场的监督检查力度,保障人民群众的用药安全等提出了落实的建议意见。常委会还听取了关于全市机构改革和市直机关国家公务员考录工作情况的汇报,并提出了建议意见。

常委会进一步加强了对民主法制建设和社会稳定工作的监督。审议并通过了全市2001年—2005年依法治市规划的决议和在全市公民中开展第四个五年法制宣传教育的决议。根据严打斗争形势,常委会对《全国人大常委会关于加强社会治安综合治理的决定》在我市贯彻实施的情况进行了视察,听取了全市社会治安综合治理和严打整治斗争情况的汇报,提出了确保实现两年内社会治安明显进步的目标,对促进严打斗争起到了积极的作用。为加强对司法工作的监督,常委会还听取了全市检察机关查办渎职侵权犯罪案件工作情况的汇报;对人民警察法、律师法、妇女权益保障法、国家公务员暂行条例、村民委员会组织法、工会法、残疾人保障法、山东省法律援助条例等法律法规贯彻实施情况进行了执法检查。继续在"一府两院"推行了执法责任制和冤案、错案责任追究制,积极探索"四位一体"的监督新模式,建立和完善对国家机关及其工作人员的监督约束机制,得到省人大常委会的肯定。两年来,常委会还加强了个案监督方面的工作。另外,配合省人大常委会对有关法规草案进行了立法调研。

常委会把信访工作作为了解社情民意,强化人大监督的重要渠道,及时制订了滨州市人大常委会信访工作暂行办法、关于市人大常委会领导干部公开接待群众来访的试行意见。两年来，常委会共受理人民来信来访1385起，其中受理来信200件，接待处理来访1185起，督促办理省、市人大领导批办的重大信访件173起，常委会领导公开接访79起。通过信访，督促司法机关和行政执法部门查处和纠正了一批违法案件，为人民群众解决了一些实际问题，维护了人民群众的合法权益。

常委会依法行使任免权，两年来，共任命国家机关工作人员312名，免职58名，对任命人员坚持进行了任前法律考试和听取供职报告。强化了对任命人员履职情况的监督，分别于2001.2002两个年度听取评议了市经贸委主任、市教委主任、市交通局局长和市水利局局长的述职报告。通过评议，对政府组成人员增强法制观念和公仆意识，认真做好政府工作，起到了积极的促进作用。

三、加强代表工作，进一步密切了与县、乡人大的联系

两年来，常委会认真贯彻代表法及省实施办法，进一步加强与代表的联系，注重发挥代表作用，支持代表依法执行代表职务，依靠代表做好常委会的工作。一是及时建立了常委会组成人员分工联系代表制度。常委会组成人员认真落实“六必访”制度，通过走访、召开座谈会、信函、代表热线电话等方式，加强与代表的联系和沟通，及时向代表通报工作情况，主动征求代表意见，为代表知情、知政，履行职责服务。二是按照代表法的规定，协助代表建立了代表小组，并提出人代会闭会期间代表活动内容的建议。三是建立人大代表列席常委会会议制度。四是组织代表认真开展视察活动。两年来，组织驻滨全国、省人大代表和市人大代表围绕我市国有企业改革、农业和农村工作、增加农民收入和减轻农民负担、中小企业发展、加快民营经济发展、规范市场秩序、城市建设状况、教育科技卫生工作以及司法机关公正司法和有关法律法规实施情况进行了视察。视察中，代表们以高度的责任心和使命感，实事求是，严肃认真，积极参与，提出了许多好的建议和意见，对督促“一府两院”改进工作起到了重要作用。五是组织和协助代表开展执法检查、述职评议及联系群众和选举单位等活动，使常委会工作更好地反映人民群众的意愿和要求。六是报市委批转了关于加强代表工作的意见，对代表的地位、开展工作的条件等做出了规定。七是开展了代表法颁布实施十周年纪念宣传活动，在全社会营造了一种尊重、支持人大代表依法执行代表职务的良好氛围。八是对乡镇人大换届后新当选的乡镇人大主席进行了培训。

常委会十分重视审议和办理代表提出的议案和建议。市七届人大一次会议主席团交付审议的关于稳定和健全农业推广体系，促进农业和农村经济发展的议案，常委会第5次会议听取了市政府关于办理情况的汇报，进一步督促有关部门落实各项措施，并向提出议案的代表说明办理情况，征求意见，收到了较好的效果。在市七届人大二次会议上形成的关于建立留住与吸引人才的新体制与机制的议案，常委会也采取措施督促市政府进行了认真办理。常委会第16次会议听取和审议了市政府办理情况的汇报，并决定将市政府办理情况的汇报书面印发本次会议。对代表们在人代会和闭会期间提出的237条建议、批评和意见，常委会按照高标准、严要求的原则督促市政府认真办理。从办理情况看，不仅在数量上全部办理完毕，而且办理质量较高，代表们对答复和办理情况比较满意。

常委会进一步加强同各级人大的联系，指导县、乡人大依法履行职责。常委会坚持重大决策和重要活动及时向县区人大常委会通报情况、征求意见和邀请县区人大常委会负责同志列席市人大常委会会议。

人大换届选举工作是我市政治生活中的一件大事。在乡镇人大换届选举工作中，在市委的领导下，市人大常委会依法加强指导，各县区坚持依靠党的领导，充分发扬民主，严格依法办事，使换届选举工作取得了圆满成功。为了确保县级人大换届选举圆满成功，在市委的领导下，常委会认真贯彻落实省人大换届选举工作会议精神，加强对换届选举工作的指导，成立了全市换届选举工作机构，按照“党委领导，人大主办，各方配合”的原则，充分发扬民主，严格依法办事，认真组织实施，指导各县区选出市人大代表368名，各县区在换届后的第一次人代会上依法选出了县级国家机关领导班子，整个换届选举工作进展健康顺利。

四、以“三个代表”重要思想为指导，切实加强了常委会自身建设

一是加强学习，注重提高政治理论和业务素质。常委会组成人员紧密联系工作实际，认真学习马列主义、毛

泽东思想、邓小平理论和江泽民同志“三个代表”重要思想以及党的十六大精神，不断提高思想理论素质和决策水平。结合宪法颁布实施20周年，召开座谈会，组织开展了宪法学习活动，进一步加深了对根本大法重要地位的认识，强化了宪法意识。同时，组织机关工作人员认真学习了地方组织法、选举法、代表法等法律，专门邀请专家、学者讲课，并结合常委会的工作情况，进行了认真的讨论。通过对法律知识和人大业务知识的学习，进一步提高了常委会组成人员的理论水平和业务素质。二是加强常委会的制度建设。审议通过了滨州市人大常委会议事规则、滨州市人大常委会组成人员守则，滨州市人大常委会人事任免暂行办法等规则，规范了常委会组成人员的职责和常委会的工作程序，为依法行使职权提供了制度上的保障。三是加强机关组织建设。常委会设立了10个工作机构，充实了工作人员，建立健全了各项工作制度，增强了机关工作的生机和活力。四是改进工作作风。常委会认真学习贯彻党的十五届六中全会通过的《中共中央关于加强和改进党的作风建设的决定》，认真加强思想作风建设，深入基层、调查研究，努力形成求真务实的工作作风。常委会组成人员围绕党和国家的工作大局，认真开展调查研究，撰写了一些有价值的调查报告，比如实施以德治国基本方略、推进农村道德建设的调查，关于如何经营建设城市和加强全市政法队伍建设、提高政法队伍素质的调查等等。常委会机关工作人员发扬严谨细致的工作作风，以争创一流工作目标的精神，高标准、严要求，高质量地开展各项工作，在为人代会服务、为常委会会议服务和为机关服务中表现了较高的水平。五是加强宣传工作。为了加强对人民代表大会制度和民主法制建设的宣传教育，常委会先后召开了人大新闻宣传工作座谈会和人大工作研讨会，积极组织开展了对人民代表大会制度的宣传和理论研讨活动；除利用报刊、电视、广播等新闻媒体进行宣传外，出刊了《滨州人大》内部刊物，及时宣传交流人大理论与实践各方面的信息和经验，推动了人大宣传工作的深入开展。六是开展外事活动。两年来，由常委会副主任、委员组团先后两次出访了奥地利、德国、法国、英国、比利时、荷兰、卢森堡、新加坡等国家，促进了与这些国家的友好交往和经济合作。同时，也组团到周边省、市学习，开阔了思路，促进了市、县区人大及其常委会工作的开展。

两年来，常委会的工作之所以有成效、有发展，主要是因为：有党委的坚强领导，两年来，市委高度重视人大工作，支持人大及其常委会依法行使职权，并从各个方面为人大工作创造良好的环境和条件。常委会自觉坚持和依靠党的领导，主动争取市委对人大工作的关心和支持，重大问题和主要工作都及时向市委请示、汇报，取得市委的同意和支持，努力把党的主张通过法定程序变成国家意志；紧紧围绕经济建设这个中心，强化大局意识，使人大工作自觉地服从服务于全市改革发展稳定的大局；坚持严格按照宪法法律的规定履行好各项职责，充分发扬民主，严格依法办事，努力推进依法治市的进程；进一步加强与代表的联系，较好地发挥了人大代表的主体作用；重视加强自身建设，不断提高常委会组成人员的政治和业务能力，认真转变作风，深入调查研究，始终保持良好的精神状态，尽心尽力，尽职尽责地做好工作。

两年来，常委会的工作取得了一定成绩，但也存在一些问题和不足，主要是：在如何行使好重大事项决定权方面需要进一步探索；有些监督工作在途径和方法上需要进一步探索和完善，力度有待强化；调查研究、联系代表、联系群众、反映人民群众意见和为代表服务等方面需要加强；对代表建议、批评和意见的办理工作需要进一步加大督办力度；述职评议工作的针对性和实效性还需要进一步加强等等。这些问题，需要在今后工作中认真加以解决。

各位代表，在过去的两年中，市七届人大常委会的工作取得了一定成效，有了较大进展，胜利完成了自己的历史使命。下一届常委会将面临着承前启后，继往开来，实施依法治国方略，推进我市改革开放和现代化建设的重要历史使命。我们建议，要高举邓小平理论伟大旗帜，全面贯彻“三个代表”重要思想，以党的十六大精神为指导，继往开来，与时俱进，在市委的领导下，认真履行宪法法律赋予的神圣职责，全面贯彻党的路线、方针、政策，使党的主张经过法定程序成为国家意志，切实把党的领导、人民当家作主和依法治国有机统一起来。要扣紧执政兴国第一要务，充分发挥人大的作用和优势，努力为经济建设服务；要围绕全市经济建设和各项社会事业发展中的重大问题认真行使好重大事项决定权，使重大事项的决策符合和体现全市人民的意志；要大力发展社会主义民主政治，努力建设社会主义政治文明，巩固和发展我市民主团结，安定和谐的政治局面；要加大监督力度，注重监督实效，监督和支持“一府两院”依法行政，公正司法，保证宪法和法律在本行政区域的贯彻实施，促进依法治国方略在我市的贯彻实施；要认真做好代表工作，充分发挥代表作用，进一步拓宽渠道，密切与代表和人民群众的联系，注意倾听人民群众的呼声和要求，切实维护代表和人民群众的根本利益；要进一步加强常委会的自身建设，认真转变思想和工作作风，努力提高常委会依法决策的水平，不断适应形势发展和人大工作的要求。今后五年，是我国实现党的十六大提出的全面建设小康社会奋斗目标的关键时期，也是我市招商引资，加快发展，实施“追赶战略”，推动经济和社会全面发展的重要时期。我们相信，新一届人大常委会，将会在中共滨州市委的领导下，进一步坚持和完善人民代表大会制度，与时俱进，开拓创新，不断开创人大工作新局面，为推动全市经济建设和社会进步做出新的更大的贡献。

第八届人民代表大会第二次会议

滨州市人民代表大会常务委员会工作报告

——2004 年 2 月 2 日在滨州市第八届人民代表大会第二次会议上

滨州市人民代表大会常务委员会副主任　李成明

各位代表：

我受孙德汉主任的委托，代表市人大常委会，向大会报告市八届人大常委会一年来的主要工作，请予审议。

过去的一年，市人大常委会在上届人大常委会的工作基础上认真履行宪法和法律赋予的各项职责，以奋发有为的精神，开拓进取，扎实工作，较好的完成了市八届人大一次会议确定的任务，各方面工作都取得了新的进展。

一、统一思想，明确思路，奠定全年工作基础

2003 年，是本届人大常委会任期的第一年。面对换届以来全省、全市解放思想，干事创业，加快发展的新形势、新任务，为不负全市人民重托，努力做好新形势下的人大工作，市人大常委会以邓小平理论和“三个代表”重要思想为指导，全面贯彻党的十六大和十六届三中全会精神，在市委的坚强领导下，紧紧围绕经济建设这个中心和改革、发展、稳定的大局，认真履行宪法和法律赋予的各项职责. 充分发挥地方国家权力机关的作用，大力加强社会主义民主法制建设，为促进滨州经济超常规跨越式发展和依法治市做出了新的贡献。在工作中始终坚持和把握了以下几条原则：一是强化党的观念，坚持和依靠党的领导。对重大原则问题，积极主动地向市委请示汇报；对工作中遇到的困难和问题，积极向市委反映；自觉地把人大的各项工作置于市委的领导之下。二是强化中心观念，服务工作大局。常委会紧扣发展这个执政兴国的第一要务，在履行法定职责的过程中自觉服从和服务于经济建设这个中心。三是强化民主法制观念，确保法律法规在我市的贯彻实施。常委会把发展社会主义民主、健全社会主义法制当作根本任务，加大措施，大力推进依法治市进程。四是强化群众观念，坚持走群众路线。常委会按照“权为民所用，情为民所系，利为民所谋”的要求，时刻把人民群众的利益放在首位，把满足人民的需要，实现人民的愿望，维护人民的利益作为想问题、办事情的根本出发点。五是强化创新观念，推动人大工作不断向前发展。常委会始终坚持解放思想，实事求是，与时俱进，不断探索工作新思路，创新监督新模式，使人大工作有所进步、有所突破、有所发展。上述工作思路和原则的提出和贯彻，为常委会有效地开展工作，奠定了坚实的基础，产生了积极的推动作用。

二、突出重点，注重实效，充分发挥职能作用

一年来，市人大常委会紧紧围绕市委“发展是主题，调整是主线，招商是重点，实干是关键，稳定是基础”的工作方针，认真履行职责，不断创新工作方式、方法，把坚持党的领导、人民当家作主和依法治国有机统一起来，大

力推进民主政治建设，有效促进了全市经济发展和社会进步。

（一）求真务实，监督工作取得新进展。人大及其常委会对“一府两院”实施监督是宪法和法律赋予的一项重要职权。常委会把监督工作摆上重要位置，突出重点，强化措施，加大力度，务求实效，努力实现“三个转变”（实现监督工作从疏于监督向敢于监督转变、从虚到实转变、由肯定成绩多向既肯定成绩，又善于发现问题、敢于追究责任转变），监督工作取得新的进展。一年来，听取审议政府10个方面的工作报告，集中组织开展了7项视察、3次执法检查，有效加强了对政府工作的监督。

围绕全市经济建设和社会发展中的重大问题，全力监督。为确保国民经济和社会各项事业持续、快速、健康发展，常委会听取并审议了市政府关于全市2002年财政决算的报告、滨州市2003年上半年国民经济和社会发展计划执行情况的报告、滨州市2003年上半年财政预算执行情况的报告、全市2002年度市级财政预算执行和其他财政收支的审计工作报告，提出审议意见和建议。“四环五海”工程是一项以人为本，造福全市人民，改善人居环境，集交通、水利、林业、城建、旅游于一体的综合性重点工程，为确保工程的顺利实施，常委会组织常委会组成人员和人大代表对“四环五海”建设情况进行了视察，提出了加大宣传力度，把好工程质量关，提高城市品位，注意内外生态环境协调统一的审议意见和建议。市七届人大三次会议作出了《关于滨州市加快民营经济发展的意见的决议》，为督促决议的落实，解决民营经济发展中存在的问题，去年12月，常委会组成视察组对决议贯彻实施情况进行了一次专项视察。针对视察中发现的问题，认真分析原因，提出了加大宣传贯彻决议的力度、政府推动的力度、治理“三乱”的力度、服务民营企业的力度等审议意见和建议。面对突如其来的“非典”疫情，常委会及时听取审议了市政府关于全市防治传染性非典型肺炎工作情况的汇报，提出了进一步提高对防治“非典”工作长期性、复杂性、艰巨性的认识，抓好薄弱环节和关键措施的完善落实，把好山东“北大门”的审议意见和建议，促进了全市依法防治“非典”工作的健康发展。为加快发展旅游业，常委会对全市旅游工作进行了视察，督促市政府切实抓好基础设施和景点建设，大力发展旅游业。民族宗教问题事关社会稳定、民族团结，常委会针对全市民族宗教工作中存在的思想认识上的差距和重“安抚”、疏管理的问题，听取了政府的工作汇报，并通过深入调查研究，本着促进民族团结、维护政治稳定的原则，建议各级政府要充分认识做好民族宗教工作的重要性，切实摆上政府工作的重要议事日程，进一步关心支持少数民族发展经济，强化法制宣传，加大执法力度，保障宗教活动依法有序地开展。

围绕优化发展环境和法治环境，重点监督。去年是全市招商引资，加快发展，全面实施追赶战略的关键年。为推进民主政治建设和依法治市进程，优化全市的发展环境和法治环境，去年5月份，常委会采取全市两级人大上下联动的方式，对《滨州市2001—2005年依法治市规划决议》的贯彻执行情况进行了检查。通过检查，全面了解了决议实施两年多来的情况，针对贯彻执行决议过程中的薄弱环节，提出了进一步加强领导，完善条件，强化措施，加大工作力度，推动依法治市工作健康发展的审议意见。常委会还对《森林法》《水法》《建筑法》进行了执法检查，并提出了审议意见。通过执法检查，进一步促进了全体公民法律素质和法治意识的提高，促进了全市各项事业的依法管理和依法运行，从而为全市招商引资、加快发展、全面实施“追赶战略”和建设小康社会创造了良好的法治环境。

围绕经济可持续发展，适时监督。环境保护事关全市经济的可持续发展，是社会关注的热点问题。常委会着眼于长远，利用各种有效形式，加大监督力度，督促市政府认真解决环保难点问题。第一，进行执法检查。通过对全市环境保护执法情况的检查，发现了全市环境保护工作中部分单位存在的思想认识上不到位、执法力度不够、结构性污染突出等问题，要求市政府必须进一步强化环保意识，全面提升滨州环保工作水平，实施环境立市。第二，深入调查研究。针对潮河及秦台干沟被严重污染，在一定程度上制约了整个流域乃至全市经济社会可持续发展的问题，深入细致地对水污染状况进行了调查研究，形成了有思路、有目标、有措施的建议报告，引起市政府的高度重视。第三，开展“滨州环保世纪行”活动。围绕“保护生命之水”和“向大气污染宣战”的主题，组织了一支强有力的记者队伍，进行明察暗访、宣传报道，鼓励先进，鞭策后进，为增强全市上下的环保意识、推动滨州经济的可持续发展发挥了重要的作用。去年9月份，常委会组织执法检查组对贯彻实施《人口与计划生育法》和《山东省人口与计划生育条例》进行检查，针对检查中发现的问题，提出要进一步解放思想，更新观念，转变管理方式，改进工作方法，完善工作机制，依法行政，依法管理的审议意见，促进了全市人口与计划生育工作的开展。

围绕群众普遍关注的问题，跟踪监督。新一届人大常委会牢记"执政为民"的宗旨，把实现好、维护好、发展好最广大人民群众的利益作为工作的出发点和落脚点。先后听取审议了全市社会保障及就业工作情况的汇报、关于加强救灾款社会募捐资金发放使用情况及探索建立农村扶贫，帮困长效机制情况的报告，针对存在的问题，提出了要进一步完善各项社会保障制度，维护弱势群体的基本权利，促进养老、失业、医疗保险及社会就业再就业工作的顺利实施，规范救灾款社会募捐资金的发放使用管理，尽快建立扶贫帮困长效机制等审议意见。为加强对扶贫救灾工作的监督，市人大常委会组成调查组，对全市六县一区18个乡镇100个村的救灾资金发放使用情况进行了调查，根据调查的情况和存在的问题，向市政府发出了《监督意见书》，并在常委会第六次会议上听取了市政府的专题汇报，确保了全市各项救灾扶贫资金及时发放到位、各项救灾扶贫政策落实到位和农村的社会稳定。

去年以来，常委会积极探索，勇于实践，不断创新监督模式，努力拓宽监督渠道。一是深化执法责任制，促进依法行政。为进一步推进全市执法责任制工作的深入开展，确保依法治国方略在全市的顺利实施，在总结过去几年开展执法责任制工作经验的基础上，结合机构改革和政府转变职能，进一步明确了执法主体和执法责任，加大了监督力度。对政府重点行政执法部门落实执法责任制的情况进行了监督检查，并组织人大代表和执法相对人对重点行政执法部门进行了评议。在工作中注重深人基层调查研究，发现典型，总结经验，促进执法责任制工作深入开展。二是强化个案监督，促进公正司法。个案监督是一项法律性、程序性和实践性很强的工作。在实践中，始终把握住了正确对待当事人的控告和申诉、坚持集体监督、坚持事后监督、正确处理监督与被监督的关系这四项原则，推动了个案监督工作的有效开展。去年，市人大常委会对8起久拖不决的信访案件列为监督重点。主任会议专门议定了监督意见，要求承办部门限期办结，对逾期不能结案而又没有正当理由的，将追究有关责任人的责任。由于承办部门的高度重视，使案件得到了及时妥善的处理。三是开展述职评议。促进工作开展。新一届人大常委会在总结经验的基础上，求真务实，大胆创新，评议工作进一步深化。第一，评议范围进一步扩大。把中央和省属垂直管理部门纳入评议范围，消除了评议监督工作的盲区。第二，评议工作的方式、方法有了新突破。除听取汇报，召开座谈会，走访有关群众外，还通过发放850份调查问卷征求各级人大代表的意见，有效保证了评议工作的公开性、民主性、实效性。在市八届人大常委会第7次会议上对市公安局、市外经贸局、市工商局和市地税局的主要负责人进行了述职评议和执法评议，并将评议结果在新闻媒体上进行了公开。评议意见向被评议人员反馈后，被评人员及时制定整改措施，认真抓好落实。通过评议，有效增强了被评议人员的法律意识、公仆意识、大局意识和服务意识，收到了良好的效果。四是规范督办程序，加大监督力度。出台了滨州市人大常委会审议意见办理办法，进一步加大了对常委会审议意见办理的督促检查力度，使审议意见的办理工作更加程序化、规范化。

（二）依法决定重大事项，积极做好人事任免工作。去年以来，常委会坚持抓大事、议大事、定大事的原则，认真行使重大事项决定权。为加快滨州发展，市委将2003年确定为"招商引资年"。为推动全市的招商引资，市人大常委会及时作出了关于大力加强招商引资工作的决议，有力地促进了招商引资工作的顺利开展。为加快城市基础设施建设，促进全市经济发展，常委会作出了关于批准滨州市人民政府基础设施项目贷款的决定。

去年，市人大常委会共依法任免人大机关和"一府两院"工作人员85名。在人事任免工作中，对"一府两院"提请任命的人员，坚持任前法律考试和做供职报告，任命后进行就职宣誓，增强了被任命人员的法治意识和公仆意识，确保了任免工作的质量。

三、加强指导，强化服务，进一步密切与代表和人民群众的联系常委会进一步加大代表工作力度。一是加强代表培训，提高代表素质。针对换届选举后，新成份较多的实际，编写了《人大代表知识读本》，编印了法律法规汇编，发给每一位市人大代表，供代表学习参阅。去年8月份，举办了新当选市人大代表培训班，通过组织代表学习宪法、地方组织法、代表法、山东省实施《代表法》办法等法律、法规和人大业务知识，提高了代表对人大工作的认识，增强了参与管理国家事务的能力和水平。同时，为每位市人大代表订阅了《中国人大》《山东人大工作》《人民权利报》等报刊，及时发放《滨州人大》《市人大常委会公报》及有关的文件资料，为代表知情知政创造了条件。二是完善制度，不断加强与代表的联系。为加强与代表的联系沟通，重新修订完善了《市人大常委会组成人员联系代表办法》，从9月下旬开始，市人大常委会组成人员按照分工，采取多种形式，对市以上人大代表进行了一次普遍联系。三是组织代表开展活动，充分发挥代表的作用。特别是通过组织代表参加工作视察，增进了代表对全市各项工作的了解，更好地监督、支持“一府两院”开展工作。另外，坚持人大代表列席常委会会议制度，每次常委会会议都邀请2—3名市人大代表列席。

常委会注重代表提出的建议、批评和意见的办理工作。市八届人大一次会议期间及会后，共收到代表建议113件。对代表提出的建议、批评和意见，常委会在认真登记、整理、分类后，责成市政府及有关部门办理，办理结果逐件答复代表。为不断提高办理质量，常委会第5次会议专门听取了市政府办理落实情况的汇报，并组织代表对八届人大一次会议以来办理代表建议、批评和意见的情况进行了集中视察，进一步促进了办理工作，维护了代表的民主权利。

常委会重视信访工作，建立和完善信访督办制度，认真落实常委会领导干部公开接待群众来访制度，不断提高信访工作的质量和水平，进一步密切了与人民群众的联系。一年来，共受理人民来信来访698起968人次，其中接待人民群众来访531起801人次，集体上访33起156人次，受理人民群众来信167件，处结率达到93%；办理省、市人大常委会领导批办的信访件118起，已办理完毕96起，占批办信访件总数的81%。

常委会加强对县乡人大工作的联系与指导。继续坚持重大决策、重要活动及时向县区人大常委会通报和邀请县区人大常委会负责同志列席常委会会议等制度。注意了解全市人大的工作动态，支持和帮助县、区人大依法履行职责。市、县区人大常委会还采取上下联动的方法开展执法检查和工作视察，推动了全市人大工作的深入开展。

四、努力加强自身建设，工作水平显著提高

加强常委会自身建设，努力提高全体组成人员的整体素质，是做好常委会工作的前提和基础。

一是加强思想建设，转变工作作风。一年来，常委会紧密结合人大工作实际，不断加强政治理论、法律知识及人大业务的学习，深入开展了“解放思想见行动，更新观念促发展”大讨论活动，坚持用邓小平理论和“三个代表”重要思想武装头脑，指导实践，推动工作。坚持解放思想，实事求是，与时俱进的思想路线和全心全意为人民服务的根本宗旨。牢记两个“务必”，充分认识群众利益无小事的道理，多办得人心、暖人心、稳人心的好事实事，把党的温暖送到群众心坎上。

二是加强制度建设，推进人大工作的规范化。针对人大工作法律性和程序性强的特点，一年来，常委会制定并完善了多项制度，进一步规范了常委会的工作程序，有效促进了人大工作的规范化、制度化。

三是加强机关建设，确保常委会高效运转。换届后，进一步健全了机关学习制度，强化了对机关干部的教育。提高了机关干部的素质。圆满完成了机关机构改革任务，加强了机关机构建设。重视对机关干部的培养使用，引入竞争机制，实行干部竞争上岗，激发了机关干部的工作热情，增强了人大机关的活力与朝气。去年，常委会机关上下齐心协力，在较好的完成了机关的招商引资任务的同时，各位主任还积极参与了全市的一些重点项目建设，为全市的经济发展做出了一定的贡献。

常委会重视人大宣传工作。去年以来，常委会加强了与宣传部门和各新闻单位的沟通联系，修订完善了宣传工作意见，建立起了联席会议制度，召开了全市人大宣传工作座谈会，提高了《滨州人大》刊物的办刊质量。通过采取一系列的措施，加大了对人民代表大会制度和民主政治建设的宣传力度，指导了全市人大工作的开展。

一年来,常委会依法行使各项职权,进一步加强和改进各项工作,取得了一定的成绩。但同时也要清醒的看到,常委会的工作同宪法和法律赋予的职责、同党和人民群众的期望和要求相比,还存在着差距和不足。主要是:行使重大事项决定权方面需进一步的完善和探索;监督工作的深度不够,执法检查、代表视察的实效还有待进一步的提高;决议、决定、审议意见的跟踪督办要进一步加强;述职评议和执法评议还有待进一步规范;发挥代表作用,加强与人民群众的联系需进一步改进。对于这些问题,常委会将在今后的工作中认真研究,采取有效措施加以解决。

各位代表,2004 年是深化改革,扩大开放,促进发展的重要一年,也是全面建设小康社会,实现"十五"计划的关键一年。加快发展是滨州最大的实际,最大的政治,唯一出路。在新的一年里,市人大常委会要坚持以邓小平理论和"三个代表"重要思想为指导,全面落实党的十六大和十六届三中全会精神,在中共滨州市委的领导下。紧紧围绕发展这个执政兴国的第一要务,大力加强民主政治建设,充分调动全市广大人民群众抓住机遇加快发展的积极性、主动性和创造性,着力营造聚精会神搞建设,一心一意谋发展的良好氛围。要认真落实"立党为公、执政为民"的本质要求,着眼于解决人民群众最现实、最关心、最直接的利益问题,当前特别要紧扣解决"三农"问题,开展监督工作,要监督政府采取更加有力的措施,按照城乡统筹、深化改革、保护耕地、稳定粮食、加快调整、增加收入的总思路,全力抓好"三农"问题。要动员全市人民认真落实全面、协调、可持续发展战略,按照"五个统筹"的要求建设系统"九州",促进全市各项社会事业和人的全面发展。要认真实施"依法治国"基本方略,大力推进"依法治市"进程,为全面建设小康社会营造良好的法治环境。在工作中要按照"少而精"的原则,突出重点,注重实效,扎实工作,勇于创新,不断开创人大工作新局面。

(一)改进监督工作,突出监督实效。人大及其常委会是人民行使国家权力的机关,依法对"一府两院"行使监督权,目的是督促国家机关及其工作人员依法行政、公正司法,为人民谋利益。在新的一年里,常委会要进一步加大法律监督和工作监督力度,增强实效,创新机制,继续在实现监督工作"三个转变"上下功夫。执法检查要突出重点,改进方式,深入基层,深人群众,讲求实效,力戒形式主义。对执法检查中发现的重大问题、典型违法事件,要认真对待,及时处理,公布于众,接受广大人民群众的监督。要继续围绕市委中心工作以及人民群众普遍关心的问题,听取审议"一府两院"工作报告,突出对热点、难点问题的督促检查,增强工作监督的针对性和实效性。要继续加大对审议意见办理的督促力度,深化完善述职评议和代表评议工作,建立公民旁听常委会会议制度。要把执法监督和工作监督结合起来。把人大的监督和舆论监督、群众监督结合起来,促进依法行政和公正司法,保证宪法和法律在本行政区域的贯彻实施。

(二)进一步密切联系代表,发挥代表主体作用。人大代表是人民代表大会的主体,充分发挥代表的模范带头作用、桥梁纽带作用是做好常委会工作的基础和保证。要进一步密切与人大代表和人民群众的联系,落实好人大代表的知情权、参与权和监督权,认真总结经验,更好的为人大代表履行职责服务,确保代表法定职权的行使。要继续认真做好代表建议的办理工作,提高办理质量和效率,激发代表的工作热情。要继续落实好代表列席常委会会议制度,积极组织代表参与视察、调查、检查活动。同时,要抓好代表培训工作,不断提高代表素质。

(三)加强自身建设,造就一支高素质的人大干部队伍。面对新时期人大工作的新任务,常委会将按照思想抓教育、作风抓转变、制度抓完善、素质抓提高的思路,扎实有效地加强常委会及机关自身建设。要深入学习邓小平理论、"三个代表"重要思想和党的十六大、十六届三中全会精神,加强法律知识和业务知识的学习培训,以实事求是、与时俱进、开拓创新的精神履行各项职责。要认真转变作风,密切联系群众,深入调查研究,树立人大的良好形象。要进一步制定和完善常委会依法履职、高效运转的各项制度,积极探索和创新人大工作的方式。要进一步加强人大调查研究工作,重实践,勤总结。要进一步加强人大宣传工作和阵地建设,推动信息化建设步伐,在更大范围内,更高水平上增强宣传力度,扩大人大工作的社会效果。要继续探索加强对县乡人大工作联系与指导的路子。同时,不断加强对机关干部的培养教育,努力造就一支政治过硬、业务精通的干部队伍,使人大机关工作更加富有生机和活力。

各位代表,人民代表大会制度是我国的根本政治制度,我们正在从事的人大工作是一项崇高的事业,创造性地做好这项工作对于依法治国,建设社会主义法治国家具有特殊重要的意义。新的一年已经开始,摆在我们面前的任务光荣而艰巨,深感肩负使命的神圣和人民重托的崇高。让我们紧密团结在以胡锦涛同志为总书记的党中央周围,认真贯彻党的十六大和十六届三中全会精神,忠实践行"三个代表"重要思想,在中共滨州市委的领导下,振奋精神,扎实工作,开拓创新,锐意进取,努力把人大工作推向新的阶段,为建设市强民富、碧水绿荫生态园林型现代滨州作出应有的贡献。

第八届人民代表大会第三次会议

滨州市人民代表大会常务委员会工作报告

——2005年1月27日在滨州市第八届人民代表大会第三次会议上

滨州市人民代表大会常务委员会副主任　李成明

各位代表:

我受孙德汉主任的委托,代表滨州市人大常委会,向大会作工作报告,请予审议。并请列席会议的同志提出意见。

2004年,是我市经济和社会各项事业发展最快、亮点最多、变化最大、形势最好的一年,也是人大工作不断加强和改进的一年。一年来,在市委的坚强领导下,常委会坚持以邓小平理论和"三个代表"重要思想为指导,以科学发展观总揽全局,牢牢把握发展第一要务,把坚持党的领导、人民当家作主和依法治国有机统一起来,坚决贯彻"发展是主题、调整是主线、招商是重点、实干是关键、稳定是基础"的工作方针,按照"程序工作抓质量、重点工作求突破、全面工作上水平、自身建设树形象"的总体要求,认真履行宪法和法律赋予的各项职权,较好地完成了市八届人大二次会议确定的各项任务,为坚持"五个统筹",建设系统"九州",推进经济社会健康发展,加速建设民富市强、碧水绿荫的现代滨州发挥了积极的作用。

一、紧贴"第一要务",依法履行监督职权,切实增强监督实效

常委会按照突出重点、关注热点、注重实效的原则,紧紧围绕第一要务,抓住影响改革发展稳定的重大问题,人民群众反映的热点、难点问题,积极开展监督工作。一年来,听取审议"一府两院"15个方面的工作汇报,集中组织开展了6项视察,7次执法检查,进一步加强了对"一府两院"的监督,促进了依法行政、公正司法。

(一)强化工作监督,为经济社会超常规跨越式发展提供支持保障

第一,围绕亮点抓监督,促进民营经济、招商引资加快发展。市七届人大三次会议通过了关于滨州市加快民营经济发展的意见的决议,为民营经济的发展提供了切实保障。为维护决议的权威性、严肃性,使民营经济亮点更亮,常委会于2002.2003年连续两年对决议贯彻落实情况进行了视察。去年11月,常委会再次组成视察组,先后深入到6县1区40多个部门和企业,专题听取汇报,广泛座谈讨论,实地察看剖析,详细了解发展的现状和前景,客观地分析有利条件和不利因素,围绕扩大企业规模,提高产品档次,落实扶持政策,创新投资机制,优化创业环境,完善发展规划,提出了对策建议。市政府高度重视,多次召开会议研究落实措施,有力地促进了全市民营经济的快速健康发展。推动经济超常规跨越式发展,招商引资是唯一出路。为确保"招商引资优惠年"活动开展的扎实有效,千方百计为外商创造良好的政策环境、舆论环境、市场环境、法制环境,营造"洼地效应",常委会适时听取审议了市政府关于2004年全市招商引资情况的报告,提出要加大领导力度、优化招商环境、创新招商方式、拓宽招商领域、扩大招商成果,有力地推动了招商引资活动的深入开展。

第二,围绕重点抓监督,发挥服务大局的作用。市八届人大二次会议审议通过了关于坚持"五个统筹",建设系统"九州"的决定。为全面了解决定的贯彻实施情况,常委会听取审议了市政府关于建设系统"九州"有关情

况的汇报，对平安、诚信、人才、开放滨州建设给予了充分肯定，指出要进一步解放思想、强化措施，努力推动系统“九州”建设更快更好地发展，取得更大的成效。为推进“生态滨州”建设，去年5月份，常委会对“六河水变清”工程进展情况和城市供水、污水集中处理市场化运作情况进行了视察，针对视察中发现的突出问题，建议要牢固树立和落实科学发展观，加大结构调整力度，治理结构性污染，推进城市供水和污水集中处理市场化运作，推动环境管理由事后控制向事前预防转变。继续组织开展了2004滨州环保世纪行活动，重点检查了13个单位执行环保“三同时”与污水治理的情况，督促有关部门查处并纠正了一批违法行为，巩固了环保成果。常委会在全省范围内率先召开了全市循环经济研讨会，积极倡导循环经济理念，推行循环经济模式，在市内外产生了积极的影响。配合中华环保世纪行记者团顺利完成对滨州实施渤海碧海行动计划情况进行的调研和采访活动，提高了全社会的环保意识和参与意识，促进了全市经济与环境的协调发展。为加强对国土资源管理和土地收购储备及西区开发中土地收益金使用情况的监督，常委会听取了市政府关于国土资源管理和土地收购储备及西区开发中土地收益金使用情况的报告，强调要进一步强化土地法制观念和基本国策观念，处理好保护耕地与发展建设用地的关系，探索建立土地补偿合同化、公正化、公开化、制度化的长效机制，确保失地农民的补偿等建议和意见，并督促政府有关部门认真落实，使国土资源管理工作有了新的进展。

第三，围绕热点抓监督，有效维护群众切身利益。医疗、药品市场历来是社会关注的“热点”。去年3月份，常委会开展了对全市医疗、药品市场管理情况的视察，针对视察中发现的问题，提出了要加强治理整顿的建议和意见，并督促政府有关部门认真落实，较好地规范了医疗、药品市场的经营和管理。针对城区乱写、乱涂、乱贴现象屡禁不止的问题，常委会及时对滨州市城区城市管理情况进行了视察，建议市政府及有关部门进一步强化城市管理，增强市民文明意识，着力提升城市管理水平，为广大市民创造良好的人居环境。为加强对教育收费的监督，常委会就全市城区义务教育费征收使用和中小学收费管理使用情况进行了视察，针对发现的突出问题，建议市政府进一步规范教育收费，充分利用审计、巡查、公示等手段，加大监管力度，做到依法收取，使用得当，公开透明。常委会还听取审议了市政府关于提速提效工作情况的汇报、关于全市行政审批制度改革情况的汇报，并提出一些对策措施，为优化发展环境，加快经济发展，起到了积极的推动作用。

第四，围绕计划、预算的实施抓监督，确保完成各项指标。市八届人大二次会议批准的计划和预算，符合“十五”计划的要求，体现了人民的意志。常委会抓监督，抓落实，对重点行业，关键部门和骨干企业的经济运行情况，进行广泛深入调查，围绕推动“十五”计划的顺利实施，在去年召开的首次常委会会议上，听取审议了市政府关于滨州市国民经济和社会发展“十五”计划前三年执行情况的报告。为确保国民经济和社会各项事业持续、快速、健康发展，常委会还听取审议了市政府关于全市2003年财政决算的报告、滨州市2004年上半年国民经济和社会发展计划执行情况的报告、滨州市2004年上半年财政预算执行情况的报告、关于2004年市级财政预算调整情况的报告、全市2003年度市级财政预算执行和其他财政收支的审计工作报告等，批准了2003年市级财政决算、2004年市级财政预算调整情况的报告。在计划、预算审查监督中，常委会在充分肯定成绩的同时，指出了计划、预算执行过程中存在的问题，提出了积极的建议和意见，市政府高度重视，采取多项措施，认真进行了整改，超额完成了各项指标。

（二）加强法律监督，为建设“系统九州”营造良好的法制环境

按照研究工作以法律为依据，衡量工作以法律为准绳，推进工作以法律为标准的要求，加强对法律法规执行情况的监督，有力地促进了法律法规在我市的贯彻实施。去年，共对15部法律法规的实施情况进行了监督检查和执法调研，为建设系统“九州”营造了良好的法制环境。

第一，加大执法检查力度，促进法律法规有效贯彻实施。常委会对《中华人民共和国劳动法》《中华人民共和国工会法》《中华人民共和国动物防疫法》《山东省动物防疫条例》《中华人民共和国档案法》《山东省档案条例》《中华人民共和国归侨侨眷权益保护法》《山东省实施〈中华人民共和国归侨侨眷权益保护法〉办法》《山东省民族工作条例》《山东省农民负担管理条例》等法律法规实施情况进行了执法检查，听取审议了检查组关于法

律法规实施情况的报告。针对检查中发现的问题,提出了建议和意见,并督促有关部门限期整改,有效保证了这些法律法规在本行政区域的贯彻实施。为更好的加强对公安、司法机关的监督,常委会听取和审议了市中级人民法院关于贯彻实施《中华人民共和国行政诉讼法》情况的汇报,制定出台了《滨州市人大常委会个案监督暂行办法》,在市质监局、地税局、水利局等十二个行政执法部门开展了"执法相对人评议执法人员"试点工作,有效促进了严格执法,公正司法。常委会还积极配合省人大常委会开展了多项执法检查和立法调研活动,较好地完成了任务,得到了省人大常委会的充分肯定。

第二,发挥信访监督作用,促进公正司法。常委会把信访工作作为人大监督工作的重要内容,作为了解社情民意,强化人大监督的重要渠道,先后制定了"重点信访件审查制度"、"信访工作守则"、"信访工作承诺"、"督查、回访制度",使信访工作从接访、受理、办访、督访、回访实现制度化、程序化。一年来,共受理人民群众来信来访763起1159人次。其中接待人民群众来访641起1037人次,集体上访53起281人次,受理人民群众来信122件。年内办理省、市人大常委会领导批办的信访件83起,已办理完毕71起,占批办信访件总数的86%。一些信访积案、疑案的解决,维护了法律的尊严和公民、法人及其他组织的合法权益。

常委会认真行使人事任免权,坚持党管干部和人大依法任免的有机统一,对被任命人员实行任前考试、供职、颁发任命书和就职宣誓,增强了被任命人员的法制意识、公仆意识和廉政意识,提高了任免质量。一年来,共依法任免人大机关和"一府两院"工作人员18名。

二、依法保障代表权利,不断强化代表工作,为实现最广大人民的根本利益搭建平台

人大代表是人民代表大会的主体,加强代表工作是做好人大工作的基础和保证。常委会把代表工作作为一项基础性工作来抓,不断改进工作方法,提高工作实效,努力为代表履行职务提供服务,最大限度地保障和实现人民当家作主的民主权利。

(一)代表履行职务的环境不断优化。为提高代表素质,去年10月份,对全市人大代表小组召集人进行了集中培训。从11月份开始,采取多种形式,对部分市以上人大代表进行了走访,加强了与代表的联系和闭会期间活动的指导。坚持人大代表列席常委会会议制度,每次调查、视察、执法检查都邀请有关代表参加,听取代表的建议和意见,实现了联系代表工作的经常化和规范化。常委会还注意加强对代表履行职务情况的指导,先后在沾化县、滨城区开展了代表向选民述职的试点,取得了良好效果,在选民中产生了积极的影响。

(二)代表议案及建议、批评和意见办理质量进一步提高。市八届人大二次会议主席团立案的代表议案1件,会议期间及会后收到的代表建议、批评和意见82件。博兴刘玉清等代表提出的"关于引黄济胶渠首工程建设有关问题的议案",在市八届人大二次会议结束后,市人大常委会及时交由市政府办理,并责成农业和农村工委负责督办。市政府对此高度重视,专门成立议案办理工作小组,深入实际,了解情况,积极办理,并及时向提出议案的代表说明办理情况,征求意见。去年以来,先后召开了2次议案调度会,分析形势,研究措施。关于该项议案的办理情况,常委会已向本次会议提交了书面报告,请各位代表提出意见。对代表提出的82件建议、批评和意见,认真依法办理,强化督办工作。去年8月份听取了市政府关于市八届人大二次会议以来政府系统办理人大代表建议、批评和意见情况的报告。9月份,又组织市人大代表对市政府办理市八届人大二次会议以来代表建议、批评和意见的情况进行了集中视察,有效促进了建议的办理工作。截至去年12月底,除1件因收到较晚正在办理外,其它81件已全部办理完毕,办复率为98.78%。从已收到的市人大代表反馈意见看,98%以上的人大代表对办复结果表示满意。

(三)评议工作有了新突破。围绕提高依法行政能力,常委会积极开展述职评议和执法评议工作,强化任后监督。在2003年评议工作取得突破的基础上,2004年继续加大评议工作力度。一是制定了《滨州市人大常委会述职评议和执法评议暂行办法》,使评议工作走上制度化、规范化的轨道。二是评议的范围进一步扩大。去年接受评议的部门负责人达到12人,其中市政府组成部门主要负责人10人,中央和省属垂直管理部门主要负责人2人。三是评议的实效增强。通过评议,使被评议人员增强了公仆意识、法制意识、廉政意识和自觉接受人大监督

的意识，提高了依法行政的能力和水平，达到了激励干部干事创业的目的。

（四）与人民群众和县区人大的联系不断加强。为拓宽公民参与管理国家事务的渠道，常委会第9次会议通过了滨州市人大常委会会议公民旁听办法，并从第10次会议开始首次接受公民旁听。去年以来，共有10名公民旁听了常委会会议，会议期间公民提出的建议意见，也都及时交有关部门研究处理。

常委会本着加强联系，加强指导，强化服务的原则，注重了对县区人大工作的联系和指导，采取重大事项和重要活动及时通报、邀请县区人大常委会负责同志列席常委会会议、外出考察、共同视察、召开座谈会等多种方式，加强沟通与指导。

三、强化自身建设，为充分行使职权打牢基础

常委会从抓素质提高、观念更新、作风转变、制度建设四个方面入手，大力加强常委会及其机关的自身建设，努力打造决策科学、运转高效、作风优良、廉洁勤政、充满活力的地方国家权力机关。

（一）抓素质提高。始终把学习放在重要位置，作为一项政治任务常抓不懈。做到结合例会学习、结合监督学习、结合调研学习、结合评议学习。去年，举办了常委会理论学习中心组读书会，开展了创建“学习型”机关等一系列活动。通过学习，实现了“四个提高”：在领会“三个代表”重要思想和科学发展观精神实质上有了新提高，在把握党的十六大和十六届三中、四中全会的精神实质上有了新提高，在学习必备的法律法规、经济和社会管理知识上有了新提高，在理解力、创新力、执行力上有了新提高，为进一步做好人大工作奠定了坚实的思想基础。

（二）抓观念更新。紧紧抓住解放思想、更新观念这条主线，集中开展了“解放思想抢机遇，破‘空’排‘难’快发展”大讨论活动，进一步认清了更新观念在加快发展中的重要地位，在建设现代滨州中的重要作用，牢固树立起了大局意识、发展意识和中心意识，大力支持发展，全力促进改革，积极参与市委重点项目建设，高度重视招商引资工作，市人大常委会机关超额完成了500万美元的招商引资任务。

（三）抓作风转变。常委会紧紧抓住改革和发展中的重大问题，人民群众关心的“热点”和“难点”问题，深入基层，深入群众，了解民情，反映民意，深入开展了30多项调研活动，形成调研报告33份，为常委会充分行使职权提供了依据。去年，针对第八届村委会换届选举，开展了农村基层民主政治建设调研，写出了质量较高的调研报告，市委转发全市各级党委、政府参阅。常委会对审议的每项议题和作出的各项决议决定，既坚持集体行使职权，又充分调动每位组成人员的积极性，提高了决策的民主化水平。常委会注重加强廉政建设，维护了地方国家权力机关的良好形象。

（四）抓制度建设。针对人大工作程序性、法律性强的特点，常委会进一步加强各项制度建设。去年以来，制定了公民旁听办法、个案监督暂行办法、述职评议和执法评议暂行办法，重新修订完善了人事任免办法，进一步修订、完善了机关管理工作方面的二十四项制度及重点信访件审查制度，有力地促进了常委会及其机关工作健康有序的开展。

常委会注重加强、改进人大宣传和理论研究工作。2004年是人民代表大会成立50周年，常委会抓住这一有利时机，通过召开纪念大会、组织联合采访等形式，集中宣传了人大依法履行职责的情况和代表执行职务、在建设系统“九州”中建功立业的先进事迹。继续组织开展了宣传人民代表大会制度好新闻和我市人大系统优秀调研论文评选活动。开通了滨州人大网站，加强了宣传工作阵地建设。通过采取一系列的措施，促进了人大各项工作的有效开展。

各位代表，一年来，常委会在解放思想中统一思想，在统一思想中扎实工作，在一些重大问题上用心把握、用心工作、用心落实，各项工作和建设都有了新的进展。这些成绩的取得主要靠的是市委的正确领导，靠的是各位代表和常委会组成人员的共同努力，靠的是“一府两院”和全市人民的大力支持，靠的是县区人大的积极配合，靠的是历届常委会打下的一个好的基础。在此，我代表市八届人大常委会，向全市各级人大代表，向“一府两院”和所有配合人大工作的部门和单位，向全市人民和一切关心支持人大工作的各界朋友，表示崇高的敬意和衷心的

感谢！

回顾过去一年的工作，在肯定成绩的同时，我们也清醒地看到工作中存在的问题和不足。主要是在如何行使好重大事项决定权方面需要进一步探索；监督工作的力度和深度有待进一步加大；新形势下发挥代表作用的方式有待进一步创新；常委会自身建设有待进一步加强。这些问题必须引起我们的高度重视，并采取有效措施认真加以解决。

各位代表，今年是我市全力实施由“追赶战略”向“赶超战略”转变的关键年。常委会要坚持以邓小平理论和“三个代表”重要思想为指导，全面贯彻党的十六大和十六届三中、四中全会精神，牢固树立科学发展观，在市委的坚强领导下，按照“解放思想，贴近中心，服务大局，促进发展”的基本思路，认真履行宪法和法律赋予的各项职权，抓住第一要务不放松，推进民主法制建设不停步，努力使监督质量实现新提高，代表工作取得新进展，宣传调研获得新成果，自身建设再上新台阶，整体工作再上新水平，为贯彻落实好市委提出的“干劲一鼓再鼓，决战2005”的号召，为全市经济社会科学发展、持续发展、跨越发展，发挥出应有的作用。

第一，以促进经济社会协调发展为主题，工作监督再上新水平。市委经济工作会议已明确提出今年的工作任务。常委会要按照市委的总体工作思路，抓大事、议大事、定大事，认真行使好重大事项决定权。年内，常委会将审议生态市建设规划和城市建设规划，并作出相应的决议，听取经营土地情况、建设系统“九州”有关情况等方面的工作汇报，继续做好计划和预算执行情况的监督，积极开展对执法责任制落实情况、高新技术发展和全市公路交通建设等多项工作的专题视察。以组织滨州环保世纪行为契机，推进“六河水变清”工程的实施，特别是要注重加强对城市规划和经营土地的监督检查，依法按规，清理土地，节约用地，科学用地，过期不开发的，依法收回。要做到城市规划统一，土地储备统一，落实开发责任，实行划片开发，并且单设户头。要通过招商引资，进行市场运作，土地收益用于开发，收支平衡，滚动发展。要做好公平补偿，保证社会稳定，加快城市化建设步伐。

第二，以推进依法治市为根本，法律监督再上新水平。适应新形势和新任务的要求，要不断强化法律监督，完善监督机制，规范监督程序，增强监督实效，促进依法行政、公正司法。重视《中华人民共和国妇女权益保障法》《中华人民共和国未成年人保护法》执行情况的监督检查，切实保障妇女儿童及未成年人的合法权益。认真监督检查《中华人民共和国行政许可法》的执行情况，促进政府职能转变。对《中华人民共和国中小企业促进法》执行情况进行检查，依法促进中小企业的快速发展。重视《中华人民共和国渔业法》和《山东省海洋环境保护条例》执行情况的监督检查，促进海洋渔业的发展。加强对《山东省文化市场管理条例》执行情况的监督，推进文化建设和文化市场的健康发展。加强对《山东省旅游工作条例》执行情况的监督，推进旅游业尽快做大做强做活。重视解决“三农”问题，加强对《中华人民共和国农村土地承包法》执行情况的监督检查。强化司法监督，认真实施《滨州市人大常委会个案监督暂行办法》，积极开展个案监督工作，努力构建“大信访平台”，切实维护公民、法人和其他组织的合法权益。

第三，以强化主体工作为基础，代表工作再上新水平。加强对《代表法》的宣传贯彻，为代表执行职务创造良好的社会环境。在全市组织开展先进代表小组评选和县乡人大代表向选民述职活动，部分县区开展市人大代表向原选举单位述职试点，增强代表依法履职的自觉性，探索制定代表活动实绩考核办法，建立代表活动实绩档案，逐步达到活动经常，内容丰富，效果明显的目的。组织代表开展视察、检查、调查活动，不断开辟闭会期间代表执行职务的新途径。紧扣全市的工作重点，认真组织代表开展“五个一带头”活动（即联系一方群众，带头为民排忧解难；引进一个项目，带头贴近中心抓招商；闯一条致富路子，带头富民奔小康；提一条好建议，带头为加快发展建言献策；化解一项社会矛盾，带头维护社会稳定）。继续开展述职评议和执法评议，不断增强评议实效。重视办理代表建议、批评和意见，提高办理质量和效率。有计划、有步骤地培训基层人大干部，提高为代表服务的整体水平。

第四，以创造浓厚舆论氛围为目标，宣传调研工作再上新水平。要利用一切宣传工具和宣传形式，大力宣传人民代表大会制度，大力宣传人大工作和民主法制建设的成就，使坚持根本政治制度成为全社会的共识和自觉行为。要认真总结推广代表的先进事迹，通过典型引导，带动各级人大代表依法履行代表职务，在加快发展中尽职尽责，建功立业。调查研究要抓重点，抓热点，在调查的深度、广度上下功夫，在掌握民情、发现问题和查找根源上做文章，力求写出更多的具有可行性、建设性和前瞻性的调研报告，为常委会决策提供依据。

第五，以提高整体素质为重点，自身建设再上新水平。学习要有新进步。继续创建“学习型”机关，兴起学习“三个代表”重要思想新高潮，深刻理解和全面把握科学发展观的精神实质，务必在武装思想和指导人大工作实践上取得新成效。掌握必备的法律法规和经济社会管理知识，人大业务知识，探讨人大工作的特点和规律，增强工作的主动性、针对性和预见性，努力提高依法履行职权的能力和水平。作风要有新改变。坚持把思想再解放作为引领和推动人大工作发展的强大动力，不断将新的理念融入思想和行动；常委会及其组成人员要自觉接受代表和人民群众的监督，牢记“两个务必”，坚持权为民所用、情为民所系、利为民所谋；扩大决策民主，集中群众智慧，全面提高监督水平；加强理想信念和权力观、地位观、利益观的教育，在人大常委会机关积极开展保持共产党员先进性教育活动，努力做到为民、务实、清廉。认真贯彻市委六届八次全委会精神，务必在贴近中心、服务大局、抓重点项目、抓投入、抓招商引资上取得新突破，获得新成果。

各位代表，新的形势和新的任务给人大工作提出了新的更高的要求，让我们紧密地团结在以胡锦涛同志为总书记的党中央周围，高举邓小平理论和“三个代表”重要思想的伟大旗帜，以科学发展观总揽人大工作，在市委的坚强领导下，以昂扬向上、奋发有为的精神状态，解放思想，破空排难，求真务实，埋头苦干，充分发挥地方国家权力机关的作用，积极推进我市改革开放和现代化建设，为全面建设小康社会，开创滨州更加美好的未来做出新的更大的贡献！

第八届人民代表大会第四次会议

滨州市人民代表大会常务委员会工作报告

——2006年2月10日在滨州市第八届人民代表大会第四次会议上

滨州市人民代表大会常务委员会副主任　李成明

各位代表：

我受孙德汉主任的委托，代表滨州市人大常委会，向大会作工作报告，请予审议。并请列席会议的同志提出意见。

一、2005年工作回顾

过去的一年，在市委的坚强领导下，市人大常委会坚持以邓小平理论和“三个代表”重要思想为指导，认真贯彻党的十六大和十六届四中、五中全会精神，紧紧抓住保持共产党员先进性教育和省、市人大工作会议带来的机遇，牢固树立和落实科学发展观，以构建社会主义和谐社会为目标，以“干劲一鼓再鼓，决战2005”为动力，围绕“坚持‘五个统筹’、建设系统‘九州’”的战略部署，按照“程序工作抓质量、重点工作求突破、全面工作上水平、自身建设树形象”的总体要求，认真履行宪法和法律赋予的各项职权，较好地完成了市八届人大三次会议确定的各项任务，为推进我市物质文明、政治文明、精神文明与和谐社会建设，作出了应有的贡献。

（一）认真学习贯彻中央9号文件和全省人大工作会议精神，推动人大工作深入开展。去年5月，中共中央以〔2005〕9号文件转发了《中共全国人大常委会党组关于进一步发挥全国人大代表作用，加强全国人大常委会制度建设的若干意见》，明确提出了新形势下坚持和完善人民代表大会制度的指导思想、工作重点和主要措施，这是我国人大制度建设进程中一个重要的指导性文件，对于坚持和完善人民代表大会制度，做好新时期的人大工作，具有十分重要的意义。

为学习贯彻好中央9号文件精神，省委及时发出《中共山东省委关于进一步加强人大工作的意见》，召开了全省人大工作会议。对中央9号文件和全省人大工作会议精神，市人大常委会认真学习、深刻领会其精神实质，分组到各县（区）进行调研，并就我市人大工作情况及存在的困难和问题，向市委作了专题汇报，提出了进一步加强人大工作的建议。市委在广泛征求意见的基础上，根据上级精神，结合滨州实际，出台了《中共滨州市委关于进一步加强人大工作的意见》（滨发〔2005〕25号文件），就加强和改进党对人大工作的领导、支持和保证人大及其常委会依法行使职权、加强各级人大及其常委会建设等工作，提出了重要意见。去年10月份，市委召开全市人大工作会议，市委书记、市人大常委会主任孙德汉同志代表市委在会上作了重要讲话，深刻阐述了新形势下坚持和完善人民代表大会制度、做好人大工作的重大意义，全面分析了我市人大工作面临的形势和任务，对进一步加强和改善党对人大工作的领导、支持各级人大及其常委会依法行使职权，提出了明确要求。市人大常委会、市政府及市法院、检察院的负责同志在会上也分别作了发言。市委关于进一步加强人大工作的意见是当前和今后一个时期做好我市人大工作的重要文件，对我市人大工作和民主法制建设具有重要的推动作用。

常委会把学习贯彻中央9号文件和省、市人大工作会议精神作为重要任务，采取多种形式进行学习，深刻领会精神实质，在总结人大工作经验的基础上，做到"三个坚持"、突出"四个重点"。"三个坚持"，就是坚持正确的政治方向，以马列主义、毛泽东思想、邓小平理论和"三个代表"重要思想为指导，以科学发展观总揽全局，自觉接受和依靠党的领导，走中国特色社会主义政治发展道路；坚持民主集中制，严格依法办事，集体决定问题，集体行使职权，更好地实现民主决策和科学决策；坚持走群众路线，以人为本，密切联系群众，把维护和实现最广大人民的根本利益作为工作的出发点和归宿。"四个重点"，就是突出增强监督实效、依法决定重大事项、充分发挥代表作用、加强自身建设。常委会及各工作部门都按照总体部署，集中力量，抓住关键，强化措施，狠抓落实，有效地促进和保证了常委会工作的顺利进行。

（二）依法履行监督职权，着力促进经济发展和社会全面进步。常委会坚持议大事、抓重点、求实效的原则，正确处理监督与支持的关系，从全面推进系统"九州"建设的实际出发，把握大局，突出重点，加大监督力度，增强监督实效。一年来，听取审议"一府两院"21个方面的工作汇报，集中组织开展了4项视察，5次执法检查，促进了"一府两院"依法行政、公正司法。

1. 围绕全市中心工作和人民群众的切身利益，强化工作监督。一是加强对重大发展问题的监督，发挥服务大局的作用。为促进关于坚持"五个统筹"，建设系统"九州"的决定的贯彻实施，常委会听取审议了市政府关于建设系统"九州"有关情况的汇报，对科教、生态、民本滨州建设所取得的成绩给予了充分肯定，建议进一步强化措施，狠抓落实，努力推动系统"九州"建设更快更好地发展。注重加强对经营土地的监督检查，常委会听取了市政府关于全市土地开发经营情况的报告，要求通过招商引资，进行市场运作，土地收益用于开发，收支平衡，滚动发展，并做到公平补偿，保持社会稳定，加快城市化建设步伐。对全市高新技术产业发展情况进行了视察，针对存在的总量小、比重轻、贡献率低等问题，提出了相应的意见和建议，有效地促进了全市高新技术产业的快速发展。常委会视察了交通公路基础设施建设情况，了解掌握黄河公铁两用大桥、滨州铁路、高速公路等重点项目的建设进度，对工作中存在的问题提出了有针对性的意见和建议，有力地促进了重大项目建设的健康运行。组织开展了2005滨州环保世纪行活动和"渤海碧海行动"，重点检查了有关单位污染治理情况，督促有关部门查处并纠正了一批违法行为，巩固了环保成果。对全市发展循环经济情况开展了调查研究，并先后组织新闻媒体记者对鲁北化工等30余家先进单位进行了报道，为生态市建设创造了良好的舆论环境。为有效解决中小企业融资难问题，常委会组织有关部门到温州进行了学习考察，提出了启动用活民间资本、加强担保体系和信用体系建设等方面的建议，向市委作了专题汇报。市委高度重视，政府认真落实，有力地促进了我市民营经济的快速发展。同时，常委会各位主任牵头或积极参与了"北带"开发、芦苇湿地恢复保护、环保工程、农业产业化、石油盐化工、水利工程、土地经营、城市规划、新材料、电子信息、机电一体化、畜牧业、发展民营经济、社会治安综合治理、优化发展环境、教育、计划生育等重点工作，提出了一些建设性的意见和建议，促进了上述重点工作的顺利开展。

二是加强对热点难点问题的监督，有效维护群众切身利益。土地征占是一项涉及面广，政策性强，人民群众普遍关心的热点、难点问题。去年3月份,常委会进一步加大了对此项工作的监督,由市人大各位副主任带队组成7个调查组,对"四环"以内226个村居有关土地征占等问题进行调查,指出了工作中应注意的问题,就实现经济发展和社会稳定双赢目标,提出了意见和建议,维护了社会稳定,保护了群众的合法利益。常委会还配合省人大常委会组织视察了"平安滨州"建设,提出意见和建议,促进了工作落实。

三是加强对计划和预算的监督,确保完成各项任务指标。常委会认真听取和审议了市政府关于2004年财政决算的报告、滨州市2005年上半年国民经济和社会发展计划执行情况的报告,向市政府提出了加快重点工程建设进度、加强政府投资项目监管等意见和建议,促进了全市经济的健康运行。听取和审议了滨州市2005年上半年财政预算执行情况的报告、2004年度市级财政预算执行和其他财政收支的审计工作报告等。批准了2004年市级财政决算的报告。在计划、预算审查监督中,常委会在充分肯定成绩的同时,针对审计发现的问题,建议和督促市政府责成有关部门认真分析原因,限期整改,并及时听取整改工作情况报告,严肃了财经纪律,促进了政府依法理财。

四是加强对干部的任后监督,积极开展述职评议和执法评议。围绕提高依法执政和公正司法能力,常委会先后对8个市政府组成部门主要负责人、市中级人民法院4位副院长、市人民检察院3位副检察长进行了述职评议,对2个省垂直管理部门主要负责人进行了执法评议。通过评议,增强了被评议人员的公仆意识、法律意识、民主意识和接受人大监督的自觉性。

一年来,常委会还正确处理党管干部与依法行使人事任免权的关系,在充分发扬民主的基础上,依法任免国家机关工作人员25名,体现了党的主张与人民意志的统一,为我市改革开放和现代化建设事业提供了组织保障。

2. 坚持从经济社会发展和人民群众的迫切需要出发,加强法律监督。一年来,常委会以推动依法治市为己任,不断加强对法律法规执行情况的检查监督,有力地促进了法律法规在我市的贯彻实施,为建设系统"九州"营造了良好的法制环境。

一是加大执法检查力度,促进法律法规有效贯彻实施。常委会对《中华人民共和国妇女权益保障法》《中华人民共和国未成年人保护法》《中华人民共和国渔业法》《中华人民共和国海域使用管理法》《中华人民共和国海洋环境保护法》《山东省海洋环境保护条例》《中华人民共和国行政许可法》《中华人民共和国农村土地承包法》《山东省实施〈中华人民共和国农村土地承包法〉办法》《中华人民共和国中小企业促进法》《山东省旅游管理条例》《国务院互联网上网服务营业场所管理条例》《山东省文化市场管理条例》等13部法律法规实施情况进行了监督检查和执法调研,听取审议了检查组关于上述法律法规实施情况的报告。针对检查中发现的问题,提出了建议和意见,并督促有关部门限期整改,有效保证了这些法律法规在全市的贯彻实施。

二是积极探索新的监督形式,切实增强监督实效。为进一步推进执法责任制工作的深入开展,常委会在市直12个单位开展了"行政执法相对人监督评议行政执法人员"试点工作,并对有关单位"行政执法相对人监督评议行政执法人员"情况进行了检查,较好地解决了行政执法中存在的职权不明、责任不清、过错难纠等问题。常委会组织开展了2003－2005年全市执法责任制考核评比工作。对市直57个行政执法部门、"两院"及7个县区三年来执法责任制贯彻落实情况进行了全面考核,取得了明显效果。常委会积极配合省人大常委会开展了多项执法检查和立法调研活动,较好地完成了任务,得到了省人大常委会的充分肯定。常委会还围绕少数民族权益保障条例、气象法等法律法规的实施情况,组织了深入调研,促进了有关法律法规的贯彻实施。

三是以人为本联合接访,努力拓宽监督司法机关渠道。近年来,随着改革和发展的不断推进,一些深层次矛盾日益凸现,涉法涉诉信访案件也随之增多,社会稳定受到一定影响。因此,常委会把人大信访工作纳入重要议程,把以人大常委会牵头,公检法、市人大代表、市人大常委会法律咨询人员共同参加的联合接访作为对司法机关实行直接监督的有效形式,每月3日公开接待群众来访,收到了良好的效果。去年,常委会共组织联合接访7次,受理群众来访950起1499人。其中涉诉案件765起,占受理总数的80.5%;非涉诉案件185起,占受理总数的 19.5%。联合接访受理的案件已处结 824 起，处结率达 87%；正在处理中的 126 起，占 13%。联合接访的实施，不但给上访群众解决了一些实际问题，而且从一定意义上说，探索出了一条对司法机关和行政执法机关进行有效监督的新路子，使公检法机关自觉地把办理信访案件与队伍建设、提高办案质量、改进工作作风、加强党风廉政建设紧密结合起来，延伸和扩大了联合接访效果。实施联合接访的做法得到了全国和省人大常委会有关领导的充分肯定。全国人大在黑龙江召开的信访工作会议上书面介绍了滨州市人大常委会联合接访的经验，盛华仁副委员长对滨州的做法给予了高度评价，明确指出："山东滨州市人大常委会与市法院、检察院、公安局的负责同志联合接访，解决了一些长期没有解决的信访问题。"省人大在滨州召开全省人大信访会议，省委、省政府信访局也相继推广了我市联合接访的做法和经验，各级重大媒体先后作了报道，在社会上引起了较大反响。

（三）落实科学发展观，依法决定重大事项。一年来，常委会紧紧围绕市委的工作部署，积极探索依法行使好重大事项决定权的途径和路子，及时审议、决定重大事项，有力地推动了全市经济社会快速协调发展。

1. 加大支持重大建设项目融资力度。围绕"加大投入年"的各项奋斗目标，常委会认真听取和审议了市政府关于为重大项目建设融资的专项报告，先后审议批准了市财政为滨州经济开发区、小营至滨州铁路（含黄河公铁两用大桥）等重大项目建设提供融资服务的决定，有效缓解了我市重点建设项目资金紧缺的状况，促进了全市经济的超常规跨越式发展。

2. 审议批准了生态市建设规划。常委会组织检查组深入县区，对环境保护和生态建设情况进行检查。针对检查中发现的部分领导干部认识不到位，区域性、局部性水源污染比较严重，城镇环保基础设施建设滞后，以及环境保护和生态建设机制不健全、体制不顺、执法不严等问题，提出了进一步落实科学发展观，加快推进生态市建设，加强环保基础设施建设等审议意见，明确了我市环境保护和生态建设的重点和方向。同时，根据市政府提议，常委会审议并批准了滨州生态市建设规划，要求市政府认真组织实施。

3. 审议通过城市总体规划。常委会听取和审议了市政府关于滨州市城市总体规划编制情况的报告，作出了关于批准滨州市城市总体规划的决议，为确保规划的实施提供了保障。常委会在审议过程中就城市用地布局、道路交通和生态保护规划等内容提出了意见和建议，要求市政府及时修改完善，并在实施过程中全面落实科学发展观，坚持以人为本，注重城市发展的可持续性，提高城市居民生活质量和城市化水平，努力打造"四环五海"、"三十六桥"和"七十二湖"的现代滨州城市形象。

（四）立足于服务代表和密切联系群众，努力做好代表工作。人大代表是人民代表大会的主体，常委会始终把代表工作作为做好人大工作的重要基础，密切联系代表，接受代表监督，努力为代表履行职务提供服务，最大限度地保障和实现人民当家作主的民主权利。

1. 注重代表工作的创新和规范。常委会坚持人大代表列席常委会会议和旁听庭审制度，制定了《关于市人大代表旁听市中级人民法院审理案件的办法》，努力为代表执行职务创造条件。每次调查、视察、执法检查等活动都邀请代表参加，听取代表的意见和建议，拓宽代表知情知政渠道。常委会还注意加强对代表履行职务的指导，开展代表向选举单位述职，收到了良好效果。为贯彻落实中央 9 号文件精神，常委会在广泛征求意见的基础上，制定出台了《关于进一步密切与人大代表的联系，充分发挥代表作用的意见》，市委以滨发〔2005〕19 号文件予以转发，为进一步密切与代表的联系，充分发挥代表在管理国家事务和落实科学发展观，服务经济、促进发展中的作用提供了强有力的保障。

2. 充分发挥代表的模范带头作用。为丰富代表闭会期间的活动内容，常委会紧紧围绕市委的中心工作，在全市深入开展了人大代表"五个一带头"活动，即：联系一方百姓，带头为民排忧解难；引进一个项目，带头贴近中心抓招商；闯一条致富路子，带头富民奔小康；提一条好建议，带头为加快发展建言献策；化解一项社会矛盾，带头维护社会稳定。充分发挥代表在促进地方经济发展、为民排忧解难、维护社会稳定、建设和谐滨州中的作用。"五个一"活动取得了明显成效。一年来，各级人大代表带头为民排忧解难 2676 件；带头招商引资 200 多亿元；带头富民奔小康 2691 人；带头为加快发展建言献策 1662 件；带头化解社会矛盾 2044 件。为评先树优，常委会经过推荐、考察，评选出了8个先进市人大代表小组，17个先进县区人大代表小组。

3.不断强化代表议案和建议督办工作。市八届人大三次会议主席团通过的代表议案2件，会议期间及会后收到的代表建议、批评和意见88件。沙树霞等代表提出的“关于解决环境污染，建设生态滨州”的议案和李淑忠等代表提出的“关于加快水务改革，实现水务一体化管理的议案”，市人大常委会及时交由市政府办理。市政府对这两个议案高度重视，进行专题研究，外出考察，深入实际，了解情况，积极办理，相继出台了《关于进一步落实环境保护工作责任的实施意见》等一系列文件。为了从根本上解决秦台干沟和潮河污染问题，市政府投资近2亿元进行综合治理，整个工程进展顺利。全市各县区水务改革工作基本完成，目前正在努力创造条件，积极稳妥地推进市级水务改革。对代表提出的建议、批评和意见，认真依法办理，强化督办工作。截至去年12月底，88件建议、批评和意见已全部办理完毕，办复率为100%。从市人大代表反馈的情况看，98%以上的代表对办复结果表示满意或基本满意。

4.不断加强与人民群众和县区人大的联系。为拓宽公民参与管理国家事务的渠道，常委会邀请12个市直部门负责人和36名群众代表旁听了常委会会议。对会议期间公民提出的建议和意见，也都及时交有关部门研究处理。常委会本着密切联系，加强指导，优化服务的原则，注重对县区人大工作指导，采取重要信息及时通报、邀请县区人大常委会负责同志列席常委会会议、组团外出学习考察、共同组织检查视察、召开专题座谈会等多种方式，加强联系与沟通。为提高基层人大干部素质，举办了全市乡镇办事处人大干部培训班，邀请省人大常委会领导就人民代表大会制度和代表工作作了专题辅导讲座，进一步提高了基层人大干部议政履职水平。

（五）以先进性教育活动为契机，加强常委会和机关自身建设

1.不断加强常委会及其机关的思想和作风建设。常委会机关按照省、市委的统一部署，认真开展了保持共产党员先进性教育活动，在广泛征求意见的基础上，将群众反映比较集中的监督工作、招商引资工作、代表工作、信访工作、老干部工作、机关自身建设等6个方面存在的突出问题，作为常委会党组整改的重点，分别制定了文件，明确目标，分解任务，落实责任，认真整改，取得了明显的效果。常委会先后举办了宪法和宪法修正案、行政许可法、公务员法等内容的法制讲座，通过学习，提高了常委会组成人员的法律理论水平和依法行使职权的能力。市人大常委会机关深入开展创建节约型机关活动，节约意识进一步增强。另外，健全完善了38项规章制度，机关工作进一步规范，为“三会”服务的能力和水平进一步提高，招商引资工作进一步强化，引进资金7761万元，超额完成了市委确定的任务。

2.加强对人民代表大会制度的宣传和研究。坚持办好《滨州人大》杂志、《人大常委会公报》、建立滨州人大网站，及时宣传依法治市、人大常委会履行职责、代表活动等方面的工作，进一步拓宽了我市民主法制和人大制度宣传的渠道。认真开展人大制度理论研究和好新闻评选活动，进一步增强了全社会的人大意识和民主法制意识。常委会注重加强调查研究工作，经常组织力量深入基层摸实情，结合实际搞研究，写出了一些具有指导性和超前性的高质量的调研报告，为常委会决策提供了可靠依据。去年，在市级以上新闻媒体发表新闻稿件1180篇。其中，《中国人大》《大众日报》《人民权利报》、人民网等新闻媒体发表稿件663篇，特别是《人民权利报》上稿数量、刊登位置跃居全省前列。

常委会积极开展对外交往，加强与兄弟省市人大的交流与联系，对推动地区间人大的沟通和交往，提高人大工作水平，扩大对外宣传，起到了积极的作用。

各位代表，一年来，常委会在监督中支持，在支持中监督，始终与党委同步，与政府同向，与人民同心，聚精会神干工作，竭尽全力抓落实，各项工作和建设都有了新的进展。这是市委正确领导、全体代表和全市人民关心支持的结果，是各级国家机关及社会各界大力支持、积极配合的结果。在此，我谨代表市八届人大常委会，向市委、向全市各级人大代表，向“一府两院”和所有配合、支持人大工作的部门和单位，向全市人民和一切关心支持人大工作的各界朋友，致以衷心的感谢和崇高的敬意！回顾过去一年的工作，对照宪法、法律赋予的职权和人民的期望，常委会的工作还存在着许多差距和不足：主要是监督方式有待改进，监督实效有待增强；联系服务代表、发挥

代表作用方面有待规范;创新工作的思路有待拓宽;为经济建设服务的质量有待提高;机关工作水平有待进一步提升。对这些问题和不足,我们将在今后工作中努力加以改进。

二、2006年工作的指导思想、主要任务和工作措施

各位代表,2006年是深入贯彻落实科学发展观,实施"十一五"规划的开局之年,也是我市在新起点上跨越赶超的关键年。做好今年人大的各项工作,具有重要的意义。常委会要以邓小平理论和"三个代表"重要思想为指导,以科学发展观总揽全局,深入贯彻落实全市人大工作会议精神,按照"解放思想,融入中心,服务大局,促进发展"的基本思路,紧紧围绕市委确定的"锁定目标争上游,全力冲刺2006"和"一个主题"、"两个目标"、"三个关键"、"四个发展"、"五个加快"的总体要求,认真履行宪法和法律赋予的各项职权,与时俱进,开拓创新,为全面完成市委确定的经济社会发展目标,推进民主法制建设作出积极贡献。

(一)服务发展大局,增强工作监督实效。全市经济工作会议已明确指出今年的工作任务。常委会要按照抓大事、议大事的原则,认真行使好重大事项决定权。年内,要切实加强对计划预算执行情况的监督,深化对全市宏观经济运行情况的调研分析,对"十一五"规划的顺利实施提出意见和建议。加强对市级预算执行情况的审查监督。高度重视生态市建设的推进、引导和保障工作,积极做好对重点工程建设、财政专项资金使用等工作的监督,适时听取和审议市政府的专项工作报告,组织开展对税费改革、旅游等项工作情况的视察,促进我市经济社会全面发展。围绕落实科学发展观、建设资源节约型环境友好型社会、全民体育健身、民族宗教、归侨侨眷权益保障等内容开展调研。特别要注重加强对国土资源管理经营情况的监督,做到依法按规,科学用地,通过招商引资,进行市场运作,土地收益用于开发,走"储备—开发—拍卖—收益—再开发"收支基本平衡的良性开发路子;特别要注重加强对失地农民保障情况的监督,完善土地征用补偿机制,确保失地农民失地不失收,失地不失业,失地不失保,失地不失居;特别要注重加强对金融融资环境情况的监督,制定优惠政策,吸引股份制银行到我市设立分支机构,借助外力增强我市银行业的经营活力,激活我市金融市场,从根本上破解制约我市经济发展的资金瓶颈;特别要注重加强对高新技术产业发展情况的监督,深入实施科教兴市和人才强市战略,有效整合企业、高等院校、科研院所的研发力量,加强与外界在技术、人才上密切联合与高位对接,组织实施一批重大科技专项,突破一批关键技术和核心技术,形成自主知识产权和自主品牌,促进高新技术产业快速发展和企业自主创新能力的提高。

(二)强化法律监督,保证法律法规的贯彻实施。加强对依法治市工作的监督,督促"一府两院"认真落实依法治市规划和"五五"普法决议,提高我市依法治市工作的整体水平。积极开展对《中华人民共和国劳动法》执行情况的监督检查,切实保障劳动者的合法权益。开展对《中华人民共和国电力法》《山东省电力设施保护条例》执行情况进行检查,确保电力基础设施建设健康运行。开展对《中华人民共和国食品卫生法》执行情况的监督检查,确保食品安全卫生。开展对《中华人民共和国农业机械化促进法》执行情况的监督,推进农业产业化的快速发展。开展对《中华人民共和国统计法》执行情况的监督检查,改善统计工作环境,提高统计工作质量。继续深化执法责任制,在全市各级国家行政机关中全面开展"行政执法相对人监督评议行政执法人员"工作。加大司法监督力度,探索尝试个案监督,促进司法机关公正司法。举办全市人大信访干部培训班,认真受理人民群众来信来访和公民的申诉控告,及时办理省人大批办的信访案件,继续推进联合接访工作,积极探索便民利民、务实高效的信访模式,变群众上访为干部下访,依法解决疑难案件,努力提高办访质量和效率,增强监督工作实效,使人大工作更加顺应民心,集中民智,贴近民生,切实实现好、维护好、发展好最广大人民群众的根本利益。

(三)加强代表工作,充分发挥代表作用。认真贯彻落实滨发〔2005〕19号文件的各项规定,积极为代表执行职务创造良好的环境。组织开展市人大代表向选举单位述职工作,增强代表依法履职的自觉性。制定代表活动实绩考核办法,健全完善代表活动实绩档案。继续邀请代表参加常委会组织的调查、视察、执法检查等活动,及时了解代表意见,充分反映民意,为全市经济社会发展建言献策。紧扣全市工作重点,继续组织代表广泛深入开展"五个一带头"活动,为代表工作提供广阔舞台。开展好代表评议工作,努力提高评议效果。继续坚持和完善

“一府两院”工作情况通报、常委会组成人员联系代表、代表列席常委会会议等制度，开展政府部门述职评议和省垂直管理部门执法评议，不断增强评议实效。重视和规范代表议案、建议的督办工作，研究制定《代表议案处理暂行办法》，不断提高办理质量。有重点地对本届以来代表提出的建议、意见的办理情况进行检查，确保工作落到实处。通过有计划、有步骤地举办代表培训班，组织代表外出学习考察等形式，提高代表参政议政的能力和水平。组织开展好评选首届滨州人民好公仆和表彰“五个一带头”活动中涌现出来的优秀代表活动，树立代表的良好形象。

（四）加大宣传工作力度，为人大工作营造良好氛围。要利用一切宣传工具和宣传形式，大力宣传人民代表大会制度，大力宣传人大工作和民主法制建设的成就，使坚持根本政治制度成为全社会的共识和自觉行为。健全各级人大通讯员网络，发挥他们在人大宣传中的骨干作用；积极争取党委宣传部门的支持，加强与新闻媒体的合作，充分发挥报纸、电台、电视台应有的作用；继续办好常委会机关刊物《滨州人大》《人大常委会公报》和人大网站，扩大人大工作的影响面；年内召开全市人大新闻宣传工作会议，总结经验，表彰先进，部署任务，为推进民主法制建设和人大工作提供强有力的舆论支持。进一步加强人大制度和人大工作理论研究，努力提高理论水平，积极探索新形势下做好人大工作、发挥人大作用的新路子。

（五）注重自身建设，提高履行职责水平。要深入贯彻落实滨发〔2005〕25 号文件精神，进一步加强常委会及其机关的思想建设、组织建设和作风建设。积极组织常委会组成人员认真学习邓小平理论、“三个代表”重要思想，坚持每次常委会会前或会后法律法规辅导讲座制度，适时组织常委会组成人员外出学习考察，努力提高发展社会主义民主政治和依法履行职权的能力和水平。严格落实各项议事制度、工作制度和管理制度，努力提高工作质量、办事效率和服务水平。常委会及其组成人员要牢固树立党的观念、大局观念、民主法制观念和群众观念，自觉接受代表和人民群众的监督。牢记“两个务必”，切实做到为民、务实、清廉。调查研究要抓住一些带有全局性、根本性、长远性的问题，力求在深度、广度上下功夫，在掌握民情、发现问题、查找根源和解决问题上做文章，力求写出更多的具有可行性、建设性和前瞻性的调研报告，为常委会依法监督提供参考依据。认真贯彻落实市委决策部署，务必在融入中心、服务大局、抓重点项目、抓招商引资上取得新成果。

各位代表，新的奋斗目标在激励我们，新的辉煌事业在召唤我们。让我们更加紧密地团结在以胡锦涛同志为总书记的党中央周围，高举邓小平理论和“三个代表”重要思想的伟大旗帜，在中共滨州市委的坚强领导下，以科学发展观统领全局，团结一心，锐意进取，求真务实，扎实苦干，共同为全面建设民富市强、碧水绿荫的生态园林型现代滨州而努力奋斗！

第八届人民代表大会第五次会议

滨州市人民代表大会常务委员会工作报告

——2007 年 3 月 1 日在滨州市第八届人民代表大会第五次会议上

滨州市人民代表大会常务委员会副主任　李成明

各位代表：

我受孙德汉主任委托，代表滨州市人大常委会向大会报告市八届人大四次会议以来的工作和今年的主要任务，请予审议。

2006 年主要工作

一年来，在市委的坚强领导下，常委会坚持以邓小平理论和“三个代表”重要思想为指导，以科学发展观统领人大工作，深入贯彻党的十六大和十六届五中、六中全会精神，紧紧围绕科学发展这一主题，突出民主法制建设这一根本任务，把构建社会主义和谐社会放在更加突出的位置，不断加强和改进人大工作，认真履行宪法和法律赋予的职权,为推进社会主义民主法制建设,促进全市经济社会更好更快地发展,发挥了重要的作用。

一、用科学发展观统领监督工作,促进了经济和社会事业在新起点上实现了新发展

常委会按照落实科学发展观的要求,从人大工作实际出发,更加注重以人为本和统筹兼顾,更加注重督促解决事关人民群众切身利益和社会普遍关注的现实问题,更加注重推动经济社会又好又快发展。一年来,听取审议"一府两院"11个方面的工作汇报,集中组织开展7项视察、5次执法检查,有效地促进了"一府两院"依法行政、公正司法。

(一)积极融入工作中心,服务科学发展大局,为经济社会跨越发展提供支持保障。着眼于科学发展主题,加强对事关全局重大问题的监督促进。一是重视建设资源节约型环境友好型社会,开展了大规模的调查研究和典型经验总结推广活动,持续开展了"滨州环保世纪行"活动,收到良好效果。省人大城环委在我市召开了为期五天的"建设资源节约型、环境友好型社会"座谈会,重点推广了我们的经验。常委会对全市贯彻实施《节约能源法》、省《节约能源条例》及资源节约情况进行了视察,全面分析了发展循环经济面临的形势和任务,强调健全管理考核体系,加大新技术和新能源推广力度,努力实现经济与社会、资源与环境协调发展。二是重视高新技术产业发展,先后深入到市和县区20多个部门和企业,实地察看剖析,客观分析有利条件和不利因素,围绕增强创新能力、提高技术档次、落实激励政策、改善发展环境提出了对策建议,有力地促进了高新技术产业的发展。三是重视城市基础设施建设,听取审议了市政府关于城市基础设施项目国家开发银行贷款情况的报告,并作出了相应的决定,要求市政府严格依法用地,加大招、拍、挂力度,加快城市道路及配套设施建设。四是重视推进旅游业发展,加强了旅游法律法规实施情况的监督检查,针对旅游业发展中存在的问题,提出了积极的意见和建议,对我市旅游业科学发展起到了促进作用。着眼于统筹城乡发展,加强对"三农"工作的监督促进。农业、农村和农民问题,是常委会一直关注并督促解决的重大问题。常委会组织对农村综合改革和农业法规的实施情况进行了视察,强调继续深化乡镇机构改革、农村义务教育经费保障机制改革和县乡财政体制改革等,积极稳妥地开展"一事一议",大力培植地方财源,用足用好转移支付政策,想方设法解决乡村债务问题,增强农村经济社会发展活力,促进农村综合改革工作的正常开展。着力加强系统"九州"建设。听取审议了市政府关于建设系统"九州"有关情况的报告,要求政府及有关部门紧紧围绕系统"九州"的奋斗目标,从人民群众最关心的具体事情做起,把小康滨州、文明滨州建设同为民办实事结合起来,让广大人民群众在创建中得到实惠,增强创建凝聚力。着眼于社会和谐发展,加强对热点问题解决情况的监督促进。失地农民保障、土地管理等是去年常委会监督检查的"热点"问题。围绕失地农民保障工作情况,组织有关人员进行了调研,发现了存在的突出问题,强调各级政府要不断完善土地征用补偿机制,确保失地农民失地不失收,失地不失业,失地不失保,失地不失居,实现社会和谐稳定。围绕加强国土资源管理经营,对全市国土资源管理经营情况进行了视察,强调要做到依法按规,严格审批,节约资源,科学用地。围绕推进社会公平正义,组织人大代表对人民群众普遍关心的"环境保护"、"中小学收费及课业负担"、"交通安全管理"3个社会热点问题进行了评议,收到了明显效果,赢得了人民群众和社会各界的普遍赞誉。着眼于落实市八届人大四次会议决议,加强对计划和预算执行情况的监督促进。市八届人大四次会议作出的决议,事关全市经济和社会发展大局。常委会抓重点、议大事,对计划和预算执行情况依法监督,先后听取审议了滨州市2005年度市级财政预算执行、其他财政收支的审计工作报告和2005年度市级财政决算的报告;听取审议了滨州市2006年上半年国民经济和社会发展计划执行情况的报告及滨州市2006年上半年财政预算执行情况的报告。围绕调整优化经济结构、提高经济运行质量、做好财政税收工作、加大审计力度、扩大审计覆盖面、更好地维护财经秩序提出了一些切实可行的建议,促进了计划和预算的实现。常委会还积极开展了述职评议和执法评议工作。通过评议,增强了被评议人员的公仆意识、法律意识和民主意识。

(二)实施依法治国方略,推动依法行政进程,为经济和社会更好更快地发展营造法治环境。发挥法律监督在推动经济发展中的作用。常委会以促进电力基础设施与城市建设协调发展为目的,加强对《电力法》和省《电力设施保护条例》执行情况的监督,有针对性地提出了理顺体制、严格规划、加大保护力度、保障供电安全等建

议，促进了电力基础设施建设的健康运行。按照“四环五海”、生态滨州的要求，组织了对《水土保持法》实施情况的执法检查，要求政府及相关部门针对我市法律宣传不够到位、执法力度不强等问题，采取有力措施，把水土保持工作进一步落到实处。为推动农业机械化进程，对《农业机械化促进法》实施情况进行了执法检查，建议抓好服务体系建设，提高农机利用率，强化安全管理，加快农业机械化步伐。为维护烟草市场秩序，对《烟草专卖法》和《烟草专卖法实施条例》的贯彻实施情况进行了执法检查，进一步优化了执法环境，促进了烟草事业的规范发展。发挥法律监督在维护公民合法权益中的作用。常委会始终把维护劳动者的合法权益放在突出位置，监督检查了《劳动法》及相关法律法规实施情况，围绕社会保险费征缴、工资支付、促进就业、劳动安全生产等方面，提出了建议和意见，有效地维护了劳动者的合法权益。食品安全是社会关注的一大热点，也是去年常委会监督的重点之一。常委会倍加重视《食品卫生法》贯彻执行情况，先后深入到30多个食品经营单位、农贸市场、部分中小学和建筑工地食堂进行了全面检查，及时提出了治理整顿的建议和意见，督促政府及相关执法部门大力实施“食品放心工程”，建立执法责任追究制，依法加大监管和查处力度，让人民群众吃得放心。常委会十分关注人防工作，组织对《人民防空法》和省《实施人民防空法办法》贯彻实施情况进行了视察，提出了进一步加快人防工程建设的意见和建议，有力地促进了全市人防工作的开展。发挥权力机关在监督司法机关中的作用。常委会为促进法院加强基层基础建设，听取审议了市中级人民法院关于加强基层基础建设情况的报告，要求审判机关充分发挥职能作用，大力加强基层法院队伍建设，健全完善保障机制，全面提升基层法院司法能力和水平。先后5次组织市人大代表旁听市中级人民法院庭审，有效地促进了法院审判工作的开展。为促进检察机关加强和改进法律监督工作，听取审议了市人民检察院关于开展法律监督工作情况的报告，要求检察机关进一步加大法律监督力度，提高执法水平和办案质量，更好地为经济社会发展保驾护航。为促进公安基层正规化建设，对我市公安基层基础建设情况进行了视察，针对视察中发现的问题，提出了“实现政府全力支持公安、公安局全面加强自身建设、社会力量要积极配合公安”的建议和意见，促进了公安基层基础工作的全面发展。常委会高度重视信访工作，成立了信访局，充实了工作力量。坚持把以人为本的联合接访作为拓宽监督司法机关渠道、构建和谐社会的基础性工作，积极稳妥地向前推进。自2005年6月至2006年12月3日，共组织联合接访18次，受理群众来访案件1678起，处结1596起，占95%。对其中的230起疑难案件，已处结221起，占96%。2006年与2005年相比，受理的人民来信来访起数下降29%，信访人数下降32%。联合接访的实施，不但给上访群众解决了一些实际问题，而且探索出了一条对司法机关和行政执法机关进行有效监督的新路子。在联合接访和处访中，全市的公检法机关自觉地把办理信访案件与队伍建设、改进工作作风、加强党风廉政建设、建立长效机制、提高办案质量紧密结合起来，延伸和扩大了联合接访的效果。全国人大常委会和省人大常委会对我市实施联合接访的做法，给予了高度评价，先后四次分别在全国、全省召开的信访工作会议上介绍了我们的经验。省委、省政府信访局也相继推广了我市联合接访经验，《中国人大》《大众日报》等新闻媒体先后作了报道，在社会上引起了较大反响。发挥权力机关在法制建设中的作用。常委会听取审议了市政府关于“四五”普法、依法治市情况及“五五”普法规划的汇报，对“五五”普法规划和2006－2010年依法治市规划作出了决议，并认真督促实施“五五”普法规划和依法治市规划，推动了依法治理工作向深层次发展。积极配合全国和省人大常委会开展立法调研活动，先后组织有关人员对10项法律法规草案进行调查研究，提出了修改意见。为进一步推进全市执法责任制工作的深入开展，在全市组织开展了“行政执法相对人监督评议行政执法人员”工作，有效地促进了执法机关和执法人员依法行政和规范执法。常委会认真做好监督法实施前的各项准备工作。多次召开会议组织学习，并于去年10月份举办了各县（区）人大常委会和市人大常委会各工作部门负责同志学习监督法培训班，熟悉掌握监督法的各项规定，领会把握监督法的立法宗旨。结合市人大工作实际，常委会制定出台了贯彻实施监督法的若干意见，规范开展经常性监督的主要内容，明确机关各部门在实施监督法中的各项职责，并对审议意见办理及监督工作情况的通报和公布等方面作了详细规定，为常委会依法有序开展监督工作奠定了坚实基础。

二、用创新理念规范加强服务代表工作，为实现最广大人民的根本利益搭建平台常委会坚持把为代表服务的工作作为一项基础性工作，不断加大工作力度，积极为代表执行职务创造良好的环境，力求使代表工作有新的突破。

（一）注重代表工作的创新和规范。常委会不断加强代表工作规范化建设。一是为代表知情知政搞好服务。坚持邀请代表参加常委会调查、视察、执法检查和执法调研活动，及时了解代表意见，充分反映民意；坚持邀请人大代表列席常委会会议和常委会组成人员分工联系代表制度，不断扩大代表对常委会工作的参与；坚持向代表通报常委会会议、重要工作和重大活动情况，以规范化提升代表工作的实效性。二是研究制定代表活动实绩考核办法，健全完善代表活动实绩档案，开展市人大代表向选举单位述职工作，增强了代表执行职务的自觉性。三是着力提高代表依法履职能力。常委会举办了100多名代表参加的专题培训班，科学安排学习内容，有力地提高了代表参政议政的能力和水平。四是增加了代表活动经费，为代表依法执行职务提供了保障。

（二）充分发挥代表模范带头作用。为丰富闭会期间代表活动内容，紧紧围绕市委的中心工作，继续深入开展人大代表“五个一带头”活动，充分发挥代表在促进地方经济发展、为民排忧解难、维护社会稳定、建设和谐滨州中的作用。“五个一带头”活动取得了明显成效。据统计，一年来，各级人大代表带头为民解难1605件；带头招商引资242亿元；带头致富奔小康1831人；带头为加快发展建言献策1558件；带头化解社会矛盾1046件。为进一步激发广大代表的履职积极性，按照市人大常委会评选方案的要求，精心组织，严格把关，层层推荐，优中选优，评选出了张忠正等51名“滨州市优秀人大代表”，并将在这次人代会上进行隆重表彰。

（三）不断加大代表议案和建议督办力度。常委会以提高办理质量为目标，全面加强和改进代表建议办理工作。去年，人代会及闭会期间共收到代表提出的议案4件，建议、批评和意见87件。为把办理工作落到实处，听取审议了市政府关于办理代表议案以及建议、批评和意见情况的报告，对办理工作提出了积极建议，同时又组织部分市人大代表对市政府办理代表建议、批评和意见落实情况进行了视察，进一步督促办理工作。截至去年12月底，对列入市八届人大四次会议的4件议案进行了认真办理，已向各位代表提交了有关议案办理情况的报告。87件建议、批评和意见已全部办理完毕，办复率为100%。从市人大代表反馈的情况看，97.7%的代表对办复结果表示满意或基本满意。一年来，常委会还依法决定任免市人大常委会机关和“一府两院”工作人员37名，体现了党的主张与人民意志的统一，为我市改革开放和现代化建设提供了组织保障。

三、大力强化常委会和机关自身建设，为认真履行宪法和法律赋予的职责夯实基础

（一）重视加强思想建设。常委会把提高组成人员和常委会机关工作人员的理论和业务素质摆在重要位置。一年来，坚持认真学习邓小平理论和“三个代表”重要思想、科学发展观和构建和谐社会的理论，深入贯彻党的十六届五中、六中全会精神和省、市委的决策部署。通过法制讲座等多种形式，紧密联系人大工作实际，深入学习宪法、监督法等法律知识。通过学习，常委会组成人员和人大机关工作人员的整体素质和依法履职能力明显提高，做好人大工作的主动性和创造性进一步增强。

（二）大力加强作风建设。常委会把调查研究作为开展好人大工作的重要途径，紧紧围绕市委的工作大局、改革发展的重大问题、人民群众关心的热点难点问题，深入基层，深入群众，先后就民族宗教工作、归侨侨眷权益保护工作、全民体育健身法律法规实施情况、《防洪法》实施情况等进行了专题调研，形成了一批有价值的调研成果，推动了相关工作的开展。常委会积极配合、参与市委重点工作，特别关注铁路、黄河公铁大桥、港口等重点项目建设。为学习借鉴外地建港经验，组成人大主任考察组，赴河北天津两省市进行了实地学习考察，写出了质量较高的考察报告，市委孙德汉书记作了重要批示，并以市委办公室文件转发。常委会不断加强与县（区）人大常委会的联系，坚持邀请县（区）人大常委会负责同志列席常委会会议，重大活动向县（区）人大常委会通报。加强对县（区）人大工作的指导，定期召开全市人大专项工作座谈会，有针对性地研究和解决人大工作中遇到的困难和问题，不断提高履职能力和工作水平。为不断增强机关干部的政治意识、大局意识和服务意识，常委会机关狠抓了43项制度的落实。各工作部门严格落实岗位责任制，抓作风、促团结、树正气、比贡献，形成了干事创业、和谐发展的良好氛围，机关工作效率和服务质量明显提高。

（三）不断加强对人民代表大会制度的宣传和研究。常委会重视加强和改进人大宣传工作。年内市人大常委会办公室与市委宣传部联合召开了两次全市人大新闻宣传工作会议，深入探讨新形势下做好人大宣传工作的措施，研究出台了《关于进一步加强和改进人大宣传工作的意见》，把人大宣传纳入党委宣传工作整体规划。对人大新闻宣传工作"先进集体和先进个人"、"滨州市首届宣传人民代表大会制度好新闻"进行了表彰奖励。认真办好《滨州人大》刊物、《滨州市人大常委会公报》和滨州人大网站，充分运用电台、电视台、报刊等媒体资源，增强了人大宣传的社会效果，为人大工作的开展提供了强大的精神动力和舆论支持。去年，在省级以上新闻媒体发表文章726篇，特别是《人民权利报》用稿位居全省前列。市人大常委会机关积极开展对外交往。去年，先后组织部分人大代表和市、县（区）人大常委会工作人员到省内外考察学习，接待省内外人大15个团组300余人到我市考察学习；承接了省人大在我市召开的全省人大工作座谈会；加强了与省人大常委会和兄弟省市人大常委会的交流与联系，对推动地区间人大的沟通与交往，提高人大工作水平，对外宣传滨州等方面，起到了积极的作用。市人大领导和机关干部职工还积极参加了市委确定的重点项目的建设，并取得明显成效。高度重视招商引资工作，去年引进资金18996.33万元，超额完成任务，实现了招商引资新突破。

各位代表，一年来，常委会在监督中支持，在支持中监督，始终与党委保持一致，与"一府两院"同向，与人民同心，紧紧依靠广大人民群众，充分发挥代表作用，认真履行法定职责，聚精会神干工作，竭尽全力抓落实，整体工作有提高，单项工作有创新。成绩的取得，主要靠的是市委的正确领导，靠的是常委会组成人员和全市人大代表的共同努力，靠的是"一府两院"、各县区人大和全市人民的大力支持。在此，我谨代表市八届人大常委会，向全市各级人大代表，向"一府两院"和所有配合人大工作的部门和单位，向各县（区）人大常委会，向全市人民和一切关心支持人大工作的各界朋友，表示崇高的敬意和衷心的感谢！

各位代表，在肯定成绩的同时，我们也清醒地看到工作中存在的问题和不足。主要是对人大工作面临的新情况、新问题分析研究得还不够；监督工作的实际效果尚不能满足人民群众的愿望和要求；为人大代表履职所创造的环境和条件还需进一步完善。对此，我们要采取有效措施，认真加以解决。

2007年主要任务

各位代表，2007年是本届人大及其常委会任期的最后一年，是全市人民拼搏07.再创佳绩的一年，也是落实科学发展观、构建社会主义和谐社会的重要一年。做好今年的人大工作，意义重大。常委会要坚持以邓小平理论和"三个代表"重要思想为指导，在中共滨州市委的领导下，深入贯彻党的十六大和十六届五中、六中全会和全市经济工作会议精神，以科学发展观为统领，继续按照"解放思想，融入中心，服务大局，促进发展"的基本思路，紧紧围绕市委确定的大力开展"九个年"活动和坚持"一个主题"、锁定"两个目标"、突出"三大建设"、实施"四个拉动"、确保"五个提高"的总体要求，认真履行宪法和法律赋予的职权，大力推进社会主义民主法制建设，充分发挥地方人大在坚持科学发展和构建和谐社会中的作用，促进全市经济科学发展和社会全面进步。

一、认真贯彻实施监督法，依法做好监督工作

今年是贯彻实施监督法的第一年，常委会要围绕推进经济社会科学发展和构建社会主义和谐社会的目标任务，严格按照监督法的要求，认真履行监督职能、更新监督理念、创新监督机制、增强监督实效，促进宪法和法律在本市行政区域内得到正确实施，促进依法行政和公正司法。

（一）进一步强化工作监督，全力支持经济社会又好又快发展。全市经济工作会议已明确指出了今年的经济工作任务。常委会要按照市委的总体思路，安排计划，开展活动，通过听取和审议"一府两院"专项工作报告，及时作出决议和审议意见，督促落实市委的各项决策，形成万众一心、干事创业的局面。重视对国民经济和社会发展计划执行情况的监督，推动经济社会更好更快发展。加强对财政预算执行情况、市级预算执行和其他财政收支审计情况的监督检查，实现预算的科学性、全面性、准确性和严肃性。通过听取审议市政府关于延长十大产业链工作报告，促进产业结构调整、促进增长方式转变、促进质量效益提高。通过听取审议城乡社会救助工作、新型农村合作医疗运行等情况的报告，密切关注民生，切实维护民利，促进社会和谐发展。积极做好对重点工程建

设资金使用情况、社会主义新农村建设投入情况、信息产业科学发展情况等工作的监督。加强对旅游业发展情况的监督，推动旅游业做大做强做活，以此带动优秀旅游城市创建和全市现代服务业的发展。重视对人民法院审判工作的监督，促进公正与效率和司法为民宗旨的落实。继续开展“环保世纪行”活动，营造舆论氛围，加大监督力度，推进环境友好型社会建设。重视质量技术监督工作的监督，促进名牌战略的实施。深入推行“行政执法责任制”，促进政府部门依法行政。

（二）进一步强化法律监督，积极推进依法行政和公正司法。做好政府规范性文件的备案审查工作，提高我市依法治市工作水平。认真开展对《安全生产法》执行情况的监督检查，促进各行各业生产活动安全运行。大力开展对《环境保护法》执行情况的监督检查，推动创建环境友好型社会长效机制的建立。积极开展对《农产品质量安全法》执行情况的监督检查，依法监督农产品质量安全方面存在的突出问题，促进农村经济健康发展和社会稳定。切实搞好对《义务教育法》执行情况的监督检查，维护社会公平，促进社会和谐发展。积极参与国家和省立法工作，认真提出修改意见和建议。深入开展“联合接访”工作，积极探索推进“联合接访”的长效机制，积极探索解决重复上访的新举措。加大依法督办力度、加大解决问题力度、加大对信访情况综合分析力度，在提高信访案件处结质量上下功夫，切实维护公民、法人和其他社会组织的合法权益。

二、大力加强代表工作，充分发挥代表作用

认真贯彻落实滨发〔2005〕19号文件的各项规定，适时召开全市人大代表工作经验交流会议，进一步优化代表执行职务环境，积极为代表履行职责创造条件；加强对代表小组活动的指导，切实抓好1/3各级代表小组的规范化建设；强化代表在监督工作中的作用，组织代表对“土地征用补偿”、“社会保障”、“供电用电服务质量”3个热点问题进行评议；认真组织、指导代表继续开展好“五个一带头”活动，组织代表搞好视察、调查、向选民述职活动，激发代表依法履职的自觉性，提高活动实效；根据监督法的规定，今后每次市人大常委会会议听取审议的有关事项，凡应该向驻滨全国人大代表和省、市人大代表通报的，都要及时通报，凡应该向社会公布的，都要及时公布，及时为代表知情知政提供情况、搞好服务，更好地接受代表和群众的监督；加强代表工作制度化建设，制定《加强和规范代表在闭会期间活动的若干规定》《代表议案办理暂行办法》；重视加强代表建议、批评和意见的办理工作，进一步规范办理程序，完善代表建议督办机制，提高办理质量和效率；修订《滨州市人民代表大会常务委员会人事任免办法》，进一步规范人事任免工作；依法管理使用好代表活动经费，确保专款专用；坚持常委会组成人员分工联系代表制度，切实解决代表反映的困难和问题；坚持和完善公民旁听常委会会议制度，扩大公民有序的政治参与，增强工作的透明度。

三、切实加强组织指导，认真做好人大换届选举工作

今年，全国省市县乡五级人民代表大会都要换届，这是我国政治生活中的一件大事。市人大常委会要认真贯彻中央、省、市委有关换届选举的指示精神，把加强党的领导、充分发扬民主和严格依法办事有机结合起来，精心组织，周密部署，加强指导。举办换届选举工作培训班，研究制定市县乡人民代表大会换届选举工作总体方案，协助有关方面搞好市九届人大代表、全国和省人大代表候选人提名推荐工作；指导好县乡人大换届选举的各项准备工作，确保换届选举工作依法进行。特别要搞好舆论引导，深入宣传中央、省、市委有关选举工作的指示精神，为人大换届选举工作的顺利进行营造良好社会氛围。

四、注重自身建设，提高履行职责水平

常委会要以打造决策科学、运转高效、作风优良、廉洁勤政、充满活力的地方国家权力机关为目标，高度重视和加强思想政治建设，努力提高组成人员履行职责和解决实际问题的能力。要坚持理论学习制度和法律讲座制度，采取多种形式，深入学习中央和省、市委的一系列重要文件和有关指示精神，深入学习社会主义法治理念，学习宪法、监督法和其他有关法律，把思想认识统一到中央和省、市委的决策部署和工作要求上来，努力提高依法履职的水平。常委会组成人员要切实转变工作作风，大力倡导勤奋好学、学以致用，心系群众、服务人民，真抓实干、务求实效，艰苦奋斗、勤俭节约，顾全大局、令行禁止，发扬民主、团结共事，秉公用权、廉洁从政，生活正派、情

趣健康的良好风气。市人大常委会机关要认真贯彻党的路线方针政策和滨发〔2005〕25号文件的各项规定，认真落实市委的决策部署，务必在贴近中心、服务大局、抓重点项目、抓招商引资上取得新佳绩；要深入扎实地开展创建“学习型、和谐型、服务型”机关活动，积极推进机关和谐发展，不断提升为代表、为“三会”服务的能力和水平；要认真落实滨人办发〔2006〕41号文件精神，大力加强人大宣传工作；要加强与省人大常委会及其工作部门的联系，及时沟通信息，接受工作指导；要密切与县(区)人大常委会的联系，重大活动及时向县(区)人大常委会通报；要认真抓好全国15省(市、区)32地区(盟、市)人大工作联席会议在我市召开的筹备和服务工作，确保会议开得圆满成功。

各位代表，我市经济社会发展现已进入一个新的历史阶段，人民群众寄予我们新的期望。让我们紧密地团结在以胡锦涛同志为总书记的党中央周围，在中共滨州市委的坚强领导下，以科学发展观统领全局，以贯彻实施监督法为新的起点，振奋精神，开拓创新，同心同德，扎实工作，努力开创全市人大工作新局面，为全面建设民富市强、和谐文明、碧水绿荫的生态园林型现代滨州做出新的更大的贡献！

第九届人民代表大会第一次会议

滨州市人民代表大会常务委员会工作报告

——2008年1月5日在滨州市第九届人民代表大会第一次会议上

滨州市人民代表大会常务委员会副主任　李成明

各位代表：

我受孙德汉主任的委托，代表滨州市第八届人民代表大会常务委员会，向大会报告本届任期以来的工作，请予审议。

一、五年来的工作回顾

市八届人大一次会议以来的五年，是我市经济社会科学发展、和谐发展、超越发展的五年，也是我市人大工作不断进取、开拓创新、成效显著的五年。五年来，市人大常委会在中共滨州市委的坚强领导下，坚持以邓小平理论和“三个代表”重要思想为指导，以科学发展观统揽全局，牢牢把握发展第一要务，认真贯彻“30字”工作方针，按照“程序工作抓质量、重点工作求突破、全面工作上水平、自身建设树形象”的总体要求，认真履行宪法和法律赋予的各项职权，为推进全市经济、政治、文化和社会建设，作出了应有的贡献。五年来，市人大常委会召开常委会会议37次，做出了8项决议、决定，听取审议“一府两院”专项工作报告66个，组织执法检查24次，视察调研26次。

(一)突出重点，注重实效，依法加强监督工作

加强经济社会发展中的重点问题的监督。常委会连续三次对加快民营经济发展的意见和决议贯彻情况进行视察，督促解决民营经济发展中存在的问题，促进全市民营经济又好又快发展。开展《中小企业促进法》执法检查，督促理顺中小企业管理体制，推动中小企业社会化服务体系建设。开展高新技术产业发展情况的视察，有力地促进了高新技术及第三产业的发展。对文化市场管理工作进行执法检查，推进文化体制改革，促进文化产业的发展。加强对信息产业发展工作的监督，推动以信息化带动产业化。重视质量技术监督工作的监督，促进名牌战略的实施。对十大产业链延长工作开展监督，督促产业经济整体推进全面提高。环境保护关系到全市经济社会可持续发展，与人民生活息息相关。常委会组织了《环境保护法》《节约能源法》执法检查。市政府认真解决环保难点问题，推动资源节约型环境友好型社会建设。在全省率先召开了全市循环经济研讨会，积极倡导循环经济理念。对潮河及秦台干沟治理情况进行视察，开展了滨州环保世纪行活动，重点检查了有关单位污染治理情况，督促有关部门查处并纠正了一批违法行为，巩固了环保成果。针对我市基础设施建设相对滞后、不完

善的现实,对"四环五海"建设等项目进行重点视察,促进城市品位提升。加强对交通公路基础设施特别是黄河公铁两用大桥、滨州铁路、高速公路等重点项目建设情况的监督,对工作中存在的问题及时提出意见和建议,有力地促进了重大项目建设的健康运行。重视对国土资源管理工作的监督,加强对依法征用土地情况的监督检查,要求正确处理好保护耕地与发展建设用地的关系,加快城市化建设步伐。常委会加强对农业新兴产业、旅游业发展情况的监督,推动农业新兴产业和旅游业做大做强做活,有效地推动了农业新兴产业和名牌产品上台阶,进一步促进优秀旅游城市创建和现代服务业的发展。按照科学理财、协调发展的原则,常委会加强了对财政预算的审查监督。每年都对市本级国民经济和社会发展计划执行情况、预算执行情况、决算情况进行审查监督,保证计划和预算执行的严肃性。注重发挥审计部门的作用,做好预、决算的监督,针对审计反映出的问题,市政府加强对各项资金的管理和监督,严肃了财经纪律,促进了我市本级财政资金的依法运行。

加强改善民生问题的监督。在"非典"疫情形势严峻的时期,及时听取审议市政府的专项工作报告,并组织了《动物防疫法》执法检查,提出意见和建议,促进了全市公共卫生事业的发展。视察医疗、药品市场管理情况,针对视察中发现的问题,提出了加强治理整顿的意见和建议,督促有关部门认真落实,确保群众医疗用药安全。先后深入到30多个食品经营单位、农贸市场,部分中小学和建筑工地食堂,对《食品卫生法》贯彻执行情况进行了全面检查,及时提出了整治的意见和建议,督促有关部门大力实施"食品放心工程",确保食品安全。组织《安全生产法》执法检查,督促政府及有关部门强化安全发展的意识,加强安全生产隐患的排查治理工作,促进安全生产。高度重视"三农"工作。先后组织了12部涉农法律法规的执法检查和视察活动,重点对水法、土地承包法和森林法、农产品质量安全法执法中存在的一些问题进行监督。为加强对农村扶贫工作的监督,2003年,常委会对全市6县1区18个乡镇100个村的救灾资金发放使用情况进行了调查,并听取了市政府的专题报告。确保了各项救灾扶贫资金及时发放到位,推动建立了农村扶贫帮困长效机制。为做好失地农民的保障工作,2005年,由常委会各位副主任带队组成7个调查组,对"四环"以内226个村居有关土地征占等问题进行调查,及时分析了征用中的突出问题,提出建议,市政府出台措施,维护了群众的合法利益,确保失地农民失地不失收,失地不失业,失地不失居。组织对省《农民负担管理条例》的执法检查,监督城乡社会救助工作及新型农村合作医疗运行情况,完善城乡救助体系,促进了社会和谐发展。视察了农村综合改革进展情况,强调继续深化乡镇机构改革、农村义务教育经费保障机制改革和县乡财政体制改革,增强农村经济社会发展活力。关心教育事业。视察了全市城区就业职工义务教育费征收使用和中小学收费管理使用情况,组织《义务教育法》执法检查,建议市政府加大财政投入,鼓励社会力量办教育,促进义务教育均衡发展,保障经济困难家庭、农民工子女平等接受义务教育,维护社会公平。促进社会保障工作。多次组织《劳动法》《工会法》及相关法律法规的执法检查,听取社会保障及就业工作情况的汇报,组织代表评议"社会保障"工作,围绕社会保险费征缴、工资支付、促进就业、社会保障等方面,提出了建议和意见,市政府加强了监督调控,完善社会保险制度,维护劳动者合法权益。

加强对依法行政和公正司法的监督。常委会听取了市政府关于行政审批制度改革工作情况的汇报,组织《行政许可法》执法检查,促进公务员依法行政能力和水平的提高。开展了对依法治市规划执行情况的监督检查,加大了对执法责任制工作的监督力度,促进了执法机关和执法人员依法行政和规范执法。对市区城市管理情况进行了视察,督促有关部门着力提升城市管理水平,为广大市民创造良好的人居环境。组织了人口与计划生育法、妇女权益保障、民族侨务宗教、电力、气象、烟草专卖、人民防空等方面的执法检查,进一步增强了全体公民的法制意识,促进了全市各项事业的依法管理和依法运行。开展了述职评议和执法评议工作,先后对27个市政府组成部门主要负责人、市中级人民法院4位副院长、市人民检察院3位副检察长进行了述职评议,对8个省垂直管理部门主要负责人进行了执法评议。通过评议,增强了被评议人员的公仆意识、法律意识、民主意识,促进了工作的有效开展。听取审议了市法院关于贯彻实施《行政诉讼法》情况的报告,督促审判机关充分发挥职能作用,维护公民、法人的合法权益,推动行政机关依法行政。听取审议了市中级人民法院关于加强基层基础建设情况的报告,推动了基层法院建设,全面提升了司法能力和水平。听取审议了市中级人民法院关于开展审判工作监督情况的报告,促进法院努力做到公正司法。听取审议了市人民检察院关于开展法律监督工作情况的报告,要求检察机关进一步加大法律监督力度,提高执法水平和办案质量。对全市公安基层基础建设情况进行了视察,推动公安部门进一步深化警务改革,密切警民关系,提高执法水平。

加强对信访工作监督。常委会坚持把人大信访作为拓宽监督司法机关渠道、构建和谐社会的基础性工作,创新工作方式,组织实施了联合接访。2003 年至 2007 年共受理人民群众来信来访 4977 起,7474 人次。其中,自 2005 年 6 月 3 日实施联合接访以来,共组织联合接访 30 次,受理群众来访案件 2111 起,3119 人次,处结 2050 起,占 97%。对其中的 277 起疑难案件,已处结 263 起,占 95%。2007 年与 2005 年相比,受理的人民来信来访起数下降 55%,信访人数下降 69%。联合接访的实施,不但给上访群众解决了一些实际问题,而且探索了一条对司法机关进行有效监督的新路子。在联合接访和处访中,全市的公检法机关自觉地把办理信访案件与队伍建设、改进工作作风、加强党风廉政建设、建立长效机制、提高办案质量紧密结合起来,延伸和扩大了联合接访的效果。全国人大常委会和省人大常委会对我市实施联合接访的做法,给予了高度评价,先后四次分别在全国、全省召开的信访工作会议上介绍了我们的经验。省委、省政府信访局也相继推广了我市联合接访经验。全国几大媒体也公开报道了我市联合接访的做法。

(二)围绕中心,服务大局,适时依法决定重大事项

常委会坚持把行使决定权与监督权有机结合起来,在滨州超越发展的关键环节及重点领域,紧紧围绕市委中心工作及时做出决议、决定。为加快实施"追赶战略",全面建设小康社会,常委会经过深入调研和认真审议,在八届七次常委会会议上,形成了关于坚持"五个统筹",建设系统"九州"的决定草案,提交市八届人大二次会议审议,由大会作出了坚持"五个统筹"、建设系统"九州"的决定,常委会 3 次听取和审议了市政府关于系统"九州"建设工作的专项报告。全市上下将落实这个决定,作为贯彻落实科学发展观、推进滨州和谐发展的实际行动,促进了全市经济社会各项事业的健康发展。为促进滨州大开放、大开发、大发展,在八届一次常委会会议上,常委会作出了关于大力加强招商引资工作的决议,并不断加强对决议落实情况的监督,有力地促进了招商引资工作的顺利开展。针对全市的重点项目融资难的问题,常委会在深入调查分析的基础上,及时做出关于批准市政府基础设施项目贷款的决定,有力地保证建设资金的及时到位。近几年来,常委会认真听取和审议市政府关于为重大项目建设融资的专项报告,先后 7 次审议批准了市政府为滨州经济开发区、小营至滨州铁路(含黄河公铁两用大桥)等重大项目建设提供融资服务的决定,累计批准贷款 30.59 亿元,已到位资金 19.64 亿元,为有效缓解我市资金紧缺状况,改善滨州投资环境和生态环境质量,促进项目的顺利建设发挥了重要作用,为我市经济社会发展储备了后劲。在八届二十次常委会会议上,听取和审议了市政府关于滨州市城市总体规划编制情况的报告,做出了关于批准滨州市城市总体规划的决议。并就城市用地布局、道路交通和生态保护规划等内容提出了意见和建议。要求市政府及时修改完善,并在实施过程中坚持以人为本,注重城市发展的可持续性,努力提高城市化水平和滨州城市形象。为增强城市综合竞争力,提升城市文明品位,常委会听取审议了市政府关于《滨州生态市建设规划》的议案,作出了批准《滨州生态市建设规划》的决议,并结合生态建设与环保执法工作进行了持续的跟踪监督,要求切实加强组织领导,健全目标责任制,大力推进生态市建设,把《规划》落到实处。同时,要求政府每年向人大常委会报告《规划》的实施情况,人大常委会要依法加强对生态保护和建设工作的监督检查。常委会听取审议了市政府关于"四五"普法、依法治市情况及"五五"普法规划的汇报,作出了《关于滨州市 2006－2010 年依法治市规划的决议》和《关于在全市公民中开展第五个五年法制宣传教育的决议》。对进一步增强全体公民的法律意识,加快依法治市步伐做出了部署安排。

(三)创新方式,搭建平台,认真做好代表工作

常委会认真按照中央〔2005〕9 号文件的要求,不断改进工作方法,提高工作实效,努力为代表履行职务提供服务。

积极创造条件,优化代表履职环境。制定了《关于进一步密切与人大代表的联系,充分发挥代表作用的意

见》,为进一步密切与代表的联系,充分发挥代表作用提供了强有力的保障。修订完善了《市人大常委会组成人员联系代表办法》,加强与代表的联系和闭会期间活动的指导。重视代表活动载体建设,加强对代表小组活动的指导,促进代表小组活动规范化。建立代表工作激励机制,评选出了8个先进市人大代表小组,17个先进县区人大代表小组,在八届人大四次会议上进行了隆重的表彰奖励。做好代表培训工作,举办了1次全市人大代表工作经验交流会2次代表专题培训班,共培训代表600人次,提高代表参政议政的能力和水平。监督法实施后,每次常委会会议听取审议的有关事项,都及时向代表进行了通报。常委会为每位市人大代表订阅了相关报刊杂志,为代表知情知政提供良好服务。提高了市人大代表活动经费标准,并确保专款专用,为代表活动提供切实保障。

加大督办力度,做好议案建议办理工作。本届历次人大会议主席团确定的议案共7件,会议期间及会后收到的代表建议、批评和意见463件(含议案转建议)。常委会对代表议案认真审议,及时交办,跟踪督办。市政府认真办理,办理情况及时向常委会报告,办理结果逐件答复代表。截至去年12月底,对7件议案进行了认真办理,463件建议、批评和意见已全部办理完毕,办复率为100%。从市人大代表反馈的情况看,98%的代表对办复结果表示满意或基本满意。

完善工作机制,拓宽代表参政议政渠道。坚持代表列席常委会会议制度,坚持邀请代表参加常委会调查、视察、执法检查和执法调研等活动,拓宽代表参政议政渠道。制定了《关于市人大代表旁听市中级人民法院审理案件的办法》,先后5次组织代表旁听庭审,发挥代表监督作用。组织代表开展工作评议,先后对土地征用补偿、交通警务、供电、电信、教育收费中小学课业负担等社会热点问题组织代表评议,收到了明显效果。

搭建工作平台,充分发挥代表作用。围绕市委的工作大局,深入开展了人大代表"五个一带头"活动。即:联系一方百姓,带头为民排忧解难;引进一个项目,带头贴近中心抓招商;闯一条致富路子,带头富民奔小康;提一条好建议,带头为加快发展建言献策;化解一项社会矛盾,带头维护社会稳定。充分发挥代表在促进地方经济发展、为民排忧解难、维护社会稳定、建设和谐滨州中的作用。"五个一"带头活动取得了明显成效。据统计,五年来,全市各级人大代表带头为民排忧解难5565件;带头招商引资574多亿元;带头富民奔小康5878人;带头为加快发展建言献策4186件;带头化解社会矛盾4017件。常委会还精心组织,评选出了张忠正等51名"滨州市优秀人大代表",在八届人大五次会议上进行了表彰。

(四)依法办事,加强指导,着力做好人事任免和换届选举工作

常委会还依法决定任免市人大常委会机关和"一府两院"工作人员215名。在人事任免工作中,体现了党的主张与人民意志的高度统一。对"一府两院"提请任命的人员,坚持任前法律考试和做供职报告,任命后进行就职宣誓,增强了被任命人员的法律意识和公仆意识,为全市改革开放和现代化建设提供了组织保障。市人大常委会认真贯彻中央、省、市委有关市、县、乡换届选举工作的指示精神,举办了换届选举工作骨干培训班,制定了市县乡人民代表大会换届选举工作总体方案,会同有关方面搞好市九届人大代表、全国和省人大代表候选人提名推荐工作,对县乡人大换届选举工作加强指导,确保了全市换届选举工作的圆满成功。

(五)健全制度,改进作风,全面加强自身建设

重视常委会自身建设,不断提高履职能力。常委会坚持法律讲座制度,提高常委会组成人员的法律理论水平,努力实现监督工作的"三个转变",即:从疏于监督向敢于监督转变,由虚到实的转变,由肯定成绩多向既肯定成绩,又善于发现问题、敢于追究责任的转变,增强了监督实效。监督法颁布实施后,多次召开会议组织学习,领会把握立法宗旨。结合工作实际,制定出台了贯彻实施监督法的若干意见和相关的规章制度,并在监督法的实施过程中严格加以遵守。常委会还研究制定了滨州市人大常委会审议意见办理办法、公民旁听办法,修订完善了人事任免办法,使监督工作更加规范。常委会对审议的每项议题和作出的各项决议决定,既坚持集体行使职权,又充分发挥每位组成人员的积极性,提高了决策的民主化水平。认真组织公民旁听常委会会议,监督事项及时向社会公开,逐步扩大公民有序的政治参与,接受公众监督,推动了民主政治建设。常委会注重加强廉政建

设,维护了地方国家权力机关的良好形象。

重视机关队伍建设,努力提升服务水平。以打造运转高效、作风优良、服务优质、廉洁勤政、充满活力的人大机关为目标,人大机关扎实开展创建"学习型、和谐型、服务型、节约型"机关活动。通过深入开展解放思想大讨论和保持共产党员先进性教育活动,深入学习党的十六大、十七大精神,学习法律法规、人大工作理论,机关工作人员的理论政策水平和解决实际问题的能力进一步提高。重视对机关干部的培养使用,引入竞争机制,实行干部竞争上岗,优化了人大机关干部队伍的年龄结构、知识结构,增强了人大机关的生机与活力,营造了风清、气正、心齐、实干的良好氛围,促进了和谐型机关建设。健全完善了38项规章制度,机关工作进一步规范,创建节约型机关初见成效,为"三会"服务、为代表服务的水平有了较大提高。市人大领导和机关干部职工还积极参与全市重点项目建设和联系帮扶乡镇工作。市人大机关连续五年均超额完成市委分配的招商引资任务,并得到市委的表彰。

重视调研宣传工作,激发创新发展活力。常委会把调查研究作为做好人大工作的重要内容来抓,紧紧围绕全市工作大局,对土地征用补偿、中小企业融资难、外地建港经验、省级文明城市创建工作等认真开展调查研究,撰写了一些针对性、操作性很强的调查报告,得到了市委的高度评价,为市委决策也提供了可靠依据。宣传工作是创新人大工作的开路先锋,常委会高度重视与市委宣传部和新闻媒体的联系与合作。定期召开全市人大宣传工作座谈会,深入探讨新形势下做好人大宣传工作的特点和规律,出台了加强和改进人大宣传工作的意见。坚持开展人大好新闻和优秀调研论文评选活动。组织开展人民代表大会50周年系列纪念活动,进一步宣传人民代表大会制度和民主法制建设。认真办好《滨州人大》刊物、《滨州市人大常委会公报》和滨州人大网站,充分运用网络、电台、电视台、报刊等媒体资源,增强了人大宣传的社会效果。

重视对外交流联系,营造良好工作氛围。配合全国和省人大常委会开展履职活动,确保有关法律法规的执法检查和立法调研工作取得了明显成效。承办了省人大在我市召开的4次全省人大工作现场专题会议和全国15省(市、区)32地区(盟、市)人大工作联席会,在对外宣传滨州、增进友谊、促进交流与合作等方面起到了积极的作用。本着密切联系,加强指导,强化服务的原则,切实加强对县乡人大工作的联系与指导。采取重大事项和重要活动及时通报、邀请县区人大常委会负责同志列席常委会会议、外出考察、召开座谈会等多种方式,加强沟通与指导。举办全市乡镇办人大干部培训班,提高了基层人大干部履职水平,整体推动全市人大工作向前发展。

各位代表,五年来,常委会始终把监督工作的重点放在推进滨州科学发展、超越发展上,放在勇于创新、维护社会和谐稳定上,放在充分发扬民主、关注民生、维护人民利益上。始终与党委保持一致,与"一府两院"同向,与人民同心,紧紧依靠广大人民群众,充分发挥代表作用,认真履行法定职责,聚精会神干工作,竭尽全力抓落实,整体工作有提高,单项工作有创新。成绩的取得,主要靠的是市委的正确领导,靠的是常委会组成人员和全市人大代表的共同努力,靠的是"一府两院"、各县区人大和全市人民的大力支持。在此,我谨代表市八届人大常委会,向全市各级人大代表,向"一府两院"和所有配合人大工作的部门和单位,向各县(区)人大常委会,向全市人民和一切关心支持人大工作的各界朋友,表示崇高的敬意和衷心的感谢!

二、五年来的主要体会

各位代表,本届常委会的工作虽然取得了一定的成绩,但是与宪法和法律的要求、与人民群众的期待仍有一定的差距。监督实效需要进一步提高;代表工作需要进一步创新;重大事项的审议决定机制需要进一步完善;常委会制度建设和机关工作需要进一步加强。本届以来的实践告诉我们,要做好新形势下的人大工作,必须牢牢把握好以下三点:

(一)坚持党的领导,是坚持和完善人民代表大会制度、充分发挥人大职能作用的根本保证。坚持和依靠党的领导,既是人大工作必须坚持的基本原则,也是做好人大工作的根本保证。这些年来,市委对人大工作高度重视,先后印发了滨发〔2005〕19.25号文件,实行了市人大常委会党组负责人列席市委常委会会议和市委常委会定期听取人大工作汇报、研究人大工作等措施,支持市人大及其常委会依法行使职权,为人大工作创造了良好的环境。市人大常委会自觉维护市委的领导核心地位,重大问题及时向市委汇报,围绕市委中心工作确定人大工作的重点,不仅有效发挥了人大职能优势,而且有力地推进了市委决策的顺利实施。

(二)坚持寓支持于监督之中,依法办事,求真务实,正确处理好与“一府两院”的关系。人大与“一府两院”虽然职责分工不同,但工作的出发点和目标是完全一致的。常委会一方面按照敢于监督、善于监督的要求,采取适合的监督方式,选准监督重点,努力增强监督实效;另一方面,密切与“一府两院”的联系,及时沟通情况,交换意见,加强协调,充分尊重“一府两院”的职权,积极支持他们的工作,从而有效地推动了“一府两院”更好地依法行政、公正司法,同心协力促进经济发展和社会进步。

(三)坚持紧密联系人大代表和人民群众,是做好人大工作的坚实基础。人大代表是人大工作的主体。充分发挥人大代表在联系群众中的桥梁纽带作用、在推动依法行政和公正司法中的监督作用,关系到人大工作的成效和人民代表大会制度优越性的发挥。

五年来,常委会自觉接受市人大代表的监督,牢固树立依靠代表做好工作的观念,不断提高为代表服务的水平,拓宽代表反映民意的渠道,调动了代表参与管理地方国家事务的积极性,使代表作用的发挥一年比一年好。

三、对今后人大工作的建议

各位代表,做好新一届人大工作,对于推进科学发展,构建和谐社会,在新起点上实现富民强市的新跨越,具有十分重要的意义。

(一)牢牢把握好新形势下人大工作的正确政治方向。常委会应坚决维护党在人大工作中的领导核心地位,紧紧围绕党委的总体部署和要求,切实履行好宪法和法律赋予的职责,努力把党的主张变成人民的意志;充分发挥人大常委会党组织在人大常委会中的核心作用,进一步健全完善重大问题向同级党委报告工作制度,实现对党负责、对人民负责的高度统一。

(二)积极发挥人大及其常委会在推进依法治市中的作用。常委会应积极协助市委大力推进依法治市工作,督促有关部门采取多种形式推进“五五”普法教育,进一步提高各级领导干部的民主法制观念和严格依法办事的自觉性。进一步强化全体市民和行政、司法机关工作人员的法律意识和法制观念,切实做到有法可依、有法必依、执法必严、违法必究,维护宪法和法律的尊严。

(三)不断加强和规范人大的监督工作。常委会应以贯彻实施监督法为契机,深刻领会监督法的基本精神,把握人大常委会行使监督职权的原则,善于突出监督重点,选准监督议题,改进监督方式,增强监督实效,确保人大常委会对“一府两院”的监督既不失职,又不越权。与此同时,人大机关也应加强自身建设,认真学习监督法,准确把握贯彻监督法的基本要领,加强机关制度建设,规范程序,为常委会依法履行监督职权提供优质高效的服务。切实关注民生,集中民智,维护民利,促进和谐社会建设。

(四)进一步发挥人大代表的作用。常委会应创新发挥代表作用的途径和方式,充分调动代表的积极性和创造性。坚持邀请人大代表列席人大常委会会议,组织代表参与常委会的执法检查、视察、调研等活动,高度重视代表议案、建议的办理工作,密切与代表的联系,积极开展代表在闭会期间的活动。充分发挥代表在招商引资中的作用,为促进全市经济又好又快发展做出积极的贡献。

各位代表,本届常委会已经完成历史使命,新一届市人大常委会即将产生。我们坚信,在市委的坚强领导下和全体代表的共同努力下,新一届市人大及其常委会一定能肩负起人民的重托,在全面建设小康社会的新征程上发挥更大的作用,取得更大的成绩。让我们更加紧密团结在以胡锦涛同志为总书记的党中央周围,高举中国特色社会主义伟大旗帜,坚持以邓小平理论和“三个代表”重要思想为指导,以科学发展观统揽全局,抢抓新机遇,追求新作为,创造新业绩,为加快我市社会主义民主法制建设,为建设民富市强、文明和谐的现代滨州而努力奋斗!

第九届人民代表大会第三次会议

滨州市人民代表大会常务委员会工作报告

——2009 年 1 月 14 日在滨州市第九届人民代表大会第三次会议上

滨州市人民代表大会常务委员会常务副主任　曹兴宽

各位代表：

我受邓向阳主任的委托，代表滨州市人大常委会，向大会作工作报告，请予审议。

过去的一年，在中共滨州市委的坚强领导下，市人大常委会高举中国特色社会主义理论伟大旗帜，以科学发展观统领人大工作，认真履行宪法和法律赋予的各项职权，围绕中心，服务大局，锐意进取，扎实工作，较好地完成了 2008 年的各项任务，为全市经济社会又好又快发展作出了积极贡献。

一、正确把握政治方向，积极发挥人大职能作用

新一届市人大常委会继承和发扬八届人大常委会的好思想、好作风、好经验，坚持“工作思路与党委同步，工作目标与‘一府两院’同向，工作程序与法律同一，工作出发点和落脚点与群众同心”，不断加强和改进人大工作。

（一）把握一个原则。就是坚持党的领导。人大工作只有坚持党的领导，才能把握正确的方向，保证各项工作的顺利进行。常委会始终坚持在思想上、政治上、行动上同党中央保持高度一致，认真贯彻市委的决策部署，重大事项、重要工作及时向市委请示汇报，对工作中遇到的问题，积极向市委反映，自觉把人大的各项工作置于党委的绝对领导之下。坚持党的领导和发挥地方国家权力机关作用的统一，对党负责和对人民负责的统一，实现了把党的主张通过法定程序变为国家意志，从法律上、制度上保证市委决策部署的贯彻实施，切实把坚持党的领导、人民当家作主和依法治国有机地统一起来。

（二）做到两个到位。一是思想认识到位。人民代表大会制度是我国的根本政治制度，是中国人民当家作主的根本途径和最高实现形式。坚持和完善人大制度是发展社会主义民主政治、深入贯彻落实科学发展观、构建社会主义和谐社会的必然要求。只有坚持和完善人大制度，才能极大地调动人民群众的积极性和创造性，确保改革开放和现代化建设的顺利进行。常委会站在战略和全局的高度，充分认识坚持和完善人大制度的重要性，增强了做好新形势下人大工作的责任感和使命感。二是依法履职到位。认真贯彻监督法，树立和落实社会主义法治理念，严格按照法定职权谋划工作，开展监督，坚持依法、按程序办事，努力做到尊崇法律权威、法言法语、言出法随，无论是听取和审议专项工作报告，组织执法检查、视察调研，还是代表活动，做到事前学法，熟悉法定程序，做到既不失职又不越权，确保人大工作符合宪法和法律规定。

（三）坚持三个主动。一是主动贴近市委的中心工作。制订计划、部署工作、监督检查，坚持做到紧扣市委的总体决策部署，围绕发展做文章，聚精会神抓落实，全力推进经济社会又好又快发展。常委会组成人员积极配合、自觉参与市委重点工作、重点任务和重大项目建设，抓住全市改革发展稳定中的重大问题，及时听取审议市政府专项工作报告，适时作出决议决定，确保市委中心工作的顺利开展。二是主动支持“一府两院”工作。根本目标的一致性，决定了地方国家权力机关对“一府两院”的监督，本身就是支持。自觉把监督与支持结合起来，寓支持于监督之中，用支持的理念考虑监督，以支持的方式开展监督，从支持的角度部署监督，做到既敢于监督，又全力支持。使监督的过程成为统一思想、形成共识的过程，成为相互理解、彼此支持的过程，成为凝聚人心、创新实干的过程，形成了在市委的领导下，各国家机关同步合拍、协同发展的良好局面。三是主动维护人民群众的切身利益。实现好、维护好、发展好最广大人民的根本利益是人大及其常委会一切工作的出发点和落脚点。常委会坚持“凡是群众期盼的就是我们要干的，凡是群众要求的就是我们要抓的，凡是群众不满的就是我们要管的”原则，把维护最广大人民的根本利益作为人大工作的准则，深入基层，深入群众，倾听群众呼声，充分反映民意，

广泛集中民智，使人大的各项决策符合广大人民群众的切身利益。

二、认真履行监督职权，努力推动全市科学发展

常委会把监督工作放在首位，突出重点，讲求实效，注重以人为本和统筹兼顾，注重督促解决涉及群众利益的热点难点问题，注重推动经济社会又好又快发展，监督工作取得明显成效。

（一）围绕重点抓监督，助推科学发展。着眼于科学发展主题，围绕市委的重点工作、重点项目、重大问题进行监督。节能减排是党委、政府抓的重点工作之一。为了助推这项工作，常委会组织力量对全市节能减排工作进行了集中视察，先后到市直和6个县区的26处企业、工业园区、污水处理厂、河流断面进行现场察看，听取政府工作汇报，并与工人农民、驻县区人大代表和企业负责人进行座谈，针对我市经济发展较快、环境保护问题较为突出的现状，提出积极的意见和建议，市政府十分重视，迅速制定工作方案，专门召开会议，采取有力措施，促进了节能减排工作的开展。持续开展了“滨州环保世纪行”活动，促进了资源节约型环境友好型社会建设。加强对调整产业结构、转变发展方式等工作的监督，先后组织对《环境保护法》《节约能源法》《省节约能源条例》《水法》《防洪法》《建筑法》《招投标法》等法律法规实施情况的执法检查和调研，针对发现的问题，提出意见和建议，督促有关部门限期整改，有效推动了法律法规的贯彻实施。特别是针对国际金融危机背景下，我市工业企业订单减少、资金短缺、速度放缓的严峻形势，加强对经济运行情况调研，提出了“加强经济形势分析，统筹抓好工业经济运行，及时协调解决企业资金难题、困难企业解困、重大工程项目建设”的建议，市委、市政府高度重视，及时成立全市工业经济运行指挥部，召开金融调度会、银企洽谈会，优化发展环境，增强了企业抗风险能力。重视林业的发展，听取和审议全市林业工作情况的报告，督促市政府大力实施绿色通道、平原绿化、村庄绿化、城市绿化四大工程，为促进“粮丰林茂、北国江南”品牌的打造起到了积极作用。

（二）围绕热点抓监督，保障和改善民生。加强对关系群众利益和社会关注的教育、卫生、就业、社会保障、社会救助、社会治安等热点问题的监督。特别是更加关注劳动就业工作，听取和审议市政府关于就业和再就业工作情况的报告，提出了有针对性的意见和建议，市政府及有关部门进一步强化就业和再就业目标责任制，着力统筹城乡就业，积极开展“解决城乡家庭零就业年”活动，推动了全市就业和再就业工作的开展。加强对《劳动合同法》实施情况的执法检查，针对检查中发现的用人单位用工、社会保险费征缴、工资支付、劳动安全等方面存在的问题，提出了意见和建议，市政府和有关部门及企业高度重视，采取措施认真整改，有效地维护了劳动者的合法权益。重视食品安全法的贯彻实施，先后深入食品经营单位、农贸市场、部分中小学和建筑工地食堂进行检查，督促政府及有关执法部门，严格执法责任追究制，加大执法力度，让人民群众吃得放心。加强药品使用条例的监督检查，针对检查中发现的问题，提出了意见和建议，市政府连续两次召开常务会议，专题研究药品安全工作，采取措施狠抓落实，确保了用药安全，维护了受药人的合法权益。

（三）围绕难点抓监督，促进公正司法和依法行政。为促进公正司法和依法行政，营造经济社会发展良好法治环境，常委会加大对司法机关工作监督力度。听取和审议市中级人民法院关于执行工作情况的报告，督促审判机关加强和改进执行工作，切实解决执行难问题，维护了司法权威。常委会先后5次组织市人大代表旁听市中级人民法院庭审活动，促进了法院审判工作的开展。听取和审议市人民检察院关于查办和预防职务犯罪情况的报告，促进检察机关强化工作措施，提高办案水平和质量，更好地为经济社会和谐发展保驾护航。深入推行执法责任制工作，持续开展“行政执法相对人监督评议行政执法人员”活动，开展行政执法专项检查，促进了执法机关和执法人员依法行政和规范执法。认真开展执法责任制检查考核，督促实施“五五”普法规划和依法治市规划，推动了依法治理工作向深层次发展。积极配合省人大开展对5部法律法规草案的调研活动，提出了修改意见。

（四）围绕焦点抓监督，力促社会和谐。常委会始终把促进社会和谐放在突出位置，组织开展未成年人保护法执法检查，促进未成年人保护工作难点问题的解决，营造了未成年人健康成长的社会环境。加强对宗教事务条例的监督检查，促进了宗教和睦团结。组织开展了平安滨州建设和迎奥运工作视察，维护了社会治安秩序稳定。创建省级文明城市是全市人民的共同心愿。为促进这项工作的开展，常委会及时组织视察和调研，提出了

加强社会治安综合治理、交通秩序整顿和市容市貌综合整治的建议，市政府及时采纳，加大经费投入，强化监管力度，对获得“省级创建文明城市工作先进城市”称号起到了积极的推动作用。重视文化产业的繁荣发展，听取和审议全市文化产业发展情况的报告，提出了意见和建议，对丰富群众精神文化生活、建立和谐文化家园起到了积极的促进作用。扎实有效地实施联合接访，认真受理人民群众来信来访，通过转办、交办和重点督办，督促有关部门依法解决群众关心的实际问题和历史疑难案件。一年来，共受理信访案件370起，接待群众450人次，处结率达96%以上，维护了群众的合法权益，促进了社会和谐。

三、紧扣全市工作大局，依法审议决定重大事项

常委会坚持抓大事议大事，紧紧围绕全市改革发展稳定的重大问题，依法行使重大事项决定权。

（一）为深入落实科学发展观、加快推进富裕、文明、和谐的新滨州建设。按照市委的意见，市九届人大常委会第四次会议形成了关于进一步解放思想，改进作风，创新实干，科学发展，在新起点上实现富民强市新跨越的决定草案，提交市第九届人民代表大会第二次会议作出决定。为把《决定》落到实处，常委会加强跟踪监督，一方面围绕创新发展理念、突破发展难题、调整产业结构、转变发展方式等，进行了多次视察调研，促进了全市经济社会平稳较快发展。另一方面围绕改进作风、优化环境、提高效率，组织100多名市人大代表对“一府两院”进行了评议，针对发现的问题，提出了意见和建议，“一府两院”认真整改，提高了服务质量，营造了良好的发展环境。

（二）为确保计划和预算切实执行，常委会听取和审议市政府关于2007年财政决算的报告、2007年市级财政决算的报告、2007年度市级财政预算执行和其他财政收支的审计工作报告、2008年财政预算执行情况的报告、变更2008年地方财政收入计划的报告、滨州市2008年上半年国民经济和社会发展计划执行情况的报告、国民经济和社会发展“十一五”规划中期评估的报告等，并作出相应的决议。在计划、预算审查监督中，针对发现的问题，建议和督促市政府有关部门认真分析原因，限期整改，并及时听取整改工作情况报告，严肃了财经纪律，促进了政府依法行政。

（三）为加快城市基础设施建设，市九届人大常委会第八次会议作出了关于滨州市城市南部区域基础设施建设工程项目向银行贷款及有关事项的议案、滨州城建集团公司还贷资金来源的议案的决定，听取和审议市政府关于城市基础设施建设项目融资及资金使用情况的报告，并作出了相应的决议决定，督促市政府强化资金管理，规范项目操作，完善监督机制，严格专款专用，为建设“四环五海、生态滨州”创造了有利条件。

（四）为体现党的主张与人民意志的统一，常委会认真贯彻市委意图，充分发扬民主，严格按法定程序办事，依法做好人事任免工作。一年来，依法任免人大机关和“一府两院”工作人员57名。坚持任前法律考试和作供职报告，任命后进行就职宣誓，增强了被任命人员的法治意识和公仆意识，为我市经济社会发展提供了组织保障。

四、加强改进代表工作，切实支持代表履行职责

常委会坚持把代表工作作为人大工作的重要基础，密切联系代表，接受代表监督，努力为代表执行职务提供服务。

（一）注重提升代表素质。制定了《关于加强和规范人大代表活动的若干意见》，不断加强与代表的联系和闭会期间活动的指导，重视代表活动载体建设，促进代表小组活动规范化和制度化。举办全市130余名新任市人大代表培训班和全市乡镇办人大干部培训班，提高了人大代表和基层人大干部依法履职水平。

（二）注重议案建议督办。制定了议案处理办法和代表建议、批评和意见办理办法，不断加大代表议案和建议督办力度。九届一次代表大会以来，共收到代表提出的建议、批评和意见88件。常委会对代表建议及时交办，跟踪督办。市政府认真办理，办理情况及时向常委会报告，办理结果逐件答复代表。截止目前，对88件建议、批评和意见已全部办理完毕，办复率为100%。从市人大代表反馈的情况看，98%以上的代表对办复结果表示满意或基本满意。

（三）注重拓宽议政渠道。坚持代表列席常委会会议、向代表通报重要情况和联系走访基层代表等工作制度，及时了解代表意见和建议，充分反映民意，为代表履职创造条件。坚持邀请代表参加常委会调研、视察、执法

检查活动，扩大了代表对常委会活动的参与，提升了代表工作实效。深入开展代表“五个一带头”活动，发挥了代表在促进地方经济发展、维护社会和谐稳定中的作用。

五、大力加强自身建设，不断增强人大工作活力

常委会以打造决策科学、运转高效、作风优良、廉洁勤政、充满活力的地方国家权力机关为目标，不断加强自身建设。

（一）加强学习培训。换届后，结合常委会新进组成人员和新到人大工作人员较多的实际，在集中学习培训的基础上，坚持结合例会学习、结合监督活动学习、结合调研学习。做到集中学习与自学相结合、专家辅导与交流讨论相结合，机关严格实行星期五集中学习制度，先后邀请6名专家进行法律知识和人大业务知识专题讲座，提高了常委会组成人员和机关干部的理论水平、法律素养和依法履职能力。

（二）加强调查研究。常委会把搞好调查研究作为依法履行职责的基本方法和有效措施，对列入常委会议程的每一项议题和在听取审议专项工作报告、开展视察、执法检查前，都针对有关问题进行调研，特别是注重围绕经济社会发展大局、群众关注的热点难点问题、法律法规的贯彻实施开展调查研究，写出了30多篇调研报告，为市委科学决策和常委会行使职权提供了参考依据。

（三）加强作风建设。按照“讲党性、重品行、作表率”的要求，不断加强党风廉政建设，先后制定了《常委会组成人员守则》《常委会关于加强自身建设的意见》《外出从事公务和学习考察制度》等规定，自觉接受人大代表和人民群众的监督，保证了人民赋予的权力始终用来为人民谋利益。积极开展捐助活动，“5.12”汶川大地震后，机关干部职工心系灾区，踊跃捐款12余万元，其中，特殊党费86000元，为灾区群众献出了爱心和力量。

（四）加强制度规范。修订完善了《常委会议事规则》《主任会议议事规则》《常委会人事任免办法》，并认真抓好各项制度的贯彻实施。严格执行民主集中制，充分发挥集体智慧讨论决定问题，以规范的程序保证职权行使的严肃性，增强了决策的科学化和民主化。

（五）加强舆论宣传。不断加强与市委宣传部和新闻单位的联系与合作，出台了加强和改进人大宣传工作的意见。注重整合宣传资源，积极利用各种宣传阵地，特别是通过《滨州人大》《常委会公报》和滨州人大网站，宣传报道人大行使职权的重要事项和活动。在市级以上新闻媒体发表稿件1286篇，其中大众日报、人民权利报、山东人大工作、人民网等新闻媒体发表稿件657篇。

（六）加强对外联系。配合全国和省人大常委会开展履职活动，积极主动接受省人大常委会指导。承办了全省人大工作座谈会和人大老领导联谊会，参加了在湖南永州召开的全国15省（市、区）31地区（盟、市）人大工作联席会，加强了与兄弟市的工作联系，接待了日本纪之川市议会友好访问团，宣传了滨州，促进了交流与合作。不断加强与县区人大常委会的联系，形成了上下联动、密切配合、互相协作的良好局面。

各位代表，过去的一年，常委会寓支持于监督，重创新求实效，各项工作有了新的进展，但也存在一些问题和不足。主要是监督实效有待增强，联系服务代表工作有待规范，创新工作的思路有待拓宽，常委会自身建设有待进一步加强。对此，我们将在今后的工作中认真加以解决。

新的一年，要在中共滨州市委的坚强领导下，全面贯彻落实党的十七大、十七届三中全会和中央、省市经济工作会议精神，深入贯彻落实科学发展观，认真履行宪法和法律赋予的各项职权，努力促进全市经济社会又好又快发展。具体做到：围绕一个大局，突出三项工作，实现五个提高。

围绕一个大局。紧紧围绕党和国家的工作大局依法履行职责，按照科学发展观的要求，紧贴市委工作中心，适时抓住全市经济社会发展中带有根本性、长远性、全局性的重大事项，特别是当前和今后一个时期，把扩内需保增长促发展作为工作重点，把保障和改善民生作为出发点和落脚点，认真履行法定职责，适时作出决议决定，加强监督检查，确保中央、省市委的决策部署落到实处。

突出三项工作。一要突出监督工作。坚持把依法行使监督职权作为常委会工作的重中之重，紧紧围绕关系全市改革发展稳定大局和事关群众切身利益、社会普遍关注的重大问题，加强对中央、省市委关于扩大内需、促

进经济增长的决策部署贯彻落实的监督；加强对就业再就业、社会保障等改善民生方面的监督；加强对节能减排、环境保护、安全生产、“三农”方面的监督；加强对公正司法、依法行政等方面的监督。积极探索深化联合接访的长效机制，进一步拓宽监督工作的路子。立足增强监督实效，健全完善交办、督办、整改、表决制度，明确办理时限，办理结果向社会公开。对一些事关重大的问题，及时组织视察检查，跟踪问效。二要突出代表工作。坚持把代表工作作为人大工作的基础和关键，紧紧围绕充分发挥代表作用这个主题，继续在各级人大代表中深入开展“五个一带头”活动，进一步创新方式，努力为代表联系群众、开展活动、执行职务创造条件。进一步加强代表学习培训，提高代表整体素质和履职能力。继续开展人大代表评议社会热点问题活动，提高议案和建议办理质量，不断增强代表活动的生机和活力。三要突出调研工作。坚持把调查研究作为常委会依法履职的基本方法和有效措施，立足把握经济社会发展大局搞好前瞻性调研，提出有价值的意见和建议，为市委决策提供可靠依据；立足解决群众关注问题搞好社会性调研，问政于民、问需于民、问计于民，力促群众反映的热点难点问题的解决；立足促进法律法规贯彻实施搞好针对性调研，增强执法的针对性和实效性，确保法律法规在本区域内的贯彻实施；立足提高审议质量搞好专题性调研，广泛听取意见和建议，使常委会决议、决定更加符合客观实际，更加贴近群众的意愿和要求。

实现五个提高。围绕常委会和机关自身建设，力求实现“五个提高”：一是抓学习，提高思想境界。认真学习中央的一系列方针政策，学习宪法法律、人大理论和业务知识。紧密结合当前经济形势，认真学习现代金融、现代科技和现代管理等知识，努力把学习的体会和成果转化为谋划工作的思路和推动工作的措施，进一步增强做好人大工作的事业心和责任感。二是抓创新，提高工作水平。深入研究推动人大工作创新发展的思路和措施，用心把握人大工作的特点和规律，使人大工作更具有预见性、科学性和实效性。积极探索有效的工作机制和方式方法，健全完善各项规章制度，使人大工作逐步实现制度化、程序化和规范化。三是抓作风，提高服务质量。大力加强思想作风建设，牢固树立党的观念、政治观念、大局观念、群众观念和法治观念，自觉接受人大代表和人民群众的监督。牢记“两个务必”，严格执行党风廉政建设各项规定，认真落实“三服务”理念，听民声、察民意、集民智，始终保持和发扬为民、务实、清廉的优良作风，努力提高工作质量和服务水平。四是抓宣传，提高人大地位。注重发挥各级人大通讯员网络和报纸、电台等新闻媒体的作用，扩大人大工作的影响面。认真办好《滨州人大》《常委会公报》和人大网站；继续做好全市宣传人民代表大会制度好新闻评选工作，不断提高人大宣传和理论研究工作质量，为推进民主法制建设提供舆论支持。五是抓联系，提高整体合力。进一步加强与上级人大的联系，积极争取工作上的指导；加强与下级人大的联系，帮助解决工作中的困难和问题；加强与“一府两院”的联系，及时沟通情况，增进相互了解，共同推动人大工作的深入开展。

各位代表，今年是推进“十一五”规划顺利实施的关键一年，困难和挑战考验着我们，责任和使命激励着我们。让我们在中共滨州市委的坚强领导下，积极发挥地方国家权力机关的职能作用，同心促发展，奋力渡难关，以新的风貌、新的作风、新的作为，为精心打造“四环五海、生态滨州”、“粮丰林茂、北国江南”两个品牌，奋力建设富裕、文明、和谐的新滨州做出新的贡献！

第九届人民代表大会第四次会议

滨州市人民代表大会常务委员会工作报告

——2010 年 1 月 21 日在滨州市第九届人民代表大会第四次会议上

滨州市人民代表大会常务委员会常务副主任　曹兴宽

各位代表：

我受邓向阳主任的委托，代表滨州市人大常委会向大会作工作报告，请予审议。过去的一年，在中共滨州市委的坚强领导下，常委会全面贯彻党的十七大和十七届三中、四中全会精神，以邓小平理论和“三个代表”重要思想为指导，以深入学习实践科学发展观为动力，围绕大局，贴近中心，认真履行宪法和法律赋予的职权，为建设富裕文明和谐新滨州作出了积极的贡献。

一、服务全市工作大局，积极开展监督工作

常委会认真贯彻监督法，突出科学发展主题，针对改革发展稳定和社会普遍关注的重大问题开展监督，特别是把推动中央、省市委重大决策部署的贯彻落实作为人大工作的重点，创新监督方式，完善监督机制，着力增强监督实效。一年来，听取审议专项工作报告7次，组织执法检查5次，开展视察活动4次。

（一）围绕助推经济社会又好又快发展加强监督。为确保计划和预算的执行，常委会听取审议市政府关于2008年市级财政预算执行和其他财政收支情况的审计报告、2009年上半年计划执行情况的报告和2009年上半年预算执行情况的报告，针对发现的问题，提出意见和建议，促进了计划和预算的落实，维护了代表大会批准的计划预算的严肃性。为抢抓国家积极的财政政策和适度宽松的货币政策带来的机遇，促进政府及有关部门更好地做好工作，确保全市深入学习实践科学发展观活动和“发展环境优化年”活动取得实效，常委会组织百名全国和省、市人大代表对与经济发展密切相关的16个部门和单位贯彻落实中央和省市委扩大内需、促进经济增长的一系列政策措施工作情况进行了评议，促进相关部门树立大局意识，强化服务职能，提高办事效率，积极争项目、跑资金，创造更加有利于经济发展的环境，最大限度地降低金融危机带来的影响，推动全市经济平稳较快增长。为加快我市基础设施建设，常委会先后审议批准市政府关于城市改造、防潮堤、疏港公路、2×3万吨级散杂货码头、滨州市文化中心等重大工程项目向银行贷款的议案，抓住了融资机遇，缓解了资金短缺，推进了重大基础设施建设。同时加强对资金使用管理情况的监督，规范资金用途，提高使用质量，规避财政风险，为打造“四环五海、生态滨州”、“粮丰林茂、北国江南”两个品牌，创造了有利条件。为促进中小企业的健康发展，常委会对贯彻实施中小企业促进法和中小企业促进条例情况进行了执法检查，提出了健全服务体系、落实优惠政策、支持企业自主创新、加强技术人才培养、解决融资难等建议，市政府强化领导，加大措施，完善扶持政策，有力地促进了中小企业平稳较快发展。为推动党的十七届三中全会精神的贯彻落实，常委会听取审议“三农”工作及新农村建设情况的报告，促进了农村工作体制机制的完善和强农惠农政策的落实。资源环境问题始终是常委会监督的工作重点，连续几年着重加强节能减排工作的监督，持续开展“滨州环保世纪行”活动，发挥社会媒体的舆论监督作用，推动了资源节约型环境友好型社会建设。

（二）围绕保障改善民生促进社会和谐加强监督。坚持以人为本，促进解决民生问题。特别是把就业摆在更加突出的位置，强化以创业带动就业工作的监督。市政府及有关部门采取积极措施，努力扩大就业，推动了以创业带动就业工作的深入开展。针对拆迁等方面群众关注的问题进行视察，听取审议市政府关于城市改造与建设情况的报告，促进政策落实，推行和谐拆迁，优化人居环境，提升了城市品位。加强对社会救助、城乡低保、复退伤残军人、优抚安置、福利慈善事业等方面的监督，强化服务保障，改善和提高困难群体基本生活及特殊群体供养能力，维护了民权民利。面对突如其来的“甲流”疫情，开展传染病防治法执法检查，防止“甲流”等重大传染病暴发流行，保障了人民群众的身体健康。积极开展农产品质量安全法执法检查，依法监督农产品质量安全方面存在的突出问题，促进了农村经济发展和社会稳定。常委会倍加重视食品药品安全，听取审议市政府关于食品药品安全工作情况的报告，提出要进一步提高监管水平，建立长效监管机制，关注基层农村食品和用药安全，切实维护人民群众的身心健康等意见和建议，保障了人民群众的切身利益。

（三）围绕促进依法行政和公正司法加强监督。深入开展执法责任制和“行政执法相对人监督评议行政执法人员”工作，结合依法治市和法治政府建设，加强对行政执法部门落实执法责任制情况进行监督检查，对全市2006至2008年度三年中涌现出的优秀执法机关和优秀执法工作者进行表彰，促进了执法责任制工作的深入开展。为规范行政许可的设定和实施，保障行政机关有效实施行政管理，开展行政许可法执法检查，督促有关部门进一步清理和规范行政许可和非许可服务事项、开通重大投资项目绿色通道、推进网上审批和电子监察，坚持依法行政，提高工作效率，优化了发展环境。加强对落实“五五”普法和依法治市规划情况的监督检查，进一步提高全民法律意识，加强基层基础工作，强化保障机制，促进了依法治市。为加强平安滨州建设，听取审议市政府关于社会治安工作情况的报告，有针对性地提出意见和建议。市政府高度重视，加大综合治理力度，构建社会治安防控体系，确保了全运会滨州赛区安全，维护了社会稳定。对全市法律服务工作进行了调研，提出了加强律师队伍建设、维护律师良好的执法环境、加大法律援助经费保障力度和理顺基层司法所管理体制等意见和建议，促进了全市法律服务水平的提高。加强对山东省民族工作条例实施情况的监督检查，促进民族宗教和睦与社会和谐。为从制度和机制上促进公正司法，组织市人大代表旁听市法院庭审，开展加强法律监督工作专题调研，督促审判机关和检察机关建立健全各项制度，完善内部监督机制，取得了积极成效。常委会坚持把人大信访作为拓宽监督司法机关渠道、构建和谐社会的基础性工作，高度重视，常抓不懈。一年来，受理人民群众来信来访 223 起、744 人次，同比分别下降 54.9% 和 9%。针对涉法涉诉、土地征用、房屋拆迁、医疗教育、社会保障、环境保护等群众反映集中的问题，加大交办和督办力度，督促有关部门依法按政策处理，推动一批疑难复杂信访案件的解决，为促进社会稳定发挥了积极作用。在联合接访和处访中，公检法机关自觉地把办理信访案件与加强队伍建设、改进工作作风、提高办案质量结合起来，延伸和扩大了联合接访的效果。

二、全面强化服务保障，充分发挥代表作用

常委会认真贯彻代表法，把做好代表工作作为密切与人民群众联系、提高履职水平的一项重要基础性工作，着力提高服务质量，支持和保障代表依法执行职务，充分发挥代表作用。

（一）注重发挥代表模范带头作用抓培训。采取多种形式，加强代表学习和履职培训。代表们通过学习人大制度、宪法及有关法律法规，掌握履行代表职责的程序，为依法执行职务、参与管理国家事务奠定了良好基础。及时向代表通报情况、寄送资料，扩大代表知情知政渠道。组织开展集中视察和专题调研，坚持邀请代表列席常委会会议、参加视察和执法检查，扩大代表对常委会工作的参与。坚持常委会组成人员分工联系代表制度，听取代表和群众意见。加强对代表依法履职和模范作用的宣传，为代表执行职务提供舆论支持。通过代表做好宣传工作，把党和国家的方针政策和各级党委的决策部署及时贯彻到基层，并以自身的模范行为，宣传群众、教育群众、示范群众，调动人民群众的积极性和创造性。

（二）注重发挥代表桥梁纽带作用聚民意。人大代表与人民群众保持着密切的联系，是党和国家联系群众的重要渠道。常委会通过代表了解群众的要求和期盼，了解群众的工作和生活，了解社情民意，及时把群众的意愿反映上来，推动国家机关改进工作，解决群众关注的热点难点问题，密切党群干群关系。围绕全市经济社会发展的重大问题，召开人大代表座谈会，广泛听取代表的意见，为市委科学决策提供依据。

（三）注重处理代表重点议案建议强督办。代表提出议案建议是充分发挥代表作用的重要途径。常委会为加强代表议案建议的办理工作，开展议案办理“回头看”活动，专门召开了代表建议办理工作会议，明确任务，落实措施。对城区集中供暖、公路危桥维修改造、美国白蛾防治、河道污水治理、公共消防栓建设等人民群众最关心、最直接、最现实的利益问题作为重点督办建议，实行常委会领导分工负责制，跟踪督办，以此推动代表建议办理工作。市政府及有关部门高度重视，积极主动，狠抓落实，办理质量和效率有了新的提高，受到了代表及群众的好评。截止去年 12 月底，69 件建议已全部办理完毕，办复率 100%。其中，建议所提问题已经解决或基本解决的 35 件，占 50.72%；正在解决的 19 件，占 27.54%；所提问题因目前条件限制或其他原因需要以后解决的 15 件，占 21.74%。从代表反馈的情况看，98% 的代表对办复结果表示满意或基本满意。

一年来，常委会依法决定任免人大机关和“一府两院”工作人员 87 名，体现了党的主张与人民意志的统一，为全市改革开放和现代化建设提供了组织保障。

三、切实加强自身建设，努力提高履职能力

常委会高度重视自身建设，把思想政治建设摆在首位，坚持正确政治方向，以此引领人大各项工作。

（一）开展学习实践活动，努力提升思想境界。扎实开展学习实践科学发展观活动。坚持用邓小平理论和

“三个代表”重要思想武装头脑，深刻理解和把握党和国家的方针政策，深刻理解和把握市委的决策部署，统一思想，提高认识，从人大的特点和定位出发，深入研究做好新形势下人大工作的思路和措施，不断增强党的领导意识、大局意识、民主法制意识、群众意识和责任意识。坚持以服务科学发展、努力提高集体参谋助手和服务保障水平为载体，建立健全改进工作的长效机制，以素质能力建设为重点全面加强机关干部队伍建设，努力创建学习型、和谐型、服务型、节约型机关，调动了干部职工的积极性、主动性、创造性。

（二）加强联系与合作，凝聚创新发展合力。坚持密切联系、加强指导、强化服务的原则，重视对基层人大工作的指导，通过召开对口会议、专题调研、邀请参加外出考察等形式，加强与各县区人大常委会的联系。积极配合全国和省人大常委会开展执法检查和立法调研工作，自觉接受省人大常委会指导。加强对外联系，接待了韩国高阳市议会友好访问团，增进相互了解，扩大共识，促进了双方交流与合作。加强与“一府两院”的沟通协调，召开市人大与“一府两院”联席会，互通情况、交换意见，形成了齐心协力谋发展促和谐的良好氛围。

（三）强化调研宣传工作，营造良好舆论氛围。常委会把调查研究作为依法履职的基本方法，紧紧围绕全市工作大局开展专题调研，深入体察民情，充分反映民意，广泛集中民智，撰写了21篇调查报告，为市委科学决策和常委会依法履职提供了参考依据。加强人大制度的理论研究和工作研究，形成了一些有价值的研究成果。坚持正确的舆论导向，加强与市委宣传部和新闻媒体的合作与联系，出台了加强和改进人大宣传工作的意见。组织开展人大好新闻评选活动。举办学习《监督法》知识竞赛，编纂印发《滨州人大纪实》。认真办好《滨州人大》《滨州市人大常委会公报》和滨州人大网站，充分运用网络、电台、电视台、报刊等媒体资源，深入宣传人民代表大会制度和民主法制建设。

各位代表，过去一年常委会工作取得的成绩，是在中共滨州市委领导下，全体市人大代表、常委会组成人员、各工作机构辛勤工作的结果，是“一府两院”密切配合的结果，也是各县区人大和全市人民大力支持的结果。在此，我代表市人大常委会，向大家表示衷心的感谢！我们也清醒地认识到，工作中还存在一些不足。监督工作的针对性与实效性还不够强，代表议案和建议的办理质量还不够高，代表工作的形式与机制还不够完善，常委会自身建设需要进一步加强。对此，我们要高度重视，在今后的工作中认真加以解决。

各位代表，2010年是实施“十一五”规划的最后一年，也是为“十二五”规划奠定良好基础的关键一年。常委会工作的总体要求是：高举中国特色社会主义伟大旗帜，以邓小平理论和“三个代表”重要思想为指导，深入贯彻落实科学发展观，全面贯彻党的十七大、十七届三中、四中全会精神，按照中央和省市委的决策部署，围绕大局，贴近中心，依法履行各项职责，积极主动地开展工作，努力促进全市经济社会又好又快发展。具体做到“五个突出”。

一、突出监督工作。常委会要紧紧围绕全市科学发展大局，着眼于督促和支持“一府两院”工作，着力推动带有根本性、全局性和人民群众普遍关注问题的解决，不断增强监督工作的针对性和实效性。一是积极推进经济发展方式转变和经济结构调整。围绕黄河三角洲开发、蓝色经济区建设，特别是基础设施建设、城乡规划、高新技术产业发展、现代服务业政策措施实施情况进行视察调研，提出有针对性的意见和建议，推进产业结构、投入结构、财税结构优化升级和经济发展方式转变。加强对融资使用情况的监督检查，切实发挥融资在保增长、调结构、惠民生中的作用。二是加强对关系群众利益和社会关注的就业、教育卫生、社会保障、敬老养老等工作的监督检查，推动民生问题的解决；围绕生态滨州建设，组织对节能减排工作专题调研，开展滨州环保世纪行活动，确保经济发展与环境保护同步推进。三是坚持把保持社会和谐稳定放在突出位置，把民主法制建设作为根本任务，扎实开展执法责任制和“行政执法相对人监督评议行政执法人员”工作，加强对审判机关和检察机关的监督，促进依法行政和公正司法。深化完善人大联合接访工作，加大督查督办力度，化解社会矛盾，维护社会和谐稳定。

二、突出代表工作。常委会要围绕充分发挥代表作用这一主题，进一步加强代表工作，密切联系代表，紧紧依靠代表，努力为代表联系群众、开展活动、执行职务创造条件。要发挥好代表在贯彻党的路线方针政策，落实市委决策部署等方面示范带头作用，开展评选“五个一带头”先进代表和优秀代表小组活动，完善代表履职带头的激励机制，进一步增强代表的主动性和创造性。要强化代表履职参政，提高代表议政能力。拓宽代表知情知政渠道，扩大代表对常委会工作的参与，落实好保障代表依法执行职务的各项措施。认真做好代表建议办理和督办工作，完善机制，提高质量，更好地调动代表依法履职的积极性，把代表凝聚到一心一意谋发展，齐心协力建和谐上来。

三、突出调查研究。坚持把调查研究作为依法履职的基本方法和有效措施，围绕市委的决策部署，着眼于当好参谋助手，开展高质量的调研活动，力求更好地为市委中心工作服务。围绕提升人大决策水平，加强对常委会审议议题的调研，特别是在听取和审议专项工作报告和决定重大事项之前，针对有关问题进行专题调研，为常委会行使职权提供参考，增强常委会决策的科学性和民主性。围绕促进法律法规实施抓调研，增强执法检查实效。围绕政府着力推动的工作抓调研，促进政府工作顺利开展。

四、突出配合支持。坚持把监督与支持结合起来，寓支持于监督之中，从支持的角度思考问题、开展工作，积极为“一府两院”营造良好的工作环境。在确定常委会年度工作计划前，召开市人大与“一府两院”联席会议，征求意见，互通情况，增进了解，使人大常委会和“一府两院”的工作安排与市委的总体工作部署一致起来，人大常委会的工作重点与“一府两院”着力推进的工作一致起来，维护人民群众的根本利益与支持“一府两院”的工作一致起来，营造齐心协力共谋科学发展的良好氛围。进一步加强与上级人大的联系，积极争取工作上的指导；加强与下级人大的联系，帮助解决工作中的实际问题，努力把上下左右的关系协调好，把方方面面的力量凝聚好，形成在市委的坚强领导下，各地方国家机关同步合拍、步调一致干事业的良好局面。

五、突出自身建设。巩固学习实践科学发展观活动成果，认真学习中国特色社会主义理论，学习党和国家方针政策，牢牢把握人大工作正确政治方向，自觉服从和服务于全市工作大局。认真学习宪法法律、人大理论知识，切实增强坚持和完善人民代表大会制度的坚定性和自觉性。努力转变工作作风，深入实际了解民意、集中民智，提高常委会的审议质量。加强常委会机关建设，不断完善工作制度和机制，努力营造人大机关勤政廉洁、风清气正的工作氛围，始终保持昂扬向上、奋发进取的精神风貌，切实把市人大建设成为为民谋利的地方国家权力机关，依法履职的工作机关，联系群众的代表机关。注重加强和改进人大宣传工作，不断提高人大宣传和理论研究工作质量，为人大工作创新发展提供思想保证和舆论支持。

各位代表，滨州的发展前景无限美好，追赶超越的光荣使命催人奋进。让我们紧密团结在以胡锦涛同志为总书记的党中央周围，在中共滨州市委的坚强领导下，振奋精神，锐意进取，团结一心，扎实工作，充分发挥地方国家权力机关的职能作用，为实现全市“十一五”时期经济社会发展目标，精心打造“四环五海、生态滨州”、“粮丰林茂、北国江南”两个品牌，建设富裕、文明、和谐的新滨州作出新的更大的贡献！

第九届人民代表大会第五次会议

滨州市人民代表大会常务委员会工作报告

——2011 年 1 月 20 日在滨州市第九届人民代表大会第五次会议上

滨州市人民代表大会常务委员会常务副主任　曹兴宽

各位代表：

我受邓向阳主任的委托，代表滨州市人大常委会，向大会作工作报告，请予审议。

2010 年是滨州撤地设市 10 周年，也是市人大常委会设立 10 周年。一年来，在中共滨州市委的坚强领导下，常委会坚持以邓小平理论和“三个代表”重要思想为指导，深入贯彻落实科学发展观，围绕大局履行职责，抓住重点助推发展，凝心聚力促进和谐，为推进全市经济、政治、文化、社会和生态文明建设作出了积极贡献。

一、把握工作大局,全力推进经济又好又快发展

常委会紧扣科学发展主题,坚持抓重点、议大事、促发展,充分发挥职能作用。

(一)围绕实施国家战略加强监督。黄河三角洲高效生态经济区建设上升为国家战略,给滨州发展带来了千载难逢的历史性机遇。为促进这一国家战略的贯彻落实,常委会听取审议市政府关于加快黄河三角洲高效生态经济区开发建设情况的报告,组织省、市人大代表进行视察,积极推进黄河三角洲开发建设。为使城乡建设总体规划与黄河三角洲总体规划相衔接,对《城乡规划法》执行情况进行监督检查,深入市直和县区20多处交通要道、城镇乡村实地查看,召开代表座谈会,提意见,定措施,确保城乡发展规划与黄河三角洲开发规划协调一致、规划引领、城乡同步。为突出黄河三角洲和山东半岛蓝色经济区生态特色,开展《海洋环境保护法》和《海域使用管理法》执法检查和专题调研,推进蓝色经济区和黄河三角洲高效生态经济区建设。

(二)围绕转变发展方式加强监督。把实施名牌战略作为调结构促升级的重要措施,开展《商标法》执法检查,督促政府进一步加大政策引导和资金扶持力度,加强商标管理队伍建设,修订完善商标品牌战略规划,制定实施方案,营造重品牌、创品牌、保品牌的社会氛围。把科技创新作为调结构促升级的关键环节,加强对《科学技术进步法》实施情况的监督,优化自主创新环境,推动多元化科技投入体系和科技人才队伍建设,为科技创新增加了动力。把节能减排作为调结构促升级的着力点,深入开展"滨州环保世纪行"活动和节能减排调研,促进资源节约型和环境友好型社会建设。

(三)围绕突破发展难题加强监督。针对我市经济发展较快、资金相对短缺的实际,围绕健全金融发展的体制机制和政策措施、优化金融生态环境开展专题视察,促进金融产业发展和融资平台建设,完善区域金融服务体系,为经济发展提供资金支撑。针对基础设施建设融资需求,及时作出决议决定,努力保障基础设施建设顺利推进。加强对常委会批准的项目贷款使用情况的监督,确保贷款资金使用安全高效。针对我市基础设施薄弱和农村公路建设中存在的问题,加强港口、铁路等基础设施调研视察,听取审议市政府关于全市农村公路建设情况的报告,着力推进规划、机制、资金等问题的解决,促进了基础设施和农村公路建设。

常委会依法加强对市九届人大四次会议批准的计划和预算的监督,审议计划、预算执行情况报告和审计工作报告,针对发现的问题,督促有关部门分析原因,认真整改,并及时听取整改工作情况报告,促进了计划和预算的执行,实现了全年预期目标。

二、高度关注民生,切实保障群众根本利益

常委会牢固树立宗旨意识,把群众的满意度作为衡量工作的标准,做到感情贴近群众、决策依靠群众、监督惠及群众,最大限度地为群众谋利益。

(一)着力促进难点问题的解决。从统筹城乡发展出发,加强对"三农"工作的监督,深入乡村和农业龙头企业,调研农业生产和农民增收情况,听取审议市政府关于全市统筹城乡发展和"三农"工作情况的报告,推动落实强农惠农政策,完善农村社会化服务体系,提升农业综合生产能力。在发生严重洪涝灾害的情况下,实现了农民收入持续稳定增长。坚持把解决就业难问题作为办实事、惠民生的重点进行跟踪监督,组织开展《就业促进法》《山东省就业促进条例》执法检查,对就业服务机构、劳动力市场、部分高校和企业进行视察,促进了公共就业服务体系建设和就业局势稳定。

(二)着力促进焦点问题的解决。教育是人民群众最为关心的焦点问题。常委会围绕推进教育均衡化,对《义务教育法》贯彻实施情况进行了监督检查,结合全市教育发展现状和人民群众对优质教育的需求,从加大对农村义务教育投入、促进师资队伍均衡发展、提高教育质量入手,提出有针对性的意见建议,促进义务教育均衡发展和教育水平提高。为统筹城乡卫生事业发展,对城乡社区卫生体系建设情况进行调研,加快全市城乡社区卫生服务体系建设。结合办理代表议案,视察养老服务工作,推动养老服务体系建设和全市养老服务社会化工作的开展。

(三)着力促进热点问题的解决。围绕城市居民普遍关心的集中供暖问题开展调查研究,组织代表视察,召

开座谈会，广泛听取生产企业、供热公司和用户的意见，深入研讨城区集中供暖的现状和问题，借鉴外地经验提出意见建议。市政府高度重视，成立专门班子，强化组织协调，加大供暖设施建设改造力度，启动供暖管理体制改革，全面提升供暖服务质量，收到了良好的社会效果。公共交通与城乡居民生活息息相关，成为近年民生热点问题。常委会专题听取工作汇报，推动城乡公交运行体制改革，促进公交事业快速发展，较好地满足了人民群众的出行需求。

三、注重法治建设，努力维护社会公平正义

常委会认真贯彻依法治国基本方略，促进公正司法和依法行政，加强民主政治建设，努力营造良好法治环境。

（一）加强司法监督，促进公正司法。针对行政诉讼工作中存在的立案难、撤诉率高、群众“告官不见官”等问题，常委会听取审议市中级人民法院关于开展行政审判工作情况的报告，对法院做好行政案件立案、审判、执行工作提出了明确要求，支持法院依法独立、公正、及时审理案件，切实解决行政执法中存在的问题，提高了行政机关工作人员的法治意识，维护了公民的合法权益。组织市人大代表旁听市法院庭审活动，促进了审判工作的开展。听取审议市人民检察院关于开展法律监督工作情况的报告，督促检察机关进一步完善工作机制，积极探索新的监督途径和方法，全面加强和改进法律监督工作，为经济社会发展提供法制保障。

（二）推动规范执法，促进依法行政。为促进政府部门依法行政和勤政廉政，把市委决策部署和人大决议决定落到实处，开展了对市公安局、市教育局等13个市政府组成部门主要负责人的述职评议工作。组成5个述职工作调查组，深入有关部门，召开座谈会，广泛征求意见，常委会听取述职报告，并进行满意度测评。通过述职，进一步完善了人大与政府之间协作配合的工作机制，把对人监督和对事监督结合起来，增强了任命干部对人大负责受人大监督的法律意识、责任意识和公仆意识。听取审议市政府关于“五五”普法规划落实情况的报告，强化工作措施，狠抓工作落实，推动普法教育和依法治理向纵深发展。深入推进执法责任制工作，持续开展“行政执法相对人监督评议行政执法人员”活动，促进依法行政和规范执法。

（三）维护社会稳定，促进社会和谐。常委会把促进社会和谐稳定放在突出位置，组织开展校园周边环境治理工作视察，促进未成年人保护工作开展，营造未成年人安全快乐、健康成长的社会环境。民族宗教问题事关民族团结，对民族宗教政策落实情况进行了专题调研，强化政策措施，维护少数民族合法权益，推动民族宗教工作健康发展。扎实有效地实施联合接访，认真受理人民群众来信来访，通过转办、交办和重点督办，督促有关部门依法解决群众反映的实际问题和历史疑难案件。一年来，共受理人民群众来信来访162起、475人次，处结率达95%以上，促进了社会和谐稳定。

四、发挥代表作用，倾心凝聚追赶超越合力

常委会坚持把做好代表工作作为一项基础性工作来抓，不断改进工作方法，完善工作机制，提高工作实效，努力为代表履行职务提供服务保障。

（一）密切联系，丰富服务代表履职内容。不断加强与代表的联系，及时向代表通报情况信息，寄送资料报刊，拓宽代表知情知政渠道。组织开展集中视察和专题调研，坚持邀请代表列席常委会会议、参加视察调研和执法检查活动，进一步扩大了代表对常委会活动的参与。坚持常委会组成人员分工联系代表制度，及时了解代表意见和建议，帮助解决代表履职中遇到的困难和问题。认真组织驻滨全国人大代表、省人大代表和市人大代表的视察调研活动。

（二）激励引导，提升代表依法履职水平。重视代表活动载体建设，举办全市基层人大干部培训班，督促指导代表小组开展活动，促进代表小组活动规范化和制度化。建立完善代表工作激励机制，深入开展市人大代表向选举单位述职及评选优秀市人大代表和先进代表小组活动，督促和激励代表更好地履行职责。在本次人代会上，将对评选出的55名优秀市人大代表和8个先进代表小组进行表彰，增强全社会的代表意识，推动代表工作扎实开展。

（三）注重实效，认真办理代表议案建议。不断加大代表议案和建议办理力度。深入开展议案办理“回头看”活动，对市八届人大确定的8201号等议案涉及到的水务一体化改革、加快发展民营科技企业等五个方面的问题，加强跟踪督办，推动了相关工作的深入开展。对九届人大四次会议期间代表提出的议案及建议、批评和意见，落实到常委会工作部门，进行协调督办，并确定了9件建议实行重点督办。市政府认真办理，办结情况及时向常委会报告，办理结果逐件答复代表，办理工作质量不断提高。

五、加强自身建设，不断提高依法履职能力

常委会以打造决策科学、运转高效、作风优良、廉洁勤政、充满活力的地方国家权力机关为目标，不断加强自身建设。

（一）加强学习培训，提升综合素质。坚持中心组学习制度和机关学习制度，学习党的路线方针政策，学习宪法法律和人大业务知识，学习经济管理和科学文化知识，努力适应新形势新任务的要求。注重改进学习培训形式，把学习交流和参观考察相结合，会前学法和集中学习相结合，着力提高常委会组成人员的决策能力。注重机关干部的教育培养和管理使用，在学习培训中提升素质，在工作实践中锻炼能力，努力培养一支业务精通、作风严谨、团结协作的干部队伍，增强了常委会机关的生机和活力。

（二）加强调研宣传，提高履职水平。把搞好调查研究作为依法履行职责的基本方法和有效措施，围绕经济社会发展中出现的新情况、新问题和人民群众普遍关心的热点难点问题，深入开展调查研究，了解民情、反映民意、集中民智，使常委会作出的决议决定切实可行。结合“黄河三角洲大开发，我们怎么干”解放思想大讨论活动，大力倡导求真务实、严谨细致、雷厉风行的工作作风，增强工作的针对性和实效性。注重整合宣传资源，积极利用各种宣传阵地，宣传报道人大行使职权的重要事项和活动。加强人大理论研究，及时总结推广经验，推动人大工作创新发展。

（三）加强制度建设，规范工作程序。进一步修订完善了人大各项制度规定，细化工作流程，量化工作目标，分解落实到人，使各工作部门的工作任务和职责范围一目了然、公开透明，促进了常委会工作的制度化、法制化和规范化。严格执行民主集中制，充分发挥集体智慧讨论决定问题，以规范的程序保证职权行使的严肃性，增强了决策的科学化和民主化。常委会坚持与“一府两院”联席会议制度，互通情况，交流意见，共商改革发展大计，营造了良好的工作氛围。加强与上下级人大工作联系，形成了促进发展、共同提升的工作合力。

各位代表，过去的一年，常委会寓支持于监督，重创新求实效，各项工作有了新的进展，但也存在一些问题和不足。主要是对新形势下人大工作的新情况新问题调查不够，研究不深，思想作风、工作方式还需要进一步改进；监督工作还不够到位，监督的方法还不够完善，监督的实效有待进一步增强；代表主体作用发挥还不够充分，议案建议办理质量还不够高，代表活动的形式、知情知政的渠道有待进一步拓宽。对此，我们要在今后的工作中采取有效措施，认真加以解决。

新的一年，是“十二五”开局之年，做好今年的工作事关大局，意义重大。市人大常委会要在市委的坚强领导下，深入贯彻落实科学发展观，紧紧围绕经济社会发展大局，把市委重要决策、政府着力推进、群众普遍关注的问题作为工作重点，努力在助推发展保障民生上谋划新思路，在支持转方式调结构上采取新举措，在推动民主法治建设上取得新成效，不断推动人大工作再上新水平。

一、在推进科学发展、加快追赶超越上有新作为。“十二五”《规划纲要（草案）》已经提交本次大会审议，目标任务已经明确。常委会要全面贯彻落实市委的重大决策部署，紧紧围绕全市发展大局，对重大事项，适时作出决议决定。加强对黄河三角洲开发建设和山东半岛蓝色经济区建设的监督，促进用足用活相关政策，推动滨州顺势崛起；加强对转方式调结构的监督，加快构筑现代产业体系，推动我市产业优化升级；加强对融资及政府贷款使用情况的监督，促进重大项目、重要基础设施健康发展；加强对统筹城乡发展和“三农”工作的监督，推动城乡一体化；加强节能减排、环境保护工作的监督，推进“四环五海、生态滨州”和“粮丰林茂、北国江南”建设；突出优化发展环境方面的监督，着力营造开放透明、规范有序的法治环境；加强对计划、预算执行情况的监督，保证

“十二五”规划和年度计划预算的落实。

二、在改善保障民生、促进社会和谐上有新成效。维护人民群众的根本利益和共同意志，是人大工作的出发点和落脚点。要继续把保障和改善民生作为人大工作的重点，围绕就业、社会保障、教育、医疗卫生、敬老养老等问题开展监督，围绕社会事业发展，特别是重点民生工程建设开展视察检查，把政府关注的重点和群众关心的热点结合起来，合力推动相关问题的解决。坚持把社会和谐稳定放在突出的位置，把民主法治建设作为根本任务，以平安滨州建设为主线，听取和审议市中级人民法院、市人民检察院专项工作报告，促进司法机关依法办案、公正司法。进一步加大法制宣传教育力度，加强规范性文件备案审查，开展行政执法专项检查，促进执法机关和执法人员规范执法和依法行政。深化联合接访工作，妥善处理涉法涉诉信访，维护当事人合法权益。

三、在强化服务保障、发挥代表作用上有新进展。深入开展新修订的代表法宣传活动，围绕充分发挥代表作用、提高依法履职能力，开展好闭会期间的代表活动。健全完善常委会组成人员联系代表制度，继续邀请代表列席常委会会议、参加重要活动，进一步扩大代表对常委会工作的参与，保障代表更好地为人民履行职责。积极为代表提供优质服务，不断拓宽代表活动渠道，创新代表活动方式，丰富代表活动内容，更好地发挥代表作用。加强对代表建议的综合分析，着力引导代表提高建议质量，不断提高办理工作质效。组织代表和代表小组开展“创先争优”活动，总结交流代表工作经验，大力宣传代表的典型事迹，激励代表在黄河三角洲开发建设中模范带头、建功立业、多做贡献。

四、在加强自身建设、强化素质能力上有新提高。把理论武装摆在更加突出的位置，认真学习党和国家的方针政策，牢固树立党的观念、大局观念、群众观念和法治观念，认真学习宪法法律、人大理论和业务知识，提高依法履职的能力和水平，进一步增强做好人大工作的责任感和使命感。大力弘扬真抓实干的工作作风，加强调查研究，努力实现决策民主化、科学化和规范化。加强机关干部队伍建设，完善工作制度，规范办事程序，提高办事效率，更好地发挥机关的服务保障作用，努力开创人大工作新局面。

各位代表，时代赋予我们重任，人民寄予我们厚望。让我们紧密团结在以胡锦涛同志为总书记的党中央周围，高举中国特色社会主义伟大旗帜，在中共滨州市委的坚强领导下，积极发挥地方国家权力机关的职能作用，振奋精神，抢抓机遇，科学务实，积极作为，为建设富裕文明、和谐幸福的现代滨州，创造黄河三角洲更加光辉灿烂的明天而努力奋斗！

第十届人民代表大会第一次会议

滨州市人民代表大会常务委员会工作报告

——2012 年 2 月 28 日在滨州市第十届人民代表大会第一次会议上

滨州市人民代表大会常务委员会常务副主任　曹兴宽

各位代表：

我受邓向阳主任的委托，代表市九届人大常委会，向大会报告工作，请予审议。

市九届人大常委会自 2008 年 1 月任期以来，在中共滨州市委的坚强领导下，高举中国特色社会主义伟大旗帜，深入贯彻落实科学发展观，围绕中心，服务大局，团结奋进，锐意进取，认真履行宪法和法律赋予的职责，为促进经济平稳较快发展与社会和谐稳定作出了应有的贡献。

一、统一思想认识，增强做好人大工作的责任感和使命感

市九届人大常委会继承和发扬历届人大常委会的好思想、好作风、好经验，认真学习宪法和法律，深入研究人民代表大会制度理论，深刻认识人民代表大会制度是我国根本政治制度，是人民当家作主的根本途径和最高实现形式；深刻认识坚持和完善这一制度是发展社会主义民主政治、坚持依法治国方略、建设社会主义政治文明

的重要任务；深刻认识人大及其常委会作为实施人民代表大会制度的权力机关，肩负着凝心聚力、推动科学发展、促进社会和谐不可替代的作用，从而进一步增强了坚持和完善人民代表大会制度的自觉性和坚定性，进一步增强了做好新形势下人大工作的责任感和使命感。在工作中坚持了一个原则，做到了三个主动。

（一）坚持一个原则。就是坚持党对人大工作的领导。常委会认真贯彻市委的决策部署，从全局的高度制定计划、开展工作，使人大工作始终与党委中心工作同步合拍，协调一致，自觉把人大工作置于党委的领导之下。坚持党的领导和发挥地方国家权力机关作用的统一，对党负责和对人民负责的统一，依法行使职权，确保党的主张经过法定程序成为国家意志，变为全市人民的自觉行动，从法律上和制度上保证了市委决策的贯彻实施。

（二）做到三个主动。一是主动贴近市委的中心工作。常委会突出第一要务，努力找准人大工作服务经济社会建设的切入点和着力点；自觉参与市委重点工作、重点任务和重大项目建设；抓住全市改革发展稳定中的重大问题，适时作出决议决定，确保市委中心工作顺利开展。二是主动支持“一府两院”工作。常委会坚持监督就是支持的理念，加强与“一府两院”的沟通联系，自觉把监督与支持结合起来，寓支持于监督之中，用支持的理念考虑监督，以支持的方式开展监督，从支持的角度部署监督，做到既敢于监督，又全力支持，使监督的过程成为统一思想、形成共识的过程，成为相互理解、彼此支持的过程，成为凝聚人心、创新实干的过程，形成了在市委的领导下，各国家机关相互支持、密切配合、各尽其责的良好氛围。三是主动维护人民群众的切身利益。常委会坚持“凡是群众期盼的就是我们要干的，凡是群众要求的就是我们要抓的，凡是群众不满的就是我们要管的”原则，把关系改革发展稳定大局和人民群众切身利益的问题作为人大工作的重点，紧紧围绕人民群众普遍关注的经济发展、安全稳定、社会保障、环境保护、民主法制建设中的热点难点问题开展工作，广泛听取代表和人民群众的意见建议，使人大工作体现人民群众的意志，维护好人民群众的根本利益。

二、积极履行监督和重大事项决定职责，促进经济社会科学发展

常委会认真贯彻《监督法》，紧紧围绕全市改革发展稳定的重大问题，切实履行法定职权，依法决定重大事项，着力增强监督实效。市九届人大常委会任期以来，召开常委会会议 29 次，做出了 16 项决议、决定，听取审议专项工作报告 33 个，组织视察调研 29 次，对 24 部法律法规的实施情况进行了执法检查。

（一）大力推动经济发展。常委会根据经济社会发展的形势，对关系全局的重大事项进行审议，及时作出相应的决议决定。为加快推进富裕、文明、和谐的新滨州建设，按照市委的意见，常委会形成了《关于进一步解放思想，改进作风，创新实干，科学发展，在新起点上实现富民强市新跨越的决定草案》，提交九届人大二次会议作出决定。为支持政府拓宽融资渠道，加快推进重大项目建设，及时审议批准市政府的融资议案，全力支持市政府的融资工作，确保了一批重大建设项目的资金投入。同时加强对资金使用管理情况的跟踪监督，增强了资金使用实效。围绕全市国民经济和社会发展计划、财政预算和执行等深入开展调研，审查和批准有关报告，作出相应决议，依法促进国民经济和社会发展计划的实施，保证了市九届人大各次会议确定的经济社会发展目标的实现。

黄河三角洲高效生态经济区和山东半岛蓝色经济区两大国家战略在滨州交汇融合，给滨州发展带来了重大历史机遇。常委会连续听取审议“黄蓝”两区建设专项工作报告，认真组织执法检查和视察调研，积极推进两大国家战略的贯彻落实。开展城乡规划执法检查，确保城乡建设总体规划与国家战略规划协调一致。围绕完善区域金融服务体系开展专题视察，优化金融生态环境，促进金融产业发展和融资平台建设，为“黄蓝”两区开发建设提供资金支撑。积极推动人才发展规划和重大人才工程的实施，为“黄蓝”两区科学发展提供人才支持。

围绕加快转变经济发展方式，常委会加强监督检查，促进结构调整和产业升级。把金融危机形成的倒逼机制作为调结构促升级的战略机遇，深入调研经济运行情况，开展中小企业促进法执法检查，提出政策建议，促进经济平稳较快发展。把科技创新和品牌建设作为调结构促升级的关键环节，加强对科学技术进步法、产品质量法和商标法实施情况的监督，推动自主创新和品牌建设。把节能减排作为调结构促升级的着力点，持续加强节能减排工作的监督，组织环境保护法、节约能源法执法检查，开展“滨州环保世纪行”活动，推动了资源节约型环境友好型社会建设。

为统筹城乡发展,加强"三农"工作,常委会听取审议关于全市乡村公路建设、林业工作、新农村建设情况的报告,开展农业机械化促进法执法检查,深入调研农村水利改革、农业生产和农民增收情况,着力推进强农惠农富农政策的落实,加强农村基础设施建设,完善农村社会化服务体系,提升农业综合生产能力,为促进"粮丰林茂、北国江南"品牌的打造起到了积极作用。

(二)努力促进改善民生。常委会把群众的满意度作为衡量工作的重要标准,围绕学有所教、劳有所得、病有所医、老有所养、住有所居等关系群众利益和社会关注的热点问题开展监督,着力提升人民群众幸福指数。加强义务教育法执法检查,深入调研城乡中小学建设情况,提出有针对性的意见建议,促进义务教育均衡发展。加强对就业促进法、劳动合同法实施情况的执法检查,强化以创业带动就业工作的监督,推动实施积极的就业政策,统筹城乡就业,优化创业环境,促进了全市就业和再就业工作的开展。高度关注人民群众的身体健康和生命安全,听取审议关于食品药品安全、新型农村合作医疗工作的专题报告,组织全市餐饮安全工作调研,督促有关部门进一步提高监管水平,完善长效监管机制,保障了人民群众的切身利益。结合办理代表议案,视察养老服务工作,推动养老服务体系建设和全市养老服务社会化工作的开展。围绕城市居民普遍关心的集中供暖问题开展调研视察,提出意见建议,市政府高度重视,强化组织协调,启动供暖管理体制改革,加大供暖设施建设改造力度,收到了良好的社会效果。

(三)着力维护和谐稳定。常委会认真贯彻依法治国基本方略,促进"一府两院"依法行政、公正司法。市九届人大常委会任期以来,有计划、有重点地组织开展法律法规实施情况的执法检查,保障了法律法规在全市的贯彻执行。结合依法治市和法治政府建设,听取审议普法工作专题报告,加强对全市法律服务工作、执法责任制标准化建设和依法治市规划执行情况的监督检查,并对"六五"普法和2011－2015年依法治市规划作出决议,推动普法教育和依法治市向纵深发展。稳步推进规范性文件备案审查工作,维护法制统一。为促进政府部门依法行政,提高工作效率,把市委决策部署和人大决议决定落到实处,开展了对市政府组成部门主要负责人的述职评议和人大代表评议经济工作部门活动。通过评议,把对人监督和对事监督结合起来,促进相关部门树立大局意识,强化服务职能,优化了发展环境。

常委会不断加大司法工作的监督,组织代表旁听法院庭审,开展专题调研,督促审判机关和检察机关建立健全各项制度,完善内部监督机制。听取审议市中级人民法院关于行政审判、商事审判和执行工作情况等方面的报告,督促审判机关加强审判和执行工作,切实解决执行难问题,维护了司法权威。听取审议市人民检察院关于开展三项重点工作、查办和预防职务犯罪和法律监督工作情况的报告,督促检察机关强化工作措施,提高办案水平,更好地为经济社会和谐发展保驾护航。高度重视人大信访工作,不断深化联合接访,针对涉法涉诉、土地征用、房屋拆迁等群众反映集中的问题,加大督办力度,推动一批疑难复杂信访案件的解决,维护了群众的合法权益。

围绕创建省级文明城市,常委会开展创城专题调研和视察,听取审议关于城市改造与建设、消防及道路交通安全、社会治安等工作情况的报告,对全市实施电子政务工程、城市防汛、小城镇建设、公交运行体制改革、城乡低保和社会救助、民族宗教政策落实情况等进行监督检查,推动城乡社会事业统筹协调发展,提升了城市品位和城乡文明程度,对创建省级文明城市、建设和谐文明家园起到了积极的促进作用。

三、加强代表工作,充分发挥代表作用

常委会坚持把做好代表工作作为密切与人民群众联系、提高履职水平的重要基础,不断改进和加强代表工作。

(一)突出能力建设,发挥主体作用。采取举办培训班、专题讲座、经验交流会等方式,组织代表学习人大制度、法律法规,提高代表履职能力。及时向代表通报工作情况,寄送报刊资料,拓宽代表知情知政渠道。坚持常委会组成人员分工联系代表制度,及时了解代表意见和建议,帮助解决代表履职中遇到的困难和问题。围绕全市经济社会发展的重大问题,适时召开代表座谈会,通过代表了解群众的要求和期盼,及时把群众的意愿反映上来，发挥了代表的桥梁纽带作用。通过代表做好宣传工作，把党和国家的方针政策及党委的决策部署贯彻到基层，以自身模范行为宣传群众、示范群众，密切了党群干群关系。

（二）突出关键环节，规范代表活动。常委会积极探索新形势下代表活动制度化、规范化和常态化的有效途径，制定了《关于加强和规范人大代表活动的若干意见》，认真组织驻滨全国人大代表、省人大代表和市人大代表集中视察与专题调研，不断加强与代表的联系，督促指导代表小组开展活动，提升了代表工作实效。不断扩大代表对常委会工作的参与，坚持邀请代表列席常委会会议、参加视察调研和执法检查，为代表履职创造条件。健全完善代表工作激励机制，深入开展代表“五个一带头”、市人大代表向选举单位述职、评选优秀市人大代表和先进代表小组活动，督促和激励代表更好地履行职责，主动接受选举单位和人民群众的监督，推动代表工作扎实开展。

（三）突出方法创新，督办代表建议。常委会研究制定了代表建议、批评和意见办理办法、督办办法和议案处理办法，采取走访承办单位、向代表发函征询意见、组织代表视察、听取审议有关办理情况的报告等方式，不断提高代表建议办理实效。对城市集中供暖、公路危桥维修改造、河道污水治理、公共消防栓建设等事关群众利益的现实问题作为重点，实行常委会领导分工负责和各工作委员会对口督办制度，加强与承办部门的联系，及时沟通情况，协调推进。着力加强议案跟踪督办工作，开展议案办理“回头看”活动，推动了相关工作的深入开展。在“一府两院”重视和各承办部门共同努力下，本届人大代表提出的议案、建议办理质量和效率有了明显提高。

（四）加强组织指导，搞好换届选举。常委会高度重视市县乡换届选举工作，制定了《关于做好全市县乡两级人大换届选举工作的意见》，召开了换届选举工作会议、领导小组联席会议和换届选举宣传工作会议，举办了选举工作骨干培训班。常委会各位副主任分别担任换届选举指导组组长，对县乡换届选举工作进行督查指导，及时协调解决换届选举工作中的有关问题。各选举单位坚持党的领导，严格依法办事，周密部署，加强指导，确保了县乡人大和市人大代表换届选举工作依法、民主、有序推进，为坚持和完善人民代表大会制度提供了组织保障。

四、加强自身建设，不断提高工作水平

常委会以打造决策科学、运转高效、作风优良、廉洁勤政、充满活力的地方国家权力机关为目标，不断加强自身建设。

（一）加强学习，增强履职能力。扎实开展深入学习实践科学发展观和解放思想大讨论活动，不断增强党的领导意识、大局意识、民主法制意识、群众意识和责任意识。坚持理论学习制度，学习党的路线方针政策，学习法律法规和人大业务知识，学用结合，讲求实效，着力提高常委会组成人员的履职能力。加强人大机关干部的培养和使用，不断完善改进工作的长效机制，在学习培训中提升素质，在工作实践中锻炼能力，努力提高服务保障水平，增强了人大机关的生机和活力。

（二）改进作风，树立良好形象。深入开展“创先争优”活动，大力倡导求真务实、严谨细致、雷厉风行的工作作风。围绕经济社会发展大局、法律法规的贯彻实施、群众关注的热点难点问题，坚持每年确定一批重点课题开展调研，增强了工作的针对性和实效性。不断加强廉政建设，严格落实党风廉政建设责任制，树立为民务实清廉的良好形象。坚持正确的舆论导向，制定加强和改进人大宣传工作的意见，及时报道人大行使职权的重要事项，提高工作透明度，自觉接受人大代表和人民群众的监督，保证了人民赋予的权力始终用来为人民谋利益。

（三）完善制度，提高工作效率。修订完善了常委会议事规则、主任会议议事规则、常委会人事任免办法等一系列规章制度，形成了民主的议题筛选机制、深入的调查研究机制、充分的审议表决机制、全程的督查督办机制，以规范的程序保证职权行使的严肃性，增强了决策的科学化和民主化。常委会坚持与“一府两院”联席会议制度，互通情况，交流意见，共商改革发展大计，营造了良好的工作氛围。加强与上级人大工作联系，积极配合全国和省人大常委会开展执法检查和立法调研工作，自觉接受省人大常委会指导。加强与各县区人大常委会的联系，形成了促进发展、共同提升的工作合力。

人大工作实践使我们深刻体会到，要做好新形势下的人大工作，必须坚持正确的政治方向，最根本的是坚持党的领导、人民当家作主和依法治国的有机统一；必须坚持服务全市工作大局，强力助推科学发展，着力保障改善民生，努力促进社会和谐稳定；必须坚持依法履行职责，严格按照法定程序，集体行使职权，依法开展工作，努力做到监督有力、支持有效；必须坚持充分发挥代表的主体作用，尊重代表的地位，凝聚代表的智慧，支持代表的工作，努力为代表执行职务提供服务保障。这些历届积累的宝贵经验，我们要继续坚持，不断发扬光大。

在总结工作的同时，我们也清醒地认识到，常委会的工作还存在一些薄弱环节和不足之处：监督工作的针对性和实效性有待增强；代表议案建议办理质量和效率有待提高；为代表履行职责创造条件、提供服务还做得不够；常委会自身建设还需要继续加强等。对此，我们要高度重视，在今后的工作中加以改进。

各位代表，现在新一届市人民代表大会已经组成，新一届市人大常委会即将选举产生。市第八次党代会科学分析了滨州面临的形势，指明了滨州发展的方向。我们相信，在市委的坚强领导下，在全市人民的支持下，市十届人大及其常委会一定能在历届班子打下的扎实基础上，与时俱进，求实创新，不断开创工作的新局面。对今后的工作提出如下建议：

一、紧紧围绕全市工作大局，依法履行职责。常委会要全面贯彻落实市委的重大决策部署，紧紧围绕全市发展大局，对重大事项，适时作出决议决定。要着眼于督促和支持"一府两院"工作，着力推动带有根本性、全局性和人民群众普遍关注问题的解决，不断增强监督工作的针对性和实效性。要围绕"黄蓝"两区开发建设，积极推进经济发展方式转变和经济结构调整，构筑现代产业体系，推动城乡一体化进程，加快滨州追赶超越；要围绕社会事业发展，从解决群众最关心、最直接、最现实的问题入手，加强对民生工程建设的监督检查，把政府关注的重点和群众关心的热点结合起来，努力保障改善民生；要围绕加强和创新社会管理，把民主法制建设作为根本任务，把保持社会和谐稳定放在突出位置，促进依法行政和公正司法，营造开放透明、规范有序的发展环境。

二、紧紧依靠人大代表和人民群众，努力增强工作实效。常委会要围绕充分发挥代表作用这一主题，进一步加强代表工作，密切联系代表，紧紧依靠代表，积极为代表联系群众、开展活动、执行职务提供优质服务。进一步完善代表议案建议办理机制，加大代表议案建议办理力度，提高议案建议办理质量。加强对代表依法履职和模范作用的宣传，增强全社会的代表意识，为代表执行职务提供舆论支持。通过代表了解群众的要求和期盼，了解群众的工作和生活，解决群众关注的热点难点问题，密切党群干群关系。

三、进一步加强常委会自身建设，不断提高履职能力。把理论武装摆在更加突出的位置，认真学习党和国家的方针政策，学习法律法规、人大理论和业务知识，提高依法履职水平。努力改进工作作风，大力实施"效能提升工程"，深入调查研究，深化联合接访，听民声、察民情、集民智，切实维护人民群众的根本利益。重视机关干部队伍建设，加强党风廉政建设，更好地发挥机关的服务保障作用。注重人大宣传工作，进一步提高工作透明度，自觉接受人大代表和人民群众的监督，努力开创人大工作新局面。

各位代表，滨州正站在一个新的发展起点上，时代赋予我们重任，人民寄予我们厚望。让我们紧密地团结在以胡锦涛同志为总书记的党中央周围，在市委的坚强领导下，凝聚全市人民的智慧和力量，真抓实干，奋发有为，为加快建设生态滨州、美丽滨州、幸福滨州作出新的贡献，以优异成绩迎接党的十八大胜利召开！

第十届人民代表大会第二次会议

滨州市人民代表大会常务委员会工作报告

——2013年1月9日在滨州市第十届人民代表大会第二次会议上

滨州市人大常委会常务副主任　曹兴宽

各位代表：

我受邓向阳主任的委托，代表滨州市人大常委会，向大会作工作报告，请予审议。

过去的一年，市人大常委会在中共滨州市委的坚强领导下，高举中国特色社会主义伟大旗帜，以邓小平理论、“三个代表”重要思想、科学发展观为指导，坚持党的领导、人民当家作主、依法治国有机统一，认真学习贯彻党的十八大精神，围绕中心、服务大局，依法履行职责，各项工作取得新的进展，为建设生态、美丽、幸福的新滨州作出了积极贡献。

一、服务工作大局，认真履行法定职责

常委会牢牢把握主题主线，紧紧围绕“黄蓝”两区开发建设，把市委的决策部署、经济社会发展重大问题和人民群众关注的热点作为工作重点，依法决定重大事项，着力增强监督实效，充分发挥职能作用。

（一）着力推进经济平稳较快发展。常委会听取审议市政府2012年上半年国民经济和社会发展计划执行情况及预算执行情况的报告、2011年市级财政决算执行和财政收支情况的审计报告，监督计划和预算的落实，保持了经济平稳较快发展的良好态势。组织开展《统计法》执法检查，督促政府及相关企事业单位科学反映经济数据，充分利用统计结果，加强经济运行调控，确保稳增长落到实处。对港口等重大基础设施调研视察，针对基础设施建设融资需求积极开展工作，努力促进重大基础设施建设顺利推进。听取审议全市水利改革发展情况的报告，推进水利改革，完善发展机制，加大投入力度，提升水利对经济社会发展的支撑保障能力。加强对常委会批准的项目贷款使用情况的监督，确保贷款使用安全高效。

（二）着力推进转方式调结构。把创新驱动作为转方式调结构的主攻方向，对中小企业、工业园区进行视察，推动企业以自主创新引领转型升级，提升企业科技水平，增强企业竞争力。把发展现代服务业作为转方式调结构的重要内容，听取审议全市文化事业和文化产业发展情况的报告，推动文化体制机制改革，促进文化事业、文化产业共同发展。把发展现代农业作为转方式调结构的基础，开展《农业法》执法检查，对农业高科技示范园区进行视察，促进农业生产条件改善，推动农业科技园区规划建设、加大农业科技创新力度、带动全市农业现代化。

（三）着力推进生态文明建设。常委会对“黄蓝”两区开发建设工作进行视察，突出生态特色，促进环保和生态建设措施落实，推动经济发展与生态资源相协调，努力打造“四环五海、生态滨州”、“粮丰林茂、北国江南”两个品牌。坚持把改善城市环境作为生态文明建设的窗口，听取审议城区环境综合整治情况专项工作报告，进行巩固国家卫生城市视察，深入城区主次干道、市场小巷以及城中村、城乡结合部实地查看，推动城区卫生死角、违法占道经营等问题的解决，净化了城市生态环境。继续把“滨州环保世纪行”作为推进生态文明建设的重要措施，围绕水污染防治、大气环境监管、流域治理和节能减排等重大问题，加强监督检查，着力促进资源节约型和环境友好型社会建设。

（四）着力推进民生改善。教育是人民群众最为关切的问题。围绕教育投入、学校标准化建设及涉及学生安全的校舍、校车工程进行视察，提出增加财政投入、加强师资队伍、改善办学条件、消除安全隐患等意见建议，促进教育事业优先发展。保障性住房建设是政府民生重点工程，常委会进行专项调研，针对进度、质量和分配公正提出建议意见，促进科学规划，完善政策，加快建设，努力改善低收入群体居住状况。社会保障是事关民生的基本制度。常委会对城乡居民养老保险金发放情况进行视察，严格城乡居民养老保险金管理使用，确保了按时足额发放。食品安全是近几年较为集中的民生热点问题。常委会加强视察调研，督促有关部门构建流通环节食品安全监管追溯体系，加大对超市食品安全检查力度，提高监管水平，保障人民群众饮食安全。开展《价格法》《人口与计划生育法》《体育法》执法检查，依法保障群众切身利益。

（五）着力推进依法治市进程。深入推进“六五”普法，大力弘扬社会主义法治精神，努力增强全社会学法尊法守法用法意识。做好规范性文件的备案审查，确保国家机关按照法定权限和程序行使权力。扎实开展执法责任制工作，促进执法规范化、标准化建设。开展电子政务建设调研，让权力在阳光下运行。听取审议市中级人民法院关于民事审判工作情况的报告，促进法院依法审理各类民事案件，妥善化解社会矛盾纠纷，维护社会公平正义。听取审议市人民检察院关于查办和预防职务犯罪工作情况的报告，督促检察机关依法查办和预防职务犯罪，促进检察机关更好地为经济社会发展保驾护航。听取审议市政府关于宗教工作情况的报告，促进社会和谐。

积极探索深化联合接访的长效机制，认真受理群众来信来访，督促有关部门依法解决群众反映的实际问题和历史疑难案件。一年来，共受理人民群众来信来访203起、379人次，处结率达98%以上，维护了群众合法权益。

二、强化服务保障，发挥代表主体作用

常委会把发挥代表主体作用作为做好人大工作的基础和保证，不断加强和改进代表工作，努力为代表履行职务提供服务保障，代表作用进一步得到发挥。

（一）注重发挥模范带头作用。为提高新一届代表履职能力，常委会举办初任代表学习班，采取多种形式加强代表履职培训，使代表较为系统地学习了人大制度、宪法及有关法律法规，掌握了履行代表职责的程序和方法，为依法执行职务、参与管理国家事务奠定了良好基础。建立完善代表工作激励机制，加强对代表依法履职和模范作用的宣传，督促和激励代表更好地履行职责，通过代表把党和国家的方针政策贯彻到基层，并以自身的模范行为，宣传群众、教育群众、示范群众，调动人民群众的积极性和创造性。通过代表了解群众的要求和期盼，及时把群众的意愿反映上来，推动国家机关改进工作。

（二）注重改善代表履职条件。坚持邀请代表列席常委会会议、参加视察调研和执法检查，扩大代表对常委会工作的参与。不断加强与代表的联系，及时向代表通报情况信息，寄送资料报刊，拓宽代表知情知政渠道。坚持常委会组成人员分工联系代表制度，及时了解代表意见和建议，帮助解决代表履职中遇到的困难和问题。认真组织驻滨全国人大代表、省人大代表和市人大代表的视察调研活动。加强代表活动载体建设，完善代表小组活动制度，促进代表小组活动规范化和制度化。

（三）注重办理代表议案建议。常委会把办好议案建议作为充分发挥代表作用的重要途径，及时召开代表建议交办会议，明确任务，落实责任。对建议办理先进单位进行表彰，调动承办部门的积极性。加强与"一府两院"的沟通协调，完善了领导分包、委室负责、部门承办、代表监督、统一协调的议案建议办理机制。加强代表议案建议督办，采取组织代表视察、听取审议有关办理情况的报告、走访承办单位、向代表发函征询意见，对代表建议答复情况进行抽查，促进了办理效率和质量的提高。一年来，常委会依法决定任免人大机关和"一府两院"工作人员77名，体现了党的主张与人民意志的统一，为我市改革开放和现代化建设提供了组织保障。

三、加强自身建设，不断提高依法履职能力

常委会积极适应新形势、新任务的要求，不断加强自身的思想、组织、作风建设，努力提高履职能力。

（一）加强理论学习。常委会坚持中心组学习制度和机关学习制度，坚持把理论学习放在重要位置。坚持用邓小平理论、"三个代表"重要思想、科学发展观武装头脑，认真学习党和国家的方针政策，深刻理解中央和省、市委的决策部署。党的十八大召开后，把学习贯彻十八大精神作为首要政治任务，迅速作出学习部署，加强学习培训，深刻领会精神实质，统一思想认识，保持人大工作正确的发展方向。

（二）提高工作水平。在工作实践中，认真总结经验，用心把握工作规律，正确处理三个关系：一是正确处理监督和支持的关系。自觉把监督与支持结合起来，寓支持于监督之中，从支持的角度思考问题，以支持的方式开展工作，积极为"一府两院"营造良好的工作环境；常委会制定年度工作要点广泛征求"一府两院"意见，使其与"一府两院"全年工作重点内容相符、步调一致，形成在党委的领导下，人大与"一府两院"相互支持、密切配合、各尽其责、共谋发展的良好局面。二是正确处理敢于和善于的关系。既遵循监督原则，依照法律规定行使监督权；又不断改进监督方式方法，做到善于监督。坚持议大事、抓重点、求实效，综合运用听取审议工作报告、执法检查、代表视察、工作评议、规范性文件备案审查等方式进行监督，提高工作科学性。三是正确处理程序和内容的关系。人大工作法律性、程序性很强，必须严格依法按程序进行，也要力求工作程序和内容的统一，增强工作实效性。在实际工作中，注重在前期准备上下功夫，熟悉法律法规，掌握社情民意；注重在提高审议质量上下功夫，畅所欲言，充分发表意见，提高审议质量；注重在跟踪督办上下功夫，促进人大决议、决定和审议意见的落实。

（三）完善工作制度。进一步修订完善了人大各项制度规定，量化工作任务，细化工作流程，促进了常委会工作的制度化、规范化。坚持民主集中制原则，充分发挥集体智慧讨论决定问题，增强决策的科学化和民主化。坚持与"一府两院"联席会议制度,互通情况,交流意见,共商改革发展大计,营造良好的工作氛围。加强与上下级人大工作联系,形成促进发展、共同提升的工作合力。积极推进机关干部人事制度改革,开展科级干部竞争上岗,加大干部培养交流力度,选派干部到基层挂职锻炼,增强机关活力。

过去的一年,常委会各项工作有了新的进展,但也存在一些问题和不足。主要是对新形势下人大工作的新情况新问题调查不够,研究不深,思想作风、工作方式还需要进一步改进;监督工作还不够到位,监督的方法还不够完善;监督的实效有待进一步增强;代表主体作用发挥还不够充分,议案建议办理质量还不够高,代表活动的形式、知情知政的渠道有待进一步拓宽。对此,我们要采取有效措施,认真加以改进。

各位代表,2013年是贯彻落实党的十八大精神,承上启下推进"十二五"规划,实施追赶超越战略的关键之年,做好今年的工作意义重大。我们要高举中国特色社会主义伟大旗帜,以邓小平理论、"三个代表"重要思想、科学发展观为指导,全面贯彻落实党的十八大精神,按照中央和省市委的决策部署,依法履行各项职责,积极主动地开展工作,努力促进全市经济社会又好又快发展。

一、深入学习贯彻十八大精神。要把学习贯彻十八大精神作为当前和今后一个时期的首要政治任务,切实把思想统一到十八大精神上来,凝聚成科学发展、追赶超越的共识。要认真学习十八大关于加强社会主义民主政治建设的新要求和关于人大工作重要论述,切实把党的领导、人民当家作主、依法治国有机统一起来,进一步增强党的意识、大局意识、群众意识和责任意识,始终保持人大工作正确的政治方向,紧紧围绕党和国家工作大局开展工作,充分发挥权力机关作用,把学习贯彻十八大精神转化为推动人大工作的强大动力。

二、认真履行人大职责。要全面贯彻落实市委的重大决策部署,紧紧围绕全市发展大局,对重大事项适时作出决议决定,努力增强监督工作的针对性和实效性。围绕"黄蓝"两区开发建设,按照稳中求进的工作总基调,加强对转方式调结构的监督,推动我市产业优化升级;围绕统筹城乡发展,加强对"三农"工作的监督,夯实农业基础,积极稳妥推进城镇化;围绕丰富人民精神文化生活,加强对文化体制改革和文化产业发展的监督,增强文化创造活力,推动文化繁荣发展。围绕生态文明建设,加强对节能减排、环境保护工作的监督,着力推进绿色发展、循环发展、低碳发展,精心打造"四环五海、生态滨州"和"粮丰林茂、北国江南"两个品牌。围绕和谐社会建设,加强对就业、社会保障、教育、医疗卫生等问题的监督,努力保障改善民生。围绕推进依法治市,加强法制宣传教育,扎实开展执法责任制,推进依法行政,创新社会管理,维护社会公平正义。

三、充分发挥代表作用。围绕充分发挥代表作用、提高依法履职能力,开展好闭会期间的代表活动。健全完善常委会组成人员联系代表制度,继续邀请代表列席常委会会议、参加重要活动,进一步扩大代表对常委会工作的参与,保障代表更好地为人民履行职责。积极为代表提供优质服务,不断拓宽代表活动渠道,创新代表活动方式,丰富代表活动内容,完善代表联系群众制度,更好地发挥代表作用。加强对代表建议的综合分析,着力引导代表提高建议质量,不断提高办理工作实效。组织代表和代表小组开展"创先争优"活动,大力宣传代表的典型事迹,激励代表在全市经济社会发展中模范带头、建功立业、多做贡献。

四、进一步加强自身建设。认真学习贯彻中央关于改进工作作风、密切联系群众的八项规定,大力弘扬求真务实的工作作风,围绕经济社会发展大局、法律法规的贯彻实施、群众关注的热点难点问题,深入群众、深入实际,调查研究,广泛听取基层群众意见,使人大工作建立在广泛的群众基础之上,使常委会各项职权的行使更加符合人民群众的愿望和期待。保持奋发有为的精神状态,切实改进文风会风,开短会,发短文,讲真话,把精力用在办实事、求实效上。不断规范和完善各项制度,严格执行民主集中制。加强廉政建设,自觉接受代表和社会监督,确保人民赋予的权力始终用来为人民谋利益,不辜负人民的信任和重托。加强人大宣传工作,不断提升人大工作的影响力。加强机关干部队伍建设,完善工作制度,规范办事程序,提高办事效率,更好地发挥机关的服务保障作用,努力开创人大工作新局面。

各位代表,党的十八大开启了全面建成小康社会的伟大征程。时代赋予我们重任,人民寄予我们厚望。让我们紧密团结在以习近平同志为总书记的党中央周围,高举中国特色社会主义伟大旗帜,在中共滨州市委的坚强领导下，积极发挥地方国家权力机关的职能作用，解放思想，改革创新，凝聚力量，为建设生态、美丽、幸福的新滨州，创造更加光辉灿烂的明天而努力奋斗！

第十届人民代表大会第四次会议

滨州市人民代表大会常务委员会工作报告

——2014 年 1 月 13 日在滨州市第十届人民代表大会第四次会议上

滨州市人民代表大会常务委员会常务副主任　曹兴宽

各位代表：

我受张光峰主任的委托，代表市人大常委会向大会作工作报告，请予审议。

2013 年，市人大常委会在中共滨州市委的坚强领导下，全面贯彻党的十八大和十八届三中全会精神，坚持党的领导、人民当家作主与依法治国有机统一，围绕中心，服务大局，依法履行职责，各项工作取得新的进展，为建设生态美丽幸福新滨州作出了积极贡献。

一、认真履行监督职责，推动经济社会科学发展

常委会紧紧围绕全市工作大局，突出重点，加强监督，努力推动市委重大决策、重点工作的落实，促进经济社会持续健康发展。一年来，听取审议专项工作报告 11 次，组织执法检查 5 次，开展视察 6 次、专题调研 5 次。

围绕转方式、调结构加强监督。听取审议市政府关于"十二五"规划实施情况的中期评估报告，审查批准计划预算调整方案，加强计划预算执行监督，推动了重点工作和目标任务的落实。开展《商业银行法》执法检查，督促金融机构优化信贷结构，向发展战略性新兴产业、传统产业优化升级和中小企业倾斜，促进投融资结构调整。组织全市外经外贸工作调研，推进出口商品结构调整，推动优质高效项目引进，以开放促转型、促升级。对重点工业企业、重点项目建设情况进行调研视察，推动企业建立自主创新激励机制，提升重点企业、重点项目科技含量，加快项目建设进度，增强企业核心竞争力和发展后劲。开展文化事业和文化产业发展情况专题调研，提出加快发展文化产业、打造地方文化品牌、完善文化基础设施建设等意见，促进新兴服务产业发展。听取市政府关于铁路建设情况的报告，审议市级重大基础设施建设项目贷款及城投债券使用情况，推进重大基础设施建设，提高建设资金使用效益。加强对节能减排工作的监督，开展对秦台干沟等排污骨干河道治理的视察督查，组织"滨州环保世纪行"活动，发挥媒体舆论监督作用，促进资源节约型环境友好型社会建设。

围绕城乡统筹、"三农"工作加强监督。组织省《城乡规划条例》执法检查，对全市城镇化工作情况进行视察，促进规划水平、管理能力和执法水平的提高，更好地发挥规划在城乡一体化中的引领作用，推动新型城镇化建设。对《农业技术推广法》实施情况进行执法检查，完善农技推广服务体系，加大农技推广投入，为科技兴农提供支撑。对农业专业合作经济组织建设情况进行调研，深化农村改革，创新农村经营管理体制，提高农民组织化程度，加快构建新型农业经营体系。对全市县乡公路建设和农村公路"三通"情况进行视察，加大工作措施，健全乡村公路投入、建设、管理养护机制，促进乡村公路建设，改善农村基础设施。对全市基层水利服务体系建设情况进行视察，督促有关部门加强基层水利服务机构建设，统筹水利建设资金，鼓励和扶持农民用水协会发展，改善农业生产环境。

围绕改善民生、增进福祉加强监督。着眼办好人民满意的教育，组织《义务教育法》执法检查，督促政府合理配置教育资源，完善教学评价制度，全面提高教育质量。着眼维护人民群众的合法权益，组织《社会保险法》执法检查，强化部门和企业责任，确保社会保险待遇持续、有序、合理增长，推进社会保障水平提高；对《工会法》实施情况进行调研，促进《工会法》落实，保障职工合法权益。着眼让群众享受到医改成果，对我市深化医药卫生体制改革工作进行视察，进一步深化医改方案，完善公益性政策，健全全民医保体系，促进基层医改健康发展。着眼

提高人民生活质量，听取审议市政府关于实施《食品安全法》情况的报告，推动建立健全责任追究、协调联动机制，全面提升食品安全水平；开展全市道路交通安全工作情况、全市老龄工作情况视察调研，促进社会事业发展，保障群众出行安全，不断提高人民群众生活满意度。

二、加强民主法制建设，推进依法治市进程

常委会认真贯彻依法治国基本方略，不断加强民主法制建设，推进依法行政、公正司法、全民守法。

推进政府依法行政。市十届人大三次会议作出了《关于加快依法治市进程，推动滨州科学发展、追赶超越的决定》。为把《决定》落到实处，常委会加强跟踪监督，组成四个视察组，分别由常委会副主任带领，对全市贯彻落实《决定》，推进依法行政的情况进行了全面视察。采取听取工作汇报、召开座谈会、发放调查问卷等方式，认真听取各方面的意见，视察情况通过媒体全程向社会公开，针对发现的问题，提出了意见和建议。市政府高度重视，加快行政职能转变，加大政务公开力度，减少行政审批事项，推动公共资源交易制度改革，进一步优化了服务质量，改善了营商环境。继续推进全市执法责任制标准化建设，在总结试点经验的基础上，将执法责任制标准化建设逐步推开，推动政府部门标准化管理、规范化执法，打造执法责任制升级版。认真开展规范性文件备案审查工作，对市政府、各县区报备的20件规范性文件进行了审查，确保规范性文件的合法性与适当性。对部分法律法规执行情况进行了视察检查，促进了相关法律法规在全市的贯彻实施。

促进“两院”公正司法。组织人大代表旁听典型案件的庭审情况，加强对审判机关和检察机关的监督，推进审判公开和检务公开，促进司法活动在阳光下运行。听取审议市法院关于开展民事调解工作情况的报告，督促市法院进一步完善调解机制，规范调解行为，及时化解矛盾。听取审议市检察院关于推进“三项建设”工作情况的报告，督促检察机关加强执法规范化、检察信息化和基层基础建设，强化执法监督管理，规范执法行为，提高法律监督水平。深入开展联合接访，扎实做好涉法涉诉信访工作，督促有关部门依法办理信访案件，切实提高办案质量，维护了群众的合法权益。

推动全民学法守法。加强“六五”普法规划实施情况的监督，组织开展视察检查，推动普法教育进机关、进乡村、进社区、进学校、进企业、进单位，不断普及法律知识，提高全民法律意识，形成宪法至上、守法光荣的舆论氛围。坚持对人大任命国家机关工作人员，任前进行法律知识考试，任后加强监督，促进国家机关工作人员带头学法，严格依法办事，带动全社会学法守法，推进依法治市进程。

三、尊重代表主体地位，努力发挥代表作用

常委会认真贯彻代表法，着力提高服务质量，支持和保障代表依法行使职权，努力提高代表工作水平。

加强能力建设，提高代表履职自觉性。采取举办培训班、专题讲座、经验交流会等方式，组织代表学习人大制度、法律法规，提高代表整体素质。加强代表小组建设，健全代表活动制度，指导代表小组开展活动，相互学习交流，不断提高代表履职能力。督促代表联系选民，通过代表了解群众的诉求和期盼，把群众的意愿反映上来，发挥代表的桥梁纽带作用。健全完善代表履职激励机制，宣传代表依法履职、创先争优的典型事迹，激发代表依法履职的积极性。

加强联系指导，为代表履职提供服务。坚持常委会组成人员联系基层代表制度，及时了解代表工作、生活和履职情况，听取代表意见建议，帮助解决代表履职中遇到的实际问题，指导代表开展工作。坚持邀请代表列席常委会会议、参加视察调研和执法检查制度，扩大代表对常委会活动的参与。及时向代表通报情况信息，寄送资料报刊，为代表履职搞好服务。围绕结构调整、民生改善等工作重点，组织代表视察调研，发挥代表参与管理国家事务和社会事务的作用。组织人事代表系统工作人员进行学习培训，举办全市乡镇人大干部培训班，加强基层人大工作规范化建设，不断提高服务代表的能力和水平。

加强跟踪督办，提高议案建议办理实效。把办理代表议案建议作为充分发挥代表主体作用的重要途径，认真落实议案建议办理工作责任制，对代表建议的答复情况进行电话抽查，及时掌握建议办理答复进展情况。把群众关心的热点问题作为重点，加强跟踪督办，比如：完善市区路标、城区停车场规范化、办好学前教育、社区养老等建议,人大领导分工负责,组织代表视察督办,常委会听取审议办理进展情况,促进了问题的解决,改善了居民工作生活环境。

常委会认真贯彻党委意图,充分发扬民主,严格按法定程序办事,切实做好人事任免工作。一年来,任免人大机关和“一府两院”工作人员82名,为滨州经济社会发展提供了组织保障。

四、加强自身建设,提高人大工作水平

常委会坚持把自身建设作为一项基础性、经常性工作来抓,努力提高依法履职、科学履职、民主履职的能力,提升人大工作的整体水平。

一是加强理论学习。认真学习贯彻党的十八大、十八届三中全会精神和中央、省市委重大决策部署,在重大问题上努力做到政治上清醒,目标上明确,行动上自觉。紧密结合人大工作实际,采取中心组学习、机关集体学习、参加培训等多种形式,认真学习法律法规和人大业务知识,推进人大工作队伍政治素质和业务能力的全面提升。特别是把学法作为重要任务,掌握法律知识,学会依法思维、依法履职、依法办事。

二是转变工作作风。认真贯彻落实“八项规定”,增强纠正“四风”问题的主动性和自觉性,发扬亲民为民、务实高效之风,切实改进会风文风,开短会,发短文,讲真话,把精力用在办实事、求实效上。把调查研究作为转变作风的重要内容,深入基层、深入实际,听取意见、吸纳民智,找准人大工作服务大局的切入点和结合点,努力在依法履职中体现和维护人民群众的根本利益。自觉遵守厉行节约、反对浪费的各项规定,落实各项规章制度,从严控制“三公”经费支出,牢固树立勤俭节约、廉洁勤政的新风正气。不断健全完善公开、透明的工作制度,推进人大工作的公开化,自觉接受代表和群众的监督,确保人民赋予的权力更好地服务于人民。

三是密切联系合作。坚持与“一府两院”联席会议制度,互通情况,交流意见,共商改革发展大计,营造了良好的工作氛围。加强与上级人大工作联系,积极配合全国和省人大常委会开展执法检查和立法调研工作,自觉接受省人大常委会指导。加强与各县区人大常委会的联系,形成了促进发展、共同提升的工作合力。坚持以服务为宗旨,加强常委会机关建设,努力打造政治素质好、业务水平高、服务能力强的干部队伍,充分发挥参谋助手和服务保障作用。

各位代表,过去一年常委会工作取得的成绩,是在中共滨州市委领导下,常委会组成人员、各工作机构辛勤工作的结果,是“一府两院”密切配合的结果,也是全市人大代表和人民群众大力支持的结果。在此,我代表市人大常委会,向大家表示衷心的感谢!我们也清醒地认识到,工作中还存在一些不足:监督工作的针对性和实效性有待增强;代表议案建议办理质量和效率还不够高;对代表联系不够广泛深入,为代表履行职责创造条件、提供服务还做得不够;工作作风还存在一些问题、自身建设还需要进一步加强等。对此,我们将虚心听取代表意见,不断加以改进和提高。

2014年,是贯彻落实党的十八届三中全会精神、全面深化改革、实施“十二五”规划的重要一年,改革发展任务重大而艰巨。我们要高举中国特色社会主义伟大旗帜,以邓小平理论、“三个代表”重要思想、科学发展观为指导,全面贯彻落实党的十八大和十八届三中全会精神,按照中央和省市委的决策部署,依法履行职责,积极开展工作,努力促进全市经济社会又好又快发展。

一、深入学习贯彻十八届三中全会精神。要把学习贯彻落实十八届三中全会和习近平总书记系列讲话精神作为人大当前和今后一个时期的首要政治任务,把思想和行动统一到中央和省市委的决策部署上来,把智慧和力量凝聚到推动科学发展、加快追赶超越上来。要认真学习党的十八届三中全会关于“推动人民代表大会制度与时俱进”的新部署和关于加强社会主义民主政治建设的新要求,自觉坚持党的领导、人民当家作主、依法治国有机统一,以新的理论成果指导人大工作实践,努力把人民代表大会制度坚持好、完善好、发展好。

二、着力增强工作实效。要始终坚持围绕中心、服务大局,把握“两区一圈”战略机遇,全面贯彻落实市委的重大决策部署,不断更新监督理念,突出监督重点,改进监督方式,努力增强监督工作的针对性和实效性。加强自主创新、科技进步、生态节能环保、现代服务业、重点基础设施建设的监督,推进经济发展方式转变,提升发展质量和效益。加强对“三农”工作和新型城镇化的监督，夯实农业农村发展基础，推进城乡一体化发展。加强对关系群众切身利益的劳动就业、教育卫生、食品药品安全、保障性住房建设分配等民生方面的监督，推进民生改善。抓好依法治市《决定》的贯彻实施，加强法制宣传教育，落实执法责任制，推进法治滨州建设。加强对审判机关和检察机关的监督，促进公正司法，维护社会公平正义。深化联合接访，加大督查督办力度，化解社会矛盾，维护社会和谐稳定。注重人大监督、群众监督与舆论监督相结合，不断提高人大工作的实效。

三、充分发挥代表作用。要围绕发挥代表作用这一主题，进一步加强代表工作。完善代表工作机制，推进代表小组规范化建设，拓宽代表知情参政渠道；组织代表参加视察调研，适当增加代表列席常委会会议人数，扩大代表对常委会工作的参与，保障代表更好地履行职责。要提高代表议案建议办理质量，充分尊重代表意见和建议，加大督办力度，着力增强办理工作实效。要健全代表联络机构，完善代表联系群众制度，开展代表履职践诺活动，支持和保障代表密切同人民群众的联系，更好地反映广大人民群众的诉求和期盼。要引导代表多做畅通民意、化解矛盾的工作，充分发挥代表的模范表率作用，用实际行动兑现“人民选我当代表，我当代表为人民”的庄严承诺，为滨州发展凝聚人心、增添力量。

四、切实改进工作作风。要认真贯彻落实中央八项规定和省市委一系列部署，深入开展党的群众路线教育实践活动，切实转变工作作风。坚持民主集中制原则，依照法定程序，充分发扬民主，集体行使职权，不断提高科学决策、民主决策、依法决策水平。把调查研究贯穿于人大各项工作，深入基层，深入实际，使调研工作更好地反映群众要求，增强人大工作的针对性和实效性。进一步修订完善常委会审议意见、执法检查等方面的工作制度，推进人大工作规范化、科学化，不断提高工作的执行力。牢记“两个务必”，不断增强忧患意识、公仆意识和节俭意识，严格落实党风廉政责任制，自觉接受代表和群众的监督，努力做到严于律己、廉洁奉公。加强人大宣传和理论研究工作，提升全市人大工作水平。

各位代表，人民对美好生活的向往，就是我们的奋斗目标。让我们紧密团结在以习近平同志为总书记的党中央周围，在中共滨州市委的坚强领导下，振奋精神、凝聚力量，开拓进取、扎实工作，充分发挥地方国家权力机关的职能作用，为建设生态美丽幸福新滨州，谱写滨州人民更加美好生活的新篇章而不懈奋斗！

第十届人民代表大会第五次会议

滨州市人民代表大会常务委员会工作报告

——2015年2月5日在滨州市第十届人民代表大会第五次会议上

滨州市人民代表大会常务委员会常务副主任　曹兴宽

各位代表：

现在，我受市人大常委会委托，向大会报告工作，请予审议。

2014年，在市委的坚强领导下，市人大常委会深入学习贯彻党的十八大、十八届三中、四中全会和习近平总书记系列重要讲话精神，坚持党的领导、人民当家作主、依法治国有机统一，扎实开展党的群众路线教育实践活动，紧紧围绕全市工作大局，依法履行职责，积极发挥职能作用，为推进滨州经济社会发展和民主政治建设作出了贡献。

一、加强和改进监督工作，促进依法行政和公正司法

常委会认真履行法律赋予的监督职责，坚持围绕中心抓重点、服务大局促发展，改进工作方式求实效，积极回应社会重大关切，努力推动市委重大决策的贯彻落实。一年来，听取审议政府和两院专项工作报告8个；开展

执法检查、视察15项；组织专题调研9项；依法任免国家机关工作人员86人次，圆满完成了各项工作任务。

（一）围绕推动经济持续健康发展开展监督。认真贯彻落实市委“六个更加注重”的发展理念，坚持稳中求进总基调，突出转方式调结构，主动适应经济发展新常态。听取审议市政府2014年上半年国民经济和社会发展计划、预算执行情况的报告，推动全年计划、预算任务的落实，保持经济持续健康发展。听取审议2013年市级财政预算执行和其他财政收支情况的审计报告，促进预算、决算公开，强化审计查出问题的整改，增强预算监督实效，促进财政对经济社会发展的支撑保障作用。及时批准市政府重点工程项目融资建设的议案，大力支持拓宽重点项目融资渠道，努力促进重大基础设施建设顺利推进。听取审议市政府关于市级重大基础设施建设项目贷款使用情况的报告，开展《山东省审计监督条例》执行情况的调研，加强对资金使用情况的监督，规范资金用途，规避财政风险，提高资金使用绩效。开展工业企业自主创新调研，对全市科技工作、电子商务发展情况进行视察，推动企业增强创新能力，促进产业结构优化升级，加快经济发展方式转变，增强经济持续健康发展活力。

（二）围绕强化“三农”工作开展监督。常委会把解决“三农”问题摆在重要位置，着力推动农业增效、农民增收和农村发展。着眼于构建新型农业经营体系，开展了沿黄农业示范园区和林水工程建设情况的视察，推动农业科技服务平台建设，培育壮大龙头企业，延长和拓展产业链条，努力提高科技贡献率、土地产出率和劳动生产率，全面提升现代农业的综合效益，推动农村经营体制创新和农业产业化发展。着眼于优化农村产业结构，组织了海洋经济与水产养殖业发展情况视察和森林法、动物防疫法执法检查，对全市畜牧业发展情况进行调研，推动发展高效特色产业，促进农村发展方式转变，拓宽农民增收渠道，提升特色产业对增加农民收入的贡献率。着眼于推动城乡一体发展，开展了城镇化建设专题调研，针对构筑新型城镇体系、提升城镇档次、完善城镇功能等方面提出意见和建议，积极推进以人为核心的城镇化，有序推进农业转移人口市民化，加快农村新型城镇化建设步伐，推进城乡一体化进程。

（三）围绕保障改善民生开展监督。坚持群众利益高于一切，把维护最广大人民的根本利益作为人大工作的出发点和落脚点，积极回应民生热点，密切关注民生诉求，着力推动民生改善。从推动改革完善食品药品监督管理机制入手，对全市食品药品安全及监管体制改革情况进行调研，通过抓源头、控过程、把终端，强化责任追溯，打击违法行为，进一步提高监管能力和执法水平，完善食品药品检测机制，为群众筑起生命健康“防护网”。从积极应对就业结构性矛盾入手，围绕推进职业教育发展，开展职业教育法执法检查，督促解决当前职业教育发展面临的瓶颈难题，构建多元化的投入机制和办学机制，促进全市职业教育发展，满足经济发展对技能型人才和高素质劳动力的需求。从统筹兼顾民生需求入手，组织全市民族工作调研，加强残疾人、妇女权益保障等方面的监督，促进各项政策落实，共享改革发展成果，有效维护了民权民利。从落实平安建设长效机制入手，开展安全生产法、防震减灾法执法检查，着力增强全民安全防患意识，积极营造平安祥和的生活环境。

（四）围绕推进生态文明建设开展监督。建设生态文明，关系人民福祉，关系可持续发展。常委会加强对生态建设、环境保护工作情况的跟踪监督，深入实地视察，听取工作汇报，召开相关部门和专家学者座谈会，围绕水污染防治、大气环境监管、流域治理等重点问题提出意见和建议，努力促进经济建设与环境保护协调发展、互促共赢。持续开展以“关注节能减排、改善环境质量”为主题的“滨州环保世纪行”活动，把人大监督与舆论监督结合起来，广泛宣传生态环保理念，督促解决环境热点难点问题，推进资源节约型、环境友好型社会建设。把建筑节能作为当前推进节能减排的一项重要内容，组织开展《山东省民用建筑节能条例》执法检查，提升全市建筑节能工作法制化和规范化水平。

（五）围绕促进依法治市开展监督。为把市十届人大三次会议作出的《关于加快依法治市进程，推动滨州科学发展、追赶超越的决定》落到实处，常委会加强跟踪监督。深入开展《山东省行政复议条例》执法检查，认真做好规范性文件备案审查工作，对全市依法行政工作情况进行调研，听取审议市政府依法行政工作情况的报告和公安机关执法规范化建设情况的报告，促进行政机关工作人员带头学法尊法守法用法，提高依法行政能力，加强执法责任制标准化建设，推动政府部门标准化管理、规范化执法，推进法治政府建设。对法院、检察院公正司法情况进行视察，组成三个视察组，分别由常委会副主任带领，深入到各个县区司法机关和基层法庭、检察室，了解情况，查摆问题，提出建议，推动司法机关进一步端正执法理念，规范执法行为，完善工作机制，提高执法能力，努力使每个案件都体现公平正义。深入推进“六五”普法，进一步加强宪法和法律宣传教育，开展宪法知识进校园、大学生法律知识征文等活动，利用多种形式普及法律知识，不断提高全民法律意识。加强人大信访工作，维护群众合法权利，常委会领导定期接待群众来访，坚持通过信访渠道了解社情民意，将信访反映的问题作为监督工作的重要参考依据，把联合接访与加强监督结合起来，促进社会和谐稳定。

二、扎实开展代表工作，发挥人大代表主体作用

人大代表是国家权力机关的主体，常委会坚持把代表工作作为人大工作的重要基础，不断总结经验，创新工作方式，做好服务保障，为代表依法履职创造条件。

（一）注重提高代表议案建议办理质量。代表提出议案和建议，是代表履职的重要内容。常委会坚持把办理代表议案和建议作为保障代表权利的重点工作来抓，加大督办力度，不断提高办理实效。修订完善代表议案处理办法，对提出议案的范围程序、指导和服务等方面进行了规范，完善了代表议案处理、督办机制，提高代表议案办理质量。修订完善代表建议、批评和意见办理办法，进一步规范代表建议、批评和意见的办理工作程序，实行承办单位现场集中领办代表建议、批评和意见，签署《代表建议办理承诺书》，代表建议办理更加规范透明。对解决农科院所科研经费、提高基层医疗条件、改善城区交通状况等综合性强、涉及面广、问题反映比较集中的议案、建议，采取重点交办，跟踪督办，办理情况及时向常委会报告，办理结果逐件答复代表，增强了代表议案、建议的办理实效。

（二）注重增强闭会期间代表活动实效。密切常委会与代表的联系，实行了常委会组成人员分工联系人大代表和常委会工作部门定向联系人大代表制度，加强与代表的沟通联系、业务指导和信息交流。开展了代表接待站试点工作，组织人大代表每月接待选民并听取意见、批评和建议，充分发挥了代表联系人民群众的桥梁和纽带作用，支持代表依法行使权利、执行代表职务。把代表小组建设作为增强闭会期间代表活动实效的重要环节来抓，制定了人大代表小组活动指导意见，提出小组活动建议内容，指导科学有序开展活动，促进了代表小组活动制度化、规范化。精心组织代表开展会前视察和专题调研，广泛听取各方面的意见建议，为代表在会议期间审议好各项报告、提出高质量的议案和建议、履行好代表职责奠定基础。

（三）注重提升服务保障水平。把代表履职能力提高作为工作重点，坚持指导代表自学、小组学习与集中培训相结合，举办了由100多名人大代表参加的专题培训班，系统学习人大制度理论、代表法等有关知识，通过学习培训，全面提升了代表政治业务素质。坚持联系走访基层代表，及时了解代表意见建议，定期向代表提供相关资料、赠阅报刊，积极协调一府两院及有关部门适时向代表通报有关工作情况，为代表提供信息服务。坚持邀请代表列席常委会会议和参加常委会视察调研、执法检查活动，扩大了代表对常委会工作的参与。组织开展人大代表工作交流会，总结推广经验，积极改进工作，不断创新发展。及时组织驻滨全国、省人大代表参加培训和专题视察调研，为代表履职提供必要的服务保障。

三、以教育实践活动为契机，大力加强自身建设

深入开展群众路线教育实践活动，全面加强常委会自身建设，着力强化政治素质，改进工作作风，提高新形势下履行人大职责的能力和水平。

（一）加强理论武装。紧密结合党的群众路线教育实践活动和人大工作实际，以创建学习型组织为载体，坚持中心组学习、机关学习和个人自学相结合，通过举办讲座、收看视频等多种方式，系统学习党的群众路线教育实践活动有关材料；认真学习贯彻党的十八大、十八届三中、四中全会和习近平总书记系列重要讲话精神，坚持用中国特色社会主义理论武装头脑、指导实践、推动工作，坚定对中国特色社会主义的道路自信、理论自信、制度自信，牢固树立党的观念、大局观念、宗旨观念、法治观念，增强了政治定力和代表人民行使管理国家权力的政治责任感。围绕坚持和完善人民代表大会制度、推进依法治国，常委会及机关先后举办了15次专题学习，组织了

全市人大基层干部和机关干部培训班，邀请全国和省内知名专家作专题报告，进一步提高了常委会组成人员和机关干部的理论水平、法律素养和依法履职能力。

（二）加强作风建设。把开展党的群众路线教育实践活动作为作风建设的动力，紧扣为民务实清廉主题，深刻查摆在“四风”方面存在的突出问题。在广泛征求意见的基础上，召开常委会党组专题民主生活会，党组成员查摆问题，剖析原因，相互开展严肃认真的批评与自我批评，改进了不足，增进了团结，明确了努力方向。按照市委要求，积极开展领导干部联系村居、党员干部联户和“结亲连心”活动，做好“第一书记”到村任职工作，及时了解群众生产生活状况，为群众解难题、办实事，密切了党群干群关系。把调查研究作为加强作风建设的常态化工作，注重改进调研方式，深入基层、深入群众，沉到一线，对事关经济社会全局的战略性问题开展前瞻性调研，对广大群众关注的问题搞好针对性调研，对提交常委会审议的问题搞好专题性调研，倾听民声，反映民意，发现和解决问题。常委会大力加强党风廉政建设，认真贯彻落实中央八项规定，坚持领导干部以身作则，讲政治、顾大局、守纪律，自觉做到有令则行、有禁则止，发挥了示范带头作用。同时，在加强调查研究、精简会议活动和文件简报、改进新闻报道、厉行勤俭节约等方面，建章立制，完善办法，取得了明显成效。

（三）加强制度规范。认真贯彻民主集中制原则，充分发扬民主，严格依法办事。坚持向市委请示报告制度，按照市委的决策部署推进工作。坚持与“一府两院”联席会议制度，互通情况，交流意见，统一思想，营造良好的工作氛围。加强与上下级人大工作联系制度，形成促进发展、共同提升的工作合力。根据党的群众路线教育实践活动的要求和人大工作实践，常委会对各项制度进行全面梳理，在充分征求代表、基层和群众意见的基础上，研究制定了四个层面的制度框架，从“三会”、监督工作、代表履职、工作作风、机关建设等方面制定完善25个方面的有关制度，建立起行得通、指导力强、能长期管用的制度体系，推动作风建设常态化，人大工作制度化。

各位代表，常委会所取得的工作成绩，是中共滨州市委坚强领导的结果，是常委会组成人员和人大代表共同努力的结果，是全市各级人大及其他国家机关密切配合的结果，是广大群众和社会各界关心支持的结果，在此，我代表市十届人大常委会，表示衷心的感谢！

过去一年，常委会各项工作有了新的进展，但也存在一些不足和问题。主要是：(1)监督工作还不够到位，监督的方式还不够完善，重程序轻内容，监督的实效有待进一步提高。(2)代表主体作用发挥还不够充分，议案建议办理质量还不够高，代表活动的形式、知情知政的渠道有待进一步拓宽。(3)人大常委会及机关工作人员的年龄结构、知识结构和专业结构不尽合理，思想观念、工作作风不够适应，自身建设有待进一步加强。这些问题要在今后工作中认真研究改进。

各位代表，今年是全面深化改革的关键之年，是全面推进依法治国的开局之年，也是全面完成“十二五”规划的收官之年。常委会要以邓小平理论、“三个代表”重要思想、科学发展观为指导，全面贯彻落实党的十八届三中、四中全会和习近平总书记系列重要讲话精神，自觉坚持党的领导、人民当家作主与依法治国有机统一，围绕全市工作大局，依法履行各项职责，不断提高人大工作水平。

一、做好行使立法权的准备工作。党的十八届四中全会《决定》明确提出“完善立法体制，明确地方立法权限和范围，依法赋予设区的市地方立法权”。行使地方立法权，这既是一件大事也是一件新事，常委会将按照有关法律和省、市委的要求，及时做好各项准备工作。认真学习有关法律法规，掌握地方立法必备的法律知识，把握地方立法权限和范围。学习借鉴兄弟市立法经验，组建人大立法专门机构，建立地方法规起草、论证、协调、审议制度；向下级人大征询立法意见制度；地方法规起草征求人大代表意见制度等等，初步建立起市人大及其常委会主导、有关部门参加、专家学者广泛参与的立法运行体制机制，奠定我市地方立法工作基础。

二、进一步增强监督工作实效。围绕大局、服务中心，把事关全市发展大局的重点问题、人民群众关注的热点问题、依法治市的关键环节作为监督重点。紧紧围绕市委重大决策部署，加强对稳增长调结构、科技创新、生态建设等重点工作的监督，加强对涉及群众切身利益的教育、卫生、食品药品安全等民生事业的监督，加强对依法行政、公正司法、和谐稳定方面的监督，加强对政府全口径预决算的审查监督和国有资产的监督。认真改进监督方式,综合运用听取审议专项工作报告、执法检查、代表视察、工作评议等多种形式,探索询问、质询、特定问题调查等监督方式,加强跟踪监督,连续监督,联动监督,提高监督工作的针对性和实效性。

三、认真做好代表工作。围绕提高代表履职能力和水平,进一步加强代表的学习培训。认真做好代表议案建议办理工作,切实提高办理质量和效果。加强对代表小组活动和代表接待站活动的指导,精心组织好代表闭会期间的活动。坚持常委会组成人员联系代表、代表联系群众制度,健全畅通的联系沟通机制和服务保障机制,拓宽代表知情知政渠道,保障代表的知情权、参与权、表达权和监督权,充分发挥代表的主体作用。

四、全面提升依法履职能力。认真学习党的理论,学习宪法、法律和人大业务知识,着力提高政治素质和履职能力,努力把人大建设成为学习型、务实型、创新型的地方国家权力机关。贯彻落实全省人大工作会议精神,进一步优化人大常委会和机关工作人员的年龄结构、知识结构和专业结构,重点加强地方立法、人大预算审查工作队伍和专业人才队伍建设,为做好新形势下人大工作提供组织保障。深入开展调查研究,探索人大工作的特点和规律,把握人大的职能和定位,找准人大工作服务大局的切入点和结合点,稳步推进立法、监督、重大事项决定、人事任免、代表作用发挥等各项工作,不断推动人大工作创新发展。认真落实教育实践活动整改方案确定的各项任务,进一步健全完善运行机制、议事程序和工作制度,切实提高人大工作科学化、规范化水平。

各位代表,时代赋予我们重任,人民寄予我们厚望,让我们紧密团结在以习近平同志为总书记的党中央周围,在市委的坚强领导下,凝聚全市人民的智慧和力量,真抓实干,奋发有为,为建设生态、美丽、幸福新滨州作出新的贡献!

第十届人民代表大会第六次会议

滨州市人民代表大会常务委员会工作报告

——2016年2月19日在滨州市第十届人民代表大会第六次会议上

滨州市人大常委会第一副主任　　祁维华

各位代表:

现在,我受市人大常委会委托,向大会报告工作,请予审议。

过去的一年,市人大常委会在中共滨州市委的坚强领导下,深入学习贯彻党的十八大、十八届三中、四中、五中全会和习近平总书记系列重要讲话精神,坚持党的领导、人民当家作主、依法治国有机统一,围绕中心、服务大局,紧紧依靠全体代表和全市人民,认真履行宪法和法律赋予的职责,各项工作取得新进展新成效,为全市经济发展和社会和谐稳定作出了积极贡献。

一、认真履行监督职能,努力推动经济社会发展

常委会紧紧围绕全市工作大局,认真贯彻落实"六个更加注重"发展理念,把市委的重大决策部署、经济社会发展重大问题和人民群众关注的热点作为监督重点,着力增强监督实效,促进经济社会发展。

(一)着力推进稳增长。围绕引领经济新常态,密切关注经济运行态势,听取审议市政府关于"十二五"规划实施情况及"十三五"规划纲要(草案)的报告,加强计划预算执行监督,组建市人大常委会预算工作委员会,审查批准预算调整方案和审计报告,推动了市委重大决策、重点工作和目标任务的完成。围绕加大重点产业、项目投资力度,组织重大基础设施、重点企业项目调研视察,及时批准市政府的融资议案,确保重点工程顺利推进。加强重大基础设施建设项目贷款使用情况监督,确保贷款资金使用安全高效。围绕发展现代农业,组织全市农村土地承包经营权确权登记颁证情况视察,开展农田水利设施产权制度改革及创新运行管护机制的调研,健全完善农业长效投入机制,夯实稳增长的基础。

(二)着力推进调结构。把转型升级创新驱动作为重点和主攻方向,开展适应新常态经济发展方式转变情况

的视察,支持政府以更大力度、更多举措、更实服务,推进企业创新进步,引导传统产业加快技改步伐,推动战略新兴产业发展。把创业作为提质升级加快发展的动力和活力,组织全市创业就业、电子商务发展情况的视察调研,建议市政府积极营造大众创业、万众创新的政策环境和制度保障,加大民营企业、中小企业、电商企业培育力度,激发经济发展的新动力。把发展现代服务业作为调结构的重要方面,开展全市服务业发展情况调研,听取审议市政府全市旅游工作发展情况报告,建议有关部门培育消费新热点,制定相关政策,加快推进服务业体系建设,促进旅游业和现代服务业规模扩大、档次提高。开展全市文化广播电视新闻出版事业发展情况调研,推动全市文化产业的发展。

(三)着力推进保障和改善民生。常委会坚持把维护和保障人民群众利益作为工作的出发点,坚持民有所呼、我有所应,聚焦热点,下大力推动问题解决。针对人民群众普遍关心的食品、消费安全问题加强监督,组织视察食品安全法贯彻实施情况,开展消费者权益保护法执法检查,督促有关部门强化执法意识,加大执法力度,提高监管水平,努力解决食品安全和消费安全领域存在的突出问题,切实保障人民群众生命安全。针对涉及人民群众切身利益的社会保障问题加强监督,组织开展全市社会保障体系建设情况调研,督促市政府从薄弱环节入手,补齐短板,加大措施,加快构建更加公平可持续的社会保障体系,推进人民群众社会保障水平不断提高。针对城市居民关注的学前教育"入园难"问题加强监督,听取审议市政府关于全市学前教育工作情况专项工作报告,提出意见建议,最大限度满足群众对适龄儿童入园需求,促进学前教育事业规范有序发展。针对关系群众生活质量改善的问题加强监督,适时进行消防法、体育法执法检查,开展全市农村公路"三通"建设管理情况的调研,促进消除安全隐患,加快城乡公共体育设施建设,便利农村居民出行,不断提升市民生活质量。

(四)着力推进生态文明建设。着眼于优化城市人居环境和投资环境,提升城市品位和档次,常委会多次组织国家卫生城市复审工作专项视察调研,深入居民小区、农贸市场以及旧城改造、环境整治现场等了解情况,及时提出有针对性的意见建议;常委会领导按照市委分工,深入一线亲力亲为,围绕复审难点跟踪督查;机关干部职工积极参与环境整治等工作,为复审成功作出了积极贡献。着眼于水污染防治和绿色发展理念,在连续两年对水域污染监督治理的基础上,听取审议市政府关于城区重点河道(新立河和秦台河)治理情况的专项工作报告,督促政府加大水域治理力度,推动城市水污染持续解决,有效改善了两河和城市水域面貌。着眼于备受社会关注的大气污染防治问题,组织开展主题为"让天更蓝、让水更清"的环保世纪行活动,通过将人大监督、舆论监督和社会监督的有机结合,促进了全市环境质量的明显改善,全力营造全社会共同推进生态文明建设的良好氛围。

二、大力加强法制建设,全面推进依法治市进程

常委会认真贯彻依法治国基本方略,主动做好地方立法准备工作,努力促进公正司法和依法行政。

(一)做好立法准备,促进科学立法。认真落实十八届四中全会决定关于依法赋予设区的市地方立法权的有关要求,将立法工作摆上重要日程。积极开展申报地方立法权相关工作,加强与省人大常委会的沟通联系,努力完善申报条件。市人大常委会法制工作委员会的组建,为立法工作开展提供了组织保障。组织起草了《滨州市制定地方性法规条例(草案)》,在广泛征求社会各界意见的基础上,市人大常委会会议进行了两次审议。开展了对制定滨州市立法规划和2016年立法计划的调研,通过报纸、电台、电视和网络等形式向社会征集立法建议,为做好立法工作奠定了良好基础。加强对立法工作的宣传引导,多渠道多形式深入宣传立法工作的重大意义、公民有序参与的途径和方式,使立法筹备过程成为全民普法、凝聚共识的过程,成为深入推进依法治市的过程。

(二)推动规范执法,促进依法行政。为促进政府部门依法行政,把市委决策部署和人大决议决定落到实处,对22个市政府组成部门主要负责人分两批开展了述职评议工作。述职前常委会调研组深入有关部门召开座谈会,广泛征求意见;常委会会议吸收近百名人大代表参加,在听取述职、充分讨论的基础上,进行满意度测评。通过述职评议,把对人监督和对事监督结合起来,进一步增强了任命干部运用法律思维工作和认真履职的使命感责任感,促进了依法行政。深入推进执法责任制标准化建设工作,促进规范执法。认真开展规范性文件备案审

查工作,对市政府、县区人大常委会报备的11件规范性文件进行了审查,确保国家机关按照法定权限和程序行使权力。对3件法律法规进行了执法检查,促进了相关法律法规在全市的贯彻实施。

(三)加强司法监督,促进公正司法。常委会听取审议市中级人民法院关于全市法院刑事审判工作情况的报告,对法院做好刑事审判工作提出了明确要求,督促法院依法履行刑事审判职能,严厉打击各类刑事犯罪,维护公民的合法权益。听取审议市人民检察院关于查办和预防职务犯罪工作情况的报告,督促检察机关依法查办和预防职务犯罪,促进检察机关更好地为经济社会发展保驾护航。对市中级人民法院和市人民检察院规范司法行为工作情况进行专题调研,推动"两院"规范化建设。加强人大信访工作,认真受理群众来信来访,畅通民意反映渠道,督促有关部门依法解决群众反映的实际问题,维护群众合法权益。

三、注重强化服务保障,充分发挥代表主体作用

常委会坚持为代表服务理念,充分依靠代表开展工作,积极推进代表工作机制和服务创新,为人大代表依法履职、发挥作用提供有力的支持和保障。

(一)加强代表议案建议办理工作。把办理代表议案建议作为充分发挥代表主体作用的重要途径,认真落实议案建议办理工作责任制,通过召开交办会、组织代表跟踪检查、召开现场督办会、专题听取审议市政府办理情况报告等方式,切实推动办理过程中问题的解决。注重运用代表议案建议网上管理系统,公开议案建议办理过程,提高办理工作透明度。为加大重点建议督办力度,10月份,常委会组织开展了市人大代表对市十届人大五次会议以来代表建议、批评和意见办理落实情况视察,在听取相关部门汇报的基础上,重点围绕代表提出的交通、环保、教育、医疗卫生等建议进行督办,由副主任带队组成5个小组,深入30多个承办单位,召开座谈会、实地查看,进一步促进人大代表建议的办理落实,有效提高了代表建议办理实效。

(二)密切代表同人民群众的联系。为贯彻落实党的十八大及十八届三中全会报告中提出的"完善代表联系群众制度"、"密切代表同人民群众联系"的要求,常委会认真落实常委会组成人员联系代表、代表联系群众"双联系"制度,使全市人民的意志更好地通过人民代表大会这一重要民主渠道得以实现。坚持把代表小组活动作为履职的重要形式,不断完善代表小组活动方式,支持代表通过多种形式听取和反映人民群众意见。坚持常委会组成人员分工联系代表制度,及时了解代表意见和建议,帮助解决代表履职中遇到的困难和问题。指导各县区人大开展"人大代表接待站"试点工作,进一步拓宽人大代表联系人民群众的渠道。

(三)精心组织代表闭会期间活动。坚持代表列席常委会会议制度,组织开展集中视察、专题调研和执法检查邀请代表参加,进一步扩大代表对常委会活动的参与。全年有140多名代表列席常委会会议,有300多人次的代表参加常委会活动。及时向代表通报情况信息,寄送资料报刊,积极协调"一府两院"及有关部门适时向代表通报有关工作情况,为代表提供信息服务,拓宽代表知情知政渠道。组织代表会前视察和专题视察调研,为代表履职创造条件。认真组织驻滨全国和省人大代表参加培训和履职活动。召开基层人大干部座谈会、培训会,总结交流发挥代表作用的经验,提升服务代表履职的水平。组织评选表彰优秀市十届人大代表活动,进一步督促和激励代表更好地行使职权。

过去的一年,市人大代表积极履职,自觉监督和推动常委会各项工作,为我市经济社会发展和民主法制建设作出了重要贡献。一年来,常委会依法决定任免人大机关和"一府两院"工作人员90人次,体现了党的主张与人民意志的统一,为全市改革开放和现代化建设提供了组织保障。

四、切实加强自身建设,不断提高依法履职能力

常委会高度重视自身建设,牢牢把握坚持党的领导、服务大局、依法治市、为民履职保障人民当家作主的四个工作定位,探索规律,强化措施,改进作风,创新实践,为提高履职成效奠定基础。

一是坚持正确的政治方向。坚持把学习放在首位,按照"三严三实"要求和人大工作实际,采取集中学习、办辅导班和个人自学相结合,系统学习有关规定文件和法律业务知识,思想政治理论水平和依法履职能力明显提升。立足"四个定位",完善与"一府两院"联席会议机制,确保人大工作始终坚持正确的政治方向。坚持正确的

舆论导向，加大宣传工作和理论研究的力度，推动人大工作创新发展。

二是全面加强作风建设。以开展“三严三实”专题教育为契机，持续深入地推进思想政治建设和作风建设。按照市委要求，坚持讲政治、顾大局、守纪律，突出问题导向，注重以上率下，从严从实，深入查摆，认真整改，规范思想和行动。积极开展领导干部联系村居和困难职工结对帮扶活动，扎实做好“第一书记”到村任职工作，密切了党群干群关系。坚持每年确定一批重点课题深入基层、一线开展调研，听民声、摸实情，撰写有针对性和可操作性的调研报告，为市委科学决策和常委会行使职权提供参考依据。大力加强党风廉政建设，认真贯彻落实中央八项规定，深入学习贯彻《准则》和《条例》，严格落实党要管党、从严治党的主体责任，严守政治纪律和政治规矩，坚持领导干部以身作则发挥示范带头作用。进一步加强制度建设，完善议事程序和工作规范，提高了常委会工作的质量和效率。

三是扎实推动政策落实。2015 年中央和省、市委对人大工作作出新的部署，市委先后两次召开高规格人大工作会议和出台文件，推出了一系列开拓创新的重要举措，常委会一方面加强调研提出建议，为市委决策奠定基础；一方面认领任务、明确责任、强化督导、狠抓落实，一年中，各主任带队到县区、乡镇和开发区集中调研督导 3 次，与数百名基层人大工作同志进行座谈交流，推动了县乡人大组织机构建设和依法履职措施的落实。对百名基层人大干部进行五天的培训，加强了基层人大干部的能力建设。常委会积极完成省人大常委会交办的各项调研、咨询等工作，营造了上下互动、共同推动人大工作的良好氛围。

各位代表，常委会工作取得的成绩，是市委坚强领导的结果，是全体代表和常委会组成人员共同努力的结果，是市政府和“两院”通力协作、市政协及社会各界关心支持的结果。在此，我代表市人大常委会，表示衷心的感谢！回顾一年的履职情况，我们也清醒地认识到，工作中还存在一些薄弱环节和问题，主要是：监督工作的针对性和实效性有待增强；代表议案建议办理质量和效率有待提高；与代表联系和服务代表的方式需要拓展，常委会自身建设需要进一步加强等。这些问题，我们要在今后工作中认真研究解决。

2016 年，是我市实施“十三五”规划、全面建成小康社会决胜阶段的开局之年，也是推动滨州经济转型发展的关键之年。今年常委会工作的总体要求是：在市委的坚强领导下，深入贯彻落实党的十八大、十八届三中、四中、五中全会和习近平总书记系列重要讲话精神，按照“四个全面”战略布局和“五大发展理念”的要求，坚持“六个更加注重”，把握“四个工作定位”，以贯彻全市人大工作两次会议精神为契机，以助推市委重大改革发展任务落实、推进依法治市进程、推动民生保障和改善为重点，认真履行宪法和法律赋予的职责，密切联系人大代表和人民群众，着力提高人大工作水平，为促进经济社会持续健康发展、加快建设生态美丽幸福新滨州作出应有的贡献。

一、高点起步，科学立法，努力在推进法制建设上有新作为。坚持党对立法工作的领导，充分发挥人大在立法中的主导作用，围绕市委的战略部署和广大人民群众关注的热点，遵循“急用先立”和“条件成熟方可确定”的原则，广泛听取社会各界和政府职能部门的意见和建议，深入了解公众立法诉求，通过开展立法调研，科学编制立法规划和年度立法计划。建立完善立法咨询委员会工作机制，选聘常委会立法专家，进一步推进科学立法、民主立法，提高立法质量。坚持依法办事与实现市委意图的统一，围绕市委全面深化改革和推进法治滨州建设等决策部署，依法审议带有全局性、根本性、长远性的重大事项，适时作出决议决定，并加强跟踪督查。深入开展“七五”普法宣传教育活动，抓好 2016 年—2020 年依法治市规划的落实，加强规范性文件备案审查工作。认真受理群众来信来访，依法解决群众合理诉求。

二、突出重点，改进方法，努力在增强监督实效上有新进展。我市“十三五”规划纲要（草案）已经提交本次大会审议，今后一个时期的目标任务即将确定。常委会将全面贯彻落实市委的重大决策部署，紧紧围绕全市改革发展大局，努力增强监督工作实效。围绕全面贯彻落实“十三五”规划纲要和年度工作目标，按照稳中求进总基调，加强对转方式调结构、推进供给侧改革、科技创新驱动、重大项目实施的监督，推动转型升级；加强对环境保护、生态工作的监督，推进绿色发展；加强对涉及群众切身利益的教育、医疗卫生、城镇化建设、扶贫攻坚、安全生产等方面的监督，努力保障改善民生；加强对依法行政、公正司法、和谐稳定方面的监督，维护社会公平正义；加强对计划预算审计方面的监督，强化对政府全口径预决算的审查监督和国有资产的监督，督促市政府管好人民的“钱袋子”。认真改进监督方式，综合运用听取审议专项工作报告、执法检查、代表视察、工作评议等多种形式，提高监督工作的针对性和实效性。

三、优化服务，强化保障，努力在发挥代表作用上有新提升。坚持将发挥代表作用作为人大工作的活力源泉，认真落实常委会组成人员联系代表、代表联系群众制度，健全畅通的联系沟通机制和服务保障机制。拓宽代表知情知政渠道，保障代表的知情权、参与权和监督权。围绕提高代表履职能力和水平，进一步加强代表的学习培训。精心组织好代表闭会期间的活动，加强对代表小组和代表接待站活动的指导，引导代表多做畅通民意、化解矛盾的工作，充分发挥代表的模范表率作用。完善代表履职网络平台建设，帮助代表运用信息技术开展工作。加大督办力度，提高代表议案建议办理质量，着力增强办理工作实效。认真做好县乡人大换届选举有关工作，深入调研、加强指导，密切与有关方面的协调配合，确保县乡人大换届选举工作规范有序开展。

四、提升素质，转变作风，努力在加强自身建设上有新突破。认真学习党的理论，学习宪法、法律和人大业务知识，牢牢把握“四个定位”的工作理念，切实增强政治意识、大局意识、核心意识、看齐意识，全面贯彻落实党中央和省市委的决策部署，着力提高思想政治素质和履职能力，以饱满的政治责任感和历史使命感推进人大各项工作。坚持民主集中制原则，完善议事程序和制度，切实提高科学决策、民主决策水平。把调查研究贯穿于人大各项工作，深入基层深入一线，问计于民，切实增强常委会决策的针对性。加强即将设立的专门委员会和常委会机关建设，充分发挥各专门委员会的职能作用，切实提高工作和服务水平。加强基层人大自身建设，抓好中央和省市县乡人大工作和建设会议精神落实，认真组织开展督促检查，切实保障各级加强人大工作的政策措施落地生根。深入贯彻习近平总书记“四个自觉”重要指示，全面加强作风建设，推动践行“三严三实”常态化。严格贯彻中央八项规定和廉政纪律，努力营造风清气正、积极向上、干事创业的浓厚氛围。

各位代表，时代赋予我们重任，人民寄予我们厚望，让我们更加紧密地团结在以习近平同志为总书记的党中央周围，在中共滨州市委的坚强领导下，凝聚全市人民的智慧和力量，锐意进取，开拓创新，扎实工作，为加快建设生态美丽幸福新滨州作出新的更大贡献！

第八篇　县区人大及其常委会

第一章　滨城区人民代表大会

滨城区是滨州市委、市政府的驻地，是全市政治、经济、文化中心，鲁北地区人流、物流、资金流、信息流的重要集散地。1982年，组建滨州市（县级）。2000年12月，组建地级滨州市后，因位于滨州市城区而改称滨城区。全区东西宽33公里，南北长40公里，总面积697.49平方公里，599个村（居）委会。户籍总人口49.05万人（2014年底统计），其中城镇人口37.9万人。人口出生率12.41‰，死亡率5.13‰，自然增长率7.28‰。境内汉族居多，有少数民族20个，1195人，多数居住在城区。

2015年，全区上下立足"两个定位"，强化"三种意识"，深化"三争双比"活动，攻坚克难，创新实干，经济社会实现持续健康发展。全年地区生产总值实现386.9亿元，增长6.2%；地方一般公共预算收入实现38.8亿元，增长8.6%，其中税收占比达到84.3%，同口径增长3.7个百分点；固定资产投资实现316亿元，再夺全市第一；引进域外资金51.2亿元，完成全年任务的128%；城镇和农村居民人均可支配收入实现31375元、14600元，分别增长9%、10%；金融机构本外币存贷款余额实现765.8亿元、563.3亿元，分别增长13.9%、11.6%。在全市第二次科学发展观摩中，历史性夺得第一名的好成绩。

第一节　滨城区〔滨县、滨州市（县级）〕历届人民代表大会

滨县从1954年起实行人民代表大会制度。自1954年7月至1966年3月，滨县举行过六届人民代表大会共十一次会议。"文化大革命"期间未举行人民代表大会，滨县革命委员会为县第七届政府。1978年11月5日至7日，举行八届人大一次会议。

滨县第九届人民代表大会

第一次会议　于1981年1月9日至12日举行。会议听取和审议《滨县革命委员会工作报告》《1980年国民经济计划执行情况和1981年国民经济计划安排意见报告》《人民法院工作报告》《人民检察院工作报告》等书面报告。会议选举产生人大常务委员会委员15名。张金山为县人大常委会主任。会议选举县长、副县长和法院院长、检察院检察长。会议决定改滨县革命委员会为滨县人民政府。

第二次会议　于1982年1月10日至13日举行。会议做出了通过《政府工作报告》《财政预决算报告》《人大常委会工作报告》《法院工作报告》和《检察院工作报告》的决议。选举牛良为省五届人民代表大会代表。

第三次会议　于1983年1月23日至26日举行。会议除做出对人大常委会、政府、法院、检察院等工作报告的决议外，还选举牛良、葛连珠、孙永田、刘世成4人为省六届人大代表。

第四次会议　于1984年3月7日至9日举行。会议做出了对政府、人大常委会、法院、检察院等工作报告的决议，还做出了《关于支援油田建设》的决议。

滨县第十届人民代表大会

第一次会议 于1984年5月27日至30日举行。会议做出了通过人大常委会、政府、法院、检察院等工作报告的决议。会议选举本届人大常委会主任、副主任、委员。选举县长、副县长和法院院长、检察院检察长。

第二次会议 于1985年5月14日至17日举行。会议做出了通过人大常委会、政府、法院、检察院等工作报告的决议。1987年3月20日撤县并入滨州市,原滨县选出的十一届人大代表,经省、地人大机构批准为市第三届人大代表。

滨州市第一届人民代表大会

第一次会议 于1982年12月27日至29日举行。会议听取并审议市长李在峰所作的工作报告;选举市人大常委会主任、副主任、委员;选举市长、副市长;选举人民法院院长、人民检察院检察长;选举阎启俊、史镜明、石爱云、齐书文为省六届人大代表。

滨州市第二届人民代表大会

第一次会议 于1984年5月26日至30日举行。会议审议政府工作报告、人大常委会工作报告、财政预决算报告、法院和检察院工作报告。会议选举本届人民代表大会常务委员会主任、副主任、委员,选举市长、副市长、法院院长和检察院检察长。

第二次会议 于1985年4月18日至21日举行。会议审议《政府工作报告》《财政预决算报告》《人大常委会工作报告》和《法院工作报告》《检察院工作报告》,并做出了相应的决议。

第三次会议 于1985年6日30日至7月4日举行。会议听取和审议了《关于滨州市国民经济和社会发展"七五"计划纲要(草案)的报告》《财政预决算报告》《法院工作报告》《检察院工作报告》《人大常委会工作报告》。批准人大主任刘广庆、副主任封振岭、刘心儒、亓万同因年龄超限而提出的辞职申请。会议选举杨玉禄为市二届人大常委会主任。

滨州市第三届人民代表大会

第一次会议 于1987年5月12日至17日举行。听取并审议《政府工作报告》《财政预决算报告》《人大常委会工作报告》《法院工作报告》《检察院工作报告》,并做出了相应的决议。选举市第三届人大常委会主任、副主任、委员和市长、副市长及法院院长、检察院院长。

第二次会议 于1988年1月6日至9日举行。会议听取并审议《政府工作报告》《关于滨州市"七五"计划修改意见的报告》《关于财政预算执行情况和1988年财政预决算的报告》《人大常委会工作报告》《法院工作报告》《检察院工作报告》。会议选举于培杲、李聚馨、吴庆勋、姬麦勇、王宪武、解聚、刘士成为省七届人民代表大会代表。

第三次会议 于1989年4月11日至14日举行。共有代表348名。会议选举张英民为市长(原市长阎启俊已调任市委书记)。会议还通过了《关于加强计划生育工作的决议》和《关于加强教育工作的决议》。

滨州市第四届人民代表大会

第一次会议 于1990年4月12日至16日举行。会议听取并审议了《政府工作报告》《财政预算报告》《人大常委会工作报告》和《法院工作报告》《检察院工作报告》。选举了第四届人大常委会。选举了市长、副市长(包括挂职副市长、科技副市长)和法院院长、检察院检察长。

第二次会议 于1991年3月28日至31日举行。会议听取并审议了《政府工作报告》《关于滨州市1990年财政预算执行情况和1991年财政预算(草案)的报告》《滨州市国民经济和社会发展十年规划及“八五”计划(草案)》(书面)、《关于1990年十二件实事完成情况和1991年十件实事的汇报》(书面)、《滨州市人大常委会工作报告》《滨州市人民法院工作报告》《滨州市人民检察院工作报告》。

第三次会议　于1992年3月23日至25日举行。会议听取审议了《政府工作报告》《关于滨州市1991年财政预算执行情况和1992年财政预算(草案)的报告》,审议了《关于1991年十件实事完成情况的汇报》(书面),听取审议了《人大常委会工作报告》和《法院工作报告》《检察院工作报告》,会议就以上报告分别通过了决议。

滨州市第五届人民代表大会

第一次会议　于1993年2月25日至3月1日举行。会议听取审议了《政府工作报告》《滨州市国民经济和社会发展十年规划及第八个五年计划的修订意见》《关于滨州市1992年财政预算执行情况和1993年财政预算(草案)的报告》《人大常委会工作报告》《人民法院工作报告》《人民检察院工作报告》,并分别通过了关于各项报告的决议。会议以无记名投票的方式选举了市人大常委会主任、副主任、委员,选举了市长、副市长、法院院长和检察院检察长,选举王建亭、王新利、杨永新、李凤娥、姜玉华、崔寓黔、解聚为市出席省八届人民代表大会的代表。

第二次会议　于1994年5月25日至28日举行。会议听取并审议了《政府工作报告》《关于滨州市1993年财政预算执行情况和1994年财政预算(草案)的报告》《人大常委会工作报告》《法院工作报告》《检察院工作报告》。会议依法罢免了杨永新的滨州市人民政府市长职务,依法补选隆方同为滨州市人民政府市长,选举李玲、王力、李继文、王增利为滨州市人民政府副市长。

第三次会议　于1995年3月9日至11日举行。会议听取审议了政府、财政、人大常委会、法院、检察院等工作报告,并分别通过了决议,最后市委书记林则懋作了重要讲话。

第四次会议　于1996年3月12日至14日举行。会议听取并审议了《政府工作报告》《关于滨州市国民经济和社会发展第九个五年计划及2010年远景目标规划纲要编制的说明》、听取审议了关于滨州市1995年财政预算执行情况和1996年财政预算(草案)的报告和人大常委会、法院、检察院的工作报告。

第五次会议　于1997年3月5日至7日举行。会议听取审议了政府、财政、人大常委会、法院、检察院等工作报告,并分别作出了决议。会议依法补选蔡玉友为滨州市第五届人民代表大会常务委员会委员。

滨州市第六届人民代表大会

第一次会议　于1998年1月13日至16日举行。会议听取并审议了《政府工作报告》《关于滨州市1997年财政预算执行情况和1998年财政预算(草案)的报告》《关于滨州市1997年国民经济和社会发展计划执行与1998年国民经济和社会发展计划(草案)的报告》《滨州市人大常委会工作报告》《滨州市人民法院工作报告》《滨州市人民检察院工作报告》。会议依法选举了市人大常委会主任、副主任、委员;选举了市长、副市长、法院院长和检察院检察长;选举王延平、王新利、田健、李凤娥、张银凤、姜玉华、隆方同为滨州市出席省九届人民代表大会的代表。

第二次会议　于1999年3月29日至21日举行。会议听取并审议了政府、国民经济和社会发展计划、财政、人大常委会、法院、检察院等工作报告,并分别作出了决议。会议依法选举曹兴宽为市六届人大常委会主任、时克玉为市六届人大常委会副主任,选举王惠军为市人民政府市长。

第三次会议　于2000年2月12日至15日举行。会议听取并审议了政府、国民经济和社会发展计划、财政、人大常委会、法院、检察院等工作报告,并分别作出了决议。会议依法选举陈维玉为市六届人大常委会主任,选举崔永高、曹玉斌、张英锋、尹建华为市人民政府副市长,选举杜华为市人民检察院检察长。

第四次会议 于2000年12月9日至11日举行。会议听取和审议《关于滨州市国民经济和社会发展第十个五年计划纲要(草案)的编制说法》《滨州市国民经济和社会发展第十个五年计划纲要(草案)》。会议依法选举产生了滨州市出席地级滨州市第七届人民代表大会代表共85名。滨城区人民代表大会其前身是原县级滨州市人民代表大会。2000年12月,原县级滨州市更名为滨城区。滨城区人民代表大会沿用原县级滨州市人民代表大会届次。

第五次会议 于2001年2月26日至28日举行。会议听取并审议了政府、国民经济和社会发展计划、财政、人大常委会、法院、检察院等工作报告,并分别作出了决议。最后区委书记曹兴宽作了重要讲话。

第六次会议 于2002年2月23日至25日举行。共有代表229名,两名代表暂停代表职务,出席会议代表227名。会议议程同上次会议。

滨城区第七届人民代表大会

第一次会议 于2003年1月19日至22日举行。会议听取审议了《政府工作报告》《滨城区2002年国民经济和社会发展计划执行情况与2003年国民经济和社会发展计划(草案)的报告》《滨城区2002年财政预算执行情况和2003年财政预算(草案)的报告》《区人大常委会工作报告》《区人民法院工作报告》《区人民检察院工作报告》;并就以上报告分别作出了决议。会议依法选举产生了新一届区人大常委会主任、副主任、委员,区政府区长、副区长,区人民法院院长和区人民检察院检察长,选举产生了区出席滨州市第八届人民代表大会的代表86名。

第二次会议 于2004年1月4日至5日举行区七届人大二次会议。本次会议代表235名。会议听取审议了政府、国民经济和社会发展计划、财政、人大常委会、法院、检察院等工作报告,并分别作出了决议。

第三次会议 于2005年1月14日至15日举行。共有代表234名。会议议程同上次会议。

第四次会议 于2006年1月10日至11日举行。会议听取审议了《政府工作报告》、审议了《滨城区国民经济和社会发展第十一个五年总体规划纲要草案》《区2005年国民经济和社会发展计划执行情况与2006年国民经济和社会发展计划(草案)的报告》《区2005年财政预算执行情况和2006年财政预算草案的报告》等书面报告,听取审议了《区人大常委会工作报告》《区人民法院工作报告》《区人民检察院工作报告》,并就以上报告分别作出了决议。会议依法补选出了区七届人大常委会主任徐建设,副主任赵长福,委员王普、王希照、史文莲、刘素云、张洪顺等。会议表彰了区优秀人大代表。在会议期间还组织全体人大代表视察了南城经济开发园区。

第五次会议 于2007年1月29日至31日举行了区七届人大五次会议。会议听取审议了《政府工作报告》、审议了国民经济和社会发展计划、财政等书面报告,听取审议了人大常委会、法院、检察院等工作报告,并分别作出了决议。会议依法补选赵建明为区人民政府区长,魏景芳为区人大常委会副主任。

滨城区第八届人民代表大会

第一次会议 于2007年12月11日至14日举行。会议听取审议了《政府工作报告》;书面审议了国民经济和社会发展计划、财政预算报告;听取审议了人大常委会、法院、检察院等工作报告,并分别作出了决议。会议依法选举产生了新一届人大常委会主任、副主任、委员,区长、副区长,区人民法院院长和区人民检察院检察长,选举产生了区出席滨州市第九届人民代表大会的代表88名。

第二次会议 于2009年1月8日至9日举行,参会代表244名。会议依法补选尹建华为滨州市滨城区第八届人民代表大会常务委员会副主任。

第三次会议 于2010年1月13日至15日举行。会议依法补选焦本强为滨州市滨城区人民政府区长,王树林、李秀宗、何玉群、宋涛(女)、刘岩、孟霄为滨州市滨城区第八届人民代表大会常务委员会委员。

第四次会议　于2011年1月12日至14日举行。会议依法补选荆开科为滨州市滨城区第八届人民代表大会常务委员会副主任，胡成勇为滨州市滨城区第八届人民代表大会常务委员会委员，刘源吉为滨州市滨城区人民检察院检察长。

滨城区第九届人民代表大会

第一次会议　于2012年1月5日至7日举行，参会代表240名。会议依法选举魏景芳为滨州市滨城区第九届人民代表大会常务委员会主任，赵秋兰（女）、李兴华、高树忠、苑凤奎、荆开科为滨州市滨城区第九届人民代表大会常务委员会副主任，焦本强为滨州市滨城区人民政府区长，唐志强、潘玉兰（女）、刘庆敖、李建汉、马书花（女）、边洪方为滨州市滨城区人民政府副区长，王建忠为滨州市滨城区人民法院院长，刘源吉为滨州市滨城区人民检察院检察长，卜庆学、王红星、王树林、牛峰、史文莲、冯云华、刘岩、刘国华、刘建国、许新平、孙泽忠、李丽珍、李秀宗、何玉群、宋建菊、宋涛、胡成勇、封占云、赵玉华、崔洪文、游新国21人为滨州市滨城区第九届人民代表大会常务委员会委员。

第二次会议　于2013年1月13日至16日举行，参会代表240名。会议补选王鲁东、杨成、郭俊峰、崔莹为滨城区第九届人民代表大会常务委员会委员。

第三次会议　于2013年7月27日至28日举行，参会代表240名。会议选举张宝亮为滨城区人民政府区长。

第四次会议　于2014年1月4日至6日举行，参会代表240名。会议补选李家良为滨城区第九届人民代表大会常务委员会主任、王忠亭为滨城区第九届人民代表大会常务委员会常务副主任，补选李洪波为区人民法院院长、王俊民为区人民检察院检察长。

第五次会议　于2015年1月21日至23日举行，参会代表240名。

第六次会议　于2016年1月10日至12日举行，参会代表240名。会议听取和审议了滨州市滨城区人民政府工作报告；审议了滨州市滨城区国民经济和社会发展第十三个五年规划纲要草案；审查、批准了滨州市滨城区国民经济和社会发展第十三个五年规划纲要；审议了滨州市滨城区人民政府关于滨州市滨城区2015年国民经济和社会发展执行情况与2016年国民经济和社会发展计划草案的报告；审查、批准了滨州市滨城区2015年国民经济和社会发展计划执行情况的报告与2016年国民经济和社会发展计划；审议了滨州市滨城区人民政府关于滨州市滨城区2015年财政预算执行情况和2016年财政预算草案的报告；审查滨州市滨城区2015年财政预算执行情况和2016年财政预算草案的报告及2016年财政预算草案；批准了滨州市滨城区2015年区级财政预算执行情况的报告和2016年区级财政预算；听取和审议了滨州市滨城区人大常委会工作报告；听取和审议了滨州市滨城区人民法院工作的报告；听取和审议了滨州市滨城区人民检察院工作报告，并作出了相应的决议。

第二节　滨城区〔滨州市（县级）〕人大常委会

一、历届人大常委会组成人员

第一届

主　　任	刘广庆（1982.12—1984.05）				
副 主 任	封振岭（1982.12—1984.05）				
	张振泉（1982.12—1984.05）				
	刘心儒（1982.12—1984.05）				
委　　员	白清佩	亓万同	刘树通	李保祥	张学荣	胡诚义

郭兰英(女)　黄业建

第二届

主　　任　杨玉禄(1986.02—1987.05)

副 主 任　宋书俊(1984.05—1987.05)

封振岭(1984.05—1986.02)

刘心儒(1984.05—1987.05)

张振泉(1984.05—1987.05)

亓万同(1984.05—1987.05)

委　员	丁兆明	王维新	白青佩	张学荣	姚远勤	郭兰英(女)
	黄云祯(女)	黄业建	寇学良			

第三届

主　　任　杨玉禄(1987.05—1990.04)

副 主 任　寇学良(1987.05—1990.04)

宋书俊(1987.05—1990.04)

赵守礼(1987.05—1990.04)

吴鸿喜(1987.05—1990.04)

委　员	丁兆明	王振华	刘树通	宋汇源	苏芝华(女)	杜建华
	张胜勤	尚秉利	单逵正(女)	郭兰英(女)	郭昌桂	黄云祯(女)
	黄业建	崔守泽				

第四届

主　　任　杨玉禄(1990.05—1993.03)

副 主 任　寇学良(1990.04—1993.03)

任广胜(1990.04—1993.03)

刘世成(1990.04—1993.03)

范道彭(1990.04—1993.03)

楮殿英(1990.04—1993.03)

郭昌桂(1990.04—1993.03)

委　员	丁兆明	付泓波	许西武	刘树通	宋汇源	苏芝华(女)
	杜建华	张淑梅(女)	单逵正(女)	赵树田	郭兰英(女)	崔守泽

第五届

主　　任　陈德金(1993.03—1998.01)

副 主 任　王希海(1993.03—1998.01)

范道彭(1993.03—1998.01)

楮殿英(1993.03—1998.01)

郭昌桂(1993.03—1998.01)

崔守安(1993.03—1998.01)

张光礼(1993.03—1998.01)

委　员	王万青	付泓波	仝凤元	邢治平	杜建华	杜增峰
	范传玉(女)	赵树田	信凤玉(女)	姜玉华	郭兰英(女)	崔寓黔(女)
	蔡玉友					

第六届

主　　任　刘宝庭(1998.01—1999.03)

曹兴宽(1999.03—2000.01)

陈维玉(2000.02—2003.01)

副 主 任　张光礼(1998.01—2003.01)

李凤娥(女,1998.01—2003.01)

苏同祥(1998.01—2003.01)

信凤玉(女,1998.01—2003.01)

刘丰校(1998.01—2003.01)

时克玉(1999.03—2003.01)

委　　员　王安文　王延平　王新利　邢治平　杜建华　杜增峰

杨树平　李歧山　张玉珍(女)　张秀堂　范传玉(女)　岳玉武

姜玉华　崔寓黔(女)　蔡玉友

第七届

主　　任　陈维玉(2003.01—2006.01)

徐建设(2006.01—2007.12)

副 主 任　魏景芳(2007.01—2007.12)

赵长福(2006.01—2007.12)

时克玉(2003.01—2007.12)

李凤娥(女,2003.01—2007.06)

信凤玉(女,2003.01—2007.12)

崔功臣(2003.01—2006.01)

董继泽(2003.01—2007.12)

郭乾孔(2003.01—2007.12)

委　　员　王力达　王红星　王国恒　尹洪吉　李惠博　张向华(女)

张佃荣　姜玉华　宣良忠　崔景生　崔福颂　董凤华(女)

廉爱翠(女)　蔡玉友

第八届

主　　任　徐建设(2007.12—2008.03)

魏景芳(2008.03—2012.01)

副 主 任　尹建华(女,2009.01—2012.01)

李成友(2007.12—2011.01)

董继泽(2007.12—2011.01)

郭乾孔(2007.12—2012.01)

赵长福(2007.12—2011.01)

赵秋兰(女,2007.12—2016.04)

秘 书 长　王希照(2007.12—2009.06)

李秀宗(2009.06—2013.05)

委　　员　王树林　王红星　史文莲(女)　冯云华　刘　岩　刘建国

孙泽忠　许新平　宋　涛(女)　何玉群　赵玉华　封占云

姜玉华　　崔洪文　　游新国　　孟　霄

第九届

主　　任　魏景芳(2012.01—2014.01)
　　　　　李家良(2014.01—2017.01)

副 主 任　王忠亭(2014.01—2017.01)
　　　　　赵秋兰(女,2012.01—2016.04)
　　　　　李兴华(2012.01— 2017.01)
　　　　　高树忠(2012.01— 2017.01)
　　　　　苑凤奎(2012.01— 2017.01)
　　　　　荆开科(2012.01—2015.10)

委　　员　卜庆学　　王红星　　王树林　　牛　峰　　冯云华　　刘岩
　　　　　刘国华　　刘建国　　许新平　　孙泽忠　　杨　成　　李丽珍(女)
　　　　　李秀宗　　何玉群　　宋建菊(女)　　封占云　　赵玉华　　郭俊峰
　　　　　崔　莹(女)

二、历届常委会会议

滨县人民代表大会常务委员会于1981年1月第九届代表大会选举产生。按照《宪法》规定,人大常委会是人民代表大会闭会期间的常设权力机关。每届三年,到期改选。滨州市(县级)第五届(1993年4月—1998年1月)人大常委会后,每届任期五年。

滨县第九届(1981年1月—1984年5月)人大常委会,本届常委会共举行了26次会议。

滨县第十届(1984年5月—1987年5月)人大常委会,本届常委会共举行了19次会议。

滨州市第一届(1982年12月—1984年5月)人大常委会,本届常委会共举行了10次会议。

滨州市第二届(1984年5月—1987年5月)人大常委会,本届常委会共举行了24次会议。

滨州市第三届(1987年5月—1990年4月)人大常委会,本届人大常委会共举行21次会议。

滨州市第四届(1990年4月—1993年2月)人大常委会,本届人大常委会共举行19次会议。

滨州市第五届(1993年2月—1998年1月)人大常委会,本届人大常委会共举行32次会议。

滨州市第六届(1998年1月—2003年1月)人大常委会,本届人大常委会共举行39次会议。

滨州市滨城区第七届(2003年1月—2007年12月)人大常委会,本届人大常委会共举行36次会议。

滨州市滨城区第八届(2007年12月—2012年1月)人大常委会,本届人大常委会共举行33次会议。

滨州市滨城区第九届(2012年1月—2017年1月)人大常委会,本届人大常委会共举行46次会议。

第二章　沾化区(县)人民代表大会

沾化区位于山东省北部、渤海湾南岸,地处黄河三角洲高效生态经济区、山东半岛蓝色经济区两个国家战略区域和济南省会经济群城市圈叠加地带,是国家命名的"中国冬枣之乡",山东省海上北大门、对接京津冀协同发展战略区域的"桥头堡"。2014年11月,撤县设区,现辖11个乡镇(街道),438个行政村,总人口39万。

沾化民主权力机构的发展大致经过了县参议会、各界人民代表会议和县(区)人民代表大会三个阶段。1942年至1945年,沾化县召开过两次临时人民代表会议和两次参议会,在当时的解放区起到了临时权力机关的作用。新中国成立后的1950年至1953年,沾化县先后召开过5届共10次各界人民代表会议,初期是联系群众传达党的政策的协议机关,后期发挥了一定的地方国家权力机关的作用。1954年7月,沾化县召开了第一届人民代表大会第一次会议,至2016年5月,县(区)人民代表大会共召开17届共55次会议。

第一节　沾化区(县)历届人民代表大会

一、区(县)人民代表大会代表

第一届人民代表大会代表:1953年11月至1954年5月,在全县10个区111个乡,分两批进行了普选工作,参加选举的选民144271人,占选民总数的84.8%,各基层单位共选出乡人民代表3135名。各乡人民代表大会间接选举出县一届人民代表大会代表273名。其中,干部54名,占20%;工人7名,占2.6%;农民159名,占56%;手工业者5名,占1.83%;青年10名,占3.7%;文教4名,占1.5%;卫生3名,占1.1%;人民武装10名,占3.6%;渔民2名,占0.7%;民主人士21名,占7.7%。中共党员136名,占49.8%;妇女45名,占16.5%。

第二届人民代表大会代表:1956年10月至12月在全县8个区65个乡(镇)开展了基层普选工作,参加选举的选民158019人,占选民总数的91.88%。有40个乡采取无记名投票方式,25个乡采取举手表决办法,各基层单位共选出乡人民代表2090名。各乡二届人大一次会议上,以无记名投票方式,选出县二届人民代表大会代表287名。

第三届人民代表大会代表:全县有312000人口,各乡人民代表大会选举县三届人民代表大会代表285名。其中,干部66名,占23.4%;工人7名,占2.45%;农民139名,占49.4%;手工业者6名,占2.1%;青年28名,占9.8%;人民武装5名,占1.8%;文教卫生9名,占3.1%;渔民2名,占0.7%;民主人士23名,占8.1%。中共党员150名,占52.6%;妇女62名,占21.75%。

第四届人民代表大会代表:1960年,沾化、利津两县合并为沾化县,全县有377137人口,选举产生县四届人民代表大会代表381名。其中,工人17名,占4.4%;农民218名,占67.2%;军人3名,占0.8%;干部87名,占22.8%;文教卫生科技界36名,占9.5%;工商界17名,占4.4%;其他3名,占0.8%。中共党员192名,占50.4%,;妇女118名,占31%。

第五届人民代表大会代表:1963年,沾化、利津两县分设,全县有9个区、58个人民公社,290573人口。选举产生县五届人民代表大会代表253名。其中,机关干部71名,占28.9%;工人4名,占1.6%;农民117名,占47.4%;人民武装4名,占1.6%;文教卫生科技界8名,占2.4%;民主人士37名,占15%;其他12名,占4.5%。中共党员129名,占52.2%;妇女49名,占20%。

第六届人民代表大会代表:全县有9个区、55个公社,1个渔业公社,300125人口。共选举产生了县六届人民代表大会代表279名。其中,脱产干部85名,占31%;工人3名,占1.1%;农民124名,占45.1%;人民武装3名,占1.1%;科技文教卫生界13名,占4.7%;民主人士35名,占12.7%;其他16名,占5.7%。中共党员161名,占57%。

县第六届人民代表大会第一次会议后,受“文化大革命”影响,县人民代表大会活动中断,其政权职能由县革命委员会取代,列为第七届人民代表大会会期。

第八届人民代表大会代表:1978年7月,选举县八届人民代表大会代表552名。其中,工人87名,占15.8%;农民254名,占46%;干部96名,占17.4%;知识分子69名,占12.5%;其他劳动者22名,占4%;人民解放军8名,占1.4%;爱国人士16名,占2.9%。中共党员374名,占67.8%;妇女114名,占20.7%。

第九届人民代表大会代表:全县228357名选民参加投票选举,参选率为96.1%,选举产生县九届人民代表大会代表245名。其中,农民140名,占57.1%;工人24名,占9.8%;干部64名,占26.2%;知识分子13名,占5.3%;其他代表4名,占1.6%。中共党员161名,占65%;妇女52名,占21%。

第十届人民代表大会代表:1984年5月11日为选举日,全县各选区共210040名选民参加选举,参选率为98.2%,选举产生县十届人民代表大会代表200名。经县人大常委会代表资格审查委员会资格审查,确认199名代表资格有效。其中,农民99名,占49.8%;工人15名,占7.5%;知识分子25名,占12.6%;干部40名,占20.1%;侨眷去台人员在大陆的亲属和无党派民主人士11名,占5.5%;其他9名,占4.5%。中共党员102名,占51%;妇女42名,占21%。

第十一届人民代表大会代表:1987年3月18日为选举日,全县各选区共有224791名选民参加选举,参选率为96.20%,选举产生县十一届人大代表200名。其中,年龄最大者73岁,最小者20岁,平均年龄44.26岁。中共党员133名、民革成员1名、国民党员1名、无党派人士65名,分别占代表总数的66.5%、0.5%、0.5%、32.5%。初中文化及其以下者117名、高中(中专)文化者56名、大专文化及其以上者27名,分别占代表总数的58.5%、28%、13.5%。本届代表大会任期内,代表资格终止者5名,1988年4月补选2名。

第十二届人民代表大会代表:1990年3月16日为选举日,全县各选区共有235746名选民参加选举,参选率为95.73%,共选举产生县十二届人大代表196名。其中,年龄最大者73岁,最小者21岁,平均年龄45.07岁;中共党员139名、民革成员1名、无党派人士56名,分别占代表总数的70.92%、0.51%、28.51%;初中文化及其以下者109名、高中(中专)文化者62名、大专文化及其以上者25名,分别占代表总数的55.61%、31.63%、12.76%;女性代表36名,占18.37%。本届代表大会任期内,代表资格终止者7名,2次补选代表7名。

第十三届人民代表大会代表:1993年1月3日为选举日,全县各选区共有252661名选民参加选举,参选率为97.92%,共选举产生县十三届人大代表206名。其中,年龄最大者65岁,最小者20岁,平均年龄43.63岁,30岁及其以下者19名、31—59岁者177名、60岁及其以上者10名,分别占代表总数的9.22%、85.92%、4.86%;初中文化及其以下者105名、高中(中专)文化者65名、大专文化及其以上者36名,分别占代表总数的50.97%、31.55%、17.48%;中共党员146名、民盟成员1名、无党派人士59名,分别占代表总数的70.87%、0.49%、28.64%;女代表36名,占代表总数的17.48%。本届代表大会任期内,代表资格终止者7名,1994年1月补选代表3名。

第十四届人民代表大会代表:1998年1月3日为选举日,全县各选区共有260887名选民参加选举,参选率为99.04%。共选举产生县十四届人大代表196名,其中,政党和人民团体所推荐候选人当选79名,选民所推荐候选人当选117名,分别占当选人大代表总数的40.31%、59.69%;中共党员140名、民盟成员1名、无党派人士55名,分别占代表总数的71.43%、0.51%、28.06%;年龄最大者70岁,最小者18岁,平均年龄43.61岁;女性代表42名,占代表总数的21.43%。本届代表大会任期内,代表资格终止者19名,2次补选代表19名。

第十五届人民代表大会代表:2003年1月13日为选举日,全县各选区共有265526名选民参加选举,参选率为98.06%。共选举产生县十五届人大代表193名,其中,政党和人民团体所推荐候选人当选163名,选民所推荐候选人当选30名,分别占当选代表总数的84.46%、15.54%;中共党员141名、民盟成员1名、无党派人士51名,分别占代表总数的73.06%、0.52%、26.42%;年龄最大者68岁,最小者26岁,平均年龄45.53岁;女性代表41名,占代表总数的21.24%。本届代表大会任期内,代表资格终止者25名,5次补选代表30名。

第十六届人民代表大会代表:2007年11月29日为选举日,全县各选区召开选举大会,设立投票站474个,流动票箱1103个,共有279876名选民参加选举,参选率为93.60%,共选举产生县十六届人大代表192名。其中,中共党员138名、无党派人士54名,分别占代表总数的71.88%、28.12%;年龄最大者72岁,最小者24岁,平均年龄44.69岁;女性代表48名,占代表总数的25%。本届代表大会任期内,已有代表资格终止者9名,2次补选代表12名。其中,2008年12月补选9名,2009年12月补选3名。

第十七届人民代表大会代表:2011年12月16日为选举日,全县各选区召开选举大会,设立投票站518个,流动票箱967个,共有294933名选民参加选举,参选率为93.70%,共选举产生县十六届人大代表193名。其中,工人、农民119名,干部44名,专业技术人员30名,分别占61.7%、22.8%、15.5%;中共党员125名、无党派人士68名,分别占代表总数的64.8%、35.2%;平均年龄46岁;女性代表60名,占代表总数的31.1%。本届代表大会任期内,代表资格终止者9名,辞去代表职务2名,2次补选代表12名。其中,2014年12月补选6名,2016年1月补选6名。

第十八届人民代表大会代表:2016年12月25日为选举日,全区各选区召开选举大会,设立投票站540个,流动票箱1450个,共有242537名选民参加选举,参选率为76.14%,共选举产生区十八届人大代表196名。其中,工人、农民89名,占45.4%;干部56名,占28.6%;专业技术人员17名,占8.7%;中共党员127名,占64.8%;女性58名,占30%。

二、历届历次人民代表大会

第一届人民代表大会

第一次会议　1954年7月5日至9日在县城召开。会议听取讨论了县人民政府关于以生产救灾粮食统购统销为主的前段工作检查报告和中共沾化县委关于今后任务的建议报告,学习讨论了《中华人民共和国宪法(草案)》。作出了《沾化县首届人民代表大会关于夏季工作的决议》和《关于拥护宪法的决议》。选举产生沾化县人民政府委员和出席省第一届人民代表大会代表。

第二次会议　分东西两部举行。西部一、二、三、四、五、九6个区,于1955年2月17日至18日在县城举行;东部六、七、八、十4个区于同年2月20日在义和庄召开,会期一天。会议审议了县人民政府前段工作,对工作中存在的问题提出了批评指正。会议要求作好春种前的准备工作。会议根据群众要求,拟定了向省人民代表大会提交的5项提案。

第三次会议　1955年12月22日至24日在县城举行。会议听取了传达省人民代表大会情况的报告,县人民政府《关于动员起来,搞好合作社,进一步组织生产高潮,为完成农业增产任务而奋斗的报告》《关于沾化县五年计划争取四年超额完成的农业合作增产规划的报告》以及县兵役局《关于传达中华人民共和国兵役法的基本精神和我县1955年度征集兵员工作方案的报告》。会议通过了《关于拥护沾化县五年计划争取四年超额完成的农业合作化增产规划的决议》和《关于拥护中华人民共和国兵役法和沾化县1955年度征集兵员工作方案的决议》。会议将人民政府改为县人民委员会,并选举了县人委领导成员和县人民法院院长。

第二届人民代表大会

第一次会议　1957年1月14日至18日在县城举行。会议听取和讨论了县人民委员会1956年工作总结和

1957 年工作任务建议的报告。会议作出了批准县人民委员会向大会所作的工作报告的决议。

第二次会议 1957 年 9 月 22 日至 27 日在县城举行。会议听取并审查了县人民委员会 1957 年上半年工作报告、1956 年财政决算和 1957 年预算报告、县人民法院 1957 年上半年工作报告，作出了批准以上三个报告的决议。会议补选了吕月如为沾化县人民委员会委员。

第三届人民代表大会

第一次会议 1958 年 6 月 1 日至 5 日在县城富国举行。会议审议并批准了县人民委员会工作报告和关于 1958 年至 1967 年农业发展规划（草案）报告、1957 年财政决算和 1958 年预算报告。会议作出了《沾化县第三届人民代表大会第一次会议决议》。会议选举了县人民委员会县长、副县长、委员和出席省二届人民代表大会代表。

第二次会议 1959 年 12 月 29 日至 1960 年 1 月 2 日在县城富国举行。会议审议和批准了县人民委员会工作报告和 1958 年财政决算及 1959 年预算报告、县人民法院和县人民检察院工作报告。会议作出了《沾化县第三届人民代表大会第二次会议决议》。会议补选了县人民委员会县长、副县长和县人民法院院长。

第四届人民代表大会

第一次会议 1961 年 3 月 23 日至 26 日在县城富国举行。会议审议和批准了县人民委员会工作报告和 1959 年财政决算及 1960 年财政预算执行情况的报告、县人民法院和县人民检察院工作报告，会议还听取了中共沾化县委提出的工作建议报告。会议作出了《沾化县第四届人民代表大会第一次会议决议》。会议选举了沾化县人民委员会县长、副县长、委员和县人民法院院长。

第二次会议 1961 年 12 月 25 日至 31 日在县城富国举行。会议审议和批准了县人民委员会工作报告和 1960 年财政决算及 1961 年预算安排情况的报告、县人民法院和人民检察院工作报告。作出了《沾化县第四届人民代表大会第二次会议决议》。会议补选沾化县人民委员会副县长、委员。

第五届人民代表大会

第一次会议 1963 年 9 月 27 日至 30 日在县城富国举行。审议和批准了县人民委员会工作报告和包括五年规划在内的今后工作建议、1960 年财政决算 1961 年和 1962 年财政预决算及 1963 年财政预算安排、执行情况报告，还听取了县人民法院、人民检察院、公安局、供销社、银行、农林科、民政科七个部门近二年来工作情况汇报。会议一致同意沾化县人民委员会关于 1963 年至 1967 年农业发展规划的建议，并作出了《沾化县第五届人民代表大会第一次会议决议》。会议选举县人民委员会县长、副县长、委员和县人民法院院长。会议选举出席省三届人民代表大会代表 4 名。

第六届人民代表大会

第一次会议 1966 年 3 月 10 日至 13 日在富国举行。审议并批准了县人民委员会工作报告、1963 年财政决算和 1964 年预决算及 1965 年财政预算执行情况报告，县人民法院和县人民检察院工作报告。作出了《沾化县第六届人民代表大会第一次会议决议》。会议选举了县人民委员会县长、副县长、委员。

县第六届人民代表大会第一次会议召开后，县人民代表大会活动中断，其政权职能由县革命委员会取代。按照届次顺序，列为第七届人民代表大会会期。

第八届人民代表大会

第一次会议 1978 年 9 月 16 日至 19 日在县城富国举行。会议审议并批准了县革命委员会工作报告、沾化县国民经济发展规划(草案)报告。作出了《关于县革命委员会工作报告的决议》。会议选举产生了县革命委员会主任、副主任、委员和县人民法院院长、人民检察院检察长。选举产生了出席省五届人民代表大会代表。

第九届人民代表大会

第一次会议　1981 年 1 月 10 日至 14 日在县城富国举行。会议审议并批准了县革命委员会工作报告、1979 年和 1980 年国民经济计划执行情况及 1981 年安排意见的报告、1979 年和 1980 年财政决算及 1981 年预算报告、县人民法院和县人民检察院工作报告。会议选举产生了县第九届人民代表大会常务委员会。大会决定将县革命委员会改为县人民政府,选举县人民政府县长、副县长、县人民法院院长、县人民检察院检察长。

第二次会议　1982 年 2 月 23 日至 27 日在县城富国举行。会议审议并批准了县人民政府工作报告、1981 年国民经济计划执行情况和 1982 年国民经济与社会发展计划安排意见报告、1981 年财政决算和 1982 年预算报告、县人大常委会工作报告、县人民法院和县人民检察院工作报告。会议选举增补沾化县人大常委会委员 1 名,补选县人民政府副县长郭忠岐。

第三次会议　1983 年 1 月 21 日至 25 日在县城富国举行。会议审议并批准了县人民政府工作报告、1982 年国民经济与社会发展计划执行情况和 1983 年国民经济及社会发展计划报告、1982 年财政决算和 1983 年预算报告、县人大常委会工作报告、县人民法院和县人民检察院工作报告,并作出了相应的决议。会议选举产生出席山东省第六届人民代表大会代表。

第四次会议　1984 年 1 月 15 日至 19 日在县城富国举行。会议审议并批准了县人民政府工作报告、1983 年国民经济和社会发展计划执行情况及 1984 年国民经济和社会发展计划报告、1983 年财政决算和 1984 年预算报告、县九届人大常委会工作报告、县人民法院和县人民检察院工作报告。作出了相应决议。会议作出了《关于<沾化县人大常委会关于延长本届人民代表大会任期的议案>的决议》。

第十届人民代表大会

第一次会议　1984 年 5 月 25 日至 29 日在县城富国举行。会议审议并批准了县人民政府工作报告,1984 年国民经济和社会发展计划执行情况报告、1984 年财政预算执行情况报告、县九届人大常委会工作报告、县人民法院和县人民检察院工作报告,并作出了相应的决议。会议选举县第十届人民代表大会常务委员会主任 1 名,副主任 4 名及委员 12 名;选举产生了县人民政府县长、副县长;县人民法院院长;县人民检察院检察长。

第二次会议　1985 年 3 月 26 日至 30 日在县城富国举行。会议审议并批准了县人民政府工作报告、1984 年国民经济计划执行情况和 1985 年国民经济及社会发展计划报告、1984 年财政决算和 1985 年预算报告、县人大常委会工作报告、县人民法院和县人民检察院工作报告。

第三次会议　1986 年 3 月 25 日至 28 日在县城富国举行。会议审议并批准了县人民政府工作报告、1985 年国民经济和社会发展计划执行情况及 1986 年计划报告、1985 年财政决算和 1986 年预算报告、县人大常委会工作报告、县人民法院和县人民检察院工作报告。会议批准这些报告,并作出了相应决议。会议补选县人大常委会副主任 1 名。

第十一届人民代表大会

第一次会议　1987 年 4 月 10 日至 14 日在县人民会堂召开。会议审议并批准了县人民政府工作报告、1986 年国民经济和社会发展计划执行情况及 1987 年计划(草案)报告、1986 年财政预算执行情况及 1987 年预算(草案)报告,以及县人大常委会、县法院、县检察院的工作报告。会议选举产生了县第十一届人大常委会主任、副主任、委员;县长、副县长;县人民法院院长;县人民检察院检察长。

第二次会议　1988 年 1 月 4 日至 7 日在县人民会堂召开。会议审议批准了县政府工作报告、1987 年国民经济和社会发展计划执行情况及1988年计划(草案)报告、1987年财政预算执行情况及1988年预算(草案)报告,以及县人大常委会、县法院、县检察院的工作报告。会议选举郭长才、马振泉、冯俊玲(女)、张志纯为山东省第七届人民代表大会代表。会议组织代表学习中共十三大报告。

第三次会议 1989年3月28日至31日在县人民会堂召开。会议审议并批准了县政府工作报告、1988年国民经济和社会发展计划执行情况及1989年计划(草案)报告、1988年财政预算执行情况及1989年预算(草案)报告,以及县人大常委会、县法院、县检察院的工作报告。会议组织代表学习全国人大常委会《关于加强民主法制、维护安定团结、保障改革和建设顺利进行的决定》。

第十二届人民代表大会

第一次会议 1990年3月25日至29日在县人民会堂召开。会议审议并批准了县政府工作报告、县1989年国民经济和社会发展计划执行情况及1990年计划(草案)报告、1989年财政预算执行情况及1990年预算(草案)报告、1989年教育工作报告,以及县人大常委会、法院、检察院工作报告。会议选举产生了县第十二届人大常委会;县长、副县长、挂职副县长、科技副县长;县人民法院院长;县人民检察院检察长。会议组织代表学习中共十三届六中全会决定。

第二次会议 1991年3月25日至28日在县人民会堂召开。会议审议并批准了政府工作报告、1990年国民经济和社会发展计划执行情况及1991年计划(草案)报告、1990年财政预算执行情况及1991年预算(草案)报告、1990年教育工作报告,以及县人大常委会、法院、检察院工作报告。会议选举王岐峰、刘新芬(女)为沾化县第十二届人大常委会委员。

第三次会议 1992年3月25日至28日在县人民会堂召开。会议审议并批准了县政府工作报告、1991年国民经济和社会发展计划执行情况及1992年计划(草案)报告、1991年财政预算执行情况及1992年预算(草案)报告、1991年教育工作报告,以及县人大常委会、法院、检察院工作报告。会议作出关于批准沾化县国民经济和社会发展十年规划及第八个五年计划的决议。会议选举陈树信为沾化县第十二届人大常委会副主任;步乃章为沾化县人民政府县长;张世忠为沾化县人民法院院长。会议学习中共十三届八中全会公报。

第十三届人民代表大会

第一次会议 1993年1月11日至15日,在县人民会堂召开。会议审议并批准了县政府工作报告、1992年国民经济和社会发展计划执行情况及1993年计划(草案)报告、1992年财政预算执行情况及1993年预算(草案)报告,以及县人大常委会、法院、检察院工作报告。会议选举县第十三届人大常委会主任、副主任、委员;县长、副县长;县人民法院院长;县人民检察院检察长。

第二次会议 1993年3月5日在县人民会堂召开。会议选举郭长才、马振泉、徐德元、武士清为山东省第八届人民代表大会代表。

第三次会议 1994年1月27日至29日在县人民会堂召开。会议审议并批准了县政府工作报告、1993年国民经济和社会发展计划执行情况及1994年计划(草案)报告、1993年财政预算执行情况及1994年预算(草案)报告,以及县人大常委会、法院、检察院工作报告。

第四次会议 1995年2月21日至23日在县人民会堂召开。会议审议并批准了县政府工作报告、1994年国民经济和社会发展计划执行情况及1995年计划(草案)报告、1994年财政预算执行情况报告,以及县人大常委会、法院、检察院工作报告。

第五次会议 1996年3月11日至13日在县人民会堂召开。会议审议并批准了县政府工作报告、1995年国民经济和社会发展计划执行情况及1996年计划(草案)报告、1995年财政预算执行情况和1996年财政预算草案报告、教育工作报告,以及县人大常委会、法院、检察院工作报告。会议批准《沾化县国民经济和社会发展第九个五年计划及到2010年远景目标规划纲要》。

第六次会议　1997年2月25日至27日在县政府会议楼一楼会议厅召开。会议审议并批准了县政府工作报告、1996年国民经济和社会发展计划执行情况及1997年计划(草案)报告、1996年财政预算执行情况和1997年财政预算草案报告、教育工作报告,以及县人大常委会、法院、检察院工作报告。会议宣布沾化县人大常委会关于表彰"1996年度人民的好公仆"和"1996年度人民的好干警"的决定,并颁奖。

第七次会议　1997年6月2日至3日在县政府会议楼一楼会议厅召开。会议选举县人民政府县长、县人民法院院长、县人民检察院检察长。

第十四届人民代表大会

第一次会议　1998年1月11日至15日在县政府会议楼一楼会议厅召开。会议审议并通过了县政府工作报告、1997年国民经济和社会发展计划执行情况及1998年计划(草案)报告、1997年财政预算执行情况及1998年预算(草案)报告、教育工作报告,以及县人大常委会、法院、检察院工作报告。会议选举县第十四届人大常委会主任、副主任;县长、副县长;县人民法院院长;县人民检察院检察长。会议选举王道玉、魏艳、房英杰、武士清为山东省第九届人大代表。

第二次会议　1999年3月4日至6日在县政府会议楼一楼会议厅召开。会议审议并通过了县政府工作报告、1998年国民经济和社会发展计划执行情况及1999年计划(草案)报告、1998年财政预算执行情况及1999年预算(草案)报告、教育工作报告,以及县人大常委会、法院、检察院工作报告,县人民政府关于农村延长土地承包期工作的实施意见。会议补选郭振如为县第十四届人大常委会副主任,张玉合、邵才峰为委员。

第三次会议　2000年1月22日至24日在县政府会议楼一楼会议厅召开。会议审议并通过了县政府工作报告、1999年国民经济和社会发展计划执行情况及2000年计划(草案)报告、1999年财政预算执行情况及2000年预算(草案)报告、教育工作报告,县人大常委会、法院、检察院工作报告。会议选举韩增金为县人民政府县长,王永祥、罗新军、曲发斌为副县长。

第四次会议　2000年12月15日至16日在县政府会议楼一楼会议厅召开。会议选举35名滨州市第七届人大代表。县人大常委会副主任郭维升作2000年各级人大代表开展"争先创优,做合格人大代表"活动情况总结;县人大常委会副主任刘新芬宣读关于表彰优秀人大代表和先进代表小组的决定,并隆重表彰。

第五次会议　2001年2月3日至5日在县政府会议楼一楼会议厅召开。会议审议并通过了县政府工作报告、国民经济和社会发展第十个五年计划纲要(草案)报告、沾化县国民经济和社会发展第十个五年计划纲要、2000年国民经济和社会发展计划执行情况及2001年计划(草案)报告、2000年财政预算执行情况及2001年预算(草案)报告、教育工作报告,以及县人大常委会、法院、检察院工作报告。

第六次会议　2002年3月6日至8日在县政府会议楼一楼会议厅召开。会议审议并通过了县政府工作报告、2001年国民经济和社会发展计划执行情况及2002年计划(草案)报告、2001年财政预算执行情况及2002年预算(草案)报告、教育工作报告,以及县人大常委会、法院、检察院工作报告。

第十五届人民代表大会

第一次会议　2003年1月19日至23日在县政府会议楼一楼会议厅召开。会议审议并通过了县政府工作报告、2002年国民经济和社会发展计划执行情况及2003年计划(草案)报告、2002年财政预算执行情况及2003年预算(草案)报告、教育工作报告,以及县人大常委会、法院、检察院工作报告。会议选举县第十五届人大常委会主任、副主任;县长、副县长;县人民法院院长;县人民检察院检察长。会议选举35名滨州市第八届人大代表。会议收到代表议案1件,即下洼代表团郦光煜等13名代表提出的提高沾化冬枣品质,保住沾化冬枣品牌议案;会议收到代表建议、批评和意见86件。

第二次会议　2004 年 1 月 3 日至 6 日在县政府会议楼一楼会议厅召开。会议审议并通过了县政府工作报告、2003 年国民经济和社会发展计划执行情况及 2004 年计划(草案)报告、2003 年财政预算执行情况及 2004 年预算(草案)报告、教育工作报告(书面),以及县人大常委会、法院、检察院工作报告。会议选举纪思彬、杨春和、马士曾、韩秋生、王晓忠为县第十五届人大常委会委员;蔡国华为县人民政府县长。会议收到代表议案 4 件,即冯家代表团李建坤等 13 名代表提出的解决群众生产、生活、交通不便问题,解决耕地排涝问题,解决耕地灌溉问题,在秦口河下游建橡胶坝问题等议案,经议案审查委员会审查,作为代表建议处理;收到代表建议、批评和意见 55 件。

第三次会议　2005 年 1 月 30 日至 2 月 1 日在县政府会议楼一楼会议厅召开。会议审议并通过了县政府工作报告、2004 年财政预算执行情况及 2005 年预算(草案)报告、2004 年国民经济和社会发展计划执行情况及 2005 年计划(草案)报告、教育工作报告,以及县人大常委会、法院、检察院工作报告。补选县第十五届人大常委会副主任杨春和,委员田道军、刘宝连、张世泽、侯月智。会议收到代表议案 1 件,即泊头代表团张钧等 10 名代表提出的农村供电设备维护费由电力部门承担的议案,经议案审查委员会审查,作为代表建议、批评和意见处理;收到代表建议、批评和意见 43 件。

第四次会议　2006 年 1 月 16 日至 18 日在县政府会议楼一楼会议厅召开。会议审议并通过了县政府工作报告、沾化县国民经济和社会发展第十一个五年总体规划纲要(草案)报告及沾化县国民经济和社会发展第十一个五年总体规划纲要、2005 年国民经济和社会发展计划执行情况及 2006 年计划(草案)报告、2005 年财政预算执行情况及 2006 年预算(草案)报告(书面)、教育工作报告,以及县人大常委会、法院、检察院工作报告。会议补选县第十五届人大常委会主任蔡国华、副主任马云国;县长李恩波。会议收到代表提出的建议、批评和意见 79 件。

第五次会议　2007 年 1 月 25 日至 28 日在县政府会议楼召开。会议审议并通过县政府工作报告、2006 年国民经济和社会发展计划执行情况及 2007 年计划(草案)报告、2006 年财政预算执行情况及 2007 年预算(草案)报告、教育工作报告,以及县人大常委会、法院、检察院工作报告。会议补选县第十五届人大常委会副主任陈志凯,委员王振祥、姜竹平(女);县长耿涛。会议收到代表议案 2 件,经议案审查委员会审查,作为代表建议、批评和意见处理;收到代表建议、批评和意见 83 件。

第十六届人民代表大会

第一次会议　2007 年 12 月 13 日至 16 日在县政府会议楼一楼会议厅召开。会议审议并通过了县政府工作报告、2007 年国民经济和社会发展计划执行情况及 2008 年计划(草案)报告、2007 年财政预算执行情况及 2008 年预算(草案)报告、教育工作报告,以及县人大常委会、法院、县检察院工作报告。会议选举县第十六届人大常委会主任、第一副主任、副主任、委员;县长、副县长;县人民法院院长;县人民检察院检察长。会议选举 36 名滨州市第九届人大代表。会议收到代表建议、批评和意见 62 件。

第二次会议　2009 年 1 月 8 日至 10 日在行政大厦会议中心召开。会议审议并通过了县政府工作报告、2008 年国民经济和社会发展计划执行情况及 2009 年计划(草案)报告、2008 年财政预算执行情况及 2009 年预算(草案)报告、教育工作报告,县人大常委会、法院、检察院工作报告。会议补选张廷芳、刘志峰、梁彦冰为沾化县第十六届人大常委会委员。会议收到代表建议、批评和意见 47 件。

第三次会议　2010 年 1 月 11 日至 12 日在行政大厦会议中心召开。会议审议并通过县政府工作报告、2009 年国民经济和社会发展计划执行情况及 2010 年计划(草案)的报告、县 2009 年财政预算执行情况及 2010 年预算(草案)的报告、教育工作报告,以及县人大常委会、法院、检察院工作报告。会议收到代表建议、批评和意见 44 件。

第四次会议　2011 年 1 月 13 日至 15 日在行政大厦会议中心召开。会议审议并通过县政府工作报告、国民经济和社会发展第十二个五年规划纲要（草案）报告及国民经济和社会发展第十二个五年规划纲要（草案）、2010年国民经济和社会发展计划执行情况及2011年计划（草案）的报告、2010年财政预算执行情况及2011年预算（草案）的报告、教育工作报告，以及县人大常委会、法院、检察院工作报告。会议接受刘德成同志辞去沾化县第十六届人民代表大会常务委员会第一副主任职务的请求，接受李景顺、杨春和同志辞去沾化县第十六届人民代表大会常务委员会副主任职务的请求，并作出相应决定。会议补选贾善银为第十六届人大常务委员会主任，郑同庆、王振祥、苏玉杰为县第十六届人大常务委员会副主任，卢玉凤、吕建国、崔金岭为县第十六届人大常务委员会委员；张宝亮为沾化县人民政府县长。会议收到代表建议、批评和意见49件。

第十七届人民代表大会

第一次会议　2012年1月6日至8日在行政大厦会议中心召开。会议审议并通过了县政府工作报告、2011年国民经济和社会发展计划执行情况及2012年计划（草案）的报告、2011年财政预算执行情况及2012年预算（草案）的报告、教育工作报告，以及县人大常委会、法院、检察院工作报告。会议选举县第十七届人大会常务委员会主任、副主任、委员；县长、副县长；县人民法院院长、县人民检察院检察长。会议选举41名滨州市第十届人大代表。会议收到代表建议、批评和意见50件。

第二次会议　2013年1月16日至18日在行政大厦会议中心召开。会议审议并通过了县政府工作报告、2012年国民经济和社会发展计划执行情况及2013年计划（草案）的报告（书面）、2012年财政预算执行情况及2013年预算（草案）的报告（书面）、教育工作报告，以及县人大常委会、法院、检察院工作报告。会议收到代表建议、批评和意见35件。

第三次会议　2013年7月25日至26日在行政大厦会议中心召开。会议听取县人大常委会关于加快依法治县进程，推动沾化加快科学发展、加速转型超越的决定（草案）的说明。会议作出了沾化县第十七届人民代表大会第三次会议关于加快依法治县进程，推动沾化加快科学发展、加速转型超越的决定。会议补选县长丁锋。

第四次会议　2014年1月7日至9日在行政大厦会议中心召开。会议审议并通过了县政府工作报告、2013年国民经济和社会发展计划执行情况及2014年计划（草案）的报告（书面）、2013年财政预算执行情况和2014年预算（草案）的报告（书面）、教育工作报告（书面），以及县人大常委会、法院、检察院工作报告。会议补选县人民检察院检察长。会议收到代表建议、批评和意见25件。

第五次会议　2015年1月22日至23日在行政大厦会议中心召开。会议审议并通过了区政府工作报告、2014年国民经济和社会发展计划执行情况及2015年计划（草案）的报告（书面）、滨州市沾化区2014年财政预算执行情况和2015年预算（草案）的报告（书面）、教育工作报告（书面），以及区人大常委会、法院、检察院工作报告。会议补选：滨州市沾化区第十七届人大常务委员会副主任颜炳华（列副主任第一位，正县级）。会议收到代表建议、批评和意见20件。

第六次会议　2016年1月22日至23日在行政大厦会议中心召开。会议审议并通过了区政府工作报告、滨州市沾化区国民经济和社会发展第十三个五年规划纲要（草案）的说明和滨州市沾化区国民经济和社会发展第十三个五年规划纲要草案（书面）、滨州市沾化区2015年国民经济和社会发展计划执行情况及2016年计划（草案）的报告（书面）、滨州市沾化区2015年财政预算执行情况和2016年预算（草案）的报告（书面）、教育工作报告（书面），以及区人大常委会、法院、检察院工作报告。会议收到代表建议、批评和意见40件。

三、历届人民代表大会选举的国家机关领导人

（一）所选历届人大常委会组成人员（见第二节《沾化区（县）人大常委会》部分）

（二）所选区（县）政府领导人

表29

人大届次	区（县）长	副区（县）长
九 届 （1981.01—1984.08）	王长文	江连仲　张景兰（女）　孙宝珩　王玉山　付新章 郭忠岐（二次会议补选）
十 届 （1984.08—1987.04）	张奎和	冯俊玲（女）　李传忠　孙宝珩　盖士修　崔学政
十一届 （1987.04—1990.03）	原　野	冯俊玲（女）　王观庆　王奎明　耿佃福　李传忠 宋国亮
十二届 （1990.03—1993.01）	王观庆 步乃章（三次会议补选）	王奎明、郉玲（女）　耿佃福　刘启盛　张子华 杨赛光（挂职）　路军（挂职）　刘炳谦（科技）
十三届 （1993.01—1998.01）	步乃章 刘鲁生（七次会议补选）	郉玲（女）　荆韶山　何凤岐　张子华　安丰科
十四届 （1998.01—2003.01）	刘鲁生 韩增金（三次会议补选）	何凤岐　卢文芝　王延明　韩玉通　郭增禄 王永祥（三次会议补选）　罗新军（三次会议补选） 曲发斌（三次会议补选）
十五届 （2003.01—2007.12）	杨玖庆（女） 蔡国华（二次会议补选） 李恩波（四次会议补选） 耿涛（五次会议补选）	陈志凯　郭增禄　张文和　罗新军　曲发斌 王立忠
十六届 （2007.12—2012.01）	贾善银 张宝亮（四次会议补选）	王信峰　王立忠　刘庆敖　崔洪凤（女）　巴明华
十七届 （2012.01—2017.01）	张宝亮 丁锋（三次会议补选）	杨　明　刘长锋　崔洪凤（女）　王守泽　杜长亮 郭丰青
十八届 （2017.01—）	刘长海	刘长锋　杜长亮　宋 涛（女）　任宪村　苏洪德

（三）所选区（县）人民法院、人民检察院领导人

表30

人大届次	法院院长	检察院检察长
九届（1981.01—1984.08）	张守田	李清海
十届（1984.08—1987.04）	刘明乾	王树人

续表 30

人大届次	法院院长	检察院检察长
十一届(1987.04—1990.03)	刘明乾	王树人
十二届(1990.03—1993.01)	刘明乾 张世忠(三次会议补选)	王树人
十三届(1993.01—1998.01)	张世忠 李福忠(七次会议补选)	丁福祥 李汝堂(七次会议补选)
十四届(1998.01—2003.01)	李福忠	李汝堂
十五届(2003.01—2007.12)	刘丕进	张龙方
十六届(2007.12—2012.01)	李兴华	于　波
十七届(2012.01—2017.01)	邵斌华	于　波 黄鲁滨(四次会议补选)
十八届(2017.01—)	王树岭	黄鲁滨

第二节　沾化区(县)人大常委会

一、历届人大常委会组成人员

第九届(1981.01—1984.05)

主　　任　王震东

副 主 任　李振衡　郭兆庆　苏东山　程春田　张福和　耿升东　薛贵生

委　　员　王建齐　冯　平　刚守民　朱京生　张经邦　周新兰(女)　姜卿云　徐云刚　高文章　郭宝鑫(二次会议补选)

第十届(1984.05—1987.04)

主　　任　温在江

副 主 任　李振衡　程春田　薛贵生　朱京生　徐德元

委　　员　王建齐　王荣让　王家胜　孙　瑮(女)　孙惠林　李凤全　李清海　牟金銮　张景兰(女)　张儒祥　郑福禄　徐云刚

第十一届(1987.04—1990.03)

主　　任　孙宝珩

副 主 任　李振衡　朱京生　徐德元

委　　员　王建齐　王家胜　刘景兰　孙　瑮(女)　孙惠林　牟金銮

李凤奎　张守田　张儒祥　邴　玲（女）　周新兰（女，1989.5 离任）
郑福禄

第十二届（1990.03—1993.01）

主　　任　孙宝珩
副 主 任　冯俊玲（女，1991.10 离任）　徐德元　刘清义　张宝重　孙文炳
张介生　陈树信（1992.03 补选）
委　　员　王家胜　刘景兰　孙惠林　吴殿臣　宋建亭　张守田
周景泉　范天禄　郑福禄　耿复贵　王岐峰（1991.03 补选）
刘新芬（女，1991.03 补选）

第十三届（1993.01—1998.01）

主　　任　房英杰
副 主 任　徐德元　王奎明　孙文炳　张介生　陈树信　范天禄
委　　员　王家胜　刘新芬（女）　吴殿臣　宋建亭　张志纯　李汉栋
姜竹华（1996.12 离任）　耿复贵

第十四届（1998.01—2003.01）

主　　任　房英杰
副 主 任　王奎明　张介生　陈树信　郭维升　刘新芬（女）
郭振如（1999.03 补选）
委　　员　于洪长　尹泉林　王文德　王家胜　刘学英（女）　刘恒义
李永红（女）　杨振东（1998.09 离任）　单吉顺　孟庆敏
贾瑞平（1998.09 离任）　傅承来　张玉合（1999.03 补选）
邵才峰（1999.03 补选）

第十五届（2003.01—2007.12）

主　　任　韩增金（2006.01 离任）　蔡国华（2006.01 补选）
副 主 任　刘德成　刘新芬（女，2005.01 离任）
李福忠（2006.01 离任）　苏宪成　李景顺
刘俊峰　杨春和（2005.02 补选）　马云国（2006.01 补选）
陈志凯（2007.1 补选）
委　　员　丁希龙　于洪长　王希荣（2004.07 离任）　王泽洪
张玉合（2003.05 离任）　张希文　张洪龙　李　刚（2003.02 病故）
李永红（女，2003.12 离任）　杨英成（2004.05 离任）　邵才峰（2003.09 离任）
郭文祥（2004.07 离任）　崔洪凤（女，2006.03 离任）　章俊国（2003.07 离任）
马士曾（2004.01 补选，2005.09 离任）　王晓忠（2004.01 补选）
纪思彬（2004.01 补选，2005.09 离任）　杨春和（2004.01 补选，2005.02 离任）
韩秋生（2004.01 补选，2005.03 离任）　田道军（2005.02 补选，2006.07 离任）
刘宝连（2005.02 补选）　张世泽（2005.02 补选）　侯月智（2005.02 补选）

王振祥(2007.01 补选)　姜竹平(女,2007.1 补选)

第十六届(2007.12—2012.01)

主　　任　耿　涛(2011.01 离任)　贾善银(2011.1 补选)

第一副主任　刘德成(2011.01 离任)

副 主 任　陈志凯(2011.01 常务,正县)　李景顺(2011.01 离任)　赵金芳(女)　杨春和(2011.01 离任)　郑同庆(2011.01 补选)　王振祥(2011.01 补选)　苏玉杰(2011.01 补选)

委　　员　于洪长　王　峰　王子彬(2010.12 离任)　王安泽(2008.12 离任)　王振祥(2008.11 离任)　王晓忠 尹金卿(女)　李传玉(2010.12 离任)　李金峰(2010.12 离任)　张向华(女)　张成仙(女,2008.11 离任)　张希文(2008.11 离任)　张洪龙　侯月智　姜竹平(女, 2010.12 离任)　赵武民　刘志峰(2009.01 补选)　张廷芳(2009.01 补选)　梁彦冰(2009.01 补选)　卢玉凤(2011.01 补选)　吕建国(2011.01 补选)　崔金岭(2011.01 补选)

第十七届(2012.01—2017.01)

主　　任　贾善银

副 主 任　陈志凯(常务,正县级,2015.01 离任)　颜炳华(2015.01 补选,列副主任第一位,正县级)　郑同庆　王　娜(女)　王振祥　苏玉杰

委　　员　于洪长　王　峰　王立村　王晓忠(2012.09 离任)　尹金卿(女)　卢玉凤(女,2014.04 离任)　吕云亭　吕建国　杨书博(2016.12 离任)　李建勇　张廷芳　张希胜　张洪龙　赵　粟(2015.04 离任)　赵向红(女)　耿力农　郭庆宏　崔金岭(2013.12 离任)　谭振勇

二、历届常委会会议

沾化区(县)人大常委会,自 1981 年 1 月第九届人大常委会第一次会议至 2016 年 9 月的第十七届人大常委会第四十五次,共举行 290 次会议,依法行使了宪法和法律所赋予的各项职权。九届人大常委会自 1981 年 1 月至 1984 年 8 月,任期三年,共举行 24 次常委会会议。十届人大常委会自 1984 年 8 月至 1987 年 4 月,任期三年,共举行 19 次常委会会议。十一届人大常委会自 1987 年 4 月至 1990 年 3 月,任期三年,共举行 20 次常委会会议。十二届人大常委会自 1990 年 3 月至 1993 年 2 月,任期三年,共举行 20 次常委会会议。十三届人大常委会自 1993 年 2 月至 1998 年 1 月,任期五年,共举行 37 次常委会会议。十四届人大常委会自 1998 年 1 月选举产生,到 2003 年 1 月换届,任期五年,共举行 40 次常委会会议。十五届人大常委会自 2003 年 1 月选举产生,到 2007 年 12 月,共举行 47 次常委会会议。十六届人大常委会自 2007 年 12 月选举产生,到 2012 年 1 月换届,共举行 38 次常委会会议。十七届人大常委会自 2012 年 1 月选举产生,到 2017 年 1 月,共举行 48 次常委会会议。

第三章　惠民县人民代表大会

惠民县属环渤海经济圈、黄河三角洲、半岛城市群、济南城市群经济圈四大经济区结合部，版图面积1357平方公里，辖12镇、3个街道办事处和1个省级经济开发区，1163个行政村，63万人口。惠民县历史悠久，文化底蕴深厚，是中国古代著名军事家孙武的故里。

1946年11月10日至12日，惠民县召开议员大会，选举产生了县参议会，1947年11月停止工作。1946年11月底，惠民市成立参议会。1948年4月，县、市合并，市参议会停止工作。新中国成立后，由县各界人民代表会议代行人民代表大会职权。从1950年至1953年，惠民县先后召开过7届共14次各界人民代表会议。1954年7月，惠民县召开了第一届人民代表大会第一次会议。

第一节　惠民县历届人民代表大会

一、县人民代表大会代表

第九届人民代表大会代表：当选代表380名。其中，农民代表214名，占代表总数的56.3%；工人代表39名，占代表总数的9.2%；干部代表59名，占代表总数的11.5%；文教卫生科技代表40名，占代表总数的10.5%；财贸职工代表16名，占代表总数的4.2%；解放军代表3名，占代表总数的0.8%；妇女代表77名，占代表总数的20.2%；还有适当数量的少数民族代表，华侨家属和宗教代表。

第十届人民代表大会代表：当选代表380名。其中，中共党员代表188名，占代表总数的49.5%；非党群众代表192名，占代表总数的50.5%；妇女代表80名，占代表总数的21.1%。

第十一届人民代表大会代表：当选代表325名。其中，中共党员代表175名，占代表总数的53.8%；非党群众代表150名，占代表总数的46.2%；妇女代表66名，占代表总数的20.3%。

第十二届人民代表大会代表：当选代表304名。其中，工人代表28名，占代表总数的9.2%；农民代表143名，占代表总数的47%；干部代表68名，占22%；知识分子代表49名，占16%；其他方面的代表（包括少数民族、武警等）16名，占5.3%。中共党员代表176名，占58%；妇女代表61名，占20%。

第十三届人民代表大会代表：当选代表320名。其中，工人代表32名，占代表总数的10%；农民代表150名，占代表总数的47%；干部代表71名，占代表总数的22%；知识代表分子49名，占代表总数的15.3%；其他方面的代表（包括少数民族、离退休老干部、武警等）18名，占代表总数的5.7%。中共党员代表201名，占代表总数的62.8%；妇女代表74名，占代表总数的23%。

第十四届人民代表大会代表：当选代表244名。其中，工人代表25名，占代表总数的10.3%；农民代表121名，占代表总数的49.6%；干部代表55名，占代表总数的22.5%；知识分子代表35名，占代表总数的14.3%；其他方面的代表8名，占代表总数的3.3%。中共党员代表157名，占代表总数的64.3%；妇女代表64名，占代表总数的26.2%。这次选出的代表平均年龄比上届有所下降，文化素质比上届有所提高，大专以上文化程度的占30.7%；中专文化程度的占42.2%；初中文化程度的占25.8%；初中以下文化程度的占1.3%。为了保持代表工作的连续性，有50名上届县人大代表连选连任，占代表总数的21%。

第十五届人民代表大会代表：这次县级人大代表选举，应选代表244名，实选243人。其中工人、农民共144

人，占 59.3%，干部代表 55 人，占 22.6%，知识分子代表 32 人，占 13.2%，其他方面的代表 12 名，占 4.9%。中共党员 166 名，占 68.3%，妇女代表 63 名，占 25.9%。

第十六届人民代表大会代表：全县 147 个选区选出代表 244 名。其中工人、农民占 59%，妇女占 28.2%，非中共党员占 35%，大专以上文化程度的占 49.9 %，35 岁以下的占 32%。在当选的代表中，连选连任的代表占代表总数的 16.4%，保持了代表工作的连续性。

第十七届人民代表大会代表：全县 118 个选区选出代表 241 名。其中工人、农民和专业技术人员占 68.5%，妇女占 28.2%，非中共党员占 36.7%，少数民族代表 2 名，归侨代表 1 名，实现了省、市规定的代表结构“两升一降一保证”的要求。新一届人大代表，大专以上文化程度的占 50.2 %，45 岁以下的占 62%，知识结构和年龄结构都有了明显改善。在当选的代表中，连选连任的代表占代表总数的 27.4%，保持了代表工作的连续性。

二、历届历次人民代表大会

第一届人民代表大会

第一次会议　1954 年 7 月 5 日至 9 日召开。应到代表 345 人，实到 314 人，列席代表 19 名。会议听取并审议了《关于县政府 1954 年上半年施政工作报告》，听取并通过了《关于以发展互助合作为中心、以夏征夏购为重点的夏季工作建议的报告》，学习并讨论了《中华人民共和国宪法(草案)》，通过了《关于拥护 <中华人民共和国宪法(草案)> 的决议》，选举王卓如、丁发周、董晴岚、郭宗彬 4 人为出席省人民代表大会代表。

第二次会议　1955 年 2 月 9 日至 12 日召开。会议听取并审议了县人民政府 4 个月的工作报告，讨论并制定了春耕前的工作任务，通过了《关于作好春耕前工作的决议》。

第三次会议　1955 年 12 月 23 日至 28 日召开。会议听取并审议了县人民政府一年来的工作报告。自此，县人民政府改名为县人民委员会。会议选举孙德东为县长，满少卿等 3 人为副县长，康元水为人民法院院长。会议宣布结束县各界人民代表会议常务委员会，并通过了《关于今后工作的决议》。

第二届人民代表大会

第一次会议　1957 年 1 月 16 日至 20 日召开。会议听取并审议了《县人委工作报告》。会议同意继续广泛开展增产节约运动，贯彻整顿、巩固、提高农业生产合作社为中心的工作方针。大会选举县长、副县长和人委委员。

第二次会议　1957 年 12 月 25 日至 29 日召开。会议听取并审议了《县人委工作报告》；学习讨论了《全国农业发展纲要》；通过了关于开展整风运动和掀起农业生产高潮等内容的决议。

第三届人民代表大会

第一次会议　1958 年 5 月 29 日至 6 月 1 日召开。会议听取并审议了《县人委工作报告》，听取和讨论了《工作建议的报告》。大会选举县长、副县长和县人委委员；选举出席省第二届人民代表大会代表。会议号召全县人民要认真地贯彻“鼓足干劲，力争上游，多快好省地建设社会主义”的总路线。

第二次会议　1959 年 12 月 23 日至 26 日在北镇召开。会议回顾一年的工作，总结经验教训；动员全县人民以忘我的劳动精神，力争 1960 年更大更好地跃进。会议听取并审议了《县人委工作报告》；补选崔光华为县长，王世祥等 5 人为副县长，补选杨公璐为人民法院院长。

第四届人民代表大会

第一次会议 1961年5月18日至21日召开。会议听取并讨论了《目前形势和我们的任务的报告》和《县人委工作报告》；选举县长、副县长、县人委委员；县人民法院院长。

第五届人民代表大会

第一次会议 1963年5月30日至6月3日召开。会议听取县委副书记李玉堂作的形势报告；听取并审议了《县人委两年来的工作和今后任务的报告》；通过财政预决算报告；会议选举县长、副县长、县人委委员；县人民法院院长；选举于华芳、高兰、郭宗彬、满少卿为出席省第三届人民代表大会代表。

第二次会议 1964年7月6日至8日召开。会议听取和审议了《县人委工作报告》，总结了上半年工作和确定了下半年的任务。

第三次会议 1964年12月25日至27日召开。会议听取并审议了《县人委工作报告》。会议要求冬春两季在全县进行一次社会主义教育。

第四次会议 1965年5月28日至31日召开。会议听取了县委书记韩星五作的形势报告和《县人委工作报告》，补选曹维新、王锦堂、李清溪为副县长。

第六届人民代表大会

第一次会议 1966年3月11日至15日召开。会议听取并审议了《县人委工作报告》；号召全县人民坚持“实干、苦干、巧干”，努力完成和超额完成国民经济计划；号召在第三个五年计划期间建成40万亩稳产高产农田，彻底根治旱、涝、沙、碱四大害，改变惠民自然面貌。会议选举县长、副县长、县人委会委员；县人民法院院长。

“文化大革命”期间，惠民县没有召开人代会，县革命委员会笼统作为第七届县政权机构沿称。

第八届人民代表大会

第一次会议 1978年11月11日至15日召开。会议传达贯彻中国共产党第十一次代表大会和全国五届人大会议精神及中共山东省委提出的“今年突破，三年翻身，八年大发展”的要求，加速四个现代化建设。会议听取并审议了《县革委工作报告》和《关于工农业生产规划报告》；选举县革委会主任、副主任、委员；县法院院长；县检察院检察长。

第九届人民代表大会

第一次会议 1981年1月8日至13日在惠城召开。会议听取并审议了《县革委工作报告》；审议了1979年、1980年国民经济计划执行情况和1981年国民经济计划安排意见的书面报告；会议选举产生了县人大常委会主任、副主任；县长、副县长和县法院院长、县检察院检察长。

第二次会议 1982年1月4日至8日在惠城召开。会议听取并审议了政府、计划、财政和人大常委会、法院、检察院工作报告，通过了《<关于开展全民义务植树运动的决议>的决议》；增选赵洪瑞为县九届人代会常委会副主任，张长风、李益年为人大常委会委员；冯俊玲为县人民政府副县长。

第三次会议 1983年1月16日至22日在惠城召开。会议听取并审议了政府、计划、财政和人大常委会、法院、检察院工作报告。会议还听取了县人大常委会副主任曹维新作的《关于惠民县第十届人民代表大会名额和选举问题的说明》。选举于华春、冯俊玲、田次元、朱爱芹、李华英、彭梅羹为出席省六届人代会代表。

第十届人民代表大会

第一次会议 1984年5月26日至30日在惠城召开。会议听取了政府、人大常委会、法院、检察院工作报告。大会选举人大常委会主任、副主任;县长、副县长。

第二次会议　1985年4月24日至27日在惠城召开。会议听取并审议了政府、计划、财政和人大常委会、法院、检察院工作报告,并对以上报告作出了相应的决议。

第三次会议　1986年5月2日至5日在惠城召开。会议听取并审议了政府、计划、财政和人大常委会、法院、检察院工作报告,并对上述报告通过了决议。审议批准了《惠民县国民经济和社会发展第七个五年计划》。会议还通过了关于《惠民县第十一届人民代表大会代表名额和选举问题的决议》。

第十一届人民代表大会

第一次会议　1987年3月24日至28日在惠城召开。会议听取并审议了政府、计划、财政和人大常委会、法院、检察院工作报告,并对上述报告通过决议。会议还通过了《关于大力开展增产节约、增收节支运动的决议》。会议选举产生了人大常委会和"一府两院"领导人员。

第二次会议　1988年1月4日至7日在惠城召开。会议听取并审议了政府、计划、财政和人大常委会、法院、检察院工作报告,并对上述报告通过决议。会议选举马东向、李华英、胡安夫、赵洪瑞为山东省第七届人民代表大会代表。

第三次会议　1989年3月11日至13日在惠城召开。会议听取并审议了政府、计划、财政和人大常委会、法院、检察院工作报告,并对上述报告通过决议。

第十二届人民代表大会

第一次会议　1990年3月16日至20日在惠城召开。会议听取并审议了政府、计划、财政和人大常委会、法院、检察院工作报告,并对上述报告通过了决议。会议选举人大常委会和"一府两院"领导人员。

第二次会议　1991年3月11日至15日在惠城召开。会议听取并审议了政府、计划、财政和人大常委会、法院、检察院工作报告,并对上述报告通过了决议。会议审议批准了《惠民县国民经济和社会发展第八个五年计划》《依法治县总体规划》《孙子故园建设规划》《村民代表议事暂行办法》。

第三次会议　1992年3月16日至19日在惠城召开。会议听取并审议了政府、计划、财政和人大常委会、法院、检察院工作报告,并对上述报告通过了决议。会议审议通过了《关于贯彻落实 < 中共中央关于进一步加强农业和农村工作的决定 > 动员全县人民齐心协力奔小康的决议》和《关于贯彻落实 < 山东省农民负担条例 > 切实减实农民负担的决议》。

第十三届人民代表大会

第一次会议　1993年2月15日至19日在惠城召开。会议听取并审议了政府、计划、财政和人大常委会、法院、检察院工作报告,并对上述报告通过了决议。会议选举产生了人大常委会和"一府两院"领导人员;选举黄可华、赵延孝、张玉标、朱文友、王玉凤为山东省第八届人民代表大会代表。

第二次会议　1994年1月29日至31日在惠城召开。会议听取并审议了政府、计划、财政和人大常委会、法院、检察院工作报告,并对上述报告通过了决议。

第三次会议　1995年3月25日至27日在惠城召开。会议听取并审议了政府、计划、财政和人大常委会、法院、检察院工作报告,并对上述报告通过决议。

第四次会议　1996年2月5日至8日在惠城召开。会议听取并审议了政府、计划、财政和人大常委会、法院、检察院工作报告,并对上述报告通过了决议。

第五次会议　1997年1月25日至28日在惠城召开。会议听取并审议了政府、计划、财政和人大常委会、法院、检察院工作报告,并对上述报告通过决议。

第十四届人民代表大会

第一次会议 1998年1月18日至21日在惠城召开。会议听取并审议了政府、计划、财政、教育和人大常委会、法院、检察院工作报告,并对上述报告通过决议。会议选举产生了人大常委会和“一府两院”领导人员;选举吴官正、王宗廉、祁维华、王玉凤、郭长江为山东省第九届人民代表大会代表。

第二次会议 1999年1月22日至24日在惠城召开。会议听取并审议了政府、计划、财政、教育和人大常委会、法院、检察院工作报告,并对上述报告通过决议。

第三次会议 2000年1月17日至20日在惠城召开。会议听取并审议了政府、计划、财政、教育和人大常委会、法院、检察院工作报告,并对上述报告通过决议。选举事项。

第四次会议 2000年12月8日至10日在惠城召开。会议听取并审议了县长何凤岐所作的关于民营经济发展情况的汇报;会议选举王乃信、王宗廉、何凤岐、祁维华、曹洪儒、张世芳、张希华等57人为惠民县出席滨州市第七届人民代表大会代表。

第五次会议 2001年2月20日至23日在惠城召开。会议听取并审议了政府、计划、财政和人大常委会、法院、检察院工作报告,并对上述报告通过决议。选举事项。

第六次会议 2002年1月22日至25日在惠城召开。会议听取并审议了政府、计划、财政和人大常委会、法院、检察院工作报告,并对上述报告通过决议。选举事项。

第十五届人民代表大会

第一次会议 2003年1月18日至21日在惠城召开。会议听取并审议了政府、计划、财政和人大常委会、法院、检察院工作报告,并对上述报告通过决议。会议选举产生了人大常委会和“一府两院”领导人选;选举于佃海、王乃信、王世明等56人为滨州市第八届人民代表大会代表。

第二次会议 2004年1月2日至4日在惠民县城召开。会议听取并审议了政府、计划、财政和人大常委会、法院、检察院工作报告,并通过上述报告决议。

第三次会议 2005年1月29日至2月1日在惠城召开。会议听取并审议了政府、计划、财政和人大常委会、法院、检察院工作报告,并对上述报告通过决议。选举事项。

第四次会议 2006年1月8日至1月10日在惠城召开。会议听取并审议了政府、计划、财政和人大常委会、法院、检察院工作报告,审查、批准惠民县国民经济和社会发展第十一个五年总体规划纲要;会议通过选举事项。

第十六届人民代表大会

第一次会议 2007年11月11日至14日在惠城召开。会议听取并审议了政府、计划、财政和人大常委会、法院、检察院工作报告,并对上述报告通过决议。会议选举产生了县人大常委会和“一府两院”领导人员;选举邓向阳、燕钦国等58人为滨州市第九届人民代表大会代表。

第二次会议 2008年11月11日在惠城召开。会议补选杨玖庆为惠民县人民政府县长,杨华君为惠民县人民政府副县长。

第三次会议 2009年1月8日至9日在惠城召开。会议听取并审议了政府、计划、财政和人大常委会、法院、检察院工作报告,并对上述报告通过决议。

第四次会议 2010年1月13日至15日在惠民县城召开。会议听取并审议了政府、计划、财政和人大常委会、法院、检察院工作报告,并对上述报告通过决议。会议通过选举事项。

第五次会议 2011年1月12日至14日在惠民县城召开。会议听取并审议了政府、计划、财政和人大常委会、法院、检察院工作报告,并对上述报告通过决议。会议通过选举事项。

第十七届人民代表大会

第一次会议　2012 年 1 月 6 日至 8 日在惠民县城召开。会议听取并审议了政府、计划、财政和人大常委会、法院、检察院工作报告,并对上述报告通过决议。会议选举产生了人大常委会和“一府两院”领导人员;张光峰、祁维华、胡炳山、韩增金等 62 人当选为惠民县出席滨州市第十届人民代表大会代表。

第二次会议　2013 年 1 月 16 日至 18 日在惠民县城召开。会议听取并审议了政府、计划、财政和人大常委会、法院、检察院工作报告,并对上述报告通过决议。

第三次会议　2014 年 1 月 6 日至 8 日在惠民县城召开。会议听取并审议了政府、计划、财政和人大常委会、法院、检察院工作报告,并对上述报告通过决议。会议通过了选举事项。

第四次会议　2015 年 1 月 6 日至 8 日在惠民县城召开。会议听取并审议了政府、计划、财政和人大常委会、法院、检察院工作报告,并对上述报告通过决议。

第五次会议　2016 年 1 月 18 日至 20 日在惠民县城召开。会议听取并审议了政府、计划、财政和人大常委会、法院、检察院工作报告,并对上述报告通过决议。会议通过了选举事项。

三、历届人民代表大会选举的国家机关领导人

(一)所选历届人大常委会组成人员(见第二节《惠民县人大常委会》部分)

(二)所选县政府领导人

表 31

人大届次	县长	副县长
九届 (1981.01—1983.12)	赵山水	王长梅　李政教　马　克　刘传安　李永光 冯俊玲(女,1982.1 补选)
十届 (1984.01—1986.12)	李政教	周清利　马先乐　曲振水　毛玉武　司金英(女)
十一届 (1987.03—1990.03)	马东向	周清利(1989.7 辞职)　毛玉武　司金英(女) 赵秉耕　李宝清　张型鲁
十二届 (1990.03—1993.02)	马东向(1991.2 辞职) 顾　峰(1991.3 部选)	顾峰(91.2 任命)　李炳众(1991.3 辞职)　毛玉武 李宝清　孙　工　高炉(挂职) 季洪钦(挂职 1992.1 辞职)
十三届 (1993.02—1998.01)	魏　萉(1996.11 辞职) 刘启盛(1997.1 补选)	曹洪儒　张德新　张玉标　王曰华(1997.5 辞职) 齐文长　田有增
十四届 (1998.01—2003.01)	刘启盛(2000.1 辞职) 何凤岐(2000.1 补选,2001.2 辞职) 刘相庆(2001.2 补选)	尚洪立(2002.1 辞职)　齐文长(2002.1 辞职)步　兵 崔明月(1999.11)　康永彬(2002.1 辞职) 刘希安　袁海芳(女 2000.1 补选) 商玉昌(2002.1 补选)　高月华(2002.1 补选)

续表31

人大届次	县长	副县长
十五届 (2003.01—2007.12)	刘相庆(2004.12辞职), 何思清(2005.1补选, 2005.11辞职) 王瑜(2005.11代理县长, 2006.1补选)	商玉昌(2004.12辞职)　高月华 万永格　李子超(2007.12辞职)　李　勇 郑玉梅(女,2007.12辞职) 单传海(2004.2挂职)　胡立(2004.2挂职) 何思清(2004.12任命)　王瑜(2005.1补选) 李玉会(2005.9任命)　赵燕军(2006.3任命) 刘明伦(2006.3任命)
十六届 (2007.12—2012.01)	王　瑜(2008.9辞职) 杨玖庆(2008.9代理县长 2008.11补选,2011.12辞职) 李守江(2011.12代理县长)	高月华(2010.1辞职)　李　勇 万永格(2008.1辞职) 李玉会(2008.9辞职)　魏桂芳(女) 田洪健(2010.1辞职)　杨华君(2008.11补选) 宋全利(2008.1补选)　郭延民(2008.9任命) 夏培剑(2010.1补选,2011.5辞职) 张峰(2010.1补选)　王景辉(2011.5任命) 李守江(2011.12任命)　赵金沙(2011.12任命)
十七届 (2012.01—)	李守江	班福忠(2016.2辞职)　赵金沙 魏桂芳(女2015.1辞职)　杨华君 张　峰(2012.5撤职)　王建朝(2012.8任命) 路灿新(2013.8辞职)　尹得寿(2013.6任命) 刘丙海(2013.8任命)　胡俊生(2013.8任命) 张相国(2014.8任命)　刘东芳(女,2015.1任命) 尹常智(2015.11任命)　陈振学(2015.8任命) 刘卫忠(2016.2任命)

(三)所选区(县)人民法院、人民检察院领导人

表32

人大届次	法院院长	检察院检察长
九届(1981.01—1983.12)	蔡佃元	赵芳桐
十届(1984.01—1986.12)	崔国明	孙全祥
十一届(1987.03—1990.03)	崔国明	孙全祥
十二届(1990.03—1993.02)	崔国明	孙全祥
十三届(1993.02—1998.01)	张　彪	孙全祥(1997.5辞职) 张新华(1997.5代理)
十四届(1998.01—2003.01)	张　彪(2001年病逝)	张新华(1999.5辞职) 李成友(2000.1补选)
十五届(2003.01—2007.12)	张　礁(2007.12辞职)	刘宝昌(2007.12辞职)

续表 32

人大届次	法院院长	检察院检察长
十六届(2007.12—2012.01)	崔　玺	程志民
十七届(2012.01—2016.05)	崔　玺(2013.12 辞职) 孙长青(2013.12 代理院长,2014.1 补选)	程志民

第二节　惠民县人大常委会

一、历届人大常委会组成人员

第九届(1981.01—1984.05)

主　　任　胡广美

副 主 任　曹维新　李遵和　韩庆云　赵学诚　赵洪瑞(1982.1 补选)

委　　员　孙风跃　李秀英(女)　王维润　赵洪瑞　王国平　曹风岱　侯建瑞(女)　荆茂盛　黄金铬　于庆年　崔清双　吴宗美　张长凤(女,回族,1982.1 补选)　李益年(1982.1 补选)

第十届(1984.05—1987.03)

主　　任　郭毓华

副 主 任　曹维新　韩庆云　赵洪瑞

委　　员　曹风岱　荆茂盛　宋焕芝　王桂芹(女)　张　罡　于庆年　王国平　沈玉堂　张长凤(女,回族)　朱爱芹(女)　李华英(女)　张景周　马成虎　吴宗美　李国柱

第十一届(1987.03—1990.03)

主　　任　赵山水

副 主 任　李树林　郭洪礼　赵洪瑞

委　　员　荆茂盛　卜宪东　周勋臣　朱长海　杜肇睦　张洪武　王桂芹(女)　李国柱　耿洪成(1987.7 辞职)　李爱荣(女)　王洪昌　李银凤(女)　张吉泉　郭正平　王立彬

第十二届(1990.03—1993.02)

主　　任　李正教

副 主 任　司金英(女)　郭洪礼　王国平　陈培成　宋焕芝　冯俊玲(女,1992.3 补选)

委　　员　李方明　宓新泽　李顺培　李绍芳　邱　立　付恩义

张登水　荆茂盛　陈佃忠　王洪昌　高　娟(女)　路灿法
潘金凤(女)　张洪武　王桂芹(女)

第十三届(1993.02—1998.01)

主　　任　路福增
副 主 任　司金英(女)　李宝清　王国平　陈培成　宋焕芝　冯俊玲(女)
委　　员　王洪昌　王桂芹(女)　李延胜　李兆水　李承芳(1995.1 辞职)
李绍芳　李顺培　许文华(1994.1 辞职)　张登水　宓新泽
耿洪成　苗万东(1994.1 补选)　陈光远(1996.2 补选)
张新华(1996.2 补选)

第十四届(1998.01—2003.01)

主　　任　曹洪儒
副 主 任　司金英(女)　李宝清　孙全祥　田有增　徐廷荣
袁海芳(女,2000.1 辞职)
委　　员　马希冉　王延民　王延忠(1998.11 辞职)　任传海　刘建忠
李绍芳　张希华　张景和　张新华　陈光远
赵之良(1999.1 辞职)　贺伟新　郭长江(2000.11 辞职)　綦雅男
卞成杰(2000.1 补选)　韩长胜(2000.1 补选)

第十五届(2003.01—2007.12)

主　　任　曹洪儒(2006.1 辞职)　何思清(2006.1—2007.12)
副 主 任　张延才　袁海芳(女,2005.9 辞职)　李清森　宋兴武　史新民
李英俊　张秀葵(女,2006.1 补选)
委　　员　王志民　王延民　王　凯(2007.1 辞职)　王振才　邢大选
刘风栋　张希华　张建军　张景和　张德芳　武义镔
胡振新　倪巨涛　韩长胜　霍新国　魏汇婷(女)

第十六届(2007.12—2012.01)

主　　任　张世芳
副 主 任　张希华　张秀葵(女)　王吉奎　赵世平　杨华君(2008.11 辞职)
徐庆忠　吴胜林
委　　员　马玉凤(女,2009.4 辞职)　王士亮　王玉香(女)　付之虎　邢大选
刘辉友　刘善惠　闫永娥(女)　李寿光　吴加军　吴新华
惠　廷(2011.11 辞职)　宋永波(2010.5 辞职)　宋全星(2008.12 辞职)
张洪喜　张　罡(2009.8 辞职)　贾宝山(2009.4 辞职)　高淑臣
曹其泉　魏汇婷(女,2010.5 辞职)

第十七届(2012.01—2017.01)

主　　任　范连生

常务副主任	李　勇					
副　主　任	张秀葵(女)	孟立军	徐庆忠	吴胜林		
委　　　员	王笃翠(女)	卢召富	付小川	刘辉友	刘善惠	闫永娥(女)
	闫秀东	苏云花(女)	吴加军(2012.2 辞职)		吴名章	吴新华
	张玉军	张建国	张洪民	张瑞杰	宓洪江	赵成山
	姚宪亮(2012.2 辞职)		慈金水	王金周(2016.1 补选)		
	卞冬冬(2016.1 补选)					

二、历届常委会会议

惠民县第九届人大常委会第1次会议,于1981年1月13日在惠城召开,会议建立了人大常委会活动制度。至2015年11月18日召开第十七届人大常委会第32次会议,共举行246次会议,依法行使了宪法和法律所赋予的各项职权。根据宪法和地方组织法的规定,惠民县第九、十、十一、十二届人大常委会任期为三年,从第十三届至今,惠民县人大常委会每届任期为五年。

九届人大常委会自1981年1月至1984年5月,共举行19次常委会会议。十届人大常委会自1984年5月至1987年3月,共举行15次常委会会议。十一届人大常委会自1987年3月至1990年3月,共举行21次常委会会议。十二届人大常委会自1990年3月至1993年2月,共举行22次常委会会议。十三届人大常委会自1993年2月至1998年1月,共举行33次常委会会议。十四届人大常委会自1998年1月至2003年1月,共举行36次常委会会议。十五届人大常委会自2003年1月至2008年1月,共举行37次常委会会议。十六届人大常委会自2008年1月选举产生,至2012年2月换届,共举行31次常委会会议。十七届人大常委会自2012年2月选举产生,至2017年1月,共举行47次常委会会议。

第四章　阳信县人民代表大会

自1949年12月阳信县第一届各界人民代表会议召开以来,在县委的领导和社会各界的大力支持下,广大人大工作者努力工作,人大工作不断发展。特别是在1981年1月设立县人大常委会以后的30多年里,历届县人大常委会认真履行宪法和法律赋予的各项职责,充分发挥重大事项决定权、选举任免权和监督权,在坚持和完善人民代表大会制度,发扬社会主义民主政治,推进依法治县进程,促进经济科学发展,维护社会和谐稳定中发挥了重要作用,人民代表大会制度已深深地植根于广大人民群众心间,显现出了巨大的政治优越性和强大的生命力。

作为地方国家权力机关的阳信县人民代表大会,经历了一个建立、发展到逐步完善的曲折历程。

1949年12月至1954年6月,实行的是各界人民代表会议。这段时间,阳信县共召开了五届各界人民代表会议,选举产生了各界人民代表会议常务委员会。

根据中华人民共和国第一部宪法规定,在全民普选的基础上,于1954年7月6日至11日召开了阳信县第一届人民代表大会,人民代表大会制度正式确立。至1966年3月31日,阳信县共召开六届人民代表大会,选举产生了六届人民委员会(即县人民政府)。县人民委员会对县人民代表大会负责并报告工作。

1966年5月,“文化大革命”开始。国家政治生活处于不正常状态,在没有召开县人民代表大会的情况下产生了阳信县革命委员会。

1976年10月,“四人帮”被粉碎,“文化大革命”结束,中国进入社会主义现代化建设新时期。经过拨乱反正,阳信县政权组织的职能得到恢复和发展。“文革”10年,根据全国人民代表大会统一规定,按时间顺序和县人民代表大会届次序列,列为第七届人民代表大会。

1978年10月28日,阳信县第八届人民代表大会第一次会议召开,选举产生了县革命委员会。

1981年1月9日至12日,根据1979年7月五届全国人大二次会议通过的《中华人民共和国地方各级人民代表大会和地方各级人民政府组织法》的规定,召开了阳信县第九届人民代表大会第一次会议,并选举产生了县人民代表大会常设机关——县人民代表大会常务委员会(以下简称人大常委会),选举产生了它的执行机关——县人民政府,选举产生了审判机关、检察机关——县人民法院和县人民检察院。县人大常委会的设立,标志着人民代表大会制度在阳信县进一步加强和完善。

县级人民代表大会设立常务委员会,是政权建设的重要改革,有力地加强了国家权力机关的职能。30多年来,阳信县人大常委会已成功组织完成了历届县、乡镇人大换届选举工作;组织召开了县人民代表大会9届40次;坚持每两个月至少举行一次会议,召开县人大常委会例会265次,讨论决定全县有关政治、经济、民生等大事,任免国家机关工作人员,听取审议“一府两院”专项工作报告,加强对计划和预算的监督,组织开展视察、调研和执法检查活动,在阳信县的政权建设、经济建设和社会稳定中发挥了巨大的作用。

县人大常委会根据工作需要设置办事机构,并不断加强。第九届人大常委会设办公室,后经过历届增减变化,至2015年底现有人大常委会办公室、人事代表工作室、法制工作室、信访工作室、财政经济工作委员会、教科文卫工作委员会、预算工作委员会7个工作机构。

随着人民代表大会制度的不断完善,乡镇人民代表大会工作也日益健全。1987年7月,各乡镇配备了人大专职干部;1988年7月起,乡镇正式设立了人大机构,下设办公室,乡镇人大工作纳入了正常轨道。截止2015年底,全县共有8处乡镇人大、2处街道人大工作委员会(县人大常委会派出机构);全县8处乡镇配齐了人大主席、副主席,2 处街道办事处配齐了人大工作委员会主任、副主任。

第一节　阳信县历届人民代表大会

一、新中国成立初期县各界人民代表会议

根据《中国人民政治协商会议共同纲领》规定,在不具备召开人民代表大会的条件下,由各界人民代表会议代行人民代表大会职权。阳信县各界人民代表会议,1949 年至 1953 年共召开五届。历届会议都选举产生各界人民代表会议常务委员会。常务委员会对各界人民代表负责并报告工作。在各界人民代表会议闭会期间由常务委员会代行职权。1954 年改为人民代表大会。

第一届各界人民代表会议

第一次会议　1949 年 12 月 25 日在城北小刘村(今城北刘)召开。张介夫县长作《1949 年施政工作报告》,中共阳信县委书记张毅作《中共阳信县委关于冬季工作建议的报告》。会议讨论通过《关于生产救灾、结束土改、加强冬防(防匪防特)、兴办冬学、做好代耕五项工作的决议》,选举产生常务委员会组成人员 13 名,张毅任主席,张介夫、张儒斋任副主席。

第二届各界人民代表会议

第一次会议　1950 年 6 月 26 日在县城召开。会议讨论通过了《以夏季生产为中心的救灾备荒、防匪防特、夏季卫生、善始善终完成夏征任务的工作决议》,选举产生第二届县各界人民代表会议常务委员会组成人员 21 名。

第二次会议　1950 年 10 月 18 日在县城召开。会议选举出席山东省各界人民代表会议代表 1 名。

第三届各界人民代表会议

第一次会议　1950 年 12 月 6 日在县城召开。会议主要议题是讨论通过《关于结束土改、开展抗美援朝运动的决议》。选举产生第三届县各界人民代表会议常务委员会组成人员。

第四届各界人民代表会议

第一次会议　1951 年 6 月 27 日在县城召开。会议听取了《关于阳信县土改总结和开展镇压反革命运动情况介绍》《中共阳信县委关于动员全县各界人民抗美援朝捐款捐物和开展和平签名运动的报告》,讨论通过了《深入开展抗美援朝运动、镇压反革命运动、秋季丰产运动的决议》,选举产生第四届各界人民代表会议常务委员会组成人员。

第二次会议　1951 年 10 月 16 日在县城召开。会议讨论通过四项决议:一、以生产救灾为中心,继续开展抗美援朝运动,完成捐献 1 架飞机(折合旧人民币 15 亿元)任务;二、完成全县 66 个乡的结束土改任务;三、完成秋季粮食征购任务;四、大力宣传贯彻《中华人民共和国婚姻法》。

第三次会议　1952 年 6 月 30 日至 7 月 2 日在县城召开。会议讨论通过《关于开展爱国增产节约运动、反对美帝使用细菌武器和开展爱国卫生运动的决议》。

第四次会议　1952 年 8 月 23 日至 25 日在县城召开。会议讨论通过《爱国丰产、开展城乡物资交流、实行查田定产工作决议》。

第五届各界人民代表会议

第一次会议 1953年5月9日至11日在县城召开。会议听取了《关于开展反对官僚主义、命令主义、违法乱纪斗争的报告》,并讨论通过工作决议,选举产生第五届各界人民代表会议常务委员会组成人员。

二、历届历次人民代表大会

第一届人民代表大会

第一次会议 1954年7月6日至11日在县城召开。会议讨论通过了县政府工作报告,听取了县委关于七、八、九月份政府工作建议。会议选举王哲、宋立言、路连城为出席山东省人民代表大会代表。

第二次会议 1955年7月11日至14日在县城召开。会议讨论通过了《关于开展农业互助合作,实行粮食统购统销和地方自筹经费实施办法的决议》。

第三次会议 1955年12月21日至25日在县城召开。会议讨论制定《阳信县1956—1957年农业互助合作规划》,学习贯彻《中华人民共和国兵役法》,研究部署1955年兵役征集工作,选举第一届县人民委员会。

第四次会议 1956年10月29日至11月1日在县城召开,会期4天。会议的主要议题是:总结检查政府工作,讨论今冬工作任务,增选副县长。会上报告了人民委员会的总结和今后工作意见,总结1955年度财政收支决算与1956年度预算,报告法院一年的审判工作。会议增选王芝秀为副县长。

第二届人民代表大会

第一次会议 1957年1月26日至28日在县城召开,会期3天。会议的主要议题是听取审议王正端县长《阳信县人民委员会工作报告》,法院1956年工作报告,听取县委关于1957年农业生产计划和主要措施建议的报告。会议选举产生了第二届县人民委员会组成人员。

第二次会议 1957年12月21日至24日在县城召开。会议讨论审查政府一年来的工作和讨论通过党委拟出的今冬明春和1958年的工作任务,并增选倪凤俊为副县长。

第三届人民代表大会

第一次会议 1958年6月,阳信县第三届人民代表大会第一次会议召开。会议听取和审议县人民委员会工作报告以及法院、检察院工作报告。会议选举产生了第三届县人民委员会组成人员。

第二次会议 1959年12月24日至27日,合并于无棣县举行。会议审查了政府1959年施政工作报告,讨论制定了今后工作任务,补选曹继武为县长,仇兴国、王汝岭为副县长。

第四届人民代表大会

第一次会议 1961年4月19日至22日在无棣县城举行。会议听取了无棣县人民委员会关于1959年和1960年两年来施政工作报告、关于1960年财政决算和1961年财政预算安排情况的报告、县委关于今后工作建议的报告。会议选举县长1名,副县长5名,县人民委员会委员25名,省人大代表3名。

第五届人民代表大会

第一次会议 1963年9月26日至29日在县城召开。会议讨论总结了两年来的政府工作,研究确定了今后任务,讨论通过了两年来的财政决算和明年的预算安排及法院工作报告。会议选举出了出席省第三届人民代表大会代表、县人民委员会组成人员、正、副县长以及县人民法院院长,制定了大会决议。

第二次会议　1964年9月9日至12日在县城召开。会议听取审议了县人民委员会工作报告、关于1963年财政决算和1964年财政预算安排意见的报告,并作出了决议。

第三次会议　1965年5月28日至30日在县城召开。会议传达了全国人大常委会关于援越抗美的决议,听取审议县人民委员会《关于当前我县形势及今后任务的报告》,并通过了大会决议。

第六届人民代表大会

第一次会议　1966年3月28日至31日在县城召开。会议的主要议题是:听取审议县人民委员会工作报告、财政预决算报告、法院工作报告,并作出了决议。会议选举产生了新一届县人民委员会,选举史树荣为县长,刘福来、仇兴国、曲玉坤为副县长。选举王桂芳为法院院长。

第七届人民代表大会

1966年至1976年是“文化大革命”的十年,阳信县没有召开人民代表大会。根据全国人民代表大会统一规定,按时间顺序和县人民代表大会届次序列,列为第七届人民代表大会。

第八届人民代表大会

第一次会议　1978年10月28日至11月1日在县城召开,历时5天。会议的主要议题是:听取审议县革命委员会主任张德华《县革命委员会工作报告》、县革命委员会副主任刘福来《工农业生产规划报告》,并作出了决议。会议选举产生了县革命委员会组成人员。会议选举刘福来为县革命委员会主任,曲玉坤、葛德昌、尚芳岭、王玉岭、崔焕文为副主任;选举张钦义为法院院长,杨洪武为检察院检察长。

第九届人民代表大会

第一次会议　1981年1月9日至12日在县城举行。会议听取和审查了县革命委员会的工作报告,通过了关于阳信县革命委员会工作报告的决议;审查和批准县国民经济计划和财政预、决算,通过了关于阳信县国民经济计划和财政预决算报告的决议;听取和审查县人民法院、县人民检察院的工作报告,通过了关于县人民法院工作报告和县人民检察院工作报告的决议;会议选举了县第九届人民代表大会常务委员会主任、副主任和委员;选举了县人民政府县长、副县长;选举了县法院院长、县检察院检察长。

第二次会议　1982年2月21日至23日在县城召开。本次会议的主要议题是:审议曲玉坤县长所作的《阳信县人民政府工作报告》、王景泉副局长向大会提交的《阳信县一九八一年财政决算和一九八二年财政预算初步安排意见的报告》、王玉岭主任所作的《阳信县人民代表大会常务委员会工作报告》、王桂芳院长所作的《阳信县人民法院工作报告》、杨洪武检察长所作的《阳信县人民检察院工作报告》,并通过以上五个报告和相应的决议;审议通过《关于开展义务植树运动的决议》《关于农村房屋建设问题的决议》。

第三次会议　1983年2月22日至24日在县城召开。本次会议的主要议程是:听取和审议曲玉坤县长所作的《阳信县人民政府工作报告》,审议王景泉副局长向大会提交的《阳信县一九八二年财政决算和一九八三年财政预算安排意见的报告》,听取和审议王玉岭主任所作的《阳信县人民代表大会常务委员会工作报告》、王桂芳院长所作的《阳信县人民法院工作报告》、杨洪武检察长所作的《阳信县人民检察院工作报告》,并通过以上五个报告和相应的决议。大会选举马玉岐、刘勇、武开章、商安喜为阳信县出席山东省第六届人民代表大会代表。

第四次会议　1984年2月23日至25日在县城召开。本次会议的主要议题是:听取审议《阳信县人民政府工作报告》《阳信县一九八三年财政决算和一九八四年财政预算安排意见的报告》《阳信县人民代表大会常务委员会工作报告》《阳信县人民法院工作报告》《阳信县人民检察院工作报告》,通过以上报告并作出相应的决议;

审议通过《关于阳信县第九届人民代表大会推迟换届的决议》。

第十届人民代表大会

第一次会议 1984年5月22日至25日在县城举行。会议听取并审议刘玉梓代县长所作的阳信县人民政府工作报告,通过政府工作报告的决议;选举阳信县第十届人大常委会主任、副主任、委员;选举阳信县人民政府县长、副县长;选举阳信县人民法院院长和人民检察院检察长;中共阳信县委领导同志作了讲话。

第二次会议 1985年3月9日至11日在县城举行。会议听取并审议刘玉梓县长所作的阳信县人民政府工作报告,通过政府工作报告的决议;听取并审议王景泉局长所作的阳信县1984年财政决算和1985年财政预算的报告,通过财政预决算报告的决议;听取并审议王玉岭主任所作的阳信县人大常委会工作报告,通过县人大常委会工作报告的决议;听取并审议王守义院长所作的阳信县人民法院工作报告,通过法院工作报告的决议;听取并审议孙宝常检察长所作的阳信县人民检察院工作报告,通过检察院工作报告的决议;中共阳信县委领导同志作了讲话。会议通过了关于各项工作报告的决议。

第三次会议 1986年5月12日至16日在县城召开。本次会议的主要议题是:听取和审议黄学军代县长《关于国民经济和社会发展第七个五年计划草案的报告》、县计委主任高洪儒《关于一九八六年国民经济和社会发展计划草案的报告》、县财政局局长王景泉《关于一九八五年财政决算和一九八六年财政预算草案的报告》、王玉岭主任《关于阳信县人民代表大会常务委员会工作报告》、王守义院长《阳信县人民法院工作报告》、孙宝常检察长《关于阳信县人民检察院工作报告》,并通过以上报告相应的决议。大会选举黄学军为阳信县人民政府县长。

第十一届人民代表大会

第一次会议 1987年4月9日至13日在县城召开。会议的主要议程是:听取并审议《政府工作报告》,审查和批准《关于1986年国民经济和社会发展计划执行情况和1987年计划(草案)安排意见的报告》《关于1986年财政决算和1987年财政预算(草案)的报告》,听取并审议《阳信县人民代表大会常务委员会工作报告》《阳信县人民法院工作报告》《阳信县人民检察院工作报告》,并对上述报告通过相应的决议。会议选举王金智为阳信县第十一届人民代表大会常务委员会主任,姜秉占、王明祥、张宝明、郑景福为副主任;朱万祥、何永芝、李廷泉、李振恒、杨明志、张洪庆、张慧生、魏淑真为委员;选举盖国强为阳信县人民政府县长,王友良、宋乃贤、张振生、訾继志、王洪明、张秀贞为副县长;选举王守义为阳信县人民法院院长,王桂芳为阳信县人民检察院检察长。

第二次会议 1988年1月5日至7日在县城举行。会议的主要议程是:听取并审议《政府工作报告》,审查和批准《关于1987年国民经济和社会发展计划执行情况及1988年计划(草案)安排意见的报告》《关于1987年财政决算和1988年财政预算(草案)的报告》,听取并审议《阳信县人民代表大会常务委员会工作报告》《阳信县人民法院工作报告》《阳信县人民检察院工作报告》,并对上述报告通过相应的决议。会议选举张程震、李秀峰、王金智、马玉岐为阳信县出席山东省第七届人民代表大会代表,补选杨洪武为阳信县第十一届人民代表大会常务委员会副主任。

第三次会议 1989年3月28日至31日在县城召开。会议的主要议程是:听取并审议盖国强县长所作的《政府工作报告》,审查和批准县计委主任高洪儒所作的《关于1988年国民经济和社会发展计划执行情况及1989年计划(草案)安排意见的报告》、县财政局局长王景泉所作的《关于1988年财政决算和1989年财政预算(草案)的报告》、郭玉珂局长所作的《教育工作报告》;听取并审议王金智主任所作的《阳信县人民代表大会常务委员会工作报告》、王守义院长所作的《阳信县人民法院工作报告》、王桂芳检察长所作的《阳信县人民检察院工作报告》,并对上述报告通过相应的决议。大会通过了关于接受姜秉占同志辞去阳信县人大常委会副主任职务请求的决定;补选王雪松同志为阳信县人民代表大会常务委员会副主任。

第十二届人民代表大会

第一次会议　1990 年 2 月 17 日至 21 日在县城召开。本次会议的主要议程是:听取并审议《政府工作报告》,审查和批准《关于 1989 年国民经济和社会发展计划执行情况及 1990 年计划安排(草案)的报告》《关于1989 年财政决算和 1990 年财政工作意见的报告》《教育工作报告》,听取并审议《阳信县人民代表大会常务委员会工作报告》《阳信县人民法院工作报告》《阳信县人民检察院工作报告》,并对上述报告通过相应的决议。会议选举王金智为县第十二届人民代表大会常务委员会主任,菅继志、宋延亭、韩子祥、郑景福为副主任,王洪昌、郭玉珂、丁风祥、魏淑真、张洪林、吕德章、李文收、马玉岐、吕洪英为委员;选举盖国强为阳信县人民政府县长,王友良、张正家、于绍阳、王开明、张荣生、王登祥、安风科、张映祝为副县长;选举王守义为阳信县人民法院院长,崔华岭为阳信县人民检察院检察长。

第二次会议　1991 年 3 月 10 日至 13 日在县城召开。本次会议的主要议程是:听取并审议《政府工作报告》,审查和批准《阳信县国民经济和社会发展"八五"计划和十年奋斗目标的报告》;《关于 1990 年国民经济和社会发展计划执行情况及 1991 年计划安排意见的报告》《关于 1990 年财政决算和 1991 年财政工作意见的报告》《阳信县教育工作报告》,听取并审议《阳信县人民代表大会常务委员会工作报告》《阳信县人民法院工作报告》《阳信县人民检察院工作报告》,并对上述报告通过相应的决议。会议接受盖国强辞去阳信县人民政府县长职务的请求,补选王友良为阳信县人民政府县长。

第三次会议　1992 年 2 月 24 日至 27 日在县城召开。本次会议的主要议题是:听取并审议《政府工作报告》;听取并审查《关于一九九一年国民经济和社会发展计划执行情况及一九九二年计划安排意见的报告》《关于一九九一年财政决算和一九九二年财政工作意见的报告》;听取并审议《阳信县"科教兴阳"三年发展规划》《阳信县人民代表大会常务委员会工作报告》《阳信县人民法院工作报告》《阳信县人民检察院工作报告》,并对上述报告通过相应的决议。补选刘万禄、程金明、张廷来为阳信县第十二届人民代表大会常务委员会委员。

第十三届人民代表大会

第一次会议　1993 年 1 月 7 日至 11 日在县城召开。本次会议的主要议题是:听取并审议《政府工作报告》、审议并批准《关于一九九二年国民经济和社会发展计划执行情况及一九九三年计划安排意见的报告》《关于阳信县国民经济和社会发展第八个五年计划及十年奋斗目标的调整意见》《关于阳信县一九九二年财政预算执行情况及一九九三年财政工作意见》,听取并审议《阳信县人民代表大会常务委员会工作报告》《阳信县人民法院工作报告》《阳信县人民检察院工作报告》,并对上述报告通过相应的决议。会议选举菅继志为阳信县第十三届人民代表大会常务委员会主任,宋延亭、张荣生、王守义、李法成、颜景玺为副主任,宋玉庆、刘万禄、刘金林、徐玉亮、文式魁、程金明、吕洪英、马玉岐、张忠望、魏淑真、张廷来为委员;选举王洪昌为阳信县人民政府县长,王登祥、吴国华、刘相国、郭建新(女)、尚洪立为副县长;选举王开明为阳信县人民法院院长,崔华岭为阳信县人民检察院检察长。

第二次会议　1993 年 3 月 15 日在县城召开。会议选举王洪昌、张忠正、薄振明、杨明山为阳信县出席山东省第八届人民代表大会代表。

第三次会议　1994 年 2 月 21 日至 23 日在县城召开。本次会议的主要议题是:听取并审议《政府工作报告》;审查和批准《关于阳信县一九九三年国民经济和社会发展计划执行情况及一九九四年计划安排意见的报告》《关于阳信县一九九三年财政预算执行情况及一九九四年财政工作意见的报告》;听取并审议《关于阳信县一九九三年实施科教兴阳发展规划情况和一九九四年加快科教事业改革发展的报告》《关于深化综合配套改革加快建立社会主义市场经济新体制的报告》《阳信县人民代表大会常务委员会工作报告》《阳信县人民法院工作报告》《阳信县人民检察院工作报告》,并对上述报告通过相应的决议。通过关于接受颜景玺辞去县十三届人大常委会副主任职务请求的决定，补选张忠望为阳信县第十三届人民代表大会常务委员会副主任、崔焕文为委员。

第四次会议 1995年4月20日至23日在县城召开。本次会议的主要议题是：听取并审议《政府工作报告》，审议和批准《关于阳信县一九九四年国民经济和社会发展计划执行情况及一九九五年计划安排意见的报告》《关于阳信县一九九四年财政预算执行情况及一九九五年财税工作意见的报告》，听取并审议《关于阳信县一九九四年实施科教兴阳发展规划情况和一九九五年加快科教事业发展的报告》《关于阳信县一九九四年综合改革情况和一九九五年改革要点的报告》《阳信县人民代表大会常务委员会工作报告》《阳信县人民法院工作报告》《阳信县人民检察院工作报告》，并对上述六个报告通过相应的决议。会议通过了关于接受王洪昌辞去阳信县人民政府县长职务的请求的决定，补选刘致兴为阳信县人民政府县长。

第五次会议 1996年3月7日至10日在县城召开。本次会议的主要议题是：听取并审议《县人民政府工作报告》《关于阳信县一九九五年国民经济和社会发展计划执行情况及一九九六年计划安排意见的报告》，讨论和批准《阳信县国民经济和社会发展"九五"计划及2010年远景目标纲要》，听取并审议《关于阳信县一九九五年财政预算执行情况及一九九六年财政工作意见的报告》《阳信县人民代表大会常务委员会工作报告》《阳信县人民法院工作报告》《阳信县人民检察院工作报告》，并对上述报告通过相应的决议和决定。会议补选何成章为阳信县人大常委会副主任，边茂田、李德生为委员；补选胡炳山为阳信县人民政府县长。

第六次会议 1997年2月13日至16日在县城召开。本次会议的主要议题是：听取并审议《政府工作报告》《关于一九九六年国民经济和社会发展计划执行情况及一九九七年计划草案的报告》《关于阳信县一九九六年财政决算和一九九七年财税工作意见的报告》《阳信县人民代表大会常务委员会工作报告》《阳信县人民法院工作报告》《阳信县人民检察院工作报告》，并通过以上六个报告的决议。

第十四届人民代表大会

第一次会议 1998年1月14日至17日在县城召开。本次会议的主要议题是：听取和审议《政府工作报告》《关于阳信县一九九七年国民经济和社会发展计划执行情况及一九九八年计划草案的报告》《关于阳信县一九九七年财政决算和一九九八年财税工作意见的报告》《阳信县人民代表大会常务委员会工作报告》《阳信县人民法院工作报告》《阳信县人民检察院工作报告》，并通过以上六个报告的决议。选举菅继志为阳信县第十四届人民代表大会常务委员会主任，宋延亭、张荣生、李兆锋、张忠望为副主任，马兴盛、齐晋、李德生、李尚林、冯春亭、张成敏、王秀芳、梁志武、马玉岐、夏行河、赵子华、黄春生为委员；选举王力为阳信县人民政府县长，边茂田、郭建新、李福友、吕德章、商新生为副县长；选举王开明为阳信县人民法院院长，曲金辉为阳信县人民检察院检察长；选举张忠正、菅继志、黄兆岐为阳信县出席山东省第九届人民代表大会代表。

第二次会议 1999年2月25日至28日在县城召开。本次会议的主要议题是：听取和审议《政府工作报告》《关于阳信县一九九八年国民经济和社会发展计划执行情况及一九九九年计划草案的报告》《关于阳信县一九九八年财政决算和一九九九年财政工作意见的报告》《阳信县人民代表大会常务委员会工作报告》《阳信县人民法院工作报告》《阳信县人民检察院工作报告》，并通过以上六个报告的决议。

第三次会议 2000年2月12日至14日在县城召开。本次会议的主要议题是：听取和审议《政府工作报告》《关于阳信县一九九九年国民经济和社会发展计划执行情况及二○○○年计划草案的报告》《关于阳信县一九九九年财政预算执行情况和二○○○年预算草案的报告》《阳信县人民代表大会常务委员会工作报告》《阳信县人民法院工作报告》《阳信县人民检察院工作报告》，并通过以上六个报告的决议。

第四次会议 2000年12月7日至9日在县城召开。会议选举万洪英、王力、邓爱芝、冯一江、刘凤、王清敏、冯宝璞、曲金辉、刘成文、胡克生、郭建新、黄春生、焦本强、刘宝玉、刘振新、阎庆春、江连仲、张寿辰、菅兴风、李强、李忠林、侯宪秀、郭清河、凌志学、菅继志、李斌、张同林、张忠正、刘清树、郝玉友、夏子芹、朱洪生、劳爱芝、幽春芝、程立静、郝玉环、周主珉、魏红爱、韩焕兰为阳信县出席滨州市第七届人民代表大会代表。

第五次会议　2001年5月2日至5日在县城举行。会议听取并审议了县人民政府工作报告、阳信县2000年国民经济和社会发展计划执行情况及2001年计划草案的报告、阳信县2000年预算执行情况和2001年预算草案的报告、县人大常委会工作报告、县人民法院工作报告、县人民检察院工作报告。会议经过认真审议,通过了以上六个报告的决议。会议选举李慎猛为阳信县人民政府县长。

第六次会议　2002年2月21日至24日在县城举行。会议听取并审议了县人民政府工作报告、阳信县2001年国民经济和社会发展计划执行情况及2002年计划草案的报告、阳信县2001年预算执行情况和2002年预算草案的报告、县人大常委会工作报告、县人民法院工作报告、县人民检察院工作报告。会议审议并通过了以上六个报告的决议。补选尚龙江为阳信县人民政府县长,劳炳尊为阳信县人大常委会副主任,李廷敏、侯学锋为阳信县人民政府副县长。

第十五届人民代表大会

第一次会议　2003年1月20日至24日在县城召开。本次会议的主要议题是:听取和审议《政府工作报告》《关于阳信县二00二年国民经济和社会发展计划执行情况及二○○三年计划草案的报告》《关于阳信县二○○二年预算执行情况和二○○三年预算草案的报告》《阳信县人民代表大会常务委员会工作报告》《阳信县人民法院工作报告》《阳信县人民检察院工作报告》,并通过以上六个报告的决议。会议选举王登祥为阳信县人民代表大会常务委员会主任,李兆锋、张忠望、劳炳尊、李廷敏、马长河、王秀芳为副主任,王占峰、李德生、韩瑞、顾洪波、王洪训、王新雷、马玉岐、黄春生、张银春、胡刚、刘观礼、陈希贞为委员;选举尚龙江为阳信县人民政府县长,吕德章、侯学锋、韩玉水、冯一江、于洪山、臧伟为副县长;选举王建忠为阳信县人民法院院长,曲金辉为阳信县人民检察院检察长;选举邓向阳、江连仲、田宝礼、苏乃军、王观庆、刘振新、李强、王明仁、尚龙江、王登祥、菅继志、曲金辉、魏玉新、丛恩涛、李斌、刘清树、孟庆信、邓爱芝、张洪霞、刘宝玉、王洪苇、凌志学、魏洪爱、张同林、张寿辰、劳爱芝、阎庆春、郭炳礼、安红霞、郭清河、万红英、朱洪生、郝玉环、郝玉友、李忠林、马元华、周主珉、高春岭为阳信县出席滨州市第八届人民代表大会代表。

第二次会议　2004年1月3日至5日在县城召开。本次会议的主要议题是:听取和审议《政府工作报告》《关于阳信县二○○三年国民经济和社会发展计划执行情况及二○○四年计划草案的报告》《关于阳信县二○○三年财政预算执行情况和二○○四年预算草案的报告》《阳信县人民代表大会常务委员会工作报告》《阳信县人民法院工作报告》《阳信县人民检察院工作报告》,并通过以上六个报告的决议。

第三次会议　2005年1月11日至14日在县城召开。本次会议的主要议题是:听取和审议《政府工作报告》《关于阳信县2004年国民经济和社会发展计划执行情况及2005年计划草案的报告》《关于阳信县2004年预算执行情况和2005年预算草案的报告》《阳信县人民代表大会常务委员会工作报告》《阳信县人民法院工作报告》《阳信县人民检察院工作报告》,并通过以上六个报告的决议。补选赵建明为阳信县人民政府县长。

第四次会议　2006年1月9日至11日在县城召开。本次会议的主要议题是:听取和审议《政府工作报告》《关于阳信县2005年国民经济和社会发展计划执行情况及2006年计划草案的报告》、关于《阳信县国民经济和社会发展第十一个五年规划纲要(草案)》的说明、《关于阳信县2005年预算执行情况和2006年预算草案的报告》《阳信县人民代表大会常务委员会工作报告》《阳信县人民法院工作报告》《阳信县人民检察院工作报告》;审议批准《阳信县国民经济和社会发展第十一个五年规划纲要(草案)》;补选县人大常委会副主任、委员。会议审议通过了以上六个工作报告,并作出了相应的决议。会议审议批准了《阳信县国民经济和社会发展第十一个五年规划纲要(草案)》。大会补选于洪山、冯建民为阳信县第十五届人民代表大会常务委员会副主任,常耀海为阳信县第十五届人民代表大会常务委员会委员。

第五次会议　2007年1月28日至30日在县城召开。本次会议的主要议题是:听取和审议《政府工作报告》《关于阳信县2006年国民经济和社会发展计划执行情况及2007年计划草案的报告》《关于阳信县2006年预算情况和2007年预算草案的报告》《阳信县人民代表大会常务委员会工作报告》《阳信县人民法院工作报告》《阳信县人民检察院工作报告》，并通过以上六个报告的决议；大会补选林国华为阳信县人民政府县长。

第十六届人民代表大会

第一次会议 2007年12月11日至14日在县城召开。本次会议的主要议题是：听取和审议《政府工作报告》，书面提交和审议《关于阳信县2007年国民经济和社会发展计划执行情况及2008年计划草案的报告》《关于阳信县2007年预算情况和2008年预算草案的报告》，听取和审议《阳信县人民代表大会常务委员会工作报告》《阳信县人民法院工作报告》《阳信县人民检察院工作报告》，并通过以上六个报告的决议；会议选举王登祥为阳信县人民代表大会常务委员会主任，李廷敏、郝思英、王秀芳、于洪山、冯建民为副主任，常耀海、顾洪波、张玉军、张淑云、李建英、王洪训、黄春生、胡 钢、刘观礼、梁志武、孙富强、王爱平、杨广富、蒋迎畅、杨太敏、吴荣华为委员；选举林国华为阳信县人民政府县长，焦本强、臧伟、冯一江、魏玉新、马希军、蔡桂玲为副县长；选举朱海舰为阳信县人民法院院长，牛向阳为阳信县人民检察院检察长；选举孙德汉、祁维华、葛伟、张兆宏、苏乃军、李强、宁守东、高玉君、尚龙江、林国华、王登祥、李荣舜、李斌、丛恩涛、刘清树、张洪霞、王洪苇、亓恒香、赵维娥、雷书枝、李朝霞、王爱平、黄春生、曲金博、蒋迎辉、郭清河、杨春林、凌志学、张同林、郭炳礼、郝玉友、安红霞、蔡新志、李树才、赵圣军、司元福、樊洪田、贾兆元、吴玉翠为阳信县出席滨州市第九届人民代表大会代表。

第二次会议 2008年10月22日在县城召开。本次会议补选马福祥为阳信县人民政府县长；听取和审议阳信县1—9月份经济社会发展情况。

第三次会议 2009年1月6日至7日在县城召开。本次会议的主要议题是：听取和审议《政府工作报告》；书面提交和审议《关于阳信县2008年国民经济和社会发展计划执行情况及2009年计划草案的报告》《关于阳信县2008年预算执行情况和2009年预算草案的报告》；听取和审议《阳信县人民代表大会常务委员会工作报告》《阳信县人民法院工作报告》《阳信县人民检察院工作报告》，并作出相应的决议。会议通过了以上报告并作出了相应的决议。

第四次会议 2010年1月11日至13日在县城召开。本次会议的主要议题是：听取和审议《政府工作报告》；审议阳信县人民政府《关于阳信县2009年国民经济和社会发展计划执行情况及2010年计划草案的报告》，审查、批准《阳信县2009年国民经济和社会发展计划执行情况的报告与2010年国民经济和社会发展计划》，审议阳信县人民政府《关于阳信县2009年预算执行情况和2010年预算草案的报告》，审查阳信县2009年预算执行情况的报告和2010年预算草案，批准阳信县2009年县级预算执行情况的报告和2010年县级预算；听取和审议《阳信县人民代表大会常务委员会工作报告》《阳信县人民法院工作报告》《阳信县人民检察院工作报告》，并通过相应的决议；大会补选刘春国、张廷来、宋德昌为阳信县人民政府副县长；牛洪波为阳信县人民法院院长。接受刘峰辞去阳信县人民政府副县长职务的请求。

第五次会议 2011年1月13日至15日在县城举行。会议听取了县人民政府工作报告，书面提交了阳信县2010年国民经济和社会发展计划执行情况及2011年计划草案的报告，书面提交了阳信县2010年预算执行情况和2011年预算草案的报告，书面提交了阳信县国民经济和社会发展第十二个五年规划纲要（草案）；听取了县人大常委会工作报告、县人民法院工作报告、县人民检察院工作报告。经过认真审议或审查，通过了以上六个报告和“十二五”规划纲要，并作出了相应决议。会议接受了王登祥主任、王秀芳副主任的辞呈。会议补选马福祥为阳信县人大常委会主任，岳金辉为阳信县人大常委会副主任，栾兴刚为阳信县人民政府县长，马肃之为阳信县人民检察院检察长。

第十七届人民代表大会

第一次会议 2012年1月5日至8日在县城举行。会议听取了县人民政府工作报告；阳信县2012年国民经济和社会发展计划执行情况及2012年计划草案的报告；阳信县2012年预算执行情况和2012年预算草案的报告；县人大常委会工作报告；县人民法院工作报告；县人民检察院工作报告。经过认真审议或审查，通过了以上六个报告，并作出了相应决议。选举了县人大常委会主任、副主任、委员，阳信县人民政府县长、副县长，县人民法院院长，县人民检察院检察长以及出席滨州市第十届人民代表大会代表。

第二次会议　2013年1月4日至6日在县城举行。会议听取了县人民政府工作报告，书面提交了阳信县2012年国民经济和社会发展计划执行情况及2013年计划草案的报告，书面提交了阳信县2012年预算执行情况和2013年预算草案的报告；听取了县人大常委会工作报告、县人民法院工作报告、县人民检察院工作报告。会议审议通过了以上六个报告，并作出了相应决议。补选李廷兰为阳信县人大常委会委员。

第三次会议　2013年1月7日至9日在县城举行。会议听取了县人民政府工作报告，书面提交了阳信县2013年国民经济和社会发展计划执行情况及2014年计划草案的报告，书面提交了阳信县2013年预算执行情况和2014年预算草案的报告；听取了县人大常委会工作报告、县人民法院工作报告、县人民检察院工作报告。会议审议通过了以上六个报告，并作出了相应决议。补选闫福利为阳信县人大常委会副主任，王甲亮、史洪星、刘烦为阳信县人大常委会委员，曹福清为阳信县人民政府副县长，张炳琪为阳信县人民检察院检察长。

第四次会议　2015年1月19日至22日在县城举行。会议听取了县人民政府工作报告，书面提交了阳信县2014年国民经济和社会发展计划执行情况及2015年计划草案的报告，书面提交了阳信县2014年预算执行情况和2015年预算草案的报告；听取了县人大常委会工作报告、县人民法院工作报告、县人民检察院工作报告。会议审议通过了以上六个报告，并作出了相应决议。

第五次会议　2016年1月6日至8日在县城举行。会议听取审议了《政府工作报告》《阳信县国民经济和社会发展第十三个五年规划纲要（草案）的说明》《关于阳信县2015年国民经济和社会发展计划执行情况及2016年计划草案的报告》《关于阳信县2015年预算执行情况和2016年预算草案的报告》《阳信县人大常委会工作报告》《阳信县人民法院工作报告》《阳信县人民检察院工作报告》，补选魏向阳、刘相林为阳信县人民代表大会常务委员会委员，孙卫国为阳信县人民法院院长。

第二节　阳信县人大常委会

一、历届人大常委会组成人员

第九届（1981.01—1984.05）

主　　任	王玉岭					
副 主 任	王玉环	王志政	王明祥			
委　　员	马登胜	从福泽	田希武	刘会文	朱万祥	李秀春
	吴济生	武春波				

第十届（1984.05—1987.04）

主　　任	王玉岭					
副 主 任	姜秉占	王明祥	张宝明	郑景福		
委　　员	杨明志（回）	何永芝（女）	马登胜	张廷俊	吴济生	刘会文
	张慧生	魏淑真（女）				

第十一届(1987.04—1990.02)

主　　任	王金智					
副 主 任	姜秉占	王明祥	张宝明	郑景福	杨洪武	王雪松
委　　员	朱万祥	何永芝(女)	李廷泉	李振恒	张洪庆	张慧生
	魏淑真(女)	杨明志(回)				

第十二届(1990.02—1993.01)

主　　任	王金智					
副 主 任	菅继志	宋延亭	韩子祥	郑景福		
委　　员	王洪昌	郭玉珂	丁风祥	魏淑真(女)	张洪林	吕德章
	李文收	马玉岐(回)	吕洪英(女)	刘万禄	程金明	张廷来

第十三届(1993.01—1998.01)

主　　任	菅继志					
副 主 任	宋延亭	张荣生	王守义	李法成	颜景玺	张忠望
	何成章					
委　　员	宋玉庆	刘万禄	刘金林	徐玉亮	文士魁	程金明
	吕洪英(女)	马玉岐(回)	张忠望	魏淑真(女)	张廷来	崔焕文
	边茂田	李德生				

第十四届(1998.01—2003.01)

主　　任	菅继志					
副 主 任	宋延亭	张荣生	李兆锋	张忠望	劳炳尊	
委　　员	马兴盛	齐　晋	李德生	李尚林	冯春亭	张成敏
	王秀芳(女)	梁志武	马玉岐(回)	夏兴河	赵子华	黄春生

第十五届(2003.01—2007.12)

主　　任	王登祥					
副 主 任	李兆锋	张忠望	劳炳尊	李廷敏	马长河	王秀芳(女)
	于洪山	冯建民				
委　　员	王占峰	李德生	韩　瑞	顾洪波	王洪训	王新雷
	马玉岐(回)	黄春生	张银春	胡　钢	刘观礼	陈希贞
	常耀海					

第十六届(2007.12—2012.01)

主　　任	王登祥	马福祥				
副 主 任	李廷敏	郝思英	王秀芳	于洪山	冯建民	岳金辉
委　　员	常耀海	顾洪波	张玉军	张淑云(女)	李建英	王洪训
	黄春生	胡 钢	刘观礼	梁志武	孙富强	王爱平
	杨广富(回)	蒋迎辉	杨太敏	吴荣华		

第十七届(2012.01—2017.01)

主　　任	马福祥					
副 主 任	李廷敏	闫福利	郝思英	冯建民	宋德昌	齐金霞(女)
委　　员	常耀海	张玉军	张拥军	魏洪升	黄春生	王爱平
	段建国	杨广富(回)	蒋迎辉	杨太敏	吴荣华	尹立军
	王福顺	高智国	张洪远	赵保义	菅春岭	吴洪伟
	李廷兰(女)	王甲亮	史洪星	刘　烦(女)		

二、历届常委会会议

县级人民代表大会设立常务委员会是政权建设的重要改革,有力地加强了国家权力机关的职能。30 多年来,阳信县人大常委会已成功组织完成了历届县、乡镇人大换届选举工作,坚持每两个月至少举行一次会议,召开县人大常委会例会 265 次,讨论决定全县有关政治、经济、民生等大事,任免国家机关工作人员,听取审议"一府两院"专项工作报告,加强对计划和预算的监督,组织开展视察、调研和执法检查活动,在阳信县的政权建设、经济建设和社会稳定中发挥了巨大的作用。人民代表大会的性质、地位和作用已为广大人民群众所共识,作为县人民代表大会常设机构的县人大常委会,工作制度进一步完善,工作渠道进一步拓宽,在不断加大监督力度的同时,自身建设进一步加强,已逐步实现了人大工作的制度化、规范化、程序化。

其中:第九届(1981.01—1984.05)26 次,第十届(1984.05—1987.04)26 次,第十一届(1987.04—1990.02)22 次,第十二届(1990.02—1993.01)22 次,第十三届(1993.01—1998.01)35 次,第十四届(1998.01—2003.01)37 次,第十五届(2003.01—2007.12)37 次,第十六届(2007.12—2012.01)29 次,第十七届(2012.01—2017.01)38 次。

第五章　无棣县人民代表大会

无棣县,地处山东省最北部,东北濒临渤海湾,东南连沾化县,南靠阳信县,西接德州市庆云县,北以漳卫新河为界与河北省黄骅市、海兴县为邻,属黄河三角洲高效生态经济区和山东蓝色半岛蓝色经济区两大国家战略叠加区。全县版图面积1601平方公里,海岸线75公里,辖9镇2街道,569个行政村,44万人。

无棣县历史悠久,境内有新石器时代韩家窑遗址、东李遗址,有信阳城、广武城、秦台等古遗址遗存,有海丰塔、大觉寺、塔影公园等名胜古迹。是全市民族宗教工作重点县之一,有回、满、蒙等23个少数民族。1914年6月,海丰县改称无棣县,改属济南道,为三等县。新中国成立后,无棣县属渤海区第四专区,治无棣城。1950年5月,改属惠民专区。1958年10月,属淄博专区。1959年1月,阳信县并入无棣县。1961年,阳信与无棣恢复原建制,属惠民专区。1992年3月,惠民地区改滨州地区。2001年1月,滨州地区改滨州市,无棣随属。

无棣县有着光荣的革命历史,民主权力机构的发展大致经过了县议事会、各界人民代表会议和人民代表大会三个阶段。

清朝,即建有议事会,设议长、议员,处理相关事务。1946年2月,无棣县参议会成立,由无棣县社会各界人士参加;1947年国民党发动全面内战后,县参议会停止活动;1948年初,无棣县参议会撤销。县参议会的选举产生,为以后的政权建设提供了宝贵的经验。

新中国成立初期,根据中央人民政府委员会《县各界人民代表会议通则》的规定,从1950年1月至1954年1月,先后召开了七届无棣县各界人民代表会议。1954年7月,经过充分准备后召开的无棣县第一届人民代表大会第一次会议,正式确定了人民代表大会制度,从政治制度上保证了人民管理国家的权力,揭开了无棣县政权建设史上新的一页。

从1954年7月到1966年3月期间,人民代表大会制度还不够健全,县人民代表大会召开六届、10次会议,其中县第一、二、三届人民代表大会各召开过2次,第四届召开过1次,第五届召开过2次,第六届召开过1次。各届县人民代表大会会议由县人民政府召集,大会闭会期间由政府代行人民代表大会的职权。1966年3月,县第六届人民代表大会召开后,县人民代表大会活动中断,其政权职能由县革委会取代。

1976年10月,粉碎"四人帮"后,国家进入新的历史时期,特别是党的十一届三中全会后,新的《中华人民共和国宪法》颁布实施,人民代表大会制度步入了正常轨道。

1979年5月28日,依据新宪法规定和上级有关指示,召开县第八届人民代表大会第一次会议。1979年7月,新的《地方组织法》和《选举法》颁布实施,进一步完善了人民代表大会制度。1980年12月28日,无棣县第九届人民代表大会第一次会议召开。在这次会议上,选举产生了县人民代表大会常务委员会,将县革命委员会改为县人民政府。人大常委会的产生及其办事机构的设立,为人民代表大会制度的健全发展提供了法律、制度、组织上的保证,使人民代表大会制度进入一个新的发展时期。

根据全国人大对《地方组织法》的历次修改,县人民代表大会的任期也有所变动。县第一届至第六届人民代表大会每届任期2年,第八届至第十二届每届任期3年,第十三届后,每届任期5年。

第一节　无棣县历届人民代表大会

一、县人民代表大会代表

第一届人民代表大会代表共计277名。其中,干部代表46人,工人5人,农民98人,青年12人,文教工作者16人,医务工作者13人,私营工商业者3人,社会人士1人,盐民3人,渔民5人,少数民族5人,人民武装1人,手工业者3人,各种模范16人,烈军属16人,荣复转退军人15人,民兵6人,国营企业干部12人,农村艺人2人。

第二届人民代表大会代表共计250名。其中,干部代表54人,占21.6%;农民代表128人,占51.2%;工人4人,占1.6%;手工业者6人,占2.4%;青年15人,占6%;文教卫生工作者8人,占3.2%;少数民族5人,占2%;渔民3人,占1.2%;盐民3人,占1.2%;船民1人,占0.4%。代表中党员101人,占40.4%;妇女代表62人,占24.8%;民主人士23人,占9.2%。

第三届人民代表大会代表共计253名。其中,干部代表36人,占14.2%;农民代表153人,占60.4%;工人代表3人,占1.2%;手工业者2人,占0.79%;青年21人,占8%;人民武装2人,占0.79%;文教卫生工作者8人,占3.18%;少数民族3人,占1.2%;渔民2人,占0.79%;盐民2人,占0.79%;船民1人,占0.39%。代表中党员144人,占56.9%;妇女代表55人,占21.7%;民主人士20人,占7.9%。

第四届人民代表大会代表共计450名。其中,干部代表50人,占11.1%;工人代表25人,占5.55%;农民代表245人,占54.37%;手工业者8人,占1.77%;青年25人,占7.89%;人民武装3人,占0.66%;文教工作者16人,占3.55%;卫生工作者16人,占3.55%;少数民族5人,占1.1%;渔民2人,占0.44%;盐民3人,占0.67%。代表中党员226人,占52.1%;非党劳动人民169人,占37.6%;民主人士42人,占9.35%;妇女代表145人,占32.2%。北部229人,其中党员115人,非党劳动人民86人,民主人士28人,妇女代表74人。

第五届人民代表大会代表共计253名。其中,代表中党员134人,民主人士27人,农民181人,工人4人,军人3人,文教卫生工作者24人,少数民族7人,连选连任44人。

(第六、七、八届缺失)

第九届人民代表大会代表213名。其中,农民代表127人,占59.6%;工交财贸职工、文教卫生、科技人员41人,占19.4%;解放军2人,占0.9%;干部43人,占20.1%;妇女34人,占15.7%;非党79人,占37%;少数民族4人,占1.8%;烈军属、残疾复员退伍军人22人。代表中老中青比例适当,年龄最大的70岁,最小的18岁。

第十届人民代表大会代表224名。其中,工人农民代表140人,占62.5%;干部代表46人,占20.5%;知识分子36人,占16%;解放军代表2人,占0.9%;妇女代表43人,占19.2%;少数民族6人,占2.7%。大专文化程度的占11.6%,具有中等文化程度的占49.1%,具有小学文化程度的占31.7%,文盲占7.5%。平均年龄43岁,年龄最大的69岁,最小的19岁。

第十一届人民代表大会代表197名。其中,工人农民代表121人,占61.4%;干部代表50人,占25.4%;知识分子8人,占4.1%;科技、文教、卫生界代表17人,占8.6%;解放军代表1人,占0.5%;党员代表107人,占54.3%;妇女代表41人,占20.8%;少数民族4人,占2%;初中以上文化程度的146人,占74.1%,文盲1人,占0.5%。有69名代表连选连任,占35%。年龄最大的65岁,最小的20岁,55岁以下代表占90.9%。

第十二届人民代表大会代表207名。其中,工人农民代表122人,占58.9%;干部代表49人,占23.7%;知识分子35人,占16.9%;解放军代表1人,占0.49%;党员代表137人,占66.2%;妇女代表39人,占18.9%;少数民族代表4人,占1.9%。初中以上文化程度的147人,占71%;有102名连选连任,占51.8%;年龄最大的67岁,最小的20岁,55岁以下代表占78.7%。

第十三届人民代表大会代表的选举，于1993年2月选出代表205名。代表中，工人农民代表120人，占58.5%，干部50人，占24.4%，知识分子35人，占17.1%，党员代表135人，占65.9%；非党代表70人，占34.1%，妇女代表44人，占21.5%；少数民族代表6人，占2.9%，解放军代表1人，占0.5%；初中以上文化程度的176人，占85.9%；有84名连选连任，占41.2%；年龄最大的67岁，最小的23岁，55岁以下代表占88.3%。

第十四届人民代表大会代表的选举，于1998年1月选出代表201名。代表中，工人农民代表122人，占60.7%，干部50人，占24.9%，知识分子29人，占14.4%，党员代表133人，占66.2%；妇女代表48人，占23.9%；少数民族代表5人，占2.5%。

第十五届人民代表大会代表的选举，于2003年1月选出代表200名（省人大常委会确定203名）。代表中工人、农民代表119人，占59.5%；干部代表50人，占25%；知识分子代表30人，占15%；解放军代表1人，占0.5%。党员代表134人，占67%；非党代表66人，占33%；妇女代表47人，占23.5%；少数民族代表4人，占2%。大专及以上文化程度的109人，占54.5%，其中大学本科及以上的55人（其中研究生11人），占代表总数的27.5%，大专文化程度的54人，占代表总数的27%；中专文化程度的39人，占代表总数的19.5%。有70名连选连任，占所选代表的35%。平均年龄42.8岁，55岁以下的代表占代表总数的90%，其中35岁以下的代表占代表总数的16%。

第十六届人民代表大会代表的选举，于2007年11月选出代表204名（省人大常委会确定209名）。代表中，工人、农民代表107人，占52.5%；干部代表62人，占30.3%；知识分子代表28人，占13.7%；其他代表7人，占3.5%。中共党员代表145人，占71%；非党代表59人，占29%；妇女代表48人，占23.5%；少数民族代表5人，占2.5%；大专及以上文化程度的114人，占代表总数的55.9%，中专、高中文化程度的48人，占代表总数的23.5%。有96名代表连选连任，占47.1%；平均年龄41.3岁，55岁以下的代表178人，占87.2%，其中35岁以下的代表23人，占11.3%。

第十七届人民代表大会代表的选举，于2011年12月选出代表203名（省人大常委会确定209名）。代表中工人、农民代表102人，占50%；干部代表61人，占30%；知识分子代表28人，占14%；其他代表12人，占6%。中共党员代表151人，占74%，非党代表52人，占26%；妇女代表42人，占21%；少数民族代表8人，占4%。大学本科及以上的83人，占41%；大专文化程度的40人，占20%；中专高中文化程度的50人，占25%。有90名连选连任，占44%。平均年龄45岁，55岁以下的代表178人，占87.7%，其中35岁以下的代表26人，占13%。

二、历届历次人民代表大会

1953年1月23日，中央人民政府通过《关于召开全国人民代表大会及地方各级人民代表大会的决议》，同年2月21日通过《选举法》。根据以上法令及上级有关部署，无棣县选举产生第一届人民代表大会代表。1954年7月8日，无棣县第一届人民代表大会在县城召开。从1954年7月到1966年3月期间，县人民代表大会共召开六届、10次会议。根据全国人大对《地方组织法》的历次修订，县人民代表大会任期也有所变更，一届至六届每届任期2年，七届因“文化大革命”未召开，八届至十二届每届任期3年，十三届后每届任期5年。县人民代表大会会议每年至少举行一次。经过五分之一以上代表提议，可以临时召集人民代表大会。

自1954年7月至2016年1月，县人民代表大会共召开十五届、48次会议。

第一届人民代表大会

第一次会议　1954年7月8日至12日召开，《政府工作报告》汇报了1954年上半年关于农业生产及各项政策贯彻情况，分析形势并提出任务。大会审议后一致通过，并做出《夏季工作决议》《关于拥护和宣传宪法草案的决议》《关于批准和执行〈沿海草洼管理办法〉的决议》。会议选举县长、副县长各1名,委员13名,出席省人民代表大会的代表2名。

第二次会议　1955年12月21日至25日召开,会议听取《政府工作报告》,讨论1956年农业生产规划,审查处理提案122件。县武装部长向大会解释《兵役法》,提出1955年新兵征集任务。会议选举县长1名、副县长2名、委员15名,组成县人民委员会(简称"县人委")。选举县人民法院院长1名。

第二届人民代表大会

第一次会议　1957年1月17日至22日召开。大会审议通过《1956年工作总结和今后工作任务的报告》,号召全县人民巩固、提高农业生产合作社,加强对资本主义工商业的社会主义改造。会议选举县长1名、副县长4名、委员14名。

第二次会议　1957年9月1日至7日召开。会议审议县人委的政府工作报告和法院工作报告,学习毛泽东主席的《关于正确处理人民内部矛盾的问题》,做出"向全县人民进行一次大规模的社会主义宣传教育的决议"和秋季生产的决议。会议补选县人委委员5名。

第三届人民代表大会议

第一次会议　1958年5月31日至6月3日召开。大会审议并通过《政府工作报告》和《法院工作报告》,学习党的社会主义建设总路线,做出《实现无虫害县的决议》,大会号召全面实现大跃进。会议选举县长1名、副县长2名、委员16名。选举县人民法院院长1名,选举出席省第二届人民代表大会的代表3名。

第二次会议　1959年12月24日至27日召开。会议审议施政工作报告、1959年财政预算报告及县法院工作报告,做出1960年"五一"前实现"四无"、"五洁"县的决议和撤销10名县人委委员的决议。补选县长1名、副县长2名。

第四届人民代表大会

第一次会议　1961年4月19日至22日召开。大会审议了《1959年和1960年施政工作报告》《1960年财政决算和1961年财政预算的报告》以及县委作的《今后工作建议》的报告。检查总结大跃进以来工作失误的教训,分析了存在的困难,明确了奋斗方向。会议选举县长1名、副县长5名、委员25名,选举出席省第三届人民代表大会的代表3名。

第五届人民代表大会

第一次会议　1963年9月27日至30日召开。会议审议通过了县人委的工作报告与1961年、1962年财政决算及1963年财政预算的报告,作出《关于积极捐献救灾物资支援德州灾区同胞的决议》。会议号召全县人民以阶级斗争为纲,深入开展社会主义教育运动,巩固人民公社集体经济。会议选举县长1名、副县长2名、委员25名,选举出席省第四届人民代表大会的代表3名。

第二次会议　1965年6月3日至7日召开。会议审议并通过了政府工作报告、财政预决算草案报告、法院工作报告,补选副县长1名。大会号召活学活用毛泽东著作,强调进一步贯彻以农业为基础、以工业为主导的国民经济总方针,大力开展工业学大庆、农业学大寨运动。

第六届人民代表大会

第一次会议　1966年3月8日至11日召开。通过了县人委的工作报告,审查批准了1965年财政决算和1966年财政预算的报告。会议号召全县人民高举毛泽东思想伟大红旗,树立"备战备荒为人民"的战略思想,发扬大寨精神,贯彻农业“八字”(土、肥、水、种、密、保、管、工)宪法,努力实现国民经济第三个五年计划。大会选举县长1名、副县长3名、人委委员17名,选举县人民法院院长1名。

第七届人民代表大会

“文化大革命”开始后,中共无棣县委和无棣县人民委员会于1967年3月25日被各派群众造反组织联合夺权,成立了由军队、地方干部、群众组织三方代表相结合的无棣县革命委员会(简称“县革委会”)。自此至1978年未再召开县人民代表大会,本段间断时间按人民代表大会届次序列,列为第七届人民代表大会。

第八届人民代表大会

第一次会议 1979年5月28日至30日召开。会议听取、讨论县革委会的工作报告和农业生产规划的报告,号召全县人民向高标准大寨县进军。会议选举县革委会主任1名、副主任6名,选举县人民法院院长和县人民检察院检察长各1名。

第九届人民代表大会

第一次会议 1980年12月30日至1981年1月2日召开。会议听取并审议县革委会的工作报告、计划委员会的1980年国民经济执行情况和1981年国民经济安排的报告、县财政局的1979年财政决算和1980年财政预算执行情况及1981年财政概算的报告、县人民检察院和县人民法院的工作报告,均作出相应决议。审理代表提案133件。会议选举县人大常委会主任1名、副主任3名、委员9名;选举县长1名、副县长5名,选举县人民检察院检察长和县人民法院院长各1名。自此,县革委会改称“县人民政府”。

第二次会议 1982年1月10日至13日召开。会议审议《政府工作报告》,《关于无棣县1980年财政决算、1981年财政预算执行情况和1983年财政概算的报告》,《无棣县人民代表大会常务委员会工作报告》,《无棣县人民法院工作报告》,《无棣县人民检察院工作报告》,均做出相应决议。

第三次会议 1983年2月23日至25日召开。会议听取、审议了县人民政府工作、县人大常委会工作、财政预决算、县人民检察院和县人民法院工作报告,选举出席省六届人民代表大会代表5名。

第十届人民代表大会

第一次会议 1984年5月27日至30日召开。会议学习了《宪法》,审议了县人民政府、县人大常委会、县人民检察院、县人民法院的工作报告,审议了《1983年财政决算和1984年财政预算草案的报告》以及》1984年国民经济和社会发展计划草案的报告》,并通过相应决议。会议选举人大常委会主任1名、副主任4名、委员10名,县长1名、副县长4名,县人民检察院检察长和县人民法院院长各1名。

第二次会议 1985年4月3日至5日召开。会议学习党中央、国务院进一步活跃农村经济的十项政策和经济体制改革的决定,听取并讨论县人民政府、县人大常委会、县人民法院和县人民检察院的工作报告及计划委员会、财政局的报告,并通过了相应的决议。

第三次会议 1986年4月18日至21日召开。会议学习了国务院《关于国民经济和社会发展第七个五年计划草案的报告》及《民法通则》。审议了县人民政府、县人大常委会、县人民检察院、县人民法院的工作报告和县计划委员会《1986年国民经济和社会发展第七个五年计划草案的报告》、财政局《1985年财政决算和1986年财政预算草案的报告》。增选人大常委会副主任1名。

第十一届人民代表大会

第一次会议 1987年4月15日至18日召开。会议审议县人民政府、县人大常委会、县人民检察院、县人民法院的工作报告,县计划委员会《关于1987年国民经济和社会发展计划的报告》,财政局关于《1986年财政决算和1987年财政预算草案》的报告,并做出相应的决议。会议选举人大常委会主任1名、副主任3名、委员9名,县长1名、副县长5名,县人民检察院检察长和县人民法院院长各1名。

第二次会议　1988年1月6日至8日召开。会议审议县人大常委会、县人民政府、县人民法院和县人民检察院的工作报告,审议县计划委员会《关于无棣县1988年国民经济和社会发展计划的报告》、县财政局《关于无棣县1987年财政预算执行情况和1988年财政概算的报告》,并做出相应的决议。会议选举省第七届人民代表大会代表4名。

第三次会议　1989年4月13日至15日召开,正式代表195名,出席会议的185名,列席和特邀人员96名。会议审议县人大常委会、县人民政府、县人民检察院和县人民法院的工作报告,县计划委员会《关于无棣县1988年国民经济和社会发展计划草案的报告》、县财政局《关于无棣县1988年财政预算执行情况和1989年财政预算草案的报告》,并分别做出相应的决议。

第十二届人民代表大会

第一次会议　1990年3月6日至9日召开。其中工人、农民代表122名,干部代表49名,知识分子代表35名,解放军代表1名,中共党员代表137名,妇女代表39名,少数民族代表4名。会议审议县人大常委会、县人民政府、县人民检察院和县人民法院的工作报告,听取并审议县计划委员会《关于无棣县1990年国民经济和社会发展计划的报告》,县财政局《关于无棣县1989年财政预算执行情况和1990年财政预算的报告》,县教育局的教育工作报告,并做出相应的决议。会议选举县人大常委会主任1名,副主任5名,委员10名,选举县长1名,副县长5名,选举县人民法院院长、县人民检察院检察长各1名。

第二次会议　1991年3月19日至22日召开。会议审议县人大常委会、县人民政府、县人民检察院和县人民法院的工作报告,听取并审议《关于无棣县国民经济和社会发展第八个五年计划(草案)的报告》,《关于无棣县1991年国民经济和社会发展计划的报告》,《关于无棣县1990年财政预算执行情况和1991年财政预算的报告》,县教育局的教育工作报告,并做出相应的决议;确定一九九一年仍为无棣县的"棉花年"。会议补选县第十二届人民代表大会常务委员会副主任2名,委员5名。

第三次会议　1992年3月17日至19日召开。会议审议县人大常委会、县人民政府、县人民检察院和县人民法院的工作报告,《关于无棣县一九九二年国民经济和社会发展计划草案的报告》《关于无棣县一九九一年财政预算执行情况和一九九二年财政预算草案的报告》《无棣县教育工作报告》,并分别做出相应的决议;会议作出关于坚决贯彻落实《条例》切实减轻农民负担的决议。会议决定:接受刘占岭辞去无棣县第十二届人民代表大会常务委员会副主任职务的请求。会议补选县第十二届人民代表大会常务委员会副主任1名。

第十三届人民代表大会

第一次会议　1993年3月1日至4日召开。会议审议县人大常委会、县人民政府、县人民检察院和县人民法院的工作报告,《关于无棣县一九九二年国民经济和社会发展计划执行情况及一九九三年计划草案的报告》《关于无棣县一九九二年财政预算执行情况和一九九三年财政预算草案的报告》《无棣县教育工作报告》,并分别做出相应的决议。会议选举产生了无棣县第十三届人大常委会,选举县长、副县长和县人民法院院长、检察院检察长。

第二次会议　1994年2月26日至28日召开。会议审议县人大常委会、县人民政府、县人民检察院和县人民法院的工作报告,《关于无棣县一九九三年国民经济和社会发展计划执行情况及一九九四年计划草案的报告》《关于无棣县一九九三年财政预算执行情况和一九九四年财政预算草案的报告》《无棣县教育工作报告》,并分别做出相应的决议。

第三次会议　1995年3月2日至4日召开。会议审议县人大常委会、县人民政府、县人民检察院和县人民法院的工作报告,《关于无棣县一九九四年国民经济和社会发展计划执行情况及一九九五年计划草案的报告》《关于无棣县一九九四年财政预算执行情况和一九九五年财政预算草案的报告》《无棣县教育工作报告》,并分别做出相应的决议。

第四次会议 1996年3月7日至9日召开。会议审议县人大常委会、县人民政府、县人民检察院和县人民法院的工作报告,《关于无棣县一九九五年国民经济和社会发展计划执行情况及一九九六年计划草案的报告》《关于无棣县一九九五年财政预算执行情况和一九九六年财政预算草案的报告》《无棣县教育工作报告》,并分别做出相应的决议。

第五次会议 1997年3月12日至14日召开。会议审议县人大常委会、县人民政府、县人民检察院和县人民法院的工作报告,《关于无棣县一九九六年国民经济和社会发展计划执行情况及一九九七年计划草案的报告》《关于无棣县一九九六年财政预算执行情况和一九九七年财政预算草案的报告》《无棣县教育工作报告》,并分别做出相应的决议。会议补选了县人民政府县长。

第十四届人民代表大会

第一次会议 1998年1月16日至19日召开。会议审议县人大常委会、县人民政府、县人民检察院和县人民法院的工作报告,《关于无棣县一九九七年国民经济和社会发展计划执行情况及一九九八年计划草案的报告》《关于无棣县一九九七年财政预算执行情况和一九九八年财政预算草案的报告》《无棣县教育工作报告》,并分别做出相应的决议。选举产生了无棣县第十四届人大常委会,选举了县长、副县长、法院院长和检察院检察长。

第二次会议 1999年4月8日至10日召开。会议审议县人大常委会、县人民政府、县人民检察院和县人民法院的工作报告,《关于无棣县一九九八年国民经济和社会发展计划执行情况及一九九九年计划草案的报告》《关于无棣县一九九八年财政预算执行情况和一九九九年财政预算草案的报告》《无棣县教育工作报告》,并分别做出相应的决议。会议补选县第十四届人民代表大会常务委员会副主任1名,县人民政府副县长1名。

第三次会议 2000年1月16日至18日召开。会议审议县人大常委会、县人民政府、县人民检察院和县人民法院的工作报告,《关于无棣县一九九九年国民经济和社会发展计划执行情况及二〇〇〇年计划草案的报告》《关于无棣县一九九九年财政预算执行情况和二〇〇〇年财政预算草案的报告》《无棣县教育工作报告》,并分别做出相应的决议。会议补选刘鲁生为无棣县人民政府县长;补选李健民为无棣县第十四届人民代表大会常务委员会副主任。

第四次会议 2000年12月5日至7日召开。会议选举出席滨州市第七届人民代表大会代表40名。

第五次会议 2001年2月3日至5日召开。会议审议县人大常委会、县人民政府、县人民检察院和县人民法院的工作报告,《关于无棣县二〇〇〇年国民经济和社会发展计划执行情况及二〇〇一年计划草案的报告》《关于无棣县二〇〇〇年财政预算执行情况和二〇〇一年财政预算草案的报告》《无棣县教育工作报告》,批准了《无棣县国民经济和社会发展第十个五年计划纲要》,并分别做出相应的决议。

第六次会议 2002年1月26日至28日召开。会议审议县人大常委会、县人民政府、县人民检察院和县人民法院的工作报告,《关于无棣县二〇〇一年国民经济和社会发展计划执行情况及二〇〇二年计划草案的报告》《关于无棣县二〇〇一年财政预算执行情况和二〇〇二年财政预算草案的报告》《无棣县教育工作报告》,并分别做出相应的决议。

第十五届人民代表大会

第一次会议 2003年1月18日至21日召开。会议审议县人大常委会、县人民政府、县人民检察院和县人民法院的工作报告,《关于无棣县二〇〇二年国民经济和社会发展计划执行情况及二〇〇三年计划草案的报告》《关于无棣县二○○二年财政预算执行情况和二○○三年财政预算草案的报告》《无棣县教育工作报告》，并分别做出相应的决议。选举产生了无棣县第十五届人大常委会，选举了县长、副县长、法院院长和检察院检察长。

第二次会议　2004年1月3日至5日召开。会议审议县人大常委会、县人民政府、县人民检察院和县人民法院的工作报告，《关于无棣县二○○三年国民经济和社会发展计划执行情况及二○○四年计划草案的报告》《关于无棣县二○○三年财政预算执行情况和二○○四年财政预算草案的报告》《无棣县教育工作报告》，并分别做出相应的决议。会议选举出席滨州市第八届人民代表大会代表1名。

第三次会议　2005年2月19日至21日召开。会议审议县人大常委会、县人民政府、县人民检察院和县人民法院的工作报告，《关于无棣县二○○四年国民经济和社会发展计划执行情况及二○○五年计划草案的报告》《关于无棣县二○○四年财政预算执行情况和二○○五年财政预算草案的报告》《无棣县教育工作报告》，并分别做出相应的决议。会议补选了无棣县第十五届人民代表大会常务委员会主任、委员；补选了县人民政府县长。

第四次会议　2006年1月8日至10日召开。会议审议县人大常委会、县人民政府、县人民检察院和县人民法院的工作报告，《关于无棣县二○○五年国民经济和社会发展计划执行情况及二○○六年计划草案的报告》《关于无棣县二○○五年财政预算执行情况和二○○六年财政预算草案的报告》《无棣县教育工作报告》，批准了《无棣县国民经济和社会发展第十一个五年总体规划纲要》，并分别做出相应的决议。会议补选县第十五届人民代表大会常务委员会副主任1名。

第五次会议　2007年1月20日至22日召开。会议审议县人大常委会、县人民政府、县人民检察院和县人民法院的工作报告，《关于无棣县二○○六年国民经济和社会发展计划执行情况及二○○七年计划草案的报告》《关于无棣县二○○六年财政预算执行情况和二○○七年财政预算草案的报告》《无棣县教育工作报告》，并分别做出相应的决议。会议补选了无棣县第十五届人民代表大会常务委员会主任、副主任；补选了县人民政府县长。

第十六届人民代表大会

第一次会议　2007年12月13日至15日召开。会议审议县人大常委会、县人民政府、县人民检察院和县人民法院的工作报告，《关于无棣县二○○七年国民经济和社会发展计划执行情况及二○○八年计划草案的报告》《关于无棣县二○○七年财政预算执行情况和二○○八年财政预算草案的报告》《无棣县教育工作报告》，并分别做出相应的决议。会议选举产生了无棣县第十六届人大常委会，选举了县人民政府县长、副县长、法院院长和检察院检察长。

第二次会议　2009年1月6日至8日召开。会议审议县人大常委会、县人民政府、县人民检察院和县人民法院的工作报告，《关于无棣县二○○八年国民经济和社会发展计划执行情况及二○○九年计划草案的报告》《关于无棣县二○○八年财政预算执行情况和二○○九年财政预算草案的报告》《无棣县教育工作报告》，并分别做出相应的决议。会议补选县人大常委会委员2名。

第三次会议　2010年1月8日至10日召开。会议审议县人大常委会、县人民政府、县人民检察院和县人民法院的工作报告，《关于无棣县二○○九年国民经济和社会发展计划执行情况及二○一○年计划草案的报告》《关于无棣县二○○九年财政预算执行情况和二○一○年财政预算草案的报告》《无棣县教育工作报告》，并分别做出相应的决议。

第四次会议　2011年1月11日至13日召开。会议审议县人大常委会、县人民政府、县人民检察院和县人民法院的工作报告，《关于无棣县二○一○年国民经济和社会发展计划执行情况及二○一一年计划草案的报告》《关于无棣县二○一○年财政预算执行情况和二○一一年财政预算草案的报告》《无棣县教育工作报告》，并分别做出相应的决议。会议补选了县人大常委会主任、副主任、委员;补选了县人民政府县长。

第十七届人民代表大会

第一次会议　2012年1月6日至9日召开。会议审议县人大常委会、县人民政府、县人民检察院和县人民法院的工作报告,《关于无棣县二〇一一年国民经济和社会发展计划执行情况及二〇一二年计划草案的报告》《关于无棣县二〇一一年财政预算执行情况和二〇一二年财政预算草案的报告》,并分别作出相应的决议。会议选举产生了无棣县第十七届人大常委会,选举了县长、副县长和县人民法院院长、检察院检察长。

第二次会议　2013年1月13日至16日召开。会议审议县人大常委会、县人民政府、县人民检察院和县人民法院的工作报告,《关于无棣县二〇一二年国民经济和社会发展计划执行情况及二〇一三年计划草案的报告》《关于无棣县二〇一二年财政预算执行情况和二〇一三年财政预算草案的报告》,并分别作出相应的决议。会议补选县人大常委会委员2名。

第三次会议　2014年1月7日至9日召开。会议审议县人大常委会、县人民政府、县人民检察院和县人民法院的工作报告,《关于无棣县二〇一三年国民经济和社会发展计划执行情况及二〇一四年计划草案的报告》《关于无棣县二〇一三年财政预算执行情况和二〇一四年财政预算草案的报告》,并分别作出相应的决议。会议补选了县人大常委会副主任2名、委员2名,法院院长和检察院检察长。

第四次会议　2015年1月14日至16日召开。会议审议县人大常委会、县人民政府、县人民检察院和县人民法院的工作报告,《关于无棣县二〇一四年国民经济和社会发展计划执行情况及二〇一五年计划草案的报告》《关于无棣县二〇一四年财政预算执行情况和二〇一五年财政预算草案的报告》,并分别作出相应的决议。会议补选了县人大常委会委员2名。

第五次会议　2015年8月7日至8日召开。会议补选了县人大常委会主任,县人民政府县长。

第六次会议　2016年1月16日至18日召开。会议审议县人大常委会、县人民政府、县人民检察院和县人民法院的工作报告,《关于无棣县二〇一五年国民经济和社会发展计划执行情况及二〇一六年计划草案的报告》《关于无棣县二〇一五年财政预算执行情况和二〇一六年财政预算草案的报告》,并分别作出相应的决议。会议补选了县人大常委会委员1名。

三、历届人民代表大会选举的国家机关领导人

(一)县人民代表大会常务委员会主任、副主任

表33

人代会届次	主 任	副主任
九届 (1980.12—1984.05)	盖玉绰	孙诗梅　刘福山　王锡金(—1982.7)
十届 (1984.05—1987.04)	程金铎	孙金环　刘占岭　任凤仪　孙奉魁　李玉金(1986.4补选)
十一届 (1987.04—1990.03)	孙金环	刘占岭　李玉金　孙奉魁
十二届 (1990.03—1993.03)	王永锡	刘占岭(—1992.3)　李玉金(—1990.12)　王玉璞　石　珉　邢宝仁　程学文(1991.3补选)　卢振声(1991.3补选)　冯汝栋(1992.3补选)

续表 33

人代会届次	主 任	副主任
十三届 (1993.03—1998.01)	王永锡	商玉明(1995.3 补选)　王玉璞　石　珉　邢宝仁 程学文　卢振声　冯汝栋
十四届 (1998.01—2003.01)	商玉明	王玉璞　冯汝泽　石　珉　孟德松　杨洪庆 张金娥(女,1999.4 补选)
十五届 (2003.01—2008.01)	刘鲁生(—2004.12) 刘星泰(2005.2—2006.12) 李维东(2007.1 补选)	吴克端　李建民　范剑飞　张金娥(女) 步　兵　张令萍
十六届 (2008.01—2012.01)	李维东(—2010.6) 李恩波(2011.1 补选)	吴克端(第一副主任,—2011.1) 郭云鹰(2008.1—2011.1 人大副主任; 2011.1—2012.1 常务副主任) 张令萍(—2010.7)　张荣华(女) 张延新(—2011.1)　张金鹏(2011.1 补选) 杜树国(2011.1 补选)
十七届 (2012.01—2016.12)	李恩波(—2015.5) 丁海堂(2015.8 补选)	王振祥(常务副主任)　张金鹏(—2014.1) 刘振华(女)　丁宝顺　杜树国(—2014.1) 邱先明(2014.1 补选) 崔玉杰(2014.1 补选)

(二)县人民政府县长、副县长

表 34

人代会届次	县 长	副 县 长
一届 (1954.07—1957.01)	李秀琛(1953.5—1955.1) 史树荣(1955.1 补选)	刘先荣(1955.12—)　高相侯(1955.12—)
二届 (1957.01—1958.05)	史树荣	张金山　高相侯　郭洪涛　王建民
三届 (1958.05—1961.04)	史树荣(—1959.6) 曹继武(1959 年 6 月补选)	张金山　郭洪涛　仇兴国(1959.12 补选) 王汝岑(1959.12 补选)
四届 (1961.04—1963.09)	张金山(1961.04—1961.12 1962.11—) 黄炳南(1961.12—1962.11)	王　涛　仇兴国　郭洪涛　王汝岑　王北平
五届 (1963.09—1966.03)	张金山(—1965.08) 郭洪涛(1965.8 补选)	常龙鳌　郭洪涛
六届 (1966.03—1967)	郭洪涛(—1967.03)	常龙鳌　郭洪涛
七届 (1967—1978)	马玉基　赵福记 安荣茂　张　浩　张连云	安荣茂　赵福记　郭洪涛　单德文　孙式增　吴凤智 张义坤　张传荣　杨东华　石玉太　傅金钟　马玉基 鞠荣勋　成秉惠　邱维洪　张　浩　盖玉绰　张崇励 杨东华　孙金环　康金堂　孙秀德　孙诗梅　李克昌 李传忠　刘占岭
八届 (1978.05—1980.12)	张连云 程金铎(1979.3 补选)	康金堂　盖玉绰　孙秀德　孙诗梅　李克昌　李传忠

表34

人代会届次	县 长	副 县 长
九届 (1980.12—1984.05)	程金铎	李杜堂　李玉金　刘占岭　李传忠
十届 (1984.05—1987.04)	武继信	张忠祥　李曰琴　王玉璞　吴金娃(女)
十一届 (1987.04—1990.03)	冯梦令(—1989.6) 周清利(代,1989.6—)	张忠祥　王玉璞　步乃章　李在峰　毛秀兰(女) 王兴华
十二届 (1990.03—1993.03)	周清利(—1993.01) 崔建平(代,1993.01—)	步乃章　李传忠　马宝华　吕耀英(女)　李金华
十三届 (1993.03—1998.01)	崔建平(—1996.11) 邵振魁(代,1996.11—)	田宝礼　吕耀英(女)　李金华　赵惠民　李延增
十四届 (1998.01—2003.01)	邵振魁(—20001.1) 刘鲁生(2000.01—2002.12) 刘星泰(代,2002.12—)	李金华　李延增　崔秀娥(女)　刘泽田　佘洪烈 范剑飞　王世强(1999.4 补选)
十五届 (2003.01—2008.01)	刘星泰(—2004.12) 李维东(代2004.12—2005.2; 2005.02—2006.12)	李恩波(代,2006.12—2007.1;2007.01—)　李恩波 佘洪烈　王世强　铁金福(回族)　李忠祥 张荣华(女)
十六届 (2008.01—2012.01)	李恩波 丁海堂(2011.1 补选)	栾兴刚　铁金福(回族)　王庆霞　周　波　李　峰 关莉莉(女)
十七届 (2012.01—2016.12)	丁海堂 臧伟(2015.8 补选)	臧　伟　周　波　关莉莉(女)　王景军(无党派) 王殿和　常怀祥(回族)

(三)县人民法院院长、县人民检察院检察长

表35

人代会届次	法院院长	检察院检察长
一届 (1954.07—1957.01)	冯希元	
二届 (1957.01—1958.05)	冯希元	
三届 (1958.05—1961.04)	宋清秀	
四届 (1961.04—1963.09)	宋清秀	
五届 (1963.09—1966.03)	宋清秀	
六届 (1966.03—1967)		
七届 (1967—1978)		
八届 (1978.05—1980.12)	姜勋廷	赵广海

续表 35

人代会届次	法院院长	检察院检察长
九届 (1980.12—1984.05)	程学文	赵广海
十届 (1984.05—1987.04)	程学文	鞠云亭
十一届 (1987.04—1990.03)	程学文	鞠云亭
十二届 (1990.03—1993.03)	孟德松	鞠云亭
十三届 (1993.03—1998.01)	孟德松(—1997.5) 于兹生(1997.5 补选)	鞠云亭
十四届 (1998.01—2003.01)	于兹生	鞠云亭(—2001.3) 李松水(2001.4 补选)
十五届 (2003.01—2008.01)	李全昌	李松水
十六届 (2008.01—2012.01)	李向阳	王俊民
十七届 (2012.01—2016.12)	李向阳 常清利(2014.1 补选)	王俊民 生寿禄(2014.1 补选)

第二节　无棣县人大常委会

一、历届人大常委会组成人员

第九届(1981.01—1984.05)

主　　任　盖玉绰

副 主 任　孙诗梅　　刘福山　　王锡金(1982.7 病逝)

委　　员　(按姓氏笔划为序)

丁希祯　　冯希林　　孙守孟　　李述增　　肖景海(回族)　　范宝坤

赵继武　　赵树芝(女)　　段春兰

第十届(1984.05—1987.04)

主　　任　程金铎

副 主 任　孙金环　　刘占岭　　任凤仪　　孙奉魁　　李玉金(1986.4 任职)

委　　员　(按姓氏笔划为序)

马士进　　王子明　　卢振声　　肖景海(回族)　　张媛芳(女)　　陈风霄

郭玉梅(女)　　韩金辉　　管延英(女)　　蔡洪昌

第十一届(1987.04—1990.03)

主　　任　孙金环

副 主 任　刘占岭　李玉金　孙奉魁

委　　员　(按姓氏笔划为序)

王子明　王学江　卢振声　孙玉芳(女)　李延增　李之瑞
李俊兰(女)　肖景海(回族)　韩金辉　鲍延训　管延英(女)

第十二届(1990.03—1993.03)

主　　任　王永锡

副 主 任　刘占岭(1992年3月离职)　李玉金(1990年12月病逝)　王玉璞　石　珉
邢宝仁　程学文(1991年3月任职)　卢振声(1991年3月任职)
冯汝栋(1992年3月任职)

委　　员　(按姓氏笔划为序)

王文禄　王桂荣(女)　卢振声　冯怡生　杨宝训
肖景海(回族)　程学文　鲍延训

1991年3月22日,无棣县第十二届人民代表大会第二次会议补选门方贤、王建国、孙瑞云、李秀文、吴铭儒为无棣县第十二届人民代表大会常务委员会委员。

第十三届(1993.03—1998.01)

主　　任　王永锡

副 主 任　商玉明(1995年3月任职)　王玉璞　石　珉　邢宝仁　程学文
卢振声　冯汝栋

委　　员　(按姓氏笔划为序)

门方贤　王建国　孙瑞云　刘清霞(女)　肖景海(回族)　张怀渤
张厚仁　崔明周　崔秀娥(女)　管延英(女)

1995年3月4日,无棣县第十三届人民代表大会第三次会议,补选商玉明为无棣县第十三届人民代表大会常务委员会副主任;补选潘刚三、臧风岐、董昭武、陈丙英为无棣县第十三届人民代表大会常务委员会委员。

第十四届(1998.01—2003.01)

主　　任　商玉明

副 主 任　王玉璞　冯汝泽　石　珉　孟德松　杨洪庆
张金娥(女)(1999年4月任职)　李建民(2000年1月任职)

委　　员　(按姓氏笔划为序)

马玉义　王希鹏　刘振华(女)　孙玉凤(女)　肖景海(回族)　邱延忠
陈丙英(女)　董昭武　靳云端(女)　臧风岐　潘刚三

第十五届(2003.01—2008.01)

主　　任　刘鲁生(2004年12月离职)　刘星泰(2005年2月至2006年12月)

李维东(2007 年 1 月任职)

副 主 任　吴克端　李建民　范剑飞　张金娥(女)　步　兵　张令萍

委　　员　(按姓氏笔划为序)

丁兆坤　马玉轩　付志强　冯延春　关莉莉(女)　李洪江

杨金岭　肖景海(回族)　吴宝升　邱延忠　徐清友　崔玉杰

商玉波　韩翠山(女)

2005 年 2 月 21 日补选宣德忠、韩建国为无棣县第十五届人大常委会委员。

第十六届(2008.01—2012.01)

主　　任　李维东(2010 年 6 月离职)　李恩波(2011 年 1 月任职)

第一副主任　吴克端(2011 年 1 月离职)

郭云鹰(2011 年 1 月任职)

副 主 任　郭云鹰(2011 年 1 月离职)　张令萍(2010 年 7 月去世)

张荣华(女)　张延新(2011 年 1 月离职)

张金鹏(2011 年 1 月任职)　杜树国(2011 年 1 月任职)

委　　员　(按姓氏笔划为序)

王照勇　仝春晓　冯其龙　李荣堂　李洪江　杨金岭

肖景海(回族)　汪宝竹　孟德霞(女)　赵洪森　徐清友　高菊惠

梅振鹏　崔玉杰　蒋文昌　韩建国　韩翠山(女)

2009 年 1 月 8 日补选陈世强、崔金銮(女)为无棣县第十六届人民代表大会常务委员会委员;2011 年 1 月补选冯丽丽(女)、吴雪梅(女)、张华友为无棣县第十六届人民代表大会常务委员会委员。

第十七届(2012.01—2017.01)

主　　任　李恩波(2015 年 5 月离职)　丁海堂(2015 年 8 月任职)

常务副主任　王振祥

副 主 任　张金鹏(2014 年 1 月离职)　刘振华(女)　丁宝顺

杜树国(2014 年 1 月离职)　邱先明(2014 年 1 月任职)

崔玉杰(2014 年 1 月任职)

顾　　问　刘泽田(2013 年 12 月至 2014 年 9 月)

委　　员　(按姓氏笔划为序)

王长亮　王殿斌　文学伟　付华雁　仝春晓　冯丽丽(女)

刘宝卫　李荣堂　肖广兰(女,回族)　吴雪梅(女)　邱海军

张华友　陈连坤　胡建国　高宝春　高菊惠　崔玉杰

2013 年 1 月 16 日补选补选王中涛、张代传为县十七届人大常委会委员;2014 年 1 月 9 日补选王玉瑞、张健为县十七届人大常委会委员;2015 年 1 月 16 日补选丁宝冬、张欣为县十七届人大常委会委员;2016 年 1 月 18 日补选庞志鸿为县十七届人大常委会委员。

二、历届常委会会议

无棣县人大常委会，自1980年12月第九届人民代表大会设立常务委员会至2016年4月底，共举行263次会议，依法行使了宪法和法律所赋予的各项职权。九届人大常委会自1981年1月至1984年5月，任期三年，共举行了23次常委会会议。十届人大常委会自1984年5月至1987年4月，任期三年，共举行了22次常委会会议。十一届人大常委会自1987年4月至1990年3月，任期三年，共举行了23次常委会会议。十二届人大常委会自1990年3月至1993年3月，任期三年，共举行了20次常委会会议。十三届人大常委会自1993年3月至1998年1月，任期五年，共举行了34次常委会会议。十四届人大常委会自1998年1月至2003年1月，任期五年，共举行了36次常委会会议。十五届人大常委会自2003年1月至2008年1月，任期五年，共举行了38次常委会会议。十六届人大常委会自2008年1月至2012年1月，任期五年，共举行了31次常委会会议。十七届人大常委会自2012年1月选举产生，到2017年1月，共举行了43次常委会会议。

第六章　博兴县人民代表大会

博兴县位于山东省北部，黄河下游南岸，东经 118°03′—118°23′，北纬 36°58′—37°23′。县域地处山东省滨州市东南部，东邻东营市东营区与广饶县，南接淄博市临淄区与桓台县，西与淄博市高青县接壤，北与滨城区相连，并隔黄河与东营市利津县相望。县境南北长 45.8 公里，东西宽 29.5 公里。全县面积 900.7 平方公里。县域为商周蒲姑国都城所在地，兵圣孙武、孝子董永的故乡，山东吕剧发祥地，被命名为吕剧之乡、中国厨都、中国优质西红柿之乡。博兴县境内有 3 个街道办事处，9 个镇，7 个社区居民委员会，448 个村民委员会。

从 1949 年 12 月至 1954 年 7 月，博兴县共召开过 6 届 11 次会议。从 1949 年 12 月至 1954 年 7 月，蒲台县共召开过 5 届 12 次会议。1952 年 7 月，经山东省人民政府批准，县各界人民代表会议开始代行县人民代表大会的职权，扩大职权范围，发挥地方国家权力机关的作用。

1954 年 7 月，博兴县首届人民代表大会第一次会议分别召开，标志着人民代表大会制度在两县正式建立，从政治制度上保证了人民管理国家事务的权力，揭开了博兴、蒲台两县政权建设史上新的一页。

从 1954 年 7 月至 1967 年 3 月，博兴县人民代表大会召开了 6 届 12 次会议，县人民代表大会制度得到初步发展。

1966 年 5 月，“文化大革命”开始，博兴县党政机关均受到冲击，各级人民政府被迫停止正常活动，各项工作陷入停滞。从此至 1976 年 10 月，博兴陷入了十年动乱之中，社会主义民主和法制建设遭到严重破坏，各级人民代表大会被迫停止活动。

1978 年 10 月 25 日至 28 日，根据的《地方组织法》《选举法》的规定，博兴县第八届人民代表大会第一次会议在县城隆重召开，民主选举产生了博兴县革命委员会，人民代表大会制度得到了重新恢复。1981 年 1 月 7 日至 12 日，博兴县召开了第九届人民代表大会第一次会议。根据中共中央指示精神，将县革命委员会改称县人民政府，选举产生了博兴县人民代表大会常务委员会。

第一节　博兴县历届人民代表大会

一、县人民代表大会代表

第一届人大代表：代表 253 人中，县、区、乡干部 46 人，工人 7 人，农民 144 人，手工业者 4 人，青年 12 人，人民武装 2 人，文教 6 人，卫生 4 人，船民 1 人，民主人士 27 人；代表中共产党员 122 人，妇女 50 人。

第二届人大代表：代表 310 人中，共产党、青年团、各民主阶层都有与其地位相称的代表。其中：县、区、乡干部 72 人，工人 3 人，农民 168 人，手工业者 5 人，青年 14 人，人民武装 2 人，文教 5 人，卫生 2 人，渔民 1 人，船民 1 人，宗教 2 人，民主人士 35 人；代表中共产党员 121 人，妇女 81 人。

第三届人大代表：代表 313 人中，共产党、青年团、各民主阶层都有与其地位相称的代表。其中：县、乡干部 66 人，农民 164 人，工人 3 人，知识分子 9 人，青年、民兵、手工业者、渔民、宗教等 26 人，民主人士 45 人；代表中中共党员 162 人，妇女 59 人。

第四届人大代表：代表 449 人中，共产党、青年团、各民主阶层，都有与其地位相称的代表。包括工农业生产和生产救灾中的积极分子及各种模范人物。其中:县社队干部77人,工人4人,农民241人,文教、卫生、青年民兵、学生、手工业者、渔民、宗教等53人,民主人士74人;代表中党员226人,占代表总数50.4%;妇女110人,占代表总数的24.4%。

第五届人大代表:代表294人中,县机关干部代表27人,社区干部代表33人,队干部代表15人,社员代表73人,各种模范代表23人,烈军工属代表16人,荣复转军代表10人,退职退休人员代表3人,青年代表10人,民兵代表8人,回乡学生代表3人,艺人代表3人,工人代表10人,商业代表9人,人民武装代表4人,文教代表14人,科技代表5人,卫生代表15人,林业代表3人,牧业代表2人,渔船业代表3人,宗教代表1人,社会人士4人;代表中共产党员代表149人,占代表总数的50.5%;妇女代表73人,占代表总数的24.75%。

第六届人大代表:代表295人中,干部77人,农民148人,工、商、人民武装、文教、卫生、科技、林、牧、渔业、宗教35人,民主人士35人;代表中共产党员149人,占代表总数的50.5%;妇女76人,占代表总数的25.7%。

第七届人大代表:因文化大革命,博兴县第七届人民代表大会代表选举工作未进行。

第八届人大代表:这届人民代表大会共选出代表600人,比历史上任何一届都多,具有广泛的代表性。其中,工人115名,农民258名,人民解放军15名,革命干部124名,知识分子76名,其他劳动者和爱国人士等12名。代表中,妇女134名,占代表总数的22.3%。

第九届人大代表:博兴县第九届人大代表的选举工作,根据全国五届人大二次会议通过的《选举法》规定和上级部署,于1980年10月开始。选出了代表232名。其中工人代表13名,占代表总数的5.6%;农民代表140名,占代表总数的60.2%;人民解放军代表2名,占代表总数的0.8%;干部代表44名,占代表总数的19%;知识分子代表21名,占代表总数的9.1%;其他劳动者和爱国人士等都占有适当的比例。代表中,妇女代表45名,占代表总数的19.4%;青年代表64名,占代表总数的27.6%;非党群众代表77名,占代表总数的33.2%。

第十届人大代表选举工作:代表232人中,工人代表10名,占代表总数的4.3%;农民代表123名,占代表总数的53%;人民解放军代表2名,占代表总数的0.8%;知识分子代表40名,占代表总数的17.2%;干部代表48名,占代表总数的20.7%;民主党派和无党派爱国人士代表9名,占代表总数的4%。代表中,妇女代表57名,占代表总数的24.5%;党员代表118名,占代表总数的50.8%。

第十一届人大代表:1986年11月21日,选出了县十一届人大代表208名。其中,工农代表136名,占代表总数的65.4%;干部代表36名,占代表总数的17.4%;知识分子代表33名,占代表总数的15.8%;其他方面代表3名,占代表总数的1.4%(含1名人民解放军代表)。代表中,既有较高威望的老干部,又有各条战线上涌现出来的先进生产者和先进工作者。

第十二届人大代表:全县共选出县人大代表210名,乡(镇)人大代表909名。县人大代表中,工农代表145名,占代表总数的69%;知识分子代表19名,占代表总数的9%;干部代表45名,占代表总数的21.4%;解放军代表1名,占代表总数的0.5%。代表中,党员代表138名,占代表总数的60.7%,妇女代表46名,占代表总数的21.9%,新进代表122名,占代表总数的58.1%。

第十三届人大代表:选出县十三届人大代表210名。其中,党员代表139名,妇女代表54名,工农代表142名,干部48名,知识分子19名,解放军1名。

这届代表有以下四个特点:一是代表的年龄趋向年轻化;二是代表的文化素质有所提高,参政议政能力进一步增强;三是代表的方面更加广泛,妇女代表所占比例比上届增加3.2个百分点;四是代表的素质更加符合十四大精神的要求,一大批思想解放,勇于开拓,在经济建设中做出突出贡献的企业家、实干家,被选进代表的行列。

第十四届人大代表:县人大代表211名。其中干部代表53名,占代表总数的25.1%;工农代表138名,占代表总数的65.4%;知识分子代表20名,占代表总数的9.5%。代表中党员代表138名,妇女代表52名,代表的平均年龄为41.5岁。代表的知识结构和年龄结构较上届有了明显改善。

第十五届人大代表:选出县人大代表207名。其中工农代表137名,占代表总数的66%。干部代表47名,占代表总数的23%；知识分子代表22名，占代表总数的10.6%；其他代表1名，占0.4%。代表中，妇女代表57名，占代表总数的27.5%；中共党员代表137名，占代表总数的66%。

第十六届人大代表：全县共选出县人大代表209名，镇人大代表583名。县人大代表中，妇女代表59名，占代表总数的28.2%；连任代表47名，占代表总数的22.5%。

第十七届人大代表：全县共选出县人大代表208名（代表名额211名，预留3名），镇人大代表578名。县人大代表中一线代表146名，占代表总数的69.1%；妇女代表67名，占代表总数的32%；有非中共党员代表67名，占代表总数的31.7%；连任代表94名，占代表总数的44.5%；大学本科以上学历的64名，占代表总数的30.7%；55周岁以下的176名，占代表总数的84.6%。

二、历届历次人民代表大会

第一届人民代表大会

第一次会议　1954年7月2日至6日在县城召开。会议审议了《政府工作报告》《基层选举工作报告》，通过了《夏季工作任务的决议》《宣传拥护宪法（草案）的决议》。

第二次会议　1955年12月20日至25日在县城召开。会议审议并通过了《博兴县人民委员会工作报告》，学习我国第一个五年计划有关文件，确定本县实现第一个五年计划的具体规划；讨论研究农业合作化工作。

第二届人民代表大会

第一次会议　1957年1月17日至22日在县城召开。会议通过了《博兴县人民委员会工作报告》。

第二次会议　1957年12月26日至30日在博城召开。会议通过了《博兴县人民委员会工作报告》《博兴县人民法院工作报告》。

第三届人民代表大会

第一次会议　1958年5月27日至31日在博城召开。会议听取并通过了《博兴县人民委员会工作报告》《博兴县人民法院工作报告》《致博兴县参加打渔张引黄灌溉工程全体民工、干部的慰问信》。

第二次会议　1959年9月27日至30日在博城召开。会议的审查了自首次会议以来的政府工作情况与今后主要工作意见的报告、1958年国民经济计划执行情况和1959年国民经济计划的草案报告、1958年财政决算和1959年财政预算的草案报告，选举了县长、副县长，选举了县人民法院院长。

第四届人民代表大会

第一次会议　1961年4月27日至30日在博城召开。会议通过了《博兴县人民委员会工作报告》《博兴县一九五九年和一九六零年财政决算及一九六一年财政预算的报告》《博兴县人民法院工作报告》《第四届人民代表大会第一次会议决议》《博兴县人民委员会第四届一次会议综合报告》。

第二次会议　1962年1月17日至20日在博城召开。会议通过了《博兴县人民委员会工作报告》《博兴县人民法院工作报告》。

第五届人民代表大会

第一次会议　1963年5月29日至6月2日在博城召开。会议通过了《博兴县人民委员会工作报告》《博兴县一九六二年财政决算及一九六三年财政预算报告》《博兴县人民法院工作报告》《博兴县第五届人代会第一次会议决议》。

会议确定当前的中心任务是:贯彻《农村人民公社条例(草案)》(即"六十条");贯彻"调整、巩固、充实、提高"的方针,自力更生,艰苦奋斗,完成全年生产计划。

第二次会议 1964年3月3日至7日在博城召开。会议通过了《博兴县人民委员会工作报告》《博兴县一九六三年财政决算和一九六四年财政预算报告》《博兴县人民法院工作报告》《博兴县第五届人代会二次会议决议》。

第三次会议 1965年5月25日至28日在博城召开。会议听取了《关于国内外形势的报告》,审议并通过了《博兴县人民委员会工作报告》《博兴县一九六四年财政决算及一九六五年财政预算的报告》《博兴县人民法院工作报告》《博兴县人民委员会工作报告的决议》。

第六届人民代表大会

第一次会议 1966年3月3日至8日在博城召开。会议学习了毛主席著作《为人民服务》《愚公移山》和人民日报通讯《县委书记的榜样—焦裕禄》等文章,听取了省人大代表姜冠伦传达的省三届三次人代会精神,听取并通过了《博兴县人民委员会工作报告》《博兴县一九六五年财政决算及一九六六年财政预算的报告》《博兴县人民法院工作报告》。

第七届人民代表大会

博兴陷入了十年内乱。期间,没有召开人民代表大会,根据山东省人民政府指示精神,博兴县将其列为第七届人民代表大会。

第八届人民代表大会

第一次会议 1978年10月25日至28日在博城召开。大会通过《博兴县革命委员会工作报告》《博兴县农业生产发展规划的报告》和《博兴县革命委员会工作报告和农业生产发展规划的决议》。

第九届人民代表大会

第一次会议 1981年1月7日至12日在县城人民影院举行。会议听取和审议了《县革命委员会工作报告》《国民经济计划报告》《财政预决算报告》,审议了《县人民法院工作报告》《县人民检察院工作报告》,并作了相应的决议。

第二次会议 1982年2月26日至3月2日在县城举行。会议听取和审议了《政府工作报告》《博兴县1981年国民经济计划执行情况和1982年国民经济和社会发展计划安排意见的报告》《博兴县1981年财政决算情况和1982年财政预算意见的报告》《县人大常委会工作报告》《县人民法院工作报告》《县人民检察院工作报告》,并作了相应的决议。

第三次会议 1983年2月20日至24日在县城人民影院举行。会议听取和审议了《政府工作报告》《县人大常务委员会工作报告》《1982年国民经济执行情况和1983年国民经济和社会发展计划安排意见的报告》《1982年县财政决算情况和1983年财政预算意见的报告》,审议了《县人民法院工作报告》和《县人民检察院工作报告》,并作了相应的决议。

第十届人民代表大会

第一次会议 1984年5月21日至26日在县城人民影院举行。会议审议了《政府工作报告》《县人大常务委员会工作报告》《县人民法院工作报告》和《县人民检察院工作报告》,审查和批准了《博兴县1983年国民经济和社会发展计划执行情况和1984年安排意见的报告》《博兴县1983年财政决算情况和1984年财政预算（草案）的报告》，选举县第十届人民代表大会常务委员会主任、副主任、委员；选举县人民政府县长、副县长；选举县人民法院院长和县人民检察院检察长。

第二次会议　1985年5月12日至16日在县城曙光影剧院举行。会议听取并审议了《政府工作报告》《国民经济执行情况和国民经济和社会发展计划安排意见的报告》《县财政决算情况和财政预算意见的报告》《县人大常务委员会工作报告》；审议了《县人民法院工作报告》《县人民检察院工作报告》，并通过了相应的决议。

第三次会议　1986年5月27日至31日在县城曙光影剧院举行。会议听取并审议了《政府工作报告》《博兴县1986年财政预算和1985年财政决算报告》《博兴县人民代表大会常务委员会工作报告》《博兴县人民法院工作报告》《博兴县人民检察院工作报告》《博兴县普及法律常识工作报告》，审查并批准了《博兴县国民经济和社会发展第七个五年计划（草案）》，审议了《博兴县国民经济和社会发展"六五"计划执行情况及1986年国民经济和社会发展计划安排意见的报告》，并通过了相应的决议。

第十一届人民代表大会

第一次会议　1987年4月14日至17日在县城曙光影剧院举行。会议听取和审查了《政府工作报告》《县人大常委会工作报告》《县人民法院工作报告》《县人民检察院工作报告》，审查和批准了《博兴县1986年国民经济和社会发展计划执行情况和1987年安排意见的报告》《博兴县1986年财政决算情况和1987年财政预算（草案）的报告》，选举了县第十一届人民代表大会常务委员会主任、副主任、委员，选举了县人民政府县长、副县长，选举了县人民法院院长和县人民检察院检察长。

第二次会议　1988年1月4日至7日在县城曙光影剧院举行。会议听取和审议了《政府工作报告》《县人大常务委员会工作报告》，审议了《博兴县1987年国民经济和社会发展计划执行情况和1988年安排意见的报告（草案）》《博兴县1987年财政决算情况和1988年财政预算（草案）的报告》《县人民法院工作报告》《县人民检察院工作报告》，并作了相应的决议。

第三次会议　1989年4月1日至4日在县城曙光影剧院举行。会议听取并审议了《政府工作报告》《博兴县1988年财政决算情况和1989年财政预算（草案）的报告》《教育工作报告》《县人大常务委员会工作报告》《县人民法院工作报告》《县人民检察院工作报告》，审议了《博兴县1988年国民经济和社会发展计划执行情况和1989年安排意见的报告（草案）》，并通过了相应的的决议。

第十二届人民代表大会

第一次会议　1990年3月21日至25日在县城曙光影剧院举行。会议听取并审议了《政府工作报告》《县人大常委会工作报告》，《博兴县1989年财政决算情况和1990年财政预算（草案）的报告》，审议了副县长张型鲁、县教育局长曹子敏、县法院院长刘兆兴、县检察院检察长杜金环向大会书面提交的工作报告，并通过了相应的决议。

第二次会议　1991年3月24日至27日在县城曙光影剧院举行。会议听取并审议了《政府工作报告》《博兴县1990年财政决算情况和1991年财政预算（草案）的报告》《县教育工作报告》《县人大常委会工作报告》《县人民法院工作报告》《县人民检察院工作报告》，审议了《博兴县1990年国民经济和社会发展计划执行情况和1991年安排意见的报告》，审查并批准了《博兴县国民经济和社会发展十年规划及第八个五年计划》，并通过了相应的决议。

第三次会议　1992年3月25日至28日在县城曙光影剧院举行。会议听取并审议了《政府工作报告》《博兴县1991年国民经济和社会发展计划执行情况和1992年安排意见的报告》《博兴县1991年财政决算情况和1992年财政预算（草案）的报告》《县人大常委会工作报告》《县人民法院工作报告》《县人民检察院工作报告》，审议了《关于调整博兴县国民经济和社会发展十年规划及第八个五年计划部分指标的报告》《县教育工作报告》《博兴县人民代表大会议事规则(草案)》,并通过相应的决议、决定。

第十三届人民代表大会

第一次会议 1993年1月10日至14日在县招待所举行。会议听取和审议了《政府工作报告》《县人大常务委员会工作报告》《博兴县教育工作报告》《博兴县人民法院工作报告》《博兴县人民检察院工作报告》;审查和批准了《博兴县1992年国民经济和社会发展计划执行情况和1993年安排意见(草案)的报告》《博兴县1992年财政决算情况和1993年财政预算(草案)的报告》,选举了县第十三届人民代表大会常务委员会主任、副主任、委员,选举县人民政府县长、副县长,选举县人民法院院长和县人民检察院检察长。

第二次会议 1993年3月18日在县招待所举行。会议选举出席省第八届人民代表大会代表和补选县十三届人大常委会委员。

第三次会议 1994年1月25日至27日在县宾馆举行。会议听取和审议了《政府工作报告》《县人大常委会工作报告》《县人民法院工作报告》《县人民检察院工作报告》,审议了《关于博兴县1993年国民经济和社会发展计划执行情况和1994年国民经济和社会发展计划(草案)的报告》《关于博兴县1993年财政预算执行情况和1994年财政预算(草案)的报告》《博兴县教育工作报告》,审查并批准了《博兴县1993年国民经济和社会发展计划执行情况和1994年国民经济和社会发展计划》《博兴县1993年财政预算执行情况和1994年财政预算》,并作了相应的决议。

第四次会议 1995年3月8日至10日在县宾馆举行。会议听取并审议了《政府工作报告》《县人大常委会工作报告》《博兴县1994年国民经济和社会发展计划执行情况与1995年国民经济和社会发展计划(草案)的报告》《博兴县1994年财政预算执行情况和1995年财政预算(草案)的报告》《县教育工作报告》《县人民法院工作报告》《县检察院工作报告》,并通过了相应的决议。

第五次会议 1996年3月10日至12日在县宾馆举行。会议听取并审议《政府工作报告》《关于博兴县1995年国民经济和社会发展计划执行情况与1996年国民经济和社会发展计划(草案)的报告》《关于博兴县1995年财政预算执行情况和1996年财政预算(草案)的报告》《县人大常委会工作报告》《县人民法院工作报告》《县人民检察院工作报告》,审议了《博兴县国民经济和社会发展"九五"计划及2010年远景目标规划纲要》,审查并批准了《博兴县国民经济和社会发展"九五"计划及2010年远景目标规划纲要》《博兴县1995年国民经济和社会发展计划执行情况与1996年国民经济和社会发展计划》《博兴县1995年财政预算执行情况和1996年财政预算》,并作出了相应的决议。

第六次会议 1997年3月4日至8日在县宾馆举行。会议听取并审议了《政府工作报告》《关于博兴县1996年国民经济和社会发展计划执行情况和1997年国民经济和社会发展计划(草案)的报告》《关于博兴县1996年财政预算暨财政第二预算执行情况和1997年财政预算暨财政第二预算(草案)的报告》《县人大常委会的工作报告》《县人民法院的工作报告》《县人民检察院的工作报告》,审查并批准了《博兴县1996年国民经济和社会发展计划执行情况与1997年国民经济和社会发展计划》《博兴县1996年财政预算暨财政第二预算执行情况和1997年财政预算暨财政第二预算》。

第十四届人民代表大会

第一次会议 1998于1月14日至17日在县宾馆举行。会议听取并审议了《县政府工作报告》《关于博兴县1997年财政预算暨财政第二预算执行情况和1998年财政预算暨财政第二预算(草案)的报告》《县人大常委会工作报告》《县人民法院工作报告》《县人民检察院工作报告》,审议了县人民政府《关于博兴县1997年国民经济和社会发展计划执行情况与1998年国民经济和社会发展计划(草案)的报告》《县教育工作报告》,审查并批准了《博兴县1997年国民经济和社会发展计划执行情况与1998年国民经济和社会发展计划》《博兴县1997年财政预算暨财政第二预算执行情况和1998年财政预算暨财政第二预算》，选举县十四届人民代表大会常务委员会主任、副主任、委员，选举县人民政府县长、副县长，选举县人民法院院长、县人民检察院检察长，选举出席省第九届人民代表大会代表，并通过了相应的决议、决定。

第二次会议　1999于3月5日至6日在县宾馆举行。会议听取并审议了《政府工作报告》《县人大常委会工作报告》《博兴县1998年财政预算暨第二预算执行情况和1999年财政预算暨第二预算（草案）的报告》《县人民法院工作报告》《县人民检察院工作报告》，审议了《博兴县1998年国民经济和社会发展计划执行情况与1999年国民经济和社会发展计划（草案）的报告》，并通过了相应的决议。

第三次会议　2000年2月13日至14日在县宾馆举行。会议听取并审议了《县人民政府的工作报告》《关于博兴县1999年财政预算暨财政第二预算执行情况和2000年财政预算暨财政第二预算（草案）》《县人大常委会工作报告》《县人民法院工作报告》《县人民检察院工作报告》，审议了《关于博兴县1999年国民经济和社会发展计划执行情况和2000年国民经济和社会发展计划（草案）的报告》，审查并批准了《博兴县1999年国民经济和社会发展计划执行情况和2000年国民经济和社会发展计划》《博兴县1999年财政预算暨财政第二预算执行情况的报告和2000年财政预算暨财政第二预算》，并通过了相应的决议。

第四次会议　2000年12月6日至8日在县宾馆举行。会议听取了《关于切实做好维护农村稳定工作的意见（草案）的报告》，审议了《博兴县人民政府关于切实做好维护农村稳定工作的意见》。

第五次会议　2001年2月1日至3日在县宾馆举行。会议听取并审议了《关于博兴县国民经济和社会发展第十个五年计划纲要草案的报告》《关于博兴县2000年国民经济和社会发展计划执行情况与2001年国民经济和社会发展计划（草案）的报告》《关于博兴县2000年财政预算暨第二预算执行情况和2001年财政预算暨第二预算（草案）的报告》《县人大常委会工作报告》《县人民法院工作报告》《县人民检察院工作报告》，审查并批准了《博兴县国民经济和社会发展第十个五年计划纲要》《博兴县2000年国民经济和社会发展计划执行情况与2001年国民经济和社会发展计划》《博兴县2000年财政预算暨第二预算执行情况和2001年财政预算暨第二预算》，并通过了相应的决议。

第六次会议　2002年1月23日至25日在县宾馆举行。会议听取并审议了《县人民政府工作报告》《关于博兴县2001年国民经济和社会发展计划执行情况与2002年国民经济和社会发展计划（草案）的报告》《关于博兴县2001年财政预算暨财政第二预算执行情况和2002年财政预算暨财政第二预算》《县人大常委会工作报告》《县人民法院工作报告》《县人民检察院工作报告》，审查并批准了《博兴县2001年国民经济和社会发展计划执行情况的报告与2002年国民经济和社会发展计划》《博兴县2001年财政预算暨财政第二预算执行情况和2002年财政预算暨财政第二预算》，补选了县人民政府县长和县人大常委会委员，通过了相应的决议。

第十五届人民代表大会

第一次会议　2003年1月18日至22日在县宾馆会议室举行。会议听取并审议了《政府工作报告》《关于博兴县2002年财政预算暨财政第二预算执行情况和2003年财政预算暨财政第二预算（草案）的报告》《县人大常委会工作报告》《县人民法院工作报告》《县人民检察院工作报告》，审议了《关于博兴县2002年国民经济和社会发展计划执行情况及2003年国民经济和社会发展计划（草案）的报告》，会议通过了相应的决议。

第二次会议　2004年1月3日至5日在县城索菲亚大酒店举行。会议听取并审议了《政府工作报告》《县人大常委会工作报告》《关于博兴县2003年国民经济和社会发展计划执行情况与2004年国民经济和社会发展计划（草案）的报告》《关于博兴县2003年财政预算暨财政第二预算执行情况和2004年财政预算暨财政第二预算（草案）的报告》《县人民法院工作报告》《县人民检察院工作报告》，并通过了相应的决议。

第三次会议　2005年1月12日至13日在县索菲亚大酒店会议室举行。会议听取并审议了《县人民政府工作报告》《县人大常委会工作报告》《县人民法院工作报告》《县人民检察院工作报告》，审议了《关于博兴县2004年国民经济和社会发展计划执行情况与2005年国民经济和社会发展计划草案的报告》《关于博兴县2004年财政预算执行情况和2005年财政预算草案的报告》《博兴县城市总体规划》，审查并批准了《博兴县2004年国民经济和社会发展计划执行情况与2005年国民经济和社会发展计划草案的报告及2005年国民经济和社会发展计划》《博兴县2004年财政预算执行情况和2005年财政预算草案的报告及2005年县级财政预算》。

第四次会议 2006年1月14日至16日在县索菲亚大酒店会议室举行。县长丁爱军作《政府工作报告》，县人大常委会副主任李洪柱代表县人大常委会所作人大工作报告。

第五次会议 2007年1月27日至29日在县宾馆大会议室举行。会议听取并审议了《政府工作报告》《县人大常委会工作报告》《县人民法院工作报告》《县人民检察院工作报告》，审议了《关于博兴县2006年国民经济和社会发展计划执行情况与2007年国民经济和社会发展计划(草案)的报告》《关于博兴县2006年财政预算执行情况和2007年财政预算草案的报告》，并作出了相应的决议。

第十六届人民代表大会

第一次会议 2007年12月11日至14日在县行政中心二楼多功能会议室举行。会议审议了《政府工作报告》《县人大常委会工作报告》《关于博兴县2007年国民经济和社会发展计划与2008年国民经济和社会发展计划(草案)的报告》《关于博兴县2007年财政预算执行情况和2008年财政预算(草案)的报告》，听取并审议了《县人民法院工作报告》《县人民检察院工作报告》，并通过了相应的决议。

第二次会议 2009年1月5日至7日在县行政中心二楼会议室举行。会议审议并批准了县人民政府、县人民法院、县人民检察院的工作报告，听取并审议了《县人大常委会工作报告》，审议了《关于博兴县2008年国民经济和社会发展计划执行情况与2009年国民经济和社会发展(草案)的报告》《关于博兴县2008年财政预算执行情况和2009年财政预算(草案)的报告》，并作了相应的决议。

第三次会议 2010年1月13日至15日在县行政中心二楼会议室举行。会议听取并审议了《政府工作报告》《县人大常委会工作报告》，并通过了各项表决事项。

第四次会议 2011年1月11日至13日在县行政中心二楼多功能会议室举行。会议听取和审议了《政府工作报告》《县人民法院工作报告》《县人民检察院工作报告》《县人大常委会工作报告》，审议了《博兴县国民经济和社会发展第十二个五年总体规划纲要(草案)》《博兴县2010年国民经济和社会发展计划执行情况与2011年国民经济和社会发展计划(草案)的报告》《博兴县2010年财政预算执行情况和2011年财政预算(草案)的报告》，并做了相应的决议。

会议接受李洪柱辞去县人大常委会主任职务、董宝健辞去县人大常委会副主任职务的请求。

第十七届人民代表大会

第一次会议 2012年1月7日至1月10日在县行政中心二楼会议室举行。会议听取和审议了《政府工作报告》《县人大常委会工作报告》《人民法院工作报告》《人民检察院工作报告》，审议了《关于博兴县2011年国民经济和社会发展计划执行情况与2012年国民经济和社会发展计划(草案)的报告》《关于博兴县2011年财政预算执行情况和2012年财政预算(草案)的报告》，审查并批准了《博兴县2011年国民经济和社会发展计划执行情况的报告及2012年国民经济和社会发展计划》《博兴县2011年财政预算执行情况和2012年财政预算(草案)的报告及2012年县级财政预算》，选举县人大常委会主任、副主任、委员，县人民政府县长、副县长，县人民法院院长，县人民检察院检察长，选举县出席滨州市第十届人民代表大会代表。

第二次会议 2013年1月12日至1月14日在县行政中心二楼会议室举行。会议听取和审议了《政府工作报告》《县人大常委会工作报告》《人民法院工作报告》《人民检察院工作报告》，审议了《关于博兴县2012年国民经济和社会发展计划执行情况与2013年国民经济和社会发展计划（草案）的报告》《关于博兴县2012年财政预算执行情况和2013年财政预算（草案）的报告》，审查并批准了《博兴县2012年国民经济和社会发展计划执行情况的报告及2013年国民经济和社会发展计划》《博兴县2012年财政预算执行情况和2013年财政预算（草案）的报告及2013年县级财政预算》，补选县人大常委会委员。

第三次会议　2013年8月15日至8月16日在县行政中心举行。会议补选县人大常委会主任，表决了《博兴县第十七届人民代表大会第三次会议关于加快依法治县进程，推动博兴科学发展的决定（草案）》。

第四次会议　2014年1月5日至1月7日在县行政中心举行。会议听取和审议了《政府工作报告》《县人大常委会工作报告》《人民法院工作报告》《人民检察院工作报告》，审议了《关于博兴县2013年国民经济和社会发展计划执行情况与2014年国民经济和社会发展计划（草案）的报告》《博兴县2013年财政预算执行情况和2014年财政预算（草案）的报告》，审查并批准了《博兴县2013年国民经济和社会发展计划执行情况的报告及2014年国民经济和社会发展计划》《博兴县2013年财政预算执行情况和2014年财政预算（草案）的报告及2014年县级财政预算》。

第五次会议　2015年1月20日至1月22日在县行政中心举行。会议听取和审议了《政府工作报告》《县人大常委会工作报告》《人民法院工作报告》《人民检察院工作报告》，审议了《关于博兴县2014年国民经济和社会发展计划执行情况与2015年国民经济和社会发展计划（草案）的报告》《关于博兴县2014年财政预算执行情况和2015年财政预算（草案）的报告》；审查并批准了《博兴县2014年国民经济和社会发展计划执行情况的报告及2015年国民经济和社会发展计划》《博兴县2014年财政预算执行情况和2015年财政预算（草案）的报告及2015年县级财政预算》。

第六次会议　2016年1月18日至1月20日在县行政中心举行。大会听取和审议了《政府工作报告》《县人大常委会工作报告》《人民法院工作报告》《人民检察院工作报告》，审议了《关于博兴县国民经济和社会发展第十三个五年规划纲要（草案）》《关于博兴县2015年国民经济和社会发展计划执行情况与2016年国民经济和社会发展计划（草案）的报告》《关于博兴县2015年财政预算执行情况和2016年财政预算（草案）的报告》，审查并批准了《博兴县国民经济和社会发展第十三个五年规划纲要》《博兴县2015年国民经济和社会发展计划执行情况的报告及2016年国民经济和社会发展计划》《博兴县2015年财政预算执行情况和2016年财政预算（草案）的报告及2016年县级财政预算》。

三、历届人民代表大会选举的国家机关领导人

第一届人民代表大会

第二次会议：　会议选举马兆兴为县长，张明、黄秀云（女）、高登瀛为副县长；张希闵为法院院长，卢奎贤为检察长。

第二届人民代表大会

第一次会议　会议选举马兆兴为县长，陈菊梅、高登瀛、张明、董维翰为副县长，张希闵为法院院长。

第二次会议　县长马兆兴调地区工作，补选杜慎五为县长。

第三届人民代表大会

第一次会议　大会选举杜慎五为县长，陈菊梅、张明、高登瀛、董维翰为副县长，张希闵为法院院长，孙鸿泉、杜慎五、秦和珍、顾传贤为出席省人民代表大会代表。

第二次会议 大会选举魏斌为县长，陈菊梅、高登瀛、王文诰、董维翰为副县长，张希闵为法院院长。

第四届人民代表大会

第一次会议 大会选举魏斌为县长，郑学范、张方英、岳宗秀、王文诰、董维翰、任兰欣（女）为副县长；丁庭明、于保杭、马连池、马登先、王虚斋、田成英（女）、刘希伴、白绪芳（女）、毕仲常、保吟秋、牟际禄、李爱芝（女）、陈光庭、周雪杉、姜冠伦、胡象峨、郝向忠、徐英奎、张明、郭玉华、崔连升、许景梅（女）、钟修宝、靳德芳（女）为人民委员会委员；王运昌为法院院长；姜冠伦当选为出席省人民代表大会代表。

第二次会议 会议补选马兆兴为县长，张明、张乃圣、徐健为副县长；回福茂为县法院院长。

第五届人民代表大会

第一次会议 大会选举马兆兴为县长，高德明、李文彬、董维翰、王芝秀（女）、张明、郑学范为副县长，回福茂为法院院长。

第二次会议 会议补选于永泽为副县长。

第三次会议 会议补选徐健为副县长。

第六届人民代表大会

第一次会议 会议选举马兆兴为县长，于永泽、徐健、董维翰、王芝秀（女）为副县长；阮守法为县法院院长。

第八届人民代表大会

第一次会议 会议选举李金镍为革委会主任，贾学舜、张善举、王道玉、贾兆和、舒德胜、王洪录、杨连科为副主任；李志德为县法院院长，李吉祥为县检察院检察长。

第九届人民代表大会

第一次会议 大会选举刘景銮为县第九届人民代表大会常务委员会主任，贾兆和、钟修宝为副主任，马道远、尹涛、李欣、李振湘、张振泉、张增仁、范树兰、赵经箴、曹向荣、董秀珍（女）、管凤云（女）、黎心敬、薛振兴为委员；选举张肇远为县长，王道玉、王元甫、舒德胜、高广兴为副县长；选举盖疏亭为县人民法院院长，李吉祥为县人民检察院检察长。

第二次会议 增选张新斋为县人大常委会副主任；增选李建业、冯梦令为副县长。

第三次会议 选举于善梅（女）、史桂英（女）、刘统渊、李继祜、张雷白为出席省人民代表大会代表。

第十届人民代表大会

第一次会议 会议选举张善举为县第十届人民代表大会常务委员会主任，王文昌、张新斋、周迺春为副主任；选举张乐敏为县长，马东向、尚炳信、高广兴、褚良智为副县长；选举盖疏亭为县人民法院院长，杜金环（女）为县人民检察院检察长。

第二次会议 会议增选王启熙为县人大常委会副主任；增选张传信为副县长。

第十一届人民代表大会

第一次会议 会议选举张善举为县第十一届人民代表大会常务委员会主任，王文昌、贾仰三、舒德胜、李裕山、陈士丰、徐天才为副主任，袁存法等11人为委员；选举张乐敏为博兴县人民政府县长，张英民、曲振水、尚炳信、张传信、祁维华（女）、潘晓钟为副县长；选举刘兆兴为县法院院长，杜金环（女）为县检察院检察长。

第二次会议　会议选举刘统渊、张乐敏、李志华(女)为省人民代表大会代表。

第十二届人民代表大会

第一次会议　会议选举鲍同兴为县第十二届人民代表大会常务委员会主任，王文昌、贾仰三、尚炳信、徐天才、张希舜、李家骅为副主任，袁存法等10人为委员；选举张型鲁为县长，曲振水、岳卫国、祁维华(女)、石保利、尹涛、程方伟、张增光、万金龙为副县长；选举王学军为县人民法院院长，选举杜金环(女)为博兴县人民检察院检察长。

第十三届人民代表大会

第一次会议　会议选举鲍同兴为博兴县第十三届人民代表大会常务委员会主任，王文昌、贾仰三、尚炳信、徐天才、杜金环(女)、盛庆斌为副主任，李志锦、袁存法、张余三、王魁元、张金池、郝伦才、张景文、张国华(女)、安家禹、芦宪娥(女)、张守云为委员；选举祁维华(女)为博兴县人民政府县长，石保利、尹涛、曹明芬、梁昌、任晓明为副县长；选举王学军为法院院长，刘春明为检察长。

第二次会议　选举鲍同兴、韩安正、宋西九为省八届人大代表，增选举许卫东为县十三届人大常委会委员。

第三次会议　会议增选程学荣为博兴县人民法院院长。

第六次会议　会议增选尹涛为博兴县人大常委会副主任，补选邓文泉为县长。

第十四届人民代表大会

第一次会议　会议选举石保利为博兴县人民代表大会常务委员会主任，许可顺、杜金环(女)、盛庆斌、尹涛、李洪柱、戴荣福、刘培兴为副主任，选举王志华等11人为委员；选举邓文泉为博兴县人民政府县长，田光利、梁昌、任晓明、安家禹、张国华(女)、宋珂为副县长；选举郭孟贤为博兴县人民法院院长；选举刘春明为博兴县人民检察院检察长；选举邓文泉、刘连民、沈志强、韩安正为山东省第九届人民代表大会代表。

第二次会议　大会选举李志杰为县人民代表大会常务委员会副主任。

第三次会议　大会选举黄泽民为博兴县人民检察院检察长。

第四次会议　会议选举焦利平为博兴县人民政府县长；选举马韵升等47人为博兴县出席滨州市第七届人民代表大会代表。

第六次会议　大会补选尚洪立为博兴县人民政府县长，补选马俊三、穆秀峰、孙惠民、胡树刚为县人大常委会委员。

第十五届人民代表大会

第一次会议　会议选举尚洪立为博兴县人大常委会主任，李洪柱、李志杰、钟安东、刘培兴、卞葆彤、胡守华、张平(女)为副主任，马韵升、许卫东、孙宪华、孙惠民、李继绪、范曰光、胡守刚、贾前卫、谢玉亮、穆秀峰、戴延泉为委员；选举丁爱军为博兴县人民政府县长，姚和民、张国华(女)、宋珂、董宝健、巩向军、李宁为副县长；选举孟庆良为博兴县人民法院院长，选举黄泽民为博兴县人民检察院检察长；选举丁爱军等53人为滨州市第八届人民代表大会代表。

第二次会议　会议选举陈继群为博兴县人大常委会副主任；选举刘源吉为博兴县人民检察院检察长。

第三次会议　会议补选刘继刚、徐炳华为县十五届人民代表大会常务委员会委员。

第四次会议　会议选举李洪柱为博兴县人大常委会主任，吕耀珍、张新生、张立俊为副主任，庄建华为委员。

第五次会议　会议选举李家良为博兴县人民政府县长。

第十六届人民代表大会

第一次会议 会议选举李洪柱为博兴县人大常委会主任，董宝健、陈继群、张新生、巩向军、张平（女）为副主任，马韵升、刘丰、刘继刚、许健（女）、孙宪华、李云（女）、张文明、范曰光、赵宝华、胡树刚、徐炳华、高桂荣（女）、常万成、温明、谢玉亮、穆秀峰为委员；选举李家良为博兴县人民政府县长，张光卫、卢跃林、李宁、冯黎明、巩红梅（女）、刘方太为副县长；选举李全昌为博兴县人民法院院长；选举刘源吉为博兴县人民检察院检察长；选举孙承志等48人为博兴县出席滨州市第九届人民代表大会代表。

第二次会议 会议选举张立秀、曹利群（女）为博兴县人大常委会委员。

第三次会议 会议选举鲁宝国、鲍永翔为博兴县人民政府副县长，选举李洪波为博兴县人民法院院长。

第四次会议 会议接受李洪柱辞去县人大常委会主任职务、董宝健辞去县人大常委会副主任职务的请求。选举李家良为博兴县人大常委会主任，潘益杰为副主任，李英珍、薛明为人大常委会委员；选举盖卫星为博兴县人民政府县长；选举牛向阳为博兴县人民检察院检察长。

第十七届人民代表大会

第一次会议 会议于2012年1月10日选举李家良为博兴县第十七届人民代表大会常务委员会主任，张光卫、陈继群、冯黎明、张新生、李云为副主任，王宁、王雪岭、史庆苓、巩 萍、刘兆辉、刘忠泉、孙宪华、李辉、张守宝、范曰光、胡树刚 郭光民、盖学忠、彭中路、谢玉亮、满学锋、薛明为委员；选举殷梅英为博兴县人民政府县长，姜凌刚、聂泉刚、巩红梅、商立波、鲍永翔、王秀江为博兴县人民政府副县长；选举李洪波为博兴县人民法院院长；选举牛向阳为博兴县人民检察院检察长。

第二次会议 会议于2013年1月14日选举盖健为博兴县第十七届人民代表大会常务委会委员。

第三次会议 会议于2013年8月16日选举焦本强为博兴县第十七届人民代表大会常务委员会主任。

第四次会议 会议于2014年1月7日选举耿雨河为博兴县第十七届人民代表大会常务委员会副主任；选举田洪健、赵春良、张立山为博兴县人民政府副县长；选举孟华为博兴县人民法院院长；选举陈学敏为博兴县人民检察院检察长。

第六次会议 会议于2016年1月20日选举潘向东、郝进然、李永青为博兴县第十七届人民代表大会常务委员会委员；选举潘向东为博兴县人大农业农村委员会主任委员。

第二节　博兴县人大常委会

一、历届人大常委会组成人员

第九届(1981.1—1984.5)

主　　任　刘景銮

副 主 任　贾兆和　钟修宝　张新斋(1982年3月2日县人大二次会议补选)

委　　员　(按姓氏笔画排序)

马道远　尹　涛　李　欣　李振湘　张振泉　张增仁

范树兰　赵经箴　曹向荣　董秀珍(女)　管凤云(女)　黎心敬

薛振兴

第十届(1984.5—1987.4)

主　　任　张善举

副 主 任　张新斋　王文昌　周迺春

王启熙(1985年5月10日县人大第二次会议补选)

委　　员　(按姓氏笔画排序)

于善梅(女)　马道远　吕耀英(女)　李吉祥　张文儒　张传九

杨　华(女)　杨景才　范树兰　赵　瑟(女)　崔永亮　董启林

管凤云(女)　臧桂兰(女)

第十一届(1987.4—1990.3)

主　　任　张善举

副 主 任　王文昌　贾仰三　舒德胜　李裕山　陈士丰　徐天才

委　　员　(按姓氏笔画排序)

袁存法　盖疏亭　李吉祥　王文杰　赵汝山　张余三

杨景才　杨　华(女)　吕耀英(女)　臧桂兰(女)　赵维钧

第十二届(1990.3—1993.1)

主　　任　鲍同兴

副 主 任　王文昌　贾仰三　尚炳信　徐天才　张希舜　李家骅

委　　员　(按姓氏笔画排序)

袁存法　盖疏亭　杨景才　杨　华(女)　张余三　李志锦

李英泉　王梅五　郝进然　张新华

第十三届(1993.1—1998.1)

主　　任　鲍同兴

副 主 任　王文昌　贾仰三　尚炳信　徐天才　杜金环(女)

盛庆斌　　尹　涛(1997年3月7日县人大第六次会议增选)

委　员　(按姓氏笔画排序)

李志锦　袁存法　张余三　王魁元　张金池　郝伦才

张景文　张国华(女,1997年9月离职)　安家禹(1996年11月离职)　芦宪娥(女)

张守云　许卫东(1993年3月18日县人大第二次会议增选)

第十四届(1998.1—2003.1)

主　任　石保利

副主任　许可顺　杜金环(女)　盛庆斌　尹　涛

李洪柱(1999年2月离职)　戴荣福　刘培兴

李志杰(1999年3月6日县人大第二次会议补选)

委　员　(按姓名笔画为序)

王志华　尹佐国(2001年5月离职)　许卫东　孙宪华

李　宁(2001年5月离职)　李志锦　李继绪　张金池

贾建国(2001年5月离职)　谢玉亮　穆秀峰

马俊三(2002年1月25日县人大第六次会议补选)

孙惠民(2002年1月25日县人大第六次会议补选)

胡树刚(2002年1月25日县人大第六次会议补选)

第十五届(2003.1—2007.12)

主　任　尚洪立(2006年1月离职)

李洪柱(2006年1月16日县人大第四次会议补选)

副主任　李洪柱　李志杰(2006年1月离职)　钟安东

刘培兴(2006年1月离职)　卞葆彤　胡守华(2006年1月离职)

张　平(女)

陈继群(2004年1月5日县人大第二次会议补选)

吕耀珍(2006年1月16日县人大第四次会议补选)

张新生(2006年1月16日县人大第四次会议补选)

张立俊(2006年1月16日县人大第四次会议补选)

委　员　(按姓名笔画排序)

马韵生　许卫东(2004年11月离职)　孙宪华　孙惠民(2004年3月离职)

李继绪　范曰光　胡树刚　贾前卫　谢玉亮　穆秀峰

戴延泉　刘继刚(2005年1月13日县人大第三次会议补选)

徐炳华(2005年1月13日县人大第三次会议补选)

庄建华(2006年1月16日县人大第四次会议补选)

第十六届(2007.12—2012.1)

主　任　李洪柱(2011年1月离职)

李家良(2011年1月13日县人大第四次会议补选)

副主任　董宝健　陈继群　张新生　巩向军　张　平(女)

潘益杰(2011年1月13日县人大第四次会议补选)

委　　员　(按姓名笔画排序)

马韵生　刘　丰　刘继刚(2011年10月离职)　许　健(2008年12月离职)
孙宪华　李　云(女)　张文明(2011年1月离职)　范曰光　赵宝华
胡树刚　徐炳华　高桂荣(女,2009年11月离职)　常万成(2011年1月离职)
温　明(2010年1月离职)　谢玉亮　穆秀峰(2008年12月离职)
张立秀(2009年1月7日县人大第二次会议补选)
曹利群(女,2009年1月7日县人大第二次会议补选)
李英珍(女,2011年1月13日县人大第四次会议补选)
薛　明(2011年1月13日县人大第四次会议补选)

第十七届(2012.1—2017.01)

主　　任　李家良(2012年1月10日—2013年8月)
焦本强(2013年8月县人大第三次会议补选)

副 主 任　张光卫(2012年1月10日县人大第一次会议补选)
陈继群　冯黎明(2012年1月10日县人大第一次会议补选)
张新生　李　云(2012年1月10日县人大第一次会议补选)
耿雨河(2014年1月7日县人大第四次会议补选)

委　　员　(按姓名笔画排序)

王　宁　王雪岭　史庆苓　巩　萍
刘兆辉(2012年5月18日离职)　刘忠泉　孙宪华　李　辉
李永青(2016年1月20日县人大第六次会议补选)　张守宝　范曰光
郝进然(2016年1月20日县人大第六次会议补选)
胡树刚(2015年9月28日离职)　郭光民　盖学忠　彭中路　谢玉亮
满学锋　潘向东(2016年1月20日县人大第六次会议补选)　薛　明

二、历届常委会会议情况

第九届人大常委会于1981年1月选举产生,由主任、副主任和委员共16人组成,在本届人民代表大会闭会期间,常务会共召开过15次会议。

第十届人大常委会于1984年5月选举产生,由主任、副主任和委员共18人组成,在本届人民代表大会闭会期间,常务会共召开过15次会议。

第十一届人大常委会于1987年4月选举产生,由主任、副主任和委员共18人组成,在本届人民代表大会闭会期间,常务会共召开过23次会议。

第十二届人大常委会于1990年4月选举产生,由主任、副主任和委员共17人组成,在本届人民代表大会闭会期间,常务会共召开过19次会议。

第十三届人大常委会于1993年1月选举产生,由主任、副主任和委员共17人组成,在本届人民代表大会闭会期间,常务会共召开过32次会议。

第十四届人大常委会于1998年1月选举产生,由主任、副主任和委员共19人组成,在本届人民代表大会闭会期间,常务会共召开过32次会议。

第十五届人大常委会于2003年1月选举产生，由主任、副主任和委员共19人组成，在本届人民代表大会闭会期间，常务会共召开过33次会议。

第十六届人大常委会于2007年12月选举产生，由主任、副主任和委员共22人组成，在本届人民代表大会闭会期间，常务会共召开过29次会议。

第十七届人大常委会于2012年1月选举产生，由主任、副主任和委员共20人组成，在本届人民代表大会闭会期间，常务会共召开过43次会议。

第七章　邹平县人民代表大会

邹平县位于山东省中北部，胶济铁路北侧，黄河下游南岸。东与桓台县为邻，西与章丘市接壤，东南与淄博市周村区毗连，北隔小清河与高青县交界，西北隔黄河与济阳县、惠民县相望，总面积1251.75平方公里。辖长山、魏桥、临池、焦桥、韩店、青阳、九户、孙镇、明集、台子、码头11个镇，黛溪、黄山、高新、西董、好生5个街道办事处，1个国家级经济技术开发区，858个行政村，总人口80万。2015年，全县实现地区生产总值815亿元，完成财政总收入106.3亿元，其中地方财政收入62亿元，城镇和农村居民人均可支配收入分别达到28800元、14800元。

抗日战争和解放战争时期邹长地区抗日民主政府设立的参议会和新中国成立初期邹、长、齐三县设立的各界人民代表会议，是县人民代表大会的前身。1939年10月，邹长地区各界人民代表会在长山县姚孙庄（今邹平县焦桥镇姚孙村）召开，建立邹长地区第一个共产党领导的统一战线性质的抗日民主政府。1940年7月，邹平县各界人民代表会在第四区（今韩店镇）旧口村召开，宣布成立北邹长抗日民主政府。1940年8月至1943年8月，长山县两次召开参议会，选举议长、副议长和议员，听取审议抗日民主政府工作报告，对县内工作提出建议。1946年10月，邹平县临时参议会在第五区安家（今孙镇东安村）召开，选出了参议长和驻会委员，会议号召全县人民开展“减租减息”，支援人民解放战争。

新中国成立初期，原邹平、长山、齐东三县根据《中国人民政治协商会议共同纲领》和中央人民政府颁布的《各界人民代表会议组织通则》的规定，先后多次召开县各界人民代表会议。其中，邹平县于1950年2月24日举行首届各界人民代表会议，至1954年7月6日邹平县第一届人民代表大会第一次会议举行，共举行了四届6次各界人民代表会议（一、二、三届各1次，第四届3次）；长山县于1950年2月27日举行首届各界人民代表会议，至1954年7月5日长山县第一届人民代表大会举行，共举行了三届10次各界人民代表会议（一、二届各4次，三届2次）；齐东县于1950年2月24日举行首届各界人民代表会议，至1954年7月6日齐东县第一届人民代表大会举行，共举行了三届5次各界人民代表会议（一、二届各2次，三届1次）。

1952年7月以前，邹平、长山、齐东三县历届各界人民代表会议作为联系人民群众、协助政府推行工作的协议机关，其职权是听取、审议、通过县政府《施政工作报告》；向县人民政府反映人民的意见和要求，提出有关县政兴革事宜的建议；向人民传达县各界人民代表会议的决议、决定，协助人民政府开展工作。1952年7月，经山东省人民政府批准，三县各界人民代表会议开始代行县人民代表大会的职权，扩大了职权范围，发挥了地方国家权力机关的作用。这是在当时特定历史条件下的地方政权组织形式，带有过渡性质。三县各界人民代表会议的建立及工作，在团结和动员三县人民完成土地改革、镇压反革命、抗美援朝、贯彻实行婚姻法、建立巩固新社会秩序、恢复和发展工农业生产及完成各项重大任务等工作中发挥了重要作用。同时，也为人民代表大会制度的建立准备了条件，积累了宝贵经验。

1953年1月，中央人民政府委员会作出《关于召开全国人民代表大会及地方各级人民代表大会的决定》，规定于1953年举行由人民用普选方法产生的乡、县、省各级人民代表大会，并在此基础上举行全国人民代表大会。同年2月，中央人民政府委员会颁布《中华人民共和国全国人民代表大会及地方各级人民代表大会选举法》（简称《选举法》），为民主选举各级人大代表提供了法律依据。1953年12月至1954年4月，邹平、长山、齐东三县分别开展了建国后第一次普选工作，由选民直接选举产生第一届乡人民代表大会代表，之后，各乡在举行的乡第一届人民代表大会上选举产生县第一届人民代表大会代表（邹平县第一届人大代表181名，长山县第一届人大代

表242名,齐东县第一届人大代表165名)。

1954年7月5日至6日,邹平、长山、齐东三县经过充分准备后,分别举行了首届县人民代表大会,这标志着人民代表大会制度在三县正式确立,从政治制度上保证了人民管理国家的权利,揭开了三县政权建设史上新的一页。

从1954年7月到1966年3月,是县人民代表大会制度建立和初步发展时期,这时的人民代表大会制度还不够健全。期间,邹平县人民代表大会共召开了六届、11次会议,其中第一届、第二届、第三届各举行了2次会议,第四届举行了1次会议,第五届举行了3次会议,第六届举行了1次会议。长山县自1954年7月至1956年3月合并到邹平县前,举行了一届共3次会议。齐东县自1954年7月至1958年11月合并到邹平县前,举行了三届共5次会议,其中第一届、第二届各举行了2次会议,第三届举行了1次会议。各届县人民代表大会代表均由乡镇(公社)人民代表大会选举产生,县人民代表大会会议由县人民政府(人民委员会)负责召集,大会闭会期间由县政府(人民委员会)代行人民代表大会的职权。

1966年3月县六届人大一次会议以后,“文化大革命”运动爆发,县地方国家政权机关陷入瘫痪,自此至1976年十年动乱时期,社会主义民主与法制建设遭到严重破坏,县内各级人民代表大会被迫停止活动,没有举行过人民代表大会会议。期间成立的邹平县革命委员会,取代了县委、县人民委员会的职权。

1978年2月,五届全国人大一次会议胜利举行,通过了经过修改的《宪法》,重新确立了人民代表大会制度。同年12月,选举产生县七届人大代表661名,于12月23日至26日,依据新的《宪法》和上级有关指示,举行了邹平县第七届人民代表大会第一次会议。大会选举产生了新一届邹平县革命委员会,社会主义民主制度开始逐步恢复。邹平县第七届人民代表大会举行1次会议。

1979年7月1日,五届全国人大二次会议通过了新的《地方组织法》和《选举法》,人民代表大会制度进一步完善。1981年1月10日至14日,邹平县第八届人民代表大会第一次会议在县城举行。在这次会议上,选举产生了县人民代表大会常务委员会,将县革命委员会改为县人民政府。县人大常委会作为县人民代表大会的常设机关,在大会闭会期间,代行人民代表大会职权。县人大常委会的产生及其办事机构的设立,为人民代表大会制度的健全发展提供了法律、制度、组织上的保证,人民代表大会制度进入了新的发展时期。

根据宪法和全国人大历次修订的《地方组织法》和《选举法》,邹平县历届人民代表大会的任期也有所变动。县第一届至第六届人民代表大会每届任期2年,县第七届人民代表大会是在全国处于拨乱反正的特殊历史背景下举行的,实际任期2年多的时间。县第八届至第十一届人民代表大会每届任期3年,第十二届以后,每届任期改为5年。

从1981年1月县第八届人民代表大会第一次会议举行,到2015年1月县第十六届人民代表大会第五次会议,期间共举行了九届39次会议,除因个别情况一年内举行2次人民代表大会外,坚持依法每年举行一次人民代表大会。其中,第八届人民代表大会举行4次会议,第九届、第十届、第十一届各举行3次会议,第十二届举行5次会议,第十三届举行7次会议,第十四届举行5次会议,第十五届举行4次会议,第十六届到2015年1月已举行5次会议。第八届人民代表大会以后的历届人民代表大会代表,都是在充分发扬民主的基础上,由选民直接实行差额选举产生,县人民代表大会会议由县人大常委会负责召集,会议议程、日程和有关活动均严格依法有序进行,会议期间和闭会以后,县人大及其常委会的各项职能得以充分发挥,思想、组织、制度及各方面建设得到加强,基层人大工作及代表活动也一步步向高层次发展,出现了与时俱进、全面提高、丰富多彩的工作局面。

第一节　邹平县历届人民代表大会

一、县人民代表大会代表

第一届人民代表大会代表选举工作，于1954年4月初在全县全面展开，选出了正副乡长及委员，同时选出了出席县的人大代表181名。据1953年邹平县人口调查，全县总人口是153888人（男71254人；女82634人）。在外地常住人口11995人，合计165883人，而有选举权的是：89804人。全县参选人数79331人，占有选举权人数的88%。

第二届人民代表大会代表选举工作于1956年下半年进行，同年12月底结束。选举时，全县总人口404550人，其中有选举权的226848人（男：103187人，女：123661人），参加投票选举人数202243人（男：96922人，女105321人）参选率为89%。本次选举全县共选出县级人大代表311名。

第三届人民代表大会代表选举工作于1958年5月开始，依上级规定两年一届。选举期间，全县20个乡改划为18处人民公社，共选出县人大代表311人。

第四届人民代表大会代表选举工作于1960年11月初开始，12月底结束。选举时，全县人口574788人；其中有选民资格的是：314139人；实际参选人数275361人，占应参选人数的87.6%。选出县人大代表442名（其中党员224名，占代表总数的51%；妇女144人，占代表总数的32.6%），党员和妇女人数符合比例。

第五届人民代表大会代表选举工作，根据《中华人民共和国全国人民代表大会及地方各级人民代表大会选举法》第一章第四条规定："凡中华人民共和国年满18周岁的公民，不分民族、种族、性别、职业、家庭出身、宗教信仰、教育程度、财产状况和居住期限，都有选举权和被选举权"之规定进行选举。选举时全县总人口449877人，选出了县人大代表393名（干部50名；工人1名；农民210名；手工业者2名；青年代表4名；人武1名；文教9名；卫生15名；财贸18名；少数民族3名；其他80名）。代表中党员211名，占代表总人数的53.7%；妇女118名，占代表总人数的30%。

第六届人民代表大会和公社人大代表选举工作于1965年9月开始，11月全面开展，至1966年1月结束。全县登记选民257341名，共选出公社代表5284名，各公社的代表选出后，都及时举行了各公社的第六届社员代表大会第一次会议，选举了各公社的管理委员会及公社的检察委员会的组成人员，选出了县六届人民代表大会代表313名。

第七届人民代表大会代表选举工作于1978年12月进行，共选出县人民代表661人，其中党团员482人，占代表总数的72%。

第八届人民代表大会和公社人大代表选举工作于1980年11月初开始，到1981年1月初结束。全县登记选民367926人，共选出县人大代表369名，公社人大代表1407。在选出的县人大代表中，农民219名，占59.3%；工人16名，占4.3%；妇女占20%；非党群众占29%。经代表资格审查委员会审查，代表资格全部有效，参选率达到96.1%。

第九届人民代表大会和公社（镇）人大代表选举工作于1984年3月2日开始，5月20日结束。全县登记选民408020人，参加投票选举的393445人，共选出县人大代表374名，公社（镇）人大代表1351名。在选出的县人大代表中，非党群众占46.7%，妇女占26%。

第十届人民代表大会代表和乡镇人大代表选举工作于1986年11月底开始，1987年4月中旬结束。全县登记选民436996人，参加投票选举的411870人，共选出县人大代表322名，乡镇人大代表1347名。在选出的县人大代表中党员占53.9%，妇女占23%，干部占20.4%，工人农民占79.6%。

第十一届人民代表大会代表和乡镇人大代表选举工作于1989年11月开始,1990年3月底结束。全县登记选民472049人,参加投票选举的454382人,共选出县人大代表325名,乡镇人大代表1360名。在选出的县人大代表中党员占61%,妇女占21%,工人、农民占64%。

第十二届人民代表大会代表和乡镇人大代表选举工作于1992年11月上旬开始,1993年3月初结束。全县登记选民489449人,参加投票选举的473401人,共选出县人大代表325名,乡镇人大代表1354名。在选出的县人大代表中党员占65.5%,妇女占25%,工人、农民占64.6%。1996年乡镇人大换届选举共选出乡镇人大代表1114名。

第十三届人民代表大会代表选举工作于1997年11月下旬开始,1998年1月10日结束。全县登记选民508034人,97.8%的选民参加了投票选举,共选出县人大代表255名。其中工人31人,农民129人,工农代表占62.8%;干部60人,占23.5%;知识分子35人,占13.7%;党员177人,占69.4%;妇女60名,占23.53%。1999年乡镇人大换届选举共选出乡镇人大代表1118名。

第十四届人民代表大会代表选举工作于2002年11月6日开始,2003年1月19日结束。全县登记选民518091人,参加投票选举的502151人,共选出县人大代表251名。其中工农代表161人,占64.2%;干部55人,占21.9%;知识分子代表35人,占13.9%;妇女代表63人,占25.1%;非党群众85人,占33.9%。2002年乡镇人大换届选举共选出乡镇人大代表999名。

第十五届人民代表大会代表和乡镇人大代表选举工作于2007年9月6日开始,2007年11月29日结束。全县16个镇街和县直机关及厂矿企事业单位共有选民550156名,依法划分选区160个,其中农村选区108个,城镇选区52个,第一轮提名推荐县级代表候选人817名,依法确定正式代表候选人420名,依照《选举法》规定,采取差额选举,无记名投票的方式,选举产生了259名县级人大代表和904名镇人大代表,选民参选率为91.8%。在选出的县人大代表中工农代表占62.5%,干部代表占22.4%,知识分子代表占15.1%,妇女代表占25.1%。

第十六届人民代表大会代表和镇人大代表选举工作于2011年9月6日开始,2011年12月16日结束。全县16个镇街和县直机关及厂矿企事业单位共有选民580758名,依法划分选区154个,其中农村选区102个,城镇选区52个,第一轮提名推荐县级人大代表候选人558名,依法确定正式代表候选人413名,并采取差额选举,无记名投票的方式,选举产生了258名县级人大代表和776名镇人大代表,选民参选率达91.8%。在选出的县级人大代表中工农代表155名,占60.08%,干部代表57名,占22.09%,知识分子代表46名,占17.83%,妇女代表75名,占29.07%。连任代表118名,占45.74%。

二、历届历次人民代表大会

从1954年7月邹平县第一届人民代表大会第一次会议举行,到2015年1月邹平县第十六届人民代表大会第五次会议,期间共举行了十六届51次会议。

第一届人民代表大会

第一次会议 第一次会议于1954年7月6日至10日在县城举行。会议听取了《政府工作报告》《对今后工作的建议》;通过了1954年夏季工作决议,动员全县人民克服一切困难,为贯彻中国共产党在过渡时期总路线、总任务而奋斗;选举张宪文、刘绍廷为山东省第一届人民代表大会代表。

第二次会议 第二次会议于1955年12月23日至28日在县城举行。会议听取和审议了《政府工作报告》《提案审查报告》和《1956年邹平县工作规划报告》;宣布撤销邹平县各界人民代表会议常务委员会,建立邹平县人民委员会；通过了《关于争取提前完成1956年邹平县工作规划和保质保量按时完成1955年度兵役征集任务的决议》。选举县人民委员会委员12人，樊临照当选为县长，赵洪钧、殷兴民当选为副县长。

第二届人民代表大会

第一次会议　第一次会议于1957年1月22日至26日在县城举行。会议听取和审议了《关于1956年工作总结和1957年工作计划》《提案审查报告》，对360件提案作了详细解答。选举了新的县人民委员会，樊临照当选为县长，赵洪钧、殷兴民、姜希善、任学三（女）当选为副县长。选举常念邹、王桂芬（女）、张宪文、冯立志为山东省第一届人民代表大会代表。

第二次会议　第二次会议于1957年9月3日至7日在县城举行。会议听取和审议了《邹平县1957年上半年工作总结和下半年工作意见报告》《1956年财政收支决算和1957年财政预算的报告》，省人大代表常念邹传达省一届六次人大会议精神。大会收到提案178件，由县人民委员会分别交主管部门处理。

第三届人民代表大会

第一次会议　第一次会议于1958年6月1日至3日在县城礼堂举行。会议听取和审议了《县人委工作报告》。选举新的县人民委员会，委员17人，樊临照当选为县长，石志功、殷兴民、任学三（女）当选为副县长，李贤孝当选为法院院长。选举任学三（女）、张培江、钟胜美（女）、王耀生为山东省第二届人民代表大会代表。

第二次会议　邹平县第三届人民代表大会第二次会议于1959年8月27日至29日在县城礼堂举行。县长樊临照作《1958年工作总结和进一步开展增产节约运动争取1959年秋季农业更大丰收》的报告。会议增选姜希善、王德亭、杨树春为副县长。

第四届人民代表大会

第一次会议　第一次会议于1960年12月21日至24日在县城礼堂举行。会议听取和审议了《县人民委员会工作报告》《县人民法院工作报告》《县人民检察院工作报告》。选举县人民委员会组成人员25人，樊临照当选为县长，殷兴民、姜希善、任学三（女）、杨树春、王德亭当选为副县长。

第五届人民代表大会

第一次会议　第一次会议于1963年6月1日至6日在县城礼堂举行。会议听取和审议了《邹平县人民委员会工作报告》《关于1962年财政决算和1963年财政预算报告》《邹平县人民法院工作报告》。选出了新的县人民委员会，委员17人，樊临照当选为县长，毕玉贞、高耀亭、任学三（女）当选为副县长，李贤孝为法院院长。选举王居仁、李生学、糕宝南、郝怀友、樊临照为山东省第三届人民代表大会代表。

第二次会议　第二次会议于1964年12月23日至25日在县城举行。会议听取和审议了《县人委工作报告》《关于1963年财政决算执行情况和1964年财政预算草案的报告》。

第三次会议　第三次会议于1965年5月18日至20日在县城举行。会议听取和审议了《关于当前形势和工作总结报告》。补选宋文修为县长，高速新、马永芝为县人委委员。

第六届人民代表大会

第一次会议　第一次会议于1966年3月8日至12日在县城举行。会议听取和审议了《县人民委员会工作报告》《关于1965年财政决算和1966年财政预算初步安排的报告》《县人民法院工作报告》。选举宋文修为县长，毕玉贞、高耀亭、任学三（女）为副县长，李贤孝为法院院长。

第七届人民代表大会

第一次会议　第一次会议于1978年12月23日至27日在县城举行。会议听取和审议了《邹平县革命委员会工作报告》。会议选举新的革命委员会,周茂林当选为县革委会主任,贾玉忠、靖继贞、白殿忠、常念邹、王学仁、郭柳宗、王永田、王锦堂当选为副主任。选举张毓一为法院院长,李贤孝为检察院检察长。选举冯永喜、阎素美(女)、李琴(女)、杨秉海、周茂林、郝怀友为出席山东省第五届人民代表大会代表。

第八届人民代表大会

第一次会议　第一次会议于1981年1月10日至14日在县城举行。会议传达全国五届人大三次会议和全国省长会议精神,听取和审议了《邹平县革命委员会工作报告》。大会根据《中华人民共和国地方各级人民代表大会和地方各级人民政府组织法》,决定建立邹平县人民代表大会常务委员会,县革命委员会改为县人民政府。会议选举常念邹为邹平县人大常委会主任,石志功、王学仁、靖继贞、郭柳宗、张毓一为副主任,常委委员8人。选举隋庆阶为邹平县人民政府县长,沈旭东、白殿忠、曲克祥、孙德聚为副县长。选举张笑云为邹平县人民法院院长,李贤孝为邹平县人民检察院检察长。会议共收到代表提案163件。

第二次会议　第二次会议于1982年2月14日至17日在县城举行。会议听取和审议了《政府工作报告》《关于邹平县1981年财政决算和1982年财政预算的报告》《县人大常委会工作报告》《县人民法院工作报告》《县人民检察院工作报告》,并作出了相应的决议。会议补选刘义贤、陈元德、郭玉兰(女)为邹平县人民政府副县长。会议共收到代表提案119件。

第三次会议　第三次会议于1983年1月22日至24日在县城举行。会议听取和审议了《政府工作报告》《关于邹平县1982年财政决算和1983年财政预算的报告》《县人大常委会工作报告》《县人民法院工作报告》《县人民检察院工作报告》,并作出了相应的决议。会议收到代表议案74件。选举赵传武为邹平县人民检察院检察长。选举王丕汉、冯永喜、刘干、刘秀芳(女)、张昭、孟昭进为山东省第六届人民代表大会代表。

第四次会议　第四次会议于1984年2月26日至28日在县城举行。会议听取和审议了《邹平县人民政府工作报告》《1983年财政决算和1984年财政预算的报告》《人大常委会工作报告》《邹平县人民法院工作报告》《邹平县人民检察院工作报告》。会议共收到代表建议意见31件。

第九届人民代表大会

第一次会议　第一次会议于1984年5月26日至30日在县城举行。会议听取和审议了《关于邹平县国民经济和社会发展第六个五年计划的报告》《人大常委会工作报告》。会议选举隋庆阶为县人大常委会主任,郭宝山、王学仁、孙德聚、刘玉桐为副主任;王元甫为县人民政府县长,陈元德、苏乃军、王臣修、郭玉兰(女)为副县长;林兆海为县人民法院院长,赵传武为县人民检察院检察长。会议共收到代表议案36件。

第二次会议　第二次会议于1985年3月25日至28日在县城举行。会议听取和审议了《政府工作报告》《邹平县1984年财政决算和1985年财政预算的报告》《人大常委会工作报告》《县人民法院工作报告》《县人民检察院工作报告》,并作出了相应的决议。会议补选姚铭业为邹平县第九届人民代表大会常务委员会副主任。会议共收到代表议案51件。

第三次会议　第三次会议于1986年5月21日至25日在县城举行。会议听取和审议了《政府工作报告》《邹平县国民经济和社会发展第七个五年计划的说明》《邹平县1985年财政决算和1986年财政预算的报告》《县人大常委会工作报告》《县人民法院工作报告》《县人民检察院工作报告》,并作出了相应的决议。会议补选刘志民为邹平县第九届人民代表大会常务委员会副主任,补选王景山为邹平县人民政府副县长,接受郭宝山、王学仁辞去县人大常委会副主任职务的请求。会议共收到代表议案56件。

第十届人民代表大会

第一次会议　第一次会议于1987年4月10日至13日在县城举行。会议听取和审议了《邹平县人民政府工作报告》《1986年国民经济计划执行情况和1987年国民经济和社会发展计划草案的报告》《1986年财政预算执行情况和1987年财政预算草案的报告》，听取和审议县人大常委会、县人民法院、县人民检察院的工作报告。会议选举曲克祥为邹平县人大常委会主任，孙德聚、刘玉桐、术传信、王秀岗为副主任；选举苏乃军为邹平县人民政府县长，燕钦国、王景山、韩振庆、杜凤兰（女）、孙占玉、彭永涛为副县长；选举张笑云为邹平县人民法院院长，赵传武为邹平县人民检察院检察长。

第二次会议　第二次会议于1988年1月6日至9日在县城举行。会议听取和审议了《政府工作报告》《关于1987年国民经济和社会发展计划执行情况及1988年国民经济和社会发展计划预安排的报告》《关于1987年财政决算和1988年财政预算草案的报告》《县人大常委会工作报告》《县人民法院工作报告》《县人民检察院工作报告》，并作出了相应的决议。会议选举周敬尊、冯宝璞、冯永喜、王秀岗、赵玉德、王传玦为山东省第七届人大代表。

第三次会议　第三次会议于1989年3月28日至30日在县城举行。会议听取和审议了《政府工作报告》《关于1988年国民经济和社会发展计划执行情况及1989年国民经济和社会发展计划的报告》《关于1988年财政决算和1989年财政预算草案的报告》《人大常委会工作报告》《县人民法院工作报告》《县人民检察院工作报告》，并分别通过了各项报告的决议。

第十一届人民代表大会

第一次会议　第一次会议于1990年3月27日至30日在县城举行。会议听取和审议了《政府工作报告》《1989年国民经济和社会发展执行情况及1990年国民经济和社会发展计划（草案）的报告》《关于1989年财政决算和1990年财政预算（草案）的报告》《县人大常委会工作报告》《县人民法院工作报告》《县人民检察院工作报告》，并作出了相应的决议；传达学习了山东省第七届人民代表大会第三次会议精神。选举曲克祥为邹平县人大常委会主任，刘志民、王景山、术传信、王秀岗、王泽云、李守勤为副主任；选举燕钦国为邹平县人民政府县长，韩振庆、赵玉德、张汉斌、高凯、李凤莲（女）、李念东、鞠庆麒为副县长；选举时兰普为县人民法院院长，赵传武为县人民检察院检察长。

第二次会议　第二次会议于1991年3月21日至25日在县城举行。会议听取和审议了《政府工作报告》《关于邹平县国民经济和社会发展十年规划及第八个五年计划草案》《关于1990年国民经济和社会发展计划执行情况及1991年国民经济和社会发展计划的报告》《关于1990年财政决算和1991年财政预算草案的报告》《县人大常委会工作报告》《县人民法院工作报告》《县人民检察院工作报告》，作出了《邹平县人民代表大会关于依法治县的决议》。

第三次会议　第三次会议于1992年3月17日至22日在县城举行。会议听取和审议了《政府工作报告》《关于1991年国民经济和社会发展计划执行情况及1992年国民经济和社会发展计划的报告》《关于1991年财政决算和1992年财政预算草案的报告》《县人大常委会工作报告》《县人民法院工作报告》《县人民检察院工作报告》，并分别通过了关于各项报告的决议。

第十二届人民代表大会

第一次会议　第一次会议于1993年2月20日至23日在县城举行。会议听取和审议了《政府工作报告》《关于修订<邹平县国民经济和社会发展十年规划及第八个五年计划>的说明》《邹平县1992年国民经济和社会发展执行情况及1993年国民经济和社会发展计划（草案）的报告》《邹平县1992年财政决算和1993年财政预算（草案）的报告》《县人大常委会工作报告》《县人民法院工作报告》《县人民检察院工作报告》，并分别通过了各项报告的决议。会议选举陈元德为邹平县人大常委会主任，王景山、尹兆明、王荣嘉、王泽云为副主任；选举姜银浩为邹平县人民政府县长，赵玉德、刘安方、李泽岭、国兴庭、王沛发、方守金为副县长；选举时兰普为县人民法院院长，高曙光为县人民检察院检察长。选出王在忠、冯永喜、吕翠萍、张士平、姜银浩、董凤基为邹平县出席山东省第八届人民代表大会代表。

第二次会议　第二次会议于1994年2月27日至3月1日在县城举行，出席代表322名。会议听取和审议了《政府工作报告》《邹平县1993年国民经济和社会发展执行情况及1994年国民经济和社会发展计划（草案）的报告》《邹平县1993年财政决算和1994年财政预算（草案）的报告》《县人大常委会工作报告》《县人民法院工作报告》《县人民检察院工作报告》，并分别通过了各项报告的决议。会议补选史绪海为邹平县第十二届人民代表大会常务委员会副主任。

第三次会议　第三次会议于1995年4月7日至10日在县城举行。会议听取和审议了《政府工作报告》《邹平县1994年国民经济和社会发展执行情况及1995年国民经济和社会发展计划（草案）的报告》《邹平县1994年财政决算和1995年财政预算（草案）的报告》《县人大常委会工作报告》《县人民法院工作报告》《县人民检察院工作报告》，并分别通过了各项报告的决议。会议接受姜银浩辞去邹平县县长职务和时兰普辞去邹平县人民法院院长职务的请求，补选李炳众为邹平县人民政府县长，补选刘继京为邹平县人民法院院长。

第四次会议　第四次会议于1996年3月7日至9日在县城举行。会议听取和审议了《政府工作报告》《邹平县国民经济和社会发展"九五"计划和2010年远景目标规划纲要》《邹平县1995年国民经济和社会发展执行情况及1996年国民经济和社会发展计划（草案）的报告》《邹平县1995年财政决算和1996年财政预算（草案）的报告》《县人大常委会工作报告》《县人民法院工作报告》《县人民检察院工作报告》，并就有关报告作出了决议。

第五次会议　第五次会议于1997年12月24日至26日在县城举行。会议听取和审议了《邹平县人民政府工作报告》《县人民政府关于邹平县1996年国民经济和社会发展计划执行情况与1997年国民经济和社会发展计划（草案）的报告》《邹平县1996年财政预算执行情况和1997年财政预算（草案）的报告》《县人民代表大会常务委员会工作报告》《邹平县人民法院工作报告》《邹平县人民检察院工作报告》。

第十三届人民代表大会

第一次会议　第一次会议于1998年1月15日至18日在县城举行。会议听取和审议了《政府工作报告》《关于修订邹平县国民经济和社会发展"九五"计划和2010年远景目标规划纲要的说明》。会议选举宫敬宝为邹平县人大常委会主任，尹兆明、刘安方、国兴庭、史绪海、赵佃荣、李修瑞为副主任；选举李炳众为邹平县人民政府县长，李泽岭、方守金、王桂香（女）、刘来河、刘淑勇、朱秀东为副县长；选举刘继京为邹平县人民法院院长，高曙光为邹平县人民检察院检察长；选举王在忠、吕曰东、李炳众、赵延孝、夏文超、董凤基为山东省第九届人民代表大会代表。

第二次会议　第二次会议于1998年3月6日至8日在县城举行。会议听取和审议了《关于切实做好维护稳定工作的意见（草案）》，会议根据地区人大工委《关于邹平县重新选举省九届人大代表的说明》的指示精神，通过了《邹平县十三届人民代表大会第二次会议选举办法》，选举王在忠、吕曰东、李炳众、张执政、赵延孝、夏文超、董凤基7人为山东省第九届人民代表大会代表。

第三次会议　第三次会议于1999年1月20日至22日在县城举行。会议听取和审议了《政府工作报告》《邹平县1998年国民经济和社会发展执行情况及1999年国民经济和社会发展计划（草案）的报告》《邹平县1998年财政预算执行情况和1999年财政预算（草案）的报告》《邹平县人大常委会工作报告》《县人民法院工作报告》《县人民检察院工作报告》，并分别通过了各项报告的决议。

第四次会议　第四次会议于2000年1月21日至24日在县城举行。会议听取和审议了《政府工作报告》

《邹平县1999年国民经济和社会发展计划执行情况与2000年国民经济和社会发展计划（草案）的报告》《邹平县1999年财政预算执行情况和2000年财政预算（草案）的报告》《邹平县人大常委会工作报告》《县人民法院工作报告》《县人民检察院工作报告》，并分别通过了各项报告的决议。会议补选刘士合为邹平县人民政府县长。

第五次会议　第五次会议于2000年12月8日至10日在县城举行。会议听取和审议了《关于邹平县国民经济和社会发展第十个五年计划（草案）的说明》，通过了关于邹平县国民经济和社会发展第十个五年计划纲要的决议。会议接受刘士合辞去邹平县县长职务的请求，接受宫敬宝辞去县人大常委会主任职务的请求；补选刘士合为县人大常委会主任，刘书忠为县人大常委会副主任；补选王建泉为邹平县人民政府县长。

第六次会议　第六次会议于2001年2月4日至5日在县城举行。会议听取和审议了《政府工作报告》《邹平县2000年国民经济和社会发展计划执行情况与2001年国民经济和社会发展计划（草案）的报告》《邹平县2000年财政预算执行情况和2001年财政预算（草案）的报告》《邹平县人大常委会工作报告》《县人民法院工作报告》《县人民检察院工作报告》，并分别通过了各项报告的决议。

第七次会议　第七次会议于2002年1月22日至24日在县城举行。会议听取和审议了《政府工作报告》《邹平县2001年国民经济和社会发展计划执行情况于2002年国民经济和社会发展计划（草案）的报告》《邹平县2001年财政预算执行情况和2002年财政预算（草案）的报告》《邹平县人大常委会工作报告》《县人民法院工作报告》《县人民检察院工作报告》，并分别通过了各项报告的决议。会议补选冯怡浩为邹平县人民法院院长。

第十四届人民代表大会

第一次会议　第一次会议于2003年1月16日至19日在县城举行。会议听取和审议了《政府工作报告》《邹平县2002年国民经济和社会发展计划执行情况与2003年国民经济和社会发展计划（草案）的报告》《邹平县2002年财政预算执行情况和2003年财政预算（草案）的报告》《邹平县人大常委会工作报告》《邹平县人民法院工作报告》《邹平县人民检察院工作报告》，并通过了各项报告决议。会议选举刘书忠为邹平县第十四届人民代表大会常务委员会主任，刘安方、刘淑勇、崔明、韩玉花（女）、王敬尧、李向阳为副主任；选举魏克田为邹平县人民政府县长，王瑜、王桂香（女）、刘来河、朱秀东、张兆杰、邱希敏为副县长；选举冯怡浩为邹平县人民法院院长，贾恒武为邹平县人民检察院检察长。选举马平之等64人为滨州市第八届人民代表大会代表。

第二次会议　第二次会议于2004年1月5日至6日在县城举行。会议听取和审议了《政府工作报告》《关于邹平县2003年国民经济和社会发展计划执行情况与2004年国民经济和社会发展计划（草案）的报告》《关于邹平县2003年财政预算执行情况和2004年财政预算（草案）的报告》《邹平县人大常委会工作报告》《邹平县人民法院工作报告》《邹平县人民检察院工作报告》，并作出了相应的决议。

第三次会议　第三次会议于2005年1月14日至15日在县城举行。会议听取和审议了《政府工作报告》《关于邹平县2004年国民经济和社会发展计划执行情况与2005年国民经济和社会发展计划（草案）的报告》《关于邹平县2004年财政预算执行情况和2005年财政预算（草案）的报告》《县人大常委会工作报告》《县人民法院工作报告》《县人民检察院工作报告》，并分别表决通过了关于各项报告的决议。

第四次会议　第四次会议于2006年1月21日至23日在县城举行。会议听取和审议了《政府工作报告》《县人民政府关于邹平县2005年国民经济和社会发展计划执行情况与2006年国民经济与社会发展计划草案的报告（书面）》《县人民政府关于邹平县2005年财政预算执行情况和2006年财政预算的报告（书面）》《邹平县国民经济和社会发展第“十一个”五年总体规划纲要（草案）》《县人大常委会工作报告》《县人民法院工作报告》《县人民检察院工作报告》。会议补选王传民为邹平县人民政府县长。

第五次会议　第五次会议于2007年1月27日至29日在县城举行。会议听取和审议了《政府工作报告》《关于邹平县2006年国民经济和社会发展执行情况与2007年国民经济和社会发展计划（草案）的书面报告》《关于邹平县2006年财政预算执行情况和2007年财政预算草案的书面报告》《县人大常委会工作报告》《县人民法院工作报告》《县人民检察院工作报告》，并作了相应的决议。会议补选李泽岭为县人大常委会副主任，赵怀臣、夏培剑为县人民政府副县长。

第十五届人民代表大会

第一次会议 第一次会议于2007年12月13日至15日在邹平县城举行。会议听取和审议了《政府工作报告》《关于邹平县2007年国民经济和社会发展计划执行情况与2008年国民经济和社会发展计划(草案)的报告》《关于邹平县2007年预算执行情况和2008年预算(草案)的报告》《县人大常委会工作报告》《县人民法院工作报告》《县人民检察院工作报告》，并作出了相应的决议。会议选举刘书忠为县十五届人民代表大会常务委员会主任，李泽岭、朱秀东、崔明、李向阳、彭翠凤(女)为副主任；选举王传民为邹平县人民政府县长，高立东、张宝武、崔连民、夏培剑、刘锋、潘玉兰(女)为副县长；选举张礁为邹平县人民法院院长，邹长恩为邹平县人民检察院检察长。选举马晓燕等66人为滨州市第九届人大代表。

第二次会议 第二次会议于2009年1月8日至10日在魏桥创业集团总部礼堂召开。会议听取和审议了《政府工作报告》《邹平县2008年国民经济和社会发展计划执行情况与2009年国民经济和社会发展计划(草案)的书面报告》《关于邹平县2008年财政预算执行情况和2009年财政预算(草案)的书面报告》《县人大常委会工作报告》《县人民法院工作报告》《县人民检察院工作报告》，并作了相应的决议。会议补选韩祥水为邹平县人大常委会副主任，补选范连生为邹平县人民政府县长。

第三次会议 第三次会议于2010年1月14日至16日在邹平县城举行。会议听取和审议了《政府工作报告》《邹平县2009年国民经济和社会发展计划执行情况与2010年国民经济和社会发展计划(草案)的书面报告》《关于邹平县2009年财政预算执行情况和2010年财政预算(草案)的书面报告》《县人大常委会工作报告》《县人民法院工作报告》《县人民检察院工作报告》。会议补选杨传生为邹平县人大常委会副主任，单纪亮为邹平县人民政府副县长。

第四次会议 第四次会议于2011年1月7日至9日在邹平县城举行。出席县十一届政协第四次会议的全体政协委员列席会议。会议听取和审议了《政府工作报告》《邹平县2010年国民经济和社会发展计划执行情况与2011年国民经济和社会发展计划(草案)的书面报告》《关于邹平县2010年财政预算执行情况和2011年财政预算(草案)的书面报告》《邹平县国民经济和社会发展第“十二个”五年总体规划纲要(草案)》《县人大常委会工作报告》《县人民法院工作报告》《县人民检察院工作报告》。会议通过了崔明同志因年龄原因辞去县人大常委会副主任职务的请求，补选张洪俭为邹平县人大常委会副主任，补选杨明海、崔立新为县人大常委会委员。

第十六届人民代表大会

第一次会议 第一次会议于2012年1月5日至8日在邹平县城举行。会议听取和审议了《政府工作报告》《邹平县2011年国民经济和社会发展计划执行情况与2012年国民经济和社会发展计划(草案)的报告》《关于邹平县2011年预算执行情况和2012年预算(草案)的报告》《县人大常委会工作报告》《县人民法院工作报告》《县人民检察院工作报告》，并作了相应的决议。本次会议收到建议、批评和意见共46件，并转交县政府及有关单位办理。会议选举王传民为县十六届人民代表大会常务委员会主任，李汝伟、朱秀东、朱秀英(女)、张洪俭、赵斌为副主任；选举邹继刚为邹平县人民政府县长，张宝武、尹艳玲(女)、刘锋、张宪强、张凯、张玉斌为副县长；选举张礁为邹平县人民法院院长，邹长恩为邹平县人民检察院检察长。选举卜晓霞等69人为出席滨州市第十届人民代表大会代表。

第二次会议 第二次会议于2013年1月4日至6日在邹平县城举行。会议听取和审议了《政府工作报告》《邹平县2012年国民经济和社会发展计划执行情况与2013年国民经济和社会发展计划(草案)的报告》《关于邹平县2012年预算执行情况和2013年预算(草案)的报告》《县人大常委会工作报告》《县人民法院工作报告》

《县人民检察院工作报告》，并作了相应的决议。本次会议收到建议、批评和意见共43件，并转交县政府及有关单位办理。会议补选盖振山、韩颖为县人大常委会委员。

第三次会议　第三次会议于2013年8月9日在邹平县城举行。会议审议通过了《邹平县第十六届人民代表大会第三次会议关于加快依法治县进程，推动邹平科学健康发展的决定（草案）》。会议补选赵伟宏为邹平县人大常委会主任。

第四次会议　第四次会议于2014年1月6日至8日在邹平县城举行。会议听取和审议了《政府工作报告》《关于邹平县2013年国民经济和社会发展计划执行情况与2014年国民经济和社会发展计划（草案）的报告》《关于邹平县2013年预算执行情况和2014年预算（草案）的报告》《县人大常委会工作报告》《县人民法院工作报告》《县人民检察院工作报告》，并作了相应的决议。本次会议收到建议、批评和意见共36件，并转交县政府及有关单位办理。会议接受张宝武、张宪强、张玉斌辞去邹平县人民政府副县长职务的请求，补选姜凌刚、王凯、马兵为邹平县人民政府副县长，补选韩呈祥为邹平县人民检察院检察长。

第五次会议　第五次会议于2015年1月7日至9日在邹平县城举行。会议听取和审议了《政府工作报告》《关于邹平县2014年国民经济和社会发展计划执行情况与2015年国民经济和社会发展计划（草案）的报告》《关于邹平县2014年预算执行情况和2015年预算（草案）的报告》《县人大常委会工作报告》《县人民法院工作报告》《县人民检察院工作报告》，并作了相应的决议。本次会议收到建议、批评和意见共36件，并转交县政府及有关单位办理。会议补选李俊岭、秦丽霞、康与泉为县人大常委会委员。

第六次会议　第六次会议于2016年1月6日至8日在邹平县城举行。会议听取和审议了《政府工作报告》《邹平县国民经济和社会发展第十三个五年总体规划纲要（草案）》《关于邹平县2015年国民经济和社会发展计划执行情况与2016年国民经济和社会发展计划（草案）的报告》《关于邹平县2015年预算执行情况和2016年预算（草案）的报告》《县人大常委会工作报告》《县人民法院工作报告》《县人民检察院工作报告》，并作了相应的决议。本次会议收到建议、批评和意见共48件，并转交县政府及有关单位办理。会议对县十六届优秀人大代表进行了表彰。

第二节　邹平县人大常委会

一、历届常委会组成人员

表36

<table>
<tr><th>届次</th><th>职务</th><th>姓名</th><th>任职时间</th><th>备注</th></tr>
<tr><td rowspan="8">第八届
（1981.01—1984.05）</td><td>主任</td><td>常念邹</td><td>1981.01—1983.08</td><td>1983年8月因年龄辞职</td></tr>
<tr><td rowspan="6">副主任</td><td>石志功</td><td>1981.01—1983.08</td><td>1983年8月因年龄辞职</td></tr>
<tr><td>王学仁</td><td>1981.01—1984.05</td><td></td></tr>
<tr><td>靖继贞</td><td>1981.01—1984.05</td><td></td></tr>
<tr><td>郭柳宗</td><td>1981.01—1983.08</td><td>1983年8月因年龄辞职</td></tr>
<tr><td>张毓一</td><td>1981.01—1984.05</td><td></td></tr>
<tr><td>委员</td><td colspan="3">马笑仙（女）　王子钰　冯永喜　石传海　赵汝岭　谢桂兰（女）
黄裕民　韩永棠</td></tr>
</table>

续表 36

届 次	职 务	姓 名	任职时间	备 注
第九届 (1984.05—1987.04)	主 任	隋庆阶	1984.05—1987.01	1987 年 1 月病逝
	副主任	郭宝山	1984.05—1986.05	1986 年 5 月因年龄辞职
		王学仁	1984.05—1986.04	1986 年 4 月因年龄辞职
		孙德聚	1984.05—1987.04	
		刘玉桐	1984.05—1987.04	
		姚铭业	1985.03—1987.04	1985 年 3 月补选
		刘志民	1986.05—1987.04	1986 年 5 月补选
	委 员	王家荣　石传海　冯永喜　孙立强　张萍(女)　姚铭业(1984.5—1985.3) 秦佃伟　黄玉展　韩永棠　谢桂兰(女)		
第十届 (1987.04—1990.03)	主 任	曲克祥	1987.04—1990.03	
	副主任	孙德聚	1987.04—1990.03	
		刘玉桐	1987.04—1990.03	
		术传信	1987.04—1990.03	
		王秀岗	1987.04—1990.03	
	委 员	王英康　王桂香(女)　冯永喜　孙立强　李允贵　李守勤　张士平 张 萍(女)　荆象堃(1988 年 1 月因工作辞职)　姚启富　马立壮(1988 年 1 月补选)　王允亮(1988 年 1 月补选)　赵思勤(1988 年 1 月补选)		
第十一届 (1990.03—1993.02)	主 任	曲克祥	1990.03—1993.02	
	副主任	刘志民	1990.03—1993.02	
		王景山	1990.03—1993.02	
		术传信	1990.03—1993.02	
		王秀岗	1990.03—1993.02	
		王泽云	1990.03—1993.02	
		李守勤	1990.03—1993.02	
	委 员	万玉柱　马立壮　王允亮　王在忠　王桂香(女)　冯永喜　卢柏林 张 萍(女)　张士平　李庶坤　林兆海　姚启富　赵思勤　夏英勇		

续表 36

届次	职务	姓名	任职时间	备注
第十二届（1993.02—1998.01）	主任	陈元德	1993.02—1998.01	
	副主任	王景山	1993.02—1998.01	
		尹兆明	1993.02—1998.01	
		王荣嘉	1993.02—1998.01	
		王泽云	1993.02—1998.01	
		史绪海	1994.03—1998.01	1994 年 3 月补选
	委员	马立壮 工 勇 王在忠 孙传清(女) 孙振华 肖爱珍(女) 张士平 张瑞英(女) 赵佃奎 赵思勤 姜继智 姚启富 夏英勇 李修瑞(1997 年 2 月补选) 赵佃荣(1997 年 2 月补选)		
第十三届（1998.01—2003.01）	主任	宫敬宝	1998.01—2000.05	2000 年 5 月因工作辞职
		刘士合	2000.12—2003.01	2000 年 12 月补选
	副主任	刘书忠	2000.12—2003.01	2000 年 12 月补选
		尹兆明	1998.01—2003.01	
		刘安方	1998.01—2003.01	
		国兴庭	1998.01—2003.01	
		史绪海	1998.01—2003.01	
		赵佃荣	1998.01—2003.01	
		李修瑞	1998.01—2003.01	
	委员	王 勇 王在忠 王德梓 肖爱珍(女) 吴振萍(女) 张士平 张志东 张瑞英(女) 周庆成 赵书明 赵胜修 秦启斌 闫士柱 梁茂成		
第十四届（2003.01—2007.12）	主任	刘书忠	2003.01—2007.12	
	副主任	刘安方	2003.01—2007.12	
		李泽岭	2007.01—2007.12	2007 年 1 月补选
		刘淑勇	2003.01—2007.12	
		崔 明	2003.01—2007.12	
		韩玉花(女)	2003.01 2007.12	
		王敬尧	2003.01—2007.12	
		李向阳	2003.01—2007.12	
	委员	马延武 王 勇 王延斌 刘东升 刘恒华 吴振萍(女) 张士平 赵长水 秦启斌 高 伟 高 琦 路秀国 潘玉兰(女)(2007 年 6 月因工作辞职) 魏家国(2007 年 8 月因工作辞职)		

续表 36

届次	职务	姓名	任职时间	备注
第十五届（2007.12—2012.01）	主任	刘书忠	2007.12—2012.01	
	副主任	李泽岭	2007.12—2009.01	2009 年 1 月病逝
		朱秀东	2007.12—2012.01	
		崔 明	2007.12—2011.01	2011 年 1 月因年龄离职
		李向阳	2007.12—2008.10	2008 年 10 月病逝
		韩祥水	2009.01—2012.01	2009 年 1 月补选
		彭翠凤（女）	2007.12—2012.01	
		杨传生	2010.01—2012.01	2010 年 1 月补选
		张洪俭	2011.01—2012.01	2011 年 1 月补选
	委员	王 平（2010 年 5 月因工作辞职） 王 勇 王延斌 王得俊 吕秩荣 刘恒华 孙永国（2009 年 1 月因工作辞职） 李 信 宋晨光 张 平 张士平 孟宪福（2010 年 12 月因工作辞职） 赵 峰 赵长水 赵洪林 贾凤国 郭法亮 袭祥水 商献文（2009 年 1 月因工作辞职） 王 萌（女）（2009 年 1 月补选） 李文奎（2009 年 1 月补选） 杨明海（2011 年 1 月补选） 崔立新（2011 年 1 月补选）			
第十六届（2012.01—2017.01）	主任	王传民	2012.01—2013.08	2013 年 8 月因工作辞职
		赵伟宏	2013.08—2017.01	2013 年 8 月补选
	常务副主任	李汝伟	2012.01—2017.01	
	副主任	朱秀东	2012.01—2017.01	
		朱秀英（女）	2012.01—2017.01	
		张洪俭	2012.01—2017.01	
		赵 斌	2012.01—2017.01	
	委员	王 勇 王 萌（女） 吕秩荣 曲 浩 朱文业 杨明海 杨 春（2013 年 12 月因工作辞职） 李文奎 李 信 宋晨光 张士平 张 平 张志国 赵长水 赵洪林 赵 峰（2014 年 10 月因工作辞职） 崔立新 盖振山（2013 年 1 月补选） 韩 颖（2013.01—2014.10） 秦丽霞（2015 年 1 月补选） 李俊岭（2015 年 1 月补选） 康与泉（2015 年 1 月补选）			

二、历届常委会会议

根据《中华人民共和国地方各级人民代表大会和地方各级人民政府组织法》关于每两个月至少举行一次会议的规定，县历届人大常委会会议都按时举行。从 1981 年 3 月 20 日县八届人大常委会第一次会议至 2015 年底县十六届人大常委会第 27 次会议止，邹平县人大常委会共举行常委会会议 253 次。其中：第八届（1981.01—1984.05）23 次，第九届（1984.05—1987.04）25 次，第十届（1987.04—1990.03）20 次，第十一届（1990.03—1993.02）20 次，第十二届（1993.02—1998.01）37 次，第十三届（1998.01—2003.01）34 次，第十四届（2003.01—2007.12）37 次，第十五届（2007.12—2012.01）30 次，第十六届（2012.01—2017.01）27 次。

第九篇 人 物

第一章 历届领导人

胡兆坤 山东省潍坊市人,1930 年 4 月出生,1955 年 2 月加入中国共产党。1948 年 6 月任潍县三河区粮贸员;1949 年 2 月到潍坊省立中学学习;1950 年 6 月任潍县三河区张姚乡财粮委员;1952 年 10 月任张姚乡红星农业初级社社长;1955 年 10 月任红星农业高级社社长;1958 年 7 月任潍县望留人民公社社长(1958 年 10 月起在昌潍农学院学习二年);1962 年 10 月任红星人民公社党委副书记。"文化大革命"初期,被下放农村劳动;1970 年起任潍县红星公社副书记、书记;1975 年 5 月起任潍县县委书记、昌潍地委副书记;1976 年 6 月任山东省卫生厅副厅长;1981 年 4 月任惠民地区行署副专员;1988 年 9 月起任省人大常委会惠民地区联络组组长、工委主任、党组书记;1992 年 5 月离职;1992 年 7 月离职休养,回潍坊市定居。是 1957 年全国劳动模范,1958 年全国农业积极分子,1959 年全国群英会代表,1963 年华东劳动模范。

杜洪三 滨城区人,1930 年 2 月出生,1949 年 1 月加入中国共产党。1947 年 5 月参加革命工作,任滨县县委秘书处文书、宣传部干事等职;1954 年 6 月起任滨县县委办公室秘书、副主任;1957 年 2 月任滨县杨集乡党委副书记;1958 年 5 月任惠民(滨县)报社总编辑;1960 年 5 月起任惠民县委办公室副主任、滨县县委办公室副主任、主任等职;1965 年 8 月任惠民地委办公室副主任;1972 年 8 月任惠民地革委政治部办公室副主任;1973 年 6 月任惠民地革委办公室调研组长;1976 年 6 月任惠民地委副秘书长;1984 年 2 月任惠民地委农工部副部长;1986 年 4 月任惠民地委副秘书长兼调研室主任;1988 年 9 月任省人大常委会惠民地区联络组副组长、工委副主任;1991 年 1 月离职;1992 年 7 月离职休养;2007 年 3 月病逝。

周茂林 滨城区人,1930 年 1 月出生,1947 年 5 月加入中国共产党。1945 年 7 月任滨县周家集村治安员、青救会主任。1947 年 7 月起历任滨县县大队五中队班长、支前大队司务长、滨县相国区青救会主任、游李乡党总支书记、相国区团委书记等职;1950 年 10 月任滨县相国区委书记;1952 年 4 月任滨县县委宣传部长,同年 12 月任县委委员、宣传部长;1954 年 11 月起历任滨县县委书记处书记,惠民县委书记处书记,滨县县委书记处书记、组织部长等职;1966 年 11 月起任邹平县委副书记、县革委会副主任等职;1973 年 7 月任邹平县委副书记;1978 年 12 月任邹平县委副书记、县革委会主任;1980 年 9 月任惠民地委统战部副部长;1985 年 3 月任惠民地区人大工作联络处主任;1988 年 9 月任省人大常委会惠民地区联络组副组长、工委副主任;1991 年 1 月离职,1992 年 7 月离职休养。2009 年 9 月 10 日病逝。是山东省第五届、第七届人大代表。

冯宝璞 山东省荣成市人,1936 年 6 月出生,1962 年 8 月加入中国共产党。1960 年 7 月毕业于淄博师专数学系,留校任教师。1962 年 9 月任滨县八中教师;1963 年 9 月任北镇中学教师;1964 年 9 月至 1966 年 12 月在惠民地委党校学习,参加齐河、垦利县"农村社会主义教育"工作组,任副组长、组长,大队教导员等职;1967 年 1 月任北镇中学教师;1970 年 10 月起任惠民地区公安处副科长、科长、处党组成员;1979 年 3 月任西藏自治区人民检察院副处长;1981 年 2 月任惠民地区公安处副处长、处长、党组书记,兼任惠民地区武警支队政委、党委书记;1983 年 10 月任中共惠民地委副书记,兼中共惠民地委党校校长;1992 年 5 月任中共滨州地委副书记兼省人大常委会滨州地区工作委员会主任、党组书记;1994 年 5 月任中共滨州地委委员、省人大常委会滨州地区工委主任、党组书记;1997 年 9 月任省人大常委会滨州地区工委主任、党组书记;1998 年 1 月离职;1998 年 8 月退休。

是山东省第七届、第八届人大代表,山东省第九届党代会代表。

赵延孝 山东省肥城县人,1939年3月出生于辽宁省大连市,1972年7月加入中国共产党。1958年9月毕业于大连化学工业学校;1958年10月任惠民专署工业局技术员;1958年11月任淄博专署重工业局技术员;1961年1月任惠民专署工业局技术员;1972年10月任惠民地区重工业局化工科副科长;1975年5月任惠民地区重工业局副局长;同年12月任惠民地区化工局副局长;1978年1月任惠民地区化工局局长、党组书记(期间,1980年9月至1982年6月在山东大学经济学系学习);1983年10月任惠民行署副专员;1992年12月任滨州地委委员、行署常务副专员;1998年1月任省人大常委会滨州地区工作委员会主任、党组书记;2000年2月离职;2003年12月退休。是山东省第八届、九届人大代表。

王宗廉 江苏省丰县人,1944年7月出生,1971年7月加入中国共产党。1968年从哈尔滨工业大学毕业,同年11月到即墨部队农场劳动锻炼;1969年12月起任883厂技术员、党委秘书;1975年5月起任临沂地区经委干事、副科长;1982年7月任平邑县委副书记、副县长;1983年9月到中央党校学习,1985年7月任平邑县委副书记,1986年1月任费县县委书记;1988年9月任山东省体改委副主任;1992年8月任中共临沂地委副书记;1995年4月任滨州地委副书记、行署专员,1997年12月任滨州地委书记;2000年2月任滨州地委书记、山东省人大常委会滨州地区工作委员会主任,同年11月任滨州市委书记兼省人大常委会滨州地区工作委员会主任;2001年1月任滨州市委书记、滨州市人大常委会主任;2003年2月不再担任滨州市委书记、滨州市人大常委会主任;2003年4月当选山东省政协副主席。是山东省第九届人大代表。

宋西九 滨城区人,1939年9月出生,1972年11月加入中国共产党。1966年9月毕业于山东大学中文系,任山东人民广播电台编辑、记者;1978年11月任山东人民广播电台驻惠民地区记者站站长;1984年10月任惠民地委副秘书长;1988年9月任惠民地委委员、地委秘书长;1991年1月任省人大常委会惠民地区工作委员会副主任、党组副书记;2000年2月退休。是山东省第八届人大代表。

王法尧 山东省利津县人,1933年2月出生,1956年2月加入中国共产党。1946年11月参加革命工作,历任蒲台县青救会干事,共青团博兴县委部长、办公室主任,博兴县高王区孙家公社副书记,博兴县庞家区李家公社书记,博兴县小营区委副书记,博兴县小营公社革委会副主任、小营公社党委书记等职。在小营任职期间,带领群众在盐碱地上试种水稻获得成功,为全区大面积推广做出了贡献。1977年10月起,任惠民地区农办副主任、主任兼地区农业局局长。1979年9月任滨县县委副书记、革委会主任,副书记、县长。1984年3月任惠民地区科学技术委员会主任。1991年1月任省人大常委会惠民地区工作委员会副主任。1992年9月离职休养。1999年10月病逝。

王元甫 山东省龙口市人,1934年11月出生,1956年9月加入中国共产党。1951年7月起在山东省招远师范、山东省农业厅畜牧学习班学习;1953年12月分配到惠民专署建设科工作(后建设科改为地区农业局),先后任技术员、办事员;1965年6月任人事科副科长;1965年12月任山东人民广播电台驻惠民记者站记者;1976年4月任博兴县委办公室主任;1976年7月任博兴县委常委、办公室主任;1981年1月任博兴县委常委、副县长;1984年3月任邹平县委副书记、县长;1986年7月任邹平县委书记;1987年12月任惠民地区监察局局长;1989年3月任惠民地区行署秘书长;1991年1月任省人大常委会惠民地区工作委员会副主任;1995年2月离职;1995年5月退休。

王金智 山东省平原县人,1936年2月出生,1959年8月加入中国共产党。1956年8月起任惠民专署建设科、农业局技术员;1958年3月至1959年7月在滨县单寺公社劳动锻炼,任公社委员;1959年8月任惠民专署农业局办事员、秘书;1964年10月任惠民专署生产办公室秘书;1967年3月任惠民地革委生产指挥部办公室秘书;1975年5月任惠民地革委生产指挥部办公室副主任;1978年7月任惠民行署办公室副主任;1980年8月任阳信县委常委、县革委会副主任,县委常委、副县长;1984年3月任阳信县委书记;1987年4月任阳信县人大常委会主任;1992年12月任省人大常委会滨州地区工作委员会副主任;1996年7月离职休养。是山东省第七届人大代表。2000 年 4 月病逝。

段成英(女) 山东省高青县人,1940 年 11 月出生,1962 年 4 月加入中国共产党。1962 年 7 月从博兴师范毕业,任博兴师范附小教师;1964 年 4 月至 11 月先后在山东省团校、惠民地委党校学习;1964 年 12 月起任齐河、桓台县社教工作组组员、副组长;1966 年 11 月任桓台县妇联副主任;1969 年 10 月任桓台县革委政治部群工组组长、县委委员;1971 年 6 月任惠民地革委政治部群工组副组长;1973 年 4 月任共青团惠民地委书记、党组书记;1982 年 7 月任惠民地委统战部副部长;1986 年 11 月任省工会惠民地区办事处主任、党组书记;1992 年 12 月任省人大常委会滨州地区工作委员会副主任兼地区工会主任、党组书记;2000 年 2 月任省人大常委会滨州地区工作委员会副主任、党组副书记兼地区工会主任、党组书记;2000 年 12 月离职,2001 年 6 月退休。是山东省政协第六届、七届委员,中国工会第十一次、十二次、十三次代表大会代表,中国共青团第十次代表大会代表。1996 年 5 月被全国总工会评为全国优秀工会干部,1996 年被全国总工会评为全国先进女职工之友。

刘连省(女) 河北省海兴县人,1938 年 3 月出生,1956 年 1 月加入中国共产党。1956 年 6 月任北镇印刷厂团支部书记;1957 年 5 月 至 10 月在山东省轻工业厅学习;1957 年 11 月任索镇酒厂车间主任;1960 年 2 月任淄博地委工业部秘书;1961 年 3 月任惠民地委组织部秘书;1964 年 11 月任齐河、广饶县"四清"工作组副组长;1966 年 3 月任广饶县副县长;"文化大革命"初期,被下放广饶县农村劳动,1969 年 4 月到北镇化工厂劳动;1971 年 5 月任北镇化工厂党的核心小组副组长;1973 年 3 月任北镇无线电厂副书记;1973 年 8 月任惠民地区妇联副主任;1976 年 11 月任滨县县委副书记;1978 年 12 月任惠民地区妇联副主任;1985 年 4 月任惠民地区妇联主任;1994 年 2 月任省人大常委会滨州地区工作委员会副主任;1998 年 6 月离职;1998 年 7 月退休。

周建世 山东省即墨市人,1943 年 9 月出生,1969 年 12 月加入中国共产党。1967 年 7 月从山东农学院毕业;1968 年到部队农场劳动锻炼;1970 年 1 月调往邹平县韩店公社工作;1979 年 4 月起任邹平县农业局站长、副局长等职;1981 年 3 月任邹平县棉花办公室副主任;1984 年 5 月任邹平县委农村工作部部长,同年 12 月任县委常委、农工部部长;1987 年 2 月任邹平县委副书记;1993 年 2 月任邹平县委书记;1995 年 3 月任省人大常委会滨州地区工作委员会副主任,同年 6 月任省人大常委会滨州地区工作委员会副主任、地委组织部副部长;1995 年 9 月任山东政法干部学院副院长。

江连仲 山东省济南市人,1942 年 3 月出生,1972 年 11 月加入中国共产党。1966 年 9 月毕业于山东农业大学;1967 年 9 月参加工作,先后任沾化县兽医站技术员、副站长、站长等职;1974 年 8 月任沾化县农业局副局长;1976 年 9 月任沾化县委常委;1978 年 9 月任沾化县委常委、县革委会副主任;1981 年 8 月任沾化县委副书记、副县长;1983 年 10 月任惠民地委委员、农工部部长;1989 年 3 月任惠民地委委员、调研室主任;1990 年 5 月任滨州医学院党委书记;1995 年 9 月任省人大常委会滨州地区工作委员会副主任;2000 年 2 月任省人大常委会滨州地区工作委员会副主任、党组书记;2001 年 1 月任滨州市人大常委会副主任、党组书记;2003 年 2 月离职。是山东省第六届人大代表。

邢文福 河南省濮阳县人,1939 年 4 月出生,1958 年 11 月加入中国共产党。1965 年 8 月毕业于天津大学核物理电子学系,作为中组部学员在河北省邢台参加社教工作,任组长;1967 年 10 月因"文化大革命"在河北省委党校待重新分配;1968 年 11 月到惠民地区广播站工作;1969 年 5 月到北镇无线电厂工作,先后任生产技术科长、副厂长、副书记;1982 年 2 月任惠民地区经委职教办科级干事;1984 年 2 月任惠民地委组织部副部长,1993 年 5 月任惠民地委组织部常务副部长;1996 年 7 月任省人大常委会滨州地区工作委员会副主任、地委组织部常务副部长,1997 年 6 月任省人大常委会滨州地区工作委员会副主任。2000 年 2 月离职、退休。2014 年 1 月病逝。

张贵云 山东省昌邑市人,1946 年 5 月出生,1975 年 6 月加入中国共产党。1967 年 9 月毕业于山东莱阳农校;1968 年 8 月至 1977 年 4 月,历任无棣县车镇公社经管员、县良种公司会计、县农业局经管员;1977 年 4 月至 1983 年 4 月,任无棣县信阳公社党委副书记、公社管委会副主任、公社管委会主任;1983 年 4 月任无棣县信阳公社党委书记;1984 年 4 月任中共无棣县委副书记兼组织部长;1987 年 2 月任中共邹平县委副书记;1989 年 10 月任中共邹平县委书记;1993 年 3 月任滨州地区中级人民法院院长;1998 年 2 月任山东省人大常委会滨州地区工作委员会副主任、党组副书记;2001 年 1 月任滨州市人大常委会副主任、党组副书记;2001 年 2 月兼任内务司法工委主任。2004 年 9 月病逝。

叶庆华 山东省日照市人,1945 年 6 月出生, 1982 年 8 月加入中国共产党。1966 年 9 月毕业于山东农业大学并参加工作;1967 年 9 月至 1984 年 5 月,历任垦利县农业局技术员、化肥厂技术员、惠民地区化工局技术员、工程师;1984 年 5 月任惠民地区化学工业公司经理;1989 年 5 月任惠民地区化工局局长、党委副书记;1990 年 8 月至 1996 年 3 月任滨州地区化工局局长、党委书记;1995 年 10 月至 1998 年 6 月任滨州地区经委主任、党委副书记;1998 年 6 月任中共滨州地委秘书长;2000 年 2 月任山东省人大常委会滨州地区工作委员会副主任、党组副书记;2001 年 1 月任滨州市人大常委会副主任、党组副书记;2001 年 2 月兼任市人大常委会财政经济工委主任。2006 年 2 月离职。

孙德汉 山东省烟台市人,1950 年 11 月出生,1973 年 4 月加入中国共产党。1968 年 11 月起任牟平县姜格庄公社林北联中民办教师、解甲庄公社刘家埠联中教导主任;1973 年 4 月起任牟平县第一中学团委书记、县教育局科员;1974 年 6 月任牟平县委办公室秘书; 1976 年 8 月任牟平县养马岛公社党委书记;1981 年 9 月至 1983 年 6 月,在曲阜师范学院干部专修科学习;1983 年 6 月在牟平县委帮助工作;1984 年 1 月任牟平县委副书记、县长;1986 年 11 月任蓬莱县委书记兼武装部党委第一书记、县委党校校长;1990 年 8 月任烟台经济技术开发区党工委书记、管委会主任;1994 年 5 月任山东航空公司总裁;1994 年 8 月任山东航空公司总裁、山东航空有限责任公司董事长、党委书记;2002 年 3 月起任滨州市委副书记,副市长、代市长、市长;2002 年 12 月任滨州市委书记、滨州军分区党委第一书记、市委党校校长;2003 年 2 月任中共滨州市委书记、市人大常委会主任及党组书记、滨州军分区党委第一书记、市委党校校长;2008 年 1 月任青岛市政协主席、党组书记;2008 年 2 月不再担任中共滨州市人大常委会党组书记,4 月不再担任滨州市人大常委会主任。是第八届、九届全国人大代表,山东省第十届、十一届人大代表。山东省劳动模范。

邓向阳 山东省威海市人,1961 年 6 月出生,1985 年 7 月加入中国共产党。1978 年 9 月考入山东师范大学历史系;1982 年 7 月毕业,分配到山东省总工会干部学校任教师;1984 年 4 月任山东省总工会机关团委书记;1986 年 9 月任山东省委组织部组织处副科级巡视员;1989 年 1 月任山东省委组织部组织处正科级巡视员;1991 年 10 月任山东省委组织部党政干部处正科级巡视员;1992 年 11 月任山东省委组织部党政干部处副处级巡视员;1993 年 2 月任山东省干部培训中心副主任;1993 年 4 月任山东省干部培训中心主任(1995 年 4 月至 1998 年 9 月,挂职威海市委组织部副部长);1998 年 9 月任威海市委常委、宣传部部长;2000 年 10 月任威海市委常委、秘书长;2002 年 12 月任滨州市委副书记、副市长;2003 年 6 月任滨州市委副书记、副市长、市委企业工委书记;2004 年 12 月任滨州市委副书记、副市长、国有资产监督管理委员会党委书记;2006 年 12 月任滨州市委副书记,副市长、代市长;2007 年 3 月任滨州市委副书记、市长;2008 年 2 月任滨州市委书记、市委党校校长、滨州军分区党委第一书记;2008 年 7 月任滨州市委书记、市人大常委会主任、市委党校校长、滨州军分区党委第一书记。2013 年 1 月至 2014 年 8 月任山东省副省长,2014 年 8 月任安徽省委常委、组织部部长。全国第十一届人大代表,山东省第十届、十一届人大代表。

张光峰 山东省平原县人,1968 年 5 月出生,1989 年 7 月加入中国共产党。1989 年 12 月,在山东省人才开发服务中心工作;1990 年 9 月,任山东省房地产集团东方房地产有限公司副总经理;1992 年 8 月至 1995 年 8 月,先后任山东省经济技术开发中心办公室副主任、研究室主任;1995 年 8 月,任共青团山东省委组织部副部长;1997 年 10 月,任共青团山东省委组织部部长;1997 年 12 月,任共青团山东省委常委、组织部部长;1999 年 3 月,任共青团山东省委副书记;2001 年 1 月,任共青团山东省委副书记、党组成员;2003 年 3 月,任共青团山东省委副书记、党组成员,山东省青年联合会主席;2006 年 9 月,任共青团山东省委书记、党组书记,山东省青年联合会主席，山东省青年管理干部学院党委书记；2007 年 1 月，任共青团山东省委书记、党组书记，山东省青年管理干部学院党委书记；2008 年 1 月，任共青团山东省委书记、党组书记，山东省青年管理干部学院党委书记，山东省人大常委会委员、内务司法委员会委员、代表资格审查委员会委员；2008 年 2 月，任滨州市委副书记，代市长、市政府党组书记；2008 年 7 月，任滨州市委副书记，市长、市政府党组书记；2013 年 3 月，任滨州市委书记，市人大常委会主任；2015 年 2 月，任滨州市委书记，市人大常委会主任、党组书记。

李成明　山东省沂水县人，1949 年 8 月出生，1972 年 11 月加入中国共产党。1970 年 1 月参加工作，任博兴县庞家粮所会计；1976 年 1 月任博兴县曹王粮所所长；1976 年 8 月任博兴县粮食局副局长；1977 年 8 月任博兴县曹王公社党委副书记；1981 年 1 月至 1982 年 12 月，在山东师范大学干部专修科学习；1982 年 12 月任博兴县曹王公社党委书记；1984 年 3 月任中共博兴县委常委、农工部长，1984 年 11 月任中共博兴县委常委、组织部长；1986 年 10 月任中共博兴县委副书记兼组织部长；1987 年 11 月任中共博兴县委副书记；1989 年 12 月任中共惠民县委副书记、县政协主席；1991 年 9 月任中共惠民县委书记、县政协主席；1993 年 2 月任中共惠民县委书记；1996 年 6 月任中共滨州地委委员兼惠民县委书记；1996 年 11 月任中共滨州地委委员；1997 年 6 月任中共滨州地委委员、地区纪律检查委员会书记；2000 年 11 月任中共滨州市委常委、市纪委书记；2002 年 1 月至 2003 年 4 月，任中共滨州市委副书记、市纪委书记；2003 年 2 月任滨州市人大常委会副主任、党组副书记（正厅）；2008 年 1 月，不再担任市人大常委会副主任、党组副书记；2008 年 2 月为市人大常委会顾问。是山东省第十届、十一届人大代表。

曹兴宽　山东省阳信县人，1954 年 8 月出生，1975 年 5 月加入中国共产党。1975 年 8 月任阳信县调查研究工作队副组长；1976 年 7 月任阳信县洋湖公社党委副书记；1980 年 5 月任阳信县洋湖公社党委副书记、管委会主任；1980 年 8 月至 1982 年 6 月，在山东省委党校大专班学习；1982 年 6 月任阳信县小桑公社党委书记；1984 年 4 月任阳信县委常委、农村工作部部长；1984 年 9 月任阳信县委副书记；1987 年 2 月任沾化县委副书记；1992 年 3 月任沾化县委书记；1997 年 3 月任滨州地委委员、宣传部部长；1998 年 10 月任滨州地委委员、滨州市（县级）委书记、市人大常委会主任；2000 年 1 月任滨州地委委员、滨州市（县级）委书记；2000 年 11 月任滨州市委常委、滨城区委书记；2003 年 3 月任滨州市委常委、秘书长；2007 年 1 月任滨州市委常委、秘书长、副市长；2007 年 3 月任滨州市委常委、常务副市长；2008 年 1 月任滨州市人大常委会副主任、党组副书记（正厅）；2008 年 2 月任市人大常委会副主任、党组书记；2009 年 1 月至 2015 年 2 月，任市人大常委会常务副主任、党组书记；2015 年 2 月，任山东省人大农业与农村委员会副主任委员。是山东省第十一届人大代表。

祁维华（女）　山东省博兴县人，1957 年 5 月出生，1975 年 10 月加入中共党员。1975 年 11 月任博兴县农业学大寨工作队队员、副组长、组长，博兴县庞家公社团委干事；1978 年 10 月任博兴县庞家公社团委副书记、书记；1980 年 5 月任博兴县庞家公社党委宣传委员；1983 年 4 月任博兴县庞家公社党委副书记；1983 年 9 月在山东经济学院干部专修科财政经济专业学习；1985 年 7 月任博兴县经济委员会党组书记、副主任；1987 年 04 月任博兴县副县长、县政府党组成员；1993 年 1 月任博兴县委副书记、县长；1996 年 11 月任惠民县委书记；1997 年 12 月任滨州地委委员、惠民县委书记；2001 年 1 月任滨州市副市长、市政府党组成员；2007 年 3 月任滨州市委常委、宣传部部长；2011 年 12 月任滨州市委常委，市政府党组副书记；2012 年 2 月任滨州市委常委，市政府副市长；2015 年 2 月任滨州市人大常委会第一副主任（正厅）、党组副书记；2017 年 2 月任山东省人大民族侨务外事委员会副主任委员。

朱向旭　山东省惠民县人，1947 年 3 月出生，1969 年 6 月加入中国共产党。1968 年 1 月参加工作，至 1971 年 7 月，历任坦克乘员第四教导团战士、班长、工兵连排长；1971 年 7 月至 1981 年 12 月，历任装甲兵 7450 工厂政治部干事、组织科长；1981 年 12 月任中共惠民地委组织部办公室正科级秘书、代理办公室主任；1984 年 6 月至 1994 年 6 月，历任中共滨州地委组织部办公室主任、副县级巡视员、副部长；1994 年 6 月任中共滨州地委组织部副部长兼地区老龄委办公室主任（正县级）；1997 年 6 月任中共滨州地委组织部常务副部长；2001 年 1 月任滨州市人大常委会副主任;2001年2月兼任滨州市人大常委会城乡建设环境保护工委主任;2003年4月任滨州市人大常委会副主任;2007年2月离职。

郭德刚 山东省博兴县人,1947年10月出生,1966年5月加入中国共产党。1962年10月参加工作,至1964年12月,在博兴县通滨区委、博兴县人委招待所工作;1964年12月至1978年9月,任解放军总字358部队政治部秘书、干事;1978年9月至1984年7月,任惠民地区物资局办事员、政工科副科长;1984年7月任惠民地委行署机关服务公司政工科长;1985年5月任惠民行署办公室政工科科长;1989年6月任惠民地区行署办公室副主任;1991年10月任惠民地区行署副秘书长;1993年12月任滨州地区行署副秘书长、办公室主任(1996年9月至1998年12月,在省委党校档案文秘专业业余本科班学习;1997年5月至1999年5月,在山东大学中国近代史研究生课程进修班学习);2001年1月任滨州市人大常委会副主任;2001年2月兼任滨州市人大常委会民族侨务外事工委主任;2005年4月任滨州市人大常委会副主任,兼任滨州市人大常委会内务司法工委主任;2008年1月离职。

巩若良 山东省惠民县人,1944年2月出生,1971年9月加入中国共产党。1969年7月从山东农学院(后改为山东农业大学)毕业后留校,参加教学改革;1970年8月到解放军6057部队坦克二师农场锻炼;1971年12月起历任惠民地革委生产指挥部秘书、地革委办公室秘书、惠民地区行署办公室秘书;1984年4月任地区行署办公室副主任;1987年12月任地区监察局副局长;1989年10月任地区监察局局长;1993年3月任滨州地区纪检委副书记、监察局局长;2001年1月任滨州市人大常委会副主任;2001年2月兼任教育科学文化卫生人口工委主任;2003年2月离职,2008年9月退休。

郭建新(女) 山东省广饶县人,1955年9月出生,1972年参加工作,任阳信县人民医院护士;1976年在阳信县气象局工作;1978年至1989年任阳信县农业局种子管理站会计、站长;1989年任阳信县农业局副局长;1993年1月任阳信县副县长(1996年9月至1999年1月,在省委党校经济管理专业干部业余本科班学习);2001年1月任滨州市人大常委会副主任;2001年2月兼任滨州市人大常委会农业和农村工委主任、市工商联会长;2003年4月任滨州市人大常委会副主任,兼任市工商联会长;2005年4月任市人大常委会副主任,兼任滨州市人大常委会民族侨务外事工委主任、市工商联会长;2008年2月至2010年3月任滨州市人大常委会副主任,兼任市工商联会长;2010年3月至2011年12月任滨州市人大常委会副主任,兼任市工商联主席;2011年12月任滨州市人大常委会副主任。

刘宝庭 山东省博兴县人,1946年5月出生,1976年1月加入中国共产党。1968年12月参加工作,任博兴县湖滨公社教师;1973年任博兴县湖滨公社五鲁联中副校长;1975年11月任农业学大寨驻村工作队组长;1976年12月任中共博兴县委宣传部干事;1978年5月任中共博兴县委办公室秘书;1980年3月任中共博兴县委办公室副主任(1981年9月至1983年8月,在山东大学科社系干部专修班学习);1985年8月任中共博兴县委办公室副主任兼研究室主任;1986年12月任博兴县委委员、博兴镇党委书记;1989年1月任中共惠民地委政研室副主任;1991年3月任惠民地区行署秘书长、行署党组成员、行署办公室党组书记;1995年3月任中共滨州市(县级)委书记;1996年6月任中共滨州地委委员、滨州市(县级)委书记、市委党校校长、市人武部党委第一书记;1998年10月任济宁市副市长、市政府党组成员;2003年2月任滨州市人大常委会副主任、党组副书记;2003年4月兼任市人大常委会城乡建设环境保护工委主任;2007年3月离职。

苏乃军 山东省邹平县人,1948年3月出生,1973年9月加入中国共产党。1976年3月参加工作,至1980年7月,任邹平县郑马公社党委副书记、邹平县委办公室秘书;1980年7月任邹平县礼参公社党委书记;1981年9月至1983年7月,在山东农学院干部专修科学习;1983年7月任邹平县魏桥公社党委书记;1984年3月任中共邹平县委常委、副县长;1986年7月任中共邹平县委副书记、代县长、县长;1989年6月任中共邹平县委书记;1989年11月任中共沾化县委书记、代县长;1990年1月任中共沾化县委书记;1992年3月任滨州地区农委主任;1993年3月任滨州地区农委主任、专员助理;1997年12月任滨州地区行署副专员兼地区农委主任;2000年1

月任滨州地区行署副专员、滨州市副市长；2003 年 2 月任滨州市人大常委会副主任、党组副书记；2003 年 4 月兼任滨州市人大常委会农业和农村工委主任；2008 年 1 月离职。

张秀亭　山东省博兴县人，1947 年 2 月出生，1966 年 5 月加入中国共产党。1964 年 10 月在博兴县陈户供销社工作；1966 年 1 月任桓台、博兴县四清工作队队员；1966 年 12 月任博兴县城郊公社秘书；1970 年 10 月任博兴县革委宣传组组长；1971 年 11 月任中共惠民地革委宣传组理论教员；1976 年 5 月任惠民地区五七干校教务处副主任；1979 年 12 月任中共惠民地委党校教研室副主任；1982 年 12 月任中共滨州市（县级）委宣传部副部长；1984 年 2 月任中共滨州市（县级）委常委、宣传部长、办公室主任；1985 年 8 月至 1987 年 6 月，在中共惠民地委党校干部专修科学习；1987 年 6 月任中共惠民地委宣传部副部长；1989 年 1 月任中共惠民地委副秘书长；1991 年 1 月任中共滨州地委副秘书长、办公室主任；1998 年 6 月任中共滨州地委党校党委副书记、副校长；2000 年 4 月任中共滨州地（市）委党校党委书记、副校长；2003 年 2 月任滨州市人大常委会副主任；2003 年 4 月教育科学文化卫生人口工委主任；2007 年 2 月离职。

张冠文　山东省广饶县人，1952 年 6 月出生，1975 年 2 月加入中国共产党。1973 年至 1975 年在山东省北镇农业学校学习，毕业后留校工作，历任畜牧兽医专业教研组教师、党支部副书记、书记；1979 年 7 月任山东省北镇农业学校实习农场副场长（1981 年 8 月至 1983 年 8 月在山东省农业大学干部专修科学习）；1984 年 7 月任滨州农业学校副校长；1991 年 12 月任滨州农业学校党委书记；1996 年 3 月任滨州农业学校党委书记、校长；1998 年 6 月任滨州地区农业局局长、党委书记；2001 年 7 月任滨州市农业局局长、党委书记，滨州职业学院筹建处党组书记；2001 年 12 月任滨州职业学院党委书记；2006 年 2 月任滨州市人大常委会副主任；2008 年 1 月任滨州市人大常委会副主任兼秘书长；2008 年 7 月至 2012 年 3 月任滨州市人大常委会副主任。

韩增金　山东省惠民县人，1955 年 2 月出生，1976 年 7 月加入中国共产党。1973 年 10 月在惠民县辛店供销合作社参加工作；1976 年 12 月起任惠民县供销合作社办公室秘书、副主任；1987 年 3 月任惠民县委调查研究室干事；1988 年 4 月任惠民县委调查研究室副科级研究员；1989 年 11 月任惠民县委调查研究室副主任；1991 年 4 月任惠民县委办公室副主任、调查研究室主任；1991 年 10 月任滨州地区行署办公室综合科科长；1993 年 6 月任滨州地区行署办公室副县级秘书；1997 年 3 月任滨州地区行署办公室副主任；1997 年 8 月任滨州地区行署副秘书长；2000 年 1 月任中共沾化县委副书记、县长；2002 年 12 月任中共沾化县委书记；2003 年 1 月任中共沾化县委书记、县人大常委会主任；2006 年 2 月任滨州市人大常委会副主任；2006 年 3 月兼任滨州市人大常委会财政经济工委主任；2008 年 2 月任滨州市人大常委会副主任；2012 年 3 月至 2015 年 2 月任滨州市人大常委会副主任、党组副书记。

侯宪秀　山东省郓城县人，1950 年 11 月出生，1979 年 12 月加入中国共产党。1970 年 12 月任山东省梁山轴承厂团委书记；1974 年 10 月至 1977 年 7 月，在山东工学院学习；1977 年 7 月起任梁山轴承厂技术员、党委秘书、检查科党支部书记等职；1983 年 3 月任梁山轴承厂厂长；1985 年 7 月任菏泽棉纺织厂党委书记；1986 年 10 月任菏泽棉纺织厂厂长、党委书记；1990 年 10 月任菏泽棉纺织厂厂长、党委副书记；1993 年 1 月任单县县委副书记、副县长、县长；1995 年 1 月任单县县委书记；1997 年 12 月任菏泽地区行署秘书长；1998 年 4 月任菏泽地区行署专员助理、行署秘书长；2000 年 1 月任滨州地（市）委委员（常委）、秘书长；2003 年 4 月任滨州市委副书记；2007 年 2 月任滨州市人大常委会副主任、党组副书记；2007 年 4 月兼任滨州市人大常委会城乡建设环境保护工委主任；2008 年 2 月至 2011 年 1 月任滨州市人大常委会副主任、党组副书记。

田宝礼　山东省无棣县人，1949 年 10 月出生，1972 年 12 月加入中国共产党。1968 年 9 月起历任无棣县常家公社教师、学区校长；1976 年 3 月任无棣县常家公社教育组副组长、党支部书记；1978 年 9 月任无棣县教育局秘书、党委组织委员；1981 年 3 月任无棣县委办公室科长；1982 年 6 月任无棣县大杨公社党委副书记；1983 年 6 月任无棣县城关镇党委副书记、镇长；1984 年 5 月任无棣县无棣镇党委书记；1987 年 7 月至 1988 年 8 月，在无棣县委党校干部专修班学习；1988 年 8 月任无棣县无棣镇党委书记；1989 年 3 月任无棣县东风港开发管理处书记、主任，滨州港开发管理处书记、主任；1991年12月任无棣县委常委、滨州港经济开发区党委书记、管委会主任；1993年2月任无棣县委常委、常务副县长；1995年4月任滨州地区水产局副书记、副局长；1996年11月任滨州地区海洋与水产局书记、局长；2000年12月任阳信县委书记、县人武部党委第一书记；2002年5月任滨州市委常委、阳信县委书记、阳信县人武部党委第一书记；2004年11月任滨州市委常委、市总工会主席；2007年2月任滨州市人大常委会副主任、党组副书记，兼任市总工会主席；2007年4月任滨州市人大常委会副主任、党组副书记，兼任滨州市人大常委会教育科学文化卫生人口工委主任、市总工会主席；2008年1月任市总工会主席、党组书记；2008年2月任市总工会主席、市人大常委会顾问；2008年12月为市人大常委会顾问。是山东省第八届党代会代表。2008年被评为全国优秀工会工作者，获全国总工会、国家安全局优秀组织奖。

董吉增　山东省利津县人，1951年4月出生，1973年12月加入中国共产党。1976年1月任利津县盐窝公社党委常委；1976年10月任盐窝公社党委书记、革委会主任；1978年12月任利津县集贤公社党委书记；1981年11月任惠民地委组织部正科级干部；1984年6月任惠民地委行署机关服务公司副经理；1985年7月在山东省委党校大专班学习；1987年6月任惠民地区行署办公室副主任；1989年3月任惠民地区行署副秘书长；1992年8月任滨州地区建委主任；1995年11月任博兴县委书记；2000年1月任滨州地区行署副专员；2001年1月任滨州市副市长；2008年1月至2012年3月任滨州市人大常委会副主任、党组副书记。

李国强　滨州市滨城区人，1957年10月出生，1976年8月加入中国共产党。1976年11月在惠民地区"五七"干校工作；1979年10月任滨县检察院助理检察员；1983年9月至1985年12月，在山东省司法管理干部学院干部专修科法律专业学习；1985年12月任滨县检察院助理检察员；1986年3月任惠民地委办公室科员；1986年8月任惠民地委办公室秘书科副科长；1989年3月任惠民地委办公室正科级秘书；1991年5月任惠民地委办公室副主任（1994年7月至1997年6月在山东干部函授大学本科班管理专业学习）；1997年3月任滨州地委副秘书长；1998年6月任滨州地委副秘书长兼办公室主任；2000年12月任滨州市委副秘书长兼办公室主任；2008年7月任市人大常委会秘书长；2012年3月任滨州市人大常委会党组成员、副主任、秘书长；2015年2月任滨州市人大常委会党组成员、副主任。

王立勇　山东省桓台县人，1962年12月出生，1986年1月加入中国共产党。1979年9月至1983年7月在济南交通学校公路与桥梁专业学习；1983年7月至1987年9月为惠民地区公路段职工；1987年9月至1988年4月任惠民地区公路段计划统计科副科长；1988年4月至1988年10月任惠民地区公路段段长办公室副主任；1988年10月至1993年1月任滨州市（县级）公路管理局局长、党组副书记（其间：1994年7月至1997年7月在济南交通专科学校路桥专业学习）；1998年8月至1999年4月任滨州地区公路管理局副总工程师；1999年4月至2000年8月任滨州地区公路管理局局长助理、副总工程师；2000年8月至2001年2月任滨州地区公路管理局副局长、党委委员，公路工程处处长、党总支书记；2001年2月至2007年3月任滨州市公路管理局副局长、党委委员，地区公路工程处处长、党总支书记；2007年3月至2009年12月任滨州市公路管理局局长、党委副书记（2005年9月至2008年7月在山东交通学院土木工程专业学习；2005年9月至2008年6月在省委党校在职干部研究生班经济管理专业学习）；2009年12月至2010年1月任滨州市交通局局长、党组书记，市公路管理局局长、党委副书记；2010年1月至2010年11月任滨州市交通运输局局长、党组书记，市公路管理局局长、党委副书记；2010年11月至2012年3月任滨州市交通运输局局长、党组书记，市公路管理局党委书记；2012年3月至2016年2月任滨州市人大常委会党组成员、副主任；2016年2月任滨州市人大常委会党组成员、副主任，市人大法制委员会主任委员。

宋振华　山东省兰陵县人，1958年2月出生，1979年5月加入中国共产党。1975年12月任利津县革委会生产指挥部办公室打字员、收发员；1977年2月任惠民地区财政局企业财务科专管员；1979年8月在泰安财政干部学校学习；1980年8月任惠民地区财政局企业财务科驻厂员；1983年6月在山东广播电视大学惠民地区工作站财政学专业学习；1986年7月任惠民地区财政局企业财务科驻厂员；1986年11月任惠民地区财政局企业财务科副科长；1988 年 12 月任惠民地区财政局驻厂员管理所所长；1992 年 4 月任滨州地区财政局驻厂员管理所所长；1993 年 3 月任滨州地区财政局党组成员、国有资产管理局局长；1994 年 8 月任滨州地区财政局党组成员、地方税务局副局长（1994 年 7 至 1997 年 6 在山东干部函授大学业余本科班经济管理专业学习）；1998 年 9 月任滨州地区财政局副局长、党组副书记，地区投资服务中心主任，地区经济开发投资公司经理；1999 年 10 月任滨州地区财政局党组书记、副局长，地区投资服务中心主任，地区经济开发投资公司经理；2000 年 8 月任滨州地区财政局局长、党组书记，地区投资服务中心主任，地区经济开发投资公司经理；2001 年 2 月任滨州市财政局局长、党组书记，市投资服务中心主任，市经济开发投资公司经理；2002 年 1 月任滨州市财政局局长、党组书记，市级机关会计核算中心主任；2006 年 2 月任滨州市政协副主席、党组成员、提案委主任，兼市财政局局长、党组书记；2007 年 3 月任滨州市政协副主席、党组成员，兼提案委主任；2015 年 2 月任滨州市人大常委会党组成员、副主任；2016 年 2 月任滨州市人大常委会党组成员、副主任，市人大财政经济委员会主任委员。

王明仁　山东省广饶县人，1947 年 1 月出生，1970 年 12 月加入中国共产党。1964 年 10 月至 1971 年 4 月先后任广饶县马前公社小学民办教师，村大队团支书，党支部书记、团区委副书记；1971 年 4 月至 1972 年 10 月任中共广饶县委委员、县一中党支部副书记、团总支书记；1972 年 10 月任中共广饶县委委员、县委办公室秘书；1973 年 4 月任共青团惠民地委副书记；1974 年 8 月至 1976 年 6 月任共青团惠民地委副书记、博兴县委常委；1976 年 6 月任中共惠民地委组织部副部长（正县级）；1977 年 3 月任中共惠民地委组织部副部长兼北镇纺织染厂党委书记、革委会主任；1978 年 11 月任中共惠民地委组织部副部长、中共无棣县委副书记；1979 年 3 月任中共无棣县委副书记；1982 年 8 月至 1983 年 7 月，在中共山东省委党校学习；1983 年 7 月至 1985 年 7 月，山东大学经济系干部专修科学员；1985 年 10 月任邹平县副县长；1987 年 4 月任惠民地区二轻办事处副主任；1988 年 7 月任惠民地区交通处处长；1990 年 8 月任惠民地区交通局局长；1995 年 5 月任山东省人大常委会滨州地区工委秘书长；2001 年 1 月任滨州市人大常委会秘书长；2003 年 2 月任滨州市人大常委会委员；2006 年 2 月任滨州市人大常委会办公室调研员；2008 年 2 月退休。

张树香（女）　山东省寿光市人，1949 年 7 月出生，1970 年 9 月加入中国共产党。1965 年 8 月任惠民地区食品公司营业员；1966 年 10 月任惠民地区商业局打字员、收发员；1972 年 9 月至 1975 年 5 月任惠民地区商业局党委委员、团委书记、蔬菜商店党支部副书记、第一零售部主任；1975 年 5 月任惠民地区商业局副局长、党委委员；1984 年 6 月至 1986 年 6 月，中共山东省委党校经济管理专业学员；1986 年 6 月任惠民地区商业局副局长、党委委员；1994 年 12 月任滨州地区商业局局长；1996 年 5 月任滨州地区商业局局长、党委书记；2001 年 1 月任滨州市人大常委会副秘书长兼办公室主任；2003 年 2 月任滨州市人大常委会秘书长兼办公室主任；2003 年 7 月任滨州市人大常委会秘书长；2008 年 2 月至 2012 年 3 月任滨州市人大常委会办公室调研员。

高中兴　滨州市滨城区人，1957 年 10 月出生，1983 年 4 月加入中国共产党。1977 年 9 月至 1978 年 10 月任滨县第四中学民办教师；1978 年 10 月至 1980 年 9 月任滨县北镇公社文化站站长；1980 年 9 月至 1983 年 3 月任滨县北镇公社人民武装部干事；1983 年 3 月至 1984 年 8 月任滨州市（县级）郭集乡人民武装部副部长；1984 年 8 月至 1984 年 12 月任滨州市（县级）郭集乡人民武装部部长；1984 年 12 月至 1985 年 9 月任滨州市（县级）郭集乡人民武装部部长、党委委员；1985 年 9 月至 1987 年 7 月在山东农业大学干部专修课农学专业学习；1987 年 7 月至 1987 年 10 月任惠民地区供销合作社商品生产指导科干事；1987 年 10 月至 1989 年 10 月任惠民地区供销合作社商品生产指导科副科长；1989 年 10 月至 1991 年 3 月任惠民地区供销合作社办公室副主任；1991 年 3 月至 1993 年 9 月任滨州地区供销合作社办公室主任；1993 年 9 月至 1993 年 12 月任中共滨州地委组织部正科级巡视员；1993 年 12 月至 1998 年 6 月任滨州师范专科学校党委办公室、校长办公室主任（其间：1994 年 9 月至 1997 年 7 月在山东农业大学本科班经济管理专业学习）；1998 年 6 月至 1998 年 10 月任滨州师范专科学校副校长、党委委员，办公室主任；1998 年 10 月至 2004 年 9 月任滨州师范专科学校副校长、党委委员；2004 年 9 月至 2006 年 3 月任滨州学院院长助理；2006 年 3 月至 2007 年 6 月任滨州市教育局党组书记；2007 年 6 月至 2011 年 4

月任滨州市教育局局长、党组书记;2011 年 4 月至 2015 年 1 月任滨州市教育局局长、党组书记,滨州市委高等院校工作委员会书记;2015 年 1 月至 2015 年 2 月任滨州市教育局党组书记,滨州市委高等院校工作委员会书记;2015 年 2 月至 2017 年 2 月任滨州市人大常委会党组成员、秘书长。

第二章　出席历届全国人民代表大会代表

（简介为当选代表时的资料）

第一届（1954.09—1959.04）全国人大代表（1 名）

李田英（女）　（详见第三届全国人大代表名录）

第二届（1959.04—1964.12）全国人大代表

无

第三届（1964.12—1975.01）全国人大代表（2 名）

李田英（女）　山东广饶人，1922 年出生，中共党员。时任国营广北农场副场长（不脱产）代理十一分场总支书记。历任第一届、第三届全国人大代表。

魏　斌　山东昌邑人，1926 年出生，中共党员，时任中共桓台县委常委，山东省桓台县县长，政协桓台县委员会副主席。

第四届（1975.01—1978.02）全国人大代表（4 名）

李春生　（详见第五届全国人大代表名录）

刘翠英　山东桓台人，1941 年出生，中共党员。时任桓台县田庄大队党支部书记、惠民地委常委。1957 年任农业社妇女社长、团支部书记；1958 年任大队团支部书记、妇女队长；1961 年任大队党支部书记；1967 年任大队革委主任、公社革委常委、地革委委员；1971 年任县委委员、地委常委。

郝怀友　山东邹平人，1925 年出生，中共党员。时任邹平县东平大队党支部书记、县委委员、惠民地委委员。1941 年任民兵队长、农会委员、公安员、联防民兵队长；1952 年任互助组长、初级农业社社长；1955 年任高级农业社社长；1959 年任大队党支部书记；1967 年任大队革委主任、公社革委常委；1971 年任邹平县委委员、惠民地委委员。

刘金海　山东利津人，1949 年出生，共青团员。时任利津县治河三大队贫协副主任。1970 年任社员；1971 年任粮所合同工；1972 年任大队贫协副主任。

第五届（1978.02—1983.06）全国人大代表（7 名）

胡安夫　山东博兴人，1931 年 10 月出生，中共党员。1947 年 12 月任博兴县三官村小学教师；1949 年 4 月任博兴县一区委宣传干事，县委整党队宣传委员；1954 年 5 月任博兴县闫坊区委副书记；1954 年 10 月任惠民地委组织部干事，阳信县委组织部部长；1964 年 4 月任沾化县委农工部部长；1969 年 4 月任沾化县下河公社党委书记；1974 年 4 月任中共沾化县委副书记；1977 年 1 月任中共桓台县委书记；1980 年 10 月任中共惠民县委书记。

彭梅巢　（详见第六届全国人大代表名录）

杨连科　山东博兴人，1931 年出生，中共党员。时任博兴县小营公社申家大队党支部书记、县委常委。

丛付泽（回族）　山东阳信人，1928 年出生。时任阳信县河流公社刘庙大队生产队长。

王爱珍（女）　山东博兴人，1941 年出生。时任北镇活塞厂工人。

李春生　山东沾化人，1925 年出生，中共党员。时任沾化县李家公社李雅庄大队书记、地革委副主任、省革委常委。历任第四届、第五届全国人大代表。

冯永喜　（详见第六届全国人大代表名录）

第六届(1983.06—1987.12)全国人大代表(4名)

郑锡昌 山东滨州人,1946年2月出生,中共党员。1956年9月至1970年在北京大学化学系学习;1970年2月济南军区农场锻炼,任后勤部分队副政指;1973年4月任军马场化肥造纸厂技术员;1975年8月到滨县工业局工作;1978年6月任滨县北镇化肥厂厂长,党总支书记。

荆秀英(女) 山东高青人,1942年10月出生,中共党员。1950年7月至1955年上小学;1955年8月在雾陈大队务农;1960年10月在崔西大队务农、任生产队妇女队长、植棉组长;1980年11月任崔西大队党支部委员、县政协委员。

冯永喜 山东邹平人,1930年10月出生,中共党员。1942年在本村小学读书;1946年在济南西双龙街镜厂当学徒工;1951年回家务农;1955年12月入党,先后任冯家村民兵队长、团支书、高级社社长、管理区副主任、大队党支部书记;1975年任中共邹平县孙镇公社委员会副书记;1977年任孙镇公社党委书记;1979年回本大队任大队党支部书记。历任第五届、第六届全国人大代表。

彭梅羹 江西安福人,1933年出生。1952年至1955年在湖南医学院外科学习;1955年任山东医学院附属医院外科医师;1957年任蒙古人民共和国友谊医院外科医师;1962年任山东医学院附属医院外科医师;1965年任山东惠民地区人民医院外科副主任;1982年任山东惠民地区人民医院副主任医师。历任第五届、第六届全国人大代表。

第七届(1988.01—1993.02)全国人大代表(5名)

王道玉 山东鄄城人,1941年1月出生,中共党员。1965年8月参加工作,任桓台县"四清"工作团组长;1966年12月,任博兴县湖滨公社秘书、党委常委、团委书记;1972年8月,任博兴县委党校理论教员;1975年5月,任博兴县委宣传部秘书;1976年6月,任博兴县湖滨公社党委书记;1978年10月,任博兴县革委副主任;1980年8月,任博兴县副县长、县委副书记;1983年10月,任中共惠民地委副书记、行署专员。

阎启俊 山东博兴人,1950年4月出生,中共党员。1971年11月参加工作,任博兴县庞家公社团委书记、党委副书记;1977年1月,任博兴县寨郝公社党委书记;1980年8月,任中共博兴县委常委、山大干修科学员;1982年7月,任中共滨州市(县级)委常委、副市长;1984年2月,任中共滨州市(县级)委副书记、市长。

冯怡生 (详见第十一届全国人大代表名录)

孙立斌 山东高青人,1943年12月出生,中共党员。1957年在高青县常家乡常家村务农;1964年,在高青县煤建公司干临时工;1970年,任大队副主任;1974年,任常家村党支部副书记、主任;1986年,任常家村党支部书记。

毛宾尧 (详见第八届全国人大代表名录)

第八届(1993.03—1998.01)全国人大代表(5名)

冯怡生 (详见第十一届全国人大代表名录)

许文华 山东惠民人,1965年4月出生,群众。1985年7月参加工作,任惠民县地毯厂设计员;1987年12月,任惠民县地毯厂图案设计室主任;1991年8月,任惠民县地毯厂厂长助理、图案设计室主任。

郝进然 山东博兴人,1953年10月出生,中共党员。1976年,任博兴县寨郝村党支部副书记、书记;1984年9月,任博兴县寨郝村党支部书记、村农工商总公司总经理;1992年1月,任博兴县寨郝乡党委书记、寨郝村党支部书记、村农工商实业总公司总经理。

李　戈 山东临朐人,1942年9月出生,中共党员。1968年12月参加工作,在济南军区工程兵农场劳动锻炼;1970年1月,任临朐县七贤供销社、县工商局办事员;1976年3月,任临朐县供销社秘书、县委办公室副主任;1980年9月,任临朐县尧山公社党委书记;1984年3月,任临朐县经委主任;1984年6月,任潍坊市商业局副局长;1985年8月,任省经委彩金处副处长、处长;1988年6月,任省经委副主任、党组成员、党组副书记;1992年

3 月,任滨州地委副书记、行署专员。

毛宾尧　浙江奉化人,1938 年 8 月出生,无党派。1957 年 10 月,在青岛医学院学习;1962 年 10 月,任益都中心医院外科医师;1978 年 1 月,任青医北镇分院外科学教师;1978 年 8 月,任滨州医学院外科学讲师;1987 年 3 月,任滨州医学院外科学教研室主任、骨病与康复研究室主任、附院外科主任、副教授;1987 年 11 月,任滨州医学院外科学教研室主任、附属医院外科主任、骨病与康复研究室所长、教授。历任第七届、第八届全国人大代表。

第九届(1998.03—2003.03)全国人大代表(5 名)

冯怡生　(详见第十一届全国人大代表名录)

刘　凤(女、蒙古族)　山东淄博人,1959 年 10 月出生,农工党党员。1977 年 7 月为淄博市临淄区孙娄公社魏家大队下乡知识青年;1978 年 9 月滨州医学院临床医学专业学生;1982 年 7 月任滨州医学院病理生理教研室助教;1992 年 7 月任滨州医学院病理生理教研室讲师;1996 年 10 月任滨州医学院病理生理教研室副教授。

张士平　(详见第十二届全国人大代表名录)

张执政　山东荣成人,1944 年 9 月出生,中共党员。1966 年 7 月任荣成县龙须公社人委、革委副主任;1970 年 5 月任荣成县龙须公社党委副书记、革委副主任;1975 年 3 月任荣成县邱家公社党委书记兼革委主任;1977 年 4 月任烟台地区石岛捕捞公司核心小组副组长,石岛公社党委副书记、革委副主任;1978 年 11 任荣成县委常委、石岛公社党委书记、革委主任;1980 年 9 月任荣成县委常委;1980 年 11 月任荣成县委常委、副县长(其间:1983 年 9 月至 1985 年 7 月在山东农业大学干部专修科学习);1987 年 2 月任荣成县委副书记副县长;1987 年 4 月任荣成县委副书记、县长;1989 年 12 月任荣成市委书记、市人武部党委书记;1992 年 3 月任威海市委常委、荣成市委书记、人武部党委书记;1992 年 12 月任威海市委副书记,荣成市委书记、人武部党委书记;1993 年 10 月任威海市委副书记,荣成市委书记兼市委党校校长、市人武部党委书记;1993 年 12 月任省水产局副局长、党组副书记;1995 年 8 月任省海洋与水产厅副厅长、党组副书记;1997 年 12 月任滨州地委副书记、地区行署专员。

崔寓黔(女)　江苏徐州人,1939 年 3 月出生,民盟盟员。1957 年 7 月山东医学院医疗系学生;1962 年 10 月滨州地区人民医院主治医师;1984 年 11 月任滨州地区人民医院妇产科副主任,副主任医师;1993 年 8 月任滨州地区人民医院妇产科主任,主任医师。

第十届(2003.03—2008.02)全国人大代表(6 名)

冯怡生　(详见第十一届全国人大代表名录)

安世银　山东东阿人,1954 年 1 月出生,中共党员。1971 年 10 月参加工作,任东阿县牛角店公社水利干部。1975 年 9 月任东阿县牛角店革委会副主任。1976 年 6 月任东阿县牛角店公社党委副书记。1976 年 10 月起任东阿县委常委、高集公社党委书记,东阿县委常委、姜楼乡党委副书记、管委会主任。1982 年 8 月任东阿县经委主任。1983 年 12 月任东阿县委常委、宣传部部长,1987 年 2 月任东阿县副县长,1991 年 8 月任东阿县委常委、副县长。1993 年 1 月起任阳谷县委副书记、代县长、县长,1995 年 2 月任阳谷县委书记。1997 年 12 月任滨州地委副书记,2000 年 11 月任滨州市委副书记;2002 年 12 月任滨州市委副书记、代市长。

张士平　(详见第十二届全国人大代表名录)

刘　凤　(详见第十二届全国人大代表名录)

沈志强　(详见第十二届全国人大代表名录)

董风华(女)　(详见第十一届全国人大代表名录)

第十一届(2008.03—2013.03)全国人大代表(6 名)

冯怡生　山东无棣人,1942 年 10 月出生,中共党员。1958 年 8 月为无棣盐业中专学生;1960 年 4 月无棣县盐业学校教师;1960 年 12 月无棣盐务局会计、机务员; 1968 年 5 月任无棣县埕口盐场扬水站电工;1970 年 12 月任无棣县化肥厂司务长;1976 年 2 月任无棣县磷肥厂筹建处负责人;1977 年 7 月任无棣县硫酸厂副厂长、党支部副书记;1980 年 11 月任无棣县硫酸厂厂长、党支部书记;1989 年 8 月任山东鲁北化工总厂厂长、党委书记(其间:1989 年 9 月至 1991 年 7 月在山东建材学院管理工程专业学习);1993 年 6 月任省鲁北企业化工总厂厂长、党委书记(1996 年 2 月任高级工程师);1997 年 6 月任山东鲁北企业集团总公司董事长、总经理、党委书记; 1998 年 12 月任鲁北企业集团总公司董事长、党委副书记。历任第七届、第八届、第九届、第十届、第十一届全国人大代表。

刘　凤　(详见第十二届全国人大代表名录)

张忠正　山东潍坊人,1943 年 11 月出生,中共党员。1963 年 7 月至 1968 年 7 月在山东师范大学化学系化学专业学习;1968 年 7 月任山东滨州化工厂技术员;1978 年 10 月任山东滨州化工厂生产科副科长;1979 年 10 月任山东滨州化工厂副厂长;1984 年 12 月任滨州化工厂厂长;1985 年 1 月任滨州化工厂厂长、党委委员;1991 年 1 月任山东滨州化工厂厂长、党委副书记(1991 年 6 月任高级工程师);1995 年 7 月任山东滨州化工厂厂长、党委书记;1998 年 2 月任山东滨化集团有限责任公司董事长、总经理、党委书记;2002 年 1 月任山东滨化集团有限责任公司董事长、党委书记;2007 年 10 月任山东滨化集团股份有限公司董事长、党委书记。

沈志强　(详见第十二届全国人大代表名录)

董风华(女)　山东滨州人,1959 年 11 月出生,民进会员。1977 年 8 月任滨州市彭李乡李杨联中教师;1982 年 9 月在惠民师范学校(中师)学习;1984 年 7 月任滨州市(县级)第四中学教师;1997 年 12 月任滨州市(县级)第四中学教务处副主任;1998 年 8 月任滨州市(县级)第四中学教务处主任;2000 年 12 月任滨州市滨城区第四中学教务处主任(2001 年 12 月中教高级);2003 年 7 月任滨州市滨城区第四中学副校长;2006 年 8 月任滨州实验学校校长助理;2007 年 11 月任滨州实验学校副校长。历任第十届、第十一届全国人大代表。

邓向阳　山东荣成人,1961 年 6 月出生,中共党员。1982 年 7 月参加工作,任省总工会干部学校教师,1984 年 4 月任省总工会机关团委书记(副科级),1986 年 9 月任省委组织部组织处副科级巡视员,1989 年 1 月任省委组织部组织处正科级巡视员,1991 年 10 月任省委组织部党政干部处正科级巡视员,1992 年 11 月任省委组织部党政干部处副处级巡视员。1993 年 2 月任省(威海)干部培训中心副主任(正处级),1993 年 4 月任省(威海)干部培训中心主任,1995 年 4 月任省(威海)干部培训中心主任,挂职威海市委组织部副部长,1998 年 9 月任威海市委常委、宣传部部长,2000 年 9 月任威海市委常委、秘书长。2002 年 12 月任滨州市委副书记,副市长。2006 年 12 月任滨州市委副书记,代市长。2007 年 3 月任滨州市委副书记,市长。

第十二届(2013.03—)全国人大代表(5 名)

刘　凤(女、蒙古族)　山东淄博人,1959 年 10 月出生,农工党党员。1977 年 7 月淄博市临淄区孙娄公社魏家大队下乡知识青年;1978 年 9 月滨州医学院临床医学专业学生;1982 年 7 月任滨州医学院病理生理教研室助教;1992 年 7 月任滨州医学院病理生理教研室讲师;1996 年 10 月任滨州医学院病理生理教研室副教授;1998 年 12 月任滨州医学院病理生理教研究副教授,农工党滨州支部主委;2001 年 1 月任滨州医学院机能实验室主任,农工党滨州支部主委,滨州市人大常委:2001 年 12 月任滨州医学院机能实验室主任、基础教学部副主任,农工党滨州支部主委,滨州市人大常委会委员;2002 年 6 月任滨州医学院机能实验室主任,生物技术专业办公室主任,农工党省委委员、滨州支部主委,滨州市人大常委会委员;2002 年 9 月任滨州医学院生物技术专业办公室主任,农工党省委委员、滨州支部主委,滨州市人大常委会委员;2003 年 2 月任滨州市政协副主席,滨州医学院基础学院院长,农工党滨州市委主委;2008 年 4 月任滨州市政协副主席,滨州医学院护理学院院长,农工党滨州市委主委。历任第九届、第十届、第十一届、第十二届全国人大代表。

王　勇　山东邹平人,1950 年 6 月出生,中共党员。1971 年 3 月邹平电业局临时工,1983 年 10 月任邹平县韩店镇西王村村委会主任,1986 年 10 月任邹平县韩店镇西王村党支部书记、西王福利油棉厂厂长,1993 年 3 月任邹平县韩店镇党委委员、西王村党支部书记、西王实业总公司总经理,1996 年 3 月任邹平县韩店镇党委副书记、西王村党支部书记、山东西王集团公司董事长,1998 年 11 月任邹平县韩店镇党委副书记、西王村党支部书记、山东西王集团公司董事长、北京先锋粮农公司副董事长,2000 年 6 月任邹平县韩店镇党委副书记、山东西王集团有限公司董事长、党委书记,北京先锋粮农公司副董事长,2003 年 2 月任山东西王集团有限公司董事长、党委书记,2006 年 4 月任邹平县韩店镇西王村党委书记、山东西王集团有限公司董事长,2007 年 5 月任邹平县韩店镇西王村党委书记、西王集团有限公司董事长(2008 年 1 月高级经济师)。

张光峰　山东平原人,1968 年 5 月出生,中共党员。1989 年 12 月,在省人才开发服务中心工作;1990 年 9 月,任省房地产集团东方房地产有限公司副总经理;1992 年 8 月至 1995 年 8 月,先后任省经济技术开发中心办公室副主任、研究室主任;1995 年 8 月,任共青团省委组织部副部长;1997 年 10 月,任共青团省委组织部部长;1997 年 12 月,任共青团省委常委、组织部部长;1999 年 3 月,任共青团省委副书记;2001 年 1 月,任共青团省委副书记、党组成员;2003 年 3 月,任共青团省委副书记、党组成员,省青年联合会主席;2006 年 9 月,任共青团省委书记、党组书记,省青年联合会主席,省青年管理干部学院党委书记;2007 年 1 月,任共青团省委书记、党组书记,省青年管理干部学院党委书记;2008 年 1 月,任共青团省委书记、党组书记,省青年管理干部学院党委书记,省人大常委会委员、内务司法委员会委员、代表资格审查委员会委员;2008 年 2 月,任滨州市委副书记,代市长、市政府党组书记;2008 年 7 月,任滨州市委副书记,市长;2013 年 3 月,任滨州市委书记,市人大常委会主任。

张士平　山东邹平人,1946 年 11 月出生,中共党员。1964 年 6 月任邹平县第五油棉厂保全工、车间主任生产股长、副厂长、厂长;1981 年 3 月任邹平县第五油棉厂厂长、党支部书记、党总支副书记;1990 年 9 月任邹平县第五油棉厂厂长、党委副书记、党委书记;1993 年 3 月任邹平县魏桥棉纺织厂厂长、党委书记;1995 年 4 月任山东魏桥纺织集团总公司总经理、党委书记,高级工程师,省企业市场战略研究会副会长,县人大常委会委员。1998 年 4 月任山东魏桥纺织集团公司董事长、党委书记、总经理,邹平县供销合作社党委书记,中华全国供销合作总社理事,省企业市场战略研究会副会长;2000 年 10 月任山东魏桥纺织集团公司董事长、党委书记,邹平县供销合作社党委书记,省企业市场战略研究会副会长(2001 年 3 月滨州市人大常委会委员);2002 年 11 月任山东魏桥纺织集团公司董事长、党委书记,邹平县供销合作社党委书记,省企业市场战略研究会副会长,滨州市人大常委会委员,中华全国供销合作总社理事,省国际经济贸易联合会副会长。历任第九届、第十届、第十二届全国人大代表。

沈志强　山东荣成人,1963 年 12 月出生,中共党员。1982 年 9 月,山东农业大学牧医系兽医专业学生;1986 年 7 月任惠民地区畜牧兽医研究所团支部书记,研究实习员;1992 年 3 月任滨州地区畜牧兽医研究所团支部书记,研究实习员;1992 年 8 月任滨州地区畜牧兽医研究所科技开发室副主任、助理研究员 (其间;1993 年 2 月至 1994 年 8 月挂职滨州市滨城镇副镇长); 1995 年 12 月任山东省滨州地区畜牧兽医研究所科技开发室主任,滨州畜禽用蜂胶疫苗研究开发推广中心主任(1996 年 11 月研究员); 1998 年 3 月任滨州地区畜牧兽医研究所所长;1998 年 9 月任滨州地区畜牧兽医研究所所长,滨州畜禽用蜂胶疫苗研究开发推广中心主任;2003 年 12 月任滨州畜牧兽医研究所所长、党支部书记,滨州畜禽用蜂胶疫苗研究开发推广中心主任,滨州市科协副主席,市人大常委会委员(其间:2001 年 9 月至 2004 年 6 月在中国农业大学预防兽医专业学习,获农学硕士学位);2006 年 8 月任滨州畜牧兽医研究院院长、党支部书记,滨州畜禽用蜂胶疫苗研究开发推广中心主任,滨州市科协副主席;2008 年 1 月,滨州畜牧兽医研究院院长、党支部书记,滨州畜禽用蜂胶疫苗研究开发推广中心主任,滨州市科协副主席,市残联副理事长(其间:2006 年 9 月至 2009 年 6 月中国农业大学预防兽医专业学习,获兽医博士学位);2010 年 3 月任滨州畜牧兽医研究院院长、党支部书记,滨州畜禽用蜂胶疫苗研究开发推广中心主任,滨州市科协副主席,市残联副理事长。历任第十届、第十一届、第十二届全国人大代表。

第三章　出席历届山东省人民代表大会代表

第一届(1954.07—1958)山东省人大代表(54名)

于祚堂	王鸿春	王文正	苗永守	张辑五	丁发周	王卓如
郭宗彬	董晴岚	宋康祥	卢俊英(女)	韩金星	张宪文	刘绍廷
王明昌	宋金英(女)	吴观明	晏成山	张春香	尹学舜	李洪福
徐明光	王桂芬(女)	孙明德	常念邹	史令英(女)	张明江	董力生(女)
王　哲	宋立言	路连成	李勤学(女)	孙鸿泉	顾传贤	王清阶
杨　岩	李田英(女)	秦　杰	郭占一	王岐玉	吴观武	王月村(女)
郭天祥	卞立祯	李　瑜	李安振	杨海臣	邹荣臻	姚　傑
张道尊	张耀会	翟德海	张翠萍(女)	续中一		

丁发週　(丁发周)江西万安人,1915年出生,时任山东省结核病防治院院长。

于庆文　山东济阳人,1926年出生,时任山东省济阳县太平乡官庄村高级社主任。

于佐堂　(于祚堂)(详见第三届省人大代表名录)

王　哲　(详见第三届省人大代表名录)

王文正　山东沂南人,1920年出生,时任中共桓台县委员会委员,桓台县人民委员会副县长。

王月村(女)　山东临淄人,1909年出生,时任山东省妇联主席。

王占宗　山东乐陵人,1922年出生,时任芦店乡财经员。

王卓如　河南内黄人,1908年出生,时任中共山东省委常委、副省长。

王明昌　(详见第二届省人大代表名录)

王岐玉　山东垦利人,1919年出生,惠民党校文化学习。

王桂芬(女)　山东邹平人,1922年出生,时任高级社副主任,乡妇联主任。

王清阶　山东博兴人,1919年出生,时任中共史及区委组织委员。

尹学舜　山东滨县人,1906年出生,时任高级农业社社长,党支部书记,乡支委员。

卞立祯　(详见第二届省人大代表名录)

史令英(女)　山东齐东人,1933年出生,时任高级社副主任。

朱秀珍(女)　山东乐陵人,1924年出生,时任村农业社长、中共区委员。

刘绍廷　山东邹平人,1909年出生,时任邹平黄山区邹平镇镇支书。

李　瑜　山东乳山人,1917年出生,时任山东省供销合作社主任,省工商联副主任委员。

李田英(女)　山东广饶人,1919年出生,时任农业社副主席。

李安振　山东临邑人,1921年出生,时任高级农业社长。

李洪福　(详见第二届省人大代表名录)

李勤学(女)　山东博兴人,1925年出生,时任博兴三区纪吕乡副乡书。

吴观明　山东沾化人,1906年出生,时任农业社保管委员务农,兼区联社监事。

吴观武　山东广饶人,1908年出生,时任本村民政委员,东方红集体农庄庄园。

宋金英(女)　(详见第二届省人大代表名录)

宋立言　（详见第三届省人大代表名录）
宋康祥　江苏新沂人,1904 年出生,时任山东省农业厅经济作物处处长。
孙鸿泉　（详见第二届省人大代表名录）
杨　岩　安徽寿县人,1918 年出生,时任中共山东省委副秘书长。
杨海臣　山东济阳人,1919 年出生,时任农业合作社副主任种地生产。
邹荣臻　山东高唐人,1918 年出生,当时在农业厅工作。
卢俊英(女) 山东无棣人,1914 年出生,时任高级社的常委委员。
顾传贤　（详见第二届省人大代表名录）
苗永守　（详见第五届省人大代表名录）
姚　傑　山东临淄人,1919 年出生,时任山东省民政厅优抚局副局长。
张宪文　山东邹平人,1911 年出生,时任农社管理委员会委员农业股党内分支书。
张明江　（详见第三届省人大代表名录）
张春香　山东沾化人,1897 年出生,时任高级社长。
张道尊　山东商河人,1920 年出生,时任村支书社主任乡委员。
张辑五　河南滑县人,1912 年出生,当时省委农村工作部工作。
张翠萍(女)（详见第二届省人大代表名录）
张耀会　河北盐山人,1911 年出生,时任山东省财粮贸办公室副主任。
徐明光　新疆缙云人,1915 年出生,时任省农业厅农业机械局工程师。
秦　傑　（秦杰）（详见第二届省人大代表名录）
郭占一　山东广饶人,1902 年出生,时任五星集体农庄主席。
郭天祥　山东广饶人,1916 年出生,时任农业社长。
郭宗彬　（详见第三届省人大代表名录）
常念邹　山东邹平人,1923 年出生,时任邹平县苑城区委书记。
韩金星　（详见第二届省人大代表名录）
董力生(女) 江苏赣榆人,1921 年出生,学员。
董晴岚　（详见第二届省人大代表名录）
路连成　山东阳信人,1918 年出生,时任高级社社长。
翟德海　（详见第二届省人大代表名录）
续中一　山东平邑人,时任财政厅厅长。

注:()内名字为人大志中用名。人大志中,还有王鸿春、晏成山、孙明德在档案中没有。

王鸿春、晏成山、孙明德无简介缺材料,简介中多丁庆文、王占宗、朱秀珍(女)(此三人不在以上一届代表名字列)。

第二届（1958—1963.12）山东省人大代表(54 名)

于延臣	于佐堂	王佃梅(女)	王明昌	王　哲	王盛树	王耀生
卞立祯	刘元香(女)	刘希文	刘锡英(女)	任学三(女)	孙鸿泉	宋文清
宋立言	宋金英(女)	宋康祥	宋传伦	李建修	李洪福	李襄臣
杜慎五	邢敬德	周林森	房书勋	陈培兰(女)	姚　杰	苗永守
赵秀兰(女)	郑继彤	秦　杰	秦和珍(女)	毕有华	高名翔	张希五
张明江	张宗魁	张桂欣(女)	张培江	张翠萍(女)	郭占一	郭庆兰(女)

郭宗彬	崔永太	彭树荣	钟胜美(女)	董晴岚	翟德海	穆瑞五
薛岳东	韩金星	顾传贤	续中一	酆曰珍(女)		

于延臣 山东利津人,1918 年出生,时任济南吕剧团团长。

于佐堂 (于祚堂)(详见第三届省人大代表名录)

王佃梅(女) 山东齐东人,1939 年出生,中共党员,时任齐东县花沟乡副乡长。

王明昌 山东惠民人,1924 年出生,中共党员,曾任惠民发电厂工会主席兼供电区长、生产技术科主任。历任第一届、第二届山东省人大代表。

王　哲 (详见第三届省人大代表名录)

王盛树 山东淄博市人,1929 年出生,时任商河县农业机械站拖拉机驾驶员兼机车长。

王耀生 山东淄博市人,1921 年出生,时任山东实验中学副校长。

卞立祯 山东临邑人,1919 年出生,曾任临邑县联社委员,城关铁业社主任。历任第一届、第二届山东省人大代表。

刘元香(女) 山东乐陵人,1923 年出生,中共党员,时任农业社支书。

刘希文 山东滨县人,1926 年出生,中共党员,时任滨县郭口乡乡长。

刘锡英(女) 山东利津人,1934 年出生,时任前进社副社长,城镇人民委员会委员。

任学三(女) 山东博山人,1923 年出生,中共党员,时任邹平县副县长。

孙鸿泉 山东博兴人,1909 年出生,民盟,曾任山东医学院教授、省立二院耳鼻喉科主任。历任第一届、二届山东省人大代表。

宋文清 山东平原人,1919 年出生,中共党员,时任乐陵县县长。

宋立言 (详见第三届省人大代表名录)

宋金英(女) 山东齐东人,1934 年出生,曾任人民公社副社长、团乡总支书记。

宋康祥 江苏新安人,1904 年出生,时任农业厅农业处副处长。

宋传伦 山东苍山人,1924 年出生,中共党员,时任中共滨县县委第二书记。

李建修 (详见第三届省人大代表名录)

李洪福 河北盐山人,1926 年出生,中共党员,曾任检查组检查员、北镇铁工厂检验员。历任第一届、二届山东省人大代表。

李襄臣 (详见第三届省人大代表名录)

杜慎五 山东广饶人,1909 年出生,中共党员,时任博兴县县长。

邢敬德 山东齐东人,1922 年出生,中共党员,时任惠民专区第二人民医院副院长。

周林森 山东桓台人,1921 年出生,时任下泉打井队长。

房书勋 山东乐陵人,1918 年出生,时任双庙赵乡副乡长。

陈培兰(女) 山东阳信人,1931 年出生,时任幸福人民公社第九社第四区生育保健站站长。

姚　杰 山东临淄人,1921 年出生,中共党员,时任山东省民政厅教养处处长。

苗永守 (详见第五届省人大代表名录)

赵秀兰(女) 山东乐陵人,1926 年出生,中共党员,时任商河县妇联主任。

郑继彤 山东德人,1919 年出生,中共党员,时任沾化县副县长。

秦　杰 (秦傑)山东招远人,1908 年出生,中共党员,时任山东省农业科学研究所副所长。历任第一届、第二届山东省人大代表。

秦和珍(女) (详见第十一届省人大代表名录)

毕有华　浙江海盐人,1919年出生,中共党员,时任医学院卫生教研组副主任。

高名翔　辽宁人,1910年出生,预备党员,时任济南铁路局工务处副处长。

张希五　山东桓台人,1909年出生,农工党,时任济南市中区联合诊所副所长。

张明江　(详见第三届省人大代表名录)

张宗魁　山东商河人,1932年出生,中共党员,阳信县水落坡乡乡长。

张桂欣(女)(详见第三届省人大代表名录)

张培江　山东邹平人,1931年出生,预备党员,时任邹平县大由乡副乡长。

张翠萍(女)山东德县人,1930年出生,回族,中共党员,曾任临邑县妇联委员,革命职员,德平镇妇联主任。历任第一届、第二届山东省人大代表。

郭占一　山东广饶人,1905年出生,中共党员,时任高级社社长兼党支书。

郭庆兰(女)山东济阳人,1936年出生,中共党员,时任农业社副社长。

郭宗彬　(详见第三届省人大代表名录)

崔永太　山东广饶人,1919年出生,中共党员,时任东风人民公社第一大队支书。

彭树荣　山东沾化人,1924年出生,时任农业社社长。

钟胜美(女)山东邹平人,1932年出生,中共党员,时任农业社副社长。

董晴岚　山东惠民人,1882年出生,曾任惠民县副县长。历任第一届、第二届山东省人大代表。

翟德海　山东临邑人,1915年出生,曾任高级社社长、幸福农业社社长。历任第一届、第二届山东省人大代表。

穆瑞五　北京人,1897年出生,时任青岛医学院教授兼皮花科主任。

薛岳东　山东济阳人,1925年出生,中共党员,时任曲堤乡乡长。

韩金星　山东无棣人,1905年出生,中共党员,曾任沾化县富国高级社社长,红光人民公社第八营营长。历任第一届、第二届山东省人大代表。

顾传贤　山东博兴人,1889年出生,时任农业社社员。历任第一届、第二届山东省人大代表。

续中一　山东平邑人,1913年出生,中共党员,时任山东省财政厅副厅长。

酆曰珍(女)山东无棣人,1932年出生,中共党员,时任建丰社副社长。

第三届(1963.12—1966)山东省人大代表(42名)

刘桂英(女)	刘逸民	宋立言	张桂欣(女)	李玉树	李道庆	檀　树
王　哲	冯克英(女)	史树荣	王居仁	李生学	卓宝南	郝怀友
樊临照	于佐棠	阎长泰	袁树森	王震东	刘心儒	李金凤(女)
张锡田	王述彬	李琨泉	文纪博	苗永守	张传海	王佃美(女)
李建修	高怀让	于华芳(女)	高　兰	郭宗彬	满少卿	王兆凤(女)
张明江	姜冠伦	秦和珍	宋玉梅(女)	李襄臣	董明鉴	郭　林

宋立言　山东广饶人,1916年出生,中共党员,曾任山东惠民专署专员、淄博地委书记处书记。历任第一届、二届、三届山东省人大代表。

刘桂英(女)辽宁盖平人,1915年出生,满族,时任山东省医学院附属医院护士。

刘逸民　山东乐陵人,1905年出生,时任广饶县副县长。

张桂欣(女)山东广饶人,1930年出生,中共党员,曾任广饶县农业社生产队长、牛庄公社张店大队支部书记。历任第二届、第三届山东省人大代表。

李玉树　山东无棣人,1933年出生,中共党员,时任无棣县木业生产合作社车间主任。

李道庆　山东无棣人,1930年出生,时任无棣县店子公社车里东村社员。

檀树棻　辽宁黑山人,1902年出生,民革,时任山东省卫生防疫站副站长。

王　哲　山东沾化人,1904年出生,中共党员,时任山东省副省长。历任第一届、第二届、第三届山东省人大代表。

冯克英(女)山东阳信人,1938年出生,回族,时任阳信县温店区大营村生产大队队长,阳信县人委委员。

史树荣　山东博兴人,1921年出生,中共党员,时任阳信县县长。

王居仁　河北乐亭人,1910年出生,时任山东省农业厅畜牧局技师。

李生学　山东邹平人,1884年出生,时任邹平县人委委员。

卓宝南　山东高青人,1909年出生,时任惠民师范副校长。

郝怀友　(详见第五届省人大代表名录)

樊临照　山东广饶人,1924年出生,中共党员,时任邹平县县长。

于佐棠　山东利津人,1898年出生,时任利津县黄河第一修防段工程队队长。历任第一届、第二届、第三届山东省人大代表。

闫长太　山东沾化人,1917年出生,民盟,时任山东大学副教授。

袁树森　山东博兴人,1915年出生,中共党员,时任利津县县长。

王震东　(详见第五届省人大代表名录)

刘心儒　(详见第五届省人大代表名录)

李金凤(女)山东沾化人,1940年出生,共青团员,时任沾化县金殿公社妇联主任。

张锡田　河北安平人,1907年出生,民革,时任山东省水产厅副厅长。

王述彬　山东广饶人,1915年出生,中共党员,时任垦利县副县长。

李琨泉　辽宁辽阳人,1902年出生,时任渤海农垦局畜牧技师。

文纪博　山东桓台人,1914年出生,时任桓台县唐山区后七大队第六生产队队长。

张传海　山东博兴人,1905年出生,时任惠民专区吕剧团导演。

苗永守　(详见第五届省人大代表名录)

王佃美(女)山东高青人,1938年出生,中共党员,时任高青县龙桑公社主任。

李建修　山东诸城人,1919年出生,中共党员,曾任山东省水利厅副厅长、省长农业办公室主任。历任第二届、三届山东省人大代表。

高怀让　山东博兴人,1921年出生,中共党员,时任高青县县长。

于华芳(女)河南济源人,1915年出生,时任惠民专区中心医院护士长。

高　兰(女)黑龙江人,1910年出生,民盟,时任山东大学教授。

郭宗彬　山东惠民人,1914年出生,曾任惠民县建国农业社副社长、真理一社副社长、小郭公社小郭大队副主任。历任第一届、第二届、第三届山东省人大代表。

满少卿　山东商河人,1926年出生,中共党员,时任惠民县副县长。

王兆凤(女)山东博兴人,1939年出生,时任博兴县伏李公社王楼村大队妇女队长。

张明江　山东禹城人,1929年出生,中共党员,曾任惠民专署汽车运输公司汽车队修理组长、技术员、队长。历任第一届、二届、三届山东省人大代表。

姜冠伦　山东高青人,1912年出生,时任博兴一中副校长。

秦和珍(女)山东金乡人,1911年出生,中共党员,时任中共山东省委组织部部长。历任第二届、第三届山东省人大代表。

宋玉梅(女) 山东滨县人,1943 年出生,共青团员,时任滨县闫家区宋黑村生产队队长。

李襄臣　湖南长沙人,1898 年出生,中共党员,曾任山东省盐务局总工程师、省轻工业厅副厅长。历任第二届、三届山东省人大代表。

董明鉴　山东广饶人,1925 年出生,中共党员,时任滨县县长。

山东省第四届人民代表大会没有召开。

1966 年至 1976 年,山东省第四届人民代表大会代表没有产生。

第五届(1977.11—1983.04) 山东省人大代表(75 名)

赵国栋	袁承恩	陈广太	周茂林	胡安夫	王洪录	李玉堂
崔洪举	刘福来	郭洪涛	王震东	李吉祥	康金堂	王凤仁
齐书文	王爱珍(女)	宫洪山	李　芹(女)	傅连明	王健民	韩玉田
曹玉香(女)	阎利玲(女)	宋树青	孙永田	步怀英(女)	白冬梅	言素梅(女)
冯永喜	郝怀友	苗永守	金玉芹(女)	杨连科	曹秀兰(女)	王炳芬(女)
刘永德	李培田	赵凤志	王连贵	孙树梅	崔清双	柴福梅(女)
王先德	丛付泽	赵振芳(女)	肖景海	马成恺	魏如星	李春生
李树林	孙再兰(女)	张维岫	杨文魁	徐万祥	刘金海	石爱云(女)
王传友	王学农	彭梅夔	史桂英(女)	张忠华	刘奎振	杨秉海
杨统一	曾宪苓(女)	孙兰环(女)	杨俊英(女)	王曰美	马振泉	于华春
谈月芬(女)	刘心儒	谢良辰	禚宝南	牛　良		

赵国栋　山东益都人,1923 年出生,中共党员,时任惠民地委书记、革委主任。

袁承恩　山东掖县人,1924 年出生,中共党员,时任惠民地委副书记、革委副主任。

陈广太　山东掖县人,1939 年出生,中共党员,时任高青县旧镇公社党委书记、县委常委。

周茂林　(详见第七届省人大代表名录)

胡安夫　(详见第七届省人大代表名录)

王洪录　山东博兴人,1939 年出生,中共党员,时任博兴县委副书记、革委副主任。

李玉堂　山东博兴人,1917 年出生,中共党员,时任惠民县委副书记、革委副主任。

崔洪举　山东济南人,1938 年出生,中共党员,时任广饶县农机厂党支部书记、县革委副主任。

刘福来　山东无棣人,1922 年出生,中共党员,时任阳信县委常委、革委副主任。

郭洪涛　山东无棣人,1928 年出生,中共党员,时任无棣县委副书记、革委副主任。

王震东　山东乐陵人,1913 年出生,中共党员,曾任沾化县县长,县委常委、革委副主任。历任第三届、第五届山东省人大代表。

李吉祥　山东利津人,1946 年出生,中共党员,时任利津县委书记、革委主任。

康金堂　山东沾化人,1926 年出生,中共党员,时任滨县县委常委。

王凤仁　山东乐陵人,1924 年出生,中共党员,时任垦利县委书记、革委主任。

齐书文　(详见第六届省人大代表名录)

王爱珍(女) 山东博兴人,1941 年出生,时任北镇活塞厂工人。

宫洪山　山东高青人,1953 年出生,共青团员,时任高青县农机修造厂工人。

李　芹(女)　山东淄博人,1954年出生,共青团员,时任邹平县染织厂工人。

傅连明　山东广饶人,1952年出生,共青团员,时任桓台县化肥厂合成车间值班长。

王健民　山东博兴人,1950年出生,中共党员,时任博兴县第一砖瓦厂团支部书记。

韩玉田　山东广饶人,1926年出生,中共党员,时任广饶县化肥厂管焊工。

曹玉香(女)　山东垦利人,1955年出生,中共党员,时任惠民县化工机械厂车间副主任。

阎利玲(女)　山东利津人,1955年出生,共青团员,时任阳信县

宋树青　山东无棣人,1952年出生,共青团员,时任无棣县农具制修厂车间主任。

孙永田　(详见第六届省人大代表名录)

步怀英(女)　山东高青人,1917年出生,中共党员,时任高青县唐坊公社和店大队党支部书记、县委常委。

白冬梅　山东高青人,1927年出生,中共党员,时任高青县高城公社堤西李大队党支部委员。

言素梅(女)　山东邹平人,1954年出生,共青团员,时任邹平县苑城公社张大队科验队副队长。

冯永喜　(详见第八届省人大代表名录)

郝怀友　山东邹平人,1922年出生,中共党员,曾任邹平县东平公社东平村大队支部书记、焦桥公社东平大队党支部书记。历任第三届、第五届山东省人大代表。

苗永守　山东桓台人,1927年出生,曾任桓台县卫固区委分区委员侯庄乡支书、前进高级农业社社长,农业社主任,侯庄公社侯庄大队支部书记,侯庄公社侯庄大队党支部副书记。历任第一届、第二届、第三届、第五届山东省人大代表。

金玉芹(女)　山东桓台人,1953年出生,中共党员,时任桓台县马桥公社党委副书记。

杨连科　山东博兴人,1931年出生,中共党员,时任博兴县小营公社申家大队党支部书记、县委常委。

曹秀兰(女)　山东博兴人,1954年出生,中共党员,时任博兴县曹王公社梁家大队党支部副书记。

王炳芬(女)　山东广饶人,1957年出生,时任广饶县马头公社马后大队养猪场饲养组长。

刘永德　山东广饶人,1937年出生,中共党员,时任广饶县颜徐公社东堡大队党支部书记。

李培田　山东广饶人,1933年出生,中共党员,时任广饶县花官公社生金李大队党支部书记。

赵凤志　山东垦利人,1927年出生,中共党员,时任垦利县辛店公社小赵家大队党支部书记。

王连贵　山东垦利人,1946年出生,中共党员,时任垦利县史口公社油坊大队党支部书记。

孙树梅　山东惠民人,1933年出生,中共党员,时任惠民县城关公社孙庙大队党支部书记。

崔清双　山东惠民人,1918年出生,中共党员,时任惠民县联五公社马家大队党支部书记。

柴福梅(女)　山东惠民人,1946年出生,时任惠民县毛刘公社钦风大队生产队长。

王先德　山东阳信人,1936年出生,中共党员,时任阳信县城关公社双庙大队党支部书记。

丛付泽　山东阳信人,1928年出生,时任阳信县河流公社刘庙大队生产队长。

赵振芳(女)　山东无棣人,1944年出生,中共党员,时任无棣县白阳公社东袁大队妇女主任。

肖景海　山东无棣人,1936年出生,中共党员,时任无棣县水湾公社郭辛店大队党支部书记。

马成恺　山东桓台人,1934年出生,中共党员,时任桓台县索镇公社花园大队党支部书记。

魏如星　山东博兴人,1915年出生,中共党员,时任博兴县兴福公社村位大队党支部副书记。

李春生　山东沾化人,1925年出生,中共党员,时任沾化县李家公社李雅庄大队书记、地革委副主任、省革委常委。

李树林　山东沾化人,1934年出生,中共党员,时任沾化县海防公社爱国大队党支部书记、公社副书记。

孙再兰(女)　山东沾化人,1940年出生,时任沾化县义和公社寿光大队妇联主任。

张维岫　山东利津人,1934年出生,中共党员,时任利津县北岭公社孟南大队党支部书记。

杨文魁　山东滨县人,1909年出生,中共党员,时任滨县杨集公社杨柳雪大队贫协委员、地委委员。

徐万祥　山东滨县人,1917 年出生,时任滨县单寺公社小赵家大队贫协委员。

刘金海　山东利津人,1948 年出生,共青团员,时任利津县陈庄公社治河三大队社员。

石爱云(女)(详见第六届省人大代表名录)

王传友　山东滨县人,1943 年出生,中共党员,时任惠民地区东营中心粮店党支部书记。

王学农　山东高青人,1943 年出生,时任高青县旧镇饭店厨师。

彭梅羹　(详见第六届省人大代表名录)

史桂英(女)(详见第六届省人大代表名录)

张忠华　山东蓬莱人,1940 年出生,中共党员,时任惠民北镇中学教革处副主任。

刘奎振　(详见第六届省人大代表名录)

杨秉海　山东邹平人,1939 年出生,中共党员,时任邹平县临池公社南北寺学校党支部书记。

杨统一　山东博兴人,1924 年出生,时任博兴县小营公社中学教师。

曾宪苓(女)(详见第六届省人大代表名录)

孙兰环(女) 山东文登人,1941 年出生,时任垦利县三中教师。

杨俊英(女) 山东滨县人,1942 年出生,中共党员,时任滨县北镇公社杨家大队小学教师组长。

王曰美　山东无棣人,1938 年出生,中共党员,时任沾化县医院黄升分院院长。

马振泉　山东沾化人,1938 年出生,时任利津县农业局技术员。

于华春　(详见第六届省人大代表名录)

谈月芬(女) 江苏无锡人,1930 年出生,中共党员,时任惠民地区农科所技术员。

刘心儒　山东益都人,1921 年出生,曾任惠民专区水建指挥部副指挥、工程师、水利局工程师。历任第三届、第五届山东省人大代表。

谢良辰　山东滨县人,1910 年出生,时任北镇卫校中医教师。

禚宝南　山东高青人,1908 年出生,时任惠民师范原副校长。

牛　良　(详见第六届省人大代表名录)

第六届(1983.04—1987.12)山东省人大代表(66 名)

彭梅羹	江连仲	牛　良	刘　勇	方荣翔	葛逢珠	史镜铭
马振泉	于华春	史桂英(女)	齐书文	刘奎振	刘统渊	刘世成
孙永田	商安喜	马玉岐	张传高	陈光甫	朱希庆	周景泉
傅　勤	刘秉卿(女)	阎启俊	冯俊岭(女)	张　奇	赵光明	张　昭
田次元	李华英(女)	朱爱芹	赵玉兰(女)	马成文	孙立彬	于善梅(女)
张雷白	李继祜	王骏芬(女)	崔若森	高延洲	冯永喜	刘秀芳(女)
孟昭进	王丕汉	石爱云(女)	张万湖	齐世诚	武开章	刘　干
朱文科	杨光华	刘世彬	刘继修	孙廷全	梁志鹏	陈桂兰(女)
陈光平	顾杰夫	王本功	阎绍凤(女)	徐世凤(女)	林观明	曾宪苓(女)
徐桂秀(女)	周冠友	王道玉				

彭梅羹　江西安福人,1933 年出生。1952 年至 1955 年在湖南医学院外科学习;1955 年任山东医学院附属医院外科医师;1957 年任蒙古人民共和国友谊医院外科医师;1962 年任山东医学院附属医院外科医师;1965 年任山东惠民地区人民医院外科副主任;1982 年任山东惠民地区人民医院副主任医师。历任第五届、第六届山东省人大代表。

江连仲 山东济南人，1943年出生，中共党员。1962至1967年在山东农学院畜牧系学习；1967年在沾化县畜牧兽医站工作；1974年在沾化县农业局工作；1976年在沾化县人民政府工作。时任沾化县人民政府副县长。

牛 良 山东安丘人，1928年出生，中共党员。1945年7月任莒北县委组织部干事、区委书记；1951年12月任诸城县委宣传部副部长、部长；1954年4月胶州地委整党办公室任副主任，山东省委监委任监察员；1959年5月广饶县稻庄公社任党委书记；1963年11月任惠民地委组织部科长、副科长；1967年12月任惠民地委革委常委，核心小组秘书长；1971年5月任惠民地委常委，政治部副主任，阳信县委书记；1977年7月任惠民地委副书记、行署专员。历任第五届、第六届山东省人大代表。

刘 勇 山东淄博人，1924年出生，中共党员。1938年参加工作，任淄川县独立营二中队文书；1938年10月，任沂水县库堤扶日军政干校学员、缮写员；1939年7月，任沂水县库堤抗日第二游击队宣传干事；1939年10月，任鲁南区党委缮写员、秘书、组织干事；1942年4月，任赵镈、费县区委书记；1945年6月，任鲁南区党委秘书、调查研究室组长；1946年2月，在麓水、白颜、益都、潍安等县分别任各救会会长、民运部部长、县长；1951年8月，任昌潍区工会办事处主任、潍坊市工会主席、市长；1953年3月，任昌潍专员公署副专员、专员、地委常委、副书记；1973年任昌潍地革委副主任、党组副书记；1978年2月，任山东省计划委员会副主任、党组副书记；1979年12月，任山东省计划委员会主任、党组书记。

方荣翔 北京人，1925年8月出生，中共党员。1948年4月参加工作，四野七纵京剧团演员；1949年2月，四野四四军京剧团演员；1949年8月，四野十五兵团京剧团演员；1951年10月，志愿军政治部京剧团演员；1954年2月，任志愿军政治部京剧团剧务组长；1965年10月，任山东省京剧团副团长。

葛逢珠 山东齐河人，1934年出生，1956年8月任济宁农校教员；1958年5月任省棉花培育种室技术员；1978年8月任省棉花培育种室农艺师。

史镜铭 陕西汉中人，1920年出生，民主党派。1944年10月在西北医学院（现西安医学院）学习；1949年5月在山大医院实习；1950年8月任青岛医学院附院医师、讲师；1976年6月任北镇医学院内科教研室副教授、主任、附属医院副院长。

马振泉 （详见第八届省人大代表名录）

于华春 山东惠民人，1937年出生，时任惠民地区农业局畜牧兽医站技术员。历任第五届、第六届山东省人大代表。

史桂英（女） 山东昌邑人，1943年出生，中共党员，时任惠民地区吕剧团演员。历任第五届、第六届山东省人大代表。

齐书文 山东惠民人，1951年出生，共青团员，时任惠民地区汽车运输公司驾驶员。第五届、六届山东省人大代表。

刘奎振 山东黄县人，1943年出生，中共党员，时任惠民北镇柴油机厂技术员。历任第五届、六届山东省人大代表。

刘统渊 （详见第七届省人大代表名录）

刘世成 （详见第七届省人大代表名录）

孙永田 山东滨县人，1936年出生，中共党员，时任滨县轻工机械厂生产组组长。历任第五届、六届山东省人大代表。

商安喜 山东阳信人，1956年出生，中共党员。1973年8月参加工作，在东大队副业队开机器；1977年2月，任东大队团支部书记；1981年12月，任东大队党支部副书记。

马玉岐 （详见第七届省人大代表名录）

张传高 （详见第七届省人大代表名录）

陈光甫 山东无棣人，1915年出生。1939年至1947年，在国民党伪军内曾任排长、连长、营长、团长等职，于1948年10月向我军投诚，此后，迁回家务农。1980年6月，落实政策后，安排为小王公社中学任副校长。

朱希庆　山东无棣人，1941年出生，中共党员。1965年前，为农村社员；1965年，任无棣县河沟公社石三里大队队长；1973年，任无棣县河沟公社石三里大队党支部书记。

周景泉　山东沾化人，1930年出生，中共党员。1948年在本村务农；1954年在本村任初级社社长、高级社副社长、生产大队长、大队党支部副书记。

傅　勤　湖南桃江人，1937年出生，中共党员。1954年8月在神头、白杨沙电厂工作任技术员；1975年5月任沾化发电厂工作技术员；1980年7月任沾化发电厂生技科副科长；1981年7月任沾化发电厂副总工程师。

刘秉卿（女）　山东牟平人，1946年出生。1954年在校读书；1968年在本大队任大队保管员；1970年至1974年在沾化县四扣公社铁厂亦工亦农；1974年在本大队务农；1978年任妇女主任。

阎启俊　山东博兴人，1950年出生，中共党员。1971年11月任庞家公社团委副书记、书记；1975年6月任庞家公社党委副书记；1977年2月任寨郝公社党委书记；1980年10月任博兴县委常委；1982年10月任滨州市委常委、副市长。

冯俊岭（女）　（详见第七届省人大代表名录）

张　奇　山东沂南人，1923年出生，中共党员。1942年1月任沂南县委组织部统计员、区委委员、区委书记；1949年1月任地委组织部、农工部科长；1952年7月任沂源县委副书记、书记；1963年10月在中央高级党校学习；1964年11月任地委财贸政治部主任；1965年11月任桓台县委书记；1973年11月任地委副书记、行署副专员。

赵光明　山东昌乐人，1931年出生，中共党员。1952年9月参加工作，在济南第一机床厂干技术员；1956年2月，任济南第一机床厂设备科副科长、技术科副科长；1958年10月，任中国科学院山东分院副科级干部；1960年，任山东省科委副科级干部；1977年1月，任山东省科委计划处副处长；1981年10月，任山东省科委副主任兼计划处处长、党组成员。

张　昭　山东寿光人，1929年出生。1950年9月参加工作，在农林厅林业局测量队从事技术员；1956年4月，在林业厅林调队从事技术员；1958年1月，任林业厅林调队副队长（副科级）；1960年6月，任林业厅林调队副队长（副科级）工程师；1970年11月，任昌乐县农业局工程师；1975年4月，任农林局林调队工程师；1979年8月，任省林业勘察设计队副队长（副处长）工程师。

田次元　山东商河人，1920年出生。1926年至1935年先后在商河完小、惠民第四中学、商河师范北京艺术学院读书；1931年至1949年，先后在商河城关第一完小任校长、商河第二完小任教师，德州中学任教师；1949年在洛北地委文工队任音乐教师；1950年在惠民地委文工队副队长兼音乐教师；1952年在惠民地区文化馆任副馆长；1953年在北镇中学任教；1957年至今在惠民师范任音乐教师；现兼任惠民县政协副主席。

李华英（女）　（详见第七届省人大代表名录）

朱爱芹　山东惠民人，1932年出生，中共党员。1952年起任商级社文书、会计；1974年任大队党支队书记。

赵玉兰（女）　（详见第十二届省人大代表名录）

马成文　（详见第七届省人大代表名录）

孙立彬　山东高青人，1943年出生，中共党员，当选时在家务农。

于善梅（女）　山东牟平人，1943年出生。1965年9月在北京师范大学化学系毕业；1970年8月任北京师范大学任化验员；1972年6月在辽宁锦西一中任教；1974年2月至1983年1月在山东省博兴一中任教。

张雷白　山东德州人，1916年出生，无党派。1940年入国文剧团，1942年毕业；1942年入中华剧艺社；1943至1949年历任小学、中学美术教员、小学业务主任、私立美专讲师；1949年参军二野十八军文工团；1952年在德州中学任教；1958年划右派，在养猪坊劳动改造；1961年在兴四中戴帽教学；1979年在博兴县工艺美术公司任美术指导。

李继祜　山东博兴人,1939年出生,中共党员。1953年任生产队会计;1960年任大队会计股长;1968年任大队党支部书记。

王骏芬(女)　河北乐亭人,1945年出生,无党派。1964年9月在山东医学院上学;1970年9月至1980年8月在桓台县马桥分院医师;1980年9月至今在桓台县医院医师。

崔若森　山东桓台人,1949年出生,中共党员。1967年在桓台县木业社学徒;1969年6月在桓台县建筑社临时工;1971年6月在桓台县建筑公司工人。

高延洲　山东桓台人,1934年出生,中共党员。1950年1月在本村参加生产;1955年11月在本村初级社当会计;1957年1月在本村高级社法会计;1958年10月在本大队当会计;1966年9月在本大队任党支部书记。

冯永喜　(详见第八届省人大代表名录)

刘秀芳(女)　山东邹平人,1943年出生。1958年12月参加工作,在本村任民办教师;1964年,在苑城公社大省大队务农;1975年11月,在苑城公社大省大队幼儿园任教师。

孟昭进　山东邹平人,1904年出生。1926年至1935年参加西北军历任连长、营长、团长、旅长、参谋长;1936年至1948年任原国民党军队的司令员、师长、高参、山东第十任行政专员旅长;1948年于济南任少将总队长率部随吴化文起义;1948年9月,任解放军新一军旅长、三十五军任参谋长;1949年5月,在华东军大学和江苏滨海农场工作;1955年申请退职回家,任邹平县人民代表大会代表、县政协委员。

王丕汉　山东青岛人,1934年出生,中共党员。1945年2月,任周村机械制造业工会主席;1956年1月,任邹平县城关铁业社副主任;1951年8月,任邹平县通用机械厂副厂长;1960年,任邹平县农机厂副厂长、厂长、党支部书记。

石爱云(女)　山东邹平人,1950年出生,中共党员。1970年11月在地区食品公司工作;1979年4月在地区商业学校工作(学习);1979年9月在滨州市百货公司工作。历任第五届、第六届山东省人大代表。

张万湖　山东邹平人,1940年出生,中共党员。1961年9月任垦利县农业局技术员;1966年任垦利县宁海公社党委村书记;1971年4月任垦利县辛店公社党的核心领导小组成员;1971年5月任垦利县永安公社党委书记;1973年8月任中共垦利县委常委、永安公社党委书记;1976年1月任中共垦利县委常委、县常委生产指挥部副主任;1976年11月任中共垦利县委副书记、县常委副主任;1981年11月任中共垦利县委副书记、县政府县长。

齐世诚　山东广饶人,1938年出生,中共党员。1958年在官庄小学任教师;1963年8月,任农林局技术员、宣传工作组组长;1967年至1980年,先后任县革委政治部群工组组长、李鹤公社党委副书记、六户公社党委书记、大王公社党委书记;1980年,任中共广饶县委副书记、县政府副县长、县九届人民代表大会代表。

武开章　陕西佳县人,1905年8月出生,中共党员。曾任中共山东省委书记。

刘　干　山东沂水人,1916年出生,中共党员。曾任山东省人大常委会副主任。

朱文科　陕西富平人,1930年出生,中共党员。1953年1月参加工作,任玉门石油管理局办公室翻译员。1956年6月,任玉门石油管理局办公室主任;1957年12月,任玉门石油管理局地调处人教科科长、勘探公司电测大队党总支书记兼大队长;1960年1月,任玉门石油管理局勘探公司组织队长;1961年8月,任玉门石油管理局白杨河油矿副矿长、矿长;1965年10月,任胜利油田井下作业处党委副书记;1970年6月,任胜利油田孤岛会战党的核心小组组长;1971年6月,任胜利油田地质科学研究院党委书记兼院长;1981年9月,任胜利油田党委副书记;1983年1月,任胜利油田会战指挥部副指挥。

杨光华　湖南浏阳人,1923年出生,中共党员。1951年,任北京大学化工系副教授;1952年,任清华大学石油系副教授;1953年,任北京石油学院石油及天然气工学教研室主任、副教授;1958年,任北京石油学院炼制系炼油教研室主任、副教授;1963年,任北京石油学院炼制系主任、副教授;1964年,任北京石油学院副院长、副教授;1969年,任华东石油学院副院长、副教授;1978年,任华东石油学院副院长、教授;1979年,任华东石油学院院长、党委副书记、教授。

刘世彬　广东潮阳人,1931年出生。1954年9月任山东省造纸东厂技术员;1978年4月任济南山东省造纸东厂工程师;1979年10月任山东省造纸工业研究所工程师;1980年12月任山东省造纸工业研究所室主任。

刘继修　山东济宁人,回族,1925年出生。1944年在北京辅公二大学经济系读书;1949年8月任唐山煤矿翻译、会计;1950年11月任石油总局会计副科长;1955年4月任新疆石油局财务科长;1959年1月任大庆油田财务科长;1965年11月任胜利油田财务处会计师;1978年11月任胜利油田财务处副主任会计师;1980年4月任胜利油田财务处主任会计师;1981年任胜利油田会战指挥部副总会计师。

孙廷全　1947年出生,山东莒县人,中共党员。1965年在胜利油田井下作业处工读学校学习;1966年在胜利油田井下作业处十三队当工人;1973年在胜利油田指挥部采油四队当工人;1973年6月,先后任胜利油田 河口指挥部采油五队工人、副队长、队长。

梁志鹏　山东邹平人,1948年出生。中共党员。1960年10月至1966年4月在原籍务农;1966年4月至1976年12月胜利油田钻井指挥部三二九三钻井队工人、管理员;1976年12月至1978年6月3293队副政治指导员;1978年6月至1983年1月32548队整治指导员。

陈桂兰(女)　山东曲阜人,1938年出生,中共党员。1956年3月参加工作,在解放军第91医院从事护理员;1957年2月,在解放军第91医院从事助理护士;1962年2月,在解放军第91医院从事护士;1969年11月,任胜利油田胜利医院儿科护师、护士长。

陈广平　山东蓬莱人,1955年出生,1971年参加工作,一直在机厂金工车间车工人。

顾杰夫　浙江黄岩人,1935年出生。1954年在南京林学院读书;1958年8月在渤海综合物资开发局工作;1959年9月在孤岛技校学习;1961年7月在垦利县农业局工作;1979年7月历任惠民地区林学会副理事长,山东省林学会会员,垦利县林业局林业站站长、工程师,垦利县林学会理事长。

王本功　山东垦利人,1931年出生,中共党员。1950年至1954年,在苏刘村担任午校教员;1955年,任苏刘大队会计;1966年,任中共苏刘大队支部书记。

阎绍凤(女)　山东惠民人,1951年出生,中共党员。1964年在家务农;1965年12月在东营万百货公司第一零售商店营业员;1976年在东营百货公司第一零售商店党支书记;1981年5月在东营百货公司第一零售商店党支书记兼经理。

徐世凤(女)　山东利津人,1944年出生,中共党员。1964年8月在淤东任民办教师;1975年8月在陈中大队任民办教师;1978年10月在治一小学任公办教师;1981年10月在城关镇子弟小学任特级教师。

林观明　山东利津人,1948年出生。1963年9月在利津县北宋公社前林大队务农;1968年在店子公社食品站任协购员;1971年任小队保管员、小队副队长等职。

曾宪苓(女)　山东福山人,1944年出生,时任广饶县师范学校教师。历任第五届、第六届山东省人大代表。

徐桂秀(女)　山东广饶人,1942年出生。1969年8月,在临淄皇城完小任教;1969年10月在广饶县大王公社范家联中任教师。

周冠友　山东广饶人,1936年出生,中共党员。1956年至1959年,任牛庄公社前邹大队团支部书记;1960年,任牛庄公社魏家管区副主任;1964年,任牛庄公社前邹大队党支部书记。

王道玉　(详见第十一届省人大代表名录)

第七届(1988.01—1993.02)山东省人大代表(38名)

常振纲	马成文	赵振洪	周敬尊	冯宝璞	王秀岗	冯永喜
赵玉德	王传玞	冯国妹(女)	郭长才	冯俊岭(女)	马振泉	张志纯
张乐敏	刘统渊	李志华(女)	纪谦泰	赵洪瑞	李华英(女)	张程震

王金智	马玉岐	李秀峰	马　驎	周茂林	张传高	宇培杲
李聚馨	刘世成	解　聚	王宪武	吴庆勋(女)	姬脉勇	胡安夫
马东向	胡兆坤	徐立文				

王宪武　山东泰安人,1936年6月出生,中共党员。1951年7月参加工作,1951年7月在济南柴油机厂工作,1958年1月在北镇活塞厂工作,1974年12月在北镇活塞厂技术科工作,1978年12月任北镇活塞厂技改处主任,1980年任滨州活塞厂厂办副主任,1984年10月任滨州活塞厂副总工程师,1985年5月任滨州活塞厂总工程师。

刘世成　山东滨州人,1934年3月出生,中共党员。1953年5月参加工作,1953年5月在滨县公安局工作,1965年4月任滨县城关管区书记,1973年4月历任杨集公社、堡集公社副书记、书记,1984年4月任滨县人民检察院检察长,1987年4月任滨州市人民检察院检察长。

宇培杲　山东牟平人,1934年8月出生,中共党员。1950年10月参加工作,1950年10月在乳山县油脂公司公司从事办事员,1953年4月在文登县油脂公司、省油脂公司从事办事员,1958年1月历任省粮食厅办事员、科长,1969年9月任省财办财粮处科员,1975年7月任省财办财粮处处长,1978年12月任省革委财办贸易处处长,1980年12月任省财委副主任,1983年1月任省粮食局局长、党组成员,1986年3月任省政府副秘书长、党组副书记,1987年7月任省政府秘书长、机关党委书记。

李聚馨　山东蓬莱人,1928年5月出生,中共党员。1941年10月参加工作,1941年10月在蓬莱县七区官山村、西宋村小学从事教员,在北海中学学习,1944年9月北海地委新区工作队队员,1945年1月历任北海公安局侦查员、科员、福山公安局股长,1948年9月在中央团校学习,1949年7月历任省团校班主任、团省委教育科科长、军体部副部长、军体部部长,1957年4月任中共莱芜县委书记处书记,1960年4月任团省委常委、宣传部长,1965年12月历任团省委副书记、省革委驻泗水县"五七"大队大队长,1971年10月任中共曲阜县委书记,1973年6月任团省委书记,1976年4月任青岛海洋研究所党的核心组长、革委会主任,1978年10月任中共惠民地委副书记,1983年10月任中共惠民地委书记。

吴庆勋(女)　山东广饶人,1940年11月出生。1965年8月参加工作,1965年8月在邹平县社教大队工作,1966年8月在北镇中学从事数学教师。

姬脉勇　山东滨州人,1941年9月出生,中共党员。曾任社员、杜店镇姬家沟村村支部书记。

解　聚　(详见第八届省人大代表名录)

马东向　山东博兴人,1947年5月出生,中共党员。1972年6月参加工作,1972年6月历任博兴县纯化公社窝刘管理区办事员、纯化公社团委副书记、纯化公社团委书记、纯化公社党委副书记,1976年5月任博兴县龙居公社党委书记、县委委员,1980年9月在山东大学科社系干部委休班学习,任党支部书记、班长,1982年7月任博兴县委委员、县人民政府副县长,1984年10月任中共沾化县委副书记,1987年2月任中共惠民县委副书记、县长。

李华英(女)　山东惠民人,1954年7月出生,中共党员。1970年4月参加工作,1970年4月在惠民县棉纺织厂细纱车间工作,1982年在惠民县棉纺织厂细纱车间从事操作员。历任第六届、七届山东省人大代表。

胡安夫　山东博兴人,1931年10月出生,中共党员。1947年12月参加工作,1947年12月在波县县三官村小学任教,1949年4月任波县县一区委宣传干事、县委整党队宣传委员,1954年5月任博兴县闫坊区委副书记,1954年10月历任惠民地委组织部干事、阳信县委组织部部长,1964年4月任沾化县委农工部部长,1969年4月任沾化县下河公社党委书记,1974年4月任中共沾化县委副书记,1977年1月任中共桓台县委书记,1980年10月任中共惠民县委书记,1983年10月任惠民地区行署副专员。历任第五届、第七届山东省人大代表。

赵洪瑞　山东惠民人,1927年2月出生。1950年2月参加工作,1950年2月在惠民县胡集镇小学任教,

1952年6月在惠民县第一中学任教。

王金智　山东平原人,1936年2月出生,中共党员。1956年8月参加工作,1956年8月在惠民专署建设科工作,1958年4月在滨县单寺劳动锻炼,1959年8月在惠民专署农业局工作,1964年11月任惠民专署办公室秘书,1967年3月任惠民地区革委生产指挥部办公室秘书副主任,1978年7月任惠民地区革委办公室副主任,1979年10月任惠民行署办公室副主任,1980年8月任阳信县委常委、革委副主任、副县长,1984年3月任中共阳信县委书记、县人大主任。

马玉岐　山东阳信人,1953年5月出生。1973年高中毕业后担任民办教师,1983年任阳信县流坡坞乡流坡坞南街村村委会主任。历任第六届、第七届山东省人大代表。

李秀峰　山东黄县人,1924年8月出生,中共党员。1955年8月参加工作,1955年8月在山东医学院附属医院从医,1958年9月在广饶县人民医院任主治医师,1963年3月任惠民地区人民医院主治医师、内科副主任,1981年1月历任惠民地区人民医院副主任医师、主任医师、副院长、院长、名誉院长。

张程震　山东苍山人,1926年9月出生,中共党员。1939年3月参加工作,1939年3月历从事游击三大队通讯员、文化干事、赵鏄县委会计、秘书、鲁南三地委党校干事,1947年9月历任赵鏄县六区宣传委员、区委书记、鲁中南报社记者,1951年1月历任藤县地委工作团副团长、研究室编辑、办公室秘书,1953年3月历任济宁地委研究员、农工部科长、副部长、地委副秘书长,1964年7月历任鱼台县委书记,济宁地委委员,鱼台县革委副主任、核心组成员、地委常委,1970年10月任兖州县革委主任、核心组副组长,1971年4月任省委三届委员会候补委员、济宁地革委核心组副组长、副主任、地委副书记,1971年9月任曲阜县革委核心组第一副组长、县委第二书记,1974年1月任聊城地委副书记、副主任,1978年6月任聊城地委书记,1984年4月任省水产局局长、党组书记,1986年12月任省人大常委会委员。

马　驎　江苏扬州人,1929年11月出生,中共党员。1948年12月参加工作,1948年12月在苏北师范附小任教员,1950年2月在苏北行署水利局工任工程员,1950年3月在华东水利部水文班学习,1950年6月任沂沐汶河区临沂水文站技术员兼站长,1953年10月任沂沐汶河水文总站工程师,1956年任省水利厅水文总站工程师,1960年6月任省水利勘测院水文总站副主任,1963年1月任省水文总站工程师、测验科科长,1970年任省水文总站革委副主任,1975年7月任省革委水利局水利处处长,1977年3月任省水利局副局长、核心组成员,1977年9月在中央党校学习,1983年1月任省水利厅党组书记,1983年5月任省水利厅厅长、党组书记。

冯国妹(女)　山东无棣人,1963年7月出生。无棣县小泊头镇曹家村务农。

张传高　山东巨野人,1938年10月出生,中共党员。1959年参加工作,1959年在无棣县崔什家畜牧良站任配种员、站长,1980年任无棣县畜牧局副局长、牧工商公司经理。历任第六届、七届山东省人大代表。

周茂林　山东滨州人,1931年1月出生,中共党员。1947年7月参加工作,1947年7月历任滨县相国区青救会干事、主任,游李乡总支书记,1949年4月历任滨县相国区团委书记、区党委书记,1952年4月任滨县县委宣传部长、县委副书记,1962年11月任滨县县委组织部长、县委副书记,1966年11月任邹平县委副书记、县革委副主任,1973年6月任邹平县委副书记、县革委会主任,1980年10月任中共惠民地委统战部副部长,1984年4月任中共惠民地委统战部巡视员,1985年3月任惠民地区人大联络处主任。历任第五届、第七届山东省人大代表。

马振泉　(详见第八届省人大代表名录)

冯俊岭(女)　山东平原人,1938年3月出生,中共党员。1958年8月参加工作,1958年8月在山东医学院进修,1960年8月历任惠民医校教员、结核病防治所护士、惠民县卫生局局长,1969年11月任惠民县群工组副组长、县妇联主任,1981年5月任惠民县人民政府副县长,1984年3月任沾化县人民政府副县长。历任第六届、第七届山东省人大代表。

张志纯　山东沾化人,1934年4月出生,中共党员。1955年9月任沾化县富国镇大张村大队会计,1962年

2 月任沾化县富国镇大张村大队会计、大队长，1971 年 1 月任沾化县富国镇大张村党支部书记。

郭长才 （详见第八届省人大代表名录）

刘统渊 广东文昌人，1926 年 8 月出生。1953 年 8 月参加工作，1953 年 8 月在中央水利部灌溉总局见习，1954 年 1 月在省农林厅水利局第二测量队工作，1955 年 6 月历任省水利勘测设计院灌溉组技术员、副组长、组长、技术员、设计负责人，1965 年 6 月历任省小清河工程局技术员、组长，1966 年 6 月任惠民地区小清河管理局技术员工程师，1987 年 3 月任惠民地区水里勘测设计室工程师。历任第六届、七届山东省人大代表。

李志华（女） 山东博兴人，1946 年 7 月出生。1965 年 7 月参加工作，1965 年 7 月在博兴县庞家供销社工作，1978 年 12 月在博兴县曹王粮所任保管员，1981 年 12 月在博兴县粮食局供应站、粮油食品中心店工作。

张乐敏 山东临朐人，1939 年 8 月出生，中共党员。1963 年 1 月参加工作，1965 年 8 月任邹平县西董、好生公社党委副书记，1973 年 3 月历任邹平县城关公社党委副书记、书记，1980 年 10 月任中共邹平县委副书记，1984 年 3 月任中共博兴县委副书记、县人民政府县长。

马成文 山东高青人，1937 年 8 月出生，中共党员。1963 年 3 月参加工作，1963 年 3 月在高青县第二医院从医，1987 年 4 月任高青县华侨医院院长。历任第六届、第七届山东省人大代表。

纪谦泰 山东胶州人，1930 年 1 月出生。1952 年 7 月参加工作，1952 年 7 月在济南市卫生试验所任技师，1952 年 9 月在山东医学院微生物教研组进修，1953 年 5 月在济南卫生试验所任技师，1954 年 4 月历任省卫生防疫站技师、主管技师、副主任技师。

赵振洪 山东高青人，1939 年 2 月出生。1960 年 9 月参加工作，1960 年 9 月在邹平函授学校任教，1961 年 10 月在高青函授师范任教，1962 年 10 月在高青第一中学任教。

常振纲 山东博兴人，1930 年 1 月出生，中共党员。1945 年 5 月参加工作，1945 年 5 月历任浦台县三区儿童团团长、四地委党校学员、三区各救会青年干事、乔庄乡长，1949 年 9 月在四地委党校、惠民地委党校学习，1950 年 3 月历任浦台县史口区团委书记、县团工委组织部长、副书记、县团委书记，1964 年 8 月任滨县县委副书记、县长，1973 年 2 月任高青县委副书记、县革委主任、县长，1984 年 2 月任高青县人大常委会主任。

王传玞 山东邹平人，1946 年 6 月出生，中共党员。1965 年 8 月参加工作，1965 年 8 月在邹平县九户乡任小学教师，1981 年 8 月任邹平县九户乡中心小学校长、九户、安详两办高处教师党支部书记，1987 年 3 月任邹平县政协委员。

王秀岗 山东邹平人，1932 年 9 月出生。1953 年 8 月参加工作，1953 年 8 月在博兴师范任教，1956 年 2 月在北镇师范任教，1959 年 8 月在淄博幼师任教，1961 年在惠民师范任教，1962 年 8 月在邹平县长山中学任教，1963 年 12 月在邹平一中任教，1984 年 4 月任邹平县政协副主席，1987 年 4 月任邹平县人大常委会副主任。

冯永喜 （详见第八届省人大代表名录）

冯宝璞 （详见第八届省人大代表名录）

周敬尊 山东蓬莱人，1927 年 2 月出生，1949 年 6 月参加工作，1949 年 6 月在青岛电厂任技术员、值长，1950 年任洪山电厂汽机车间副主任，1951 年任济南电厂汽机车间主任，1955 年任省电力局生技处副处长，1970 年任省电力局生技处处长，1978 年任省电力局副总工程师，1979 年任省电力局副局长、副总工程师，1982 年任省电力局局长、党组书记，1987 年任省电力局党组书记。

赵玉德 山东邹平人，1953 年 6 月出生，中共党员。1972 年 6 月参加工作，1972 年 6 月任邹平县焦桥公社团委书记，1975 年 12 月任共青团邹平县委办事员，1976 年 9 月任邹平县青阳公社党委副书记，1980 年 9 月在省委党校学习，1982 年 6 月任邹平县魏桥公社党委副书记，1984 年 5 月任邹平县里八田乡党委副书记、乡长，1985 年 3 月任中共邹平县魏桥镇书记。

胡兆坤 山东潍坊人，1930 年 5 月出生，中共党员。1958 年 7 月参加工作，1958 年 7 月任潍坊市望留公社社长、党委副书记，1962 年任潍坊市红星公社党委副书记，1965 年任潍县红星公社党委副书记，1967 年因“文革”在家劳动，1968 年任潍县革委常委、贫办主任，1970 年历任潍县红星公社党委副书记、书记、县革委副主任，1975 年任潍县县委书记、昌潍地委副书记，1976 年任省卫生厅副厅长、党组副书记，1981 年任惠民地区行署副专员，1988 年任省人大常委会惠民地区联络组组长。

徐立文　山东牟平人，1927 年 7 月出生，中共党员。1945 年 7 月参加工作，1945 年 7 月历任青岛卷烟厂会计科会计、主任，1955 年历任省委工业部干事、一级巡视员、办公室副主任，1962 年任省委组织部副部长，1973 年任省委政治部统战组、办工组负责人，1975 年任省委办公室副主任兼省委研究室副主任，1978 年任省委办公厅副主任，1983 年任省委副秘书长、办公厅党组成员兼省级机关事务管理局局长、党组书记，1986 年任省级机关事务管理局局长、党组书记。

第八届（1993.03—1998.01）山东省人大代表（38 名）

刘培英（女）	冯宝璞	王永锡	吕翠萍（女）	冯永喜	王在忠	姜银浩
张士平	王建亭	吴官正	王玉凤（女）	赵延孝	黄可华	张玉标
张忠正	杨明山	薄振明	王洪昌	杨永新	安世银	董凤基
解　聚	姜玉华	王新利	王道玉	杨志敏	李凤娥（女）	崔寓黔（女）
朱文友	武士清	郭长才	徐德元	马振泉	韩安正	宋西九
鲍同兴	刘洪仁	肖广兰（女、回族）				

马振泉　山东沾化人，1938 年 5 月出生，中共党员。1957 年 7 月参加工作，任利津县农业局技术员，1977 年 5 月任利津县农业局副局长，1980 年 12 月任滨州地区农科所副所长，1984 年 5 月任滨州地区农科所所长。历任第七届、第八届山东省人大代表。

王新利　（详见第九届省人大代表名录）

王洪昌　山东邹平人，1946 年 11 月出生，中共党员。1962 年 8 月先后任村会计、副主任、书记，1976 年 12 月任邹平县长山镇大由管区副书记，1978 年 12 月先后任邹平县城关镇任管区主任、副镇长、副书记、代理镇长，1984 年 6 月任邹平县焦强乡党委书记，1986 年 9 月任邹平县委委员、邹平镇党委书记，1989 年 12 月任中共阳信县委常委、组织部长，1990 年 12 月先后任阳信县委副书记、代县长、县长。

王永锡　山东无棣人，1938 年 3 月出生，中共党员。1957 年 8 月参加工作，在山东省海阳县任教、任教导副主任，1963 年 8 月在无棣县黎敬、城关、埕口任教师、教导主任、校长，1970 年 11 月先后任无棣县委宣传部干事、副部长、部长、县委常委、办公室主任、县委副书记，1990 年 3 月任无棣县人大常委会主任。

王玉凤（女）　（详见第九届省人大代表名录）

王在忠　山东邹平人，1947 年 9 月出生，中共党员。1960 年 6 月起在邹平县邹平镇东关村务农，先后任生产队长、党支部书记、党总支部书记、东升实业总公司董事长，1992 月 8 月被吸收录用为国家干部。

王建亭　山东邹平人，1933 年 5 月出生，中共党员。1950 年 2 月参加工作。历任会计股学员、县供销社记账员，淄博专社会计，市供销社秘书、副科长，市建行副行长，市财委党组成员、政工科长，市多种经营办公室副主任，市建行行长、党组书记，市财政局局长、党组书记，省建行副行长、党组副书记，省建行行长、党组书记、高级经济师。

冯永喜　山东邹平人，1931 年 11 月出生，中共党员。1951 年 1 月任邹平县冯家村民兵队长，1956 年 1 月任孙镇乡高级社社委常委，1959 年 1 月任孙镇公社水利部副部长，1960 年 1 月任冯家村党支部副书记、大队长，1965 年 7 月任冯家村党支部书记，1976 年 6 月先后任冯家村党支部书记、孙镇公社党委书记、中共邹平县常委、农办副书记。历任第五届、第六届、第七届、第八届山东省人大代表。

冯宝璞　山东荣成人，1936 年 3 月出生，中共党员。1960 年 9 月参加工作，在淄博师专任教，1962 年 9 月在北镇中学任教,1964年9月惠民地委党校学员,1966年9月在北镇中学任教,1970年10月任惠民地委公安处科长、党组成员,1979年4月任西藏自治区人民检察院副处长,1981年2月任惠民地区公安处副处长,1982年10月任惠民地区公安处处长、党组成员,1983年10月任中共惠民地委副书记,1992年3月任中共滨州地委副书记兼省人大常委会滨州地区工委主任、党组书记。历任第七届、第八届山东省人大代表。

吕翠萍(女) 山东邹平人,1961年9月出生。1977年7月参加工作,邹平棉纺织厂工人。

朱文友 山东惠民人,1948年12月出生,中共党员。1975年8月参加工作,先后任山东孙武酒厂科长、副厂长、厂长。

刘培英(女) 山东邹平人,1944年10月出生,中共党员。1968年10月参加工作,在昌邑6176部队学习,1970年1月在邹平县魏桥中学任教,1971年8月任邹平县委宣传部、团县委干事,1980年11月任惠民地区妇联党组成员、宣传部副部长,1982年2月任惠民地区妇联党组成员、宣传部部长,1984年2月任惠民地区妇联副主任、党组成员,1984年3月任省妇联宣传部副部长、1984年12月任省妇联宣传部部长,1989年4月任省妇联副主任、党组成员。

李凤娥(女) (详见第十届省人大代表名录)

杨永新 山东荣成人,1941年9月出生,中共党员。1967年9月参加工作,1968年8月任1452部队农场班长,1970年4月任山东铝厂三分厂技术员,1972年8月任惠民地区工业局技术员,1975年8月任惠民地区经委科长,1984年2月任惠民地委企政部副部长,1986年9月任滨县县委副书记,1987年3月任中共滨州市委副书记,1992年5月任滨州市人民政府代市长。

杨明山 山东阳信人,1948年7月出生。1965年6月在村务农,1987年4月任村委会副主任、清真食品加工厂厂长。

宋西九 山东滨州人,1939年11月出生,中共党员。1967年9月参加工作,任山东省广播电视厅编辑、记者,1984年10月任中共惠民地委副秘书长,1988年9月任中共惠民地委委员、地委秘书长,1990年12月任省人大常委会滨州地区工委副主任、党组副书记。

肖广兰(女,回族) (详见第十一届省人大代表名录)

张士平 山东邹平人,1946年11月出生,中共党员。1964年6月参加工作,先后任邹平县第五油棉厂保全工、车间主任、生产股长、副厂长、厂长、党委副书记、书记。

张玉标 山东惠民县人,1944年7月出生。1969年8月参加工作,1970年8月在省军区9512部队学军锻炼,任军委会委员,1971年12月任惠民县化肥厂生产技术科长,1980年8月任惠民县酿酒厂设备技术科长,1981年8月任惠民县经委副主任,1990年3月任惠民县政协经济技术科长,1991年4月任惠民县经委主任、教办主任兼副县长,1992年7月任惠民县人民政府副县长。

张忠正 (详见第十二届省人大代表名录)

武士清 (详见第十届省人大代表名录)

赵延孝 (详见第九届省人大代表名录)

姜玉华 (详见第十一届省人大代表名录)

姜银浩 山东沾化人,1957年8月出生,中共党员。自1975年9月起,先后任沾化县委驻冯家公社王尔庄工作组、义和公社梁家工作组、泊头公社季姜工作组副组长、组长、副队长,沾化县团县委副书记,县委委员,团县委书记,沾化县冯家公社党委副书记、管委会主任,1984年8月任共青团惠民地委书记,1989年12月任博兴县委副书记(正县级),1992年6月任邹平县委副书记、代县长、县长。

徐德元 山东沾化人,1937年11月出生,中共党员。1959年9月参加工作,在栖霞县农业局工作,1961年7月在栖霞县人武部工作,1965年1月任莱阳县人武部科长,1979年2月任招远县人武部科长,1980年12月任莱西县人武部政委,1984年8月任沾化县人武部政委,1986年3月任沾化县人大常委会副主任。

郭长才 山东历城人,1933年3月出生,中共党员,1951年8月参加工作,任济南市税务局办事员、省财政厅税务局办事员、科员,1961年5月任省财政局(厅)预算处副科长,1968年11月在沂源县毛泽东思想大学学习,1969年8月任省财贸办公室副科长、省财政局秘书,1977年8月任省财政厅办公室副主任,1978年12月任省财政厅办公室主任,1980年9月任省财政厅副厅长、党组成员、副书记,1983年5月任省财政厅厅长、党组书记,1990年4月任省政府秘书长、党组成员、办公厅党组书记兼省政府机关党工委书记,1991年3月任副省长、省政府党组成员。历任第七届、第八届山东省人大代表。

黄可华 山东荣成人,1943年11月出生,中共党员。1960年7月参加工作,在沈阳高级通讯兵学院学习,1962年7月任总参通讯兵一团修理所技师、副技术员,1973年1月任济南市财税局政工组干部,槐荫分局副股长,1975年5月任济南市财税局核心组副组长、副主任、副局长,1976年8月任省财政局副局长,1983年1月任省财政厅副厅长,1984年7月任省财政厅副厅长、党组副书记,1990年6月任省财政厅厅长、党组书记兼省红十字会副会长,省体育总会副主席。

崔寓黔(女) 江苏徐州人,1939年出生。1962年8月参加工作,1962年10月任地区人民医院内科住院医师,1964年2月任妇产科住院医师,1977年任妇产科主治医师,1987年6月任妇产科副主任医师、副主任。

董凤基 (详见第十届省人大代表名录)

韩安正 (详见第九届省人大代表名录)

解　聚 山东荣成人,1947年2月出生,中共党员。1968年12月参加工作,北镇造纸厂工人;1975年8月任北镇造纸厂车间主任;1982年1月任滨州造纸厂供销科长;1983年5月任滨州造纸厂党委副书记、厂长;1985年6月任滨州造纸厂厂长兼党委副书记。历任第七届、第八届山东省人大代表。

鲍同兴 山东博兴人,1937年8月出生,中共党员。1955年8月参加工作,在部队服役,历任中队长、干事、政治处副主任、主任、团政委、团党委书记,1983年10月任博兴县纪律检查委员会副书记、书记,1990年3月任博兴县人大常委会主任、党组书记。

薄振明 山东利津人,1939年1月出生,中共党员。1955年9月参加工作,在利津县老台完小任教,1958年8月任利津县四中团委书记,1961年10月任共青团利津县委副科长,1964年1月任共青团惠民地委干事、组织部副部长,1969年12月任惠民地革委宣传组干事,1973年4月任共青团惠民地委副书记,1978年12月任省贫协办公室副主任,1980年2月先后任省总工会生产部副部长、常委、生产保护部部长、副主席、党组成员。

安世银 (详见第十二届省人大代表名录)

王道玉 (详见第十一届省人大代表名录)

杨志敏 黑龙江牡丹江人,1938年9月出生,中共党员,1957年参加工作,任交通部第三公路工程局二处助理技术员,1958年任惠民地区公路段助理工程师,1980年任惠民地区公路段工程师、副段长,1984年任滨州地区公路局高级工程师、党委书记、局长。

刘洪仁 (详见第十届省人大代表名录)

吴官正 (详见第九届省人大代表名录)

第九届(1998.02—2003.03)山东省人大代表(36名)

张忠正	王延平	黄兆歧	刘连民	吕曰东	赵玉华	姜玉华
王玉凤(女)	武士清	韩安正	王在忠	魏　艳	周清利	王新利
吴官正	董凤基	王国庆	王道玉	王宗廉	张执政	赵延孝
隆方同	祁维华(女)	訾继志	商玉明	房英杰	邓文泉	李炳众
沈志强	张银凤(女)	李凤娥(女)	郭长江	夏文超	田　健	孙德汉
肖广兰(女、回族)						

王玉凤（女）　山东惠民人，1953年1月出生，中共党员。1971年2月参加工作，任惠民县惠民镇仁胡村妇女主任、党支部书记。1975年10月任惠民县惠民镇“闫程”联村党支部副书记。1978年10月任惠民县惠民镇四合大队党支部副书记。1984年5月任惠民县惠民镇程家村党支部书记。1993年3月任省八届人大代表、惠民县惠民镇程家村党支部书记（1997年6月挂任惠民镇副镇长）。历任第八届、第九届山东省人大代表。

王在忠　山东邹平人，1947年9月出生，中共党员，1960年6月起在邹平县邹平镇东关村务农；1992年8月被吸收录用为国家干部，1993年3月任邹平县人大常委会委员，邹平镇党委副书记，邹平镇东关村党总支部书记、党委书记，东关实业总公司董事长。历任第八届、第九届山东省人大代表。

王延平　（详见第十二届省人大代表名录）

王宗廉　江苏省丰县人，1944年7月出生，中共党员。1968年12月参加工作，在6049部队农场劳动。1969年12月任贵州883厂技术员、党委秘书。1975年5月任临沂地区经委办事员、副科长。1982年6月任平邑县委常委、副书记、副县长。1983年9月在中共党校学习。1985年7月任平邑县委副书记。1986年1月任费县县委书记。1988年9月任山东省体改委常务副主任、党组成员。1992年8月任临沂地委副书记。1995年4月任滨州地委副书记、行署专员。1997年11任中共滨州地委书记。

王道玉　（详见第十一届省人大代表名录）

王新利　山东滨州人，1955年1月出生，中共党员。1974年6月参加工作，任北镇拖拉机站团支部书记。1978年8月任北镇农机站监理员、团委书记。1983年3月任天华集团董事长、总裁、党总支书记（其中：1992年12月兼任彭李办事处党委副书记、1996年12月批准为高级经济师）。1997年8月任天华集团董事长、总裁、党总支书记。历任第八届、第九届山东省人大代表。

邓文泉　山东无棣人，1949年9月出生，中共党员。1968年12月参加工作，任无棣县水湾镇关家小学教师。1972年2月任无棣县车镇公社党委秘书。1975年5月任无棣县车镇公社党委副书记。1980年7月先后任无棣县柳堡公社、大山镇、水湾镇党委书记。1988年6月任无棣县供销社主任、书记。1990年1月任博兴县委组织部长。1992年12月任博兴县委副书记。1996年11月任博兴县人民政府县长。

田　健　山东肥城人，1932年8月出生，中共党员。1945年8月参加工作，任冀鲁豫第三抗日中学、泰西公学员。1947年9月任东阿县六区政府干部。1949年1月任平原省军区随营学校第四队区队长。1949年8月任五兵团司令部机械队文书。1951年10月任贵州省军区机要处解电员、省公安总队机要科、省委办公厅保密委员会办公室秘书。1955年11月任贵州省委办公厅秘书科长。1967年3月任贵州省革委信访组组长、办公室秘书处负责人、省委副秘书长。1984年1月任山东省副秘书长、办公厅主任。1992年3月任省政协副主席、统战部长。1993年4月任政协副主席、党组副书记。

吕曰东　（详见第十届省人大代表名录）

刘连民　（详见第十二届省人大代表名录）

祁维华（女）　山东博兴人，1957年5月出生，中共党员。1975年11月参加工作，任博兴县农业学大寨工作队组员、组长。1977年11月任博兴县庞家公社团委副书记、书记。1980年5月任博兴县庞家公社党委宣传委员。1983年4月任博兴县庞家公社党委副书记。1983年9月在山东经济学院干修科学习。1985年7月任博兴县经委党组副书记、副主任。1987年4月任博兴县副县长。1993年1月任博兴县副书记、县长。1996年11月任惠民县委书记。

李凤娥（女）　（详见第十届省人大代表名录）

李炳众　山东惠民人，1948年12月出生，中共党员。1980年7月参加工作，任惠民县计划生育办公室秘书、县政府办公室秘书。1984年3月任中共惠民县委办公室副主任。1984年7月任中共惠民县委宣传部部长。1985年1月任共惠民县委常委、宣传部部长。1990年2月任惠民县副县长。1991年3月任中共滨州地委宣传部副部长。1993年2月任中共邹平县委副书记。1995年4月任中共邹平县委副书记、县政府党组书记、县长。

孙德汉　(详见第十一届省人大代表名录)

肖广兰(女,回族)　(详见第十一届省人大代表名录)

吴官正　江西余干人,1938年8月出生,中共党员。1968年4月参加工作,历任湖北省武汉市葛店化工厂技术员、技术科副科长、车间主任、厂党委委员、厂革委会副主任。1975年后历任湖北省武汉市科委副主任、党组成员,市科协副主席、党组成员,市革新改造挖潜指挥部副指挥长兼办公室主任,市工程科技中心主任、党委书记。1982年11月任中共武汉市委常委。1983年3月任武汉市委书记、市长、市政府党组书记。1986年9月任江西省委副书记、代省长、省政府党组书记。1986年11月任江西省委副书记、省长、省政府党组书记。1995年4月任中共江西省委书记、省军区党委第一书记。1997年4月任中共山东省委书记兼省委党校校长、省军区党委第一书记。1997年9月以后任中央政治局委员、山东省委书记兼党校校长、省军区党委第一书记。历任第八届、九届山东省人大代表。

沈志强　山东荣成人,1963年12月出生,中共党员。1986年7月参加工作,在山东省滨州畜牧兽医研究所工作。

张执政　山东荣成人,1944年9月出生,中共党员。1966年7月参加工作,任荣成县龙须公社人委、革委副主任。1970年5月任龙须公社党委副书记、革委副主任。1975年3月任荣成县邱家公社党委书记兼革委主任。1977年4月任烟台地区石岛捕捞公司核心小组副组长,石岛公社党委副书记、革委副主任。1978年11月任荣成县委常委、石岛公社党委书记、革委主任。1980年9月任荣成县委常委。1980年11月任荣成县委常委、副县长。1987年2月任荣成县委副书记、副县长。1987年4月任荣成县委副书记、县长。1989年12月任荣成市委书记,人武部党委书记。1992年3月任威海市委常委、荣成市委书记、人武部党委书记。1992年12月任威海市委副书记,荣成市委书记、人武部党委书记。1993年10月任威海市委副书记、荣成市委书记兼市委党校校长、人武部党委书记。1993年12月任省水产局副局长、党组副书记。1995年8月任省海洋与水产厅副厅长、党组副书记。1997年12月任滨州地委副书记、专员

张忠正　(详见第十二届省人大代表名录)

张银凤(女)　(详见第十届省人大代表名录)

武士清　(详见第十届省人大代表名录)

周清利　山东惠民人,1954年10月出生,中共党员。1976年1月参加工作,任惠民县李庄公社李庄管区副书记、公社党委常委、团委书记、李庄管区总支书记。1980年4月任惠民县公社党委副书记。1980年9月在山东省委党校学习。1982年11月任惠民县姜楼公社党委书记。1984年4月任中共惠民县委常委、副县长。1989年6月任中共无棣县委副书记、代县长、县长。1993年1月任中共无棣县委书记。1996年6月任滨州行署副专员。1997年12月任中共滨州地委委员、行署副专员。

房英杰　山东沾化人,1943年9月出生,中共党员。1964年1月在部队参加工作,先后任报务员、给养员、干事、指导员、股长、教导员、副政委、政委。1985年11月由部队转业到沾化县。1986年5月任沾化县纪委副书记。1987年2月任沾化县纪委书记。1990年4月任县委常委、县纪委书记。1993年1月任沾化县人大常委会主任。

赵延孝　山东肥城人,1939年3月出生,中共党员。1958年9月参加工作,任惠民专署工业局技术员。1969年5月任惠民地区重工业局副科长、副局长。1976年1月任惠民地区化工局副局长、局长、党组书记。1983年9月任中共滨州地委委员、行署副专员。1997年12月任山东省人大常委会滨州地区工作委员会主任。历任第八届、第九届山东省人大代表。

姜玉华　(详见第十一届省人大代表名录)

夏文超　山东邹平人,1943年12月出生,中共党员。1967年7月参加工作,在北镇二中任教。1976年2月

在邹平一中任教。1977年4月在邹平一中任教导处副主任。1984年7月任邹平一中党支部副书记、副校长。1993年12月任邹平一中党支部书记、校长。

郭长江 山东日照人,1953年12月出生。1972年2月参加工作,在滨县人民医院从事医生职业。1975年9月在滨州医学院学习。1978年8月任惠民县胡集医院副院长。1984年9月任惠民县人民医院主治医生。1993年9月任惠民县中医院外科医生、主治医师。

黄兆岐 河北盐山人,1953年11月出生。1977年10月参加工作,在阳信县综合厂从事业务员。1978年10月任阳信县农机厂业务科科长。1982年3月任阳信县纸箱厂筹备组副组长。1983年9月任阳信县轻工机械厂车间主任、副厂长。1988年3月任阳信县乡镇企业供销公司经理。1993年8月任阳信县乡镇企业服装总公司副总经理。1994年3月任阳信县新型建材有限公司经理。

菅继志 山东阳信人,1943年10月出生,中共党员。1961年8月在解放军6213部队参加工作。1966年2月任教。1976年7月任县委组织部干事。1980年10月任县委办公室副主任。1984年3月任县府副县长。1990年3月任县人大副主任。1993年3月任阳信县人大常委会主任。

商玉明 山东无棣人,1942年10月出生,中共党员。1964年9月参加工作,在无棣县余家巷乡任教。1972年9月任无棣县教育局教研员。1975年9月任无棣县埕口中学校长。1976年8月任无棣县庞家集公社党委秘书。1980年7月任无棣县水湾公社党委委员、副主任。1983年8月在山东农业大学农学专业学习。1985年7月任中共无棣县委办公室副主任、调研室主任。1989年12月任中共无棣县委常委、办公室主任。1993年1月任中共无棣县委副书记。1995年3月任无棣县人大常委会党组书记、副主任。1998年1月任无棣县人大常委会党组书记、主任。

隆方同 山东沾化人,1953年7月出生,中共党员。1972年4月在沾化县交通局参加工作。1974年8月在沾化师范学习。1976年8月在沾化一中任教师、团委书记。1981年3月任滨州市彭李乡党委秘书、组织委员。1984年5月任中共滨州市蒲城乡党委书记。1988年12月任中共滨州市委常委、市委办公室主任。1990年1月任中共滨州市委常委、常务副市长。1994年5月任中共滨州市委副书记、市长。

董凤基 (详见第十届省人大代表名录)

韩安正 山东博兴人,1945年11月出生,中共党员。1966年2月参加工作,任柳桥村十九队队长。1976年8月任柳桥村党支部书记。1987年8月任柳桥村党支部书记、柳桥实业总公司经理。1991年3月任寨郝镇党委委员兼柳桥村党支部书记、实业总公司经理。1995年4月任寨郝镇党委副书记、柳桥村党支部书记、实业总公司经理。历任第八届、第九届山东省人大代表。

魏　艳 山东青岛人,1949年4月出生,中共党员。1968年12月参加工作,任滨州柴油机厂工人、统计员、政工科干事。1981年2月任滨州地区经委办事员,生产计划科副科长,综合科、生产科科长,工交生产总调度室总调度。1991年8月任滨州地区经委副主任、党委副书记、总调度。1993年2月任惠民县委副书记、县政府县长。1996年12月任滨州地区财政局局长、党组书记兼地区地税局局长。

赵玉华 (详见第十届省人大代表名录)

王国庆 (详见第十届省人大代表名录)

第十届(2003.03—2008.01)山东省人大代表(34名)

丁爱军	马韵升	王　勇	王延平	王国庆	冯久田	吕曰东
刘连民	刘相庆	刘星泰	刘洪仁	安世银	孙德汉	李凤娥(女)
李成明	李俊杰	杨玖庆(女)	宋存胜	宋振华	张　波	张志华
张忠正	张银凤(女)	陈延明	武士清	尚龙江	赵玉华	姜玉华
袁海芳(女)	董凤基	谭鹏飞	魏克田	邓向阳	肖广兰(女、回族)	

丁爱军　山东东营人,1968 年 2 月出生,中共党员。1986 年 8 月至 1990 年 7 月在山东农业大学学习;1990 年 7 月任山东省农业厅科员;1993 年 11 月任山东省农业厅办公室副主任科员;1996 年 11 月任山东省农业厅办公室主任科员;2000 年 6 月任山东省农业厅办公室主任科员、挂职沾化县副县长;2001 年 7 月任山东省农业厅办公室副主任,挂职沾化县委副书记、副县长;2002 年 12 月任博兴县委副书记、代县长;2003 年 1 月任博兴县委副书记、县长。

马韵升　(详见第十二届省人大代表名录)

王　勇　(详见第十一届省人大代表名录)

王延平　(详见第十二届省人大代表名录)

王国庆　山东博兴人,1943 年 12 月出生,中共党员。1964 年 9 月至 1968 年 9 月在北京政法学院学习;1968 年 9 月至 1968 年 12 月留校待分配;1968 年 12 月到济南军区后勤部农药厂劳动锻炼;1970 年 1 月任无棣县公安局侦察员;1973 年 5 月任无棣县人民法院副庭长;1979 年 1 月任省人民检察院刑检处助理检察员(正科级);1983 年 6 月任省人民检察院副检察长、党组成员(其间:1984 年 9 月至 1986 年 7 月在中央党校干部培训班学习);1990 年 9 月任省人民检察院副检察长、党组成员兼反贪局局长;1991 年 10 月任省人民检察院副检察长、党组副书记(正厅级)兼反贪局局长;1994 年 6 月任省人民检察院副检察长兼反贪局局长,省国家安全厅党委副书记(正厅级);1994 年 8 月任省国家安全厅厅长、党委副书记;1995 年 8 月任省国家安全厅厅长、党委书记(其间:1996 年 3 月至 1996 年 5 月在国家行政学院培训班学习);2000 年 1 月任省国家安全厅厅长;2000 年 2 月任省人大常委会委员、法制委员会副主任委员、省国家安全厅厅长;2000 年 4 月任省人大常委会委员、法制委员会副主任委员。历任第九届、第十届山东省人大代表。

冯久田　(详见第十一届省人大代表名录)

吕曰东　山东广饶人,1951 年 2 月出生,中共党员。1969 年 6 月为邹平县化肥厂职工、任车间主任;1982 年 4 月任山东琥珀啤酒厂车间主任、生产科长;1985 年 9 月至 1987 年 9 月在山东广播电视大学党政管理班学习;1987 年 9 月任山东琥珀啤酒厂财务科长、经营副厂长、党委副书记;1990 年 2 月任山东琥珀啤酒厂厂长、山东华中琥珀啤酒有限公司总经理。历任第九届、第十届山东省人大代表。

刘连民　(详见第十二届省人大代表名录)

刘相庆　山东滨州人,1958 年 7 月出生,中共党员。1976 年 9 月滨县农业学大寨工作队队员;1978 年 12 月任滨县杨集公社杨集管区工作队队员、副组长;1980 年 7 月任滨县杨集公社党委组织委员、宣传委员;1983 年 3 月任共青团滨县县委书记;1984 年 9 月至 1986 年 6 月在山东农业大学学习;1986 年 7 月任滨县宣传部副部长;1987 年 2 月任滨州市(县级)文化局局长;1988 年 3 月任滨州市(县级)市中办事处党委书记;1992 年 8 月任滨州市(县级)市委常委、办公室主任;1995 年 4 月任滨州市(县级)市委副书记、办公室主任;1997 年 12 月任滨州市(县级)市委副书记;2000 年 12 月任滨州市滨城区委副书记;2001 年 1 月任惠民县委副书记、县长。

刘星泰　(详见第十二届省人大代表名录)

刘洪仁　山东昌乐人,1936 年 1 月出生,中共党员。1955 年 3 月至 1958 年 8 月任昌乐县乔官乡信用社会计、乡党总支书记、县粮食局购销员、边下乡党委文书;1958 年 8 月任昌乐县城关公社组织干事、党委副书记;1963 年 5 月任昌乐县委组织部巡视员、南郝公社党委副书记;1967 年 3 月至 1970 年 2 月"文化大革命"中受冲击;1970 年 2 月任昌乐县南郝公社革委会副主任、党委书记;1973 年 8 月任昌乐县委常委、县革委会副主任;1977 年 4 月任昌潍地区水利局局长;1978 年 1 月任昌邑县委副书记、县革委会副主任;1978 年 8 月任昌邑县委书记;1983 年 12 月任荷泽地委副书记、行署专员;1988 年 12 月任荷泽地委书记、行署专员;1989 年 3 月任荷泽地委书记;1992 年 12 月任省总工会主席、党组书记兼省工会管理干部学院院长;1993 年 3 月任省委常委,省总工会主席、党组书记兼省工会管理干部学院院长;1993 年 8 月任省委常委,省总工会主席、党组书记;1993 年 11 月任省政协党组成员，省总工会主席、党组书记；1994年3月任省政协副主席、党组成员兼文史资料委员会主任委员，省总工会主席、党组书记；1998年4月任省政协副主席、党组成员兼文史资料委员会主任委员；1998年9月任省政协副主席、党组副书记兼文史资料委员会主任委员。历任第八届、十届山东省人大代表。

安世银 （详见第十二届省人大代表名录）

孙德汉 （详见第十一届省人大代表名录）

李凤娥（女） 山东昌邑人。1955年11月出生。1975年9月在昌邑县农业学大寨工作队；1976年9月至1979年7月在山东师范学院学习；1979年7月在潍坊市工人新村子弟学校任教；1981年9月任滨州市（县级）第四中学教师；1989年9月任滨州市（县级）教学研究室英语教研员；1992年3月任滨州市（县级）教育局副局长；1997年12月任滨州市（县级）人大常委会副主任；2001年1月任滨州市滨城区人大常委会副主任。历任第八届、九届、十届山东省人大代表。

李成明 （详见第十一届省人大代表名录）

李俊杰 （详见第十一届省人大代表名录）

杨玖庆（女） 山东阳谷人，1969年4月出生，中共党员。1987年9月至1991年7月在山东工程学院机械系农机专业学习；1991年7月在山东工程学院电气工程系团总支工作，任辅导员；1993年9月至1995年7月在南开大学政治学系思想政治教育专业第二学士学位班学习；1995年7月在山东工程学院电气工程系团总支工作；1995年9月任山东工程学院电气工程系团总支副书记；1997年7月任山东工程学院电气工程系团总支书记；1999年5月任山东工程学院电气工程系党总支副书记；2000年6月任山东工程学院电气工程系党总支副书记、挂职中共博兴县委副书记；2001年10月任滨州师范专科学校副校长、党委副书记；2002年12月任中共沾化县委副书记、代县长；2003年01月任中共沾化县委副书记、县长。

肖广兰（女、回族） （详见第十一届省人大代表名录）

宋存胜 山东荣成人，1941年11月出生，中共党员。1962年9月至1966年7月在山东农学院林学系林学专业学习；1966年7月至1967年9月留校待分配；1967年9月任博兴县农业局技术员；1971年8月任博兴县科委副主任；1977年12月任惠民地区科技情报所科员；1978年3月任惠民地区科技情报所长；1979年12月任惠民地区科委办公室主任；1983年10月任惠民地区行署副专员、党组成员；1984年5月任惠民地区行署副专员、党组成员兼地区体委主任；1987年6月任惠民地区行署副专员、党组成员；1992年12月任省科委副主任、党组成员；1993年5月任省科委副主任、党组副书记；1997年12月任省科委副主任、党组副书记，省科协副主席；1998年3月任省人大常委、教育科学文化卫生人口委员会副主任委员（正厅级），省科协副主席；2002年12月任省人大常委、教育科学文化卫生人口委员会副主任委员（正厅级）。

宋振华 山东苍山人，1958年2月出生，中共党员。1975年12月任利津县生产指挥部打字员、收发员；1977年1月任惠民地区财政局企财科科员；1979年7月至1980年7月在山东省财政学校学习；1980年7月任惠民地区财政局驻厂员（其间：1983年5月至1986年7月在山东广播电视大学惠民地区电大站财政专业学习）；1986年11月任惠民地区财政局企财科副科长；1988年12月任滨州地区财政局驻厂员管理所所长；1993年3月任滨州地区财政局党组成员、国资局局长；1994年8月任滨州地区财政局党组成员、地方税务局副局长；1998年9月任滨州地区财政局副局长、党组副书记兼地区经济开发投资公司总经理（其间：1994年7月至1997年6月在山东干部函授大学经济管理专业学习）；1999年10月任滨州地区财政局副局长、党组书记兼地区经济开发投资公司经理；2000年8月任滨州地区财政局局长、党组书记兼地区经济开发投资公司总经理（其间：1998年9月至2001年1月山东大学历史文化学院中国近现代史专业研究生课程进修班学习）；2001年2月任滨州市财政局局长、党组书记兼经济开发投资公司经理；2002年1月任滨州市财政局局长、党组书记。

张　波 （详见第十二届省人大代表名录）

张志华 山东高青人，1964年5月出生，中共党员。1984年7月任北镇中学教师；1986年1月任滨州地区行署办公室综合科秘书；1989 年 2 月任滨州地区行署办公室综合科副科级秘书；1992 年 4 月任滨州地区行署办公室政工科副科长；1992 年 11 月任滨州地区行署办公室政工科正科级秘书、副科长；1993 年 9 月任滨州地区行署办公室政工科科长；1996 年 10 月任中共博兴县委常委、办公室主任（其间：1993 年 7 月至 1996 年 6 月山东省干部函授大学经济管理专业学习）；2000 年 6 月任中共博兴县委副书记兼办公室主任；2001 年 3 月任中共滨城区委副书记；2002 年 12 月任中共滨城区委副书记、代区长；2003 年 1 月任中共滨城区委副书记、区长。

张忠正　（详见第十二届省人大代表名录）

张银凤（女）　山东沾化人，1950 年 10 月出生。1969 年 5 月参加工作，任沾化县流钟乡民办教师；1971 年 3 月在青岛医学院学习；1974 年 9 月至 2001 年 7 月先后任滨州卫生学校助理讲师、讲师、高级讲师；2001 年 9 月任滨州职业学院医学系内科教研室主任、教授。历任第九届、第十届山东省人大代表。

陈延明　山东昌邑人，1945 年 10 月出生，中共党员。1964 年 9 月任海阳县、胶县社教工作队队员、工作组组长；1966 年 12 月任昌邑县卜庄公社党委副书记、革委会副主任；1969 年 11 月任昌邑县柳疃公社整党工作组组长；1971 年 8 月任昌潍地区卫生局干事；1973 年 1 月任昌潍团地委干事、常委、宣传部部长；1978 年 8 月任昌潍团地委副书记；1980 年 8 月任潍县县委副书记；1983 年 3 月至 1986 年 6 月在省委党校干部专修班学习；1986 年 6 月任潍坊市寒亭区委副书记；1987 年 3 月任诸城县（市）委副书记、县（市）长；1988 年 1 月任诸城市委书记；1991 年 8 月任聊城地委委员、行署副专员；1992 年 6 月任聊城地委副书记、行署专员；1992 年 12 月任聊城地委书记；1993 年 9 月任聊城地委书记兼地委党校校长（其间：1996 年 9 月至 1997 年 7 月在中央党校一年制中青年干部培训班学习）；1997 年 12 月任省长助理、省政府党组成员；1998 年 04 月任副省长、省政府党组成员（其间：1996 年 9 月至 1999 年 7 月在中央党校在职研究生班经济管理专业学习）。

武士清　山东沾化人，1954 年 1 月出生，中共党员。1972 年任沾化县富国镇崔岭村会计、支部副书记（第八届记录为 1975 年 1 月）；1978 年 12 月在沾化县富国镇工交办工作；1982 年 12 月任沾化县富国镇崔岭村党支部书记；1992 年 12 月任沾化县清盛木业有限公司董事长、总经理。历任第八届、第九届、第十届山东省人大代表。

尚龙江　山东滨城人，1960 年 10 月出生，中共党员。1977 年 7 月沾化县泊头公社南徐村下乡知青；1979 年 1 月至 1985 年 9 月部队服兵役；1985 年 9 月至 1987 年 7 月山东大学中文系干部专修班学习；1987 年 7 月至 1989 年 9 月部队服兵役；1989 年 9 月在滨州地区行署办公室综合科工作；1992 年 5 月任滨州地区行署办公室正科级秘书；1994 年 12 月任滨州地区行署办公室副县级秘书；1997 年 3 月任滨州地区行署办公室副主任、党组成员（其间：1996 年 9 月至 1999 年 1 月省委党校干部业余本科班经济管理专业学习，1997 年 5 月至 1999 年 5 月在山东大学历史研究生课程进修班中国近代史专业学习）；2000 年 1 月任阳信县委副书记；2001 年 12 月任阳信县委副书记、代县长；2003 年 1 月任阳信县委副书记、县长。

赵玉华　山东滨州人，1956 年 5 月出生，中共党员。1974 年 9 月任滨州市滨城区康家居委会生产队长；1975 年 12 月任滨州市滨城区康家居委会民兵连长；1989 年 12 月任滨州市滨城区康家居委会党支部副书记；1992 年 12 月任滨州市滨城区康家居委会党支部书记、居委会主任。历任第九届、第十届山东省人大代表。

姜玉华　（详见第十一届省人大代表名录）

袁海芳（女）　山东惠民人，1957 年 8 月出生。1974 年 9 月为惠民县良种繁育场工人；1975 年 1 月任惠民县良种繁育场后勤队长；1977 年 12 月任惠民县良种繁育场现金出纳；1980 年 12 月任惠民县粮食局办事员（其间：1985 年 10 月至 1987 年 7 月在惠民县委党校中专班学习）；1988 年 12 月任惠民县粮食局办公室副主任；1990 年 3 月任惠民县粮食局政工科长；1992 年 11 月任惠民县皂户李乡副乡长、县政协常委（其间：1994 年 9 月至 1996 年 3 月在山东大学国际经济贸易专业学习）；1997 年 12 月任惠民县人大副主任；2000 年 1 月任惠民县副县长；2003 年 1 月任惠民县人大常委会副主任。

董凤基　山东高唐人，1937 年 5 月出生，中共党员。1958 年 9 月至 1960 年 9 月在菏泽农业专科学校学习；1960 年 9 月任博兴、桓台县农业局助理技术员、技术员（其间：参加齐河、桓台社教）；1966 年 10 月任桓台县广播站编辑、站长;1970年10月任桓台县革委报道组、宣传组组长;1973年1月任桓台县委委员、宣传组组长;1975年5月任桓台县委委员,马桥公社党委书记、革委主任;1977年11月任邹平县委副书记;1978年6月任邹平县委书记、县革委主任;1980年11月任邹平县委书记、人武部第一政委;1986年6月任惠民地委副书记(其间:1987年9月至1988年1月在中央党校进修班学习);1988年3月任惠民地委书记、军分区党委第一书记;1992年02月任省委常委,惠民地委书记、军分区党委第一书记;1992年3月任省委常委、宣传部部长;1996年12月任省委常委、宣传部部长,中国孔子基金会副会长(其间:1995年9月至1995年11月在中央党校进修一班学习);1998年4月任省人大常委会副主任、党组成员兼教科文卫委员会主任委员,中国孔子基金会副会长;1999年8月任省人大常委会副主任、党组成员兼教科文卫委员会主任委员;2002年3月任省人大常委会副主任、党组成员兼财政经济委员会主任委员;2002年4月省人大常委会副主任、党组副书记兼财政经济委员会主任委员。历任第八届、第九届、第十届山东省人大代表。

谭鹏飞 (详见第十一届省人大代表名录)

魏克田 山东沾化人,1956年7月出生,中共党员。1974年10月滨州地区水利局合同工;1978年3月至1982年1月在山东工业大学学习;1982年1月任滨州地区技工学校教师;1985年3月任滨州地区技工学校副校长;1986年11月任滨州地区劳动局培训科科长(其间:1989年9月至1990年7月在山东省委党校干部研究生班学习);1994年6月任滨州地区劳动局副局长;2000年1月任邹平县委副书记;2002年12月任邹平县委副书记、代县长;2003年1月任邹平县委副书记、县长。

邓向阳 (详见第十二届省人大代表名录)

第十一届(2008.01—2013.01)山东省人大代表(33名)

马韵升	王　勇	王　瑜	王传民	王军民	王延平	王道玉
邓向阳	冯久田	刘曰兴	刘连民	孙青林	孙德汉	李成明
李俊杰	李恩波	李家良	吴高亭	张　波	张秀葵(女)	张光峰
林国华(女)	周玉华	赵长水	赵建明	姜玉华	贾善银	郭延军
黄春生	曹兴宽	矫学柏	谭鹏飞	肖广兰(女、回族)		

马韵升 (详见第十二届省人大代表名录)

王　勇 山东邹平人,1950年6月出生,中共党员。1971年3月邹平电业局临时工;1983年10月任邹平县韩店镇西王村村委会主任;1986年10月任邹平县韩店镇西王村党支部书记、西王福利油棉厂厂长;1993年3月任邹平县韩店镇党委委员、西王村党支部书记、西王实业总公司总经理;1996年3月任邹平县韩店镇党委副书记、西王村党支部书记、山东西王集团公司董事长;1998年11月任邹平县韩店镇党委副书记、西王村党支部书记、山东西王集团公司董事长、北京先锋粮农公司副董事长;2000年6月任邹平县韩店镇党委副书记、山东西王集团有限公司董事长、党委书记,北京先锋粮农公司副董事长;2003年2月任山东西王集团有限公司董事长、党委书记;2006年4月任邹平县韩店镇西王村党委书记、山东西王集团有限公司董事长;2007年5月任邹平县韩店镇西王村党委书记、西王集团有限公司董事长(2008年1月高级经济师)。历任第十届、第十一届山东省人大代表。

王　瑜 山东龙口人,1964年5月出生,中共党员。1981年11月博兴县电影公司职工;1983年11月博兴县工商局庞家工商所职工;1984年4月邹平县广播电视局职工;1985年7月至1987年7月在滨州师范专科学校政治专业学习;1987年7月邹平县广播电视局职工;1987年12月任邹平县广播电视局编播股副股长;1989年1月挂职邹平县好生乡副乡长;1990年8月任邹平县委宣传部新闻科科长,1992年3月任邹平县委宣传部副部长、新闻科科长;1993年10月任邹平县委宣传部副部长、新闻科科长,县广播电视中心主任、党支部书记;1994

年4月任邹平县委宣传部副部长、县广播电视中心主任(1993年7月至1996年6月在山东干部函授大学业余本科班经济管理专业学习);2000年1月任邹平县委常委、宣传部部长、县广播电视中心主任(1999年9月至2002年6月在省委党校在职干部研究生班经济管理专业学习),2003年1月任邹平县委常委、副县长;2004年12月任惠民县委副书记、副县长;2005年11月任惠民县委副书记、代县长;2006年1月任惠民县委副书记、县长。2007年3月当选为七届市委委员。

王传民　山东滨城人,1965年4月出生,中共党员。1981年8月淄博卫生学校卫生医士专业学生;1984年7月博兴县第二人民医院医生;1984年9月任博兴县第二人民医院卫生防疫科副主任;1986年5月滨县人事局办事员,1986年12月滨县人事局科员;1987年3月滨州市(县级)人事局科员;1987年6月滨州地委办公室秘书、机要秘书(其间:1990年9月至1993年7月在南开大学国际经济系国际经济与企业管理专业本科学习);1994年2月任滨州地委办公室副科级秘书;1997年6月任滨州地委办公室主任科员(1995年9月至1997年12月在省委党校在职干部研究生班经济学专业学习);2000年1月任邹平县委常委、办公室主任;2002年7月任邹平县委副书记、办公室主任;2003年2月任邹平县委副书记、县纪委书记;2004年12月任邹平县委副书记、副县长;2005年12月任邹平县委副书记、县长(2002年9月至2006年11月在北京交通大学经济管理学院产业经济学专业博士研究生学习)。2007年3月当选为七届市委委员;2003年4月市六次党代会当选为市纪委委员。

王军民　山东荣成人,1955年4月出生,中共党员。1972年2月任烟台轴承厂工人、统计员、团委副书记;1975年3月任烟台市(县级)团委副书记;1976年6月任烟台市(县级)委宣传部副部长;1979年3月任烟台市(县级)团委副书记;1980年6月任烟台市(县级)团委书记;1982年2月任烟台闹钟厂党委书记(其间:1983年9月至1985年7月山东大学干部专修科学员);1985年8月任烟台市经委主任、党组书记;1987年2月任招远县委书记;1989年5月任烟台市委副书记、秘书长;1989年12月任烟台市委副书记(其间:1990年3月至1990年7月在中央党校进修班学习);1992年8月任烟台市委副书记、副市长,1992年12月任省经委副主任、党组副书记(其间:1992年9月至1994年7月在华东师范大学国际问题研究所世界政治经济与国际关系专业在职人员硕士研究生课程进修班学习,1997年1月获法学硕士学位);1997年12月任省建委主任、党组书记;2000年3月任省建设厅厅长、党组书记(其间:2001年3月至2002年1月在中央党校一年制中青年干部培训班学习);2002年3月任省政府党组成员,省建设厅厅长、党组书记;2002年6月任副省长、省政府党组成员(1999年9月至2002年7月在中央党校在职研究生班经济管理专业学习);2003年6月任副省长、省政府党组成员兼省红十字会会长;2006年7月任副省长、省政府党组成员兼省红十字会会长、省计生协会会长;2007年3月任副省长、省政府党组副书记兼省红十字会会长、省计生协会会长;2007年6月任省委常委,副省长、省政府党组副书记兼省红十字会会长、省计生协会会长;2007年8月任省委常委,副省长、省政府党组副书记兼省计生协会会长;2007年11月任省委常委,副省长、省政府党组副书记。

王延平　(详见第十二届省人大代表名录)

王道玉　山东鄄城人,1941年12月出生,中共党员。1960年9月山东大学历史系学生;1965年8月任桓台县索镇公社"四清"工作队组员、副组长;1966年10月任博兴县湖滨区"四清"工作队鲁崔工作组组长;1966年12月至1967年11月工作待分配;1967年12月任博兴县湖滨区院庄公社干部,博兴县见桥公社革委常委、核心组成员、办事组组长;1970年2月任博兴县湖滨公社党委常委兼团委书记;1972年9月任博兴县委党校理论教员、党支部委员;1975年5月任博兴县委宣传部秘书(其间:1975年9月至1976年4月任博兴县寨郝公社"农业学大寨"工作队寨卢工作组组长);1976年4月任博兴县湖滨公社党委书记;1978年9月任博兴县革委会副主任兼农办主任;1980年9月任博兴县委副书记、副县长;1983年10月任惠民地委副书记、地区行署专员(其间:1986年3月至1986年7月在中央党校进修班学习);1992年3月任惠民(滨州)地委书记;1992年12月任滨州地委书记兼地区政协工委主任;1995年3月任滨州地委书记兼地区政协工委主任、地委党校校长;1997年12月任省长助理、省政府党组成员;1998年4月任省人大常委会副主任、党组成员(其间:1998年9月至1998年11月在中央党校省部级干部班学习);2002 年 3 月任省人大常委会副主任、党组成员兼农业与农村委员会主任委员;2003 年 4 月任省人大常委会副主任、党组成员兼科学文化卫生委员会主任委员。历任第六届、第八届、第九届、第十一届山东省人大代表。

邓向阳　(详见第十二届省人大代表名录)

冯久田　山东无棣人,1968 年 11 月出生,中共党员。1991 年 7 月参加工作,任鲁北化工总厂技术员;1992 年 12 月任港鲁化工有限责任公司副董事长、副总经理;1996 年 2 月任鲁北企业集团总公司副董事长、副总经理、副总工程师;1997 年 4 月任鲁北企业集团总公司副董事长、党委副书记、副总经理、副总工程师;1998 年 12 月任鲁北企业集团总公司党委书记、副董事长,鲁北化工股份有限公司董事长、总经理;2000 年 12 月任鲁北高新技术开发区管委会主任(副县级),鲁北企业集团总公司党委书记、副董事长,鲁北化工股份有限公司董事长、总经理(1999.11—2002.06 武汉工业大学管理学院企业管理专业学习);2002 年 09 月任鲁北高新技术开发区管委会主任,鲁北企业集团总公司党委书记、副董事长、总经理,鲁北化工股份有限公司董事长。历任第十届、第十一届山东省人大代表。

刘曰兴　(详见第十二届省人大代表名录)

刘连民　(详见第十二届省人大代表名录)

孙青林　河北海兴人,1977 年 6 月出生,1993 年 8 月参加工作,任无棣县棉纺织厂工人;2000 年 4 月任无棣基德公司成品班班长;2001 年 3 月任无棣生态公司成品班班长;2003 年 12 月任惠民基德科技公司成品工段长;2004 年 6 月任惠民基德科技公司生产部设备质量检验员;2006 年 3 月任惠民基德科技公司新车间工段长;2006 年 12 月任惠民基德科技公司纺纱一部部长。

孙德汉　山东烟台人,1950 年 11 月出生,中共党员。1968 年 11 月参加工作,任牟平县姜格庄公社林北联中教师;1973 年 4 月任牟平县第一中学团委书记,县教育局科员;1974 年 6 月任牟平县委办公室秘书;1976 年 8 月任牟平县养马岛公社党委书记;1981 年 8 月在曲阜师范学院干部专修科学习;1983 年 7 月在牟平县委工作;1984 年 1 月任牟平县委副书记、县长;1986 年 11 月任蓬莱县委书记、党校校长,县人武部党委第一书记;1990 年 8 月任烟台经济技术开发区党工委书记、管委会主任(1991 年 6 月副厅级,1993 年 12 月高级经济师,其间:1993 年 3 月至 1993 年 7 月在中央党校进修班学习);1994 年 5 月任山东航空公司总裁,山东航空有限责任公司董事长、党委书记(1994 年 5 月正厅级,其间:1992 年 7 月至 1994 年 7 月在哈尔滨工业大学管理系技术经济专业在职研究生班学习,1999 年 7 月至 2001 年 7 月在中央党校进修班和在职研究生班经济管理专业学习);2002 年 3 月任滨州市委副书记,市长、市政府党组书记;2002 年 12 月任滨州市委书记、党校校长,滨州军分区党委第一书记;2003 年 2 月任滨州市委书记,市人大常委会主任、党组书记,市委党校校长,滨州军分区党委第一书记。历任第九届、十届、十一届山东省人大代表。

李成明　山东沂水人,1949 年 8 月出生,中共党员。1970 年 1 月参加工作,任博兴县庞家粮所会计;1975 年 12 月任博兴县曹王粮所所长;1976 年 8 月任博兴县粮食局副局长、党组副书记;1977 年 08 月任博兴县曹王公社党委副书记;1981 年 1 月在山东师范学院干部专修科学习;1982 年 12 月任博兴县曹王公社党委书记;1984 年 3 月任博兴县委常委、农村工作部部长;1984 年 11 月至 1986 年 10 月任博兴县委常委、组织部部长;1986 年 10 月任博兴县委副书记、组织部部长;1987 年 11 月任博兴县委副书记;1989 年 12 月任惠民县委副书记、县政协主席;1991 年 9 月任惠民县委书记、县政协主席;1993 年 2 月任惠民县委书记;1996 年 6 月任滨州地委委员、惠民县委书记;1996 年 11 月任滨州地委委员;1997 年 6 月任滨州地委委员、地区纪委书记;2000 年 12 月任滨州市委常委、市纪委书记;2002 年 1 月任滨州市委副书记、市纪委书记;2003 年 2 月任滨州市委副书记、市纪委书记,市人大常委会副主任(正厅级);2003 年 4 月任滨州市人大常委会副主任(正厅级)、党组副书记。历任第十届、十一届山东省人大代表。

李俊杰　山东广饶人,1950 年 10 月出生,中共党员。1966 年 4 月参加工作,为垦利县支脉沟机务连学徒工;1968 年 5 月为山东北镇活塞厂工人;1971 年 3 月在山东工学院机床设计与制造专业学习;1974 年 8 月任山东北镇活塞厂技术科技术员;1976 年 11 月任山东北镇活塞厂生产科调度员;1979 年 11 月任山东北镇活塞厂生产科副科长;1980 年 12 月任山东北镇活塞厂生产科科长;1983 年 12 月任山东滨州活塞厂副厂长;1994 年 12 月任山东渤海活塞集团有限责任公司总经理,山东活塞厂厂长;1998 年 2 月任山东渤海活塞集团有限责任公司党委副书记、总经理,山东活塞厂厂长;2000 年 2 月任山东渤海活塞集团有限责任公司董事长、党委副书记、总经理,山东滨州渤海活塞股份有限公司董事长;2003 年 6 月任山东渤海活塞集团有限责任公司董事长、党委书记,山东滨州渤海活塞股份有限公司董事长;2004 年 2 月任滨州盟威集团有限公司董事长,山东渤海活塞集团有限责任公司董事长、党委书记,山东滨州渤海活塞股份有限公司董事长。历任第十届、十一届山东省人大代表。

李恩波　山东章丘人,1965 年 3 月出生,中共党员。1985 年 7 月参加工作,任省委办公厅机要处干部;1991 年 5 月任省委办公厅副科级秘书;1992 年 11 月任省纪委办公厅副科级干部;1993 年 3 月任省纪委办公厅副科级检查员;1994 年 8 月任省纪委办公厅正科级检查员(其间:1996 年 9 月至 1998 年 6 月省委党校党政干部研究生班党政专业学习);2000 年 6 月任省纪委办公厅正科级检查员,挂职邹平县副县长;2001 年 5 月任省纪委办公厅副处级检查员,挂职邹平县副县长;2001 年 8 月任省纪委办公厅副处级检查员,挂职邹平县委副书记;2002 年 12 月任无棣县委副书记、副县长;2005 年 12 月任沾化县委副书记、县长;2006 年 12 月任无棣县委副书记、代县长;2007 年 1 月任无棣县委副书记、县长。

李家良　山东邹平人,1964 年 9 月出生,中共党员。1987 年 7 参加工作,任邹平县农业局干部;1988 年 7 月任邹平县监察局干部;1991 年 2 月任邹平县监察局干部,挂职西董乡副乡长;1993 年 3 月任邹平县西董乡副乡长;1995 年 1 月任邹平县西董乡党委副书记;1997 年 1 月任邹平县礼参镇党委副书记(1994 年 9 月山东农业大学业余本科班农学专业学习);1998 年 3 月任邹平县长山镇党委副书记、镇长;1998 年 12 月任邹平县九户镇党委书记;1999 年 11 月任邹平县孙镇镇党委书记、政协工委主任;2001 年 3 月任邹平县孙镇镇党委书记;2001 年 11 月任滨州市委组织员办公室主任;2004 年 9 月任滨州市委组织部副部长;2006 年 12 月任博兴县委副书记、代县长;2007 年 1 月任博兴县委副书记、县长。

肖广兰(女、回族)　山东无棣县人,1953 年 7 月出生,无党派。1971 年 3 月任无棣县车镇乡五营前村妇女主任,1986 年 5 月任无棣县车镇乡张家村妇女主任、专职计划生育主任,2003 年 4 月在无棣县车镇乡张家村务农。历任第八届、九届、十届、十一届山东省人大代表。

吴高亭　山东寿光人,1952 年 6 月出生,中共党员。1971 年 10 月任寿光县寿光公社工作组成员;1972 年 5 月任寿光县官台公社团委书记;1975 年 5 月任寿光县城关镇副镇长;1984 年 4 任寿光县田柳镇党委书记;1990 年 3 月任寿光县政府办公室主任(1989 年 4 月至 1990 年 6 月在省委党校党政管理专业学习);1992 年 12 月任寿光供电公司经理;1999 年 11 月任潍坊电业局副局长;2000 年 2 月任山东电缆电器有限责任公司董事长、鲁能控股公司副总经理;2001 年 1 月任聊城电业局局长、党委委员;2002 年 8 月任聊城供电集团公司总经理、党委委员;2005 年 11 月任山东电力超高压公司党委书记;2006 年 10 月任滨州供电集团公司总经理、党委委员。

张　波　(详见第十二届省人大代表名录)

张秀葵　(详见第十二届省人大代表名录)

张光峰　(详见第十二届省人大代表名录)

林国华(女)　山东莱西人,1964 年 1 月出生,中共党员。1982 年 7 月参加工作,任滨州第一棉纺织厂子弟学校教师;1984 年 4 月任滨州市(县级)体育运动委员会财务会计;1990 年 1 月任滨州市(县级)体育运动委员会办公室主任;1993 年 6 月任滨州市(县级)体育运动委员会副主任、党组成员;1997 年 6 月任滨州市(县级)体育运动委员会主任、党组书记;2000 年 1 月任滨州市(县级)市中街道办事处党委书记;2000 年 12 月任滨城区市中街道办事处党委书记;2001 年 3 月任博兴县委常委、宣传部部长(其间:2000 年 9 月至 2002 年 12 月在省委党校业余本科班经济管理专业学习);2003 年 2 月任博兴县委副书记、县纪委书记;2006 年 6 月任滨州市委宣传部副部长，市精神文明建设委员会办公室主任（正县级）；2006年12月任阳信县委副书记、代县长；2007年1月任阳信县委副书记、县长（2004年9月至2007年9月省委党校在职干部研究生班经济管理专业学习）。

周玉华 山东安丘人，1951年9月出生，中共党员。1972年2月任安丘县黄旗堡公社沙矿保管员，县税务局逢王税务所税收员；1977年9月参加工作，任省高级人民法院秘书组科员；1980年9月任省高级人民法院副科级干部；1982年10月任省高级人民法院研究室副主任（主持工作）；1984年6月任省高级人民法院党组成员、研究室主任；1991年10月任省高级人民法院副院长、党组成员；1993年3月任济南市中级人民法院院长、党组书记（1994年2月正厅级）；1997年12月任省高级人民法院党组副书记，济南市中级人民法院院长；1998年4月任省高级人民法院副院长、党组副书记（正厅级，2000年11月一级高级法官；其间：2005年3月—2007年1月中央党校在职研究生班法学理论专业学习）。

赵长水 （详见第十二届省人大代表名录）

赵建明 滨州市沾化区人，1960年11月出生，中共党员。1978年2月任沾化县下洼公社北陈大队民办教师；1978年4月至1980年7月在北镇农业学校农学专业学习；1980年7月任沾化县棉花办公室技术员；1984年6月任沾化县政府办公室秘书；1985年3月任惠民地区行署办公室秘书、副科级秘书；1987年8月至1991年9月先后任惠民地区行署办公室综合科副科长、正科级秘书、综合科科长；1991年9月任惠民地区行署办公室副县级秘书；1992年3月任滨州地区行署办公室副县级秘书；1993年6月任滨州地区行署办公室副主任、党组成员；1997年3月任滨州地区行署副秘书长、办公室党组成员；2000年8月任滨州地区行署副秘书长、办公室党组成员，地区招商局局长、党组书记；2001年2月任滨州市政府副秘书长、办公室党组成员，市招商局局长、党组书记；2004年9月任阳信县委副书记、县长；2006年12月任滨城区委副书记、代区长；2007年1月任滨城区委副书记、区长；2007年3月当选为七届市委委员。

姜玉华 滨州市滨城区人，1952年7月出生，中共党员。1975年1月任滨县彭李公社二十里堡大队党支部书记；1978年12月任滨县前进农场党支部书记；1979年3月任滨县彭李公社驻北郝大队工作组组长；1979年6月任滨县胜利农场党支部书记；1981年1月任滨县北镇公社彭李管理区干部；1982年1月任滨州市（县级）第二食品厂生产办公室主任；1983年3月任滨州市（县级）彭李建筑社社长；1984年3月任滨州市裕华公司负责人；1992年1月任滨州市（县级）彭李乡党委副书记，滨州市裕华实业总公司经理；2001年1月任滨城区彭李街道办事处党委副书记，山东滨州裕华（集团）实业总公司董事长，滨州市冬枣协会会长；2005年1月任裕华集团农业有限公司董事长、党委书记。历任第八届、第九届、第十届、第十一届山东省人大代表。

贾善银 山东邹平人，1963年7月出生，中共党员。1983年7月参加工作，任邹平县拖拉机修配厂技术员、科长；1988年2月任邹平县拖拉机修配厂副厂长；1988年12月任邹平县农业机械管理站干部；1990年7月任邹平县委办公室秘书、综合科科长；1993年10月任邹平县委研究室副主任（其间：1994年9月在省委党校党政干部研究生班学习）；1997年5月任邹平县委办公室副主任、研究室主任；1998年3月任邹平县里八田乡党委书记；2000年5月任滨州市（县级）市长助理；2000年12月任滨城区区长助理、区政府党组成员；2003年1月任滨城区副区长、区政府党组成员（其间：2004年2月挂职平原县委常委、副县长）；2006年4月任沾化县委常委、组织部部长；2007年12月任沾化县委副书记、县长。

郭延军 （详见第十二届省人大代表名录）

黄春生 山东阳信人，1961年6月出生，中共党员。1979年8月任阳信县食品公司业务员；1988年3月任阳信县小桑福利地毯厂厂长；1991年8月任阳信县地毯厂厂长；1995年8月任阳信县商店镇小司村党支部书记、阳信金鑫地毯有限责任公司总经理；1998年3月任阳信县商店镇小司村党支部书记、阳信瑞鑫毛制品有限责任公司总经理；2003年10月任阳信县商店镇小司村党支部书记，阳信瑞鑫集团董事长、总经理。

曹兴宽 （详见第十二届省人大代表名录）

矫学柏 山东烟台人，1949年3月出生，中共党员。1968年12月历城县董家公社郭东大队知识青年；1970

年10月在山东拖拉机厂工作；1970年11月任解放军陆军112师工兵营战士、班长；1974年3月为山东电影机械厂工人、任办公室秘书、党委办公室副主任；1978年2月至1982年2月在山东大学哲学系就读；1982年2月任省委调研室三处干部、经济处副处级调研员；1985年3月任在平县委副书记；1987年3月任省委研究室城市处处长、副厅级研究员；1991年6月任省委办公厅副主任；1995年8月任省委副秘书长；1996年11月任省委副秘书长（正厅级）兼省信访局局长；2001年2月任省委副秘书长兼省信访局局长、省委610办公室主任；2003年4月任省劳动和社会保障厅厅长、党组书记。省第七、八次党代会当选为省纪委委员。

谭鹏飞　山东昌邑人，1952年10月出生，中共党员。1970年3月任济南军区山东建设兵团九团四营二连班长；1970年11月任济南军区山东建设兵团九团机务连班长、排长、九团政治处干事；1975年1月任齐河县六一农场派出所民警；1975年7月任省委警卫处干部；1979年8月任省委办公厅警卫科干部、保卫科干事；1984年3月任省委办公厅政治处副科级秘书；1986年12月任省委办公厅正科级秘书、副处级秘书、正处级秘书；1997年2月任省人大常委会办公厅副主任；2002年9月任省人大常委会副秘书长；2004年7月任省人大常委会办公厅巡视员；2006年7月任省人大常委会副秘书长（正厅级）、机关党组成员。历任第十届、第十一届山东省人大代表。

第十二届（2013.01—）山东省人大代表（39名）

刘　伟	张建国	赵玉兰	时培伟	安世银	贾崇福	曹兴宽
李　玲	张光峰	崔洪刚	丁海堂	焦本强	张宝亮	李守江
栾兴刚	殷梅英	邹继刚	张　敏	马韵升	王延平	王雪征（女）
从桂兰（女）	刘曰兴	刘连民	张忠正	张　波	张宝东	张荣强
赵长水	段建国	毛海峰	高三阳	张秀葵	郭延军	纪延英（女）
杨广富	赵洪林	邓向阳	刘星泰			

安世银　山东东阿人，1954年1月出生，中共党员。1971年10月参加工作，任东阿县牛角店公社水利干部、牛角店片片长、三圈管理区书记；1975年9月任东阿县牛角店革委会副主任；1976年6月任东阿县牛角店公社党委副书记；1976年10月起任东阿县委常委、高集公社党委书记，东阿县委常委、姜楼乡党委副书记、管委会主任；1982年8月任东阿县经委主任；1983年12月任东阿县委常委、宣传部部长；1987年2月任东阿县副县长；1991年8月任东阿县委常委、副县长；1993年1月起任阳谷县委副书记、代县长、县长；1995年2月任阳谷县委书记；1997年12月任滨州地委副书记；2000年11月任滨州市委副书记；2002年12月任滨州市委副书记、代市长；2003年2月任滨州市委副书记、市长；2006年12月任山东省委党校常务副校长（正厅级）。历任第八届、十届、十二届山东省人大代表。

曹兴宽　山东阳信人，1954年8月出生，1975年5月加入中国共产党。1975年8月任阳信县调查研究工作队副组长；1976年7月任阳信县洋湖公社党委副书记；1980年5月任阳信县洋湖公社党委副书记、管委会主任；1980年8月至1982年6月，在山东省委党校大专班学习；1982年6月任阳信县小桑公社党委书记；1984年4月任阳信县委常委、农村工作部部长；1984年9月任阳信县委副书记；1987年2月任沾化县委副书记；1992年3月任沾化县委书记；1997年3月任滨州地委委员、宣传部部长；1998年10月任滨州地委委员、滨州市（县级）委书记、市人大常委会主任；2000年1月任滨州地委委员、滨州市（县级）委书记；2000年11月任滨州市委常委、滨城区委书记；2003年3月任滨州市委常委、秘书长；2007年1月任滨州市委常委、秘书长、副市长；2007年3月任滨州市委常委、常务副市长；2008年1月任滨州市人大常委会副主任、党组副书记（正厅）；2008年2月任市人大常委会副主任、党组书记；2009年1月任滨州市人大常委会常务副主任、党组书记。历任第十一届、第十二届山东省人大代表。

从桂兰(女)　山东无棣人,1968年6月出生,回族。1989年1月任无棣县车镇乡福利皮革厂厂长,2006年1月任无棣县德宝皮革有限公司总经理,2008年1月任无棣县德宝皮革有限公司总经理、伊德圆集团总经理。

邓向阳　山东荣成人,1961年6月出生,中共党员。1982年7月参加工作;任省总工会干部学校教师;1984年4月任省总工会机关团委书记(副科级);1986年9月任省委组织部组织处副科级巡视员;1989年1月任省委组织部组织处正科级巡视员;1991年10月任省委组织部党政干部处正科级巡视员;1992年11月任省委组织部党政干部处副处级巡视员;1993年2月任省(威海)干部培训中心副主任(正处级);1993年4月任省(威海)干部培训中心主任;1995年4月任省(威海)干部培训中心主任,挂职威海市委组织部副部长;1998年9月任威海市委常委、宣传部部长,2000年9月任威海市委常委、秘书长;2002年12月任滨州市委副书记,副市长、市政府党组副书记;2003年6月任滨州市委副书记,副市长、市政府党组副书记,市委企业工作委员会书记;2004年12月任滨州市委副书记,副市长、市政府党组副书记、国有资产监督管理委员会党委书记;2006年12月任滨州市委副书记,代市长、市政府党组书记;2007年3月任滨州市委副书记,市长、市政府党组书记;2008年2月任滨州市委书记、党校校长,滨州军分区党委第一书记;2008年7任滨州市委书记、党校校长,市人大常委会主任,滨州军分区党委第一书记。历任第十届、十一届、十二届山东省人大代表。

丁海堂　滨州市滨城区人,1964年10月出生,中共党员。1984年7月参加工作,任滨县农业局技术员;1987年4月任滨州市(县级)农委棉办办事员;1987年11月任滨州市(县级)农委棉办科员;1989年3月任滨州地区人事局办公室科员;1992年10月任滨州地区人事局科干处副科级秘书;1994年6月任滨州地区行署办公室综合科副科级秘书;1997年9月任滨州地区行署办公室秘书一科主任科员;2001年1月任滨州市政府办公室秘书一科主任科员;2002年8月任滨州市政府办公室秘书二科科长;2003年12月任滨州市政府调查研究室副主任;2007年8月任滨州市政府办公室副主任、党组成员;2008年7月任滨州市委副秘书长;2009年12月任滨州市委副秘书长、政策研究室主任;2010年8月任无棣县委副书记,代县长、县政府党组书记;2011年1月任无棣县委副书记,县长、县政府党组书记。八届市委候补委员。

段建国　山东莒县人,1964年4月出生,中共党员。1979年12月在黑龙江省大西江农场汽车队工作;1985年10月任无棣县第一海水养殖公司副经理;1993年12月任无棣县金海集团总经理、党总支书记;1997年4月任山东龙腾经贸有限公司总经理;2004年6月任山东阳信龙腾棉业有限公司董事长;2005年12月任龙福环能科技股份有限公司董事长兼总经理。

高三阳　辽宁灯塔人,1960年8月出生,农工党党员。1977年8月参加工作,沈阳市新民县胡台镇昂帮牛村知青;1978年3月中国医科大学附设卫校检验专业学生;1980年7月任中国医科大学附属三院检验科技士;1984年9月中国医科大学医疗专业学生;1990年9月任中国医科大学附属二院检验科技师;1994年9月中国医科大学研究生院生化专业硕士研究生;1997年9月任中国医科大学附属一院检验科医师;1998年2月日本国神户大学大学院医学系生化学研究生;1999年4月日本国神户大学大学院医学系基因机能学课程博士研究生;2003年4月任日本国神户大学医学部生化学COE研究员、博士后;2004年4月任日本国动物药品株式会社分子生物课课长;2009年2月任滨州畜牧兽医研究院研究员;2010年3月任滨州畜牧兽医研究院副院长。

郭延军　滨州市沾化区人,1968年1月出生,中共党员。1989年8月参加工作,任沾化电业局设备材料公司财务会计;1990年4月任沾化电业实业公司财务科科长;1992年6月任沾化电力总公司实业公司经理;1994年10月任沾化电力总公司总经理助理、山东省亿通塑胶有限责任公司总经理;1998年2月任沾化电力总公司副总经理;2003年4月任沾化县供电公司党委书记;2005年7月任沾化县供电公司总经理、党委委员,炜烨新能源集团有限公司董事长。历任第11届、第12届山东省人大代表。

纪延英(女)　山东惠民人,1949年4月出生,中共党员。1966年7月任惠民县皂户李乡纪家村团支部书记;1968年12月任惠民县皂户李乡纪家村村委会主任;1974年8月任惠民县惠民镇后娘娘坟村妇女队长;1978年10月任惠民县惠民镇后娘娘坟村农民;2002年7月任惠民县惠民镇后娘娘坟村委会主任;2004年10月任惠民县惠民镇后娘娘坟村党支部书记;2006 年 2 月任惠民县孙武镇后娘娘坟村党支部书记;2010 年 8 月任惠民县孙武街道办事处后娘娘坟村党支部书记。

贾崇福　山东邹平人,1954 年 9 月出生,中共党员。1972 年 8 月任邹平县青阳公社食品站协调员;1974 年 9 月邹平师范学校学生、团总支副书记;1976 年 8 月任邹平师范学校团总支书记;1977 年 9 月任邹平县教育局政工股干事;1979 年 3 月任邹平县政府办公室秘书、副主任;1981 年 9 月山东大学干部专修科科学社会主义系政治学专业学员;1983 年 7 月任邹平县政府办公室副主任;1984 年 3 月任邹平县委办公室主任;1984 年 9 月任邹平县委常委、办公室主任;1987 年 1 月任惠民地委副秘书长;1988 年 8 月任惠民地委副秘书长兼政研室主任;1991 年 1 月任博兴县委书记;1992 年 12 月任滨州地委委员、秘书长兼政法委书记;1998 年 6 月任滨州地委副书记;2001 年 1 月任滨州市委副书记;2002 年 12 月任省林业局副局长、党组副书记;2008 年 3 月任省林业局局长、党组书记;2012 年 9 月任省林业厅厅长、党组书记。

焦本强　山东阳信人,1964 年 4 月出生,中共党员。1981 年 7 月参加工作,任阳信县勃李公社农业技术站技术员;1983 年 4 月任阳信县勃李公社农业技术站副站长;1984 年 7 月任阳信县农业局农业技术推广站副站长;1986 年 3 月任共青团阳信县委工农青年部副部长;1987 年 9 月曲阜师范大学干部专修科中文系汉语言文学专业学习;1989 年 7 月任共青团阳信县委副书记; 1991 年 8 月任阳信县洋湖乡副乡长;1992 年 1 月任阳信县洋湖乡党委副书记;1994 年 8 月任阳信县洋湖乡党委副书记、乡长;1998 年 2 月任阳信县洋湖乡党委书记,2001 年 5 月任阳信县阳信镇党委书记,2001 年 12 月任阳信县委办公室主任,2002 年 12 月任阳信县委常委、办公室主任,2007 年 1 月任阳信县委常委、副县长,2008 年 7 月任阳信县委副书记,2009 年 8 月任阳信县委副书记,阳信经济开发区党工委书记,2009 年 12 月任滨城区委副书记,区长、区政府党组书记。

李　玲(女)　山东滨州人,1968 年 2 月出生,九三学社社员。1986 年 9 月至 1988 年 7 月在山东广播电视大学审计专业学生;1988 年 7 月任省审计厅审计师事务所工程审计部经理;1994 年 9 月至 1997 年 7 月在山东经济学院在职审计专业本科学习;2000 年 1 月任山东正源和信有限责任会计师事务所工程造价审计部经理;1999 年 9 月至 2002 年 7 月在中央党校成人教育学院经济学专业学习;2003 年 10 月任山东信和会计师事务所董事长兼总经理、山东信和工程造价咨询有限公司董事长兼总经理。

李守江　山东昌乐人,1973 年 3 月出生,中共党员。1989 年 12 月任惠民地区行署办公室办事员;1994 年 12 月任滨州地区行署办公室秘书;1993 年 8 月至 1995 年 12 月在在中央党校函授大学经济管理专业学习;1997 年 9 月任滨州地区行署办公室秘书三科副科长;2000 年 11 月任滨州地区行署办公室秘书三科副科长、主任科员;2001 年 1 月任滨州市政府办公室秘书三科副科长、主任科员;2002 年 9 月任滨州市政府办公室综合科科长;2003 年 7 月任滨州市纪委办公室副主任;2003 年 12 月任滨州市纪委办公室主任;2005 年 6 月挂职任沾化县委副书记;2007 年 3 月任滨州市纪委常委、秘书长、办公室主任;2004 年 9 月至 2007 年 6 月在省委党校在职干部研究生班经济管理专业学习;2007 年 8 月任滨州市纪委常委、秘书长;2008 年 7 月任滨州市接待处处长、党组副书记;2009 年 12 月任滨州市委副秘书长,滨州市接待处处长、党组副书记;2011 年 11 月任惠民县委副书记、代县长、县政府党组书记;2012 年 1 月任惠民县委副书记,县长、县政府党组书记。

刘　伟　山东滕州人,1958 年 3 月出生,中共党员。1977 年 4 月任安徽省砀山西安良梨公社张庄大队知青,大队团支部书记;1978 年 2 月至 1980 年 2 月在安徽省蚌埠师范学校学习;1980 年 2 月任安徽省蚌埠师范学校团委书记;1981 年 1 月任安徽省蚌埠教育学院党委办公室秘书、团委书记;1982 年 11 月至 1985 年 10 月任安徽省蚌埠团市委副书记、书记;1985 年 10 月任安徽省固镇县委副书记;1983 年 10 月至 1986 年 12 月在安徽省蚌埠教育学院中文教育学习;1987 年 7 月任安徽团省委副书记、党组成员;1990 年 8 月至 1992 年 12 月在中央党校函授学院经济管理专业学习;1993 年 12 月任安徽团省委副书记、党组副书记(主持工作);1994 年 9 月任安徽团省委书记、党组书记;1995 年 4 月任安徽省芜湖市委副书记、代市长;1996 年 1 月任安徽省芜湖市委副书记、市长;1996 年 9 月至 1997 年 7 月在中央党校一年制中青年干部培训班学习;1998 年 2 月任安徽省芜湖市委书记、市长;1998年5月任安徽省芜湖市委书记;1999年10月任安徽省阜阳市委书记、市人大常委会党组书记;2000年1月任安徽省阜阳市委书记、市人大常委会主任;2001年7月任山东省委常委组织部部长;2003年9月至2006年7月在中央党校函授在职研究生班政治学专业学习;2007年6月任省委副书记;2010年1月任省委副书记,省政协主席、党组书记;2012年5月任省政协主席、党组书记。

刘连民 山东博兴人,1957年8月出生,中共党员。1976年12月任解放军铁道兵青海铁路第四十六团战士;1980年1月任博兴县陈户粮所所长;1984年8月任博兴县闫坊粮所所长;1989年12月任博兴县植物油厂厂长、党总支书记;1992年1月任博兴县粮食局副局长,县植物油厂厂长、党总支书记;1996年12月任博兴县粮食局局长、党委书记,县植物油厂厂长、党总支书记;2001年1月任博兴县县长助理,县粮食局局长、党委书记;2000年6月至2002年6月在苏州大学财经学院企业管理专业学习;2004年3月任山东香驰粮油有限责任公司董事长、党总支书记、总经理;2005年1月任山东香驰集团公司董事长、总裁;2005年6任山东香驰集团有限公司董事长、党委书记、总裁。历任第九届、十届、十一届、十二届山东省人大代表。

刘星泰 山东利津人,1963年1月出生,中共党员。1980年9月至1983年7月在省机械工业学校机械制造专业学习;1983年7月任沾化县农业机械厂技术员;1984年8月任沾化县人大常委会办公室秘书、调研科科员;1989年4月任沾化县永丰乡副乡长;1992年10月任沾化县下洼镇党委副书记、镇长;1995年5月任沾化县下洼镇党委书记;1992年8月至1995年6月在中央党校函授学院大专班经济专业学习;1997年12月沾化县委常委、下洼镇党委书记;1996年9月至1999年1月在省委党校业余本科班经济管理专业学习;1999年4月任滨州地委办公室副主任;2000年1月任无棣县委副书记;2001年3月任无棣县委副书记,副县长;2003年3月任无棣县委副书记、县长;2000年9月至2003年6月在省委党校在职干部研究生班经济管理专业学习;2004年12月任无棣县委书记;2006年12月任淄博市委常委、组织部长;2009年12月任省委组织部副部长。历任第十届、十二届山东省人大代表。

刘曰兴 山东垦利人,1958年11月出生,中共党员。1976年4月为垦利县电影院职工;1980年11月为济阳县百货公司职工;1981年2月为垦利县新华书店职工;1982年2月任北镇印染厂团委书记;1985年7月至1988年7月在山东广播电视大学惠民地区分校中文专业大专班学习;1988年7月任滨州印染厂团委书记、工会主席、党委副书记,滨州印染集团公司董事、党委委员、副总经理;1999年6月任华纺股份有限公司副董事长、总经理,华纺印染公司总经理;2003年10月任滨州印染集团公司董事长,愉悦家纺有限公司董事长、总经理,华纺股份有限公司党委书记、副董事长;2004年4月任滨州印染集团公司董事长、党委书记,愉悦家纺有限公司董事长、总经理,华纺股份有限公司党委书记;2006年12月任滨州印染集团公司董事长、党委书记,愉悦家纺有限公司董事长,华纺股份有限公司党委书记,市工商业联合会副会长;2010年3月任滨州印染集团公司董事长、党委书记,愉悦家纺有限公司董事长,华纺股份有限公司党委书记,市工商业联合会副主席;2012年12月任愉悦家纺有限公司董事长,市工商业联合会副主席,市十届人大常委会委员。历任第十一届、第十二届山东省人大代表。

栾兴刚 山东齐河人,1970年6月出生,中共党员。1988年9月至1992年7月在山东大学化学系应用化学专业学习;1992年7月任滨州地区科技情报研究所科员;1995年4月任滨州地区科技信息研究所检索室副主任;1997年5月任滨州地区科技信息研究所检索室主任;1997年9月至1999年6月在省委党校党政干部研究生班学习;1999年6月任滨州地区科技信息研究所办公室主任;2001年2月挂职滨化集团总经理助理;2001年10月至2002年11月在比利时布鲁塞尔自由大学分子生物学与生物技术专业学习,获理学硕士学位;2002年12月任博兴县委常委、组织部部长;2007年11月任无棣县委常委、副县长;2010年11月任无棣县委常委、副县长,鲁北高新技术开发区党工委书记;2010年12任阳信县委副书记,代县长、县政府党组书记;2011年1月任阳信县委副书记,县长、县政府党组书记。

马韵升 山东博兴人,1962年12月出生,中共党员。1980年9月至1982年7月在北镇农业学校畜牧兽医专业学习;1982年7月任博兴县闫坊乡团委书记、管理区党总支书记、棉花办公室主任;1987年9月至1989年6

月在山东农业大学干部专修科经济管理专业学习;1989 年 11 月任博兴县纯化乡副乡长;1992 年 11 月任博兴县蔡寨乡党委副书记、乡长;1995 年 4 月任博兴县润滑油脂厂厂长、党支部书记;1996 年 9 月至 1999 年 6 月在省委党校在职干部研究生班经济管理专业学习;2000 年 12 月任山东京博石油化工有限公司董事长;2005 年 6 月任山东京博石油化工有限公司董事长,山东京博控股发展有限公司党委书记、董事长;2010 年 12 月任山东京博石油化工有限公司董事长,山东京博控股股份有限公司党委书记、董事长。历任第十届、第十一届、第十二届山东省人大代表。

毛海峰　山东博兴人,1966 年 10 月出生,民盟盟员。1986 年 9 月至 1991 年 7 月在潍坊医学院医疗系临床医学专业学习;1991 年 7 月任博兴县人民医院医生;2007 年 5 月任博兴县人民医院医生,民盟博兴县支部主委;2009 年 1 月任博兴县中医医院副院长,民盟博兴县支部主委;2011 年 5 月任博兴县中医医院副院长,民盟博兴县支部主委,民盟滨州市委委员;2011 年 10 月任博兴县中医医院院长,民盟博兴县支部主委,民盟滨州市委委员。

时培伟　山东日照人,1964 年 4 月出生,中共党员。1982 年 9 月至 1984 年 7 月在省人民警察学校公安专业学习;1984 年 7 月任省公安厅政治部组宣处办事员;1987 年 11 月任省公安厅组宣处科员;1985 年 10 月至 1988 年 12 月在山东大学党政干部基础科学习;1989 年 10 月至 1991 年 5 月挂职任东明县公安局城区派出所副所长;1993 年 6 月任省公安厅组宣处副科级干部;1994 年 1 月任省委组织部农村组织处副科级干部;1996 年 12 月任省委组织部组织二处主任科员;1995 年 9 月至 1997 年 12 月在省委党校业余本科班经济管理专业学习;2000 年 10 月任省委组织部组织处助理调研员;2001 年 11 月任省委组织部组织处副处长;2004 年 5 月任省委组织部办公室副主任;2001 年 9 月至 2004 年 6 月在省委党校在职干部研究生班经济管理专业学习;2005 年 4 月任省委组织部办公室主任;2007 年 1 月任省委组织部组织处处长;2009 年 2 月任泰安市委常委、组织部部长;2011 年 5 月任省委组织部副部长;2014 年 7 月任省委组织部副部长,省国资委党委副书记(正厅级)、十一届省政协常委。

王雪征(女)　山东无棣人,1957 年 11 月出生,中共党员。1974 年 8 月任博兴县陈户乡李家村民办教师;1976 年 12 月任惠民地区金属材料公司副总经理;1982 年 9 月至 1985 年 7 月在中央广播电视大学物校班汉语言文学专业学习;1997 年 2 月任滨州广大金属材料有限公司董事长;2004 年 3 月任滨州市众成担保有限公司总经理;2005 年 8 月任滨州市众成担保有限公司总经理,滨州银成典当有限公司董事长;2010 年 7 月任滨州市众成担保有限公司总经理,滨州银成典当有限公司董事长,滨州市滨城区天成小额贷款有限公司总经理。

王延平　山东淄博人,1955 年 4 月出生,中共党员。1976 年 8 月到山东省滨州市原染织厂北厂工作;1980 年 8 月至 2002 年 5 月曾任滨州市毛巾厂车间主任、供销科长、厂长、党委书记;1990 年 2 月至 1992 年 7 月在山东经济干部管理学院大专班工业企业管理专业学习;2002 年 5 月任山东滨州亚光毛巾有限公司董事长、党委书记;2006 年 1 月任山东滨州亚光毛巾有限公司董事长、党委书记,滨州亚光家纺有限公司董事长、党委书记;2012 年 4 月任滨州亚光家纺有限公司董事长、党委书记。历任第九届、第十届、第十一届、第十二届山东省人大代表。

杨广富　山东阳信人,1973 年 3 月出生,中共党员。1998 年 5 月任阳信县河流镇永富畜产品经营部经理;2002 年 10 月任阳信广富畜产品有限公司董事长、总经理,阳信县河流镇刘庙大寺杨村委会主任;2007 年 7 月至 2010 年 7 月在山东省委党校经济管理专业学习。

殷梅英(女)　河北故城人,1970 年 12 月出生,中共党员。1988 年 9 月至 1992 年 8 月在山东医科大学药学系药学专业学习,获理学学士学位;1992 年 8 月至 2001 年 9 月,在德州医药股份公司德州医药站先后任科员、人事科副科长、科长、办公室副主任;2001 年 9 月至 2004 年 9 月,在东北大学工商管理学院管理科学与工程专业学习,获管理学博士学位;2004 年 9 月至 2011 年 11 月,在滨州经济开发区先后任党工委委员、管委会主任助理、管委会副主任、党工委副书记;2011 年 11 月,任博兴县委副书记,代县长、县政府党组书记;2012 年 1 月,任博兴县委副书记,县长、县政府党组书记。

张宝东 山东无棣人,1963年3月出生,中共党员。1979年9月至1981年7月,在德州供销学校物价专业学习;1981年7月到无棣县佘家供销社工作;1981年10月至1990年4月,先后任无棣县供销社办事员、供销公司业务员、物价科办事员、社职教科副科长、办公室副主任;1990年4月至1995年10月,先后任无棣县政府调研科秘书、调研科副局级研究员、调研科科长、办公室副主任(正局级);1995年10月,任无棣县大杨乡党委书记;1997年2月任无棣县车镇乡党委书记;1998年8月,任无棣县文体委主任、党组书记;2001年8月,任无棣县计生委主任、党组书记;2002年8月,任无棣县计生局局长、党组书记;2004年12月,任无棣县建设局局长、党委书记;2006年12月任无棣工业园区管委会副主任,县建设局局长、党委书记;2010年12月,任无棣县副县级干部,山东鲁北企业集团总公司董事长、党委书记。

张宝亮 山东无棣人,1972年3月出生,中共党员。1991年9月至1993年7月,在滨州师范专科学校中文系汉语言文学专业学习;1993年7月,任沾化县下洼镇党委秘书;1998年4月至2000年12月,先后任滨州地委组织部科员、副主任科员;2000年12月至2006年6月,先后任滨州市委组织部副主任科员、组织员办公室副主任、组织科科长、组织员办公室主任;2006年6月,任惠民县委常委、组织部部长;2008年9月,任惠民县委副书记、组织部部长;2008年11月,任惠民县委副书记;2009年8月至2010年12月,任惠民县委副书记,惠民经济开发区党工委书记;2010年12月,任沾化县委副书记、代县长、县政府党组书记;2011年1月,任沾化县委副书记,县长、县政府党组书记。

张　波 山东邹平人,1969年6月出生,中共党员。1987年9月至1989年7月,在滨州地区供销技校会计专业学习;1989年9月,在山东省农贸公司滨州分公司工作;1992年2月,到滨州电力实业总公司工作;1996年10月,任滨州天博计算机应用研究所所长;1999年1月,任滨州魏桥纺织有限公司董事、常务副总经理;1999年11月,任山东魏桥纺织股份有限公司董事长,滨州魏桥纺织有限公司董事、总经理;2000年8月,任山东魏桥纺织集团有限责任公司副董事长,山东魏桥纺织股份有限公司董事长,滨州魏桥纺织有限公司董事、总经理;2001年10月,任山东魏桥纺织集团有限责任公司副董事长,山东魏桥纺织股份有限公司董事长,滨州魏桥科技工业园有限公司董事长、党委书记;2003年1月,任山东魏桥纺织集团有限责任公司副董事长,魏桥纺织股份有限公司董事长,滨州魏桥科技工业园有限公司董事长、党委书记;2003年10月,任山东魏桥创业集团有限公司副董事长,魏桥纺织股份有限公司董事长,滨州魏桥科技工业园有限公司董事长、党委书记;2006年9月,任山东魏桥创业集团有限公司副董事长,山东魏桥铝电有限公司董事长,滨州魏桥科技工业园有限公司董事长、党委书记。历任第十一届、十二届山东省人大代表。

张光峰 山东平原人,1968年5月出生,中共党员。1989年12月,在省人才开发服务中心工作;1990年9月,任省房地产集团东方房地产有限公司副总经理;1992年8月至1995年8月,先后任省经济技术开发中心办公室副主任、研究室主任;1995年8月,任共青团省委组织部副部长;1997年10月,任共青团省委组织部部长;1997年12月,任共青团省委常委、组织部部长;1999年3月,任共青团省委副书记;2001年1月,任共青团省委副书记、党组成员;2003年3月,任共青团省委副书记、党组成员,省青年联合会主席;2006年9月,任共青团省委书记、党组书记,省青年联合会主席,省青年管理干部学院党委书记;2007年1月,任共青团省委书记、党组书记,省青年管理干部学院党委书记;2008年1月,任共青团省委书记、党组书记,省青年管理干部学院党委书记,省人大常委会委员、内务司法委员会委员、代表资格审查委员会委员;2008年2月,任滨州市委副书记,代市长、市政府党组书记;2008年7月,任滨州市委副书记,市长、市政府党组书记;2013年3月,任滨州市委书记,市人大常委会主任。历任第十一届、十二届山东省人大代表。

张建国 山东沾化人,1954年1月出生,中共党员。1970年12月,任省军区警卫连战士、副班长;1975年3月至1983年11月,在枣庄市麻纺织厂工作,先后任工会副主席、党总支副书记;1983年11月至1989年4月,任枣庄市纺织工业局局长(其间:1985年8月至1986年7月,任省委办公厅联络员);1989年4月至1994年7月,先后任枣庄市委副秘书长(正县级),枣庄市委常委、秘书长,枣庄市委常委副市长;1994年7月至1997年12月,先后任省机械工厂厅副厅长、党组成员，省机械工厂厅厅长、党组书记；1997 年 12 月，任淄博市委副书记、代市长；1998 年 2 月，任淄博市委副书记、市长，2002 年 6 月，任淄博市委书记、市人大常委会主任兼市委党校校长；2007 年 3 月，任济南市委副书记、市长；2011 年 1 月，任副省长、省政府党组成员，济南市委副书记、市长；2011 年 12 月，任副省长、省政府党组成员，济南市市长；2012 年 1 月，任副省长、省政府党组成员。

张　敏　山东惠民县人，1972 年 5 月出生，中共党员。1993 年 9 月至 1995 年 7 月在济南交通专科学校学习；1995 年 7 至 1995 年 10 月毕业待分配；1995 年 10 月任惠民县交通局科员；1997 年 5 月任惠民县公安局魏集派出所科员；2003 年 8 月任惠民县公安局李庄派出所副所长；2009 年 7 月至 2011 年 6 月在中国人民公安大学公安管理专业学习。

张荣强　山东无棣县人，1969 年 12 月出生，无党派。1990 年 9 月任山东埕口盐场职工；1991 年 12 月任无棣县物资局副科长；1996 年 6 月任滨州港水产增殖有限公司总经理；1999 年 10 月任无棣金山时代饵料有限公司总裁；2000 年 11 月任山东金山集团有限公司董事长兼总经理；2002 年 7 月任无棣英伟生物技术饲料有限公司总经理；2004 年 8 月任山东埕口盐化有限责任公司董事长；2009 年 1 月任汇泰投资集团有限公司董事长；2008 年 9 月至 2012 年 12 月在省委党校本科班法律专业学习。

张秀葵(女)　山东商河人，1965 年 6 月出生，中共党员。1984 年 9 月至 1988 年 7 月在新疆塔里木农垦大学园林系果林专业学习；1988 年 7 月任惠民县大年陈乡林业站助理农艺师；1993 年 11 月任惠民县大年陈乡林业站农艺师；1996 年 12 月任惠民县大年陈乡林业站副站长、农艺师；1998 年 12 月任惠民县大年陈乡林业站站长、高级农艺师；2001 年 3 月任惠民县大年陈乡副乡长、高级农艺师；2002 年 2 月任惠民县农业局主任科员、生态农业科技开发中心副主任；2003 年 1 月任惠民县政协副主席、生态农业科技开发中心主任；2005 年 6 月任惠民县政协副主席、生态农业科技开发中心主任、惠民县林果流通协会会长；2006 年 1 月任惠民县人大常委会副主任、生态农业科技开发中心主任、惠民县林果流通协会会长(其间：2004 年 5 月至 2007 年 6 月在中国农业大学农业推广硕士专业学习，2004 年 9 月至 2007 年 6 月在省委党校在职干部研究生班经济管理专业学习)；2007 年 6 月任惠民县人大常委会副主任、生态农业科技开发中心主任、农产品研发服务中心会长、惠民蜜桃研究室主任；2009 年 2 月任惠民县人大常委会副主任、农产品研发服务中心会长、惠民蜜桃研究室主任。历任第十一届、十二届山东省人大代表。

张忠正　山东潍坊人，1943 年 11 月出生，中共党员。1963 年 7 月至 1968 年 7 月在山东师范大学化学系化学专业学习；1968 年 7 月任滨州化工厂技术员；1978 年 10 月任滨州化工厂生产科副科长；1979 年 10 月任滨州化工厂副厂长；1984 年 12 月任滨州化工厂厂长；1985 年 1 月任滨州化工厂厂长、党委委员；1988 年 3 月任滨州化工厂厂长、党委副书记；(1991 年 6 月任高级工程师；1995 年 7 月任滨州化工厂厂长、党委书记；1998 年 2 月任滨化集团有限责任公司董事长、总经理、党委书记；2002 年 1 月任滨化集团有限责任公司董事长、党委书记；2007 年 10 月任滨化集团股份有限公司董事长、党委书记。历任第八届、九届、十届、十二届山东省人大代表。

赵洪林　山东邹平县人，1953 年 5 月出生，中共党员。1976 年 6 月任邹平县长山镇东尉村党支部副书记、生产队长；1983 年 10 月任邹平县长山镇东尉村党支部副书记、业务员；1986 年 3 月任邹平县长山镇东尉村党支部书记，邹平县东尉工业设备厂厂长；1992 年 6 在山东经济管理干部学院工商管理专业毕业；2004 年 8 月任邹平县长山镇东尉村党总支书记，山东东尉集团有限公司董事长。

赵玉兰(女)　山东淄博人，1950 年 8 月出生，中共党员。1971 年 8 月任淄博市淄川区革委会群工组干事、团区委常委；1973 年 3 月任淄博团市委副书记；1973 年 5 月任团省委副书记；1974 年 12 月至 1975 年 10 月任泗水县知青带队兼市委副书记；1982 年 9 月任高青县副县长；1983 年 10 月任惠民地委委员、妇联主任；1984 年 9 月至 1986 年 6 月在省委党校干部专修科学习；1986 年 8 月任惠民地委委员、组织部部长；1988 年 9 月任惠民地委副书记、组织部部长；1989 年 4 月任惠民地委副书记；1990 年 6 月任省供销社联合社副主任、党组副书记；1992 年 11 月任省供销社联合社副主任(省供销社集团总公司副总经理)、党组副书记；1993 年 5 月任省妇联主任(主席)、党组书记兼中国妇女管理干部学院(中华女子学院)山东分院院长;1996年9月至1997年7月在中央党校一年制中青年干部培训班学习;1998年6月任省妇联主席、党组书记;1996年9月至1999年7月在中央党校在职研究生班哲学专业学习;2003年7月任省妇联主席、党组书记兼中华女子学院山东分院院长;2006年5月任省妇联主席、党组书记;2008年1月任省政协副主席、党组成员,省妇联主席、党组书记;2008年2月任省政协副主席、党组成员。历任第六届、第十二届山东省人大代表。

赵长水 山东邹平县人,1957年2月出生,中共党员。1976年6月任邹平县电业局韩店供电站会计;1978年10月至1981年7月在山东农机校电气化专业学习;1981年7月任邹平县电业局用电股副股长、工区主任;1986年10月任邹平县电业局副局长;1991年9月至1993年7月在山东广播电视大学企业管理专业本科班学习,获管理学学士学位;1994年8月任邹平电力总公司副总经理、党委副书记;1998年5月任邹平电力总公司总经理、党委副书记;1999年5月任邹平电力集团有限责任公司总经理、党委副书记;2002年7月任山东邹平电力集团有限责任公司董事长、总经理、党委副书记;2003年8月任山东齐星集团有限责任公司董事长、总裁、党委副书记(其间:2001年10月至2003年10月在南京大学企业管理专业研究生班学习);2006年12月任齐星集团有限公司董事长、总裁、党委副书记;2007年12月任齐星集团有限公司董事长、总裁、党委书记。历任第十一届、第十二届山东省人大代表。

邹继刚 黑龙江鹤岗人,1974年4月出生,中共党员。1993年9月至1997年9月在哈尔滨工程大学自动控制专业学习;1997年9月至1998年9月在哈尔滨工程大学机电控制及自动化专业学习,获工学硕士学位;1998年9月至2002年5月在哈尔滨工程大学控制理论与控制工程专业学习,获工学博士学位;2002年5月任滨州市经贸委主任助理;2002年12月任滨州市滨城区副区长;2006年11月任滨州市科学技术局党组书记、副局长;2008年11月任共青团滨州市委书记;2011年11月任邹平县委副书记、代县长,县政府党组书记;2012年1月任邹平县委副书记,县长、县政府党组书记。

后　　记

《滨州人大志》在市人大常委会领导的重视和支持下，经过编纂人员三年时间的往复耕耘，现终于定稿付梓。

2015 年开始着手编纂滨州人大志，搜集汇编了大量资料，为以后的编志工作打下了良好的基础。2015 年 4 月 7 日，《滨州人大志》编纂工作会议召开，会上围绕滨州人大志编纂工作提出了具体要求，编志工作全面展开。

编志工作纷繁浩杂。为使志书既能达到质量要求，又能在规定时间内完成，我们将第一稿的撰写任务分解到市人大常委会各委、室、局以及各县区人大常委会。在市委党史研究室的具体指导下，通过一年多的努力，完成了志书初稿。为使志书达到入志史料不误、重要史料不漏及体例规范、行文流畅的要求，编纂人员细心审读分析、广泛查找资料、严谨考证核实、反复推敲修改，经过两年多的数易其稿，形成志书送审稿。由于年代跨度较长，经历了多次搬迁和机构调整，导致许多资料缺失形成遗憾。再加编纂人员水平有限，缺乏编纂经验，不可避免的存在错漏及不足之处，敬请广大读者给予批评指正。

《滨州人大志》的编纂，得到了市委党史研究室、市史志办、市档案馆、市财政局和各县区人大常委会的大力支持和帮助，在此一并表示衷心感谢。

编　　者

2017 年 7 月